Q

CATALOGUE

DE LA BIBLIOTHEQUE LYONNAISE

DE M. COSTE.

CATALOGUE

de la

BIBLIOTHEQUE LYONNAISE

DE M. COSTE,

Chevalier de la Légion-d'Honneur,
Conseiller honoraire à la Cour d'Appel de Lyon,
Membre de l'Académie de cette Ville

ET DE LA SOCIETE DES BIBLIOPHILES FRANCAIS,

rédigé et mis en ordre

PAR AIMÉ VINGTRINIER,

son Bibliothécaire.

SECONDE PARTIE.

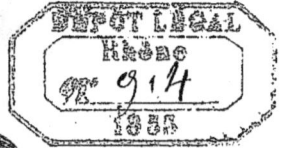

LYON

IMPRIMERIE DE LOUIS PERRIN.

—

1853.

HISTOIRE JUDICIAIRE.

JURISPRUDENCE AVANT 1789.

Edits, Lettres-patentes, etc., concernant la juridiction des Cours et Tribunaux.

9666 Lettres de suspension de la Cour ordinaire de Lyon, données par le roy et adressées au sénéchal de Lyon, en date du dernier novembre 1531. Copie signée FAURE. Ms. in-fol., 6 ff.

9667 Arrêt du Conseil d'Etat portant suppression de la charge du procureur du roy et du greffier de la ville de Lyon. Du 12 septembre 1637. In-4, 12 pp.

9668 Copie de la requête dressée par Claude DE BELLIÈVRE pour demander au roy l'établissement d'un Parlement à Lyon. Ecriture de M. l'abbé SUDAN. Ms. in-fol., 2 ff.

9669 Arrest de nos seigneurs du grand Conseil, contenant que les édits, déclarations et ordonnances concernant l'establissement, pouvoir et juridiction des siéges présidiaux seront observés par tout le ressort de la séneschaussée de Lyon... Lyon, Cl. Chavanne, 1664. In-4, 11 pp.

9670 Extraict de l'estat des notaires, procureurs postulans, huissiers et sergens royaux, que le roy, en son Conseil royal des finances, a choisis et nommés pour exercer et faire leurs fonctions ez villes et lieux cy-après déclarez... ledit estat arrêté au Conseil royal des finances le 22e jour de juin 1665. In-4, 8 pp.

9671 Déclaration du roy pour l'établissement des Grands-Jours en la ville de Clermont en Auvergne. Donnée à Paris, le 31 aoust 1665.

Lyon, Michel Talebard, 1665. In-4, 12 pp.
— Ordonnance de Ant. de Neufville, abbé de St-Just, vicaire général au spirituel et temporel de Mgr Camille de Neufville, archevêque et comte de Lyon, sur l'ouverture des Grands-Jours à Clermont. Donnée à Lyon, le 19 septembre 1665. In-4, 7 pp.

9672 Arrest de règlement de la Cour des Grands-Jours séante à Clermont. Pour le siége présidial de Lyon et ressorts en dépendans. Du 30 janvier 1666. Lyon, Michel Talebard, M.DC.LXVI. In-4, 6 pp.

9673 Edit du roy portant que les amendes de six et douze livres seront consignées avant que l'on puisse estre receu, appellant tant en la Cour qu'aux siéges présidiaux. Paris, Fréd. Léonard, 1669. In-4, 7 pp.

9674 Recueil d'arrests du Conseil, servans de règlemens, pour la préséance entre les trésoriers généraux de France et les officiers des présidiaux. Lyon, 1687. In-fol.

9675 Arrest du Conseil d'Etat du 2 juin 1693, portant que les officiers des justices des seigneurs du royaume, qui n'ont pas été reçus dans les Cours, etc., payeront les sommes pour lesquelles ils seront employés dans les rolles du Conseil. In-4, 4 pp. — A la suite de l'arrêt, on trouve une Cédule avec signature autographe contre les officiers de la justice de Charly, généralité de Lyon, datée du 15 décembre 1693.

9676 Arrest du Conseil d'Estat du roy, du 17 mars 1703, par lequel S. M. a homologué le tarif des droits du greffe de la police de la ville de Lyon. Lyon, Ant. Jullieron, 1703. In-4, 5 pp.

*

9677 Arrêt du Conseil d'Etat (concernant les officiers de l'élection de Lyon). Du 21 octobre 1710. In-4, 6 pp.

9678 Edit du roy portant rétablissement des six offices d'affineurs ; sçavoir, deux à Paris et quatre à Lyon. Donné à Paris, au mois de décembre 1721. In-4, 8 pp.

9679 Arrest contradictoire du Conseil d'Estat qui confirme huit ordonnances rendues par M. PALLU, intendant de la généralité de Lyon, portant condamnation de plusieurs amendes, etc., contre le sieur Guerin, greffier manualiste de la sénéchaussée, etc. Du 27 novembre 1742. *Lyon*, P. Valfray, 1742. In-4, 8 pp.

9680 Arrest du Conseil d'Estat qui, sans égard aux appels des sieurs Guerin et Levrat, ni à l'opposition dudit Guerin, dont il est débouté, ordonne que l'ordonnance du sieur Pallu, intendant de Lyon, du 5 mars 1743, sera exécutée. Du 19 septembre 1744. *Lyon*, P. Valfray, 1744. In-4, 6 pp.

9681 Arrest du Conseil d'Etat du roy qui fait défenses aux nommés Garrassus, Vial et consorts, de la paroisse de Verrières, de se pourvoir, ni faire poursuites ailleurs, pour raison du rolle d'office de ladite paroisse, etc. Du 30 novembre 1751. *Lyon*, P. Valfray, 1751. In-4, 4 pp.

9682 Ordonnance du prévôt général de la maréchaussée du Lyonnois, portant défenses d'informer contre les officiers du roi faisant les fonctions de leurs charges. Du 8 avril 1756. *Lyon*, P. Valfray, 1756. In-4, 4 pp.

9683 Arrêt du Conseil d'Etat et Lettres-patentes sur icelui, registrées en la Cour des monnoies de Lyon, qui, en confirmant les lettres-patentes du mois de janvier 1719, ordonnent que les monnoyeurs, ajusteurs et tailleresses, et autres officiers des monnoies, ensemble leurs veuves, soient et demeurent exempts de toutes impositions pour raison de la taille, ainsi que de toutes corvées personnelles ou autres. Du 5 février 1760. In-4, 6 pp.

9684 Arrêt du Conseil d'Etat qui ordonne que dans chacune des villes, bourgs et paroisses de la généralité de Lyon, où il n'y a ni hôtel-de-ville ni corps municipal, il sera établi des syndics particuliers, qui seront chargés de l'administration des affaires des communautés. Du 13 septembre 1763. *Lyon*, Valfray, 1763. In-4, 3 pp.

9685 Arrêt du Conseil d'Etat portant suppression d'un imprimé intitulé : *Réponse aux remontrances du Parlement de Dauphiné.* Du 24 septembre 1763. *Lyon*, Valfray, 1763. In-4, 3 pp.

9686 Arrêt de la Cour de parlement qui ordonne l'exécution des édits et déclarations du roi concernant l'ensaisinement des fiefs et censives des domaines de Sa Majesté. 20 avril 1765. *Lyon*, Reguilliat. In-4, 3 pp.

9687 Arrêt de la Cour de parlement qui décharge

Me Garnier, greffier de l'instruction civile de la sénéchaussée de Lyon, et consorts, de l'accusation intentée à la requête du substitut du procureur du roi en ladite sénéchaussée. Du 1er septembre 1768. *Lyon*, P. Valfray, 1768. In-4, 6 pp.

9688 Arrêt de la Cour de parlement qui ordonne l'exécution de l'article XXIII du règlement du 10 juin 1665.... (au sujet des requêtes adressées aux officiers de la sénéchaussée). 21 août 1769. *Lyon*, Valfray, 1770. In-4, 3 pp.

9689 Arrêt du Conseil d'Etat, avec les Lettres-patentes sur ledit arrêt portant que la place d'avocat et procureur du roi de la ville et communauté de Lyon sera à l'avenir possédée à vie. Du 31 mars 1770. *Lyon*, P. Valfray, 1770. In-4, 8 pp.

9690 Lettres-patentes données du propre mouvement du roi, sur l'arrêt du Conseil d'Etat donné le même jour, qui casse et annule les jugements qualifiés d'arrêts, ainsi que toute la procédure qui les a précédés et suivis, faits par les officiers de la Cour des monnoies, sénéchaussée et siége présidial de Lyon.... Du 30 avril 1770. In-4, 8 pp.

9691 Arrêt du Conseil d'Etat, du 26 février 1771, concernant le payement des gages des offices du Conseil supérieur établi à Blois, Châlons, Lyon, etc. *Lyon*, 1771. In-4, 2 pp.

9692 Edit du roi concernant les Conseils supérieurs. Donné à Versailles, au mois de mars 1771. (Il y est question de Lyon). *Paris*, 1771. In-4, 3 pp.

9693 Procès-verbal de ce qui s'est passé au lit de justice tenu par le roi le 13 avril 1771. (Articles sur Lyon). *Paris*, Simon, 1771. In-4, 28 pp.

9694 Edit du roi portant création de chancelleries près les Conseils supérieurs de Blois, Châlons, Clermont-Ferrand, Lyon, Poitiers. Avril 1771. In-4, 12 pp.

9695 Déclaration du roi qui fixe les droits à percevoir par les greffiers des Conseils supérieurs, donnée le 9 mai 1771. *Lyon*, 1771. In-4, 4 pp.

9696 Lettres-patentes du roi qui ordonnent qu'en toutes matières civiles, personnelles, les officiers des Conseils supérieurs d'Arras, de Blois, de Châlons, de Clermont, de Lyon et de Poitiers ne pourront être traduits devant d'autres juges.... Le 16 août 1771. *Lyon*, Valfray, 1771. In-4, 3 pp.

9697 Lettres-patentes du roi portant réunion de l'office de receveur général des consignations de la ville de Lyon à celui de Villefranche en Beaujolois... Données à Versailles le 24 janvier 1772. *Lyon*, Valfray, 1772. In-4, 3 pp.

9698 Lettres-patentes du roi portant règlement pour l'exercice des greffes du Conseil supérieur. Données à Versailles, le 12 mai 1772 (au sujet des sieurs Tracol et Delhorme). *Lyon*, Valfray, 1772. In-4, 2 pp.

9699 Lettres-patentes du roi portant que les officiers du bailliage du comté de Forez, séant à Montbrison, continueront de connoître de toutes les affaires civiles et criminelles, etc. Données à Versailles, le 30 mai 1775. *Lyon*, P. Valfray, 1775. In-4, 3 pp.

9700 Arrêt du Conseil d'Etat qui casse un jugement rendu en forme de règlement par la Sénéchaussée de Lyon.... Du 6 mai 1776. *Lyon*, 1776. In-4, 2 pp.

9701 Arrêt du Conseil d'Etat qui supprime tous les actes de la Commission établie à Lyon par arrêt du 17 mars 1775, enjoint aux commissaires d'être plus circonspects, ordonne la suppression des injures et calomnies contenues dans leurs cahiers contre les sieurs marq. de Bellescizes, Nicol. de Montribloud, d'Audignac et autres personnes. Du 7 avril 1777. Impr. de Fontaine, 1777. In-4, 10 pp.

9702 Arrêt de la Cour des aides de Paris qui ordonne que les officiers de l'élection de Lyon continueront de se taxer la somme de 72 livres pour les sentences de qualité, etc. Donné à Paris, le 9 juin 1780. *Lyon*, 1780. In-4, 3 pp.

9703 Arrêt du Conseil d'Etat qui ordonne que la levée et signification des jugements de compétence en matière présidiale n'auront pas lieu lorsque lesdits jugements auront été rendus du consentement des parties.... Du 16 juillet 1783. *Lyon*, 1783. In-4, 2 pp.

9704 Lettre de M. DE VERGENNE à M. Terray au sujet des habitants de Collonge qui demandent la cassation d'un arrêt de la Cour des aides de Paris, confirmatif de deux sentences de l'Election de Lyon. *Paris*, ce 30 juin 1785. Sig. aut. Ms. in-4, 1 p.

9705 Réflexions sur l'établissement du grand bailliage à Lyon, et sur les avantages qui en résultent. *Genève*, 1788. In-8, 7 pp.

9706 Lettres-patentes concernant les vacances du grand bailliage de Lyon, etc. 11 août 1788. In-4, 3 pp.

9707 Origine des charges de secrétaires de Sa Majesté, dignité de leurs fonctions et motifs des privilèges, etc. s. d. In-fol., 38 pp.

9708 Commission intermédiaire, Bureau intermédiaire, Commission provinciale, Procureurs-syndics provinciaux. De 1788 à 1791. 38 pièces aut. sig. In-4.

Sénéchaussée, Conseil supérieur.

9709 Limites de la sénéchaussée de Lyon. (Lettres-patentes en latin). 23 juin 1313. Copie signée BIDAULT. Ms. in-fol., 2 ff.

9710 Ordre et règlement du stile et observation judiciaire de la seneschaulsé (*sic*) de Lyon, etc. *Lyon*, P. Merant, 1557. Pet. in-8 demi-rel., dos et coins m. viol. [Thouvenin.]

9711 Reiglement provisional sur aucuns poinctz concernant l'administration et ordre de justice, en la seneschaussée et siége présidial de Lyon. Faict par M. Michel QUELAIN et Gabriel MYRON, conseillers du roy..... *Lyon*, Pierre Merant, 1564. In-fol., 8 ff.

9712 Reiglement provisionnel concernant l'instruction et abréviation des procès, administration et ordre de justice, etc. Fait par les magistrats de la sénéchaussée de Lyonnois. *Lyon*, P. Merant, 1565. Pet. in-8 demi-rel., dos et coins m. viol. [Thouvenin.]

9713 Déclaration du roi, enioignant à tous gentils-hommes et soldats nés dans son royaume, terres et pays de son obeyssance, qui sont maintenant au seruice du duc de Sauoye, qu'ils ayent à se retirer en leurs maisons, ou en l'une des armées de Sa Majesté. Vérifié en la seneschaussée et siége présidial de Lyon, le 8 may 1630. *Paris*, Jean Martin, M.DC.XXX. Pet. in-4 mar. rouge, fil. [Koehler.]

9714 Le Stil ordinaire de la seneschaussée et siége présidial de Lyon; recueilli par André VERNEY, reveu et augmenté par Claude DES VERNEYS. *Lyon*, Sim. Rigaud, 1655. In-8 v. br., fil. [Koehler.]

9715 Arrêté de la Cour de parlement qui homologue des articles de règlement convenus entre les officiers de la sénéchaussée et siége présidial de Lyon pour l'administration de la justice. 1er mars 1664. In-4, 9 pp.

9716 Extraict des registres de la seneschaussée et siége présidial de Lyon. A MM. les seneschal et gens tenans le siége présidial de Lyon. (Au sujet des officiers royaux, savoir : notaires, huissiers et sergens). Fait à *Lyon*, ce 8 février 1668. In-4, 6 pp.

9717 Edits, déclarations, etc., pour MM. du présidial de Lyon. 19 mai 1685. In-4, 22 pp.

9718 Recueil des principales pièces du procez jugé au Conseil d'Etat, en faveur du présidial de Lyon, contre le Parlement de Grenoble, pour la jurisdiction de la Guillotière et du mandement de Béchevelin. Avec l'arrest contradictoire, rendu le 9 mars 1701, et la carte des lieux sur lesquels s'étend cette jurisdiction. *Lyon*, Laurent Langlois, 1702. In-4.— On lit sur la garde de cet exemplaire la note autographe suivante : « J'ay fait imprimer ce recueil en l'année 1702, après en avoir été chargé par M. Vaginey, prévôt des marchands, et par MM. les échevins : sur l'invitation de M. Cropet de St-Romain, conseiller au présidial, et l'un des échevins qui a fourni le procès-verbal de Tindo, inséré dans le présent recueil. C. BROSSETTE. » Quelques autres notes, également de la main de Brossette, se lisent sur les marges du volume.

9719 Edit du roi portant union de la sénéchaussée et siége présidial de Lyon à la Cour des monnoies, créé en ladite ville par édit du mois de juin 1704. Donné au mois d'avril 1705. *Lyon*. In-4, 4 pp.

9720 Arrest du Conseil d'Etat portant défenses aux officiers de la sénéchaussée et siége présidial de Lyon, et à tous autres juges, de donner des *pareatis* pour l'exécution des jugements émanés de toutes cours étrangères. Du 9 juillet 1708. *Paris*, André Laurent, 1708. In-4, 6 pp.

9721 Jugement de la Sénéchaussée de Lyon qui maintient la communauté des marchands de blé de cette ville dans l'exemption et franchise du droit de cartelage et componage contre les prétentions de Mgr l'archevêque et les sieurs doyen, chanoines et chapitre de l'église, comtes de Lyon. Donné à Lyon, sous le scel royal, le 24 novembre 1731. *Lyon*, Ve d'André Molin. In-fol.

9722 Arrest du Parlement qui confirme la sentence rendue en la Sénéchaussée de Lyon contre Cl. Fiattet, praticien à Lyon, pour raison de contraventions. Du 28 août 1733. *Lyon*, P. Valfray, 1733. In-4, 4 pp.

9723 Arrest du Conseil d'Etat qui condamne le Sr Rousset, greffier de la sénéchaussée de Lyon dans l'ancienne jurisdiction d'Ainay, au payement des droits de controlle des actes et des exploits des procès-verbaux de vente des meubles et effets de la succession de veuve Hesseler. Du 13 juillet 1734. *Lyon*, P. Valfray, 1734. In-4, 7 pp.

9724 Jugement de la chambre du Conseil de la Sénéchaussée de Lyon, du 1er février 1736, portant que ceux qui ont obtenu des commissions pour exercer les offices de juges, seront tenus de se présenter pour prêter serment, etc. *Lyon*, P. Valfray. In-4, 4 pp.

9725 Jugement de la Sénéchaussée de Lyon qui ordonne qu'à défaut par les juges et autres officiers des justices seigneuriales d'avoir satisfait à la sentence du 1er février dernier (au sujet de la prestation de serment), ils demeurent interdits de toutes fonctions, etc. Du 20 juin 1736. *Lyon*, Valfray. In-4, 4 pp.

9726 Sentence de la Sénéchaussée criminelle de Lyon qui condamne J.-B. Refregé-Duthil, ancien trésorier de France, à faire réparation d'honneur au greffe de ladite sénéchaussée. Du 11 février 1746. In-4, 3 pp.

9727 Jugement de la Sénéchaussée qui fait défenses à tous bateliers d'aborder les différentes diligences qui arrivent à Lyon, jusqu'à ce qu'elles y aient été amarrées. 5 septembre 1758. In-4, 3 pp.

9728 Jugement de la Sénéchaussée de Lyon qui ordonne que la brochure intitulée : *Le Jésuite mysopogon séraphique ou l'ennemi de la barbe des Capucins, par l'alguasil don Diégo Ballayar y Caramuera. A Naples*, M.DCC.LXII. Avec approbation de nos seigneurs du Saint Office, sera lacérée et brûlée par l'exécuteur de la haute-justice. 27 mars 1762. In-4, 3 pp.

9729 Sentence de la Sénéchaussée qui condamne une brochure imprimée ayant pour titre : *L'observateur français sur le livre intitulé : Extraits*

des *assertions dangereuses, etc.* M.DCC.LXIII, à être lacérée et brûlée par l'exécuteur de la haute-justice. 12 mars 1763. In-4, 23 pp.

9730 Sentence de la Sénéchaussée de Lyon qui supprime deux brochures imprimées ayant pour titre, l'une : *Précis de quelques réflexions sur les colléges régis par des membres de congrégations séculières ou régulières, etc.* et l'autre : *Lettre de M** sur la régie des colléges, etc.* 12 avril 1763. In-4, 3 pp.

9731 Jugement de la Sénéchaussée de Lyon qui permet d'informer contre les auteurs et afficheurs d'un placard commençant par ces mots : *Avis au public. Les écoliers, etc.* 19 avril 1763. In-4, 3 pp.

9732 Sentence de la Sénéchaussée de Lyon qui condamne un écrit ayant pour titre : *Observations d'un négociant de Lyon à son archevêque, sur la lettre pastorale qu'il vient d'adresser à tous les fidèles de son diocèse*, à être lacéré et brûlé par l'exécuteur de la haute-justice. 2 août 1763. In-4, 4 pp. — Autre éd. in-12.

9733 Sentence de la Sénéchaussée qui supprime une brochure in-12, intitulée : *De l'administration municipale, ou Lettres d'un citoyen de Lyon sur la nouvelle administration de cette ville.* 1er avril 1763. In-4, 3 pp.

9734 Sentence de la Sénéchaussée qui condamne deux écrits, le 1er intitulé : *Les dénonciateurs secrets dénoncés au public*; le 2e : *Supplication des fidèles du diocèse de Lyon à M. de Montazet.* 22 juillet 1763. In-4, 4 pp.

9735 Extrait des registres de la Sénéchaussée de Lyon. (Discours prononcés au sujet de l'enregistrement des provisions de gouverneur du Lyonnois, etc., accordées par le roi à M. le marquis de Villeroy). 4 février 1763. In-4, 11 pp.

9736 Jugement de la Sénéchaussée qui fait défenses à toutes personnes de s'établir pendant la nuit dans les places, etc., de cette ville pour y revendre des liqueurs. 11 octobre 1766. In-4, 3 pp.

9737 Jugement de la Sénéchaussée criminelle de Lyon qui fait défenses à tous compagnons serruriers de s'attrouper en quelque endroit que ce soit. 24 septembre 1767. In-4, 3 pp.

9738 Sentence de la Sénéchaussée de Lyon qui condamne deux écrits imprimés, ayant pour titre, l'un : *Lettre d'un protestant à un de ses amis*, l'autre : *Réponse d'un protestant à son ami*, à être lacérés et brûlés par l'exécuteur de la haute-justice. 14 décembre 1768. In-4, 3 pp.

9739 Jugement de la Sénéchaussée qui statue provisoirement sur les lieux et la forme à observer dans la perception des droits sur les blés et grains. 15 mars 1769. In-4, 3 pp.

9740 Arrêt de la Cour de parlement qui ordonne que les certificats de vie et légalisations quelconques seront délivrés à Lyon sous le sceau de la juridiction de la sénéchaussée et présidial, etc. 7 septembre 1769. In-4, 3 pp.

9741 Sentence de la Sénéchaussée de Lyon qui ordonne l'exécution des ordonnances, etc., concernant les jeux de hasard. 9 janvier 1770. In-4, 4 pp.

9742 Ordonnance du Conseil supérieur de Lyon, du 26 mars 1771 (qui règle la police intérieure du palais, etc.). *Lyon*, 1771. In-4, 3 pp.

9743 Arrêt du Conseil supérieur qui ordonne qu'un imprimé ayant pour titre : *Copie de la lettre écrite à *** par MM. les officiers du bailliage de Beaujolois à Villefranche*, le 6 mars 1771, sera lacéré et brûlé par l'exécuteur de la haute-justice. 28 mai 1771. In-4, 3 pp.

9744 Edit du roi portant suppression du siége présidial de Mâcon, attribution des matières présidiales au Conseil supérieur de Lyon, etc. Donné à Marly, au mois de juin 1771. *Lyon*, 1771. In-4, 4 pp.

9745 Edit du roi portant réunion de la sénéchaussée de Villefranche à celle de Lyon. Donné à Versailles, au mois de juin 1771. *Lyon*, 1771. In-4, 3 pp.

9746 Edit du roi portant suppression d'offices et règlement pour la sénéchaussée et siége présidial de Lyon. Donné à Versailles, au mois de septembre 1771. *Lyon*, P. Valfray, 1771. In-4, 4 pp.

9747 Arrêt du Conseil supérieur qui condamne Benoît Sartet dit Postillon, Joseph Dutrait et Jean Marais, aux galères perpétuelles, et bannit à perpétuité Louis Rivoiron. Du 11 décembre 1771. *Lyon*, P. Valfray, 1771. In-4, 3 pp.

9748 Sentence de la Sénéchaussée criminelle de Lyon portant suppression d'un mémoire en forme de libelle (intitulé : *Mémoire pour sieur Guillaume de Romanans*, etc.). 2 décembre 1771. In-4, 3 pp.

9749 Arrêt du Conseil supérieur qui condamne trois libelles ayant pour titre, le 1er : *Critique du Catéchisme en forme de dialogues* ; le 2e : *Les trois Chapitres, ou les trois Lettres* ; le 3e : *Supplément à la dernière Lettre*. 21 janvier 1772. In-4, 3 pp.

9750 Sentence de la Sénéchaussée qui ordonne la vente des immeubles de Jeanne-Marie Clerc, veuve de François Vanelle. Du 24 février 1772. *Lyon*, P. Valfray, 1772. In-4, 8 pp.

9751 Lettres-patentes du roi, portant règlement pour la sénéchaussée de Lyon. Données à Versailles, le 3 avril 1772. *Lyon*, P. Valfray, 1772. In-4, 3 pp.

9752 Arrêt du Conseil supérieur (de Lyon), du 11 avril 1772, qui ordonne le dépôt dans les greffes, des minutes des notaires et autres officiers publics décédés, qui se trouvent au pouvoir de gens n'ayant pas qualité pour les garder.. *Lyon*, P. Valfray, 1772. In-4, 4 pp.

9753 Lettres-patentes qui ordonnent que les appels des jugements rendus en la sénéchaussée de Lyon, avant l'établissement du Conseil supérieur, seront jugés au nombre de sept juges seulement. 22 juin 1772. In-4, 2 pp.

9754 Arrêt du Conseil supérieur qui condamne Claude Linossier à être pendu. Du 29 juillet 1772. *Lyon*, P. Valfray, 1772. In-4, 3 pp.

9755 Arrêt du Conseil supérieur qui condamne Pierre-Alexis Dubois et Guillaume Sibillot, ci-devant repris de justice, aux galères à perpétuité, et Antoine Donnet, dit Mouton, aux galères pendant trois ans. Du 29 juillet. *Lyon*, P. Valfray, 1772. In-4, 3 pp.

9756 Lettres-patentes du roi qui ordonnent que le trésorier des revenus casuels sera tenu d'expédier de nouvelles quittances aux officiers conservés en la sénéchaussée et siége présidial de Lyon, par l'édit du mois de septembre 1771. Données à Fontainebleau, le 18 octobre 1772. *Lyon*, P. Valfray, 1772. In-4, 3 pp.

9757 Arrêté du Conseil supérieur portant règlement pour la taxe des dépens. *Lyon*, Valfray, M.DCC.LXXII. In-12, 38 pp.

9758 Conseil supérieur et Sénéchaussée. Cinq pièces aut. sig. de 1773 à 1788. In-4 et in-fol.

9759 Arrêt du Conseil supérieur qui condamne un imprimé ayant pour titre : *Le mal se fait et se persuade plus aisément que le bien, conte moral à l'usage des Lyonnais*, à être lacéré et brûlé par l'exécuteur de la haute-justice. 23 mai 1773. In-4, 4 pp.

9760 Arrêt du Conseil supérieur qui supprime un imprimé ayant pour titre : *Aux officiers municipaux de la ville de Lyon*. 14 septembre 1773. In-4, 3 pp.

9761 Sentence de la Sénéchaussée qui supprime un libelle intitulé : *Etrennes pour M. l'abbé R.*, etc. 17 janvier 1774. In-4, 4 pp.

9762 Sentence de la Sénéchaussée qui supprime un libelle intitulé : *Guillin de Pougelon, ode aux citoyens de Lyon*. 25 septembre 1775. In-4, 4 pp.

9763 Jugement (de par MM. les sénéchal, magistrats, etc., de Lyon) qui prescrit les formalités à faire pour les inscriptions des contrats de vente d'immeubles, etc. 9 janvier 1776. In-4, 8 pp.

9764 Sentence de la Sénéchaussée et siége présidial criminel portant sur différents objets concernant l'administration de la justice criminelle. 27 mars 1776. In-4, 4 pp.

9765 Jugement de la Sénéchaussée qui défend à tous marchands-fripiers, etc., de ne rien recevoir en gage des enfants de famille, domestiques, etc. 5 mai 1778. In-4, 4 pp.

9766 Arrêt de la Cour de parlement qui déclare l'ordonnance du lieutenant criminel de la Sénéchaussée de Lyon incompétemment rendue, etc. 14 juillet 1779. In-4, 4 pp.

9767 Jugement de la Sénéchaussée criminelle de Lyon qui supprime un libelle commençant par ces mots : *Observations de François Berthet*, comme injurieux à la réputation de Ch. Staurengo, négociant à Lyon. 8 janvier 1780. In-4, 3 pp.

9768 Arrêt de la Cour de parlement, rendu à la

réquisition des conseillers du roi, commissaires examinateurs en la sénéchaussée et siége présidial de Lyon, qui leur donne acte de leur déclaration, qu'ils n'entendent apposer aucuns scellés sans y être valablement requis, etc. Du 10 avril 1781. *Lyon*, 1781. In-4.

9769 Ordonnance de la Sénéchaussée concernant les jeux défendus. 25 février 1782. In-4, 4 pp.

9770 Extrait des minutes de la Sénéchaussée de Lyon, du 7 septembre 1787 (au sujet d'un imprimé ayant pour titre : *Extrait des registres du Parlement séant à Troyes, du 27 août 1787*, etc.). *Lyon*, Aimé Delaroche, 1787. In-4, 4 pp.

9771 Représentations des officiers de la sénéchaussée et siége présidial de Lyon à Mgr le garde des sceaux de France. Du 13 septembre 1787. In-8, 15 pp. — Autre édition. In-8, 24 pp.

9772 Arrêté de la Sénéchaussée de Lyon, du vendredi 23 mai 1788, veille du jour où l'intendant avait annoncé qu'il devait leur porter les ordres du roi. (Protestation contre la séance tenue par M. le commissaire du roi). s. n. d'impr. In-8, 8 pp.

9773 Représentations des officiers de la sénéchaussée et siége présidial de Lyon à Mgr le garde des sceaux, sur l'édit portant règlement pour la juridiction des présidiaux. s. d. (17??). In-4, 8 pp.

9774 A M. le lieutenant-général criminel en la sénéchaussée et siége présidial de Lyon. Supplique et requête du sieur François PRIVAT, huissier audiencier, se plaignant d'un libelle répandu contre lui; avec le Jugement de la Sénéchaussée, du 12 juin 1790. *Lyon*, Faucheux, 1790. In-8, 8 pp.

Cour des Monnaies.

9775 Inventaire général des titres, papiers et mémoires renfermés dans les armoires des archives de MM. les officiers de la Cour des monnoyes, sénéchaussée et siége présidial de Lyon. 1774. Ms. petit in-fol., 14 ff.

9776 Ordonnance de la Court des monnoyes sur le descry de certaines espèces de monnoyes, d'argent et billon, forgées soulz les coings et armes du duc de Sauoye. *Lyon*, Ambroise du Rosne, 1564. In-8, 6 ff., fig.

9777 Evaluation et tarif des espèces, vaisselles et matières d'or et d'argent. Fait et arresté en la Cour des monnoyes, le 31 mars 1700. *Lyon*, Jullieron, 1700. Pet. in-8 v., fil.

9778 Arrest du Conseil d'Etat qui règle le prix de toutes les espèces d'or et d'argent, depuis le premier novembre jusqu'au dernier décembre prochain. Du 15 octobre 1701, registré en la Cour des monnoyes (de Paris).... *Lyon*, Barbier, M.DCCI. In-4, 8 pp.

9779 Edit du roi portant création d'une Cour des monnoyes à Lyon à l'instar de celle de Paris, pour juger en dernier ressort toutes les causes civiles et criminelles dans les généralités de Lyon, Dauphiné, Provence, Auvergne, Toulouse, Montauban, Montpellier et Bayonne. Donné à Versailles, au mois de juin 1704. *Lyon*, M.DCCIV. In-4, 11 pp. — Autre édition. In-4, 12 pp.

9780 Déclaration du roi donnée à Versailles, le 21 juillet 1705, qui réunit l'office de prévôt de la monnoye de Lyon à celui du prévôt général de la maréchaussée de Lyonnois. s. n. d'impr. In-4, 4 pp.

9781 Edit du roi, servant de règlement pour l'établissement de la Cour des monnoyes de Lyon, en interprétation des édits des mois de juin 1704 et avril 1705. Donné au mois d'octobre 1705. *Paris*, 1705. In-4, 20 pp. — Autre édition. *Lyon*, 1705. In-4, 16 pp.

9782 Extrait des registres du Conseil d'Etat (qui nomme un commissaire à la Monnoie de Lyon). 30 mars 1706. In-4, 2 pp.

9783 Arrêts de la Cour des monnoies (au nombre de 16, portant condamnations diverses pour fausse monnaie, etc.), depuis le 15 septembre 1707 jusqu'au 8 juin 1782. In-4.

9784 Edit du roi portant suppression des offices de juges-gardes, substituts des procureurs généraux des Cours des monnoyes, etc., qui sont actuellement vacants; etc. Donné à Versailles, au mois de février 1712. *Lyon*, P. Valfray. In-4, 7 pp.

9785 Evaluation et tarif des espèces, vaisselles et matières d'or et d'argent. Fait et arrêté en la Cour des monnoyes de Lyon, le 3 juin 1720. *Lyon*, P. Valfray, 1720. In-4, 22 pp.

9786 Edit du roi portant qu'il sera fait une refonte générale de toutes les espèces d'argent. Donné à Fontainebleau, au mois de septembre 1724. Registré en la Cour des monnoyes. *Lyon*, P. Valfray, 1724. In-4, 8 pp.

9787 Evaluation et tarif des espèces, vaisselles et matières d'or et d'argent. Fait et arrêté en la Cour des monnoyes de Lyon, le 31 mai 1726. P. Valfray, 1726. In-4, 12 pp.

9788 Edit du roi portant suppression des six offices d'affineurs des monnoies de Paris et de Lyon, et création de pareils offices. Donné à Versailles, au mois de mai 1733. *Lyon*, P. Valfray. In-4, 4 pp.

9789 Recueil des mémoires et factums des secrétaires du roi près la Cour des monnoies de Lyon pour leurs exemptions des droits d'octroi sur leurs vins, etc.; contre les prévôt des marchands et échevins de ladite ville. 1735, 1736, 1737, 1739. In-fol., cartonné.

9790 Arrest de la Cour des monnoyes de Lyon, qui défend l'introduction et exposition dans le royaume des espèces de billon et de cuivre de Lorraine, etc. Du 25 mai 1735. *Lyon*, P. Valfray, 1735. In-4, 4 pp.

9791 Déclaration du roi portant désunion de

l'office de président du présidial de Lyon , de l'office de premier président à la Cour des monnoyes de Lyon, etc. Donné à Versailles , le 14 juin 1735. *Lyon*, P. Valfray. In-4, 4 pp.

9792 Arrest de la Cour des monnoyes de Lyon , qui réitère les défenses d'introduire et exposer dans le royaume des espèces de billon et de cuivre de Lorraine. Du 27 juin 1735. *Lyon*, P. Valfray. In-4, 3 pp.

9793 Liste de Nosseigneurs de la Cour des monnoies de Lyon et leurs demeures. *Lyon*, P. Valfray , 1736. In-fol., 1 p.

9794 Arrest de la Cour des monnoies , qui enjoint à tous officiers de monnoies de rompre et cisailler les espèces qu'ils reconnoîtront fausses. Du 4 septembre 1745. *Lyon* , P. Valfray , 1745. In-4, 2 pp.

9795 Arrest de la Cour des monnoies de Lyon concernant les louis faux. Du 20 novembre 1745. *Lyon*, P. Valfray, 1745. In-4, 3 pp.

9796 Arrest de la Cour des monnoies de Lyon qui ordonne que les matières, argenteries et vaisselles d'or et d'argent, provenant de prises faites en mer, seront portées aux hôtels des monnoies, etc. Du 20 juin 1746. *Lyon* , P. Valfray, 1746. In-4, 3 pp.

9797 Arrest de la Cour des monnoies de Lyon qui fait défenses à tous marchands ouvriers, peintres , doreurs , etc., de vendre à Lyon , distribuer et employer aucun or , argent et autres métaux battus que ceux qu'ils achèteront des maîtres batteurs d'or, etc. Du 22 avril 1747. *Lyon*, P. Valfray, 1747. In-4, 5 pp.

9798 Arrest de la Cour des monnoies de Lyon qui ordonne à tous les changeurs en titre de faire enregistrer leurs lettres de provision , etc. Du 2 juin 1749. *Lyon* , P. Valfray , 1749. In-4, 3 pp.

9799 Arrest de la Cour des monnoies de Lyon qui ordonne l'exécution de l'arrêt du Conseil du 3 mai 1736, et en conséquence fait défenses de mêler différentes sortes d'espèces d'argent et de billon dans un même sac. Du 10 juillet 1750. *Lyon*, P. Valfray, 1750. In-4, 3 pp.

9800 Arrest de la Cour des monnoies qui renouvelle les dispositions des édits, déclarations , arrêts, etc., concernant les espèces , matières et vaisselles d'or et d'argent qui doivent être portées à l'Hôtel de la monnoie. Du 5 juin 1751. *Lyon*, P. Valfray, 1751. In-4, 3 pp.

9801 Arrest de la Cour des monnoies qui ordonne qu'il sera informé contre ceux qui induement ont pris et se sont fait donner des pièces de deux sols pour six liards , etc. Du 23 juin 1752. *Lyon*, P. Valfray, 1752. In-4, 3 pp.

9802 Arrêt du Conseil d'Etat du roi qui casse et annule les arrêts rendus par la Cour des monnoies de Lyon les 24 et 31 mai , et ordonne que le procès commencé contre le sieur Béal et ses complices continuera d'être instruit. Du 5 septembre 1752. *Lyon*. In-4, 4 pp.

9803 Arrêt de la Cour des monnoies de Lyon qui ordonne que ceux qui par leur naissance ont droit aux places de monnoyeurs, ajusteurs et tailleresses dans les monnoies pourront y être accueillis à l'âge de 14 ans , etc. Du 7 février 1756. *Lyon* , P. Valfray , 1756. In-4, 3 pp.

9804 Ordonnance de M. le premier président de la Cour des monnoies de Lyon (au sujet de la circulation des piastres neuves du Pérou). Du 6 avril 1756. *Lyon*, P. Valfray , 1756. In-4, 3 pp.

9805 Ordonnance (du premier président de la Cour des monnoies) qui règle les droits des essayeurs général et particulier de la Monnoie de Lyon. Du 12 mai 1756. *Lyon*, P. Valfray, 1756. In-4, 4 pp.

9806 Arrêt de la Cour des monnoies de Lyon qui ordonne à toutes personnes ayant en leur pouvoir des écus faux, de les porter dans la huitaine à l'Hôtel de la monnoie , etc. Du 9 octobre 1756. *Lyon*, P. Valfray, 1756. In-4, 3 pp.

9807 Extrait des registres de la Cour des monnoies, sénéchaussée et présidial de Lyon. (Souscription pour offrir au roi un vaisseau de ligne). 2 janvier 1762. 3 pp.

9808 Arrêt du Conseil d'Etat et Lettres-patentes (sur les contestations survenues entre le fermier des affinages de Lyon , les négociants et le directeur de la Monnoie). 12 juin 1763. In-4, 4 pp.

9809 Arrêt de la Cour de parlement qui supprime un imprimé portant pour titre : *Très humbles et très respectueuses représentations faites à Mgr le Chancelier, et envoyées au Parlement par les officiers de la Cour des monnoies, etc., de Lyon*. 17 juin 1763. In-4, 14 pp.

9810 Séance de la Cour des monnoies de Lyon, du mercredi 2 mai 1764, et Procès-verbal de ce qui s'est passé le même jour au sujet de la retraite de M. le premier président eu la Cour des monnoies, sénéchaussée et siège présidial de Lyon. *Lyon*, J.-J. Barbier, 1764. In-4, portrait, demi-rel., dos et coins m. r. [Koehler.]

9811 Arrêt de la Cour des monnoies portant règlement sur les devoirs et fonctions de divers officiers des Monnoies, sur les fontes, etc. 20 mars 1765. In-4, 8 pp.

9812 Arrêt de la Cour des monnoies concernant les pourvus de brevets ou lettres de priviléges accordés par l'édit du mois de mars 1767. 14 décembre 1767. In-4, 3 pp.

9813 Arrêt du Conseil d'Etat et Lettres-patentes sur icelui , qui règlent dans quelles monnoies seront fabriquées les espèces de cuivre. Du

5 avril 1769. *Lyon*, P. Valfray, 1769. In-4,
6 pp.

9814 Arrêt du Conseil d'Etat du roi qui fixe le
prix du cuivre qui sera employé à la fabrication des espèces de cuivre, etc. Du 5 août
1769. *Lyon*, 1769. In-4, 2 pp.

9815 Arrêt du Conseil d'Etat et Lettres-patentes.... qui fixent le prix des piastres, aux
deux globes, apportées aux Monnoies, à
quarante-huit livres neuf sous le marc......
Du 8 février 1770. *Lyon*, Valfray, 1770. In-4,
4 pp.

9816 Arrêt du Conseil d'Etat et Lettres-patentes
qui ordonnent que la fabrication des espèces
de cuivre, qui avait été fixée pour les monnoies de Lyon et de Besançon à cent mille
marcs, aura lieu jusqu'à concurrence de cent
cinquante mille marcs dans chacune desdites
Monnoies. 6 juillet 1770. In-4, 3 pp.

9817 Déclaration du roi portant attribution de
six mille livres au prévôt général des Monnoies
de Lyon pour appointements et solde de sa
compagnie. 15 juillet 1770. *Lyon*, Valfray.
In-4, 6 pp.

9818 Arrêt du Conseil d'Etat et Lettres-patentes.... qui ordonnent qu'à mesure que les
poinçons d'effigie, servant actuellement dans
les hôtels des monnoies, viendront à manquer,
ils seront remplacés par de nouveaux. Du
17 octobre 1770. *Lyon*, Valfray, 1770. In-4,
3 pp.

9819 Edit portant suppression de la Cour des
monnoies de Lyon. Août 1771. In-4, 4 pp.

9820 Edit du roi portant suppression des hôtels des monnoies de Caen, Tours, Poitiers, etc.
Attribution de juridiction aux juges-gardes
de la Monnoie de Lyon. Février 1772. In-4,
12 pp.

9821 Lettres-patentes en faveur des officiers de
la Cour des monnoies de Lyon, qui leur ac-
cordent les mêmes droits, etc., dont ils jouis-
soient avant leur suppression. 27 mars 1772.
In-4, 4 pp.

9822 Edit du roi portant suppression de l'office
de prévôt général des Monnoies au départ. de
Lyon, etc. Donné à Versailles, au mois de
janvier 1773. *Lyon*, P. Valfray, 1773. In-4,
3 pp.

9823 Ordonnance du siége de la Monnoie qui
fait défenses de faire entrer à Lyon aucunes
espèces de billon étrangères, etc. 11 février
1775. In-4, 4 pp.

9824 Ordonnance des officiers du siége de la
Monnoie de Lyon sur l'exécution des arrêts
et règlements concernant l'emploi des matières d'or et d'argent. 20 septembre 1777. In-4,
6 pp.

9825 Arrêt du Conseil d'Etat et Lettres-patentes qui ordonnent la fabrication de cent mille
marcs d'espèces de cuivre en la Monnoie de
Lyon. 27 février 1779. *Lyon*. In-4, 3 pp. —
Autre édition. Paris, 1779. In-4, 3 pp.

9826 Edit du roi portant rétablissement de l'office de général-provincial subsidiaire des Monnoies pour Lyon. Juillet 1779. In-4, 4 pp.

9827 Arrêt de la Cour des monnoies qui ordonne
qu'il sera informé contre les auteurs des faux
bruits d'une refonte prochaine des pièces de
deux sous., etc. 15 février 1781. In-4, 4 pp.

9828 Ordonnance (du général-provincial des
Monnoies) qui fait itératives défenses de refu-
ser en paiement les pièces de deux sous, etc.
24 août 1782. In-4, 3 pp.

9829 Arrêt de la Cour des monnoies qui ordonne
l'exécution de ceux des 20 décembre 1777,
etc., et fait d'itératives défenses de recevoir
ou donner en paiement aucunes pièces de
fabrique étrangère, etc. 3 février 1783. In-4,
6 pp.

9830 Arrêt du Conseil d'Etat et Lettres-patentes sur icelui, qui ordonnent une fabrication
de 50,000 marcs d'espèces de cuivre en la
Monnoie de Lyon. Du 7 avril 1784. *Paris*,
impr. royale, 1784. In-4, 4 pp.

9831 Ordonnance de M. le général-provincial
des Monnoies à Lyon, qui défend à toutes
personnes, autres que les pourvus d'office de
changeur, de faire le change des espèces d'or
et d'argent, etc. Du 11 mai 1786. *Lyon*,
1786. In-4, 3 pp.

9832 Réflexions sur la transaction passée entre
les secrétaires du roi, en la chancellerie près
la Cour des monnoies de Lyon, et les prévôt
des marchands et échevins de la même ville,
ensemble les motifs qui font reprendre aux
secrétaires du roi les armes qu'un esprit de
douceur leur avoit fait quitter. s. d. In-fol.,
4 pp.

9833 Mémoire pour servir d'instruction à la
requête qui doit être présentée au roi et à
nosseigneurs de son Conseil par les conseillers du roi, audienciers, contrôleurs et secrétaires de S. M. en la chancellerie près la Cour
des monnoies de Lyon, contre les prévôt des
marchands et échevins de la même ville.
Lyon, J. Juttet. s. d. In-fol., 38 pp.

9834 Requête présentée au roi et à nosseigneurs de son Conseil par les conseillers du
roi, etc., en la chancellerie près la Cour des
monnoies de Lyon, contre les prévôt des
marchands et échevins de la même ville. *Lyon*,
Juttet. s. d. In-fol., 39 pp.

Eaux et Forêts.

9835 Echange passé le 2e des calendes de mai
1014 entre Burchardus, archevêque de Lyon,
et André d'Amphesia, des droits que ce dernier peut avoir sur les bois et pâturages du
Mont-d'Or, contre la maison et moulin de la
Roche, certains droits de pêche dans la Sâone
et de pâturage dans les prés du plan de Veze.
Collationné sur l'original le 15 juin 1652.

Enregistré au greffe de la maîtrise particulière des Eaux et Forêts de Lyon, le 8 février 1718. s. n. d'impr. In-4.

9836 Arrest du Couseil d'Estat qui fait défenses à toutes cours autres que celle de la maîtrise des Eaux et Forêts de Lyon, de connoître des matières d'eaux et forêts, pêches, etc. Du 29 mai 1725. *Lyon*, P. Valfray, 1759. In-4, 4 pp.

9837 Ordonnance de MM. les officiers en la maîtrise des Eaux et Forests de Lyon (sur le fait de la chasse). Du 5 juin 1733. *Lyon*, P. Valfray, 1733. In-4, 4 pp.

9838 Arrêt du Conseil d'Etat portant règlement entre la maîtrise des Eaux et Forests et le bailliage de la province et baronnie de Beaujolois. Du 6 août 1757. *Lyon*, Valfray, 1757. In-4, 4 pp.

9839 Ordonnance de MM. les officiers de la maîtrise des Eaux et Forests de Lyon (concernant la pêche). Du 5 mars 1739. *Lyon*, P. Valfray, 1739. In-4, 4 pp.

9840 Ordonnance des officiers en la maîtrise des Eaux et Forests de Lyon (au sujet de la saisie de deux bateaux, etc.). Du 8 mai 1739. *Lyon*, P. Valfray, 1759. In-4, 4 pp.

9841 Ordonnance de Mgr le grand-maître des Eaux et Forêts (qui défend de mener paître les chèvres). Du 1er juin 1742. *Lyon*, P. Valfray, 1742. In-4, 5 pp.

9842 Jugement de la maîtrise des Eaux et Forêts de la ville de Lyon, qui ordonne l'exécution des décrets de l'Assemblée nationale des 7, 14 novembre et 12 décembre 1789 relatifs à la conservation des forêts et bois. Du 29 décembre 1789. *Lyon*, A. Delaroche, 1789. In-4, 7 pp.

9843 Arrêté du Départ. du Rhône sur l'administration forestière provisoire, du 5 brumaire an III. *Lyon*, Destéfanis. In-4, 6 pp.

Arrêts et Jugements rendus par le Parlement (de Paris). — Jugements souverains et prévôtaux pour vols, assassinats, etc.

9844 Jugements souverains et prévôtaux (au nombre de 128) relatifs à des vols et assassinats ; du 10 juin 1739 au 29 août 1788. In-4.

9845 Arrêts de la Cour du parlement (de Paris), au nombre de 34, relatifs à des vols et assassinats, etc., commis par des individus nés dans la province du Lyonnois ; du 3 septembre 1740 au 28 février 1787. In-4.

9846 Jugements prévôtaux de 1756 à 1787, pour vols, assassinats et autres délits. 101 pièces in-4, demi-rel. parch.

9847 L'horrible et espouvantable cruauté d'un jeune homme, lequel a assommé et bruslé son propre père, dans le village de Rillieu, païs de Bresses. Ensemble l'exécution qui en a esté faicte à la Cour de parlement de Dijon. *Lyon*, sans nom d'impr., sans date. Très pet. in-fol. mar. rouge, fil. [Koehler.]

9848 Arrest mémorable de la Cour du parlement de Dole, donné à l'encontre de Gilles Garnier, lyonnois, pour avoir en forme de loup-garou dévoré plusieurs enfants et commis autres crimes. *Lyon*, B. Rigaud, 1574. In-8 m. r., fil., tr. d. [Koehler.]

9849 Arrest du grand Conseil du roy, d'entre Pernette Meschin, de la ville de Lyon, demanderesse, en réparation de l'homicide, vollerie et assassinat commis en la personne de son mary, à l'encontre de Jean de Fauerges, escuyer, seigneur du Breuil, et ses complices. M.D.LXXVIII. Sans nom de ville ni d'impr. Pet. in-4 mar. rouge, fil. [Koehler.]

9850 Lettres-patentes du roy addressantes à Monsieur le grand prévost de son hostel pour la descharge de Simon Dubois, notaire royal, demeurant au Pouzin en Viuaretz, touchant la calomnie à luy imposée, et à ceux de la Rochelle, par Jean Guillot, natif de la ville de Lyon ; auec l'arrest de mort contre ledit Guillot, exécuté à la Croix-du-Tiroir le 19 feurier 1624. M.DC.XXIII. Sans nom de ville ni d'impr. Pet. in-4 mar. rouge, fil. [Koehler.]

9851 Arrest de mort executé en la personne de Jean Guillot, lyonnois, architecte, deuëment conuaincu de l'horrible calomnie par luy imposée à ceux de la Rochelle ; ensuite de l'admirable descouuerte de tout ce funeste dessein contre ceux de la religion. Descrit par le sieur DE MONTMARTIN. M.DC.XX.IIII. Sans nom de ville ni d'impr. Pet. in-4 mar. rouge, fil. [Koehler.]

9852 Extrait des registres de Parlement. Arrest concernant les adjudicataires et acquéreurs. 7 mars 1652. In-4, 5 pp.

9853 Déclaration du roy du 20 aoust 1664 concernant les obligations passées par les femmes dans le Lyonnois, Masconnois, Forets et Beaujollois, et Jugement du Parlement dans un procès entre les prévost des marchands et eschevins de Lyon, Catherine Raberin, Magdeleine Andrecty, et les officiers de la ville de Montbrison. Sans nom d'impr. In-fol., 12 pp.

9854 Procès (un) à Lyon en 1692, ou Aymar, l'homme à la baguette ; par M. Alphonse GILARDIN. *Lyon*, Léon Boitel, 1837. In-8, 23 pp.

9855 Arrêt de la Cour de parlement qui renvoie hors de plainte Jacq. Charelle, batteur d'or à Lyon, accusé d'avoir mis enceinte Rose Morin, fille majeure, etc. ; du 15 avril 1712. Ms. in-fol., 2 ff.

9856 Arrest du Conseil d'Etat du 9 avril 1743 (concernant des espèces d'or appartenant autrefois à défunte Marie Keis, résidente de son vivant à Anse en Lyonnois, et dont le nommé Meurier s'était emparé après la mort de cette fille. Cassation et annulation du Jugement du bureau des finances à ce sujet). In-4 , 4 pp.

9857 Arrest du grand Conseil du roy, rendu contre le sieur Bernard , prêtre , ci-devant commis à la petite sacristie de la paroisse de St-Paul de Lyon , et autres co-accusés , sur le recelé du corps mort du sieur Bouge , prieur de St-Symphorien.... ; du 7 janvier 1751. In-4 , 10 pp.

9858 Jugements prévôtaux de la maréchaussée du Lyonnois, dès 31 août 1756 et 3 septembre même année (portant condamnations pour crimes). In-4 , 2 pièces.

9859 Arrêt du Parlement de Paris qui condamne Vincent Saigne , laboureur et granger , et le nommé Antoine Suchet , journalier , à être rompus vifs à la place du marché de Montbrison en Forez... Fait en Parlement en vacation, le 17 septembre 1760. Permis d'imprimer et distribuer , à Lyon , le 13 novembre 1760. In-4 , 2 pp.

9860 Arrêt de la Cour de parlement du cinq mai mil sept cent soixante-trois (entre la duchesse de Brissac et Chanel , bourgeois de Lyon). Lyon , Valfray , 1763. In-4 , 7 pp.

9861 Jugement souverain et en dernier ressort qui condamne Pierre Plasse , dit Menuzon , habitant de la paroisse de Mardore en Beaujolois, à faire amende honorable et aux galères, pour fausses marques mises sur les toiles; du 12 août 1765. In-4 , 3 pp.

9862 Jugement prévôtal et en dernier ressort qui condamne Jean-Baptiste Maillon et Claude Berjon , dit Cathon , à être pendus ; du 20 septembre 1771. Lyon , P. Valfray , 1771. In-4 , 3 pp.

9863 Jugement prévôtal et en dernier ressort qui déclare Jacques Fayet mendiant valide et repris de justice ; le condamne à être attaché au poteau, etc. 20 septembre 1771. Lyon , P. Valfray , 1771. In-4 , 3 pp.

9864 Arrêt de la Cour de parlement qui décharge la mémoire de défunt Marc Game des plaintes et accusations contre lui intentées.... ; du 20 mai 1779. Lyon. In-4 , 7 pp.

9865 Registre des causes de l'Officialité de Lyon, de 1485 à 1502. Ms. in-fol. sur papier à longues lignes, 418 ff., rel. parchemin. (Voir à *Tribunaux ecclésiastiques.*)

JURISPRUDENCE DEPUIS 1790.

Histoire générale.

9866 Dictionnaire de la jurisprudence de la Cour royale de Lyon, 1823-37 ; avec appendices, notes et additions. Par V. TESTENOIRE. Lyon , Pélagaud , 1838. In-8 , gr. pap.

9867 Tribunaux. Mélanges. Six pièces aut. sig. de 1793 à 1801. In-4.

9868 Extrait du registre des délibérations du Directoire du départ. de Rhône-et-Loire, du 3 février 1792. (Arrêté qui détermine l'indemnité due aux témoins). Lyon , A. Vatar-Delaroche , 1792. In-4 , 3 pp.

9869 Le Comité de législation aux tribunaux criminels des départements , aux municipalités et corps administratifs. (Mesures pour le rétablissement de l'action de la justice, principalement à Lyon). Paris, floréal an III. In-8, 7 pp.

9870 Arrêté du premier Consul portant nomination des membres devant composer le Tribunal civil et le Tribunal d'appel du départ. du Rhône. 19 germinal an VIII. Ampliation signée du ministre de la justice , ABRIAL. Sig. aut. Ms. in-fol., 4 pp.

9871 Lettre de Lucien BONAPARTE , ministre de l'intérieur , au préfet du Rhône, sur l'établissement à Lyon d'un Tribunal d'appel. Paris, 24 germinal an VIII. Sig. à la griffe. Ms. in-4, 3 pp.

9872 Règlement sur les frais en matière civile ; du 16 février 1807. Tarif des frais et dépens, pour le ressort de la Cour de Lyon. In-4 , 53 pp.

9873 Vincent , ou le Prisonnier plus malheureux que coupable (par DELANDINE ST-ESPRIT). Lyon , 1813. In-18, fig., pap. vélin , cartonné à la Bradel.

9874 Cour de Lyon. Adhésion en faveur de la maison de Bourbon. Du 12 avril 1814. Lyon , Michel Leroy , 1814.

9875 Lettre de M. SUAY , greffier du Tribunal civil de Lyon , adressée à M. le président et réclamant contre un paragraphe blessant contenu dans un ouvrage rédigé par ordre de la Chambre des avoués. Lyon, 16 novembre 1817. Lett. aut. sig. In-fol., 1 p.

9876 Circulaire de M. le procureur général près la Cour royale de Lyon , à MM. les procureurs du roi et officiers de police judiciaire. Signé : COURVOISIER. s. d. In-4 , 3 pp.

9877 Lettre de M. VINCENT DE ST-BONNET, avocat général près la Cour royale de Lyon, datée du 7 septembre 1830 , à Mgr le garde des sceaux , au sujet des ordonnances de juillet. Lith. in-4 , 3 pp.

9878 Les doctrines républicaines absoutes par le jury lyonnais. Assises du 4 décembre 1832. Lyon , J. Perret, 1832. In-8 , 70 pp.

9879 Cour royale de Lyon ; année judiciaire 1832. *Lyon*, Louis Perrin. In-8, 36 pp.

Réquisitoires, Mercuriales, Discours de rentrées et installations.

9880 Discours prononcé par M. GAIET DE LANCIN, avocat, à l'ouverture des audiences de la sénéchaussée de Lyon, le 7 décembre 1774. In-8, 7 pp.

9881 Protestation de M. BAROU DU SOLEIL, procureur général honoraire de la Cour des monnoies de Lyon, etc. Du lundi 28 du mois de juillet 1788. In-8, 5 pp.

9882 Discours prononcé par M. BAROU DU SOLEIL, procureur du roi en la sénéchaussée et siége présidial de Lyon, en présentant à l'enregistrement la déclaration qui annonce les Etats généraux, etc. s. d. In-8, 7 pp.

9883 Discours et réquisitoires de M. BOISSIEUX, pendant qu'il a exercé les fonctions de procureur impérial depuis 1800 jusqu'en 1811. *Lyon*, Vᵉ Buynand née Bruyset, 1812. In-8, 36 pp.

9884 Projet d'un Discours de clôture qu'on m'avait chargé de faire (par Mᵉ LECLERC, avocat à Lyon). Ms. aut. in-4, 3 pp.

9885 Discours sur l'amour de la justice, prononcé, le 3 novembre 1813, à la Cour impériale de Lyon, par M. le chevalier PUTHOD, avocat général. A *Bourg.*, Janinet. s. d. In-8, 16 pp.

9886 Procès-verbal d'installation du Tribunal de première instance séant à Lyon. *Lyon*, Cutty, 1816. In-12, 13 pp.

9887 Discours prononcé par M. MONIER, avocat général, à la rentrée de la Cour royale de Lyon, le 14 novembre 1821. *Lyon*, Th. Pitrat. In-8, 7 pp.

9888 Le procureur général près la Cour royale de Lyon, COURVOISIER, à MM. les officiers de police judiciaire. Circulaire qu'il publia au moment d'entrer en fonctions. s. d. In-4, 2 pp.

9889 Discours prononcé par M. COURVOISIER, procureur général près la Cour royale de Lyon, à l'audience solennelle de rentrée, le 18 novembre 1823. *Lyon*, Rusand. In-4, 20 pp.

9890 Discours prononcé devant la Cour royale de Lyon, le jour de sa rentrée solennelle, par M. le comte DE BASTARD. Novembre 1823. *Lyon*, Durand et Perrin. In-8, 19 pp.

9891 Discours prononcé par M. COURVOISIER, procureur général près la Cour royale de Lyon, à l'audience solennelle de rentrée, le 5 novembre 1824. *Lyon*, Rusand, 1824. In-8, 24 pp.

9892 Rapport et réquisitoire du procureur général (Cour royale) (au sujet d'un duel). *Signé* : COURVOISIER. *Lyon*, Rusand, 1824. In-8, 18 pp.

9893 Discours prononcé par M. COURVOISIER,

procureur général près la Cour royale de Lyon. *Lyon*, Rusand, 1827. In-8, 115 pp.

9894 Discours prononcé par M. J. RIBUSSEC, premier avocat général, à la reutrée de la Cour royale de Lyon, le 3 novembre 1827. *Lyon*, Louis Perrin, 1827. In-8, 23 pp.

9895 Discours prononcé par M. COURVOISIER, procureur général près la Cour royale de Lyon, à l'audience solennelle de rentrée, le 3 novembre 1828. *Lyon*, Rusand. In-8, 40 pp.

9896 Procès-verbal de l'installation de M. le chevalier de Guernon-Ranville, en qualité de procureur général du roi (près la Cour royale de Lyon). Du 6 novembre 1829. *Lyon*, Rusand. In-4, 10 pp.

9897 Installation de M. Journel, procureur du roi (près le Tribunal de 1ʳᵉ instance de Lyon). *Lyon*, Louis Perrin, 1829. In-8, 19 pp.

9898 Procès-verbal de l'installation de M. Seguy, procureur général près la Cour royale de Lyon. Du 2 février 1830. *Lyon*, Rusand. In-8, 16 pp.

9899 Procès-verbal de l'inauguration du portrait de S. M. Charles X dans la principale salle d'audience du palais de la Cour royale de Lyon, le 13 juillet 1830. *Lyon*, Rusand, 1830. In-8, 16 pp.

9900 Installation de MM. les président, juges, procureur du roi et substituts près le Tribunal civil de Lyon. *Lyon*, Louis Perrin, 1830. In-8, 59 pp.

9901 Discours sur l'indépendance du magistrat, prononcé à l'audience solennelle de rentrée, le 14 novembre 1832, par M. VINCENT DE SAINT-BONNET, 1ᵉʳ avocat général. *Lyon*, Louis Perrin, 1832. In-8, 28 pp.

9902 Discours prononcé le 17 novembre 1834 à la rentrée solennelle de la Cour royale de Lyon, par M. NADAUD, avocat général du roi. *Lyon*, Rusand, 1834. In-8, 56 pp.

9903 Discours sur la responsabilité du magistrat, prononcé à l'audience solennelle de rentrée, le 16 novembre 1836, par M. VINCENT DE SAINT-BONNET, 1ᵉʳ avocat général près la Cour royale de Lyon. *Lyon*, Louis Perrin, 1836. In-8, 35 pp.

9904 Discours sur le sentiment du devoir, prononcé à l'audience solennelle de rentrée, le 14 novembre 1837, par M. Alph. GILARDIN, substitut du procureur général près la Cour royale de Lyon. *Lyon*, Louis Perrin, 1837. In-8, 50 pp.

9905 Cour royale de Lyon. Procès-verbal de l'installation de M. Bryon, procureur général. *Lyon*, Louis Perrin, 1837. In-8, 16 pp.

9906 Cour royale de Lyon. Procès-verbal de l'installation de M. de la Seiglière, procureur général. *Lyon*, Louis Perrin, 1838. In-8, 24 pp.

9907 Discours prononcé par M. FEUILHADE CHAUVIN, procureur général près la Cour royale de Lyon. *Lyon*, Dumoulin, 1839. In-8, 16 pp.

9908 Réquisitoire de M. LABORIE, avocat général près la Cour royale de Lyon, en l'audience du 18 décembre 1839, dans l'affaire des Messageries royales et générales, appelantes, contre la Compagnie des Messageries françaises, intimées. *Lyon*, Louis Perrin, 1840. In-8, 195 pp.

9909 De l'étude du droit romain depuis la promulgation du Code civil : Discours prononcé à la rentrée de la Conférence des avocats de Lyon, le 9 décembre 1841, par J.-B. ONOFRIO, avocat. *Lyon*, Mougin-Rusand, 1842. In-8, 24 pp.

9910 Discours sur l'individualisme, prononcé à l'audience solennelle de rentrée, le 12 novembre 1841, par M. Léon LABORIE, avocat général de la Cour royale de Lyon. *Lyon*, Mougin-Rusand, 1841. In-8, 60 pp.

9911 Des habitudes intellectuelles de l'avocat, Discours prononcé à la rentrée de la Conférence des avocats de Lyon, par Victor DE LA PRADE, avocat à la Cour royale. *Lyon*, Léon Boitel, 1841. In-8, 24 pp.

9912 Installation du Tribunal civil de Lyon dans le nouveau Palais-de-Justice, le 9 novembre 1842. *Lyon*, Mougin-Rusand, 1842. In-8, 54 pp.

9913 Discours sur l'esprit de localité, prononcé à l'audience solennelle de rentrée de la Cour royale de Lyon, le 14 novembre 1842, par M. Félix DEMIAU-CROUZILHAC, substitut du procureur général. *Lyon*, Louis Perrin, 1842. In-8, 51 pp.

9914 Discours prononcé à l'audience solennelle de rentrée de la Cour royale de Lyon, du 13 novembre 1843, par M. PIOU, procureur général du roi. *Lyon*, Louis Perrin, 1843. In-8, 22 pp.

9915 De l'égalité civile, Discours prononcé à la rentrée de la Conférence des avocats de Lyon, le 18 décembre 1843, par Abel PROTON, avocat. *Lyon*, Louis Perrin. In-4, 22 pp.

9916 De la Législation criminelle et de son étude, Discours prononcé à la rentrée de la Conférence des avocats de Lyon, le 7 avril 1845, par Henri M' ROE. *Lyon*, veuve Ayné, 1845. In-8, 28 pp.

9917 Eloge de Jean Domat, Discours prononcé le 12 novembre 1846 à l'audience solennelle de rentrée de la Cour royale de Lyon, par M. COCHET. *Lyon*, Louis Perrin, 1846. In-8, 46 pp.

9918 Procès-verbaux de l'installation de M. Laborie, procureur général à la Cour royale de Lyon, le 13 septembre 1847, et de la rentrée de la Cour royale de Lyon, le 12 novembre 1847. *Lyon*, Louis Perrin, 1847. In-8, 68 pp.

9919 Procès-verbal de l'audience solennelle d'investiture de la Cour d'appel de Lyon et de la magistrature du ressort et rentrée annuelle de la Cour, le 10 novembre 1849. *Lyon*, Louis Perrin, 1849. In-8.

Arrêts des Cours et Tribunaux, Consultations.

9920 Dictionnaire de la jurisprudence de la Cour royale de Lyon, 1823-1857; avec appendices, notes et additions ; par Victor TESTENOIRE, avocat, etc. *Lyon*, Pélagaud et Lesne, 1838. Gr. in-8.

9921 Le Tiers-Etat jouit-il de la franchise attachée aux biens allodiaux dans le pays de droit écrit ? par JANIN, médecin oculiste ; ou Réplique et consultation pour Janin, contre le sieur Joseph-Basile Ponsignon et les administrateurs des domaines de S. M. Délibéré à Lyon, le 16 février 1789. *Signé* : DELANDINE, LÉMONTEY. In-8, 56 pp.

9922 Discours dans la cause de neuf hommes accusés d'être les auteurs ou participes des attentats horribles exercés le 19 juillet 1790, pendant six heures, sur un soldat du régiment suisse de Sonnemberg, en garnison à Lyon; par M. J.-B.-M. ROCHES, avocat. *Lyon*, s. d. In-8, 47 pp. (Voir *Hist. civile* et *Etat militaire*.)

9923 Appel signifié de la sentence rendue le 14 du mois d'août 1790, en la chambre du Conseil de la sénéchaussée de Lyon ; par MM. BASSET, lieutenant-général, PERRET, VARENARD, BERGER, JACOB, GRASSOT, conseillers. s. d. (septemb. ? 1790). *Lyon*, Louis Cutty. In-8, 4 pp.

9924 Jugement du Tribunal du district de Lyon en faveur du citoyen Denis Monnet, prononcé ensuite du plaidoyer du citoyen François Billiemaz, homme de loi, défenseur officieux. Sans nom d'impr. Mai 1791. In-8, 23 pp.

9925 Arrêté du Directoire du départ. de Rhône-et-Loire, ordonnant la saisie du journal intitulé : *Journal de Lyon*, ou *Moniteur du départ. de Rhône-et-Loire*. Lyon, le 1er juin 1791. Copie collationnée. In-fol., 3 pp. — Avec la Lettre d'envoi du procureur-général-syndic du départ. de Rhône-et-Loire à M. le procureur-syndic du district de Lyon, pour faire commencer les poursuites. *Lyon*, 28 novembre 1791. Ms. in-4, 1 p.

9926 Plaidoyer pour les sieurs Bon et Curiat, prêtres insermentés (accusés d'avoir conféré le baptême à un enfant); avec le Jugement. *Lyon*, Maire et Mars, lib., 1792. In-8, 26 pp.

9927 Discours prononcés par M. RAMBAUD.... dans l'affaire des sieurs Bon et Curiat, prêtres, et dans celle des sieurs Genevey, Vidil, Rambaud, Chaillon et Verger, aussi prêtres ; suivis des Jugements rendus par le Tribunal sur ces deux affaires. *Lyon*, Vatar-Delaroche, 1792. In-8, 55 pp.

9928 Jugement du Tribunal criminel du départ. de Rhône-et-Loire, qui, ensuite de la déclaration des jurés portée à l'unanimité, acquitte Claude-Guillaume Lambert, citoyen, domicilié à Paris ; Jean Berlié, négociant à Lyon ; et Jean Grenier père, négociant à Marseille, des accusations contre eux portées. 8 juin 1793, an II. *Lyon*, Leroy, 1793. In-4, 11 pp.

9929 Jugement du Tribunal criminel du départ. de Rhône-et-Loire qui déclare Jacques Pitt, médecin, demeurant à Lyon, rue de la Convention, et Denis Franchet, demeurant en la même ville, place St-Clair, acquittés de l'accusation contre eux portée. 10 juin 1793, an II. *Lyon*, Leroy, 1793. In-4, 4 pp.

9930 Jugement du Tribunal criminel du départ. de Rhône-et-Loire, qui condamne Joseph Chalier.... à la peine de mort.... 16 juillet 1793. In-4, 7 pp. (Voir à *Hist. civ.* le dossier Chalier. Juil. 1793.)

9931 Jugement du Tribunal criminel qui déclare Joseph Julliard, ci-devant commandant de la Garde nationale de la ville de Lyon, acquitté de l'accusation contre lui portée. 16 juillet 1793, an II. s. n. d'impr. In-4, 4 pp.

9932 Jugement du Tribunal criminel qui déclare Joseph-Frédéric Duchambon, commissaire des guerres, employé dans la 19e division militaire, demeurant à Lyon, acquitté de l'accusation contre lui portée. 17 juillet 1793, an II. *Lyon*, Maire et Mars, 1793. In-4, 4 pp.

9933 Jugement du Tribunal criminel qui déclare François Fournier, lieutenant au 9e régiment de dragons, acquitté de l'accusation contre lui portée. 17 juillet 1793, an II. *Lyon*, Maire et Mars, lib. In-4, 3 pp.

9934 Jugement du Tribunal criminel qui condamne Pierre Fillion, juge de paix du canton de l'Hôtel-Dieu de cette ville, en six mois d'emprisonnement et en 500 liv. d'amende envers la nation.... 18 juillet 1793, an II. *Lyon*, Maire et Mars, libraires. In-4, 4 pp.

9935 Jugement du Tribunal criminel qui déclare Jean-François Esbrayat, citoyen de Lyon, acquitté de l'accusation contre lui portée. 18 juillet 1793, an II. *Lyon*, Maire et Mars, 1793. In-4, 4 pp.

9936 Jugement du Tribunal criminel. (Condamnation à mort de Riard-Beauvernois ; acquittement de Gache et de Nesme). 21 juillet 1793, an II. Maire et Mars, 1793. In-4, 7 pp.

9937 Jugement du Tribunal criminel qui déclare Jean-Louis Dorel, fabricant de chocolat, demeurant à Lyon, quai du ci-devant d'Artois, acquitté de l'accusation contre lui portée. 22 juillet 1793, an II. *Lyon*, Maire et Mars, 1793. In-4, 4 pp.

9938 Jugement du Tribunal criminel qui déclare Jacques Barbier, ci-devant commandant du bataillon de Brutus, acquitté de l'accusation contre lui portée. 22 juillet 1793, an II. *Lyon*, Maire et Mars, 1793. In-4, 4 pp.

9939 Jugement du Tribunal criminel qui déclare Jean-Baptiste Lambert, écrivain, demeurant à Lyon, acquitté de l'accusation contre lui portée. 24 juillet 1793, an II. *Lyon*, Maire et Mars, 1793. In-4, 3 pp.

9940 Jugement de la Commission de justice populaire séant à Ville-Affranchie, qui condamne à la peine de mort Dominique Dutroncy, officier municipal à Montbrison et secrétaire de la prétendue Commission de justice populaire, républicaine et de salut public à Lyon. 10 brumaire an II. *Ville-Affranchie*, Bruyset frères. In-4, 4 pp.

9941 Jugement de la Commission de justice populaire séant à Ville-Affranchie, qui condamne à la peine de mort Jean-Jacques Tardy, membre de l'administration du départ. de Rhône-et-Loire et juge de paix du Côteau (*sic*) de Roanne. 12 brumaire an II. *Ville-Affranchie*, Bruyset frères. In-4, 3 pp.

9942 Jugement de la Commission de justice populaire séante à Ville-Affranchie, qui condamne à la peine de mort Jean-Louis Fain, journaliste de Lyon. 13 brumaire an II. *Ville-Affranchie*, Bruyset frères. In-4, 4 pp.

9943 Jugement du Tribunal de cassation qui casse et annule une sentence arbitrale rendue par un tribunal de famille en faveur de Jean-Claude Thevenet..... Du 21 fructidor an II. *Lyon*, impr. rép. In-8, 16 pp.

9944 Plaidoyer prononcé pour la citoyenne veuve Stoder, rentière, demeurant à Lyon, contre Claude Girardet, voleur, demeurant à Lyon, rue Juiverie, et à présent fuyard ; suivi du Jugement. (Audience du 4 pluviose an IV). *Lyon*, Maillet. In-8, 14 pp.

9945 Extrait des registres du greffe du Tribunal civil du départ. du Rhône. Le tridi, 13 germinal an VII. *Lyon*, Ballanche et Barret, an VII. In-8, 12 pp.

9946 Consultation en faveur d'un citoyen de Lyon (M. Flandre d'Epinay) sur la propriété de la place Léviste. *Signé* : BONNET, BELLART. *Lyon*, Leroy, an IX. In-4, 15 pp.

9947 Jugement du Tribunal d'arrondissement de Lyon qui ordonne le dépôt au greffe d'un exemplaire du testament du major-général Martin, natif de Lyon, etc. 23 germinal an XI. In-4, 6 pp.

9948 Arrêt de la Cour d'appel de Lyon, du 26 avril 1806, entre Rasse et Porral, ex-régisseurs de l'octroi de Lyon, et les receveurs dudit octroi. In-4, 30 pp.

9949 Arrêt de la Cour d'appel séant à Lyon, du 22 août 1810, entre M. et Mme Dumaisniel, etc. (au sujet de nullité de partage, etc.). *Lyon*, Leroy. In-4, 48 pp.

9950 Procès de la conspiration du mois de janvier 1816. (s. n. d'impr.). In-8.

9951 La vie et le procès du général Mouton-Duvernet, par M. C. BOUCHET. *Au Puy*, 1844. In-8, portrait.

9952 Procès original de Mouton-Duvernet, 1815-1816, contenant toutes les dépositions, lettres , réquisitoires , etc., au nombre de 72 pièces mstes aut. sig., formant un gros dossier.

9953 Procès de l'ex-général Mouton-Duvernet. *Lyon*, Chambet, 1816. — Plaidoyer pour le lieutenant-général baron Mouton-Duvernet; par PASSET , avocat. *Lyon*, 1816. — Exposé pour le lieutenant-général baron Mouton-Duvernet. *Lyon*, 1816. 1 vol. in-8 cartonné à la Bradel , non rogné.

9954 Procès de l'ex-général Mouton-Duvernet. *Lyon.* s. d. (1816). In-8 , 130 pp.

9955 Plaidoyer pour le lieutenant-général baron Mouton-Duvernet, par PASSET. *Lyon*,Kindelem. s. d. (1816). In-8.

9956 Exposé pour le lieutenant - général baron Mouton-Duvernet. *Signé* : MOUTON-DUVERNET; MARNAS et PASSET, avocats (avec les informations). *Lyon* , Kindelem. In-8.

9957 Mort du lieutenant-général Mouton-Duvernet. s. n. d'auteur. (En vers). *Lyon*, 1830. In-8.

9958 Procès des vingt-huit individus prévenus d'avoir participé aux mouvements insurrectionnels qui ont éclaté dans le départ. du Rhône, dans les premiers jours de juin 1817. *Lyon* , Chambet , 1817. In-8 , 80 pp.

9959 Arrêt de la Cour prévôtale du 10 septembre 1817. *Lyon* , Kindelem , 1817. In-4 , 6 pp.

9960 Procédure instruite devant la Cour d'assises du départ. du Rhône contre Lelièvre, dit Chevallier , accusé d'empoisonnement, d'infanticide , de faux et de l'enlèvement d'un enfant, mise en ordre et rédigée par M. BOUL-LÉE. *Lyon*, Pitrat , 1820. In-8 , 202 pp., portrait. — Avec le n° 117 du *Journal de Lyon* du 12 décembre 1820 , contenant un compte-rendu de ce procès.

9961 Dissertation sur les questions suivantes : La prescription quinquennale des rentes et intérêts était-elle reçue dans le ressort du Parlement de Paris, et particulièrement dans le Lyonnais, etc., avant le Code civil, etc.? *Signé*: GUERRE. *Lyon*, Kindelem, 1823. In-4, 31 pp.

9962 Un défaillant doit-il être admis à se défendre et à conclure après que le ministère public a été entendu à la suite des plaidoiries des autres parties? *Signé* : LOMBARD-QUINCIEUX. *Vienne*, Timon , 1831. In-4 , 8 pp.

9963 Dissertation sur la question ci-après : L'épouse mariée depuis le Code civil sous le régime dotal , avec la réserve du droit d'aliéner , etc., a-t-elle le droit de s'engager et d'hypothéquer ses immeubles dotaux? *Signé* : JOURNEL, SAUZET, etc. *Lyon*, Louis Perrin. In-4 , 37 pp.

9964 Procès des accusés du *Carlo - Alberto*. *Lyon* , G. Rossary , 1833. In-8 , 240 pp.

9965 Extrait du Jugement rendu par le Tribunal civil de Lyon entre MM. Estienne et Jalabert , M. Faure intervenant, et Claude Colin. 24 juillet 1835. *Lyon* , Rossary. In-4.

9966 Cour des Pairs , affaire du mois d'avril 1834. Tome Ier, rapport , faits généraux. — Tome II , rapport , faits particuliers. — Tome III , rapport , faits particuliers. — Tome IV , rapport , annexes. Réquisitoire de M. le procureur général. *Paris*, impr. royale, 1834. 5 vol. in-4.

9967 Cour des Pairs , affaire d'avril 1834. *Paris* , impr. royale , 1834. 4 vol. in-4.

9968 Cour des Pairs, affaire d'avril 1834. Procès-verbal des séances. Tome Ier, séances secrètes, 1 vol. — Tome II , 1re partie des débats publics, 1 vol. — Tome III , 2e partie des débats publics , 1 vol. — Supplément au tome III, 1 vol. *Paris*, Crapelet, 1835. 4 vol. in-4.

9969 Cour des Pairs , affaire d'avril 1834. Tome Ier , faits Lyon, 1835 , 1 vol. — Tome II , faits St-Étienne, Grenoble , etc., 1835, 1 vol. — Tome III , faits Paris , 1835. 1 vol.—Témoins, 1er supplément, 1835, brochure. — Témoins, 2e supplément , brochure. — Procès-verbaux d'arrestation , 1835, 1 vol. — Interrogatoire des accusés , 1835 , 1 vol. — Interrogatoire des accusés, 1er supplément, 1835, brochure. — Interrogatoire des accusés , 2e supplément , brochure. — Arrêt. Acte d'accusation , 1835, 1 vol.. — Réquisitoires , 1836 , 1 vol. — Réquisitoire (catég. Lyon., contumax) , brochure.— Table alphabétique des débats, 1835 , brochure.— Plans. *Paris* , impr. royale. In-4.

9970 Cour des Pairs , affaire du mois d'avril 1834. Catégorie de Lyon. Réquisitoire présenté à la Cour par MM. Martin (du Nord) , Chégaray et de la Tournelle. (Extrait de la grande affaire du mois d'avril). *Paris*, impr. royale, 1835. 1 vol. in-4.

9971 Procès des accusés d'avril 1834 devant la Cour des Pairs , suivi de celui des défenseurs. Catégorie de Lyon. *Lyon* , 1835. In-8 , portraits.

9972 Cour des Pairs , affaire d'avril 1834. Compte-rendu des audiences. *Paris*, 1835. In-8 imprimé sur deux colonnes. Ire partie , 179 pp. ; 2e partie , 333 pp.

9973 Cour des Pairs , affaire du mois d'avril 1834. Acte d'accusation. *Lyon*, 1835. In-8 , 327 pp.

9974 Hécatombe (l') d'avril , ou les Ouvriers lyonnais, les républicains ; les légitimistes , les membres de l'opposition , devant la Chambre des pairs ; par A.-J. L. *Bruxelles* (Alais). In-8 en deux parties.

9975 Chambre des Pairs , session de 1835. Affaire de la *Tribune* et du *Réformateur*. Procès-verbal des séances tenues pour le jugement de cette affaire. (Sans nom d'impr.). 1835. 1 vol. in-4.

9976 Rejet du recours en grâce adressé au roi par Jacques Besson, dont l'exécution à la peine de mort aura lieu demain 27 mars au Puy en

Velay, sur la place du Martouret.(1843). *Lyon*, Marle. In-4.

9977 Jugement rendu par le Conseil de guerre de la 6e division militaire séant à Lyon, et condamnation à mort du nommé Aubert, sergent au 17e léger. (Audience du 19 juillet 1850). *Lyon*. In-fol.

9978 Procès du complot de Lyon. Jugement rendu par le 2e Conseil de guerre dans son audience du 29 août 1851, présidée par M. Couston. *Lyon*, Dumoulin et Ronet, 1851. In-8.

9979 Compte-rendu du complot de Lyon. 2e Conseil de guerre de la 6e division militaire; président, M. le colonel Couston. *Lyon*, Chanoine (1851). In-4.

PERSONNEL DE LA MAGISTRATURE.

Ordre des Avocats.

9980 Arrest de la Cour de parlement qui homologue le règlement du 24 février 1689, portant que les avocats de Lyon plaideront à la Conservation privativement aux procureurs. 25 avril 1689. In-4, 4 pp.

9981 Remontrance des avocats touchant la recherche des usurpateurs de la noblesse, ordonnée par la déclaration du roi du 4 septembre 1696. A Mgr H.-F. LAMBERT D'HERBIGNY, intendant. In-4, 30 pp.

9982 Note sommaire des moyens contenus dans le Mémoire ci-après pour les avocats et les médecins de la ville de Lyon, contre le traitant de la recherche des faux nobles. s. d. In-fol., 36 pp.

9983 Recueil de toutes les pièces concernant le procès des avocats et des médecins de la ville de Lyon, contre le traitant de la recherche des faux nobles; avec l'arrêt intervenu au Conseil le 4 janvier 1699. *Lyon*, L. Plaignard, 1700. In-4 bas.

9984 Consultation de MM. DELAVIGNE, DUHAMEL, NORMANT, AUBRY et BARJETON, sur les fonctions des avocats de Lyon à la Conservation, contre les procureurs de la même ville. Délibéré à Paris, ce 12 septembre 1757. In-fol., 11 pp.

9985 Arrest de la Cour du parlement concernant la compagnie des avocats de Lyon. Scellé le 18 septembre 1737. *Signé* : GAULTIER. In-fol.

9986 Mémoire pour les avocats de la ville de Lyon, contre la communauté des procureurs de la même ville. *Paris*, veuve d'André Knapen, 1738. In-fol., 17 pp.

9987 Mémoire signifié pour les prévôt des marchands et échevins, etc., intervenans dans la cause d'entre les avocats et la communauté des procureurs de la même ville. *Paris*, 1738. In-fol., 10 pp.

9988 Mémoire pour Me Varenard, avocat, contre MMes Tolozan et Palerne de Savy, avocats du roi en la sénéchaussée de Lyon. 1762. In-fol., 11 pp.

9989 Mémoire pour Me Goy, avocat, contre Jean Chanorier, receveur général des finances à Auch (1772). In-4, 24 pp.

9990 Discours lu dans une assemblée de l'ordre des avocats de la ville de Lyon, convoquée le 30 décembre 1780 ; par Me BERTHOLON. In-8 demi-rel.

9991 Discours prononcé au moment de l'inhumation de Me Ant.-Marie Bertholon, bâtonnier de l'ordre des avocats de Lyon, décédé le 4 avril 1808 ; par Me GRAS, avocat. *Lyon*, Ballanche, 1808. In-4, 3 pp.

9992 Réclamation de Me L.-A.-Bern. DURIEU auprès de l'ordre des avocats. *Lyon*, Mistral. s. d. In-8, 15 pp.

9993 Affaire de l'ordre des avocats près la Cour royale de Lyon, contre le président Bruyas, en 1814. Ms. de l'écriture de M. LE CLERC, avocat. In-4, 27 pp.

9994 Extrait des délibérations du Conseil de discipline de l'ordre des avocats à la Cour royale de Lyon ; séances des 3, 8 et 18 décembre 1823. BASSET, bâtonnier. Règlement pour le Bureau de consultation gratuite. *Lyon*, J.-B. Kindelem. In-4, 3 pp.

9995 Observations de l'ordre des avocats de Lyon sur les articles de réforme proposés par l'Administration municipale. s. d., s. n. d'aut. Ms. in-fol., 17 ff.

9996 Réflexions d'un étudiant en droit sur l'indépendance de l'ordre des avocats, et sur la liberté qu'ils ont d'admettre ou de rejeter les candidats qui se présentent pour être inscrits sur le tableau. s. d. In-8, 7 pp.

9997 Tableau des avocats à la Cour royale de Lyon, années 1830 et 1831. *Lyon*, M.-P. Rusand, 1831. In-8, 8 pp. — *Id.* 1832-1833. *Lyon*, Rusand, 1833. In-8, 11 pp. — *Id.* 1833-1834. In-8, 11 pp.

Procureurs, Avoués.

9998 Déclaration du roy qui confirme la communauté des procureurs postulants de la sénéchaussée, etc. De *Lyon*, 19 mai 1695. In-4, 4 pp.

9999 Arrêt du Parlement de Paris portant règlement sur les prises à partie , l'intimation des procureurs du roi , etc. 4 septembre 1704. In-4, 15 pp.

10000 Arrêt de la Cour des monnoyes de Lyon , portant homologation d'une délibération prise par la communauté des procureurs de ladite ville pour maintenir entre eux bonne règle au sujet de l'ordre judiciaire et discipline des clercs. Du 10 avril 1715. *Lyon* , P. Valfray. In-4, 4 pp.

10001 Apologie de PERRODON, procureur à Lyon, ou Réponse à deux libelles signifiés dans le procès qui est entre les fermiers généraux et les frères Gérémié. *Lyon* , P. Valfray , 1719. In-fol., 30 pp.

10002 Arrêt de la Cour des monoyes de Lyon (concernant Chaulce , qui avoit acquis l'office de procureur de Me Math. Grandin et qui lui enjoint de se pourvoir du titre). Du 31 juillet 1721. In-fol., 3 pp.

10003 Sentence rendue en la chambre du Conseil de la sénéchaussée de Lyon le 21 mars 1733 , qui fait défenses aux procureurs de ladite sénéchaussée de faire enregistrer les présentations des défendeurs , etc. *Lyon* , P. Valfray. In-4, 4 pp.

10004 Délibération de la communauté des procureurs ès Cours de Lyon. Du 22 janvier 1734. In-4, 2 pp.

10005 Mémoire pour la communauté des procureurs en la Conservation de Lyon , contre partie des avocats. POUSSARD , procureur. *Paris* , 1737. In-fol., 15 pp.

10006 Second Mémoire pour la communauté des procureurs à la sénéchaussée de Lyon , contre partie des avocats , etc. POUSSARD, procureur. *Paris* , 1738. In-fol., 29 pp.

10007 Extrait de la délibération de la communauté des procureurs ès Cours de Lyon, du 24 février 1749 ; des jugements de la Sénéchaussée et Conservation, des 12 et 24 mars 1749, qui en out ordonné l'homologation. *Lyon* , Pierre Bruyset, M.DCCXLIX. In-4, 8 pp.

10008 Lettres-patentes du roi , en forme de déclaration , qui autorisent les procureurs au Parlement et leur enjoignent de faire leurs fonctions ordinaires en la Chambre royale lorsqu'ils en seront requis. Données à Versailles , le 3 décembre 1753. *Lyon* , P. Valfray , 1753. In-4, 3 pp.

10009 Mémoire pour Me Rampon , procureur ès Cours de Lyon , demandeur ; contre Me Pierre Poulet, commissaire enquêteur à Lyon. *Lyon*, Faucheux, s. d. (1745 ?). In-fol.

10010 Mémoire communiqué pour les syndics et communauté des procureurs ès Cours de Lyon, contre J.-F. Sandrin (*sur l'office de commissaire aux saisies réelles*). (175 ?), In-4, 28 pp.

10011 Mémoire pour Pierre Bourdua , notaire royal, procureur à Neuville... , contre la communauté des procureurs de Lyon... (*Paris*), Simon , 1756. In-4, 24 pp.

10012 Sentence de la Sénéchaussée de Lyon qui maintient les procureurs aux Cours de Lyon dans le droit de faire seuls la postulation de tous les siéges et jurisdictions de ladite ville , etc. Du 23 juin 1760. Confirmée par arrêt du 31 août 1762. In-4, 22 pp.

10013 Edit du roi portant réunion des offices de procureurs au Conseil supérieur de Lyon , à ceux de la Sénéchaussée de la même ville. Donné à Compiègne , au mois d'août 1771. *Lyon* , P. Valfray , 1771. In-4, 3 pp.

10014 Arrêt de la Cour de parlement rendu en faveur de Me Bonichon , procureur à Lyon , qui annule toute la procédure tenue contre lui par le procureur du roi au Conseil supérieur de Lyon , etc. Du 1er avril 1775. In-4, 18 pp.

10015 Loi relative à la liquidation des offices de procureurs de la ci-devant sénéchaussée du Beaujolois. Donnée à Paris , le 15 avril 1791. *Lyon* , A. Vatar-Delaroche, 1791. In-4, 3 pp.

10016 Apologie de Me GERSON , procureur aux Cours de Lyon, ou Réponse au libelle diffamatoire qui a pour titre : *Défense de Nic.-Fr. Turrin* , etc. s. d. In-fol., 38 pp.

10017 Mémoire signifié pour les doyen , syndics et communauté des procureurs ès Cours de Lyon , demandeurs et défendeurs, contre Me Grégoire Carlier , sous-fermier du domaine de cette généralité , pour servir de réponse à la requête qu'il a fait signifier le 8 mai précédent. s. d. In-fol., 9 pp.

10018 Requête à MM. les officiers municipaux de la ville de Lyon , par Me Didier-GUILLIN , procureur. Sans nom de lieu et s. d. (179.). In-12, 16 pp.

10019 Requête des avoués de Lyon qui demandent que leur nombre soit restreint à trente-cinq (adressée au premier Consul) ; avec plusieurs signatures aut. Ms. in-4, 2 pp.

10020 Observations des défenseurs-avoués de Lyon sur les projets de tarif et de réglements. *Lyon* , Pelzin , 1806. In-4, 14 pp.

10021 Examen de la plainte dirigée contre MM. Durand-Delorme et Régnard , avoués au Tribunal civil de Lyon. *Signé* : MARNAS et JOURNEL , avocats. *Lyon* , Théodore Pitrat , 1823. In-4, 44 pp. — Suivi de pièces justificatives. In-4, 11 pp.

10022 Réponse à l'acte d'accusation rédigé contre MM. Durand-Delorme et Régnard. (Suivie de pièces justificatives). (*Lyon*) , Pitrat , 1823. In-4, 26 pp.

10023 Mémoire et Consultation pour MM. Durand-Delorme et Régnard (avoués au Tribunal civil de Lyon). *Paris* , 20 mai 1823. (*Paris*), Smith. In-4, 31 pp.

10024 Mode convenable aux intérêts publics et privés pour opérer la réduction des avoués près le Tribunal civil du second arrondissement du départ. du Rhône, séant à Lyon. s. d. In-4, 3 pp.

10025 (Requête) à MM. les premier président, président et conseillers composant la Cour royale de Lyon, par les avoués près cette Cour, sur la taxe dans les affaires commerciales. *Lyon*, Durand et Perrin. In-4, 16 pp.

Notaires.

10026 Opuscule sur le notariat en l'an 1842; par A.-M. ROUSSET, ancien notaire à Lyon. Dédié à tous les notaires de France. *Lyon*, Mougin-Rusand, 1842. In-8, 20 pp.

10027 Répertoire général des protocoles du notariat de l'arrondissement de Lyon. 1846. *Lyon*, Mougin-Rusand. In-4, 121 pp.

10028 Tableau des notaires de l'arrondissement de Lyon. *Lyon*, Mougin-Rusand, 1848. Gr. in-fol., 1 p.

10029 Lettres du roy dressans à M. le seneschal de Lyon, pour la réduction des offices des notaires et sergens en la ville et seneschaussée de Lyonnois. A *Lyon*, chez Anthoine du Rhosne, 1561. Pet. in-8, 7 pp. en recueil mar. r., fil., tr. d. [Koehler.]

10030 Règlement pour les notaires, tabellions royaux en la ville et seneschaussée de Lyon. Du 16 mars 1595. In-4, 8 pp.

10031 Edit du roy portant réduction des notaires de la ville de Lyon au nombre de quarante. Donné à Fontainebleau, au mois d'octobre 1691. *Lyon*, P. Valfray, 1731. In-4, 8 pp.

10032 Edit du roy portant création de notaires royaux et apostoliques. Donné à Versailles, au mois de décembre 1691. In-4.

10033 Déclaration du roy portant réunion des offices de notaires apostoliques, créés pour la ville de Lyon, aux offices des quarante conseillers du roi, notaires pour ladite ville. Donnée à Versailles, le 5 mai 1693. *Lyon*, Fr. Barbier, 1693. In-4, 7 pp.

10034 Déclaration du roy en faveur des quarante conseillers du roy, notaires de la ville et faubourgs de Lyon. Donnée à Marly, le 5 mai 1705. *Lyon*, P. Valfray. In-4, 11 pp.

10035 Edit du roy pour la création des offices de banquiers expéditionnaires de la Cour de Rome et de la légation, etc. Donné à Versailles, au mois de mars 1673. *Lyon*, 1712. In-4.

10036 Edit du roy portant suppression de l'office de notaire au faubourg de la Croix-Rousse de Lyon, etc. Donné à Vincennes, au mois de décembre 1715. *Lyon*, P. Valfray. In-4, 3 pp.

10037 Arrest du Conseil d'Etat qui ordonne qu'il ne sera à l'avenir payé aucun des droits réservés pour les expéditions des sentences arbitrales que les notaires de Lyon reçoivent et délivrent. Du 29 décembre 1733. In-4, 4 pp.

10038 Ordonnance de Mgr l'intendant de la ville de Lyon qui prononce l'exécution des édits, déclarations, etc., rendus en faveur des qua-

rante conseillers du roi, notaires de ladite ville, etc. Du 23 mars 1735. In-4.

10039 Mémoire pour les notaires de Lyon, au sujet de leurs droits et fonctions. Me PONS, avocat, 1743. In-fol., 34 pp.

10040 Arrêt de règlement rendu entre le corps des notaires, MM. les officiers de la sénéchaussée et présidial..... 18 juillet 1744. In-fol., 24 pp. — Autre. In-4, 8 pp.

10041 Arrêt du Parlement de Paris qui règle les droits et honoraires dus aux notaires de Lyon pour les ventes et adjudications d'immeubles faites en leurs études par les syndics et directeurs de créanciers. 8 juin 1750. In-4.

10042 Arrêt du Conseil d'Etat qui maintient le corps des notaires de Lyon dans la faculté d'instrumenter seuls, et à l'exclusion de tous autres, tant dans ladite ville que dans ses faubourgs. 25 juillet 1752. *Lyon*. In-4, 4 pp.

10043 (Requête) à Mgr François de la Rochefoucauld, marquis de Rochebaron, commandant dans la ville de Lyon, par les doyen, syndics et communauté des notaires de la ville, à l'effet d'être exemptés des logements militaires. Du 21 février 1754. *Lyon*, 1754. In-4, 3 pp.

10044 Arrêt du Conseil d'Etat concernant les fonctions des notaires de Lyon; du 9 octobre 1770. *Lyon*, 1779. In-4, 14 pp.

10045 Arrêt du Conseil supérieur qui ordonne le dépôt dans les greffes des minutes des notaires ou autres officiers publics décédés, qui se trouvent au pouvoir de gens n'ayant pas qualité pour les garder. 11 avril 1772. In-4, 4 pp.

10046 Edit du roi qui supprime deux offices de notaires royaux créés et établis au bourg de la Guillotière et en la paroisse de Vaise. Donné à Versailles, au mois de septembre 1773. *Lyon*, G. Regnault, 1773. In-4, 4 pp.

10047 Arrêt du Conseil d'Etat en faveur des notaires de Lyon, contre les sieurs Layné et Faucheux, notaires du plat-pays, et les habitants de la Croix-Rousse et de St-Irénée. 31 mai 1774. In-4, 8 pp.

10048 Mémoire en forme de réfutation de ce qui est dit de l'origine des notaires, de leurs fonctions et de leurs prérogatives dans la collection de décisions nouvelles, etc.; par Me DENIZART. *Amsterdam* et *Paris*, 1775. In-4.

10049 Règlements du corps et communauté des quarante conseillers du roi, notaires royaux, etc., en la ville, faubourgs, banlieue, sénéchaussée, présidial et diocèse de Lyon, homologués au Parlement de Paris le 24 mai 1775; rédigés par MMes L.-J. BAROUD et J.-A. BUTTE. *Lyon*, G. Regnault, 1775. In-4, 27 pp.

10050 Arrêt du Conseil d'Etat rendu en faveur des doyen, syndics, corps et communauté des notaires de Lyon, contre les syndics et habitants de la Guillotière, et contre Me Teixier, notaire royal à la Guillotière. Du 15 juin 1776. *Lyon*, 1786. In-4.

10051 Arrêt du Conseil d'Etat qui, en renouvelant les anciens édits et déclarations, ordonne que les actes des notaires seront contrôlés dans la quinzaine. Du 14 octobre 1777. *Lyon*, 1779. In-4.

10052 Précis pour le corps des notaires de Lyon, contre le sieur Delhorme, notaire et secrétaire du bureau de la Charité, etc. 1777. In-4, 8 pp.

10053 Etat des billets solidaires souscrits à l'ordre de M⁰ Baroud, notaire à Lyon, etc. Du mois de janvier 1782. In-fol., 88 pp.

10054 Réponse à la Lettre anonyme du seul notaire de Lyon qui soit à Paris. *Lyon*, 27 novembre 1784. In-4, 7 pp.

10055 Ordonnance de M. le lieutenant général en la sénéchaussée de Lyon, concernant les corps et communauté des notaires à Lyon. Du 11 mars 1786. *Lyon*, 1786. In-4 v. f., fil.

10056 Observations pour les notaires. — *Délibéré dans l'assemblée des notaires de Lyon, le 12 novembre 1790. Lyon*, Delaroche, 1790. In-4, 4 pp.

10057 Révélation intéressante, ou les Notaires à Lyon dévoilés. 1790. s. n. d'auteur ni d'imprimeur. In-8.

10058 Arrêté du Directoire du départ. de Rhône-et-Loire, contenant son avis sur l'organisation du notariat, en conformité de la loi du 6 octobre 1791. Du 3 septembre 1792. *Lyon*, A. Vatar-Delaroche, 1792. In-4, 19 pp.

10059 Réclamation de Jacques Dusurgey et François-Bertrand Desgranges, notaires à Lyon, contre l'arrêté du Conseil général. s. d. (février 1793). *Paris*, Desenne. In-8, 7 pp.

10060 Mémoire pour les notaires de Lyon (au sujet de l'organisation du notariat). *Lyon*, Ballanche, an XI. In-4, 24 pp.

10061 Délibération de la Chambre de discipline des notaires de l'arrondissement de Lyon (à l'occasion de M⁰ Viennot). Du 1ᵉʳ août 1807. *Lyon*, Ballanche, 1807. In-4, 18 pp.

10062 Observations relatives au notariat, sur quelques formes légales que l'on doit suivre à l'ouverture des successions. *Lyon*, Louis Perrin, avril 1857. In-8, 32 pp.

10063 Requête des notaires de Lyon sur l'exécution de la loi qui a établi une justice de paix à la Guillotière. *Lyon*, Mougin-Rusand, 1843. In-4, 19 pp.

10064 Mémoire pour les notaires de Lyon, contre l'administration de l'Enregistrement et des Domaines, au sujet de deux études transférées à la Guillotière. *Lyon*, Mougin-Rusand, 1846. In-8, 25 pp.

10065 Mémoire pour M. Jean-Marie-Elisabeth Rousset, défendeur, contre M⁰ Cornuty, avoué, demandeur, et contre M. Claude-Marie Jogand, ancien notaire, intervenant. *Lyon*, veuve Ayné (1847). In-4, 70 pp.

10066 Mémoire pour les créanciers de M. Jogand et pour M. Jogand, contre M. Rousset. (Par MM. Humblot et Perras, avocats). *Lyon*, Louis Perrin, 1847. In-4, 115 pp.

10067 Violation des résidences notariales. Exposé des décisions de la Justice contre les notaires prévaricateurs. *Lyon*, Mougin-Rusand, 1850. In-fol., 15 pp.

Juges de paix.

10068 Code de la Justice de paix; par A.-C. Guichard, homme de loi. *Lyon*, impr. du départ. de Rhône-et-Loire, 1790. In-8, 83 pp.

10069 Proclamation du roi sur un décret de l'Assemblée nationale portant que le bureau de paix pour le district de la campagne de Lyon sera formé par les administrateurs de ce district. Du 19 octobre 1790. *Lyon*, Bruyset fils, 1790. In-4, 2 pp.

10070 Délibération du Directoire du district de Lyon concernant l'arrondissement des juridictions des juges de paix de la ville de Lyon. 8 janvier 1791. *Lyon*, Aimé Delaroche, 1791. In-4, 12 pp.

10071 Lettre du citoyen L'Ange, juge de paix du canton de la Fédération, aux députés de la Convention, au sujet de la députation des juges de paix que les commissaires n'ont pas voulu recevoir. *Lyon*, 6 mars 1793. Lett. aut. sig. In-4, 1 p.

10072 Adresse aux citoyens de Lyon par la Société des amis de la Constitution de la même ville, sur la prochaine élection des juges de paix. s. d., s. n. de ville ni d'impr. In-8, 4 pp.

10073 Pétition des habitants de Neuville-sur-Saône au citoyen préfet, pour obtenir qu'on leur laisse la justice de paix. s. d. 172 sig. aut. Ms. in-fol., 8 pp.

10074 Adresse au sujet du serment qu'ont à prêter à l'empereur MM. les juges de paix, notaires, greffiers et huissiers de l'arrondissement. 8 messidor an XII. Sans signature. Ms. in-4, 3 pp.

10075 Observations sur les Justices de paix, par un juge de paix de Lyon (M. Billion). *Lyon*, s. d. In-8, 56 pp.

10076 Des juges de paix en France : ce qu'ils sont, ce qu'ils devraient être ; par Camille Billion, juge de paix à Lyon. *Lyon*, Barret, 1824. In-8, 124 pp.

Jurés.

10077 Tableau des notables nommés par délibération des officiers municipaux de la ville de Lyon, du 3 novembre 1789, pour assister, en qualité d'adjoints, à l'instruction des procédures criminelles, conformément aux lettres-patentes de S. M. du mois d'octobre 1789. *Lyon*. In-4, 4 pp.

10078 Extrait du registre des délibérations du Conseil général du départ. de Rhône-et-Loire, du 7 décembre 1791, concernant l'établisse-

ment des jurés. *Lyon*, Vatar-Delaroche, 1791.
In-4, 4 pp.

10079 Arrêté du Directoire concernant le jury,
avec la liste des deux cents jurés désignés
pour les mois de juillet , août et septembre.
Lyon, 19 juin 1795. *Signé* : BONAMOUR. Ms.
in-4, 9 pp.

10080 Liste des citoyens qui composent le jury
d'accusation et de jugement pendant le trimestre de germinal , floréal et prairial an IV.
Lyon , Ballanche , an IV. In-4 , 8 pp.

10081 Liste des citoyens composant le jury d'accusation et de jugement. 25 frimaire an V.
Lyon , Ballanche. In-4, 12 pp.

10082 Circulaire du préfet du Rhône, du 21 prairial an VIII , en envoyant la liste de ceux qui
sont appelés aux fonctions de jury spécial. Sig.
à la griffe de R. VERNINAC. In-4 , 1 p.

10083 Liste générale des citoyens appelés aux
fonctions de jurés spéciaux, soit d'accusation,
soit de jugement, pendant le trimestre de messidor , thermidor et fructidor an VIII. *Lyon* ,
Perisse. In-4, 9 pp.

10084 Liste générale des jurés pour le trimestre
de germinal , floréal et prairial an IX. *Signé* :
VERNINAC. *Lyon* , ce 12 ventose an IX. In-4 ,
11 pp.

10085 Liste générale des jurés pour les mois de
messidor , thermidor et fructidor an X. *Signé* :
NAJAC. *Lyon* , Tournachon-Molin. In-4 , 8 pp.

10086 Liste générale des jurés pour les mois de
vendémiaire, brumaire et frimaire an XI. *Signé* :
BUREAUX-PUSY. *Lyon*, Tournachon-Molin. In-4,
10 pp.

10087 Liste générale des jurés ordinaires pour le
trimestre de germinal, floréal et prairial an XI.
Lyon , Tournachon-Molin. In-4 , 10 pp.

10088 Liste générale des jurés spéciaux pour le
trimestre de germinal, floréal et prairial an XI.
Lyon, Tournachon-Molin. In-4, 7 pp.

10089 Liste générale des jurés ordinaires pour le
trimestre de germinal, floréal et prairial an XII.
Le conseiller de préfecture : DEFARGE. *Lyon* ,
Tournachon-Molin. In-4 , 10 pp.

Huissiers et Commissaires-
Priseurs.

10090 Arrest de la Cour de parlement de Paris
portant qu'en exécution des édits , les déclarations et arrests des mois de décembre 1663
et avril 1664 , et autres arrests et règlements
y desnommez , concernant la fonction et exercice des charges d'huissiers et sergents, seront
exécutez , auec deffence d'y contreuenir. Fait
en Parlement, le 15 juillet 1666. Collationné :
ROBERT. In-4, 4 pp.

10091 Sentence du Présidial de Lyon , du 22
may 1755 , qui déclare nul l'exploit d'assignation donné par Serve , à défaut d'avoir pris
une commission en la chancellerie présidiale ,

et le condamne en l'amende de 200 livres.
Lyon , P. Valfray. In-4, 4 pp.

10092 Sentence de la Sénéchaussée de Lyon
portant deffenses à Laurent-Cléophas Tourtier
l'aîné et à tous autres huissiers , en procé-
dant à des saisies d'effets, d'apposer des scellés , ni d'expulser du domicile les parties
saisies , jusqu'à ce qu'il en ait été ainsi ordonné. Du 26 janvier 1736. *Lyon* , P. Valfray.
In-4, 2 pp.

10093 Sentence de la Sénéchaussée et siége présidial de Lyon portant deffenses à tous huissiers de signifier et mettre à exécution aucuns
jugements , etc., rendus par d'autres juges, si
ce n'est en vertu de *pareatis* du grand sceau.
Du 7 décembre 1737. *Lyon* , P. Valfray. In-4,
3 pp.

10094 Edit du roi portant création de jurez
priseurs , vendeurs de biens-meubles dans
toutes les villes et bourgs du royaume , à
l'exception de la ville de Paris ; du mois d'octobre 1696. — Statuts et règlements desdits huissiers-jurez priseurs et vendeurs de
biens , de la ville de Lyon ; homologuez en la
sénéchaussée le 3 juillet 1745. *Lyon* , 1745.
In-4, 24 pp.

10095 Arrest contradictoire du Conseil d'Etat du
roi portant confirmation des fonctions attribuées aux offices de crieurs publics dans la
ville de Lyon , à l'exclusion de tous autres
huissiers. Du 19 décembre 1747. *Lyon* , A.
Delaroche, 1748. In-4, 7 pp.

10096 Arrêt du Conseil d'Etat qui ordonne que
les offices des huissiers - priseurs de Lyon
soient réunis au corps des huissiers-sergents
royaux. 22 novembre 1757. In-4, 7 pp.

10097 Tarif des droits des huissiers et sergents
royaux en la sénéchaussée et siége présidial de Lyon , pour leurs exploits et procès-
verbaux , que le procureur du roi requiert
être observé. *Lyon* , C.-A. Faucheux , 1774.
In-8, 13 pp.

10098 Arrêt du Conseil d'Etat qui lève la surséance de la vente des offices de jurés-priseurs.
... Du 25 novembre 1780. *Lyon* , 1780. In-4,
4 pp.

10099 Lettres-patentes du roi portant règlement
pour la perception des droits des jurés-priseurs. Données à Versailles, le 3 janvier 1782.
Lyon , 1782. In-4, 3 pp.

10100 Observations pour les huissiers audienciers de Lyon. 1789. In-8, 16 pp.

10101 Observations pour les commissaires-priseurs de la ville de Lyon , soumises aux magistrats consultés par Mgr le garde des sceaux,
sur le projet de loi relatif à leur institution.
Pet. in-fol., 6 feuillets lithogr.

10102 Observations sur un grave abus, soumises
à la Cour royale et au Tribunal de première
instance de Lyon par les huissiers, exploi-
tant et résidant en cette ville. *Lyon* , L. Ayné.
In-4, 26 pp.

10103 A sa grandeur Mgr le garde des sceaux , ministre de la justice. Requête des commissaires-priseurs, du mois d'avril 1826. In-4, 9 pp.

10104 Résumé des moyens de défense des commissaires-priseurs de Lyon, contre la communauté des huissiers de la même ville. De Lyon, le 1er juin 1830. *Lyon*, Rusand. In-4, 7 pp.

10105 Mémoire pour la communauté des commissaires-priseurs de Lyon, intimés ; contre celle des huissiers de l'arrondissement de la même ville, appelants. *Signé* : GUERRE ,

DUPLAN, avocats. *Lyon*, Rusand. s. d. (183.?). In-4, 28 pp.

10106 Conclusions motivées pour les huissiers de Lyon , contre les commissaires-priseurs. Me ROCHE , avoué. *Lyon* , Ayné (183.?). In-4, 8 pp.

10107 Mémoire pour le sieur Gaudil et la communauté des huissiers de l'arrondissement de Lyon contre les commissaires-priseurs. MM. ALLARD , SAUZET , avocats. *Lyon* ; Rossary (183.?) In-4, 45 pp.

MÉLANGES.

Mémoires et Factums jusqu'à la fin de 1789.

10108 Mémoires et Factums par ordre alphabétique des personnes qu'ils concernent. 65 in-fol. , 258 in-4 , 21 in-8 : total , 344 brochures concernant la plupart des familles anciennes de Lyon.

10109 Recueil de Mémoires avant 1789. 54 brochures réunies en 2 vol. in-4 demi-rel. bas.

10110 Mémoires et Consultations. 87 brochures réunies en vol. in-4 demi-rel. bas.

10111 Procès entre les sieurs Jossard et de Bron touchant la dixme de Cerisel , paroisse de Boisset. Ms. sans signature, mais d'une écriture ancienne. Ce procès porte la date de 1429. In-4, 11 ff.

10112 Consultation sur la nature du patronage des prébendes Delarivière. Délibéré à Lyon , le 29 avril 1775. Avec le testament d'Antoine Delarivière , prêtre. Sans nom d'imprimeur. In-4, 4 pp.

10113 Interrogatoires , réponses et justification de M. B..., avocat , détenu au château de Pierre-Scize. 25 octobre 1773. Sans nom d'impr. In-12, 10 pp.

10114 Signification à M. le conservateur des hypothèques de Lyon , à la requête de Fr. Viollet , agent de S. M. le roi de Sardaigne, portant opposition à ce qu'aucunes lettres de ratification soient scellées sur les rentes faites ou à faire par le sieur Devouges des biens appartenants à la maison de Savoye , possédés par les ci-devant Célestins. Ms. sign. autogr. In-fol., 1 f. (Voir à *Histoire ecclésiastique* , *ordres religieux dans la ville :* Célestins.)

Mémoires et Factums depuis 1790.

10115 Mémoires et Factums par ordre alphabétique des personnes qu'ils concernent. 366 in-4 , 28 in-8 : total , 394 brochures concernant la plupart des familles modernes de Lyon.

10116 Lettre de M. BRET , procureur de la commune de Lyon , au rédacteur du *Journal de Lyon*. (Justification de sa conduite vis-à-vis de M. Guyot). *Signée* : BRET. Ce 31 août (1791). In-fol., 2 pp.

10117 Observations pour les citoyens arbitres par Zacharie AMY contre Jean Amy son frère. Demande de dommages et intérêts contre son frère qui l'a fait enfermer comme fou. s. d. (commencement de 1793 ?). Ms. aut. sig. In-8, 2 pp.

10118 Lettre de Marie BUFFET , femme VAILLANT , aux commissaires de la Convention, pour se plaindre de son mari. Demande et séparation. *Lyon* , 29 mars 1793. Sig. aut. Ms. in-4, 7 pp. — « ... L'exposante ne peut vous peindre son mari que comme un homme cruel , une espèce d'anthropophage... »

10119 Mémoire justificatif en faveur de Lambert , accusé d'avoir écrit à son fils émigré à Loudres. sans d., s. sig. Ms. in-4, 6 pp. accompagné d'un autre Mémoire intitulé Observations sur l'affaire du citoyen Lambert. sans d., s. sig., mais suivies d'une déclaration du citoyen Simard qui atteste qu'on lui a remis le présent Mémoire au palais, ce dont il a fait part à ses collègues, jurés d'accusation comme lui. A Lyon , ce 8 avril 1793. *Signé*: SIMARD , GAUZÈS , LEMELLETIER. « Je certifie d'avoir reçu un semblable mémoire manuscrit *Signé* : SAVIN. » Sig. aut. Ms. in-4, 12 pp.

10120 Mémoire pour le citoyen Aimé Guillon incarcéré par ordre du ministre de la police dans le dépôt des prisons de Ste-Pélagie, contre une fausse déclaration du citoyen Halley, incaréré dans la prison du Temple. *Signé* GUILLON , ce premier messidor an IX. In-8, 16 pp.

10121 Plaidoyer pour le citoyen (Ennemond Eynard (médecin à Lyon), contre demoiselle Louise Ferrières-Sauvebœuf. (Par le citoyen EYNARD). *Lyon* , Pelzin et Drevon , an IX. In-8, 98 pp.

10122 Mémoire du colonel de la légion de la

Corrèze (comte DE SALPERWICK), mis en non-
activité sans solde, en réponse à l'article du
ministère de la guerre, inséré dans le *Moniteur* du 9 novembre 1819 (au sujet d'événements arrivés à Lyon). *Signé* : Le comte DE
SALPERWICK. Suivi des pièces justificatives.
In-8, 48 pp.

10123 Un mot rapide sur la souscription ouverte
à Lyon en faveur des détenus, en vertu de la
loi du 26 mars 1820 ; pour servir de mémoire
aux prévenus devant la Chambre d'accusation.
Lyon, le 31 avril 1820. MÉNÉU, avocat. *Lyon*,
Boget. In-4, 15 pp.

10124 Mémoire en faveur d'Antoine Maurice,
accusé du crime d'infanticide, et condamné
à mort par arrêt de la Cour d'assises du département du Rhône, dans la séance du 14
septembre 1822. *Signé* : RICHARD (de Nancy),
d.-m.; CHAPEAU, d.-m. *Lyon*, Durand. In-4,
16 pp.

10125 Réponse au Mémoire de MM. Chapeau et
Richard ; par BIESSY, docteur-médecin, etc.
Lyon, ce 22 novembre 1822. *Lyon*, J.-B.
Kindelem, 1822. In-8, 51 pp.

10126 Lettre à M. Biessy sur sa réponse à notre
Mémoire en faveur d'Antoine Maurice, accusé
du crime d'infanticide, et condamné à mort.
Signé : RICHARD (de Nancy), d.-m.; CHAPEAU,
d.-m. Sans date (1822). *Lyon*, Durand. In-4,
18 pp.

10127 A MM. Richard et Chapeau, médecins à
Lyon. Lettre au sujet d'Antoine Maurice, con-
damné à mort. Lyon, le 18 décembre 1822.
Signé : BIESSY. *Lyon*, Kindelem. In-4, 3 pp.

10128 Nouveau Mémoire pour M. Barthélemi-
Régis Dervieu du Villars, ancien capitaine au
régiment de Bresse ; contre MM. Barthélemi-
Noé et Alphonse Dervieu de Varey frères, et
Madame de Moyria leur sœur, cohéritiers de
M. Claude - Jean - Marie Dervieu de Varey,
leur père. Par M. GUERRE, avocat. *Lyon*,
Kindelem, 1822. In-4, 29 pp.

10129 Réponse à l'acte d'accusation rédigé
contre MM. Durand-Delorme et Régnard.
Signé : MM\es MARNAS et JOURNEL, avocats.
Lyon, Théodore Pitrat, 1823. In-4, 26 pp.
— Pièces justificatives. In-4, 11 pp.

10130 Mémoire sur une fausse accusation de
parricide par empoisonnement ; avec des
Observations sur quelques points de l'admi-
nistration de la justice criminelle en France.
Par J. GUERRE. *Lyon*, Gab. Rossary, 1829.
In-8.

10131 Procès entre MM. Lacordaire et Marle.
Lyon, 1845. In-8, 48 pp.

10132 Seconds débats entre MM. Lacordaire et
Marle. Cour royale de Lyon, 17 juillet 1845.
Lyon, 1845. In-8, 48 pp.

10133 Précis pour Anselme Petetin contre Re-
vol fils aîné (au sujet des mines de fer de St-
Priest et Privas, hauts - fourneaux du Pouzin
(Ardèche). *Lyon*, 1848. In-8.

10134 Résumé pour M. Félicien de Verna, institué héritier universel de Madame de la Barmondière. (Par M\e GENTON, avocat). s. d.
(1850). In-4, 15 pp.

Mémoires et Factums par M\e SEGAUD, avocat.

10135 Mémoire pour la dame Bossin, contre le
sieur Mirio. *Lyon*, Pelzin et Drevon, 1810.
In-4, 32 pp.

10136 Mémoire pour la dame de Foudras-Dubreul
de Sainte-Croix, contre le sieur Antoine-Hilaire
Guillermin de Courcenay. *Lyon*, Kindelem,
1810. In-4, 57 pp.

10137 Mémoire à consulter, et Consultation pour
le sieur Martin Rousset, contre le sieur Antoine Dufour. Lyon, 21 décembre 1812. *Lyon*,
Kindelem. In-4, 15 pp.

10138 Mémoire pour M. Théophile Chivron de
Villette, contre Mme Gabrielle Canalis-Cumiana, veuve de M. François-Maurice de Challant.
Cour impériale de Lyon. s. d. *Lyon*, Kindelem. In-4, 58 pp.

10139 Nouvelles Observations et Consultation
pour M. Théophile Chivron de Villette, contre
Mme Gabrielle Canalis-Cumiana, veuve de
François-Maurice de Challant, en réponse aux
Plaidoiries et aux Mémoires de Mme de Chal-
lant. Cour impériale de Lyon (juillet 1813).
Lyon, Kindelem. In-4, 28 pp.

10140 Mémoire pour Pierre Sermet..., tant en
son nom qu'en celui de M. Segaud, notaire
à Montluel, contre la régie de l'Enregistrement
et des Domaines... par-devant M. le préfet et
MM. les conseillers de préfecture du département de l'Ain. *Signé* : SERMET. *Lyon*, Ballanche, 1815. In-4, 32 pp.

10141 Mémoire pour les sieurs Toutan et Rou-
bier, contre les frères Marboz, en réponse
aux deux Mémoires des frères Marboz publiés
sous les noms de Précis et de Dernier Mot.
Lyon, Kindelem, 1816. In-4, 18 pp.

10142 Mémoire pour M. Jean-Paul Segaud,
propriétaire, ancien maire de la ville de Montluel, contre l'Administration des Domaines.
Lyon, Kindelem, 1818. In-4, 62 pp.

10143 Mémoire sur la découverte des procédés
propres à la fabrication des tissus de coton
façonnés, au moyen de la mécanique dite de
Jacquard. Pour M. Privat, contre M. Martin.
Lyon, Kindelem, 1818. In-4, 76 pp.; tableau.

10144 Mémoire à consulter et Consultation pour
le sieur Jean-Marie Privat, négociant-fabricant
breveté..., contre le sieur Joseph Martin,
marchand détaillant... Le Mémoire *signé* :
PRIVAT ; la Consultation, du 18 avril 1818,
signée : VITET, GRAS, PICHOIS... SEGAUD...
Lyon, Kindelem, 1818. In-4, 41 pp.

10145 Contre-enquête à laquelle il a été procédé par-devant M. le juge de paix du cinquième arrondissement de Lyon, pour le sieur

Privat, contre le sieur Martin. s. d. (1818?). *Lyon*, Kindelem. In-4, 16 pp.

10146 Dernières Réflexions pour l'union des créanciers de Louis Brochier, contre les liquidateurs de sa faillite. *Lyon*, Kindelem, 1819. In-4, 10 pp.

10147 Observations pour Madame Félicité de Vicq de Pongibaud, veuve de M. Jean-Jérôme de Livron ; contre Mme de Barthelaz, née de Livron. *Lyon*, Kindelem, 1819. In-4, 18 pp.

10148 Consultation pour M. Georges Tardy de la Carrière ; contre M. Marc Tardy de la Carrière son frère. Délibéré à Dijon, le 14 août 1819. *Signé* : Proudhon, Balland. *Lyon*, Kindelem, 1819. In-4, 6 pp.

10149 Mémoire pour M. Georges Tardy de la Carrière, contre M. Marc Tardy de la Carrière son frère. *Lyon*, Kindelem, 1819. In-4, 62 pp.

10150 Mémoire sur la possession des eaux. (Pour M. de Harenc de la Condamine et les principaux propriétaires de la commune de Lippone, contre MM. de Montgolfier et autres propriétaires et manufacturiers des communes d'Annonay, Saint-Marcel et Boulieu). *Lyon*, Kindelem, 1820. In-4, 29 pp.

10151 Restitution des biens d'un protestant proscrit, en 1687, par la révocation de l'édit de Nantes. (Pour M. le président Micheli, contre M. de Polignac, comte de Banneins, ancien évêque de Meaux). *Lyon*, Kindelem, 1820. In-4, 40 pp.

10152 Précis de la discussion des principales questions de droit, dans la cause de Mme de Maubout, contre M. Chappuis de Saint-Julien. *Lyon*, Kindelem, 1820. In-4, 23 pp.

10153 Question d'Etat. Mémoire sur les effets civils d'une double bigamie. (Pour Benoîte Lacroze et les enfants mineurs nés de son mariage avec Christophe Basset; contre Fleury et Marie Pichon, nés du mariage de Marie Goutelle avec Fleury Pichon). *Lyon*, Kindelem, 1821. In-4, 27 pp.

10154 Mémoire pour l'hospice de Mâcon, légataire de M. Charbonnier de Lavavre ; contre Mme de la Martizière, ex-chanoinesse du chapitre de Neuville. *Lyon*, Kindelem, 1821. In-4, 76 pp.

Prisons.

10155 Lettres-patentes qui ordonnent la reconstruction des prisons de Lyon. 14 juillet 1773. In-4, 4 pp.

10156 Rapport sur la prison de St-Joseph et sur celle du Palais ou de Roanne. *Lyon*, Bruyset, 1790. In-4, 40 pp.

10157 Mémoire pour le sieur Lazare Chrétien, contre le sieur Fillion fils s. d. (janvier 1791?).

Signé : Chrétien, Brochet, Derivoire. In-4, 16 pp.

10158 Adresse du citoyen Gerbier, concierge des prisons de Roanne, aux citoyens officiers municipaux, aux corps administratifs et à ses concitoyens. s. d. (décembre 1791?), s. n. d'impr. In-12, 4 pp.

10159 Tableau des prisons de Lyon, pour servir à l'histoire de la tyrannie de 1792 et 1793 ; par A.-F. Delandine. *Lyon*, Joseph Daval, 1797. In-8, 328 pp.

10160 Pétition du citoyen Bugniet, architecte, chargé de faire les plans et dessins de la prison dite de Roanne, aux citoyens commissaires de la Convention, pour obtenir qu'on lui laisse terminer son œuvre et qu'on ne la donne pas à un autre architecte. s. d. (commencement de 1793). Lett. aut. sig. In-fol., 3 pp.

10161 Tableau des détenus dans les prisons de Roanne et de St-Joseph, contenant les noms desdits détenus et les motifs de leur détention. En février et mars 1793. — Ce tableau n'est pas signé, et paraît avoir été fait au mois de mars 1793. Ms. in-4, 3 pp.

10162 Déclaration du citoyen Dupuis, greffier des prisons de Roanne, attestant qu'il n'existe dans lesdites prisons aucun prisonnier pour dettes. 15 mars 1793. Ms. aut. sig. In-8, 1 p.

10163 Rapport de la maison de détention, du 16 mars 1793, au sujet de divers prisonniers. Ms. in-fol., 1 p.

10164 Quelques données préliminaires servant au Mémoire justificatif du citoyen Hugues-Antoine Vigouroux, concierge de la prison dite de Roanne, pendant l'an VII, sur l'événement de l'évasion de sept prisonniers qui a eu lieu le 25 fructidor de la susdite année à l'extérieur de ladite prison. *Lyon*, le 25 brumaire an VIII. s. n. d'impr. In-8, 23 pp.

10165 Extraits de la *Guêpe du Rhône*, du 27 mars 1823 au 29 mai suivant. Art. II. Prison de Roanne. s. n. d'auteur. (*Lyon*), Durand. In-8, 35 pp.

10166 Mémoire couronné par l'Académie royale des sciences, belles-lettres et arts de Lyon, le 27 mai 1825, sur le local à choisir dans cette ville pour l'établissement d'une maison de détention et les améliorations à introduire dans l'administration et le régime de cette prison ; par M. Baboin de la Barollière. *Lyon*, Durand et Perrin, 1825. In-8.

10167 Une Visite aux prisons de Lyon, juillet 1826 (par Charles Vernes). *Lyon*, Barret, 1826. In-8, 27 pp.

10168 Aperçu de la maison d'arrêt de Roanne, à Lyon, suivi de Réflexions sur la prison centrale de St-Joseph, même ville, et d'un léger aperçu sur la maison pénitentiaire de Genève ; par Huré jeune. *Lyon*, Chambet fils, 1827. In-8, 95 pp.

10169 Appel à l'opinion publique, par Chas-,

TAING fils. *Lyon*, Mistral. *s. d.* (Relatif à la souscription lyonnaise en faveur des détenus). In-8, 14 pp.

10170 Souscription en faveur des condamnés des 5 et 6 juin (1832). *Lyon*, Perret. In-4, 1 f.

10171 Compte administratif des prisons civiles de Lyon pour le 4ᵉ trimestre de 1830 et l'année 1831, présenté à la Commission administrative par M. BILLIET-MICHOUD, trésorier de l'Administration. Première année. *Lyon*, G. Rossary, 1832. In-4 demi-rel. bas. verte.

10172 Rapport sur le règlement des prisons de Lyon, par M. L. BONNARDET. *Lyon*, Léon Boitel, 1838. In-8, 50 pp.

HISTOIRE COMMERCIALE.

TRAITÉS GÉNÉRAUX.

Introduction.

10173 Histoire du Commerce, de l'Industrie et des Fabriques de Lyon, depuis leur origine jusqu'à nos jours; par C. BEAULIEU. *Lyon*, A. Baron, 1838. In-8 demi-rel., dos et coins mar. r., tête dorée. [Koehler.]

10174 Du Commerce et des Manufactures distinctives de la ville de Lyon; par M. l'abbé BERTHOLON. Ouvrage qui a remporté le prix de l'abbé Raynal, au jugement de l'Académie de Lyon. *Montpellier*, Martel, M.DCC.LXXXVII. In-8, 220 pp., pl. cart. à la Bradel, non rog.

10175 Commerce (du) et des Manufactures distinctives de la ville de Lyon; par l'abbé BERTHOLON. *Montpellier*, 1787. — Eau (de l') la plus propre à la végétation des plantes, par le même. *Montpellier*, Martel, 1785. — Salubrité (de la) de l'air des villes. Ouvrage couronné par l'Académie de Lyon, par le même. *Ibid.*, 1786. — Taille (de la) de la vigne, par le même. *Ibid.*, 1788. In-8 demi-rel. bas.

10176 Mémoire sur les manufactures de Lyon; par MAYET. *Londres* , *Paris*, 1786. In-8, 74 pp., cart. à la Bradel.

10177 De la Fabrique lyonnaise, par KAUFFMANN. Mémoire couronné par l'Académie de Lyon en 1845. *Lyon*, 1846. In-8, 90 pp.

Traités sur le Commerce, sur les Manufactures, les Arts et Métiers, avec Lettres-patentes et Edits.

10178 Lettre du gouverneur de Lyon, par laquelle il mande au roi qu'il faut défendre le commerce avec ceux de Genève, autrement cette ville-là se fera riche et opulente. 16 avril 1569. *Signé* : Fr. DE MANDELOT. In. in-fol., 1 feuillet.

10179 Lettres-patentes pour la franchise de mestiers de la ville de Lyon, et exemption de jurande. *Lyon*, A. Julliéron, 1667. In-4, 18 pp.

10180 Arrest du Conseil d'Estat portant que les maîtres, compagnons, ouvriers et manufacturiers des arts et métiers de la ville de Lyon sont maintenus dans leurs priviléges, etc. Du 5 août 1669. *Lyon*, Aut. Valançol, 1670. In-4, 7 pp.

10181 Edict du roy François sur les draps d'or, d'argent, de soye....., aussi de toutes autres marchandises d'espiceries et drogueries...... *Valence*, Barbier, M.DC.LXXXVII. In-8 bas.

10182 Recueil de pièces contenant :

1° Observations sur le commerce de la

Russie avec la ville de Lyon (par M. Pernon fils) ;

2° Moyens pour montrer que les Français peuvent se passer des manufactures d'étoffes de soie, or, argent, etc., de l'étranger ;

3° Préface ou Discours sur l'état du commerce en France, etc. (par M. de Gournay) ;

4° Mémoire sur l'envoi des échantillons de la fabrique de Lyon ;

5° Observations sommaires des marchands fabricants de Lyon sur les toiles peintes ;

6° Remontrances de la Cour des comptes de Normandie sur les toiles peintes ;

7° Réflexions sur differents sujets de commerce, et en particulier sur la fabrication des toiles peintes ;

8° Réflexions sur les avantages de la libre fabrication des toiles peintes (par l'abbé Morellet).

(Tous ces ouvrages sont du xviii° siècle). In-12 demi-rel. bas.

10183 Mémoire sur les greniers d'abondance de la ville de Lyon. s. d. In-12, 51 pp.

10184 Extrait du registre des jugements et ordonnances de la jurisdiction consulaire, de la police des arts et métiers de la ville de Lyon. *Lyon*, 1704. In-12.

10185 Arrest du Conseil d'Estat qui ordonne que les prévost des marchands et échevins de la ville de Lyon remettront de plus amples mémoires au sujet des 4 sols pour livre des droits sur les marchandises étrangères qui entreront dans ladite ville. Du 27 janvier 1719. *Lyon*, P. Valfray. In-4, 3 pp.

10186 Mémoire sur les priviléges des Suisses en France (leurs relations particulièrement avec la ville de Lyon). s. d. (17..), s. n. d'auteur ni d'impr. In-4, 61 pp.

10187 Arrest du Conseil d'Etat portant règlement pour l'entrepôt des marchandises prohibées, etc. Du 18 mai 1720. *Lyon*, P. Valfray. In-4, 3 pp.

10188 Commerce de Lyon. Règlements de la place de Lyon. Questions proposées pour le bien du Commerce ; avec ce titre : « Otiosum oblectamentum, Nob¹ˢ Joan¹ˢ Hub.¹ : a Sto Desidero : (Hubert de St-Didier), *Lugduni*, opus hyemale ob amorem patriæ et utilitatem commercii collectum et editum. An. s. 1731, et lxxxv suæ. » Ms. in-fol., 228 pp., veau.

10189 Le Banquier françois, etc.; par Bouthillier. *Lyon*, 1731. In-8. — Ce volume renferme un règlement de la place du Change de Lyon, et un arrêt relatif aux usages de cette place.

10190 Mémoire pour les syndics, maîtres-gardes des communautés des marchands et négociants de Lyon, contre Nic. de Boves, fermier général, et les crocheteurs des différentes douanes de cette ville. Mᵉ Voiret, avocat, 1733. In-fol., 17 pp.

10191 Arrest du Conseil d'Etat qui ordonne l'exécution des statuts et règlements pour les fabriques de Lyon. Du 19 juin 1744. *Paris*, impr. roy., 1744. In-4.

10192 Arrest du Conseil d'Etat qui fait défenses aux sieurs prévôt des marchands et échevins de la ville de Lyon, de commettre à l'exercice des fonctions de facteurs-commissionnaires des rouliers, etc. Du 12 décembre 1752. *Lyon*, P. Valfray, 1752. In-4, 4 pp.

10193 Arrêt du Conseil d'état qui ordonne que les sujets qui justifieront d'un apprentissage et compagnonage chez les maîtres d'une ville du royaume où il y a jurande, seront admis à la maîtrise de leur profession dans les communautés d'arts et métiers de telle autre ville du royaume qu'ils jugeront à propos de choisir, à l'exception de ce qui concerne les communautés, compagnons et apprentis des villes de Paris, Lyon, Lille et Rouen. Du 23 mars 1755. *Lyon*, P. Valfray, 1755. In-4, 3 pp.

10194 Discours sur l'utilité des places d'entrepôts et de manufactures. (1758). Copie non signée. Ms. in-4, 17 ff.

10195 Arrêt du Conseil d'Etat qui ordonne que, jusqu'à ce qu'il en soit autrement ordonné, les peaux et poils de castor entreront librement dans le royaume, en exemption de tous droits. Du 12 février 1760. *Lyon*, P. Valfray, 1760. In-4, 3 pp.

10196 Idées patriotiques sur la nécessité de rendre la liberté au commerce. *Lyon*, Louis Cutty, 1762. In-8, 38 pp.

10197 Arrêt du Conseil d'Etat qui accorde à tous les habitants des campagnes la permission de fabriquer des toiles de lin, de chanvre et de coton, et toutes étoffes de laine et de soie, ainsi que de bonnéterie (*sic*) et chapellerie. Du 28 février 1766. *Lyon*, Valfray, 1766. In-4, 3 pp.

10198 Arrêt du Conseil d'Etat portant règlement pour les professions d'arts et métiers et autres qui intéressent le commerce, et qui ne sont pas en jurande. Du 23 août 1767. *Lyon*, Valfray, 1767. In-4, 12 pp.

10199 Arrêt du Conseil d'Etat qui règle ce qui doit être observé par tous ceux qui exercent ou voudront exercer....... des professions de commerce, arts et métiers.... Du 30 octobre 1767. *Lyon*, Valfray, 1767. In-4, 16 pp.

10200 Observations sur les engagements des corps et sur l'action que ces engagements donnent contre des particuliers. Délibéré à Paris, le 8 mai 1769. *Lyon*, Regnault, 1769. In-4, 35 pp.

10201 Le Commerce des vins réformé, rectifié et épuré, ou Nouvelle Méthode pour tirer un parti sûr, prompt et avantageux des récoltes en vins, etc.; par M. C. S., avocat à *Amsterdam*; et se trouve à *Lyon*, chez Louis-Joseph Berthoud, 1769. In-12, 164 pp.

10202 Arrêt du Conseil supérieur qui ordonne que dans trois mois les jurés, gardes ou syndics des communautés d'arts et métiers, dans toute l'étendue du ressort, remettront ou enverront au greffe de la Cour un état de situation de chacune desdites communautés. Du 22 août 1772. *Lyon*, Valfray, 1772. In-4, 6 pp.

10203 Arrêt du Conseil d'État, qui, sans avoir égard à celui du Conseil supérieur de Lyon, renouvelle les défenses faites aux communautés d'emprunter sans y avoir été autorisées par lettres - patentes. 30 septembre 1772. In-4, 3 pp.

10204 Arrêt du Conseil d'État qui accorde des gratifications à ceux qui feront venir des grains de l'étranger. Du 24 avril 1775. (Il est question de Lyon). *Lyon*, Valfray, 1775. In-4, 7 pp.

10205 Arrêt du Conseil d'État.... portant suppression des jurandes et nouvelles créations des six corps et communautés, ordonne qu'il sera procédé dans la ville de Lyon à la vente des effets des corps et communautés de commerce. 26 août 1776. In-4, 4 pp.

10206 Édit du roi pour les communautés d'arts et métiers de la ville de Lyon. Donné à Versailles, au mois de janvier 1777. *Lyon*, 1777. In-4, 11 pp.

10207 Arrêt du Conseil d'État qui ordonne le contrôle des quittances délivrées par le trésorier des parties casuelles, pour le payement des droits acquittés en vertu de l'édit concernant les communautés d'arts et métiers de Lyon. Du 8 mars 1777. *Lyon*, 1777. In-4, 3 pp.

10208 Arrêt du Conseil d'État qui ordonne qu'à compter du 1er janvier dernier toutes les rentes constituées par les corps et communautés d'arts et métiers de la ville de Lyon, seront assujetties à la retenue des deux vingtièmes, et quatre sous pour livre du premier vingtième. Du 29 mars 1777. *Lyon*, 1777. In-4, 3 pp.

10209 Arrêt du Conseil d'État qui accorde un nouveau délai aux maîtres et maîtresses des anciens corps et communautés d'arts et métiers de la ville de Lyon, pour profiter des modérations accordées par l'art. 5 de l'édit du mois de janvier dernier. Du 3 mai 1777. *Lyon*, 1777. In-4, 3 pp.

10210 Arrêt du Conseil d'État qui commet le sieur Bertin pour faire le recouvrement des droits établis au profit de S. M. par l'édit de création de nouvelles communautés d'arts et métiers des différentes villes du ressort du Parlement de Paris. Du 21 juin 1777. *Lyon*, 1777. In-4, 3 pp. — Autre édition imprimée à *Paris*. In-4.

10211 Arrêt du Conseil d'État concernant la liquidation et l'acquittement de dettes des communautés d'arts et métiers établies dans la ville de Lyon, etc. Du 27 août 1777. *Lyon*, 1777. In-4, 4 pp.

10212 Ordonnance consulaire qui enjoint aux maîtres des différentes communautés d'arts et métiers de cette ville de présenter aux maîtres-gardes de leur communauté, pour y être en-

registrés, les brevets des apprentis qu'ils auront engagés avant ou après l'édit de S. M. du mois de janvier 1777. Du 16 juin 1778. *Lyon*, A. Delaroche, 1778. In-4, 4 pp.

10213 Lettres-patentes du roi concernant les manufactures. Données à Marly le 5 mai 1779. *Lyon*, 1779. In-4, 8 pp.

10214 Arrêt du Conseil d'État qui ordonne que les délais fixés pour l'admission des anciens maîtres dans les communautés créées dans la ville de Lyon, seront de nouveau prorogés jusqu'au 1er avril 1780. Du 18 décembre 1779. *Paris*, 1779. In-4, 2 pp.

10215 Mémoire présenté par les syndics de tous les corps de commerce libre, grande fabrique en jurande et autres communautés de la ville de Lyon, à MM. les commissaires nommés en exécution des arrêts du Conseil des 17 et 18 mars dernier, etc. s. d. (177.?). In-4, 43 pp.

10216 Requête au roi pour les syndics de tous les corps du commerce de la ville de Lyon. *Paris*, Simon, 177.? In-4, 16 pp.

10217 Commerce de Lyon. Recueil factice contenant 13 brochures sur le commerce de Lyon de 1780 à 1808. 1 vol. in-8.

10218 Arrêt du Conseil d'État pour la comptabilité des communautés d'arts et métiers de Lyon; du 2 juillet 1780. In-4, 4 pp.

10219 Arrêt du Conseil d'État pour la comptabilité des communautés d'arts et métiers de la ville de Lyon; du 2 juillet 1780. *Lyon*, 1784. In-4. — Arrêt du Conseil du roi qui prescrit les formalités à remplir non-seulement par les maîtres des communautés supprimées par différents édits, mais encore par les artisans qui exerçaient des professions libres avant lesdits édits, etc. Du 30 juin 1787. *Lyon*, 1787. In-4.

10220 Lettres-patentes du roi portant règlement pour les maîtres et les ouvriers. Données à la Muette, le 12 septembre 1784. *Lyon*, 1782. In-4, 4 pp.

10221 Déclaration du roi concernant les communautés d'arts et métiers dans la ville de Lyon. Donnée à Versailles, le 30 août 1782. *Paris*, 1782. In-4, 16 pp.

10222 Arrêt du Conseil d'État qui accorde aux anciens maîtres des communautés d'arts et métiers de la ville de Lyon un délai jusqu'au 1er juillet prochain, pour se faire recevoir dans les nouvelles communautés. Du 10 février 1784. *Paris*, 1784. In-4, 3 pp.

10223 Déclaration du roi concernant les maîtres des communautés de Paris qui vont s'établir dans les villes du royaume. Donnée à Versailles, le 15 août 1784. *Lyon*, 1784. In-4, 4 pp.

10224 Arrêt du Conseil d'État du roi concernant les communautés d'arts et métiers de la ville de Lyon. Du 3 septembre 1786. *Lyon*, Bruyset, 1786. In-4, 8 pp.

10225 Table des édits, arrêts, déclarations, lettres-patentes, etc. Année 1786. In-4, 7 pp.

10226 Fragment du discours prononcé par M. le prévôt des marchands de Lyon dans la loge des Changes pour l'ouverture du paiement des Saints. 1787. In-8, 7 pp.

10227 Ordonnance consulaire concernant le colportage des gazes, mouchoirs de soie, blondes, rubans, galons; franges, boutons et autres marchandises de la ville de Lyon. Du 9 avril 1786. *Lyon*, 1786. In-4, 4 pp.

10228 Quelques moyens proposés en faveur des manufactures et des ouvriers de Lyon; par M. DE MONTLUEL. 1789. In-8, 26 pp., no rog. — *Id.* In-8, 29 pp.

10229 Mémoire sur les avantages que la France peut retirer du passage des marchandises étrangères et d'un entrepôt de ces marchandises à Lyon. s. n. d'aut., s. d. (mai 1789), s. n. d'impr. In-8, 41 pp.

10230 Dialogue entre un citoyen de Lyon et un mendiant. s. d. (178.?). In-8, 8 pp.

10231 Observations sur l'impôt relativement aux villes de manufactures. s. d. (178?.). In-4, 3 pp.

10232 Adresse présentée à l'Assemblée nationale par les négociants de la ville de Lyon. *Lyon*, Delaroche, 1790. Sign. mstes. In-4, 7 pp.

10233 Avi aux négociants de Lyon sur cette question importante : *N'est-ce pas plus nuisible qu'avantageux à la ville de Lyon d'avoir une douane, sous quelque dénomination qu'on puisse la considérer?* etc. *Lyon.*, Faucheux, 1790. In-8, 16 pp.

10234 Observations sur les octrois et le commerce de Lyon. Avril 1790. s. n. d'aut., s. n. d'impr. In-8, 31 pp.

10235 Délibération du Corps municipal de Lyon concernant les communautés d'arts et métiers, 22 mai 1790. *Lyon*, Delaroche. In-4, 3 pp.

10236 Pour le commerce d'exportation de Lyon. Lyon, 19 janvier 1791. *Lyon*, Aimé Delaroche, 1791. In-8, 14 pp.

10237 Remboursement des Maîtrises et Jurandes. (Reprise des opérations). *Lyon*, Aimé Delaroche, 1791. In-4, 1 p.

10238 Adresse à l'Assemblée nationale, proposée aux autres sections de la ville de Lyon par celle du Port-du-Temple; sur la liquidation des maîtrises. Du 10 mai 1791. *Signé* : MORENAS, secrétaire. *Lyon*, Aimé Delaroche, 1791. In-8, 7 pp.

10239 Réflexion sur une pétition de plusieurs négociants de Lyon, du 13 décembre 1791. *Paris*, Guerbart, s. d. In-8, 20 pp.

10240 Opinion d'un négociant sur des questions très importantes pour le commerce de la France en général et pour celui de la ville de Lyon en particulier. *Lyon*, Bruyset, 1791. In-4, 7 pp.

10241 Réponse au Mémoire d'un employé des fermes, qui demande un entrepôt à Lyon. (1791). *Signé* : ALLARD, etc. Ms. in-fol., 8 ff.

10242 Lettre des sans-culottes composant la Commission de surveillance des séquestres pour demander au citoyen Delachaux des certificats de civisme, afin qu'ils puissent retirer des marchandises séquestrées. *Signé* : CHAMPANHET, LAMANIÈRE et GATEL. Sign. aut. Ms. in-4, 1 p.; sceau de la Commission de surveillance.

10243 Arrêté de CHALLIER, POCHOLLE, représentants du peuple, envoyés à Commune-Affranchie, concernant la restauration du commerce. A Commune-Affranchie, le.... fructidor an II (septembre 1794). Sign. aut. Ms. in-fol., 1 f.

10244 Mémoire au Comité de salut public sur la réhabilitation du commerce de Commune-Affranchie. An II de la République. (Réimpr. tirée à 50 ex. *Lyon*, Barret, 1854). In-8, 23 pp.

10245 Arrêté des représentants du peuple à Lyon concernant la restauration du commerce. *Lyon*, le 20 vendémiaire an III (20 octobre 1794). *Signé* : CHALIER, POCHOLLE. Sign. aut. Ms. in-fol., 1 f. — Arrêté de POCHOLLE en faveur du commerce de Commune-Affranchie. s. d., minute. Ms. aut. sig. de POCHOLLE. In-fol., 4 pp.; timbre. — Arrêté des représentants du peuple TALLIEN et RICHAUD au sujet de la mise en activité des ateliers et manufactures et le rétablissement des paiements. *Lyon*, 7 pluviose an III. Sig. aut. Ms. in-fol., 2 ff.

10246 Extrait d'un Mémoire sur les moyens de porter l'agriculture, les arts, les manufactures et le commerce de France au plus haut degré de splendeur et d'utilité publique, présenté aux négociants français réunis à Paris; par le citoyen GUILLIAUD, manufacturier de St-Etienne et négociant à Lyon, actuellement à Paris. 25 nivose an V. (*Paris*), Dupont. In-4, 50 pp.

10247 Rapport fait par MAYNUVIS (au Conseil des Cinq-Cents) sur un message du Directoire concernant les manufactures de Lyon. Séance du 8 fructidor an V. In-8, 14 pp.

10248 Observations sur le commerce adoptées par le Conseil général du départ. du Rhône, dans sa séance du 26 germinal an IX (par M. VOUTY). *Lyon*, Ballanche, an IX. In-4, 16 pp.

10249 Rapport fait au Conseil municipal par le citoyen MAYNUVIS sur les établissements qui peuvent raviver les arts et les manufactures de Lyon. *Lyon*, Leroy, an IX. In-4, 19 pp.

10250 Réflexions sur la loi du 17 floréal an VII, précédées d'un Jugement du Tribunal de commerce de Lyon. *Lyon*, Ballanche, an IX. In-4, 4 pp.

10251 Analyse des Mémoires présentés sur le projet de règlement pour la fabrique de Lyon. Germinal an IX. Non signé. Ms. in-fol., 10 ff.

10252 Conseil (le) général du commerce, manufactures, arts et agriculture du départ. du Rhône, au citoyen maire..... (Circulaire). *Lyon*, an X. In-4, 4 pp.

10253 Sur la régénération du commerce dans la ville de Lyon (par M. TARDYSE). *Lyon*, an X. In-8, 16 pp.

10254 Rapport et avis du Conseil de commerce sur un entrepôt général, etc. 10 vendémiaire an XI. Ms. in-fol., 4 ff.

10255 Discours sur le commerce, où l'on considère son établissement et son exercice en France et particulièrement à Lyon. 1807. (Longue note de M. COCHARD, après la table des matières). Mss. in-fol., 111 ff.

10256 Programme de la Société d'encouragement pour l'industrie nationale, s. d. Lyon, Tournachon-Molin. In-4, 8 pp.

10257 Discours qui a obtenu la mention honorable sur cette question proposée par l'Institut national : Quelle est l'influence de la peinture sur les arts d'industrie commerciale ? Par P.-T. DÉCHAZELLE. Paris, 1804. In-8, 108 pp.

10258 Commerce avec la Russie, par J.-B. DAVALLON, ancien négociant français à Londres, etc. Paris, Tastu, 1808. In-4, 10 pp.

10259 Lettre de M. QUATREMÈRE-DISJONVAL à M. le Président de l'Académie des sciences et arts de Lyon sur les machines qu'il offre au commerce de cette ville. Lyon, 5 avril 1810. In-4, 8 pp.

10260 Consultation sur les retards, les avaries et les déficits des tiers expédiés en France par la voie d'Italie. Lyon, 23 avril 1812. In-4, 49 pp.

10261 Réflexions sur la décadence dont sont menacées les grandes villes manufacturières et commerciales, si l'on ne s'occupe d'améliorer les systèmes d'imposition diverses qui pèsent sur elles ; par BERTIN DE LA BASTIDE à Lyon, 17. Paris. In-8, 10 pp.

10262 Enquête faite par ordre du Parlement d'Angleterre pour constater les progrès de l'industrie en France et des filatures de coton Lyon. (Page 490 et suivantes : Fabrication des étoffes à Lyon). Paris, 1849. In-8.

10263 Les Négociants en denrées coloniales et épiceries, les entrepreneurs de roulage de la ville de Lyon, à MM. les membres de la Commission d'enquête commerciale à Paris. Lyon, Louis Perrin, 1834. In-4, 50 pp.

10264 Observations adressées à la Commission d'enquête commerciale, par M. DUGAS-MONTBEL, délégué de la Chambre de commerce de Lyon. Lyon, Barret, 1829. In-4, 12 pp.

10265 Réflexions d'un ouvrier tailleur sur la misère des ouvriers en général, etc. (par GRIGNON). Lyon, Perret, 1833. In-8, 7 pp.

10266 Constitution de l'industrie et organisation pacifique du commerce et du travail, ou Tentative d'un fabricant de Lyon, etc.; par M. DENRION. Lyon, Léon Boitel, 1834. In-8, 56 pp.

10267 Industrie lyonnaise. Lettre de M. JAILLET au Courrier de Lyon, novembre 1843. Lyon, Dumoulin, Ronet et Sibuet. In-8, 8 pp.

10268 A mes concitoyens. (Projet d'organisation du travail). Signé : Un ami du peuple. s. d. (mars 1848), s. n. d'impr. Lyon. In-4, 1 p.

10269 Essai d'organisation industrielle basée sur la solidarité des divers agents de l'industrie ; par A.-B. GUINAND, architecte. Lyon, le 5 mars 1848. In-8, 7 pp.

10270 Souscription française ouverte afin de décerner une récompense nationale à l'auteur des meilleures idées sur l'organisation du travail. Programme du concours. Par FOURNIER DE VIRGINIE. Lyon, le 7 mars 1848. Lyon, Nigon. In-8, 5 pp.

10271 Nouvelle Organisation du travail, ou Entretien d'un ouvrier avec son patron sur un mieux possible ; par le Rbyen F. ROBERT. Lyon, 48. In-4, 1 pp.

10272 Projet d'association libre et volontaire entre les chefs d'industrie et les ouvriers, et d réformes économiques, adoptés et publiés par le Comité d'organisation du travail de Lyon. Lyon, Bourcy, 1848. In-8, 50 pp.

10273 Projet d'association fraternelle de l'industrie française. (Etablissement d'une Société entre ouvriers). s. d. (fin 1848). Projet présenté par Jean CHANAVAY, et approuvé par une réunion d'ouvriers de toutes les corporations. Lyon, Rodanet. In-8, 15 pp.

PARTIE FINANCIÈRE, ADMINISTRATIVE ET JUDICIAIRE.

Payements, Bourse, Argent, Crédit.

10274 Essai historique sur l'art monétaire et sur l'origine des hôtels des monnaies de Lyon, Mâcon et Vienne, depuis les premiers temps de la monarchie française ; illustré de trois planches reproduisant les empreintes de diverses espèces fabriquées dans ces trois ateliers monétaires, etc. Par M. L. FOURQUE. Lyon,

Isidore Deleuze, 1837. In-8 demi-rel., dos et coins mar. r. [Koehler.]

10275 Valeur des monnoies fortes en circulation dans la ville de Lyon. s. d. (XVIᵉ siècle). Ms. in-fol., 1 f.

10276 Lettres-patentes du roy sur le faict des foires, changes, et payement d'icelles, ordonné par Sa Majesté estre faicts à Lyon. Lyon, B. Rigaud, 1563. — Lettres du roy, par lesquelles est permis au seneschal de Lyon, etc., de procéder en dernier ressort contre les ouvriers des draps d'or, d'argent et de soye, s'ils sont convaincus de larcin desdictes étoffes. 18 avril 1572. *Lyon*, M. Jove, 1572. — Ordonnance et règlement faict par Mgr de Nemours,- gouverneur de Lyon, etc., sur les monnoyes, tant d'or, d'argent que billon. *Lyon*, Pillehotte, 1592. Pet. in-8 demi-r., dos et coins m. viol. [Thouvenin.]

10277 Règlements de la place des changes de la ville de Lyon. *Lyon*, Jullieron, 1678. In-4, 18 pp.

10278 Ordonnance de MM. les prévost des marchands et.échevins portant règlement provisionnel contre les lettres de change payables à ordre, venans des païs étrangers. Fait en. la chambre du Conseil, le 14 mars 1678. *Lyon*, Barbier, 1678. In-4, 34 pp.

10279 Ordonnance de MM. les prévost des marchands et échevins portant règlement provisionnel contre les lettres de change payables à ordre, venans des pays estrangers. *Lyon*, Jullieron, M.DC.LXXVIII. In-4, 8 pp.

10280 Ordonnance de MM. les prévost des marchands et eschevins portant règlement contre les longs termes des payements des soies. Fait en la chambre du Conseil, le 14 mars 1678. *Lyon*, Jullieron, M.DC.LXXVIII. In-4, 8 pp.

10281 Arrest du Conseil d'Estat portant règlement pour ce qui doit être retenu pour la tare des sacs d'argent. Du 27 janvier 1711. *Lyon*, P. Valfray. In-4, 3 pp.

10282 Arrest du Conseil d'Etat portant deffenses d'anticiper les termes des payements dans la ville de Lyon. Du 26 juillet 1720. *Lyon*, P. Valfray. In-4, 4 pp.

10283 Certificats d'agents de change sur le taux de l'argent de 1725 à 1731, et de 1726 à 1736. Deux pièces mstes in-fol., 2 pp.

10284 Banquier (le) françois, ou la Pratique des lettres de change. Dédié à M. Perrichon, prévôt des marchands, par BOUTHILLIER. *Lyon*, Journet, 1731. In-8, bas.

10285 Arrest de la Cour des monnoies de Lyon concernant le change et les négociations illicites des espèces et matières d'or et d'argent. Du 22 novembre 1741. *Lyon*, P. Valfray, 1747. In-4, 4 pp.

10286 Ordonnance de la Conservation, portant prorogation du comptant du payement jusqu'au 4 avril prochain. Du 24 mars 1761. *Lyon*, A. Delaroche, 1761. In-4, 3 pp.

10287 Sentence de la Conservation qui ordonne que le règlement de la place des changes de Lyon sera exécuté suivant sa forme et teneur. 19 février 1783. In-4.

10288 Dialogue sur la Caisse d'escompte entre un Parisien et un Lyonnais. Décembre 1784. In-8, 30 pp. — *Id.* Amsterdam, 1784. In-8, 43 pp.

10289 Avis à MM. les négociants et capitalistes de Lyon, sur les dangers de l'introduction des billets de la Caisse d'escompte dans les provinces de France. s. n. d'auteur, s. d. (1789). In-8, 16 pp.

10290 Plan d'un nouveau genre de Banque nationale; par J.-A. FERRIÈRES, négociant de Lyon. *Paris*, 1789. In-4, 13 pp.

10291 Démonstration géométrique de la base sur laquelle reposent les principes de la Banque territoriale de M. Ferrières, présentée par M. B..., député à l'Assemblée nationale. s. d. (1790?), s. n. d'impr. In-8, 16 pp.

10292 Mémoire présenté à l'Assemblée nationale, par la Chambre de commerce de Lyon, contre l'émission des billets de la Caisse d'escompte dans ladite ville. Fait et arrêté le 5 février 1790. *Lyon*, A. Delaroche, 1790. In-4, 7 pp.

10293 Pétition à l'Assemblée nationale, par plusieurs négociants, fabricants et autres citoyens de Lyon, au sujet de la dépréciation des assignats. Moyens de rétablir le crédit. *Lyon*, 18 décembre 1791. In-4, 7 pp.

10294 Procès-verbaux des signes caractéristiques auxquels on peut reconnaître la falsification des assignats de 2,000, de 500 et de 200 livres. *Lyon*, Amable Leroy, 1792. In-8, 15 pp.

10295 Procès-verbal de l'ouverture de la Bourse à Lyon; du 19 brumaire an IV. *Lyon*. In-4, 8 pp. — *Id.* In-8, 15 pp.

10296 Tableau de la dépréciation du papier-monnaie depuis le 1er janvier 1791 jusqu'à sa suppression, pour le départ. du Rhône. *Lyon*, Ballanche, an V. In-18.

10297 Tableau de la dépréciation du papier-monnaie pour le départ. du Rhône. *Lyon*, an V. In-24, 33 pp.

10298 Rapport et avis du Conseil de commerce de Lyon sur le rétablissement des quatre payements de cette ville. 24 ventose an X. Ms. in-fol., 6 ff.

10299 Réunion de négociants de Lyon, convoqués par la Chambre de commerce, sous la présidence de M. le préfet du départ. Séances des 7 et 16 mai 1816, concernant la discussion sur les avantages et les inconvénients d'une Banque d'escompte. In-4, 18 pp.

10300 Considérations sur les payements de Lyon. s. d. (181.?). In-8, 30 pp.

10301 Lettres écrites après la publication de trois brochures, dont l'une est intitulée : *Dissertation sur le prêt à intérêt*, par M. PAGÈS ; la seconde : *Du placement d'argent à intérêt*, par M. FAIVRE; et la troisième, sans nom d'auteur : *Lettres à M. Faivre*. Sans nom d'auteur (NOLHAC). *Lyon*, 1821. In-8, 36 pp.

10302 Payements et virements de Lyon, ou Moyens d'éteindre avec facilité et le moins d'argent possible toutes les dettes commerciales; par François FALSAN, de Lyon. *Paris*, Delaunay, 1831. In-8, 63 pp.

10303 Rapport fait au Conseil d'administration de la Caisse de prêts instituée en faveur des chefs d'atelier de la fabrique d'étoffes de soie, par la Commission exécutive, le 3 septembre 1834. *Lyon*, Ayné neveu. In-4, 8 pp.

10304 Histoire de la marche des idées sur l'emploi de l'argent ; par M. J.-B.-M. N.... (NOLHAC). 1838. In-8. Voir: *Questions sur le prêt.*

10305 Banque de Lyon. Statuts. 22 juin 1835. *Lyon*, Louis Perrin. In-4, 20 pp.

10306 Lettre de M. FOURNIER, ancien curé, à MM. les curés de Lyon, au sujet d'une épithète fâcheuse insérée dans un ouvrage tout récent... (sur le prêt). 11 novembre 1838. *Lyon*, Boursy. In-4, 3 pp.

10307 Caisse d'escompte et de recouvrements de Lyon. Prospectus. *Lyon*, impr. Louis Perrin. s. d. (184.?). In-4, 7 pp.

10308 Assemblée générale des actionnaires de la Banque de Lyon, 28 janvier 1841. In-4, 15 pp.

10309 De l'usure, par A.-E. G..... *Lyon*, Marle aîné, mars 1844. In-18, 36 pp.

10310 Pétition adressée aux membres de la représentation nationale. Demande de prorogation pour les créances hypothécaires. s. d. (1848). (Devait être signée). In-4, 2 pp.

10311 Banque générale et fraternelle des travailleurs des villes et des campagnes. Union, solidarité, association. (Par le citoyen RENAUD). *Lyon*, Rey-Sézanne, 1848. In-8, 32 pp.

10312 Lettre explicative au ministre des finances sur le prêt hypothécaire par l'État, envoyée le 15 mars 1848 par C. COLLOMB, de Lyon. Brunet fils et Fonville. In-4, 4 pp.

10313 Abolition du système hypothécaire actuel et création d'un nouveau système de crédit foncier ; par Eugène MISSOL. s. d. (avril ? 1848). *Lyon*, Dumoulin et Ronet. In-fol., 4 pp.

10314 Observations présentées au citoyen Cavaignac, chef du pouvoir exécutif, sur les effets de la création d'une Banque hypothécaire foncière. Par J. B. (BUFFARD), ex-agent de change à Lyon. Le 5 août 1848. *Lyon*, Dumoulin et Ronet, 1848. In-8, 22 pp.

Questions sur le prêt.

10315 Josephi GIBALINI, e Soc. Jesu theologi, de usuris, commerciis, deque æquitate et usu fori lugdunensis. *Lugduni*, Borde, 1656. In-fol., v. br., fil. [Koehler.]

10316 De usu licito pecuniæ. Dissertatio theologica, autore R. P. F.-Emmanuel MAIGNAN. *Lugduni*, apud Jacobum Guerrier, 1673. In-12, v. br.

10317 Traité des usures, contre certains zélés qui font courre des écrits sur cette matière qui ne servent qu'à mettre les consciences en scrupule ; par BEZIAN-ARROY. *Lyon*, P. Guillimain, 1674 (avec sign. aut. de l'auteur). In-12 v. f., fil. [Thouvenin.]

10318 Éclaircissement sur le légitime commerce

des intérêts; par le R. P. André DE COLONIA, minime. *Lyon*, Ant. Cellier fils, 1675. In-8 v. br., fil. [Koehler.]

10319 Negotiatio et mutuatio licita pecuniae, seu Tractatus de æquitate trium contractuum, qui exercentur in negotiatioue et cambio Lugdunensi. *Coloniae*, Joan. Piquet, 1678. In-12 v. f., fil. [Thouvenin.]

10320 Lettre à Monseigneur l'archevêque de Lyon, dans laquelle on traite du prêt à intérêt à Lyon, appelé *dépôt de l'argent*, etc. (Par D. R.). *Avignon*, 1763. In-12 demirel. m. r.

10321 Traité de l'usure et des intérêts ; par M. DE LAFOREST, ancien custode, curé de Ste-Croix, à Lyon. *Cologne et Paris*, 1769. In-12.

10322 Réponses succinctes à quelques questions sur l'usure, extraites des auteurs de théologie. s. d., s. n. d'aut. ni d'imp. In-12, 12 pp.

10323 Lettre à Mgr l'archevêque de Lyon, dans laquelle on traite du prêt à intérêt à Lyon, appelé *dépôt de l'argent*, suivant ses rapports ; par M. PROST DE ROYER, procureur général de la ville de Lyon. M.DCC.LXX. In-8, 104 pp.

10324 Lettre à M. l'archevêque de Lyon, dans laquelle on traite du prêt à intérêt à Lyon; par PROST DE ROYER. 1776. In-8, 68 pp.

10325 Dissertation sur le prêt à intérêt, par M. E. PAGÈS ; 2e édition. *Lyon*, Guyot, 1820. In-8.

10326 Du placement d'argent à intérêt, ou Examen critique, par A. FAIVRE, d'un ouvrage intitulé : *Dissertation sur le prêt à intérêt*. *Lyon*, Rivoire, 1820. In-8.

10327 Lettres écrites après la publication de trois brochures, dont l'une est intitulée : *Dissertation sur le prêt à intérêt* ; la seconde : *Du placement d'argent à intérêt* ; la troisième : *Lettres à M. Faivre*. (Par M. NOLHAC). — Voir: *Partie financière.*

10328 Explications de la Lettre encyclique du pape Benoît XIV sur les usures ; par le R. P. MICHEL-ARCHANGE. *Lyon*, Th. Pitrat, 1822. In-8, 43 pp.

10329 Dissertation sur le prêt à intérêt, par M. E. PAGÈS. Troisième édition, corrigée et augmentée d'une Dissertation sur le contrat de rente, et d'un Discours préliminaire. *Lyon*, S. Darnaud, 1822. In-8.

10330 Le prétendu mystère de l'usure dévoilé ; par M. l'abbé BARONNAT, prêtre du diocèse de Lyon. *Paris*, 1822. 2 vol. in-8.

10331 Questions sommaires sur ce qu'on nomme improprement prêt de commerce, ou prêt à jour. *Lyon*, Théod. Pitrat, 1826. In-8, 3 cahiers.

10332 Grande (la) hérésie du prêt à intérêt signalée par M. PAGÈS, et d'une cause particulière de l'importance qu'on attache à ce livre. *Lyon*, Boursy, 1838. In-8.

10333 Histoire de la marche des idées sur l'emploi de l'argent depuis Aristote jusqu'à nous; par J.-B.-M. N. (NOLHAC). *Lyon*, Perisse, 1858. In-8, 149 pp.

10334 Lettre à un ami de Lyon sur le prêt à intérêt chez les anciens et les modernes; par le comte... DE MOYRIA. (Septembre 1858). *Bourg, Bellay, Nantua, Lyon*. In-8, 15 pp.

10335 Lettre de Mgr l'archevêque d'Amasie à M. l'abbé Pagès, doyen et professeur de la Faculté de théologie. Lyon, 26 juin 1839. *Lyon*, Ant. Perisse. Pet. in-fol., 2 pp.

Agents de change, Courtiers.

10336 Réglemens, arrest, édit et tarif concernant les agents et courtiers de change et marchandises en la ville de Lyon, des 31 décembre 1668, 19 février 1675, 23 août 1685 et août 1692. *Lyon*, André Laurens, 1719. In-4, 15 pp.

10337 Edit du roi qui réduit au nombre de trente-deux les quarante offices de courtiers-agents de change, créés dans la ville de Lyon, etc. Donné à Versailles, avril 1755. *Lyon*, P. Valfray, 1755. In-4, 4 pp.

10338 Déclaration du roi portant établissement des huit offices de courtiers-agents de change en la ville de Lyon, supprimés par l'édit du mois d'avril 1755; donnée le 22 mars 1760. *Lyon*, P. Valfray, 1760. In-4, 5 pp.

10339 Edit du roi portant suppression des quarante offices de courtiers-agents de change de Lyon et création de quarante offices de courtiers, agents de change, banque et commerce de la même ville. Février 1771. In-4, 3 pp. Deux éditions.

10340 Arrêt du Conseil d'Etat qui casse et annule une délibération du Consulat de Lyon (sur les agents de change). 6 novembre 1771. In-4, 4 pp.

10341 Arrêt du Conseil d'Etat qui ordonne que les arrêts concernant les offices des agents de change (de Lyon) seront exécutés. 6 février 1772. In-4, 8 pp.

10342 Déclaration du roi concernant les agents de change de Lyon. 29 mars 1772. In-4, 4 pp.

10343 Recueil d'arrêts, édits, déclarations et règlements relatifs au corps des agents de change de Lyon. *Lyon*, Delaroche, 1780. In-4, 106 pp.

10344 Exposé des agents de change de Lyon. *Signé*: BAUDIN. *Lyon*, Delaroche, 1791. In-4, 4 pp.

10345 Pétition des agents de change de Lyon à l'Assemblée nationale. (*Paris*), Clousier, 1791. In-4, 12 pp.

10346 Base des réclamations des agents de change de Lyon auprès de l'Assemblée nationale. In-4, 8 pp.

10347 Mémoire pour la Compagnie des agents dé change de la ville de Lyon. *Argenteuil*, Ed. Marc-Aurel. (1842). In-4, 14 pp.

10348 Mémoire pour la Compagnie des courtiers de marchandises de soie à Lyon, contre la Compagnie des agents de change de la même ville. *Signé*: CHANTELAUZE, jurisconsulte; et FAVRE-GILLY, avocat, etc. Lyon, H. Brünet, 1842. In-4, 13 pp.

Poids et Mesures.

10349 Tariffe et concordance des poids de plusieurs provinces (avec les poids de la ville de Lyon). *Lyon*, 1571. In-8 parch.

10350 Instruction sur les mesures déduites de la grandeur de la terre, etc. À *Commune-Affranchie*, an III. In-8.

10351 Instruction sur les nouvelles mesures à l'usage du départ. du Rhône, rédigée par la Commission des poids et mesures établie à Lyon, publiée par ordre du citoyen NAJAC, conseiller d'état, préfet du départ. *Lyon*, Ballanche et Barret, an X. In-8 demi-rel. veau. [Koehler.]

10352 Tableau comparatif des nouvelles et anciennes mesures en usage dans le départ. du Rhône. (4 tableaux par LAHILLE). Lithogr. de Brunet, à *Lyon*. In-fol. demi-rel. bas.

Conservation, Foires.

10353 Extrait des Lettres-patentes des roys de France, où sont contenus les privileges, seuretez, etc., pour les marchands des villes impériales d'Allemagne fréquentans les foires de Lyon. De 1515 à 1607. In-4, 19 pp.

10354 Le Stile de la jvrisdiction royale establie dans la ville de Lyon, et presentement vnie av Consvlat pour la conservation des priuileges royavx des foires. *Paris*, Antoine Vitré, M.DC.LVII. In-4, 111 pp.

10355 Lettres-patentes dv roy svr le faict des foires, changes et payement d'icelles, ordonné par Sa Maiesté estre faictz à Lyon, mesmes de la foire des Roys dernier passé. *Lyon*, Benoist Rigaud, 1563. In-8, 6 ff.

10356 Règlement pour l'établissement et la distribution de la justice consulaire. Projet relatif au tribunal de la Conservation. s. d. (XVIIe siècle). Ms. avec ratures. In-4, 2 pp.

10357 Extrait des registres de Parlement. Condamnation de Jeanne Dalmezin.... 6 septembre 1664. Collationné et signé: DU TILLET. s. n. d'imp. In-4, 3 pp.

10358 Edict dv roy portant vnion de la jvrisdiction de la Conservation des privileges royavx des foires de la ville de Lyon, au corps consulaire de ladite ville. *Paris*, Antoine Vitré, M.DC.LXV. In-4, 19 pp.

10359 Arrest dv Conseil d'Estat portant que

toutes matières et contestations concernant les règlements et statuts des arts et métiers de la ville de Lyon et les contrauentions auxdits règlements, qui pourront être terminées sommairement, seront jugées par les próuost des marchands et escheuins de la ville gratuitement et sans frais. Du 26 septembre 1667. *Lyon*, Antoine Jvllieron, II.DC.LXVII. In-4, 7 pp.

10360 Extrait des registres du Conseil d'Etat (sur la jurisdiction des juges-gardiens et conservateurs des foires de Lyon). 17 mai 1668. In-4, 10 pp.

10361 Arrêt contradictoire du Conseil d'Etat portant un règlement général de jurisdiction entre le prévôt des marchands et échevins de Lyon, juges-gardiens et conservateurs de ses foires, et les officiers de la sénéchaussée. 23 décembre 1668 In-4, 89 pp.

10362 Edict du roy portant règlement pour la jurisdiction civile et criminelle des prévôt des marchands et eschevins, présidents, juges-gardiens et conservateurs des privilèges des foires de la ville de Lyon. *Paris*, 1669. In-4, 18 pp.

10363 Arrest dv Conseil portant que les criées des biens de Pierre Roy, et autres qui seront faites en vertu des sentences et ordonnances des juges conservateurs des privilèges royaux des foires de Lyon, seront certifiées par-devant les officiers de la sénéchaussée et siège présidial dudit Lyon, à la première réquisition qui leur en sera faite. Du 10 juin 1673. *Lyon*, Antoine Jullieron, M.DC.LXXIII. In-4, 8 pp.

10364 Arrest dv Conseil d'Estat par lequel, sur les contraventions faites à l'arrest du 23 décembre 1660 portant règlement pour la jurisdiction de la Conservation des privilèges des foires de Lyon, les arrests du Parlement des 15 février et 12 mars derniers sont cassez et annullez..... 22 juin 1669. *Signé* : LE TELLIER. In-4, 4 pp.

10365 Edict dv roy portant règlement pour la jurisdiction civile et criminelle des preuost des marchands et eschevins, présidents, juges-gardiens et conservateurs des privilèges des foires de la ville de Lyon.... Vérifié en parlement, le 13 août 1669. *Lyon*, chez la vefve de Gvillavme Barbier, M.DC.LXXIII. In-4, 18 pp.

10366 Arrest contradictoire dv Conseil d'Estat par lequel le décret poursuivi sur la terre de Noiry, située en Bourgogne et appartenant à Edme Vadot, marchand failly à Lyon, a esté renvoyé aux juges conservateurs des privilèges des foires de ladite ville... Du 24 février 1674. *Paris*, Pierre Le Petit, M.DC.LXXIV. In-fol., 8 pp.

10367 Arrest contradictoire donné av Conseil d'Estat entre le sieur de la Praye, créancier de François Bonnier, marchand du Bugey, et le sieur de Mizieux, président aux requestes du palais de Dijon : par lequel le décret des immeubles dudit Bonnier, quoyque situez dans le ressort du Parlement de Bourgogne, a esté renvoyé par-devant les juges conservateurs des privilèges des foires de la ville de Lyon. Du 24 février 1674. In-fol., 4 pp.

10368 Arrest contradictoire dv Conseil d'Estat, du 21 juillet 1674, par lequel Guillaume Aubry, Louis Ruyton, Gabriel Papin et consors, marchands bourgeois de Paris, débiteurs des mère et fils Gryzolon, marchands faillis à Lyon, ont esté renvoyez à la Conservation de ladite ville..... *Paris*, Pierre Le Petit, M.DC.LXXIV. In-4, 34 pp.

10369 Arrest dv Conseil d'Estat par lequel Sa Majesté, sans s'arrester aux arrests du Parlement....., a ordonné qu'il seroit passé outre par les prévost des marchands et échevins, juges conservateurs des privilèges des foires de Lyon, à l'instruction et jugement du procès criminel de Jacques Rolichon, Guyon Allenet et ses complices. Du 11 avril 1676. *Paris*, Pierre Le Petit, M.DC.LXXVI. In-4, 8 pp.

10370 Arrest de la Cour de parlement de Paris portant règlement entre le Chastelet de Paris et les prévost des marchands et eschevins, juges conservateurs de la ville de Lyon, pour le fait des banqueroutes. Du 25 juin 1676. *Paris*, P. Le Petit, 1676. In-4, 8 pp.

10371 Arrêt de la Cour de parlement de Paris portant règlement entre le Chastelet de Paris et les prévost des marchands et échevins, juges conservateurs de la ville de Lyon, pour le fait des banqueroutes. Du 25 juin 1676. *Paris*, Pierre Le Petit, M.DC.LXXVI. In-4, 8 pp.

10372 Arrêt du Conseil d'Etat, avec Lettres-patentes pour l'union des charges de procureur de Sa Majesté dans la Conservation des foires de Lyon, et d'avocat et procureur de ladite ville. 1er septembre 1676. In-4, 8 pp.

10373 Règlemens de la place des Changes de la ville de Lyon proposez par les principaux négocians.... omologuez par Sa Majesté.... *Lyon*, Antoine Jullieron, M.DC.LXXVIII. In-4, 18 pp.

10374 Ordonnance de MM. les prévost des marchands et eschevins de la ville de Lyon... portant règlement provisionnel contre les lettres de change payables à ordre venans des pays étrangers. Fait en la Chambre du Conseil, le 14 mars 1678. *Lyon*, Antoine Jullieron, M.DC.LXVIII. In-4, 8 pp.

10375 Extrait des registres de la Conservation des privilèges royaux des foires de Lyon, sur la requeste à nous présentée cejourd'hui par Jacques Romier, marchand et maistre ouvrier en draps d'or, d'argent et de soye... (Arrêté au sujet d'une créance). 21 juin 1679. In-fol.

10376 Du vendredy septième juillet 1679, après midy, en l'hôtel commun de la ville de Lyon, y estans messire Thomas Demoulceau, seigneur du Mas... (Arrêté au sujet des menaces qu'on fait aux procureurs qui plaident dans la jurisdiction de la Conservation). *Lyon*. In-4, 2 pp.

10377 Extrait des registres.de la Conservation des priviléges royaux des, foires de Lyon.... (Nomination de six négociants pour établir le prix des changes). 30 août 1679. *Lyon*. In-4 , 4 pp.

10378 Extrait des registres de la Conservation des priviléges royaux des foires de Lyon. 31 août 1679. Arrêté collationné, *signé* : Monod. In-4 , 4 pp.

10379 Règlemens pour la discipline , pratique et manière de procéder dans la jurisdiction de la Conservation des priviléges royaux des foires de Lyon , conformément aux ordonnances et aux édits et déclarations du roy concernant ladite jurisdiction. *Lyon* , Antoine Jullieron , M.DC.LXXXVIII. In-4 , 19 pp.

10380 Règlements pour la discipline , pratique et manière de procéder dans la jurisdiction des priviléges royaux des foires de Lyon. *Lyon* , A. Jullieron, 1688. In-4, 18 pp.

10381 Arrest du Conseil d'Estat, avec les lettres-patentes en forme d'édit , données en conséquence , pour l'union des charges de procureur de Sa Majesté , dans la jurisdiction de la Conservation des priviléges royaux des foires de Lyon , et d'avocat et procureur général de ladite ville et communauté. *Lyon* , Antoine Jullieron , M.DC.LXXXIX. In-4, 12 pp.

10382 Réponse des prévost des marchands et échevins de la ville de Lyon au Mémoire des habitans de la ville de Troyes. s. d. (169.?). *Lyon* , Pierre Valfray. In-4, 7 pp.

10383 Arrest du Conseil d'Estat privé , rendu entre Jacques Cardin , marchand banquier à Lyon... (Renvoi des parties en la Conservation de Lyon). 23 août 1697. *Lyon* , Antoine Jullieron , M.DC.XCVII. In-4, 7 pp.

10384 Acte signifié le 9 juin 1708 aux sieurs prévôt des marchands et échevins et autres conservateurs des priviléges des foires de Lyon , à la requête des officiers de la Cour des monnoies , sénéchaussée et présidial de la même ville. In-fol., 7 pp.

10385 Arrest du Conseil d'Etat portant décharge de plusieurs offices de nouvelle création dans les jurisdictions du Consulat, de la Conservation et de la Police de la ville de Lyon. Du 5 janvier 1709. *Lyon* , André Laurens , M.DCCIX. In-4, 7 pp.

10386 Arrest du Conseil d'Etat , par lequel Sa Majesté , en conservant tous les usages et les priviléges de la jurisdiction de la Conservation de Lyon, a déclaré n'avoir entendu comprendre cette jurisdiction dans l'exécution de l'édit du mois d'octobre 1708 , portant création des offices d'avocat du roi. Du 3 juin 1710. *Lyon* , André Laurens , M.DCC.X. In-4, 8 pp.

10387 Arrest du Parlement qui ordonne qu'il en sera usé dans la ville et faux-bourgs de Lyon , et partout ailleurs dans l'étendue de la séné-

chaussée de Lyon , pour l'exécution des contraintes par corps émanées de la jurisdiction de la Conservation de Lyon pour dettes civiles, comme avant l'arrêt du Parlement du 19 décembre 1702 et autres rendus en exécution d'icelui. Du 18 juin 1710. *Lyon* , André Laurens. In-fol.

10388 Edit du roy portant que les contraintes par corps émanées de la jurisdiction de la Conservation de Lyon seront exécutées par tout le royaume. Donné à Marly, au mois d'août 1714. *Lyon* , André Laurens, M.DCC.XIV. In-4, 8 pp.

10389 Extrait des registres de la Cour de la Conservation des priviléges royaux des foires de Lyon. (Arrêté concernant les avis à présenter à la Chambre de commerce). 5 avril 1719. *Lyon* , André Laurens. In-fol.

10390 Arrest du Conseil d'Etat concernant la jurisdiction de la Conservation de Lyon, et des juges et consuls de Marseille. Du 12 février 1722. In-4, 8 pp.

10391 De par le roy. Extrait des registres de la jurisdiction de la Conservation des priviléges royaux des foires de Lyon. (Condamnation par contumace de divers individus). Lyon , 15 septembre 1733. *Lyon* , André Laurens. In-fol.

10392 Arrest du Conseil d'Etat qui nomme des commissaires pour le rapport des affaires qui seront introduites au Conseil , concernant la compétence de la jurisdiction de la Conservation de Lyon. Du 2 août 1734. *Lyon* , André Laurens , M.DCC.XXXIV. In-4, 4 pp.

10393 Arrest du Conseil d'Estat qui subroge le sieur Berthier de Sauvigny , maître des requêtes , au sieur d'Aguesseau Defresnes , pour le rapport des affaires qui seront introduites au Conseil concernant la compétence de la jurisdiction de la Conservation de Lyon. Du 10 janvier 1735. *Lyon* , André Laurens , M.DCC.XXXV. In-4, 4 pp.

10394 Recueil d'édits , déclarations , arrestés et autres pièces pour les officiers de la Conservation de Lyon , contre le Parlement de Grenoble. *Paris* , Jean-Baptiste Coignard , M.DCC. XXXVII. In-fol., 54 pp.

10395 Recueil d'édits , déclarations , arrêts et autres pièces pour les officiers de la Conservation de.Lyon , contre le Parlement de Grenoble. *Paris* , J.-B. Coignard , 1737. In-fol., 51 pp.

10396 Mémoire pour les prévôt des marchands et échevins , juges-gardiens et conservateurs des priviléges des foires de Lyon , contre le procureur général du Parlement de Grenoble (au sujet de la faillite de Claude Véridal. Prétentions du procureur général du Parlement de Grenoble). *Signé* : Goy , député de la ville de Lyon... Imprimerie de J.-B. Coignard , 1737. In-fol., 29 pp.

10397 Mémoire signifié pour le procureur général

du Parlement de Grenoble, opposant à l'exécution d'un arrêt du Conseil du 31 août 1734, défendeur et demandeur ; contre les officiers de la Conservation de Lyon, demandeurs et défendeurs. ARMAND, avocat. *Paris*, 1737. In-fol., 51 pp.

10398 De par le roy et MM. les prévost des marchands et eschevins de la ville de Lyon. Extrait des registres de la Cour de la Conservation des priviléges royaux des foires de Lyon. 29 septembre 1744. *Lyon*, Aimé Delaroche, 1744. In-fol.

10399 De par le roy. Jugement souverain. Jacques-Annibal Claret, chevalier..., nommé... pour juger souverainement et en dernier ressort au siége de la Conservation... (Condamnation de Pierre Depaul-Joannon, marchand-fabricant à Lyon, et de ses complices, pour banqueroute frauduleuse). Lyon, 30 mars 1745. *Lyon*, P. Valfray fils, 1745. In-4, 4 pp.

10400 Arrest du Parlement servant de règlement entre la jurisdiction de la Conservation des priviléges royaux des foires de Lyon et les officiers de la Table de marbre du Palais, à Paris. Du 16 mars 1747. *Lyon*, Aimé Delaroche, 1747. In-4, 7 pp.

10401 Mémoire et Consultation sur la question de savoir si l'appel d'une sentence interlocutoire rendue en la Conservation de Lyon empêche qu'il soit passé outre au jugement du fond. 1749. In-fol., 7 pp.

10402 Arrest du Conseil d'Etat qui ordonne que les édits en faveur du receveur des consignations de la ville de Lyon seront gardés, observés et exécutés dans la jurisdiction de la Conservation de la même ville. 23 janvier 1753. In-4, 7 pp.

10403 Recueil de pièces justificatives pour les officiers de la Conservation de Lyon, contre le projet de règlement donné par MM. les députés du commerce, concernant cette jurisdiction. (1760). In-4, 75 pp.

10404 De par le roi et MM. les prévôt des marchands et échevins de la ville de Lyon, présidents, juges-gardiens, conservateurs des priviléges royaux des foires de ladite ville.... (Supplique des syndics du commerce et de la place des changes pour la prorogation des payements). Le 24 mars 1761. *Lyon*, Delaroche, 1761. In-4, 3 pp.

10405 Mémoire sur une question très importante de compétence pour les officiers de la Conservation de Lyon, contre les officiers de la Sénéchaussée de la même ville. *Paris*, Houry, 1761. In-4, 58 pp.

10406 Mémoire général servant de récapitulation des moyens réciproques des parties pour les conseillers du roi, enquesteurs, commissaires examinateurs, et aux inventaires du roi, contre les officiers de la Sénéchaussée de la même ville. *Paris*, Houry, 1761. In-4, 82 pp.

10407 Mémoire pour les officiers de la Sénéchaussée, etc., relativement au projet de la suppression des commissaires enquêteurs. *Lyon*, Bruyset, 1761. In-4, 45 pp.

10408 Mémoire pour la Sénéchaussée et siége présidial de Lyon, servant de réponse au Mémoire des officiers de la Conservation de la même ville. 1762. In-4, 27 pp.

10409 Mémoire (second) pour la Sénéchaussée et siége présidial de Lyon unis à la Cour des monnoyes, servant de réponse à la réplique des officiers de la Conservation de la même ville. *Lyon*, Bruyset, 1762. In-4, 39 pp.

10410 Lettres-patentes portant règlement entre les jurisdictions de la Sénéchaussée et de la Conservation de la ville de Lyon. 15 septembre 1763. In-4, 4 pp.

10411 Lettres-patentes qui renvoient en la Conservation de Lyon les demandes et contestations d'entre L. Vivier, négociant, etc., au sujet d'une lettre de change. 24 octobre 1765. In-4, 3 pp.

10412 Sentence de la Conservation qui ordonne que le règlement de la place des changes de la ville de Lyon, registré en la Cour de Parlement le 18 mai 1668, sera exécuté suivant sa forme et teneur.... Du 19 février 1783. *Lyon*, Delaroche, 1783. In-4, 6 pp.

10413 Mémoire sur les inconvénients qui résulteroient pour le commerce en général de l'existence d'un grand bailliage dans la ville de Lyon, et sur la nécessité de maintenir l'appel direct des sentences de la Conservation au Parlement de Paris. s. d. In-8, 20 pp.

10414 Sentence de la Conservation de Lyon sur les intérêts des assignats pendant le comptant des paiements. Du mercredi 9 juin 1790. *Lyon*, Delaroche, 1790. In-4, 3 pp.

10415 Sentence de la Conservation des priviléges royaux des foires de Lyon qui réhabilite et rétablit les membres du commerce ci-devant exercé sous la raison N. Denervo et Dervieu dans tous les droits, honneurs, etc., de citoyens actifs. 15 avril 1791. In-8, 7 pp.

Tribunal de commerce, Chambre de commerce. Questions diverses.

10416 Déclaration du roy par laquelle, en interprétation et explication de l'édict de 1606, les obligations contractées par les femmes, de l'autorité de leurs maris, dans la ville de Lion, etc., sont déclarées bonnes et valables. 20 août 1664. In-4, 20 pp.

10417 Edict et déclaration des roys HENRY IV et LOUIS XIV, des années 1606 et 1664, par lesquelles les obligations contractées par les femmes, de l'autorité de leurs maris, dans la ville de Lyon, pays de Lyonnois, Forets, Beaujolois et

Masconnois, sont déclarées bonnes et valables, tant pour le passé que pour l'aduenir. *Lyon*, Claude Chancey, M. DC. LXV. In-4, 9 pp. — Autre édition. *Lyon*, Talebard, 1667. In-4, 15 pp.

10418 Arrest donné sur procès partagé en la première chambre des enquestes, par lequel il a esté iugé que les contracts de mariage et autres actes passez en pays étranger n'ont point d'hypotecque en France, et que les femmes dans la ville de Lyon peuuent y obliger leurs biens dotaux de l'authorité de leurs maris, nonobstant la disposition de la loy Julia, *de fundo dotali*. Prononcé le 7 février 1665. s. n. d'impr. In-4, 12 pp.

10419 Arrest important pour le commerce, par lequel il a été jugé que les femmes des associez ne peuvent être préférées aux créanciers de la Société, sur les effets de la société. Du 25 janvier 1677. *Lyon*, P. Valfray. In-4, 15 pp.

10420 Arrest du Conseil d'Etat pour l'établissement d'une Chambre particulière de commerce dans la ville de Lyon, Donné à Versailles, le 21 juillet 1702. *Lyon*, Aimé Delaroche, 1750. In-4.

10421 Arrêt du Conseil d'Etat pour l'établissement d'une Chambre particulière de commerce dans la ville de Lyon. 20 juillet 1702. *Lyon*, 1775. In-4, 8 pp.

10422 Arrêt du Conseil d'Etat qui accorde au sieur Mauvernay les droits de consignation sur toutes les ventes faites en direction, en vertu de contrats, etc. 24 juillet 1745. In-4, 26 pp.

10423 Arrest contradictoire du Conseil d'Etat qui reçoit les sieurs prévôt des marchands.... opposans à l'arrêt sur requête obtenu par le sieur Mauvernay.... Du 2 juillet 1748. In-4, 15 pp.

10424 Arrest du Conseil d'Etat qui attribue aux sieurs prévôt des marchands et échevins graduée de la ville de Lyon le pouvoir de juger définitivement et en dernier ressort le procès commencé au Consulat contre le nommé Rulière-Dumont, ses complices, etc., accusés de passer dans le pays étranger et d'y porter leurs arts et métiers, etc. Du 25 janvier 1750. *Lyon*, P. Valfray, 1750. In-4, 3 pp.

10425 Jugement souverain qui condamne les frères Rulière et autres ouvriers leurs complices et adhérents, coupables de transport des manufactures chez l'étranger et de séduction d'ouvriers. Du 31 mars 1751. *Lyon*, P. Valfray, 1751. In-4, 4 pp.

10426 Mémoire pour noble J. Fuzeau, avocat, et noble A. Clapasson, etc., créanciers du sieur Etienne Clapeyron, contre M. P. Mauvernay, receveur général des consignations de toutes les jurisdictions du Lyonnois. 1766. In-4, 24 pp.

10427 Mémoire présenté à la Chambre de commerce (de Lyon) par M. l'intendant (M. DE

FLESSELLES), ayant pour objet l'uniformité des poids et mesures. s. d. (1784?). In-fol., 2 pp.

10428 Avis de la Chambre de commerce sur les moyens d'empêcher l'établissement à Naples d'une manufacture d'étoffes semblable à celle de Lyon. s. d. (1782?). Ms. in-fol., 3 ff.

10429 Avis de la Chambre de commerce de Lyon sur un Mémoire dans lequel on propose les moyens qu'on pourroit employer pour empêcher le succès de l'établissement qui se fait à Naples d'une manufacture d'étoffes à l'imitation de celle de Lyon. s. d. (178.?). Ms. in-fol., 2 ff.

10430 Mémoire des négociants de Lyon sur le danger évident de maintenir l'arrêt du 9 août dernier. *Lyon*, Delaroche, 1782. In-8, 18 pp.

10431 Observations de la Chambre de commerce de Lyon sur la déclaration du roi concernant le timbre. Délibéré à Lyon, le 5 septembre 1787. In-8, 12 pp. — Au roi. Projet sur l'impôt, par PONCET DE LA GRAVE, procureur du roi. *Paris*, 1787. In-8, 3 pp.

10432 Réfutation du Mémoire de la Chambre de commerce de Lyon. s. d. (1787). In-8, 4 pp.

10433 Opinion de la Chambre du commerce de Lyon sur la motion faite le 27 août 1790 pour la liquidation de la dette exigible de l'Etat. In-4, 8 pp.

10434 Loi relative à l'établissement d'un Tribunal de commerce dans la ville de Lyon. Donnée à Paris, le 27 mai 1791. *Lyon*, A. Delaroche, 1791. In-4, 4 pp.

10435 Adresse aux amis de la liberté. Sur la nécessité d'une nouvelle émission d'assignats. Critique de l'opinion de la Chambre de commerce de Lyon. s. n. d'auteur, s. d. (juillet 1791?), s. n. d'impr. In-8, 8 pp.

10436 Arrêté des représentants du peuple TELLIER et RICHAUD, concernant la composition du Tribunal de commerce et du Bureau de commerce de Lyon. Du 4 pluviose an III (23 janvier 1795). Sign. aut. Ms. in-fol., 1 f.

10437 Observations sur le Code de commerce. Tribunal et Conseil de commerce de Lyon. *Lyon*, Bruyset, an X. In-4, 178 pp.

10438 Au Ministre de l'intérieur. Pétition de la Chambre de commerce de Lyon. *Lyon*, Bruyset, an XI. In-4, 8 pp.

10439 Arrêt notable pour le commerce, et notamment pour la ville de Lyon. 16 juin 1807. In-4, 7 pp.

10440 Aperçu sur la ville de Lyon et sur la supposition du danger pour ses fabriques et pour son commerce de la création d'un établissement militaire. *Lyon*, Barret (18??). In-8, 15 pp.

10441 Circulaire de la Chambre de commerce de Lyon au sujet de la Commission formée pour indemniser les négociants qui auraient à souffrir de la guerre d'Espagne. Lyon, 3 février 1809. *Lyon*. In-4, 1 p.

10442 A Messieurs les président et membres de

la Chambre de commerce de Lyon. Du 20 septembre 1827. (Pétition des commissionnaires de roulage). *Lyon*, Brunet, 1827. In-4, 29 pp.

10443 A Messieurs les président et membres de la Chambre de commerce de Lyon. (Pétition des négociants en soie, en denrées coloniales et épicerie, et des entrepreneurs de roulage de la ville de Lyon). *Lyon*, Louis Perrin, 1829. In-4, 20 pp.

10444 Chambre de commerce de Lyon. Extrait des registres des délibérations. De la nécessité et des moyens de rétablir la coïncidence du Courrier de Lyon pour Paris et Marseille, avec le courrier direct de ces villes entre elles. *Signé* : Dugas, président. *Lyon*, Barret, 1836. In-4, 15 pp.

10445 Compte-rendu des travaux de la Chambre de commerce de Lyon, du 1er juillet 1846 au 30 juin 1847, présenté par M. Brosser aîné, président, dans la séance du 7 octobre 1847. *Lyon*, Barret, 1847. In-8, 59 pp.

10446 Recueil de pièces pour les élections à la Chambre de commerce de Lyon, le 24 septembre 1848.

10447 Pièces diverses pour les élections du Tribunal de commerce. 1849. In-18.

10448 Listes des commerçants patentés pour le renouvellement partiel du Tribunal de commerce de l'arrondissement de Lyon, en 1851. *Lyon*, Chanoine. In-fol.

Faillites.

10449 Liste des banqueroutiers de Lyon. Sans lieu et s. d. In-12, 12 pp.

10450 Justification de Rieter et Salgues, ci-devant associés, sur la prévention de banqueroute frauduleuse portée contre eux. 29 octobre et 7 novembre 1811. *Lyon*, Kindelem. In-4, 67 pp.

10451 Encore une fois un administrateur de faillite salarié malgré l'opposition des créanciers. À Lyon, le 16 juillet 1823. *Lyon*, J.-M. Boursy, 1823. In-4, 23 pp.

10452 Des Banqueroutes et des Faillites, ou Considérations sur les moyens d'en diminuer progressivement le nombre ; par L.-M. Perenon. *Lyon*, Durand et Perrin, 1824. In-8, 24 pp.

10453 Note sur les faillites, par J.-M. Bourget. (1823). In-4 lith., 2 pp.

INDUSTRIES DIVERSES.

Fabrique d'étoffes de soie, Statuts, Règlements, Procès et Jugements relatifs à ce commerce.

10454 Déclaration de l'édict du roy sur la deffense de bailler ou prendre draps de soye à crédit. *Lyon*, Pierre Mérant, 1564. In-8, 4 ff.

10455 Ordonnance du roy sur le taux et imposition des soyes, florets et fillozelles entrans dans son royaume, outre toute autre gabelle cy deuant ordonnée (principalement pour Lyon). *Lyon*, Benoist Rigaud, 1564. In-8, 6 ff.

10456 Lettres du roy, par lesquelles est permis au seneschal de Lyon, et gens tenans le siege présidial, de proceder en dernier ressort côtre les ouuriers des draps d'or, d'argent et de soye qui se font en icelle ville de Lyon, s'ils sont conuaincus de larcin desdictes estoffes ; auec le reiglement touchant l'art et manufacture desdicts draps : octroyé par le roy Henry, second de ce nom. De nouueau releuës et publiées, ce xviii d'auril m.d.lxxii. *Lyon*, Michel Jove, 1572. In-8 mar. rouge, fil. [Koehler.]

10457 Aduis pour augmenter les manufactures de France (particuliérement la fabrication des soieries). s. d. (16..?), s. n. d'aut. ni d'impr. In-4, 7 pp.

10458 Ordonnance de Mgr. l'archevesque comte de Lyon pour la surséance de l'exécution des articles 53, 58, 53 et 55 des nouveaux règlemens et statuts de l'art de la soye ; du 21 décembre 1667.— Arrest du Conseil d'Estat portant mandement au Parlement de Paris d'y enregistrer les statuts et règlemens de l'art et fabrique des draps or, argent et soye de Lyon ; du mois de février 1668. — Arrest du Parlement de Paris portant enregistrement des statuts et règlemens des draps or, argent et soye de la ville de Lyon ; du 11 may 1669. In-4, 4 pp. —Ordonnance de la jurisdiction consulaire de la police des arts et métiers de la ville de Lyon, concernant les maistres gardes de la communauté des ouvriers en étoffes d'or, d'argent et de soye, etc. Du 4 décembre 1685. In-fol.

10459 Arrest du Conseil d'Estat par lequel la sentence de MM. les juges de la douane de Lyon, du 15 avril 1666, portant confiscation de trois balles de soye prises en contravention, appartenant aux sieurs Maillet, Poquelin et Rigioly, a esté confirmée. *Lyon*, A. Jullieron, 1667. In-4, 13 pp.

10460 Priviléges accordés par S. M. aux ouvriers qui travaillent à la fabrique des organsins à la bolonoise, établie en la ville de Lyon. Du 30 septembre 1670. *Lyon*, Ant. Valançol, 1671. In-4, 7 pp.

10461 Extrait du registre des jugemens et ordonnances de la jurisdiction consulaire de la police des arts et métiers de la ville de Lyon. Du 28 juin 1679, concernant la fabrique. In-4, 3 pp.

10462 Ordonnance de MM. les prévost des marchands et eschevins... portant règlement contre les longs termes des payemens des soyes. Fait en la chambre du Conseil, le 14 mars 1678. *Lyon*, Antoine Jullieron, M. DC. LXXVIII. In-4, 8 pp.

10463 Règlemens et statuts concernant le commerce, art et fabrique des draps or, argent et soye, et autres étoffes mélangées qui se font dans la ville de Lyon et fauxbourgs d'icelle, et dans tout le païs de Lyonnois. *Lyon*, Rolin Glaize, 1679. In-12 bas. rouge.

10464 Ordonnance de la jurisdiction consulaire de la police des arts et métiers de la ville de Lyon, du 7 février 1686, concernant les règlemens de la communauté et fabrique des étoffes d'or, d'argent et de soye de Lyon. In-4, 6 pp.

10465 Extrait du registre des jugemens et ordonnances de la jurisdiction consulaire de la police des arts et métiers de la ville de Lyon concernant l'apprentissage dans la fabrique d'étoffes de soye, etc. Du 30 décembre 1687. In-4, 4 pp.

10466 Edict du roy François sur les draps d'or, d'argent et de soye, etc. A *Valence*, 1687. In-8. — Recueil de sentences rendues par les juges de la douane de Lyon, en exécution des édits et lettres-patentes données par les roys François Ier et Louis XIII. *Valence*, 1687. In-8.

10467 Règlement et ordonnance consulaire au sujet de la fabrication de petites étoffes de soye. Du mois de février 1692. In-8, 4 pp.

10468 Arrest du Conseil d'Estat rendu en faveur de la communauté des marchands et maîtres-ouvriers en draps d'or, d'argent et de soye de la ville de Lyon, portant permission d'emprunter la somme de 38,500 livres pour le payement de la taxe faite sur ladite communauté, etc. Du 11 octobre 1692. *Lyon*, Ant. Jullieron, 1692. In-4, 8 pp.

10469 Règlemens et statuts concernant le commerce, art et fabrique des draps or, argent et soye et autres étoffes mélangées qui se font dans la ville de Lyon et faux-bourgs d'icelle, etc. *Lyon*, Rolin-Glaize, 1693. In-8, 95 pp. bas., fil.

10470 Mémoire sur le commerce des soyes. (17??). Non signé. Ms. in-fol., 2 ff.

10471 Arrest du Conseil d'Etat concernant la fabrique des marchands et maîtres-ouvriers en étoffes d'or, d'argent et de soye de la ville de Lyon, qui n'a pas été inséré dans le livre des règlemens. Du 2 novembre 1700. In-fol., 8 pp.

10472 Extrait du registre des jugemens et ordonnances de la jurisdiction consulaire de la police des arts et métiers de la ville de Lyon (au sujet des tireuses de cordes employées chez les ouvriers en soie). *Lyon*, 1704. In-18, 22 pp.

10473 Règlemens et statuts concernant le commerce, art et fabrique des draps or, argent et soye, augmentés de tous les arrêts. *Lyon*, André Laurens, 1708. In-8 bas., tr. d., fil.

10474 A nos seigneurs du Parlement en la chambre de la Tournelle, supplient sept cent douze marchands et maîtres-ouvriers en draps d'or, d'argent et de soie de la ville de Lyon.... Pétition au sujet d'une accusation et d'un jugement contre François Mignot, etc. Du 17 juillet 1714. In-fol., 10 pp.

10475 Dires et débats que fournissent Antoine LAMILLERET, Michel dit Estienne FOUILLOUX, Th. RAPOU, etc., contre les comptes des revenus et droits de la communauté des marchands et maîtres-ouvriers en draps d'or, d'argent et de soie. 1715. In-fol., 31 pp.

10476 Arrest du Conseil d'Etat servant de règlement pour le payement des droits sur les soyes et étoffes de soye et mêlées de soye, fabriquées dans la ville d'Avignon et dans le comté Venaissin, et pour le passage et commerce des dites soyes et étoffes. Du 13 mars 1717. *Lyon*, André Laurens, M. DCC. XVII. In-4, 14 pp.

10477 Lettres-patentes portant homologation de l'ordonnance consulaire du 25 octobre 1711, servant de règlement pour les marchands et maîtres-ouvriers en soie de Lyon; registrées en Parlement, le 8 juillet 1717. *Lyon*, Laurens, 1717. In-4, 12 pp.

10478 Arrest du Conseil d'Etat qui ordonne qu'à l'avenir les ouvrages et étoffes de soie ne seront plus plombées dans les bureaux de la douane de Lyon, qu'avec un plomb happé. Du 8 août 1719. *Lyon*, P. Valfray, 1719. In-4, 4 pp.

10479 Arrest du Conseil d'Estat portant suppression des droits de tiers-surtaux, quarantième, et de tous les droits établis sur les soyes tant ordinaires qu'estrangères. Du 18 mai 1720. *Lyon*, P. Valfray, s. d. In-4, 7 pp.

10480 Requête et arrêté concernant les droits sur les soyes et les visites à faire chez les particuliers voisins du comtat d'Avignon. Lyon, 20 février 1733. *Lyon*, Valfray. In-4, 4 pp.

10481 Extrait des registres du Conseil d'Estat. Règlemens et statuts concernant le commerce, art et fabrique des draps or, argent et soie et autres étoffes mélangées qui se font dans la ville de Lyon, fauxbourgs d'icelle, etc. s. n. de ville et s. d. (1728). In-8 v. br., tr. d., anc. rel.

10482 Au roy et à nos seigneurs de son Conseil. Supplique des maîtres-ouvriers et marchands d'étoffes d'or, d'argent et de soie de Lyon... Me CHAPPE DE LIGNY, avocat. *Paris*, 1731. In-fol., 11 pp.

10483 Mémoire sommaire pour les maîtres-ouvriers et marchands d'étoffes d'or, d'argent et de soye de Lyon, qui demandent révocation de l'arrest du Conseil d'Etat du 8 mai 1731. Me CHAPPE DE LIGNY, avocat. *Paris*, 1731. In-fol., 3 pp.

10484 Mémoire pour les maîtres-gardes de la communauté des maîtres-ouvriers et marchands d'étoffes d'or, d'argent et de soye, contre quelques-uns des marchands et maîtres-ouvriers de la même communauté, opposans à l'arrêt du 8 mai. Me GILLET l'aîné, avocat. *Lyon*, Henri Declaustre, 1732. In-fol., 98 pp.

10485 Mémoire (second) pour les marchands ouvriers de la fabrique des étoffes d'or, d'argent et de soye de la ville de Lyon, servant de réponse aux trois Mémoires des gros marchands. Me GIRARD, avocat. *Lyon*, J.-B. Roland, 1732. In-fol., 19 pp.

10486 Requête et arrêté au sujet des soyes grèges envoyées par les marchands de Lyon à St-Chamond, Virieu et autres lieux, pour être ouvrées. Lyon, 27 septembre 1732. *Lyon*, Valfray. In-4, 4 pp.

10487 Requête et arrêté concernant les soyes saisies à Laurent Isnard. Lyon, 14 novembre 1732. *Lyon*, Valfray. In-4, 4 pp.

10488 Ordonnance de Mgr l'intendant de la ville et généralité de Lyon (au sujet d'une saisie de cocons). Du 14 novembre 1732. *Lyon*, P. Valfray. In-4, 4 pp.

10489 Placet, à Mgr l'intendant de la généralité de Lyon, pour les maîtres-ouvriers à façon de la fabrique des étoffes d'or, d'argent et de soie, servant de réponse aux Mémoires des maîtres-marchands de la même fabrique. ROGER l'aîné, conseil. *Lyon*, Ve André Molin, 1732. In-fol., 39 pp.

10490 Ordonnance de Mgr l'intendant (POULLETIER) en la généralité de Lyon, concernant les droits sur les soyes. Du 20 février 1733. *Lyon*, P. Valfray. s. d. In-4, 4 pp.

10491 Arrest du la jurisdiction de la douane de Lyon (concernant une saisie de ballots de soye, faite chez Richard, hôtelier à la Guillotière, à l'enseigne du mulet). Du 24 avril 1736. *Lyon*, P. Valfray. In-4, 8 pp.

10492 Arrest du Conseil d'Estat portant défenses aux frères Mouchot et à tous autres fabricants de la ville de Lyon, de fabriquer des étoffes de soie mêlées avec du poil de chèvre, etc. Du 19 may 1736. *Lyon*, P. Valfray. In-4, 3 pp.

10493 Lettres-patentes du roy pour l'exécution du règlement concernant les manufactures des étoffes de soye, or et argent de la ville de Lyon, etc. Données à Fontainebleau, le 1er octobre 1737. *Paris*, imp. roy., 1737. In-4 m. r., fil., tr. d., anc. rel.

10494 Arrest du Conseil d'Estat portant règlement pour les différentes sortes de papiers qui se fabriquent dans le royaume. 27 janvier

1739. — Edit du roy pour les communautés d'arts et métiers de la ville de Lyon. Janvier 1777. — Arrêt du Conseil d'Etat concernant les comptes à rendre par les syndics et adjoints des communautés d'arts et métiers. 5 avril 1779. — Arrêt du Conseil d'Etat pour la comptabilité des communautés d'arts et métiers de Lyon. 2 juillet 1780. — Déclaration du roi concernant les communautés d'arts et métiers dans la ville de Lyon. 30 août 1782. — Déclaration du roi qui ordonne que, dans les communautés d'arts et métiers de Lyon, il sera établi le nombre de maîtres et gardes fixé. 2 mai 1784. In-4, demi-rel. bas.

10495 Arrest du Conseil d'Estat concernant la fabrique des étoffes d'or, d'argent et de soye de la ville de Lyon. Du 17 novembre 1739. *Lyon*, P. Valfray. In-4. 3 pp.

10496 Observations des syndics de la communauté des fabricants en étoffes de soie sur l'utilité des règlements de cette manufacture. s. d. (174?). Non signé. Ms. in-fol., 5 ff.

10497 Arrest du Conseil d'Etat qui ordonne que quinze pièces d'étoffes saisies sur le sieur Lefaucheur, marchand mercier, de Paris, seront et demeureront confisquées au profit des pauvres, etc. Du 27 décembre 1740. *Lyon*, P. Valfray, 1741. In-4, 3 pp.

10498 Arrest du Conseil d'Estat qui ordonne l'exécution des statuts et règlement pour les fabriques de Lyon. 19 juin 1744. *Lyon*, Valfray, 1745. In-4 mar. r., tr. d., fil.

10499 Arrest du Conseil d'Etat qui ordonne que les mouchoirs ou fichus de soie seront marqués à la tête et à la queue de chaque pièce d'un plomb, etc. Du 18 juin 1743. *Lyon*, P. Valfray, 1743. In-4, 3 pp.

10500 Arrest du Conseil d'Etat qui ordonne l'exécution du règlement de 1737 pour la fabrique de Lyon. Du 10 août 1744. In-4, 2 pp.

10501 Ordonnance consulaire portant défenses aux maîtres de la communauté des fabricants en étoffes d'or, d'argent et de soie, d'occuper des ouvriers et compagnons forains et étrangers. 2 octobre 1744. In-4, 4 pp.

10502 Arrêts, statuts et règlement pour la communauté des maîtres-marchands et maîtres-ouvriers à façon en étoffes d'or, d'argent et de soie, et autres mêlées de soie, etc., de Lyon. *Lyon*, 1745. In-8 mar. r.

10503 Arrêt du Conseil d'Etat qui révoque l'arrêt du Conseil du 10 août 1744, ordonne que le règlement du 19 juin 1744 pour la fabrique des étoffes de Lyon sera exécuté, etc... 25 février 1745. In-4, 4 pp.

10504 Jugement souverain portant condamnation de Fr. Serre et Jean Matthieu, comme ouvriers infidèles, etc. Du 15 décembre 1745. *Lyon*, P. Valfray, 1745. In-4, 4 pp.

10505 Arrest du Conseil d'Etat du 27 septembre 1746 concernant la liquidation de Jacq. de

Masso , marchand-fabricant de Lyon. *Lyon* ,
P. Valfray , 1746. In-4 , 4 pp.

10506 Jugement souverain qui condamne Pierre
Charpenet , maître ouvrier en soie à Lyon ,
aux galères à perpétuité , et Jeanne Jacquet ,
sa femme, au carcan et en neuf ans de bannissement , pour rétention des soies , etc. Du 11
mai 1748. *Lyon* , P. Valfray , 1748. In-4 ,
7 pp.

10507 Jugement souverain qui condamne Thérèse Thomas , dévideuse de soie , et Phili-
berte Pergoud , comme ouvrière infidèle et
receleuse de soies volées , piqueuses d'onces ,
etc. Du 3 juillet 1748. *Lyon* , P. Valfray ,
1748. In-4, 4 pp. .

10508 Jugement souverain condamnant Gaspard
Bernard , maître ouvrier en étoffes de soie ,
aux galères à perpétuité , et Marie Magniard , sa
femme, à être fouettée et marquée et au bannissement pendant neuf ans , pour avoir volé
des soies chez des dévideuses. Du 10 août
1748. *Lyon* , P. Valfray , 1748. In-4, 3 pp.

10509 Arrêt du Conseil d'Etat qui proroge pendant cinq années l'attribution donnée aux prévôt des marchands , etc., de Lyon pour connoître des contestations des fabriques de ladite ville , etc. 10 mai 1749. In-4, 4 pp.

10510 Arrêt du Conseil d'Etat portant entre
autres choses défenses à tous maîtres-gardes
de la fabrique de Lyon, de délivrer aucuns billets d'acquit ou permission aux maîtres-marchands d'occuper des maîtres-ouvriers. Du 3
janvier 1751. *Lyon* , P. Valfray , 1751. In-4,
4 pp.

10511 Arrest du Conseil d'Etat qui ordonne que,
sur les contestations entre les dessinateurs et
les fabricants de Lyon , les parties procéde-
ront par-devant les sieurs prévôt des marchands
et échevins et par-devant le sieur intendant
de Lyon. Du 7 mars 1752. *Lyon* , P. Valfray,
1752. In-4, 3 pp.

10512 Arrest du Conseil d'Etat qui ordonne
qu'à l'avenir il ne sera perçu à la douane de
Lyon que 3 sols par livre pesant, des petits
satins de la fabrique de Nismes , etc. Du 1er
mai 1755. *Lyon* , P. Valfray , 1755. In-4,
4 pp.

10513 Arrêté de l'intendant de justice au sujet
des mûriers. Lyon , 16 mai 1755. *Lyon* , Valfray. In-4, 2 pp.

10514 Arrêt du Conseil d'Etat qui ordonne que
les droits d'entrée sur les soies étrangères et
sur celles d'Avignon , seront perçus par l'adjudicataire des fermes générales , etc. Du 30
décembre 1755. *Lyon* , P. Valfray , 1755.
In-4, 6 pp.

10515 Arrêt du Conseil d'Etat qui ordonne que
les droits d'entrée des étoffes de soie sortant
d'Avignon seront perçus à la douane de Lyon.
21 juin 1757. In-4, 4 pp.

10516 Nouveaux Statuts et règlements convenus
entre les maîtres et marchands de la commu-

nauté des cardeurs de soie de la ville de Lyon,
etc. *Lyon*, Aimé Delaroche , 1758. In-12,
23 pp.

10517 Edit du roi qui ... rétablit la perception
du droit de 3 sols 6 deniers sur chaque livre
de soie, en faveur de Lyon, sur les soies étrangères d'Avignon et du Comtat. Juin 1758. In-4,
7 pp.

10518 Mémoire signifié pour les maîtres-ouvriers
de la fabrique des étoffes d'or , d'argent et
de soye , etc., contre les soi-disans maîtres-
gardes marchands de la même fabrique. BLAN-
CHARD, procureur. Impr. de Grange , 1759.
In-4, 47 pp.

10519 Mémoire signifié pour les syndics maîtres-
gardes de la communauté des maîtres-marchands et maîtres-ouvriers à façon en étoffes
d'or , etc., contre C.-F. Magnin , etc., maîtres
ouvriers. DE SOZZI, avocat , 1759. In-4, 40 pp.

10520 Observations sur les règlements de la
fabrique, adressées par les maîtres-gardes
ouvriers à M. le contrôleur général le 25
août 1759 , remises le même jour à MM. les
prévôt des marchands et échevins de la ville
de Lyon. *Lyon*, A. Delaroche , 1760. In-fol.,
28 pp.

10521 Observations particulières qui ont été
présentées à MM. les prévôt des marchands et
échevins de Lyon par les maîtres-gardes de la
communauté des fabricants , etc., pour examiner quels sont les articles du règlement de
1744. *Lyon*, Delaroche , 1760. In-4, 29 pp.

10522 Mémoire sur l'envoi des échantillons de
la fabrique de Lyon. Sans nom de ville, 1760.
In-8. — Réflexions sur les avantages de la libre
fabrication et de l'usage des toiles peintes en
France ; pour servir de réponse aux divers Mémoires des fabriquans de Paris , Lyon , etc.
Genève , Damonneville , 1768. In-8 bas.

10523 Arrêts et règlemens concernant la manufacture et fabrique des bas et autres ouvrages
de soie , laine , fil et coton, de Lyon. *Lyon* ,
Barbier , 1762. In-8.

10524 Edict du roy FRANÇOIS sur les draps d'or,
d'argent et de soye, etc. *Lyon*, Ant. Julliéron ,
1761. — Recueil de sentences rendues par les
juges de la douane de Lyon , en exécution des
édicts et lettres-patentes donnés par les roys
FRANÇOIS Ier.... LOUIS XIII , sur le faict de
ladite douane. *Lyon* , Ant. Julliéron , 1761.
In-8.

10525 Mémoire signifié pour les syndics maîtres-
gardes de la communauté des maîtres-marchands et maîtres-ouvriers à façon en étoffes de
soie, etc., de Lyon ; contre Cl.-Fr. Magnin, J.
Thomas , etc. DE SOZZI , avocat , 1761. In-4,
18 pp.

10526 Mémoire pour les maîtres-ouvriers de la
manufacture des étoffes de soie, etc., de Lyon,
contre les maîtres-marchands de la même fabrique. DELAMOTHE , avocat , 1761. In-4, 35
pp.

10527 Arrêt du Conseil d'Etat qui permet à tous les marchands-fabricants de la ville de Lyon de fabriquer des taffetas en sept-douze, en organsin en chaîne à deux bouts, etc.... Du 4 mars 1761. In-4, 5 pp.

10528 Règlements de la communauté des plieurs de soye, fleurets, poils de chèvre et cordonnets de la ville et fauxbourgs de Lyon, fait en l'année 1761. Lyon, veuve Viallon, 1763. In-8, 28 pp.

10529 Requête présentée à Mgr de Cotte, intendant du commerce, par la communauté des maîtres-ouvriers en étoffes de soie. GERSON, avocat, 1762. In-4, 6 pp.

10530 Mémoire pour Cl.-Fr. Magnin, J. Magnin, etc., ouvriers en étoffes de soie de Lyon, contre M. le procureur général DELAMOTHE, avocat. 1762. In-4, 24 pp.

10531 Dessinateur (le) pour les fabriques d'étoffes d'or, d'argent et de soie; par JOUBERT DE L'HIBERDERIE. Paris, Jorry, 1765. In-8, fig., v. br., fil. [Koehler.]

10532 Arrêt du Conseil d'Etat et Lettres-patentes sur icelui, qui permettent à tous les habitants de la campagne, et à ceux des lieux où il n'y a point de communautés, de fabriquer des étoffes. Du 13 février 1765. Lyon, P. Valfray, 1765. In-4, 4 pp.

10533 Arrêt du Conseil d'Etat qui permet l'entrée des soies blanches de la Chine, dites de Nankin, par le port de Rouen, pour être conduites, par acquits à caution, dans les bureaux des fermes de Paris ou de Lyon, où elles acquitteront les droits. Du 18 mars 1765. Lyon, P. Valfray, 1765. In-4, 3 pp.

10534 Arrêt de la Cour de parlement qui homologue la délibération de la communauté des maîtres-marchands et maîtres-ouvriers fabricants en étoffes d'or, d'argent et de soie de la ville de Lyon, du 15 mars 1765, concernant la prohibition de l'envoi des échantillons des mêmes étoffes hors ladite ville. Du 14 mai 1765. In-4, 13 pp.

10535 Arrêt du Parlement qui renouvelle l'exécution des Lettres-patentes de 1630, etc., pour la communauté des maîtres cardeurs de soie de Lyon. 2 septembre 1765. In-4, 23 pp.

10536 Arrêt de la Cour de parlement qui permet aux syndics de la communauté des fabricants en étoffes d'or, etc., de Lyon, d'établir un commis au bureau de la régie de Paris, à l'effet de visites et perquisitions des échantillons de leur fabrique, etc. 6 mars 1766. In-4, 10 pp.

10537 Sentences de la Sénéchaussée de Lyon concernant les saisies et ventes de métiers de la grande et de la petite fabrique. 16 mai 1766. In-4, 6 pp.

10538 De par le roi et MM. les prévôt des marchands et échevins.... Ordonnance consulaire qui renouvelle l'exécution des articles 10 et 11 du titre XI des Règlements de la fabrique, du 19 juin 1744 (sur le courtage et colportage des étoffes de soie). 23 août 1768. Lyon, Delaroche, 1768. In-4, 7 pp.

10539 Arrêt du Conseil d'Etat qui ordonne l'exécution des règlements concernant les étoffes de soie, etc. 30 novembre 1768. In-4, 3 pp.

10540 Lettres sur le nouveau moulin à soie du P. Péronier, minime; par M. DU PERRON. Lyon, Delaroche, 1768. In-8, 46 pp.

10541 Ordonnance du Consulat qui renouvelle les dispositions de l'art. 1er du titre VII et des art. 4, 5 et 9 du titre XI des Règlements de 1744 concernant la fabrique des étoffes de la ville de Lyon. Du 14 février 1770. Lyon, A. Delaroche, 1770. In-4, 8 pp.

10542 Nouveau Règlement pour la filature des soies. Observations intéressantes adressées à MM. les syndics et maîtres-gardes des manufactures en soie, sur la nécessité d'un règlement pour la filature des soies du royaume. Signé: DU PERRON, 1773; suivi d'un Programme de deux nouvelles machines. 1775. (Lyon), sans nom d'imp. In-8.

10543 Nouveau Règlement pour la filature des soies (1774). In-8.

10544 Arrêt du Conseil supérieur qui condamne Denis-Joseph Savy, marchand de soies à Lyon, en 500 livres d'amende, pour contraventions par lui commises aux règlements de la communauté des maîtres et marchands fabricants d'étoffes d'or, d'argent et de soie de ladite ville, etc. Du 19 août 1774. Lyon, P. Valfray, 1774. In-4, 6 pp.

10545 Arrêt du Conseil d'Etat du roi qui ordonne qu'à l'avenir les soies expédiées des villes de St-Etienne et de St-Chamond, arrivant à Lyon pour y être teintes, seront exemptées du droit, etc. Du 2 octobre 1774. Lyon, 1775. In-4, 4 pp.

10546 Arrêt du Conseil d'Etat qui ordonne que la perception du droit sur chaque livre de soie du crû du royaume au profit de Lyon, ensemble les sous pour livre, etc., seront supprimés. 20 septembre 1775. In-4, 4 pp.

10547 Jugement consulaire qui condamne Louis Roux, marchand-fabricant, et le sieur Poujol, dessinateur, son associé, à la confiscation des étoffes saisies et à 4,000 livres d'amende, pour avoir copié et fait fabriquer des étoffes sur des dessins appartenants aux sieurs Guyot de Pravieux, Guyot et Fécand, Arthaud et comp., etc. Du 16 décembre 1775. Lyon, Delaroche, 1775. In-4, 4 pp.

10548 Mémoire pour les syndics de la communauté des fabricants d'étoffes de soie, contre les broderies. 1776. Non signé. Ms. in-fol., 3 ff.

10549 Ordonnance consulaire qui ordonne que les lettres-patentes des 31 octobre 1712, 9 janvier 1726, les statuts et règlements de 1757, ceux de 1744, et les ordonnances consulaires des 23 août 1768 et 6 février 1770, rendus pour la police de la fabrication des étoffes, seront exécutés,etc. Du 18 juillet 1777. *Lyon*, A. Delaroche, 1777. In-4, 4 pp.

10550 Très-humbles et très-respectueuses représentations que font au Roi ses fidèles sujets de deux classes réunies, composant la communauté appelée la grande fabrique d'étoffes d'or, d'argent et soie de la ville de Lyon, sur l'arrêt du 26 août 1776, qui ordonne la vente des effets des communautés de ladite ville. *Paris*, veuve d'Houry, 1777. In-4, 10 pp.

10551 Ordonnance consulaire qui enjoint à tous maîtres et marchands fabricants en étoffes d'or, d'argent et de soie de cette ville et autres, qui sont porteurs de permissions pour fabriquer des taffetas sept-douze légers, en chaîne à deux bouts, de les remettre dans la quinzaine entre les mains des maîtres-gardes, etc. Du 24 mars 1778, *Lyon*, A. Delaroche, 1778. In-4, 5 pp.

10552 Ordonnance consulaire portant règlement pour la grande fabrique. Du 12 mai 1778. *Lyon*, A. Delaroche, 1778. In-4, 5 pp.

10553 Ordonnance consulaire qui enjoint aux maîtres de la communauté de la fabrique des étoffes d'or, d'argent et de soie de cette ville, de faire enregistrer au bureau de ladite communauté, qui se tient actuellement à l'Hôtel-de-Ville, leurs apprentis, etc. Du 16 juin 1778. *Lyon*, A. Delaroche, 1778. In-4, 4 pp.

10554 Arrêt du Conseil d'Etat qui ordonne la vente de la maison qui servait de bureau à la grande fabrique d'étoffes d'or, d'argent et de soie de Lyon. 5 mars 1779. In-4, 5 pp.

10555 Ordonnance consulaire concernant la communauté des maîtres et marchands-fabricants en étoffes d'or, d'argent et de soie de la ville de Lyon. Du 28 septembre 1779. *Lyon*, A. Delaroche, 1779. In-4, 4 pp.

10556 La perfection de la teinture noire sur la soie; Mémoire qui a concouru pour le prix proposé en 1776 par l'Académie.... de Lyon. Par M. ANGLÈS. *Lyon*, frères Perisse, M.DCC. LXXIX. In-8, 39 pp.

10557 Arrêt du Conseil d'Etat qui permet au sieur François Perret d'établir une manufacture de toutes sortes de nouveaux velours mélangés soie et coton, dans le bourg de Cuire-la-Croix-Rousse... Du 28 mars 1780. *Paris*, Simon, 1780. In-4, 4 pp.

10558 Arrêt du Conseil d'Etat qui permet au sieur Fr. Perret de transférer à Neuville en Franc-Lyonnois sa manufacture de nouveaux velours, etc. Du 12 septembre 1780. In-4, 5 pp.

10559 Arrêt du Conseil d'Etat qui ordonne que les ouvriers forains et étrangers de la grande fabrique des étoffes d'or, d'argent et de soie de Lyon qui voudront être admis à la maîtrise, seront tenus de se conformer aux anciens règlemens concernant ladite communauté, et de

lui payer une somme de 48 fr. Du 17 septembre 1780. In-4, 5 pp.

10560 Arrêt du Conseil d'Etat qui proroge jusqu'au 1er octobre 1781, en faveur des agrégés actuels de la communauté des fabricants de Lyon, les délais fixés pour l'admission des anciens maîtres dans les nouvelles communautés de ladite ville. Du 10 juin 1781. *Lyon*, 1781. In-4, 5 pp.

10561 Ordonnance consulaire concernant la communauté des maîtres et marchands-fabricants en étoffes d'or, d'argent et de soie. 2 septembre 1783. In-4, 5 pp.

10562 Requête au Roi et au Conseil d'Etat par les fabricants d'étoffes de soie, etc., concernant les dessins. Juillet 1784. Signatures des fabricants et de Louis XVI qui accorde la requête. Ms, in-fol., 7 ff.

10563 Mémoire présenté à MM. de l'Académie des sciences, belles-lettres et arts de Lyon, par le sieur DARDOIS, maître-fabricant d'étoffes d'or, argent et soie. *Lyon*, 1785. In-8, 16 pp.

10564 Ordonnance consulaire concernant les dévideuses de soie; du 14 février 1786. *Lyon*, 1786. In-4, 4 pp.

10565 Ordonnance consulaire qui approuve l'augmentation consentie par les maîtres-gardes de la grande fabrique, etc. Du 8 août 1786. *Lyon*, 1786. In-4, 2 pp.

10566 Requête adressée au Roi et au Conseil par les maîtres-fabricants d'étoffes de soie, sur la copie des dessins. 6 juillet 1787. Sig. aut. Ms. in-fol., 8 ff.

10567 Arrêt du Conseil d'Etat portant règlement pour les nouveaux dessins que les fabricants d'étoffes de soierie et de dorures du royaume auront composés ou fait composer. Du 14 juillet 1787. *Lyon*, 1787. In-4, 4 pp.

10568 Mémoire de la ville de Lyon au Roi (sur le commerce des soieries). (Par SERVANT). 2 mars 1788. In-8, 27 pp.

10569 Ordonnance consulaire concernant le colportage des étoffes d'or, d'argent et de soie de la ville de Lyon. Du 13 mars 1788. *Lyon*, 1788. In-4, 4 pp.

10570 Mémoire des électeurs fabricants d'étoffes de soie de la ville de Lyon. 1789. — Recueil de Mémoires et Tarif dressés en exécution de l'arrêt du 8 août 1789, sur le prix de la main-d'œuvre des étoffes de soie de la fabrique de Lyon, 1790. — Doléances des maîtres-ouvriers fabricans en étoffes d'or, d'argent et de soie, adressées au Roi et à l'Assemblée nationale. 1789. — Précis historique sur la manufacture d'étoffes de soie de Lyon, par M. TERRET. 1806. — Projet de règlement pour la fabrique d'étoffes de soie de Lyon, par M. DÉGLISE. An IX. — Observations sur un projet de loi relatif aux manufactures, par le même. 1802. — Projet de règlement pour la manufacture des étoffes d'or, d'argent et de soie, dressé par une Commission. An IX. — Instruction détaillée sur la manière de se servir de l'appareil à vapeur pour filer les cocons, par M. GENSOUL. 1810. — Pour le commerce d'exportation de Lyon. 1791. — Avis aux négociants de Lyon : s'il est plus nuisible qu'avantageux d'avoir une douane. 1790. — Rapport sur la proposition de distribuer annuellement des primes d'encouragement aux apprentis des manufactures, par M. TERRET. 1809. — Observations sur les octrois et le commerce de Lyon. 1790. — Observations de M. RAYMOND sur le décreusage de la soie. 1809. In-8 demi-rel. bas.

10571 Mémoire des électeurs fabricants d'étoffes en soie de la ville de Lyon. 1789. In-8, 51 pp.

10572 Doléances des maîtres-ouvriers fabricants en étoffes d'or, d'argent et de soie de la ville de Lyon, adressées au roi et à la nation assemblée. 1789. s. n. d'impr. In-8, 66 pp.

10573 Prospectus pour une souscription proposée par les syndics-jurés-gardes de la communauté de la fabrique des étoffes d'or, argent et soie de la ville de Lyon, en faveur des ouvriers privés de travail. *Lyon*, 1789. In-4, 4 ff.

10574 Réflexions d'un citoyen patriote pour les ouvriers en soie de la ville de Lyon. s. n. d'auteur, s. l. M.DCC.LXXXIX. In-8, 15 pp.

10575 Arrêt du Conseil d'État qui suspend l'exécution de l'art. 1er rendu le 5 septembre 1786 sur le prix des façons des étoffes unies en soie. 8 août 1789. *Signé* : DE ST-PRIEST. Ms. parch. in-fol., 2 ff.

10576 État des ouvriers et artistes qui se sont distingués dans le travail des manufactures de soie. (178.?). Non signé. Ms. in-fol., 5 ff.

10577 État des principaux marchands qui se sont distingués dans les manufactures en soierie. (178.?). Non signé. Ms. in-fol., 5 ff.

10578 Lettre d'un maître-taffetatier à M. R..., auteur des *Réflexions d'un citoyen patriote* pour les ouvriers en soie de Lyon. (178.?). In-8, 21 pp.

10579 Requête au Roi présentée par les fabricants d'étoffes de soie, au sujet de la propriété des dessins. (178.?). Avec plusieurs signatures. Ms. in-fol., 4 ff.

10580 Réclamations du sieur BADGER qui a importé en France le moirage des étoffes de soie, et spécialement à Lyon. (178.?). Certificat des maîtres-gardes à ce sujet. Ms. in-fol., 6 ff.

10581 A Messieurs les prévôt des marchands et échevins de Lyon, juges de la police des arts et métiers. Supplique des maîtres-gardes de la communauté des marchands et maîtres ouvriers en draps d'or, d'argent et de soye. Me GUICHARD, avocat. s. d. In-fol., 16 pp.

10582 A Messieurs les prévôt des marchands et échevins de la ville de Lyon. Supplique de Pierre Gatet, maître-fabricant d'étoffes d'or, d'argent et de soye à Lyon, etc. s. d. In-fol., 15 pp.

10583 Au Roi et à nosseigneurs de son Conseil. Supplique des marchands maîtres-ouvriers à façon d'étoffes d'or, d'argent et de soie de Lyon. s. d. In-fol., 8 pp.

10584 Lettre à M***, négociant de Lyon, sur l'usage du trait faux filé sur soie dans les étoffes. s. d. (fin du XVIIIe siècle), s. n. d'auteur. In-12, 42 pp.

10585 Mémoire à consulter pour les maîtres-ouvriers en étoffes de soye, etc., de Lyon. s. d. In-4, 23 pp.

10586 Mémoire expositif contenant le danger auquel serait exposée la manufacture des étoffes de soie, si les filles soit de la ville, soit de la campagne, qui n'ont aucune qualité, étaient admises à la liberté de travailler les étoffes. s. d. (17??). In-4, 10 pp.

10587 Mémoire pour la communauté des guimpiers de la ville de Lyon, contre la communauté des maîtres-ouvriers et marchands de soie de la même ville. Me DESROCHES, avocat. s. d. In-4, 20 pp.

10588 Mémoire pour les maîtres-gardes de la communauté des marchands et maîtres-ouvriers en étoffes d'or, d'argent et de soye de la ville de Lyon, contre les maîtres-gardes des guimpiers, gazetiers, fileurs et écacheurs d'or et d'argent de la même ville. s. d. In-fol., 16 pp.

10589 Mémoire pour les maîtres et marchands, et pour les maîtres-ouvriers à façon des étoffes d'or, d'argent et de soye de la ville de Lyon. COMMARMOND, procureur à Lyon. *Lyon*. s. d. In-fol., 10 pp.

10590 Mémoire pour les maîtres-ouvriers à façon des étoffes de soie de Lyon. s. d. In-4, 90 pp.

10591 Précis présenté au roi pour les manufacturiers d'étoffes de soie de Lyon, contre les maîtres et marchands du même art. s. d. (17??). In-4, 6 pp.

10592 Réflexions sur l'état actuel du commerce de soierie. s. d. In-4, 7 pp.

10593 Réponse aux Observations des gros fabricants sur le Mémoire des négociants de cette ville. Goy, avocat. *Lyon*, veuve Molin. In-fol., 15 pp.

10594 Réponse des maîtres-gardes et adjoints-marchands aux Observations particulières et intéressantes des maîtres-gardes et adjoints-ouvriers à façon sur les 45 articles du Règlement, etc. s. d. In-4, 112 pp.

10595 Sur la requête présentée au roi par les maîtres-ouvriers à façon des étoffes de soie de Lyon. s. d. (17??). In-4, 25 pp.

10596 Recueil de Mémoires et Tarif dressés en exécution de l'arrêt du 8 août 1789, obtenu par messieurs les députés de la ville et sénéchaussée de Lyon, etc. (étoffes de soie, or et argent), ensemble l'arrêt qui a homologué ledit Tarif. Imprimé à *Lyon*, en 1790. In-8, 32 pp.

10597 Ordonnance portant que les maîtres-ouvriers fabricants d'étoffes et leurs compagnons seront admis à demander le paiement de leurs façons, conformément aux prix déterminés par le Tarif.... Du 1er mai 1790. *Lyon*, Delaroche, 1790. In-4, 7 pp.

10598 Délibération des maîtres-ouvriers fabricants en étoffes d'or, d'argent et soie de la ville de Lyon, prise dans l'église cathédrale de St-Jean, le 5 mai 1790. *Lyon*, J.-B. Delamollière. In-8, 15 pp.

10599 Supplique très respectueuse présentée à l'Assemblée nationale par Cl. RIVEY, artiste et mécanicien (de Lyon), (pour les métiers d'étoffes de soie). *Paris*, Roland, 1790. In-4, 24 pp.

10600 Observations sur les manufactures d'étoffes d'or, d'argent et de soie de la ville de Lyon. Sans date, sans sig. (époque de l'Assemblée nationale). In-8, 47 pp.

10601 Projet de décret, par le citoyen MERLINO, pour les secours à accorder à la ville de Lyon. s. d. (1792). In-8, 4 pp.

10602 Rapport par MERLINO sur des secours à accorder aux ouvriers de la ville de Lyon. s. d. (1792). In-8, 10 pp.

10603 Lettre de la Commission du commerce et des approvisionnements de la République, aux citoyens composant le Directoire du district de Commune-Affranchie, pour les prier de délivrer aux ouvriers les soies nécessaires à l'achèvement des pièces commencées. *Paris*, 25 thermidor an II. *Signé*: Le commissaire, PICQUET. Lett. aut. In-fol., 2 pp., sceau.

10604 Au nom de la liberté et de l'égalité, l'an deux de la République françoise. (Etablissement d'un tarif pour la fabrication du taffetas noir lustré, avec l'approbation du Conseil général de la commune). Sans sig. *Lyon*, Bernard. In-8, 8 pp.

10605 Lettre de RICHAUD à ses collègues membres du Comité de salut public, au sujet d'une commande et de fabrication de taffetas pour aérostats. *Lyon*, 9 ventose an III. Lett. aut. sig. In-fol., 2 pp.

10606 Projet de règlement pour la fabrique des étoffes d'or, argent et soie de la ville de Lyon, présenté au citoyen Chaptal par J.-C. DÉGLISE. *Lyon*, Ballanche, an IX. In-8, 99 pp. — Id. *Lyon*, Amable Leroy, an IX. In-8, 96 pp.

10607 Observations sur le projet de règlement pour la fabrique des étoffes d'or, argent et soie; par TOLOZAN, ci-devant intendant du commerce. 11 floréal an IX. Ms. in-fol., 15 ff.

10608 Observations sur le projet de règlement pour la fabrique des étoffes d'or, argent et soye; par TOLOZAN. *Lyon*, 1802. In-8, 79 pp.

10609 Extrait des registres de l'Académie des sciences de Paris, du 29 juillet 1775; suivi du Rapport des maîtres-gardes de Lyon sur un métier propre à construire les étoffes à fleurs, découvert et proposé par le citoyen LASALLE, de l'Athénée de Lyon. *Lyon*, Ballanche, an X. In-8, 32 pp.

10610 Décret impérial contenant règlement sur la guimperie, les étoffes d'or, etc. 20 floréal an XIII. In-8, 19 pp.

10611 Réponse des courtiers pour la soie à la lettre de Messieurs les agents de change de Lyon. *Signé*: ROUX, syndic. s. d. (18..). *Lyon*, Perisse. In-4, 12 pp.

10612 Mémoire sur les moyens de perfectionner la filature des soies, suivi de la description d'un nouveau mécanisme adapté au tour à filer et du procès-verbal de l'expérience qui en a été faite par l'Académie de Nismes; présenté au Gouvernement par le citoyen Ferd. GENSOUL, négoc. à Lyon. *Lyon*, Barret, an XI (1803). In-8, 52 pp., fig.

10613 Description raisonnée du métier dit à la petite tire, à l'usage des jeunes gens qui se destinent à la fabrique; par M***, élève du Conservatoire des arts de la ville de Lyon. *Lyon*, Laselve, 1805. In-8, 70 pp.

10614 Relevé des fournitures faites par la manufacture de Lyon pour le mobilier impérial, avec le certificat de réception et d'emploi. *Paris*, ce 9 septembre 1807. *Signé*: LE FUEL. Sig. aut. Ms. gr. in-fol., 4 pp. — Rapport du sieur BARDEL, commissaire du Gouvernement, sur le rabais que doivent supporter les étoffes fournies par la manufacture de Lyon, pour cause de mauvaise teinture. *Paris*, 12 septembre 1808. Pour copie conforme, *signé*: L'administrateur du mobilier impérial, DESMASIS. Sig. aut. Ms. in-fol., 3 pp.

10615 Des manufactures de soie et du mûrier; par M. E. MAYET, associé aux Académies de Lyon et de Villefranche... *Paris*, 1810. In-8, 218 pp.

10616 Quelques mots en réponse au Mémoire du chevalier Aldini, sur les moyens d'échauffer l'eau pour la filature des soies; par Ferdinand GENSOUL. *Lyon*, Kindelem, 1819. In-8, 19 pp.

10617 Rapport fait à la Société d'agriculture, le 8 juillet 1825, par M. GENSOUL, sur la qualité des soies tirées de cocons récoltés près de Moulins. *Lyon*, Barret. In-8, 15 pp.

10618 Rapport fait à la Société d'encouragement sur les nouveaux procédés introduits dans les métiers à fabriquer les étoffes de soie par M. Etienne Maisiat à Lyon; par M. HÉRICART DE THURY. 12 mars 1828. (*Paris*). In-4, 5 pp.

10619 Mémoire présenté à S. Exc. le ministre du commerce et des manufactures par les fabricants d'étoffes de soie de la ville de Lyon. *Lyon*, Rossary (1828). In-4.

10620 Consultations sur l'arrêté de M. le préfet du Rhône, en date du 9 avril 1827, concer-

nant le pliage des étoffes; par Alexis DE JUS-
SIEU, ODILON-BARROT , BLANC , ISAMBERT ,
ROZET, avocats. *Lyon*, C. Coque, 1828. In-
4, 28 pp.

10621 Mémoire présenté à S. Exc. le ministre
du commerce et des manufactures par les fabricants d'étoffes de soie de la ville de Lyon;
du 4 décembre 1828. *Lyon*, G. Rossary,
1829. In-4, 46 pp.

10622 Recherches historiques et statistiques
sur le mûrier, les vers à soie et la fabrication
de la soierie, particulièrement à Lyon et dans
le Lyonnais ; par L.-F. GROGNIER. *Lyon*,
Barret, s. d. In-8, 72 pp.

10623 Rapport sur le Mémoire adressé à l'Académie de Lyon par M. Ch. DUPIN. Commissaires : MM. GILIBERT, COCHARD , et RÉGNY,
rapporteur. *Lyon*, Barret, 1829. In-8, 40 pp.

10624 Rapport fait à l'Académie royale de Lyon
par M. RÉGNY, dans la séance publique du
26 avril 1830, sur le métier flotteur de M. Tainturier jeune , destiné à empêcher la fraude
dans les ateliers de teinture des soies. *Lyon*,
Barret, M. D CCC. XXX. In-8.

10625 Tarif au minimum des prix de la façon
des étoffes de soie, librement débattu et consenti entre les délégués des fabricants et des
ouvriers le 25 octobre 1831. Certifié... Lyon,
le 26 octobre 1831. *Signé* du maire et du
préfet. *Lyon*, Brunet. In-fol., 2 pp.

10626 Essai sur les moyens de faire cesser la
détresse de la fabrique, par E. BAUNE. *Lyon*,
Baron , 1832. In-8 , 61 pp.

10627 Manipulation des fils par de nouveaux
procédés et par l'application d'un nouveau
principe ; par J.-Isidore PINET, ex-fabricant
et moulinier. *Lyon*, Louis Perrin., 1832. In-8.

10628 De la nécessité d'une augmentation des
prix de fabrication des étoffes , comme moyen
d'assurer la prospérité du commerce ; par
J.-A. B., chef d'atelier. *Lyon*, Charvin, 1832.
In-8 , 20 pp.

10629 Coalition (de la) des chefs d'atelier de
Lyon , par Jules FAVRE. *Lyon*, Léon Boitel,
1833. In-8.

10630 Un mot sur les fabriques étrangères de
soieries, à propos de l'exposition de leurs produits faite par la Chambre de commerce de
Lyon ; par M. A.-D. (ARLÈS-DUFOUR). *Lyon*,
Léon Boitel ; 1834. In-8, 152 pp.

10631 Origine de la soie et des étoffes fabriquées
avec cette matière, par le docteur OZANAM.
Lyon, Léon Boitel , 1836. In-8 , 23 pp.

10632 Courte Instruction populaire sur la culture des mûriers , les magnaneries et l'éducation des vers à soie. Situation de cette branche d'industrie dans l'arrondissement de
Belley, en 1836. Par M. L.... *Belley*, Verpillon, 1836. In-8 , 60 pp.

10633 De la taille et de la culture du mûrier,
par GAILLARD (de Brignais). *Paris*, *Lyon*,
1838. In-8.

10634 De l'Art séricicole au printemps de 1840,
par M. PUVIS. *Paris*, *Bonry*, 1840. In-8.

10635 Traité de l'éducation des vers à soie et
de la culture du mûrier, suivi de divers Mémoires sur l'art séricicole ; par M. Matthieu
BONAFOUS... Quatrième édition, revue et augmentée. *Paris*, 1840. In-8 demi-rel., dos et
coins v. fauve.

10636 Pétition pour le rétablissement d'une
mercuriale, adressée au Conseil des Prud'hommes par les chefs d'atelier et ouvriers de la
fabrique lyonnaise. s. d. (1840?). *Lyon*, Léon
Boitel. In-4 , 4 pp.

10637 Mémoire sur un nouveau système de filature de la soie, dans lequel on substitue le gaz
hydrogène carboné à la vapeur ; lu à la Société royale d'agriculture et arts utiles de
Lyon , le 15 janvier 1841 , par M. Jules RE-
NAUX. In-4, 14 pp.

10638 Ecole spéciale de fabrication des tissus.
Prospectus par MAISIAT. *Lyon*, Boursy, 1841.
In-4 , 4 pp.

10639 Enseignement théorique et pratique de
la fabrication des étoffes de soie , dirigé par
J. MEUNIER. Prospectus. Lyon. *Lyon*, 184.?
In-4, 2 pp.

10640 Observations aux producteurs et industriels séricicoles sur le système de pliage des
soies par écheveaux de mille tours sur un
mètre , avec échantillage de poids réguliers ;
système qui doit être converti en loi cette session même , et devenir obligatoire à partir
d'un an. (Par un fabricant lyonnais). *Lyon*,
février 1842. In-8 , 23 pp.

10641 Indicateur annuaire de la fabrique de
soie de Lyon pour l'année 1843 , contenant
près de 4,000 adresses spéciales. Première
année. *Lyon*, Dumoulin, Ronet et Sibuet,
1843. In-16.

10642 Avis important à Messieurs les marchands
de soie (sur le piquage d'once). s. n. d'auteur. *Lyon*, Ayné , s. d. In-8, 3 pp.

10643 Enseignement de la fabrication des étoffes (de soie), dirigé par Antoine DUFOUR. *La
Croix-Rousse*, Lépagnez (1846). In-4 , 4 pp.

10644 Projet d'organisation pour la fabrique
des étoffes de soie, établi sur les bases d'une
association générale entre les marchands-fabricants, commissionnaires , détaillants, dessinateurs , chefs d'ateliers et ouvriers tisseurs... *Signé* : A. COVILLARD. *Lyon*, Boursy,
1848. In-8 , 29 pp.

10645 Association des tisseurs lyonnais. Etoffes
de soieries de Lyon perfectionnées et à prix
de fabrique. Appel à la patriotique confrater-
nité des consommateurs. s. d. (1848). Sans
signat. *Lyon*, Rodanet. In-4, 1 f.

10646 Aidons-nous , la République nous ai-
dera. N° 1, 23 mars 1848. (Conseils aux ouvriers en soie , par Auguste PIGNET. Cette
publication devait être continuée par numéros,

comme un journal ; elle s'arrête au N° 1).
St-Genis-Laval (Rhône). In-4 , 4 pp.

10647 Citoyens , le Gouvernement provisoire ,
en sa sollicitude pour les ouvriers en soie de
la fabrique lyonnaise.... (Commande d'écharpes et de drapeaux). Lyon , 14 avril 1848.
Signé: Le président , EDANT ; le secrétaire ,
G. VALLIER. In-4 , 5 pp.

10648 Fondation d'une Société démocratique
des tisseurs en soie , fondée par le citoyen
Auzat (Guillaume), mécanicien (pour confec-
tionner un drapeau et le porter à Paris).
Lyon , 17 avril 1848. *Signé* : Le président ,
AUZAT. In-fol., 1 p.

10649 Au citoyen Martin-Bernard , commissaire
de la République française dans le départ. du
Rhône. (Pétition pour la fabrication d'écharpes). s. d. (1848). Devait être signée. In-fol.,
2 pp.

10650 Avis de la Commission créée par le citoyen commissaire du Gouvernement..... au
sujet des ateliers qui ont plus d'une pièce.
Lyon , 7 juin 1848. *Signé* : Le président ,
EDANT. Lyon , Nigon. In-fol., 1 p.

10651 Avis de la Commission créée par le Gouvernement pour la répartition des commandes
des écharpes et drapeaux , au sujet de ceux
qui ont obtenu de doubles pièces par des
moyens frauduleux. Lyon , 12 juin 1848.
Signé : Le président , EDANT ; le secrétaire ,
VALLIER. Lyon , Nigon. In-fol., 1 p.

10652 Adresse aux ouvriers en soie (au sujet
du salaire pour la confection des écharpes et
drapeaux). Lyon , 24 juin 1848. Le commissaire..., MARTIN-BERNARD. Lyon, Léon Boitel.
In-fol., 1 p.

10653 (Avis aux ouvriers en soie pour leur
annoncer que l'ordre de paiement des salai-
res est arrivé). Lyon , 25 juin 1848. Le
commissaire..., MARTIN-BERNARD. Lyon, Léon
Boitel. In-fol., 1 p.

10654 Aux membres de l'Assemblée nationale.
(Pétition en faveur des ouvriers en soie de la
ville de Lyon et banlieue). 28 juin 1848. *La
Croix-Rousse* , Lépagnez. In-4, 4 pp.

10655 Circulaire de l'administration de la Société générale des chefs d'atelier tisseurs de
Lyon et des villes suburbaines à leurs confrères (pour engager à suivre les règlements ,
exposer la situation de la Société vis-à-vis
des mutuellistes et des veloutiers , et signaler
quelques maisons de fabricants qui ne sont
pas au prix). Lyon , le 20 juillet 1848. *La
Croix-Rousse* , Lépagnez. In-8 , 4 pp.

10656 Les ouvriers en soie et propriétaires des
environs de Lyon à l'Assemblée nationale.
(Pétition pour qu'on ne les sacrifie pas aux
ouvriers de la ville). s. d. (août 1848). *Lyon*,
Dumoulin et Ronet. In-4 , 4 pp.

10657 Tableau général des sociétaires de la qua-
tre-vingt-sixième Société de bienfaisance et de
secours mutuels des maîtres fabricants d'é-

toffes de soie de la ville de Lyon , fondée le
1er avril 1838. Année 1848. *Lyon* , Rodanet.
Gr. in-fol. , 1 p. (Voir : *Soc. de bienfaisance.*)

10658 Association des tisseurs lyonnais. Extrait
de l'acte social. s. d. (octobre 1848), s. n.
d'impr. In-4 , 1 p.

10659 Cours gratuit de fabrication d'étoffes de
soie. (Annonce de la mairie et conditions
d'admission). Lyon , le 24 janvier 1849. Le
maire de la ville de Lyon , REVEIL. *Lyon* ,
Nigon. In-fol., 1 p.

10660 La vérité au sujet du malaise de la fabrique des étoffes de soie à Lyon. Moyens d'y
remédier. Mémoire pour servir à l'enquête.
Par VERNAY, chef d'atelier. *La Guillotière* ,
Bajat, 1849. In-8 , 16 pp.

10661 Aux actionnaires de la Société des tra-
vailleurs-unis. (Compte-rendu des capitaux de
la Société pendant l'année 1849). Par GUIL-
LERMAIN. *La Croix-Rousse* , Lépagnez. In-8,
16 pp.

10662 Pétition des chefs d'atelier tisseurs à M. le
préfet du département du Rhône , au sujet de
l'élection des Prudhommes. s. d. (1849?).
La Croix-Rousse , Lépagnez. In-4 , 2 pp.

10663 Règlement de la Société de bienfaisance
et secours mutuels des maîtres veloutiers et
autres fabricants d'étoffes de soie de la ville
de Lyon..., fondée en 1827. *La Croix-Rousse*
(*Lyon*) , Lépagnez , 1849. In-12 , 48 pp.,
demi-rel. mar. v., avec le sceau de la ville de
Lyon.

10664 Statuts de la Société de l'Union des travailleurs. *La Croix-Rousse* , Lépagnez , 1849.
In-8, 8 pp.

10665 Statuts de l'Association de secours mutuels
des dessinateurs manufacturiers de Lyon. *La
Croix-Rousse* (*Lyon*) , Lépagnez , 1850. In-12,
24 pp.

10666 Statuts de la Société lyonnaise de secours
mutuels pour les ouvriers en soie de Lyon et
des communes suburbaines , et de la Caisse
des retraites y annexée. Imprimés par ordre de
la Chambre de commerce. Lyon , Barret, 1850.
In-8 , 45 pp.

10667 Règlement de la première Société de bienfaisance et secours mutuels de la ville de la
Croix-Rousse. *La Croix-Rousse* , Lépagnez ,
1850. In-16 , 34 pp.

10668 Aux actionnaires de la Société des tra-
vailleurs-unis. (Réponse des fondateurs-gé-
rants au libelle publié par le citoyen Guiller-
main). La Croix-Rousse, le 20 avril 1850. *La
Croix-Rousse* , Lépagnez. In-8 , 16 pp.

10669 A ceux qui travaillent. Lettre aux ouvriers
en soie au sujet de la Caisse de prévoyance.
s. n. d'auteur, s. d. (1850). *La Croix-Rousse*.
In-8 , 8 pp.

10670 Cours pratique sur la physiologie du ver
à soie domestique et sur l'art de l'élever. Exposé sommaire des matières du cours. *Lyon* ,
1851. In-8 , 8 pp.

Condition des soies, et procès y relatifs.

10671 Aux citoyens négociants en soie. Observations du citoyen RAST-MAUPAS, inventeur et auteur de la Condition publique des soies à Lyon. *Lyon*, Cutty, an VIII (1800). In-4, 20 pp.

10672 Lettre à S. Exc. le citoyen Chaptal, ministre de l'intérieur. De Paris, 17 pluviose an XII. *Signé* : RAST-MAUPAS. *Paris*. In-4, 16 pp.

10673 RAST-MAUPAS à ses concitoyens, et spécialement à MM. les négociants en soie. *Lyon*, Ballanche, an XIV (1805). In-4, 16 pp.

10674 Programme d'un concours public pour la construction d'un bâtiment destiné à la Condition des soies en la ville de Lyon. *Lyon*, Bruyset (1807). In-4, 3 pp. — Condition des soies. Concours public. *Lyon*, Bruyset (1808). In-4, 2 pp.

10675 Extrait du registre des délibérations du Conseil d'Etat. Séance du 5 novembre 1808. (Décret concernant une acquisition de terrain pour la Condition des soies de Lyon). (*Paris*), Hacquart. In-8, 4 pp.

10676 Rapport fait au nom de la Commission d'administration intérieure, par M. FAVARD, membre de cette Commission, sur le projet de loi concernant l'acquisition, par le commerce de Lyon, d'un terrain destiné à l'établissement du local de la Condition des soies. Séance du 18 novembre 1808. (*Paris*), Hacquart. In-8, 4 pp.

10677 Quelques Observations pour le sieur Rast-Maupas. *Lyon*, Ballanche, 1820. In-4, 25 pp.

10678 Mémoire pour le sieur Rast-Maupas, établissant son droit de réclamation relativement à sa dépossession de la Condition publique des soies à Lyon. s. d. (182.?). In-4, 91 pp.

10679 Observations des citoyens DONZEL et CHARAY, conditionneurs publics et patentés des soies à Lyon, sur le brevet d'invention de la Condition publique des soies surpris au Gouvernement par le citoyen Rast-Maupas. s. d. *Lyon*, L. Dupré. In-4, 34 pp.

10680 Projet de réforme de la Condition publique des soies de Lyon ; par P. ANDRIEU. *Lyon*, Louis Perrin, 1831. In-8, 40 pp.

10681 Manipulation des fils par de nouveaux procédés ; par J.-J. PINET. *Lyon*, Louis Perrin, 1832. In-8, 47 pp.

10682 Note sur un procédé nouveau proposé pour la Condition publique des soies de Lyon ; par Léon TALABOT frères, de Paris. *Lyon*, Barret, 1832. In-8, 114 pp.

10683 Procès-verbaux des expériences qui ont été faites à Lyon par M. d'Arcet sur les nouveaux procédés proposés pour la Condition des soies ; par MM. FELISSENT, P. ANDRIEU,

TALABOT frères. *Lyon*, Barret, 1838. In-8, 79 pp.

10684 Résultat des expériences faites à Lyon en 1839... pour l'essai en grand du nouveau procédé de MM. L. Talabot frères pour le conditionnement de la soie par la dessication absolue ; comprenant les procès-verbaux des séances de la Commission et les délibérations prises, à ce sujet, par la Chambre de commerce. *Lyon*, Barret, 1839. In-8, 78 pp., planches.

Drapiers, Toiliers, Tireurs d'or, Orfèvres, Teinturiers, Fabricants de bas de soie, Rubanniers, Passementiers.

10685 Recueil d'édits, déclarations, arrests et ordonnances concernant l'art de tireurs, écacheurs et fileurs d'or et d'argent de la ville de Lyon (de 1571 à 1708). A *Lyon*, aux dépens de la communauté. In-4 bas.

10686 Extrait des registres du siége de la Monnoye de Lyon, du 13 octobre 1582. Ordonnance portant défenses à tous compagnons tireurs et écacheurs d'or et d'argent, et autres, de s'entremettre à dorer, argenter, ny tirer à l'argue aucuns lingots fins ou faux, ny iceux manufacturer. *Signé* : BENOIT. In-4, 3 pp.

10687 De par le roy et MM. les gardes et juges royaux en la Monnoye de Lyon. Arrêté au sujet des passementiers qui s'immiscent d'entreprendre sur l'art des maîtres tireurs d'or. Du 20 mars 1615. *Signé* : DVPRAT, garde. In-4, 3 pp.

10688 De par le roy et M. REGOUMIER, conseiller du roy général en sa Cour des Monnoyes. Arrêté concernant les marchands qui apportent ou font manufacturer de l'or ou de l'argent au préjudice des tireurs d'or. 17 juin 1628. *Signé* : PUGET, REGOUMIER. In-4, 4 pp.

10689 Arrest de la Cour de parlement sur le règlement des orfèvres de la ville de Lyon, prononcé en ladite Cour de parlement de Paris le 28 aoust 1632. *Lyon*, Cl. Chancey, 1666. In-8.

10690 Arrest du Parlement, du 2 septembre 1634, entre les tireurs et escacheurs d'or et d'argent de la ville de Lyon, et la communauté des guimpiers. In-4, 4 pp.

10691 Extrait des registres de la Cour des Monnoyes, du 2 juillet 1641. Arrêté concernant les apprentissages des tireurs et escacheurs d'or. *Signé* : MAUGUIN. In-4, 3 pp.

10692 De par le roy et suivant l'ordonnance rendue par nous Nicolas Frenicle, conseiller du roi en la Cour des Monnoyes, commissaire député par Sa Majesté pour la direction de la Monnoye du Moulin établie en cette ville de

Lyon ; du 18 janvier 1644. Arrêté concernant les apprentissages des tireurs d'or. In-4, 2 pp.

10693 Extrait des registres de la Cour des Monnoyes , du 20 janvier 1646. Jugement rendu dans le procès entre Jean Deschuies , maître tireur et escacheur d'or et d'argent en la ville de Lyon , appellant d'une sentence... d'une part ; et Jean Josserand, André Gabet.., aussi maîtres tireurs et escacheurs d'or et d'argent... *Lyon.* In-4, 3 pp.

10694 Arrest de la Cour des Monnoyes de Paris, du 18 juin 1649 , contre Philippe Renel , maître tireur d'or... Collationné : DELAISTRE. In-4, 5 pp.

10695 Arrest du Conseil privé du roi , du 4 may 1653, portant confirmation de la jurisdiction de tout ce qui concerne l'art de tireur et écacheur d'or et d'arge t de la ville de Lyon. In-4, 11 pp.

10696 Statuts et règlemens que le roy veut et entend être observés en l'art et métier de tireurs , écacheurs et fileurs d'or et d'argent de la ville de Lyon. A *Lyon*, aux dépens de la communauté. (De 1656 à 1700). In-4, 71 pp.

10697 Arrest de la Cour de parlement sur le règlement des orfévres de la ville de Lyon. *Lyon* , Chancey , 1666. In-8, 31 pp.

10698 Arrest du Conseil d'Etat du 17 juin 1666, portant défenses à tous maistres et compagnons des métiers d'affineurs , orfévres , tireurs et batteurs d'or et autres d'exercer lesdits métiers ailleurs , ny autrement qu'en la manière prescripte par les déclarations, ordonnances , arrests et règlemens de Sa Majesté. In-4, 4 pp.

10699 Extrait des registres du siége de la Monnoye de Lyon , du 27 septembre 1668. Jugement rendu contre Michel Revol , compagnon tireur d'or... *Signé* : BOYAT. In-4, 4 pp.

10700 Le grand Livre de la confrairie des marchands et maîtres guimpiers , gazetiers , fileurs et écacheurs d'or et d'argent , commencé en l'année 1670. Ms. de la main de J. CHAPOTON, concierge de ladite communauté. In-8, 43 pp., veau , armes sur le plat.

10701 Règlemens et statuts généraux pour les longueurs , largeurs , qualités et teintures des draps , serges , etc. *Lyon* , A. Valançol , 1670. In-4, 54 pp.

10702 Règlemens et statuts proposés par les maistres drappiers drappans , fabricans draps , serges , cordillats , sardis , couvertures , droguets et autres. *Lyon* , Paulhe , 1671. In-4, 7 pp.

10703 Règlemens et statuts concernant le commerce , pour les marchands futainiers de la ville de Lyon. *Lyon* , Ant. Gallien , 1671. In-4, 20 pp. — (Autre édition). *Lyon*. 1677. In-4, 35 pp.

10704 Arrest du Conseil d'Etat , du 19 mars 1672 , qui permet d'informer du transport des outils et manufactures contre ceux qui se sont

établis dans les pays étrangers. (Arrest en faveur des tireurs d'or). *Signé* : BERRYER. In-4, 4 pp.

10705 Extrait des registres du siége de la Monnoye de Lyon , du 9 avril 1672. Procez-verbal fait chez les forgeurs et tailleurs de limes , ensuite de l'arrest du Conseil d'Etat du 19 mars dernier (concernant la fabrication d'outils servant aux tireurs d'or). *Signé* : DE SILVECANE , VAGINAY et Jean GAYNON. In-4, 4 pp.

10706 Extrait des registres du Conseil privé du roy. Entre les jurez et gardes de l'ancien corps de la communauté des maîtres tissutiers rubaniers , ouvriers en draps d'or et d'argent et soye à Paris... et les jurez de la communauté des maîtres tireurs et fileurs d'or et d'argent , à Paris... (Arrest au sujet de rouets façon de Lyon). 6 juillet 1672. *Signé* : LA GUILLAUMIE. In-4, 19 pp.

10707 Arrest de la Cour des Monnoyes , du 19 août 1672 , qui défend à tous marchands... de vendre , employer , ny faire employer aucun or ny argent fin ou faux , trait , battu et filé, qui ne soit marqué de la marque du maître tireur d'or qui l'aura fabriqué.... *Signé* : GÉRARDIN. In-4, 7 pp.

10708 Extrait des registres de la Cour des Monnoyes. Veu par la Cour le procès-verbal de maître Jean Boizard... (Jugement rendu dans le procès entre les maîtres tissutiers rubaniers de Paris et les jurez tireurs d'or et d'argent de la même ville, au sujet de rouets façon de Lyon). 17 septembre 1672. *Signé* : GÉRAUDIN. (Avec d'autres pièces relatives à ce procès). In-4 , 23 pp.

10709 Arrest de la Cour du parlement de Paris, par lequel le procès criminel intenté par le nommé Estienne Charlet aux maistres et gardes de l'art de teinturiers de soye , et commencé par le lieutenant-général de Lyon , a esté renvoyé aux prévost des marchands et eschevins juges conservateurs de ladite ville , pour estre par eux instruit et jugé. Du 16 avril 1676. *Paris* , Pierre Le Petit , M.DC.LXXVI. In-4, 5 pp.

10710 Extrait des registres du siége de la Monnoye de Lyon , du 19 janvier 1679. Ordonnance concernant les traits et filets d'or et d'argent , et les soyes engallées. *Signé* : VAGINAY. In-4, 4 pp.

10711 Arrest du Conseil d'Etat, du 23 novembre 1680 , au sujet d'une filature d'argent doré établie à Lyon. *Signé* : COLBERT. In-4, 4 pp.

10712 Extrait des registres du siége de la Monnoye de Lyon , des 19 décembre 1680 et 11 avril 1681. Procez-verbal de visites faites chez les marchands de dorure... *Signé* : MICHON et GAULTIER... In-4, 4 pp.

10713 Arrest du Conseil d'Etat, du 25 octobre 1681 (concernant Jean Buyet, compagnon tireur d'or). *Signé* : BECHAMEIL. In-4, 5 pp.

10714 Arrest du Conseil d'Etat, du 25 avril 1682,

qui fixe le droit de seigneuriage sur les ouvrages des tireurs d'or de la ville de Lyon à vingt sols par marc et à trois livres pour l'or de chaques pièces dorées..... Collationné. *Signé* : COQUILLE. In-4, 3 pp.

10715 Extrait des registres du siége de la Monoye de Lyon, du 17 juillet 1682. Ordonnance concernant les outils, roues et moulins, et qui défend à toutes personnes autres qu'aux maîtres tireurs d'or et leurs veuves de faire commerce de lingots... *Signé* : VAGINAY. In-4, 5 pp.

10716 Statuts et règlemens que le roy veut et entend être observés en l'art et métier de tireurs, écacheurs et fileurs d'or et d'argent de la ville de Lyon. (De 1683 à 1743). *Lyon*, aux dépens de la communauté. In-4, 159 pp.

10717 Extrait des registres du siége de la Monoye de Lyon, du 1er mars 1683. Ordonnance portant défenses de vendre de l'or ou argent qu'il ne soit marqué et d'employer aucun or ou argent, trait ou filé venant de Chambéry ou ailleurs : comme aussi aux fondeurs d'assier et aux menuisiers et tourneurs de vendre, faire ny débiter leurs machines et outils qu'aux maîtres-tireurs d'or et autres qui ont droit de s'en servir. *Signé* : VAGINAY. In-4, 4 pp.

10718 Extrait des registres du siége de la Monoye de la ville de Lyon, du 26 juillet 1684. Sentence rendue à la requeste de la communauté des tireurs, écacheurs et fileurs d'or et d'argent de cette ville et le fermier du droit de seigneuriage, contre Christine Drival, revenderesse... *Signé* : DE SILVECANE. In-4, 6 pp.

10719 Extrait des registres du siége de la Monoye de Lyon, du 4 août 1684. (Arrêté concernant le titre et la marque des lingots). *Signé* : DE SILVECANE et Pierre AUBERT, conseiller du roi. In-4, 5 pp.

10720 Louis par la grâce de Dieu... (Ordonnance en faveur des tireurs d'or contre les passementiers, et particulièrement contre le sieur Sébastien Leroux). 3 mars 1685. Collationné : ROUVER. In-4, 12 pp.

10721 Règlemens et statuts proposés par les marchands toilliers et canabassiers de Lyon. *Lyon*, Jullieron, 1686. In-8, 23 pp.

10722 Extrait des registres du siége de la Monoye de Lyon, du 27 août 1686. Sentence rendue à la requeste des sieurs jurez de la communauté des maîtres tireurs, écacheurs et fileurs d'or et d'argent de la ville de Lyon, contre les mère et fille Pelettier qui avoient quatre moulins à écacher..... *Signé* : COROMPT. In-4, 2 pp.

10723 Extrait des registres de la juridiction de la Monoye de Lyon, du 14 juin 1688. Sentence rendue entre M. le procureur du roy en la juridiction de ladite Monoye, d'une part, et Guillaume Martinet, marchand audit Lyon, défendeur et accusé, d'autre part (au sujet

de gallons saisis). Pour extrait : COROMPT. In-4, 2 pp.

10724 Extrait des registres du siége de la Monoye de Lyon, du 20 septembre 1688. Ordonnance concernant les maîtres tireurs et écacheurs d'or et d'argent de la ville de Lyon et les maîtres guimpiers de ladite ville. In-4, 6 pp.

10725 Extrait des registres du siége de la Monoye de Lyon, du 20 septembre 1688. Sentence rendue contre Robert Alissan, compagnon tisseur d'or.... *Signé* : VAGINAY et DE SILVECANE. In-4, 4 pp.

10726 Arrest de la Cour des monnoyes entre les maîtres jurés de l'art des maîtres tireurs et escacheurs d'or et d'argent de la ville de Lyon et Fr. Combe dit Mezonnette, du 20 septembre 1689. In-4, 4 pp.

10727 Extrait des registres de la jurisdiction de la Monoye de Lyon, du 23 février 1690. Sentence rendue à la requeste de M. le procureur du roy en la jurisdiction de ladite Monoye, contre Jean Martinet le jeune, marchand audit Lyon, défendeur et accusé (concernant une saisie de roquetains). In-4, 3 pp.

10728 Extrait des registres de la Monoye de la ville de Lyon, du 17 septembre 1691. Sentence rendue à la requeste de la communauté des maîtres tireurs, écacheurs et fileurs d'or et d'argent de cette ville contre les sieurs Marcel père et fils, marchands de cette dite ville. *Signé* : FOY DE SAINT-MAURICE et DE MINT. In-4, 4 pp.

10729 Arrest du Conseil d'Etat qui défend le fumage sur les laines et sur le filé d'argent, soit qu'il y ait de l'or ou non.... Du 10 novembre 1691. *Signé* : DELAISTRE. In-4, 4 pp.

10730 Arrest du Conseil d'Etat, du 9 février 1694, portant défenses aux fermiers des droits de l'Argue d'exiger des tireurs et écacheurs d'or et d'argent de la ville de Lyon de plus grands droits que ceux portez par la déclaration du dernier mars 1672. *Signé* : GOUJON. In-4, 4 pp.

10731 Arrest du Conseil d'Etat, du 22 juin 1694 portant que celui du 9 février 1694, rendu en faveur des tireurs d'or et d'argent de la ville de Lyon, sera exécuté. *Signé* : DUJARDIN. In-4, 7 pp.

10732 Arrest de la Cour des Monnoies de Lyon qui renvoye les maîtres tireurs d'or de la ville au Conseil, pour leur être fait droit sur toutes leurs demandes et prétentions. Du 23 août 1695. *Signé* : FOY DE SAINT-MAURICE. In-4, 3 pp.

10733 Arrest de la Cour des Monnoies (de Lyon) qui ordonne que les règlemens de la communauté des maîtres tireurs d'or seront exécutés. 3 juillet 1697. In-4, 4 pp.

10734 Extrait des registres du siége de la Monoye de Lyon, du 21 février 1698. Sentence rendue à la requeste des sieurs jurez de la communauté des maîtres tireurs, écacheurs et fileurs d'or et d'argent de la ville de Lyon, contre Barthélemi Chevron, guimpier, et autres.... *Signé* : DE SAINT MAURICE et BOURGEOIS. In-4, 10 pp.

10735 Extrait des registres du siége de la Monoye de Lyon, du 19 août 1698. Sentence rendue contre Jean-Ulric Kolly...., Joseph Lusser...., Louis Catinet...., Anne Lallier...., Gabriel Hugounin..., et Barbe Dumas..., au sujet de plusieurs contraventions aux ordonnances de Sa Majesté concernant l'art de tireurs et écacheurs d'or et d'argent dans la ville de Lyon. *Signé* : FOY DE SAINT MAURICE. In-4, 10 pp.

10736 Extrait des registres du siége de la Monoye de Lyon, du 23 décembre 1698. Arrêté concernant le nombre des compagnons qu'il est permis d'employer. *Signé* : FOY DE SAINT-MAURICE et TURMEAU. In-4, 4 pp.

10737 Extrait des registres du siége de la Monoye de Lyon, du 23 décembre 1698. Arrêté concernant le nombre des bancs que les compagnons mariés, non mariés, leurs veuves, filles de maistres et compagnons doivent avoir. *Signé* : FOY DE SAINT-MAURICE et TURMEAU. In-4, 4 pp.

10738 Supplique adressée par la communauté des maîtres tireurs d'or et d'argent à M. Foy, seigneur de Saint-Maurice, conseiller du roy en la Cour des Monnoyes, commissaire général de ladite Cour au département de Lyon, (contre le nommé Poirier, maître fourbisseur). s. d. (169.). *Signé* : PIARRON, DENERVO, PULIGNIEUX, Sébastien MAURY et MARCA. In-4, 3 pp.

10739 Extrait des registres du siége de la Monoye de Lyon, du 21 février 1699. Sentence rendue à la requeste des sieurs jurez de la communauté des maîtres tireurs, écacheurs et fileurs d'or et d'argent de la ville de Lyon, contre Humbert cadet, de Brunot en Bugey (sic). *Signé* : DE SAINT-MAURICE et TURMEAU. In-4, 3 pp.

10740 Extrait de l'arrest du Conseil privé du roy, du 27 mars 1699, par lequel il est ordonné que tous les fils des maîtres tireurs, écacheurs et fileurs d'or et d'argent, et les fils de compagnons..., ayent à faire enregistrer au greffe de la Monnoye de Lyon leurs quittances d'apprentissage. Collationné. *Signé* : DEMONS. In-4, 4 pp.

10741 Ordonnance du siége de la Monnoye de Lyon concernant les réglemens de la communauté des maîtres tireurs, écacheurs et fileurs d'or et d'argent de la ville de Lyon. Du 11 juin 1699. In-4, 8 pp.

10742 Arrest de la Cour des Monnoyes, du 22 juin 1699, concernant les tireurs d'or ; avec un extrait des registres de la Cour des Monnoyes de Lyon, du 16 juillet 1699. In-4, 4 pp.

10743 Extrait des registres de la Cour des Monnoyes de Paris. Arrest concernant les tireurs d'or. Défense aux guimpiers de prendre le titre de fileurs d'or et d'argent. 4 septembre 1699. Collationné : GALLOYS. In-4, 3 pp.

10744 Extrait des registres du siége de la Monoye de la ville de Lyon, des 13 novembre, 3 décembre 1699. 13 dudit 1700 et 28 janvier 1701. Quatre sentences rendues contre Christophe Pocheville et autres différens ouvriers, portant condamnations de sommes envers la communauté des tireurs, écacheurs et fileurs d'or et d'argent.... *Signé* : COROMPT. In-4, 3 pp.

10745 Mémoire pour Barthélemy Flacheron, Jean Clozet, Joseph Alognet, Henry et Claude Renard..., etc., tous compagnons, fils de maîtres de l'art de tireurs-écacheurs et fileurs d'or et d'argent de la ville de Lyon, contre Barthélemy Rivoire, Pierre Hugonin..., etc., aussi compagnons, fils de maîtres, et Guy Treinet, compagnon, fils de compagnon. s. d. (170.?). In-fol.

10746 Extrait des registres du siége de la Monoye de Lyon. (Arrêté fixant le nombre des bancs chez les maîtres tireurs d'or et chez leurs veuves). *Signé* : FOY DE SAINT-MAURICE. 30 avril 1700. In-4, 3 pp.

10747 Extrait des registres du siége de la Monoye de Lyon, du 3 juin 1700. Arrêté qui ordonne que les maîtres tireurs d'or donneront leurs avis dans leurs assemblées chacun à leur tour et rang.... *Signé* : DE SAINT-MAURICE. In-4, 3 pp., en recueil dans les Règlements des tireurs d'or.

10748 Extrait des registres du siége de la Monoye de Lyon, du 6 septembre 1701. Sentence rendue à la requeste des sieurs jurés de la communauté des maîtres tireurs, écacheurs et fileurs d'or et d'argent de la ville de Lyon, contre George Favier, maistre guimpier... *Signé* : DE SAINT-MAURICE, DE LABOTTE, TURMEAU et CORRAUD. In-4, 7 pp.

10749 Extrait des registres de la jurisdiction de la Monoye de Lyon, du 7 novembre 1701. Sentence rendue à la requeste des sieurs jurez de la communauté des maîtres tireurs, écacheurs et fileurs d'or et d'argent de la ville de Lyon, contre demoiselle Marie Andrecy.... *Signé* : DE SAINT-MAURICE, CORRAUD et TURMEAU. In-4, 10 pp.

10750 Edit du roy portant création de quarante nouvelles Lettres de maîtrises héréditaires, dans la communauté des tireurs et écacheurs d'or et d'argent de la ville de Lyon. Donné à Marly, au mois de juillet 1706. Lyon, Fr. Barbier, 1706. In-4, 11 pp.

10751 Extrait des registres de la Cour des Monnoyes..... (Confirmation de saisie d'outils au profit des tireurs d'or). 13 avril 1707. Collationné : MOYNAT. In-4, 4 pp.

10752 Extrait des registres de la Cour des Monnoyes. (Procès et saisie d'outils en faveur de la communauté des tireurs d'or). 15 septembre 1707. Collationné : FAYARD. In-4, 10 pp.

10753 Réglemens et statuts proposés par les maistres guimpiers , gazetiers , escacheurs et fileurs d'or et d'argent de Lyon. *Lyon* , Chabanne, 1710. In-8 bas. — Autre édition, 1754. In-8, bas.

10754 Arrest du Conseil d'Etat des 10 février, 15 avril et 4 may 1711, portant que les affineurs seront tenus de marquer leurs lingots par numéros et par année, et que les marchands et maîtres tireurs... se serviront pour leurs traits d'or et d'argent de roquetins ou bobines de métail de potin... In-4, 10 pp.

10755 Extrait des registres de la Cour des Monnoyes. Arrêt concernant les tireurs d'or , du 1er juin 1712. Controllé à Lyon , ce 25 juin 1712. In-4, 8 pp.

10756 Arrest de la Cour des Monnoies de Lyon , du 19 septembre 1712, concernant l'apprentissage de Claude Maury, tireur d'or. Collationné. *Signé* : LAINÉ. In-4, 3 pp.

10757 Règlemens et statuts des maîtres passementiers, tissotiers et rubaniers de Lyon. *Lyon*, Sibert, 1713. In-8, bas.

10758 Confession d'André ROLIN, défunt maître-garde par force de la communauté des maîtres-ouvriers en bas de soie de la ville de Lyon, faite à un Père missionnaire de St-Joseph le 16 décembre 1713. (Pamphlet). *Genève*, Rotman, 1713 , demi-rel. v. br.

10759 Dialogue entre les marchands et maîtres-ouvriers en bas de soie de la ville de Lyon, et Marin Martin et André Rolin , usurpateurs de la qualité de maîtres-gardes du même art , pendant l'année 1713. *Amsterdam*, Pinsard , 1713. In-12, demi-rel. veau brun.

10760 Arrest de la Cour des Monnoyes, du 10 septembre 1714, concernant les boucles auxquelles les ouvriers tireurs d'or se doivent conformer pour les différentes grosseurs des traits , pour n'admettre à l'avenir aucun fils de maître ou de compagnon à faire leur chef-d'œuvre par anticipation........ Collationné : LEGRAS. In-4, 7 pp.

10761 Statuts et règlemens proposés par les maîtres teinturiers de soye. *Lyon* , Laurens, 1716. In-8, 53 pp.

10762 Arrest du Conseil d'Etat portant confirmation des statuts de la communauté des batteurs d'or et d'argent. 23 mars 1718. Copie signée : PERRICHON. Ms. in-fol., 9 ff.

10763 Nouveaux Règlemens et statuts de la communauté des maîtres tisserands et canabassiers de Lyon. 11 juin 1720. In-12, 24 pp.

10764 Requeste des marchands drapiers de la ville de Lyon , pour servir de réponse au dernier Mémoire des fermiers généraux , du 19 octobre 1729, au roy. Me TARTEL , avocat. *Paris*, 1730. In-fol., 7 pp.

10765 Mémoire pour les marchands drapiers de la ville de Lyon , contre les fermiers généraux. Me TARTEL, avocat. *Paris*, 1730. In-fol., 8 pp.

10766 Réglemens des maistres passementiers , tissotiers et rubanniers de la ville et fauxbourgs de Lyon. *Lyon*, 1731. In-12.

10767 Arrest du Conseil d'Estat concernant les marchands et maîtres fabriquans en bas de soye de la ville de Lyon. Du 20 juin 1733. In-4, 4 pp.

10768 Réglemens et statuts proposés par les maistres guimpiers , gazetiers , escacheurs et fileurs d'or et d'argent de Lyon. *Lyon*, Chabanne, 1734. In-8, bas.

10769 Arrest de la Cour de parlement sur le règlement des orfévres de la ville de Lyon , prononcé en ladite Cour de parlement de Paris le 28 aoust 1652. *Lyon*, 1734. In-8, 119 pp.

10770 Arrest du Conseil d'Estat qui ordonne que le bureau établi à Chauffailles pour la visite et marque des toiles, sera et demeurera supprimé. Du 18 décembre 1734. *Lyon*, P. Valfray. s. d. In-4, 4 pp.

10771 Arrêt du Conseil d'Etat, du 12 juillet 1735, au sujet d'une rébellion contre les commis à la marque des toiles du bureau de Thizy en Beaujolois. *Lyon*, P. Valfray. In-4, 3 pp.

10772 Arrest du Conseil d'Etat, du 14 janvier 1736, concernant les fabriques et manufactures de toileries de la province du Beaujolois. *Lyon*, P. Valfray. In-4, 3 pp.

10773 Arrest du Conseil d'Etat du roy , du 14 janvier 1736, à l'occasion d'une saisie de toiles et bazins faite sur la veuve Desverney, marchande à St-Symphorien-de-Lay, et le nommé Badet, blanchisseur, etc. *Lyon*, P. Valfray. In-4, 3 pp.

10774 Arrest du Conseil d'Estat qui ordonne qu'à la diligence de l'inspecteur des toiles de la généralité de Lyon , il sera incessamment établi dans le bourg de Chauffailles un bureau où les toiles seront visitées et marquées gratuitement. Du 4 février 1736. *Lyon*, P. Valfray, 1736. In-4, 4 pp.

10775 Lettres-patentes du roy sur le règlement fait le 8 mai 1736 pour les fabriques de toiles de Lyon. Du 18 may 1736. *Lyon*, Valfray, 1736. In-4, 54 pp.

10776 Arrest du Conseil d'Etat concernant les règlemens des fabriques de toiles dans le Beaujolois. Du 31 juillet 1736. *Lyon*, P. Valfray. In-4, 3 pp.

10777 Acquisition pour la compagnie des affineurs d'or et d'argent d'une maison en rue Mercière, dite Cour des Calendres. 14 décembre 1736. Copie non signée. Ms. in-fol., 2 ff.

10778 Arrest du Conseil d'Etat portant établissement d'un bureau pour la visite et marque des toiles au village de Panissières en Forest. Du 16 décembre 1736. *Lyon*, P. Valfray. In-4, 3 pp.

10779 Arrêt de la Cour de parlement concernant

l'élection d s maîtres-gardes de la communauté des maîtres-passementiers, tissutiers et rubanniers de la ville et fauxbourgs de Lyon. Du 16 mars 1757. *Lyon*, P. Valfray, 1737. In-4, 3 pp.

10780 Arrest du Conseil d'Estat concernant les fabriques de toiles de la généralité de Lyon et des provinces de Charollois, Mâconnois, Bresse, Bugey, Valromey et pays de Gex. Du 7 décembre 1757. *Lyon*, P. Valfray. In-4, 7 pp.

10781 Arrest du Conseil d'Etat qui deffend à tous marchands, ouvriers, peintres, doreurs, et autres personnes..., d'apporter et faire venir dans la ville de Lyon..... aucun or ou argent autres métaux batus en feuilles... et d'en vendre, distribuer ou employer d'autres que ceux qu'ils achèteront des maîtres-batteurs d'or de ladite ville de Lyon, le tout à peine de confiscation et de cinq cents livres d'a nde. Du 1er mars 1740. In-4, 7 pp.

10782 Réglemens des maîtres passementiers, tissutiers et rubanniers de Lyon. *Lyon*, Faucheux, 1761. In-8 bas., fil., tr. d.

10783 Arrest du Conseil d'Etat portant permission de recevoir des maîtres dans la commu nauté des march nds et maîtres fabriq ns en bas de soye de la ville de Lyon, comme vant le déf nses.... dont Sa Majesté a donné main-levée. Du 9 ier 1744. In-4, 4 pp.

10784 A est   Conseil d'Etat qui casse les ordonna ces d   de Lyon des 7, 8 et 10 a út 1742, re d s sur les requêtes des fabricans de ba de   ie, des teinturiers et des c r tiers, etc. 28 février 1745. In-4, 3 pp.

10785 Arrest du Conseil d'Etat qui fait défenses aux marchands et fabriquans de toiles de la généralité de Lyon, de lessiver et blanchir aucunes des toiles destinées et marquées pour teinture. Du 31 octobre 1747. *Lyon*, P. Valfray, 1747. In-4, 3 pp.

10786 Arrest du Conseil d'Etat qui prononce la confiscation de deux pièces serg noire de Mende, etc. ; condamne le maître teinturier de Lyon, qui les a teintes, à 800 livres d'amende. Du 19 décembre 1747. *Lyon*, P. Valfray, 1748. In-4, 4 pp.

10787 Jugement de la Chambre des manufactures à Villefranche, du 12 septembre 1749, contenant saisie de 15 pièces toiles trouvées sur les prés de la blancherie de Louis Bresson. Du 12 septembre 1749. *Lyon*, P. Valfray, 1749. In-4, 3 pp.

10788 Arrest de la Cour des Monnoies de Lyon qui ordonne l'exécution des ordonnances, arrêts et réglemens concernant l'art des tireurs, écacheurs et fileurs d'or et d'argent, etc. Du 8 mai 1750. *Lyon*, P. Valfray, 1750. In-4, 6 pp.

10789 Arrest de la Cour des Monnoies qui fait défenses aux orfévres, batteurs, tireurs d'or, etc., d'acheter aucunes espèces vieilles, décriées, fausses, etc. Du 31 août 1731. *Lyon*, P. Valfray, 1751. In-4, 4 pp.

10790 Ordonnance de M. l'intendant de la ville et généralité de Lyon (B.-R. ROSSIGNOL) concernant l'art. 43 du règlement du 18 mai 1736 sur les fabriques de toiles et toileries des provinces de Lyonnois, etc. Du 10 février 1752. *Lyon*, P. Valfray, 1752. In-4, 3 pp.

10791 Arrest de la Cour de parlement sur le règlement des orfévres de la ville de Lyon. *Lyon*, 1755. In-8 bas.

10792 De par le roi.... (Ordonnance de M. l'intendant ROSSIGNOL concernant les toileries appelées velours-de-gueux, dial les-forts ou forts en diable et grenats). Fait à *Lyon*, ce 7 février 1753. In-4, 4 pp.

10793 Réglemens et statuts des maîtres tondeurs de draps, presseurs, retondeurs et lustreurs de toutes sortes d'étoffes tissues de laine de la ville de Lyon. *Lyon*, Delaroche, 1754. In-8, bas.

10794 Ordonnance de M. l'intendant de la ville et généralité de Lyon (J.-B. BERTIN) concernant l'art. IV du règlement du 18 mai 1736 sur les fabriques de toiles et toileries des provinces du Lyonnois, etc. Du 4 avril 1755. *Lyon*, P. Valfray, 1755. In-4, 4 pp.

10795 Statuts et règlemens proposez à MM. les prévost des marchands et échevins de la ville de Lion par les maîtres teinturiers de soye de ladite ville... A *Lion*, M.DCC.LVI. In-12, 55 pp., bas., fil.

10796 Arrêt du Conseil d'Etat qui accorde divers priviléges et exemptions à la manufacture royale de St-Chamond, pour la teinture de toutes sortes de cotons, soies, poils de chèvre, fils, etc. Du 21 décembre 1756. In-4, 4 pp.

10797 Ordonnance de M. J.-B. Fr. DE LAMICHODIÈRE, intendant de la ville et généralité de Lyon, concernant la fabrication du velours-de-gueux. Du 16 juillet 1759. *Lyon*, P. Valfray, 1759. In-4, 3 pp.

10798 Lettres-patentes concernant les toiles de coton blanches, etc. 5 septembre 1759. *Lyon*, Valfray. In-4, 6 pp.

10799 Edit du roi portant suppression, à commencer du 1er janvier 1761, du droit de marque sur chaque marc de lingot, destiné à être converti en traits d'argent : des quatre offices d'affineurs et départeurs d'or et d'argent, créés par édit du mois d'août 1757 pour la ville de Lyon ; et réunis de leurs fonctions à la communauté des maîtres et marchands tireurs d'or de ladite ville. Décembre 1760. In-4, 6 pp.

10800 Mémoire pour les maîtres-gardes et communauté des maîtres et marchands tireurs, écacheurs et fileurs d'or et d'argent de la ville de Lyon, demandeurs, contre le sieur Jacques Flacheron, maître tireur d'or à Lyon, et les sieurs Decherin et comp., négociants, sous les priviléges des foires de Lyon, défendeurs. s. d. (176.?). In-4, incomplet.

10801 Arrêts et règlemens concernant la manufacture et fabrique de bas et autres ouvrages de soie, laine, fil et coton de la ville de Lyon. *Lyon*, Barbier, 1762. In-8 bas., armes sur le plat, fil.

10802 Arrêt de la Cour des Monnoies de Lyon concernant l'exécution des règlemens sur le fait de l'orfévrerie. 30 janvier 1762. In-4, 6 pp.

10803 Règlemens des maîtres passementiers, tissutiers et rubaniers de la ville et fauxbourgs de Lyon. *Lyon*, P. Bruyset, 1763. In-8, 138 pp.

10804 Arrêt du Conseil d'Etat qui ordonne l'établissement, dans la ville de Charlieu en Lyonnois et dans la paroisse de Belleroche en Beaujolois, d'un bureau où les toiles et toileries seront visitées et marquées gratuitement et sans frais. Du 18 juillet 1764. In-4, 3 pp.

10805 Arrêt du Parlement qui autorise les marchands drapiers de la ville de Lyon à faire parachever et mettre en œuvre la machine appelée *brise*. 4 juin 1766. In-4, 7 pp.

10806 Arrêt pour la communauté des guimpiers de Lyon et fragments d'un mémoire de Me Desnois, avocat, ancien échevin, pour elle; contre divers maîtres-gardes et des anciers de ladite communauté. Signifié à Paris, le 8 mai 1769. *Lyon*, Regnault, 1769. In-4, 5 pp.

10807 Arrêt du Conseil d'Etat et arrêt d'enregistrement de la Cour des Monnoies de Lyon, qui permettent à P. Lacour et J.-J. Villanois, entrepreneurs de la manufacture de clincaillerie et bijouterie, à l'imitation de celles d'Angleterre, de faire usage d'un balancier, etc. 28 avril 1770. In-4, 7 pp.

10808 Lettres-patentes qui autorisent la communauté des tireurs d'or de Lyon à emprunter jusqu'à concurrence de 500,000 livres pour l'acquit de ses dettes. 29 mai 1770. In-4, 10 pp.

10809 Statuts et règlements que le roi veut et entend être observés en l'art, fabrique et commerce des maîtres et marchands guimpiers, gazetiers, écacheurs et fileurs d'or et d'argent de Lyon. *Lyon*, Buisson, 1770. In-8, 519 pp.

10810 Arrêts et règlements concernant la manufacture et fabrique de bas et autres ouvrages de soie, laine, fil et coton de la ville de Lyon. *Lyon*, Buisson, 1772. In-8, 132 pp.

10811 Arrêt du Conseil d'Etat qui déclare nulles différentes procédures faites par le prévôt des monnoies de Lyon chez plusieurs maîtres orfévres et batteurs d'or. 23 janvier 1773. In-4, 3 pp.

10812 Arrêt du Conseil d'Etat et Lettres-patentes qui maintiennent les maîtres batteurs d'or de Lyon dans la possession d'avoir des forges, fourneaux, etc. 29 avril 1773. In-4, 4 pp.

10813 Arrêt du Conseil d'Etat concernant la liquidation des dettes de la communauté des tireurs d'or de Lyon. 2 août 1773. In-4, 7 pp.

10814 Règlements et statuts des maîtres-marchands doreurs, argenteurs.... Du 13 avril 1752. Réimprimés, 1774. *Lyon*. In-8, 77 pp., fig.

10815 Mémoire pour la communauté des maîtres et marchands tireurs, écacheurs et fileurs d'or et d'argent de la ville de Lyon; contre les sieurs Spolina et Brintani Cimarolli, banquiers de la ville de Gênes. *Lyon*, Faucheux, 1774. In-4, 31 pp.

10816 Règlements et statuts pour les maîtres couteliers, graveurs, doreurs et fabricants en or et argent de Lyon. *Lyon*, Buisson, 1775. In-8, 24 pp.

10817 Mémoire et représentations des tireurs d'or chargés, à Lyon, des fonctions d'affineurs. *Lyon*, 1er mai 1776. In-4, 28 pp.

10818 Arrêt de la Cour des Monnoies qui fait défenses à MM. les prévôt des marchands et échevins de Lyon de s'opposer à l'exécution des édits, etc., et qui déclare nulles toutes réceptions d'orfévres, tireurs d'or, etc. 16 avril 1777. In-4, 8 pp.

10819 Déclaration du roi qui réunit à Paris, en un seul et même corps, les orfévres, tireurs d'or, batteurs d'or et d'argent: et, à Lyon, les orfévres, tireurs, écacheurs, fileurs, batteurs d'or et d'argent et paillenneurs, en une seule et même communauté. *Lyon*, 9 mai 1777. In-4, 4 pp. — Autre édition. *Paris.* In-4, 4 pp.

10820 Arrêt du Conseil d'Etat qui ordonne que les réceptions de nouveaux maîtres, faites dans les communautés des fabricants de bas et des boulangers de la ville de Lyon.., seront et demeureront nulles. Du 18 mai 1777. *Lyon*, 1777. In-4, 2 pp. — Autre édition. In-4, 2 pp.

10821 Arrêt du Conseil d'Etat qui casse et annule l'arrêt de la Cour des Monnoies, du 5 septembre dernier; maintient et confirme les maîtres-gardes de la communauté des orfévres de Lyon.... Du 26 septembre 1777. *Lyon*, 1777. In-4, 4 pp.

10822 La perfection de la teinture noire sur la soie; Mémoire qui a concouru pour le prix proposé, en 1776, par l'Académie de Lyon. Par ANGLÈS. *Lyon*, frères Perisse, 1779. In-8, 39 pp.

10823 Mémoire concernant différentes machines mécaniques nouvellement inventées et appliquées aux arts de fileur et tireur d'or et d'argent; par L.-P. CHARMY. *Lyon*, veuve Réguilliat, 1780. In-4, 19 pp.

10824 Ordonnance consulaire concernant la communauté des passementiers, tissutiers, rubaniers, guimpiers, etc. 25 janvier 1780. In-4, 4 pp.

10825 Lettres-patentes du roi portant règlement pour la fabrication des toiles et toileries dans la généralité de Lyon. Données à Versailles, le 30 septembre 1780. *Lyon*, 1780. In-4, 4 pp. — Autre édition. *Lyon*, 1781. In-4, 4 pp.

10826 Lettres-patentes portant règlement pour la fabrication des toiles et toileries de Provence. 19 décembre 1780. *Lyon*, 1782. In-4, 4 pp.

10827 Arrêt du Conseil d'Etat qui proroge, en faveur des fabricants de bas de soie de Lyon, les délais fixés pour être reçus maîtres dans la nouvelle communauté. Du 24 décembre 1780. In-4, 3 pp.

10828 Arrêt du Conseil d'Etat qui désigne les villes et lieux de la généralité de Lyon où seront établis les bureaux de visite et marque des toiles, etc. 19 février 1781. In-4, 3 pp.

10829 Edit du roi qui supprime les deux offices d'affineurs et départeurs d'or et d'argent de Paris, et révoque la réunion faite à la communauté des tireurs d'or de Lyon des quatre offices d'affineurs et départeurs d'or et d'argent, etc. Février 1781. In-4, 4 pp.

10830 Lettres-patentes du roi qui commettent diverses personnes aux fonctions des offices d'affineurs et départeurs d'or et d'argent à Paris et à Lyon. Données à Versailles, le 28 mars 1781. *Lyon*, 1781. In-4, 3 pp.

10831 Arrêt du Conseil d'Etat qui autorise les corps des marchands drapiers de Lyon à établir un bureau de visite et de marque pour les étoffes de laine nationales qui arriveront en cette ville. 28 juin 1781. In-4, 3 pp.

10832 Arrêt du Conseil d'Etat qui règle la forme à suivre pour apposer aux toiles de fabrication suisse les plombs et bulletins prescrits par l'ordonnance de décembre 1781. Du 25 mai 1782. *Paris*, 1782. In-4, 4 pp.

10833 Lettres-patentes portant concession, en faveur de Fr. Perret, d'une manufacture royale, à Neuville en Franc-Lyonnois, pour la fabrication de velours-coton, de mousselines et toiles de coton. Données à Versailles, le 20 août 1782. *Paris*, Simon, 1782. In-4, 6 pp.

10834 Lettre sur le cours public et gratuit de teinture, ouvert à Lyon, par G***. *Lyon*, 7 janvier 1783. In-8, 15 pp.

10835 Ordonnance consulaire qui donne acte au sieur Chaix de la déclaration qu'il a établi son bureau de visite et de marque sur les draperies, toiles, etc. 12 juin 1783. In-4, 4 pp.

10836 Arrêt du Conseil d'Etat relativement à la visite et marque des étoffes de laine et toile, etc. 29 août 1783. *Lyon*. In-4, 7 pp.

10837 Instruction sur le service des bureaux d'inspection des étoffes, etc. De Lyon, 20 novembre 1783. *Lyon*. In-4, 4 pp.

10838 Ordonnance de M. l'intendant qui renouvelle les règlements relatifs aux blanchisseurs de toiles. 22 novembre 1783. *Lyon*. In-4, 4 pp.

10839 Arrêt du Conseil d'Etat, des 9 septembre 1783 et 22 juin 1784, annulant deux sentences de la juridiction de la douane de Lyon au sujet de draperies, etc. In-4, 6 pp.

10840 Arrêt du Conseil d'Etat qui règle le nombre et la qualité tant des maîtres qui composeront à l'avenir les assemblées de la communauté des marchands-fabricants de bas de soie de Lyon, que de ses députés. Du 14 octobre 1784. In-4, 4 pp.

10841 Ordonnance de MM. les officiers du siége de la Monnoie de Lyon, laquelle ordonne l'exécution des édits, arrêts, statuts et règlements concernant les communautés et l'emploi des matières d'or et d'argent, et prescrit les règles que doivent observer les orfévres, tireurs d'or, etc. Du 10 septembre 1785. *Lyon*, 1785. In-4, 12 pp.

10842 Mémoire sur les inventions de Philibert Charmy, marchand tireur, écacheur et fileur d'or à Lyon; par CHARMY. *Lyon*, Faucheux, 1785. In-4, 24 pp., fig.

10843 Réplique du sieur CHARMY, marchand tireur, écacheur et fileur d'or, à un imprimé distribué en 1786, qui a pour titre : *Copie de la réponse des syndics de la communauté des tireurs d'or au Mémoire du sieur Charmy.* *Lyon*, J.-B. Delamollière, 1786. In-4, 40 pp.

10844 Arrêt du Conseil d'Etat qui ordonne qu'à l'avenir il sera procédé chaque année à la nomination de cinq maîtres-gardes, à l'effet de régir la communauté des orfévres, tireurs, batteurs d'or, etc., de la ville de Lyon. Du 9 avril 1789. *Lyon*, 1789. In-4, 3 pp.

10845 Arrêt du Conseil d'Etat qui ordonne que la connaissance des vols de toiles qui se commettent dans les blanchisseries et les halles de la généralité de Lyon appartiendra aux juges ordinaires des lieux. Du 11 mai 1789. *Lyon*, 1789. In-4, 3 pp.

10846 Mémoire pour la communauté des tireurs d'or de Lyon, en réponse à celui du sieur Girard, fermier des affinages. s. d. (17??). In-4, 18 pp.

10847 Mémoire sur délibéré pour la communauté des maîtres-marchands passementiers, tissutiers et rubanniers de la ville et fauxbourgs de Lyon, appelants; contre les anciens et prétendus nouveaux maîtres-gardes de cette communauté. Me TERRASSON, avocat. *Paris*, Knapen, s. d. In-fol., 16 pp.

10848 Observations sur le blanchiment des toiles, suivies du rapport de M. MACORS, professeur de chimie. *Lyon*, Delaroche, 1789. In-8, 26 pp.

10849 Pétition des tireurs d'or et passementiers de Lyon à l'Assemblée nationale, contre le projet qui supprime les distinctions d'épaulettes entre officiers et soldats de la garde nationale en France. s. d. (1791). *Signé*: MON-

GEZ, TESTE, B. LAFONT, Pierre CARRAND. Sign. aut. Ms. in-fol., 5 pp.

10850 Précis pour les tireurs d'or, écacheurs et fileurs d'or. 20 avril 1791. Copie signée MORIN. Ms. in-fol., 5 ff.

10851 Fabrique de tissus en coton établie à Lyon. Lyon, Bruyset (180.?). In-4, 6 pp.

10852 Copie des Observations sur la manufacture de bas de la ville de Lyon, envoyée en l'an X à M. Verninac. Considération sur l'importencé (sic) de la fabrique de bas de soie et autres ouvrages de Lyon. Ms. in-4, 4 pp.; avec un billet d'envoi au citoyen Verninac, signé : J. L. s. d. Ms. in-8, 1 p.

10853 (Lettre) à M. le rédacteur du Bulletin de Lyon (sur l'établissement de la fabrique de tissus en coton); par C. RUBICHON. Lyon, 17 juin 1806. In-4, 4 pp.

10854 A Son Excellence Mgr le ministre de l'intérieur. Requête de Claude BONNARD, fabricant de tulles à Lyon. Lyon, Ballanche, 1806. In-4, 22 pp.

10855 Mémoire pour J.-E. Cornet, fabricant de bas de soie et d'étoffes fond dentelle en soie, vulgairement appelées tulles, contre les sieurs Jourdan, brevetés par le Gouvernement. Lyon, 1806. In-4, 52 pp.

10856 Fabrication des étoffes de coton façonnées sur le métier à la Jacquard. Déchéance du brevet d'invention du 25 mars 1817, dont le sieur Privat est porteur. Lyon, 20 décembre 1817. Lyon, Barret. In-4, 20 pp.

10857 Mémoire sur la découverte des procédés propres à la fabrication des tissus de coton façonnés au moyen de la mécanique dite de Jacquard, Lyon, Kindelem, 1818. In-4, 75 pp.

10858 Compagnie anonyme de teinture lyonnaise. Circulaire. s. d. In-4, 3 pp.

Arts et Métiers, Professions diverses.

10859 Priviléges accordés aux maîtres pelletiers de la ville de Lyon par REYNAL, archevêque de Lyon. Les ides du mois de mars 1280. Copie mste, in-fol., 3 pp.

10860 Exhortation à la République pour l'entretenement des ordonnances et édictz faictz par le roy, sur la police et vente des bledz et vins, contre les marchätz de bledz et taverniers, avec lesdictes ordonnances. A Lyon, chez Sulpice Sabon, près la grand'porte des Cordeliers. Pet. in-8, 10 ff., vignette au frontispice.

10861 Ordonnances concernant les apothicaires. Lyon, Jean Jullieron, M.DC.XLIX. In-4, 51 pp.

10862 Statuts et règlemens des marchands libraires-relieurs de livres de la ville de Lyon. Lyon, Jasserme, 1657. In-4, 22 pp.

10863 Règlemens des maistres horlogiers de Lyon. Lyon, Liberal, 1660. In-8, 13 pp.

10864 Verbail de l'essay du bled pour les maistres boulangers de Lyon. Lyon, Martin, 1664. In-4, bas.

10865 Statuts et règlemens des maistres balanciers (et autres pièces sur le même sujet. De 1668 à 1762). Lyon (1762). In-4, bas.

10866 Règlemens et statuts proposés par les marchands et maistres chandeliers et fondeurs en suif de Lyon. Lyon, Moulu, 1671. In-8, 15 pp.

10867 Règlement général concernant les œuvres de massonnerie, pierre de taille, charpanterie, employ de matériaux pour la construction des bastimens et toisages de tous lesdits ouvrages à Lyon. Lyon, Valançol, 1674. In-4, 19 pp.

10868 Statuts ou règlemens des maistres cartiers et compagnons de la ville et communauté de Lyon. Lyon, M. Goy, 1675. In-fol., 12 pp.

10869 Statuts et règlemens des marchands espiciers droguistes et revendeurs de Lyon. Lyon, Denouailly, 1682. In-4, 16 pp.

10870 Déclaration des marchands de fer sur leur corporation. 24 juillet 1691. Avec deux signatures. Ms. in-fol., 2 ff.

10871 Déclaration des maîtres imprimeurs et libraires sur leur communauté. 30 juillet 1691. Avec quatre signatures. Ms. in-fol., 2 ff.

10872 Déclaration des maîtres futainiers sur leur corporation. 30 juillet 1691. Avec trois signatures. Ms. in-fol., 2 ff.

10873 Déclaration des maîtres cartiers sur leur corporation. 30 juillet 1691. Avec deux signatures. Ms. in-fol., 2 ff.

10874 Déclaration des merciers-colporteurs sur leur corporation. 28 août 1691. Ms. in-fol., 1 feuillet.

10875 Etat et dénombrement des vendeurs d'eau-de-vie, café et liqueurs. 3 novembre 1691. Ms. in-4, 1 f.

10876 Déclaration des marchands épiciers sur leur corporation (1691). Avec trois signatures. Ms. in-fol., 2 ff.

10877 Arrêté des prévôt des marchands et échevins, du 5 juin 1692, réglant les contestations survenues entre les maîtres chandeliers et les maîtres bouchers de la ville de Lyon. Signé : DUGAS, CONSTANT, BASTERO et PERRIN. In-fol., 1 p.

10878 Déclaration du roy portant règlement pour les libraires et imprimeurs de la ville de Lyon. Registrée en parlement le 7 février 1696. Paris, Ballard, 1696. In-4, bas.

10879 Déclaration du roi pour le règlement des libraires et imprimeurs de Lyon. Registrée en parlement le 7 février 1696. Lyon, François Barbier, 1696. Pet. in-12, bas.

10880 Règlements et statuts proposés par les marchands et maîtres tapissiers de Lyon. Lyon, Sarrazin, 1704. In-8, 20 pp.

10881 Arrest du Conseil d'Etat par lequel S. M. a ordonné que la ville de Lyon et ses fauxbourgs demeurent déchargés de l'exécution des édits de création des offices d'inspecteurs des boucheries, etc., etc. Du 1er avril 1704. *Lyon*, A. Jullieron, 1704. In-4, 8 pp.

10882 Règlemens et statuts proposés par les maîtres cordonniers. *Lyon*, Laurens, 1708. In-12, 34 pp.

10883 Règlemens et statuts des maîtres emballeurs de Lyon. *Lyon*, Laurens, 1708. In-8, 24 pp.

10884 Statuts et règlemens proposés par les maîtres forgeurs, taillandiers et tailleurs de limes de Lyon. *Lyon*, Reguillat, 1710. In-8, bas.

10885 Statuts et règlements pour la communauté des maîtres maçons et tailleurs de pierre, entrepreneurs des ouvrages de maçonnerie et pierre de taille de la ville et fauxbourgs de Lyon. *Lyon*, A. Laurens, 1710. In-8, 28 pp.

10886 Règlemens des crocheteurs de l'ancienne Douane de Lyon. 1711-1746. Mss. in-fol., 107 ff.

10887 Statuts et règlements de la communauté des maîtres perruquiers, barbiers, baigneurs et étuvistes de Lyon. *Lyon*, Laurens, 1729. In-4, 56 pp. — Autre édition. *Lyon*, Buisson, 1756. In-8, 67 pp. — Autre édition. *Lyon*, 1770. In-8, 93 pp.

10888 Règlemens et statuts des maîtres épingliers de Lyon. *Lyon*, Vialon, 1729. In-8, bas.

10889 Règlemens des maistres tailleurs d'habits de Lyon. *Lyon*, Degoin, 1729. In-12, bas., fil., armes.

10890 Statuts, règlemens et ordonnances des maîtres serruriers jurés de Lyon. *Lyon*, Molin, (1731). In-4, 24 pp., plus 18 pp.

10891 Statuts et règlemens proposés à MM. les prévôt des marchands et échevins de la ville de Lyon par les marchands et maîtres cordiers de ladite ville et fauxbourgs. *Lyon*, André Laurens, 1732. In-8, 15 pp., bas., fil.

10892 Règlemens et statuts proposez par les marchands et maîtres peletiers de la ville de Lyon. *Lyon*, Roland, MDCCXXXII. Pet. in-fol., 16 pp.

10893 A nos seigneurs de Parlement en la troisième Chambre des enquêtes. Supplique des maistres-gardes et communauté des tourneurs de la ville de Lyon. *Paris*, 1734. In-fol., 7 pp.

10894 Conclusions de MM. les gens du roi, entre les sieurs J. Meugnier, Pierre Sacquin et Vincent Gazet, marchands sur la rivière de Saône, résidans à Lyon, et les sieurs mouleurs des bois à brûler de Lyon. Du 12 août 1735. In-fol., 8 pp.

10895 Extraits des principaux édits et arrests du Conseil d'Etat du roy, concernant les obligations des marchands de bois et les droits des mouleurs, etc. *Paris*, 1735. In-fol., 6 pp.

10896 Mémoire signifié pour Jean Meugnier, Pierre Saquin, marchands de bois, etc.;

contre les jurez mouleurs, compteurs, cordeurs et mesureurs de bois, etc. Me ROLAND DE CHALLERANGE, avocat. *Paris*, 1735. In-fol., 36 pp.

10897 Mémoire signifié pour les conseillers-secrétaires du roi en la chancellerie établie près la Cour des Monnoyes de Lyon, demandeurs et défendeurs, contre les jurés-mouleurs et aydes-à-mouleurs de bois de la ville de Lyon, demandeurs et défendeurs. Me TABOUE, avocat. (*Paris*), Knapen, 1735. In-fol., 18 pp.

10898 Mémoire à MM. du Consulat par la communauté des maîtres tourneurs de Lyon. *Lyon*, Revol, 1735. In-18, 20 pp.

10899 Statuts et règlemens des maîtres selliers, lormiers et carrossiers de Lyon. *Lyon*, Barbier, 1736. In-12, 51 pp.

10900 Statuts, règlements et ordonnances pour les maistres pâtissiers, oublieurs et cuisiniers de Lyon. *Lyon*, Valfray, 1738. In-8, bas. — *Id. Lyon*, Vialon, 1762. In-8, bas., fil.

10901 Nouveaux Statuts et règlemens de la communauté des maîtres et marchands chapeliers de Lyon. *Lyon*, Vialon, 1738. In-8, bas., fil.

10902 Anciens Règlemens augmentés proposés par les marchands et maîtres tapissiers de Lyon. *Lyon*, Molin, 1739. In-8, bas.

10903 Arrests du Conseil d'Etat, Edits du roy, déclarations, etc., concernant divers arts et métiers de la ville de Lyon, de 1739 à 1787. 1 vol. in-4, demi-rel. bas.

10904 Mémoire signifié sur les opérations faites par sieur Jean Meugnier en qualité de syndic de Messieurs les marchands fréquentans la rivière de Saône (pour la suppression des droits de péage et au sujet des procès contre les mouleurs de bois...). *Lyon*, Aimé Delaroche, s. d. (174.?). In-fol., 20 pp.

10905 Mémoire signifié pour Pierre Sacquin, marchand de bois en la ville de Lyon, contre les jurez-mouleurs et aydes-mouleurs de bois. *Paris*, 1740. In-fol., 14 pp.

10906 Ordonnance de M. l'intendant de la ville et généralité de Lyon (B.-R. PALLU), par laquelle tous les fabriquans de papiers seront tenus de faire réformer leurs formes. Du 4 février 1741. *Lyon*, P. Valfray, 1741. In-4, 4 pp.

10907 Règlemens et statuts pour la communauté des maîtres libraires-relieurs-doreurs de livres sur tranche et sur cuir de la ville de Lyon. *Lyon*, Claude-André Vialon fils, 1742. In-8, bas., fil.

10908 Arrest du Conseil d'Etat en faveur de la manufacture royale de verrerie, à Roanne. Du 21 septembre 1745. *Lyon*, P. Valfray, 1746. In-4, 4 pp.

10909 Extrait des registres des jugements et ordonnances de la jurisdiction consulaire de la police des arts et métiers de la ville de Lyon, concernant la chapellerie. Du 20 décembre 1746. *Lyon*, A. Delaroche, 1747. In-4, 4 pp.

10910 Réglemens et statuts proposés par les maîtres charpentiers. *Lyon*, Faucheux, 1748. In-8, 30 pp.

10911 A Monseigneur l'intendant de la ville et généralité de Lyon, en exécution de l'arrêt du Conseil du 14 juillet 1749. Requête des jurés-gardes de la communauté des maîtres cordonniers de Lyon. M⁰ GIRARD, avocat. s. d. In-fol., 11 pp.

10912 Statuts et règlemens présentés pour les maîtres charrons. *Lyon*, Vialon, 1750. In-8, bas.

10913 Statuts et règlemens des maîtres selliers, lormiers et carrossiers de la ville, fauxbourgs et banlieue de Lyon. *Lyon*, Aimé Delaroche, M.DCC.LII. In-8, bas.

10914 Réglemens et statuts des maîtres marchands doreurs et argenteurs, damasquineurs sur métaux, et paracheveurs des ouvrages de la petite fonderie de Lyon. 13 avril 1752. *Lyon*, Vialon. In-8, bas., tr. d.

10915 Règlemens des maîtres vitriers peintres sur verre de Lyon. *Lyon*, Reguillat, 1753. In-8, bas., fil., armes sur le plat.

10916 Règlemens et statuts des maîtres marchands bouchers de la ville de Lyon et fauxbourgs d'icelle.... *Lyon*, Aimé Delaroche, M.DCC.LIII. In-8, 31 pp.

10917 Mémoire communiqué pour sieur Gaspard Gautier, syndic, et sieur Antoine Locart, secrétaire de la communauté des maîtres écrivains-jurés, arithméticiens et teneurs de livres de la ville et fauxbourgs de Lyon, agissans pour ladite communauté, et pour eux défendeurs contre sieur Jean-Michel Trouel, demandeur... *Lyon*, D.-Joseph Vialon. (1754). In-fol.

10918 Réglemens et statuts pour la communauté des maîtres fondeurs, racheveurs, enjoliveurs et bosseliers de Lyon. *Lyon*, Vialon, 1754. In-8, bas., fil., armes.

10919 Arrêt de la Cour des Monnoies de Lyon, qui fait défenses aux maîtres balanciers, marchands merciers et autres personnes de vendre et débiter des poids de marc en pile ou autrement. Du 30 janvier 1754. *Lyon*, P. Valfray, 1754. In-4, 6 pp.

10920 Lettre du ministre CHAUVELIN à l'intendant de Lyon au sujet de la contestation entre les habitans de Vaize et les mouleurs de bois de la ville. 30 janvier 1756. *Signé* : CHAUVELIN. Ms. in-fol., 1 f.

10921 Règlemens et statuts des maîtres emballeurs de la ville de Lyon. *Lyon*, Bonaventure Faucheux, M.DCC.LVI. In-8, bas.

10922 Règlemens des maîtres vinaigriers, moutardiers et distillateurs en eau-de-vie et esprit-de-vin de Lyon. *Lyon*, Regnault, 1756. In-8, bas., fil.

10923 Statuts et règlemens proposés à MM. les

prévôt des marchands et échevins de la ville de Lyon par les maîtres chandeliers, fondeurs en suif de ladite ville et fauxbourgs d'icelle. *Lyon*, Claude-André Vialon, 1756. In-8, bas., fil.

10924 Règlemens et statuts des maîtres menuisiers et ébénistes de Lyon. *Lyon*, Vialon, 1757. In-8, bas., fil., armes sur le plat.

10925 Mémoire sur l'affaire pendante au Conseil d'Etat entre les habitans de Vaize et les mouleurs de bois de Lyon; par M. l'intendant de Lyon. 5 novembre 1757. Mss. in-fol., 39 ff.

10926 Statuts et règlemens pour les marchands et maîtres boutonniers et enjoliveurs de Lyon. *Lyon*, Reguillat, 1758. In-8, bas., fil.

10927 Statuts et règlemens des marchands épiciers-droguistes et revendeurs de Lyon. *Lyon*, 1758. In-4, 15 pp.

10928 Statuts et règlemens proposés par les marchands ciriers et confituriers. *Lyon*, Regnault, 1759. In-8, bas., fil., armes.

10929 Arrêt de la Cour de parlement qui fait défenses aux boulangers de Lyon d'employer des œufs ou sucre, etc. Du 13 août 1759. *Lyon*, P. Valfray, 1759. In-4, 8 pp.

10930 Statuts et règlemens pour la communauté des maîtres coffretiers et malletiers de Lyon. *Lyon*, Delaroche, 1760. In-8, bas.

10931 Règlemens et statuts proposés..... par les maîtres charpentiers.... *Lyon*, Vialon, M.DCC.LX. In-8, bas., fil., armes sur le plat.

10932 Arrest de la Cour de parlement, du 23 avril 1760 (confirmant les Statuts des maîtres charpentiers). *Lyon*, Aimé Delaroche, 1760. 16 pp.

10933 Arrêt du Conseil d'Etat qui ordonne qu'à l'avenir les ouvrages de mode et de bijouterie, qui seront envoyés de Lyon à l'étranger et à Marseille, ne payeront pour tous droits que 6 pour cent de leur valeur, etc. Du 26 août 1760. *Lyon*, P. Valfray, 1760. In-4, 7 pp.

10934 Statuts et règlemens présentés par les maîtres maçons, tailleurs de pierre et entrepreneurs des ouvrages de maçonnnerie et pierre de taille. *Lyon*, Vialon, 1761. In-8, bas., fil.

10935 Règlemens et statuts proposés par les maîtres tonneliers de Lyon. *Lyon*, Vialon, 1761. In-8, bas.

10936 Arrêt de la Cour des aides qui ordonne, en faveur des communautés des mouleurs de bois de Lyon, l'exécution de l'édit de 1706, etc. 12 novembre 1761. In-4, 3 pp.

10937 Nouveaux Règlemens et statuts pour la communauté des maîtres tourneurs et tabletiers de Lyon. *Lyon*, Barret, 1762. In-8, bas.

10938 Arrêt de la Cour de parlement qui fixe le prix des façons et ouvrages des compagnons chapeliers de la ville de Lyon. Du 1ᵉʳ septembre 1762. *Lyon*, P. Valfray, 1762. In-4, 14 pp.

10939 Nouveaux Statuts et règlements pour les maîtres boulangers. *Lyon*, Delaroche, 1763. In-8, bas.

10940 Arrêt de la Cour de parlement portant réunion des deux communautés des maîtres et marchands cordonniers de la ville et fauxbourgs de Lyon. 1er février 1763. In-4, 12 pp.

10941 Sentence de la Sénéchaussée de Lyon qui maintient les marchands de blé, grainetiers et boulangers de cette ville, dans l'exemption et franchise du droit de cartelage. 8 mars 1763. In-4, 3 pp.

10942 Arrêt de la Cour de parlement qui ordonne de nouveau l'exécution des Statuts de la communauté des horlogers de Lyon. 28 mars 1763. In-4, 7 pp.

10943 Précis pour Fr.-Ph. Nugues, maître pâtissier, oublieur et cuisinier de la ville de Lyon, contre la communauté des maîtres traiteurs de la même ville. 1764. In-4, 7 pp.

10944 Arrêt de la Cour de parlement qui permet aux maîtres barbiers, perruquiers, baigueurs, étuvistes de Lyon, de faire arrêter les chambrelans coëffeurs de femme, etc., qui se trouveront en contravention. 24 octobre 1764. In-4, 2 pp. — Autre édition. In-8, 3 pp.

10945 Arrêt de la Cour de parlement qui homologue la délibération de la communauté des maîtres bourreliers, bâtiers et bridiers de Lyon, etc. 28 août 1765. In-4, 10 pp.

10946 Arrêt de la Cour de parlement qui homologue l'ordonnance rendue par le prévôt des marchands, laquelle enjoint à tous maîtres perruquiers de nourrir, etc., chez eux les garçons qu'ils occuperont. 6 février 1766. In-4, 8 pp.

10947 Ordonnance qui résout l'adjudication donnée à Claude Morel, maître boucher ..., et enjoint à tous les bouchers de continuer à tenir leurs boutiques ouvertes (pendant le carême). Du 8 février 1766. *Lyon*, Valfray, 1766. In-4, 6 pp.

10948 Arrêt de la Cour de parlement qui homologue l'ordonnance concernant les revendeurs de volaille et gibier à Lyon. 9 avril 1766. In-4, 4 pp.

10949 Arrêt de la Cour de parlement portant homologation des statuts des maîtres bourreliers, bâtiers et bridiers de Lyon. 26 mai 1766. In-4, 12 pp.

10950 Arrêt de la Cour de parlement confirmatif des ordonnances du Consulat qui font défenses tant aux maîtres bouchers qu'aux maîtres chandeliers et à toutes autres personnes d'accaparer les suifs, etc. 16 juillet 1768. In-4, 13 pp.

10951 Second Mémoire pour la communauté des maîtres chandeliers de la ville de Lyon, contre la communauté des maîtres bouchers de la même ville, et Cl. Morel, marchand boucher. ROUHETTE, avocat. (*Paris*), 1768. In-4, 26 pp.

10952 Statuts et règlemens pour les maîtres et marchands tapissiers et courtepointiers de Lyon. *Lyon*, Regnault, 1769. In-8, 66 pp.

10953 Règlemens des maîtres potiers d'étain de Lyon. *Lyon*, Vialon, 1769. In-8, 78 pp.

10954 Arrêt de la Cour de parlement confirmatif d'une ordonnance consulaire portant défenses à toutes personnes et notamment aux juifs de colporter et vendre aucunes marchandises de mercerie, toilerie et clincaillerie. 10 mars 1769. In-4, 7 pp.

10955 Arrêt du Conseil d'Etat qui ordonne que les contestations entre les fermiers des carrosses de Lyon seront portées par-devant M. l'intendant de la même ville. 16 avril 1769. In-4, 3 pp.

10956 Arrêt de la Cour de parlement confirmatif d'une ordonnance consulaire portant défenses aux marchands verriers et fayanciers de colporter ni faire colporter aucuns verres ni fayances. *Lyon*, 27 juillet 1769. In-4, 4 pp. — Autre édition. *Lyon*, 1772. In-4, 4 pp.

10957 Arrêt du Parlement qui homologue les délibération, ordonnance et rôle de répartition ; pour l'acquittement des dettes de la communauté des maîtres tourneurs de la ville et fauxbourgs de Lyon. Du 2 septembre 1769. Sans nom d'impr. In-12, 12 pp.

10958 Règlement général concernant les œuvres de maçonnerie, pierres de taille, charpenterie, emploi des matériaux pour la construction des bâtimens et toisages de tous lesdits ouvrages, qui sera observé dorénavant tant dans la ville de Lyon que fauxbourgs d'icelle. *Lyon*, Valfray., 1770. In-4, 23 pp.

10959 Statuts des maîtres et marchands benniers-boisseliers. *Lyon*, Faucheux, 1770. In-8, bas., fil.

10960 Règlemens et statuts des maîtres marchands bouchers. *Lyon*, 1771. In-8.

10961 Statuts et règlemens présentés à MM. les prévost des marchands et échevins de la ville de Lyon par les maîtres maçons, tailleurs de pierre et entrepreneurs des ouvrages de maçonnerie de ladite ville, corrigés et augmentés sur leurs règlemens de 1709. *Lyon*, Claude-André Faucheux, 1772. In-8, 32 pp.

10962 Procès-verbal du Conseil de commerce de Lyon, 1772, contre les inventions des noirs et blancs de MM. Gonin père et fils, teinturiers à Lyon. Avec les signatures aut. des commissaires-syndics. Ms. in-fol., 25 pp.

10963 Statuts et règlemens de la communauté des maîtres chandeliers de la ville de Lyon. *Lyon*, Faucheux, M.DCC.LXXII. In-8, bas., fil.

10964 Arrêt du Conseil d'Etat qui, sans avoir égard à celui du Conseil supérieur de Lyon, renouvelle les défenses faites par les règlemens aux communautés d'emprunter sans y avoir été autorisées. 30 septembre 1772. In-4, 3 pp.

10965 Règlemens et statuts proposés à MM. les prévôt des marchands et échevins de la ville de Lyon par les maîtres et marchands charpentiers et entrepreneurs en la ville, fauxbourgs et banlieue de Lyon. *Lyon*, C.-A. Vialon, 1773. In-8, bas.

10966 Statuts et règlemens pour les maîtres boulangers de la ville et fauxbourgs de Lyon. *Lyon*, Viallon, 1773. In-12, bas.

10967 Arrêt du Conseil supérieur portant règlement pour la communauté des tailleurs d'habits à Lyon. 25 janvier 1774. In-4, 6 pp.

10968 Arrêt du Conseil d'Etat et Lettres patentes qui autorisent plusieurs particuliers de Lyon, inventeurs des paillons d'or et d'argent et de couleur, à continuer de les fabriquer et vendre, etc. 23 avril 1774. In-4, 7 pp.

10969 Règlemens des maîtres tailleurs d'habits de la ville et fauxbourgs de Lyon... Seconde édition. *Lyon*, Viallon, M.DCC.LXXV. In-8, 168 pp.

10970 Arrêt du Conseil d'Etat qui révoque l'arrêt du Conseil du 23 avril 1774 portant permission à plusieurs particuliers de fabriquer et vendre des paillons en or et en argent de toutes espèces à Lyon. 13 avril 1775. In-4, 4 pp.

10971 Arrêt du Conseil d'Etat qui ordonne qu'il sera permis aux boulangers forains des villes, villages et paroisses circumvoisins d'apporter et vendre à Lyon la quantité de pain qu'ils jugeront à propos. 5 novembre 1775. In-4, 4 pp.

10972 Ordonnance consulaire qui fait défenses à toutes personnes, notamment aux ouvriers-approprieurs travaillant dans la fabrique de chapellerie de cette ville, de détourner ni inquiéter aucun ouvrier, apprentif, compagnon, etc. Du 18 juin 1777. *Lyon*, A. Delaroche, 1777. In-4, 3 pp.

10973 Arrêt du Conseil d'Etat concernant la liquidation et acquittement des dettes des communautés d'arts et métiers établies dans la ville de Lyon. 27 août 1777. In-4, 4 pp.

10974 Arrêt du Conseil d'Etat qui ordonne la liquidation des finances des offices et des dettes communes des officiers mouleurs et aides-mouleurs de bois de Lyon. 16 octobre 1777. In-4, 8 pp.

10975 Ordonnance consulaire qui fait défenses à toutes personnes faisant profession ou commerce de broderie, de vendre, donner ou prêter, etc., pour quelque cause que ce soit, les dessins qui lui auront été confiés pour broder, etc. Du 3 février 1773. *Lyon*, Aimé Delaroche, 1778. In-4, 4 pp.

10976 Arrêt du Conseil d'Etat qui proroge les délais fixés pour l'admission des anciens maîtres dans les nouvelles communautés créées pour la ville de Lyon. 18 décembre 1779. In-4, 3 pp.

10977 Moyen (le) de faire de bon pain, imprimé par ordre de Mgr l'intendant de Lyon pour le service des pauvres gens de sa généralité. *Lyon*, 1779. In-12, 14 pp.

10978 Ordonnance consulaire qui enjoint à tous les maîtres balanciers de cette ville de marquer d'un poinçon portant les deux lettres initiales de leurs noms, attenant le millésime, les ouvrages qu'ils fabriqueront ou raccommoderont, etc. Du 2 mars 1780. *Lyon*, A. Delaroche, 1780. In-4, 3 pp.

10979 Arrêt du Conseil d'Etat concernant les perruquiers, coiffeurs de femmes de Lyon. 12 juin 1780. In-4, 4 pp.

10980 Arrêt du Conseil d'Etat pour la comptabilité des communautés d'arts et métiers de la ville de Lyon. 2 juillet 1780. In-4, 4 pp.

10981 Ordonnance de police (de par le prévôt des marchands et échevins) concernant les maîtres boulangers de Lyon et les boulangers forains. 10 novembre 1780. In-4, 3 pp.

10982 Lettre de M. BUISSON à MM. les maîtres-gardes et députés du corps des maîtres et marchands chapeliers de la ville de Lyon. 1781. In-4, 16 pp.

10983 Arrêt du Conseil d'Etat pour la vente des immeubles appartenans à des communautés d'arts et métiers supprimées en la ville de Lyon. 3 février 1781. In-4, 4 pp.

10984 Ordonnance du siége de la Monnoie de Lyon qui fait défenses à tous balanciers, marchands, revendeurs de gages et autres d'exposer en vente ni débiter aucune balance, etc., sans avoir été échantillées, etc. Du 4 août 1781. *Lyon*, 1781. In-4, 4 pp.

10985 Protestation des maîtres charpentiers et menuisiers contre la demande en payement d'une somme imposée par arrêt du Parlement du 25 juillet 1781. 4 septembre 1781. Avec nombreuses signatures. Ms. in-fol., 4 ff.

10986 Ordonnance consulaire qui prescrit l'exécution de la déclaration du roi du 21 mai 1746, portant règlement sur la manière d'employer, dans les différentes manufactures, l'or et l'argent fin, etc. Du 12 décembre 1781. *Lyon*, A. Delaroche, 1781. In-4, 4 pp.

10987 Observations pour les marchands merciers, toiliers et clincailliers en détail, appelés colporteurs, établis et domiciliés à Lyon, avant l'édit de 1777, etc. *Lyon*, 1783. In-4, 30 pp.

10988 Arrêt de la Cour de parlement qui homologue une ordonnance du Consulat de la ville de Lyon, en date du 3 février 1778, concernant les dessins pour la broderie... Du 27 août 1783. *Lyon*, 1783. In-4, 4 pp.

10989 Billet de congé de la chapellerie de Lyon, conformément aux lettres-patentes sur arrêt. (Sans nom d'auteur.) *Lyon*, le... (1784). In-12, 1 p.

10990 Déclaration du roi qui ordonne que, dans les communautés d'arts et métiers de la ville de Lyon, il sera établi le nombre de maîtres-gardes fixé , etc. 2 mai 1784. In-4, 8 pp.

10991 Ordonnance du siége royal de la Monnoie de Lyon concernant l'étalonnement et l'ajustage des balances et poids de marc. Du 21 août 1784. *Lyon*, 1784. In-4, 6 pp.

10992 Arrêt de la Cour de parlement qui homologue une sentence du Consulat de la ville de Lyon, qui fait défenses d'employer dans les ouvrages en broderies , sur des étoffes de soie , des dorures fausses surdorées ou non. Du 7 décembre 1784. *Lyon*, 1785. In-4, 6 pp.

10993 Arrêt de la Cour de parlement qui homologue la délibération de la communauté des maîtres perruquiers , baigneurs et étuvistes. Du 3 juin 1785. *Lyon*. In-8, 11 pp.

10994 Arrêt de la Cour de parlement entre Fr. Parent , échantilleur-juré de la ville de Lyon, intimé , et les maîtres-gardes et communautés des maîtres et marchands balanciers de la même ville , appelans. Du 28 juillet 1785. *Lyon*, 1785. In-4, 10 pp.

10995 Arrêt de la Cour de parlement entre Fr. Parent , échantilleur-juré de la ville de Lyon , intimé , et les maîtres-gardes et communauté des maîtres et marchands balanciers de la même ville , appelans , etc. Du 16 septembre 1785. *Lyon* , 1786. In-4 , 6 pp.

10996 Ordonnance consulaire qui enjoint à l'avenir, et à compter de ce jour, aux maîtres maçons, plâtriers et tailleurs de pierres de cette ville, de convenir avec les ouvriers-manœuvres et compagnons qu'ils prendront à leur service de la quotité du prix de leur journée... Du 27 juillet 1786. *Lyon*, 1786. In-4, 3 pp.

10997 Ordonnance consulaire qui fixe à quarante sous la journée des ouvriers chapeliers approprieurs. Du 9 août 1786. *Lyon* , 1786. In-4 , 3 pp.

10998 Ordonnance de M. le général provincial des Monnoies à Lyon concernant les balanciers, fondeurs , marchands merciers , clincailliers , revendeurs de gages , etc. Du 30 novembre 1786. *Lyon* , Bruyset , 1786. In-4, 7 pp.

10999 Lettres-patentes portant règlement pour le corps des marchands drapiers , merciers, clincailliers , marchands de soie en détail et toiliers de Lyon. *Lyon* , 1788. In-4, 22 pp.

11000 Ordonnance de M. le général provincial des Monnoies à Lyon concernant les balanciers, fondeurs ; marchands merciers , clincailliers , revendeurs de gages , etc. Du 20 décembre 1787. *Lyon*, A. Delaroche, 1788. In-4, 7 pp.

11001 Lettres-patentes qui homologuent , approuvent et ratifient de nouveaux statuts pour la communauté des marchands épiciers, ciriers, ciergiers de Lyon. *Lyon*, impr. de la ville , 1788. In-8, bas., tr. d., fil., armes sur le plat.

11002 Consommateur (au) de dorures fines. Prospectus de CHARMY et Cie. *Lyon* , 20e septembre 1788. In-8, cart., fig.

11003 Mémoire pour Jacques Seny , adjudicataire des bois du parc de Neufville, contre les mouleurs et aydes - mouleurs de Lyon. Me GIRARD , avocat. *Lyon*, A. Delaroche , s. d. In-fol., 28 pp.

11004 Réponse abrégée pour Jacques Seny , adjudicataire des bois du parc de Neufville , contre les mouleurs et aydes-mouleurs de la ville. Me GIRARD , avocat. s. d. In-fol., 4 pp.

11005 Mémoire pour les manufactures, corps et communautés d'arts et métiers de la ville de Lyon, sur la nécessité indispensable d'y entretenir l'abondance et le bas prix du charbon de terre. s. d. (17??). In-fol., 6 pp.

11006 Pétition à la Municipalité par les marchands de bois sur le fleuve du Rhône. s. d. (179.?). Sig. aut. Ms. in-fol., 2 ff.

11007 Délibération du Corps municipal de la ville de Lyon concernant les visites prescrites (à l'égard des communautés d'arts et métiers). 22 mai 1790. In-4, 3 pp.

11008 Etat des recettes et dépenses que rendent les sieurs Bechet , Buffin , Beaumers et Bezinier de la régie et administration qu'ils ont en qualité de maîtres-gardes des deniers et affaires de la communauté des maîtres tailleurs et fripiers d'habits de la ville de Lyon , pendant les années 1789 , 1790 et 1791 ; avec l'approbation de la Municipalité, *signée* : MAISONNEUVE , BRET et CHALIER. Sig. aut. Ms. gr. in-fol., 1 f.

11009 Essai de panification par le citoyen MÉNARD , commissaire préposé à cet effet par la section de la Pêcherie. *Lyon* (1791). In-8, 15 pp.

11010 Caisse patriotique de la chapellerie de la ville de Lyon , pour l'échange des assignats de deux et trois cents livres , en mandats de vingt sous, trente sous et trois livres , établie par diverses maisons de chapellerie. Lyon, 2 mai 1791. (Permis d'afficher le 5). *Lyon*, Delaroche , 1791. In-4, 8 pp.

11011 A Monsieur le maire et à Messieurs les officiers municipaux de la ville de Lyon. (Supplique des perruquiers , baigneurs et étuvistes de la ville et fauxbourgs de Lyon). s. d. (179.) , s. n. d'impr. In-4, 3 pp.

11012 Résultats des expériences et des recherches faites par le Comité de panification , composé des commissaires nommés , le 6 février 1791 , par les 32 assemblées primaires de la ville de Lyon. *Lyon* , Rosset , 1791. In-8, 60 pp.

11013 Moyens simples et faciles de fixer l'abondance et le juste prix du pain, présentés à MM. du Conseil général de la commune de Lyon ; par F.-J. L'ANGE , officier municipal. *Lyon*, L. Cutty, 1792. In-8, 30 pp.

11014 Adresse pour le sieur Gence , baigneur, à MM. les officiers municipaux de la ville de Lyon. s. d. (179. ?). In-4 , 6 pp.

11015 Pétition au Conseil des Cinq-Cents , par

les manufacturiers en chapellerie de Paris et Lyon, sur la loi du 7 nivose... s. d. (an V ?). (*Paris*), Desenne. In-8, 12 pp.

11016 Réglement des ouvriers chapeliers-appro-prieürs de Lyon, consenti, accepté et signé le 14 thermidor an IX de la République française, ou le 2 août 1801 (v. st.). In-8, 6 pp.

11017 Statuts et règlements pour le corps des boulangers de la ville et faubourgs de Lyon, réunis en communauté par ordonnance de police du 8 prairial an XII... *Lyon*, Roger, an XIII. In-8, 48 pp., bas.

11018 Statuts et règlemens pour le corps des bouchers de Lyon. *Lyon*, Ballanche, an XIII. In-8, bas., fil.

11019 Bonne (la) et unique Méthode pour faire les toits des bâtimens. 2e édit. augm. par COIN-TERAUX, approuvée par l'Institut. *Paris*, Cointeraux, 1806. In-8, 32 pp.

11020 Adresse de la Société des peintres-vitriers de la ville de Lyon et de ses faubourgs (1807?). In-8, 30 pp., incomplet.

11021 Commission des subsistances de la ville de Lyon. Arrêté concernant les boulangers. 30 avril 1812. In-4, 4 pp.

11022 Règlement sur les boulangers de Lyon, approuvé le 8 août 1819 par M. le préfet. *Lyon*, Rusand (1819). In-4, 16 pp.

11023 Ordonnance portant fixation du minimum du prix des façons pour les ouvriers appro-prieurs-chapeliers. Du 24 octobre 1822. *Lyon*, Rusand. In-4, 6 pp.

11024 Du Bleu-Souchon, ou de la teinture bleue et noire-bleue bon teint sur laine sans indigo; par SOUCHON. *Lyon*, Durand et Perrin, 1825. In-8, 32 pp.

11025 Lettre-circulaire de M. Augustin ZEIGER sur la fabrication des orgues. *Lyon*, le 20 novembre 1844. In-8, 3 pp.

11026 Le parfait Préparateur ou Gymnase du pianiste breveté; par M. Augustin ZEIGER. *Lyon*, Nigon. In-fol., fig.

11027 Examen des opinions sur le privilége ou le libre exercice de la profession de boulanger à Lyon; par A. D. *Lyon*, 1841. In-8, 24 pp.

11028 Gymnase civil aux Brotteaux, circulaire de M. CANDY, d.-m. *Lyon*, Marle. In-8, 16 pp.

11029 Livret d'ouvrier délivré par la mairie de la ville de Lyon (1848); avec un Arrêté du Gouvernement en date du 1er décembre 1803 (9 frimaire an XII), relatif aux ouvriers. In-16, 24 ff.

11030 Tarif demandé par les compositeurs ty-pographes de Lyon et de la banlieue. *Lyon*, 31 mars 1848. *Signé* : Les délégués des com-positeurs de Lyon et de la banlieue, MA-ZIER, AUFLAUX, DECLERIS, A. NICOU, CAUTEL-BAUDET. In-fol., 1 p. lith.

11031 Règlement des maîtres et ouvriers pein-tres, plâtriers et vitriers de la ville de Lyon et des communes suburbaines. *Lyon*, Nigon, 1848. In-8, 8 pp.

11032 Statuts de l'Association des entrepreneurs peintres-plâtriers de la ville de Lyon et des communes suburbaines, fondée à Lyon, à l'état de provisoire, le 6 mars dernier, et régularisée par le présent règlement adopté par la Commission dans ses séances des 4 et 12 juillet 1848 et sous la protection des ci-toyens maire et préfet du département du Rhône. *Lyon*, Nigon, 1848. In-18, 50 pp.

11033 N° 619. Association fraternelle de l'In-dustrie française, fondée à Lyon en 1848. Carte du citoyen... *Lyon*, le... 1848. Pour la Commission exécutive : le président, LA-CROIX. Signature autographe. Le nom du so-ciétaire en blanc. In-32.

11034 L'Union des travailleurs. Association entre patrons et ouvriers. *Lyon*, Léon Boitel, 1848. In-12, 27 pp.

11035 Acte d'Association des ouvriers tailleurs du département du Rhône. *Lyon*, 1er avril 1849. In-8, 16 pp.

11036 L'Union industrielle, projet d'Association industrielle, artistique et commerciale, pour l'exploitation en grand de nouvelles industries relatives à la construction, à l'ameublement et à l'ornementation des monuments publics, édifices religieux et habitations particulières. Siége de la Société. *Lyon*, janvier 1850. In-8, 32 pp.

11037 Guide du constructeur à Lyon, ou Analyse complète du prix de revient de tous les ouvra-ges composant la construction du bâtiment à Lyon et ses faubourgs; par FOURAIGNAN fils. *Lyon*, 1851. In-8.

MÉLANGES, PROJETS D'UTILITÉ PUBLIQUE, ENTREPRISES DIVERSES.

Postes, Messageries, Fiacres, Voitures.

11038 Ordonnance de Mgr le marquis DE TORCY portant règlement pour la diligence et seureté des malles ordinaires de la route de Lyon à Grenoble. *Paris*, 1718. In-4, 3 pp.

11039 Requête de Jean CORBET, fermier des coches, carrosses, diligences tant par terre que par la Sàone, au sujet des concurrences qui s'établissent. Ordonnance de l'intendant à ce sujet. Lyon, 12 mars 1732. *Lyon*, Valfray. In-4, 4 pp.

11040 Requête à l'intendant de Lyon par les fermiers des messageries royales par terre de Lyon à Arles. *Lyon*, 1741. In-fol., 17 pp.

11041 Mémoire pour Ad. Coiffier, fermière des diligences et messageries de Paris et Lyon. *Paris*, 1751. In-fol., 33 pp.

11042 Pétition des sieurs CHIQUET et CANNAC à Mgr l'intendant en la ville et généralité de Lyon, et Ordonnance de Mgr l'intendant au sujet des messageries de Lyon. 1760. *Lyon*, Valfray, 1761. In-4, 4 pp.

11043 Messageries royales de Lyon en Provence et Languedoc. Avis au public. Du 15 décembre 1761. *Lyon*, P. Valfray, 1761. In-4, 3 pp.

11044 Arrêt du Conseil d'État du roi portant établissement de la petite poste de la ville de Lyon. Du 13 septembre 1777. *Lyon*, 1777. In-4, 4 pp.

11045 Second Avis au public concernant le service de la petite poste de Lyon. *Lyon*, 1777. In-4, 7 pp.

11046 Mémoire pour les maîtres de poste aux chevaux de Lyon et des environs. s. d. (Distribué le 21 août 1792). *Signé* : LE CLERC. s. n. d'imp. In-8, 14 pp.

11047 Démission par le citoyen Jean Gourd de sa place de maître de poste du Puits-d'Or, en se réservant la conservation de sa place de maître de poste aux Chères, arrondissement de Villefranche. En la ville d'Anse, 17 janvier 1793. Seconde expédition délivrée au déclarant. *Signé* : SAIN, notaire. In-4, 3 pp.; avec une demande sans date (mars ? 1793) du citoyen Gourd aux députés de la Convention, pour demander la suppression du relai de poste du Puits-d'Or. Sign. aut. In-fol., 2 pp.

11048 Avis du Directeur des postes de Lyon aux maire et adjoints de la commune... *Lyon*, le 27 prairial an IX. In-4, 4 pp.

11049 Service général des messageries du commerce. Entreprise Armand, Lecomte et comp. *Lyon*, G. Rossary, 1829. In-8, 36 pp.

11050 Observations sur le projet de loi du 8 octobre 1830, relatif au roulage ; par le Commerce de Lyon. *Lyon*, Ayné, 1830. In-4, 36 pp.

11051 Observations sur le projet de loi relatif au roulage, amendé par la Chambre des Pairs et présenté à la Chambre des Députés le 23 avril 1833 ; par Prosper CHAPPET. Lyon, 5 janvier 1834. *Lyon*, Ayné neveu, 1834. In-4, 18 pp.

11052 Société par actions pour l'exploitation des *Citadines*. Lyon, 14 juin 1843. *Lyon*, Léon Boitel. In-4, 8 pp.

11053 Pétition présentée à l'Assemblée nationale législative contre la suppression des malles-postes de Marseille, Bordeaux et Nantes. s. d. (1849) ; avec 5 sig. aut. In-4.

Éclairage de la ville.

11054 Conditions de l'entreprise de l'illumination générale des rues, etc., de Lyon. *Lyon*, Ballanche, an VI. In-4, 6 pp.

11055 Cahier des charges... de l'entreprise de l'éclairage de la ville de Lyon, adjugée à la comp. Bordier. (1823). *Lyon*. In-4, 19 pp.

11056 Acte de Société entre M. Henri Pauwels jeune, entrepreneur d'éclairage par le gaz, et MM. les associés en commandite. De Lyon, le 24 juillet 1826. *Lyon*, Boursy, 1826. In-4, 6 pp.

11057 Prospectus de l'éclairage par le gaz hydrogène portatif, d'après les procédés de H.-J. Pauwels jeune. *Lyon*, Boursy, 1826. In-4, 4 pp.

11058 Compagnie d'éclairage par le gaz de la ville de Lyon. *Lyon*, Louis Perrin (183.?). In-4, 15 pp.

11059 Statuts de la Compagnie d'éclairage par le gaz de la ville de Lyon. *Lyon*, Louis Perrin (183?). In-4, 16 pp.

11060 Statuts de la Société anonyme d'éclairage par le gaz hydrogène pour la ville de Lyon. *Lyon*, Louis Perrin, 1849. In-4, 18 pp.

Fontaines.

11061 Idée générale d'une machine hydraulique de nouvelle invention, exécutée à Lyon sur le fleuve du Rhône pendant l'année 1730. *Lyon*, Laurens, 1731. In-8, bas., fil., armes sur le plat.

11062 Idée générale d'une machine hydraulique de nouvelle invention, exécutée à Lyon sur le fleuve du Rhône pendant l'année 1730. *Lyon*, André Laurens, 1733. In-8, 51 pp.

11063 Examen chimique des eaux sortant des fontaines publiques de la ville de Lyon et de ses faubourgs. Fait en septembre 1807 par la Société de pharmacie de la même ville. *Lyon*, Ballanche, 1807. In-4, demi-rel. m. r., non rogné.

11064 Prospectus relatif à la formation, à Lyon, d'une compagnie qui serait chargée des établissements nécessaires pour porter les eaux du Rhône aux fontaines de la ville, etc. *Lyon*, Rusand, 1824. In-4, 15 pp.

11065 Quelques Réflexions soumises à M. le maire, etc., sur la nécessité de fournir à la ville de Lyon des eaux salubres, etc. *Lyon*, Barret. s. d. (1826 ?). In-8, 26 pp.

11066 Considérations relatives aux eaux publiques à Lyon (par M. A. S.). *Lyon*, Targe, 1832. In-8, 23 pp.

11067 Projet de construction de fontaines publiques, etc., dans la ville de Lyon ; par MM. RENAUX et MATHIEU. *Lyon*, Louis Perrin, 1834. In-4, 12 pp.

11068 Mémoire couronné par l'Académie.... de Lyon, sur la question mise au concours pour 1834 : indiquer le meilleur moyen de fournir à la ville de Lyon les eaux nécessaires pour l'usage de ses habitants. Par M. THIAFFAIT, de Lyon. *Lyon*, Louis Perrin, novembre 1834. In-8, 64 pp.

11069 Fourniture d'eau publique à la ville de Lyon. Rapport présenté au nom d'une Commission, etc. *Lyon*, Ayné, 1836. In-4, 52 pp.

11070 Distribution d'eaux limpides et fraîches aux fontaines publiques. *Lyon*, Rossary, 1835. In-4, 14 pp.

11071 Eaux (des) de source et des eaux de rivière comparées sous le double rapport hygiénique et industriel, et spécialement des eaux de source de la rive gauche de la Saône près de Lyon, étudiées dans leur composition et leurs propriétés comparativement à l'eau du Rhône; par Alphonse DUPASQUIER. *Lyon*, Savy, 1840. In-8. carte.

11072 Examen officiel des eaux potables proposées pour une distribution générale dans la ville de Lyon, fait par une Commission composée de MM. POLINIÈRE, etc. *Lyon*, Louis Perrin, 1840. In-8, 40 pp.

11073 Note justificative sur un nouveau projet d'alimentation d'eau de la ville de Lyon au moyen d'un canal dérivé du Rhône. (Par BALLEFIN). *Lyon*, Barret, 1840. In-4, 8 pp.

11074 Observations sur la dérivation des eaux de source de la rive droite de la Saône pour le service de la ville de Lyon, etc. Par M. DARMÈS. *Lyon*, 1840. In-4, 24 pp.

11075 Rapport fait à la Société de Médecine de Lyon sur l'ouvrage de M. le docteur Dupasquier relatif aux eaux de source et aux eaux de rivière. *Lyon*, 1840. In-8, 49 pp.

11076 De la dérivation des eaux de source (pour l'alimentation des fontaines de la ville de Lyon). s. n. d'auteur, s. d. (1841 ?). *Lyon*, Léon Boitel. In-8, 24 pp.

11077 Rapport sur le projet de dérivation et de distribution d'eaux de source à Lyon, par la Commission d'enquête instituée par arrêté de M. le préfet du Rhône, en exécution de la loi du 3 mai 1841, pour donner un avis motivé, tant sur l'utilité de l'entreprise que sur les questions posées par l'administration. L. BONNARDET, rapporteur. *Lyon*, Dumoulin, Ronet et Sibuet, 1843. In-8, 250 pp.

11078 Des eaux potables à distribuer pour l'usage des particuliers et le service public. Rapport présenté au Conseil municipal de Lyon par J. -F. TERME, maire de Lyon, député du Rhône, président de l'Académie des sciences, belles-lettres et arts de Lyon, membre des Sociétés de médecine, d'agriculture, etc., etc. *Lyon*, Nigon, 1843. In-4, avec une carte topographique du delta du plateau bressan et de la ville de Lyon, etc. In-4, gr. papier, 300 pp.

11079 Note sur un projet ayant pour but d'approvisionner Lyon et ses faubourgs à l'aide des eaux du Rhône naturellement clarifiées. *Signé* : X. *Lyon*, Dumoulin, Ronet et Sibuet, 1843. In-8, 140 pp.

11080 Des déclarations d'utilité publique à propos de la question des eaux potables à Lyon ; par A.-C. FAYE. *Lyon*, Louis Perrin, 1844. In-8, 15 pp.

11081 Projet sur l'alimentation des eaux pour la ville de Lyon. *Lyon*, Barret. s. d. In-4, 7 pp.

11082 De l'état actuel de la question des eaux potables à Lyon, par A. DUMONT ; avec un croquis des galeries de Vienne (Autriche) et un plan de la ville de Lyon, par M. DIGNOSCYO. *Lyon*, Nigon, 1844. In-4, 182 pp.

11083 Etudes sur la question de l'établissement d'un service hydraulique destiné à pourvoir aux besoins de la ville de Lyon. Rapport fait par M. PIGEON, au nom d'une Commission. *Lyon*, Barret, 1844. In-8, 47 pp.

11084 Pièces relatives à la question des eaux à distribuer dans Lyon. 1º Lettre de M. le président. 2º Rapport de M. l'ingénieur PIGEON... 3º Observations présentées par M. BONAND... Mars 1844. *Lyon*, Nigon, In-4, 39 pp.

11085 Observations présentées à la Commission municipale des eaux à distribuer à Lyon, le 25 mars 1844, par M. BONAND. *Lyon*, Nigon, avril 1844. In-4, 30 pp.

11086 Projet d'élévation des eaux du Rhône sur

le coteau de Fourvières, pour le service de la ville de Lyon ; par M. DARMÈS. s. d. *Lyon*, Dumoulin et Ronet. In-4, 4 pp.

11087 Question des eaux. Les eaux de source et les eaux du Rhône. Par PEYRET-LALLIER. Ste-Foy, 15 novembre 1844. *Lyon*, 1844. In-4, 31 pp., carte.

11088 De la préférence qu'on doit donner aux eaux de source... sur l'eau qu'on se propose d'extraire du Rhône. Lettre à M. le maire de Lyon, par M. Alphonse DUPASQUIER. 30 novembre 1844. *Lyon*, Nigon. In-4, 66 pp.

11089 Rapport sur une fourniture d'eau potable à la ville de Lyon, présenté au Conseil municipal de cette ville, etc., par M. PASQUIER, docteur-médecin. *Lyon*, Nigon, 1844. In-4, 35 pp.

11090 Réponse au Mémoire de M. Dumont sur l'état actuel de la question des eaux potables à Lyon, etc. *Signé* : BONAND. Lyon, 18 novembre 1844. *Lyon*, Dumoulin, Ronet et Sibuet, 1844. In-4, 52 pp.

11091 Réflexions sur l'emploi des pompes à feu du Cornouailles pour élever l'eau du Rhône.... Par HAUY. *Paris*, 1845. In-4, 32 pp.

11092 Rapport présenté au nom de la Commission spéciale chargée de l'examen des projets divers de distribution d'eaux dans l'intérieur de la ville ; par M. PRUNELLE. *Lyon*, Nigon, 1846. In-4, 81 pp.

11093 Erreurs de M. Prunelle... sur les divers projets de distribution d'eaux dans l'intérieur de la ville, etc.; par Louis BONAND. *Lyon*, Dumoulin et Ronet, 1846. In-4, 127 pp.

11094 Lettre à Messieurs les membres du Conseil municipal sur les eaux du Rhône et leur distribution dans la ville aux meilleures conditions possibles ; par V. FAUCILLE, ingénieur civil. *Lyon*, le 21 mai 1847. In-4, 7 pp. lith.

11095 Lettre à un membre du Conseil municipal de Lyon sur les moyens de constituer une compagnie qui se chargerait des travaux nécessaires à l'établissement d'une distribution des eaux du Rhône dans les différents quartiers de la ville ; par Victor FAUCILLE, ingénieur civil. *Lyon*, 17 juin 1847. In-4, 6 pp. lith.

11096 Projet de distribution générale d'eaux potables pour le service public et l'usage des particuliers, prises dans le Rhône par infiltration. Rapport présenté au Conseil municipal par M. Cl. REYRE, premier adjoint. (*Lyon*, Nigon) (1847). In-4, 18 pp.

11097 Travaux hydrauliques. Lettre prospectus par Gabriel DE MORTILLET, ingénieur civil. s. d. (1847). *Lyon*, Rey. In-4, 3 pp.

11098 Rapport fait au Conseil municipal de Lyon, dans sa séance du 22 juillet 1847, sur un projet de distribution d'eaux dans l'intérieur de la ville ; par M. GUIMET. *Lyon*, Nigon, 1847. In-4, 35 pp.

Ponts.

11099 Information faicte par les sieurs thrésoriers de France en la généralité de Lyon pour les sieurs prévost des marchands de ceste ville, etc., contre les gardes des portes, ponts et passages de ceste ville de Lyon ; du mardi 18 décembre 1618. Sans nom de ville. In-4.

11100 Deux Pièces signées par les présidents et trésoriers généraux de France à Lyon, les 8 juillet et 1er septembre 1626, relatives aux réparations du pont du Rhône. Ms. aut. in-fol., 2 pp.

11101 Extrait des registres du Conseil d'Etat (sur la construction du pont de bois de St-Vincent). 20 décembre 1656. Copie non signée. Ms. in-fol., 3 ff.

11102 Mémoire pour les intéressés au pont St-Vincent à Lyon, contre la commune de cette ville. Ms. in-fol., 15 ff.

11103 Devis des ouvrages à faire pour le pont de pierre sur la Saône. 12 mai 1700. In-4, 10 pp.

11104 Précis pour les recteurs de l'Hôpital général de la ville de Lyon (au sujet du pont Morand). *Signé* : D'AUGY. *Paris*, Knapen, 1772. In-4, 22 pp.

11105 Inconvénients du pont projeté par le sieur Morand, relativement aux alignements et nivellements du port St-Clair, du quai de Retz, etc. *Lyon*, L. Buisson, 1772. In-4, 12 pp.

11106 A nos seigneurs du Conseil supérieur de la ville de Lyon. Supplique des recteurs et administrateurs de l'Hôtel-Dieu de Lyon contre l'établissement du pont Morand. *Signé* : BRAC fils, avocat. *Lyon*, L. Buisson, 1772. In-4, 38 pp.

11107 Observations du sieur MORAND sur le projet du pont de bois sur le Rhône, avec les réponses pour servir aux administrateurs de l'Hôtel-Dieu, dans l'instance au Conseil de S.M., par BRAC fils. *Lyon*, L. Buisson, 1772. In-4, 31 pp.

11108 Nouvelles Réponses aux Observations du sieur Morand sur le projet du pont de bois sur le Rhône, pour les pauvres de Lyon. *Signé* : BRAC fils. *Lyon*, L. Buisson, 1772. In-4, 30 pp.

11109 (Requête) au Roi, par les recteurs et administrateurs de l'Hôpital général de Lyon (au sujet du pont Morand). *Signé* : D'AUGY, avocat. *Paris*, Knapen, 1772. In-4, 30 pp.

11110 Requête et pièces présentées par MM. les recteurs et administrateurs de l'Hôpital général et grand Hôtel Dieu de Lyon, à MM. les prévôt des marchands et échevins de la ville de Lyon (au sujet du pont sur le Rhône, dit pont Morand). *Lyon*, A. Delaroche, 1772. In-4, 22 pp.

11111 Rapport de MM. ROUX et GRAND, architectes, au sujet de la visite qu'ils ont faite au pont d'Alincourt. Des 6 et 12 juin 1775. Sig. aut. de MM. BROSSETTE, BROSSETTE fils, ROUX et GRAND. Ms. in-fol., 5 pp.

11112 Ordonnance de voirie qui permet aux concessionnaires du pont qui sera appelé *pont St-Clair*, d'en faire l'ouverture pour le passage des gens à cheval, bêtes de somme et voitures. Du 13 mars 1776. *Lyon*, 1776. In-4, 3 pp.

11113 Ordonnance de police de MM. les prévôt des marchands et échevins de la ville de Lyon, concernant le passage des gens à pied, à cheval, des voitures, etc., sur le pont St-Clair. Du 13 mars 1776. *Lyon*, A. Delaroche, 1776. In-4, 3 pp.

11114 Ordonnance de voirie concernant les échoppes, les ponts et le placement des matériaux de construction sur la voie publique. Du 10 avril 1776. *Lyon*, 1776. In-4, 6 pp.

11115 Arrêt du Conseil d'Etat qui casse et annule une ordonnance du Consulat de Lyon, du 13 mars dernier, et lui fait défenses d'en rendre de pareilles à l'avenir. 5 mai 1776. In-4, 3 pp.

11116 Ordonnance de voirie concernant le pont St-Clair. Du 4 septembre 1776. *Lyon*. In-4, 3 pp.

11117 Lettre à MM. les prévôt des marchands et échevins de Lyon au sujet de la reconstruction du pont de Bellecour. 28 mai 1779. In-4, 48 pp.

11118 Ordonnance-consulaire concernant le passage de la Saône pendant le temps que le pont de bois, dit de Bellecour, restera barré. Du 17 juin 1779. *Lyon*, 1779. In-4, 4 pp.

11119 Pont de Bellecour. 12 avril 1780. Sommaire des états qui doivent servir à éclaircir les plans, etc. (*Lyon*). In-4, 25 pp.

11120 Pont de Bellecour. 13 juin 1780. Second développement du projet pour la construction de ce pont. In-4, 54 pp.

11121 Ordonnance de MM. les prévôt des marchands et échevins de la ville de Lyon pour l'ouverture du pont de bateaux sur la Saône, le règlement du passage et tarif arrêté. Du 21 juillet 1780. *Lyon*, A. Delaroche, 1780. In-4, 4 pp.

11122 Lettres-patentes qui ordonnent la reconstruction du pont de l'Archevêché de Lyon. et la construction des quais, etc. 28 juillet 1780. In-4, 10 pp.

11123 Arrêt du Parlement portant enregistrement des Lettres-patentes par lesquelles le prévôt des marchands, etc., est autorisé à emprunter une somme de 600,000 fr. pour la construction du pont de l'Archevêché, etc. 23 août 1780. In-4, 7 pp.

11124 Observation d'un citoyen sur le pont à reconstruire sur la rivière de Saône, à Lyon, pour la communication du quartier St-Jean avec celui de Bellecour. Sans nom de ville et s. d. In-12, demi-rel. bas., 50 pp.

11125 Devis des ouvrages de maçonnerie, etc., pour la construction du pont dit de l'Archevêché, etc.; par BUGNIET. *Lyon*, Delaroche, 1781. In-4, 35 pp. — *Id.* de charpenterie. 20 mars 1781. In-4, 18 pp.

11126 Devis des ouvrages de maçonnerie, etc., à faire sur la Saône à Lyon, entre la place de Louis-le-Grand et le quartier St-Jean, pour la construction d'un pont. Par le sieur D'ARGOUT, ingénieur. (178.?). In-4, 16 pp.

11127 Nouvelles soumissions pour la construction du pont de Belle-Cour; par J.-P. MILLET. *Lyon*, 30 mai 1781. In-4, 5 pp.

11128 Réponse de M. BRAC, ancien échevin, à la Lettre de M. Brochet (au sujet du pont de Bellecour). *Lyon*, 25 août 1781. In-4, 109 pp.

11129 Lettre de M. le comte DE LAURENCIN à M. L. B. D. L., etc. (le baron de la Chassagne), à propos du pont de la Mulatière; datée des travaux Perrache, ce 21 février 1783. In-8, 8 pp.

11130 Pont de l'Archevêché. (Prix des matériaux). *Lyon*, 10 août 1786. In-fol., 5 pp.

11131 Devis d'un pont de pierre à construire sur la Saône, en face du palais archiépiscopal; par BOUCHET. *Lyon*, 1786. In-4, 30 pp.

11132 Ordonnance de police concernant la police des ports relativement à la construction du pont dit *de l'Archevêché*. 10 novembre 1786. In-4. 3 pp.

11133 Ordonnance de voirie qui renouvelle les dispositions de l'ordonnance rendue le 9 de ce mois relativement au pont St-Clair, etc. Du 12 janvier 1789. *Lyon*, A. Delaroche, 1789. In-4, 4 pp.

11134 Supplément au Prospectus des Actions du pont de la Mulatière. *Lyon*, Aimé Delaroche, 1790. In-4, 4 pp.

11135 Mémoire à consulter pour sieur J. Martin, résidant à Grenoble, adjudicataire du pont de l'Archevêché sur la Saône, à Lyon. BEYLE, avocat. *Grenoble*, Giroud, 1790. In-4, 89 pp.

11136 Arrêté de l'Administration centrale du départ. du Rhône. Séance du 13 brumaire an V. (Péage du pont de la Mulatière). *Signé* : COULAUD, président..... *Lyon*, Ballanche et Barret, an V. In-fol., 1 p.

11137 Conseil des Cinq-Cents. Rapport fait au nom d'une Commission spéciale, par Frédéric HERMANN, sur la pétition des actionnaires du pont de Vincent à Lyon. Séance du 13 messidor an V. Impr. nationale, messidor an V. In-8. 6 pp.

11138 Le citoyen Niogret à découvert, ou Pièces justificatives des actionnaires du Pont-neuf sur la Saône (le Pont-Volant). *Lyon*, Ballanche, an X. In-4.

11139 Réclamation contre le double péage perçu sur le pont Morand. *Lyon*, Darnaud (1817). In-4, 24 pp.

11140 Pont suspendu et Gare, au Plan-de-Vaise, à Lyon. Prospectus. *Lyon*, Rusand. In-4, 4 pp.

11141 A Messieurs les actionnaires de la Compagnie des Ponts sur le Rhône, à Lyon, 20 février 1831. Par l'inspecteur de l'administration de la Compagnie des Ponts sur le Rhône, DELÉNONCOURT. In-4, 3 pp.

11142 Recueil des titres de concession et des actes constitutifs de la Compagnie, des Ponts sur le Rhône, à Lyon. *Lyon*, Rusand, 1833. In-4, 28 pp.

11143 Exposé pour la Compagnie concessionnaire des ponts Morand et Lafayette établis sur le Rhône, à Lyon. *Lyon*, Rusand, 5 mai 1835. In-4, 11 pp.

11144 Opposition de la Compagnie des Ponts sur le Rhône, à Lyon, contre le projet de l'établissement d'un pont en face de la voûte du Collége. Lyon, 8 janvier 1840. *Signé*: ACHARD-JAMES, Victor COSTE, etc. *Lyon*, Louis Perrin. In-4, 8 pp.

11145 Projet d'un pont en fer d'une seule arche devant relier le quartier des Chartreux à celui de Fourvières. Par P. CHIPIER. 1er septembre 1847. *Lyon*, Mothon. In-8, 4 pp.

11146 Réclamation contre le privilége des ponts sur le Rhône. s. d. (1848). *La Guillotière*, Bajat, avec 75 sig. In-4, 15 pp.

11147 Avis. Avertissement que nul ne peut passer sans payer sur les ponts appartenant aux Compagnies. Lyon, 10 juillet 1848. Le maire de la ville de Lyon : GRILLET aîné, adjoint. *Lyon*, Nigon. In-fol., 1 p.

Entrepôt des liquides.

11148 Requête à MM. les maire, adjoints et membres du Conseil municipal de la ville de Lyon, contre le projet d'établir en cette ville un Entrepôt général des liquides et de mettre en ferme la perception de l'octroi. *Lyon*, Barret, 1832. In-4, 22 pp.

11149 Du projet d'établir un Entrepôt général des liquides à Lyon. — Réponse au rapport fait par M. TERME au Conseil municipal sur ce projet le 13 décembre 1832. *Lyon*, Rusand, 1833. In-4, 31 pp.

11150 Lettre-circulaire au nom d'une assemblée de négociants et de propriétaires, au sujet de la création d'un Entrepôt général des liquides. 4 mai 1839. In-4.

Projets d'utilité publique, Entreprises diverses, Machines.

11151 Reçu de Guillaume NOURRISSON, horloger à Lyon, restaurateur de l'horloge astronomique de St-Jean, d'une somme de 24 livres pour réparations à l'horloge. Le 28 novembre 1703. Ms. aut. sig. In-8, 1 p.

11152 Lettre de CAYER (membre de l'Académie

de Lyon) au P. Grégoire, sur une nouvelle machine à battre les pilotis. 1er juillet 1737. Ms. in-4, 3 pp.

11153 Description de diverses machines inventées par l'auteur, et voyage en Italie. Ms. aut. de M. FLACHAT, écrit en 1740. In-4, 508 pp., rel. bas.

11154 Etat des frais faits pour le transport et l'établissement de la machine cylindrique de M. Vaucanson à Lyon. *Lyon*, ce 22 août 1753. Ms. aut. sig. de M. FLACHAT DE ST-BONNET. In-4, 3 pp.

11155 Lettres-patentes du roi portant concession aux sieurs de Laval du privilége d'un moulin de leur invention, destiné à moudre toutes sortes de grains... Données à Fontainebleau, le 29 octobre 1768 (registrées le 4 février 1769). *Lyon*, Valfray, 1769. In-4, 4 pp.

11156 Précis des moyens de se diriger dans la haute navigation (par le moyen des ballons ou mongolfières), détaillés dans un Mémoire au concours de l'Académie de Lyon, par M. L'ANGE, en 1784. *Lyon*, 1785. In-8, fig., 8 pp. — Examen du Précis et Réponse à cet examen ; par le même. *Lyon*, 1786. In-8, 38 pp.

11157 Avis au Commerce de Lyon. (Blanchisserie du sieur Macors). *Lyon*, Delaroche, 1791. In-4, 4 pp.

11158 Précis historique sur la découverte des artistes réunis de Lyon pour frapper la matière des cloches, sans addition, etc. De Paris, le 13 octobre 1792. *Signé*: LINGER, commissaire des artistes réunis de Lyon.— Rapport fait à l'Assemblée nationale, par le citoyen REBOUL, sur la découverte des artistes réunis de Lyon, le 25 août 1792. — Loi relative à la fabrication des espèces de bronze ; du 25 août 1792. *Paris*, 1792. In-4, 16 pp.

11159 Réponse des artistes réunis de Lyon aux trois Mémoires présentés par le ministre des contributions publiques à l'Assemblée législative et à la Convention nationale, pour faire révoquer les deux lois des 25 août et 18 septembre 1792 qui ordonnent la fabrication de monnoies avec la pure matière des cloches. 1792. In-4, 42 pp.

11160 La Commission générale des monnoies à la Convention nationale. Observations sur le dernier Mémoire des artistes réunis à Lyon. *Paris*, 1792. In-4.

11161 Lettre de BERTRAND cadet, artiste mécanicien, aux commissaires de la Convention, à Lyon, pour les inviter à venir visiter une mécanique ou moulin qui doit moudre le grain en tout temps, sans eau ni vent. *Lyon*, le.... mars 1793. Lett. aut. sig. In-fol., 1 p.

11162 Réquisition adressée à la commune par le Comité central en faveur des moulins de nouvelle invention que le citoyen Rallyat propose d'établir dans la ci-devant église des Cordeliers. 27 octobre 1792. Ms. aut. de MONFALCON. *Signé* : MONFALCON, président; CARTERON, CHAPOT. Sign. aut. In-4, 3 pp.

11163 Prospectus pour la formation d'une Compagnie d'actionnaires relative à l'établissement des eaux minérales artificielles fondé à Lyon par M. S.-F. DITTMAR. *Lyon*, Ballanche, an XIII. In-4, 18 pp.

11164 Par brevet d'invention. Proposition d'une Société en commandite pour l'établissement d'un nouveau moteur à vapeur dit *tambour à rotation à force constante*, dont la puissance peut être appliquée à toutes sortes de services ; inventé par RICHARD, ingénieur-opticien. s. d. (182. ?), s. n. d'impr. In-8, 3 pp.

11165 Mémoire sur la conservation ou la suppression des moulins du Rhône à Lyon, dans leurs rapports avec l'intérêt public et avec le droit de propriété. Fait à Lyon, le 31 octobre 1823. *Signé* : GUERRE. *Lyon*, Durand et Perrin. In-4, 20 pp.

11166 Construction d'un Entrepôt des sels en franchise dans la partie septentrionale de l'ancienne enceinte de l'Arsenal. Cahier des charges, clauses et conditions, approuvé par le ministre de l'intérieur le 22 mars 1825. *Lyon*, Rusand. In-4, 10 pp.

11167 Etablissement destiné au traitement des difformités, dirigé par M. JAL, docteur en médecine..., à Bois-Préau, commune d'Oullins, près Lyon. *Lyon*, Louis Perrin, 15 mars 1826. In-8, 28 pp., fig.

11168 Statuts de la Société Vouillemont, Monnery et comp. (concernant la revente en détail d'une propriété située à Lyon entre les Chartreux et le clos de Ste-Marie-des-Chaînes). *Lyon*, Louis Perrin, 1826. In-4, 14 pp.

11169 Formation d'un établissement propre au sciage des bois et marbres, au moyen d'un procédé mécanique. Cette usine contiendrait des bains publics qui seront alimentés par le même procédé. Au bas du pont Charles X, aux Brotteaux. *Lyon*, J.-M. Boursy, 1828. In-8, 20 pp.

11170 Société par actions en commandite pour une manufacture de menuiserie à Lyon. In-4, 3 pp.

11171 Précis du devis et de l'acte social pour l'établissement à Lyon d'une manufacture de menuiserie par procédés mécaniques brevetés. *Lyon*, Louis Perrin. In-4, 4 pp.

11172 Prospectus pour l'établissement des bains portatifs de Jullin-Achard et comp. In-4, 2 pp.

11173 Forges lyonnaises. Prospectus signé Jean CLARA, et Statuts de la Société. *Lyon*, J.-M. Barret, s. d. In-8, 18 pp.

11174 Circulaire annonçant l'entreprise pour poser les affiches. De *Lyon*, le 25 mai 1831. In-4, 2 pp.

11175 Rapport sur la proposition de M. le Maire tendant à établir à Lyon un Entrepôt général

des liquides, présenté, au nom des Commissions réunies des finances et des objets d'intérêt public, au Conseil municipal, dans sa séance du 13 décembre 1832. *Lyon*, Brunet, 1832. In-4, 27 pp.

11176 Considérations sur les machines, par M. Auguste DE GASPARIN. *Lyon*, Barret, 1834. In-8, 56 pp.

11177 Ramonage des cheminées par abonnement pour Lyon. (Plan et Statuts). *Lyon*, Barret, 1836. In-8, 15 pp.

11178 Moulins à vapeur à quatre tournants à l'anglaise, à établir à Vaise. s. d. (1836 ?). *Lyon*, Louis Perrin. In-8, 11 pp.

11179 Représentations à M. le préfet par MM. CAFFAREL, etc., sur le système suivi par l'Administration par rapport aux moulins du Rhône. *Lyon*, Louis Perrin, 1836. In-8, 31 pp.

11180 Collection des pétitions et délibérations concernant les marchés aux bestiaux pour l'approvisionnement de Lyon. *Lyon*, Ayné, 1839. In-4, 23 pp.

11181 Circulaire de l'Association commerciale d'échanges. *Signé* : Le fondateur-gérant, MAZEL jeune. *Lyon*, Charvin. In-4, 4 pp.

11182 Coup-d'œil sur la Fourrière et ses pourvoyeurs. *Lyon*, s. d. (183.?). In-8, 4 pp.

11183 Société pour le nettoiement particulier des maisons et des rues de la ville de Lyon. (Circulaire). (183.?). In-4, 3 pp.

11184 Mémoire à M. le préfet du départ. du Rhône (pour demander la conservation du Grand-Orient et de la Rotonde). Signé de différents habitants des Brotteaux. *Les Brotteaux*, 15 septembre 1840. In-4, 11 pp.

11185 Bains russes, rue de l'Arsenal, à Lyon. (Extrait du journal *le Rhône*, des 13 et 14 avril 1842). *Lyon*, Deleuze. In-8, 15 pp.

11186 L'Union agricole, Société civile pour l'exploitation d'une propriété rurale en Afrique. Travaux du Comité depuis sa formation jusqu'au 25 octobre 1845. *Lyon*, Léon Boitel. In-8.

11187 L'Association lyonnaise dite *la Sanitaire*. (Curage des fosses d'aisances). Circulaire. *Lyon*, Léon Boitel (1846). In-8, 4 pp.

11188 Compagnie générale des engrais lyonnais. (Circulaire-prospectus). *Lyon*, Nigon (1847). In-4, 4 pp.

11189 Rapport à la Commission chargée de la recherche et de l'étude des meilleurs procédés de curage des fosses d'aisances, sur les appareils et moyens de désinfection et de vidange de la Société dite Compagnie générale des engrais, représentée par MM. Garçon et comp. Lyon, le 12 juillet 1847. Alph. DUPASQUIER, rapporteur. *Lyon*, Nigon. In-8, 19 pp.

11190 Prospectus de la maison CHIPIER. Système de ponts métalliques, pavements en mosaïque, parquetterie en bois rendus imper-

méables. s. d. (1848). *Lyon*, Guyot. In-8,
4 pp.

11191 Société immobilière. Circulaire sans date
(juillet 1850), s. n. d'impr. (Chanoine, à
Lyon). In-4, 1 p.

11192 Société immobilière. (Statuts établis par
acte déposé aux minutes de Mᵉ Laval, notaire
à Lyon, le 27 juillet 1850. Société pour acheter et administrer des immeubles). *Lyon*,
Chanoine. In-4, 4 pp.

Compagnies d'assurances.

11193 Avis (au sujet des rentes viagères). *Lyon*,
Delaroche, 1781. In-4, 4 pp. et un tableau.

11194 Avis aux propriétaires qui désireraient
faire assurer leurs maisons contre les incendies.
Lyon, A. Delaroche, 1790. In-4, 4 pp.

11195 Supplément au Prospectus de l'emprunt
en tontine ouvert par la compagnie des Célestins de Lyon. *Lyon*, Delaroche, 1791. In-4,
4 pp.

11196 Lyon, le 23 brumaire an VIII. (Circulaire
en faveur de la Compagnie d'assurances mutuelles de Lyon). Sans nom d'impr. In-8, 3 pp.

11197 Quelques Réflexions sur les assurances contre l'incendie. (Prospectus en faveur des Compagnies d'assurance mutuelle). s. d., s. n. d'auteur ni d'impr. In-8, 4 pp.

11198 Prospectus du Bureau d'union pour l'assurance contre les incendies. *Lyon*, L. Cutty,
s. d. In-4, 8 pp. (181.?).

11199 Banque de prévoyance et d'assurance mu-
tuelle contre les chances du recrutement. A
Paris, et à *Lyon*, chez Mᵉ Casati, notaire. s. d.
In-8, 15 pp.

11200 Projet d'une Compagnie d'assurance par
actions; par J.-B. DAVALLON (lyonnais).
Paris, Tastu, s. d. (18??). In-4, 11 pp.

11201 Statuts de la Société d'assurance mutuelle
contre l'incendie pour la ville de Lyon, avec
l'acte passé par-devant Mᵉ Casati et son confrère, notaires à Lyon, le 27 avril 1819. In-4,
16 pp.

11202 Statuts de la Société d'assurance mutuelle contre l'incendie pour la ville de Lyon,
définitivement arrêtés suivant acte passé devant Mᵉ Casati et son confrère, notaires à Lyon,
le 5 juillet 1819. *Lyon*, Ballanche. In-4, 13
pp. et tableaux.

11203 Statuts de la Société mutuelle contre l'incendie. *Lyon*, Durand. In-4, 17 pp. et tableaux.

11204 Circulaire de la Compagnie d'assurance
mutuelle contre l'incendie, en envoyant ses
Statuts définitifs. *Lyon*, 26 juillet 1819. In-4,
3 pp.

11205 Circulaire de la Compagnie d'assurance
mutuelle contre l'incendie pour annoncer qu'elle
est autorisée par ordonnance royale. *Lyon*, 8
décembre 1819. In-4, 2 pp.

11206 Assurances sur la vie des hommes. Circulaire s. d. *Lyon*, Durand et Perrin. In-4, 32 pp.

11207 Compagnie d'assurances générales. Agence
de Lyon. Circulaire s. d. In-4, 4 pp.

11208 De la publicité des comptes rendus par
la Compagnie d'assurances générales. Circulaire s. d. In-4, 2 pp. lithogr.

11209 Quelques Réflexions sur les assurances
contre l'incendie. s. d. In-8, 4 pp. — *Id*. In-4.

11210 Compagnie d'assurances générales contre
l'incendie. Agence centrale de Lyon. Circulaire. *Lyon*, 10 août 1820. In-4, 6 pp.

11211 Comité d'encouragement pour les assurances sur la vie, établi à Lyon en 1822. *Paris*,
Dupont. In-4, 34 pp.

11212 Circulaire au sujet des assurances sur la
vie. Circulaire d'une Société. *Lyon*, 25 juillet
1822. In-4, 1 p. lith.

11213 Formation d'un Comité d'encouragement
pour les assurances sur la vie des hommes.
Lyon, Ballanche, 1822. In-4, 48 pp., suivi
des Statuts.

11214 Quelques feuilles des tablettes de M. Bonhomme, ou un Mot sur les Compagnies d'assurance contre l'incendie. *Lyon*, Durand et Perrin, 1824. In-8, 34 pp.

11215 Procès-verbal de la séance du Conseil général des sociétaires de l'Assurance mutuelle
établie à Lyon contre l'incendie. 2 février
1825. *Lyon*, Durand et Perrin, M D CCC XXV.
In-8, 28 pp. — *Id*. 1826, 1827, 1828, 1829,
1830, 1831, 1832, 1833, 1834, 1835, 1836,
1837, 1838, 1839, 1840, 1841, 1842, 1843,
1844, 1846, 1847, 1848, 1849. Clôture de
l'ancienne Société. 24 pièces in-8.

11216 Rapport fait par le Conseil d'administration de la Compagnie d'assurance mutuelle de
Lyon, contre l'incendie, à l'Assemblée générale du 14 février 1832, sur la question de
savoir si la Compagnie garantit les sociétaires
des sinistres causés par l'émeute populaire.
Lyon, Louis Perrin, 1832. In-8, 20 pp.

11217 Circulaire de la Compagnie d'assurance
mutuelle contre l'incendie, au sujet des funestes
conséquences de la catastrophe d'avril dernier.
Lyon, 1ᵉʳ juillet 1834. In-4, 3 pp.

11218 Assurance mutuelle contre l'incendie.
(Circulaire). *Lyon*, le 1ᵉʳ décembre 1834. In-
4, 3 pp.

11219 Compagnie lyonnaise d'assurances contre
l'incendie et contre l'explosion du gaz, autorisée
par ordonnance royale du 16 juin 1839. Compte-rendu des opérations de la Compagnie à
l'Assemblée générale des actionnaires, le 13
avril 1840. *Lyon*, Louis Perrin. In-4, 10 pp.
— *Id*. 1842, 1844, 1846, 1847, 1848, 1849.
7 pièces in-4.

11220 Liste nominative des membres du Conseil
général de la Compagnie (mutuelle de Lyon)
pour 1845, précédée d'une Circulaire de convocation du 27 janvier 1846. *Lyon*, Dumoulin,

Ronét et Sibuet. In-8, 3 pp. — *Id.* de 1834. —*Id.* de 1842.

11221 Compagnie lyonnaise d'assurances contre l'incendie. (Circulaire. Démission de M. Chatel, nomination de M. Laurent). 5 septembre 1846. *Signé* : COSTE, conseiller honoraire, président. Sans nom d'impr. In-4, 2 pp.

11222 Statuts de la Compagnie d'assurances mutuelles immobilières contre l'incendie, établie à Lyon suivant acte passé à Lyon devant Mᶜ Lecourt et son collègue, notaires à Lyon, les 17 et 27 juillet 1849. *Lyon*, Dumoulin et Ronet; 1849. In-4, 21 pp.

11223 Société d'assurances mutuelles immobilières contre l'incendie. Procès-verbal de la séance du Conseil général tenue à la salle de la Bourse, le 6 octobre 1849. Séance d'ouverture. *Lyon*, Dumoulin et Ronet, 1849. In-8, 22 pp.

HISTOIRE

SCIENTIFIQUE ET LITTERAIRE.

SCIENCES, BELLES-LETTRES, ARTS LIBÉRAUX.

Introduction.

11224 Histoire littéraire de la ville de Lyon, avec une bibliothèque des auteurs lyonnois, sacrez et profanes, distribuez par siècles; par le P. DE COLONIA. *Lyon*, Fr. Rigollet, 1728. 2 vol. in-4, papier fort, demi-rel., dos et coins m. r., fig.

11225 Histoire littéraire de la ville de Lyon, avec une bibliothèque des auteurs lyonnois sacrez et profanes, distribuez par siècles; par le P. DE COLONIA, de la Compagnie de Jésus. *Lyon*, François Rigollet...., M.DCC.XXX. In-4, demi-rel. mar. r., fig.

11226 Histoire littéraire de la ville de Lyon, par M. J.-B. MONFALCON. Tiré à 50 exempl. *Lyon*, Léon Boitel, 1851. In-8.

11227 Etudes sur les historiens du Lyonnais, par F.-Z. COLLOMBET. *Lyon*, 1839-1844. 2 vol. in-8, demi-rel., dos et coins mar. r., fil., tête dorée. [Koehler.]

Académie des Sciences, Belles-Lettres et Arts, avec les comptes-rendus, discours, travaux, etc.

11228 Histoire de l'Académie royale des sciences, belles-lettres et arts de Lyon; par J.-B. DUMAS, secrétaire perpétuel. *Lyon*, Giberton et Brun, 1839. 2 vol. in-8, demi-rel., dos et coins mar. r., fil, tête dorée. [Koehler.]

11229 Mémoire sur l'établissement des Académies de Lyon (17??). Ms. pet. in-fol., 2 ff.

11230 Académie de Lyon, et des membres qui l'ont composée alors de sa fondation. In-12. Cette dissertation est insérée, sans titre, dans les *Mém. de Trévoux*, octobre 1713, pages 1716 et suiv.

11231 Statuts et règlements de l'Académie des beaux-arts, établie à Lyon. *Lyon*, André Laurens, 1724. In-4.

11232 Statuts et règlements de l'Académie des

sciences et des belles-lettres établie à Lyon. *Lyon*, Chabanne, 1727. In-4, 16 pp.

11233 Thémistocle, tragédie ; par L. P. F. J. (par le P. FOLARD). *Lyon*, L. Declaustre, M.DCC.XXIX. En recueil dans : *Mém. de l'Acad.*, *Supplément*. In-8.

11234 Explication d'une médaille singulière de Domitien, présentée à l'Académie de Lyon en l'année 1735 (par Antoine LAISNÉ). *Paris*, Jacques Guérin, 1735. In-12, 22 pp.

11235 Discours de Charles BORDE à sa réception à l'Académie de Lyon, prononcé dans la séance publique du 27 avril 1745. (Tiré des *Archives du Rhône*, 1825). In-8, 5 ff.

11236 Lettres-patentes et règlements de l'Académie des sciences et belles-lettres de Lyon. *Lyon*, 1753. In-4, 21 pp.

11237 Observations sur la vraie philosophie ; dédiées à feu Madame la présidente de Fleurieu. (Par l'abbé PERNETTI). *Lyon*, Aimé Delaroche, M.DCC.LVII. In-12, 47 pp.

11238 Essais sur divers sujets (poésie, philosophie, lettres) ; par M. DE C. (DE CAMPIGNEULLES). *Londres*, M.DCC.LVIII. In-12, 142 pp. Rec. des *Mémoires de l'Académie de Lyon*.

11239 Lettres-patentes et règlements de l'Académie des sciences, belles-lettres et arts de Lyon. *Lyon*, frères Duplain, 1758. In-4, 36 pp.

11240 Discours de réception à la Société royale de Nancy ; par M*** (BORDE), de l'Académie de Lyon et de celle des Arcades de Rome. s. d. (1759). In-8, 23 pp. *Supplément aux Mémoires de l'Académie.*

11241 Mémoire qui a remporté le prix de physique de l'année 1761, au jugement de l'Académie de Lyon ; par M. BARBERET. *Lyon*, frères Duplain, 1761. In-12, 89 pp.

11242 La différence du patriotisme national chez les François et chez les Anglois. Discours lu à l'Académie de Lyon par M. BASSET DE LA MARELLE. *Lyon*, A. Delaroche, M.DCC.LXII. In-8, 72 pp.

11243 Essai sur la rage, lu dans la séance de l'Académie de Lyon, tenue le mardi 24 mai 1763 ; par M. POUTEAU le fils. *Lyon*, Regnault, M.DCC.LXIII. In-8, 48 pp.

11244 Discours sur l'émulation, adressé à la Société royale des sciences et belles-lettres de Nancy, par M. BOLLIOUD-MERMET, secrétaire perpétuel de l'Académie de Lyon. *Lyon*, chez les frères Perisse, M.DCC.LXIII. In-8, 44 pp. *Mém. de l'Acad. de Lyon*, *Supplément*. In-8.

11245 Nouveaux Eléments de dynamique et de mécanique ; par M. MATHON DE LA COUR, de l'Académie de Lyon. *Lyon*, frères Perisse, 1765. In-8, 136 pp., pl. *Mém. de l'Acad. de Lyon*, *Supplément*. In-8.

11246 Mémoire sur les éclipses annulaires de soleil, et principalement sur celle du 1er avril de cette année 1764 ; lu à l'Académie.... de Lyon, le 23 février 1764, par un de ses aca-

démiciens (le P. BÉRAUD). *Lyon*, Pierre Duplain, 1764. In-12, 38 pp.

11247 Nouveaux Essais en différents genres de littérature, de M. DE... (THOREL DE CAMPIGNEULLES). *Genève*, M.DCC.LXV. In-12, 165 pp., en recueil dans les *Mém. de l'Acad.*

11248 Lettre de CONDORCET à M. de la Tourette concernant un projet de publication des Mémoires de l'Académie de Lyon. 17 juillet 1774. — Réponse de LA TOURETTE à Condorcet. Notes de MM. BORDES et BULLIOUD sur ce même projet. Ms. in-4, 15 ff.

11249 Observations d'un citoyen sur le nouveau plan d'imposition. *Amsterdam*, M.DCC.LXXIV. In-8, 44 pp. *Mém. de l'Acad. de Lyon*.

11250 OEuvres diverses de M. le comte D'ALBON, lues le jour de sa réception à l'Académie de Lyon, le 6 décembre 1774. *Lyon*, Claude Jacquenod, M.DCC.LXXIV. In-8, 34 pp.

11251 Consultation dans la cause pendante en la sénéchaussée entre J. Adamoli, négociant à Lyon, héritier de P. Adamoli, et MM. de l'Académie des sciences, belles-lettres et arts de Lyon. *Signé* : GUILLIN DE POUGELON. *Lyon*, Faucheux, 1775. In-4, 4 pp.

11252 Mémoire sur la conservation des enfants, lu dans l'assemblée publique de l'Académie de Lyon, le 5 mai 1778, par PROST DE ROYER. *Lyon*, A. Delaroche, 1778. In-8, 60 pp.

11253 Lettre de M. MONGEZ, de Lyon, le 15 septembre 1779. Autog. sans suscription. M. Mongez remercie, au nom de l'Académie, d'un présent de livres. In-4, 1 f.

11254 Précis pour l'Académie des sciences, belles-lettres et arts de Lyon, contre R.-J. Adamoli. Me BRUYS, avocat. *Paris*, Houry, 1779. In-4, 18 pp.

11255 Mémoire qui a remporté le prix à l'Académie de Lyon, sur les moyens de garantir les écluses des graviers qui en interrompent ordinairement l'usage, etc. ; par BOULARD, architecte à Lyon. 1780. In-4, 12 pp., fig.

11256 Motifs de conserver à l'Académie la même distribution de jetons qui lui a été accordée jusqu'à ce jour par le Consulat. (Par LA TOURETTE). Janvier 1781. Ms. in-4, 2 ff.

11257 Lettres imprimées à Rouen en octobre M.DCC.LXXXI (la première de M. D. B., 15 sept. 1781 ; la seconde de M. A.-D. C., 25 sept. 1781 ; les quatre autres de ROLAND DE LA PLATIÈRE, juillet 1781, au sujet du velours-coton). In-12, 22 pp. *Mémoires de l'Académie de Lyon.*

11258 Lettre d'un citoyen de Ville-Franche à M. Roland de la Platière, académicien de Ville-Franche, etc., etc., etc. (Pamphlet au sujet de sa brochure sur le velours de coton). s. n. d'auteur. In-12, 46 pp., en rec. dans les *Mém. de l'Acad. de Lyon.*

11259 Réponse à la lettre d'un soi-disant citoyen de Ville-Franche (au sujet de la brochure de M. Roland de la Platière sur le velours-coton).

s. d. (1781), s. n. d'auteur. In-12, 59 pp., en rec. dans les *Mém. de l'Académie de Lyon*.

11260 Discours sur le progrès des connaissances humaines en général, de la morale et de la législation en particulier, lu dans une assemblée publique de l'Académie de Lyon ; par M. S**, ancien magistrat. s. n. de ville. M.DCC.LXXXI. In-8, bas. marb., fil.

11261 De l'administration des femmes. Mémoire lu dans la séance publique de l'Académie... de Lyon, le 3 décembre 1782, par M. PROST DE ROYER. (Suivi du *Mage consulté*, conte moral, par M. VASSELIER). *Genève*, M.DCC.LXXXII. In-8, 53 pp.

11262 Lettre à M. de *** sur les Rosières de Salency, et les autres établissements semblables. (Par Ch.-Joseph MATHON DE LACOUR). *Lyon*, 1782. In-12, 70 pp., en rec. dans les *Mém. de l'Acad. de Lyon*.

11263 Vers de M. VASSELIER, lus à la séance publique de l'Académie, du 2 décembre 1783. In-8, 7 pp.

11264 L'Autocratie de la nature, ou premier Mémoire sur l'énergie du principe vital pour la guérison des maladies chirurgicales; lu dans la séance publique de l'Académie de Lyon, le 7 décembre 1784, par M. J.-E. GILIBERT. s. n. de lieu. M.DCC.LXXXV. In-8.— Suivi du second Mémoire sur le même sujet ; même pagination. In-8.

11265 Des avantages que la physique et les arts qui en dépendent peuvent retirer des globes aérostatiques, par M. l'abbé BERTHOLON. *Montpellier*, M.DCC.LXXXIV. In-8, 82 pp., en rec. dans les *Mém. de l'Acad.*

11266 Mémoire présenté à l'Académie des sciences, belles-lettres et arts de Lyon, sur la manière la plus sûre, la moins dispendieuse et la plus efficace de diriger à volonté les machines aérostatiques; par ROBERT, géographe. *Dijon*, Capel, 1784. In-8, 10 pp.

11267 De l'influence des lettres dans les provinces, comparée à leur influence dans les capitales ; discours lu à la séance publique de l'Académie de Lyon, le 6 décembre 1785, par M. ROLAND DE LAPLATIÈRE (*sic*). s. n. de ville ni d'impr. In-8, 43 pp.

11268 Épître à Damis, lue dans la séance publique de l'Académie de Lyon, du 6 décembre 1785 ; par M. VASSELIER. In-8, 6 pp.

11269 Testament de M. Fortuné Ricard, maître d'arithmétique à D...; lu et publié à l'audience du bailliage de cette ville, le 19 août 1784 (par MATHON DE LA COUR). Sans lieu. 1785. In-8, en rec. dans les *Mém. de l'Acad.*

11270 De la salubrité de l'air des villes, et en particulier des moyens de la procurer, ouvrage couronné par l'Académie de Lyon. Par M. l'abbé BERTHOLON. *Montpellier*, Jean Martel aîné, M.DCC.LXXXVI. In-8, 102 pp., planche, en rec. dans les *Mém. de l'Acad. de Lyon*.

11271 Tableau des prix proposés ou décernés par l'Académie des sciences, belles-lettres et arts de Lyon, la Société royale d'agriculture, le Collège de médecine de la même ville, et l'Académie de Villefranche en Beaujolais. s. d. (1786?), s. n. d'imprimeur. In-8, 20 pp.

11272 Discours sur la rénovation des engagements solennels, adressé à l'Académie de Lyon par M. BOLLIOUD-MERMET, à l'occasion de la 50e année de son élection (1786). In-8, 5 pp.

11273 Lichénographie économique, ou Histoire des lichens utiles dans la médecine et dans les arts ; Mémoire à qui l'Académie de Lyon a décerné l'accessit en 1786. Par M. WILLEMET. Premier Mémoire, 1787. In-8.

11274 Mémoires couronnés en l'année 1786 par l'Académie de Lyon, sur l'utilité des lichens dans la médecine et dans les arts; par MM. G.-F. HOFFMANN, AMOREUX fils, et WILLEMET. *Lyon*, Piestre et Delamollière, 1787. In-8.

11275 Voyage en Corse, et vues politiques sur l'amélioration de cette île ; orné d'une carte géographique. Par M. l'abbé GAUDIN, vicaire-général de Nebbio, de l'Académie de Lyon. (Suivi de son Discours de réception prononcé à l'Académie de Lyon, sur ce que les lettres peuvent réussir en province comme à Paris). *Paris*, Lefèvre, M.DCC.LXXXVII. In-8 ; avec un envoi autogr. de l'auteur.

11276 Discours sur les avantages ou les désavantages qui résultent pour l'Europe de la découverte de l'Amérique. Objet du prix proposé par M. l'abbé Raynal. Par M. P***, vice-consul à E***. (Discours qui n'a pas été soumis à l'examen de l'Académie de Lyon). *Londres*, *Paris*, 1787. In-8, en recueil dans les *Mém. de l'Académie*.

11277 L'influence de la découverte de l'Amérique sur le bonheur du genre humain ; par M. l'abbé GENTY. Deux parties reliées en une. *Paris*, M.DCC.LXXXVIII. In-12, en rec. dans les *Mém. de l'Académie*.

11278 Peu de chose. Hommage à l'Académie de Lyon ; par M. GRIMOD DE LA REYNIÈRE. *Neufchâtel* et *Paris*, 1788. In-8, cart. à la Bradel.

11279 Extrait des Discours qui ont concouru pour le prix que l'Académie de Lyon a adjugé à M. Turlin sur cette question : *Les voyages peuvent-ils être considérés comme un moyen de perfectionner l'éducation?* *Lyon*, Aimé Delaroche, 1788. In-8, 110 pp.

11280 Crispin devenu riche, ou l'Agioteur puni, comédie en cinq actes et en vers. (Par M. Etienne MAYET). *Paris*, 1789. In-12, 76 pp., en rec. dans les *Mém. de l'Académie de Lyon*.

11281 Plaidoyer pour sieur Roch-Joseph Adamoli, négociant, héritier testamentaire de sieur Pierre Adamoli ; contre MM. de l'Académie des sciences, belles-lettres et arts de cette ville. (Par DESCHAMPS fils, avocat). *Lyon*, Faucheux, s. d. In-8, 62 pp. — Mémoire sur le délibéré prononcé dans la cause du sieur Roch-Joseph Adamoli, contre MM. de l'Académie des sciences, belles-lettres et arts de Lyon. (Par M. DESCHAMPS fils, avocat). *Lyon,* Faucheux, s. d. In-8, 35 pp.

11282 Lettre sur le commerce, les fabrications et les consommations des objets de luxe, adressée à M. Boistirki par M. le comte D'ALBON. s. n. de lieu. 1789. In-8, portrait, en recueil dans les *Mémoires de l'Académie.*

11283 Discours sur la question proposée par M. l'abbé Raynal (pour le concours du prix d'éloquence à l'Académie de Lyon) : La découverte de l'Amérique a-t-elle été utile ou nuisible au genre humain ? Par M. CARLE. *Paris,* 1790. In-8.

11284 Coup-d'œil sur les quatre concours qui ont eu lieu en l'Académie des sciences, belles-lettres et arts de Lyon, pour le prix offert par M. l'abbé RAYNAL, sur la découverte de l'Amérique. *Lyon,* 1791. In-8, 44 pp

11285 Vers à Frédéric, en lui envoyant le portrait de ma fille et son contrat de mariage. Pièce écrite avant le 18 brumaire, et lue à l'Athénée (Académie). (Par M. le comte DE LAURENCIN). s. d. (1799). In-8, 2 ff., en rec. dans les *Mém. de l'Académie.*

11286 Règlement de l'Athénée établi à Lyon le 24 messidor an VIII, et liste des membres qui le composent. *Lyon,* Ballanche et Barret, an IX. In-4, 16 pp.

11287 Considérations sur l'origine de l'idolâtrie, lues à l'Athénée (Académie) de Lyon le 13 messidor an IX ; par J.-L. PIESTRE, émule. s. n. d'impr. In-8, 16 pp.

11288 Idées d'encouragement pour l'agriculture, par le citoyen CHOVET-LACHANCE, associé libre de l'Athénée de Lyon. *Lyon,* Bruyset aîné, an X. In-8. *Mém. de l'Académie.*

11289 Observations psychologiques et physiognomoniques sur la nouvelle doctrine du professeur Gall concernant le cerveau...., auxquelles on a ajouté la description physionomique du fameux criminel décapité tout récemment à Lyon.... Lesdites Observations lues à l'Athénée de Lyon, le 25 brumaire an XI ; par J.-L. PIESTRE. *Lyon, Paris,* an XI (1802). In-8, 36 pp.

11290 Anecdotes sur la vie du major-général Claude Martin, précédées d'un Précis sur l'Inde et sur la situation de cette partie du monde à l'époque où le général Martin y passa; lues à l'Académie de Lyon, dans sa séance publique du 6 floréal an XI, par M. MARTIN aîné, docteur-médecin. In-8, 32 pp.

11291 Académie des sciences, belles-lettres et arts de Lyon, fondée en l'an 1700, rétablie en l'an VIII sous le nom d'Athénée. Statuts. *Lyon,* Ballanche, s. d. (an XII). In-8, 24 pp.

11292 Satire des romans du jour, considérés dans leur influence sur le goût et les mœurs de la nation. Pièce couronnée par l'Athénée de Lyon ; par Ch. MILLEVOYE. *Paris,* 1802. In-8, 16 pp.

11293 Comptes-rendus des travaux de l'Académie de Lyon pendant le premier semestre de l'an XII, par M. DUBOIS; le second semestre de la même année, par M. DELANDINE; et pendant l'année 1805, par M. PETIT. Titres séparés avec une pagination unique, sans frontispice. *Lyon,* Ballanche père et fils, 1806. In-8, 61 pp.

11294 Mémoire sur deux faits nouveaux, l'inflammation des matières combustibles et l'apparition d'une vive lumière obtenues par la seule compression de l'air ; lu dans la séance publique de l'Académie de Lyon, le 27 mars 1804, par Joseph MOLLET. In-8, 31 pp.

11295 Essai sur les causes de la supériorité des Grecs dans les arts d'imagination ; question qui a été proposée par l'Académie.... de Lyon. Par J.-J. LEULIETTE. *Paris,* an XIII, 1805. In-8.

11296 Compte-rendu des travaux de l'Académie de Lyon pendant le second semestre de l'an XII, par M. DELANDINE; lu dans la séance publique du 3 fructidor. *Lyon,* Ballanche, an XIII. In-8, 16 pp.

11297 Compte-rendu des travaux de l'Académie de Lyon pendant l'année 1806, par M. PETETIN, docteur-médecin, président de l'Académie; lu dans la séance publique du 26 août. *Lyon,* Ballanche père et fils, 1806. In-8, 24 pp.

11298 Compte-rendu des travaux de l'Académie des sciences, belles-lettres et arts de Lyon, pendant l'année 1808; par M. Joseph MOLLET, professeur au Lycée, président de l'Académie; lu dans la séance du 23 août de la même année. *Lyon,* Ballanche, 1808. In-8, 31 pp.

11299 Règlemens de l'Académie des sciences, belles-lettres et arts de Lyon, fondée en l'an 1700, rétablie en l'an VIII sous le nom d'Athénée. *Lyon,* Ballanche, 1809. In-8, 50 pp.

11300 Compte-rendu des travaux de l'Académie de Lyon pendant l'année 1809 ; par M. L.-P. BÉRENGER, président. *Lyon,* Leroy, 1809. In-8, 55 pp.

11301 Discours à Son Altesse Mgr Lebrun...., membre de l'Académie de Lyon, fondateur des prix d'encouragement destinés aux artistes inventeurs des procédés avantageux aux manufactures lyonnaises; par M. L.-P. BÉRENGER, président de l'Académie de Lyon (pour l'inviter à vouloir bien assister à une des séances de la Société). Avec un autre Discours à Son Altesse, en lui présentant, au nom de l'Académie, la médaille frappée à Paris pour les artistes de Lyon ; par le même. Lu en séance, le 5 décembre 1809. In-8.

11302 Règlement de l'Académie des sciences, belles-lettres et arts de Lyon, fondée en l'an 1700 (v. s.), rétablie en l'an VIII sous le nom d'Athénée. *Lyon,* Ballanche père et fils, 1809. In-8, 50 pp.

11303 L'Académie de Lyon en 1809, ou Analyse raisonnée du Compte-rendu des travaux

de l'Académie de Lyon pendant l'année 1809.
(Par SEGAUD , avocat). *Lyon*, Maucherat,
1810. In-8; cart. à la Bradel. — Compte-rendu
des travaux de l'Académie de Lyon pendant
l'année 1809; par L.-P. BÉRENGER. *Lyon*,
Amable Leroy, 1809. In-8, demi-rel., non rog.

11304 L'Académie de Lyon en 1809 , ou Analyse raisonnée du Compte-rendu des travaux
de l'Académie de Lyon pendant l'année 1809,
précédée d'une Epître à Mgr le prince Lebrun
(*signée* B*** D***). Pamphlet contre le rapport de M. Bérenger. *Lyon*, Maucherat, 1810.
In-8, 58 pp.

11305 Compte-rendu des travaux de l'Académie
de Lyon pendant le premier semestre de 1811;
par M. MARTIN aîné, président. Lu dans la
séance publique du 14 mai 1811. *Lyon*, Ballanche père et fils, 1811. In-8.

11306 Compte-rendu des travaux de l'Académie
royale des sciences, belles-lettres et arts de
Lyon , dans la séance publique du 26 août
1813 , par Paul-Emilien BÉRAUD , président.
Lyon, Rusand , 1822. In-8, 46 pp.

11307 Compte-rendu des travaux de l'Académie
royale de Lyon , lu dans la séance publique
du 30 août 1814 par M. PARAT , président.
Lyon, 1825. In-8.

11308 Programme des prix proposés par l'Académie royale de Lyon pour 1815. *Lyon*,
impr. de Ballanche, 1814. In-8, 4 pp.

11309 Le Retour des Bourbons ; poème qui a
remporté le prix au concours extraordinaire
de poésie proposé par l'Académie de Lyon ,
le 21 décembre 1815 ; par J.-A.-M. MON-
PERLIER (de Lyon). *Lyon*, *Paris*, 1815.
In-8 , 15 pp., avec l'envoi autog. de l'auteur.

11310 Le Retour des Bourbons, poème qui a
obtenu l'accessit du prix de poésie décerné
par l'Académie royale des belles-lettres, sciences et arts de Lyon ; par M. SASSI fils (de
Lyon). *Lyon*, *Paris*, 1815. In-8, 8 pp.

11311 Le Retour des Bourbons , poème qui a
obtenu un accessit au concours extraordinaire
de poésie proposé par l'Académie de Lyon ,
le 21 décembre 1815 ; par Alphonse ROSTAN
(de Marseille). *Marseille*; A. Ricard, 1816.
In-8.

11312 Le Retour des Bourbons , sujet du prix
extraordinaire de poésie proposé en 1815 par
l'Académie royale des sciences , belles-lettres
et arts de Lyon. Résumé du concours. (Par
M. DUMAS, secrétaire). *Lyon*, Ballanche, 1816.
In-8, 32 pp. *Mémoires de l'Acad.*

11313 Compte-rendu des travaux de l'Académie
royale des sciences , belles-lettres et arts de
Lyon , pendant le 1er semestre de 1815 ; par
M. COCHET. *Lyon*, Rusand, 1822. In-8, 15 pp.

11314 Programme d'un prix extraordinaire de
poésie à décerner par l'Académie.... de Lyon,
le 24 août 1816 (sur la campagne du duc
d'Angoulême dans le Midi). *Lyon*, Ballanche,
1816. In-8, 2 pp.

11315 Poème sur la campagne de S. A. R. Mgr le
duc d'Angoulême dans le Midi, qui a remporté
le prix décerné par l'Académie de Lyon dans
sa séance publique du 5 septembre 1816 ; par
M. SASSI aîné, de Lyon. In-8 , 8 pp.

11316 La Campagne du duc d'Angoulême dans
le Midi de la France en 1815; par N.-F. B....
Lyon , Cabin , août 1816. In-8. *Mémoires de
l'Académie.*

11317 La Campagne du duc d'Angoulême dans le
Midi, par M. Louis BONNARDET. *Lyon*, Chambet,
octobre 1816. In-8 , 12 pp. *Mém. de l'Acad.*

11318 Le Combat de la Drôme , poème ; par
M. Maurice SIMONNET , de Lyon. *Lyon*, *Paris*.
In-8 , 15 pp. *Mém. de l'Acad. de Lyon.*

11319 Le Héros du Midi, ode qui a obtenu l'accessit du prix de poésie, au jugement de l'Académie de Lyon, le 5 septembre 1816. Dédiée
à M. le comte DE FARGUES, par J.-A. MONPER-
LIER. *Lyon*, *Paris*, octobre 1816. In-8, 15 pp.

11320 Compte-rendu des travaux de l'Académie
royale de Lyon pendant l'année 1816 ; par
M. BALLANCHE, président. *Lyon*, Durand,
1822. In-8, 46 pp.

11321 De la constitution intime des gaz et de
leur capacité pour le calorique. Mémoire lu à
l'Académie de Lyon , le 17 juin 1817 , par
M. Joseph MOLLET , membre et secrétaire de
ladite Académie. *Lyon*, Ballanche. In-8, 32 pp.

11322 Extrait des Règlements de l'Académie de
Lyon. Ainsi délibéré et arrêté dans la séance
du mardi 6 mai 1817. BALLANCHE, président ;
MOLLET , secrétaire. In-8, 3 pp.

11323 Compte-rendu des travaux de l'Académie
royale de Lyon pendant l'année 1817 , par
M. J.-B. DUMAS, président ; lu dans la séance
publique du 28 août de la même année. *Lyon*,
Ballanche, 1818. In-8, 47 pp.

11324 Compte-rendu des travaux de l'Académie
royale de Lyon pendant le 1er semestre de
l'année 1818, par M. P.-B.-R. DESGAULTIÈRE ,
président ; lu dans la séance publique du 26
mai. *Lyon*, veuve Cutty, 1818. In-8.

11325 Compte-rendu des travaux de l'Académie
royale de Lyon pendant le 2e semestre de
l'année 1818 , lu dans la séance publique du
7 septembre de la même année ; par N. F.
COCHARD. *Lyon*, Kindelem, 1819. In-8.

11326 Discours sur la théorie physiologique de
l'enseignement mutuel , prononcé dans la
séance publique de l'Académie de Lyon du 7
septembre 1818 ; par Stanislas GILIBERT.
Lyon, Bollaire, 1818. In-8.

11327 Rapport fait à l'Académie royale de Lyon,
en séance publique , le 7 septembre 1818 ,
sur le concours ouvert en l'année 1817 et
continué en l'année 1818 , pour la solution
de cette question : *Quels sont les moyens à
employer, après une longue révolution , pour
confondre tous les sentiments d'un peuple dans
l'amour de la patrie et du roi?* Par M. GUERRE.
In-8.

11328 Comptes-rendus des travaux de l'Académie de Lyon pendant les deux semestres de 1819 ; par M. CLERC, président du premier semestre, et par M. GUERRE, président du second semestre. *Lyon*, Mistral, 1819. In-8, 87 pp.

11329 De l'état des gens de lettres et des hautes écoles sous le régime actuel de la Commission de l'instruction publique ; par M. PRUNELLE. *Paris*, Méquignon-Marvis, 22 août 1819. In-8, 64 pp.

11330 Discours sur une question proposée par l'Académie des sciences, belles-lettres et arts de Lyon ; par le R. P. Don Emmanuel DUCREUX, ancien prieur chartreux. *Rouen*, Periaux, 1819. In-16.

11331 Programme des prix proposés par l'Académie royale de Lyon pour 1820. s. d. (1819). *Lyon*, Ballanche. In-8, 4 pp.

11332 Rapport fait à l'Académie de Lyon sur un nouveau métier mécanique propre au tissage des étoffes, inventé par le sieur Guigo ; par une Commission composée de MM. EYNARD, COCHET, ARTAUD, REGNY, TABAREAU, rapporteur. s. d. In-8, 15 pp.

11333 De l'alliance du commerce avec les sciences et les arts, discours de réception lu dans la séance publique de l'Académie de Lyon, du 2 mai 1820, par M. MOTTET-DEGÉRANDO. *Lyon*, Ballanche, 1820. In-8, 46 pp.

11334 Compte-rendu des travaux de l'Académie de Lyon pendant le 1er semestre de l'année 1820, par M. L.-F. GROGNIER, président ; lu dans la séance publique du 2 mai 1820. *Lyon*, Barret, 1820. In-8.

11335 Compte-rendu des travaux de l'Académie de Lyon pendant le second semestre de 1820, par M. POUFAR, président ; lu dans la séance publique du 5 septembre. *Lyon*, Barret, 1827. In-8, 32 pp.

11336 Note sur un Mémoire lu à l'Académie royale des sciences dans la séance du 4 décembre 1820, par M. AMPÈRE; extrait du *Journal de physique* du mois de septembre 1820. In-4, 4 pp.

11337 Compte-rendu des travaux de l'Académie royale de Lyon pendant l'année 1821 ; par Fleury-François RICHARD, membre de plusieurs académies, président celle de Lyon. *Lyon*, Barret, 1821. In-8, 45 pp.

11338 Essai sur les Hôpitaux et sur les secours à domicile distribués aux indigents malades. Ouvrage qui a obtenu la première médaille d'or décernée par l'Académie de Lyon, dans sa séance publique du 4 septembre 1821. Par Jacques ORSEL. *Paris*, *Lyon*, 1821. In-8, 198 pp.

11339 Des Hôpitaux et des secours à domicile, ouvrage auquel a été décernée la mention honorable accordée par l'Académie de Lyon dans sa séance publique du 4 septembre 1821.

Par Joseph SOVICHE. *Paris*, Gabon, 1822. In-8, 198 pp.

11340 Programme des prix proposés par l'Académie royale de Lyon pour 1822. In-8, 6 pp.

11341 Compte-rendu des travaux de l'Académie de Lyon depuis le 13 novembre 1821 jusqu'au 2 avril 1822; par E.-B. GUILLEMET, président. *Lyon*, Rusand, 1822. In-8, 36 pp.

11342 Académie royale de Lyon. Circulaire annonçant que le prix de 500 fr. pour le meilleur Mémoire au sujet de nos colonies est porté à 2,000 fr. *Lyon*, le 9 janvier 1822. In-8, 2 pp.

11343 Discours sur la traduction considérée comme exercice ; lu à l'Académie royale des sciences, belles-lettres et arts de Lyon, par M. PÉRICAUD aîné, le 31 août 1822. In-8, 8 pp.

11344 De l'influence des théâtres, et particulièrement des théâtres secondaires, sur les mœurs du peuple. (Prix proposé sur cette question par l'Académie de Lyon). Par M. J.-B.-L. CAMEL. s. d. (1822). In-8.

11345 Compte-rendu des travaux de l'Académie royale de Lyon pendant le premier semestre 1823 ; lu dans la séance publique du ... juin (sic) 1823, par M. R. DE LA PRADE, d.-m., président. *Lyon*, Rusand, 1823. In-8, 56 pp.

11346 Discours sur la dignité de l'homme, prononcé à l'Académie de Lyon, dans sa séance publique du 27 août 1823, par Honoré TOROMBERT. *Paris*, *Lyon*, 1823. In-8, 32 pp.

11347 Programme des prix proposés par l'Académie royale des sciences, belles-lettres et arts de Lyon, pour 1824 et 1825. In-4.

11348 Compte-rendu des travaux de l'Académie royale de Lyon pendant le premier semestre 1824 ; lu par M. RÉGNY, président, dans la séance publique du 10 juin 1824. *Lyon*, Rusand, 1825. In-8, 54 pp.

11349 Notice historique sur l'abbaye St-Pierre de Lyon, à l'occasion de l'installation de l'Académie royale des sciences, belles-lettres et arts, dans les bâtiments de ce monastère ; discours lu en séance publique, le 20 août 1824, par M. GUERRE, membre de l'Académie. *Lyon*, J.-M. BARRET. In-8, 16 pp.

11350 Programme des prix proposés par l'Académie royale des sciences, belles-lettres et arts de Lyon, pour 1825. *Lyon*, le 28 août 1824. In-8, 3 pp.

11351 Quelques Réflexions sur l'obligation où se trouvent les Sociétés académiques de publier leurs travaux, et sur la manière de les publier; lues par M. le docteur PARAT à l'Académie de Lyon, dans la séance du 24 novembre 1824. Extrait des *Archives du Rhône*. (*Lyon*), Barret. In-8, 8 pp.

11352 Compte-rendu des travaux de l'Académie royale de Lyon pendant le deuxième semestre de 1824 ; par M. ACHARD-JAMES, président. *Lyon*, M.DCCC.XXIV. In-8, 52 pp.

11353 Académie de Lyon. Compte-rendu des travaux de l'Académie pendant le deuxième semestre de 1824 ; par M. ACHARD-JAMES.... (Rapport sur ce Compte-rendu). In-8, 3 ff.

11354 Questions mises au concours par l'Académie royale de la ville de Lyon. *Lyon*, le 24 décembre 1824. In-8, 3 pp.

11355 Vers récités à MM les membres de l'Académie de Lyon, en venant prendre place au milieu d'eux, le 14 décembre 1824. (Par M. SERVAN DE SUGNY). *Lyon*, Barret. In-8, 3 pp.

11356 Académie de Lyon. Séance du 1er février 1825. (Rapport par M. DUMAS, secrétaire). Extrait des *Archives du Rhône*. In-8, 3 ff.

11357 Mémoire sur la pierre-de-choin de Fay, par L. FLACHÉRON. *Lyon*, J.-M. Barret, s. d. (1825). In-8, 8 pp.

11358 Géologie. Mémoire (par M. FLACHÉRON) sur la pierre-de-choin de Fay, lu à l'Académie de Lyon le 10 mai 1825. In-8, 3 ff.

11359 Compte-rendu des travaux de l'Académie royale de Lyon, lu dans sa séance publique du 27 mai 1825 par M. BUGNARD, président. *Lyon*, Durand et Perrin, 1825. In-8, 36 pp.

11360 Académie royale de Lyon. Séance publique du 27 mai 1825. (Compte-rendu tiré des *Archives du Rhône*). Sans nom d'auteur. In-8, 2 ff.

11361 Discours en vers sur la culture des lettres et des arts en province, et notamment à Lyon; lu à l'Académie de Lyon par M. SERVAN DE SUGNY, le 27 mai 1825, jour de sa réception. *Lyon*, Pitrat, 1825. In-8, 13 pp.

11362 Mémoire couronné par l'Académie de Lyon, le 27 mai 1825, sur le local à choisir pour l'établissement d'une maison de détention ; par M. BABOIN DE LA BAROLLIÈRE. *Lyon*, juillet 1825. In-8.

11363 Académie de Lyon. Rapport de la Commission chargée de l'examen du concours pour le prix de poésie, rédigé par M. TRÉLIS. (Inséré dans les *Archives statistiques du Rhône*, 1825). In-8, 8 ff.

11364 Le Siége de Lyon, poème dithyrambique couronné par l'Académie de Lyon le 31 août 1825; par F. COIGNET, de St-Chamond. Suivi de notes historiques. *Paris, Lyon*, 1825. In-8, 40 pp.

11365 Napoléon, ou le Glaive, le trône et le tombeau, poème, suivi du Siége de Lyon (couronné par l'Académie de Lyon). Par A. BIGNAN. *Paris*, Galliot, 1825. In-8.

11366 Le Siége de Lyon, élégie qui a obtenu une mention honorable de l'Académie de Lyon, dans sa séance du 31 août 1825; par Alexis MONTANDON. *Lyon*, Rusand, 1825. In-8, 24 pp.

11367 Le Siége de Lyon, poème historico-didactique en cinq chants, orné du portrait du comte Précy (poème qui a concouru pour le prix de l'Académie); par L.-M. PERENON, de Lyon. *Lyon*, 1825. In-8, 116 pp.

11368 Académie de Lyon. Extrait d'un Mémoire où l'on essaye d'établir que S. Ambroise est né à Lyon ; par M. DUGAS. Lu à l'Académie en 1755. (*Archives du Rhône*, 1825). In-8, 4 ff., en recueil dans les *Mémoires de l'Acad.*

11369 Ancienne fête de l'Ile-Barbe. Extrait d'un recueil de vers sur Lyon. (Poésie par DES PÉRIERS); avec une Lettre de M. AMANTON, de Lyon, à M. B. (Bréghot du Lut), au sujet de cette pièce. Tiré des *Archives du Rhône*, 1825. En rec. dans les *Mémoires de l'Acad de Lyon*. In-8.

11370 Compte-rendu des travaux de l'Académie de Lyon pendant le second semestre de 1825, par M. C. BRÉGHOT DU LUT, président ; lu dans la séance publique du 31 août 1825. *Lyon*, Barret, M.DCCC.XXVI. In-8, 44 pp.

11371 Compte-rendu des travaux de l'Académie de Lyon pendant le second semestre de 1825, par M. BRÉGHOT DU LUT. (Note sur ce Compte-rendu, tirée des *Archives du Rhône*, 1826.) In-8, 1 p.

11372 Programme des prix proposés par l'Académie de Lyon, pour l'année 1826. *Lyon*, le 30 novembre 1825. In-8, 6 pp.

11373 Académie royale de Lyon. Programme des prix pour l'année 1826. (Extrait des *Archives du Rhône*). In-8, 4 ff.

11374 Le Commerce au XIXe siècle, par M. MOREAU DE JONNÈS. *Paris*, 1825. 2 vol. in-8. Rapport lu à l'Académie de Lyon, par M. RÉGNY, dans la séance du 7 mars 1826. (*Archives du Rhône*, 1826). In-8, 9 ff.

11375 Rapport sur l'ouvrage de M. MOREAU DE JONNÈS, intitulé : *Le Commerce au XIXe siècle*; lu à l'Académie de Lyon, dans la séance du 7 mars 1826, par M. RÉGNY. In-8, 16 pp.

11376 Lettres lyonnaises, ou Correspondance sur divers points d'histoire et de littérature, par M. C. B. D. L. (BRÉGHOT DU LUT), des Académies de Lyon et de Dijon. *Lyon*, Barret, M.DCCC.XXVI. In-8, en rec. dans les *Mémoires de l'Académie*.

11377 Lettres sur trois Lyonnais, premiers présidents au Parlement de Bourgogne dans le seizième siècle (PATARIN, Humbert DE VILLENEUVE, Hugues FOURNIER). *Lyon*, Barret, M.DCCC.XXVI. In-8, 26 pp., en recueil dans les *Mém. de l'Acad.*

11378 Quinzième Lettre lyonnaise. A M. C.-N. Amanton, des Académies de Dijon et de Lyon (au sujet des Lettres sur trois Lyonnais, premiers présidents au Parlement de Bourgogne, et particulièrement sur Patarin). *Lyon*, ce 15 avril 1826. Par M. BRÉGHOT DU LUT. (*Archives du Rhône*, 1826). In-8.

11379 Compte-rendu des travaux de l'Académie de Lyon pendant l'année 1826, par M. J.-B. BALBIS, président ; lu dans la séance publique du 30 août 1826. *Lyon*, Coque, 1827. In-8, 27 pp.

11380 Programme des prix proposés par l'Académie de Lyon pour l'année 1827. *Lyon*, 10 septembre 1826. In-8, 4 pp.

11381 Archives historiques et statistiques du départ. du Rhône. Octobre 1826. Secours à l'indigence. Rapport lu dans la séance publique de l'Académie de Lyon, du 9 septembre 1819... par M. le docteur PARAT. *Lyon*, Barret, 1826. In-8, 15 pp.

11382 Académie de Lyon. Concours pour un prix sur les assolements. (1827). (Programme présenté le 5 décembre 1826). In-8, 4 pp.

11383 Discours de NAPOLÉON sur les vérités et les sentiments qu'il importe le plus d'inculquer aux hommes pour leur bonheur, suivi de pièces sur quelques époques importantes de sa vie ; publié par le général GOURGAUD . (Sujet du prix proposé par l'Académie de Lyon en 1791, et ébauché par Napoléon à cette époque). *Paris*, Baudouin frères , 1826. In-8, en rec. dans les *Mémoires de l'Académie*.

11384 Mélanges par M. BRÉGHOT DU LUT. Notes au sujet du Discours de Napoléon sur la question mise au concours par l'Académie de Lyon en 1790-91 : *Sur les vérités et les sentiments qu'il importe le plus d'inculquer aux hommes pour leur bonheur*. (Archives du Rhône, 1826). In-8, en rec. dans les *Mém. de l'Académie*.

11385 Académie royale des sciences, belles-lettres et arts de Lyon. (Historique de l'Académie, par M. DUMAS, son secrétaire). Extrait des *Archives du Rhône*, 1826. In-8, 4 ff.

11386 Histoire littéraire. Dons faits à l'Académie de Lyon. (Notice par M. DUMAS , tirée des *Archives du Rhône*). In-8, 3 ff.

11387 L'Amour exilé, poème lyrique imité d'un poème de Wieland, précédé et suivi de nouvelles réflexions sur la mythologie , par M. le comte François DE NEUFCHATEAU ; avec une Dédicace en vers latins à l'Académie de Lyon. (*Archives du Rhône*, 1827?). In-8, 13 ff.

11388 Discours de réception prononcé à l'Académie royale de Lyon , le 13 septembre 1827 , par P.-A. CAP, pharmacien , etc. *Lyon*, Louis Perrin, 1828. In-8, 23 pp.

11389 Dissertation sur l'origine des étrennes , par Jacob SPON ; nouvelle édition, avec des notes par M*** (BRÉGHOT DU LUT), des Académies de Lyon , Dijon , etc. *Lyon* , Barret , 1828. In-8, en rec. dans les *Mémoires de l'Académie*.

11390 Epigrammes choisies de Martial , Satire et Epître d'Horace , imitées en vers français par le P. DU CERCEAU , avec des notes par M. C. BRÉGHOT DU LUT , des Académies de Lyon, Dijon , Mâcon , etc. *Lyon*, G. Rossary, M.DCCC.XXVIII. In-8, en rec. dans les *Mémoires de l'Académie*.

11391 L'Art poétique d'Horace , traduit en vers par J.-B. POUPAR, de l'Académie de Lyon, précédé de l'Eloge de l'auteur par M. DUMAS. *Lyon*, Rivoire, M.DCCC.XXVIII. In-8, en recueil dans les *Mémoires de l'Académie*.

11392 Lettre sur un point d'histoire littéraire , à M. B. (BRÉGHOT). *Lyon*, 18 septembre 1828. Par M. LAUNOY. (Sur la traduction de l'*Art poétique d'Horace*, par M. POUPAR). In-8, 8 pp.

11393 Le major-général Martin, poème couronné par l'Académie de Lyon dans sa séance du 4 septembre 1828, par F.-J. RABANIS. *Lyon*, Barret, 1828. In-8.

11394 Rapport fait à l'Académie de Lyon sur un nouveau métier mécanique propre au tissage des étoffes, inventé par le sieur Guigo ; par une Commission composée de MM. EYNARD, COCHET, ARTAUD, REGNY, TABAREAU, rapporteur. s. d. (1828). In-8.

11395 Rapport fait à l'Académie royale de Lyon, dans la séance du 28 juillet 1829, par M. EYNARD , rapporteur de la Commission nommée pour l'examen du projet de l'éclairage au gaz extrait de la houille, présenté par M. RENAUX. *Lyon* , Louis Perrin. In-4, 19 pp.

11396 Rapport sur le Mémoire adressé à l'Académie de Lyon par M. Ch. DUPIN. Commissaires: MM GILIBERT, COCHARD, et REGNY, rapporteur. *Lyon* , Barret, 1829. In-8, 40 pp.

11397 Les Noces de Pélée et de Thétys, poème de CATULLE, traduit en vers français par M. SERVAN DE SUGNY, membre de l'Académie de Lyon. *Paris* , Blosse , MDCCCXXIX. In-8 ; en recueil dans les *Mémoires de l'Acad.*

11398 Nouvelle petite Guerre , ou Lettres (de MM. DE LAUNOY, DUGAS-MONTBEL, AGNOSTE, P. S., Gab. DE MOYRIA et autres) sur une traduction en vers de l'*Art poétique d'Horace* (par M. POUPAR). *Lyon*, Barret, 1829. In-8, 78 pp., en rec. dans les *Mémoires de l'Académie*.

11399 Rapport sur le Mémoire adressé à l'Académie de Lyon par M. Ch. DUPIN. Commissaires : MM. GILIBERT, COCHARD, et REGNY, rapporteur. *Lyon*, Barret, 1829. In-8.

11400 Discours sur la question des progrès de la civilisation ou des forces progressives de l'opinion et des idées en France , l'an 1830 ; prononcé à la séance de l'Académie de Lyon , le 30 mars 1830 , par un correspondant de cette Académie. *Bourg*, *Paris*, MDCCCXXX. In-8, 40 pp.

11401 Académie royale des sciences, belles-lettres et arts de Lyon. Programme des prix pour l'année 1831. (*Lyon*, 17 novembre 1830). In-8, 3 pp.

11402 De l'influence des lois sur les mœurs , et de l'influence des mœurs sur les lois ; par M. DUGAS-MONTBEL. *Saint-Etienne*, Gaudelet, 1830. In-8, en recueil dans les *Mém. de l'Académie*.

11403 De l'influence que doit exercer le Gouvernement fondé par la révolution de Juillet sur les progrès des sciences ; des lettres et des arts ; discours prononcé à l'Académie royale de Lyon , dans sa séance publique du 14 juillet 1831 , par M. Alph. DUPASQUIER. *Lyon*, Babeuf, 1831. In-8 , 32 pp.

11404 Sur le goût dans les arts ; discours prononcé à l'Académie royale de Lyon , le 14
juillet 1831 , par M. CHENAVARD. *Lyon* , Babeuf, 1831. In-4 , 24 pp.

11405 Académie royale de Lyon. Programme
des prix pour l'année 1832. *Lyon*, le 16 septembre 1831. In-8, 3 pp.

11406 Académie royale de Lyon. Programme
des prix pour l'année 1833. *Lyon*, le 30 août
1832. In-8, 3 pp.

11407 Statistique de Givors , ou Recherches sur
le nombre des naissances , des décès et des
mariages... ; par le docteur BRACHET., de
Lyon. Ouvrage couronné par l'Académie
royale de Lyon. *Lyon*, Louis Perrin , 1832.
In-8.

11408 Académie royale de Lyon. Programme
d'un prix à décerner en 1834. *Lyon*, le 20
novembre 1832. In-8 , 2 pp.

11409 Liste des membres de l'Académie royale
de Lyon, et Programme des prix proposés par
cette Académie pour 1833 et 1834. *Lyon*,
Rusand , 1833. In-8 , 16 pp.

11410 Règlements de l'Académie des sciences ,
belles-lettres et arts de Lyon, fondée en l'an
1700. *Lyon* , Barret, 1833. In-8.

11411 De l'Education et de ses rapports avec la
médecine ; discours de réception prononcé
dans la séance publique de l'Académie de Lyon
du 5 septembre 1833 , par Isid. POLINIÈRE.
Lyon, G. Rossary, 1833. In-8 , 14 pp.

11412 Réfutation de l'opinion qui accuse les médecins d'athéisme et de matérialisme ; par
J.-L. BRACHET. *Lyon* , Gentot, 1834. In-8 ,
32 pp.

11413 Considérations générales sur l'enseignement des sciences ; Mémoire présenté à l'Académie royale de Lyon par M. A. LEYMERIE.
Lyon, Rossary , 1835. In-8 , 18 pp.

11414 Compte-rendu des travaux de l'Académie
royale de Lyon pendant l'année 1835 ; par
M. A. BOULLÉE , président. *Lyon* , Rossary ,
1836. In-8 , 88 pp.

11415 Enfants trouvés. Discours de réception à
l'Académie de Lyon , par M. TERME. *Lyon*,
Léon Boitel , 1836. In-8 , 20 pp.

11416 Compte-rendu des travaux de l'Académie
royale de Lyon pendant l'année 1836 ; par A.-
P.-Isid. POLINIÈRE. *Lyon*, Louis Perrin , 1837.
In-8 , 240 pp.

11417 Compte-rendu des travaux de l'Académie en l'année 1837 , sous la présidence de
M. Guerre. *Lyon*, Louis Perrin , 1841. In-8 ,
98 pp.

11418 Proposition faite à l'Académie , en 1838,
de placer dans le lieu de ses séances les
portraits de quelques-uns de nos concitoyens
qui lui ont appartenu et qui ont droit à notre
souvenir. s. n. d'auteur (M. J.-B.-M. NOLHAC).
Lyon, Louis Perrin. In-8 , 15 pp.

11419 Proposition faite à l'Académie, en 1838,
d'intervenir auprès de qui elle jugera conve-

nable , pour qu'un marbre soit érigé , dans
l'église de St-Paul , à la mémoire du chancelier Gerson , mort à Lyon en 1429. s. n.
d'auteur (NOLHAC). Louis Perrin , à *Lyon*.
In-8 , 9 pp.

11420 Des Fêtes des anciens , et en particulier
des fêtes des Hébreux. Lecture faite , dans
une des séances particulières de l'Académie
de Lyon , par M. J. -B.-M. NOLHAC. *Lyon* ,
M.DCCC.XXXVIII. In-8 , 44 pp.

11421 De l'Idolâtrie dans ses phases successives.
Lecture faite dans une des séances particulières
de l'Académie de Lyon , février 1839 ; par
M. J.-B. NOLHAC. *Lyon*, Louis Perrin , 1839.
In-8, 74 pp.

11422 M. le comte Joseph de Maistre et le Bourreau. Lecture faite dans la séance publique de
l'Académie de Lyon , par M. J.-B.-M. NOLHAC.
Louis Perrin, 1839. In-8, 22 pp.

11423 Compte-rendu des travaux de l'Académie
pendant l'année 1839 ; par M. TERME, président. *Lyon*, Louis Perrin, 1840. In-8, 64 pp.

11424 Compte-rendu des travaux de l'Académie,
etc., pendant l'année 1840 ; par M. J. SOULA-
CROIX. *Lyon*, Léon Boitel, 1841. In-8, 59 pp.

11425 Lettre sur le prétendu Poisson-Dieu.
Rapport fait à l'Académie de Lyon , dans sa
séance du 29 juin 1841, par J.-B.-M. NOLHAC.
(Suivie d'une Lettre de M. ROSSIGNOL , du 10
juillet 1841). *Lyon*, Léon Boitel. In-8, 20 pp.
— Rapport sur les Lettres littéraires de
M. Rossignol , par M. NOLHAC, lu dans la
séance de l'Académie de Lyon le 17 août
1841. *Lyon*, Louis Perrin, 1841. In-8, 21 pp.

11426 De la Civilisation et de la mission que son
état actuel doit assigner aux Académies des
départements ; par A. RIVET. Ce Mémoire ,
d'abord mentionné honorablement par l'Académie de Lyon , est considérablement augmenté. *Lyon*, Rey jeune, 1842. In-8, 48 pp.

11427 De l'influence de la respiration sur la
santé et la vigueur de l'homme. Discours de
réception prononcé en séance publique devant
l'Académie royale de Lyon, le 31 mai 1842, par
Ch. PRAVAZ. *Lyon*, Barret, 1842. In-8, 40 pp.

11428 Compte-rendu des travaux de l'Académie
de Lyon pendant l'année 1841 ; lu dans la
séance publique du 1er février 1843 par
M. ACHARD-JAMES, président à la Cour royale
de Lyon , président de l'Académie. *Lyon* ,
Marie Marle , 1843. In-8 , 62 pp.

11429 Rapport fait à l'Académie, dans sa séance
du 26 novembre 1844 , sur une fondation en
faveur des jeunes filles pauvres de cette ville,
au nom d'une Commission. BOULLÉE , rapporteur. *Lyon*, Barret, 1844. In-8, 20 pp.

11430 Règlement de l'Académie de Lyon. *Lyon*,
Dumoulin, Ronet et Sibuet, 1845. In-8, 22 pp.

11431 De la hache sculptée au haut de plusieurs
monuments funèbres antiques ; lecture faite
dans la séance particulière de l'Académie de
Lyon , le 27 janvier 1846, par M. J.-B.-M.

NOLHAC. *Lyon*, Léon Boitel, 1846. In-8, 30 pp. — Rapport fait par M. NOLHAC dans la séance de l'Académie du 30 décembre 1845, au nom de la Commission nommée pour examiner les Mémoires qui ont concouru au prix proposé pour le meilleur éloge de M. de Gérando. *Lyon*, Louis Perrin, 1846. In-4, 20 pp.

11432 Rapport sur les travaux et les préparations du docteur F. Thibert.... ; fait au nom d'une Commission par M. JOURDAN, rapporteur (sur la demande de l'Académie de Lyon). *Lyon*, Léon Boitel, 1846. In-8.

11433 D'un Plan d'association de toutes les Académies. Discours de réception, prononcé à l'Académie de Lyon par F. BOUILLIER. *Lyon*, Léon Boitel, 1846. In-8.

11434 Mémoires de l'Académie royale des sciences, belles-lettres et arts de Lyon. — Classe des sciences. — Classe des belles-lettres et arts. Tome Ier, 1845, 1846. Tome II, 1847. *Lyon*, Léon Boitel. In-8.

11435 De l'enseignement de l'Art ; discours lu à l'Académie de Lyon, le 25 août 1846, par Louis DUPASQUIER, architecte. *Lyon*, Léon Boitel, 1846. In-8.

11436 Comptes-rendus et extraits des procès-verbaux des séances de l'Académie de Lyon. *Lyon*, Léon Boitel, 1847. In-8, 55 pp.

11437 Du nouvel Orgue construit par M. Zeiger pour l'église de Chambéry. Rapport présenté en séance publique de l'Académie de Lyon, par M. G. PIGEON. *Lyon*, Léon Boitel, 1847. In-8, 23 pp.

11438 Académie des sciences, belles-lettres et arts de Lyon. Concours (pour l'éloge de Châteaubriand). *Lyon*, Léon Boitel, 1er août 1848. In-8.

11439 Discours de réception prononcé en séance publique de l'Académie de Lyon, le 9 janvier 1849, par M. Théodore GRANDPERRET, avocat. *Lyon*, Léon Boitel. In-8, 15 pp.

11440 Rapport présenté en séance publique de l'Académie de Lyon sur l'éloge de B. Delessert, mis au concours pour l'année 1849 ; par M. L. BONNARDET, rapporteur. Prix fondé par M. Mathieu BONAFOUS. *Lyon*, Léon Boitel, 1849. In-8, 103 pp. ; avec l'envoi aut. sig. de l'auteur.

11441 Rapport fait à l'Académie.... de Lyon, au nom de la Commission de l'éloge de Mme Récamier, par M. Louis GUILLARD. *Lyon*, 1851. In-8, 15 pp.

Collége de Médecine, Société de Médecine, Société de Chirurgie, Société de Pharmacie.

11442 Histoire de l'Université de Lyon et du Collége de médecine.... Harangue prononcée à l'ouverture des leçons publiques en chirurgie de cette année, dans la salle des RR. PP. Cordeliers, par Lazare MEYSSONNIER, masconnois.... *Lyon*, Claude Cayne, M.DC.XLIV. In-4 veau f. [Koebler.]

11443 Arrest rendu par Nosseigneurs du grand Conseil, contenant règlement de l'art de chirurgie en la ville de Lyon, pays de Lyonnois, Forets et Beaujollois. 14 mars 1644. *Lyon*, Michel Talebard, M.DC.LXVII. In-4, 10 pp.

11444 Recueil des Statuts, etc., concernant l'art et science de chirurgie à Lyon. *Lyon*, Talebard, 1667. — Edit du roi portant création de médecins et de chirurgiens jurés dans les villes et bourgs du royaume. *Paris*, Houry, 1730. — Statuts et règlements pour la communauté des maîtres en chirurgie de Versailles, rendus communs à toutes les villes du royaume, etc. *Lyon*, Bruyset, 1725. — Statuts et règlemens pour les chirurgiens des provinces ; nouvelle édition, augmentée de notes. *Paris*, Chardon, 1749. (Beaucoup de notes sont relatives à Lyon). In-4, v. m., fil., tr. d.

11445 Arrest de la Cour de parlement de Paris, entre J.-Ant. Martin, maître chirurgien à Lyon, appelant, et la communauté des maîtres apoticaires dudit Lyon, intimés. Du 28 mars 1681. In-4, 4 pp.

11446 Ordonnance du roi, du 14 aoust 1685, concernant les maîtres chirurgiens de la ville de Lyon. s. n. d'imp. In-4, 2 pp.

11447 Extrait des registres du Conseil d'Estat du 14 avril 1693 (concernant le recouvrement de la finance qui doit provenir de la vente des offices des conseillers médecins et chirurgiens jurez de Lyon). In-4, 8 pp. A la suite : Commandement donné à Me Croset, avec les signat. autogr.

11448 Factum pour J.-Ant. Martin, chirurgien juré à Lyon, défendeur ; et les maîtres chirurgiens de ladite ville, intervenans : contre les maîtres apoticaires de ladite ville, demandeurs. In-4, 21 pp., avec les notes mstes.

11449 Exhortation aux chirurgiens, contenant l'Oraison funèbre de très illustre Bazillac, composée par M. RAPHAELIS, etc. s. d. (17??). In-4, 10 pp.

11450 Factum pour les sieurs doyen, docteurs, etc., au collége des médecins de Lyon, contre le nommé Benjamin Lagarde, vitrier de profession. s. d. (17??). In-4, 10 pp.

11451 Lettre de M. S** A. G. au P. de G., en réponse à un Mémoire d'un médecin de Lyon. s. d. In-8, 16 pp.

11452 Lettre écrite à MM. les médecins collégiés, à Lyon, par MORAND fils. — Mémoire à MM. les prévôt des marchands et échevins de la ville de Lyon, par MORAND fils. In-4, 7 pp. et 10 pp.

11453 Observations de M. DELORME, avocat, sur le procès de MM. les médecins de la ville

Lyon, contre quelques chirurgiens gradués de la même ville. s. d. In-4, 29 pp.

11454 Précis de l'information et de l'enquête faites à la réquisition du Collège royal des médecins de Lyon, contre les sieurs Colomb fils, Truels, Faure, Poteau, Vitet l'aîné, etc., chirurgiens de la même ville. s. d. (17??). In-4, 23 pp.

11455 Réplique des médecins de Lyon à un libelle imprimé sous le nom de *Réponse de la communauté des chirurgiens*, etc. In-4, 36 pp.

11456 Arrest du Parlement rendu entre Fr. Cabanis, maître apotiquaire de la ville de Lyon, contre la communauté des chirurgiens de la même ville. Du 24 février 1720. In-4, 3 pp.

11457 Ordonnance qui fait deffenses à toutes personnes, autres néanmoins qu'aux sieurs aggrégés au Collège de médecine de la ville et fauxbourgs de Lyon, d'y exercer la médecine directement ni indirectement. Du 22 aoust 1731. In-4, 7 pp.

11458 Mémoire apologétique pour noble Claude-Joseph Olivier, docteur et professeur agrégé au Collège des médecins de Lyon..., contre les sieurs Panthot, Garnier, Rame, Rast, Chol, Potot et Magneval, aussi docteurs et professeurs agrégés au Collège des médecins de Lyon.... s. d. (Signifié au Collège des médecins de Lyon le 14 novembre 1732). s. n. d'impr. In-4, 30 pp.

11459 Statuts et réglemens des marchands et maistres apoticaires de la ville de Lyon, réformés en l'année 1660; ensemble les ordonnances et privilèges à eux concédés, etc. *Lyon*, P. Valfray, 1738. In-4, 24 pp., 11 pp. et 3 pp.

11460 Délibération du Collège de médecine de Lyon, du 24 novembre 1740. In-4, 3 pp.

11461 Mémoire apologétique des motifs qui ont provoqué la délibération prise par le Collège de médecine de Lyon, le 24 novembre 1740, par laquelle ils ont déterminé de ne confier à l'avenir l'exécution de leurs ordonnances qu'aux pharmacies publiques, privativement à tous les chirurgiens. s. d. In-fol., 14 pp.

11462 Réponse de la communauté des chirurgiens de Lyon à un libelle imprimé sous le nom de *Mémoire apologétique des motifs qui ont provoqué la délibération prise par le Collège des médecins*. In-4, 36 pp.

11463 Jugement du public sur le démêlé des médecins et chirurgiens de Lyon. 31 janvier 1741. In-4, 4 pp.

11464 Extrait des registres de la juridiction consulaire de la police des arts et métiers de Lyon (sur les chirurgiens). 30 décembre 1745. In-4, 4 pp.

11465 Mémoire pour les docteurs et professeurs agrégés au Collège de médecine de Lyon, au sujet de l'ordonnance rendue par le Consulat le 30 décembre dernier. 22 janvier 1746. *Lyon*, Declaustre. In-fol., 4 pp.

11466 Réponse des chirurgiens au Mémoire des médecins du Collège de cette ville. *Lyon*, Delaroche, 1746. In-4, 3 pp.

11467 Mémoire pour les docteurs-médecins collégiés à Lyon, contre les chirurgiens de la même ville. *Lyon*, Barbier, 27 juillet 1749. In-4, 12 pp.

11468 Certificat donné par M. LAURÈS dans le procès qu'ont les sieurs Dastugue, Potau, Colomb fils, Truels, Legoux, Faure, Baudot, Vittet l'aîné, Vittet le cadet, chirurgiens jurés à Lyon, défendeurs; contre les médecins de la même ville, demandeurs. Communiqué le 9 septembre 1749. In-fol.

11469 Précis pour les sieurs Dastugue, Potau, etc., chirurgiens jurés à Lyon, contre les médecins de la même ville. *Lyon*, Faucheux, 1749. In-4, 7 pp.

11470 Analyse et réfutation du Précis des chirurgiens. s. d. In-fol., 13 pp.

11471 Les Prétextes frivoles des chirurgiens de Lyon, pour s'arroger l'exercice de la médecine, combattus dans leurs principes et dans leurs conséquences. *Lyon*, A. Delaroche, 1749. In-4, 14 pp.

11472 Seconde Lettre écrite à MM. les médecins collégiés à Lyon, par MORAND fils. s. d. (173?). In-4, 10 pp.

11473 Lettre adressée à M. Pomier, prévôt de la Compagnie des maîtres en chirurgie de Lyon, par M. LEBLANC, ayant la même charge à Orléans. D'*Orléans*, le 17 octobre 1750. In-4, 7 pp. — Arrest du Parlement de Paris, du 14 mars 1742, rendu en faveur des administrateurs et religieuses de l'hôpital de Beauvais, qui les décharge des condamnations contre eux prononcées envers les apoticaires de la même ville, etc. In-4, 7 pp. — Arrest du Parlement de Rouen, rendu en faveur de M. Lucas, chanoine en l'église cathédrale de N.-D. d'Evreux, le 8 novembre 1747, contre Toussaint Duprey, chirurgien en la même ville d'Evreux. *Evreux*, Malassis. In-4, 19 pp.

11474 Arrêt de la Cour de parlement qui fait défenses aux chirurgiens de Lyon de ne plus exercer l'art de pharmacie, de composer, vendre ni débiter aucuns remèdes destinés à entrer dans le corps humain. Du 19 septembre 1755. *Lyon*, P. Valfray, 1756. In-4, 6 pp.

11475 Mémoire pour les doyen, syndics, docteurs et professeurs, agrégés au Collège de médecine de Lyon; contre le sieur Cl.-Jos. Olivier, docteur en médecine. Me LEGOUVÉ, avocat. *Paris*, 1755. In-4, 43 pp.

11476 Supplément de Mémoire pour le Collège des médecins de Lyon, contre le sieur Olivier, médecin. Me LEGOUVÉ, avocat. *Paris*, 1755. In-4, 7 pp.

11477 Statuts et règlements du Collège des médecins de Lyon, avec les lettres-patentes, arrêts et ordonnances rendus sur iceux. *Lyon*, A. Delaroche, 1756. In-4, 51 pp.

11478 Lettres-patentes sur arrest du 31 août 1758, qui ordonne que les maîtres en l'art et science de chirurgie des villes et lieux du royaume jouiront des honneurs, distinctions et priviléges accordés aux arts libéraux. *Grenoble*, Giroud. In-4, 8 pp.

11479 Précis sur pièces pour les syndic, etc., du corps des apoticaires de Lyon, contre l'Hôpital général de la même ville. 1763. In-4, 28 pp.

11480 Arrêt de la Cour de parlement, du 22 mai 1770, qui condamne les maîtres en chirurgie de la ville de Lyon en l'amende de 12 livres, et ordonne qu'ils seront tenus d'agréger dans leur communauté J.-B. Bruny, licencié, docteur en médecine, etc. In-4, 15 pp.

11481 Arrêt de la Cour de parlement, du 6 septembre 1770, qui condamne les maîtres en chirurgie de la ville de Lyon à rendre et à restituer au sieur Dufour, maître en chirurgie de ladite ville, la somme de 2,188 livres, etc. In-4, incomplet.

11482 Statuts et règlements généraux pour les maîtres en chirurgie des provinces du royaume. Donnés à Marly le 24 février 1730. 5e édit. *Paris*, Barrois, 1772. In-4. — Lettres-patentes du roi portant règlement pour le Collége royal de chirurgie de Lyon. 6 juillet 1775. *Paris*, Simon, 1775. — Thèse de chirurgie, par J. Constantin. *Lyon*, 1787. — Thèse anatomico-chirurgicale sur la lithotomie, par André Dussaussoy, ancien chirurgien en chef de l'Hôtel-Dieu de Lyon. *Genève*, 1788. — Thèse chirurgicale, par B. Mazonnet. *Lyon*, Faucheux, 1778. In-4, bas.

11483 Lettres-patentes du roi en forme de déclaration, portant règlement pour le Collége royal de chirurgie de la ville de Lyon. Données à Versailles, le 6 juillet 1775. *Paris*, Simon, 1775. In-4, 51 pp.

11484 Lettre à M. Prost de Royer, lieutenant général de police de la ville et fauxbourgs de Lyon, par Desgranges, chirurgien, etc. (sur les accouchements des femmes de campagne). *Lyon*, A. Delaroche, 1777. In-4, 7 pp.

11485 Etablissement pour l'instruction gratuite des sages-femmes de campagne, par M. de Flesselles, intendant de la généralité de Lyon. *Lyon*, 1777. In-8, 8 pp.

11486 Jugement de la Sénéchaussée de Lyon qui défend à toutes personnes de se faire inoculer dans l'enceinte de cette ville, etc. 9 mai 1778. In-4, 4 pp.

11487 Réponse pour M. Vitet, écuyer, médecin agrégé au Collége de médecine de Lyon, associé à la Société royale de médecine, au Mémoire publié contre lui, sous le nom du Collége des médecins de Lyon. (*Paris*), 1779. In-4, 20 pp.

11488 Calendrier du Collége royal de chirurgie de Lyon pour l'année 1779. *Lyon*, Delaroche. In-8, 10 pp.

11489 Dissertation inaugurale de chirurgie sur les tumeurs fongueuses..... Discutera publiquement et en présence du Consulat, pour son agrégation audit Collége, Jean-Baptiste Desgranges.... A Lyon, 1779. *Mâcon*, Jean-Philippe Goery, M.DCC.LXXIX. In-4, 29 pp.

11490 Thèse de chirurgie, soutenue... par Jean-Baptiste Champeaux, en présence de MM. du Consulat, le samedi 5 août 1780..... In-4, 19 pp.

11491 Lettres et rapport juridique de MM. les médecins et chirurgiens du roi de la ville de Lyon, concernant les prisonniers malades. 1780. In-4, 26 pp.

11492 Mémoire pour le sieur Figuet, gradué, chirurgien ordinaire des hôpitaux de la Charité et grand Hôtel-Dieu de Lyon; contre le sieur Guerin, membre du Collége royal de chirurgie de Lyon. (*Paris*), 1782. In-4, 32 pp.

11493 De l'application de l'électricité à l'art de guérir, par J.-B. Bonnefoy. Discours fait pour l'agrégation de son auteur au Collége royal de chirurgie de Lyon. *Lyon*, 1782. In-8, 163 pp.

11494 Mémoires à consulter et consultation pour Cl.-M. Richard, docteur en médecine à Lyon, contre Chol, Brac et Villermoz, aussi docteurs-médecins. *Lyon*, 1783. In-4, 15 pp.

11495 Précis pour le Collége royal de chirurgie de Lyon, contre le sieur Fayolle, se disant docteur en médecine de l'Université de Montpellier. *Lyon*, impr. de la ville, 1783. In-4, 12 pp.

11496 Réponse au Précis distribué sous le nom du Collége royal de chirurgie de Lyon, pour M. Raymond Fayolle, docteur en médecine de l'Université de Montpellier. 1783. In-4, 20 pp.

11497 Thèse de chirurgie, soutenue.... par Gaspard Girard, maître-ès-arts, pour son agrégation au Collége royal de chirurgie. A Lyon, le 15 juillet 1783. *Lyon*, J.-B. Delamollière, 1783. In-4, 12 pp.

11498 Mémoire pour Joseph Sutton, chirurgien, contre le sieur O'Ryan, docteur-médecin, exerçant à Lyon. Me Robin de Mozas, avocat. *Paris*, 1785. In-4, 71 pp.

11499 Addition pour le sieur Sutton, contre les sieurs O'Ryan et Badger. Me Robin de Mozas, avocat. *Paris*, 1785. In-4, 4 pp.

11500 Mémoire pour Michel O'Ryan, docteur en médecine de Lyon, contre Joseph Sutton, exerçant sans qualité la chirurgie en France. Me Bellot, avocat. *Paris*, 1785. In-4, 35 pp.

11501 Précis pour le Collége de chirurgie de Lyon, contre le sieur Puy, professeur audit Collége. Me Hardoin, avocat. *Paris*, Simon, 1786. In-4, 16 pp.

11502 Thèse anatomico-chirurgicale sur la lithotomie; par André Dussaussoy, ancien chirurgien en chef de l'Hôpital général et grand

Hôtel-Dieu de Lyon. Le samedi 23 mai 1788. *Genève*, 1788. In-4, 32 pp.

11503 Thèse chirurgicale soutenue par Bruno MAZONNET, dans la salle du Collège royal de chirurgie de Lyon, le 19 juin 1788. *Lyon*, Faucheux, 1788. In-4.

11504 Thèse chirurgicale sur cette question : Le caustique peut-il être préféré à l'instrument tranchant, pour la cure radicale des tumeurs enkystées, appelées *loupes* ; soutenue par J.-B. LAURENT, dans la salle du Collège royal de chirurgie de Lyon, le 20 décembre 1788. *Lyon*, Cutty, 1788. In-4.

11505 Précis pour les doyen, syndic, professeurs et docteurs agrégés au Collège royal de médecine de Lyon, contre Joseph Robert. Me CHARPENTIER DE BEAUMONT, avocat. *Paris*, 1789. In-4, 16 pp.

11506 Précis pour les doyen, syndic, etc., du Collège royal de médecine à Lyon, contre J. Robert. *Paris*, Knapen, 1789. In-4, 16 pp.

11507 Circulaire des docteurs et professeurs agrégés au Collège de médecine de Lyon, *contre les abus qui exposent la vie des hommes*. s. d. In-4, 2 pp.

11508 Mémoire pour M. Brion, docteur en médecine, etc., contre la communauté des chirurgiens de Lyon. *Lyon*, Delaroche, 1790. In-4, 96 pp.

11509 Mémoire (second) pour M. Brion, docteur en médecine, etc., contre les chirurgiens de Lyon. *Lyon*, Delaroche, 1790. In-4, 16 pp.

11510 Dialogue entre Basile et Figaro, sur le procès des médecins avec les chirurgiens. *Lyon*, A. Delaroche, 1790. In-4, 8 pp.

11511 Séance publique de la Société de médecine de Lyon, tenue le 18 fructidor an VII. *Lyon*, Reymann, an VIII. In-8, 59 pp.

11512 Recueil des actes de la Société de santé de Lyon depuis l'an Ier jusqu'à l'an V de la République ; et depuis l'an VI jusqu'à la fin de l'an IX. *Lyon*, Bruyset et Reymann, 1798-1801. In-8, 2 vol.

11513 Morel, membre de la Société de médecine de Lyon, à ses collègues. Mémoire sur les œuvres médico-chirurgicales de Collomb. *Lyon*, an VII. In-8, 16 pp.

11514 Lettre du médecin PETIT aux administrateurs de la ville de Lyon, au sujet de quelques pièces d'anatomie qu'il vient de remettre au citoyen Cartier s. d. (3 pluviose an VIII). Lettre aut. sig. In-4, 4 pp. — Avec une liste des pièces d'anatomie que le citoyen Petit a fait remettre au citoyen Cartier. *Lyon*, 3 pluviose an VIII. Ms. aut. de PETIT. In-4, 1 p.

11515 Rapport fait à la Société de médecine de Lyon, dans sa séance du 11 messidor an X, sur l'établissement des eaux minérales artificielles des citoyens Ns Paul et Cie, au nom d'une Commission composée des citoyens GILIBERT, PÉTÉTIN, TISSIER père, PETIT, DELPONT, etc. *Lyon*, Ballanche, an X. In-8, 15 pp.

11516 Rapport fait à la Société de médecine de Lyon, dans sa séance du 1er septembre, sur l'ouvrage de M. Rodamel, intitulé : *Traité du rhumatisme*, etc. ; par le docteur LADROIT. *Lyon*, Pelzin, 1808. In-8, 35 pp.

11517 Procès-verbal de la séance publique de la Société de médecine de Lyon, tenue le 14 juin 1810, et Compte-rendu de ses travaux pendant les deux dernières années ; par M. BALME. *Lyon*, J.-B. Kindelem, 1810. In-8, 75 pp.

11518 Procès-verbal de la séance publique de la Société de médecine de Lyon, tenue le 30 juillet 1812, et Rapport analytique de ses travaux pendant les années 1810 et 1811 ; par le docteur LUSTERBOURG. *Lyon*, Michel Leroy, 1812. In-8, 45 pp.

11519 Thèse sur quelques-unes des opérations de chimie et de pharmacie qui ont été désignées à Jean-Baptiste Bern par le Jury médical du département du Rhône, pendant sa session de l'an 1814. *Lyon*, Ballanche. In-4, 11 pp.

11520 Compte-rendu des travaux de la Société de médecine de Lyon, depuis le 30 juillet 1812, présenté à cette Société le 1er juin 1818 ; par Stanislas GILIBERT. *Lyon*, veuve Cutty, 1818. In-8, 59 pp.

11521 Compte-rendu des travaux de la Société de médecine de Lyon, depuis le mois de juillet 1818 jusqu'au mois de septembre 1820 ; par RICHARD DE LA PRADE.. *Lyon*, veuve Cutty, 1821. In-8, 86 pp.

11522 Compte-rendu des travaux de la Société de médecine de Lyon ; par G. MONTAIN, d.-m. *Lyon*, Rusand, 1824. In-8, 74 pp.

11523 Rapport sur l'établissement et les premiers travaux du Conseil de salubrité de la ville de Lyon. *Lyon*, Rusand, 1824. In-4, 54 pp.

11524 Etablissement destiné au traitement des déviations de la colonne vertébrale et autres vices de conformation chez les personnes du sexe féminin, dirigé par M. CHALEY et M. BOUCHARD-JAMBON. Rapport fait à la Société de médecine le 7 mars 1825. *Lyon*, Louis Perrin et Durand. In-8, 16 pp.

11525 Compte-rendu des travaux de la Société de médecine de Lyon, depuis le 19 juillet 1824 jusqu'au 17 juillet 1826 ; par J.-M. PICHARD. *Lyon*, Rusand, 1826. In-8, 84 pp.

11526 Rapport fait à la Société de médecine de Lyon, dans sa séance du 7 novembre 1825 (par M. BEAUMERS), sur l'établissement orthopédique dirigé par M. le docteur Jal. *Lyon*, Louis Perrin, 1826. In-8, 77 pp., planche.

11527 Règlement de la Société de pharmacie de Lyon. *Lyon*, Brunet, 1826. In-8, 14 pp.

11528 Rapport fait à la Société de médecine sur les inconvénients que peuvent présenter plusieurs manufactures de produits chimiques qu'on a le projet d'établir dans la presqu'île

Perrache ; par Alphonse DUPASQUIER. *Lyon*, C. Coque , 1827. In-8, 40 pp.

11529 Compte-rendu des observations faites sur les maladies régnantes par la Société de médecine de Lyon , rédigées par le docteur MARTIN le jeune. *Lyon* , Rusand , 1828. In-8, 44 pp.

11530 Compte-rendu des travaux de la Société de médecine de Lyon, depuis le 17 juillet 1826 jusqu'au 4 août 1828; par M. A. CHAPEAU. *Lyon* , Rusand , 1828. In-8, 90 pp.

11531 Mémoire pour la Société de pharmacie et les pharmaciens de Lyon , adressé à l'autorité administrative et judiciaire , sur les abus et contraventions qui compromettent de plus en plus l'art de la pharmacie , etc. *Lyon*, Louis Perrin , 1828. In-4 , 21 pp.

11532 Rapport sur les eaux minérales , douches et bains minéraux artificiels , et sur les bains et douches de vapeurs , de M. Curty ; présenté à la Société de médecine de Lyon , dans sa séance du 17 octobre 1828 , au nom d'une Commission, par M. A. CHAPEAU. *Lyon* , Louis Perrin , 1829. In-8, 20 pp.

11533 Rapport sur les Mémoires envoyés au concours pour les prix proposés par la Société de médecine de Lyon ; par M. le docteur TROLLIET. *Lyon* , 1828. In-8.

11534 Examen critique du Rapport de l'Académie royale de médecine sur les documents de M. Chervin relatifs à la fièvre jaune ; lu à la Société de médecine de Lyon le 16 novembre 1829 , et imprimé par ordre de cette Société. Par le docteur TROLLIET. *Lyon* , Louis Babeuf, 1830. In-8, 43 pp.

11535 Compte-rendu des travaux de la Société de médecine de Lyon , depuis le 11 août 1828 jusqu'au 9 août 1830 ; par Alphonse DUPASQUIER. *Lyon*, Louis Perrin, 1831. In-8, 174 pp.

11536 Rapport fait au nom de la Commission nommée pour l'examen des Mémoires envoyés au concours ouvert par la Société de médecine de Lyon, sur le rhumatisme et le catarrhe ; par le docteur L. GUBIAN. *Lyon* , Louis Perrin, 1831. In-8, 20 pp.

11537 Lettre à MM. les membres de la Société royale de médecine sur la réponse qu'ils ont adressée au Ministre de l'instruction publique, en avril 1835, au sujet de l'homœopathie ; par M. le comte S. DES GUIDI. *Lyon* , Ayné, 1835. In-8, 23 pp.

11538 Règlement de la Société de médecine de Lyon. 16 juin 1836. *Lyon* , Léon Boitel, 1836. In-8, 24 pp.

11539 Rapport sur une question de responsabilité médicale , fait à la Société de médecine de Lyon le 19 juin 1837. *Lyon*, Louis Perrin , 1837. In-8, 36 pp.

11540 Compte-rendu des travaux de la Société de médecine de Lyon , depuis le 11 août 1830 jusqu'au 1er janvier 1833 ; par Alphonse DUPASQUIER. *Lyon*, Gabriel Rossary, 1837. In-8.

11541 Mémoires de la Société médicale d'ému-

lation de Lyon. *Paris* , Baillière. *Lyon* , Savy, 1842-1844. 2 vol. in-8.

Sociétés savantes et littéraires, Réunions artistiques, etc.

Société d'Agriculture.

11542 Arrêt du Conseil d'État portant établissement d'une Société d'agriculture dans la généralité de Lyon ; du 12 mai 1761. *Lyon*, P. Valfray, 1761. In-4 , 3 pp.

11543 Règlement de la Société d'agriculture de la généralité de Lyon , établie par arrêt du Conseil d'État du 12 mai. *Lyon*, Valfray, 1761. In-4 , 4 pp.

11544 Questions proposées par la Société royale d'agriculture de Lyon. *Lyon* , Valfray, 1762. In-8 , 32 pp.

11545 Mémoires sur la manière d'élever les vers à soie et sur la culture du mûrier blanc , lus à la Société royale d'agriculture de Lyon par M. (THOMÉ), de la même Société. *Paris* , Vallat la Chapelle, 1767. In-12, demi-rel. bas.

11546 Discours sur la question proposée par la Société royale d'agriculture de Lyon , etc. : *Les greniers publics sont-ils avantageux à une grande ville ?* etc. (Le 1er discours est de M. PEIN , de Villefranche en Beaujolais ; le 2e est d'un anonyme). *Lyon*, Delaroche, 1772. In-8 , 77 pp.

11547 Mémoires qui ont remporté les prix sur le sujet proposé par la Société royale d'agriculture de Lyon pour les années 1776 et 1777 : *Démontrer les avantages qui résulteraient de la confection ou réparation des chemins de traverse*, etc. (Le 1er Mémoire est de M. D'ORNAY, de Caen ; le 2e de l'abbé DE VITRY). 1778. In-8 , 99 pp.

11548 Mémoire sur les fours de boulanger chauffés avec du charbon de terre , et Plans des mêmes fours , couronnés par la Société royale d'agriculture de Lyon en l'année 1784. *Genève* et *Lyon*, Bernuset, 1784. In-8 , 62 pp., fig.

11549 Discours prononcé à la séance d'agriculture de Lyon , le 17 juin 1785 , par le comte D'ALBON. *Lyon* , Los-Rios. In-8, gr. pap., 43 pp.

11550 Séance publique de la Société royale d'agriculture de Lyon, du 5 janvier 1787. Compte-rendu par M. BASSET. *Lyon*. In-8 , 52 pp.— Autre *id. Genève* et *Lyon*, A. Delaroche, 1788. In-8. Commence à la page 101 , finit à la page 136.

11551 Adresse de la Société royale d'agriculture de Lyon aux habitants des campagnes du départ. de Rhône-et-Loire. *Lyon* , Delaroche , 1790. In-8 , 15 pp.

11552 Règlemens de la Société libre d'agriculture, histoire naturelle et arts utiles du départ.

du Rhône , arrêtés définitivement dans sa séance du 25 nivose an VII. *Signé* : RIEUSSEC, secrétaire. *Lyon*, Bruyset aîné et comp. In-8, 12 pp.

11553 Souscription de bienfaisance. Extrait des registres de la Société d'agriculture , etc., de Lyon, du 5 prairial an VIII, concernant les soupes à la Rumfort. *Lyon*, Bruyset aîné et comp. In-8 , 7 pp.

11554 Lettre d'invitation du secrétaire de la Société d'agriculture , histoire naturelle et arts utiles de Lyon, du 1er messidor an VIII, au citoyen Tabard , pour la séance de la Société du 6 messidor courant. *Signé* : RIEUSSEC. Aut. sig. In-8 , 2 ff.

11555 Réformation des articles VII et X des règlements de la Société libre d'agriculture, etc., de Lyon , du 25 nivose an VII ; arrêtée dans la séance du 25 germinal an X. *Signé* : RIEUSSEC , secrétaire. In-8 , 4 pp.

11556 Société libre d'agriculture , histoire naturelle et arts utiles du départ. du Rhône. Compte-rendu. An X. In-8, 8 pp. — *Id.* an XI. 8 pp. — *Id.* an XII. In-8, 11 pp. — *Id.* an XIII. In-8, 15 pp.

11557 Programme du prix proposé par la Société libre d'agriculture, etc., de Lyon : *Quelle est la meilleure, manière de cultiver la vigne dans le départ. du Rhône ?* (Par M. RIEUSSEC). An XII. In-4 , 4 pp.

11558 Règlements de la Société d'agriculture , histoire naturelle et arts utiles du départ. du Rhône, séante à Lyon , adoptés définitivement dans la séance du 4 décembre 1805. *Lyon*, Bruyset aîné et Buynand. In-8 , 15 pp. *Id. Lyon*, 10 décembre 1806. In-8 , 16 pp.

11559 Comptes-rendus des travaux de la Société d'agriculture , histoire naturelle et arts utiles de Lyon , depuis l'année 1806 à 1818; par MOUTON - FONTENILLE et GROGNIER. *Lyon*, 2 vol. in-8, non rognés , cart. à la Bradel.

11560 Compte-rendu des travaux de la Société d'agriculture , histoire naturelle et arts utiles de Lyon , depuis le mois de décembre 1807 jusqu'au mois de septembre 1808. In-8.

11561 Mémoire sur une nouvelle manière de couvrir les murs de clôture construits en pisé; lu à la Société d'agriculture de Lyon par M. RAST-MAUPAS. *Paris*, Huzard, 1808. In-8, 14 pp.

11562 Règlements de la Société d'agriculture , histoire naturelle et arts utiles du départ. du Rhône, séante à Lyon. *Lyon*, Ballanche, 1808. In-8 , 39 pp.

11563 Société d'agriculture de Lyon. (Procès-verbal de la visite faite par la Société à S. A. S. le prince Lebrun). In-8 , 3 pp.

11564 Règlements de la Société d'agriculture, histoire naturelle et arts utiles du départ. du Rhône , séante à Lyon. *Lyon*, Pelzin , 1812. In-8, 26 pp.

11565 Rapport sur un nouvel engrais, présenté à la Société royale d'agriculture , histoire naturelle et arts utiles de Lyon, dans sa séance du 9 janvier 1819 ; par une Commission. GROGNIER , rapporteur, *Lyon*, J.-M. Barret , 1819. In-8 , 53 pp.

11566 Etat de la bibliothèque de la Société d'agriculture de Lyon , au 1er décembre 1819. *Lyon*, J.-M. Barret , 1819. In-8, 55 pp.

11567 Compte-rendu des travaux de la Société d'agriculture , depuis le 1er février 1819 jusqu'en février 1837. *Lyon*, Barret, 10 vol. in-8 , complet.

11568 Rapport sur l'appareil vinificateur de Mlle Gervais, présenté à la Société royale d'agriculture du départ. du Rhône, dans la séance du 4 janvier 1822, au nom d'une Commission spéciale ; par J.-F. TERME, *Lyon* , Barret , 1822. In-8, 46 pp.

11569 Mémoire sur les abeilles et principalement sur la manière de faire des essais artificiels , d'après la méthode de M. Lombard , présenté à la Société royale d'agriculture de Lyon par M. LACÈNE. *Lyon* , J.- M. Barret , 1822. In-8, 86 pp.

11570 Mémoire sur une éducation de vers à soie (en 1822), présenté à la Société royale d'agriculture par M. Matthieu BONAFOUS. *Lyon* , J.-M. Barret , 1823. In-8 , 18 pp.

11571 Rapport présenté à la Société royale d'agriculture de Lyon par la Commission composée de MM. ST-DIDIER, TROLLIET, PELLETIER , GONIN , et GRAS , rapporteur , sur la pépinière départementale du Rhône. *Lyon* , Barret , 1824. In-8 , 32 pp.

11572 Rapport sur les paragrêles , présenté le 20 mai 1825 à la Société royale d'agriculture du départ. du Rhône par une Commission composée de MM. DE ST-DIDIER , GENSOUL , TISSIER aîné, SOCQUET, et TROLLIET, rapporteur. *Lyon*, J.-M. Barret, 1825. In-8, 16 pp., planches.

11573 Règlement de la Société d'agriculture , histoire naturelle et arts utiles du départ. du Rhône. *Lyon*, J.-M. Barret, 1826. In-8, 40 pp.

11574 Rapport sur l'établissement pastoral de M. le baron de Staël, à Coppet, lu à la Société royale d'agriculture de Lyon par M. GROGNIER. *Lyon* , Barret, 1827. In-8 , 56 pp.

11575 Programme des prix, mis au concours par la Société royale d'agriculture. Commissaires : MM. DE MARTINEL, CAP, et DUPASQUIER , rapporteur. *Lyon* , Barret, 1827. In-8, 15 pp.

11576 Société royale d'agriculture. Programme d'un concours pour la culture des mûriers *en prairies artificielles*. s. d. (1829 ?). *Lyon* , Barret. In-8, 7 pp.

11577 De la nécessité de l'enseignement scientifique de l'agriculture. Discours prononcé dans la séance publique de la Société royale d'agriculture, le 31 août 1827, par M. PRUNELLE. *Lyon*, 1828. In-8.

11578 Expériences comparatives sur l'emploi

des feuilles du mûrier greffé et de celles du mûrier sauvage, pour la nourriture des vers à soie, communiquées à la Société royale d'agriculture de Lyon par Matthieu BONAFOUS. *Lyon*, J.-M. Barret, 1829. In-8, 52 pp.

11579 Mémoire sur le genre Pilobole et sur une nouvelle espèce découverte par E. MONTAGNE, docteur-médecin. *Lyon*, Louis Perrin. In-8, 7 pp., fig. col.

11580 Séance publique de la Société royale d'agriculture, le 5 août 1831. *Lyon*, Barret, 1831. In-8, 92 pp.

11581 Considérations sur l'usage alimentaire des végétaux cuits, pour les herbivores domestiques; par L.-F. GROGNIER. *Lyon*, Barret, 1831. In-8, 40 pp.

11582 Mémoire sur la culture et l'emploi des céréales et de quelques autres graminées, pour la fabrication des chapeaux et des tissus de paille, etc.; par N.-C. SERINGE. *Lyon*, J.-M. Barret, 1831. In-8, 42 pp.

11583 Rapport à la Société royale d'agriculture, etc., de Lyon, sur l'essai comparatif de différentes charrues, fait par ordre de la Chambre royale d'agriculture de Savoie; par C. GARIOT, de Lyon. *Lyon*, J.-M. Barret, 1831. In-8, 20 pp.

11584 Société royale d'agriculture. Programme des prix mis au concours pour l'année 1832. s. d. (1832?), s. n. d'impr. In-8, 4 pp.

11585 Mémoire sur le métayage, par M. A.-E.-P. DE GASPARIN, préfet du Rhône; lu à la Société d'agriculture de Lyon. *Lyon*, Barret, 1832. In-8, 90 pp.

11586 Règlement de la Société royale d'agriculture, histoire naturelle et arts utiles de Lyon. *Lyon*, Barret, 1832. In-8, 35 pp.

11587 Taille raisonnée des arbres fruitiers, par C. BUTRET. Nouv. éd., publiée par ordre de la Société royale d'agriculture de Lyon. *Lyon*, Barret, 1832. In-12, 95 pp.

11588 Notice sur les travaux de la Société royale d'agriculture pendant le cours de l'année 1832; lue dans la séance publique du 3 septembre, même année, par L.-F. GROGNIER. *Lyon*, Barret, 1832. In-8, 63 pp.

11589 Société royale d'agriculture. Programme d'une exposition de fleurs et autres produits de l'horticulture. s. d. *Lyon*, Barret. In-8, 4 pp.

11590 Rapport.... (sur les sujets de prix qui doivent être décernés en 1833 et 1837). *Lyon*, Barret, 1853. In-8, 15 pp.

11591 Discours sur l'histoire de l'agriculture, par M. TROLLIET. *Lyon*, Barret, 1833. In-8, 31 pp.

11592 Rapport sur la fête agricole du Comice de Meyzieu, par Ch. GARIOT. *Lyon*, Barret, 1834. In-8, 11 pp.

11593 Stabulation (de la) permanente, mémoire qui a remporté le prix proposé par la Société royale d'agriculture de Lyon en 1833;

par J.-C. FAVRE D'EVIRES, médecin vétérinaire de Genève. *Lyon*, Barret, 1834. In-8, 55 pp.

11594 Mémoire sur le mûrier multicaule, par M. HÉNON. *Lyon*, Barret, 1835. In-8, 39 pp.

11595 Société royale d'agriculture. Séance publique tenue le 12 septembre 1836. *Lyon*, Barret, 1836. In-8, 128 pp.

11596 Notice sur le marché aux fleurs de Lyon et sur les Sociétés d'horticulture, lue à la séance de la Société d'agriculture de Lyon, le 7 avril 1837; par M. LACÈNE. *Lyon*, Barret, 1837. In-8, 40 pp.

11597 Annales des sciences physiques et naturelles, d'agriculture et d'industrie, publiées par la Société nationale d'agriculture de Lyon. *Lyon*, Barret, 11 vol., de 1838 à 1848. Gr. in-8, fig. — Avec une Table des matières contenues dans les onze volumes qui composent la première série des Annales des sciences physiques et naturelles, d'agriculture et d'industrie. In-8.

11598 Tableau des membres de la Société libre d'agriculture, histoire naturelle et arts utiles de Lyon. *Signé*: RIEUSSEC, secrétaire. In-8, 6 pp.

11599 Tableau des membres de la Société d'agriculture, histoire naturelle et arts utiles de Lyon. In-8, 6 pp.

11600 Société royale d'agriculture. Exposition de fleurs, de fruits, de légumes et d'instruments d'horticulture et d'agriculture, à l'orangerie du Jardin-des-Plantes, les 3, 4 et 5 septembre 1841. *Lyon*, Barret (1841). In-8, 2 pp.

11601 Société royale d'agriculture. Projet de programme mis au concours en 1841. *Lyon*, Isidore Deleuze (1841). In-fol.

11602 Gymnastique militaire pour les chevaux, par M. Auguste DE GASPARIN, lue à la Société d'agriculture de Lyon et imprimée par ses ordres. s. d., s. n. d'impr. In-8, 8 pp.

11603 Société royale d'agriculture. Programme des prix mis au concours en 1841. In-8, 7 pp.

11604 Rapport fait à la Société royale d'agriculture, au nom d'une Commission spéciale, par M. SAUZEY, sur les procédés employés pour la destruction de la pyrale de la vigne. *Lyon*, Barret, 1843. In-8, 24 pp.

11605 Société royale d'agriculture. Programme d'une exposition de produits d'agriculture et d'horticulture (1843). In-8, 4 pp.

11606 Rapport sur les concours ouverts par la Société royale d'agriculture pour les bœufs et les moutons engraissés amenés sur le marché de la ville; lu dans la séance du 24 avril 1846. *Lyon*, Barret. In-8, 4 pp.

11607 Comparaison du prix de revient des citernes et des cuves en maçonnerie, avec celui des foudres, cuves et tonneaux en bois; par M. LOCARD, ingénieur du Chemin de fer de Lyon à St-Etienne. Lu à la Société d'agriculture de Lyon, dans sa séance du 23 mars 1849. *Lyon*, Barret. In-8, 7 pp., planche.

11608 Annales de la Société d'agriculture de Lyon. Tome Ier, deuxième série, année 1849. *Lyon, Paris.* In-8, planches. — *Id.* Tome II, deuxième série, année 1850. *Lyon, Paris.* In-8.

Cercle ou Société littéraire.

11609 Cercle littéraire de Lyon. Règlement. *Lyon*, Ballanche, 1808. In-4, 4 ff.

11610 Règlement du Cercle littéraire de Lyon. *Lyon*, Ballanche, 1814. In-8, 9 pp.

11611 Règlement du Cercle littéraire de Lyon, adopté dans la séance du 24 juillet 1822. *Lyon*, J.-B. Kindelem, 1822. In-8, 13 pp.

11612 Extrait du registre des délibérations du Cercle littéraire de Lyon, au sujet de la publication d'une Biographie lyonnaise. *Lyon*, J.-B. Kindelem, 1822. In-8, 13 pp.

11613 Règlement de la Société littéraire de Lyon, adopté dans sa séance du 17 novembre 1831. *Lyon*, Rusand, 1831. In-8. — *Id. Lyon*, Léon Boitel, 1841. In-8, 16 pp.

11614 Société littéraire de Lyon. Liste des membres titulaires, honoraires et correspondants, avec la composition du bureau pour 1842. In-8, 4 pp.

11615 Projet de publication mensuelle par la Société littéraire de Lyon ; lu dans la séance du 4 mars 1846. In-4, 11 pp., lith.

11616 Archives de la Société littéraire de Lyon. *Lyon*, Louis Perrin, 1847. In-8, premier numéro, 92 pp.

11617 Prolusione ad un nuovo corso di diritto commerciale, pronunciata dall' avvocato Antonio Costa, membro corrispondente della Società letteraria di Lione, nella solennella apertura dell' Instituto generale di commercio in Genova, li 6 novembre 1846. *Lione*, stamperia Dumoulin e Ronet, 1847. In-8, 28 pp.— Imprimé par les soins de M. Gregorj et placé sous le couvert de la Société littéraire de Lyon, pour qu'il puisse ensuite plus facilement pénétrer en Italie.

Académie des Beaux-Arts.

11618 Statuts et Règlements de l'Académie des beaux-arts, établie à Lyon par lettres-patentes du roy... *Lyon*, André Laurens, 1724. In-4, 15 pp.

11619 Académie des beaux-arts. (Règlement des directeurs au sujet d'un abonnement par loterie). *Lyon*, A. Delaroche, 1767. In-4, 4 pp.

Société des Sciences et Arts utiles.

11620 Société philosophique des sciences et arts utiles de Lyon. Délibération préliminaire, du 17 mars 1785. In-8, 16 pp.

Salon des Arts.

11621 Salon des Arts. Projet d'établir à Lyon un lieu de réunion où l'on s'occuperait de littérature, de sciences et de beaux-arts. *Lyon*, 15 avril 1786. In-8, 8 pp.

Société des Amis du Commerce et des Arts.

11622 Règlement de la Société des amis du commerce et des arts, établie à Lyon le 12 germinal an XIII. In-4, 15 pp.

11623 Société des amis du commerce et des arts. Procès-verbal de l'Assemblée générale, tenue le 1er messidor an XIII à Lyon. *Lyon*, Bruyset. In-4, 18 pp.

11624 Société des amis du commerce et des arts. Programme. s. d. *Lyon*, Bruyset aîné et Ce. In-4, 6 pp.

11625 Extrait des registres de la Société des amis du commerce et des arts. Rapport sur une huile épurée de colza, du 9 mai 1806. *Lyon*, Bruyset. In-4, 4 pp.

11626 Procès-verbal de l'Assemblée générale de la Société des amis du commerce et des arts, tenue à Lyon le 18 juillet 1806. *Signé* : Pour copie conforme, Fay-Sathonay, président. *Lyon*, Ballanche père et fils. In-4, 4 pp.

11627 Compte-rendu des travaux de la Société des amis du commerce et des arts de la ville de Lyon, dans son assemblée générale tenue le 29 janvier 1808 ; par Ballanche fils. *Lyon*, Ballanche, 1808. In-8, 14 pp.

11628 Rapports de la Commission de chimie, de la Société des amis du commerce et des arts de Lyon, sur les boules de bleu inventées par M. Raymond; sur une nouvelle teinture en cramoisi, inventée par M. Guillermin, et sur une nouvelle teinture extraite de la pellicule du raisin noir, par M. Deschamps; dont l'Assemblée générale de la Société a voté l'impression collective dans sa séance du 1er avril 1808. *Lyon*, Ballanche, 1808. In-8, 31 pp.

11629 Compte-rendu des travaux de la Société des amis du commerce et des arts de la ville de Lyon, dans son assemblée générale tenue le 15 novembre 1808. *Lyon*, Ballanche. In-8, 22 pp.

11630 Rapport lu au nom d'une Commission spéciale, par M. Terret, présidant l'Assemblée générale de la Société des amis du commerce et des arts, le 13 janvier 1809, sur la proposition de distribuer annuellement des primes d'encouragement, etc. *Lyon*, Ballanche, 1809. In-8, 8 pp.

11631 Rapport fait à la Société des amis du commerce et des arts, dans sa séance du 3 février 1809, sur des échantillons de laine, teinte en écarlate, présentés par M. J.-F. Gonin. *Lyon*, Ballanche, 1809. In-8, 11 pp.

11632 Observations sur le rapport fait par M. Bardel à la Société d'encouragement pour l'industrie nationale, et adressé à la Société des amis du commerce et des arts de Lyon, relativement au procédé du décreusage de la soie, proposé par M. Roard ; par M. RAYMOND. *Lyon*, Ballanche, s. d. (1809). In-8.

11633 Séance publique de la Société des amis du commerce et des arts, du 27 juillet 1810. *Lyon*, Ballanche. In-8, 24 pp.

11634 Société des amis du commerce et des arts de Lyon. Séance publique du vendredi 20 décembre 1811. *Lyon*, Ballanche, 1812. In-8, 20 pp.

11635 Société des amis du commerce et des arts. Prospectus. *Lyon*, le 20 novembre 1812. In-4, 3 pp.

11636 Société des amis du commerce et des arts de la ville de Lyon. Séance publique du 18 décembre 1812. *Lyon*, Ballanche, 1813. In-8, 48 pp.

Réunion des amis des Muses et du Roi.

11637 Odes au roi, sur la bonté, la sagesse et la fermeté qui ont inspiré le discours prononcé par S. M. à l'ouverture de la session de 1816. Sujet mis au concours par la Réunion des amis des muses et du roi, de Lyon. *Lyon*, Kindelem, 1817. In-8, 32 pp. — Ces Odes sont précédées d'un Discours de M. GRANDPERRET.

Société de lecture.

11638 Règlement de la Société de lecture de Lyon, fondée en 1827. *Lyon*, Louis Perrin, 1828. In-8, 15 pp.

11639 Circulaire pour la formation d'une Société de lecture ; adressée à M. Gay, de Lyon, le 14 juin 1828. In-4, 3 pp.

11640 Règlement de la Société de lecture et d'encouragement pour l'industrie. *Lyon*, Louis Perrin, 1830. In-8, 15 pp.

Cercle religieux et littéraire.

11641 Discours prononcé dans la séance d'ouverture du Cercle religieux et littéraire de la ville de Lyon, le 21 février 1824. *Lyon*, Perisse. In-4, 8 pp.

11642 Cercle religieux et littéraire de Lyon. Discours lu par M. P. DEVILLIERS, secrétaire du Conseil d'administration, le 15 novembre 1824. *Lyon*, J.-M. Barret. In-8, 7 pp.

Société pour l'étude de la langue latine.

11643 Oratio in solemni inauguratione æmulæ latinæ Societatis, habita in ædibus ingenuarum artium, anno 1815, 13 cal. febr., a P. RUSCA. *Lugduni Gallorum*, Ballanche, 1815. In-8, 24 pp.

Société d'émulation pour l'étude de la langue italienne.

11644 Statuti della Società d'emulazione per lo studio della lingua e della letteratura italiana. *Lione*, Ballanche, 1807. In-8, 8 pp.

11645 Discorso letto alla Società d'emulazione per la lingua e letteratura italiana nell' anniversario della fondazione di essa Società ; dal signor P. RUSCA. *Lione*, Ballanche, 1809. In-8, 24 pp.

11646 Discorso letto alla Società d'emulazione per la lingua e letteratura italiana di Lione ; il dì 4 novembre 1810 ; da P. RUSCA. *Lione*, Ballanche, 1810. In-8, 23 pp.

Société Linnéenne.

11647 Règlement de la Société linnéenne de Lyon, colonie de la Société-mère de Paris. *Lyon*, Durand. In-4, 2 pp.

11648 Annales de la Société linnéenne de Lyon. *Lyon*, Louis Perrin, 1836. Un vol. in-8, portrait, planches.

11649 Notice sur un perfectionnement de l'aréomètre de Nicholson, par M. BRIFFANDON ; lue à la Société linnéenne de Lyon, dans la séance de juillet 1826. *Lyon*, Louis Perrin. In-8, 15 pp.

11650 Notice sur un voyage botanique dans le Languedoc ; fait en avril et en mai 1827 ; lue à la Société linnéenne de Lyon, le 26 novembre, par M. AUNIER. *Lyon*, Louis Perrin. In-8, 8 pp.

11651 Mémoire sur les courtillières, suivi du Programme d'un prix qui sera décerné par la Société linnéenne de Lyon à l'auteur d'un procédé pour les détruire ; par M. LACÈNE. *Lyon*, Louis Perrin, 1835. In-8, 13 pp.

11652 Société linnéenne de Lyon. Compte-rendu des années 1839 et 1840. *Lyon*, Louis Perrin, 1841. In-8, 33 pp. — *Id.* année 1841. *Lyon*, Louis Perrin, 1842. In-8, 92 pp. — *Id.* 1842. *Lyon*, Louis Perrin, 1843. In-8, 49 pp.

Société d'Horticulture.

11653 Exposition de fleurs et autres produits de l'horticulture. *Lyon*, Barret, 1837. In-8, 60 pp.

11654 Moyens de multiplier abondamment la pomme de terre et de la régénérer. Rapport fait au nom d'une Commission de la Société d'horticulture du Rhône, par M. N.-C. SÉRINGE. *Lyon*, Nigon, 1847. In-8, 15 pp.

11655 Société d'horticulture pratique du Rhône. Sixième exposition de fleurs, de fruits, de légumes, etc., au Palais des Arts à Lyon, les 11, 12 et 13 juin 1847. Programme du concours. *Lyon*, Nigon. In-8, 4 ff. — *Id.* Septième exposition, les 17, 18 et 19 septembre 1847. Du 24 juillet 1847. *Lyon*, Nigon. In-8,

7 pp. — *Id.* Huitième exposition, les 22, 23 et 24 septembre 1848. Du 10 août 1848. *Lyon*, Nigon. In-8, 7 pp.

11656 Rapport présenté à la Société d'horticulture pratique du Rhône, dans sa séance du 9 novembre 1850, sur la *bêcheuse Dutel. Signé* : WILLERMOZ, rapporteur. In-8, 3 pp.

Congrès scientifique.

11657 Trois Lettres sur le Congrès, par Eugène F.... *Lyon*, septembre 1841. In-8.

11658 Congrès scientifique de France. Neuvième session, tenue à Lyon en septembre 1841. Tome 1er, Procès-verbaux des sections ; tome II, Mémoires. *Lyon*, Giberton et Brun. *Paris*, Derache, 1842. 2 vol. in-8.

11659 Congrès scientifique de Lyon. Neuvième session, 1841. Ecrits d'auteurs lyonnais sur divers sujets, avec musique et gravures. *Lyon*, 1841.

Congrès de Vignerons.

11660 Actes du Congrès de vignerons et de pomologistes français et étrangers. Cinquième session, tenue à Lyon en août 1846. *Lyon*, Savy, 1847. In-8.

11661 Congrès de vignerons et de pomologistes. Cinquième session, ouverte à Lyon le 20 août 1846. Lettre-circulaire du 15 juillet, accompagnée de plusieurs feuilles et brochures y ayant rapport.

11662 Congrès de vignerons et de pomologistes. Cinquième session. Extrait des actes du Congrès. *Lyon*, Barret. In-8, 16 pp.

Union agricole.

11663 L'Union agricole du sud-est de la France, association des Comices et des cultivateurs du bassin du Rhône. 20 avril 1850. Circulaire d'organisation, réunion à Lyon, statuts et règlements. Pet. in-fol., 8 pp.

Société d'Architecture.

11664 Statuts de la Société académique d'architecture de Lyon (approuvée par le maire et le préfet, en mai 1830). *Lyon*, Louis Perrin, 1831. In-8.

11665 Statuts de la Société académique d'architecture de Lyon. *Lyon*, Louis Perrin, 1833. In-8. Ex. sur peau vélin, cart. en toile.

11666 Observations sur les restaurations actuelles de nos églises, et nécessité de mettre au concours le projet de réédification de la façade de l'église de St-Nizier ; Mémoire lu à la Société académique d'architecture de Lyon, dans sa séance du 4 mars 1843, par SAVY, architecte. *Lyon*, Louis Lesne, 1843. In-8, 52 pp.

Société des Amis des Arts.

11667 Statuts de la Société des amis des arts de Lyon. Pitrat, 1821. In-8, 15 pp.

11668 Société des amis des arts de Lyon. Tirage de 1821. Liste des 24 lots. In-4.

11669 Exposition de 1828. Notice des tableaux des artistes de l'école lyonnaise. *Lyon*, Barret. In-8, 8 pp.

11670 Notice critique des tableaux des artistes de l'école lyonnaise, à l'exposition de 1828. *Lyon*, Barret. In-8, 13 pp.

11671 Notice des ouvrages de peinture, dessin, sculpture, architecture et écriture des artistes lyonnais, exposés au Palais du commerce et des arts le 23 octobre 1831. *Lyon*, Barret, 1831. In-8, 14 pp.

11672 Notice des ouvrages de peinture, dessin, sculpture, architecture, écriture, etc., des artistes lyonnais et étrangers, exposés au Palais du commerce et des beaux-arts. *Lyon*, Barret, 1833. In-8, 15 pp.

11673 Premier Supplément de la Notice des ouvrages de peinture, dessin, sculpture, architecture, écriture, etc., des artistes lyonnais et étrangers, exposés au Palais du commerce et des beaux-arts. *Lyon*, Barret, 1833. In-8, 8 pp.

11674 Deuxième et dernier Supplément de la Notice des ouvrages de peinture, dessin, sculpture, architecture, écriture, etc., des artistes lyonnais et étrangers, exposés au Palais du commerce et des beaux-arts. *Lyon*, Barret, 1833. In-8, 4 pp.

11675 Lettre-circulaire pour annoncer la réorganisation de la Société des amis des arts. *Lyon*, 22 mars 1836. *Signé* : Les membres de la Commission provisoire. In-4, 2 pp.

11676 Statuts de la Société des amis des arts de Lyon. *Lyon*, Rossary, 1836. In-8, 8 pp.

11677 Explication des ouvrages de peinture, sculpture, etc., faisant partie de l'exposition de la Société des amis des arts de Lyon en 1836. In-12, 46 pp. — Supplément. In-12, 70 pp.

11678 Lettres sur l'exposition lyonnaise. *Lyon*, Léon Boitel, 1836. In-8, 55 pp.

11679 Feu sur tous!! Autre Livret beaucoup plus détaillé que le premier, par M. Joach. DUFL. (Joachim DUFLOT). *Lyon*, Léon Boitel, 1836. In-8, 27 pp.

11680 L'Art à Lyon en 1836, revue critique de la 1re exposition de la Société des amis des arts. *Lyon*, Rossary, 1837. In-4, fig.

11681 Discours prononcé par M. C. MARTIN, maire de Lyon, à la séance de la Société des amis des arts du 16 janvier 1837. *Lyon*, veuve Ayné, 1837. In-8, 15 pp.

11682 Explication des ouvrages de peinture, sculpture, etc., faisant partie de l'exposition de la Société des amis des arts de Lyon en 1837. In-12, 60 pp.

65

11683 Lettres d'un rapin de Lyon à un rapin de Paris, par Ernest B.... 2e édit. *Lyon*, Deleuze, 1837. In-18, 44 pp.

11684 Statuts de la Société des amis des arts de Lyon (1837). *Lyon*, Louis Perrin. In-8, 8 pp.

11685 Séance de l'Assemblée générale des membres titulaires de la Société des amis des arts de Lyon. Deuxième année. Rapport annuel de M. DIDIER-PETIT, vice-président. XXVI avril M.DCCC.XXXVIII. *Lyon*, Louis Perrin. In-8, 8 pp.

11686 Livret explicatif des ouvrages de peinture, sculpture, dessin, gravure, admis à l'exposition de la Société des amis des arts de Lyon. *Lyon*, Louis Perrin. In-32. 1839, — 1840, — 1841-42 (deux éditions), — 1842-43, — 1843-44, — 1845-46 (deux éditions), — 1846-47, — 1847-48, — 1849, — 1850.

11687 Séance de l'Assemblée générale des membres titulaires de la Société des amis des arts de Lyon. Troisième année. Rapport annuel par M. DIDIER-PETIT. *Lyon*, Louis Perrin, 1839. In-8, 15 pp.

11688 Société des amis des arts de Lyon. Compte-rendu à l'Assemblée générale des sociétaires, le 30 avril 1840. *Lyon*, Louis Perrin, 1840. In-8, 15 pp. — *Id.* 1841, 22 pp. — *Id.* 1842, 23 pp. — *Id.* 1846. In-8.

11689 Discours prononcé à la cérémonie du tirage de la Société des amis des arts de Lyon, le 18 mars 1844, par M. Gabriel MAGNEVAL. *Lyon*, Louis Perrin. In-8, 16 pp.

Expositions en dehors de la Société des Amis des Arts.

11690 Catalogue des ouvrages de peinture, sculpture, dessin et gravure exposés à Lyon, au salon des Arts, le 25 août 1786. *Lyon*, impr. de la ville, 1786. In-8, 16 pp.

11691 Catalogue des œuvres de M. Jean-Jacques DE BOISSIEU, peintre et graveur lyonnais. Sans titre, s. d. Ms. in-4, 24 pp.

11692 Expositions de tableaux en 1826 et 1827. Deux Circulaires in-4, 2 ff.

11693 Notice complète des tableaux et objets d'art réunis en exposition publique dans la salle de la Bibliothèque de la ville. Septembre 1826. *Lyon*, Barret, M.DCCC.XXVI. In-8, 33 pp. — Autre édition. *Lyon*, Barret, 1826. In-8, 26 pp.

11694 Compte-rendu des travaux de la Commission d'exposition de tableaux et objets d'art dans la grande salle de la Bibliothèque de Lyon; lu en séance générale le 15 décembre 1826. *Lyon*, Brunet. In-8.

11695 Notice des tableaux, dessins, antiquités et autres objets d'art exposés à l'Hôtel-de-Ville de Lyon, au profit des ouvriers sans travail, le 11 janvier 1827. *Lyon*, Barret, M.DCCC. XXVII. In-8, 55 pp.

11696 Galerie DE BOISSIEU. Notice sur quelques tableaux que la duchesse de Berry envoya à Lyon à l'exposition au profit des pauvres, et qui furent placés dans la galerie dite DE BOISSIEU. *Lyon*, s. d. In-8, 3 pp.

11697 Moïse présenté à Pharaon, tableau peint à Rome par M. Victor ORSEL; exposé au Musée de Lyon. 1830. *Lyon*, Louis Perrin. In-8, 1 f.

11698 Notice des ouvrages de peinture, dessin, sculpture, architecture et écriture des artistes lyonnais, exposés au Palais du commerce et des arts, salle du Musée, le 23 octobre 1831. *Lyon*, Barret, 1831. In-8, 14 pp.

11699 Explication des tableaux, sculptures et autres objets d'art faisant partie de l'exposition ouverte au palais St-Pierre, le 1er juin 1837, au profit des ouvriers sans travail. *Lyon*, 1837. In-8, 34 pp.

11700 Catalogue des tableaux du cabinet de M. de C... (*Lyon*), Louis Perrin, s. d. In-8, 8 pp.

11701 Notice des tableaux exposés dans les Musées de Lyon, publiée par Augustin THIERRIAT. *Lyon*, Barret, 1850. In-8, 107 pp.

Cercle des Mosaïques.

11702 Règlement du Cercle des mosaïques. Fait à Lyon, le 22 juillet 1809. *Signé* : FAY-SATHONAY. *Lyon*, Ballanche, 1809. In-8, 13 pp.

11703 Prospectus pour les abonnements au Jardin des mosaïques, à Lyon. (1811). In-4, 3 pp.

Cercle musical.

11704 Règlement de la Société du Cercle musical de Lyon. *Lyon*, Dumoulin, Ronet et Sibuet, 1843. In-8, 22 pp.

11705 Cercle musical. Circulaire annonçant le rétablissement du Cercle dans la rue Centrale. *Lyon*, le 1er juillet 1850. *Signé* : Le gérant, VALLON. In-4, 1 p.

Académie du Roi.

11706 Académie du Roi. Règlements qui doivent être observés par les gentilshommes pensionnaires. *Lyon*, Aimé Delaroche, 1771. In-fol., 1 p.

11707 Académie du roi, de Lyon. Prospectus d'une Académie militaire pour les gentilshommes. *Lyon*, A. Delaroche, 1771. In-12, 12 pp.

Jeu de l'Arc.

11708 Statuts et ordonnances du noble jeu de l'arc pour les archers de la ville de Lyon. *Lyon*, Pierre Bailly, 1657. In-8.

11709 Statuts et ordonnances du noble jeu de l'arc en main pour les archers de la ville de Lyon, suivant les anciennes coustumes pratiquées dans cette noble compagnie. *Lyon*,

P. Bailly, 1657. In-8. — *Id.* pour les chevaliers, etc. *Lyon*, Coutavoz, 1695, demi-rel., dos et coins m. r., ébarbé. [Koehler]. — *Id. Lyon*, Molin, 1699. In-8, bas. f., fil., aux armes.

Jockey-Club.

11710 Jockey-Club. Compte-rendu de la 2e année. 15 juin 1841. *Lyon*, Louis Perrin, 1841. In-8, 7 pp.

Jardin-d'Hiver.

11711 Jardin-d'Hiver. Circulaire, avec une liste de souscription. *Lyon*, le 5 juillet 1846. In-fol.

11712 Jardin-d'Hiver. Circulaire. (Extrait du *Rhône* du 12 septembre 1846). *Lyon*, Chanoine et comp. In-8, 4 pp.

11713 Jardin-d'Hiver de Lyon (Prospectus). *Lyon*, Cl. Rey, s. d. (1847). In-fol., 4 pp.

11714 Actionnaires du Jardin-d'Hiver de Lyon. s. d. (1847-1848). *Lyon*, Dumoulin et Ronet. In-fol., 1 p.

Cercles.

11715 Cercle de Bellecour. Règlement. s. d. (1849). *Lyon*, Léon Boitel. In-8, 7 pp.

11716 Statuts du Cercle de Perrache, arrêtés en assemblée générale, à Lyon, le 18 février 1850. *Lyon*, Léon Boitel. In-8, 8 pp.

INSTRUCTION PUBLIQUE.

Introduction, Traités généraux, Actes de l'Administration.

11717 Lettre de M. D'ARGENSON à M. Pallu, intendant de Lyon, au sujet des maîtres et maîtresses d'école de la ville de Lyon qui demandent des lettres-patentes confirmatives de leurs statuts. *Gand*, 1er septembre 1745. Sig. aut. Ms. in-4, 1 p.

11718 Comptes que rendent MM. Charles-Odile-Joseph GUYOT.... de la recette et dépense qu'ils ont faite en qualité d'œconomes - séquestres nommés au régime des biens des soi-disant Jésuites de Lyon, dans la régie des biens dépendans des trois maisons établies en ladite ville, l'une appelée le grand Collège de la Trinité, l'autre le second Collège de Notre-Dame, et l'autre la maison Saint-Joseph ou des Retraites. 1er compte du 5 aoust 1762. *Signé* : GUYOT, BAROUD, DELHORME. Vu par nous lieutenant-général et procureur du roy... PUPIL et PEYSSON DE BACOT. Sig. aut. Ms. gr. in-fol., 12 pp. — 2e *id.* du 20 juin 1763. *Signé* : BAROUD, DELHORME. Vu par nous... PUPIL, PEYSSON DE BACOT. Sig. aut. Ms. pet. in-fol., 34 pp. — 3e *id.* du 22 mars 1764. *Signé* : GUYOT, DELHORME. Vu par nous... PUPIL, PEYSSON DE BACOT. Sig. aut. Ms. pet. in-fol., 29 pp.

11719 Arrêt de la Cour de parlement concernant les harangues des collèges de Lyon. 14 décembre 1762. In-4, 2 pp.

11720 Mémoire des prévôt des marchands et échevins de Lyon (*sur la réforme des collèges*). 8 février 1763. *Lyon*, Delaroche. In-4, 7 pp.

11721 Plan d'éducation pour les collèges de Lyon, envoyé au Parlement, le 8 février 1763, par les prévôt des marchands et échevins de la même ville. *Lyon*, Delaroche, 1763. In-4, 7 pp.

11722 Lettres-patentes du roi portant règlement pour l'administration des collèges de la ville de Lyon. Du 29 avril 1763. *Lyon*, P. Valfray, 1763. In-4, 9 pp.

11723 Mémoires adressés au Parlement par les officiers de la Cour des monnoies, Sénéchaussée et Présidial de Lyon, sur l'établissement des nouveaux collèges dans ladite ville. *Lyon*, P. Valfray, 1763. In-4, 52 pp. — Le même, sous l'indication de : *Extraits des registres de la Cour des monnoies de Lyon*, 13 mai 1763, et ayant de plus un *errata*. In-4, 52 pp.

11724 Lettre pastorale de Mgr l'Archevêque de Lyon au clergé séculier et régulier et à tous les fidèles de Lyon (*à l'occasion de la régie des collèges*). *Lyon*, Delaroche, 1763. In-4, 39 pp.

11725 Arrêt de la Cour de parlement portant envoi en possession des collèges de la Trinité et de Notre-Dame de Lyon des biens qui leur appartiennent, etc. 9 mai 1766. In-4, 19 pp.

11726 Lettres-patentes du roi concernant l'administration des collèges dans le ressort du Conseil supérieur de Lyon, données à Versailles le 13 janvier 1772. *Lyon*, Valfray, 1773. In-4, 4 pp.

11727 Réclamation contre divers abus, avec des Réflexions historiques et critiques sur l'enseignement, sur l'administration des collèges et sur les corporations, adressées à la Municipalité de Lyon; par J.-F. DAVID, d.-m. *Lyon*, Louis Cutty, 1790. In-4, 84 pp., cart. à la Bradel.

11728 Avis aux citoyens sur l'organisation de l'Institut pour l'éducation publique. *Lyon*, Vatar-Delaroche, 1792. In-8, 8 pp.

11729 Les Administrateurs des collèges aux pères de famille. 21 mars 1793. Circulaire. *Lyon*, Delaroche. In-4, 7 pp.

11730 Rapport sur la formation de vingt-quatre écoles primaires dans la ville de Lyon, fait aux Administrations réunies des colléges, et de St-Charles, au nom du Comité chargé de ce travail ; par le citoyen B. -S. FROSSARD. *Lyon*, A. Vatar-Delaroche, 1793. In-8, 36 pp.

11731 La Municipalité de Lyon aux instituteurs et institutrices de cette commune. (Invitation à conduire les élèves au Temple national, à la lecture des lois). 6 frimaire an III. In-4, 1 p.

11732 Adresse de l'Administration centrale du départ. du Rhône aux Administrations municipales des cantons (au sujet de l'éducation). *Lyon*, 12 frimaire an VII. s. n. d'impr. In-4, 7 pp.

11733 Régulateur académique, contenant les décisions, arrêtés et actes dont la connaissance est nécessaire aux membres de l'Université impériale ; rédigé par M. le recteur de l'Académie de Lyon (M. NOMPÈRE DE CHAMPAGNY). *Lyon*, Ballanche père et fils, 1810. In-8, 63 pp.

Collége de la Trinité. Exercices littéraires.

11734 Lyon marchant, satyre françoise. Sur la cōparaison de Paris, Rohan, Lyon, Orléans, et sur les choses memorables depuys l'an mil cinq cens vingt-quatre. Soubz allegories et enigmes par personnages mysticques, iouée au collège de la Trinité à Lyon. 1541. (Par Barthelemy ANEAU). M.D.XLII. On les vend à *Lyon* en rue Merciere, par Pierre de Tours. Pet. in-8 goth. de 20 ff. non chiff., mar. vert, fil., tr. d. [Derome]. Exemplaire provenu de la bibliothèque de M. de Soleinne. Après le *Lyon marchant*, on trouve dans le même volume : *Oraison ou Epitre de M. Tulle Ciceron, à Octave, depuys surnommé Auguste Cæsar, tournée en françois*. On les vend à Lyon en la rue Merciere, par Pierre de Tours. 1542 ; — *Vers de Corneil Severe, poete romain*, sur la mort de Ciceron, tournez en vers françois, jouxte les latins (suivis du texte latin de ces vers). Ces pièces, également de B. ANEAU, occupent les huit derniers ff. du vol.

11735 Lyon marchant, satyre françoise. Sur la cōparaison de Paris, Rohan, Lyon, Orléans, et sur les choses memorables depuys l'an mil cinq cens vingt-quatre. Soubz allegories et enigmes par personnages mysticques, iouée au collège de la Trinité à Lyon. 1541. (Par Barthelemy ANEAU). *Lyon*, P. de Tours, 1542. Pet. in-8 m. r., fil. sur le plat, tr. dor. [Thouvenin.]

11736 Lyon marchant. Satyre françoise sur la comparaison de Paris, Rohan, Lyon, Orleans, et sur les choses memorables depuys l'an mil cinq cens vingt-quatre, soubs allegories et enigmes par personnages mysticques iouée

au collége de la Trinité à Lyon. 1541. M.D.XLII. On les vend à *Lyon* en rue Mercière, par Pierre de Tours. Copie figurée sur vélin, in-8 mar. rouge.

11737 Lyon marchant. Satyre françoise sur la cōparaison de Paris, Rohan, Lyon, Orleans, et sur les choses memorables depuys l'an mil cinq cens vingt-quatre. Soubz allegories, et enigmes par personnages mysticques, iouée au collège de la Trinité à Lyon. 1541. (Par Barth. ANEAU). M.D.XLII. On les vend à Lyon en rue Merciere par Pierre de Tours. Au dernier f.: Imprimé à *Lyon* pour Pierre de Tours. Pet. in-8 goth., 20 ff. non chiffrés. (Réimpression, copie figurée faite à *Paris*, chez Pinard, en 1831, sur vélin), mar. r., tr. d. [Bradel l'aî.é.]

11738 Extrait des Actes capitulaires du Chapitre de St-Jean, relatif au collège tenu par les PP. Jésuites. 27 janvier 1564. Ms. in-fol., 5 ff.

11739 Règles, prières et indulgences des congrégations de N.-D. érigées dans les colléges de la Compagnie de Jésus. *Lyon*, Ant. Molin, s. d. In-24.

11740 Recit touchant la comedie iovee par les Jesvites et levrs disciples en la ville de Lyon, au mois d'aoust de l'an 1607. Sans nom de lieu. 1607. In-8, 8 pp., m. r., fil., tr. d. [Bauzonnet]. — *Id.* Réimpression faite à *Lyon*, en 1837, par M. Léon Boitel, avec une Préface de M. PÉRICAUD. In-8 demi-rel., dos et coins m. r., non rogné. [Koehler].—*Id.*, et à la suite : Conviction veritable du recit fabuleux divulgué touchant la representation exhibée en face de toute la ville de Lyon au collège de la Compagnie de Jesus, le 7 d'aoust de la présente année 1607. *Lyon*, A. Cloquemin, 1607.—Réimpression faite en 1837 par M. Léon Boitel. In-8 demi-rel., dos et coins m. r., non rogné. [Koehler.]

11741 Ecclesiae Lugdunensis christiana simul ac humana majestas... Oratio habita in sollemni studiorum instauratione, in aula collegii Lugdunensis Smae Trinitatis Soc. Jes. X. cal. novemb. 1622. (A Cl. CLEMENTINO). *Lugduni*, Cl. Cayne, 1623. In-4, 47 pp.

11742 Victoriæ anni trigesimi noni, et Votum quadragesimum. (Discours et vers latins par les élèves du grand Collège de Lyon). *Lugduni*, apud Joannem Jullieron, M.DC.XXXIX. In-4, 15 pp.

11743 Temple (le) de la Sagesse ouvert à tous les peuples ; dessin des peintures de la grande cour du collége de la très sainte Trinité. (Par F. MENESTRIER). *Lyon*, Molin, 1663. In-8 m. r., fil., tr. d., anc. rel.

11744 Lyon rebâti, ou le Destin forcé, tragédie représentée par les rhétoriciens du collége, etc..... (Par le P. CHARONIER, professeur de rhétorique). A *Lyon*, chez Jacques Canier, 1667. In-4.

11745 Epagathe, martyr de Lyon, tragédie représentée le 27 may 1668 par les rhétoriciens du collége de la Trinité. (Prologues en prose et devises). *Lyon* , Canier, 1668. In-4, 24 pp., fig.

11746 Conclusiones philosophicae , mathematicae et theologicae. Has propugnabit J.-B. DE SAINT - BONNET. 1683. In-fol. , 26 pp., portrait.

11747 « Dans le testament mistique de Mgr Camille de Neuville , archevesque , comte de Lyon, etc., du 31 décembre 1690.... apert ce qui suit... » (Fragment concernant le don de la bibliothèque de Mgr au grand collége des Jésuites). Ms. in-fol., 1 p.

11748 Theses opticae et astronomicae. Has propugnabunt J.-B. THIOLY, Petrus TAILLANDIER, Lugd. in aula collegii Lugdunensis SS. Trinitatis Soc. Jes , die 18 septembris 1695. *Lyon*, Pierre Valfray. In-fol., 50 pp., fig.

11749 Recueil de quelques pièces de poésies françoises et latines à l'honneur de Mgr le duc de Bourgogne et de Mgr le duc de Berry, présentées à Lyon à Mgr le duc de Bourgogne par le collége de la Comp. de Jésus (avril 1701). *Lyon* , Marcellin Sibert, s. d. In-4.

11750 Illustrissimo Ecclesiae principi Fr. Paulo de Neufville de Villeroy, archiepiscopo et comiti Lugdun., etc.; selectas theses theologicas D. D. D. Franciscus Maria LE MAISTRE DE LA GARLAYE, presbyter, convictor. *Lugd.*, Ant. Chize , s. d. In-4 , 16 pp.

11751 Theses rhetoricae poeticae iconologicae chronologico - historicae propugnabunt Cl. SIBUT , J.-B. ALLEON , J. DUMAS , Jos. REVERONY, in aulâ collegii SS. Trinitatis, anno 1710. *Lyon*. In-fol., portr. et devises, 26 pp., fig.

11752 Règlemens pour Messieurs les pensionnaires des Pères Jésuites du collége de Lyon , qui peuvent leur servir de conduite pour toute leur vie. Par un Père de la Compagnie de Jésus. *Lyon* , André Molin , M.DCC.XI. Pet. in-8 mar. r., tr. d.

11753 Prix (les) disputés. Ballet qui sera dansé par MM. les pensionnaires dans le collége de la Sainte-Trinité de la Compagnie de Jésus , le 31 mai 1711. *Lyon* , A. Molin , 1711. In-4, 19 pp.

11754 Alexandre-le-Grand , tragédie. Les Chevaliers errants , comédie. Seront représentées dans le collége de la Sainte-Trinité de la Compagnie de Jésus , le 4 juin 1712. *Lyon* , C. Jullet , 1712. In-8 , 8 pp.

11755 In equestrem statuam Ludovico magno Lugduni positam Oratio habita in collegio SS. Trinitatis, ab Antonio VALORIS , III cal. jan. anno 1713. *Lugduni* , And. Laurens , 1714. In-4 , 39 pp.

11756 Les Jeux olympiques , ballet orné de machines et de changemens de théâtre , dansé à la tragédie d'Ulysse, au collège de la Sainte-Trinité , le 27 mai 1714. *Lyon* , Marcellin Sibert (1714). In-4 , 12 pp.

11757 Règlemens pour Messieurs les pension-

naires des Pères Jésuites du collége de Lyon , qui peuvent leur servir de règle de conduite pour toute leur vie. Par un Père de la Comp. de Jésus (Jean CROISET). *Lyon*, Michel Goy, 1715. In-12.

11758 La Chimère , ballet dansé à la tragédie de Polydore par les pensionnaires du collége de la Sainte-Trinité, le 16 juin 1715. *Lyon* , Marcellin Sibert. In-4 , 12 pp.

11759 L'Espérance, ballet dansé à la tragédie de Théagène et Chariclée , par les pensionnaires du collége de la Sainte-Trinité, le 23 mai 1717. *Lyon*, Marcellin Sibert. In-4, 14 pp.

11760 Aphien, tragédie. La Superstition, ballet. Représentés dans le collége de la Sainte-Trinité, le 12 juin 1718. *Lyon*, P. Bruyset. In-4, 16 pp.

11761 Jonathas , tragédie. La Témérité , ballet. Représentés par les pensionnaires du collége de la Sainte-Trinité, le 4 juin 1719. *Lyon* , P. Bruyset. In-4 , 16 pp.

11762 Joas , roi de Juda, tragédie représentée par les écoliers du grand collége de la Comp. de Jésus, à Lyon, le 15 juin 1726. *Lyon* , Pierre Bruyset (1726). In-4, 11 pp.

11763 Thémistocle, tragédie, suivie de l'Homme de Prométhée, comédie en un acte, représentées par les écoliers du grand collége de la Comp. de Jésus, à Lyon , le 23 mai 1728. *Lyon*, Marcellin Sibert. In-4 , 8 pp.

11764 Exercice littéraire sur la mythologie, l'histoire de la ville de Lyon , la chorographie de l'Europe , le blason , etc., dans la grande salle du collége de la Sainte-Trinité de la Compagnie de Jésus , le IIIe jour d'aoust 1728. *Lyon* , A. Laurens. In-4, 38 pp.

11765 L'Empire de la Mode , ballet qui sera dansé au collége de Louis-le-Grand chez les Pères de la Compagnie de Jésus , et servira d'intermèdes à la tragédie de Régulus. *Paris*, Barbou , M.DCC.XXXI. In-4, 8 pp.

11766 Jonathas Machabée, tragédie. Les Enfants illustres, ballet. Par les pensionnaires du grand collége de la Compagnie de Jésus , à Lyon, le 8 juin 1732. *Lyon*, Henri Declaustre, 1732. In-4, 12 pp.

11767 Règlemens pour Messieurs les pensionnaires des Pères Jésuites du collége de Lyon, qui peuvent leur servir de règle de conduite pour toute leur vie Par le R. P. Jean CROISET. *Lyon*, Claude Perrot, M.DCC.XXXIII. Deux tomes en un vol. in-12, bas.

11768 Codrus , tragédie. L'Imagination , ballet. Représentés par les écoliers du grand collége de la Comp. de Jésus , à Lyon, le 27 mai 1736. *Lyon*, Henri Declaustre, 1736. In-4 , 16 pp.

11769 Herménégilde , tragédie qui sera représentée par MM. les pensionnaires du grand collège de la Compagnie de Jésus les 27 et 28 mai 1741. *Lyon*, H. Declaustre, 1741. In-4, 11 pp.

11770 Agathocle, tragédie. L'Imagination, ballet. Représentés par MM. les pensionnaires du grand collége de la Comp. de Jésus, à Lyon, les 5 et 6 juin 1751. *Lyon*, Henri Declaustre, 1751. In-4, 15 pp.

11771 Exercice littéraire sur la poésie, par Mamert DE JUSSIEU, Jacques IMBERT et P. VALFRAY, de Lyon, dans la salle du collége de la Très-Ste-Trinité, le 6 juillet 1742. *Lyon*, Declaustre. In-4, 16 pp.

11772 Titus, ou la Ruine de Jérusalem, tragédie. L'Ecole des malheureux, comédie-ballet. Seront représentées par MM. les écoliers du collége de la Ste-Trinité de la Comp. de Jésus les 8 et 9 juin 1754. *Lyon*, Aimé Delaroche, 1754. In-4, 10 pp.

11773 Réquisitoire du procureur du roi à Monsieur le lieutenant criminel sur le tumulte qui a eu lieu au collége de la Trinité. 2 avril 1762. *Signé* : PEYSSON DE BACOT. In-12, 3 pp.

11774 Extrait des registres de la Sénéchaussée de Lyon (au sujet de troubles arrivés au collége de la Trinité). *Lyon*, Valfray, 1762. In-4., 3 pp.

11775 La Brebis à son pasteur, ou Semonce filiale de George CROTONEL, négociant, à Monseigneur l'Archevêque de Lyon (au sujet du collége et des Oratoriens). M DCC.LXIII. In-12, 12 pp.

11776 Représentations de la Cour des monnoies, Sénéchaussée et Présidial de Lyon, présentées à M. le chancelier et envoyées au Parlement, au sujet des lettres-patentes du 29 avril 1763, qui confient le grand collége de cette ville à la congrégation de l'Oratoire. Délibérations de divers corps de cette ville, dont la Sénéchaussée avait demandé l'avis sur ces lettres-patentes. (mai 1763). In-12, 70 pp.

11777 Exercice sur quelques propositions choisies de mathématiques, dans la salle des actes du collége de la Trinité, le 3 août 1764. *Lyon*, A. Delaroche, 1764. In-4, 16 pp.

11778 Exercice de mathématiques dans la salle des actes du collége de la Trinité, le 23 août 1764. *Lyon*, A. Delaroche, 1764. In-4, 8 pp.

11779 Conclusiones theologicae de sacramento Poenitentiae. *Lugduni*, A. Delaroche, 1765. In-4, 8 pp.

11780 Exercice littéraire. Comparaison critique de l'*Art poétique* d'Horace avec celui de Boileau ; par Gabriel MAGNEVAL, écolier de rhétorique, dans la salle des actes du collége de l'Oratoire, le 15 mai 1766. *Lyon*, A. Delaroche, 1766. In-4, 9 pp.

11781 Exercice sur la géographie, dans la salle du collége des prêtres de l'Oratoire, le 4 juillet 1766. 1766. In-4, 8 pp.

11782 Exercice sur les deux premières races de l'histoire de France. Salle du collége des prêtres de l'Oratoire, le 18 juillet 1766. 1766. In-4, 8 pp.

11783 Exercice sur l'histoire poétique, dans la salle du collége des prêtres de l'Oratoire, le 26 juillet. (*Lyon*), 1766. In-4.

11784 Exercice littéraire sur l'éloquence du barreau ; par Vincent MORIN, écolier de rhétorique, dans la salle des actes du collége de la Trinité, le 29 juillet 1766. 1766. In-4, 8 pp.

11785 Histoire généalogique de la maison royale de Bourbon. Exercice littéraire, par Messieurs les écoliers de troisième, dans la salle du collége de la Trinité, des prêtres de l'Oratoire, le 11 juillet 1772. *Lyon*, Aimé Delaroche, M.DCC.LXXII. In-4, 8 pp.

11786 Style (du). Exercice littéraire dans la salle du collége de la Trinité, le 13 juin 1772. *Lyon*, Delaroche. In-4, 8 pp.

11787 Procès-verbal signé de la pose des inscriptions, et prise en possession de tous biens-meubles et immeubles, de la bibliothèque et des médailles du collége de la Trinité de Lyon, par les délégués membres du Consulat et échevins de la ville de Lyon au nom des citoyens et du Consulat, le 10 juillet 1772. Collationné : MORIN, greffier. Ms. in-fol., 6 ff.

11788 Au Roi et à nosseigneurs de son Conseil. (Supplique des prêtres de l'Oratoire au sujet de la propriété du collége de la Trinité). *Paris*, Simon, 1773. In-4, 15 pp.

11789 Notes et observations pour les Collèges de Lyon, au sujet de la propriété des bâtiments du collége de la Trinité et de sept inscriptions que le Consulat s'était permis de faire poser. s. d., sans signature. Ms. in-fol., 44 pp.

11790 Exercice sur les mœurs des Français, en forme d'entretien, dans la salle du collége de la Trinité, le 9 juin 1781. *Lyon*, A. Delaroche, 1781. In-4, 7 pp.

11791 Exercice et distribution des prix du collége de la Trinité en 1781 (en latin). *Lyon*, A. Delaroche, 1781. In-4, 7 pp.

11792 Exercice littéraire sur le goût, en forme d'entretien, dans la salle du collége de la Trinité, le 25 mai 1782. *Lyon*, A. Delaroche, 1782. In-4, 7 pp.

11793 Exercice et distribution des prix du collége de la Ste-Trinité de Lyon, en 1782 (en latin). *Lyon*, A. Delaroche, 1782. In-4, 7 pp.

11794 Exercice sur la rivalité de la France et de l'Angleterre, dans la salle du collége de la Trinité, le 14 juin 1783. *Lyon*, A. Delaroche, 1783. In-4, 7 pp.

11795 Exercice sur la mythologie, en forme d'entretien, par MM. les écoliers de cinquième du collége de la Trinité, dans la salle des prêtres de l'Oratoire, le 19 août 1783. *Lyon*, A. Delaroche, 1783. In-4, 5 pp.

11796 Exercice sur l'histoire naturelle des animaux, en forme d'entretien, par MM. les écoliers de sixième du collége de la Trinité, dans la salle des prêtres de l'Oratoire, le 22 août 1783. *Lyon*, A. Delaroche, 1783. In-4, 5 pp.

11797 Exercice et distribution des prix du collége de la Ste-Trinité de Lyon en 1783 (en latin). *Lyon*, A. Delaroche, 1783. In-4, 7 pp.

11798 Exercice ou distribution des prix au collége de la Ste-Trinité de Lyon, en 1784 (en latin). *Lyon*, A. Delaroche, 1784. In-4, 7 pp.

11799 Exercice littéraire sur la manière d'écrire, en forme d'entretien, dans la salle du collége de la Trinité, le 21 mai 1785. *Lyon*, A. Delaroche, 1785. In-4, 7 pp.

11800 Exercice sur l'histoire sainte, par MM. les écoliers de sixième du collége de la Trinité, dans la salle du collége des prêtres de l'Oratoire, 1785. Lyon, A. Delaroche, 1785. In-4, 5 pp.

11801 Exercice ou distribution des prix du collége de la Ste-Trinité de Lyon en 1785 (en latin). *Lyon*, A. Delaroche, 1785. In-4, 7 pp.

11802 Exercice littéraire, en forme d'entretien, sur le vrai dans les ouvrages d'esprit, par MM. les écoliers de seconde du collége de la Trinité, dans la salle du collége, le 10 juin 1786. *Lyon*, A. Delaroche, 1786. In-4, 7 pp.

11803 La Mythologie expliquée par l'histoire, exercice littéraire, par MM. les écoliers de cinquième, dans la salle du collége de la Trinité, le 11 août 1786. *Lyon*, A. Delaroche, 1786. In-4, 4 pp.

11804 Exercice et distribution des prix du collége de la Ste-Trinité de Lyon, en l'année 1786 (en latin). *Lyon*, A. Delaroche, 1786. In-4, 7 pp.

11805 Exercice littéraire sur le beau dans les ouvrages d'esprit, par MM. les écoliers de seconde du collége de la Trinité, le 2 juin 1787. *Lyon*, A. Delaroche, 1787. In-4, 7 pp.

11806 Exercice sur les mathématiques et sur la physique, par MM. Joseph LEDIVAT et Matthieu-Toussaint PETIT, de Lyon, dans la salle du collége de la Trinité, le 27 juillet 1787. *Lyon*, A. Delaroche, 1787. In-4, 24 pp.

11807 Exercice sur l'histoire grecque, par MM. les écoliers de cinquième, dans la salle du collége de la Trinité, le 20 août 1787. *Lyon*, A. Delaroche, 1787. In-4, 4 pp.

11808 Exercice sur les deux triumvirats, par MM. les écoliers de quatrième, dans la salle du collége de la Trinité, le 21 août 1787. *Lyon*, A. Delaroche, 1787. In-4, 2 ff.

11809 Exercice et distribution des prix du collége de la Ste-Trinité de Lyon en l'année 1787 (en latin). *Lyon*, A. Delaroche, 1787. In-4, 7 pp.

11810 Exercice littéraire, en forme d'entretien, sur le naïf dans les ouvrages d'esprit, par MM. les écoliers de seconde du collége de la Trinité, le 17 mai 1788. *Lyon*, A. Delaroche, 1788. In-8, 7 pp.

11811 Exercice sur les mathématiques, par MM. Michel-Rob. DE ST-VINCENT, J.-Fr. DE MEAUX et J.-Ant. PHILIPPE, dans la salle du collége de la Trinité, le 25 juillet 1788. *Lyon*, A. Delaroche, 1788. In-4, 16 pp.

11812 Exercice et distribution des prix du collége de la Ste-Trinité de Lyon, en 1788 (en latin). *Lyon*, A. Delaroche, 1788. In-4, 7 pp.

11813 Exercice littéraire sur la poésie lyrique, par MM. les écoliers de seconde, pour la distribution solennelle des prix, dans la salle des prêtres de l'Oratoire du collége de la Trinité, le 25 août 1790. *Lyon*, Aimé Delaroche, 1790. In-4, 6 pp.

11814 Procès-verbal et arrêté de la Municipalité portant que le P. Roman, supérieur du collége de la Trinité, se retirera dans la maison de l'institution. 19 avril 1791. Ms. in-fol., 1 f.

11815 Les PP. de l'Oratoire du collége de la Trinité à leurs concitoyens. s. d. In-8, 8 pp.

11816 Mémoire justificatif pour les PP. de l'Oratoire desservant le collége de la Trinité de Lyon, contre les prétentions et imputations des officiers municipaux de la même ville. s. d. In-8, 42 pp.

11817 Réponse des administrateurs du Bureau des colléges de Lyon au Mémoire prétendu justificatif des Pères de l'Oratoire desservant le collége de la Trinité. *Lyon*, Aimé Vatar-Delaroche, 1791. In-4, 12 pp.

11818 Observations de la Municipalité sur un Mémoire des PP. de l'Oratoire desservant le collége de la Trinité. (1791). Ms. in-fol., 3 ff.

11819 Observations de la Municipalité de Lyon sur un Mémoire présenté au Directoire du départ. de Rhône-et-Loire par les RR. PP. de l'Oratoire desservant le collége de la Trinité de Lyon, et sur un imprimé non signé, intitulé : *Les PP. de l'Oratoire du collége de la Trinité à leurs concitoyens*. 1791. In-8, 21 pp.

11820 Réponse des PP. de l'Oratoire aux Observations de la Municipalité. s. d. In-8, 16 pp.

11821 Cours élémentaire d'astronomie physique, par J. M., professeur de physique expérimentale au collége de la Trinité de la ville de Lyon. Prospectus. *Lyon*, Aimé Delaroche, 1791. In-8, 4 pp.

11822 Lettre du maire et des officiers municipaux à M. le procureur-syndic du district de Lyon, pour lui annoncer l'envoi de la copie des procès-verbaux de l'apposition des scellés sur les portes de la bibliothéque, des cabinets de médailles et de physique et de l'observatoire de MM. les PP. Oratoriens, pour la sûreté des effets y contenus. Ms. aut. sig. de VITET, avec les sig. aut. de CHALIER, ARNAUD-TIZON, BERTHELET, CHAPUY. *Lyon*, le 1er octobre 1791. In-fol., 1 p.

11823 Arrêté du Directoire au sujet des scellés apposés par la Municipalité sur les portes de divers appartemens du collége de la Trinité. 20 décembre 1791. Mss., 6 pièces in-fol.

11824 Délibération du Bureau des colléges sur la demande du P. Roman afin d'être rétabli dans les fonctions de supérieur du collége de la Trinité. Janvier 1792. Ms. in-fol., 3 ff.

11825 Procès-verbal de la séance du Bureau d'administration des colléges. 22 mars 1792. Ms. in-fol., 6 ff.

11826 Etat général du cabinet d'antiquités et de médailles du (ci-devant) collége de la Trinité de Lyon, d'après l'inventaire général fait en 1764 (65) par le P. Jos. OLDEBOURF-JANIN, religieux augustin (de la maison de Lyon), vérifié et rectifié (par ordre du Bureau des colléges) dans les cabinets et sur les pièces existantes en 1801 (an IX de la République française), pour servir à la composition descriptive et figurée du *Musœum Lugdunense*. Ms. à longues lignes, in-4, 13 ff.

Collége Notre-Dame.

11827 Rhetorices alumni Somnium, carmen. J.-B. VARENARD. *Lugduni*, A. Delaroche, 1765. In-4, 4 pp.

11828 Nobilissimis ac illustrissimis D. D. Decano et Comitibus Lugduni, cum ad beatæ collegium Mariae Virginis accederent, exercitationi publicae interfuturi. Carmen. Gratulabatur Cl. PRIMAT. *Lyon*, P. Valfray, 1766. In-4, 4 pp.

11829 Exercice littéraire au collége de Notre-Dame, le 31 juillet 1766. In-4, frontispice gravé.

11830 Le Charme des Lettres. Discours qui sera prononcé, etc., au collége de Notre-Dame samedi 26 août 1769. *Lyon*, Aimé Delaroche. In-fol., 1 p.

11831 Les Cieux, ou la Pluralité des mondes. Présenté à MM. les administrateurs des colléges par J.-B. REY, écolier de rhétorique, le 5 mai 1770. *Lyon*, A. Delaroche, 1770. In-4, 42 pp.

11832 Exercice ou distribution des prix au collége de N.-D. le 24 août 1778 (en latin). *Lyon*, A. Delaroche, 1778. In-4, 8 pp. — *Id.* 24 août 1781. In-4, 8 pp. — *Id.* 24 août 1782. In-4, 8 pp. — *Id.* 23 août 1783. In-4, 8 pp. — *Id.* 23 août 1784. In-4, 8 pp. — *Id.* 24 août 1785. In-4, 8 pp. — *Id.* 24 août 1786. In-4, 8 pp. — *Id.* 24 août 1787. In-4, 8 pp. — *Id.* 23 août 1788. In-4, 8 pp. — *Id.* 24 août 1790. In-4, 8 pp.

Ecole centrale, Lycée, Université.

11833 Tableau des cours de l'Institut de Lyon (pendant chaque jour de la semaine). s. d. (1791-1793), s. n. d'impr. In-4, 1 p.

11834 Tableau des cours de l'Institut de Lyon. s. d. (17 octobre 1792. In-4, 1 p.

11835 Discours prononcé le 12 novembre, à l'ouverture de l'Institut des sciences et arts utiles à la société, par le citoyen Jean-Emmanuel

GILIBERT. *Lyon*, Aimé Vatar-Delaroche, 1792, l'an Ier de la République. In-8, 15 pp. — Autre éd. s. n. d'impr. In-4, 8 pp.

11836 Arrêté de la Municipalité sur le choix des professeurs du grand Collége. 13 octobre 1792. Ms. in-fol., 2 ff.

11837 Plan d'organisation du grand Collége de Lyon, dit l'Institut des sciences et arts utiles à la société. (*Lyon*, 22 novemb. 1792). In-8, 15 pp.

11838 Inauguration de l'Ecole centrale du départ. du Rhône. Extrait du registre des délibérations de l'Administration centrale du département du Rhône. Du 3e jour complémentaire, l'an IV de la République. *Lyon*, Ballanche et Barret, an V. In-8, 20 pp.

11839 Arrêté de l'Administration centrale du départ. sur l'ouverture des cours de l'Ecole centrale. 19 brumaire an V. In-fol., 1 p.

11840 Ouverture des cours de l'Ecole centrale du départ. du Rhône. *Lyon*, Ballanche, an V. In-8, 76 pp.

11841 Ecole centrale. Séances, délibérations et notices des titres et mémoires de l'Ecole centrale du départ. du Rhône. Ms. à longues lignes. In-fol. parch. — Ce registre contient, outre l'organisation et le règlement de l'Ecole, les procès-verbaux des séances depuis le 1er frimaire an V jusqu'à messidor.

11842 Compte-rendu de l'état des cours de l'Ecole centrale du départ. du Rhône, dans la séance publique du 29 thermidor an V, pour la proclamation solennelle des prix. *Lyon*, Ballanche, 1797. In-8, 38 pp.

11843 Arrêté de l'Administration départementale du Rhône qui confisque, au profit du cabinet d'histoire naturelle près l'Ecole centrale, le cabinet, les livres et les divers objets scientifiques appartenant au citoyen Imbert-Colomès. 12 ventose an VI. *Signé* : BOCHAGE-PHILIPON cadet, BOUVIÉ et DUMAS. Sig. aut. Ms. in-fol., 3 pp.

11844 Procès-verbal de la séance publique de l'Ecole centrale du départ. du Rhône, pour la distribution des prix de l'an VI. *Lyon*, Ballanche, an VI. In-8, 31 pp.

11845 Procès-verbal de la séance publique tenue au ci-devant grand Collége pour la distribution des prix de l'Ecole centrale du départ. du Rhône, le 3 fructidor an VII. *Lyon*, Perisse. In-8, 16 pp. — *Id.* 30 thermidor an VIII. In-8, 22 pp. — *Id.* 30 thermidor an IX. In-8, 15 pp. — *Id.* 30 thermidor an X. In-8, 15 pp.

11846 Lettre des membres de la Commission chargée de l'organisation du Lycée de Lyon, au citoyen préfet du Rhône, au sujet du Lycée de Lyon. *Signé* : DELAMBRE et VILLAR. Lett. aut. sig. In-4, 1 p.

11847 Installation du Lycée de Lyon. (Extraits du *Bulletin de Lyon* des 17 et 20 messidor an XI). In-12, 12 pp.

11848 Discours d'adieu aux élèves du Lycée de Lyon, par M. l'aumônier M***. *Lyon*, Ballanche, an XI. In-8.

11849 Lois et règlements pour les Lycées, avec la nomination des grands fonctionnaires, des professeurs et des élèves du Lycée de Lyon. an XI, 1803. *Lyon*, Ballanche père et fils. In-8, 76 pp.

11850 Exercices publics du Lycée de Lyon, du 12 au 26 thermidor an XII. *Lyon*, Tournachon-Molin (août 1804). In-4, 16 pp.

11851 Distribution solennelle des prix accordés au Lycée de Lyon par la ville, pour l'an XII. *Lyon*, Tournachon-Molin, 1804. In-4, 11 pp.

11852 Procès-verbal de la distribution faite par le Bureau d'administration aux élèves du Lycée des prix donnés par la ville, pour la clôture des classes en l'an XII. *Lyon*, Tournachon-Molin. In-4, 31 pp.

11853 Distribution solennelle des prix accordés au Lycée de Lyon par la ville, pour l'an XIII. *Lyon*, Tournachon-Molin (1805). In-4, 12 pp.

11854 Procès-verbal de la distribution faite par le Bureau d'administration aux élèves du Lycée de Lyon, des prix donnés par la ville pour la clôture des classes en l'an XIII. *Lyon*, Tournachon-Molin. In-4, 23 pp.

11855 Procès-verbal de la distribution des prix accordés par la ville aux élèves du Lycée pour l'année 1806. *Lyon*, Ballanche, 1806. In-4, 39 pp.

11856 Procès-verbal de la distribution des prix accordés par la ville aux élèves du Lycée, pour la clôture des classes de l'année 1807. *Lyon*, Ballanche, 1807. In-4, 48 pp.

11857 Exercices publics, an 1808. (Lycée impérial de Lyon). *Lyon*, Ballanche, 1808. In-4, 20 pp.

11858 Procès-verbal de la distribution des prix accordés par la ville de Lyon aux élèves du Lycée, pour la clôture des classes de l'année 1808. *Lyon*, Ballanche. In-4, 32 pp.

11859 Exercices publics du Lycée impérial, du 7 au 12 août 1809. *Lyon*, Ballanche, 1809. In-4, 20 pp. — *Id.* des 6 et 7 septembre 1810. In-4, 19 pp. — *Id.* 1814. In-4, 24 pp.

11860 Procès-verbal de la distribution des prix accordés par la ville de Lyon aux élèves du Lycée, pour la clôture des classes de l'année 1809. *Lyon*, Ballanche, 1809. In-4, 44 pp. — *Id.* 1810. In-4, 20 pp. — *Id.* 1811. In-4, 20 pp. — *Id.* 1812. In-4, 19 pp.

11861 Exercices des élèves du cours de mathématiques spéciales du Lycée de Lyon, année 1812. *Lyon*, Ballanche, 1813. In-4, 4 pp. — *Id.* 1812. In-4, 8 pp.

11862 Collèges royaux. Distribution des prix du Collège royal de Lyon. Observations relatives à la présidence. (Lettres du ministre, du préfet, du recteur de l'Académie, du proviseur, et délibérations du Conseil municipal de Lyon

au sujet de la distribution des prix). 1818. 8 pièces autographes signées. In-fol.

11863 Quatorze pièces aut. sig. Réclamations et correspondance au sujet de la distribution des prix au Collège royal. 1818.

11864 Discours prononcé à la distribution des prix du Collège royal de Lyon, le 22 août 1827, par M. F.-J. RABANIS. *Lyon*, M DCCC XXVII. In-8, 25 pp.

11865 Notice historique sur le Collège royal de Lyon (par RABANIS). *Lyon*, J.-M. Barret, 1828. In-8, 21 pp.

11866 Distribution solennelle des prix aux élèves du Collège royal de Lyon, le 12 août 1828. *Lyon*, André Idt. In-4, 23 pp.

11867 Programme des connaissances exigées pour le baccalauréat-ès-lettres, et des conditions à remplir pour l'admission à l'examen. Par le proviseur du Collège royal de Lyon, l'abbé ROUSSEAU. *Lyon*, Théod. Pitrat. In-4, 4 pp.

11868 Discours prononcé à la distribution des prix du Collège royal de Lyon, le 25 août 1831, par M. L. MEZIÈRES, professeur de rhétorique. *Lyon*, A. Idt, 1831. In-8, 22 pp.

11869 Droits de la ville de Lyon à la propriété du Collège... Rapport fait par M. GASTINE. *Lyon*, Ayné, 1839. In-8, 90 pp.

11870 Réponse de l'Académie au rapport fait au Conseil municipal sur les bâtiments du Collège. *Lyon*, Ayné, 1839. In-8, 55 pp.

11871 Distribution solennelle des prix aux élèves du Collège royal de Lyon. (1840-1852). *Lyon*, Léon Boitel, 1840-1852. In-4, 12 pièces.

11872 Rapport sur la propriété des bâtiments du Collège et l'établissement de l'escalier de la Bibliothèque, au Conseil municipal de la ville de Lyon. Séance du 6 novembre 1845. *Lyon*, Nigon, 1845. In-8, 34 pp.

11873 Collège royal de Lyon. Discours de M. le Recteur prononcé à la distribution solennelle des prix le lundi 17 août 1846. In-4.

11874 Hygiène des collèges, comprenant l'histoire médicale du Collège royal de Lyon; par J.-P. POINTE..., médecin du Collège royal de Lyon. *Paris, Lyon*, 1846. In-12.

11875 Discours prononcé à la distribution des prix du Collège royal de Lyon; par M. P. LORAIN, recteur de l'Académie. *Lyon*, Léon Boitel, 1847. In-4.

11876 Lycée de Lyon. Prospectus. (Approuvé le 31 mai 1845. Modifié le 31 juillet 1848. Réimprimé en octobre 1848). *Lyon*, Léon Boitel. In-4, 4 pp.

Instruction primaire, Pensions et Maisons d'éducation particulières.

11877 Triomphe de la vertu, tragedie des rares et prodigieuses adventvres de Pierre comte

d'Vrfé , marqvis de Bagé , seneschal de Beau-
chaire , chevalier de St-Michel , de la Toison-
d'Or et du St-Sepulchre , grand escuyer de
France sous Lovys onziesme. (Par les prestres
de l'Oratoire de Jesvs du college de Montbrison). *Lyon*, Clavde La Gviolle, 1635. In-4, v.
br., jans. [Petit.]

11878 Exercices de mathématiques , dédiés à
MM. de l'Académie des sciences , belles-lettres et arts de Lyon ; par Grégoire MOLINARD,
de Nantua , dans la salle des actes du collége
des FF. Prêcheurs , le 2 août 1774. *Lyon* ,
A. Delaroche , 1774. In-4 , 16 pp.

11879 Plan d'éducation de M. GORRATY, demeurant à Ecully. Lyon , 26 mai 1775. *Lyon* ,
Aimé Delaroche. In-4 , 4 pp.

11880 Lettres à M. le comte de Laurencin , ou
Programme de la pension académique dirigée
par MM. DOMERGUE et NOEL. *Lyon*, A.-A. Belion (1776). In-2 , 18 pp.

11881 Prospectus d'une académie d'écriture
que se propose d'établir le sieur Fargues ,
maître écrivain juré à Lyon , sous la protection de Monsieur, frère du roi. *Lyon*, ce
11 janvier 1776 , Aimé Delaroche. In-4, 1 p.

11882 Exercices littéraires pour MM. les élèves
de la maison d'éducation établie au bourg de
Vaize , par le sieur FAURAS , le lundi 5, mercredi 7, vendredi 9 de mai 1785. In-4, 15 pp.

11883 L'Enfant prodigue , Esope à la Cour,
pièces de théâtre , représentées par les élèves
des sieurs Chazot père et fils , dans leur salle
d'action , rue des Augustins , les 26 avril ,
1er et 6 mai. s. d. In-4 , 4 pp.

11884 Lettre de M. DE VERGENNES à M. l'intendant de Lyon , au sujet d'une dame de Montbrison qui demande la permission d'enseigner
les enfants. *Fontainebleau* , le 12 novembre
1783. Lett. aut. sig. In-4, 1 p.

11885 Lettres-patentes sur arrêts , concernant
la reconstruction du collége de Montbrison ;
du 18 août 1784. *Paris* , Simon , 1785. In-4,
8 pp.

11886 Exercice littéraire par MM. les écoliers
de la pension du sieur Belon , à Ste-Foy, le
11 mai 1786. In-4 ; 23 pp.

11887 Maison d'éducation dirigée actuellement
par M. Fontaine , l'un des anciens instituteurs
de Lyon, à Saint-Irénée... (Prospectus). s. d.,
s. n. d'impr. In-8 , 14 pp.

11888 Prospectus d'une Maison d'éducation.
(1790). In-4 ; 8 pp.

11889 Nouvelle Maison d'institution dirigée par
MM. Caille frères, prêtres, à Lyon. (Prospectus et conditions). *Lyon*, Aimé Delaroche ,
1791. In-8 , 3 pp.

11890 Prospectus d'un cours d'éducation , ou
Ecole civique (par M. LABRUDE). s. n. d'impr.,
s. d. (août 1791). In-8.

11891 Établissement d'une Maison d'éducation
nationale à l'Arbresle ; proposé par une so-

ciété de pères de famille. s. d. (mai 1791).
In-8 , 8 pp.

11892 Les Arts mécaniques et les Arts libéraux
se tenant par la main , ou Idées offertes à la
discussion et au jugement des pères de famille et des instituteurs , sur les motifs et les
moyens de réunir l'apprentissage et la pratique des arts mécaniques aux études ordinaires
de la jeunesse. Par Séb. BRUN. *Lyon*, Ballanche , an IV (1796). In-12.

11893 Institution particulière et Pensionnat établis à Ste-Colombe-lès-Vienne. (1er floréal
an IV). *Vienne* , Labbe , an IV. In-8, 16 pp.

11894 Le Livre des écoles primaires, contenant :
la Déclaration des droits et des devoirs de
l'homme et du citoyen ; le Catéchisme français , ou Principes de philosophie , de morale
et de politique républicaine , par LA CHA-
BEAUSSIÈRE. L'Institution des enfants, ou Conseils d'un père à son fils , par N.-François
(DE NEUFCHATEAU). Librairie des écoles primaires et centrales du département du Rhône,
l'an VII de la République française. In-8 ,
31 pp., demi-rel., dos mar. rouge.

11895 Didactique générale d'éducation. Prospectus d'un sieur JOANNIN, professeur de belles-
lettres , établi à Feurs en Forez. s. d. In-8 ,
8 pp.

11896 Lettre de BERNARD-CHARPIEUX , maire
de l'arrondissement de l'Ouest , au préfet du
Rhône , pour lui proposer de céder les bâtiments du Petit-Collége au citoyen Roger pour
y établir un pensionnat , après que la ville
aura fait les réparations nécessaires. *Lyon* ,
23 messidor an X. Lett. aut. sig. ; avec une
note marginale de M. le Préfet, non signée ,
adressée au citoyen Dumas. In-4 , 4 pp.

11897 Lettre de BERNARD-CHARPIEUX, maire de
l'arrondissement de l'Ouest , au préfet du
Rhône , au sujet de l'institution des écoles
primaires , de l'établissement d'écoles secondaires , et des propositions du citoyen Roger.
Lyon , 2 thermidor an X. Lett. aut. sig. In-4,
3 pp.

11898 Ecoles primaires. Arrêté du préfet , du
11 frimaire an XI. *Lyon*, Leroy, an XI. In-4 ,
8 pp.

11899 Lettre du Conseil d'administration de la
Société pour l'instruction élémentaire, au préfet du Rhône , pour le féliciter sur le succès
des écoles de Lyon. *Paris* , 25 juin 1818. Le
comte DE LASTEYRIE , l'abbé GAULTIER, JO-
MARD et DE GÉRANDO. Sig. aut. In-fol., 2 pp.

11900 Scene italiane per gli esercizi pubblici
nel convento del sagrato Cuore di Gesu e Maria dei Certrosi , composte dal sigr H. J. M.,
di Lione. (*Lyon*), Rusand, 1826. In-4, 11 pp.

11901 Statuts de la Société d'instruction élémentaire du départ. du Rhône. *Lyon*, Brunet,
1828. In-8 , 8 pp.

11902 Assemblée générale des actionnaires de
la Société d'enseignement élémentaire du

départ. du Rhône. 25 avril 1831. *Lyon*, Brunet, 1831. In-8, 20 pp.

11903 Assemblée générale des actionnaires de la Société d'instruction élémentaire du départ. du Rhône. (31 mars 1833). *Lyon*, Brunet, 1833. In-8, 24 pp.

11904 Académie de Lyon. Collége de Roanne. Prospectus par l'abbé BALLEFIN, du 22 septembre 1833. In-4, 6 pp.

11905 Assemblée générale des actionnaires de la Société pour l'instruction élémentaire du départ. du Rhône. (1er juin 1834). *Lyon*, Rossary, 1834. In-8, 40 pp.

11906 Assemblée générale des actionnaires de la Société pour l'instruction élémentaire du départ. du Rhône. 23 juillet 1835. *Lyon*, Rossary, 1835. In-8, 29 pp.

11907 Institution d'Oullins. Extrait d'un Discours prononcé à la distribution des prix de 1835, par M. l'abbé DAUPHIN. *Lyon*, Louis Perrin, 1836. In-8, 24 pp.

11908 Institution Pestalozzienne de l'Arbresle (Rhône). Distribution solennelle des prix, année 1834-1835. (Arbresle, le 27 août 1835). *Lyon*, Rusand. In-4, 20 pp.

11909 Éducation et enseignement du pensionnat de Fourvières. *Lyon*, Pélagaud, 1838. In-8, 8 pp.

11910 Compte-rendu des travaux de la Société d'éducation de Lyon pendant l'année 1839, par M. DE BORNES, président. Lu dans la séance publique du 9 juillet 1840. *La Croix-Rousse*, Th. Lépagnez, 1840. In-8, 42 pp.

11911 Société d'éducation de Lyon. Séance publique du 14 janvier 1841. Président annuel: M. Ch. LACROIX. (Compte-rendu). *Lyon*, Léon Boitel, 1841. In-8, 55 pp.

11912 Compte-rendu des travaux de la Société d'éducation de Lyon pendant l'année 1841; lu à la séance publique du 13 janvier 1842 par Ch. LACROIX, président. *Lyon*, Léon Boitel, 1842. In-8, 32 pp.

11913 De l'Enseignement régulier de la langue maternelle, par M. DE BORNES; lu à la séance de la Société d'éducation de Lyon, le 9 mai 1844. *La Croix-Rousse*, 1844. In-8.

11914 Compte-rendu des travaux de la Société d'éducation de Lyon pendant l'année 1843-1844; lu en séance publique le 9 mai 1844. *Lyon*. In-8.

11915 Compte-rendu sommaire des travaux de la Société pour l'instruction élémentaire du Rhône, pendant l'année scolaire 1844-1845, par M. THIAFFAIT, président de la Société. Extrait du programme de la distribution des prix du 24 août 1845. In-8, 12 pp.

11916 Compte-rendu des travaux de la Société d'éducation de Lyon pendant l'année 1845-1846, par M. JURIE; lu en séance publique le 18 juin 1846. *Lyon*, Nigon, 1846. In-8, 19 pp.

11917 Société pour l'instruction élémentaire du départ. du Rhône. Distribution solennelle des prix aux élèves des écoles et des cours gratuits de la Société, le 28 août 1846. *Lyon*, Nigon. In-8, 84 pp.

11918 Maison d'éducation des Charireux, à Lyon. (Prospectus.) *Lyon*, Mothon (1848). In-4, 7 pp.

11919 Examens pour l'instruction primaire, à Lyon, le 1er septembre 1848. (Examen des candidats aux brevets de capacité. Conditions d'admission à l'Ecole normale). *Lyon*, 29 juillet 1848. *Signé* : Le recteur de l'Académie, P. LORAIN. *Lyon*, veuve Ayné. In-fol., 1 p.

11920 Monopole et Communisme. Discours prononcé à la distribution des prix le 17 août 1848, à l'institution d'Oullins, par M. l'abbé DAUPHIN..., directeur-supérieur de l'établissement. *Lyon*, 1848. In-32, 36 pp.

11921 Prospectus du pensionnat de la Sainte-Trinité, cours des Tapis, n° 22, près des Chartreux. *Lyon*. In-4, 3 pp.

11922 Caractères de l'inspiration originale et de l'imitation artificielle.... De la composition interne. Dissertations lues à la séance publique de la Société d'éducation, le 25 juillet 1850, par M. Louis GUILLARD. *Lyon*, Nigon, 1851. In-8, 24 pp.

Enseignement mutuel, Méthode Jacotot, Mnémonique, Sourds-Muets.

11923 Discours prononcé à l'ouverture de l'Ecole secondaire du Midi sur les devoirs des instituteurs, par M. MOLARD, directeur. *Lyon*, Ballanche, an XIII. In-8, 21 pp.

11924 Expérience publique et gratuite de l'art d'aider et de fixer la mémoire, qui se fera le 19 juillet 1809, salle de la Bourse, à Lyon, etc. In-4, 4 pp., et livret in-8, contenant 16 tableaux.

11925 Discours sur la théorie physiologique de l'enseignement mutuel, prononcé dans la séance publique de l'Académie de Lyon, du 7 septembre 1818, par Stanislas GILIBERT. *Lyon*, Bohaire, 1818. In-8, 35 pp.

11926 Une séance de l'école d'enseignement mutuel de Lyon, par E. SAINTE-MARIE. *Lyon*, Targe, 1819. In-8, 36 pp.

11927 Lettre de l'abbé SICARD, directeur de l'Institution des sourds-muets, à M. Kenoux, conseiller de préfecture du Rhône, sur l'institution d'une école à Lyon. 28 décembre 1819. Ms. in-4, 2 pp.

11928 Enseignement (l') mutuel dévoilé, ainsi que ses jongleries et prétintailles révolutionnaires, etc.; par ONUPHRE. *Lyon*, Boursy, 1820. In-8, 119 pp.

11929 La Jeunesse lyonnaise vengée, ou Réponse à la lettre de M. Chastaing de Lyon; par L.-M. PERENON. *Lyon*, 1820. In-8, 30 pp.

11930 La Vérité aux prises avec la mauvaise foi et la calomnie, ou Réfutation des erreurs de M. Chastaing de Lyon, en réponse à son libelle intitulé : *Ma Défense* ; par L.-M. PÈRENON. Suivi d'un mot sur M. A.-P. Vidal fils, et sur l'enseignement mutuel. *Lyon*, 1821. In-8 , 40 pp.

11931 Circulaire annonçant la formation d'un Conseil général des souscripteurs pour l'instruction des sourds-muets indigents. De *Lyon*, le 14 décembre 1824. In-4, lithogr., 2 pp.

11932 Institut Jacotot, à Lyon, dirigé par M. Fortuné JACOTOT, avocat, fils du fondateur de l'émancipation intellectuelle. De Lyon, le 25 octobre 1830. *Lyon*, G. Rossary. In-4, 3 pp.

11933 Cours de mnémonique, par Aimé PARIS. Programme. *Lyon*, 1er janvier 1831. In-8, 4 pp.

11934 Enseignement mutuel. Prospectus et composition du Conseil d'administration provisoire (à Lyon). In-4 , 3 pp.

11935 Enseignement mutuel. Le président de la Société pour l'instruction élémentaire du Rhône, aux parents, etc. Lettre-prospectus. Lyon , le 1er août 1846. *Signé* : THIAFFAIT ; avec lettres-circulaires au sujet de la distribution des prix. *Lyon*, Nigon. In-fol., 4 pp.

Théorie pour l'enseignement des sciences industrielles. Ecole de commerce. Langues vivantes.

11936 Lettre du prévôt des marchands et des échevins à Monseigneur... au sujet de l'établissement à Lyon d'une école publique de commerce. Lyon, ce.. novembre 1769. LA VERPILLIÈRE, ROUSSET, RAMBAUD l'aîné, ROUX ; avec une note marginale, signée : BRISSON. Sig. aut. In-4, 6 pp.

11937 Mémoire sur des écoles-ateliers qu'il conviendroit d'établir concurremment avec les écoles primaires dans les grandes villes manufacturières. *Lyon*, ce 13 floréal l'an III. Par Sébastien BRUN , principal du petit Collège de Lyon. In-4, 12 ff.

11938 Etablissement (l') de la fabrique des tissus. (Lettre-circulaire signée : RUBICHON et Cie). *Lyon*, 17 juin 1806. In-4, 4 pp.

11939 Projet d'établissement d'une école publique et gratuite de commerce à Lyon; par N.-X. B., négociant. *Lyon*, février 1818. In-8 , 16 pp.

11940 Discours prononcé à l'ouverture solennelle des cours de l'Ecole spéciale de commerce de Lyon, le 18 novembre 1822, par M. GRANDPERRET. *Lyon*, Barret, 1822. In-8, 15 pp.

11941 Notice sur l'Ecole spéciale de commerce établie à Lyon et sous la direction de M. Guillard-Lièvre. *Lyon*, Barret , 1823. In-8, 35 pp.

11942 Education de commerce à Lyon, coteau du Verbe-Incarné, n° 153.(Prospectus par RAYMOND). s. d. In-4, 2 pp.

11943 Ecole de langues vivantes et de commerce (par M. NORDHEIM). Prospectus. *Lyon*, Barret, (1826). In-4, 3 pp.

11944 Exposition d'une nouvelle méthode expérimentale appliquée à l'enseignement populaire des sciences industrielles, et désignée sous le nom de Méthode manuelle ; et Considérations sur l'état actuel de cet enseignement en France et sur l'influence que l'adoption de la Méthode manuelle doit avoir sur les progrès des arts et des manufactures. Par Henri TABAREAU. *Lyon*, Louis Perrin, 1828. In-8, 40 pp.

11945 Prospectus d'un nouvel enseignement industriel fondé à Lyon par TABAREAU et REY, et destiné aux chefs des manufactures, aux contre-maîtres et aux jeunes élèves de l'industrie. *Lyon*, Boursy, s. d. In-4, 3 pp.

11946 Projet d'une institution d'ordre public , de garantie judiciaire, etc., à établir près les cours, tribunaux et justices de paix du royaume, sous le titre d'organisation des arbitres de commerce; par Séb.-L. ROSAZ. *Paris*, 1829. In-8, 22 pp.

11947 Institution lyonnaise de commerce , de dessin, de théorie de fabrication et des arts industriels, mécaniques et chimiques, fondée par N. TISSIER. *Lyon*, Brunet (1832). In-8, 8 pp.

11948 Discours qui sera adressé à ses élèves, le 12 janvier 1850, par M. BELLAY , à l'ouverture du cours de droit commercial. *Lyon*, Barret. In-4, 12 pp. — Notice sur la tenue des livres, par le même. In-4, 1 f. — Ouverture du cours de droit commercial du sieur BELLAY, le 12 janvier 1830. Prospectus. *Lyon*. In-4, 3 pp.

11949 Connaissances commerciales et langues vivantes, enseignées par M. NORDHEIM. (Prospectus). s. d. (184.). In-4, 3 pp.

11950 Projet de fondation d'une école spéciale de commerce, par Benjamin ROLLAND. *Lyon*, Léon Boitel, 1842. In-4.

11951 Collège royal de Lyon. Ecole spéciale de commerce et d'industrie. Prospectus. s. d. (184.). *Lyon*, Léon Boitel. In-8, 15 pp.

Ecole la Martinière.

11952 Jugement du Tribunal d'arrondissement de Lyon , qui ordonne le dépôt au greffe d'un exemplaire du testament du major-général Martin, natif de Lyon, décédé dans l'Inde, contenant différents legs en faveur de cette ville. Du 23 germinal an XI. *Lyon*, Ballanche , an XI (1803). In-4, 6 pp.

11953 Ecole de la Martinière, fondée par le major-général Claude Martin. *Lyon*, J.-B. Kindelem , 1823. In-8 , 35 pp.

11954 Dernière volonté et Testament du major-général Cl. MARTIN (en anglois, avec la traduction françoise en regard). *Lyon*, Ballanche ,

1803. In-4 demi-rel., dos et coins en m. r., non rogné. [Koehler.]

11955 Ecole de la Martinière, fondée par le major-général Claude Martin. (Délibération de l'Académie de Lyon concernant l'organisation de l'Ecole. 10 septembre 1822). *Lyon*, Kindelem, 1823. In-8, 35 pp.

11956 Discours prononcé par M. Camille REY, dans la séance d'ouverture du cours de chimie appliquée à la teinture, à l'Ecole théorique des arts et métiers, dite la Martinière. *Lyon*, Brunet, 1826. In-8, 7 pp.

11957 Rapport présenté à M. le maire de Lyon par M. TABAREAU, professeur de physique, ancien officier du génie et élève de l'Ecole polytechnique, sur le projet d'organisation d'une école d'arts et métiers en exécution des dispositions testamentaires faites en faveur de la ville de Lyon par le major-général Martin. *Lyon*, Louis Perrin, 1826. In-8, 63 pp.

11958 Procès-verbal de l'installation de l'établissement provisoire de l'institution dite de la Martinière. *Lyon*, Rusand, 1826. In-4, 16 pp.

11959 Discours prononcé par M. TABAREAU dans la séance d'inauguration de l'Ecole théorique des arts et métiers, dite la Martinière. *Lyon*, Louis Perrin, 1826. In-8, 15 pp.

11960 Distribution des prix et médailles de l'institution provisoire la Martinière, de la fondation Grognard, et du cours de géométrie-pratique, pour l'année 1827. *Lyon*, Rusand. In-4, 23 pp.

11961 Procès-verbal de la distribution des prix, pour l'année 1830, aux élèves de l'Ecole de dessin et des beaux-arts, et à ceux de l'institution provisoire *la Martinière*, de la ville de Lyon. *Lyon*. In-4, 22 pp. — Idem, pour 1832. In-4, 26 pp.

11962 Discours de M. GUERRE, membre de la minorité de la Commission nommée par l'Académie royale de Lyon pour l'organisation intérieure de l'école de la Martinière, contre le rapport de cette Commission. *Lyon*, Louis Perrin, 1832. In-8, 41 pp.

11963 Rapport présenté à l'Académie royale de Lyon, le 10 avril 1832, sur l'organisation de l'école gratuite des sciences et arts fondée à Lyon par le major-général Claude Martin, sous le nom d'Ecole de la Martinière, par MM. Elisée DEVILLAS, GRANDPERRET et TABAREAU, au nom d'une Commission. *Lyon*, Barret, 1832. In-8, 48 pp.

11964 Académie royale des sciences, belles-lettres et arts de Lyon. Présidence de M. Viricel. Ecole de la Martinière. Extrait du registre des délibérations de l'Académie, 20 avril-25 août 1832. (Organisation et dispositions réglementaires de l'Ecole, arrêtées par l'Académie). In-8, 18 pp.

11965 Discours sur l'organisation intérieure de l'école la Martinière, prononcé le 5 mai 1832, à l'Académie de Lyon en séance ordinaire, par M. DE CHAPUYS-MONTLAVILLE. *Lyon*, Louis Perrin, 1832. In-8, 23 pp.

11966 Mémoire sur l'organisation de l'école de la Martinière, par Alphonse DE BOISSIEU, couronné par l'Académie de Lyon dans sa séance publique du 30 août 1832. (Médaille d'or de 500 fr.). *Lyon*, Barret, septembre 1832. In-8, 52 pp.

11967 Procès-verbal de la séance d'inauguration de l'école de la Martinière, le 2 décembre 1833. *Lyon*, Ayné, 1834. In-4, 19 pp.

11968 Conseil de perfectionnement de l'école de la Martinière. Rapport présenté à l'Académie royale des sciences, belles-lettres et arts de Lyon, par M. GRANDPERRET. *Lyon*, Rossary, 1834. In-8, 29 pp.

11969 Rapport présenté à l'Académie royale des sciences, belles-lettres et arts de Lyon dans sa séance du 15 mars 1836, au nom du Conseil de perfectionnement institué près l'école de la Martinière, par M. ACHARD-JAMES, président. *Lyon*, Rossary, 1836. In-8, 64 pp.

11970 Rapport fait à l'Académie royale des sciences, belles-lettres et arts de Lyon dans sa séance du 5 juillet 1836, au nom de la Commission de la Martinière composée de MM. ACHARD-JAMES, BOULLÉE, DE MONTHEROT, PARAT, et DE LA PRADE, rapporteur. *Lyon*, Louis Perrin, 1836. In-8, 64 pp.

11971 Procès-verbal de la distribution solennelle des prix, 22 août 1837 (école la Martinière). In-8, 32 pp.

11972 Martinière (de la) mémoire, par A. MONMARTIN. *Lyon*, Ayné, 1839. In-8, 84 pp.

11973 Observations d'un Académicien de Lyon sur la seconde partie du Mémoire publié par la Commission exécutive de la Martinière. s. n. d'auteur. *Lyon*, Léon Boitel, 1840. In-8, 20 pp.

11974 Opinion de M. TABAREAU sur les débats qui se sont élevés entre l'Académie et la Commission exécutive de l'école de la Martinière. *Lyon*, Ayné, 1840. In-8, 86 pp.

11975 Rapport (au nom du Conseil municipal) sur la réclamation des collatéraux Eynard contre le legs en faveur de l'école la Martinière. *Lyon*, Charvin, 1842. In-8, 24 pp.

11976 Réponse aux objections des collatéraux Eynard, etc., en faveur de l'école la Martinière. *Lyon*, Ayné, 1842. In-8, gr. papier, 91 pp.

11977 Dotation de jeunes filles pauvres à l'institution de la Martinière. Proposition faite à l'Académie royale des sciences, belles-lettres et arts de Lyon, dans la séance du 29 août 1843, par M. DUMAS. *Lyon*, Barret, 1843. In-8, 8 pp.

Ecole secondaire de Médecine, et Cours particuliers.

11978 Histoire de l'Université de Lyon et du Collége de médecine faisant partie d'icelle, avec les priviléges des professeurs et docteurs qui y sont aggregez. Harangue prononcée à l'ouverture des leçons publiques en chirurgie de cette année, dans la salle des RR. PP. Cordeliers , par Lazare MEYSSONNIER, Masconnois , conseiller et médecin ordinaire du roy.... *Lyon*, Claude Cayne, 1644. In-4.

11979 Extrait des registres des jugements et ordonnances de la jurisdiction consulaire de la police des arts et métiers de la ville de Lyon, 30 décembre 1745 (au sujet des cours d'anatomie et de chirurgie des maîtres et des élèves chirurgiens). *Lyon*, Aimé Delaroche. In-4, 4 pp.

11980 Lettre écrite au ministre par M. DE FLESSELLES , intendant de Lyon , au sujet d'une émeute contre le Collége de médecine, soupçonné par le peuple de disséquer des enfants vivants. 24 décembre 1768 ; avec notes de M. COCHARD. Copie. Ms. in-fol., 4 ff.

11981 Mémoire sur la nécessité de rétablir les écoles de médecine de Lyon , détruites le 27 novembre 1768. *Genève*, 1768. In-12, 16 pp.

11982 Discours prononcé à l'ouverture du cours d'anatomie, etc., de Lyon, par M. CHAMPEAUX. *Genève*, 1776. In-8, 42 pp.

11983 Thèse de c' irurgie. Des moyens propres à arrêter les hémorragies, par P.-J. GEORGE ; soutenue le 21 mai 1776. *Lyon*, Barret (1776). In-4, 8 pp.

11984 Discours public pour la rentrée des écoles de chirurgie de Lyon, prononcé par M. GRASSOT, année 1777. In-4, 36 pp.

11985 De la fracture de la clavicule. Thèse d'anatomie et de chirurgie, soutenue par Jean-Dominique MIR, le 3 mai. *Lyon* , Delamollière , 1784. In-4.

11986 Thèse de chirurgie (sur les accouchements), par Michel PITIOT, de Lyon ; soutenue le 21 août 1784. *Lyon*, 1784. In-4.

11987 Instruction pour les élèves du cours gratuit d'accouchements. *Lyon*, 1786. In-8, 8 pp.

11988 Concours public du Collége de médecine de Lyon. Discours de M. BRION. In-8, 12 pp.; incomplet.

11989 Lettre de M. VITET, médecin de l'École royale des accouchements pour les sages-femmes de la campagne, à Messieurs les administrateurs de l'établissement. Plan de règlement. Demande qu'on veuille bien lui rembourser ses avances. 21 avril 1789. Lettre aut. sig. In-fol., 2 pp.

11990 Lettre de la Commission de santé au citoyen Rast, à Lyon, pour le prévenir qu'elle l'a nommé pour choisir l'élève que le district de Lyon doit envoyer à l'école de Montpellier. De *Paris*, le 30 frimaire an III. In-4, 1 f.

11991 Discours d'inauguration prononcé à l'ouverture des cours d'anatomie et de chirurgie de l'Hospice général des malades de Lyon , le 13 brumaire an VI, par Marc-Antoine PETIT. *Lyon*, an VI. In-8, 51 pp.

11992 Discours prononcé dans la séance du Conseil général du départ. du Rhône, le 2 prairial an X, par Louis MOREL, l'un de ses membres ; avec une Lettre d'envoi au préfet. Ms. in-fol., 3 pp.

11993 De l'esprit qui doit diriger le Manuel des opérations de chirurgie, par le citoyen CARTIER. (Prononcé à l'ouverture des cours). *Lyon* , an XII. In-4, 18 pp., avec l'*ex-dono* de l'auteur.

11994 Discours sur l'institution du médecin, suivant Hippocrate , prononcé à l'ouverture solennelle de l'Ecole de médecine établie près les Hôpitaux civils de Lyon , le 14 novembre 1821, par M. R. (RICHARD) DE LA PRADE. *Lyon*, Ballanche, 1822. In-8, 36 pp.

11995 Discours sur les études du médecin et sur les qualités nécessaires à l'exercice de sa profession , prononcé à l'ouverture des cours de l'Ecole de médecine de Lyon , dans la séance publique du 10 décembre 1824 , par RICHARD DE NANCY, d.-m. *Lyon*, Durand et Perrin, 1825. In-8, 54 pp.

11996 Discours sur l'union des sciences médicales et leur indépendance réciproque, prononcé à l'ouverture des cours de l'Ecole de médecine de Lyon, le 15 novembre 1826 , par R. (RICHARD) DE LA PRADE. *Lyon*, Louis Perrin, 1827. In-8, 47 pp.

11997 Discours sur l'état actuel de la médecine, prononcé le 12 novembre 1828 à l'ouverture solennelle de l'Ecole de médecine établie près les Hôpitaux civils de Lyon , par L. JANSON. *Lyon*, Louis Perrin, 1828. In-8, 56 pp.

11998 Discours sur quelques parties de l'hygiène publique et privée, prononcé pour l'ouverture des cours de l'Ecole secondaire de médecine de Lyon, à l'Hôtel-Dieu, par Gilbert MONTAIN, d.-m. *Lyon*, Louis Perrin, 1832. In-8, 32 pp.

Facultés des Sciences, des Lettres; Cours de physique, de chimie, etc.

11999 Règlement pour les établissements publics existant dans le bâtiment Saint-Pierre ; du 7 novembre 1818. *Signé* : RAMBAUD. In-4 , 18 pp.

12000 Discours d'inauguration du cours de chimie de l'Ecole des beaux-arts de Lyon , lu dans la salle de chimie le 1er mai 1819 ; suivi du Discours d'ouverture du cours de chimie , lu le 2 mai même année ; par N. TISSIER. *Lyon*, Brunet. In-8, 94 pp.

12001 Cours de chimie appliquée aux arts et aux manufactures. Prospectus. In-8, 4 pp.

12002 Coup-d'œil sur le génie littéraire de l'Europe, discours d'ouverture prononcé par M. Eichhoff, professeur à la Faculté des lettres de Lyon. *Lyon*, Léon Boitel. s. d. (184.). In-8, 15 pp.

12003 Installation de la Faculté des sciences de Lyon. *Lyon*, Rossary, janvier 1835. In-8, 32 pp.

12004 Du génie littéraire de la France; Discours prononcé à l'ouverture du cours de littérature française, à la Faculté des lettres de Lyon, en décembre 1847, par Victor DE LAPRADE. *Lyon*, Léon Boitel, 1847. In-8, 38 pp., gr. pap.

12005 Du principe moral dans la République. Discours prononcé à la Faculté des lettres de Lyon, le 11 mars 1848, par Victor DE LAPRADE. *Lyon*, Léon Boitel, 1848. In-8, 16 pp.

12006 Des limites de la perfectibilité humaine; Discours d'ouverture prononcé à la Faculté des lettres de Lyon, le 28 novembre 1850, par M. BOUILLIER. *Lyon*, Léon Boitel. In-8, 16 pp.

Ecole de Dessin.

12007 Arrêt du Conseil d'Etat relatif aux honoraires des professeurs de l'Ecole gratuite de dessin établie à Lyon. 11 août 1780. In-4, 2 pp.

12008 Cours de géométrie pratique, par M. GIRARD, géographe. *Lyon*, Aimé Delaroche, 1782. In-8, 4 pp.

12009 Lettre de MAYEUVRE, représentant du peuple au Conseil des Cinq-Cents, adressée à l'administration centrale du départ. du Rhône, sur les démarches qu'il a faites pour la création d'un second professeur de dessin pour la fleur et la mise en carte. Ses projets pour le bien du commerce de Lyon. *Paris*, 4 ventose an V. Lett. aut. sig. In-4, 3 pp.

12010 Lettre de Jacques-Louis DAVID, membre de l'Institut, au citoyen Pernon, tribun, pour engager la ville de Lyon, par son organe, à choisir pour professeur de peinture le jeune Revoil. Eloge de cet artiste. Sa liaison avec Richard, aussi de Lyon. Eloge de tous deux. *Paris*, 2 prairial an II. Lett. et sign. aut. In-4, 2 pp.

12011 Procès-verbal de la distribution des prix aux élèves des Ecoles spéciales de dessin de la ville de Lyon, pour l'année 1808. *Lyon*, Ballanche, 1808. In-4, 8 pp. — *Id.* 1809. In-4, 11 pp. — *Id.* 1810. — *Id.* 1811. In-4, 14 pp. — *Id.* 1812. In-4, 12 pp. — *Id.* 1813. In-4, 15 pp.

12012 Discours d'ouverture du cours d'anatomie appliquée à la peinture et à la sculpture, prononcé le 6 mars 1811 par L.-F. TROLLIET. *Lyon*, Ballanche, 1811. In-8, 67 pp.

12013 Distribution des prix aux élèves de l'Ecole royale de dessin et des beaux-arts de la ville de Lyon, années 1819, 1822, 1824, 1826, 1827, 1828. *Lyon*, Rusand. In-4, 6 pièces.

12014 Projet de pétition à M. le Maire de la ville de Lyon, pour le rétablissement d'un Conseil d'administration au Conservatoire des arts; par EYNARD. *Lyon*, J. Roger, 1819. In-8, 12 pp.

12015 Distribution des prix fondés par M. GROGNARD, aux élèves de l'Ecole royale de dessin et des beaux-arts de la ville de Lyon. Année 1826. *Lyon*, Rusand. In-4, 12 pp.

12016 Procès-verbal de la distribution des prix, pour l'année 1831, aux élèves de l'Ecole royale de dessin. *Lyon*, Brunet. In-4, 24 pp.

12017 Procès-verbal de la distribution des prix, pour l'année 1832, aux élèves de l'Ecole royale de dessin et des beaux-arts, à ceux de l'institution provisoire de la Martinière et de l'Ecole de géométrie pratique, établies au palais St-Pierre de la ville de Lyon. *Lyon*, Brunet. In-4, 26 pp. — *Id.* 1833. In-4, 36 pp. — *Id.* 1834. In-4, 30 pp. — *Id.* 1835. In-4, 24 pp. — *Id.* 1838. In-4.

12018 Exposé succinct d'une méthode analytique, mnémonique et synthétique pour l'enseignement du dessin; par Etienne REY, peintre, professeur à l'Ecole des beaux-arts de Lyon. *Paris*, Hachette, etc., 1834. In-8, 54 pp.

Ecole vétérinaire.

12019 Arrêt du Conseil d'Etat qui permet à l'Ecole vétérinaire de Lyon de prendre le titre d'Ecole royale. 3 juin 1764. In-4, 3 pp.

12020 Lettre de M. DUCAOST DE TREMOLIN, habitant de St-Just-en-Chevalet, sur les noms que les laboureurs donnent aux maladies dont les bestiaux sont attaqués. 19 juin 1767. Ms. in-4, 5 pp.

12021 Lettre du ministre BERTIN à M. de Flesselles, intendant, et Lettre de BOURGELAT sur une émeute arrivée à la Guillotière à l'occasion d'une visite faite par les commis des aides et octrois dans l'auberge des élèves de l'Ecole vétérinaire. 17 et 23 juin 1769. Lettres aut. signées. In-4, 3 pp., et in-fol., 1 p.

12022 Art vétérinaire, ou Médecine des animaux. (Prospectus). *Lyon*, Bruyset (177.?). In-fol., 6 pp.

12023 Ecole royale vétérinaire de Lyon. Concours des élèves, du 16 avril 1782. *Lyon*, A. Delaroche, 1782. In-4, 1 f.

12024 Observations en réponse au Mémoire de M. Lafosse sur l'Ecole royale vétérinaire d'Alfort; par M. BREDIN, directeur de l'Ecole royale vétérinaire de Lyon. *Lyon*, impr. du roi, 1790. In-8, 14 pp.

12025 Rapport sur l'Ecole vétérinaire, lu dans la seconde session du Conseil du district de Lyon par son Comité des prisons, hôpitaux, maisons de charité et école vétérinaire. *Lyon*, Bruyset, 1790. In-4, 16 pp.

12026 Loi relative aux Ecoles vétérinaires d'Alfort et de Lyon, donnée à Paris le 27 juin 1792. *Lyon*, A. Vatar-Delaroche, 1792. In-4, 3 pp.

12027 Instruction sur les soins à donner aux

chevaux. *Genis-le-Patriote*, Bernard, an II. In-8, 57 pp.

12028 Observations du directeur de l'Ecole vétérinaire de Lyon sur la pétition adressée au Directoire du département par les élèves de l'Ecole (pour assister aux séances de la Société populaire). Ms. in-fol., 1 p.

12029 Lettre de BREDIN, directeur de l'Ecole nationale vétérinaire, aux administrateurs du départ. du Rhône, pour se plaindre du mauvais état et de la mauvaise position des bâtiments de l'Ecole à la Guillotière, et demander le domaine de la Part-Dieu ; projets d'établissement dans ce local. *La Guillotière* près Lyon, le 24 germinal an III. Aut. sig. In-4, 2 pp.

12030 Procès-verbal de la distribution des prix à l'Ecole vétérinaire, 11 floréal an IV. *Lyon*, Ballanche. In-4, 3 pp.

12031 Procès-verbal de la séance d'émulation et de distribution des prix qui a eu lieu le 10 germinal an V, jour de la fête nationale de la Jeunesse, dans une des salles de l'Ecole d'économie rurale et vétérinaire de Lyon. *Lyon*, Ballanche, an V. In-8, 23 pp.

12032 Procès-verbal de la célébration à Lyon de la fête nationale de la Jeunesse, et de la séance d'émulation et de distribution des prix dans l'Ecole d'économie rurale et vétérinaire de Lyon. *Lyon*, Ballanche, an V. In-8, 20 pp.

12033 Procès-verbal de la célébration à Lyon de la fête nationale de la Jeunesse et de la séance d'émulation et de distribution des prix dans l'Ecole d'économie rurale et vétérinaire de Lyon. 10 germinal an VI. *Lyon*, Ballanche et Barret. In-8, 20 pp.

12034 Hymne chanté par les élèves de l'Economie rurale-vétérinaire de Lyon, le jour de la fête de la Jeunesse, le 10 germinal an VI. In-8, 3 pp.

12035 Procès-verbaux de la distribution des prix à l'Ecole vétérinaire depuis l'an VI (1798) jusqu'en 1817. — Observations en réponse au Mémoire de M. Lafosse sur l'Ecole vétérinaire d'Alfort, par M. BREDIN. *Lyon*, 1790. — Rapport et Observations sur l'épizootie contagieuse régnant sur les bêtes à cornes de plusieurs départ. de la France. *Paris*, 1815. — Mémoire sur la maladie épizootique qui a régné en 1814 sur les bêtes à cornes du départ. du Rhône, par M. GOHIER. *Lyon*, 1814. In-8, demi-rel. bas.

12036 Ecole vétérinaire de Lyon. (On a réuni sous ce titre 21 brochures concernant l'Ecole : distributions de prix depuis l'an VI jusqu'en 1817, mémoires, rapports, etc.). *Lyon*, 1798-1817. Un vol. in-8, bas.

12037 Procès-verbal de la séance d'émulation et distribution des prix dans l'Ecole d'économie rurale-vétérinaire de Lyon. 30 floréal an VIII. *Lyon*, Perisse. In-8, 19 pp. — *Id.* du 20 germinal an IX. In-8, 19 pp.

12038 Procès-verbal de la séance d'émulation

tenue à l'Ecole vétérinaire de Lyon, le 17 germinal an X. *Lyon*, Tournachon-Molin. In-8, 24 pp.

12039 Procès-verbal de la séance publique tenue à l'Ecole vétérinaire de Lyon, le 1er floréal an XI. *Lyon*, Tournachon-Molin. In-8, 22 pp.

12040 Des effets des pailles rouillées, par J.-B. GOHIER, professeur à l'Ecole vétérinaire de Lyon. *Lyon*, Reymann, 1804. In-8, 66 pp.

12041 Mémoire sur les causes qui, dans la cavalerie, donnent lieu à la perte d'une grande quantité de chevaux ; par J.-B. GOHIER, professeur à l'Ecole vétérinaire de Lyon. *Lyon*, Reymann, 1804. In-8, 62 pp.

12042 Mémoire sur une épizootie qui se manifesta, dans le mois de germinal an VIII, sur les chevaux du 20e régiment de chasseurs, à Metz ; par J.-B. GOHIER, professeur à l'Ecole vétérinaire de Lyon. *Lyon*, Reymann, 1804. In-8, 36 pp.

12043 Procès-verbal de la séance tenue le 25 floréal an XIII pour la proclamation des prix et des brevets accordés aux élèves, et celle de la nomination aux places d'élèves-répétiteurs de l'Ecole vétérinaire. *Lyon*, Ballanche, an XIII (1805). In-8, 20 pp.

12044 Procès-verbal de la séance publique de distribution des prix tenue à l'Ecole impériale vétérinaire de Lyon, le 8 mai 1806. *Lyon*, Ballanche, 1806. In-8, 19 pp. — *Id.* 1807. In-8, 20 pp. — *Id.* 1810. In-8, 32 pp. — *Id.* 1812. In-8, 36 pp. — *Id.* 1824. In-8, 75 pp.

12045 Observations et expériences faites à l'Ecole impériale vétérinaire de Lyon, sur le pain moisi et sur quelques poisons minéraux et végétaux, etc. ; par J.-B. GOHIER. *Lyon*, Reymann, 1807. In-8, 107 pp.

12046 Notice historique sur l'Ecole vétérinaire, par M. LECOQ. *Lyon*, Léon Boitel, 1843. In-8, 19 pp.

12047 Circulaire des vétérinaires des garnisons de Lyon, Vienne, Valence, etc., pour engager leurs collègues à demander avec eux à l'Assemblée nationale une amélioration dans leur position. Lyon, le 1er avril 1848. *Lyon*, Nigon. In-4, 3 pp.

Botanique, Histoire naturelle, etc.

12048 Etablissement d'une école pratique pour l'éducation d'arbres fruitiers et forestiers. In-4, 6 pp. — Suivi de l'Instruction de l'intendant de Lyon au sujet de cet établissement.

12049 Plan de l'établissement à Lyon d'un Jardin de botanique, d'une Ecole d'histoire naturelle et d'un Cours d'accouchements. *Lyon*, Delaroche, 1773. In-8, 16 pp.

12050 Décret de la Convention nationale du 16e jour de germinal an II..., relatif aux jardins botaniques et aux plantes rares qui s'y trouvent. *Commune-Franche*, Destéfanis. In-4, 2 pp.

12051 Cours complet et suivi de botanique, rédigé sous les formes et dans les termes les plus clairs, etc.; par JOLYCLERC. Prospectus. *Lyon*, Lafarge, libraire, an III. In-8, 1 p.

12052 Etablissement d'un Jardin botanique. POULLAIN-GRANDPREY, représentant du peuple... (Arrêté qui désigne le terrain dépendant de la maison dite la Déserte pour l'établissement du Jardin botanique). Lyon, 4 frimaire an IV. *Signé* à la minute : POULLAIN-GRANDPREY. *Lyon*, Halles de la Grenette. In-fol, 1 p., épreuve.

12053 Lettre du citoyen GILIBERT au citoyen , conseiller d'Etat, sur les produits du Jardin botanique. Achat de l'herbier La Tourrette. Le Jardin ne produit pas d'hortolage. Ce 12 brumaire, l'an X. Lett. aut. sig. In-4, 1 p.

12054 Coup-d'œil sur la botanique, discours prononcé le 9 mai 1810, jour de l'ouverture du cours d'histoire naturelle à l'Académie de Lyon, par J.-P. MOUTON-FONTENILLE. *Lyon*, Yvernault et Cabin, 1810. In-8, 79 pp.

12055 Catalogue des arbres, arbustes et plantes vivacés, tant indigènes qu'exotiques, cultivées dans les pépinières et serres de Nérard fils aîné, à Vaise, faubourg de Lyon. *Lyon*, veuve Ayné, 1835. In-8, 16 pp.

12056 Manuel des jeunes botanistes, contenant des notions élémentaires de botanique, spécialement destinées aux maisons d'éducation, et une petite Flore du Lyonnais et du mont Pilat, à l'usage des botanistes en excursion. O. P. D. — O. P. D. *Lyon*, Giberton et Brun. In-12, 108 pp.

12057 Etablissement horticole de Luizet père et fils, etc., à Ecully près Lyon (Rhône). Catalogue et prix-courant des dahlias disponibles pour le printemps 1847. *Lyon*, Brunet, Fonville et Cie. In-8, 8 pp.

12058 Règlement de la Société lyonnaise de Flore. *Lyon*, Léon Boitel, 1848. In-12, 22 pp.

THÉATRES.

Brochures et Traités relatifs aux théâtres de Lyon.

12059 Lettre de M. le duc DE VILLEROY à M. Bertin, au sujet d'une nouvelle salle de spectacle (à Lyon). *Versailles*, le 21 juin 1754. Sign. aut. Ms. in-4, 1 p.

12060 Réponse d'un habitant de Chaillot à la lettre d'un Lyonnais à un Parisien. De *Chaillot*, le 22 août 1766. In-8, 16 pp. — Cette lettre concerne les spectacles et quelques artistes.

12061 Mémoire sur la direction des spectacles de Lyon. 1776. Copie non signée. Ms. in-fol., 6 ff.

12062 Distribution des rôles. In-4, 1 f. Liste des actionnaires du Grand-Théâtre de Lyon. Ces MM. n'ayant pu former une troupe, et laissant le théâtre fermé, on leur distribua satiriquement à chacun un rôle conforme à leurs caractères.

12063 Ordonnance concernant la police qui doit être observée dans les spectacles. Du 10 avril 1777. *Lyon*, A. Delaroche, 1777. In-4, 4 pp.

12064 Arrêt du Conseil d'Etat du roi, qui, entre autres dispositions, ordonne que les arrêts du Conseil des 31 mai 1776 et 22 janvier 1777, confirmatifs du privilège accordé à la dame Lobreau pour les spectacles de la ville de Lyon, etc., seront confirmés, etc. Impr. d'Houry, 1779. In-4, 12 pp.

12065 Ordonnance du roi concernant les spectacles. Du 2 avril 1780. *Lyon*, 1780. In-4, 4 pp.

12066 Abonnement aux spectacles de Lyon. 4 avril 1785. Carte in-4, gravée en taille-douce, avec des allégories.

12067 Règlement relatif aux spectacles de la ville de Lyon. Du 21 janvier 1790. *Lyon*, 1790. In-4, 4 pp.

12068 Observations sommaires présentées au public par les pensionnaires du théâtre de Lyon, sur un règlement relatif aux spectacles, du 29 janvier 1790. s. d. (février 1790), s. n. d'imprimeur. In-4, 7 pp.

12069 Adresse du sieur FAGES, directeur des spectacles de Lyon, aux citoyens de cette ville, en réponse à celle des sieurs Lainez, Lays, Rousseau, Chéron, Gardel, de la Suze, de St-Prix, Hus-Malo et Dambrière, ci-devant propriétaires avec le sieur Fages. *Lyon*, Aimé Delaroche, 1790. In-4, 10 pp.

12070 Ordonnance de MM. les maire et officiers municipaux de la ville de Lyon concernant les spectacles. 13 avril 1790. *Lyon*, Aimé Delaroche, 1790. In-4, 3 pp.

12071 Ordonnance provisoire de MM. les maire et officiers municipaux de la ville de Lyon, pour la police des spectacles. Du 10 mars 1791. *Lyon*, A. Delaroche, 1791. In-4, 6 pp.

12072 Lettre des comédiens du théâtre de Lyon à M. le maire. (avec la lettre de M. HALLOT, commandant de la 19e division militaire, en date du 11 octobre 1791, et la réponse de M. VITET, maire de Lyon, en date du même jour, au sujet de la présence des soldats dans les pièces de théâtre). s. n. d'impr. In-8, 4 pp.

12073 Pétition à l'Assemblée nationale, présentée par les comédiens de Lyon, Marseille, Rouen, etc. s. d. In-8, 16 pp.

12074 Dénonciation de la corporation des auteurs dramatiques (par FLACHAT, intéressé à l'entreprise des spectacles de Lyon). In-8, 15 pp.

12075 Mémoire pour les comédiens du spectacle de Lyon contre les auteurs dramatiques. In-8, 48 pp.

12076 Pétition présentée à la Convention, au nom des grands spectacles de Marseille et de Lyon, contre les auteurs dramatiques. *Signé* : FLACHAT et MONTAINVILLE. s. n. de ville ni d'impr., s. d. (sept. 1792). In-8, 8 pp.

12077 Carte d'abonnement aux spectacles de Lyon. Du 7 mai 1793. Sign. aut. de MM. MARTIN et BOUVARD. In-4, 1 p.

12078 Arrêté des représentants sur l'ouverture du théâtre. 14 fructidor an II. Ms. in-fol.. 1 f.

12079 Lettre de l'adjudant-général DAUVERGNE, commandant la force armée dans le départ. du Rhône...., aux citoyens artistes du Grand-Théâtre de Lyon, au sujet de la réouverture du théâtre. Lyon, le 27 thermidor an VII. *Lyon*, Bernard. In-4; avec une lettre aut. sig. du général DAUVERGNE au commissaire central, au sujet de la Lettre précédente. In-4, 1 p.

12080 Réouverture du Gymnase dramatique des Brotteaux. Prospectus. *Lyon*, Ayné. In-4, 3 pp.

12081 Lettres (deux) de RIBIÉ, directeur des spectacles de Lyon, adressées au préfet, au sujet des recettes. 22 et 24 janvier 1812. Autogr. signés, in-4.

12082 Observations succinctes adressées à MM. les membres du Conseil général de la commune de Lyon, par COULET, au sujet des spectacles. *Lyon*, Pelzin, 1812. In-4, 12 pp.

12083 Précis sur la contestation élevée au sujet des spectacles de Lyon. s. d. In-4, 6 pp.

12084 Mémoire et consultation pour les sieurs Lays, St-Prix, Gardel et Chéron, preneurs avec plusieurs autres, en 1789, du privilége des spectacles de Lyon, assignés en reprise d'instance et défendeurs; contre le sieur Ch. Caillat, etc. *Signé* : DELACROIX-FRAINVILLE, HÉMERY, BILLECOCQ. *Paris*, 1814. In-4, 32 pp.

12085 Théâtres de Lyon. 8me année de la direction de M. Singier. Tableau des deux troupes pour l'année théâtrale de 1827 à 1828. *Lyon*, Pelzin. In-4.

12086 Prospectus de l'année théâtrale de 1830 à 1831, sous la direction de M. Desroches. *Lyon*, Pelzin. In-4, 6 ff.

12087 Mémoire publié par Hippolyte ROLAND, en réponse à l'article inséré dans le *Précurseur* du 24 mai 1831 par M. DESROCHES. *Lyon*, Pelzin, 1831. In-4, 15 pp.

12088 Lettre de plusieurs habitants et propriétaires proposant une souscription pour l'a-

chat du théâtre des Célestins. 2 février 1836 In-4.

12089 Direction dramatique du théâtre du Cirque et des jeunes élèves, aux Brotteaux, sous la direction de M. Pierre Rond. *La Guillotière*, Bajat, 1838. In-4, 19 pp.

12090 Procès Chambard, à propos de la troisième scène des Giboulées de mars. *Signé* : Léon BOITEL. *Lyon*, In-8, 4 pp.

12091 Mémoire adressé à MM. les artistes sociétaires, par M. PROVENCE, directeur (au sujet de l'exploitation des théâtres de Lyon). *Lyon*, 27 avril 1842. In-4.

12092 Mémoire pour M. Marie-Benoît Duplan, directeur des théâtres, contre M. le maire de Lyon. *Lyon*, Louis Perrin, 1843. In-4, 14 pp.

12093 Prospectus des théâtres de Lyon pour l'année 1843-1844. *Lyon*, Léon Boitel, 1843. In-4.

12094 Lettre de M. DUPLAN, directeur des théâtres de Lyon, à MM. les membres du Conseil municipal, au sujet des théâtres. Lyon, 17 février 1844. *Lyon*, Louis Perrin. In-4, 4 pp.

12095 Lettre de M. DUPLAN à la municipalité de de Lyon, au sujet des théâtres. 3 avril 1844. *Lyon*, Louis Perrin, 1844. In-4, 2 pp.

12096 Eclaircissements préliminaires sur les motifs de l'instance intentée à la ville de Lyon par M. Duplan, directeur des théâtres; par M. Léon CAILHAVA. Lyon, 15 janvier 1845. *Lyon*, Louis Perrin. In-4.

12097 Courtes Observations pour MM. Dufour et Borjal, propriétaires du Colisée, contre M. Fleury, directeur des théâtres de Lyon. PINE-DESGRANGES, avocat; ROUX, avoué. Août 1845. *Lyon* In-4, 8 pp.

12098 Théâtres de Lyon. Prospectus, année 1846-47. *Lyon*. In-4, 4 pp.

12099 Mémoire sur la question des Théâtres, par un membre de la Commission des Théâtres. s. n. d'auteur (M. CHIPIER), s. d. (juil. 1848). *Lyon*, Nigon. In-4, 11 pp.

12100 Réponse d'un comédien pour tous à un conseiller municipal, auteur du Mémoire, pour lui seul. (Réponse au Mémoire de M. Chipier). *Signé* : Un comédien. s. d. (juil. 1848). *Lyon*, Léon Boitel. In-4, 8 pp.

12101 Au public. Adresse au sujet de la lettre adressée par M. Chipier aux journaux de Lyon. s. d. (août 1848). *Lyon*, Léon Boitel. In-12, 2 pp.

12102 Vacance de la Direction des Théâtres de Lyon. (Offre et conditions de la concession). Lyon, 31 juillet 1848. Le maire de la ville de Lyon, GRILLET aîné, adjoint. *Lyon*, Nigon. In-fol., 1 p.

Pièces de théâtre; Sujets lyonnais.

12103 Les plaisants Devis des supposts du seigneur de la Coquille, récités publiquement le deuxiesme may, l'an mil cinq cens huictante un. (8 pp.). — Les plaisants Devis en forme de coq à l'asne, recitez par les supposts du seigneur de la Coquille, en l'an 1589. (16 pp.). — Les plaisants Devis des supposts du seigneur de la Coquille, extraits la plus part des oct. de A. Z. recités publiquement le dixneufiesme de febvrier l'an mil cinq cents huictante quatre. (8 pp.). — Autres... recitez... le huictiesme mars 1593. (8 pp.). — Autres... le dimanche 6 mars 1594. (27 pp.). *Imprimé à Lyon, par le seigneur de la Coquille.* Le tout en un vol. in-8, mar. bleu, fil., tab., tr. d. [Bozerian]. — Copies mtes figurées sur vélin. Vol. provenant de la bibliothèque dramatique de M. de Solesme. (Placées par M. Coste à *Théâtre* ; voir *Réjouissances*).

12104 La rue Mercière, ou les Maris dupés, comédie (en vers, par LEGRAND), représentée à Lyon en 1694. Sans nom d'auteur ni d'imprimeur. In-8, demi-rel., dos et coins mar. r., non rogné, tête dorée, fil. [Capé]. Exemplaire avec la préface.

12105 La Promenade des Terreaux de Lyon, comédie en trois actes et en prose, suivie d'un Divertissement; par Pierre-François BIANCOLLELLI, dit DOMINIQUE. Représentée sur le théâtre de Lyon en 1712. (Inédite). Copie manuscrite in-8.

12106 Ballet représenté à Lion devant M. le marquis d'Halincourt, au mois de mai 1718. Imprimé par ordre de Messieurs les prévôt des marchands et échevins de la ville de Lion par André LAURENS, leur imprimeur. 1718. In-4, 11 pp.

12107 Le Réveil d'Apollon, prologue en. vers libres. Représenté à l'ouverture de la nouvelle salle des spectacles de Lyon. s. n. d'imprimeur. M.DCC.LVI. In-8, 11 pp.

12108 La France exaucée, ou l'heureuse Naissance. Pièce en un acte et en vers, mêlée d'ariettes, à l'occasion de la naissance de Monseigneur le Dauphin, par M. PELZIN ; la musique de M. MAZAN. Représentée à Lyon, en 1782, par MM. les pensionnaires de la maison d'éducation de M. Maintignieux, à la suite d'un exercice littéraire. *Avignon*, M.DCC.LXXXII. In-8, 31 pp.

12109 Ballon (le), ballet-pantomine en trois actes, dédié à MM. les Lyonnais; représenté à Lyon, le 9 février 1784. *Lyon*, Olier. In-8, 16 pp.

12110 Soldat (le) ou les Reconnaissances, proverbe, drame et parodie. (La scène est à Lyon, aux Brotteaux). (178.?). In-8.

12111 Les deux Amis ou le Négociant de Lyon, drame en cinq actes et en prose, par M. DE BEAUMARCHAIS. *Paris*, Delalain, M.DCC.LXXX VIII. In-8.

12112 Le grand Bailliage de Lyon, comédie en un acte et en prose, par M. BILLEMAZ, greffier; représentée par MM. les officiers audit siège, le samedi 27 septembre 1788. *Lyon*, à l'en-

seigne de la Vérité. s. d. In-8, demi-rel. m. r., non rogné

12113 Les Etrennes de la liberté, fête patriotique représentée pour la 1re fois sur le théâtre de Lyon le 1er janvier 1790 ; par PLANTERRE. *Lyon*. In-8, 22 pp.

12114 Les Fugitifs de Lyon, esquisse dramatique en deux actes et en prose, par Jean-Etienne-François MARIGNIÉ, inspecteur général de l'Université impériale. Fait en 1793. Ms. in-4.

12115 Apothéose de Chalier, impromptu patriotique, par le citoyen CAPINAUD. *Ville-Affranchie*, Vatar-Delaroche, 1793. In-8, 7 pp.

12116 Le Triomphe de la raison publique, pièce patriotique et républicaine, dédiée aux sansculottes ; comédie en trois actes et en vers libres, par le citoyen GUIGOUD. *Ville-Affranchie*, J.-B. Lamollière, 1793. In-8, 108 pp.

12117 Collot dans Lyon, tragédie en vers et en cinq actes, par FONVIELLE, de Toulouse. s. nom de ville. An III de la République. In-8, demi-rel., dos et coins m. r. [Thouvenin.]

12118 La Famille lyonnaise, drame en trois actes et en vers, par J.-M.-D. MERMET, de Lyon. *Lyon*, Thomas et Cochet, an V ; avec la sig. aut. de l'auteur. In-8, 48 pp.

12119 Le Vatican, ou la mort du général Duphot, tragédie en cinq actes, sans nom d'auteur. *Paris*, an VI. In-8.

12120 L'Apothéose des Grâces, ou Bacchus et Vénus, ballet d'action en trois actes, dédié aux dames de la ville de Lyon. *Lyon*, Pelzin et Drevon, an IX (1801). In-8, 20 pp.

12121 Les Hommes comme il y en a peu, ou les Préparatifs, comédie en trois actes et en prose, par P.-F. D.; suivie de la répétition du cantatif de Lyon à Bonaparte, etc., par DÉVEILLE. *Paris*, libraires associés, 1802. In-8, 75 pp.

12122 La Diligence de Lyon, comédie en trois actes et en prose, par C. PALMEZEAUX. Représentée pour la première fois à Paris, sur le théâtre des jeunes élèves, le 17 thermidor an X. *Paris*, Hugelet, an XI (1802). In-8.

12123 Thérèse et Faldoni, ou le Délire de l'amour, fait historique en trois actes et en prose, par Augustin H*** (HAPDÉ); représenté pour la première fois à Lyon, sur le théâtre des Célestins, le 20 octobre 1809. *Lyon*, Maucherat-Longpré. In-8, 52 pp.

12124 Jean Flébergue, ou l'Homme de la roche, mélodrame historique en trois actes, tiré des annales lyonnaises ; paroles d'Augustin *** (HAPDÉ), musique arrangée par DEBERLE et SOLOMÉ ; joué sur le théâtre des Célestins, à Lyon, le 9 janvier 1810. In-8, 55 pp.

12125 Bayard à Lyon, ou le Tournois, vaudeville historique en trois actes, dédié aux dames de Lyon, par Marie-Emmanuel THÉAULON; représenté pour la première fois sur le théâtre des Célestins de Lyon, en septembre 1811, sous la direction de M. Ribié. *Lyon*, Pelzin et Drevon, 1811. In-8, 86 pp.

12126 La petite Revue lyonnaise, ou Fanchon la vielleuse à Lyon, comédie-vaudeville-impromptu en un acte, représentée sur le théâtre des Célestins à Lyon les 7, 8, 9 et 10 novembre 1811 ; par M. Emmanuel DUPATY. *Paris*, 1811. In-8, 66 pp.

12127 Célestine et Faldoni, ou les Amants de Lyon, drame historique en trois actes et en prose, par M. Augustin *** (HAPDÉ); représenté pour la première fois sur le théâtre de l'impératrice, le 16 juin 1812. *Paris*, 1812. In-8. 48 pp.

12128 Galantine et l'Endormi, ou les Marrons de Lyon, parodie-folie-arlequinade en un acte et en prose, mêlée de couplets ; par M. Henri SIMON. Représentée pour la première fois à Paris sur le théâtre du Vaudeville, le 13 juillet 1812. *Paris*, Martinet. In-8, 35 pp.

12129 Dumolet à Lyon, ou Bétise sur bétise, folie-vaudeville en un acte ; par MM. Emile C. (COTTENET) et BEUZEVILLE ; représentée pour la première fois sur le théâtre des Célestins à Lyon, le 2 avril 1813. *Lyon*, Maucherat-Longpré, 1813. In-8, 35 pp.

12130 Le Berceau de Henri IV à Lyon, ou la Nymphe de Parthénope, scènes allégoriques, mêlées de chants et de danses, par MM. A. H..., M.... et A...; représentées pour la première fois, sur le Grand-Théâtre de Lyon, le 9 juin 1816, devant S. A. R. Madame la duchesse de Berri. *Lyon*, Pelzin, 1816. In-8, 20 pp.

12131 Le Berceau de Henri IV à Lyon, ou la Nymphe de Parthénope, allégorie mêlée de chants et de danses, composée à l'occasion du passage de S. A. R. Madame la duchesse de Berri, qui daigna honorer le spectacle de sa présence le 9 juin 1816 ; par MM. HAPDÉ, MONPERLIER et ALBERTIN. *Paris*, 1816. In-8.

12132 Ignace le loyal, ou le Renard change de poil et ne change pas de peau. Proverbe-parade moral et récréatif en deux actes, etc., dédié à l'*Etoile* et à la *Gazette universelle de Lyon*, par CLERMONT-FERRAND. *Lyon*, 1826. In-8, 36 pp.

12133 Une Aventure lyonnaise, ou le Mari à deux femmes, vaudeville en un acte, par Léon BOITEL, joué à Lyon, sur le théâtre des Célestins en 1826. *Lyon*, Louis Perrin, 1826. In-18.

12134 La Censure en province. Scènes historiques; documents pour servir à l'histoire de l'année 1827. Sans nom d'auteur. *Lyon*, C. Coque, 1827. In-8, 24 pp. — Deuxième partie. 37 pp.

12135 Pilate, tragédie lyonnaise en cinq actes et en vers, par L.-M. PERENON. *Lyon*, 1827. In-8, 44 pp.

12136 Le Cauchemar, revue lyonnaise de 1836, vaudeville épisodique en un acte, par MM. LABIE et J. AUGIER. *Lyon*, Léon Boitel. In-8, 16 pp.

12137 Le Puits de Champvert, ou l'Ouvrier lyonnais, drame en trois actes, par M. Ch. DESNOYER; représenté pour la première fois à Paris sur le théâtre de l'Ambigu-Comique, le 24 septembre 1836, au bénéfice de Dufavel, de Lyon. *Paris*, Marchant, 1836. In-8, 11 pp.

12138 Giboulées (les) de mars, poisson d'avril en onze morceaux, par MM. LABIE, J. AUGIER et Eugène (DE LAMERLIÈRE). *Lyon*, Léon Boitel, 1837. In-8, 16 pp.

12139 La Reine des Tilleuls, grand imbroglio en un petit acte, mêlé de couplets, par M. Francis B..., un des collaborateurs de l'*Entr'acte* ; représenté à Lyon pour la première fois au Gymnase dramatique, le 27 novembre 1838, sous la direction de M. Provence. *Lyon*, Chambet aîné, 1838. In-8, 24 pp.

12140 A bas l'an 40! ou la Conspiration des éléments, à-propos-vaudeville en deux tableaux, par MM. Ch. DUPONT et J. DUFLOT; représenté pour la première fois au théâtre des Célestins, le 22 décembre 1840. *Lyon*, Chambet, 1840. In-8, 14 pp.

12141 Le Diable à Lyon, drame mêlé de chants, en cinq actes et six parties, etc.; par Eugène CORMONT. *Lyon*, Prosper Nourtier. *La Croix-Rousse*, Th. Lépagnez. In-4, 36 pp.

12142 Louise Labé, ou la Belle Cordière, épisode lyonnais en trois actes, quatre tableaux, par MM. G. MAYER et Th. LACROIX; représenté pour la première fois à Lyon, sur le théâtre des Célestins, le 4 septembre 1847. *Lyon*, Louis Perrin, 1847. In-8, 103 pp.

12143 Départ pour l'Icarie, ou Lyon en 1848, revue-vaudeville en un acte, par M. Joanny AUGIER; représentée pour la première fois à Lyon, sur le théâtre des Célestins, le 3 janvier 1849. *Lyon*, Boursy. In-8, 40 pp.

12144 Célestin père et fils, ou Jadis et Aujourd'hui, prologue d'ouverture en trois tableaux, par MM. JAIME et H. LEFEBVRE ; représenté pour la première fois, sur le théâtre des Célestins, le 3 août 1850. *Lyon*, Léon Boitel. In-4, 16 pp.

Pièces du répertoire lyonnais.

12145 Théâtre de MATTHIEU, contenant Vasthi, Aman et Clytemnestre, tragédies. A *Lyon*, par Benoist Rigaud, M.D.LXXXIX. In-12. — Le portrait de Matthieu est à la tête de cette édition de la tragédie de Vasthi, qui est dédiée au roi Henri III. L'auteur a dédié une autre édition de la même tragédie à M. le duc de Nemours et Genevois, gouverneur de Lyon ; à la suite de la dédicace se trouve une ode sur l'entrée de Monseigneur de Nemours en son gouvernement de Lyon.

12146 Vasthi, première tragédie de Pierre MATTHIEU. Edition dédiée au duc de Nemours et Genevois; à la suite de la dédicace est une ode sur l'entrée de ce prince en son gouvernement de

Lyon. A *Lyon*, par Benoist Rigaud, M.D.LXXXIX. In-12.

12147 Didon, tragédie en musique, représentée par l'Académie royale de musique. *Lyon*, Thomas Amaulry, 1696. In-4, 60 pp.

12148 Les Comédiens de campagne, comédie représentée à l'Académie royale de musique établie à Lyon, le 22 février 1699. *Lyon*, Roux, 1699. In-12, demi-r., dos et coins m. r., tr. ébarb.

12149 Le Mary sans femme ou D. Brusquin Dalvarade, comédie en cinq actes, ornée de musique, danses, intermèdes et spectacles (par MONTFLEURY); représentée à Lyon par la troupe de S. A. R. Monseigneur le duc de Lorraine. *Lyon*, Langlois, s. d. (1704). In-12.

12150 Les Eaux de mille fleurs, comédie-ballet, mise au théâtre par M. B., représentée à Lyon pour la première fois le 9 février 1707, par l'Académie royale de musique, dans la salle du Gouvernement. s. n. d'impr. In-12.

12151 L'Opéra interrompu, comédie mise au théâtre par M. B. (BARBIER); représentée à Lyon par les comédiens italiens privilégiés de Mgr le maréchal de Villeroy, au mois de juillet 1707. *Lyon*, Antoine Perisse, M.DCC.VII. Pet. in-8, demi-rel., dos et coins mar. rouge.

12152 La fausse Alarme de l'Opéra, comédie, par M. ABEILLE; représentée pour la première fois à Lyon par l'Académie royale de musique le 8 février 1708, dans la salle du Gouvernement. *Lyon*, Thomas Amaulry, 1708. Pet. in-12, 59 pp.

12153 L'heureux Naufrage, comédie mise au théâtre par M. BARBIER; représentée à Lyon pour la première fois par la troupe du sieur Dominique, dans la salle de Bellecour, le 18 août 1710. *Lyon*, chez Antoine Briasson. Pet. in-8, mar. rouge, tr. d. [Duru.]

12154 Les Soirées d'été, comédie mise au théâtre par M. BARBIER; représentée à Lyon pour la première fois le 4 octobre 1710. Pet. in-8, mar. r., tr. d. [Duru.]

12155 OEdipe, tragédie, par L.-P.-F. J. Imprimé à Paris, et se vend à *Lyon*, chez la veuve Boudet, M.DCC.XXII. Pet. in-4, planche.

12156 Le ballet de la Paix, représenté par l'Académie royale de musique de Lyon pour la première fois en l'année 1739. *Lyon*, Aimé Delaroche, 1739. In-4, 56 pp.

12157 Le ballet des Sens, représenté par l'Académie royale de musique de Lyon. *Lyon*, Aimé Delaroche, 1739; en trois parties. In-4, 12 pp., 16 pp. et 12 pp.

12158 Suite du ballet des Sens : le Toucher et le Goût; quatrième et cinquième entrées, représenté par l'Académie royale de musique de Lyon. *Lyon*, Aimé Delaroche, 1739; en deux parties. In-4, 16 pp. et 14 pp.

12159 Issé, pastorale héroïque, représentée par l'Académie royale de musique de Lyon. *Lyon*, Aimé Delaroche, 1739. In-4, 52 pp.

12160 Jephté, tragédie tirée de l'Ecriture-Sainte, représentée par l'Académie royale de musique de Lyon. *Lyon*, Aimé Delaroche, 1739. In-4, 52 pp.

12161 Omphale, tragédie, représentée par l'Académie royale de musique de Paris, et par celle de Lyon en 1739. *Lyon*, Aimé Delaroche, 1739. In-4, 56 pp.

12162 Vénus et Adonis, tragédie en musique, représentée par l'Académie royale de musique de Lyon pour la première fois en 1739. *Lyon*, Aimé Delaroche, 1739. In-4, 64 pp.

12163 Tancrède, tragédie représentée (à Paris en 1702, 1707, 1717, 1729, 1738), et par le nouvel établissement de l'Académie royale de musique de Lyon en 1740. (Par DANCHET). *Lyon*, Aimé Delaroche, 1740. In-4, 68 pp.

12164 Les Fêtes grecques et romaines, ballet héroïque, représenté par l'Académie royale de musique de Lyon en l'année 1741. *Lyon*, Aimé Delaroche, M.DCC.XLI. In-4.

12165 Ajax, tragédie, représentée pour la première fois par l'Académie royale de musique de Lyon, en l'année 1742. *Lyon*, Aimé Delaroche, 1742. In-4, 67 pp.

12166 Amadis de Grèce, tragédie, représentée par l'Académie royale de musique de Paris, et par l'Académie royale de Lyon, en 1742. *Lyon*, Aimé Delaroche, 1742. In-4, 60 pp.

12167 Les Amours de Protée, ballet en trois actes, représenté par l'Académie royale de musique de Lyon en l'année 1742. *Lyon*, Aimé Delaroche, 1742. In-4, 58 pp.

12168 Armide, tragédie mise au théâtre de l'Académie royale de musique de Lyon en l'année 1742. *Lyon*, Aimé Delaroche, 1742. In-4, 55 pp.

12169 Atys, tragédie, représentée à Paris, et par l'Académie royale de musique de Lyon en décembre 1742. *Lyon*, Aimé Delaroche, 1743. In-4, 79 pp.

12170 Divertissement du ballet des Romans, et les Amours de Ragonde, comédie en musique en trois actes, mise au théâtre de l'Académie royale de musique de Lyon en l'année 1742. *Lyon*, Aimé Delaroche, 1742. In-4.

12171 Hypermnestre, tragédie mise au théâtre de l'Académie royale de musique de Lyon, pour la première fois, en 1742. *Lyon*, Aimé Delaroche, 1742. In-4, 63 pp.

12172 Philomèle, tragédie, représentée (à Paris) et par l'Académie royale de musique de Lyon en 1742. *Lyon*, Aimé Delaroche, 1742. In-4, 67 pp.

12173 Hippolyte et Aricie, tragédie, représentée (à Paris) et par l'Académie royale de musique de Lyon en février 1743. *Lyon*, Aimé Delaroche, 1743. In-4, 54 pp.

12174 Le Vingt-et-Un, comédie en un acte et en prose, ornée d'agréments, de chants et de danses ; par M. LAMÉRY, acteur de la troupe de Lyon. *Lyon*, M.DCC.LXIX. In-8 , 32 pp.

12175 Le Devin du village , intermède ; par J.-J. ROUSSEAU. s. d., s. n. d'impr. In-8.

12176 Pygmalion , scène lyrique , représentée en société à Lyon ; par J.-J. R. (Jean-Jacques ROUSSEAU). Gr. in-8 , demi-rel. mar. vert , tr. d., grand papier.

12177 L'heureux Déguisement , comédie en trois actes , mêlée d'ariettes et de divertissements , par le sieur L...; représentée pour la première fois par les comédiens de la direction de Mademoiselle Destouches, sur le théâtre de Lyon , le 17 janvier 1758. *Lyon*, veuve d'Antoine Olier, M.DCC.LVIII. In-8, 60 pp.

12178 Les Déserteurs du Parnasse , comédie en trois actes et en vers , par M. M***. *Lyon*, Claude Cizeron , M.DCC.LXXI. In-8, incomplet.

12179 Apelles et Campaspe , ou la Générosité d'Alexandre , ballet héroï-pantomime , de la composition de M. NOVERRE... *Lyon*, Mlle Olier, M.DCC.LXXVII. In-8 , 14 pp.

12180 Les Quatre fils Aymon , pantomime en trois actes , par M. ARNOULD ; représentée pour la première fois sur le théâtre de Lyon, et sous la direction de MM. Hus et Gaillard. *Lyon*, Aimé Delaroche , M.DCC.LXXX. In-8, 24 pp. , incomplet.

12181 Les Amours d'Enée et de Didon , grand ballet-pantomime , par NOVERRE... Donné à Lyon , le 12 juin 1781. In-8, 14 pp.

12182 Dorothée , pantomime à spectacle , précédée des Preux Chevaliers , prologue-pantomime ; représentée sur le théâtre de Lyon le 13 novembre 1782. *Lyon*, Aimé Delaroche , M.DCC.LXXXII. In-8, 20 pp.

12183 La Belle au bois dormant , pantomime en trois actes , mêlée de danses et de tout son spectacle ; donnée à Lyon , le 6 septembre 1783. *Lyon*, Mlle Olier, 1783. In-8, 16 pp.

12184 La Confiance trahie , comédie en un acte et en prose, par M. MARS... DES VI... (M. MARSOLLIER DES VIVETIÈRES). *Lyon*, 1784. In-8, 66 pp.

12185 La Mort d'Hercule, grand ballet , par le sieur JOUBERT , maître des ballets du spectacle de Lyon ; représenté pour la première fois à Lyon le 21 août 1784. *Lyon* , Olier, 1784. In-8, 8 pp.

12186 Sophie de Brabant , pantomime en trois actes, du sieur JOUBERT , qui sera représentée sur le théâtre de Lyon. *Paris*, 1784. In-8, 16 pp.

12187 Norac et Javolci , drame en trois actes et en prose , par M. MARS... DES VIV... ; représenté pour la première fois au théâtre de Lyon le jeudi 3 mars 1785. *Lyon* , 1785. In-8, incomplet.

12188 Pizarre aux Indes , grand ballet-pantomime en trois actes , par FAVIER fils ; représenté pour la première fois sur le théâtre de Lyon le 24 septembre 1788. In-8.

12189 Lucie ou le Système d'amour, comédie en un acte et en vers , par M. R... ; représentée pour la première fois à Lyon le 15 décembre 1789. *Lyon* , 1791. In-8, 40 pp.

12190 Les Amours de Vénus, ou le Siège de Cythère , ballet-pantomime en trois actes , de la composition du citoyen COINDÉ. Donné pour la première fois à Lyon , dans le courant de thermidor , l'an III de l'ère républicaine , sur le théâtre de la République, aux Terreaux. *Lyon*, de l'impr. des Halles de la Grenette. In-4, 18 pp.; avec envoi et sig. de l'auteur.

12191 La Mort de Robespierre, tragédie en trois actes et en vers. s. n. d'auteur. *Lyon*, Maillet, l'an IV. In-8 , 36 pp.

12192 Les Exceptions , comédie en un acte et en prose , mêlée de vaudevilles , par N.-A. DELOIRME ; représentée pour la première fois à Lyon , sur le théâtre des Variétés , le 23 nivose an X. *Lyon* , Matheron , an X (1802). In-8 , 31 pp.

12193 Daphnis et Chloé , ou les Vengeances de Vénus et de Circé, grand ballet en trois actes, représenté pour la première fois sur le Grand-Théâtre de Lyon , en thermidor an X , sous la direction du citoyen Prat. *Lyon* , Pelzin et Drevon. In-8, 16 pp.

12194 Les Conscrits ou le Triomphe de la vertu, vaudeville en un acte , par Mme REYNERY. *Lyon* , chez Mme Thomassin et chez Chambet, imprimerie de Gentot-Lambert , au XI. In-8, 51 pp.

12195 L'épousera-t-il ? Impromptu en un acte et en prose , mêlé de vaudevilles , par MM. M. B. et F. P. (BIÉ et Félix PITT), auteurs des *Bandoléros*; représenté pour la première fois à Lyon , sur le théâtre des Célestins , le 25 novembre 1805 (2° frimaire an XIV). *Lyon* , Chambet , 1805. In-8, 24 pp.

12196 Haroun-al-Raschid et Zobéide, ou encore un Calife de Bagdad, grand ballet d'action en trois actes , par M. BLACHE ; représenté pour la première fois sur le Grand-Théâtre de Lyon, en décembre 1805. *Lyon* , Pelzin et Drevon , 1805. In-8, 29 pp.

12197 Les Filets de Vulcain , ou les Amours de Mars et de Vénus, grand ballet d'action en quatre actes, par M. BLACHE; représenté pour la première fois sur le Grand-Théâtre de Lyon, le 27 juin 1806, sous la direction de M. Bordes. *Lyon*, Pelzin et Drevon, 1806. In-8, 32 pp.

12198 Lavinie , ou la Fondation de l'empire romain , tragédie en cinq actes et en vers , par M. J. RENAUD-BLANCHET; représentée pour la première fois sur le Grand-Théâtre de Lyon , le 6 août 1806. *Paris* , 1806. In-8, 44 pp.

12199 La petite Guerre ou les Espiègles, comédie en un acte et en prose , par M. BIÉ; représentée pour la première fois le 12 juillet 1806. *Lyon*, Chambet, 1806. In-8.

12200 Silvain , ou le Braconnier, ballet-pantomime en deux actes, par M. BLACHE; représenté pour la première fois sur le Grand-Théâtre de Lyon, en octobre 1806, sous la direction de M. Bordes. *Lyon*, Pelzin et Drevon, 1806. In-8.

12201 La Paix en ménage, allégorie en un acte et en vers, mêlée de couplets, jouée sur le Grand-Théâtre de Lyon, le 31 octobre 1809; par M. MAURIN. *Lyon*, Pelzin et Drevon, 1809. In-8, 22 pp.

12202 La Paix de Schoenbrunn, pièce lyrique, représentée sur le Grand-Théâtre de Lyon le 20 décembre 1809, en présence de S. A. S. le prince archi-trésorier de l'Empire (Lebrun); paroles de PELZIN, musique de Dreuilh. *Lyon*, Pelzin et Drevon, 1809. In-4, 11 pp.

12203 Le baron de Douglas, drame en trois actes et en vers, représenté pour la première fois sur le Grand-Théâtre de Lyon, le 25 janvier 1810; par M. DU ROUVE DE SAVI. *Lyon*, 1810. In-8, 68 pp.

12204 Jenny, ou le Mariage secret, ballet-pantomime en trois actes, de la composition de M. AUMER; représenté pour la première fois, sur le Grand-Théâtre de Lyon, le 5 juin 1811. Décors de M. Allaux. *Lyon*, Chambet, 1811. In-8.

12205 Mon oncle Tobie, ou Plus de cloison, comédie-vaudeville en un acte, par J.-A.-M. MONPERLIER; représentée pour la première fois à Lyon, au théâtre des Célestins, le samedi 25 juillet 1812. *Lyon*, Maucherat-Longpré, 1812. In-8.

12206 Le Siége de Tolède, mélodrame en trois actes et en prose; par MONPERLIER, musique de Louis fils; représenté pour la première fois sur le théâtre des Célestins, à Lyon, le 11 août 1812. *Lyon*, Maucherat-Longpré, 1812. In-8, 81 pp.

12207 Les Femmes infidelles (*sic*), ou l'Anneau de la reine Berthe, opéra-vaudeville en trois actes, en prose et à spectacle, par J.-A.-M. MONPERLIER, musique de M. Dreuilh; représenté pour la première fois sur le théâtre des Célestins, à Lyon, le 22 septembre 1812. *Lyon*, Maucherat-Longpré, 1812. In-8, 68 pp.

12208 Primerose et Arthur, ou la Harpe enchantée, ballet-féerie en deux actes, par M. LABORIE; représenté pour la première fois, sur le Grand-Théâtre de Lyon, en décembre 1812. *Lyon*, Pelzin, 1812. In-8.

12209 Le joueur de Flûte, opéra-comique en un acte, paroles de J.-A.-M. MONPERLIER, musique de M. Dreuilh; représenté pour la première fois sur le théâtre des Célestins, à Lyon, le 2 janvier 1813. *Lyon*, Maucherat-Longpré, 1813. In-8, 34 pp.

12210 Charles de Blois, mélodrame en trois actes, en prose, par MONPERLIER, musique de Dreuilh; représenté pour la première fois sur le théâtre des Célestins, à Lyon, le 19 janvier 1813. *Lyon*, 1813. In-8, 78 pp.

12211 Les Chevaliers de Malte, mélodrame en trois actes et en prose, par MONPERLIER, musique de Dreuilh; représenté pour la première fois sur le théâtre des Célestins, à Lyon, en février 1813. *Lyon*, 1813. In-8, 71 pp.

12212 Esther, ou le Triomphe de Mardochée, ballet d'action en trois actes, par M. LABORIE; représenté pour la première fois sur le Grand-Théâtre de Lyon, en juin 1813; musique arrangée par Dreuilh. *Lyon*, Pelzin, 1813. In-8.

12213 Le Panier de Cerises, vaudeville anecdotique en un acte, par J.-A.-M. MONPERLIER, musique nouvelle de J.-J. Dreuilh; représenté pour la première fois à Lyon, sur le théâtre des Célestins, le 23 janvier 1814. *Lyon*, Maucherat-Longpré, 1814. In-8, 44 pp.

12214 Chant français en l'honneur du roi, des armées et de la paix; scène à grand spectacle, déposée le 11 juin 1814. *Lyon*, Barret, 1814. In-8, 6 pp.

12215 L'Actrice chez elle, ou C'est ma femme, comédie-vaudeville en un acte, par M. EUGÈNE (DE LAMERLIÈRE); représentée pour la première fois à Lyon, sur le théâtre des Célestins, le 14 janvier 1825. *Paris*, *Lyon*, 1825. In-8, 36 pp.

12216 Amour et Galanterie, vaudeville en un acte, par M. Théodore (LIÉNARD); représenté pour la première fois à Lyon, sur le théâtre des Célestins, le 19 novembre 1824. *Paris*, *Lyon*, 1825. In-8.

12217 Annibal, tragédie en cinq actes, représentée pour la première fois sur le théâtre de Lyon le 24 janvier 1825 (par CHAPUIS). *Lyon*, Th. Pitrat. In-8, 73 pp.

12218 La Laitière polonaise, ou la Famille fugitive, ballet-pantomime en trois actes, par J.-B. BLACHE père, mis en scène par M. Roger; représenté pour la première fois sur le Grand-Théâtre de Lyon, sous la direction de M. Singier, le 16 mars 1825. *Lyon*, Pelzin, 1825. In-8.

12219 L'Orphelin voyageur, vaudeville en deux actes, représenté pour la première fois sur le théâtre des Célestins, à Lyon, le 4 octobre 1825; par l'auteur de Cornélie (PRINCETEAU). *Lyon*, 1825. In-8, 74 pp.

12220 Ninon à la campagne, comédie en un acte. *Lyon*, Coque, 1826. In-8, 59 pp.

12221 L'Amoureux de sa tante, ou Une heure de jalousie, vaudeville en deux actes, par MM. EUGÈNE et ISIDORE (MM. Eugène DE LAMERLIÈRE et Isidore BARON); représenté pour la première fois à Lyon sur le théâtre des Célestins, le 23 septembre 1828. *Lyon*, Laforgue, 1828. In-8, 63 pp.

12222 Le Départ pour la Grèce, à-propos-vaudeville en un acte, par MM. EUGÈNE (DE LAMERLIÈRE) et KAUFFMANN. *Lyon*, 1828. In-8, 32 pp., fig.

12223 Fleurette, ou les premières amours de Henry, ballet-pantomime historique en deux actes, par M. ANIEL, maître des ballets du Grand-

Théâtre de Lyon ; représenté pour la première fois le 13 juillet 1830. *Lyon*, Chambet fils aîné, 1830. In-8, 16 pp.

12224 Le Drapeau tricolore, ou Trois journées de 1830, à-propos patriotique en trois tableaux mêlé de couplets et à grand spectacle, par Eugène DE LAMERLIÈRE; représenté pour la première fois à Lyon , le 8 août 1830, sous la direction de M. Desroches. Seconde édition , *Paris, Lyon* , 1830. Imprimé sur papier couleur. In-8 , demi-rel. , dos et coins mar. r. [Koehler.]

12225 Le soldat de Jemmapes, ou l'heureuse Arrivée, scènes patriotiques, par E. DE LAMERLIÈRE, représentées pour la première fois sur le Grand-Théâtre de Lyon devant S. A. R. Mgr le duc d'Orléans. (Novembre 1830). *Lyon*, Chambet, 1830. In-18, 54 pp.

12226 La Fiancée de Sarnen , ou le Retour au chalet, ballet-pantomime en trois tableaux , de la composition de MM. ANIEL et CORALY, musique du comte de Gallemberg; représenté pour la première fois sur le Grand Théâtre de Lyon le 15 décembre 1830. *Lyon* , Chambet fils, 1830. In-8, 15 pp.

12227 Les Petites Danaïdes, ou Quatre-vingt-dix-neuf victimes , ballet-pantomime...., imité du vaudeville burlesco..... par M. PETIPA....., mis en scène sur le Grand-Théâtre de Lyon par M. Girel...; représenté pour la première fois à son bénéfice le 17 janvier 1831. *Lyon*, Chambet fils, 1831. In-8, 16 pp.

12228 Le Flageolet magique, ballet en un acte , par M. G. QUÉRIAU ; représenté pour la première fois sur le Grand-Théâtre de Lyon, et sous la direction de M. Roland , le 8 mars 1831. *Lyon*, Chambet fils, 1831. In-8, 8 pp.

12229 L'île de Scio, ou la Délivrance de la Grèce, ballet héroïque en trois actes, par MM. RAGAINE et E... (Eugène DE LAMERLIÈRE) ; représenté pour la première fois sur le Grand-Théâtre de Lyon, le 7 avril 1831. *Lyon*, Chambet fils,1831. In-8, 15 pp.

12230 La ville et le village, ballet en trois actes, par M. DAUMONT; représenté pour la première fois sur le Grand-Théâtre de Lyon, le 17 décembre 1835. *Lyon*, Léon Boitel, 1835. In-8, 16 pp.

12231 Le Chambellan, opéra comique en un acte, paroles de M. DUBOURG, musique de A. Maniquet; représenté pour la première fois à Lyon. *Lyon* , Léon Boitel, 1837. In-8, 11 pp.

12232 Micaela, ou la Folle de Marie de Bourgogne, drame mêlé de chants, en trois actes, par MM. LABIE et Joanny AUGIER , musique de M. Ant. Maniquet ; représenté pour la première fois , sur le théâtre du Gymnase , le 28 février 1837. *Lyon*, Léon Boitel , 1837. In-8, 24 pp.

12233 L'Homme du peuple aux barricades (journée du 24 février). Monologue en vers , par MM. C. DAMBUYANT et E. DUPRÉ; représenté pour la première fois à Lyon , sur le théâtre des Célestins , le 17 mars 1848. *Lyon*, Nigon, 1848. In-8 , 8 pp.

12234 Le Vendéen , opéra comique en un acte, paroles de M. H. LEFEBVRE (de Lyon) , musique de M. N. Louis ; joué pour la première fois sur le Grand-Théâtre de Lyon. *Lyon* , Léon Boitel , 1850. In-4, 8 pp.

Pièces d'Auteurs lyonnais.

12235 Théâtre de Reverony Saint-Cyr ; recueil de pièces détachées, comprenant : Le Club des sans-souci , 1793. — Héléna ou les Miquelets, an III. — Elisa ou le Voyage au Mont-Bernard, an III. — Le Délire ou les Suites d'une erreur, an VIII. — Sophie de Pierrefeu , 1804. — Le Vaisseau amiral , 1805. — Lina ou le Mystère , 1807. — Cagliostro ou les Illuminés , 1810. — Les Menestrels ou la Tour d'Amboise, 1811. — Vauban et Deshoulières , ou Gloire et Vertu , 1815. — Pline ou l'Héroïsme des arts et de l'amitié , 1816. — Christine , reine de Suède , 1816. — Déjanire ou la Mort d'Hercule , 1816. — Le Sybarite , 1817. — Les Partis, ou le Commérage universel , 1817. — Mademoiselle de Lespinasse , ou l'Esprit et le cœur , 1817. — Le Siége de Rhodes , 1817. — Vauban à Charleroi , 1827. 18 pièces in-8.

12236 La Fée bienfaisante , comédie composée par M...., ornée de danses et de musique ; représentée à Grenoble , par l'Académie royale de musique , le 7 juillet 1708. *Grenoble* , François Champ , 1708. Pet. in-12, 56 pp.

12237 Le Retour d'Apollon au Parnasse , ou les Muses , divertissement de début (par M.   ). *Lyon*, Pelzin et Drevon. In-8, 15 pp.

12238 Caquire , parodie de Zaïre , en cinq actes et en vers, par M. DE VESSAIRE (COMBEROUSSE); dernière édition , considérablement emmerdée. A *Chio* , de l'imprimerie d'Avalous , en vente chez le Foireux. s. d. (*Zaïre* est de 1732). In-8, demi-rel., dos et coins mar. orange, tête dorée. [Capé.]

12239 Les Sabots, opéra comique en un acte, mêlé d'ariettes, par MM. C... et SEDAINE ; représenté pour la première fois par les comédiens italiens ordinaires du roi , le mercredi 26 octobre 1768. *Paris* , Hérissant , M.DCC.LXVIII. In-8.

12240 Adèle de Ponthieu , ballet héroïque en quatre actes, par NOVERRE. *Lyon*, 1787. In-8.

12241 Les Aventures de Robinson-Crusoé , ballet-pantomime en cinq actes , de la composition du citoyen ROUBEAU , musique de divers auteurs. In-8, 16 pp.

12242 Une Faute par amour , comédie en un acte et en prose , mêlée d'ariettes ; représentée pour la première fois sur le théâtre de la rue Feydeau , le 27 floréal an III de la République. Par Jean-Baptiste VIAL ; musique de

Mengozzi. *Paris*, chez la citoyenne Toubon , l'an III de la République. In-8.

12243 Les Conspirateurs, ou l'Attaque du camp de Grenelle, comédie en deux actes et en vers , du citoyen MAURIN , artiste du Grand-Théâtre de la ville de Lyon. s. d. In-8, 47 pp.

12244 Le double Divorce ou les Dangers de l'abus , drame en trois actes et en vers , par M. A.-D. AMAR. *Paris* , an VI. In-8.

12245 Révolution de l'empire des Ombres , ou le Renversement du trône de Pluton , comédie en quatre actes et en prose , mêlée de chants et ballets , par P. B... *Paris*, *Lyon* , Bernard , an VII. In-8, 40 pp.

12246 Le Délire ou les Suites d'une erreur, comédie en un acte et en prose, mêlée d'ariettes; représentée pour la première fois , le 16 frimaire , sur le théâtre de l'Opéra-Comique. An VIII. Paroles de R. St-Cir (RÉVÉRONY SAINT-CYR) , musique de M. Berton. *Paris*, Dupont de Nemours , an VIII. In-8.

12247 Le Premier venu ou Six lieues de chemin, comédie en trois actes et en prose, représentée pour la première fois par les comédiens de l'Odéon sur le théâtre de la rue Louvois. Par J.-B.-C. VIAL. *Paris*, an IX (1801). In-8.

12248 Berquin ou l'Ami des enfants, comédie en un acte, en prose, mêlée de vaudevilles, représentée pour la première fois, sur le théâtre du Vaudeville, le 16 frimaire an X. Par MM. J.-N. BOUILLY et Joseph PAIN. *Paris*, Barba, an X (1802). In-8.

12249 Le Prisonnier à Londres ou les Préliminaires de la paix , comédie-vaudeville en un acte ; par les citoyens BOUTARD et BEUCHOT. *Paris*, Barba, an X. In-8, 40 pp.

12250 Les Confidences, comédie mêlée de chants, en deux actes et en prose, paroles de A. J*** (A. JARS), musique de Nicolo J******; représentée pour la première fois sur le théâtre de l'Opéra-Comique national, rue Feydeau , le 10 germinal an XI. *Paris*, an XI (1803). In-8.

12251 Fanchon la Vielleuse, comédie en trois actes, mêlée de vaudevilles , représentée pour la première fois sur le théâtre du Vaudeville le 28 nivose an II; par MM. J.-N. BOUILLY et Joseph PAIN. *Paris*, Barba, an XII (1804). In-8.

12252 Le Vin , le Jeu et les Femmes , ou les Trois Défauts , comédie en un acte , mêlée de vaudevilles , par MM. BON-AFFONS et CHAZET; représentée pour la première fois, sur le théâtre Montansier, le 28 germinal an XI. *Paris*, Barba, an XII (1804). In-8.

12253 Julie ou le Pot de fleurs , comédie en un acte et en prose, mêlée de chants, paroles de M. A. J*** (JARS), auteur des *Confidences*; musique de MM. Fay et Spontini. *Paris*, an XIII (1805). In-8.

12254 Les Bandoléros ou le Vieux Moulin , mélodrame en trois actes, par MM. PITT et BIÉ , musique de M***, ballets de M. Hus le jeune , mis en scène par M. Ribié ; représenté pour

la première fois à Paris, sur le théâtre de la Gaîté , le 2 fructidor an XIII. 20 août 1805. *Paris* , Fages, 1805. In-8, 48 pp.

12255 Lina ou le Mystère, opéra en trois actes , paroles de M. R*** St-C. (RÉVÉRONY ST-CYR), musique de M. Dalayrac ; représenté pour la première fois, sur le théâtre impérial de l'Opéra-Comique, le 8 octobre 1807. *Paris*, Barba, 1807. In-8.

12256 L'Auberge de Bagnières, comédie en trois actes , mêlée de chants , paroles de M. JALABERT, musique de M. Catel; représenté pour la première fois à Paris , sur le théâtre de l'Opéra-Comique , rue Feydeau , le 16 avril 1807. *Paris*, 1810. In-8.

12257 Le Siége de Tolède ou Don Sanche de Castille, mélodrame en trois actes , en prose et à spectacle ; par J.-A.-M. MONPERLIER , musique de M. Louis fils , 1812. *Lyon* , Maucherat-Longpré , 1812. In-8.

12258 Les Voisins brouillés ou les Petits Propos, tableaux villageois en un acte, par MONPERLIER. *Paris*, Barba, 1813. In-8, 31 pp.

12259 Almanza ou la Prise de Grenade, mélodrame héroïque en trois actes , en prose ; par MONPERLIER. *Paris*, 1814. In-8.

12260 Le Prince soldat , mélodrame en trois actes , en prose, par MONPERLIER , musique de Quaisain et Renat fils. *Paris*, Barba, 1814. In-8, 64 pp.

12261 Aline , reine de Golconde, opéra en trois actes , paroles de MM. VIAL et FAVIÈRS, musique de H. Berton ; représenté pour la première fois sur le théâtre de l'Opéra-Comique le 16 fructidor au XI. Troisième édition. *Paris*, 1813. In-8.

12262 Amour , honneur et devoir , ou le Rapt , mélodrame en trois actes et en prose , par M. P.-J. CHARRIN, musique de MM. Quaisain et Renat fils; représenté pour la première fois, à Paris , le 25 mai 1815. Seconde édition. *Paris* , juin 1815. In-8.

12263 Les Orphelins, drame en trois actes et en vers, par M. A. B. *Paris* (1817). In-8, 75 pp.

12264 Le Panier de cerises , vaudeville anecdotique en un acte, par J.-A. MONPERLIER ; représenté sur le théâtre de la Porte-St-Martin le 15 mai 1817. Seconde édition. *Paris*, Barba, 1817. In-8.

12265 La Fille sur les petites affiches , comédie en un acte , mêlée de vaudevilles ; par M. Hector DE CUZIEU. *Lyon*, Chassipollet , 1819. In-8.

12266 Le marquis de Pomenars , comédie en un acte et en prose , par Mme Sophie GAY ; représentée pour la première fois à Paris , sur le Théâtre-Français , le 18 décembre 1819. Deuxième édition. *Paris*, 1820. In-8.

12267 La Partie fine ou le Ménage du Marais , comédie-vaudeville en un acte, par MM. CARMOUCHE et DE COURCY ; représentée pour la première fois à Paris , sur le théâtre de la

Gaîté , le 27 septembre 1821. *Paris*, Pollet, 1821. In-8.

12268 Une Aventure du chevalier de Grammont, comédie en trois actes et en vers , par Mme Sophie GAY; représentée sur le Théâtre-Français , le 5 mars 1822. *Paris*, 1822. In-8.

12269 M. Benoît ou l'Adoption , drame historique en trois actes , en prose, par Charles MAURICE ; représenté pour la première fois à Paris , sur le théâtre de la Porte-St-Martin , le 30 mai 1822. *Paris* , 1822. In-8.

12270 Edward ou le Somnambule , mélodrame militaire en trois actes, par MM. A.... et B..., musique de Piccini, ballet de Renauzi; représenté pour la première fois à Paris, sur le théâtre du Panorama dramatique, le samedi 2 novembre 1822. *Paris* , Barba , 1822. In-8.

12271 Nadir et Sélim ou les deux Artistes, opéra comique en trois actes, paroles de Justin GENSOUL , musique de Romagnési. *Paris* , 1822. In-8 , 65 pp.

12272 Sans tambour ni trompette , comédie-vaudeville en un acte , par MM. BRAZIER , MERLE et CARMOUCHE ; représentée pour la première fois à Paris , sur le théâtre des Variétés , le 23 janvier 1822. Seconde édition. *Paris* , Barba , 1822. In-8.

12273 Les Cancans ou les Cousines à Manette , comédie en un acte , mêlée de couplets , par MM. George DUVAL , CARMOUCHE et JOUSLIN DE LA SALLE ; représentée pour la première fois à Paris , sur le théâtre des Variétés , le 25 septembre 1823. *Paris*, Barba, 1823. In-8.

12274 Les Druides , tragédie en cinq actes, par J. VÉRAND. *Paris* , 1823. In-8 , fig.

12275 La Servante justifiée , pièce en un acte , mêlée de couplets , par MM. BRAZIER , CARMOUCHE et JOUSLIN DE LA SALLE ; représentée pour la première fois à Paris , sur le théâtre des Variétés , le 21 août 1822. Seconde édition. *Paris*, 1823. In-8.

12276 Pérolla , tragédie en trois actes, par M*** (BONIVERT). *Lyon*, J.-M. Barret, 1827. In-8, 48 pp.

12277 L'Entente est au diseur , proverbe , par MM. DES VIV... In-8, 8 pp.

12278 La France régénérée, ou les Journées des 27, 28 et 29 juillet 1830 , esquisses historiques mêlées de couplets, par M. SAINT-MARTIN ; représentées sur le théâtre de St-Etienne. *Paris, Lyon, St-Etienne*, 1830. In-8, 50 pp.

12279 Epaminondas , tragédie patriotique en cinq actes et en vers , par L.-M. PERENON. *Lyon*, Ayné , 1833. In-8 , 64 pp.

12280 Pierre ou le Réfugié polonais , comédie-vaudeville en deux actes et en prose, par Gabriel MORISOT. *Lyon*, 1834. In-8, 87 pp.

12281 Une Soirée de lecture. s. n. d'auteur (Adrien FEYTEAU). *Lyon*, 1834. In-8, 17 pp.

12282 La Juive de Pantin , folie-vaudeville en trois actes et en vers, imitée d'un opéra très

sérieux, par M***. *Lyon*, Rossary, 1836. In-8, 15 pp.

12283 Les Huguenots , pot-pourri de l'opéra de ce nom. *Lyon*, Léon Boitel, 1837. In-8, 7 pp.

12284 Le Comité de lecture, prologue de l'*Amitié des grands*, comédie , par M. Florimond LEVOL ; jouée pour la première fois sur le Grand-Théâtre de Lyon, en avril 1839 (non imprimée). *Lyon*, Léon Boitel. In-8, 8 pp.

12285 La Mort de Danton, drame en trois actes et en vers , par M. Pierre..., de Lyon (Alexis ROUSSET). *Lyon*, 1839. In-8, 76 pp.

12286 Lucrèce , tragédie en cinq actes et en vers, par J.-A. PEZZANI , avocat à la Cour royale de Lyon. *Lyon* , Boursy fils , 1840. In-8, 16 pp.

12287 La baronne de Serviac , drame en trois actes, précédé d'un prologue, par André PARCEINT. *Lyon* , Rey jeune et Cie, MDCCCXLII. In-8, 58 pp.

12288 Molière à Chambord , comédie en quatre actes et en vers, par M. Auguste DESPORTES ; représentée pour la première fois , à Paris , sur le théâtre royal de l'Odéon , le 15 janvier 1843. *Paris*, Tresse, 1843. In-8, 96 pp.

12289 Un Thé chez Barras, comédie en un acte et en vers, par A. R. (Alexis ROUSSET). *Lyon*, Boursy fils, 1844. In-8, 57 pp.

12290 La Bataille électorale , comédie en cinq actes et en vers , par M. Alexis ROUSSET. *Lyon*, 1842. In-8. — Compte-rendu par Gaspard BELLIN , 25 juin 1842. *Lyon*, Deleuze. In-8, 7 pp.

12291 La Vapeur d'éther, vaudeville en un acte, par M. LEFEBVRE. *Lyon* , Rey, 1848. In-8.

Théâtre de Collot-d'Herbois.

12292 OEuvres de théâtre de M. COLLOT-D'HERBOIS, contenant : Lucie, drame ; Le Paysan magistrat, comédie ; et l'Amant loup-garou , comédie. *La Haye*, H. Constapel , 1781. In-8. Suivi de : Les Français à la Grenade, comédie-divertissement en deux actes et en prose ; par M. C.... d'H...... A *Lille* et à *Douai*, ainsi qu'à *Paris* , 1779. In-8.

12293 Le bon Angevin, ou l'Hommage du cœur, comédie en un acte, mêlée de vaudevilles ; par COLLOT-D'HERBOIS. *Angers*, 1775. In-8.

12294 Lucie, ou les Parents imprudents, drame en cinq actes ; par M. COLLOT-D'HERBOIS. *Avignon*. 1777. In-8.

12295 Le Vrai généreux, ou les bons Mariages, petit drame villageois en un acte, mêlé de chants ; par M. COLLOT-D'HERBOIS. *Paris*, 1777. In-8.

12296 L'Amant loup-garou , pièce comique en quatre actes et en prose ; par M. COLLOT-D'HERBOIS. *Paris*, 1778. In-8.

12297 Les Français à la Grenade, ou l'Impromptu de la guerre et de l'amour, comédie-divertissement en deux actes , mêlée de chants, de danses et de vaudevilles ; par M. C*** d'H*** (COLLOT-D'HERBOIS). *Lille*, 1779. In-8.

12298 Adrienne ou le Secret de famille, comédie en trois actes et en prose, représentée sur le théâtre du Palais-Royal, le 19 avril 1790; par M. COLLOT-D'HERBOIS. *Paris*, veuve Duchesne et fils, 1790. In-8.

12299 La Famille patriote, ou la Fédération, pièce nationale en deux actes ; par COLLOT-D'HERBOIS. *Paris*, 1790. In-8.

12300 L'Inconnu ou le Préjugé nouvellement vaincu, comédie en trois actes ; par COLLOT-D'HERBOIS. *Paris*, 1790. In-8.

12301 Le Paysan magistrat, comédie en cinq actes ; par COLLOT-D'HERBOIS. *Paris*, 1791. In-8.

12302 Les Portefeuilles, comédie en deux actes et en prose ; par J.-M. COLLOT-D'HERBOIS. *Paris*, veuve Duchesne et fils, 1791. In-8.

12303 Le Procès de Socrate ou le Régime des anciens temps, comédie en trois actes et en prose, représentée pour la première fois à Paris, au théâtre de Monsieur, le 9 novembre 1790; par J.-M. COLLOT, ci-devant D'HERBOIS. *Paris*, veuve Duchesne et fils, 1791. In-8.

12304 L'Aîné et le Cadet, comédie en deux actes ; par J.-M. COLLOT-D'HERBOIS. *Paris*, 1792. In-8.

MÉLANGES.

Langage.

12305 La Défense des gens de lettres, ou Remarques critiques sur le dernier programme de M. Domergue ; par M. R. D. B. *Lyon*, 1776. In-12, 36 pp.

12306 Lettre de M. L.-A. GUILLON, sans suscription, adressée peut-être à l'abbé Sudan, pour se justifier d'une expression qui avait été trouvée ridicule. *Lyon*, le 16 août 1781. Ms. in-4, aut. sig., 4 pp.

12307 Réponse à la critique de l'ouvrage des Convenances, faite par MM. DOMERGUE et BRUNEL, d'Arles, rédacteurs du *Journal de la langue française*, imprimé à Lyon. *Lyon*, Bruyset, 1785. In-12, 32 pp.

12308 Lyonnoisismes, ou Recueil d'expressions et de phrases vicieuses usitées à Lyon, etc. ; par Etienne MOLARD, instituteur. *Lyon*, chez l'auteur, 1792. In-8, 59 pp.; Suppl., 8 pp.

12309 Dictionnaire du mauvais langage, ou Recueil des expressions et des phrases vicieuses usitées en France et notamment à Lyon ; par Et. MOLARD. *Lyon*, Beaumont, 1797. In-8, demi-rel., dos v., non rogné. [Koehler.]

12310 Le mauvais Langage corrigé, ou Recueil, par ordre alphabétique, d'expressions et de phrases vicieuses usitées en France, et notamment à Lyon; par Etienne MOLARD, instituteur. Quatrième édition...... *Lyon*, *Paris*, 1810. In-12, demi-rel., dos bas.

12311 Observations grammaticales sur quelques articles du Dictionnaire du mauvais langage ; par G.-M. DEPLACE. *Lyon*, Ballanche, 1810. In-12.

12312 Deux petits Mots sur les Observations grammaticales de M. Deplace, relatives au Dictionnaire du mauvais langage. s. n. d'auteur. *Lyon*, chez Yvernault et Cabin, novembre 1810. In-8, 24 pp.

Mœurs, Usages, Lettres, Mémoires, Souvenirs.

12313 Lettre d'un curé à M..., avocat au Parlement et ez-Cours de Lyon. Juin 1765, avec la réponse et la montre du Châtelet. Sans date et sans nom d'imprimeur. In-12, 20 pp.

12314 Réponse de l'auteur des vœux des Lyonnois à celui de la Feuille littéraire de Lyon. De *Lyon*, le 29 novembre 1773. In-8, 16 pp.

12315 (Lettre de Mme DE CHAPONAY DE BAULIEU, chanoinesse d'Alix, à Monsieur l'abbé de Castillon, promoteur, vicaire général du diocèse de Lyon, pour le prier de lui faire des vers). *Alix*, 24 février 1780. Ms. aut. in-12, 2 pp.

12316 Hommage à la vertu et aux talents du rédacteur du *Journal de Lyon*. *Lyon*, 9 septembre 1784. In-4, 14 pp.

12317 Lettre à M***, par A.-L. MILLIN, contenant quelques additions à son voyage de Paris à Lyon. *Paris*, Sajou, 1811. In-8, 43 pp.

12318 Lettre à M. B***, sur un poëte du XVIe siècle qui a habité Lyon. (*Paris*, 1812). In-8, 16 pp.

12319 Lyon, Bellecour et les Terreaux, par le vicomte DE BON-ESPRIT. 30 juin 1814. (Par M. MAZADE-D'AVÈZE). In-8, 11 pp.— Seconde lettre, 17 juin 1814. In-8, 19 pp.

12320 Les Confessions du cardinal FESCH, traduites de l'italien. Sans nom d'auteur. *Paris*, Delaunay, janvier M.DCCC.XVI. In-8, 16 pp.

12321 Lettre à MM. les rédacteurs des *Archives du Rhône*. De Lyon, le 10 octobre 1827. Par Z... In-8, 16 pp.

12322 Michel Morin et la Ligue, nouvelle politique, traduite de l'italien par J.-M.-V. AUDIN. *Paris*, Audin, 1818. In-8.

12323 Petite Macédoine sur les contrefacteurs en général, et plus particulièrement sur ceux de Lyon ; par J.-B. DUPUY. *Lyon*, J.-M. Boursy, 1830. In-8, 25 pp.

12324 A MM. les abonnés de la *Gazette du Lyonnais*. *Signé* : PITRAT. *Prison de Perrache*, 24 avril 1833. In-8 , 4 pp.

12325 Un Lyonnais parmi les fous de Bicêtre à Paris, par un malheureux qui réclame en vain ses droits , et que l'on ne veut pas entendre. *Lyon* , 1837. À la fin , *signé* : A. LAMBERET. In-8 , 44 pp.

12326 Belles (les) femmes de Lyon , par une société de gens de lettres et d'artistes. *Lyon* , 1839. Gr. in-8, 48 pp., et 5 portraits doubles.

12327 Lyon mystérieux et nocturne , par BONNEAU. Première livraison. (Scènes de mœurs. N'a pas été continué). s. d. (184. ?). *Lyon* , Boursy. In-8 , 16 pp.

12328 La maison de Sylvestre le luthier. Quelques mots sur la lutherie (par Théodore DE SEYNES). *Lyon*, Léon Boitel, 1841. In-8, 15 pp.

12329 La Reine des Tilleuls , ou la Limonadière de Bellecour , à ses amis et à ses ennemis. *Lyon* , Chambet aîné , et *Paris* , 1841. In-4 ; avec le portrait de *Madame Girard* , de *Lyon* (la Reine des Tilleuls) , et autres fig. 36 pp.

12330 Lettre à Monsieur le directeur du journal *l'Union des Provinces*. 15 juin 1844 (au sujet de M. DE MONTALEMBERT). *Lyon*, Léon Boitel. In-8 , 3 pp.

12331 Physiologie du courtier d'assurances lyonnais ; suivie d'un plan de réforme, etc. *Signé* : M.-F. DE MEL. *Lyon*, Boursy fils, 1844. In-12 , 58 pp., fig.

12332 Réponse à une attaque anonyme dirigée contre moi ; par M. Ed. SERVAN DE SUGNY , ancien procureur du roi, etc. Cessy , le 18 juillet 1847. *Lyon* , veuve Ayné , 1847. In-8 , 16 pp.

12333 Litanies du peuple souverain , par un républicain du lendemain. Sans nom d'auteur. *Lyon* , 1848. In-8 , 12 pp.

12334 Prière des citoyens Voraces. *Lyon* , Rodanet. s. d. (mars 1848). In-12 , 1 p.

12335 Piquage d'once , ou le Pélerinage malheureux , par R. (RAYNARD. *Lyon*, 1850. In-8 , 62 pp. — Le titre de cette brochure pourrait faire croire qu'il est question de la fabrique lyonnaise ; il n'en est rien. Ce sont des impressions ou rêveries toutes personnelles.

Discours.

12336 Harangue prononcée devant le roy séant en ses estats generaux à Bloys ; par R. P. Pierre D'ÉPINAC, archeuesque de Lyon. *Paris*, Gadoubert, 1577. In-8.

12337 Hieroglyfique de la vertu soubs la figure du Lyon, avec ses proprietez et qualitez plus remarquables , dedié comme à son mollelle à Mgr d'Alincourt, gouverneur de Lyon ; par le sieur GOUJON. *Lyon* , H. Cardon, 1608. Pet.

in-4, demi-rel., dos et coins de mar. r., tr. gr. [Koehler]. — *Id.* v. f., fil., tr. r. Sur le plat est la devise : *Marco Antonio Petit et amicis.*

12338 L'horoscope du roy par lequel la ville de Lyon prétend qu'ayant heu lhonneur de la conception de Sa Majesté, qu'elle est sa vraye patrie et non le lieu de sa naissance ; par le sieur GOUJON fils, advocat à Lyon. *Lyon*, Jullieron, 1622. Pet. in-4, m. br., fil., tr. d., aux armes.

12339 Panégyrique sur les louanges de saincte Scholastique ; par ARROY. *Lyon* , Travers, 1627. In-12, 30 pp.

12340 Eloge historique de dom Mabillon , lu dans l'assemblée publique de l'Académie royale des inscriptions et médailles le mardy 17 avril 1708 ; par M. GROS DE BOZE. *Paris* , Pierre Cot , M.DCCVIII. In-4 , 19 pp. ; avec l'envoi de l'auteur, aut. non sig.

12341 Discours sur les dangers qu'entraîne l'ignorance des droits et des devoirs des citoyens, prononcé au Comité central par le citoyen ACHARD. 23 avril an IV. Mss. in-8 , 10 ff.

12342 Cives dilecto civi , ou les Lyonnais à Camille Jordan. *Lyon*, Chassipollet, 1818. In-8, 26 pp.

12343 Discours au roi, prononcé par M. SAUZET, président de la Chambre des députés , le 1er janvier 1845, et réponse de Sa Majesté. *Paris*, A. Henry, 1845. In-8, 7 pp.

Pamphlets.

12344 Lettre de M. le cardinal de Lyon à M. le cardinal de Richelieu , son frère. Lyon, ce 14 juillet 1631. Avec la Response de M. le cardinal de Richelieu à la Lettre de M. le cardinal de Lyon. *Paris*, ce 1er aoust 1631. (Lettres supposées ; Pamphlet au sujet de la conduite des deux frères). In-fol., 7 pp.

12345 Evangile du lendemain. In-4 , 4 pp. Ms. sur papier. Satire sur les prétendans à la place de prévôt des marchands de la ville de Lyon, faite par M. RAST, médecin , à l'occasion de la sortie de M. Fay de Sathonnay de cette même place.

12346 Petite Correction fraternelle donnée à l'auteur de la Feuille littéraire de Lyon , par M. DE BRETIGNEY, officier d'infanterie. *Genève*, 1773. In-8 , 16 pp.

12347 Réflexions. s. l. et s. d. In-12. Libelle contre M. le comte de Laurencin au sujet d'un procès relatif à la construction de la Mulatière (sur un pamphlet de l'avocat Bertholon. (178. ?). In-8 , 12 pp.

12348 Billet daté de dimanche soir 6 avril , à M. l'abbé de Castillon, vicaire général à Lyon, au sujet d'un libelle. Sans sign. Ms. in-4, 1 p.

12349 Lettre de M. L..., électeur du départ. de

Rhône-et-Loire, nommé dans la ville de Lyon, à M. D..., électeur du même département, nommé à Villefranche en Beaujolais. *Lyon*, 3 juin 1790. (Pamphlet contre François Privat , huissier.) (Voir la Réponse de PRIVAT à *Sénéchaussée*, 12 juin). s. n. d'impr. In-8, 14 pp.

12350 Lanterne magique, ou Tableau parlant des brigandages qui se commettaient dans la ferme des aides de Lyon, et les moyens dont s'est servi le sieur Guicgnac pour gagner trois millions de bien ; par un commis auvergnac, grand confident du sieur Guicgnac ; en trois actes. s. d. (juillet 1790 ?), s. n. d'auteur ni d'impr. In-8, 4 pp.

12351 La Confession et le Jugement des cabaretiers ; fait par le frère JÉRÉMIE, connaissant toutes leurs ruses. *Paris*, *Chalon*. In-8, 4 pp.

12352 Arrêt bougrement sensé rendu par le père Duchêne et le compère Mathevon , juges de la contestation pendante par-devant le tribunal de l'opinion , entre M. Frachon , aidemajor , demandeur, et les abbés de St-Jean, ci-devant comtes de Lyon , défendeurs. s. d. (octobre 1790). (Au sujet des soldats de Nancy). In-8, 7 pp.

12353 Jugement infernal et en dernier ressort, prononcé par les conseillers diaboliques aux Enfers contre l'âme de la Ferme. 17 octobre , année deuxième de la descente des aristocrates français aux Enfers.... *Aux Enfers*, de l'imprimerie des diables, aux dépens de la Ferme. In-8, 8 pp.

12354 Réponse à la protestation du ci-devant Chapitre des ci-devant comtes de Lyon, faite par l'Université de St-Maurice en Bresse , associée et digne émule de la Sorbonne. Nous, Gilles de Point-d'Eme , âne par excellence.... *Signé* : GILLES DE POINT-D'EME , recteur ; Jean-Jacques DE TAPE-BULLE , secrétaire. 15 novembre 1790. s. n. d'impr. In-8, 16 pp.

12355 La Lanterne magique patriotique, ou le Coup de grâce de l'aristocratie ; par M. DORFEUILLE. Quatrième édition, avec des notes curieuses , augmentée du Discours de Guillaume Tell à la nation française et de l'Epître de S. Augustin à la Comédie italienne. *Châtellerauld* , Guimbert. In-8, 48 pp.

12356 La Cruche cassée , ou fameuse Lettre du fameux et terrible général Bouillé. Cette Lettre est suivie de la Réponse d'une femme patriote. s. d. (juillet 1791 ?). *Lyon* , s. n. d'impr. ni d'auteur. In-8, 16 pp.

12357 Lettre de l'abbé DUREU dit BOURGUIGNON, ci-devant porteur de chaise à Lyon..., à M. Joliclerc, ci-devant moine bénédictin à Ambournay..., au sujet des insultes que M. le vicaire fait au sieur Dureu.... De *Grenoble* , 20 mai 1792. s. n. d'impr. In-8, 7 pp.

12358 La Mère Duchesne à Lyon, ou Conversation très véridique entre la mère Duchesne, un soldat suisse , la mère Carpillon et un vo-

lontaire des frontières , appelé la Peur. In-8, 16 pp.

12359 Lettre du citoyen J.-F. PERRET, de Lyon, le 22 décembre 1792. In-4, 2 ff.—Cette Lettre est autographe. L'auteur l'adresse à..... et lui demande son avis sur un placard qu'il voudrait faire imprimer, et qui serait dirigé contre M. Cazati.

12360 Au docteur Pitt, rédacteur du *Journal de Médecine* de Lyon ; du 1er fructidor an VIII. In-8 , 8 pp.

12361 Examen de la Critique des Martyrs, insérée dans le Journal de l'Empire. (Extraits du *Bulletin de Lyon*). 1809. In-8 , 95 pp.

12362 Lettre à Me Godem.... (Godemar) , boucher émérite de la ville de Lyon, écrite par un homme qui n'est rien. (Attribuée à M. MARET). *Lyon* , 1810. In-8 , 7 pp.

12363 Aujourd'hui dimanche 13 mai 1810.... (Pamphlet contre quelques personnes de Lyon). Sans nom d'imprimeur. In-4, 1 p.

12364 Bonaparte à Lyon, ou mon Rêve de la nuit du 9 au 10 mars dernier, en cinq actes; scènes burlesques , prélude d'une grande tragédie. Par l'Idiot , le visionnaire. Cette pièce n'a été représentée qu'une seule fois par des Arlequins de passage , auxquels se sont joints les Pasquins de la cité. *Lyon* , Chambet, 1815. In-8.

12365 Qui est-ce qui a été bâtonné, soufflété et chassé de la maison Riv...? (Première phrase d'une lettre satirique). s. d. In-8, 3 pp.

12366 La Jeunesse lyonnaise vengée, ou Réponse à la Lettre de M. Chastaing, de Lyon ; par L.-M. PÉRENON. *Lyon*, 1820 (Pitrat). In-8 , 30 pp.

12367 Tournons ! Extrait du *Courrier des spectacles* , du 19 mai 1822. Pet. in-fol., 3 pp. Satire contre M. de Tournon.

12368 A MM. les amateurs du Voyage pittoresque à Lyon, par M. FORTIS. Réponse de M. F. GROGNARD à une Lettre anonyme écrite par un prétendu Lyonnais à M. Fortis. *Paris*, Cellot (1822). In-8, 7 pp.

12369 De la Doctrine BROS, ou la Vérité opposée au mensonge de ce soi-disant docteur-médecin, démontrée une insigne fourberie. *Lyon*, Barret (1824). In-8, 28 pp.

12370 Pétition CLAVET. *Apud nihil et ubique.* In-8, 24 pp.— Cette Pétition, datée de Lyon le 29 mars 1829, a pour auteur M. DE NERVO. Elle s'élève contre les noms de quelques familles nobles lyonnaises.

12371 Jeux de mots sur les nominations de MM. Couderc et Delhorme. Ms. in-8, 1 pp.

12372 Pamphlet, par J.-A. GRANIER, gérant de la *Glaneuse*. Lyon, le 26 février 1831. *Lyon*, Perret, 1831. In-fol., 4 pp. pap. rose. —La *Glaneuse* n'ayant paru qu'en juin 1831, il faut lire 26 février 1832, époque où Granier était en prison.

12373 Un Pamphlet, par Joseph BEUF. *Lyon*, Perret (1832). In-4, gr. pap.

12374 Les Paillasses tricolores ; pamphlet, par

Joseph BEUF, prolétaire ; suivi d'une Lettre adressée au garde-des-sceaux le 24 juillet 1832. *Paris*, 1832. In-18, 35 pp.

12375 Procès et défense de Joseph BEUF, prolétaire, condamné à trois ans et demi de prison et 2,500 fr. d'amende par la Cour d'assises du Rhône. *Lyon*, 1832. In-8, 24 pp.

12376 Le Conteur, pamphlet. Mercredi 18 avril 1832.

Quæque ipse miserrima vidi.
(VIRG.)

Rassurez-vous, etc..... *Lyon*, Perret, 1832. In-4, 4 pp. papier rose.

12377 Kaléidoscope politique et littéraire. Jeudi 26 avril 1832. *Signé* : Alph. G. (GIRAUD). *Lyon*, Perret, 1832. Pet. in-fol., 4 pp. pap. rose.

12378 Aux prolétaires. Des droits et des devoirs des prolétaires, par Joseph BEUF, prolétaire. Du bagne de France, au III du juste-milieu, septembre 1832. Sans nom d'impr. In-8, 15 pp.

12379 A l'ex-sans-culotte Egalité, provisoirement Louis-Philippe Ier, roi des Français par la grâce de 219... fripons. Imprimé à Paris, sous les yeux du Rohaaaa. Sans nom d'impr. In-8, 32 pp.

12380 Lettre confidentielle de S. M. Louis-PHILIPPE Ier, roi des Français, à son bien-aimé cousin Nicolas, empereur de toutes les Russies. En France, février 1833. Sans nom d'impr. In-8, 40 pp.

12381 Plagiat et violation du privilége et du droit d'auteur exercés par M. C.-L. Grandperret, en s'attribuant l'invention du système intégral de géographie due tout entière aux travaux de M. GIRARD, disciple de Pestalozzi. *Lyon*, Léon Boitel, 1833. In-8, 12 pp.

12382 Les Orties. Mois d'octobre 1840. (Joachim DUFLOT). *Lyon*, 1840. In-24, 72 pp.

12383 Lettres écrites par M. FONTAINE, libraire, rue Ferrandière, à Lyon, à P.-A. Suiffet, marchand de vieux livres, rue St-Dominique, même ville; publiées par les soins et aux frais de ce dernier. Lyon, 14 juin 1841. *Lyon*, Boursy fils. Gr. in-8, 8 pp. — *Id. id.* In-8.

12384 Encore une Lettre de M. FONTAINE à Suiffet, son confrère. (Lyon, 5 août 1841). *Lyon*, Boursy fils. In-8, 8 pp.

12385 MM. de Bonald père et fils. *Lyon*, Boursy fils (1843). In-4, 3 pp., sur deux colonnes. Pamphlet anonyme.

12386 Réponse aux dénonciations de la *Gazette de Lyon* au sujet d'un Catalogue de livres curieux et singuliers composant la bibliothèque de M. R., et dont la vente publique devait avoir lieu le 16 février 1846. *Signé* : R.... *Lyon*, Boursy fils. In-8, 4 pp.

Facéties.

12387 La Rescription des femmes de Paris aux femmes de Lyon. (Sans lieu ni date). In-8 goth., demi-rel., dos et coins de v. r. [Thouvenin.]

12388 Formulaire fort récréatif de tous contracts, donations... et autres actes... faict par Bredin le cocu, notaire rural et contreroolleur des Basses-Marches au royaume d'Utopie... (Par Benoît DU TRONCY). A *Lyon*, 1594. In-12, mar. bleu, doublé d'orange, rel. à la rose, tr. d., fil., encadr., dos orné. [Trautz et Bauzonnet.]

12389 Formulaire fort récréatif de tous contracts.... et autres actes.... faict par Bredin le cocu, notaire rural et contre-roolleur des Basses-Marches au royaume d'Utopie.... Par Benoît DU TRONCY. Nouvelle édition, collationnée sur les anciennes et augmentée de notes par C. BRÉGHOT DU LUT. *Lyon*, collection des Bibliophiles lyonnais. Dumoulin et Ronet, 1846. In-8, papier Bristol, demi-rel., dos et coins mar. r., non rogné, tête dorée, dos orné, fil. [Capé]. Tiré à 50 exemp.

12390 Notice sur le Formulaire récréatif de Bredin le cocu ; extrait du *Journal de Lyon* du 5 juin 1821, par A. PÉRICAUD. *Lyon*, Brunet. In-8, 4 pp.

12391 Histoire nouvelle et facétieuse de la femme d'un tailleur d'habits de la ville de Lyon, demeurant en la rue des Esclaisons près des Terreaux, qui est accouchée d'une monstre d'horloge dans les prisons de Roanne, après qu'elle a eu sonné en cinq fois, vingt-cinq heures. Par GARON (Louis), auteur lyonnais. *Paris*, P. Ramier, jouxte la coppie impr. à *Lyon* par Cl. Harmau, 1625. In-8, mar. r., fil., tr. d. — Ex. de Ch. Nodier.

12392 Les Amours précipitées de Pierrot et de Claudine, l'un et l'autre habitants du territoire appellé le Mont-d'Or, près de Lyon. Pièce nouvelle et curieuse. Sur l'imprimé, à *Villefranche*, 1715. In-12, 12 pp., mar. vert, fil., tr. d. [Koehler.]

12393 Délibération prise dans la salle du Concert de l'Académie des beaux-arts de Lyon par la partie du beau sexe qui s'y est trouvée rassemblée le jeudi 7 janvier 1762. *Lyon*, impr. de Fidèle Bonsujet, imprimeur de l'association du *Beau-Sentiment*, 1762. In-4, 29 pp.

12394 Réponse d'un hermite au milieu du monde à l'hermite Jean dans le désert. *Lyon*, 22 décembre 1774. In-8, 16 pp.

12395 Dialogue entre sieur Jacques Filoutin, receveur des aides et octrois de la ville de Lyon, et le sieur Thomas Friponneau, commis auxdits aides. s. d. (1789 ?), sans nom d'auteur ni d'impr. In-8, 8 pp.

12396 A un sou l'aristocrate rimailleur, à un sou ; ou l'Envie aux doigts crochus. (Réponse à des vers faits contre un officier municipal, cordonnier). s. d. (179.), sans nom d'auteur ni d'impr. In-8, 4 pp.

12397 Dialogue entre Arlequin, boucher, et Polichinelle, cabaretier, tous deux de la ville de Lyon. s. d., sans nom de ville ni d'auteur (179.). In-12, 8 pp.

12398 Miracle de la sainte Omelette, publié par DORFEUILLE en 1790. Mortels, ébahissez-vous et sachez admirer l'importance d'une capucinade. *Commune-Affranchie*, impr. républicaine. In-4, 4 pp.

12399 Le café de Tauris. A *Tauris*, et se trouve aussi à *Lyon*, 1790. Sans nom d'impr. In-8, 14 pp.

12400 Dialogue entre un boulanger, un farinier et un meûnier (sur la farine qu'on vendait à Lyon). s. d. (juin 1790?), sans n. d'auteur ni d'impr. In-8, 8 pp.

12401 Grande Nouvelle pour les âmes timorées, nouvelle importante pour tous les humains. Le Paradis en déroute, le despotisme céleste anéanti.... *Signé* : B..... de l'autre monde régénéré, le 20e de la lune de Zilcadé, 1791. Impr. du royaume des Justes. In-8, 16 pp.

12402 Déclaration d'amour d'un ouvrier en soie à une satinaire. «Mamesèle, de dessus ma seurpente, ce 15 navri 1795, après n'en avoir fini ma jorné, etc... » — Réponse de la satinaire à l'ouvrier en soie. Deux placards in-4, 2 pp.

12403 Récit exact de ce qui s'est passé à la séance de la Société des Observateurs de la femme, le mardi 2 novembre 1802. Par l'auteur de Raison, Folie, etc. *Paris*, an XI (1803). In-18, demi-rel. bas.

12404 Lanterne magique lyonnaise, ou les Petits Ridicules d'une grande ville de province (par AUDIN). *Lyon* (1814). In-8. — Le petit Falot de Lyon, ou l'Auteur de la Lanterne magique lyonnaise. *Lyon*, 1814. In-8, demi-rel. mar. r., non rogné.

12405 L'heureuse Découverte, ou Histoire de Dubost, associé de Tolon, marchand de mousselines, rue Grenette, à Lyon. In-12, 12 pp.

12406 Procès Chambard à propos de la troisième scène des Giboulées de Mars ; par Léon BOITEL. (Extrait du *Censeur* du 5 mai (1837). *Lyon*, Boursy. In-8, 4 pp.

12407 Facéties lyonnaises. — La ville de Lyon, en vers burlesques; première et deuxième journées. — Le Salamalec lyonnais. — Chansons lyonnaises. — Supplément aux Lyonnais dignes de mémoire. *Lyon*, collection des Bibliophiles lyonnais. Lépagnez, 1846. In-8, pap. Bristol, demi-rel., dos et coins mar. r., non rogné, tête dorée, dos orné, fil. [Capé.] Tiré à 25 exemp.

12408 La Conjuration d'amour. Zozo, ou l'Infidèle découverte, 1846. (Récit des amours d'un ouvrier). *Signé* : D..... (DUFOUR, mécanicien). Lyon, le juin 1846. *La Guillotière*, Bajat. In-8, 16 pp.

Poésies diverses. Sujets lyonnais.

12409 Le plaisant Discours et advertissement aux nouvelles mariées pour ce bien et proprement comporter la première nuict de leurs nopces, recite à un balet par un jeune homme lyonnois le jour du jeudy gras dernier. A *Lyon*. In-8. Réimpression tirée à 60 exemplaires.

12410 Ode de l'antiquité et excellence de la ville de Lyon, composée par Ch. FONTAINE, parisien. *Lyon*, Jean Citoys, 1557. In-8, vél. blanc.

12411 Diverses Poésies sur plusieurs anagrammes tant latins que françois, du nom de Messire François de Mandelot, gouverneur et lieutenant-général ès pays de Lyonnois, Forestz et Beaujolois; par André DE ROSSANT, lyonnois. *Lyon*, 1578. In-4, 4 ff.

12412 Ode sur l'anagramme du nom de très-noble et très-vertueuse dame Eleonor de Robertet, femme et compaigne de très-illustre seigneur Messire François de Mandelot, gouverneur, etc. (Par André DEROSSANT). *Lyon*, 1578. In-4, 3 ff.

12413 Coq à l'asne et chanson sur ce qui s'est passé en France puis la mort de Henry de Valois, jusques aux nouvelles deffaictes, où sont contenus plusieurs beaux équivoques et proverbes. Publié par C.-M. G. (GONON) sur l'imprimé de 1590. *Lyon*, Dumoulin, 1843. In-8, 24 pp.

12414 Echo sur la prinse et sac de la ville de Charlieu. 1590. In-8, 4 feuillets, v. f., fil., tr. d. [Koehler.]

12415 Monseigneur le duc de Villeroy, dans son gouvernement ; sonnet, par CARRET, avocat. — A M. Carret, sur son sonnet. In-4, 3 pp.

12416 La Joye des marchandes de poissons de la halle, pour le rétablissement de la santé de Mgr le maréchal de Villeroy. In-4, 1 p.

12417 Stances sur l'ancienne confrairie du Saint-Esprit, fondée en la chapelle du pont du Rosne à Lyon, avec l'origine du Cheval fol et la resjouissance des Lyonn...is aux festes de la Pentecoste, maintenue depuis deux ans et cinq ans par les gardes pour le roy. Dédié à Monseigneur d'Alincourt. A Lyon, par Claude LARJOT. 1609. In-8. — Copie faite sur l'imprimé, de la main de M. COCHARD. Les stances sont signées Louis GARON, et sont suivies d'un *Hymne du Saint-Esprit pour le jour de la Pentecoste*, souscrit de ces mots : *Gran los ouy*, anagramme de Louis GARON.

12418 Thériaque (la). (Par Louis DE LA GRYVE, garde juré en la ville de Lyon). Poème. *Lyon*, Roussin, 1619. In-4, 29 pp.

12419 La Fille du Temps : c'est-à-dire la Vérité, récitant les maux faicts à la France par les Huguenots... La ville de Lyon affligée de contagion aux pieds de Dieu : et autres pièces curieuses et utiles. Par le sieur LAVRENT, Miribelois Bressand. *Lyon*, Louys Muguet, M.DC.XXX. Pet. in-8.

12420 L'Oracle de Lyon à Madame la maréchale de Villeroy, par M. ROVEYROL. (Pièce de vers). *Lyon*, Falcon, 1649. In-4, 11 pp.

12421 Recueil de quelques pièces de poésie

françoises et latines à l'honneur de Mgr le duc de Bourgogne, etc., présentées par le collège de la Compaguie de Jésus. *Lyon*, Sibert. In-4, 7 ff.

12422 L'Entrée de Monseigneur le Légat dans la ville de Lyon, en vers burlesques. In-4, bas.; incomplet.

12423 Le Triomphe de la manne céleste sur les autels de toutes les églises de la noble et auguste ville de Lyon, par Me A. BOUGEROL. *Lyon*, J. Paulhe, 1665. In-8 (poésies), v. f., fil., tr. d. [Koehler.]

12424 Remarques sur la conduite des chevaliers du noble jeu de l'arquebuze, assemblez à Chany par M. C., le Montreur, dans sa loge. (Poème). 1673. Pet. in-4, demi-rel., dos et coins m. r., tr. éb.

12425 Epître à Damon sur le luxe des femmes de Lyon, par le sieur L***. Ensemble les nouvelles Satires du sieur de ***, avec l'Art du geste du prédicateur. Sans nom de lieu, 1685. In-12, demi-rel., dos et coins mar. r. [Thouvenin.]

12426 A Monsieur Monsieur N. Pinardy, dans sa belle tour à Lyon; Epître en prose et en vers, par DE LA ROUE. s. l. et s. d. In-12, 7 pp.

12427 Recueil de plusieurs pièces d'éloquence et de poésie présentées à l'Académie de Villefranche en Beaujolois, pour le prix proposé en 1688. *Villefranche*, Martin. In-12.

12428 Lettre de remerciment à très-haute et très-puissante dame Madame de Chaulnes, abbesse du monastère royal de St-Pierre de Lyon. *Lyon*, Esprit Vitalis, 1690. In-8, 13 pp.

12429 Agréables (les) Divertissemens de la table, ou les réglemens de l'illustre Société des frères et sœurs de l'ordre de Méduse. *Lyon*, Laurens, 1712. Pet. in-12, fig., v. f., fil., tr. d. [Koehler.]

12430 A Mgr Fr.-Paul de Neuville de Villeroy, archevêque et comte de Lyon. Epître, par G. DESPARVIER. *Lyon*, A. Laurens, 1715. In-4, 4 ff.

12431 La ville de Lyon, en vers burlesques (en deux journées). Corrigez et augmentez par le sieur P. B. *Lyon*, Nic. Barbet, 1728. In-12, demi-rel. m. r.

12432 L'Eglise de Lyon. A Mgr Ch.-Fr. de Rochebonne, archevêque et comte de Lyon; par J.-J. AUDIFFRET, prêtre. *Lyon*, A. Laurens. In-4, 7 pp.

12433 Ode sur la convalescence de Mgr le cardinal de Tencin, par M. le P. de S.-M. In-4, 8 pp.

12434 Vaudevilles chantés à la Comédie françoise de Lyon pour la convalescence du roy. Deux Vaudevilles en françois, et un en patois. Septembre 1744. In-8, 6 pp. et 8 pp.

12435 Les Bourgeois militaires, ou les Gardes de Lyon. Entretien de Guillot avec le bailli et le maître d'école de son village. Poème en vers

libres. *Avignon*, 1746. In-8, demi-rel., dos m. r., non rogné.

12456 Pour la fête du glorieux S. Antoine, abbé. A Mgr Ant. de Malvin de Montazet, archevêque de Lyon, par les écoliers du collège royal de Montluel. In-4, 1 p.

12437 Depuis environ cinq années,
  Je suis mes tristes destinées;
  Hélas ! c'est toujours de plaider :
  J'aimerais cent fois mieux céder, etc.
(Premiers vers d'une Epître signée DANS-TRUDE, prieur de Montrotier, ancien prieur de Coursieux). s. d. In-4, 17 pp.

12438 Chanson nouvelle (sur une demoiselle galante du quai ***). In-4, 2 ff.

12439 Aux très nobles et très illustres seigneurs les doyen, chanoines de l'Eglise comtes de Lyon. Epître, par Jean-Baptiste VARENARD, écolier. Ce 31 juillet 1766. *Lyon*, P. Valfray. In-4, 4 pp.

12440 Epître d'un Lyonnois à ses concitoyens. 1772. In-8, 16 pp.

12441 Noël. Pet. in-4, 4 pp. Ce Ms. contient 14 couplets qui parurent en 1773: ils passent en revue toutes les autorités d'alors.

12442 Couplets chantés sur le théâtre de Lyon, le 6 novembre 1773, en présence de Mme la comtesse d'Artois. *Lyon*, A. Delaroche. In-12, 6 pp.

12443 Chansons faites à l'occasion du mariage de Mme la comtesse d'Artois, à son passage à Lyon. *Lyon*, Aimé Delaroche, 1773. In-4, 4 pp.

12444 Noël de la ville de Lyon (satire). Décembre 1773. (En 18 couplets). In-8, 2 ff.

12445 Chanson sur le Conseil supérieur de Lyon. 1774. In-4, 2 ff. Ms. à deux colonnes. Cette chanson est attribuée à M. DE COMBES, un des conseillers ; elle est sur l'air : *Qui veut savoir l'histoire*, etc., et n'a pas moins de 30 couplets.

12446 Calendrier du Palais (chanson satirique). Novembre 1774. In-4, 2 ff.

12447 Vers à Son Altesse Sérénissime Mme la comtesse de la Marche, à son arrivée à Lyon; par M. LE SUIRE. In-8, 2 pp.

12448 Couplets à S. A. R. Madame Clotilde de France, princesse de Piémont, au sujet des mariages faits à son passage à Lyon ; par M. M***. In-8, 1 f.

12449 Dialogue chanté sur le théâtre de Lyon, eu présence de S. A. R. Madame la princesse de Piémont, par le sieur MONVELLE, comédien français ordinaire du roi. — Divers couplets, par MM. MAYET, LORGES, DE FLESSELLES. *Lyon*, Delaroche, 1775. In-12, 24 pp.

12450 Loterie galante, Etrennes aux amants. Deux parties. *Lyon*, Reguilliat, 1778. In-12.

12451 Recueil d'airs de contredanses nouvelles et choisies; avec l'explication des figures ; par le sieur DAUTERNAUX. *Lyon*, Dauternaux, 1778. In-8, demi-rel. bas.

12452 La Brotiade, ou les Plaisirs des Brotteaux, poème héroï-comique en quatre chants ; étrennes à la ville de Lyon. (Par PASCAL, instituteur). *Genève*, et se trouve à *Lyon*, au Palais des ris et des jeux, 1779. — Eloge de la Brotiade ou du poème héroï-comique sur les plaisirs des Brotteaux ; par un enthousiaste. Etrennes à l'auteur (par CHASSAIGNON), 1779. In-12, cart. à la Bradel.

12453 Complainte sur l'exécution faite à Lyon, le 15 février 1780, du nommé Laurent Robert, natif de La Mure en Dauphiné, etc. *Lyon*, veuve Reguilliat, 1780. In-4, 2 pp.

12454 A Monsieur Janin de Combe-Blanche, pour la St-Jean, jour de sa fête ; par M. THOMAS. *Lyon*, 1785. In-8, 7 pp.

12455 Tribut de l'amitié à la mémoire de M. Borde, de l'Académie de Lyon, etc. ; par M. l'abbé (GUILLON). *Lyon*, Faucheux, 1785. In-8.

12456 La vérité sur les spectacles de Lyon, satire (par FABRE D'EGLANTINE). 1785. In-8, 16 pp. A la fin on trouve un couplet ms.

12457 Complainte historique sur le triste événement arrivé dans la ville de Lyon au mois d'août 1786, occasionné par une révolte faite par les ouvriers en soie et garçons chapeliers. 25 strophes. Document curieux, à cause des noms propres. Copie faite à l'époque. Sans nom d'auteur. Ms. gr. in-fol., 1 p.

12458 Couplets pour la fête de Madame Catalan de la Sarra. s. d., s. n. d'auteur ni d'impr. In-8, 3 pp.

12459 Voyage de trois lieues, à Mesdames D... et J... (de Millery à Vienne), en prose et en vers. s. d. (178. ?). In-8, 10 pp.

12460 Vers à M. Imbert. Opuscule dédié aux bons citoyens, et vendu au profit des pauvres. s. d., s. n. d'aut. ni d'impr.; suivi d'une chanson mste par M. LAURÈS, composée avec les noms des principaux négociants de Lyon. In-8, 4 pp.

12461 La ville de Lyon, à M. Cl.-Ant. Rey, lieut.-général de police. In-8, 3 pp.

12462 Ode à M. Rey, par M. B***. In-8, 1 f.

12463 Adresse aux Lyonnais à l'occasion de l'installation de leur municipalité. Poésie, par un habitant de l'île Perrache. *Lyon*, Aimé Delaroche. In-8, 7 pp.

12464 Couplets en l'honneur de MM. les officiers municipaux de la ville de Lyon, le jour de leur installation. s. d. (12 avril 1790); par M. l'abbé GUILLERMIN. Sans nom d'impr. In-8, 4 pp.

12465 La Liberté, ode aux Français, par le citoyen BRISSAC (précédée d'une Epître à Messieurs les maire et officiers municipaux de la ville de Lyon, et suivie d'un acrostiche dédié aux citoyens de la ville de Lyon, composé avec le nom de M. Palerne de Savy). *Lyon*, veuve Barret, 1790. In-8, 37 pp.

12466 Epître à mes concitoyens, lue dans la séance publique de l'Académie des sciences, belles-lettres et arts de Lyon, présidée par M. de Savy, maire de la cité et directeur actuel, le mardi 4 mai 1790 ; par M. VASSELIER. Sans nom d'impr. In-8, 4 pp.

12467 Lamentations du chevalier Janin. (Poésie). s. d. (juillet 1790 ?), sans nom d'auteur ni d'imprimeur. In-8, 4 pp.

12468 Couplets dédiés aux bons patriotes français (au sujet de la Fédération). s. d. (1790). *Lyon*. In-8, 4 pp.

12469 Mandement de M. LAMOURETTE, soi-disant évêque métropolitain de Lyon. Air : *La faridondaine*... A *Annonay*, chez Colonjon, prêtre, maire et imprimeur. In-8, 8 pp.

12470 Couplets adressés par les citoyens de Givors à la députation de la Garde nationale de Lyon. In-8, 2 pp.

12471 Hommage aux mânes de Mirabeau, par M. CAPINAUD; dédié à M. l'évêque du départ. de Rhône-et-Loire. *Lyon*, Delaroche, 1791. In-8, 4 pp.

12472 Pot-Pourri. La nouvelle de la démission de M. Charrier à son Conseil assemblé dans la sacristie de la cathédrale. s. d. (novembre 1791), sans nom d'auteur ni d'imprimeur. In-8, 4 pp.

12473 Capucinade (la), poème en quatre chants; composé sous le règne de la Terreur par l'abbé PINEY. — Dans un errata écrit de la même main que le poème on lit : Capucinade, ou la Prise du couvent des Capucins de St-Chamond en 1792 ; par l'abbé COMBRY, de St-Etienne, départ. de la Loire. Ms. in-4, copie faite en 1838 sur le Ms. original.

12474 Correspondance d'un chevalier français au-delà du Rhin ; par le chevalier de V***, capitaine au régiment de Lyonnais et soldat volontaire dans l'armée des Bourbons. 1792. Sans nom d'imprimeur. In-8, 24 pp.

12475 Liberté (la), pièce lyrique, chantée à Lyon le 14 juillet 1792. *Lyon*, Delaroche, 1792. In-8, 10 pp.

12476 Chanson sur les scélérats du bataillon du Port-du-Temple. Sans nom d'auteur, s. d., sans nom d'imprimeur. In-8, 8 pp.

12477 Chanson sur les scélérats de la section de place Neuve et quelques autres (à Lyon). s. d. (179. ?). In-12, 4 pp.

12478 Hymne dédié au général Précy. « Braves enfants de Rhône-et-Loire..... » s. d. (1793), sans nom d'auteur ni d'imprimeur. In-8, 3 pp.

12479 Couplets faits par les canonniers de l'armée lyonnaise, et adressés à leur général Précy. s. d. (179.?). In-8, 2 pp.

12480 Reddition de la ville de Lyon. Air de la *Carmagnole*. Chez Frère (à *Paris*). Sans nom d'auteur, s. d. (1793). In-8, 2 pp. (avec musique).

12481 Chansons patriotiques (trois). La dernière commence ainsi :

L'univer et la patrie
Veni tos par écotas
Lo reci tochan et tristo
Qu'à Lyon et arrivas.

s. d. In-8, 4 pp.

12482 Ordre des couplets impromptus qui doivent se chanter dans la marche et la cérémonie de la fête de l'Egalité. *Commune-Affranchie*, Destéfanis. In-8, 7 pp.

12483 Le petit Chansonnier républicain, ou Recueil d'hymnes et chansons patriotiques. A *Commune-Affranchie*, Destéfanis. s. d. In-18, demi-rel., dos et coins mar. r., non rogné. [Koehler.]

12484 Recueil d'hymnes civiques imprimés par ordre de la Commission temporaire de surveillance républicaine. A *Commune-Affranchie*, l'an II. In-32, demi-rel., dos et coins mar. r. [Koehler.]

12485 Récréations décadaires, ou hommages à la raison; par le citoyen M. T., de Commune-Affranchie, ci-devant Lyon. *Paris*, impr. de Franklin (179.?). In-12, demi-rel., dos et coins mar. r. [Koehler.]

12486 Hymne chanté à la fête de J.-J. Rousseau, le 20 vendémiaire, l'an III de la République démocratique. Paroles de Sonny, musique de Coignet. *Commune-Affranchie*, de l'impr. des Représentants du peuple. In-8, 2 pp., fig. ajoutée.

12487 Chant civique pour la fête de la Reconnaissance et des Victoires, célébrée à Lyon le 10 prairial an IV. Air : *Jeunes amants, cueillez des fleurs.* In-8, 4 pp.

12488 Les Ruines de Lyon, ode. In-8, 7 pp.

12489 Les Honnêtes gens, couplets chantés par la garnison et par les patriotes de Lyon. Sans nom d'auteur. In-8, 3 pp.

12490 Le Lyonnais voyageur de retour à Lyon. In-8, 3 pp.

12491 Recueil d'hymnes patriotiques en l'honneur de la fête de la Paix continentale, célébrée à Lyon le 30 nivose an VI. *Lyon*, Ballanche et Barret, an VI. In-8, 48 pp.

12492 Couplets pour être chantés à la fête civique du 30 pluviose, par Matrat fils. *Lyon*, Tournachon, s. d. In-8, 7 pp.

12493 Elégie sur la mort des malheureux Lyonnais, victimes des terroristes. In-8, 4 pp.

12494 Epître au citoyen Chinard, *signée* B. In-8, 2 pp.

12495 Recueil de poésies patriotiques, imprimé par ordre de l'Administration centrale du département du Rhône, pour la célébration de l'anniversaire de la juste punition du dernier roi des Français, fixé au 2 pluviose an VII. *Lyon*, Ballanche, an VII. In-8, 11 pp. — Suivant une note manuscrite de M. Cochard, la strophe de la Marseillaise :

Nous entrerons dans la carrière, etc.,

est de l'abbé Peyssonneaux, de Vienne.

12496 Au citoyen Verniac, préfet du département du Rhône, le jour de son installation ;

par le citoyen Piestre. *Lyon*, Perisse, s. d. In-8, 4 pp.

12497 La Piété natale. Ode à la ville de Lyon, précédée d'une Epître dédicatoire à l'Athénée de cette ville, suivie d'une Ode à la gloire des mœurs et de plusieurs pièces fugitives ; par H. Viviand-Bellerive. *Paris*, an IX (1801). In-8, 32 pp.

12498 A la ville de Lyon. (Vers au sujet de l'arrivée de Bonaparte). An X. In-8, portrait.

12499 Le Temps ramenant la Paix. Ode, par Laurence, ex-législateur, présentée au premier Consul et lue sur le Grand-Théâtre de Lyon le 7 pluviose an X. *Lyon*, Pelzin et Drevon, an X. In-8, 7 pp.

12500 Satire contre le cardinal Fesch. Huit vers écrits à la main en gros caractères moulés. s. d. Ms. in-4, 1 p.

12501 Odes tirées de l'Ecriture-Sainte, dont quelques-unes, appliquées aux événements de la Révolution, ont paru manuscrites dans le temps. Plusieurs concernant Lyon. *Lyon*, 1804. In-18, 43 pp.

12502 Le Songe d'Ossian, cantate allégorique offerte à S. M. Napoléon 1er. Paroles de M. Martin aîné, musique de M. Fay, artiste du Grand-Théâtre. In-4, 7 pp.

12503 Ode sacrée sur le triomphe de la religion, présentée à Sa Sainteté, la veille de son départ de cette ville, par M. Chécome, officier réformé. s. d. (18 avril 1805). (*Lyon*). s. n. d'impr. In-8, 3 pp.

12504 D. O. M. Les augustes Voyageurs, poème dithyrambique, présenté à S. S. Pie VII, à son passage à Lyon, le 16 avril 1805, par L.-P. Béringer. *Lyon*, Ballanche. In-8, 7 pp.

12505 Hymne qui doit être chantée dans l'église réformée de Lyon, le dimanche 27 octobre 1805, pour implorer la protection du Ciel sur les armées françaises et leur auguste chef Napoléon. (Tirée du psaume 68). In-8, 3 pp.

12506 Epigramme sur la réception de Madame de Sermezi, associée de l'Académie de Lyon. Ms. in-4, 1 f.

12507 Onan, ou le Tombeau du Mont-Cindre, fait historique...., par Marc-Antoine Petit. *Lyon* et *Paris*, 1809. In-8, demi-rel. bas.

12508 A Madame Bonaparte. Ode. *Lyon*, A. Leroy. In-8, 3 pp.

12509 Almanach des Muses de Lyon et du département du Rhône. *Lyon*, Chambet, 1810 et 1811. In-18, 2 vol., cart. à la Bradel., non rogné.

12510 Recueil de pièces à l'occasion de la naissance du roi de Rome, lues le 9 juin 1811, à la séance extraordinaire de la Société épicurienne. In-4, 15 ff.

12511 Epigramme sur M. Clavier ; par Lémontey. Ms. in-8.

12512 Recueil de chansons et de poésies fugitives de la Société épicurienne de Lyon. *Lyon*,

Chambet, 1812-13, et *Paris* (1816). In-18, 5 vol., cart. à la Bradel, non rognés.

12513 Chanson dédiée aux soldats de la grande armée, et chantée dans un dîner donné par la ville de Lyon à MM. les officiers. In-8, 1 f.

12514 Les Autrichiens près de Lyon. Pot-pourri historique en quatre actes. s. d. (mai 1814). Ms., copie du temps. In-4, 4 pp. — (Avec une chanson royaliste : couplets des Alliés aux Français, le 15 mai 1814 ; par MAUCHERAT DE LONGPRÉ, libraire, place des Célestins. Imprimée, in-12, 1 p.)

12515 Poésies diverses analogues au triomphe de la religion, à la paix, au commerce et à l'agriculture, composées et publiées par un Lyonnais (A. SONNERAT). *Lyon*, Brunet, 1814. In-8, 36 pp.

12516 Stances à M. le comte Alexis de Noailles, commissaire du roi dans la dix-neuvième division militaire. s. d. (1814). par M. J*** D**** (de Lyon), capitaine dans la garde nationale du département de la Loire. In-4, 7 pp.

12517 Le Troubadour lyonnais, romance. Air : *Ecoutez la prière* (de Gulistan) ; par A*** S*** (SONNERAT). Ms. pet. in-fol., 1 f.

12518 Eloge des Martyrs de Lyon, présenté à Son Altesse royale Mgr le duc d'Angoulême, par S*** (SONNERAT) de Lyon ; suivi d'un mélange de poésies analogues aux circonstances. *Lyon*, Bourgy, 1815. In-8, 46 pp.

12519 Hymne chanté le 14 mai 1815 sur le Grand-Théâtre de Lyon. Chant de la Fédération du Rhône. — Couplets chantés au Grand-Théâtre de Lyon, le 7 mai 1815, en mémoire du pacte d'union fédérative dont cette ville est le chef-lieu. In-8, 4 pp.

12520 Chanson sur les Alliés. Ms. in-12, 1 p.

12521 Le Retour de l'île d'Elbe ; par M. TÉZENAS, de Montbrison. *Paris*, 1815. In-8, 15 pp.; avec hommage signé de l'auteur.

12522 Eugène ou le Tombeau d'Hortense, anecdote lyonnaise, par Ch. BEAULIEU. (L'action s'est passée en juin 1815). *Lyon*, J.-B. Kindelem. In-8, 7 pp.

12523 Esculape et la Mort, conte lu à la séance publique de l'Académie des élèves de rhétorique du Collége royal de Lyon, le 6 juin 1816; par Ed. SERVAN. *Lyon*, Roger. In-8, 7 pp.

12524 Recueil de chansons à l'usage des gardes nationales du départ. de la Loire, présentées à S. A. R. Mgr le duc d'Angoulême, à son passage à Montbrison, le 2 août 1816. *Montbrison*, Cheminal, 1816. In-8, 96 pp.

12525 La Campagne du duc d'Angoulême dans le midi de la France, en 1815 ; par N.-F. BOURGET. *Paris*, A. Egron, 1817. In-8, 16 pp.

12526 Une Journée au Jardin des Plantes de Lyon, poème en deux chants, avec des notes; par C. R***. *Lyon*, Ayné, 1817. In-8, 61 pp.

12527 Poésies de société et de circonstances, la plupart connues de l'auguste famille des

Bourbons et imprimées dans différents recueils; par L.-P. BÉRENGER. *Lyon*, Brunet, 1817. In-8, carton rouge.

12528 Henriade (la). Pot-pourri en dix chants (manuscrit). A la suite est une pièce intitulée : *Les Autrichiens près de Lyon en janvier* 1814, pot-pourri historique. *Lyon*, 1818. In-8, 24 feuillets.

12529 Jubilé (le) académique ou la Cinquantième année d'une association littéraire. Epître à M. Dumas, secrétaire de l'Académie de Lyon. Par François DE NEUFCHATEAU. *Lyon*, J. Roger, 1818. In-8, 15 pp.

12530 Cadet Butteux, électeur à Lyon. Vaudeville politique, par MM. VICTOR et CHARLES. *Paris*, mars 1819. In-12, 7 pp.

12531 Chanson satirique contre M. Camille Jordan, à l'occasion de M. Rambaud, désigné par lui comme candidat à la députation du Rhône. Ms. in-fol., 1 f.

12532 Eloge poétique des victimes du siége de Lyon ; précédé de la description de la cérémonie religieuse qui a eu lieu à l'ouverture du monument des Brotteaux, le 29 mai 1819 ; et suivi d'un mélange de poésies morales, par A***. S***. (A. SONNERAT), de Lyon. *Lyon*, 1819. In-8, 20 pp.

12533 Epître à Marc-Antoine Petit, docteur en médecine, etc., à l'occasion de son Discours sur la douleur, par M. A.-D. AMAR. *Lyon*, Rolland (181.?). In-8, 14 pp.

12534 A Mgr de Bastard d'Estang, pair de France, premier présid ent de la Cour royale de Lyon; par Et. MULSANT fils. In-8, 3 pp.

12535 Couplets chantés le 25 août au banquet de MM. les officiers de la garnison de Lyon. *Lyon*, Th. Pitrat, s. d. In-8, 7 pp.

12536 Epître à M. Aimé Martin, de l'Académie de Lyon, auteur des *Lettres à Sophie*, etc., par B***. In-12, 11 pp.

12537 Le Malheur, poème. *Paris*, *Lyon*, 1820. In-8, 56 pp.; incomplet.

12538 Epître d'un Lyonnais à M. A.-P. Vidal, en réponse à son écrit intitulé : *De l'Enseignement mutuel et de ses détracteurs*. Par L.-M. TERRIER. s. d. (182.?), s. n. d'imprimeur. In-8, 5 pp.

12539 Couplets. Air : *Tout le long, le long de la rivière*. (Contre M. DE LACROIX-LAVAL). In-8, 1 f.

12540 Chanson contre le préfet... s. d. (182.?), s. n. d'auteur. Ms. in-8, 1 p.

12541 Almanach des Muses de Lyon et du midi de la France. *Paris et Lyon*, Chambet, 1822-25. 2 vol. in-18.

12542 Vers sur un Anglais qui jetait, dernièrement, l'argent par les fenêtres. In-8, 5 pp.

12543 Montagnes (les) viennoises ou les Plaisirs de la Ramasse, poème en deux chants ; par M. DUVERNAY. *Lyon*, Baron, 1823. In-8, 15 pp.

12544 Siége (le) de Lyon, poème dithyrambique couronné par l'Académie de Lyon, le 31 août 1825. Par F. COIGNET, de St-Chamond. *Lyon*, Pézieux, 1825. In-8, 40 pp. — *Id.* 2e édition avec les notes. In-18. (Voir *Académie*).

12545 Siége (le) de Lyon, élégie qui a obtenu une mention honorable de l'Académie de Lyon; par Alex. MONTANDON. *Lyon*, Rusand, 1825. In-8, 24 pp.

12546 Siége (le) de Lyon, poème historico-didactique; par L.-M. PERENON. *Lyon*, Guyot, 1825. In-8, 116 pp.

12547 Bienfaisance (la), poème dédié à la Société des dames protestantes de Lyon; par A. VIDAL. *Lyon*, Coque, 1825. In-8, 11 pp.

12548 Circulaire aux électeurs. Chanson sur l'air : *J'ons un curé patriote*; en faveur de M. Corcelle. In-8, 3 pp.

12549 Couplets. Air : *Quand un tendron vient dans ces lieux*. (Contre M. Pavy). In-8, 1 p.

12550 Epître au *Journal du Commerce de Lyon*. *Lyon*, J.-M. Barret. In-8, 4 pp.

12551 La fondation de l'Académie provinciale, poème; par Ch. MASSAS. *Paris* et *Lyon*, Baron, 1826. In-8, 16 pp.

12552 Promenades poétiques, suivies d'Odes, Epîtres, etc.; par L.-M. PERENON. *Paris* et *Lyon*, 1826. In-8, 88 pp.

12553 Epître à Mathon de la Cour, par J.-L. BOUCHARLAT; lue dans la séance publique de l'Académie de Lyon, du 13 septembre 1827. *Lyon*, Barret, 1827. In-8, 20 pp.

12554 Pot-pourri lyonnais sur la loi de la presse, décédée le 17 avril 1827; par un portier des Capucins, grand amateur de lecture. *Lyon*, 1827. In-32, 12 pp.

12555 Ancienne fête de l'Ile-Barbe. Extrait d'un recueil de poésies sur Lyon. (Poésies de Bonav. DESPERIERS). *Lyon*, Barret (182.?). 20 pp.

12556 Harangue d'un mouchard à ses frères. Couplets chantés le 20 octobre 1827, dans un banquet donné à M. Isambert. *Lyon*, Coque. In-8, 4 pp.

12557 La Célestinade, ou la Guerre des auteurs et des acteurs lyonnais, poème héroï-comique en quatre chants, par M. KAUFFMANN. *Lyon*, Laforgue, 1828. In-18, 123 pp.

12558 Les Martyrs lyonnais, ou la Ligue de 1829, à-propos en vers, enrichi de notes contemporaines à l'usage de la Congrégation. Dédié aux Jésuites, par un jésuite défroqué (Eugène DE LARMERLIÈRE). *Lyon*, Brunet, 1829. In-8. 60 pp.

12559 Dithyrambe sur la mort de M. Antoine Neyrand, décédé à St-Chamond le 8 février 1830; par F. COIGNET, de la même ville. *Lyon*, Barret. In-8, 6 pp.

12560 Gloire, Deuil et Liberté. Poème suivi d'un Epître à Barthélemy, par M. KAUFFMANN. *Paris*, *Lyon*, 1830. In-8, 43 pp.

12561 La Réformation sur les Dames de Paris faite par les Lyonnaises. Réponse et réplique des Dames de Paris contre celles de Lyon. An-

cienne poésie. *Paris*, Crapelet, 1830. In-8, demi-rel., dos et coins m. r., non rogné. [Thouvenin.]

12562 Epître à M. Prunelle, doct. en médecine et maire provisoire de Lyon; par M. DE LAMERLIÈRE. *Lyon* et *Montpellier*, 1830. In-8, 15 pp.

12563 Deuxième Epître à M. Prunelle, maire de Lyon ; par M. Eugène DE LAMERLIÈRE. s. d. *Lyon*. In-8, 8 pp. pap. couleur.

12564 Chant du départ, dédié à la Garde nationale de Lyon. (2 septembre 1830). *Lyon*, Boursy. In-8, 4 pp.

12565 Retour dans sa patrie d'un Français, prisonnier de guerre en Russie ; etc. Par P. BENOIT. Poème suivi de la Lyonnaise, chant patriotique. *Lyon*, Rossary, 1830. In-8, 16 pp.

12566 Aux mânes du général Mouton-Duvernet. In-8, incomplet.

12567 Notre-Dame de Fourvières, élégie lyrique; par le chevalier Joseph BARD. *Lyon*, Théodore Pitrat, 1831. In-18, 49 pp.

12568 Chansons nouvelles : Lyon au 21 et 22 novembre 1831; par E. LETORT. Suivies de l'Enfant du Rhône, chanté par un enfant de quatorze ans, combattant des deux jours. *Lyon*, Ayné (1831). In-12, 4 pp.

12569 Les Saint-Simoniens, satire en vers en forme de réfutation; par L.-M. P...... (PERENON), de Lyon. *Lyon*, 1831. In-8, 16 pp.

12570 Plaidoyer politique d'un vrai patriote lyonnais, en vers, avec notes très curieuses, tel qu'il a été lu à la Cour d'assises de Riom (Puy-de-Dôme) le 26 novembre 1832 ; par L.-M. PERENON). *Lyon*, J. Perret, 1833. In-8, 32 pp.

12571 La Guerre civile à Lyon, poème. *Lyon*, Louis Babeuf, 1834. In-8, 12 pp.

12572 Feuilles mortes, poésies; par Léon BOITEL. *Lyon*, Léon Boitel, 1836. In-8, demi-rel. mar. r., tête dorée. Tiré à 75 exempl., avec l'hommage de l'auteur. — *Id.* deuxième édition, 1852. In-12, exempl. papier de couleur.

12573 Relation exacte et fidèle du voyage subterrestre dans le pays des taupes du sieur Dufavet, raconté par lui-même ; parti à Champvert, nord-ouest de la ville de Lyon, le 2 septembre 1836, et revenu le 13 du même mois. *Lyon*, Baron, 1836. In-8, 13 pp.

12574 Complainte à l'intention du malheureux Dufavet, où l'on verra comment les malheurs arrivent. *Lyon*, Louis Perrin (1836). In-4.

12575 Complainte sur l'événement arrivé à Dufavet; par Gustave P...T, typographe. *Lyon*, Ayné (1836). In-8, 4 pp.

12576 Grande Romance au sujet de l'infortuné Dufavet, puisatier, resté enseveli vivant pendant quatorze jours et quatorze nuits sous les décombres de son puits, au lieu dit de Champvert près de Lyon. *Lyon*, lithogr. de Brunet (1836). In-4.

12577 Seule véritable Complainte sur l'accident arrivé au nommé Dufavet. *Lyon*, Boursy, 1836. In 4.

12578 Vraie complainte sérieuse sur l'infortuné Dufavet, ouvrier puisatier, par J.-A. M. *Lyon*, Boursy (1836). In-4.

12579 L'Incendie des Brotteaux , suivi de quelques poésies ; par l'Ermite de Fontenay-aux-Roses , de passage à Lyon. *Lyon* , Rossary, 1838 In-8, 16 pp.

12580 Lyon. Epître à M. Jules Janin , par M. Florimond LEVOL. *Lyon* , *Paris* , 1838. In-8, 16 pp.

12581 La Vocation littéraire. Epître à M. Grandperret, de l'Académie de Lyon, par M. Florimond LEVOL. *Lyon* , Rossary, 1838. In-8 , 15 pp.

12582 Complainte fort touchante touchant l'enlèvement de Monsieur Vincent Million par le sieur Poncet, condamné par la Cour d'assises de Lyon à vingt ans de travaux forcés. s. d., sans nom d'auteur ni d'impr. In-fol., 1 p., fig.

12583 Complainte sur l'enlèvement et la délivrance de Monsieur Vincent Million. s. d. (184.). Sans nom d'auteur. Lith. Béraud , à *Lyon*. In-fol., 1 p., fig.

12584 L'Inondation de Lyon en 1840. (Pièce de vers, par Mᵐᵉ VALMORE-DESBORDES. (*Paris*), Bajat. In-8, 4 pp.

12585 Couronne poétique au sujet des inondations de 1840 , contenant des vers de M. DE LAMARTINE , de Mᵐᵉˢ DESBORDES-VALMORE , Clara MOLLARD et autres. *Lyon* , Chambet , 1841. In-18, 34 pp.

12586 Le Déluge, 1840; par l'abbé GONO, ancien chapelain des Quinze-Vingts, et curé nommé de Garches. (Poème sur les inondations de la Saône). *Mâcon*, *Bourg* , 1841. In-8, 8 pp.

12587 Epître à Messieurs les membres de l'Académie royale de Lyon, par M. Florimond LEVOL (sur la création de douze places d'académiciens libres). *Lyon* , Louis Perrin, 1841. *in*-8, 8 pp.

12588 Le Congrès scientifique de Lyon, discours en vers, prononcé à l'Hôtel-de-Ville dans l'une des séances générales du Congrès , par J.-L. BOUCHARLAT. *Lyon*, Pitrat, 1841. In-8, 8 pp.

12589 Lyon, ode, par J.-F.-Jules PAUTET. s. d. (1842). In-8, 10 pp.

12590 La Vierge des Peupliers, Paroles de Mˡˡᵉ Anne ZOLLA, musique de Mᵐᵉ Florine Mouvielle. A Son Eminence Mgr le cardinal de Bonald , archevêque de Lyon. s. d. Brunet, Fonville et Cⁱᵉ. In-fol., 3 pp., fig. et mus.

12591 Le duc de Nemours à Lyon , chanson ; suivie de : Un Tambour du camp de Dessine , ou sa vie racontée par lui-même. Sans nom d'auteur. *Lyon*, Boursy, 1843. In-8.

12592 La Comète à la longue queue, rapport de M. Arago. Nouveaux détails de la France et de l'étranger. Complainte sur cette curieuse planète. Sans nom d'auteur. *Lyon* , Pommet , mars (1843). In-fol., 1 p.

12593 Grande Complainte véridique sur l'assassinat de Louis de Marcellange. *La Guillotière*, J.-M. Bajat. In-4, 1 f.

12594 La grande et admirable Complainte de Jacques Besson , condamné à mort ; soixante-six couplets , avec un portrait en pied. *Lyon* , Marie aîné. Gr. in-fol.

12595 Voyage et exécution de Jacques Besson , suivis de la grande Complainte historique. s. n. d'auteur, s. d. (mars 1843). *Lyon* , Boursy fils. In-fol., 1 p., fig.

12596 Nouveaux détails sur l'exécution de Jacques Besson , condamné à mort par la Cour d'assises du Rhône, exécuté sur la place du Martouret, au Puy, le mardi 28 mars 1843. Complainte spirituelle touchant Jacques Besson. s. n. d'auteur. *Lyon* , Pommet. In-fol., 1 p., fig.

12597 Les Triomphes de Rachel à Lyon , ode , par Paul DE LOMBARDY ; avec portrait de Mˡˡᵉ Rachel Félix. *Lyon* , 1843. In-8, 18 pp.

12598 Epître à M. J. Janin , sur Lyon , par M. Florimond LEVOL. Deuxième édition. *Lyon*, Prosper Nourtier, 1844. In-4, 11 pp.

12599 A Son Altesse royale Mᵐᵉ la duchesse d'Aumale..., lors de son passage à Lyon les 9 et 10 décembre 1844. Poésie, par Léopold CUREZ. Lyon , 10 décembre 1844. *Lyon*, veuve Ayné, octobre 1845. In-4 , 4 pp.

12600 Epître au chancelier Gerson , par BIGNAN. *Lyon*, Léon Boitel , 1845. In-8, 16 pp., cart.

12601 Facéties lyonnaises. La ville de Lyon, en vers burlesques ; première et deuxième journée. — Le Salamalec lyonnais. — Chansons lyonnaises. — Supplément aux Lyonnais dignes de mémoire. *Lyon* , collection des Bibliophiles lyonnais. Impr. de Lépagnez , 1846. In-12 , pap. Bristol. Un des vingt-cinq exemplaires de la collection, nº 9 , avec la sig. aut. de l'éditeur J.-B. MONFALCON.

12602 Fête du 25 avril 1846. s. n. d'auteur, s. n. d'impr. (Léon Boitel). In-8 , 8 pp.

12603 La Lyonnaise de 1847 , par J.-Louis COMBET. *La Guillotière* , Bajat (1847). In-8 , 6 ff.

12604 Poésies diverses , mélanges , facéties , macédoines, ou tout ce qu'on voudra ; dédié au bon public lyonnais par son reconnaissant serviteur CÉLICOURT , artiste au théâtre des Célestins depuis 28 ans. *Lyon*, 1847 ; avec portrait en pied de l'auteur. Pet. in-8.

12605 Romances et Chansons nouvelles. Le Canut de Lyon , par Marius CHAVET. *La Guillotière* , Bajat. s. d. In-8 , 12 pp.

12606 Histoire de Lyon sous la Restauration, à l'aide des chansons de cette époque. (Par CASTELLAN). *Lyon*, Léon Boitel, 1848. In-12, 84 pp.

12607 Cantate républicaine, dédiée à la Garde nationale et à son digne commandant, le citoyen Lortet ; par Gilbert RANDON. *Lyon* , 27 février 1848. In-4 , 1 p. lith.

12608 La Lyonnaise , chant national au peuple.

Lyon, 28 février. Paroles de H. LEFEBVRE, citoyen lyonnais, musique d'Emile Lattès, auteur de l'*Hymne à Pie IX*. *Lyon*, Senocq. In-4, avec musique.

12609 La Lyonnaise, par FERON, brigadier. *Lyon*, le 1er mars 1848, Louis Perrin. In-4, 1 p.

12610 La véritable Lyonnaise, chant patriotique, dédié à M. Laforest, maire de Lyon; par Philippe DILIGENT. s. d. (avril 1848). *La Guillotière*, Bajat. In-4.

12611 Les Voraces lyonnais, chanson républicaine, dédiée à tous les Voraces de l'univers, par un autre. Souvenir démocratique. Vue du fort St-Laurent, le 15 mars 1848. Par Gilbert RANDON. *Lyon*, typ. Léon Boitel. In-4, fig.

12612 Recueil de chansons patriotiques. La Sainte-Marcellinoise. Saint-Marcellin, le 18 mars 1848. La Marseillaise. La Lyonnaise, par M. GONNET, de Villefranche (Rhône). *Vienne*, Timon frères, 1848. In-4, 4 pp.

12613 L'Urne électorale; par LAFAY, notaire à St-Marcel-de-Félines (Loire). *Lyon*, lithogr. Roy-Sézanne. s. d. (avril 1848). In-4, 3 pp.

12614 Recueil de Chansons nationales. Le *Sommeil de la France*, par M. GABRIEL (de Lyon); la *Lyonnaise*, chant national (par H. LEFEBVRE). *La Guillotière*, Bajat. s. d. (1848). In-8, 6 ff.

12615 Recueil de Chansons nouvelles: *A bas les Rois*, par THÉODAT; la *Nationale*, par Claudius CHERVIN; la *France* (par l'auteur du *Sommeil de la France*, sous le pseudonyme de GABRIEL); la *Délivrance*, par THÉODAT; le *Réveil du peuple*, par LASSALLE; *Chant lyonnais* dédié au citoyen Fuchez, capitaine de la garde nationale à Lyon, par LASSALLE; *A la Garde civique*, par THÉODAT. *La Guillotière*, Bajat, s. d. (1848). In-8.

12616 Les Remparts de Lyon. (Chanson). s. n. d'auteur ni d'imprimeur, s. d. (1848). In-12, 4 pp.

12617 Recueil de Chansons nouvelles: la *Marseillaise lyonnaise*. s. n. d'auteur. *La Guillotière*, Bajat, s. d. (1848). In-8, 6 ff.

12618 Le Chant du Volontaire lyonnais. s. n. d'auteur, s. d. (mai 1848). *Lyon*, lithographie du Commerce. In-4, 1 p.

12619 Le Donjon de Vincennes. Septembre 1848. Chanson à propos de la candidature de Raspail, avec une Biographie et un portrait de ce républicain célèbre; par G. RANDON. *Lyon*, typographie Boursy, lith. Gomet. In-4, 1 p.

12620 Le Tableau de Lyon, l'an Ier de la République; par G. RANDON, avec vignette. Lith. Randon, typographie Boursy, *Lyon*. In-4, 1 p. — *Id*. Autre édition, sans vignette.

12621 Maria Milanollo. (Vers au sujet de la mort de la jeune Maria Milanollo; par Jules FOREST).

31 octobre 1848. *Lyon*, impr. Léon Boitel. In-4, 3 pp.

12622 Le Diable de Margnôle. (Chanson), par MINGUET, de Nantes. Lith. Damiron. *Lyon*, (1848). In-4, 1 p.

12623 L'Ivrogne, chanson nouvelle; par un individu qui ne boit pas de vin. *Le vin d'Ampuis, à cinq sous la bouteille.* (Chanson viennoise). *Vienne*, Timon frères, 1848. In-4, 4 pp., fig.

12624 Ce qu'il nous faut pour être heureux, profession de foi républicaine par un candidat en retard; par G. RANDON. Lith. veuve Gubian et comp. *Lyon*. In-4, fig.

12625 Chansons faites à Lyon pendant l'année 1848. (Pièces réunies).

12626 Première Plébéienne. L'*Etoile des Colons*, poème satirique par le citoyen CHAMPAGNE, récité au premier concert démocratique de Lyon, le 4 février 1849, par le citoyen Victor GENIN. Dédié aux colons lyonnais. In-8, 8 pp.

12627 Les Républicains sont là! Chant patriotique dédié à la démocratie lyonnaise. *Lyon*, 25 février 1849. Paroles et vignette par G. RANDON, lith. Gomet. In-4.

12628 Bien sincère hommage de nos cœurs reconnaissants à Monsieur Carboy, prédicateur de la station du Carême, à St-Jean. s. d. (mai 1849), s. n. d'aut. Gr. in-8, 4 pp.

12629 Les Lyonnais à l'armée des Alpes. Chanson démocratique, par le citoyen CHAMPAGNE; avec musique. s. d. (mai 1849). *La Croix-Rousse*, Lépagnez. In-4.

12630 Nouveau Chant poétique dédié à S. E. Mgr le cardinal de Bonald, archevêque de Lyon; par LOMBARD. s. d. (1849). *Lyon*, Boursy. In-8, 1 p.

12631 Lyon. Souvenirs de ma patrie, par F.-M. MAURICE. *Paris*, *Lyon*, 1850. In-8, 56 pp.

12632 Jacques Juillard. (Pièce de vers adressée par Claudius-Antony RÉNAL (Claudius BILLIET) au brave Juillard, de Lyon, qui a, dans différentes circonstances, sauvé la vie, au péril de la sienne, à vingt-deux personnes). s. d. (1850). Avec un envoi autographe signé de l'auteur. In-8, 7 pp.

12633 Poésie lue à la L.∴. la Sincère Amitié, O.∴ de Lyon, dans sa séance du 27 janvier 1850, après la remise au F.∴. Jacques Juillard de la médaille d'honneur décernée par le G.∴. O.∴ de France. A la fin, *signé*: Claudius-Antony RÉNAL (Claudius BILLIET). *Lyon*, impr. du F. Nigon). Juin 1850. In-8, 7 pp. — Même pièce de vers que la précédente. 1850. In-8, 7 pp.

12634 Chant du cygne, dédié à la jeunesse littéraire de Lyon; par Hippolyte RAYNAL. (Suivi d'une romance: le Poète et la Fauvette, par le même). s. d. (1850). *Lyon*, Chanoine. In-8, 4 pp.

12635 Poésies, par DEVERT. *Paris*, Pagnerre, 1851. In-12.

12636 Chansons du docteur René MOREL, recueillies et publiées par ses amis. *Lyon*, Léon Boitel, 1851. In-12.

12637 Le Mont-d'Or, poésies (par Mlle BALLYAT, de Curis); avec des notes sur les environs de Lyon, par M. MORAND DE JOUFFREY. *Paris*, 1851. In-12.

12638 Le Retour de l'aigle, cantate à l'armée de Lyon. 31 mai 1852.; paroles de H. LEFEBVRE. *Lyon*, Léon Boitel. In-4, 2 pp.

12639 Fête des aigles à Lyon, les 31 mai et 1er juin 1852; par A. PERNET. *La Guillotière*, Bajat père et fils.

Poésies latines et italiennes.

12640 Ludovico justo et victori Lugdunum. *Lugduni*, C. Cayne, 1642. Pet. in-4, demi-rel., dos et coins m. r., tr. éb. [Koehler]. La Préface, de 7 pp., est signée P. L'ABBÉ S. I. La pièce de vers latins qui suit est signée : V. Th., e Soc. Jesu.

12641 Lugdunense Somnium de divi Leonis decimi pontificis maximi ad summum pontificatum divina promotione. (Ex Lugduno, 1513). m. r., fil., ébarb. [Koehler.]

12642 Steph. Fabretti Lyrica et Epistolæ. *Lugduni*, Duplain, 1747. In-8, bas.

12643 Carmen latinum in creatam Universitatem imperatoriam. *Lyon*, Yvernault et Cabin, libr., 1809. In-8, 7 pp.

12644 Hercole vero (opéra italien dédié à Louis XIV; par H. FABART di Zizan), avec une Ode alla regia città di Lione. (s. n. de l. ni d.). In-8, bas.

Poésies en patois.

12645 Noel en patois lionois, fait en l'année 1740. Ms. in-12, mar. rouge, fil. [Koehler.]

12646 Noel en patois lionois, fait en l'année 1740. Ms. in-8, 51 couplets.

12647 Breyou et so disciplo, poemo burlesquo in sié chants et in vars patuais; par Gmo ROQUILLI, vait *Vardegi*, chiz Piarre Guilleri, còfetsi a la Greneta, et chiz l'autour, rua de Lyon; vait Givors, chiz Duforel, ceti que vind de livro. 1836. In-8, demi-rel., dos et coins mar. r. [Koehler.]

12648 La Bernarda Buyandiri, tragi-comedia (en patois lyonnais du XVIe siècle). *Paris*, Techener, 1840. In-8. Réimpr. faite à 60 exemplaires.

12649 Hyriana a la Concorda oux Fifros de Mornant; en patois, suivie d'une Notice historique, statistique et topographique sur la ville de Mornant (Rhône); par E.-C. CONDAMIN fils. *Lyon*, Boursy fils, 1846. In-8.

BIBLIOGRAPHIE.

Imprimerie et Librairie.

12650 Notices sur les imprimeurs et libraires de Lyon, depuis l'invention de l'imprimerie jusqu'en 1850, écrites sur des feuillets détachés et renfermées dans deux boîtes. Manuscrit autogr. de l'abbé MERCIER DE St-LÉGER. In-18.

12651 Lyon. Editions (du XVe siècle) que j'y ai vues en 1779. Notes autographes de MERCIER DE St-LÉGER, sur feuilles détachées, contenant le catalogue des éditions du XVe siècle qu'il avait vues en 1779 dans les bibliothèques de Lyon. Sont jointes à ce paquet dix Lettres autographes adressées par l'abbé Perrichon, chamarier de Lyon, à l'abbé de St-Léger.

12652 Bibliographie lyonnaise du XVe siècle, 1473-1500; par Ant. PÉRICAUD. *Lyon*, Pélagaud, 1840. In-8. — Nouvelles recherches sur les éditions lyonnaises du XVe siècle; par le même. *Lyon*, Mougin, 1840. In-8. — Id. 2e édition 1841. In-8. — Bibliogr. lyonnaise du XVe siècle; nouv. édition. *Lyon*, 1851 et 1852, 2 parties in-8.

12653 Bibliographie historique de la ville de Lyon pendant la Révolution française; par P.-M. GONON. *Lyon*, 1844. (La couverture porte 1846). In-8. — Autre ex. pap. Hollande. In-8.

12654 Déclaration du roy portant règlement pour les libraires et imprimeurs de Lyon. *Paris*, Ballard, 1696. In-4, bas.

12655 Déclaration du roy pour le règlement des libraires et imprimeurs. *Lyon*, Barbier, 1696. In-16, bas.

12656 Jugement souverain et en dernier ressort, rendu contre André Degoin, libraire-imprimeur de Lyon, le 23 mai 1735, pour avoir imprimé et fait commerce de livres contraires à la religion. *Lyon*, P. Valfray, 1735. In-4, 4 pp.

12657 Règlemens et statuts pour la communauté des maîtres libraires-relieurs-doreurs de livres. *Lyon*, Vialon, 1742. In-8, bas.

12658 Arrest du Conseil d'Etat portant règlement sur l'entrée et le transport des livres qui passent par la ville de Lyon. Du 21 juin 1746. *Lyon*, P. Valfray. In-4, 4 pp.

12659 Jugement souverain rendu par M. ROSSIGNOL, intendant à Lyon, qui condamne le nommé Dominique Donat au bannissement pour 9 ans hors du royaume et en 20 livres d'amendes ; condamne aussi J.-Ant.-Bonav. Faucheux à être admonesté et en 10 livres d'amendes, applicables à la forme des règlemens de l'imprimerie. Du 1er septembre 1752. *Lyon*, P. Valfray, 1752. In-4, 4 pp.

12660 Les caractères et les vignettes de la fonderie du sieur Delacolonge. *Lyon*, M.DCC. LXXIII. In-8, v., fil.

12661 Arrêt du Conseil d'Etat qui exempte de tous droits d'entrée dans le royaume les livres imprimés ou gravés, soit en françois, soit en latin, reliés ou non reliés, vieux ou neufs, venant de l'étranger. Du 23 avril 1775. *Lyon*, Valfray, 1775. In-4, 3 pp.

12662 Prospectus. Nouvelle Méthode pour opérer les changes de la France avec toutes les places de sa correspondance ; par M. Joseph René RUELLE, arithméticien et teneur de livres à Lyon. Ouvrage proposé par souscription. (Annonce de librairie). *Lyon*, Aimé Delaroche, 1775. In-4, 3 pp.

12663 Mémoire à consulter pour les libraires et imprimeurs de Lyon, Rouen, Toulouse, Marseille et Nismes, concernant les priviléges de librairie et continuations d'iceux. Délibéré à Lyon, le 15 octobre 1776. *Signé* : GAUTHIER, avocat. *Lyon*, A.-A. Belion. In-4, 92 pages, et pièces justificatives, 26 pp.

12664 Mémoire à consulter et consultation pour Jos. Duplain, libraire à Lyon. Délibéré à Lyon, le 23 octobre 1777. RIEUSSEC, avocat. Au sujet des priviléges de la librairie. In-4, 8 pp.

12665 Jugement et ordonnance de police concernant les libraires et imprimeurs, les colporteurs et afficheurs. Du 26 juin 1779. *Lyon*, A. Delaroche, 1779. In-4, 12 pp.

12666 Courrier littéraire ou Annonces périodiques des livres nouveaux qui paraissent en France et dans les pays étrangers ; publié et distribué gratuitement, le 15 de chaque mois, par les frères Perisse à Lyon. La collection commence au 15 janvier 1779, et s'arrête au 15 décembre 1787 ; par numéros de 4 pp. In-8, l'année 1780 très incomplète.

12667 Arrêt du Conseil d'Etat portant règlement sur l'entrée des livres étrangers ; du 25 août 1781. *Lyon*, 1781. In-4, 3 pp.

12668 Lettres-patentes du roi qui nomment le sieur Jean-Marie Bruyset fils aîné, pour remplir la place d'imprimeur du roi en la ville et généralité de Lyon. Données à Versailles, le 26 août 1784. *Lyon*, Bruyset, 1786. In-4, 4 pp.

12669 Prospectus. Souscription à un ouvrage de droit. *Signé* : MARET, avocat. *Lyon*, Aimé Delaroche, 1790. In-8, 4 pp.

12670 Mémoire pour le citoyen J.-A. Dugour, propriétaire du Cours d'agriculture par Rozier, contre les citoyens Leroy frères, libraires à Lyon, contrefacteurs. (An VII). In-4, 20 pp.

12671 Premier Mémoire et consultations pour le citoyen Leroy, imprimeur-libraire à Lyon, propriétaire d'une édition du Cours d'agriculture par Rozier, servant de réponse au Mémoire publié sous le nom de A.-J. Dugour, libraire à Paris. (Avec les pièces justificatives). *Lyon*. Leroy (an VII). In-4, 26 pp.

12672 La contrefaçon est-elle un délit ? Consultation au sujet du Cours d'agriculture par Rozier. *Signé* : JEUDY-DUGOUR (an VII). In-4, 8 pp.

12673 Consultations. Mémoires pour les citoyens Leroy contre le citoyen Dugour, se disant propriétaire du Cours d'agriculture du citoyen Rozier. In-4, 22 pp.

12674 Pièces justificatives. Procès-verbaux des 7 et 8 thermidor... (au sujet du Cours d'agriculture). In-4, 35 pp.

12675 Consultation pour le citoyen A.-J. Dugour, propriétaire du Cours d'agriculture par Rozier, contre les citoyens Leroy, imprimeurs-libraires à Lyon. *Signé* : FOURNEL, FEREY, T. BERLIER, etc. *Paris*, Cellot, an VII. In-4, 91 pp.

12676 Précis pour les frères Perisse, libraires à Lyon, contre le citoyen Pilardeau, se disant fondé de la dame veuve Louvet (au sujet de la contrefaçon des *Aventures de Faublas*). Me GRAS, avocat, an XII. In-4, 20 pp.

12677 Lettre du général baron de Pommereul, conseiller d'état, directeur général de l'imprimerie et de la librairie, à M. l'inspecteur de Lyon, pour qu'on lui envoie à Paris l'ouvrage de M. Mazade d'Avèze, *Promenades sur les bords du Rhône et de la Saône*, afin qu'il puisse s'assurer par lui-même si les corrections de cet ouvrage ont été faites suivant l'ordonnance du censeur. *Paris*, 14 novembre 1811. Sig. aut. In-4, 1 p.

12678 Prospectus pour la Thémistiocratie, ou les Mystères du triomphe de la liberté ; poème mythologique, politique..... (Annonce de librairie). *Lyon*, Brunet. In-4, 3 pp.

12679 Souscription pour l'œuvre de J.-Jacques de Boissieu, composé de cent planches. *Paris*, Belin. s. d. In-8, 4 pp.

12680 Iconographie littéraire, ou Description d'une collection de trois cent quarante portraits d'hommes de lettres et de personnages célèbres, gravés par Grateloup, Ficquet, etc., de vignettes et *fac-simile* ; formée pour orner un exemplaire du Cours de littérature de Laharpe. (Par J.-B. Monfalcon). *Lyon*, Durand, 1823. In-8, 23 pp.

12681 Lettre-circulaire de M. DAGIER pour annoncer un livre intitulé : *Histoire chronologique de l'Hôpital général et grand Hôtel-Dieu de Lyon. Lyon*, le... 183. In-4, 7 pp.

12682 Lettre à M. le marquis César Alfieri sur une des premières éditions de Marot. (*Turin*, le 31 janvier 1838). In-8, 4 pp.

12683 Alphabet roman dessiné par H. LEYMARIE,

et gravé sur bois par Brevière. Imprimé par Léon Boitel, 1841. In-12.

12684 Lettre-circulaire de M. CHAMBET aîné, libraire à Lyon, pour demander des souscriptions afin de pouvoir entreprendre une série de publications anti-communistes. *Lyon*, juillet 1849, Dumoulin et Ronet. In-8, 3 pp.

Catalogues de Bibliothèques publiques et de Libraires.

12685 Catalogus librorum Lugduni, Parisiis, Italiæ, Germaniæ et Flandriæ excussorum qui reperiuntur Lugduni in ædibus heredum Guillet. Rovillii. *Lugduni*, 1604. In-12, parchem.

12686 Catalogues des livres de la librairie lyonnaise de Roville, 1604; — de Huguetan, 1650; — d'Anisson, 1669; id., 1724; — des frères de Tournes, à Genève et à Lyon, 1763; — de Bohaire, Perisse, etc. 15 vol. in-12 et in-8.

12687 Catalogues des livres des libraires lyonnais : J.-A. Huguetan et Ravaud, 1650; — L. Anisson, 1669; — Anisson et Posuel, 1724. Pet. in-8; — J. et P. Deville, 1724.? — des frères de Tournes, 1763; — Bohaire, 1817; — Bohaire, 1818. In-8; — Cormon et Blanc, 1818; — Guyot frères, 18??; — Perisse, 18?? — E. Cabin, 1817; — Buynand, née Bruyset, 1817. In-8; — Chambet, 183.?

12688 Catalogus librorum conventus Lugdunensis fratrum Carmelitarum discalceatorum. XVIIe siècle. Ms. pet. in-fol., parchem.

12689 Catalogue des livres de la bibliothèque du collége Notre-Dame. Fin du XVIIIe siècle. Ms. in-fol., 159 pp. parch.

12690 Catalogue des livres de M. Pierre Adamoli.... avec les prix desdits livres : commencé en l'année 1740. 15 cahiers mss. aut., de 1740 à 1760. In-4.

12691 Catalogue d'un cabinet de livres choisis et bien conditionnés. A *Lyon*, chez les frères Duplain, M.DCC.XLVIII. In-8, 56 pp., bas.; incomplet.

12692 Catalogue des livres doubles produits par la réunion de la bibliothèque publique de Lyon avec celle du Grand-Collège de la même ville et autres, dont la vente sera faite en détail. *Lyon*, Ben. Duplain, 1767. In-8.

12693 Catalogue de la bibliothèque du Chapitre de l'église, comté de Lyon, fini le 26 juin 1777. Ms. in-fol. de 50 pp., en cahiers.

12694 Catalogue de la bibliothèque du Chapitre de l'église Cointe (*sic*) de Lyon. Fini le 26 juin 1777. (Au verso du titre est cette note : « Il y a dans la bibliothèque du Chapitre, y compris environ 80 vol. d'almanachs, mercures, calendriers et catalogues de bibliothèque, 2792 vol. »). In-fol.

12695 Catalogue d'une collection de livres peu communs, concernant la littérature hébraïque et les langues orientales; mis en ordre par DE Los-RIOS, libraire. *Lyon*, 1777. In-12, 21 pp. encadrées dans des feuillets in-8, v. marb., avec les prix.

12696 Catalogue de la bibliothèque de MM. les chanoines réguliers de l'ordre de Malte et de St-Antoine, inventoriée et dirigée par DE Los-RIOS, libraire. *Lyon*, 1787. In-12.

12697 Tableau de l'arrangement de l'inventaire général des titres et pièces qui composent les archives de l'Hôtel-de-Ville de Lyon. s. d. (XVIIIe siècle). Ms. pap. in-fol. cart., dos en parchemin.

12698 Bibliothèque de Lyon. Notices sur les manuscrits qu'elle renferme, leur ancienneté, etc.; par Ant.-F. DELANDINE. *Paris* et *Lyon*, 1811. 3 vol. in-8.

— Catalogue des livres qu'elle renferme dans la classe des belles-lettres; par le même. *Paris* et *Lyon*, s. d. 2 vol. in-8.

— Catalogue des livres qu'elle renferme dans la section du théâtre; par le même. *Paris* et *Lyon*, s. d. In-8.

— Catalogue des livres qu'elle renferme dans la classe de l'histoire; par le même, continué par Fr. DELANDINE fils. *Paris* et *Lyon*, s. d. 2 vol. in-8. 8 vol. in-8, cartonnés à la Bradel, non rognés.

12699 Catalogue des principaux livres qui se trouvent chez Bohaire, libraire. *Lyon*, 1818. Pet. in-4.

12700 Bibliographie lyonnaise, ou Tableau des ouvrages imprimés à Lyon depuis le 1er janvier 1820; par Ant. PÉRICAUD l'aîné. Ms. aut. pet. in-fol., 3 feuillets.

12701 Catalogue des livres doubles de la bibliothèque de la ville de Lyon. *Lyon*, Rusand, 1831. In-8.

12702 Catalogue provisoire des ouvrages, mémoires et principaux imprimés existant dans la bibliothèque des archives de la ville de Lyon. (Rédigé en 1831 par M. CARRAND, archiviste de la mairie de Lyon). In-fol., 12 ff. (Pièce intéressante).

12703 Dépôt à rendre sur première réquisition à M. Aimé Guillon de Montléon, ou, après son décès, à la personne qu'il aurait constituée légataire universelle. *Signé* : Aimé GUILLON DE MONTLÉON. s. d., note et sign. aut. sur une enveloppe des manuscrits vendus en mai 1838 à M. Coste. Avec la note d'achat de M. Coste aîné. Mai 1838.

12704 Rapport sur les livres et estampes des bibliothèques du Palais des Arts, présenté à M. Terme, maire de Lyon, député du Rhône, par MONFALCON. *Lyon*, Louis Perrin, 1844. In-fol., fig.

12705 Catalogue des livres de fonds et d'assortiment de Charles Savy jeune. Librairie scientifique et médicale. Janvier 1848. (Avec le Supplément de septembre 1848). *Lyon*. In-12.

Catalogues de Bibliothèques particulières.

12706 Catalogue de la bibliothèque de Ch.-Fr. de Châteauneuf de Rochebonne, archev. de Lyon, 1740; — de Basset, 1755; — de M. le P. de C** et de l'abbé de T**, 1755; — du marquis de C**, 1759; — de Cholier de Cibeins, 1758; — D. Andreæ P**, 1759; — des livres doubles produits par la réunion de la Bibliothèque publique de Lyon avec celle du Grand-Collége, 1767; — de Mathieu et Dugas de Quinsonas, 1769; — de Michon, 1772;— de J.-Ph. Peysson de Bacot, 1779; — de Cl.-L. Dugad-Mouton, 1780 ; — de livres sur toutes les matières, médailles et tableaux provenant de différents cabinets, 1781; — de l'abbé Marteron, 1785 ; — de l'abbé Fluchon, 1785; — de Goy, 1785; — de M. L. P. (Perrichon), 1791 ; — du cit. Jacob, an VIII; — d'un amateur (M. Rast, médecin), 1812; — de M. Richard de Montbard, 1812; — de M. Gardaz, 1816. — In-8.

12707 Catalogue de Dupuis de Chatelard, 1817; — de Reverdy, 1818; — de Champanhet, 1819; — de Rast de Maupas, 1821 ; — de Sionnet, 1821; — de Moyroud, 1822; — de Bonivet, 1825; — de Lavie, 1825; — de Clapisson, 1825; — de Durand de Vermont, 1826; — de Bezard de la Vallée, 1828; — de Béraud, 1830; — de J.-F. David, 1832; — de Leclerc, 1832; — de M. A. B**, 1832; — du cabinet : antiquités, bronze, etc., de M. A. B**(Barre) 1832; — de M. Coulet, 1833; — des tableaux, dessins, etc., de M. Coulet, 1833; — des tableaux et livres de Revel-Meunier, 1833 ; — de Rivoyre, 1833 ; — de Gay, 1833; — de Revoil, 1834; — de Cochard, 1834; — de J.-B. Boissieu, 1835; — de Jacquard, Guigou et G. N**, 1835; — de Martin, 1835; — de Chouvy, 1836; — des tableaux, etc., de Francoal, 1836; — de Bernozet, 1836; — de M. de B**, 1837. In-8.

12708 Catalogues des livres de divers particuliers (anonymes) à Lyon, depuis 1761 jusqu'en 1837. 30 broch. in-8.

12709 Catalogues des livres de divers particuliers (anonymes ou sans date). 19 broch. in-8.

12710 Bibliotheca Rocheboniana, ou Catalogue de la bibliothèque de feu Mgr Ch.-Fr. de Châteauneuf de Rochebonne, archev. et comte de Lyon. Sans nom de ville et s. d. (1740). In-8. — Ce Catalogue contient des livres rares sur la liturgie de Lyon.

12711 Catalogue d'un cabinet de livres choisis.

Lyon, chez les frères Duplain, M.DCC.XLVII. In-8, 64 pp., bas.

12712 Catalogue des livres de feu M. Basset, président en la Cour des Monnoies, etc. *Lyon*, Duplain, 1753. In-8, bas.

12713 Catalogus librorum D. D. Gabrielis de Glatigny, regi à consiliis in supremâ Monetarum, Senescalli et Præsidialis curiâ Lugdunensis provinciæ, regiarum causarum actoris. *Lugduni*, apud fratres Duplain, M.DCC.LV. In-8, 118 pp., bas.

12714 Catalogue des livres de M. le P. de C** et de feu M. l'abbé de T***. *Lyon*, Duplain, 1755. In-8.

12715 Catalogue des livres de feu M. Cholier de Cibeins. *Lyon*, Duplain, 1758. In-8.

12716 Catalogus librorum D. Andreæ P. *Lugduni*, Duplain, 1759. In-8.

12717 Catalogue des livres de feu M. le marquis de C... (Caumont d'Avignon), de l'Académie des inscriptions et belles-lettres. *Lyon*, François Rigollet, M.DCC.LIX. In-8, veau marb., avec les prix.

12718 Catalogue des livres, estampes, figures, bustes, etc., du cabinet de M. C. (Clapeiron). *Lyon*, chez les frères Duplain, M.DCC.LIX, avec deux Suppléments. In-8, v. marb., avec les prix. — Suivi des Catalogues de MM. Dugad-Mouton, Turgot, Montribloud, et de MM. de M. et de L.

12719 Catalogue des livres de feu M. Matthieu, ancien perpétuel de l'église de St-Nizier, et de feu M. Dugas de Quinsonas, de l'Académie de Lyon. *Lyon*, Jacquenod fils, 1769. In-8.

12720 Catalogue de livres choisis provenant du cabinet de M. S..... (Souchay, de Lyon). *Paris*, Debure, 1778, avec les prix. — *Idem* des livres de M. Bonnement. *Paris*, Merigot, 1772. — *Idem* des livres rares et singuliers et des registres manuscrits du Parlement. *Paris*, Gogué et Nic. de la Rochelle, 1781, avec les prix. 1 vol. in-8, demi-rel., bas.

12721 Catalogue des livres de feu M. Michon, ancien avocat au bureau des finances. *Lyon*, Cl.-Marie Jacquenod, 1772. In-8.

12722 Catalogue des livres composant la bibliothèque de feu M. de Montmorillon, comte de Lyon, et de feu MM. S... et A... *Lyon*, Grabit, M.DCC.LXXVII. In-8, 110 pp., bas.

12723 Catalogue des livres de feu M. Jean-Philibert Peysson de Bacot, procureur général de la Cour des Monnaies de Lyon. *Lyon*, Jacquenod, M.DCC.LXXIX. In-8, avec les prix.

12724 Catalogue des livres de feu M. Claude-Lambert Dugad-Mouton, bachelier en théologie, ancien curé de St-Pierre et St-Saturnin. *Lyon*, Cizeron, M.DCC.LXXX. In-8, v. marb., avec les prix.

12725 Catalogue de livres sur toutes les matières, médailles et tableaux, provenant de différents cabinets (de M. Porean, médecin;

de M. Blanchon , trésorier de France ; et de M. Petichet , chanoine de St-Just). *Lyon*, Jacquenod) , 1784. In-8.

12726 Catalogue de livres sur toutes les matières , particulièrement sur l'histoire naturelle, qui composent le cabinet de M. de Montribloud. *Lyon* , Jacquenod , 1782. In-8 , avec les prix.

12727 Catalogue des livres de la bibliothèque de M. l'abbé de la Forest... ; de celles de M. Mathon, conseiller au Parlement de Dombes ; de M. Mathon de la Cour, le père , vétéran de l'Académie des sciences , belles-lettres et Arts de Lyon. 1783. In-8, 200 pp., avec les prix.

12728 Bibliothèque d'une riche collection de livres choisis..... de feu M. Perrache , illustre lyonnais. Se distribue à *Lyon* chez Los-Rios , libraire, rue St-Dominique , 1784. In-4, 58 pp.

12729 Catalogue des livres de feu M. l'abbé Lacroix , obéancier de St-Just. *Lyon* , Grabit , M.DCC.LXXXIV. In-8 , 165 pp.

12730 Catalogue de la bibliothèque de feu M. l'abbé Fluchon , ci-devant vicaire de St-George. *Lyon* , de Los-Rios , 1785. In-8.

12731 Notice de livres choisis et bien conditionnés , de quelques estampes et autres objets de curiosité provenant des cabinets de MM. de M. et de L. ; rédigée et mise en ordre par DE Los-Rios. *Lyon* , chez de Los-Rios , M.DCC. LXXXV. In-8 , avec les prix.

12732 Catalogue des livres de la bibliothèque de feu M. Goy , ancien bâtonnier de l'ordre des avocats. *Lyon*, 1785. In-8. Ce Catalogue contient des ouvrages rares sur la liturgie lyonnaise.

12733 Notice des livres choisis du cabinet de feu M. l'abbé Marteron , chanoine du chapitre de St-Paul. *Lyon* , Los-Rios , 1785. In-8.

12734 Bibliothèque choisie , ou Notice de livres rares , curieux et recherchés qui font partie d'une bibliothèque de province, appartenant à M. L. P. (Perrichon , chamarier du chapitre de St-Paul). *Lyon* , J.-B. Delamollière , 1791. In-8 , demi-rel.

12735 Catalogue des livres de la bibliothèque du citoyen Jacob aîné. *Lyon* , Perisse , an VIII (1800). In-8.

12736 Notice des principaux ouvrages de la bibliothèque de feu M. Vautier. *Lyon* , J.-B. Kindelem. s. d. In-8.

12737 Notice des principaux ouvrages de la bibliothèque de feu M. Buitouzac, médecin. *Lyon* , J.-B. Kindelem. s. d. In-8. — *Id.* de P. Thiers. s. d. In-8.

12738 Catalogue des livres , machines de physique , etc., de feu M. Richard de Moutbart, médecin. *Lyon* , Kindelem , 1842. In-8.

12739 Catalogue des livres provenant de la bibliothèque d'un amateur (M. Rast , médecin). *Lyon* , Kindelem , 1842. In-8.

12740 Catalogue des livres qui composent la bi-

bliothèque de feu M. Gardaz , avocat à Lyon. *Lyon* , Reymann et comp. , 1816. In-8.

12741 Notice des livres composant la bibliothèque de feu M. Dupuis de Chatelard. *Lyon*, J.-B. Kindelem, 1817. In-8.

12742 Catalogue des livres provenant de la bibliothèque de feu M. Reverdy, curé de Tassin. *Lyon* , J.-B. Kindelem , 1818. In-8.

12743 Catalogue des livres de Me Champanhet , ancien avocat. *Lyon* , J.-B. Kindelem , 1819. In-8.

12744 Catalogue des livres de la bibliothèque de feu M. Moyroud , ancien chirurgien de l'Hôpital. *Lyon* , Kindelem , 1822. In-8.

12745 Catalogue des livres de la bibliothèque de feu M. Rast de Maupas. *Lyon* , Kindelem , 1821. In-8.

12746 Catalogue des livres de MM. Lavie, l'abbé Clapisson , et Bonivér. *Lyon* , 1825. 3 broch. in-8.

12747 Catalogue abrégé des livres de plusieurs bibliothèques réunies , au nombre desquels se trouve celle de feu M. Sionnet , naturaliste. *Lyon* , J.-B. Kindelem , 1821. In-8.

12748 Catalogue des livres de la bibliothèque de feu M. Mazoyer (de Lyon). *Paris* , Silvestre , 1825. In-8, avec les prix.

12749 Catalogue des livres de la bibliothèque de M. Durand de Vermont, 1826; — de M. Bezard de la Vallée , 1828; — de M. Béraud , 1830; — de J.-F. David , 1832; — de M. Leclerc , 1832. 3 broch. in-8.

12750 Catalogue des livres rares et curieux de la bibliothèque de M. C *** (Coulon ; avec les prix). *Paris* , Debure frères , 1829. In-8, pap. vélin, demi-rel., dos et coins m. r., tête dorée. [Koehler.]

12751 Catalogue des livres de M. A. B *** (Barre) de Lyon , qui seront vendus incessamment. *Lyon* , Rusand , 1832. In-8, avec les prix. — Ce catalogue est remarquable par les erreurs dont il fourmille.

12752 Catalogue des livres de la bibliothèque de M. Coulet. (*Id.* des objets d'art). *Lyon* , Ayné , 1833. In-8, 2 broch.

12753 Catalogue des livres imprimés et manuscrits de M. Gay. *Lyon* , Rusand , 1833. In-8, pap. vél.

12754 Catalogue des tableaux, objets de curiosité et livres de M. Revel-Meunier. *Lyon* , 1833. In-8. — *Id.* de Rivoire, 1833 ; — de M. Martin. 3 broch. in-8.

12755 Catalogue de livres anciens, rares et précieux , imprimés et manuscrits , composant le cabinet de M. le chevalier Revoil, ancien professeur de peinture à l'Académie de Lyon. *Paris* , Crozet , 1834. In-8, 55 pp. (Deux exemplaires.)

12756 Catalogue des livres imprimés et des autographes de M. N.-F. Cochard. *Lyon* , 1834. In-8, pap. vél.

12757 Catalogue des livres de MM. Jacquard,

Guigou et S. N., 1835 ; — de J.-B. Boissieu, 1835. 2 broch. in-8.

12758 Catalogue de la bibliothèque de feu l'abbé Chouvy. *Lyon*, Léon Boitel, 1836. In-8.

12759 Catalogue de la bibliothèque de P. Bernuset. *Lyon*, 1836. — *Id.* des tableaux et objets d'art de M. Francoal. 1836. 2 broch. in-8.

12760 Catalogue des livres imprimés et manuscrits de la bibliothèque de M. de B. *Lyon*, Louis Perrin, 1837. In-8 , pap. vél.

12761 Catalogue d'une bibliothèque composée d'ouvrages choisis et en bon état. *Lyon*, 1843. In-8.

12762 Catalogue des livres de la bibliothèque de feu M. Bugnard, ancien chirurgien en chef de l'hospice de la Charité. *Lyon*, Fontaine, 1843. In-8.

12763 Notice abrégée des livres provenant de la bibliothèque de feu M. Bellon. *Lyon*, 1843. In-8.

12764 Catalogue de la bibliothèque de feu M. l'abbé Caille. *Lyon*, Rivoire, 1843. In-8.

12765 Catalogue de livres rares, singuliers et précieux de la bibliothèque de M. le comte de Moyria; rédigé par FONTAINE. *Lyon*, Fontaine, 1843. In-8.

12766 Catalogue de livres provenant de la bibliothèque de M. l'abbé Plasson. *Lyon*, Suiffet, 1843. In-8.

12767 Catalogue de la bibliothèque de feu M. l'abbé Tarpin. *Lyon*, Rivoire, 1843. In-8.

12768 Notice des livres de la bibliothèque de M. Th.... *Lyon*, Fontaine, 1843. In-8.

12769 Catalogue de livres provenant de la bibliothèque d'un amateur. *Lyon*, Charavay, 1844. In-8.

12770 Notice des livres de feu M. Bravais fils, médecin d'Annonay. *Lyon*, Fontaine, 1844. In-8.

12771 Catalogue de livres rares, curieux et utiles, etc., appartenant à M. Flacheron ; rédigé par Fontaine. *Lyon*, 1844. In-8.

12772 Catalogue de livres, dessins, estampes, etc., appartenant à M. D... P....; rédigé par FONTAINE. *Lyon* , 1844. In-8.

12773 Catalogue de la précieuse bibliothèque de M. L. C.(Cailhava) de Lyon, dont la vente aura lieu le 21 octobre 1845 (à Paris). *Paris*, 1845. In-8.

12774 Catalogue des livres, tableaux, aquarelles, dessins..... provenant de feu Hippolyte Leymarie. *Lyon*, Léon Boitel, 1845. In-8, 50 pp.

12775 Notice d'une vente après décès des livres composant la bibliothèque d'un professeur de sciences et de celle d'un amateur. La vente aura lieu le 25 février 1846. Se distribue chez Suiffet. *Lyon*, 1846. In-8, 30 pp.

12776 Notice de livres anciens et modernes, la plupart illustrés, provenant de la bibliothèque de M. P. G. La vente se fera le mardi 9 février 1847. *Lyon*, Boursy fils , 1847. In-8, 11 pp.

12777 Notice d'une bibliothèque dont la vente

aura lieu dans la nouvelle salle, passage Belle-Cordière, le mardi 23 février 1847. *Lyon*, Nigon , 1847. In-8 , 8 pp.

12778 Catalogue des livres rares, singuliers, curieux et utiles, de la bibliothèque de M***, dont la vente se fera le 23 mars 1847. Se distribue à *Lyon* chez MM. Fontaine , Guilbert et Dorier, etc. Mars 1847. In-8, 19 pp.

12779 Notice de livres ayant appartenu à feu M. Chapeau, médecin aux rapports, dont la vente aura lieu le 8 novembre. Se distribue à *Lyon* chez MM. Fontaine , Guilbert et Dorier, etc. Octobre 1847. In-8 , 15 pp.

12780 Catalogue de beaux livres, oiseaux et mammifères..., ayant appartenu à M. F. B... Se distribue à *Lyon* chez MM. Fontaine; Guilbert et Dorier... Novembre 1847. In-8, 23 pp.

12781 Catalogue des livres composant la bibliothèque de feu M. F. Clerc, ancien professeur d'astronomie , directeur de l'Observatoire de Lyon , doyen de la Faculté des sciences et membre de l'Académie de la même ville, dont la vente aura lieu le 13 décembre. Le Catalogue se distribue à *Lyon* chez Charavay frères, Suiffet, etc. (1848, par erreur). 1847. In-8 , 41 pp.

12782 Notice de très beaux livres, superbement reliés, de la bibliothèque de M. Joseph Cochet, avocat général près la Cour royale de Lyon, dont la vente aura lieu le 21 décembre 1847.... Se distribue à *Lyon* chez MM. Yvrad, Fontaine, etc. Décembre 1847. In-8 , 23 pp.

12783 Notice de livres dont la vente aura lieu le mardi 28 décembre 1847.... Se distribue à *Lyon* chez MM. Suiffet, Charavay frères, etc. (1848, par erreur). 1847. In-8 , 16 pp.

12784 Catalogue des livres de la bibliothèque de feu M. Vincent Reyre. La vente aura lieu le 7 février 1848. *Lyon* , Fontaine , janvier 1848. In-8 , 18 pp.

12785 Notice de livres de théologie, SS. Pères, d'histoire et de littérature, dont la vente aura lieu le 14 février 1848. *Lyon*, chez MM. Suiffet et Charavay. In-8 , 20 pp.

12786 Catalogue très abrégé des livres de la bibliothèque de feu M. Mermet. La vente aura lieu le 21 novembre 1848. *Lyon* , Fontaine, novembre 1848. In-8, 19 pp.

12787 Catalogue des livres de la bibliothèque de M. A.... La vente se fera le 23 janvier 1849. *Lyon* , janvier 1849. In-8 , 18 pp.

12788 Notice de la bibliothèque de défunt Charles Chelle , archiviste du département du Rhône. Vente le 1er février 1849. *Lyon*, Léon Boitel, 1849. In-8 , 47 pp.

12789 Catalogue de la bibliothèque de M. A.-L. C.... Vente le 8 février 1849. *Lyon*, 1849. In-8 , 64 pp.

12790 Catalogue de la bibliothèque de feu Ant. Eugène Allard , avocat , dont la vente aura lieu le 30 avril 1849. *Lyon* , 1849. In-8, 32 pp.

12791 Catalogue de livres provenant des bibliothèques de MM. Chénier, M. et B. Vente le 10 décembre 1849. *Lyon*, 1849. In-8, 46 pp.

12792 Catalogue de la bibliothèque de défunt Geor.-Alexandre-Grégoire Dubié. Vente le 21 mai 1849. *Lyon*, 1849. In-8, 28 pp.

12793 Catalogue des livres de la bibliothèque et des objets d'art de feu M. Alph. Dupasquier. Vente le 1er mars 1849. (*Lyon*), Fontaine, février 1849. In-8, 40 pp.

12794 Notice de beaux livres appartenant à M. R. C..., dont la vente se fera immédiatement après celle de M. Dupasquier le jeudi 8 mars 1849. (*Lyon*, Fontaine). In-8, 7 pp.

12795 Notice des bibliothèques de feu M. l'abbé Stanislas Pique et de M. Cl. Bernard. Vente le 25 juin 1849. *Lyon*, 1849. In-8, 16 pp.

12796 Catalogue de livres rares et précieux composant la bibliothèque de feu M. Guillaume, de Besançon. La vente aura lieu à Lyon, hôtel de Provence. *Lyon*, 1850. In-8, 288 pp.

12797 Catalogue de la bibliothèque de feu Claude Bréghot du Lut, conseiller à la Cour d'appel de Lyon. 23 avril 1850. *Lyon*, Chanoine, 1850. In-4, 148 pp.

12798 Catalogue de livres... provenant de la bibliothèque de M. Gonon. *Lyon*, Fontaine, 1851. In-8.

Journaux politiques et littéraires.

12799 Histoire des journaux de Lyon depuis leur origine jusqu'à nos jours, par Aimé VINGTRINIER. Première partie, de 1677 à 1814. *Lyon*, Léon Boitel, 1852. In-8.

12800 Gazette. *Lyon*, Pierre Valfray. Hebdomadaire. — M. Coste ne possède que le n° 51, 31 décembre 1738, et les années complètes 1746, 1747, 1748 et 1749. In-4.

12801 Petites Affiches de Lyon. *Lyon*, 1760-1811. In-4, incomplet.

12802 Le Glaneur, feuille de quinzaine, dans laquelle on rassemble ce qui se trouve épars dans les journaux, etc. *Lyon*, Delaroche, 1772-73. 2 vol. in-8, bas.

12803 Feuille littéraire de Lyon, par DOMERGUE, paraissant le 1er et le 15 de chaque mois. *Lyon*, Louis Buisson, 1775-1774. In-8. — Nos 1, 3, 5, 6, 7, 18, 19, 20, 21 et 22.

12804 Le Portefeuille lyonnais, ou Bigarrures provinciales, trouvées par un q....... ni cuirassé, ni mitré, mais botté. *Minorque*, 1779-1780. 2 numéros en un vol. in-8, demi-rel., dos et coins m. r., non rogné. [Koehler.]

12805 Journal de Lyon, ou Annonces et Variétés littéraires, pour servir de suite aux Petites Affiches de Lyon. (Par MATHON DE LACOUR). *Lyon*, impr. de la ville. In-8. Premier n°, 8 janvier 1784. Le 5 septembre 1787,

n° 18, prend le nom de *Journal de Lyon et des provinces de la généralité*. Le 7 janvier 1790, n° 1, prend le nom de *Journal de Lyon et des provinces voisines*. Le 21 juillet 1790, n° 1, prend le nom de *Journal de Lyon et du département de Rhône-et-Loire*, précédé d'un Prospectus. *Lyon*, Aimé Delaroche. 8 tomes en 10 vol. in-8, veau marb., fil., jusqu'au n° 51, 31 décembre 1791. Le IXe vol. broché commence à janvier 1792 et va jusqu'au n° 51, 12 juillet même année. *Lyon*, Bruyset frères. In-8.

12806 Courrier de Lyon, par M. CHAMPAGNEUX, avocat, (jusqu'au 28 septembre 1790); et par une Société de gens de lettres (depuis le 29 septembre 1790 jusqu'à la fin). Quotidien. *Lyon*, Aimé Delaroche, 1789-1791. 9 vol. in-8, demi-rel., bas.

12807 Courrier extraordinaire de Lyon. *Lyon*, Cutty, 1790. In-8, 8 pp. — Premier numéro, 14 juillet, le seul qui ait paru.

12808 Journal de Paris et des provinces. *Lyon*, Cutty, 1790. In-8, 8 pp. — Premier numéro, 15 juillet, seul connu.

12809 L'Ami de la liberté et des mœurs, ou Journal général des événements qui se passent sous nos yeux. On s'abonne chez M. Aimé Delaroche, aux halles de la Grenette, à *Lyon*. In-8, 8 pp. — Premier numéro, 1er septembre; seul numéro cité par M. Gonon dans sa *Bibliographie historique de la ville de Lyon pendant la Révolution*.

12810 Journal du département de Rhône-et-Loire. On souscrit à *Lyon*, chez l'auteur, place Bellecour, au coin de la place Léviste, n° 121. Ce journal paraît régulièrement le mercredi et le samedi. In-12, 12 pp. — 1er numéro, mercredi 3 novembre 1790; dernier connu, numéro 3, 10 novembre.

12811 Journal de la Société populaire des amis de la constitution, établie à Lyon le 10 septembre, l'an II de la liberté françoise; rédigé par des écrivains patriotes, sous la direction de M. LABRUDE. *Lyon*, 1791. In-8. — 1er numéro, précédé d'un prospectus, 16 janvier 1791; 23e et dernier, 10 avril même année.

12812 Journal de Lyon, ou Moniteur du département de Rhône-et-Loire, publié par PRUDHOMME (continué par CARRIER et J.-L. FAIN). *Lyon*, 1791-1793. In-4. — 1er numéro, 2 avril 1791, précédé d'un prospectus; 126e et dernier, 6 août 1793. Incomplet.

12813 Le Surveillant, par une société de patriotes. *Lyon*, P. Regnault, 1791-1792. In-4. — 1er numéro, 31 août 1791, précédé d'un prospectus; dernier numéro connu, 7 août 1792. Ce journal paraissait le mercredi et le samedi de chaque semaine. Incomplet.

12814 Journal administratif, judiciaire et politique, paraissant tous les jeudis. *Lyon*, Regnault, 1792. In-8. — Ce journal, inconnu à M. Gonon, est précédé d'un prospectus du mois de janvier. La collection ne possède que le 1er numéro, du 2 février.

12815 Bulletin de Lyon. Sans nom de rédacteur ni d'imprimeur. *Lyon*, 1792. In-8, 4 pp. — Le numéro 1 est du mardi 14 août 1792. La collection ne possède que ce seul numéro. Inconnu à M. Gonon.

12816 Bulletin du département de Rhône-et-Loire, imprimé par ordre du Comité général de surveillance et de salut public. *Lyon*, Vatar-Delaroche, 1793. In-4. — 1er numéro, 8 août 1793 ; 35e et dernier numéro, 30 septembre même année. Un exemplaire complet en recueil dans le livre intitulé : *Révolution de Lyon*. — Un autre exemplaire avec les journaux. Manquent : 1, 2, 9, 10 bis, 15, 16, 17, 19, 23, 24, 25, 27, 30, 32, 33 et 35.

12817 Journal de Ville-Affranchie et du département de Rhône-et-Loire, rédigé par deux sans-culottes de Paris (pour les quatre premiers numéros), et par d'AUMALE (pour la suite). *Ville-Affranchie*, an II (1793-1794). In-4. Quotidien.—1er numéro, 1er frimaire ; dernier numéro, 15 thermidor an II. Complet ; demi-rel., dos et coins mar. r. [Bruyère]. — Autre exemplaire, incomplet.

12818 Le Père Duchêne (rédigé par DORFEUILLE, et signé par DAMAME). *Commune-Affranchie*, P. Bernard. In-8, 8 pp., vignette. — 1er numéro, 1er frimaire ; 32e et dernier connu, 2 germinal an II. Manquent : 1, 2, de 4 à 13, de 15 à 31.

12819 Journal républicain des deux départements de Rhône et Loire. *Commune-Affranchie*, 1794 (an II). In-4, demi-rel., dos et coins mar. r. [Bruyère.]

12820 Le Cynique anti-criminel, par BOUVERI dit FLEURY. *Commune-Affranchie*, Destéfanis, 1794, an II. In-4.

12821 Journal de Lyon et du département du Rhône, par PELZIN. *Lyon*, Tournachon et Daval, 1795-1797. 3 vol. in-8, demi-rel., bas.

12822 Bulletin diurne et nocturne de Lyon. s. n. de rédacteur. An IV. Incomplet. Manquent nos 1 et 2.

12823 L'Ennemi des factions et Feuille de Lyon, rédigé par BOURD.... *Lyon*, impr. du journal ; premier no, 11 mars 1798 (21 ventose an VI). In-4. Seul numéro connu.

12824 Le Télégraphe de France et Feuille de Lyon. Impr. du journal, 1798 (an VI). In-4. La collection ne possède que le numéro 6.

12825 Journal de Lyon et du Midi (publié par DOUBLIER). *Lyon*, Bernard. In-4. 1er numéro, 3 floréal an VII ; numéro 77 et dernier, 5 pluviose an VIII. Manquent : les numéros 6, 7, 10, 15, 17, 19, 20, 22, 24, 41 et 43.

12826 Le Petit Tachygraphe, publié par ROGER. *Lyon*, Roger, an VII. In-8. — Devient Journal de Lyon, ci-devant Tachygraphe (par ROGER). S'arrête en 1809.

12827 Journal de Lyon et du Midi. *Lyon*, Ballanche et Barret, 1802 (an X). In-8, demi-rel., bas.

12828 Bulletin de Lyon. *Lyon*, Ballanche, 1802-1809. 7 vol. In-4, demi-rel., bas.

12829 Journal de Lyon, ou Esprit des journaux français ; par une Société de gens de lettres. *Lyon*, Pelzin et Drevon, 1803. In-4, incomplet.

12830 Journal de Lyon, publié par BARRET. *Lyon*, Barret, 1803-1804. In-4, demi-rel., bas.

12831 Journal de Lyon et du département du Rhône. *Lyon*, Roger, 1810-1813. 4 vol. In-4, demi-rel., bas.

12832 Journal de Lyon, Bulletin politique et administratif. *Lyon*, Roger et Kindelem, 1814. In-8, demi-rel., bas.

12833 Journal de Lyon ou Bulletin administratif. *Lyon*, Kindelem, puis Ballanche, 1814-1815. In-4, demi-rel., bas. Incomplet.

12834 Annales lyonnaises. *Lyon*, Chambet, 1814-1816. 2 vol. in-8, cart. rouge.

12835 Nouvelles-intéressantes extraites du Moniteur. *Lyon*, Roger, 1815. In-8, incomplet.

12836 Journal du département du Rhône. *Lyon*, Kindelem, 1815-1816. In-4, demi-rel., bas.

12837 Journal politique et littéraire du département du Rhône. *Lyon*, 1816. In-4, demi-rel., bas.

12838 Conservateur lyonnais. *Lyon*, 1817-1818. In-8, carton rouge.

12839 Journal de Lyon et du département du Rhône. *Lyon*, Roger, 1817-1821. 4 vol. in-4, demi-rel., mar. Manquent : à 1817, no 79 ; à 1818, no 15 ; à 1820, no 88 et 117 ; et à 1821, no 2.

12840 Le Spectateur lyonnais. *Lyon*, Chambet, 1818. In-8, carton r.

12841 Gazette universelle de Lyon, Courrier du Midi (par PITRAT). *Lyon*, 1819-1828. 9 vol. in-fol., demi-rel., bas.

12842 Semaine lyonnaise. *Lyon*, Brunet, 1819. In-4. Manque le no 8.

12843 Journal de Lyon et du Midi ou Précurseur, dirigé d'abord par M. FRACHET, puis par MM. MONTANDON, MORIN, B. DE LA MATHE, MONFALCON, Anselme PETETIN. *Lyon*, Brunet, 1821-1834. 10 vol. in-fol., demi-rel., bas. Manque no 2063, 16 août 1833.

12844 Tablettes historiques et littéraires (par CHAMBET). *Lyon*, Barret, 1822-1825. 6 vol. in-8, demi-rel., bas.

12845 Journal de la Loterie. *Lyon*, Boursy, 1823. In-8.

12846 La Guêpe du Rhône, par C. C. (CAILLAT). *Lyon*, Boget, 1823. In-8.

12847 Journal du Commerce (et ses compléments). Propriétaire-gérant, GALOIS. Rédacteurs, MM. BRET, MANEL, DE LA MERLIÈRE, BARGINET. *Lyon*, 1823-1844. 10 vol. in-fol., demi-rel., bas.

12848 Archives historiques, statistiques et littéraires, par MM. BREGHOT DU LUT, PÉRICAUD aîné, etc. *Lyon*, Barret, 1824-1831. 14 vol. in-8, demi-rel., bas.

12849 L'Espiègle lyonnais. *Lyon*, Boursy, 1824. In-4, carton.

12850 Le Nain du Rhône (par PACORET). *Lyon*, Barret, 1824. In-4, carton.

12851 Le Sphinx du Rhône. *Lyon*, Boursy, puis Barret, 1824. In-4, carton.

12852 L'Eclaireur du Rhône. *Lyon*, Durand et Perrin, 1825-1826. In-fol., demi-rel., bas.

12853 L'Indépendant. *Lyon*, Coque, 1825-1827. In-fol., demi-rel., bas.

12854 L'Echo de l'Univers, publié par Théodore PITRAT. *Lyon*, Théodore Pitrat, 1826. In-fol., demi-rel., bas. Manque n° 114 (29 octobre 1826).

12855 Journal hebdomadaire des arts et manufactures de Lyon. *Lyon*, Barret, 1826. In-8.

12856 Bulletin de Lyon et du département du Rhône. s. n. de rédacteur. *Lyon*, 1826-1827. In-4, demi-rel., bas. Manquent : n°s 21, 48 et 52.

12857 L'Abeille française, par LOUET. *Lyon*, 1828-1835. In-12.

12858 L'Echo du jour, par Théodore PITRAT. *Lyon*, Pitrat, 1829-1830. In-fol., demi-rel., bas. Manquent : n°s 76, 27 avril 1829 ; 111, 24 juin même année.

12859 Gazette de Lyon ; THIVOYON, gérant. *Lyon*, Rusand, 1829-1830. In-fol., demi-rel., bas.

12860 Pauvre Jacques lyonnais. DEPLACE, propriétaire-gérant. *Lyon*, Boursy, 1830-1831. Pet. in-fol.

12861 Revue de Lyon. *Lyon*, Barret, 1831. In-8.

12862 Cri du peuple et Gazette du Lyonnais, par PITRAT. *Lyon*, 1831-1838. 5 vol. in-fol., demi-rel., bas.

12863 Revue provinciale. *Lyon*, 1831-1832. 2 vol. in-8, demi-rel., bas.

12864 La Glaneuse, par GRANIER. *Lyon*, 1831-1834. 2 vol. in-4, demi-rel., bas.

12865 La Sentinelle nationale (par BEUF). *Lyon*, Charvin, 1831. In-fol., demi-rel., bas.

12866 Conservateur des bonnes doctrines. *Lyon*, Louis Perrin, 1831. In-8.

12867 L'Observateur lyonnais. *Lyon*, Barret, 1831. In-8.

12868 L'Echo de la Fabrique. *Lyon*, Charvin, 1831-1834. 2 vol. in-4, demi-rel.

12869 L'Ami du Commerce. *Lyon*, Boursy, 1831. In-fol.

12870 Le Furet de Lyon. Joseph BEUF, gérant. *Lyon*, Boursy, 1832. In-fol., demi-rel. Manque : n° 24, 5 avril 1832.

12871 Courrier de Lyon (JOUVE, rédacteur. Plusieurs impr.). *Lyon*, 1832-1852. 21 vol. in-fol., demi-rel., bas.

12872 L'Homme nouveau, Messager du bonheur, par CORRÉARD. *Lyon*, 1832. 3 numéros.

12873 Nouvelles Archives. *Lyon*, 1832. 2 vol. in-8, demi-rel., bas.

12874 Asmodée (par BERTHAUD et KAUFFMANN). *Lyon*, Idt, puis Perret, 1832. 2 vol. in-8, demi-rel., bas.

12875 Journal des Huissiers de Lyon, par BARANGE. *Lyon*, Ayné, 1832. In-fol.

12876 Le Papillon, par Eugène DE LAMERLIÈRE d'abord, puis par Léon BOITEL. *Lyon*, Louis Perrin, Léon Boitel, 1832-1835. 2 vol. pet. in-fol., demi-rel., bas.

12877 Journal des Intérêts moraux et matériels, par BABEUF. *Lyon*, Brunet, 1832-1833. Gr. in-8, demi-rel., bas.

12878 L'Homme rouge, par BERTHAUD et WEYRAT. *Lyon*, Perret, 1833. In-4, demi-rel.

12879 Le Réparateur. *Lyon*, 1833-1844. 12 vol. in-fol., demi-rel., bas.

12880 Le Conseiller des femmes, par Mme Eugénie NIBOYET. *Lyon*, Léon Boitel, 1833-1834. In-8, demi-rel., bas.

12881 L'Echo des Travailleurs. SIGAUD, gérant. (CHASTAING, rédacteur). *Lyon*, Perret, 1833-1834. Pet. in-fol., demi-rel.

12882 L'Omnibus, par Louis BABEUF. *Lyon*, Ayné, 1834. In-8, demi-rel., bas.

12883 L'Indicateur, par FAVIER. *Lyon*, Léon Boitel, 1834-1835. In-4, demi-rel.

12884 Tribune prolétaire (par Marius CHASTAING). *Lyon*, Dlle Perret, 1834-1835. N° 30, 26 juillet. (LEGRAS, gérant). Pet. in-fol. — Nouvel Echo de la Fabrique, par CHASTAING. Un numéro, août 1835. In-fol.

12885 Le Scrutin. BARON, directeur ; FEYTAUD, rédacteur. *Lyon*, Rossary, 1835. In-fol. — L'Union des Travailleurs, par CHASTAING. 2 numéros, août et septembre 1835.

12886 Gazette des Provinces. SARRAN, rédacteur. *Lyon*, Boursy fils, 1836. In-fol.

12887 Le Consolateur. Stéphane COMTE, rédacteur. *Lyon*, Louis Perrin, 1837. In-fol.

12888 Revue de Lyon, résumé des journaux. *Lyon*, Ayné, 1834-1836. In-8.

12889 Mosaïque lyonnaise. Léon BOITEL, gérant ; Mme NIBOYET, rédactrice. *Lyon*, Léon Boitel, 1834-1835. In-8, demi-rel., bas.

12890 Le Censeur, par MM. PETETIN, PRUDHON, ROUSSILLAC, PÉNICAUD, RITTIEZ, KAUFFMANN. *Lyon*, 1834-1849. 15 vol. in-fol., demi-rel., bas.

12891 Revue du Lyonnais, dirigée par Léon BOITEL. *Lyon*, Léon Boitel, 1835-1852. 33 vol. in-8, demi-rel., bas.

12892 L'Epingle, par FEYTAUD. *Lyon*, Rossary, 1835. In-4.

12893 L'Ami du clergé, par SAUVIGNET. *Lyon*, Rossary, 1835. In-8.

12894 L'Athénée. M. GRANDPERRET, directeur ; LÉPAGNEZ, gérant. *Lyon*, Rossary, 1835. In-8, demi-rel., bas.

12895 Le Gratis lyonnais, par ROND. *Lyon*,

veuve Ayné , 1835-1836. Pet. in-fol. — Devient le Vigilant lyonnais.

12896 Le Vigilant lyonnais, par ROND. *Lyon* , Rossary (suite du Gratis) , 1837-1838. Pet. in-fol., demi-rel., bas.

12897 Le Bazar lyonnais. *Lyon* , Louis Perrin , 1835-1836. In-4, demi-rel., bas.

12898 Le Carillon, par GRIVET. *Lyon* , Léon Boitel, puis veuve Bachelas, Boursy, Deleuze, Rossary , 1836-1837. Pet. in-fol. (Voir le Lyonnais).

12899 L'Echarpe. *Lyon* , Louis Perrin , 1836-1837. In-4, demi-rel., bas.

12900 Le Catholique. BAILLY , gérant. *Lyon* , Louis Perrin , 1836. In-8.

12901 Le Publicateur des actes administratifs. *Lyon* , Louis Perrin , 1836-1837. In-fol.

12902 Le Tocsin , journal des renseignements mutuels. EYBERT , gérant. *Lyon* , Isidore Deleuze , 1837. In-fol. Manquent n°s 42 et 52.

12903 Le Cancan , par FONTANILLE. *Lyon* , Barret , 1837. In-8.

12904 La Fronde, par DUFLOT. *Lyon* , Boursy , 1837. In-4.

12905 Moniteur judiciaire. *Lyon* , Mougin-Rusand. Lyon, 1837-1852. 12 vol. in-4 et in-fol., demi-rel., bas.

12906 L'Harmonie, par VIDAL. *La Guillotière*, Bajat , 1837-1838. In-8.

12907 L'Entr'acte lyonnais, par BERTAUD. *Lyon*, Rossary, 1838-1841. Pet. in-fol., demi-rel., bas.

12908 Revue maçonnique, par CHERPIN. *Lyon* , Léon Boitel, 1838, 1852. 12 vol. in-8, carton.

12909 L'Ami des Ouvriers , par ANDOGUE DE SERIÉGE. *Lyon*, 4 nos in-4, du 5 au 15 septembre 1839.

12910 L'Homme de la Roche, par GAUDEL. *Lyon*, Dumoulin et Ronet, 1839-1840. In-fol.

12911 Le Démocrate lyonnais. Le gérant , BRUTUS. *Paris* (Lyon), septembre (1839). In-4.

12912 Chronique de Lyon (suite de l'Homme de la Roche) , par GAUDEL. *Lyon*, Dumoulin et Ronet, 1840. In-fol.

12913 La Démocratie lyonnaise , par RIVIÈRE. *Lyon*, Léon Boitel , 1840. In-8.

12914 Le Vengeur , par Paul PRÉAUD. *Lyon*, Deleuze. In-fol.

12915 L'Echo des Ouvriers, par COLLOMB. *Croix-Rousse*, Lépagnez, 1840-1841. In-4 et in-fol.

12916 Le Rhône. MARLE, gérant. *Lyon*, Deleuze , 1841-1848. 7 vol. in-fol. , demi-rel. , bas.

12917 L'Artiste en province, par LAUGIER. *Lyon*, Louis Perrin , 1841-1842. Pet. in-fol.

12918 Le Lutin, par CUREZ. *Lyon* , Boursy , 1841-1842. In-4, demi-rel., bas.

12919 Gazette des Propriétaires. *Lyon*, Deleuze, 1841. In-fol.

12920 Le Travail, par BLACHE. *La Croix-Rousse*, Lépagnez , 1841. In-4.

12921 La Semaine , par QUINQUETON. *La Guillotière* , Bajat, 1841. In-fol., carton.

12922 Le Messager des Théâtres de Lyon. LEBLANC, gérant. *Lyon* , Marle aîné, 1842-1844. In-fol.

12923 L'Echo des Paroisses. STEYERT jeune , gérant. *Lyon*, Rey, 1841-1842. In-fol., demi-rel., bas.

12924 L'Echo de la Fabrique, de 1841. Gérant, LOUISON; rédacteur, CHASTAING. *La Croix-Rousse*, Lépagnez, 1841-1845. In-fol. , demi-rel., bas.

12925 L'Institut catholique. *Lyon* , Ayné, 1842-1845. 7 vol. in-8, demi-rel., bas.

12926 L'Oriflamme. *Lyon*, Pommet, 1843. In-4.

12927 La Province. REY jeune ; gérant. *Lyon*, Rey jeune, 1843-1844. 2 vol. in-fol., demi-rel., bas.

12928 L'Union des provinces. MARTIN, gérant ; rédacteur en chef, AUGIER. *Lyon* , Rey jeune, 1843-1844. In-fol.

12929 Répertoire lyonnais, par PHILY aîné. *Lyon*, Louis Perrin , 1843-1846. Pet. in-fol., demi-rel., bas.

12930 Le Télégraphe , par BUNEL. *Lyon* , Marle aîné , 1843-1844. In-fol., demi-rel., bas.

12931 Le Salon musical. REY jeune, gérant. *Lyon*, Rey jeune , 1843-1844. In-fol.

12932 Le Gratis. BOIRAYON , gérant. *Lyon* , Rey jeune , 1844. Pet. in-fol.

12933 Kaléidoscope du commerce. BOIRAYON , gérant. *Lyon* , Rey jeune , 1844. Pet. in-fol.

12934 Le Flâneur. CASTANET , gérant. *Lyon* , Louis Perrin , 1844. In-fol.

12935 Journal de la Guillotière. DUBOIS , gérant. *La Guillotière*, Bajat, 1844-1848. 2 vol. in-fol., demi-rel., bas.

12936 La Clochette. Veuve PESCHIER , gérant. *Lyon* , Louis Perrin , 1844-1846. 2 vol. pet. in-fol., demi-rel., bas.

12937 La Sentinelle catholique. PALLUY , gérant. *Lyon* , Rey jeune , 1844. In-4.

12938 Revue sociale. GERMAIN , gérant. *Lyon* , Boursy fils, 1844-1845. In-8.

12939 L'Observateur lyonnais. LUYRARD , gérant. *La Guillotière*, Bajat , 1844. In-fol.

12940 La Justice. MARTIN , gérant. *Lyon* , Louis Perrin , 1844-1845. In-fol., demi-rel., bas.

12941 L'Etoile du matin, Tablettes pieuses de la jeunesse, publiées sous les auspices de Marie. (Par Hubert LEBON). *Lyon* , Girard et Guyet, 1845-1852. Mensuel. In-8; 1er n°, janvier 1845. (1847 et 1848. In-12).

12942 La Tribune lyonnaise. Propriétaire-gérant , LARDET , puis CHASTAING. *Lyon* , Pommet , puis Rodanet , 1845-1851. 2 vol. pet. in-fol., demi-rel., bas.

12943 Gazette de Lyon. Gérant, MAYERY , puis HONORAT. Rédacteur: HYVERNAT. *Lyon*, Pélagaud, 1845-1852. 9 vol. in-fol., demi-rel., bas.

12944 Le Fouet. Léopold CUREZ, gérant. *Lyon*, Pommet , 1845. In-4.

12945 Lucifer. ISOARD ; gérant. *Lyon* , Pommet, 1845. In-fol.

12946 L'Echo de l'industrie. FAVIER, gérant. *La Croix-Rousse*, Lépagnez, 1845-1846. In-fol., demi-rel., bas.

12947 Le Père du peuple. Directeur général, GONDY ; rédacteur en chef, GARDIE. *Lyon*, *Mâcon*, 1846-1848. In-8 et in-fol. Incomplet.

12948 L'Abeille lyonnaise. GIRAUD, gérant. *Lyon*, Chanoine, 1846-1847. In-8 et in-fol.

12949 L'Indiscret. CUREZ, gérant. *Lyon*, Chanoine, 1846 Pet. in-fol.

12950 Le Miroir. BADOIL, gérant. *Lyon*, Chanoine, 1846-1848. Pet. in-fol., demi-rel., bas.

12951 L'Avenir. BRUNET, gérant. *La Guillotière*, Bajat, 1846-1847. In-fol.

12952 Mémorial religieux, par un Comité. *Lyon*, Pommet, 1847. In-12.

12953 Le Réveil de l'Ain et du Rhône. Gérant, Elisée LECOMTE. *La Guillotière*, Bajat, 1847. Pet. in-fol., demi-rel., bas.

12954 La Péri. MURE DE PELANNE, directeur. *Lyon*, Rey, 1847. Gr. in-4.

12955 Messager de Lyon. MALLIÉ, gérant. *Lyon*, Rey, 1848. In-fol.

12956 La Feuille du jour. s. n. de réd. *Lyon*, Rey, 1848. In-fol.

12957 Nouvelles de Paris et de Lyon. s. n. *Lyon*, Dumoulin et Ronet, 1848. In-4.

12958 L'Organisateur lyonnais. Ferdinand FRANçois, rédacteur. *Lyon*, Léon Boitel, 1848. In-fol.

12959 L'Ami des travailleurs. FONVILLE, gérant. *Lyon*, Brunet fils et Fonville, 1848. In-4.

12960 La République. BERTEAULT, rédacteurgérant. *Lyon*, Rodanet, 1848. In-4.

12961 Le Tribun du peuple. Gabriel CHARAVAY, gérant. *Lyon*, Rodanet, 1848. In-4 et in-fol.

12962 Le Citoyen lyonnais. RIGAULT, gérant. *Lyon*, Rodanet, 1848. In-4.

12963 L'Entr'acte lyonnais. BREJOT, propriétairegérant. *Lyon*, veuve Ayné, 1848. Pet. in-fol.

12964 La Révolution. REY, gérant. *Lyon*, Rey-Sézanne, 1848. Gr. in-4.

12965 Le Franc-Parleur lyonnais. ROUX, gérant. *Lyon*, veuve Ayné, 1848. Pet. in-fol.

12966 Le vrai Républicain. Edmond VIDAL, rédacteur-gérant. *Lyon*, Brunet fils et Fonville, 1848. Pet. in-fol.

12967 Le Salut public. MONTÈGRE, directeur. Rédacteurs en chef, BIGOT, CANDY, DESTIGNY. *Lyon*, Rey, puis Chanoine, 1848-1852. 5 vol. in-fol., demi-rel., bas.

12968 Journal. Liberté, Égalité, Fraternité. s. nom de r. *La Guillotière*, Bajat, 1848. In-fol.

12969 Le Reveil du peuple. BRESLAU, gérant. *Lyon*, Barret, 1848. In-4.

12970 La Voix du peuple. REY, gérant. *Lyon*, Rey-Sézanne, 1848. In-4.

12971 L'Union nationale. THIOLLIÈRE, gérant. *Lyon*, Guyot, 1848-1849. In-fol., demi-rel., bas.

12972 L'Étoile du matin. FOURNIER (*de Virginie*),

rédacteur. *La Croix-Rousse*, Lépagnez, 1848. In-4.

12973 La Liberté. Martial MERLIN, rédacteur ; CURNILLON, directeur. *La Guillotière*, Bajat, 1848-1849. In-fol., demi-rel., bas.

12974 Le Défenseur du peuple. LACORDAIRE, gérant. *Lyon*, Rodanet, 1848. In-4.

12975 Journal des électeurs ruraux. SEGAUD, gérant. *Lyon*, Pélagaud, 1848. In-4.

12976 Le 24 Février. SERVE, gérant. *Lyon*, Louis Perrin, 1848. In-fol.

12977 La Montagne. DOIN, gérant. *Lyon*, Guyot, 1848. In-fol.

12978 Bulletin du Comité général des clubs. MATHIEU fils, président ; CHAVANNE, secrétaire. *Lyon*, Rodanet, 1848. In-fol.

12979 Bulletin du club de l'Égalité. ROBIN, secrétaire. *Lyon*, Rodanet, 1848. In-4.

12980 L'Apôtre de la Fraternité. BLEIN, rédacteur-gérant. *Lyon*, Mougin-Rusand, 1848. In-fol.

12981 La Sentinelle. POMMET, gérant. *Lyon*, Rodanet, 1848. In-4.

12982 Le Patriote lyonnais. LACOLONGE, gérant. *Lyon*, Guyot, 1848. In-fol.

12983 Le Peuple souverain. FAURÈS, rédacteurgérant. *Lyon*, veuve Ayné, 1848-1849. 2 vol. in-fol., demi-rel., bas.

12984 La France républicaine. CAMPAGNE, rédacteur. *Lyon*, veuve Ayné, 1848. In-fol.

12985 Le Moniteur républicain. DUBOIS, rédacteur-gérant. *Lyon*, veuve Ayné, 1848. In-fol.

12986 Le Vorace, bulletin du jour. *Lyon*, Mougin-Rusand, 1848. In-fol.

12987 Le Vengeur, bulletin du jour. *Lyon*, Mougin-Rusand, 1848. In-fol.

12988 Le Phrygien. BERTRAND fils, gérant. *Vienne*, Roure, 1848. Pet. in-fol.

12989 Le Réformateur. SERVE, gérant. *Lyon*, Louis Perrin, 1848. Pet. in-fol.

12990 Spartacus. Pierre GROS, gérant. *Lyon*, Rey-Sézanne, 1848. In-4.

12991 Le Nouvelliste lyonnais. GILLOT, propriétaire-gérant. *Lyon*, Dumoulin et Ronet. In-fol, remplacé et continué par l'Avenir du peuple, 1848, In-fol., demi-rel., bas. incomplet.

12992 L'Écho des électeurs. BARBIER, gérant. *Lyon*, Mothon, 1848. In-fol.

12993 La Voix du peuple. s. n. *Lyon*, Boursy fils, 1848. In-fol.

12994 L'Éclair. *Lyon*, Mougin-Rusand, 1848. In-fol.

12995 Le Vorace. LEIDEN, rédacteur-gérant. *Lyon*, Rodanet. In-4.

12996 Figaro. LACORDAIRE, rédacteur-gérant. *Lyon*, Dumoulin et Ronet, 1848. Pet. in-fol., fig.

12997 Le Cri du peuple. PITRAT, gérant. *Lyon*, Rodanet, 1848. In-fol.

12998 Jean-qui-rit. MARCEL, gérant. *Lyon*, Chanoine, 1848. Pet. in-fol., demi-rel., bas.

12999 La Lumière. CHANAL fils, gérant. *Lyon*, Rodanet, 1848. In-fol.

71

13000 L'Entr'acte. BREJOT, propriétaire-gérant. *Lyon*, veuve Ayné, 1848. Pet. in-fol.

13001 Le Glaneur lyonnais. BREJOT, propriétaire-gérant. *Lyon*, veuve Ayné, 1848. Pet. in-fol.

13002 La Vérité. BAJAT, directeur. *La Guillotière*, Bajat, 1848. In-fol.

13003 Le Diable à cheval. ROMAN, directeur-gérant. *Lyon*, Dumoulin et Ronet, 1848. In-4.

13004 L'Entr'acte lyonnais. BREJOT, propriétaire-gérant. *Lyon*, veuve Ayné, 1848-1852. Pet. in-fol.

13005 Le Républicain. Pierre GROS, gérant. *Lyon*, Boursy, 1848. In-fol., demi-rel., bas.

13006 Revue municipale. DUBOIS, gérant. *Vienne*, Roure, 1848. In-4.

13007 Le Président. MEINEL, gérant. *Lyon*, Chanoine, 1848-1849. In-fol., demi-rel.; bas.

13008 Le Club, journal fraternel. s. n. de r. *La Croix-Rousse*, s. d. (1848). In-4.

13009 La Semaine. RIGAULT, rédacteur. *Lyon*, Chanoine, 1849 In-fol.

13010 L'Indicateur. REYNAUD-TABARD; directeur-gérant. *Lyon*, Léon Boitel, 1849. In-4.

13011 La Constitution. WILLEMIN, rédacteur. *Lyon*, Mougin-Rusand, 1849. In-fol.

13012 L'Argus. GUILLEMOTTE, gérant. *Lyon*, Boursy fils, 1849-1852. Pet. in-fol., demi-rel.; bas.

13013 Le Républicain. BUREL, gérant. *Lyon*, Rodanet, 1849. In-fol., demi-rel., bas.

13014 Moniteur de la Californie. PRÉMONT-GAGNEUX, rédacteur-gérant. *La Guillotière*, Bajat, 1849. In-fol., demi-rel., bas.

13015 L'Echo des électeurs. MANSBENDEL, gérant. *Lyon*, Mougin-Rusand, 1849. In-fol.

13016 Le Démon socialiste. ROMAN, directeur-gérant. *Lyon*, Dumoulin et Ronet, 1849. In-4.

13017 Le Cicerone. MAURIZI, gérant. *Lyon*, veuve Ayné, 1849. Pet. in-fol.

13018 L'Impartial du Rhône. DUBOIS, rédacteur-gérant. *La Guillotière*, Bajat, 1849. In-fol.

13019 Les Travailleurs. BROS, gérant. *Lyon*, Chanoine, 1849-1850. In-fol.

13020 Le Rat de cave. BÉVILLE, propriétaire-gérant. *La Guillotière*, Bajat, 1849. Pet. in-fol. demi-rel., bas.

13021 Revue de Lyon. Gérant, Léon BOITEL. *Lyon*, Léon Boitel, 1849-1850. In-8, demi-rel., bas.

13022 Le Démocrate progressiste. s. n. de r. *Lyon*, Rey-Sézanne, 1849. In-fol.

13023 Esope. Gustave NAQUET, rédacteur-gérant. *Lyon*, veuve Ayné, 1849. Pet. in-fol.

13024 Le Niveau social. Gustave NAQUET, rédacteur-gérant. *Lyon*, veuve Ayné, 1849. In-4 et in-fol.

13025 Le Monde républicain. GABERT, gérant. *Lyon*, veuve Ayné, 1849. In-fol.

13026 L'Homme du Peuple. VILLARD, gérant. *Lyon*, veuve Ayné, 1849. In-fol.

13027 Revue démocratique. CARRET, gérant. *Lyon*, veuve Ayné, 1849. In-fol.

13028 L'Egalité, journal mensuel. DURAND, gérant. *Lyon*, veuve Ayné, 1849. In-fol.

13029 Le Travail. MARÉCHAL, gérant. *Lyon*, veuve Ayné, 1849. In-fol.

13030 L'Espoir. Pierre SAGE, rédacteur-gérant. *Lyon*, veuve Ayné, 1849. In-fol.

13031 Le Démocrate. GABERT, directeur-gérant. *Lyon*, veuve Ayné, 1849. In-fol.

13032 Le Conseiller du contribuable. BÉVILLE, propriétaire-gérant. *La Guillotière*, Bajat, 1849. In-4.

13033 La Démocratie. MATHIEU, gérant. *Lyon*, veuve Ayné, 1849. In-fol.

13034 Le Tintamarre. François FEUGLIÈRE, gérant. *Lyon*, Boursy, 1849. Pet. in-fol., fig.

13035 Le Nouvelliste du mois. GUYET, rédacteur-gérant. *Lyon*, Rodanet, 1850. In-4.

13036 Le Phénix. DUPOIZAT, gérant. *Lyon*, Rodanet, 1850. Pet. in-fol.

13037 La Presse des Familles. FOREST, gérant. *Lyon*, Nigon, 1850. Gr. in-8.

13038 L'Hippodrome Soulier. WARNET, directeur-gérant. *Lyon*, veuve Ayné, 1850. Pet. in-fol.

13039 Le Salut public, édition du soir. JORDANIS, directeur. *Lyon*, Chanoine, 1850-1851. 2 vol. pet. in-fol., demi-rel., bas.

13040 Journal de Lyon et de la Guillotière. DUBOIS et ESCOFFIER, rédacteurs. *Lyon*, Rodanet, 1850. Pet. in-fol.

13041 Le Moucheron. Hippolyte RAYNAL, rédacteur-gérant. *Lyon*, Boursy, 1850. In-4.

13042 Le Commerce. BONTOUX jeune, gérant. *Lyon*, Rodanet, 1850. In-fol.

13043 L'avenir de la Jeune-France. CHABROL, directeur. *Lyon*, Boursy, 1850-1851. In-12.

13044 Le Messager. DE SAURIMONT, directeur-gérant. *Lyon*, Rodanet, 1852. In-fol. devenu : le Journal du Commerce. LESCADIEU, rédacteur en chef; DE SAURIMONT, directeur-gérant. *Lyon*; Aimé Vingtrinier. In-fol.

Journaux scientifiques.

13045 Essai de médecine théorique et pratique. Ouvrage périodique, dédié aux amis de l'humanité, par MORIZOT, BRION, D'YVOIRY et RICHARD, médecins à Lyon. A *Genève*, 1775. 2 vol. in-8.

13046 Essai de médecine théorique et pratique. Ouvrage périodique, dédié aux amis de l'humanité, par MORIZOT, BRION, D'YVOIRY et RICHARD, médecins à Lyon. *Genève*, 1782. 2 vol. in-8, bas.

13047 Journal de la langue française, soit exacte, soit ornée...., contenant deux cahiers par mois, de 36 pages chacun..... Quatrième année, qui a commencé le 15 janvier 1788. Par DOMERGUE. *Lyon*; Aimé Delaroche. 1 vol.; du 15 janvier au 15 mai; avec approbation du 17 juillet 1788. In-12, cart.

13048 Le Conservateur de la santé, journal d'hygiène et de prophylactique, par MM. BRION et BELLAY, paraissant le 10, le 20 et le 30 de chaque mois. *Lyon*, Ayné. 1er numéro, 10 ventose an VII; dernier numéro, 30 pluviose an XII. 5 vol. in-8.

13049 Journal de la Société de médecine de Lyon, rédigé par Jacques PITT.... Marc-Antoine PETIT.,. et Aimé MARTIN. *Lyon*, an VIII. Numéro 1, tome premier, thermidor an VIII; par livr. de 4 ff. in-8. La collection ne possède que le numéro 1.

13050 Gazette hebdomadaire de santé. *Lyon*, Mistral, 1823. In-8. — Prospectus et du numéro 1 au numéro 12, soit du 1er janvier au mois de mars 1823. Cette Gazette a eu pour principaux rédacteurs les docteurs CHAPEAU et RICHARD de Nancy.

13051 Jurisprudence de la Cour d'appel de Lyon, et décisions remarquables des tribunaux du ressort; rédigé successivement par MM. ALLARD, BOISSIEU, SERIZIAT, DURIEU, BONJOUR, JACQUEMET, PERRAS, ONOFRIO, RAPPET, LABLATINIÈRE, PROTON, Louis GROS, MATAGRIN, THIBAUDIER, LANÇON, DUQUAIRE. *Lyon*, Rusand, et ensuite Mougin-Rusand, 1823-1852. 30 vol. in-8, demi-rel., bas.

13052 Journal clinique des hôpitaux de Lyon, et Recueil de médecine et de chirurgie pratiques, publié par Joseph GENSOUL et Alphonse DUPASQUIER. *Lyon*, Louis Babeuf, éditeur, 1830 (1832), paraissant tous les mois par numéros de 5 ff., ou 80 pp. in-8. 1er numéro, janvier 1830; dernier numéro, mai 1832; reliés en 3 vol., demi-rel., dos bas. brune. In-8, planches.

13053 Annales des sciences physiques et naturelles, d'agriculture et d'industrie, publiées par la Société d'agriculture de Lyon. *Lyon*, Barret, 1838-1850. In-8.

13054 Journal de médecine de Lyon, publié par la Société de médecine; journal mensuel. 1er numéro, juillet 1841. *Lyon*, 1841-1848, 15 vol. in-8, demi-rel., bas.

13055 Bulletin de la Société d'horticulture pratique du département du Rhône. *Lyon*, 1844-1848. In-8.

13056 Journal de médecine vétérinaire, publié à l'Ecole de Lyon. *Lyon*, Nigon, 1845-1848. In-8.

13057 Flore et Pomone lyonnaises, ou Dessins et description des fleurs et des fruits obtenus ou introduits par les horticulteurs du département du Rhône; publication mensuelle, rédigée par N. C. SERINGE. *Lyon*, Charles Savy, 1847-1848. In-8, gravures coloriées et dessins.

13058 Gazette médicale de Lyon. BARRIER, rédacteur en chef. *Lyon*, Rodanet, 1849. In-4.

BIOGRAPHIE.

Portraits.

13059 Panthéon lyonnais; Galerie des hommes les plus célèbres dont Lyon fut la patrie, avec des Notices biographiques par J.-A. GUYET, lith. par GAILLARD. Impr. de Brunet fils et Fonville (1849). In-fol., pap. Chine, avec l'hommage de l'auteur.

A.

13060 Achard. PAXARDO, LACAUCHIE. Typ. Dondey-Dupré. En pied, en ramoneur, la main appuyée sur un cornet de poêle, rôle de Jérôme dans *la Famille du fumiste*. Pet. in-4.

13061 Achard. LACAUCHIE. Lith. Rigo. *Paris*, publié par Marchant. En pied, en ramoneur, un cornet de poêle sous le bras, rôle de Jérôme dans *la Famille du fumiste*. In-4.

13062 Achard. M. ALOPH. Chez Aubert, impr. Aubert et comp. Galerie de la presse, de la littérature et des beaux-arts, 1838. In-4. — Avec sa biographie. In-4, 4 pp.

13063 Achard. (Caricature le représentant en costume de hussard). BENJAMIN. Impr. d'Aubert. En haut : Panthéon charivarique. Acteurs. (Né à Lyon, le 4 novembre 1808). Au-dessous, quatrain burlesque à sa louange. En pied. Gr. in-4.

13064 Adam, porteur du *Journal du Commerce*; par AMARANTHE ROUILLIET. Lith. de H. Brunet, à *Lyon*. Pet. in-fol.

13065 Adamoli (Pierre). Lith. de H. BRUNET, à *Lyon*. In-12.

13066 Adretius Baro (Baron des Adrets). Portrait dans un cartouche. Sans nom d'auteur ni de graveur. In-8.

13067 François de Beaumont, baron des Adrets. In-8. — Copié d'après le précédent, sans nom d'auteur. Le cartouche est remplacé dans celui-ci par des lances, des trompettes, des haches et des épées en sautoir aux quatre coins.

13068 Adrian V. 1 m. 7. J. Sans nom d'auteur. In-64.

13069 Agovlto (Franciscus de) Ps. Comes Saltus et Val. ætat. an. XXXV. 1564. Buste sur un trépied, dans un ovale. Légende autour de l'ovale. Sur le trépied, ses armes. Devise: *Donac trans illam.* A la main : WOCRIOT sc. In-8.

13070 Agrippa (Henric. Cornel.), medicus et jurisconsultus. Sans nom d'auteur. In-32.

13071 Agrippa (Henricus Cornelius), nascitur Colon. Agripp., 1456; obiit anno 1538. In 8.

13072 Albon (Guigonne d'), fille du comte d'Albon et femme d'Amédée IV, comte de Maurienne. Sans nom d'auteur. In-64.

13073 Albon (Camille, comte d'), né en 1752. Devise : *Que croire?* Sans nom de graveur apparent. Médaillon avec emblèmes ; trois quarts à droite. Imprimé à l'encre rouge. In-12.

13074 Albon (Camille d'), né en 1752. 1784. LEPAGELOT fecit. Médaillon ovale, avec légende dans la bordure ; autour, attributs divers ; au-dessous les armes de la maison d'Albon, avec deux vers de M. le comte DE TRESSAN. Presque de face ; gravé en rouge. In-12.

13075 Alcock (Joseph-François), représentant du peuple (Loire). Auguste LEGRAND. *Paris*, Victor Delarue. Lith. de Becquet frères. En haut : Assemblée nationale. Trois quarts à droite. In-fol.

13076 Alcock, né à Roanne le 21 février 1792, procureur général près la Cour d'appel de Lyon. Assemblée nationale, Galerie des représentants du peuple (1848). (Loire). Lith. d'après nature, par DESMAISONS. Impr. Lemercier, à *Paris*, DESMAISONS direxit. Dirigé vers la gauche. Fac-similé de sa signature, pap. de Chine. Pet. in-fol.

13077 Allard. Dessiné par FOUQUET, gravé par CHRÉTIEN. Médaillon, avant la lettre. Profil à droite. In-18.

13078 Allard (Marcellin). Revue de St-Etienne, lithog. sans nom d'auteur. In-8.

13079 Allard.

> Ce n'est ici d'Allard que la partie muette ,
> La vive et l'animée respire en sa Gazette,

D. DU MOUSTIER pinxit , C. DE MALLERY fecit. In-8.

13080 Allart (Hortense). DAVID (1834 ?). (Née en 1808). Procédé de A. COLLAS. Médaillon imitant le bronze. Profil à droite. In-4. La légende sur une feuille séparée.

13081 Alleman (Louis). s. n. de graveur. In-64.

13082 Alleman (B. Ludovicus card.), avec dates. Tiré d'un volume ; texte au verso. Sans nom d'auteur. Grandeur in-8.

13083 Amboise (George d'). Sans nom d'auteur. Dirigé à droite , un bonnet carré sur la tête, barbe et cheveux longs. In-64.

13084 Amboise (George d'). Sans nom d'auteur. Dirigé à droite , un bonnet carré sur la tête, barbe longue , cheveux jusqu'aux oreilles. In-64.

13085 Amboise (Georges d'). Sans nom d'auteur. Profil à gauche, tête baissée méditative ; calotte ronde , cheveux courts , menton rasé. In-64.

13086 Georgius d'Amboise, S. Æ. R. Card.

George d'Amboise. Procédé de A. COLLAS. Profil à gauche. In-32.

13087 George d'Amboise, cardinal du titre de S. Sixte, né en 1460 et mort le 25 mai 1510. J. HARREWY f. In-12.

13088 Amboise (Georges d'). Gravé au trait : C. del., LANDON direx. Profil à droite. Ce portrait fait partie d'une *Histoire de France*, tome II , page 25. In-12.

13089 Amboise (George d'). LM. Lith. de DELPECH, à *Paris*. Fac-similé de sa signature. Gr. in-8.

13090 Georges, cardinal d'Amboise, grand ministre d'estat et légat en France. s. n. d'auteur. Profil à gauche. In-8.

13091 Georges, cardinal d'Amboise, archevêque de Rouen , ministre d'état, mort à Lyon le 25 mai 1510 , âgé de 50 ans. J. F. pinx., P. J. sculp. A *Paris*, chez Odieuvre. Médaillon, profil à droite. In-8. — Une autre épreuve à plus grandes marges ; le nom et l'adresse du marchand d'estampes, Odieuvre, effacés.

13092 Georges, cardinal d'Amboise, grand ministre d'estat et légat en France. s. n. d'auteur. A gauche, ses armes ; à droite , deux palmes entrelacées ; profil à gauche. In-8.

13093 Amboise (G. d'). Profil au trait ; regarde à gauche ; bordure entourant le médaillon. Au verso on lit : « George d'Amboise , car-« dinal ; d'après le tableau peint par S. « VOUET. » In-8.

13094 Ambosia (Georgius , card. de), creat. anno 1498 , mort 1510. F.-V. W. f. Profil à gauche. In-8.

13095 Ambosia (Georgius, card. de). s. n. d'auteur. Profil à gauche. In-8.

13096 Ambasius (Georgius, cardinalis). s. n. d'auteur. Portrait en pied avec ses armes, profil à droite. In-8 , tiré d'un vol. in-8.

13097 Ambasius (Georgius , cardinalis). Sans nom d'auteur. Avec ses armes ; presque en pied, profil à droite. In-8.

13098 Amboise (George d'), cardinal et archevêque de Rouen. Sans nom d'auteur. Regarde à droite , un livre à la main gauche. Tiré d'un vol. in-8.

13099 George d'Amboise , cardinal-archevêque de Rouen et ministre d'état. Sans nom d'auteur. A *Paris*, chez Daumont. Quatrain. Gr. in-8.

13100 Ambasius (Georgius, cardinalis). Sans nom d'auteur. Avec ses armes. Médaillon entouré d'une bordure carrée où sont représentés plusieurs traits de sa vie. In-4.

13101 Georges, cardinal d'Amboise. BOULONNOIS fecit. Profil à droite ; ses armes en haut, dans le coin à gauche. In-4.

13102 Amboise (Georges d'). JACOB del. Pl. II. D'après le buste original du Musée des monuments français. Buste à gauche , la tête presque de face, une croix sur la poitrine, grand cordon. Lith. in-4.

13103 Amboise (Georges, cardinal d'), premier

ministre de Louis XII. I.-B. SCOTIN sculp. Gr. in-4.

13104 Amboise (cardinal d'). CHASSELAT del. , MIGNERET sc. Portrait en pied. Le corps assis dans un fauteuil tourné à gauche, la tête regardant à droite; rochet brodé, camail , riches vêtements. Gr. in-4.

13105 Ambboise (Georges d'), d'après le buste original du Musée des monuments français. GAUTHEROT del. Pl. II. Médaillon ovale ; le buste et la tête presque de face, un peu à gauche. Lith. gr. in-4.

13106 Amboise (le cardinal d'). DES RAIS del , LE CŒUR sculp. Ex bibliotheca regia. A l'aquatinta. Médaillon, profil à droite. In-4.

13107 Amboise (le cardinal d'). Lithographie, sans nom d'auteur ; profil à droite. Médaillon ovale , avant la lettre. Tr. gr. in-4.

13108 Georges d'Amboise, cardinal-archevêque de Rouen, légat du Saint-Siège en France, premier ministre de Louis XII ; né en 1460 , mort à Lyon le 25 mai 1510. Avec ses armes. A Paris , chez Blin ; épreuve coloriée. Très grand in-4.

13109 Amboise (George d'), cardinal. (Tiré de la Vie des hommes illustres de A. THEVET ; chap. 104. Lisant dans un livre. Pet. in-fol.

13110 Amboise (George d') , cardinal. Au-dessous est une médaille avec son revers. Cette feuille a fait partie d'un ouvrage in-fol.

13111 Ambasius (Georgius , cardinalis). In-fol. — Ce portrait est entouré de médaillons représentant les principaux actes du ministère du cardinal , d'après la galerie du palais cardinal.

13112 Amboise (Georges d'). C.-P. MARILLIER del., N. PONCE sc. Médaillon soutenu par des cariatides ; de chaque côté sont des sujets d'histoire de sa vie , et au-dessous ses funérailles. Faisant partie de la collection des Illustres Français. In-fol., avec Notice historique.

13113 Amé IV. 1323. (Amé ou Amédée IV. , comte de Savoie). s. n. de graveur. In-64. (Au-dessous est un petit médaillon de Sibylle de Bagé , sa femme.)

13114 Ampère , d'après un médaillon de M. David. ANDREW , BEST , LELOIR, grav. sur bois. Profil à gauche. Tiré du Magasin pittoresque. Réduit en in-18.

13115 Ampère (André - Marie), etc. Dessiné d'après nature en 1825, et gravé par Ambroise TARDIEU. In-8.

13116 Ampère (André-Marie). DAVID , 1829. Procédé de A. COLLAS. Médaillon imitant le bronze; profil à droite. In-4. — Avec légende sur une feuille séparée , tirée de l'ouvrage : Portraits des contemporains. In-4, 1 p.

13117 Ampère (André-Marie), de l'Institut royal de France , etc. Né à Lyon , le 22 janvier 1775. Lith. BOILLY. In-fol.

13118 Anjou (le duc d'), frère de Louis XIV. J. MACRET pinx., P. VAN-SCHUPPEN sculpebat , 1660. In-fol.

13119 Arago (Emmanuel) , né à Paris le 6 août 1812. Lith. d'après nature, par LLANTA. Impr. Lemercier, à Paris. Assemblée nationale, Galerie des représentants du peuple , 1848. (Pyrénées-Orientales). Fac-similé de sa signature , pap. de Chine. Pet. in-fol.

13120 Arago.(Emmanuel). Montagnard farouche, mais trop gras. H. D. (DAUMIER). Impr. Aubert et Cie. En haut : Les Représentants représentés. Assemblée législative, 8. Caricature du Charivari, 13 juillet 1849. En pied. Pet. in-fol.

13121 (M. Aristide , de Lyon). Dess. au physionotrace et gravé par QUENEDEY. Paris , 1809 ; avant la lettre. In-8.

13122 Arnaud cadet , artiste du Grand-Théâtre de Lyon , mort le 11 novembre 1828 , âgé de 25 ans. BESSON; lithographie de Palley , à Lyon. In-fol.

13123 Auberthier (Pierre), né à Neuville-sur-Saône, le 10 mars 1801. Lith. d'après nature, par LLANTA. Impr. Lemercier, à Paris. Assemblée nationale, Galerie des représentants du peuple 1848 (Rhône). Dirigé à gauche. Fac-similé de sa signature, pap. de Chine. In-fol.

13124 Aubusson (François d'), vic., duc de la Feuillade. R. N. pinx., GAILLARD sculp. In-8.

13125 B. Audran. P.-G. AUDRAN del., N. AUDOUIN sculp. Profil à droite, dans un médaillon in-4. Ne pas confondre avec le suivant.

13126 Audran (Benoist). VIVIEN pinx., B. AUDRAN sculp. A Paris, chez Odieuvre, marchand d'estampes. Notice hist. In-8.

13127 Audran (Benoist). VIVIEN pinx. , B. AUDRAN sculp. Sans l'adresse du marchand d'estampes, Odieuvre. Notice historique. In-4.

13128 Audran (Gérard). A. COYSEVOX inven., LANDON direx. In-12.

13129 Audran (Gérard). Modelé par A. COYSEVOX , gravé par DUPUIS , avant toutes lettres. In-8.

13130 Audran (Gérard). Modelé par A. COYSEVOX, gravé par N. DUPUIS. A Paris, chez Odieuvre. In-8.

13131 Audran. Gravé et présenté à M. B. Audran par J. MICHEL, son élève, le 1er janvier 1753. Un chat sur l'épaule. Sixain. In-8.

13132 Audran (Gérard), graveur du roi, né à Lyon. Belle épreuve avant toutes lettres. In-8.

13133 Audran (G.), d'après le buste de Coysevox. HESSE del. Lith. in-fol.

13134 Audran (Gérard). F. C. Impr. lith. de LANGLUMÉ. In-fol.

13135 Audran (Gérard). Sur la même estampe, Gérard Edelinck et Charles Lebrun , avec la gravure en très petit de quatre batailles de Lebrun. C.-P. MARILLIER del., N. PONCE sculp. Notice historique. In-fol.

13136 Audras (Andreas), Lugdunæus.... Petrus LABRUZZI delin., Cam. TINTI sculp. Rome. Dirigé à gauche , dans un médaillon ; légende au-dessous. In-4. Deux épr.

13137 Avgerivs (Den-Ecrw.-P.-Edmondvs), Van

Societeyt Jesv, s. n. d'auteur. Dirigé à droite. In-4.

13138 Augereau , général des armées de la République française , né à Paris le 21 octobre 1757. BONNEVILLE del., sculp. Dirigé à droite, dans un ovale. In-8.

13139 Aycelin (Gilles). s. n. de graveur. In-64.

13140 Aymar (le général), commandant à Lyon. Lith. A.-L. GARDON. In-8.

B

13141 Bacheville (Antoine). Dessiné et gravé par BOUCHARDY, successeur de Chrétien, inventeur du physionotrace. Vêtu en bourgeois; profil à gauche. Quatrain au-dessous. In-12.

13142 Bacheville (Antoine). s. n. d'auteur. Lith. de LANGLUMÉ. Vêtu en militaire ; profil à gauche. Quatrain au-dessous. In-8.

13143 Bacheville (Barthélemi). BOUCHARDY, successeur de Chrétien , inventeur du physionotrace. Profil à gauche ; décoration à la boutonnière. Quatrain. In-8.

13144 Bacheville (Barthélemi). s. n. d'auteur ni de graveur. Profil à droite. In-8 , avant la lettre.

13145 Bacon Tacon (Pierre-J.-J.), né à Oyonnax en Bugey, le 18 juillet 1738. Profil à droite. In-8.

13146 Baglion (Franciscus de) de la Salle , episcopus Atrebatensis. B.-J. WAMPE pinx. , J. DAULLÉ sculp. Avec ses armes. In-fol.

13147 Franciscus de Baglion de la Salle , episcopus Atrebatensis. HAUSSARD sculpsit. Avec ses armes. In-fol.

13148 Baglion de Saillant (Franc.-Ign.) , episc. et com. Trecoren. et ep. Pict. design. Ant. PAILLET, pictor ac professor regius, pinxit ad vivum. Guillet-Vallet , ex academiâ regiâ , sculpsit. *Parisiis* , 1689 , C.-P. Regis. Gr. in-fol.

13149 Balbiano (Valentine) , femme de René de Birague. 1582. Sculpté par Germ. PILON ; dessiné par HÉBERT , gravé par BERNARDI. Diagraphe et pantographe GAVARD. Couchée , tenant un livre, le coude appuyé sur des coussins , un petit chien auprès d'elle. Représentée sur la même feuille que son mari. In-fol. (Voyez BIRAGUE.)

13150 Ballanche (M.). Emile LASSALLE , 1841. Lith. Coulon ; profil à droite. In-16.

13151 Ballanche (P.-S.). DAVID , 1830. Procédé de A. COLLAS. Médaillon imitant le bronze ; profil à droite. In-4 , avec légende sur une feuille séparée.

13152 Ballanche (P.-S.), né à Lyon le 4 août 1776. P.-J. DAVID sculp. ; LEROUX incid. , del. Profil à droite, à l'antique ; pap. de Chine. In-4.

13153 Ballon (la V. mère Louise-Blanche-Thérèse de) , fondatrice et première supérieure des Bernardines réformées en France et en Sa-

voie , décédée à Seyssel en Bresse , le 14 de décembre 1668. J. DE LA MONCE inv. , B. AUDRAN fec. In-8.

13154 Le docteur Balme, de Belley (Ain) , médecin à Lyon. JACQUEMAIN. *Lyon*, 1822. Lith. de H. Brunet. In-4.

13155 Baraguey-d'Hilliers (Louis) , comte de l'Empire, colonel-général des dragons. M. del., J.-V. JOLY sculp. In-8.

13156 Baraillier, canonnier, 5e bataillon de Rhône-et-Loire. *Un Républicain ne se rend pas !* Le 10 août 1793, v. s. (Représentation d'un trait de courage). LABROUSSE del. , sculp. ; ST-SAUVEUR direx. En couleur. In-8.

13157 Baro (Balthazar), natif de Valence. FERDINAND pinx., M. LASNE f. Au-dessus du portrait , soutenu par deux petits génies tournés tous deux vers le spectateur, est une corbeille de fleurs dans une niche; à droite et à gauche sont deux flammes. Sixain. In-8.

13158 Baro (Balthazar), natif de Valence. M. LASNE fec. Deux petits génies soutiennent le portrait ; celui de gauche tourne le dos au spectateur. Au-dessus du portrait est un vase d'où s'échappe une flamme. Sixain. In-8.

13159 Baronnat. Sans nom de graveur. *Biographie du clergé contemporain.* A. APPERT, éditeur. Dirigé à droite. In-8.

13160 Barrême. (Planche représentant Barrême à son comptoir avec divers personnages). Par BARRÊME, arithméticien à Paris. In-8.

13161 Barrême. (Planche représentant Barrême à son comptoir avec divers personnages). Par BARRÊME , au bout du Pont-Neuf ; avec un écusson et deux petits génies dans le haut de la page ; au-dessous de l'écusson , le titre de son ouvrage : *Le Livre des monnoies étrangères, ou le Grand Banquier de France ; dédié à Monseigneur Colbert*). In-8.

13162 Barrême , arithméticien fameux, mort en 1703. DAUMONT exc. Au bas du portrait, plusieurs notes sur le change et un sixain. In-8.

13163 Barrême , arithméticien fameux. Au bas du portrait , plusieurs notes sur le change et un sixain. Chez E. Desrochers, à *Paris*. In-8.

13164 Bastard (d'Estang) , premier président de la Cour royale de Lyon. C. L. P. 1818. Dirigé à droite. Lithogr. in-4.

13165 Baune (Lyon). Sans nom d'auteur. Dirigé à gauche. Une écharpe autour du cou pour soutenir le bras gauche qu'on ne voit pas, mais qu'on devine blessé. In-4.

13166 Baune (E.) , représentant du peuple (Loire). Ase FARCY, *Paris*, Victor Delarue. Impr. Kaeppelin et comp. En haut : Assemblée nationale. Dirigé à droite. In-fol.

13167 Bavière (portrait de Jean de), commissaire des chiens , baron de la Gasconge, comte pour rire.... et candidat-modèle à l'Assemblée nationale. Lith. Gerente frères , *Lyon* ; avec sa biographie et une chanson sur sa candidature à l'Assemblée nationale (octobre 1848). En pied, profil à droite. In-fol.

13168 Bavière (Jean de) subissant l'une des conséquences du grand événement. Vignette avec une chanson de MINGUET, de Nantes. (Avril 1848). *Lyon*, lith. Damiron. In-4.

13169 Bavière (Jean de) Petit-Jean arrive aux Brotteaux, et devient commissaire des chiens. (8 sujets de la vie de Petit-Jean sur une seule feuille). Lith. Brunet et comp., à *Lyon*. In-4.

13170 Bayard (Pierre du Terrail, Sʳ de). Avec notice imprimée. In-64.

13171 Bayard (Pierre de Terrail, seigneur de). s. n. d'auteur. La main gauche sur son casque. Tiré d'un vol. in-12.

13172 Bayard (Petrus), eques. s. n. d'auteur. Portrait en pied; la main gauche soutient son épée. In-12.

13173 Bayard (le chevalier). s. n. d'auteur. Tome I, page 151. Cuirassé, tête nue; ses armes au bas du portrait. In-12.

13174 Bayard (le chevalier). s. n. d'auteur. Dirigé à droite, tête nue. Tiré d'un vol. et doublé. Pet. in-8.

13175 Bayard. PALME LE VIEUX pinx., LANDON direx. Tiré de l'*Histoire de France*. Au trait, de face, la tête penchée, chapeau à plumes. Pet. in-8.

13176 Bayard (Pierre du Terrail, seigneur de), né au château de Bayard, près de Grenoble, en 1476. Tué à la retraite de Romagnano, le 30 avril 1524. s. n. d'auteur visible. In-8.

13177 Bayard (le chevalier), avec sa devise. Tiré d'un recueil, n° 34 de l'œuvre. N. pinxit, A. DE MARCENAY sculp. 1768. In-8.

13178 Bayard. BOILLY del., ALLAIS sculp. Portrait en pied. Le coude sur un cippe sur lequel est posé son casque. Gr. in-8.

13179 Bayard (le chevalier), sans peur et sans reproche. DÉCACHÉ sculp. La main droite à son casque. Pet. in-4.

13180 Bayard. s. n. d'auteur. Médaillon, dans un cadre à perles et à feuilles de chêne. In-4.

13181 Bayard (le chevalier). Tiré d'un vol. La main gauche à son casque. Pet. in-4.

13182 Bayard (Pierre du Terrail, chevalier), mort dans le Milanès, en avril 1524; âgé de 48 ans. N. D. pinx., J. F. sculp. Cuirassé, tête nue; dirigé à gauche. In-4.

13183 Bayard, surnommé le chevalier sans peur et sans reproche. C. BOILY sculp. Cuirassé, un casque à plumes sur la tête. In-4.

13184 Bayard (Pierre Terrail). Par DESROCHERS. Cuirassé, tête nue, dans un médaillon. Notice historique, quatrain. In-4.

13185 Bayard. Tiré d'un volume publié en 1524. Au verso le texte; coupé de la grandeur d'un in-4.

13186 Le chevalier Bayard. Médaillon sans nom d'auteur; gravé à l'aqua-tinta. Tête nue, riche armure. Gr. in-4.

13187 Bayard (le chevalier), gravé par VOYEZ Major. Tête penchée, souffrante; chapeau à plumes. Pet. in-fol.

13188 Bayard (Petrus). Sans nom d'auteur. Notice historique en latin. En pied, entouré de petits tableaux représentant différentes actions de sa vie. In-fol.

13189 Bazire, représentant du peuple en 1793. Dessiné par FOUQUET, gravé par CHRÉTIEN; profil à droite. Gr. in-12.

13190 Bazire (C.), né à Dijon, 1764. F. BONNEVILLE del., PHELIPPEAUX sculp.; profil à gauche. In-4.

13191 Beaujeu (Edouard, prince de) jouant aux échecs avec la fille de la Bessée. Par WISSELET. In-4.

13192 Beaujeu (le sire de), écuyer de Louis II, duc de Bourbon. Armé et à cheval, suivant le prince et portant ses armes. Pet. in-fol.

13193 Bellièvre (Mᵉ Pompone de), chancelier de France. Sans nom d'auteur. In-64.

13194 Bellevræ (Pomponi), cancellarius Gallicus. Sans nom d'auteur. In-64.

13195 Bellièvre (Pompone de), chancelier de France, né à Lyon en 1529, mort à Paris le 7 septembre 1607. A *Paris*, chez Odieuvre. Armoiries au-dessus du portrait, profil à droite. In-12.

13196 Bellièvre (Pompone de), médaillon avec ornements. MARIETTE excud. Profil à droite. In-8.

13197 Bellièvre (Pompone de). Sans nom d'auteur. Quatrain. In-4.

13198 Bellièvre (Messire Pompone de). NANTEUIL del., B. MONCORNET exc. In-4.

13199 Bellièvre. J. FROSNE sculpsit; avant la lettre. Quatrain; blason. In-4.

13200 Bellièvre (Messire Pompone de). J. FROSNE sculp. Notice hist.; blason. In-4.

13201 Bellièvre (Pompone de). Sans nom d'auteur. A *Paris*, chez Boissevin. Notice hist. Gr. in-4.

13202 Bellièvre (Pompone de). EDELINCK sculp. C. P. R. Blason. In-fol.

13203 Bellièvre (Pompone de). Avant la lettre. Sans nom d'auteur. In-fol.

13204 Bellièvre (Pomponne de). Gravé par NANTEUIL en 1633, d'après le portrait peint par CHAMPAIGNE. In-fol.

13205 Bellièvre (Pompone de). CHAMPAGNE pinx., NANTEUIL sculp. 1633. Distique latin. In-fol.; beau portrait.

13206 Bellièvre (Pompone de). Jo. L'ENFANT sculp. En pied; quatrain. In-fol.

13207 Bellièvre (Pomponius de). Carolus LE BRUN pinx., Robertus NANTEUIL sculp. Gr. in-fol.; magnifique portrait.

13208 Belmont (Mᵐᵉ Henri) dans le rôle de la Sapho de Lyon. In-4.

13209 Benoit (Joseph), représentant du peuple (Rhône). Lith. Damiron. MIGNOT, éditeur, *Lyon* (septembre 1848). In-64.

13210 Benoist (au bureau de la *Propagande démocratique et sociale*). M. ; avec une Notice biographique, par Ch. JOUBERT. Grav. sur bois. In-4.

13211 Benoit (Joseph), né à St-Martin-de-Bavel (Ain) , le 15 septembre 1812. Lith. d'après nature, par CŒDÈS. Impr. Lemercier , *Paris*. Assemblée nationale , Galerie des représentants du peuple (1848), Rhône. Pet. in-fol. , pap. de Chine. Fac-similé de sa signature.

13212 Benoit (Joseph), représentant du peuple (Rhône). A^se FARCY. *Paris*, Victor Delarue. Lith. de Becquet frères. Assemblée nationale (juillet 1848). In-fol.

13213 Mme Benoist. Mme BENOIST pinx. ; A. DELVAUX sculp. Profil à droite. In-18.

13214 Béraud (Emilien) , fils du conseiller à la Cour royale de Lyon ; par MACLER. Lithogr. avant la lettre. In-fol.

13215 Berchoux. Louise COUCHÉ del. ; RÉVILLE sculp. Dirigé à gauche. Feuille in-12 ; pap. de Chine.

13216 Berchoux (Joseph) , d'après nature. Sans nom de graveur. Dirigé à droite. In-8.

13217 Berchoux (Joseph) , poète et littérateur, né à St-Symphorien-de-Lay , département de la Loire , le 3 novembre 1762. Dessiné d'après nature en 1826 , et gravé par Ambroise TAR-DIEU. Dirigé à droite. In-8.

13218 Bérenger. Médaillon. Dess. p. Q. , av. le phy. inv., pap. de Chine. Profil à droite. In-18.

13219 Bergasse (Nicolas). s. n. d'auteur. Aquatinta , avec la lettre, pap. de Chine. In-18.

13220 Bergasse (Nicolas). s. n. d'auteur. Aquatinta , avant la lettre , pap. de Chine. In-18.

13221 Bergasse (M.). BARICOLO sculp. ; avec le nom de M. Bergasse répété une seconde fois. A *Paris* , chez l'auteur. Couleur bistre. Le corps à droite , la tête à gauche. Médaillon rond. In-18.

13222 Bergasse (N.) , née (*sic*) en 1750. Sans nom de graveur apparent ; rogné en rond , la légende autour de la tête ; le corps à gauche, la tête à droite. In-18, colorié.

13223 Bergasse (Nicolas). Sans nom de graveur. Le corps à gauche , la tête à droite , le nom écrit dans le fond noir autour de la tête. In-12.

13224 Bergasse (Nicolas), député à l'Assemblée nationale en 1789. MARIAGE del. et sculp. Médaillon ovale. Le corps à droite , la tête à gauche. In-8.

13225 Bergasse (Nicolas) , né en 1750. ROMANY pinx., Miss SARDSAM sculp. *London* , 1788. Ovale sur une plinthe , qui contient la légende et quatre vers , datés de septembre 1788. Le corps à gauche ; la tête à droite. Manière noire. In-8.

13226 Bergasse (Nicolas) , né en 1750. RO-MANI (*sic*) pinx., Miss SARDSAM sculp. *London*, 1788. Ovale sur une plinthe , qui contient la légende et quatre vers, datés de septembre 1788. Le corps à droite , la tête à gauche, le

bras sur une table avec des livres. Manière noire. In-8.

13227 Bergasse (Nicolas) , né en 1750. ROMANY pinx. , Miss SARDSAM sculp. Publish'd according to act of Parliament , in cheapside, *London*, 1788. Le corps à gauche , la tête à droite. Médaillon sur une plinthe , contenant quatre vers à sa louange, datés de septembre 1788. In-8.

13228 Bergasse (Nicolas) , né en 1750. A *Paris*, chez M. Bergny. Le corps à droite , la tête à gauche ; imprimé en couleur. In-8.

13229 Bergasse (Nicolas). Sans nom de graveur. *Histoire de France. Biographie universelle* , tome LVIII , page 9. Le corps à gauche , la tête à droite ; au simple trait , dans un cadre en filets. In-8.

13230 Bergasse. Gravure avant toute lettre. Le corps à gauche , la tête à droite ; dans un ovale. Gr. in-8, pap. de Chine.

13231 Bergasse. Ambroise TARDIEU direxit. Orateurs du barreau français. C.-L.-F. PANCKOU-CKE , éditeur. Le corps à gauche , la tête à droite. In-8.

13232 (Bergasse). Sans nom de graveur ; avant toute lettre. Ovale sur une plinthe ; le corps à gauche, la tête à droite. Manière noire. In-8.

13233 Bergasse (Nicolas), député à l'Assemblée nationale en 1789. MARIAGE del. et sculp. Médaillon ovale ; le corps à droite , la tête à gauche, le front éclairé. En haut : T. III. In-8.

13234 Bergasse (M.), député de Lyon. A *Paris*, chez Basset..... A. P. D. R. Le corps à droite, la tête à gauche ; médaillon sur une plinthe, avec deux branches d'olivier et de chêne. Manière noire. In-8.

13235 Bergasse (Nicolas), député à l'Assemblée nationale , né en 1750. BONNEVILLE del. et sculp. Ovale. In-8.

13236 Bergasse (Nicolas) , né en 1750. A *Paris*, chez Me Bergny. Quatrain. In-8 , colorié.

13237 Bergasse (Nicolas), député de Lyon à l'Assemblée nationale en 1789. Sans nom d'auteur. In-8.

13238 Bergasse. Alph. BOILLY fils. Gravure ébauche. Tome II , p. 373. In-8.

13239 Bergasse. Ambroise TARDIEU direxit. Orateurs du barreau français. C.-L.-F. PANCKOU-CKE, éditeur. Le corps à gauche , la tête à droite. Gr. in-8.

13240 Bergasse. Lith. de DELPECH. Sans nom d'auteur. Gr. in-8.

13241 Bergasse, (Nicolas). J.-B. MASSARD del., J.-B. MASSARD sculp. Chez Dejabin , éditeur. Profil à gauche. Très gr. in-8.

13242 Bergasse (Nicolas), né en 1750. A *Paris*, chez Basset. En pied , assis devant une table, une plume à la main. In-4 colorié.

13243 Bergasse (Nicolas), né en 1750. Avec un quatrain daté de septembre 1788. ROMANY pinx., Miss SARDSAM sculp. Ovale sur une plinthe. In-4.

13244 Bergasse (Nicolas), né en 1750. Un quatrain à sa louange. Publish d'according to act of Parliament, in cheapside. *London*, 1788. Gr. in-4.

13245 Bergasse (Nicolas). Se vend à *Paris*, chez Le Vachez. In-4, colorié.

13246 M. Bergasse, député de Lyon. A *Paris*, chez Basset. En pied, dans la campagne, costume noir, chapeau à la main. In-4, colorié.

13247 Berjon, peintre. Gravé par LEHMANN. Dirigé à gauche; avant toute lettre. Gr. in-fol., pap. de Chine. Une des rares épreuves du Concours de 1851 pour le prix de gravure à l'Ecole des beaux-arts de Lyon, classe de M. Vibert. Prix de la classe : M. LEHMANN.

13248 Berlier (Charles-Aimé), vicaire de St-Louis, né à Lyon le 6 mars 1790, et décédé le 9 avril 1817. Dessiné et gravé par Julie BOILY. Profil à gauche. In-12, pap. mince.

13249 Berlier (Ch.-Aimé), vicaire de St-Louis, né à Lyon le 6 mars 1790. Dessiné et gravé par Julie BOILY. Dirigé à gauche. In-12, pap. fort.

13250 Bernard (Martin-), né à Montbrison le 17 septembre 1808, ancien commissaire général de la République. Lith. d'après nature, par DEVERIA. Impr. Lemercier, à *Paris*. Assemblée nationale, Galerie des représentants du peuple, 1848. (Loire). Dirigé à droite. Fac-similé de sa signature, pap. de Chine. Pet. in-fol.

13251 Bernis (le cardinal de). A. CALLET pinx., N. LE MIRE sculp. L'an IV. De face, avant la lettre. In-12.

13252 Bernis (le cardinal de). VIEN del., GUAY fec; POMPADOUR sculp., d'après un portrait gravé sur cornaline. Profil à gauche. Avant la lettre. In-8.

13253 Bernis (le cardinal de). MARTEAU cera expressit, A. ST-AUBIN del. et sculp. In-12.

13254 Bernis (le cardinal de). MARTEAU cera expressit, A. ST-AUBIN del. et sculp. In-8.

13255 Bernis (le cardinal de). ST-AUBIN del., LANDON direx. Tiré de l'*Histoire de France*, tome IV, page 515. Simple trait. In-8.

13256 Bernis (de). N. DELANGLE, éditeur. Médaillon entouré de roses groupées, avec le chapeau de cardinal. In-8.

13257 Bernis (François-Joachim de Pierses de). A CALLET pinx., P. SAVART sculp., 1778. Médaillon, avec attributs et blason. Gr. in-8.

13258 Bernis (François-Joachim, cardinal de). S. D'AGINCOURT. Vers à sa louange. Gr. in-4.

13259 Bernis (François-Joachim de), par DE CUNEGO, d'après A. CALLET. Médaillon reposant sur un lion qui tient une épée. Attributs divers. In-fol.

13260 Berruyer, général de division...., né à Lyon (Rhône). TOUSSAINT. Lith. Voyron; d'après un tableau appartenant à son fils. Publié par P.-L. CHEVALIER, de Lyon. De face. In-8, pap. de Chine ; fac-similé de sa sig.

13261 Berruyer (J.-F.). TREZEL del., TASSAERT sculp. Extrait d'un vol., page 27. In-8.

13262 Bonne de Berry, épouse d'Amé, seigneur de Bresse. Sans nom d'auteur. In-64.

13263 Berry (S. A. R. Marie-Caroline, duchesse de), (à son passage à Lyon en 1816). Au trait. In-8.

13264 Bertin (Henri-Léonard-Jean-Baptiste), ministre et secrétaire d'Etat, commandeur des ordres du roi. ROSLIN pinx., DUPIN fils sculp. A *Paris*, chez Esnauts et Rapilly. Médaillon environné d'une bordure carrée. In-4.

13265 Bertin (Henri-Léonard-Jean-Baptiste), commandeur des ordres du roi, ministre et secrétaire d'Etat. ROSLIN pinx., CATHELIN sculp. Médaillon sur une plinthe, avec ses armes. Dirigé à gauche. In-4.

13266 Bertholon (César), né à Lyon, le 18 janvier 1808. Lith. d'après nature, par Ch. BAZIN. Impr. Lemercier, à *Paris*. Assemblée nationale, Galerie des représentants du peuple 1848. (Isère). Tête de face, le corps à gauche; fac-similé de sa signature, pap. de Chine. Pet. in-fol.

13267 Besson (M. Jacques-François), ancien vicaire général du diocèse de Genève, curé de la paroisse de St-Nizier. Dessiné et gravé par Julie BOILY. Dirigé à droite. In-16.

13268 Besson. Avant toute lettre. Dessiné et gravé probablement par Mlle BOILY. Profil à gauche. In-8. — M. Besson, né dans le département de l'Ain, fut curé de St-Nizier à Lyon, puis évêque de Metz.

13269 Besson, curé de St-Nizier. Dessiné au physionotrace, et gravé par QUESNEDEY. Avant la lettre. In-8.

13270 Besson (Jacques), condamné à mort par les Cours royales de Riom, du Puy, etc. Lith. de GUBIAN, à *Lyon*. Dirigé à gauche. In-4.

13271 Besson (Jacques). Lith. de GUBIAN, à *Lyon*. Dirigé à gauche. In-4.

13272 Besson (Jacques), condamné à la peine de mort par la Cour de Riom, renvoyé devant les Assises du Rhône, etc. Lith. de Gubian et comp., à *Lyon*. Dirigé à gauche, entouré de six vignettes représentant divers épisodes de l'assassinat. In-4.

13273 Besson (Jacques), condamné à la peine de mort pour assassinat sur la personne de M. de Marcellange. Lith. de H. BRUNET et comp. *Lyon*, 1842. Presque de face. In-4.

13274 Besson (Complainte historique et lamentable sur le procès de Jacques), par M. M. D. F. Portrait de face, au trait, entouré des 15 couplets de la complainte. *Lyon*, Boursy fils. In-fol.

13275 Besson (Jacques), âgé de 56 ans, condamné à mort par la Cour d'assises du Rhône, avec l'exposé sommaire et la complainte, 25 couplets. Impr. de Ve Ayné. In-fol.

13276 Besson (Jacques), condamné à mort. Lith. de FRÉCON, rue Tupin, 2, à *Lyon*. Entouré de six vignettes représentant divers épisodes de l'assassinat de M. de Marcellange. In-fol.

13277 Besson. Portrait en pied, avec 66 couplets de la complainte, par MM. CHALANDE et BELEIN. *Lyon*, Marle aîné. Gr. in-fol.

13278 Besson. Planche en deux compartiments représentant l'un l'assassinat, l'autre le jugement. NUMA DE LALU inv. Impr. de Baudouin. In-fol.

13279 Biard. BENJAMIN. Impr. d'Aubert et comp. Galerie de la presse, de la littérature et des beaux arts. In-4, avec sa biographie par L. H. In-4, 4 pp.

13280 Biard (au milieu des ours blancs). Caricature. Assis et dessinant, couvert d'une peau d'ours. Profil à gauche. Sixain burlesque à sa louange. In 4.

13281 Bichat (Xavier). Sans nom d'auteur. Gravure-croquis. Dirigé à gauche. In-32.

13282 Bichat. COUCHÉ sculp. De face. In-32.

13283 Bichat. LAMBERT fec., Ambroise TARDIEU direx. De face. In-8.

13284 Bichat. VIVIEN sculp. Profil à gauche, à l'antique. In-8.

13285 Bichat. FREMY del. et sculp. Profil à gauche. In-8.

13286 Bichat. Sans nom d'auteur. Avant la lettre; de face. In-8.

13287 Bichat (Xavier). ADAM sculpsit. A l'antique, profil à droite ; dans un médaillon, sur une plinthe. Gr. in-8.

13288 Bichat. DAVID sculpsit, GSELL lith. Impr. Lemercier, à *Paris*; papier teinté, dessin aux deux crayons. En pied, la main appuyée sur la poitrine d'un enfant. In-4.

13289 Bichat (Xavier). ADAM sculpsit. La tête et le cou nus ; profil à droite. In-4.

13290 Bichat; avant la lettre. Sans nom d'auteur. De face, habit croisé. In-4.

13291 Bichat (M.-F.-X.), médecin, né en 1771, mort en 1802. Galerie universelle publiée par BLAISOT ; lith. de DUCARME. Profil à droite. In-4.

13292 Bichat (M.-F.-X.), né à Thoirette le 11 novembre 1771, mort à Paris le 22 juillet 1802. P. SUDRÉ del. ; lith. de Langlumé. Dirigé à gauche. In-fol.

13293 Bichat (Xavier). VIGNERON del.; lith. de G. Engelmann. Dirigé à gauche. In-fol.

13294 Billet (Alex.), (maître de piano à Lyon). J.-R. LAURASSE pinx. et del. Impr. Louis Perrin. Exposition de Lyon, 1841. De face, un poing sur la hanche; pap. de Chine. In-fol.

13295 Billon. Dessiné au physionotrace et gravé par QUESNEDEY, avant la lettre; profil à gauche. In-32.

13296 Birague (René de), card. et chancel. de France. Sans nom d'auteur. Profil à droite. In-64.

13297 Biragua cardin. (Renat. à). Gravé sur bois; profil à droite. In-64. — Au revers de ce médaillon est l'effigie de *Joannes Stadius*.

13298 Biragua (cardin. Renat. à). Sans nom de graveur. Médaillon in-64, au commencement d'une page contenant sa biographie en latin. Tiré du *Promptu. iconum*, pars secunda, pag. 292. In-8.

13299 Biragus (Renatus), cardinalis. Sans nom d'auteur ; profil à droite. In-32.

13300 Birague (Mre René de), chancelier de France. Sans nom d'auteur; profil à droite. In-32.

13301 Birague (René, cardinal de). La main gauche sur un livre, et la droite sur un coffret. Sans nom d'auteur. In-12.

13302 Birague (Renatus, card. de). S.-V. W. fec. Profil à gauche. In-8.

13303 Birague (René, card. de), chancelier de France ; mort le 24 novembre 1583. Médaillon avec emblèmes et devise. In-8.

13304 Birague (René, cardinal de), jadis chancelier de France. Sans nom d'auteur. Quatre vers à sa louange. In-8.

13305 Birague (René, card. de), chancelier de France. Chapitre 124. Sans nom d'auteur. La main droite sur un coffret, la main gauche sur un livre ouvert. Profil à gauche. In-4.

13306 Birague (René de), chancelier de France, cardinal, mort en 1583. A genoux. Sur la même feuille, sa femme Valentine Balbiano. Sculptés par Germ. PILON, dessinés par HÉBERT, gravés par BERNARDI. Diagraphe et pantographe Gavard. Galerie historique de Versailles. In-fol.

13307 Bissardon (aveugle, frère de M.), de Lyon. Portrait en pied, devant la porte d'une église. Dessin in-fol.

13308 Blanchet. Médaillon en forme de coquille. Sans nom d'auteur. In-8.

13309 Blandine (Ste), martyre de Lyon. En pied, dans un paysage. In 18.

13310 Blot (Pierre-Charles), contrôleur général de la marque d'or et des argues royales à Lyon, etc. Lithogr. de Brunet, à *Lyon*, Avant la lettre. In-fol.

13311 Bodin (Alexandre-Marcel-Melchior), représentant du peuple (Ain). JACOB. *Paris*, Victor Delarue; lith. de Becquet frères. Pet. in-fol.

13312 Boissieu (le R. P. Antoine), de la Compagnie de Jésus, décédé le 16 avril 1691. Dirigé à droite. Plinthe avec quatrain. In-12.

13313 Boissieu (Camille de), médecin. Avant toute lettre. Gravé probablement par J.-J. DE BOISSIEU. Profil à gauche. In-8.

13314 Boissieu (Barth.-Camille de), lyonnais, né le 6 août 1734, mort le 27 décembre 1770, docteur en médecine. Dessiné et gravé par son frère. Avant la lettre. In-4.

13315 Boissieu (J.-J.) La leçon de botanique, 1804. M. de Boissieu et ses petits enfants dans un paysage. Dessiné et gravé par lui-même. In-4.

13316 Boissieu (de), (la tête appuyée sur son

poing fermé). Dessiné et gravé par lui-même.
l'ap. de Chine , avant la lettre. In-4.

13317 Boissieu (de) peignant un aveugle. Dessiné et gravé par lui-même. 1789. Belle
épreuve retouchée au pinceau par l'auteur.
Oblong , in-4.

13318 Boissieu (J.-J. de) tenant le portrait de
sa femme. Dessiné et gravé par lui-même.
1796. In-fol.

13319 Boissieu (J.-J. de) , graveur. Dessiné et
gravé par lui-même. Dirigé à gauche. In-fol.

13320 Boissieu (J.-J. de) , avec un paysage.
Dessiné et gravé par lui-même. 1796. In-fol.

13321 Boissieu (Mme de). Tirée d'une gravure
de M. J.-J. de Boissieu. In-18.

13322 Bonafous (Mathieu) , D.-M. M., membre
correspondant de l'Institut de France. N. MAU-
RIN del. , 1836. Lithographie in-fol. , papier
de Chine, lettre grise.

13323 Anglas (Boissy d') , député de la sénéchaussée d'Annonay. Collection générale des
portraits de MM. les députés à l'Assemblée
nationale. A Paris , chez Le Vachez. In-fol.

13324 Bonald (Monseigneur de) , cardinal-archevêque de Lyon et de Vienne , primat des
Gaules. s d. , s. n. d'auteur. De face. Lith.
in-12 , encadrements dorés.

13325 Bonald (Mgr le cardinal de) , archevêque de Lyon. Lith. galerie de l'Argue, Lyon.
Galerie historique, publiée par le journal l'Avenir de la Jeune - France (1831). Presque de
face. In-8.

13326 Bonald (Son Eminence Mgr. L.-J.-M. de),
cardinal-archevêque de Lyon et de Vienne, primat des Gaules. D'après le portrait en pied
peint d'après nature par Georges DUPRÉ, dessiné par le même. Lith. H. Brunet et comp.
Ses armes au bas du portrait. In-fol., papier
ordinaire. — Autre épreuve pap. de Chine.

13327 Buonaparte , général en chef de l'armée
d'Italie , de retour d'Egypte , à son passage à
Lyon. Sans nom d'auteur. In-fol.

13328 Bonaparte, premier consul de la République française , le 18 brumaire an VIII. Médaillon gravé à l'aqua-tinta ; au bas la bataille
de Marengo, 25 prairial an VIII. DUPLESSIS-BER-
TAUX del., LEVACHEZ sculp. In-fol.

13329 Buonaparte. Dessiné par Hilaire LE DRU,
gravé par COQUERET. En pied, manière noire.
In-fol.

13330 Bonaventure (S.). L. GAULTIER sculp.
Frontispice du Miroir des novices , par S. Bo-
NAVENTURE. Imprimé à Paris, chez J. Le Bouc.
In-12.

13331 Bonaventure (vray portrait de S.), estu-
diant à Paris, et patron des enfants de Lyon.
Ovale, avec un quatrain. In-12.

13332 Bonaventure (représentation du reliquaire
de S.) donné par la reine de France Anne d'Autriche , au couvent des Cordeliers de Paris ,
l'année 1662. In-12.

13333 Bonaventure (reliquaire de S.), fait par

les libéralités d'Anne de France, épouse de
Pierre de Bourbon , sire de Beaujeu, l'année
1499. In-8.

13334 Bonaventure (reliquaire de S.), conservé
dans le trésor du grand couvent des Cordeliers
de Lyon. In-8.

13335 Bonaventure (S.), patron de Lyon , écrivant sur une table. In-8.

13336 Bonaventure (S.), cardinal-évêque, patron
de l'église de Lyon. Par SERAUCOURT , d'après
Grandon. 1738. In-fol.

13337 Bonaventura (S.), cardinalis lucens et ar-
dens. In-fol.

13338 Bondois (Paul), rôle de Naugis dans le
Chevalier d'Essonne. F. GROBON. Lyon , lith.
Gerente fils. En pied , le chapeau à la main.
In-fol.

13339 Bondy (M. le comte de), député du départ.
de l'Indre. Sans nom de graveur. Dirigé à droite,
dans un ovale. In-8

13340 Bondy (de), député du départ. de l'Indre.
F. GRENIER, 1820. Dirigé à gauche. Lithographie in-4.

13341 Bondy (M. le comte de), député du départ.
de l'Indre , élu en 1818. Sans nom d'auteur.
Dirigé à droite. In-8.

13342 Boniface VIII. 8. A. 9. M. 18. J. Sans
nom d'auteur. Profil à droite. In-64.

13343 Bonjour (Paul), chanteur comique. M.
(1850). Assis, les deux mains dans ses poches.
Lith. In-4.

13344 (Bonnassieux.) A leur ami Bonnassieux ,
DUMAS del., J.-M. ST-EVE sc. Rome , 1842.
Avant la lettre. Dirigé à droite ; dans son ate-
lier de sculpteur. In-fol. pap. de Chine , avec
l'hommage autographe , signé au crayon par
M. BONNASSIEUX et adressé à M. Chevalier, de
Lyon.

13345 Bonnefond. Caricature à l'eau-forte, dessinée par lui-même. Lyon , 1825. B. In-8.

13346 Bonnevie (l'abbé de). Fac-similé d'un
dessin à la plume de M. Pierre REVOIL. Impr.
de Louis Perrin, à Lyon. Profil à gauche. In-fol.

13347 Borde (Charles), par C. BOILY. Divers attributs de guerre et de beaux-arts. In-8.

13348 Borel, A. Gent, avocat, Isidore Gent (accusés du complot de Lyon, en 1851). Adolphe
VENTEJOUL. Lyon , lith. Gerente fils. In-4.

13349 Borelli (J.-B.), (par CHOMETON), 27 février 1812. Avant la lettre. Quatrain signé
J.-A.-M. MONPERLIER. In-4.

13350 Borelli (J.-B.), né à Bagnols le 10 octobre 1729 , mort le 28 décembre 1817 , à
Lyon. D'après nature. Par J.-B. C. 27 février
1812. Quatrain non signé. In-4.

13351 Bossut (Charles). PASQUIER pinx. et sculpsit. Profil à droite. In-8.

13352 Bossut (Charles). LASQUIA pinx. et sculp.
Profil à droite. In-8.

13353 Bossut (Charles) , de l'Académie royale
des sciences , etc. Peint par M. DU PLESSIS

gravé par B.-L. HENRIQUEZ. Dirigé à gauche. In-4.

13354 Bottex (J.-B.), curé de Neuville-sur-Ain, né audit lieu en 1749, député de Bourg-en-Bresse aux Etats généraux de 1789. MOREAU. del., LE TELLIER sc. A *Paris*, chez Déjabin. In-4.

13355 Boucharlat (J.-L.). Paulin GUÉRIN pinx., BELLIARD del. Lith. de Grégoire et Deneux. De face, décoré. Avant la lettre. In-4.

13356 Boucharlat (J.-L.). Paulin GUÉRIN pinx., Z. BELLIARD del. Lith. Grégoire et Deneux, *Paris*. Tiré de la *Biographie des hommes du jour*. De face, dirigé à gauche. In 4.

13357 Boucharlat (J.-L.). Et. REY del. Lith. de Brunet, à *Lyon*; pap. de Chine. Avant la lettre. Pet. in-fol.

13358 Boudet (Alexis). vicaire général de l'évêque de Clermont. Gravé par DENNEL, d'après De la Pôte. In-fol.

13359 Borbonius (Carolus, card.), creat. an. 1476, mort. 1488. B. fec. (BARON). Profil à droite. In-8.

13360 Borbonius (Carolus, card. de), creat. an. 1476, mort. 1488. B. fec. (BARON). Tiré d'un livre in-4.

13361 Bourbon (Charles, card. de). LE MONNIER pinx., NIGER sculp. Médaillon entouré d'emblèmes. In-4.

13362 Bourbon. Carol. dux Bor. Gravé sur bois. Au revers : *Comes Philippinus*. D. In-64.

13363 Borbonius (Carolus) (comte de Forest). Gravure sur bois. Au revers : Antonius LEVA. In-64.

13364 Bourbon (Charles de), conestable de France. Tiré d'un livre, avec la Notice historique. In-64.

13365 Bourbon (le connétable de). Médaillon au trait. In-8.

13366 Bourbon (Charles de). Sans nom d'auteur. Couvert de son armure, l'épée à la main. Tiré d'un vol. in-8.

13367 Bourbon (Charles de), connétable. Sans nom d'auteur. Une lettre à la main. Profil à gauche. In-8.

13368 Bourbon (Charles, duc de). Date de la naissance et de la mort. Médaillon avec plinthe. Th. DE LEU fecit. Gr. in-8.

13369 Bourbon (Charles de). Th. DE LEU fec. P. A. Quatrain. In-8.

13370 Bourbon (Charles, connétable de). Dates de naissance et de mort. A *Paris*, chez Ménard et Desenne. Gr. in-8.

13371 Bourbon. TITIEN pinx., LANDON direx. *Histoire de France*, tome V. Gravure au trait. In-8.

13372 Borbonius (Carolus, dux), præfectus militiæ Cæsaris Caroli V. *Obiit anno* 1527. Le même titre répété en hollandais au-dessous. Ovale. N. DE CLERCK exc. Gr. in-8.

13373 Bourbon (le connétable de). J. VAILLANT. Lith. de Guerrier. Vêtement à fourrures ; dirigé à gauche. In-8.

13374 Bourbon (Charles de), connétable de France. MALBESTE sculp. Profil à droite. In-4.

13375 Bourbon (Charles de). Sereniss. Caroli ducis Bourboniæ, etc., vera effigies, in præsentia Caroli V, imperatoris, depicta à Titiano atq. sculpta à Loemano. Pet. de Iode exc. In-4.

13376 Bourbon (Charles III, duc de), connétable de France. Gravé par MIGER, d'après Fragonard. Médaillon richement entouré d'armes et de trophées. In-4.

13377 Borbonius (Carolus). s. n. d'auteur. Dans un cartouche ; profil à gauche. In-4.

13378 Bourbon (Charles de). Tiré des *Vies des Hommes illustres* de A. Thevet, livre V. s. n. d'auteur. L'épée nue à la main; profil à droite. In-fol.

13379 Bourbon (le connétable de). Gravé par E. BEISSON, d'après le Titien. Médaillon sur une plinthe. In-4.

13380 Bourbon (Carolus, dux). Sculp. à VORSTERMANNO (VOSTERMANN). Avec la devise écrite à rebours : *Omnis salus in ferro est*. In-fol.

13381 Bourdonnaye (de la), comte de Lyon. Etienne GANTREL. In-fol. avant la lettre ; très belle épreuve. — Au bas de ce portrait se trouvent les armes de Huet, évêque d'Avranche ; ce qui pourrait élever quelques doutes sur l'exactitude du titre donné à ce portrait dans le catalogue de la vente Versturms, faite à Gand en juillet 1847.

13382 Bourgelat ; par PIGEOT. Gravure in-8.

13383 Bourgelat (Claude). Gravé par C.-F. LETELLIER, d'après A.-F. Vincent. Médaillon orné de fleurs. In-8.

13384 Bourgelat (C.), fondateur des écoles vétérinaires en France, né à Lyon en 1702, mort en 1779. Hector REVERCHON. Lith. de H. Brunet et Cie, à *Lyon*. In-fol.

13385 Bourgelat (C.), né à Lyon en 1712, mort en 1779. Aug. LEMOINE lith. Imprimé par Lemercier, à *Paris*. Vignette au-dessous du portrait. In-fol., pap. de Chine.

13386 Bourrelly, dit Amand, dans Rudolf de l'*Anneau de la reine Berthe*, vaudeville. Dessiné et gravé par JULIEN, à *Lyon*. En pied. In-4.

13387 Bouveiron (Jean-François), né à Tréfort le 8 octobre 1773, député de Bourg en Bresse à l'Assemblée nationale de 1789. LABADYE del., COURBE sculp. Chez Dejabin. In-4.

13388 Bouvet (Francisque). Lith. d'après nature, par Marin LAVIGNE. Impr. Lemercier, à *Paris*. Galerie des représentants du peuple 1848. (Ain). Fac-similé de sa signature, pap. de Chine. Pet. in-fol.

13389 Bouvet (Francisque), représentant du peuple (Ain). CAMARET. *Paris*, Victor Delarue. Impr. Domnec. In-fol.

13390 Boze (Gros de). Avant la lettre. Sans nom d'auteur. (CHEVALIER pinxit, N. DUPUIS sculp.). In-8.

13591 Boze (Claudius Gros de), regiorum ædificiorum inscriptionibus præfectus è regiæ numismatum Academiæ secret. perp. In-8.

13592 Boze (Claude Gros de)...., né à Lyon le 28 janvier 1680, mort à Paris le 10 septembre 1753. CHEVALIER pinx., N. DUPUIS sculp. Suite d'Odieuvre. Dirigé à gauche. Médaillon sur une plinthe. In-8.

13593 Boze (Claude Gros de). CHEVALIER pinx., N. DUPUIS sculp. Suite d'Odieuvre. Riche bordure autour d'un médaillon. Notice biographique dans la plinthe. In-4.

13594 Boze (Claudius Gros de), ætatis XXVIII. And. BOUYS pinxit ad vivum et sculpsit anno 1708. In-fol., manière noire.

13595 Le Bret (Pierre Cardin), intendant du Lyonnois. Gravé par CANDIER en 1724, d'après Hyac. Rigaud. Médaillon avec armoiries. In-4.

13596 Le Bret (Petrus Cardinus). Gravé par J. COELEMANS, d'après Hyac. Rigaud. In-fol.

13597 Le Bret, etc (Cardinus). Hyacinthe RIGAUD pinxit, J. COELEMANS sculp., 1706. Offerebat Joannes Gaspar, etc... Gr. in-fol.

13598 Brillat-Savarin (Jean-Anthelme), avocat, député des baill. de Bugey et Valromey, né le 2 avril 1755. LAMBERT del., ALLAIS sculp. A Paris, chez Levachez. Médaillon sur une plinthe. In-4, manière noire.

13599 Briçonnet (Guillaume). Sans nom d'auteur. Dirigé à droite. In-64.

13400 Bron (Claude-Charles de), comte de la Liègue, baron de Rivière et premier baron de Lyonnais. SPIRINX sculp. In-fol.

13401 Brossette. CAZENOVE sculp. ; le nom du graveur au pointillé. Le corps à droite, la tête à gauche. In-8.

13402 Brossette. Epreuve non terminée, avant la lettre. Sans nom d'auteur. In-8. — Une autre épreuve, pap. de Chine.

13403 Brossette (Claude). Peint par Henri VERDIER ; COUSSIN del. et sculp. Ce portrait, quoique mutilé, est à conserver, parce qu'il a été retouché par Verdier, sans doute pour indiquer de derniers travaux. Il provient de M. Delorme. In-fol.

13404 Brunehauld. Dessiné par L. BOULANGER, gravé par GAITTE. Lettre grise. Debout, en pied. In-4.

13405 Brunel (J.), d'Arles en Provence. Gravé à Lyon par C. BOILY, en 1806. Médaillon in-32.

13406 Brunenc Lugdunensis (Joan. de), eques romanus, Francicor. thesauror. comes, etc. Peint par Hyacinthe RIGAUD, gravé par VERMEULEN. Se vend à Paris, chez Audran, rue St-Jacques. In-fol.

13407 Brunenc Lugdunensis (Joannes de). Gravé par C. VERMEULEN, d'après Hyacinthe Rigaud. A Paris, chez Audran, rue St-Jacques. In-fol.

13408 Bruny, maréchal-de-camp, baron de l'Empire...., né à Lyon (Rhône). TOUSSAINT.

Lith. Vayron. D'après un tableau appartenant à M. Bruny, son frère. Publié par P. L. Chevalier, de Lyon. In-8, pap. de Chine ; fac-similé de sa signature.

13409 Bugnyon (Philibert) (ou Bugnon d'après le P. Lelong). Médaillon entouré d'une devise. Sans nom de graveur. In-12.

13410 Buissières (Jean de). Sans nom d'auteur. In-64.

13411 Buisson, chef d'état-major aux événements de novembre 1831, à Lyon. ABLIZET, 1832. Dirigé à droite. In-4, avant la lettre. — Autre épreuve, avec une différence dans les cheveux.

13412 Burel, capitaine du Génie, né à St-Jean-de-Toulas (Rhône). DUTERTRE. Eau-forte, n° 139. In-8., pap. de Chine.

13413 Bussières (P. Joannes de). J.-F. CARS fec. Lugduni ; natus Lugd. 1607. J.-V. D. Societ. ingressus 1631. In-8.

<h2>C.</h2>

13414 Cadet (Cl.-V.-D.-Claude). Gravé par B.-L. HENRIQUEZ, d'après le dessin de F. Bourgoin. Médaillon accompagné d'emblèmes de pharmacie et de chimie. In-4.

13415 Cagliostro ; par F. BONNEVILLE. In-8.

13416 Cagliostro (le comte de) ; gravé par DUHAMEL, d'après Guérin. In-8.

13417 Callet (Auguste), représentant du peuple (Loire). FISCHER. Paris, Victor Delarue. Impr. Domnec (juillet 1848). Lith. in-fol.

13418 Camus (Johan.-Petrus), episcop. de Belley (sic). Sans nom d'auteur. In-18.

13419 Camus (révérend Père en Dieu, messire Jean-Pierre), cons. du roy en ses conseils, évesque du Belley (sic). Sans nom d'auteur. In-12.

13420 Camus (Jean-Pierre), évesque de Bellay. Joann. PICART delin. et fecit. In-8.

13421 Camus (M. Jean-Pierre), évêque de Belley. J. DEVAUX sculp. Médaillon avec ses armes. In-8.

13422 Camus (révérend Père en Dieu, messire Jean-Pierre), conseiller du roy en ses conseils, évesque du Belley. Par son très humble serviteur Baltazar MONCORNET. Quatrain. Gr. in-8.

13423 Camus (Jean-Pierre), évesque et seigneur de Belley, etc. A Paris, chez Daret, avec privilége du roy ; chez Boissevin. Notice historique. In-4.

13424 Camus (Jean-Pierre), évesque et seigneur de Belley. A Paris, chez Daret, avec privilége du roy. Notice et blason. In-4.

13425 Camus (Jean-Pierre), évesque et seigneur de Belley. Fra. JOLLAIN excudit, rue St-Jacques, à la ville de Cologne. Notice et blason. In-4.

13426 Camus (Pierre), évêque de Belley. DESROCHERS exc. Légende. Quatre vers signés R. In-4.

13427 Camus (J.-Pierre), évesque de Belley. MELLAN pinx. et sculp. Gr. in-4.

13428 Camus (révérend Père en Dieu, messire Jean-Pierre), conseiller du roy en ses conseils, évesque du Belley. P. ROUSSEL exc. Notice, blason et quatrain. Pet. in-fol.

13429 Camus (illustrissimo Ecclesiæ principi Joanni-Petro), episcopo de Belley. Philippe DE CHAMPAIGNE pinxit, MORIN sculp. In-fol.

13430 Camus. s. n. d'auteur. (Gravé par HABERT). La main droite sur un livre. Médaillon et plinthe. In-fol.

13431 Camus (Jean-Pierre), évesque de Belley. Jac. LUBIN sculp. Médaillon avec ses armes. In-fol.

13432 Camus (illustrissime et révérendissime Jean-Pierre), évesque de Belley. Médaillon entouré des figures allégoriques : le Savoir, l'Humilité, l'Eloquence et la Charité. Dédié à Antoinette-Joseph de Beaucler. BIGNON exc. Au singe d'or. Tr. gr. in-fol.

13433 Caracalla (Ant.). Impr. s. n. d'auteur. Gravé sur bois. Médaillon in-12.

13434 Caracalla. Dessiné et gravé par BOUILLON. Dirigé à droite. Pet. in-fol.

13435 Caracalla (M. Aur. Antonino). Gio. CATTINI sculp. Buste, de face. In-fol.

13436 Caracalla. s. n d'auteur. Gravé à l'aqua-tinta ; dessiné et gravé à la lampe. Avant toute lettre. Gr. in-fol.

13437 Caracalla (A.). s. n. d'auteur. Gravé à l'aqua-tinta ; dessiné et gravé à la lampe, d'après le buste antique. Dirigé à gauche. Notice historique. In-fol.

13438 Carcavy (Petrus de), regi a consiliis, regiæ bibliothecæ præfectus. TESTELIN pinxit, G. EDELINCK sculp. 1675. Médaillon avec ses armes, légende autour du médaillon. In-fol., très beau portrait. — Autre exemp., épreuve d'essai, très rare.

13439 Cardinal (Jeanne-Cécile), épouse de Henry Mottet, née à Lyon. LOIR pinxit, FRANÇOIS sculp. In-8.

13440 Cardinal (Jeanne-Cécile), épouse de Henry Mottet, née à Lyon. LOIR pinxit, FRANÇOIS sculp. Arti offerebat artium amant. S. Arch. In-8.

13441 Cardon (Joseph de), baron de Sandrans. PERRIN del., TEXIER sculp. In-4.

13442 Carra. PERONARD sculp. Publié par la Société de l'Industrie fraternelle. Fac-similé de sa signature. In-8.

13443 Carra (Jean-Louis). F. BONNEVILLE del., P. DESTOUCHES sculp. Né à Pont-de-Veyle le 11 mars 1742 ; député. In-8.

13444 Carra-Saint-Cyr (le comte). FREMY del. et sculp. Au trait ; dirigé à droite. In-12.

13445 Carra-Saint-Cyr, lieutenant-général, baron de l'Empire, puis comte...., né à Lyon (Rhône). TOUSSAINT. Lith. Vayron, d'après un dessin fait d'après nature. Publié par P.-L.

Chevalier, de Lyon. Dirigé à gauche. In-8, pap. de Chine ; fac-similé de sa signature.

13446 Cars (Laurent), graveur du roy. COCHIN del., 1750 ; Aug. DE ST-AUBIN sculp., 1768. Profil à gauche. In-4.

13447 Cars (Laurent), graveur du roy. Peint par PERONNEAU, peintre du roy ; gravé par MIGER. Dirigé à droite. In-fol.

13448 Carteaux. BÉVILLE sculp. Gravure in-32.

13449 Carteaux. Sans nom d'auteur. In 12.

13450 Carteaux. Dessiné par la citoyenne BOZE, gravé par J.-J.-F. TASSAERT, cit. franç. In-fol.

13451 Castellane (général). A. COLETTE, E. BIN pinx. Paris, Gibaut frères, éditeurs. Paris, impr. par Auguste Bry. De face, en pied, dans la tranchée, au siége d'Anvers. In-fol., pap. de Chine.

13452 Castellas (Jean-Antoine de). LABADYE del., LE TELLIER sculp. A Paris, chez Dejabin. Très-grand in-4.

13453 Castran, connu sous le nom de sapeur lyonnais, employé au pont de la Mulatière. Lith. de BACHELARD, Lyon. Le bras en écharpe ; en pied. In-fol. — Castran, né à Toulouse, posait dans les ateliers des peintres de Lyon.

13454 Caussidière. LACAUCHIE del., REBEL sculp. En pied, debout, un sabre à la ceinture. Gr. in-8.

13455 Caussidière (Marc), ancien préfet de police, représentant du peuple (Seine). D'après nature. Imp. Cattier. Paris et New-York, Goupil, Vibert et Cie. London, E. Gambart. A droite, les bras croisés, le chapeau sur la tête. In-4, pap. de Chine.

13456 Caussin (le P. Nicolas), de la Compagnie de Jésus. P. CLOUWET fec. In-4.

13457 Chabanes (Jacques de), sieur de la Palisse. Sans nom d'auteur. Dirigé à gauche. In-32.

13458 Chabannes (Jacques de), sieur de la Palisse. Sans nom d'auteur. Dirigé à droite. In-32, rogné. Tiré d'un livre.

13459 Chabanne (Jacques de), sieur de la Palisse. s. n. d'auteur. La main droite tenant son bâton de commandement, la gauche sur son épée. In-12.

13460 Chabannes (Jacques de). Sans nom d'auteur. Un bâton de commandement à la main ; légende. In-4.

13461 Chabanes (Jacques de), comte de la Palisse. Dessiné par A. comte DE CHABANNES d'après le Mausolée, et gravé par WILL. La main sur la hanche. In-4.

13462 Chabert (Jean), marchand parfumeur de Lyon. A. VANDER-CABEL pinx., L. BUYS fecit. Pet. in-fol.

13463 Chabert (Théodore), lieutenant-général, ancien député des Bouches-du-Rhône au Conseil des Cinq-Cents ; né à Villefranche (Rhône). TOUSSAINT. Lith. Vayron. D'après un tableau appartenant à M. Simon, trésorier de la ville de Grenoble, son gendre. Publié par P.-L

Chevalier, de Lyon. In-8, pap. de Chine; fac-similé de sa sign.

13464 Chabrol (F.), directeur de l'*Avenir de la Jeune-France*. Lith. (1851). In-8.

13465 Chaise (R. P. Fr. de la Chaise). Représentation d'une médaille avec son revers. 1689. In-64.

13466 Chaise (Fr. de la). Représentation d'une médaille avec son revers; ornements. 1689. In-64.

13467 Chaise (R. P. la). Sans nom d'auteur. Ovale sur une plinthe. In-12.

13468 Chaise (P. François de la). Sans nom d'auteur. Monog. du Christ. In-12.

13469 Chaise (R. Pater Franç. de la). NOBLIN fec. Au-dessous, médaille et blason; légende latine. In-8.

13470 Chaise (de la). *Histoire de France*, tome XXIII, page 43. F. L. pinx., LANDON direx. Au trait. In-8.

13471 Chaise (François de la), confesseur de Louis XIV. ROGER del., 1816; BOUTRAY sculp. In-8.

13472 Chaise (François de la), confesseur du roy. Eau-forte, avant la lettre. In-8.

13473 Chaise (R. P. Franç. de la), S. J., regi a confess. Par TROUVAIN, d'après B. Picart. In-8.

13474 Chaise (R. P. Franciscus de la), Societatis Jesu, regi a confessionibus. TROUVAIN sculp. Distique de Martial. In-8.

13475 Chaise (le Père la), très habile confesseur. Gravé au simple trait, sans nom d'auteur. Quatrain satirique. In-8.

13476 Chaise (R. P. Franciscus de la) Soc. Jesu. Sans nom d'auteur. Dirigé à droite, dans un médaillon in-8. Au verso: *Sermons pour des vêtures*, par le T. R. P. Nicolas, de Dijon. A *Lyon*, 1695.

13477 Chaise (François de la). Gravé par DESROCHERS. Médaillon sur une plinthe. Quatrain. In-8.

13478 Chaise (le Père de la). Impr. lith. de DELPECH. In-8; fac-similé de sa sign.

13479 Chaise (Fr. de la), né au château d'Aix en Forest le 25 août 1624, mort le 20 janvier 1709. Par PINSIO, d'après F. L. In-8.

13480 Chaise (François de la), né au château d'Aix en Forest le 25 août 1624. Entouré d'ornements. F. L pinx., PINSIO sculp. A *Paris*, chez Odieuvre. In-4.

13481 Chaise (le P. la), confesseur de Louis XIV. Gravé d'après Nanteuil par ADAM. Gr. in-4.

13482 Chaise (le R. P. Fr. de la), de la Comp. de Jésus, confesseur du roy très chrestien. A *Paris*, chez F. Jollain aîné. In-4.

13483 Chaise (François de la). A. TROUVAIN sculp. Distique latin. In-4.

13484 Chaise (François de la). Sans nom d'auteur. Médaillon avec plinthe, et monogramme du Christ. Pet. in-fol.

13485 Chaise (le Père la). Sans nom d'auteur.

Avant toute lettre. En pied, avec un autre ecclésiastique. Pet. in-fol.

13486 Chaise (R. P. Franciscus de la), regi a confessionibus. Sans nom d'auteur. A *Paris*, chez Masson. Médaillon sur une plinthe, avec distique latin. In-4. — Le même. Moins bonne épreuve, avec cette Note à la main: HABERT sculpsit. In-4.

13487 Chaise (François de la), confesseur du roy. Stephanus GANTREL sculp., 1694. Offerebat frater Albertus PEPIN. Gr. in-fol.

13488 Chalier. Sans nom d'auteur. Dirigé à droite; costume bourgeois. In-32.

13489 Chalier (J.). Sans nom d'auteur. Dirigé à gauche. Autour du médaillon: *J.-P. Chalier, martyre de la Liberté à Ville-Affranchie; et de Lyon, le 16 juillet 1793*. In-18.

13490 Chasllier (sic). *Il aimait la liberté, il sut mourir pour elle*. Sans nom d'auteur ni de graveur. Très petit médaillon sur un mausolée. Colorié. In-16.

13491 Chalier. Sans nom d'auteur. Gravure genre physionotrace. Dirigé à gauche. Légende: *Je donne mon âme à l'Eternel, mon cœur aux patriotes, et mon corps aux brigands*. CHALLIER. In-18.

13492 Chalier (J.). Sans nom d'auteur. Gravure genre physionotrace; profil à droite. Légende: *C'est comme le Phénix, il renait immortel*. Au-dessus: *Joseph Chalier mourut pour sa patrie, à Lyon, le 16 juillet 1793*. In-18.

13493 Chalier (Joseph), président du district de Lyon en 1793. Dessiné par FOUQUET, gravé par CHRÉTIEN, inventeur du physionotrace. Profil à gauche. Quatre vers autour du médaillon, et ses dernières paroles au moment de sa mort. In-18.

13494 Chalier. D. D. M. del. Costume d'officier de la municipalité. Dirigé à droite. In-18.

13495 Chalier. Sans nom d'auteur. Médaillon contenant: Le Pelletier, Marat, Chalier et Barra. En noir. In-18.

13496 Chalier. Sans nom d'auteur. Chalier, Marat, Barra, Lepelletier, *les martyrs de la Liberté*. A *Paris*, chez l'auteur, rue du Théâtre-Français. In-12, colorié.

13497 Chalier. Sans nom d'auteur. Viala, Marat, Barra, Chalier, Pelletier, Moulin, Bauvais, avec ces mots: *Aux mânes des grands hommes*. In-12.

13498 Chalier. L. sculpsit. Médaillon colorié, contenant cinq portraits: Le Pelletier, Marat, Chalier, Viala et Barra. Légende: *Martyrs de la Liberté*. A *Paris*, chez Bance jeune. In-8.

13499 Chalier. Sans nom d'auteur. Manière noire; profil à droite, avec vignette représentant une scène de la Révolution. Médaillon. Aux quatre angles le niveau, l'arbre de la liberté, le coq, et l'œil de la surveillance. In-8.

13500 Chalier (J.). Dessin; profil à droite. Au bas: *Il donna sa tête aux tyrans*. In-8.

13501 Chalier. Gravure au trait, sans nom d'auteur. Dirigé à droite. In-8.

13502 Chalier (Joseph), président du Tribunal de commerce de Lyon. Sans nom d'auteur; avant la lettre. Dirigé à gauche. In-8.

13503 Chalier. Les trois Martyrs de la Liberté : Le Pelletier, Marat, Chalier. Trois profils dans un médaillon. A *Paris*, chez Mixelle. In-8.

13504 Chalier (Joseph), président du Tribunal de commerce du district de Lyon, mort le 16 juillet 1793. BOILY del. et sculp. Devise : *C'est comme le Phénix, il renaît immortel.* Avec ses dernières paroles au moment de mourir. In-8.

13505 Chalier (Joseph), né à Beaulard, ci-devant Dauphiné, en 1747 ; martir de la Liberté à Ville-Affranchie, ci-devant Lion, le 16 juillet 1793, vieux stile, l'an II de la République. Gravé par GAUTIER, d'après F. Bonneville. Profil à droite, dans un ovale. In-8.

13506 Chalier (Joseph), président du district de Lion en 1793. Profil à droite, une couronne de laurier sur la tête. A *Paris*, chez Bance le jeune. Fond rayé ; petite note historique. Gr. in-4.

13507 Chalier (J.). Lith. de DELPECH. Fac-similé de sa signature. In-8.

13508 Chalier. Sans nom d'auteur. Avant la lettre. Médaillon sur une plinthe. Dirigé à droite. In-8.

13509 Chalier (Joseph), né à Beaulard, ci-devant Dauphiné, en 1747 ; décapité à Lyon, le 16 juillet 1793. F. BONNEVILLE del., GAUTIER sculp. A *Paris*, chez l'auteur. Profil à droite, dans un ovale. In-8, belles marges.

13510 Chalier (Joseph) ; par VILLENEUVE. Assassiné judiciairement, le 16 juillet 1793, par les aristocrates et les fédéralistes de Lyon (aujourd'hui Commune-Affranchie) ; avec quatrain et ses dernières paroles avant de mourir. Profil à droite. In-4.

13511 Chalier (J.), mort à Ville-Affranchie ; Marat (J.-P.), assassiné le 13 juin, 1re année. Lepelletier, assassiné le 20 janvier, 1re année. Au-dessous : *Martyrs de la Liberté.* Sans nom d'auteur. Derrière eux, le buste de la Liberté surmonté d'un niveau. Dans le fond à droite le Panthéon, à gauche des ruines féodales surmontées du drapeau républicain. In-4.

13512 Chalier (Joseph). Sans nom d'auteur. Dirigé à gauche, dans un ovale. In-4.

13513 Chalier (Joseph), président du district de Commune-Affranchie, ci-devant Lyon, en 1793. Dessiné par DESRAIS, gravé par le citoyen BEAUVALET. A *Paris*, chez Basset. In-4.

13514 Chalier (aux mânes du républicain). Sans nom d'auteur. Portrait sur une pyramide au haut de laquelle on lit : *Je donne mon âme à l'Eternel, mon cœur aux patriotes, et mon corps aux scélérats.* Légende auteur du portrait. In-4.

13515 Chalier (J.) dans sa prison. En pied.

Assis sur un matelas, il écrit sur son genou. Il a près de lui une colombe posée sur une chaise. Légende. In-4.

13516 Chalier (Joseph). Gravé en couleur par Angélique BRICEAU, femme Allais. Au-dessous : *Je donne mon âme à l'Eternel, mon cœur aux patriotes, et mon corps aux brigands.* Dirigé à droite. In-4.

13517 Chalier (Joseph), président du district de Lion en 1793. Gravé en couleur par Angélique BRICEAU, femme Allais. Au-dessous, ses dernières paroles avant de mourir. Dirigé à droite, gilet jaune, costume bourgeois. In-fol.

13518 Chalier. Dans un médaillon faisant partie du nouveau Calendrier de la République. Inventé, dessiné et gravé par QUEVERDO. Figures allégoriques. In-fol.

13519 Chalier (dernières paroles de Joseph) dans les prisons de Lion. Gravure représentant Chalier allant au supplice. Au bas : *Pourquoi pleurez-vous !...,* etc. A gauche, trois prisonniers dans la douleur ; à droite, les soldats l'arme au bras ; au milieu, Chalier entre le prêtre et le bourreau. Figures en pied. In-fol.

13520 Chalier allant au supplice. Sans nom d'auteur. Avant la lettre. A gauche, cinq prisonniers ; à droite, un sixième prisonnier assis ; dans le fond, le prêtre, un officier et les geôliers ; au milieu, Chalier emmené par les bourreaux et les soldats. Figures en pied. In-fol.

13521 Chalier, né à Beaulard en Dauphiné en 1747, mis à mort à Lyon le 17 juillet 1793. L. DUPRÉ. Impr. lith. de Delpech. Dirigé à gauche. Fac-similé de sa signature. In-fol.

13522 Chalier. GARNEREY pinx., P.-M.-ALIX sc. A *Paris*, chez Marie-François Drouhin. Dirigé à droite ; costume d'officier municipal. Gravure coloriée. In-fol.

13523 Chalier. Avant toutes lettres. (GARNEREY pinx., P.-M. ALIX sculp.). Dirigé à droite ; costume d'officier municipal. Gravure coloriée. In-fol.

13524 Chalier, procureur de la commune à Lyon, condamné à mort le 29 mai 1793. Par DUPLESSIS-BERTAUX. Médaillon au-dessus d'une vignette ; au-dessous, traits principaux de la vie de Chalier. In-fol.

13525 Chalier (J.). Gravé par J.-J.-F. TASSAERT, d'après le dessin de Ph. Carême. Aux quatre angles sont des emblèmes : un niveau, une hache avec le bonnet républicain, un flambeau renversé et un papillon. Dessiné d'après l'antique. In-fol.

13526 Chambroy (Lazarus), abbas sanctæ Genovefæ Parisiensis, etc. PERONNEAU-pinx., J. DAULLÉ sculp., 1749. Gr. in-fol.

13527 Champagny, né à Roanne, 1753. Lith. Sans nom d'auteur. Dirigé à droite. In-8.

13528 Champagny, né à Roanne, 1753. Lith. sans nom d'auteur. Dirigé à droite, dans un ovale. In-8.

13529 Champagny (Jean-Baptiste Nompère de),

duc de Cadore. Mme DE NOIRETERRE del. La tête terminé (*sic*) par VELYN, 1814. De face. Au-dessous, huit lignes de biographie. In-4 colorié.

13530 Champagny (Jean-Baptiste Nompère de), duc de Cadore, pair de France. A *Paris*, chez l'auteur. Sans nom d'auteur ni de graveur. (Mme DE NOIRETERRE del.). De face, dans un médaillon rond. Au-dessous, huit lignes de biographie. In-4 colorié.

13531 Champagny (Jean-Baptiste Nompère de), duc de Cadore...., né en 1756, à Roanne, départ. de la Loire. Mme DE NOIRETERRE del. La tête terminé (*sic*) par VELYN, 1814. De face; avant la lettre. La légende sur une feuille séparée. In-4.

13532 Champvans (Guigue de), né à Dôle le 21 décembre 1813. Dessiné d'après nature par Auguste LEMOINE. Impr. Lemercier, à *Paris*. Assemblée nationale, Galerie des représentants du peuple, 1848. (Ain). Dirigé à droite. Fac-similé de sa signature; pap. de Chine. Pet. in-fol.

13533 Chanay (Philibert), né à Belleville le 27 décembre 1800 (mort le 21 septembre 1852), avocat à Lyon, membre de l'Assemblée législative, 1849. Lithogr. d'après nature par SOULANGE-TEISSIER. Impr. Lemercier, *Paris*. DESMAISONS direxit. Assemblée nationale, Galerie des représentants du peuple, 1848. (Rhône). De face; pap. de Chine. Pet. in-fol.

13534 Chantal (le vrai portrait de la B. H. M. de). Matt. OGIER sc. *Lug*. In-18.

13535 Chantelauze (E.-Ch. de). Lith. de FREY. Dirigé à gauche. In-8.

13536 Chaponay (Humbertus de). 1634. M. LASNE ad vivum delineavit. Blason et devise. In-fol.

13537 Chaponay (Humbertus de). M.DC.XXXIIII. L. SPIRINX sculp. In-fol.

13538 Chappuis (Mathieu), échevin de la ville de Lyon en 1651. Sans nom d'auteur. Gravure au trait, profil à droite. In-8. — Autre ép., pap. de Chine.

13539 Charles Ier, dit Charlemagne, né au château de Salzbourg en Bavière vers 742, mort en 814. In-8.

13540 Carolus magnus, Romanor. imperat. Quatre vers latins. Pet. in-fol.

13541 Charles-VIII (portrait du roi). Tiré d'un vol., IIe planche du tome IV, page 58. Tome IV, B. In-fol.

13542 Charles VIII (portrait du roi), comme empereur d'Orient. Une boule dans la main gauche, et son épée nue dans la droite. IIIe planche du tome IV, page 58. Tome IV. C. In-fol.

13543 Charles IX. Thomas DE LEU fec. et exc. Quatrain. In-8.

13544 Charmy. Lithogr., avant la lettre. In-8.

13545 Charmy, négociant à Lyon; par CORNU. Lith. de H. BRUNET. In-4. — Autre épr. pap. de Chine.

13546 Charpenay, sergent à la légion de la Meurthe, âgé de 21 ans, né à Lyon. Sans nom d'auteur. Profil à droite. Lith. in-16.

13547 Charpin (Antoniusde), de Genetines, episcopus Lemovicensis. LAURENS pinxit, N. HABERT sc. Médaillon avec ses armes. In-fol.

13548 Charrier (Gaspard). Gravé par Ant. MASSON, d'après Th. Blanchet. *Lugduni*. In-fol. Beau portrait, très bonne épreuve.

13549 Charrier de la Roche (Mgr Louis), 1er évêque de Versailles, né à Lyon le 17 mai 1738, mort le 17 mars 1827. Par BOURDIER. Lith. de G. Benoit. In-fol.

13550 (Charrin de Lyon, homme de lettres). N. GOSSE, pinx., F. FORSTER sculp.; avant la lettre. Dirigé à gauche. In-4. Au bas : Hommage à M. Chevalier. Autographe signé CHARRIN.

13551 Charron (Messire Claude le). Par son très humble serviteur B. MONCORNET; avec privilége du roi. In-4.

13552 Chasset (Ch.-Ant.), avocat, maire de Villefranche. GROS del., GROS sc. In-4.

13553 Chasset (Ch.-Ant.). LAMBERT del., COQUERET sculp. Manière noire ; de face. Très gr. in-4.

13554 Châteaumorand (Diane de). Ludovic BOBRINT del., J. BRIOT fecit. Médaillon entouré d'une légende grecque sur une plinthe contenant un sixain à sa louange. In-8.

13555 Châteaumorand (Diane de). Sans nom d'auteur. Médaillon avec génies et emblèmes. Au-dessous, un quatrain. In-8.

13556 Châteauneuf-Randon (Alex.-Paul, marquis de). LABADYE del., COMBES sc. In-4.

13557 Chaubert (Mlle Victorine), rôle de Cendrillon, opéra. Dessiné et gravé par JULIEN. En pied. In-4.

13558 Chaumette, procureur-syndic de la commune de Paris en 1793. LEVACHEZ sculp. Au-dessous, une vignette représentant les ornements des églises de Paris portés à la Convention. DUPLESSIS-BERTAUX inv. et del. Duplessis-Bertaux, aquâ forti. Notice historique. In-fol.

13559 Chenavard (François-Marie), peintre de fleurs. Tiré des *Artisans illustres*. Le portrait entouré de texte faisant partie de sa biographie. Grav. sur bois. Gr. in-8.

13560 Cherblanc, premier violon du Grand-Théâtre de Lyon. A. SICARD. *Lyon*, impr. de Louis Perrin. Tiré de l'*Artiste en province*. Assis; dirigé à gauche. In-fol.

13561 Chevriers (Radulphus, card. de), creat. año 1261, mort. 1270. Sans nom d'auteur. Profil à droite. In-8.

13562 Chevrières (Melchior Mitte de). J. FROSNE sculp. Médaillon pet. in-fol.

13563 Chesard (le portrait de la R^me Mère Jeanne-Marie de Jésus) de Matel. Sans nom de graveur. Biographie de sept lignes. In-8.

13564 Chezard de Matel (le portrait de la très

révérende Mère Jeanne-Marie de Jésus), institutrice et fondatrice de l'ordre du Verbe-Incarné. Matt. OGIER fecit , *Lugduni* , 1692. In-8.

13565 Chezard de Matel (le portrait de la très révérende Mère Jeanne-Marie de Jésus), institutrice et fondatrice de l'ordre du Verbe-Incarné. CHAMPAGNE pinxit , LE POUTER (*sic*) sc. In-fol.

13566 Chezard de Matel (le portrait de la révérende Mère Jeanne-Marie de Jésus) , institutrice et fondatrice de l'ordre du Verbe-Incarné , décédée en odeur de sainteté en son couvent , à Paris, le 11 septembre 1670 , âgée de 73 ans. A. P. fecit. In-fol.

13567 Chezard de Matel (le vrai portrait de la très révérende Mère Jeanne-Marie de Jésus), institutrice et fondatrice de l'ordre du Verbe-Incarné, aagée (*sic*) de 32 ans. CARÉ pinx., A. LE POUTRE (*sic*) fecit. In-fol.

13568 Chigi (Flavio , cardinal), nepeuu du pape Alexandre VII , légat *à latere* en France. 1664. FROSNE sculp., PONGEOIS exc. Dirigé à droite, dans un médaillon. In-8.

13569 Chigi , siennois (Flavio , cardinal). J. FROSNE sculpsit. A *Paris* , chez Louis Boissevin. Dirigé à droite. Notice hist. et blason. In-4.

13570 Chigi , siennois (Flavio , cardinal). J. FROSNE sculpsit. A *Paris* , chez Louis Boissevin. De face. Notice hist. et blason. In-4.

13571 Chigi , siennois (Flavio , cardinal). DE LARMESSIN sculp., 1664. A *Paris* , chez P. Bertrand , rue St-Jacques ; avec privilége du roy. In-4.

13572 Chigi (Flavio, card.). GANIÈRE exc. Notice hist. Médaillon entouré de feuilles de chène, avec blason. In-4.

13573 Chigi (Flavio , card.). Sans nom d'auteur. Le chapeau de cardinal sur la tête. Dans le fond , par une fenêtre , on voit son entrée dans la ville de Paris. Notice hist. Médaillon octogone in-4.

13574 Chigi (Flavio , cardinal). MONCORNET excudit. Un bonnet carré sur la tête. On voit , dans le fond , son entrée dans Paris. Notice hist. In-4.

13575 Chigi (Flavio , cardinal). Sans nom d'auteur. Sur la tête une simple calotte. Notice hist. Médaillon octogone in-4.

13576 Chisius (Flavius, episc., card.), S. C. R. bibliothecarius , etc. M. MORANDI pinx. , Joseph TETANA sculp. Médaillon avec ces mots : Obiit die 13 septembris 1693. Notice biogr. en latin. In-4.

13577 Chisio (Emin.mo et Reverend.mo principi Flavio), S. Re. cardinali ampliss. Adresse offerte par DE RUBEIS. Au bas du médaillon : GUIGOUFE. Au bas de la plinthe : *Petrus sanctus* BARTOLUS *del. et sculp.* Emblèmes, cariatides, et armes du cardinal. In-fol.

13578 Childebert Ier. Lith. de DELPECH, à *Paris.*

Dirigé à gauche , avec manteau royal et couronne. In-4.

13579 Childebert (le roi), fondateur de l'hospice de Lyon. Lithogr. de BÉRAUD-LAURAS. In-8.

13580 Childebert , roy de France. Tiré de l'abbaye de St-Germain-des-Prés , où il est enterré. In-4.

13581 Chinard , associé libre de l'Institut. DUTERTRE sculp. Profil à gauche , au simple trait; les vêtements et les cheveux passés à l'encre de Chine. In-8.

13582 Chinard , d'après le buste de M. Arthur Guillot. *A, D, L.* Impr. d'Aubert et comp. Lith. in-8.

13583 Chinard (Hubert-Robert). Sans nom d'auteur. Avant toute lettre. De face, dans un ovale. In-4.

13584 Chirat (Jean-Antoine). DONAT-NONOTTE pinx., S.-C. MIGER sculp. Médaillon sur une plinthe, avec emblêmes. In-fol.

13585 Cholier de Cibeins (Petrus). Sans nom d'auteur. Médaillon sur une plinthe, avec ces mots : *Offerebant PP. Minimi regiœ dominationi Dumbarum.* In-4.

13586 (Chometton, peintre lyonnais , élève de M. Revoil). Mars 1819, à *Lyon.* Sans nom d'auteur. Avant la lettre. In-4.

13587 Cinq-Mars (d'Effiat de), né en 1620; eut la tête tranchée à Lyon en septembre 1642. Dessiné par DUGOURE , gravé par DROYER. Dirigé à gauche. In-12.

13588 Cinco Martii (Dominus Henricus Rusius Effiatensis , eques, dominus et marchio), magnus Franciæ scutifer. Sans nom d'auteur. Dirigé à droite, dans un ovale. In-4.

13589 Cinq-Mars. Lith. de DELPECH. In-8.

13590 Cinq-Mars (Henri Ruzé d'Effiat , marquis de), décapité à Lyon le 12 septembre 1642, âgé de 22 ans. Par DARET, d'après A. H. In-8.

13591 Cinq-Mars. Sans nom d'auteur. Scène des derniers moments de Cinq-Mars, tirée de l'*Histoire de France* d'Anquetil et Léonard Gallois ; avec trophées et emblèmes. In-4.

13592 Cinc-Mars (messire Henri Ruzé d'Effiat, chevalier, seigneur et marquis de). Par son très humble serviteur Balthazar MONCORNET. Avec blason. In-4.

13593 Cinq-Mars (messire Henri Ruzé d'Effiat, marquis de). Sans nom d'auteur. A *Paris* , chez Louis Boissevin. In-4.

13594 Cinq-Mars. Maurin LE NAIN pinxit. Lith. de Delpech ; avec fac-similé de sa signature. In-fol.

13595 Claudius imp. V. Sans nom d'auteur. Médaillon, gravure sur bois. In-32.

13596 Claude, d'après LE TITIEN. Petit médaillon; profil à droite. In-8.

13597 Claude , né en 742, empereur en 792, mort empoisonné à 63 ans, en 805 , l'an de J.-C. 54. Sans nom d'auteur. In-8.

13598 Claude , né en 742 à Lyon , empereur en 792 , mort empoisonné à 63 ans, en 805, l'an de J.-C. 54. LE TITIEN pinx., J.-L. CATHELIN sculp.

13599 Claude Cæsar (Dr.). Sans nom d'auteur. Notice historique. In-8.

13600 Claude. Pierre ADAM del. et sculp. Tête d'après l'antique; profil à droite. In-8. — Autre épr. beau papier, grandes marges.

13601 Claude Ier. Sans nom d'auteur. Médaillon dans un cadre à perles et à feuilles de chêne. Profil à droite, au simple trait. In-4. — Notice à part sur une feuille pareille.

13602 D. Clavdivs Caesar. TITIANUS inv., R. P. ex. Debout, couvert d'une armure; profil à gauche. Au-dessous, dix vers latins. In-4.

13603 Claudius Cæsar. Sans nom d'auteur. Portrait équestre; sa lance sur l'épaule. Profil à gauche. In-4.

13604 Claude, Ve empereur romain. A. HUMBLOT inv., HAUSSARD sculp. Profil à gauche, d'après l'antique. In-4.

13605 Claudius Cæs. Aug. V. Ro. imp. Sans nom d'auteur. Dirigé à gauche. Buste. In-4.

13606 Claude V. F.-L.-D. CIARTRES exc.; cum privil. Tête casquée. Pet. in-fol.

13607 Claudius Cesar. TITIEN pinxit. La main droite appuyée sur son sceptre. Profil à gauche. In-fol.

13608 Claude. Sans nom d'auteur. A Paris, chez Daumont. Portrait équestre; profil à droite; cheval au galop. Notice historique. In-fol.

13609 C. Claudius Cæsar V. Sans nom d'auteur. Casque formé de griffons, lauriers et couronne. In-fol.

13610 Claude. R. B. Chez N. Bonnart, à l'aigle; avec privil. En pied; autour de lui divers monuments d'architecture. Notice hist. In-fol.

13611 Claude. Sans nom d'auteur. A Paris, chez Jacques Chereau. Portrait équestre; profil à droite; le cheval au galop. In-fol.

13612 Claudius Cæs. Sans nom d'auteur. Portrait équestre; profil à gauche; la lance sur l'épaule, le bouclier au bras; dans le fond une ville. In-fol.

13613 D. Clavdivs Caesar. Ægidius SADELER S. C. M. sculp., TITIANUS inventor. Debout, couvert de son armure, une couronne de laurier sur la tête. Profil à gauche. Vers latins. In-fol.

13614 Imperatoris Claudii apotheosis, sive consecratio. Sans nom d'auteur. Sur un monceau de cuirasses et de boucliers, se tient un aigle supportant le buste de Claude. In-fol.

13615 Clavier (E.), né à Lyon le 26 décembre 1762, mort à Paris le 18 novembre 1817. Par F. GIRARD, d'après Delécluze. In-4.

13616 Clavier (Etienne), né à Lyon le 26 décembre 1762, mort le 18 novembre 1817. F. BOILLY. Lith. in-fol.

13617 Cléberg (Jean), ou le bon Allemand. Lith. de BRUNET. En pied, tenant d'une main une bourse, de l'autre une lance. In-12.

13618 Jean Cléberg (dit l'Homme de la Roche).

Gravé sur bois par DURAND. En pied, tenant d'une main une bourse, et de l'autre un écrit avec sceau. In-12.

13619 Kléberg (Jean) (l'Homme de la Roche de Lyon). DURUFT pinx., GONTIÈRE sc. De face. In-8.

13620 Cléberg (Jean), ou le bon Allemand. Lith. de H. BÉRAUD-LAURAS. In-4.

13621 Cléberg (Jehan de). RANDON fecit. Lith. Béraud, à Lyon; d'après le modèle sculpté pour la Commission par J.-B. LEPIND. Figure en pied sur un socle, une bourse dans la main droite. In-4.

13622 Clerc, maréchal-de-camp, baron de l'Empire..., né à Lyon (Rhône). TOUSSAINT. Lith. VAYRON, d'après un tableau appartenant à cet officier général. Publié par P.-L. Chevalier, de Lyon. Dirigé à droite. Pap. de Chine; facsimilé de sa sign. In-8.

13623 Clerjon, auteur de l'Histoire de Lyon. Avant la lettre. Sans nom d'auteur. In-8. — Autre épr. avant la lettre, pap. de Chine. In-8.

13624 Clermont Mont St-Jean, M. de Labatie, né à Visargent en Bresse en 1752, député de la noblesse du Bugey. PERRIN del., COURBE sc. In-4.

13625 Cochard (Nicolas-François). RICHARD fecit., lith. par E. REY. Lith. de Brunet, à Lyon. Pap. de Chine. In-fol.

13626 Cochet, architecte, de Lyon. Caricature à l'eau-forte, par P. REVOIL. In-12.

13627 M. Cœur. A. DE BAVALOS. Impr. Lemercier, Bénard et comp. Tiré de la Biographie du clergé contemporain. En surplis; dirigé à droite. In-12.

13628 Cœur (l'abbé). Aug. L. Lith. de GODARD, à Paris. Dirigé à gauche. In-12.

13629 M. Cœur. TAILLANT sc. A. APPERT, édit. Biographie du clergé contemporain. Presque de face; dirigé à gauche. In-8.

13630 Cohade (Mre Paul de), Pre docteur de la maison et société de Sorb., custode de Ste-Croix, official métrop. et vicaire général en l'archevêché de Lyon. LECLERC fecit, 1711. Médaillon entouré de la légende, avec ses armes, sans supports. Au-dessous, sixain à sa louange. In-4.

13631 Cohade (Paul de), custode de Ste-Croix, official métropolitain et vicaire général en l'archevêché de Lyon. Par LECLERC, 1711. Médaillon avec écusson soutenu par deux aigles. In-4.

13632 Colinus (Antonius), Lugdunensis pharmacopeus; æt. 40. 1602. In-4.

13633 Collot-d'Herbois. A LACAUCHIE. Impr. Jules Rigo. En pied, un marteau à la main. Pap. teinté, aux deux crayons. In-8.

13634 Collot-d'Herbois. RAFFET del., BOSSELMAN sc. Paris. Publié par Furne et W. Coquebert. (Tiré de l'Histoire des Girondins par M. de Lamartine, 1848). In-8.

13635 Collot-d'Herbois (J.-M.), député à la Convention nationale, membre du Comité de salut public, né en 1748. Victoire Bong.... Dirigé à gauche. In-8.

13636 Collot-d'Herbois, conventionnel. Gravure au trait, avec quelques indications d'ombres. Delaporte fils sculp. Tiré d'un ouvrage, t. V, p. 9. In-8.

13637 Collot-d'Herbois. Ebauche, sans nom d'auteur. Un papier roulé à la main gauche ; debout. Pap. de Chine. In-8.

13638 Collot-d'Herbois. F. Bonneville del. et sc. In-4.

13639 Colombière (R. P. Claude de La), de la Comp. de Jésus. Sans nom d'auteur. Dirigé à gauche, dans un médaillon. In-12.

13640 Colombière (R. P. Claude La), Soc. Jesu. Obiit 15 feb. 1682. Matth. Ogier del. et sculp. *Lugduni*, 1683. Dirigé à droite dans un médaillon. In-8.

13641 Colombière (R. P. Claude La), Soc. Jes. Obiit 15 febr. 1682, ætatis 40. Sans nom d'auteur. Dirigé à gauche. In-8.

13642 Colombière (R. P. Claude La), Soc. Jesu. Obiit 15 febr. 1682, ætatis 40. Sans nom d'auteur. Dirigé à gauche. In-4.

13643 Colonges (Jos.), né à Lyon le 16 octobre 1778. Gravure sur bois. Notice hist. In-4.

13644 Colonges (Joseph), né à Lyon le 16 octobre 1778. Par H. Reverchon; lith. de Brunet. Notice biographique. In-fol.

13645 Colonia (Dominique de), Societatis Jesu. Par Seraucourt. Dirigé à droite, écrivant. In-12.

13646 Combalot (l'abbé Théodore), né à Châtenay (Isère) le 21 août 1798. Mignot. Lith. galerie de l'Argue, à *Lyon* (1851). In-8.

13647 Comberry (D.), sourd-muet.... ; par Boclet. In-8.

13648 Comberry (D.). Boclet, s.-m., sc. Né à Bordeaux le 12 mai 1792, mort à Lyon le 25 novembre 1834. Sourd-muet de naissance ; fondateur et directeur de l'institution des Sourds-Muets de Lyon, en 1824. Pap. de Chine. In-8.

13649 Commissaire, sergent de chasseurs à pied, représentant du peuple (Bas-Rhin). (Porté à la députation par les démocrates du Rhône en 1848). Collette et Staal. Impr. Cattier. *Paris* et *New-York*, Goupil, Vibert et comp.; *London*, E. Gambart. A gauche. Pap. de Chine. In-4.

13650 Corcelle (de), député du Rhône. Lith. sans nom d'auteur. Dirigé à gauche. In-8.

13651 Corcelles (M. de). Gravé au trait ; sans nom d'auteur. Dirigé à droite. In-8.

13652 Corcelles. Sans nom d'auteur. Avant la lettre. Presque de face. Pap. de Chine. In-8.

13653 Corcelles (M. de), député du départ. du Rhône, élu en 1818. Sans nom d'auteur. In-4.

13654 Corcelles (de), député du départ. du Rhône, élu en 1818. Sans nom d'auteur. Gr. in-4.

13655 Corcelle (M.), député du Rhône. Lith. de

Brunet. Au-dessous, représentation d'un banquet avec toast : *Aux Lyonnais*. In-fol.

13656 Corcelles (M. de), membre de la Chambre des députés. Lith. de Gariot et Cie, d'après Bonnefond. La Charte à la main. In-fol.

13657 Cormatin, chef des Chouans. Dessiné d'après nature, au Tribunal, par F. Bonneville. In-12.

13658 Coste (Jean-François), premier médecin des armées... Dessiné et gravé par Ambroise Tardieu. In-8.

13659 (Mme Cossard). Galerie dramatique. *Lyon*, impr. lith. H. Gérente fils. Costume de soubrette ; en pied. In-fol.

13660 Cossé (Marie-Marguerite de), duchesse et maréchale de Villeroy. Gravé par A. Trouvain, 1694. En pied. In-4.

13661 Cosway (Maria). Gravé par F. Bartolomeï, d'après R. Cosway. En pied. In-4.

13662 Cotte (Robertus de). Gravé par Trouvain, d'après Tortebat. Près d'un portique. In-fol.

13663 Cotte (Robert de), architecte. Gravé par P. Drevet, d'après Hyacinthe Rigaud. Près d'une table. In-fol.

13664 Cotton (P.). Par C. Vermeulen, d'après B. Sevin. Médaillon in-18.

13665 Cotton (Pierre). A. P. pinxit, Gaillard sculp. *Paris*, chez Odieuvre, etc. In-8.

13666 Cotton (Pierre), jésuite, confesseur d'Henry IV, né à Néronde le 7 mars 1564, mort à Paris le 19 mars 1626. Par Gaillard, d'après A. P. In-8.

13667 Cotton (Den. Eerw : P. Petrvs), vande Societyt Jesv Biechtvaeder ende predikant van Henricvs IV. Coninck van Vranckryck. (Gasp. Bouttet sculp.). In-4.

13668 Couchaud (André), architecte, né à Genève le 15 avril 1813, mort à Lyon le 20 juin 1849. Dessiné à Paris en juillet 1838, à la chambre-claire, par B. Lithog. par M.-D. (Martin-Daussigny). 1850. *Lyon*, impr. Louis Perrin. In-4. — Autre épreuve avant la signature M.-D. — Autre épreuve, seule et unique, avant toute lettre.

13669 Couderc, député de Lyon en 1789. s. n. d'auteur. In-4. — Autre épreuve, pap. de Chine.

13670 Courbon (Joseph), chanoine, vicaire général du diocèse de Lyon. Lith. de H. Brunet. Dirigé à gauche, avec quatrain. In-fol.

13671 Courbon (Joseph). Par Ferdinaud B***. Lith de H. Brunet. Profil à gauche. In-fol., pap. couleur.

13672 Courvoisier (M. de). Au trait ; profil à gauche. In-8.

13673 Courvoisier (M. de), député du département du Doubs, élu en 1819. s. n. d'auteur. Dirigé à droite. In-4.

13674 Coustou (Charles-Pierre), architecte du roy. C.-N. Cochin filius del., 1764. B.-A. Nicollet sculp., 1776. In-4.

13675 Coustou (Guillaume?). *Histoire de France.* Gravure au trait, sans nom d'auteur. In-12.

13676 Coustou (Guillaume) , sculpteur du roy. C.-N. COCHIN fils del., Aug. DE ST-AUBIN sc. 1770. Profil à droite. In-4.

13677 Coustou (Guillaume), (d'après le portrait de Jean de Lieu). D. M. Avant la lettre. Médaillon. Buste et outils sur la plinthe; presque de face, le corps à gauche. In-fol.

13678 Coustou (Guillaume). Gravé par N. DE L'ARMESSIN, pour sa réception à l'Académie en 1730, d'après le portrait peint par Jean de Lieu. De face, regardant à gauche. In-fol.

13679 Coustou (Nicolas) , né à Lyon le 9 janvier 1658, mort à Paris le 1er mai 1733. Gravé par OUBRIER, d'après le portrait de Le Gros. In-4.

13680 Coustou (Nicolas). LE GROS pinx., OUBRIER sc. Entouré d'une très belle bordure gravée par BABEL. In-fol.

13681 Coustou (Nicolas), natif de Lyon , sculpteur ordinaire du roi. Gravé par Ch. DUPUIS pour sa réception à l'Académie en 1730, d'après le portrait peint par Le Gros. La main, armée d'un marteau, est appuyée sur un buste colossal. In-fol. Belle épr.

13682 Couthon (Georges). F. BONNEVILLE del., F. GAULTIER sc. Dirigé à gauche. In-8.

13683 Couthon. Lith. de DELPECH. Dirigé à droite. Fac-similé de sa signature. In-8.

13684 Coysevox. *Histoire de France.* Hyac. RIGAUD pinx., LANDON direx. Gravure au trait; de face. In-12.

13685 Coysevox (Antoine), né à Lion en 1640, mort à Paris le 10 octobre 1720. Gravé par MATHEY, d'après H. Rigaud. Avant toute lettre. In-8.

13686 Coisevox (Antoine), sculpteur du roi, né à Lion en 1640 , mort à Paris le 10 octobre 1720 , âgé de 81 ans. H. RIGAUD pinx., MATHEY sc. In-8.

13687 Coysevox (Antoine), sculpteur. 1720. Peint par ALLOU, gravé par VILLEREY , dessiné par CRAISILLOT. Tiré de la *Galerie historique de Versailles*, 2529. In-8.

13688 Coyzevox (Antoine). Gravé par Jean AUDRAN pour sa réception à l'Académie en 1708, d'après le portrait peint par Hyacinthe Rigaud. In-fol.

13689 Crassier-Desprez. Croquis à l'eau-forte, sans nom d'auteur. In-32.

13690 Crassier (De Prez de) , député de Gex. Sans nom d'auteur. Collection générale des portraits de MM. les députés à l'Assemblée nationale. A *Paris*, chez Le Vachez. De face. In-4.

13691 Crassier (M. de Prez de). LABADYE del. Voyez Junior sc. A *Paris* , chez le sieur Dejabin. In-4.

13692 Créquy (Charles, sire de). Médaillon avec entourage. Balthasar MONCORNET excud. In-8.

13693 Cretenet (Jacques), prestre et instituteur de la Congrégation des Prestres missionnaires de St-Joseph de Lyon. Jac. BUYS fec., 1680. Médaillon sur une plinthe avec légende. In-8.

13694 A. de la Croix , obéancier de St-Just, trésorier de France, vicaire général de Lyon. Dessiné par Mich.-Ang. SLODTZ en 1737, gravé par S.-C. MIGER en 1765. In-4.

13695 Croy (Marie-Claire de), duchesse de Croy. Sans nom d'auteur. Presque de face , dans un médaillon. In-8.

13696 Croy (Marie-Claire d'Urée (Urfé), duchesse de). Sans nom d'auteur. Presque de face, dans un médaillon; à gauche, un écusson ; à droite, palmes entrelacées. In-8.

13697 Curys (L. Bay de). Gravé par WATELET en 1762, d'après Cochin. Profil à droite. In-4.

D.

13698 Dalecampius D. med. (Jac.). Médaillon gravé sur bois. In-64.

13699 D'Alechamps (ou Dalechamp) (Jacques). Eau-forte. s. n. d'auteur. In-32.

13700 Damas (le comte Gustave de), général des partisans de l'armée en 1814. PELLETIER delin. Lith. de Jobard, à *Dijon*. Pap. de Chine. In-fol.

13701 Debelay (Jean-Marie-Mathias), évêque de Troyes. Mlles BENOIST sœurs, à *Troyes*. s. n. de graveur. In-12.

13702 Dechamps (ou Deschamps) (Pierre-Suzanne Dechamps). Dessiné et gravé avec le physionotrace par QUENEVEY. In-12.

13703 Dechamps (Pierre-Suzanne), né à Lyon le 22 février 1745. Dessiné par LABADYE, gravé par LE TELLIER. In-4.

13704 De Gerando (J.-M., baron), président honoraire de la Société pour l'instruction élémentaire. LLANTA. Impr. Lemercier. De face. Lith. in-8.

13705 Degerando, membro dell' Instituto di Francia. CHAZAL disegnò, LONGHI diresse, GALLINA incise. Profil à gauche. In-8.

13706 De Gérando (le baron), né à Lyon le 29 février 1772. BOILLY. Dirigé à gauche. Lithographie in-fol.

13707 Deguerry (l'abbé). Auguste L. Lith. de Godard, à *Paris*. De face. In-12.

13708 Deguerry. TAILLAND sculp.; A. APPERT, édit. *Biographie du clergé contemporain*. De face. In-8.

13709 Delacroix d'Azolette (Nicolas-Augustin). DULAC pinx., LLANTA del. Lith. de Villain. In-4.

13710 Delandine (Fr.-Antoine). LABADYE del., GUERSANT sculp. In-4.

13711 Delandine (Fr.-Ant.). DUCHEMIN del., SERGENT sculp. Manière noire ; aqua-tinta. A *Paris* , chez Le Vachez. In-fol.

13712 Delassalle (mécanicien). Gravé par SOUMY. Avant toute lettre. Dirigé à droite. Pap. de Chine. In-fol. — Un des rares exemplaires du concours de 1851 pour le prix de gravure, à l'Ecole des beaux-arts de Lyon, classe de M. Vibert. Prix de la classe, M. Soumy.

13713 Delessert (Etienne). Mme Girard del., Blanchard sculp. In-8. — A ce portrait est jointe une Notice historique, même format.

13714 Delessert (caricature contre M.). Benjamin Dudessert. H. D. (Daumier). Lith. de Becquet. Tiré du *Charivari*. In-4.

13715 Delille de Sales (J.). Eau-forte qui doit être de Duflos, d'après Borel. Avant toute lettre. Figures allégoriques autour du médaillon; épreuve d'essai. In-8.

13716 Delille de Sales (J.). Gravé par Duflos, d'après Borel. Quatrain et figures allégoriques. In-8.

13717 Delille de Sales. Sans nom d'auteur. Quatrain et figures allégoriques autour du médaillon. In-8.

13718 Delille de Sales (J.). Gravé par Vinsac, d'après Pujos, ad vivum, anno 1786. Manière noire. In-8.

13719 Delion de Surade (Jacques), né à Lyon le 7 juin 1738, député du Poitou à l'Assemblée nationale. Gravé par Le Tellier, d'après Perrin. In-8.

13720 Delion (Jacques) de Surede, député du Poitou, né à Lyon le 7 juin 1738. Collection générale des portraits de MM. les Députés à l'Assemblée nationale tenue à Versailles le 4 mai 1789. Médaillon sur une plinthe; portrait teinté. In-4.

13721 Delorme (Philibert). Croquis à l'eau-forte, sans nom d'auteur. Dirigé à droite. In-32.

13722 Delorme (Philibert). Sans nom d'auteur. Gravé sur bois, profil à gauche. In-8.

13723 Delorme (P.). Gravure au trait, sans nom d'auteur. Dirigé à gauche, dans un ovale. In-12.

13724 Delorme (Philibert), N. pinxit, Landon direx. *Histoire de France*. Gravure au trait. In-12.

13725 Delorme (Philibert), architecte. Sans nom d'auteur. Médaillon rond, d'après l'antique; profil à gauche. In-8.

13726 Delorme (Philibert), architecte, mort en 1570. H. L Lith. de Delpech. En pied, travaillant auprès d'une table. In-4 colorié.

13727 De L'Orme (Philibert), d'après une gravure placée en tête de son œuvre. Sans nom d'auteur. Avant toute lettre. In-4.

13728 Delorme (Philibert), d'après une gravure placée en tête de son œuvre. Lithographie, sans nom d'auteur. In-4.

13729 Delorme (Philibert). Joli dessin au lavis et au crayon, sans nom d'auteur. Profil à gauche, d'après l'antique. Notice à la main. In-4.

13730 Delorme (Philibert). Gravure sur bois. Dirigé à gauche. In-4.

13731 De Lorme (Philibert). Jacquand del., Leclerc sc. En pied, debout, un plan dans une main, un compas dans l'autre. In-4. Avec sa biographie tirée du *Plutarque français*. Article signé T. Hadot. In-4, 16 pp.

13732 Delorme (Philibert). Gravé au trait par E.-F. Imbard. In-4.

13733 Delorme (Philibert). Ebauche gravée, sans nom d'auteur. Dirigé à gauche. Pet. in-fol.

13734 Delorme (Philibert), architecte. Ebauche gravée, sans nom d'auteur. Dirigé à gauche. In-fol.

13735 Delorme (Philibert). Baltard del. et sculp. Profil à droite. In-fol.

13736 Demia (Charles), instituteur des sœurs de St-Charles, né à Bourg-en-Bresse le 3 octobre 1636, mort à Lyon le 23 octobre 1689. Sans nom de graveur. Dirigé à droite. In-12.

13737 Demia (Charles). Sans nom d'auteur. Quatrain. In-8.

13738 Demia (Charles). Ruelle pinxit, J.-B. Bouchet sc. In-fol.

13739 Deplace (Marie-Apollon), curé de N.-D. de St-Louis, né à Roanne (Loire) le 17 avril 1782, décédé le 22 mars 1849. Baile fecit. Lith. Storck, à *Lyon*. A gauche. In-fol.

13740 Derochefort (Cœsar). Matt. Ogier delin. et sculp. *Lugduni*, 1684. Médaillon in-fol.

13741 Descombes (Benoît), cultivateur et propriétaire, convaincu d'assassinat prémédité. Gravure sur bois, sans nom d'auteur. Notice biographique. In-4.

13742 Descombes (Benoît), cultivateur et propriétaire, convaincu d'assassinat prémédité... Gravure sur bois, sans nom d'auteur. Notice biographique. In-fol.

13743 Desgranges (dit Grange), (*signé* Desgrange), général de brigade sous la République...; né à Lyon (Rhône). Toussaint, d'après une miniature appartenant à son fils. Publié par P.-L. Chevalier, de Lyon. Dirigé à gauche. Pap. de Chine; fac-similé de sa sign. In-8.

13744 Desgranges, docteur en médecine. C.-F. Wexelberg pinx. et sc. Au-dessous, quatrain manuscrit de la main du docteur Petit. Gr. in-8.

13745 Desgrange (Michel) (ou Dégrange), père Archange. Peint et gravé par Julie Boily. Dirigé à droite, en habit d'ecclésiastique. In-8.

13746 Desgrange (Michel), père Archange, religieux capucin, né à Lyon le 2 mars 1736. Lith. de H. Brunet, à *Lyon*. Dirigé à droite; costume de capucin. In-4.

13747 (Desgrange) le père Archange, âgé de 82 ans, né à Lyon le 2 mars 1736. Dessiné d'après nature par Chometon, avril 1822. Lith. de H. Brunet. Costume de capucin, profil à droite, les mains jointes. In-4.

13748 Desjardins (Martin), sculpteur du roy, né à Breda, mort à Paris le 2 may 1694, âgé de 54 ans; auteur de la place des Victoires et figure équestre de Lion. Hyacinte Rigaut pinxit, P. Dupin sculp. In-8.

13749 Despinay (le marquis). L'Ecuyer français, ou le colonel Despinay, montant *le Conquérant*, cheval arabe. Sans nom d'auteur. Lith. in-4.

13750 Despinay St-Denis (marq.), colonel, chevalier, etc. Par DUPRÉ. Lith. de Brunet. En pied, costume de colonel de hussards. In-fol.

13751 Desrochers (E. Jabandier), graveur du roi, né à Lyon. Par lui-même, en 1727. In-8.

13752 Desvernay (R. J. H.): MOREAU del. , LE TELLIER sc. Profil à droite. In-4.

13753 Desvignes, marchand de dorures. J. C. 1er juillet 1810. Gravure à l'eau-forte, avant la lettre; profil à droite. In-12.

13754 Devie (A.-R.) , évêque de Belley. F. P. H. Brunet et comp., lith. à Lyon. A droite. In-fol. — Autre épreuve pap. de Chine.

16755 Diff (Jacques), célèbre voleur: Lithographie PASCAL, à la Guillotière. Profil à gauche; avec notice biographique. In-4.

13756 Doletvs (Stephanvs) Avrelivs Gallvs. Cuncta dolans..., etc. Sans nom de graveur; avec un distique. In-12.

13757 Dolet (Etienne), littérateur et imprimeur, né à Orléans en 1509, brûlé à Paris en 1546. Sans nom de graveur. Dirigé à gauche. In-8. — Autre épreuve , papier paille.

13758 Dombes Bourbon (Henri de) , duc de Montpensier, né le 12 mai 1573 , mort le 29 février 1608 ; avec la devise : Suaviter ollet. HARREWYN fecit. In-8.

13759 Dombes Bourbon (Henri de), duc de Montpensier, né à Mézières, etc. V. L. pinxit, A. L. sculp. In-8.

13760 Dombes. Bourbon (Louis-Auguste de), duc du Maine. Sans nom d'auteur. Médaillon sur une plinthe. Dirigé à droite. In-18.

13761 Dombes. Bourbon (Louis-Auguste de), duc du Maine. Sans nom d'auteur. Médaillon sur une plinthe. Tiré d'un vol., tome I, page 308. Dirigé à gauche. In-12.

13762 Dombes. Bourbon (Louis-Auguste de), duc du Maine. Sans nom d'auteur. Ovale sur une plinthe. Dirigé à droite. In-12.

13763 Dombes. Bourbon (Louis-Auguste de), duc du Maine. Dirigé à gauche. Ovale. In-8.

13764 Dombes. Bourbon (Louis-Auguste de). Fr. DE TROY pinx., M. POOL sculp. Médaillon sur une plinthe. Dirigé à droite. In-8.

13765 Dombes. Bourbon (Louis-Auguste de), duc du Maine. Sans nom d'auteur. Ayant fait partie d'un livre, tome I, page 241. Médaillon sur une plinthe. Dirigé à droite. In-8.

13766 Dombes. Bourbon (Louis-Auguste de). Gravé par DESROCHERS, et se vend chez lui , à Paris , rue St-Jacques. Devise en latin sur une banderole. Dirigé à gauche. In-8.

13767 Dombes. Maine (Mgr duc du). D. fec. J.-J. Blaise , libraire. Dirigé à gauche. In-8.

13768 Dombes. Bourbon (Louis-Auguste de), duc du Maine. Médaillon porté par des Renommées, et Bellone entourée de tous les attributs guerriers. Ant. DIEU inv., del.; LE PAUTRE sculp. Profil à droite. In-4.

13769 Dombes. Bourbon (Louis-Auguste de). Figures allégoriques portant le portrait. EDE-LINCK effigiem sculpsit. Dirigé à gauche. Gr. in-4.

13770 Dombes. Bourbon (Louis-Auguste de), duc du Maine. Se vend à Paris, chez F. Jollain. Médaillon avec blason. Dirigé à gauche. Gr. in-4.

13771 Dombes. Bourbon (Louis-Auguste de), duc du Maine. DE L'ARMESSIN sc. A Paris , chez l'Armessin. Médaillon avec blason. Dirigé à droite. Gr. in-4.

13772 Dombes. Bourbon (Louis-Auguste), légitimé de France, duc du Maine. Portrait en pied ; en costume de novice de l'ordre du St-Esprit. A Paris , chez Nolin, rue St-Jacques. In-fol.

13773 Dombes. Bourbon (Louis-Auguste de), duc du Maine. A Paris, chez Mariette. Portrait en pied ; dans le fond, une chasse. In-fol.

13774 Dombes. Bourbon (Louis-Auguste de), duc du Maine. A Paris , chez A. Trouvain. En pied ; le chapeau sous le bras droit , une canne à la main. In-fol.

13775 Dombes. Monsieur le duc du Maine. R. BON del. En pied ; le chapeau sous le bras gauche. In-fol.

13776 Dombes. (Ludovicus Augustus , Dombarum princeps). F. DE TROY pinxit , P. DREVET sc., 1703. Dirigé à gauche , la main appuyée sur une couronne avec un sceptre. In-fol., beau portrait.

13777 Dombes. (Ludovicus Borbonius, Dombarum princeps). F. DE TROY pinx., P. DREVET sc. Offerebat Jacobus du Champ du Mont, diaconus. Dirigé à gauche. In-fol.

13778 Dombes (Ludovicus-Augustus, Dombarum princeps). Le bras gauche étendu. In-fol.

13779 Dombes. Bourbon (Louis-Auguste de), peint enfant. Joan.-Bapt. VIETTE DE VRAINNES Parisinus offerebat; Ant. MASSON ad vivum pingebat et sculpebat anno 1677. Avec attributs de guerre. Gr. in-fol.

13780 Dombes. Louis-Auguste 1er, prince souverain de Dombes. Par VERDIÉ, peintre , et gravé par J.-F. CARS fils. Dirigé à droite ; couronne au-dessus du médaillon , écusson au-dessous. Dirigé à droite. In-fol.

13781 Dombes (Louis-Aug. 1er , prince souverain de). VERDIÉ pinxit , J.-F. CARS le fils del. et sculp. (Imprimé à Thoissey, avec l'Hist. de Dombes de Cachet de Garneran , en 1696). Couronne au-dessus du médaillon , écusson au-dessous. Dirigé à droite. Gr. in-fol.

13782 Dombes. Louis II, duc de Bourbon. Armé et à cheval , suivi du sire de Beaujeu son écuyer. Sans nom d'auteur; avant toute lettre. In-4.

13783 Dombes (Monsieur le prince de), Louis-Auguste II de Bourbon , prince de Dombes , né le 4 mars 1700. Sans nom d'auteur. Chez N. Bonnart fils , rue St-Jacques. En pied, assis près d'une table sur laquelle son bras est appuyé. In-fol.

13784 Dombes. Montpensier (Anne-Marie-Louise d'Orléans, duchesse de). Sans nom d'auteur. Médaillon sur une plinthe, avec armoiries. Dirigée à gauche. In-12.

13785 Dombes. Orléans (Anne-Marie-Louise d'). P. TANGIÉ sculp. Médaillon sur une plinthe. Quatrain. Dirigée à droite. In-8.

13786 Dombes. Orléans (Anne-Marie-Louise d'). Frontispice d'un livre, tome Ier. Médaillon sur une plinthe. Quatrain. Dirigée à gauche. In-8.

13787 Dombes. Mademoiselle duchesse de Montpensier. Profil à droite. In-8.

13788 Dombes. Montpensier (Mlle de). Alfred JOHANNOT pinx., SIXDENIERS sculp. Publié par Louis Janet. Profil à droite, chapeau à plumes. In-8.

13789 Dombes. Mlle de Montpensier. Lith. de DELPECH. Dirigée à droite ; fac-similé de sa signature. In-4.

13790 Dombes (Anne-Marie-Louise d'Orléans, souveraine de). Sans nom d'auteur. Dirigée à droite ; blason et notice historique. In-4, très belle épreuve.

13791 Dombes (Anne-Marie-Louise d'Orléans, souveraine de), duchesse de Montpensier. Sans nom d'auteur. Dirigée à droite ; blason. Autre notice que celle du numéro précédent. In-4.

13792 Dombes (Anne-Marie-Louise d'Orléans, souveraine de). Baltazar MONCORNET exc., 1659. Dirigée à gauche ; notice. Gr. in-4.

13793 Dombes. Montpensier (Mademoiselle de), Anne-Marie-Louise d'Orléans. Sans nom d'auteur ; avant la lettre. Dirigée à droite. In-4.

13794 Dombes. Bourbon (Anne-Marie de), fille de Monseigneur le duc d'Orléans, souveraine de Dombes. B. MONCORNET excudit. Une chasse dans le fond. Dirigée à gauche. In-4.

13795 Dombes (Anne-Marie de Bourbon, souveraine de). Par son très humble serviteur B. MONCORNET. Dirigée à droite ; une fenêtre ouverte. In-4.

13796 Dombes. Montpensier (Mlle de), cousine de Louis XIV. 1657. Lith. de LEMERCIER. Paris, chez Aumont ; London, published by Cl. Tilt. 86 Fleet-Street. Dirigée à droite ; des fleurs dans ses cheveux. In-4.

13797 Dombes. Orléans (Anne-Marie-Louise d'), souveraine de Dombes. LARMESSIN sculpebat, 1664. A Paris, chez P. Bertrand, rue St-Jacques. Médaillon, avec blason. Dirigée à gauche. Gr. in-4.

13798 Dombes (Anne-Marie-Louise d'Orléans, souveraine de). DE L'ARMESSIN sc. 1686. Dirigée à droite. Gr. in-4.

13799 Dombes. Montpensier (Mlle de). DE SÈVE inv. Th. VAN MERLEN fec. 1652. Ses armes au-dessous ; son chiffre aux quatre coins. Gr. in-fol.

13800 Dombes (Mlle de Montpensier, souveraine de). H. DESCHAN pinxit, THOURNEYSER HELII BASIL. sculp. Lugdun. 1671. Dirigée à droite ;

ovale entouré d'un manteau d'hermine fleur-delisé. Au-dessous ses armes ; sans légende. In-fol.

13801 Dombes (Mlle de Montpensier, souveraine de). N. POILLY sc. Costume d'amazone, casque et armure. Médaillon avec blason. Dirigée à droite. In-fol.

13802 Dombes. Joyeuse (Henriette-Catherine de), duchesse de Montpensier et princesse de Dombes. B. MONCORNET exc. Médaillon ; dirigée à gauche. In-4.

13803 Dombes. Bourbon (Louise-Bénédicte de). DE L'ARMESSIN sc. A Paris, chez de l'Armessin, rue St-Jacques. Presque de face. In-4.

13804 Dommartin (Mlle), bouquetière. Dessiné par Louis SAMYN, de Paris. Lith. de Bachelard. In-4.

13805 Donnet (F.), archevêque de Bordeaux. Sans nom d'auteur. In-12.

13806 Donnet (M.), archevêque de Bordeaux. TAILLAND sc.; A. APPERT, édit. Biographie du clergé contemporain. In-8.

13807 Donnet, archevêque de Bordeaux, né à Bourg-Argental le 16 novembre 1795. GON... Lyon, lith. galerie de l'Argue. Galerie historique publiée par le journal l'Avenir de la Jeune-France (1851). In-8.

13808 Dorat. DENON del., Aug. DE ST-AUBIN sculp. Profil à droite. In-8.

13809 Dornès (le citoyen), représentant de la Moselle. H. WALTER. Impr. Decan. Assis, tenant à la main le National. In-fol.

13810 Doutre. (Au bureau de la Propagande démocratique et sociale). C. M.; avec une Notice biographique par Ch. JOUBERT. Grav. sur bois. In-4.

13811 Doutre (Esprit), né à Lyon le 1er juillet 1811, typographe. Lith. d'après nature par SOULANGE-TEISSIER. Impr. Lemercier, Paris. Assemblée nationale, Galerie des représentants du peuple, 1848. (Rhône). De face ; fac-similé de sa signature, pap. de Chine. In-fol.

13812 Doutre (E.), représentant du peuple (Rhône). J. JACOB. Paris, Victor Delarue. Lith. Becquet frères. Assemblée nationale (juillet 1848). In-fol.

13813 Doutre (E.), représentant du peuple (Rhône). Lith. DAMIRON. MIGNOT, éditeur, Lyon (septembre 1848). En feuille, avec d'autres portraits.

13814 Doutre, Laforest, Lortet, Mouraud, Auberthier, Benoît (Joseph), Mortemart, Julien-Lacroix, Paullian, Gourd, Ferrouillat, Greppo, Chanay, Pelletier (représentants du départ. du Rhône, 1848). Lith. CLAPPIE, rue de Jussieu, Lyon. Lyon, impr. de J.-B. Rodanet. In-fol.

13815 Dragon. Pommade (véritable) pour faire croître et épaissir les cheveux. (Portrait en pied de Dragon). JACOMIN, 1849. Lith. de Lefèvre (Ch.), à Lyon. In-fol.

13816 Dreux d'Aubray (Mᵉ). I. Frosne sculpsit.
A *Paris*, chez Boissevin. Dirigé à droite. In-4.

13817 Dreux d'Aubray. Nanteuil fec. ad vivum.
1658. Dirigé à gauche. In-fol.

13818 Drusus, fils de Tibère, consul romain,
d'après une pierre gravée du roy. Le titre de
ce portrait est au verso. Au trait, profil à gauche. In-8.

13819 Drevon (J.-C.), avocat, député du bailliage de Langres. Lambert del., Allaie sculp.
A *Paris*, chez Le Vachez. Collection générale
des portraits des députés à l'Assemblée nationale. De face. In-4.

13820 Drevon (P.-C.), avocat. Labadye del.,
Texier sc. Profil à droite. In-4.

13821 Drut, maréchal-de-camp, officier de la
Légion-d'Honneur et chevalier de St-Louis,
né à Lyon (Rhône). Toussaint. Lith. Vayron.
Publié par P.-L. Chevalier, de Lyon ; d'après
une miniature peinte vers 1797, appartenant
à sa veuve. Dirigé à droite. Pap. de Chine ;
fac-similé de sa signature. In-8.

13822 Dubois-Crancé. Masson sculp. Profil à
gauche. In-32.

13823 Dubois-Crancé. Tome VI, page 85. Grav.
au trait, sans nom d'auteur. Profil à gauche.
In-8.

13824 Dubois-Grancé (sic), général des armées
de la République, ex-ministre de la guerre,
député, et né à Chalon. Bonneville del. et sc.
Profil à gauche ; dans un ovale. In-8.

13825 Dubois-Crancé, député du département
des Ardennes, etc. F. Bonneville del., sculp.
A *Paris*, rue du Théâtre-Français. Profil à
gauche. In-8.

13826 Dubois de Crancé (Edmond-Louis-Alexis).
Moreau del., Le Tellier sculp. A *Paris*,
chez le sieur Déjabin. Profil à gauche. In-4.

13827 Dubois-Crancé, député à la Convention
nationale. Lith. de Fonronge. Legrand del.
Galerie universelle publiée par Blaisot. Profil
à gauche. In-4.

13828 Dubois-Crancé, député du bailliage de
Vitry, prêtant le serment du Jeu de paume.
Gravé par Miger, d'après le dessin de David.
Médaillon sur une plinthe ; profil à droite.
In-4.

13829 Dubois (*Joannes à Bosco Olivarius*),
obiit Romæ 28 aug. 1626. In-8.

13830 (Duchêne). Hæc Quercetani...... Avec
quatre vers latins. Æta: LX. AB. Dirigé à
droite. In-12.

13831 (Duchesne) Josephus Quercetanus. Sans
nom d'auteur. Dirigé à gauche. Distique latin.
In-8.

13832 Duclaux (Antoine-Jean), peintre d'animaux, né à Lyon le 26 juillet 1783. Mai-
gnien, 1848. Avant la lettre. Lith. pap. de
Chine. In-fol.

13833 Ducret (M.), né à Lyon en 1751, député
de Mâcon à l'Assemblée nationale de 1789.

Dessiné par Perrin, gravé par Le Tellier.
In-4.

13834 Dufavet. G. Randon fecit. Impr. Louis
Perrin. Dessiné d'après nature le 15 septembre, à 11 heures du matin. Fac-similé de
sa signature. Au-dessous, une vignette représentant la position de Dufavet dans le puits.
Sur l'autre moitié de la même page, la représentation des puits et de la galerie. In-4.

13835 Dufêtre (M. l'abbé). AB. Gravé sur bois.
Biographie. Dirigé à gauche. In-12.

13836 M. Dufêtre. Tailland sculp. *Biographie
du clergé contemporain*. Dirigé à droite. In-8.

13837 Dufêtre (M. l'abbé), vicaire général de
Tours et de Bordeaux. A. Legrand. Lith.
de Castille, rue du Boulay. Parent-Desbarres,
éditeur. *Galerie catholique contemporaine*. Dirigé à droite. In-4.

13838 Dufêtre (Dominique-Augustin), évêque
de Nevers. A. Legrand. Lith. Grégoire et Deneux. Dirigé à gauche. In-4.

13839 Dufêtre (l'abbé), vicaire général de Tours,
né à Lyon le 17 avril 1796. Laurent, éditeur. Lith. Charavel, *Marseille*. Dirigé à droite.
In-fol.

13840 Duguet (Claudius), in Segusianorum curia
fisci patronus. Trouvain sculpsit. Médaillon.
Dirigé à droite. In-4.

13841 Duguet (Jacques-Jos.), né le 9 décembre 1649. s. n. d'auteur. Buste sur un socle.
Dirigé à droite. In-18.

13842 Duguet (J.-J.). Avant la lettre. Médaillon
sur une plinthe. Dirigé à gauche. In-12.

13843 Duguet J. F. C. C. PR. Gravure ébauchée.
In-12.

13844 Duguet (Mᵉ Jacques-Joseph). Les noms
des auteurs, rognés, ne présentent plus que
ces mots : ...Hert.-Luca... Dirigé à droite.
In-8.

13845 Duguet (J.-J.), né le 19 Xbre (sic) 1649.
Médaillon sur une plinthe, avec cartouche.
Dirigé à gauche. In-8.

13846 Duguet (Jacques-Joseph). Gravé d'après
le tableau original. Sans nom d'auteur. Médaillon, avec quatrain. Dirigé à gauche. In-8.

13847 Duguet (Jacques-Joseph), né à Montbrison le 9 7bre (sic) 1649, mort à Paris
le 25 octobre 1733. Gravé par Ravenet,
d'après A. P. In-8.

13848 Duguet (M. Jacques-Joseph), né le 10
de 10bre (sic) 1649. Sans nom d'auteur.
Médaillon avec cartouche sur une plinthe.
In-8.

13849 Duguet FF. C. P. R. F. Blanchon inv.
et sculp. Portrait entouré de guirlandes ; gravure ébauchée. In-4.

13850 Duguet (Jacques-Joseph), né à Montbrison le 9 septbre (sic) 1649, mort à
Paris le 25 octobre 1733. A. P. del., Ravenet sculp. Médaillon sur une plinthe. In-4.

13851 Duguet (Jacques-Joseph). Sans nom d'auteur. A *Paris*, chez Daumont. Médaillon avec

cartouche sur une plinthe. Dirigé à droite. In-4.

13852 Duguet (J.-J.), né le 9 décembre 1649. Gravé d'après le tableau original. Médaillon sur une plinthe, avec huit vers latins. In-4.

13853 Duguet (Jacques-Joseph). A. P. RAVENET sculp. A Paris, chez Odieuvre. Médaillon entouré de cartouches et d'ornements. In-4.

13854 Duguet (Jacques-Joseph), né à Montbrison le 9 septembre 1649, mort à Paris le 25 octobre 1733. Sans nom d'auteur. Médaillon sur une plinthe. In-4.

13855 Duguet (Jacques-Joseph). Sans nom d'auteur. Légende latine, vers en français. Pet. in-fol.

13856 M. Dugué et son neveu. 1715. Portraits en pied dans une composition représentant Louis XV et le Régent recevant les prélats, moines et docteurs disgraciés, fugitifs, exilés ou prisonniers, sous le dernier règne, pour les affaires de l'Eglise. Rogné, sans nom de graveur apparent. In-fol.

13857 Dunouy (Alexandre), peintre de paysages. Gravé au trait. In-4.

13858 Duphot, général de brigade sous la République, né à Lyon (Rhône). TOUSSAINT. Lith. Vayron, d'après un portrait de l'époque. Publié par P.-L. Chevalier, de Lyon. Dirigé à droite. Pap. de Chine; fac-similé de sa sig. In-8.

13859 Duphot. RÉVILLE sculp. Dirigé à gauche. Eau-forte. In-18.

13860 Duphot (Léopold), général de brigade. F. BONNEVILLE del. et sculp. In-4.

13861 Dupont de Nemours. CONQUIS sculp. Dirigé à gauche. In-8.

13862 Dupré, graveur en médailles. DAVID, 1833. Procédé de A. Collas. Médaillon rond, à l'antique; profil à gauche. In-fol.

13863 Dupuy (L.), secrétaire perpétuel de l'Académie, etc. DESRAIS del., DUPIN sculp. A Paris, chez Esnauts. Avec des vers signés : A. P. D. R. In-4.

13864 Dupuy (L.), secrétaire perpétuel de l'Académie. PUJOL ad vivum del., GRISET sc. 1777. A Paris, chez Pujol. Vers à sa louange, par SACY. Gr. in-fol.

13865 Durandi (Guilielmus). In-8.

13866 Duran. Do. Guliel. (Durandus Guillemus), jurisconsulte. M. Z.). (Durand et ses disciples, vignette tirée d'un livre). In-8.

13867 Durandus (D. Gulielmus), episcopus Mimatensis, jurisconsultus. Distique latin. Signé : M. Z. Dirigé à gauche. In-8.

13868 Durand, négociant, né à St-Maurice en 1729, député de la sénéchaussée de Lyon à l'Assemblée nationale de 1789. Dessiné par MULARD, et gravé par N.-F.-J. MASQUELIER. In-8.

13869 Durieux (Elisabeth), âgée de 114 ans, née à Villeraud (Savoie), passée à Lyon le 20 juin 1827. Lithogr. de BÉRAUD. In-fol. — Autre épreuve, pap. de couleur.

13870 Dussaussoy (André-Claude), chirurgien-major de l'Hôtel-Dieu de Lyon, né à Lyon le 30 novembre 1755, mort le 12 décembre 1820. D'après le buste de Legendre-Héral; gravé par CALAMATA, par ordre de Claude Dussaussoy fils. Gr. in-fol.

13871 (Du Thé). Du T*** (Mlle). Gravé par F. JANINET, d'après Le Moine. In-fol. colorié.

13872 Duval (Ludovicus). Gravé par DUFLOS, d'après F. Le Maire. Médaillon sur une plinthe. In-fol.

E.

13873 Elbene (Alphonse d'). B. MONCORNET excudit; avec blason. In-4.

13874 M. d'Elbene, E. d'Orléans. MELLAN del. et sc. Médaillon sur une plinthe, avec ses armes. Belle épreuve d'une gravure non achevée. In-fol.

13875 Elleviou (M.). Première représentation d'Adolphe et Clara. CANU sculp. Tiré du Journal des arts. Dirigé à gauche; ovale sur une plinthe. In-8.

13876 Elleviou. BOURGEOIS DE LA RICHARDIÈRE sculpsit. Distique français. Dirigé à droite. Gr. in-4.

13877 Elleviou. RULMANN del. Lithog. de C. Motte. Tiré du Courrier des Spectacles. Dirigé à gauche. Pet. in-fol.

13878 Elleviou dans Maison à vendre. Peint d'après nature par RIESENER et gravé par AUDOUIN, de l'Académie des arts de Vienne. Ecrit par Sampier, imprimé par Durand. Dirigé à gauche. Pet. in-fol. — Ce portrait est un des plus beaux de la collection.

13879 Emery (Jacques-André). Dessiné et gravé par J.-A. PIERRON, 1811. Se vend à Paris, chez l'auteur. Profil à gauche. In-8.

13880 Emery (Jacobus-Andreas), seminarii Sti Sulpitii superior..... Obiit 28 aprilis 1811, ætatis 79. L. LAIM pinx., 1811; NIQUEVERT sculp., 1817. Lith. d'après la gravure. In-fol.

13881 Emonet (Claude), volontaire au 5e bataillon de l'Ain. « Je vais achever, moi, la faction de mon frère. » LABROUSSE del. et sculp., ST-SAUVEUR direx. En pied, avec un caporal, un autre soldat et son frère tué à ses pieds. In-4, colorié.

13882 Epinac (Pierre), arch. de Lyon. Médaillon gravé sur bois. In-64.

13883 Epinac (Pierre de Pinac), archevêque de Lyon. Sans nom d'auteur. Coupé d'un livre. Dirigé à gauche. In-32.

13884 Epinac (Pierre de Pinac), archevêque de Lyon. Sans nom d'auteur. Dirigé à droite. In-32.

13885 Epinat (Fleury), peintre. Lith. de BRUNET. Profil à droite. In-8.

13886 Est (Anna d'). Médaillon gravé sur bois. In-64.

13887 Est (Hipp. d'), cardinal de Ferrare (archevêque de Lyon). Frontispice du livre contenant ses négociations diverses. Dirigé à gauche, écrivant sur une table, entouré de sujets dans des médaillons plus petits. Au-dessus, les portraits de Pius IV pont. max. et de S. Carolus card. Borromeus. In-fol.

13888 Eynard (Ennemond.). Profil à droite; assis dans un fauteuil. In-4.

F.

13889 Faber (Petrus), Soc. Jesu. Obiit Romæ 1 aug. 1546. Colleg. Lugdunensi Soc. Jesu D. D. Dirigé à gauche. In-8.

13890 Fabri (Honoré). P. Honoratus FABRI, Soc. Jesu. Hubertus VINCENT sculp. Médaillon sur une plinthe. Dirigé à droite. In-4.

13891 Falconet (Camille). Dessiné par COCHIN et gravé par MOITTE. Avant la lettre; buste sur un socle. Dirigé à droite. In-4.

13892 Falconet (Camille), médecin consultant du roy. Dessiné par C.-N. COCHIN. gravé par P.-E. MOITTE. Buste sur un socle; dirigé à droite. Quatrain. In-4, avec marges.

13893 Falconet (Camille), médecin. Trait à la plume, d'après nature. Dessin original de la gravure au trait à l'eau-forte de Mᵉ DOUBLET, gravée par C. Profil à droite; assis dans un fauteuil et lisant. In-4.

13894 Falconet (Camille). Mᵉ DOUBLET inv., C. sculp. Trait à l'eau-forte. Profil à droite; assis dans un fauteuil et lisant. Quatrain. In-4. — Autre épreuve, avec une légère variante.

13895 Falconet (Camille), né à Lion le 29 mars 1671, mort le 8 février 1762. Sans nom d'auteur. Médaillon; dirigé à gauche. Gr. in-fol.

13896 Fautel de Lagny (Thomas), sous-bibliothécaire du roi, né à Lyon le 1ᵉʳ novembre 1672, mort en avril 1734. Gravé par MUTEL, d'après S. Belle. Dirigé à droite; emblèmes. Médaillon sur une plinthe, entouré d'instruments de mathématiques. Deux écussons accolés au bas du médaillon. In-fol.

13897 Fargues (le comte de), maire de la ville de Lyon, décédé le 23 avril 1818. Dessiné et gravé par Julie BOILY. Dirigé à gauche. In-12.

13898 Fargues (le comte de), maire de Lyon. Lithogr. de Lyon. Dessiné par J.-M. J. sur pierre de Belley. Dirigé à droite. Quatrain. In-4.

13899 Fargues (le comte de), maire de Lyon. Lithographie. Dirigé à droite. Quatrain. In-fol.

13900 Faucigny-Lucinge (L.-Ch.-Amédée), comte de). LABADIE del., LE TELLIER sculp. Profil à gauche. In-4.

13901 Fauvet (Jacques), missionnaire. Dessiné et gravé par Julie BOILY. Dirigé à gauche. In-12.

13902 Fauvet (M.), missionnaire. Lith. de Constans. CHAAL del. Profil à droite. In-4.

13903 Favre (Antoine). Faber Antonius J. C., Sebusianus, annoætatis 48. 1605. (Fornezeris?) Dirigé à gauche. In-8.

13904 Favre (Antoine), Antonio Fabri. Sans nom d'auteur. Tiré du livre: Elogii d'uomini letterati, page 197. Avec le commencement de sa biographie. Dirigé à droite. In-4.

13905 Favre (Antoine), Lefèyre (Antoine), Antonius Faber. DE L'ARMESSIN sculp. Le téxte de sa biographie commence au-dessous et continue au verso. Dirigé à droite. In-fol.

13906 Favre (Antoine). Dessiné d'après le tableau original, dans la 67ᵉ année de son âge. MORIN del. Lithographie ;pet. in-fol.

13907 Favre (Jules), Lyon (Rhône), avocat de (sic) prévenus de Lyon. Publié par Bourdin. Dessiné par L. MASSARD. Lith. de Frey. En haut: Défenseurs des prévenus d'avril. De face. In-8.

13908 Favre (Jules), né à Lyon le 21 mars 1809. Lith. d'après nature par LAFOSSE. Impr. Lemercier, Paris. E. DESMAISONS direxit. Assemblée nationale, Galerie des Représentants du peuple, 1848. (Loire). De face. Fac-similé. de sa signature, pap. de Chine. Pet. in-fol.

13909 Favre (Jules). Une séance à la vapeur. Caricature. Jules Favre met des discours brûlants dans une locomotive qui porte les principaux membres de la Montagne. ROUGET. Gr. in-8.

13910 Favre (Jules). La Danse des morts électoraux. Jules Favre danse avec Lamartine, Marat, Flocon, etc. Dessin de QUILLENBOIS, gravure de THÉO-EDO. Tiré du Caricaturiste, numéro du 1ᵉʳ juillet 1849. In-fol.

13911 Favre (Jules). Grrrrand assaut définitif. Dessin de QUILLENBOIS, gravure de THÉO-EDO. Jules Favre tombe du haut de l'urne électorale. Tiré du Caricaturiste, n° du 8 juillet 1849. In-fol.

13912 Favre (Jules). Ballottage de Mᵉ Jules Favre. Sortira-t-il? ne sortira-t-il pas? Caricature. Jules Favre est tiré du puits de l'oubli par deux démocrates. Dessin de QUILLENBOIS, gravure de THÉO-EDO. Tiré du Caricaturiste, n° du 15 juillet 1849. In-fol.

13913 Favre (Jules). Le citoyen Jules Favre profite des vacances pour aiguiser quelques petits discours pour la rentrée. Dessin de QUILLENBOIS, gravure de THÉO-EDO. Caricature représentant Jules Favre avec des flèches trempées dans du venin. Tiré du Caricaturiste, n° du 26 août 1849. In-fol.

13914 Favre (Jules). La rentrée des vacances. Les députés, habillés en écoliers, rentrent dans l'école législative au son de la cloche de M. Dupin. Jules Favre porte ses discours pleins de vent. Dessin de QUILLENBOIS, gravure de THÉO-EDO. Tiré du Caricaturiste, n° du 30 septembre 1849. In-fol.

13915 Favre (Jules). Cette loi est infâme! — Pas si haut, Jules!... c'est toi qui l'as votée! Caricature, représentant Jules Favre s'interpellant et se répondant à lui-même à la tribune. Double portrait. Dessin de QUILLENBOIS, gravure de THÉO-EDO. Tiré du *Caricaturiste*, 3 février 1850. In-4.

13916 Faye (Jacques). Dirigé à droite. Notice historique. In-32.

13917 Fay (Mlle Léontine) dans la *Petite Lampe merveilleuse*. À. CHASSELAT. Lith. de C. Motte. Tiré du journal *le Miroir*. En pied. Pet. in-4.

13918 Ferrand (Antonius Franciscus). DE ST-MARTIN pinx., Ch. SIMONEAU sc. Médaillon avec blason sur une plinthe ; dirigé à droite. In-fol.

13919 Ferrière (Pellot Claude , marquis de), conseiller d'Etat, etc., fils de Claude Pellot, prévôt des marchands, 1652. N. MIGNARD pinxit, J. THOURNEYSER delin. et sculp. *Lugduni*. Médaillon avec écusson ; avant la lettre. In-fol.

13920 Ferrouillat (Joannis) , représentant du peuple (Rhône). Lith. DAMIRON. Lyon, Mignot, édit. *Lyon* (sept. 1848). In-64.

13921 Ferrouillat (Joannis), représentant du peuple (Rhône). Romain CAZES. *Paris* , Victor Delarue. Impr. Domnec. En haut : *Assemblée nationale* (juillet 1848). Lith. in-fol.

13922 Fesch. Sans nom de graveur. Profil à droite. Médaillon rond in-64.

13923 Fesch (le cardinal). Portrait en pied, nº 71 ; XIXᵉ siècle , règne de Napoléon. Sans nom d'auteur. Dirigé à gauche. In-8.

13924 Fesch (le cardinal). LACAUCHIE del., MONIN sc. En pied , à droite. In-8.

13925 Fesch. Lith. de DELPECH; fac-similé de sa signature. Dirigé à gauche. In-8.

13926 Fesch (S. E. Mgr le cardinal). Gravé par POURVOYEUR, d'après le buste original de Canova. Dirigé à gauche. In-8.— Autre épreuve sur papier de Chine.

13927 Fesch (le cardinal). Lithographié par LLANTA , d'après un dessin fait à Rome en 1835. Lith. Junca. En haut : *Biographie des hommes du jour*. Dirigé à droite. In-4.

13928 Fesch (cardinal). MOREL. Lith. de Langlumé. Presque de face ; dirigé à gauche. In-4.

13929 Fesch (Son Eminence le cardinal). Médaillon porté par des génies, avec les attributs des beaux-arts. D.-P. PASQUALINI del., G.-P. MOREAU sculp. In-fol.

13930 Fesch (le cardinal). BAZIN jeune. Lith. de Delpech ; avec fac-similé de sa signature. Dirigé à gauche. In-fol.

13931 Fesch (Giuseppe) ; par Carlo BINI sotto tenente disegnatore di Artighiria. Dessin ; les vêtements en paraphe à la plume ; la figure et l'encadrement à l'aqua-tinta. Gr. in-fol.

13932 Feuillade (Madame la duchesse de la) , fille de Monsieur de Chasteauneuf, ministre et secrétaire d'Etat. Gravé par TROUVAIN. En pied. In-4.

13933 Flachat , curé de St-Chamond. A *Paris*, chez Le Vachez. Gravé à l'aqua-tinta. In-4.

13934 Flachat , rôle d'Alphonse dans la *Favorite*. F. GROBON. Lith. de Gérente. *Lyon* , Galerie dramatique. En pied. In-fol.

13935 Flandrin (Auguste), peintre , né à Lyon en 1804 , mort dans cette ville en 1842. Lith. de H. Brunet et comp. *Lyon* , 1842. Dessiné par Paul et Hippolyte FLANDRIN ses frères. De face ; avant la lettre, pap. de Chine. In-fol.

13936 Fleurieu (J.-A. Claret de la Tourette de), président de la Cour des monnoies. Gravé par JOUBERT , d'après Liotard. In-12.

13937 Florival (Mlle) , rôle d'Ismaïl dans le *Départ pour la Grèce*. Par J. BARON. Lith. de Brunet. En pied , costume oriental. In-8.

13938 Forest , général de brigade de cavalerie sous la République, né à Lyon (Rhône). TOUSSAINT. Lith. Vayron, d'après une miniature appartenant à la ville de Lyon. Publié par P.-L. Chevalier, de Lyon. Dirigé à droite. Pap. de Chine ; fac-similé de sa signature. In-8.

13939 Forez (Suzanne, comtesse de). Sans nom de graveur. XVIᵉ siècle , règne de Louis XII. En pied ; dirigé à gauche. In-8.

13940 Forez (Suzanne , comtesse de). XVIᵉ siècle, règne de Louis XII. En pied ; dirigé à droite. In-8.

13941 Fouché , sénateur , ex-ministre de la police. BONNEVILLE def. et sc. Manière noire ; dirigé à droite. In-8.

13942 Fouché de Nantes , ministre de la police. Au trait. Sans nom d'auteur. Tome VII, page 241. De face. In-8.

13943 Fouché. Eug. LAMI pinx., WALTENER sc. Assis devant une table chargée de livres. Gr. in-8 , avec biographie. In-8 , 4 pp.

13944 Fouché. COUCHÉ fils sc. Publié par Amb. Dupont. Dirigé à gauche. In-8.

13945 Fouché. Imprim. lithogr. de DELPECH. Sans nom d'auteur. Dirigé à gauche ; fac-similé de sa signature. In-8.

13946 Fouché. COUCHÉ fils sculp. Publié par Amb. Dupont. Lettre grise. Dirigé à gauche ; pap. de Chine. In-4.

13947 Foudras (Ant. de). Nicol. AUROUX sculp. *Lugdun*. Médaillon entouré de 16 écussons armoriés ; au-dessous blason. Gr. in fol.

13948 Fougerolles (M. de). DE LA ROUSSIÈRE del. et sculp. Dirigé à droite , blason. Pet. in-fol.

13949 Fourier, préfet du Rhône. Sans nom d'aut. ni de graveur. Gravé sur acier. Dirigé à droite ; avant toute lettre. In-8.

13950 Fourier (J.). J. BOILLY del. , GEILLE sc. Dirigé à droite , habit brodé. In-8.

13951 Fourier (Joseph). BOILLY, 1823. Lithog. Dirigé à gauche. In-fol.

13952 Fourneyron , ingénieur civil , né à St-Etienne le 1ᵉʳ novembre 1802. Dessiné d'après nature par SOULANGE-TEISSIER. Imp. Lemercier , à *Paris*. Assemblée nationale, Galerie des représentants du peuple, 1848. (Loire). Presque de face , dirigé à gauche ; fac-similé de sa signature , pap. de Chine. Pet. in-fol.

13953 Foy (le général). Lith. de Decomberousse. GOUDON inv. Lithogr. donnée par le *Journa du Commerce*, 11 décembre 1825. Au-dessous du portrait, la France éplorée au milieu de trophées militaires In-fol.

13954 Foyatier. L. DUPRÉ, 1834. Lith. de Lemercier. Dirigé à gauche; pap. de Chine. In-4.

13955 Franceschi. Ambroise TARDIEU direxit. In-8.

13956 Franceschi-Delonne, général de brigade au service de France....., né à Lyon (Rhône). TOUSSAINT. Lith. Vayron. d'après un dessin appartenant à M. le colonel Dumas son beaufrère. Publié par P.-L. Chevalier, de Lyon. Le corps à gauche, la tête à droite. Pap. de Chine; fac-similé de sa signature. In-8.

13957 Francheschi; par GAILLOT. Lithogr. de Engelmann. Trait de courage de Franceschi durant le blocus de Gênes en 1800. Tiré de la *Galerie militaire*. En pied, au moment où il s'élance à la mer. In-fol.

13958 François, dauphin de France. Notice historique coupée d'un livre. Profil à gauche. In-32.

13959 François, dauphin de France. Gravure sur bois, médaillon ovale. Extrait d'une Histoire de France. Dirigé à droite. In-32.

13960 François de Valois, fils de François Ier, dauphin d. France. B. MONCORNET exc. Quatrain; profil à gauche. In-8.

13961 Frangin (Claude), curé de la métropole, etc., né à Parcieux (Ain) le 5 juillet 1764, décédé le 6 juillet 1837. Lith. de H. BRUNET. Dirigé à droite. In-4.

13962 Froissard (de Lyon). Dessiné et gravé par QUESNEDEY. Profil à droite; manière noire; avant la lettre. In-32.

13963 Fulchiron. Dessiné par QUESNEDEY, gravé par CHRÉTIEN; avant la lettre. Profil à droite. In-32.

13964 Fulchiron (caricature contre M.) Le génie du ministère, l'immortel Fichuron. En pied, assis sur un nuage, une auréole autour de la tête; profil à droite. Autour de lui, en guise d'anges, les têtes des ministres avec des ailes. Lith. DELAUNOIS. Tiré du *Charivari*. In-4.

G.

13965 Gacon (François), poète françois, né à Lyon en 1667. A *Paris*, chez Desrochers. Médaillon avec cartouche sur une plinthe; trois quarts à gauche. In-8.

13966 Gacon (François), poète françois, né à Lyon en 1667, etc. Un sixain à sa louange. A *Paris*, chez Daumont. Médaillon avec cartouche sur une plinthe; dirigé à gauche. In-8.

13967 Gacon (François), poète françois, né à Lyon en 1667, prieur de Baillon, et y est mort en 1725. A *Paris*, chez Desrochers. Médaillon avec cartouche sur une plinthe. Sixain à sa louange; encadrement orné avec emblèmes. In-4.

13968 Gagnière (Pierre), député du Forez en

1789. LABADIE del., COURBE sc. A *Paris*, chez Dejabin. Profil à droite. In-4.

13969 Galard Terraube (Françoise-Charlotte-Victorine de), née à Lyon le 16 octobre 1798, décédée à Paris en odeur de sainteté le 8 février 1836. PIDOUX delin. Impr. lith. d'Artus. Dirigée à droite. In-8.

13970 Galle. Lse COUCHÉ del., RÉVILLE sculp. Trois quarts à droite. In-12, pap. de Chine.

13971 Galle (Mr). VAUTHIER pinx., FREMY del. et sculp. Gravure au trait. In-8.

13972 Galle (André), né à St-Etienne (Loire) le 26 mai 1765. BOILLY, 1822. Lith. in-fol.

13973 Gasparin, préfet de Lyon. Lith. GARDON. Sans nom d'auteur. Profil à droite. In-8.

13974 Gastellier. Dessiné au physionotrace, gravé par QUENEDEY, etc., à *Paris*. Avant la lettre; manière noire; profil à gauche. In-8.

13975 Gautier (A.-F.) (ou Gaultier). F. BONAVILLE del., à *Paris*, rue du Théâtre. Profil à gauche. In-8.

13976 Gaultier des Orcières, né à Bourg en Bresse, etc. GROS del., COURBE sculp. A *Paris*, chez Dejabin. Profil à droite. In-4.

13977 Gay, maréchal-de-camp....., né à Lyon (Rhône). TOUSSAINT. Lith. Vayron, d'après un tableau appartenant à sa famille. Publié par P.-L. Chevalier, de Lyon. Presque de face, la tête dirigée à gauche. Pap. de Chine; fac-similé de sa sign. In-8.

13978 Gay (J.-J.-P.), architecte lyonnais. Dessiné par F.-Fleury RICHARD. Lithographie de Robin, à *Lyon*. In-fol.

13979 Genevey, vicaire général du diocèse de Lyon, curé de Villefranche. Dessiné d'après nature par ANDRIEUX. Lithogr. de Palley, à *Lyon*. In-fol.

13980 Genoude (avec sa profession de foi pour être nommé député du départ. du Rhône aux élections du 17 septembre 1848). Lith. STORCK, à *Lyon*. Dirigé à gauche. In-fol.

13981 Gent (A.), avocat (accusé du complot de Lyon en 1851). Adolphe VENTEJOUL. *Lyon*, impr. Gerente fils. In-4.

13982 Georges (Mlle), rôle d'Agrippine. FAUCONNIER del. Lith. de Motte. Profil à gauche. In-4.

13983 Géramb (M. de). TAILLAND sc. A. APPERT, édit. *Biographie du clergé contemporain.* Profil à gauche. In-8. — M. de Géramb est né à Lyon, sur la paroisse de St-Pierre; son père, né à Vienne, syndic des marchands allemands de Lyon, avait épousé une demoiselle Lassausse, de notre ville.

13984 Germanicus. LANDON direxit. *Histoire ancienne*, tome XVII. page 209. Gravure au trait; dirigé à gauche. In-12.

13985 Germanicus. S. ADAM del. Buste. Ouvrages grecs de marbre de Paros. Gr. in-12.

13986 Germanicus Cæsar, Tib. Aug., F. divi Aug. Ex moneta ænea. Danielis CASPARI. Profil à gauche. In-12.

13987 Germanicus César, consul romain, d'après

une pierre gravée du cabinet du roy. Notice historique sur une autre feuille. Simple trait, profil à gauche. Médaillon de perles, avec un cadre carré en feuilles de chêne. In-8.

13988 Germanicus. Médaillon d'après l'antique, avant toute lettre; profil à droite; pap. de Chine. In-8.

13989 Gerson (Johannes), theol. Paris. Sans nom d'auteur apparent. Dirigé à gauche, enveloppé dans son manteau. In-32.

13990 Gerson (Joannes). Gravure sur bois; notice historique latine. Trois quarts à droite. Médaillon in-32.

13991 Gerson. Au trait; dirigé à gauche. Médaillon in-18.

13992 Gerson (Jean de). Tiré d'un volume. Sans nom d'auteur. Trois quarts à gauche, un papier à la main. In-12.

13993 Gerson (Jo. Carlerius de); par VAN-MERLLEN, en 1653. Dirigé à droite, dans un médaillon rond. Au dessous, deux volumes De Imitatione Christi. In-8.

13994 Gerson (Joannes Charlier), eccles. et univers. Paris. cancellarius. etc. Sans nom d'auteur (le nom gratté). Médaillon et plinthe, avec notice, citation latine autour du médaillon. Dirigé à droite. In-8.

13995 Gerson. Histoire de France, tome XVII, page 225. B. PICART sc., LANDON direx. Dirigé à gauche, simple trait. In-8.

13996 Gerson (Jean Charlier dit), mort à Lyon en 1429. Gravé par DESROCHERS. Enveloppé dans son manteau. Médaillon avec cartouche sur une plinthe; quatrain. In-8.

13997 Gerson (Joannes). Sans nom d'auteur. Enveloppé dans son manteau. Ovale formé par une bande blanche sur laquelle sont ses noms et titres. Avant la lettre. Papier de Chine. In-4.

13998 Gerson (Joannes). Sans nom d'auteur apparent. Enveloppé dans son manteau. Ovale formé par une bande blanche sur laquelle sont ses noms et titres. Au-dessous, notice biographique, 1658. In-4.

13999 Gerson (Jean), docteur en théologie de la Faculté de Paris..... JOLLAIN ex. Dirigé à droite, dans un médaillon portant la légende en latin. Au-dessous, notice biographique de sept lignes en français. In-4.

14000 Gerson (Jean). Gravé par L. SURUGUE, d'après B. Picart, 1712. Médaillon entouré d'emblèmes; dirigé à gauche. In-4.

14001 Gerson (Jean). Sans nom d'auteur. Un papier à la main; distique latin au-dessous du portrait. Dirigé à gauche. In-fol.

14002 Gerson (Jean Charlier, dit). Sans nom d'auteur apparent. Un papier à la main; dirigé à droite. Notice historique. In-fol.

14003 Gerson (Jean de). Tiré des Vies des hommes illustres de A. THEVET. Un papier à la main; dirigé à gauche. In-fol.

14004 Gigou (Bernard-Jean-Marie), fourrier au 4e d'artillerie, né à Bagnères-de-Bigorre (objet

d'une ovation à Lyon le 1er avril 1848. Voir les journaux du temps). André BARON. Lith. Naegelin, à Lyon. In-4.

14005 Gilibert (J.-E.), M.-D. natus anno 1741, junii 21. Maurice SALLIN sc. Profil à droite, dans un médaillon. Au-dessous, la fleur et les graines de la Gilibertia. In-8.

14006 Gilibert (J.-E.), (M.-D.). Au-dessous, une Gilibertia dans tous les moments de sa croissance. In-4.

14007 Gillet (F.-P.). Ambroise TARDIEU direxit. Trois quarts à droite. In-4.

14008 Gillet (Fr.-Pierre). Gravé par J. AUDRAN, d'après le portrait peint par J. Tortebat. Médaillon et plinthe, avec écusson; distique de Juvénal au-dessous. Dirigé à droite. In-4.

14009 Gillet (Pierre), procureur, à l'âge de 85 ans. Gravé par DREVET, d'après Hyac. Rigaud. Médaillon sur une plinthe, avec écusson. Dirigé à gauche. In-fol., belle épreuve.

14010 Gingenne. LAVIEILLE fec. Debout, en pied, avec une jambe de bois, la main appuyée sur une pièce d'artillerie. In-8.

14011 Girard, maréchal-de-camp....., né à Lyon (Rhône). TOUSSAINT. Lithog. Vayron; d'après un tableau appartenant à M. le colonel Paolini son beau-frère. Publié par P.-L. Chevalier, de Lyon. Dirigé à gauche. Pap. de Chine; fac-similé de sa signature. In-8.

14012 Girard (J.-B.), assassin de Marie-Claudine Buy. Grav. sur bois. In-4.

14013 Girard (J.-B.), assassin de Marie-Claudine Buy. Gravure sur bois. Echafaud et cavaliers. In-4.

14014 Girard (J.-B.), ouvrier en soie, assassin de Marie-Claudine Buy. (Dans sa prison). Lith. de BÉRAUD. In-4.

14015 Girard (Pierre), cardinal, né à St-Symphorien-le-Château, mort à Avignon le 9 septembre 1415. Par PERRIN. Lith. de Brunet. In-8.

14016 Girard (Pierre). Tiré d'un vol., Histoire des cardinaux français. In-fol.

14017 Girard (Madame), de Lyon. (La Reine des Tilleuls). FRANÇAIS. Impr. Petit et Bertauts. Debout, presque en pied. Dirigée à gauche; avec quatrain. In-4.

14018 Girard (les enfants de Madame). Impr. Petit et Bertauts. Presque de face. In-4.

14019 M. Girod de Thoiry, avocat, né à Thoiry le 27 février 1732, député du bailliage de Gex à l'Assemblée nationale de 1789. MOREAU del., COURBE sculp. A Paris, chez Dejabin. Profil à droite. In-8.

14020 Girod de Thoiry. PERRIN del., VOYEZ Jor sculp. A Paris, chez le sieur Dejabin. In-8.

14021 Girod (J.-P.). PERRIN del., COURBE sculp. A Paris, chez Dejabin. In-4.

14022 Girod de l'Ain, député. Trait à l'eau-forte. Sans nom d'auteur. In-8.

14023 Girod de l'Ain (M. le baron), élu en 1818. Sans nom d'auteur. In-4.

14024 Girod de l'Ain. Musiciens de la chapelle. Mr Giraudrelin din din. Air : *Vite au palais courez donc, din don, din don, din don.* Par C.-J. T. (TRAVIÈS). Lith. de Benard, chez Aubert. Profil à gauche. In-4.

14025 Godinot, général de division...., né à Lyon (Rhône). TOUSSAINT. Lith. Vayron; d'après une miniature appartenant à sa veuve. Publié par P.-L. Chevalier, de Lyon. Dirigé à droite. Pap. de Chine ; fac-similé de sa signature. In-8.

14026 Gondy (Françoise-Marguerite de Silly), femme de Philippes-Emmanuel de), etc. A. PERCY pinx., Cl. DUFLOS sculp. Médaillon avec emblèmes et devises; armoiries et légende dans un cartouche. In-4.

14027 Gondy (Henry de), évesque de Paris. Sans nom d'auteur. Dirigé à droite, dans un médaillon. Quatrain. In-8.

14028 Gondy (Henry de), évesque de Paris. Sans nom d'auteur. Dirigé à droite, dans un médaillon; au bas un quatrain, au verso un autre quatrain adressé à Monseigneur le cardinal de Retbs (sic), évesque de Paris. In-8.

14029 Gondy (Henry de), cardinal de Retz, chez DESROCHERS Dirigé à droite. Médaillon avec cartouche; quatrain. In-4.

14030 Gondy (Jean-Fr. de), premier archevêque de Paris. Gravé par DESROCHERS. Dirigé à droite, le chapeau sur la tête. In-8.

14031 Gondy (Jean - Franç. de), arch. Parisiorum. Sans nom d'auteur. Dirigé à gauche. In-8.

14032 Gondy (Jean-Franç. de), premier archevêque de Paris, mort à Paris le 21 mars 1654. MAME fecit. Dirigé à droite. In-8.

14033 Gondi (Jean-Franç. de), 1er archevêque de Paris. DARET sculp., 1650. Médaillon avec chiffres. In-fol.

14034 Gondy (Paule de), duchesse de Retz, douairière de Lesdiguières. Gravé par DUFLOS d'après Pezey. En pied, un livre à la main, un chat sur ses genoux, un petit nègre derrière elle. In-4.

14035 Gondy (Philippes-Emmanuel de). A. PEZEY pinxit, Cl. DUFLOS sculp. Notice historique, emblèmes de guerre et de marine. In-4.

14036 Gondy (Pierre de). Sans nom d'auteur. Dirigé à droite. In-32.

14037 Gondy (Pierre de). Rogné; sans apparence de nom d'auteur. Dirigé à gauche, avec le nom et l'anagramme : Pierre de Gondy; *digne de prier.* In-8.

14038 Gondy (Pierre cardinal de). Gravé par DUFLOS, d'après A. Pezey. In-4.

14039 Goropius (Joannes) Becanus. Ob. Trajecti ad Mosam, IIII. Kal. jun. CIƆ. IƆL XXII., æt. LIII. Sans nom de graveur. In-4.

14040 Gorrevod (Philippe de). B. MONCORNET excudit. Dirigé à droite. Dans le fond, par la fenêtre, une bataille. In-4.

14041 Goudard (M.), député de Lyon à l'Assemblée nationale de 1789. Dess. p. FOUQUET, gr.

par CHRÉTIEN, inv. du physionotrace..., en 1791. Profil à droite. In-32 colorié.

14042 Goudart (Pierre-Louis), né à Lyon le 21 août 1740. Dessiné par LABADYE, grave par LETELLIER. Profil à gauche. In-4.

14043 Gouffier (Claude), S. de Roisy, gr. E. de Fr. Ancien tableau. Gouffier (Claude), duc de Rouannais, grand écuyer de France, mort en 1570. Diagraphe et pantographe GAVARD. Dirigé à gauche. In-8.

14044 Goujon (J.-M.-C.-A.), né à Bourg, département de l'Ain, le 13 avril 1766.... (Avec notice). Peint par IZABEY, gravé par BONNEVILLE. Ovale. In-8.

14045 Goulard (J.-C.-El.). Sans nom d'auteur. A *Paris,* chez Le Vacbez. Dirigé à droite. In-4.

14046 Gouilus, maréchal-de-camp, baron de l'Empire..., né à Lyon (Rhône). TOUSSAINT. Lith. Vayron; d'après un tableau appartenant à M. Marc Perrin, son neveu. Publié par P.-L. Chevalier, de Lyon. La tête dirigée à droite. Pap. de Chine; fac-similé de sa sign. In-8.

14047 Gourd (A.), né à Chères le 16 janvier 1789. Lith. d'après nature et. Impr. Lemercier, à *Paris.* Assemblée nationale, Galerie des représentants du peuple, 1848. (Rhône). Dirigé à gauche. Fac-similé de sa signature; pap. de Chine. Pet. in-fol.

14048 Gouth (Bertrand de), archevêque de Bordeaux, puis pape sous le nom de Clément V. Tiré de l'*Histoire des cardinaux français*, livre II, page 337. De face, dans un médaillon. In-fol.

14049 Gouth (Béraud de), archevêque de Lyon, cardinal évesque d'Albe. Ecusson avec ses armoiries, et au-dessous sa biographie continuant au verso. *Histoire des cardinaux français*, livre II, page 321. In-fol.

14050 Grange (Jean de la), surnommé de Bouchamage, président des aydes à Paris..... Sans nom apparent de graveur. Tiré de l'*Histoire des cardinaux français*, livre second, page 645 ; avec le commencement de sa biographie. Les mains jointes, dans un médaillon ; trois quarts à droite. In-fol. — A la page 646 on voit qu'il fut prieur de Gigny, au diocèse de Lyon.

14051 Granier (rédacteur de la *Glaneuse*) à Clairvaux. *Oh! qui que vous soyez, n'en dites rien à ma mère, elle en mourrait.* GARAUD del. et lith. Impr. lith. d'Amb. Johard, à *Dijon.* Assis dans sa prison, tenant un numéro de la *Glaneuse.* En pied. Gr. in-fol.

14052 Gras (Joachim), trésorier de France. C.-N. COCHIN filius del. et sculp., 1753. Médaillon avec un écusson entouré de fleurs. Profil à droite. In-4.

14053 Grégoire X. 4. a. 4 m. 10. J. Tiré d'un volume. Sans nom d'auteur. Profil à droite. In-32.

14054 Greppo (l'abbé H.), grand vicaire de

Belley, archéologue. Lith. BRUNET, à *Lyon*. Profil à droite ; pap. de Chine. In-4.

14055 Greppo. (Au bureau de la Propagande démocratique et sociale). M. ; avec une Notice biographique par Ch. JOUBERT. Grav. sur bois. In-4.

14056 Greppo (Louis), né à Poully (Rhône) le 8 janvier 1810, ouvrier tisseur. Lith. d'après nature par Célestin DESHAYS. Impr. Lemercier, à *Paris*. Assemblée nationale, Galerie des représentants du peuple, 1848. (Rhône). Dirigé à gauche. Fac-similé de sa signature ; pap. de Chine. Pet. in-fol.

14057 Greppo, représentant du peuple (Rhône). JACOTT. *Paris*, Victor Delarue. Impr. Domnec. Assemblée nationale (juillet 1848). In-fol.

14058 Greppo (L.), représentant du peuple (Rhône). LÉOTAUD, q. St-Michel. Lith. BUFFET, q. St-Michel. In-fol.

14059 (Greppo), le nouveau Blondel. Greppo chantant : *O Prudhon ! ô mon roi ! l'univers t'abandonne*. En pied, debout, une guitare à la main. A une fenêtre on aperçoit Prudhon. Dessin de QUILLIENBOIS, grav. de THÉO-EDO. Tiré du *Caricaturiste*, numéro du 10 juin 1849. In-fol.

14060 Greuze (Jean-Baptiste). Sans nom d'auteur. Gravure au trait. Dirigé à gauche. In-4.

14061 Greuze (Jean-Baptiste). s. n. d'auteur. A *Paris*, chez Bligny. Manière noire. Profil à gauche, d'après l'antique. In-4.

14062 Greuze (Jean-Baptiste). J.-B. GREUZE del., gravé par son ami FLIPART en 1763. A *Paris*, chez Flipart. Profil à droite ; dans un médaillon, d'après l'antique. In-4.

14063 Greuze (Jean-Baptiste). Avant toute lettre. J.-B. GREUZE del., gravé par son ami FLIPART en 1763. Profil à droite ; dans un médaillon, d'après l'antique. In-4.

14064 Greuze (Jean-Baptiste), peintre célèbre. L. DEMAREST. *Galerie universelle*, publiée par Blaisot. Impr. lith. de Ducarme. Dirigé à gauche. In-4.

14065 Greuze, d'après son portrait qui est au Musée royal. BORDES del., GREUZE pinxit. Impr. lith. de C. Constant. Dirigé à droite. In-fol.

14066 Greuze. HESSE, 1823. Lith. de Villain. Dirigé à gauche. In-fol., pap. de Chine.

14067 Grilletier(Le). Par J. B. Lithogr. En pied, profil à droite, avec des vers. In-4.

14068 Grognard (François). Gravé par QUENEDEY au physionotrace. Profil à droite. In-18.

14069 Grognard (Alexis). Par BOUCHARDY. Médaillon au physionotrace. Profil à gauche. In-18.

14070 Gros (Joseph-Marie), né à Lyon en 1742, député du clergé de Paris aux Etats généraux de 1789. Dessiné par LABADYE, gravé par TEXIER. A *Paris*, chez Dejabin. Profil à droite. In-4.

14071 Gryphius (Seb.), T. (typographus). (Hippolyte LEYMARIE). Son effigie sur une médaille antique ; profil à droite. Avec d'autres imprimeurs. In-12.

14072 Gryphio (D. Sebastiano) Germano, anno aetat. suae LVIII. 1551. Pet. médaillon in-64 dans un livre in-8 ; avec sa biographie en français, 2 pp.

14073 Gué (François du). de Bagnols, intendant de Lyon. T. BLANCHET inv. et ad vivum pinxit, J.-J. THOURNEYSEN Helu. Basil. sculp, et imag. delin. *Lugd*. Dirigé à gauche. 1679. In-4.

14074 Gueidan Ch.-P.-Gasp.), né à Lyon le 23 mars 1757. Dessiné par MOREAU, gravé par VOYEZ. Profil à droite. In-4.

14075 Guenegaux (Duplessis). CHAMPAGNE pinx., NANTEUIL sculpebat. Blason. Dirigé à droite. In-fol.

14076 Guenegaud (Henry), Ch⁺ seigneur, etc. B. MONCORNET excud., cum privilegio regis. Blason. Dans le fond, une chasse. In-4.

14077 Guenegaud (Henry de). A *Paris*, chez Louis Boissevin. J. FROSNE sculpsit. Dirigé à gauche. Médaillon simple, avec blason. Notice historique. In-4.

14078 Guidi (comte Sébastien des). Peint par Auguste FLANDRIN, 1840 ; gravé par BUTAVAND. Au-dessous, une médaille rappelant que : l'an 1830 l'homœopathie a été introduite à Lyon et propagée en France par le docteur des Guidi. Avant la lettre. Le corps à gauche, la tête de face. Pap. de Chine. In-fol.

14079 Guillon de Montléon (l'abbé Aimé), conservateur de la bibl. Mazarine à Paris. Par FAUCHERY. In-8.

14080 Guillon (l'abbé). FAUCHERY del. et sculp. Avant la lettre. In-8.

14081 Guillon (l'abbé), auteur du *Siège de Lyon*. FAUCHERY del. et sculp. Avant la lettre. Gr. in-8, pap. de Chine.

14082 Guyon, missionnaire. Dirigé à droite, dans un ovale. In-8.

14083 Guyon (C.), missionnaire, né à Régny, départ. de la Loire. Sans nom d'auteur. Buste dans des nuages ; profil à gauche. In-8.

14084 Guyon (l'abbé), missionnaire. Dessiné d'après nature par G...., gravé par L..... Profil à gauche, une main en avant. Gr. in-8.

14085 Guyon (C.), missionnaire, né à Régny, départ. de la Loire. Sans nom de graveur. Profil à gauche ; avec un quatrain par LE PÉCHEUX, maréchal-des-logis des chasseurs de l'Arriége. In-4.

14086 Guyon (C.). Dessiné d'après nature, à *Paris*. Sans nom d'auteur. Profil à gauche ; buste dans les nuages. In-4.

14087 Guyon (l'abbé). (Avant toute lettre). Profil à droite. Le nom, la notice biographique et un quatrain imprimés en relief et à sec, d'une manière presque illisible. Pap. de Chine. Gr. in-4.

14088 Guyon (C.), missionnaire. Gravure par HUET. Dirigé à gauche. In-fol.

H.

14089 Hainl (George), chef d'orchestre du Grand-Théâtre de Lyon, membre de l'Académie de cette ville. Par A. F. (Auguste FLANDRIN). *Lyon*, imprim. de Louis Perrin. Presque de face. Pap. de Chine. In-fol.

14090 Harlay (Jacqueline de), dame d'Halincourt. Par Théod. VAN MEERLEN. Dirigé à droite. In-4.

14091 Henri II, roi de France. Dessiné par S. LE ROY, gravé par Phil. BOUTROIS. En pied. In-8.

14092 Henri III (le roy). Sans nom d'auteur. En pied, la main droite appuyée sur la hanche, et la gauche sur une table. In-8.

14093 Henri IV, roi de France, surnommé le Grand. Sans nom de graveur. Dirigé à gauche. In-12.

14094 Henricus (Magnus) IIIIus rex Gallorum. Sans nom d'auteur. Avec une bordure représentant sept traits de son histoire, parmi lesquels son mariage à Lyon. In-fol.

14095 Hérard (Charles), de Troyes, prêtre, ancien supérieur de l'Oratoire de Lyon, décédé le 22 décembre 1817, âgé de 79 ans. ARNAUD del., GABRIEL sculp. Profil à gauche, dans un ovale; quatrain au-dessous. In-8.

14096 D'Herbouville, ancien préfet de Lyon, né à Paris en 1756, mort le 1er avril 1829. Dessin aux crayons de couleur, par DE BOISSIEU. Profil à droite. In-4.

14097 C. Harbouville (*sic*), commandant de la Légion-d'Honneur et premier préfet du départ. des Deux-Nèthes. Peint par M. J. VAN BREE, gravé par J.-J. VAN DEN BURGHE, à *Anvers*. La tête à droite, dans un ovale. In-fol.

14098 Hottoman (François). Sans nom d'auteur. Dirigé à droite; notice historique. (Hottoman habita Lyon en 1547). In-32.

14099 Huguenin (Sulpice). MALLET del., GÉRARD sculp. Dirigé à droite. In-fol.

14100 Hugo de S. Caro, vel Carensis cardinalis. Sans nom d'auteur. Profil à droite. In-18.

14101 Hugo, card. de S. Charo, creat. au. 1244, mort. 1262. Sans nom d'auteur. Profil à droite. In-8.

14102 Hugo (card. de S. Charo), creat. anno 1244, mort. 1262. BARON fecit. Profil à droite. In-8.

14103 Hugues de Saint-Cher, ou Saint-Chef, cardinal en 1244, mort en 1262. L. G. H. fec. 1787. Profil à gauche, dans un médaillon sur une plinthe. In-8.

14104 Hugo (D.). de S. Charo, S. R. E. cardinalis, ex ordine Prædicatorum. Sans nom d'auteur. Distique latin. Profil à gauche. In-8.

14105 Hugo (D.). de S. Charo, S. R. E. cardinalis, ex ordine Prædicatorum. Sans nom d'auteur. Distique latin. Profil à gauche. Gr. in-8.

14106 Hugues de Celidorio, autrement de Saint-Chef, et non de St-Cher, cardinal, etc. Ce portrait est tiré du cabinet de Giaconine qui a écrit les vies des papes, et dont le crayon a été envoyé par feu M. l'évêque de Poitiers. Sans nom d'auteur. In-4.

14107 Hugonis, card. de S. Charo, vera effigies. In-4.

14108 Hugonis vera effigies D. D. de S. Charo, S. R. E. cardinalis; ex antiq. numismat. SPIRINX sculp. Portrait en pied, assis devant un prie-dieu. Profil à droite. In-fol.

14109 Entourage destiné à recevoir le portrait de Hugues, évêque de Die, puis archevêque de Lyon. In-fol.

14110 Humblot (Jean-Bapt.). DUCHEMIN del., ALIX sculp. Dirigé à gauche. Pet. in-fol.

14111 Hurtevent (Damien). 1688. Offerebat A. M. piæ memoriæ, qui pauperibus evangeliz. misit. In-4.

14112 Hurtevent (Damien), premier supérieur du séminaire St-Irénée. Sans nom d'auteur; avec son éloge en français. I. p. c. A. M. consecravit. In-4.

14113 Hurtevent (Damianus). Lith. de BRUNET. Notice biographique en latin. In-4.

I.

14114 Innocent IV. ij. a. 5. m. 14. j. Sans nom d'auteur. Profil à droite. In-32.

14115 Innocent V. 5. m. 2. j. Sans nom d'auteur. Profil à droite. In-32.

14116 Innocentius PP. V. Burgund. 188. Sans nom d'auteur. Dirigé à gauche. Tiré d'un livre. In-12.

14117 Innocenzo V. Sans nom de graveur. La tête penchée à droite; dans un médaillon, avec ses armes. In-12.

14118 (Innocent V). Pierre de Tarentaise, cardinal en 1273; mort le 22 juin 1276. Sans nom d'auteur. Dirigé à droite. In-8.

14119 (Innocent V). Pierre de Tarentaise, archevesque de Lyon. Sans nom de graveur. Médaillon. In-4.

14120 Irénée, évêque de Lyon (S.). Gravé par JULIEN, d'après le dessin de P. Revoil. En pied et lisant. In-fol.

J.

14121 Jacomin et Thierriat. Lithographie avant toute lettre. Profils à droite. Pet. in-fol.

14122 Jacquart (Joseph-Charles), né à Lyon le 7 juillet 1752, mort à Oullins le 7 août 1834. Gravé sur bois par P. DURAND. En pied, tenant d'une main son compas et de l'autre un carton de fabrique. In-12.

14123 Jacquard (portrait de). Gravure sur bois,

tirée du *Musée des Familles*, 1839. Dirigé à gauche. In-12.

14124 Jacquart. QUARTLEY (fecit). Gravure sur bois, tirée du *Magasin pittoresque* (1834). Dirigé à droite. In-12.

14125 Jacquard, d'après la statuette de M. Lepind, et exécuté sur bois par M. NOYÉ. En pied. Tiré de la *Revue du Lyonnais*, page 237. In-8.

14126 Jacquard. BONNEFOND pinx., E. CONQUY del. et sculp., 1834. Dirigé à gauche. In-8.

14127 Jacquard. Par Eug. DUCHEZ. Eau-forte. Dirigé à droite. In-8.

14128 Jacquard (Joseph-Marie). Par GUILLAUMOT. Gravure sur bois, tirée de l'*Histoire des Artisans illustres*. Dirigé à droite. In-8.

14129 Jacquard. Par GUILLAUMOT. Gravure sur bois, tirée de l'ouvrage : *Les Artisans illustres*. Avec une autre bordure que le numéro précédent. Dirigé à droite. In-4.

14130 Jacquard (Joseph-Marie). ANDREW. BEST. LELOIR: En pied, couronné par Minerve, déesse des arts. Vignette entourée de feuilles de mûriers et de vers à soie, faisant le commencement d'une histoire donnée par le *Musée des Familles* de septembre 1839, et intitulée : *Le Canut, histoire lyonnaise*. In-4.

14131 Jacquard, de Lyon. E. CONQUY del. et sculp., 1834. Avant la lettre. Dirigé à gauche. Pap. de Chine. In-4.

14132 Jacquard, né à Lyon. Lith. de Bardoz, à *Lyon*. GUBIAN del. Dirigé à gauche. In-fol.

14133 Jacquard. Gravé par DUCHÈNE, d'après le tableau de M. Bonnefond. Donné par l'*Artiste en province*. Dirigé à gauche. In-fol.

14134 Jacquemont, ancien curé de St-Médard en Forez, né à Boen le 21 septembre 1757. Lith. de H. BRUNET, à *Lyon*. Sans nom d'auteur. Dirigé à droite. In-8.

14135 Jacquemont (V.) (le voyageur). Peint par Mme MÉRIMÉE, gravé par BOURRIER. Dirigé à droite, lettre grise. In-8.

14136 Jacquier (le R. P.). Par SCOTIN l'aîné. La main sur une sphère ; dirigé à gauche. Avec Notice. In-8.

14137 Jacquier (François de Paule), professeur de mathématiques à Rome. Gravé par B.-A. NICOLLET, d'après C.-N. Cochin. Médaillon. Profil à droite. In-4.

14138 Janin (Jules). Sans nom de graveur. Dirigé à gauche, la tête ombrée, le corps au trait. In-8.

14139 Janin (Jules). Tony JOHANNOT pinx., REVEL sculp. Ernest Bourdin, éditeur à *Paris*. Assis dans un fauteuil, le corps dirigé à gauche, la tête de face. In-8.

14140 Janin (Jules). Tony JOHANNOT pinx., REVEL sculp. s. n. d'auteur. Assis dans un fauteuil, le corps dirigé à gauche, la tête de face. In-8.

14141 M. Janin (Jules). A. BLANCHARD fils sculp. Presque de face, dirigé à gauche. In-8.

14142 Janin (Jules). Eau-forte. Sans nom d'auteur. En robe de chambre. In-8.

14143 Janin (Jules). Auguste BOUQUET sculp. ROSSELIN, éditeur. Dirigé à droite, les mains dans ses poches. Fac-similé de sa signature. In-fol.

14144 Janin (Jules). Peint par E. CHAMPMARTIN, gravé par N. DESMADRYL, imprimé par Chardon aîné. Tiré du journal l'*Artiste*. Dirigé à gauche. In-fol.

14145 Janin (Jules). Caricature du *Charivari*; le nom de l'auteur illisible. En pied, se promenant les mains dans ses poches ; chargé de feuilletons. In-fol.

14146 Janin (Jules). Caricature du *Charivari*. Coiffé d'un bonnet de nuit, écrivant des feuilletons sur une table. Profil à droite. Quatrain. In-fol.

14147 Jaricot (l'abbé). 1830. Avant la lettre. Lith. Profil à droite. In-4.

14148 Jauffret (G.-J. André-Joseph), gr. vicaire du cardinal Fesch, puis évêque de Metz. L. LAIR del., DISSARD sculp. Dirigé à gauche. In-8.

14149 Jean-de-Dieu (saint). 8 mars. BAZIN del. Lith. de Villain. Dirigé à gauche. In-8.

14150 Jean-de-Dieu (saint), fondateur de l'ordre hospitalier des religieux de la Charité. Portant un malade. In-4.

14151 Joannes PP. XXII. Galus. Sans nom d'auteur apparent. Dirigé à gauche. In-12.

14152 Joanny. Second Théâtre français. VIGNERON del. Lith. de C. Motte. In-4.

14153 (Jobard, l'assassin de Mme Ricard). Dessiné par FALINSKI, gravé par les artistes du journal l'*Illustration*. Tiré de l'*Illustration* du 27 septembre 1851; avec Notice. In-4.

14154 Jomard, maréchal-de-camp, député du Rhône..., né à Lyon (Rhône). TOUSSAINT. Lith. Vayron. D'après un dessin fait d'après nature. Publié par P.-L. Chevalier, de Lyon. Dirigé à droite. Pap. de Chine; fac-similé de sa sign. In-8.

14155 Jordan (Alexandre). Par St-JEAN. Lithogr. de H. Brunet. Dirigé à gauche. In-4.

14156 Jordan (Camille). Dessin eau-forte. COUCHÉ sculp. Dirigé à gauche. In-32.

14157 Jordan (Camille). Lithographie. Médaillon soutenu par deux génies qui éteignent leurs flambeaux. In-12.

14158 Jordan(Camille).J. PFITZER sc. *Biog. univ.*, tome LXVIII, page 217. Au trait ; filets pour encadrement. A droite. In-8.

14159 Jordan (Camille). REVEIL sculp. Gravure au trait. Dirigé à droite. In-8.

14160 Jordan (Mr Camille). MONTAUT del. et sc. Gravure au trait. Dirigé à droite, dans un ovale. In-8.

14161 Jordan (Camille). BOUQUET del., GUSMAN sc. Debout, en pied, le chapeau à la main. Pap. de Chine. In-8.

14162 Jordan (Camille). Par MAURIN. Lith. de F. Noel. Publié par J. Renouard, 1826. Dirigé à gauche ; avec fac-similé de son écriture. In-8.

14163 Jordan (à la mémoire de Camille). Dessiné et gravé par Ambroise TARDIEU. Tombeau avec buste ; simple trait. In-8.

14164 Jordan (Camille), député du départ. de l'Ain, élu en 1818. Sans nom d'auteur. Dirigé à gauche, dans un ovale. In-8. — Autre épreuve sur papier pelure d'oignon.

14165 Jordan (Camille) , né à Lyon en 1772, mort à Paris en 1821. Lith. de DUCARME. R. S. Tiré de la *Galerie universelle*, n° 137, publiée par Blaisot. Dirigé à droite. In-4.

14166 Jordan (Camille), député du départ. de l'Ain. F. GRENIER del. , 1820. Lith. de Langlumé. Avec une phrase d'un de ses discours. Dirigé à droite. Pet. in-fol.

14167 Jordan (tombeau de Camille). Lith. de BRUNET. « *A l'homme intègre, la France sa patrie.* » Avec figures allégoriques. In-fol.

14168 Jordan (Camille). Par VIGNERON. Lith. de Engelmann. Dirigé à gauche. In-fol.

14169 Jordan (Camille), membre de la Chambre des députés, mort le 19 mai 1821. Gravé par H.-Ch. MULLER, d'après Mlle Godefroi. La tête appuyée sur sa main. In-fol. — Autre belle épreuve pap. de Chine.

14170 Joubert (le général). Ovale , sans nom d'auteur. Dirigé à gauche. In-12.

14171 Joubert. Gravure au trait, sans nom d'auteur. Tirée de *l'Histoire de France*. In-12.

14172 Joubert (général). Pub. by M. JONES, feb. 1807. Gravure anglaise. In-12.

14173 Joubert. LAMBERT f. sculp., Ambroise TARDIEU direx. In-8.

14174 Joubert, général en chef de l'armée d'Italie, mort sur le champ de bataille le 28 thermidor an VII. BONNEVILLE del. et sculp. Ovale ; dirigé à droite. In-8.

14175 Joubert (Barthélemi-Catherine) , général en chef de l'armée d'Italie en 1799. Peint par BOUCHOT, gravé par (le nom manque). *Galerie historique de Versailles*. En pied, près d'un affût de canon. In-8.

14176 Joubert. A. LACAUCHIE (fecit). Lith. Jules Rigo et comp. En pied. Papier de couleur , rehaussé de blanc. In-8.

14177 Joubert (Barthélemi - Catherine), né à Pont-de-Vaux le 14 avril 1769 , général en chef de l'armée de Hollande. Franç. RAMBERT. Gravure sur bois; dirigé à droite. In-8.

14178 Joubert, général en chef de l'armée d'Italie. Tiré des *Fastes de la gloire*. CHASSELAT del., Ad. GODEFROY direx. Vignette. « *Couvrez-moi, que les Russes croient toujours que je combats parmi vous.* » In-4.

14179 Joubert (mort de), général en chef de l'armée d'Italie , etc. SWEBACH inv., A. DELVAUX sc. Notice historique au-dessous. A Paris, au bureau de l'auteur des *Fastes de la nation française*. In-fol.

14180 Joubert. Sans nom d'auteur. A *Paris*, chez Desmaisons. Le général charge les Autrichiens à la tête de ses troupes. En pied , le fusil à la main. Pet. in-fol.

14181 Joubert. Hilaire LE DRU del., BOURGEOIS sculp. Manière noire. En pied, le sabre à la main, son chapeau à ses pieds. In-fol.

14182 Joubert. Avant toute lettre. (Hilaire LE DRU del., BOURGEOIS sculp.). Manière noire. En pied , le sabre à la main, son chapeau à ses pieds. In-fol.

14183 Joubert, général en chef de l'armée d'Italie. LE VACHEZ sculp. Au bas, une vignette par DUPLESSIS-BERTAUX ; au-dessous, une Notice historique. Manière noire. In-fol.

14184 Joubert (le général). Composé et gravé par VILLENEUVE, le portrait dessiné d'après nature. Bouclier national. In-fol.

14185 Joubert. Gravure à l'aqua-tinta. Sans nom d'auteur apparent. Le sabre à la main , son chapeau à ses pieds. Très gr. in-fol.

14186 Jourdan (Marin), avocat , député de la principauté de Dombes. Sans nom d'auteur. A *Paris*, chez Le Vachez. De face ; manière noire. Très gr. in-4.

14187 Journet (Françoise), née à Lyon, célèbre actrice de l'Opéra de Paris. 1712. Gravée sur bois. Sans nom d'auteur. Dirigée à droite. In-18.

14188 Journet (Mlle), de l'Acad. roy. de musique à Paris , née à Lyon. Par DESROCHERS. Médaillon avec cartouche sur une plinthe. Quatrain. In-8.

14189 Journet (Françoise), de Lyon. 1710. Par C. JOURNET. En pied , dansant. In-fol.

14190 Jouve (Mme Aloysia née), religieuse aux Dames du Sacré-Cœur de Jésus de Grenoble , morte le 21 janvier 1822 , âgée de 24 ans et 6 mois. A *Grenoble* , chez Bulla. In-12.

14191 Jouve (Mme Aloysia née), religieuse aux Dames du Sacré-Cœur de Jésus de Grenoble , morte le 21 janvier 1822, âgée de 24 ans et 6 mois. J. POINT del. Lith. de C. Constans. In-4.

14192 Jouve (Mme Aloysia née), religieuse aux Dames du Sacré-Cœur de Jésus de Grenoble. J. POINT fec. Lith. de C. Constans. In-4.

14193 Jouve (Mme Aloysia née), religieuse. JACQUEMAIN, 1822, Lyon. Lith. de Brunet, à *Lyon*. Profil à droite ; dans un ovale. Avant la lettre. In-4.

14194 Jouve (Euphrosine-Aloysia), morte le 21 janvier 1822 , âgée de 24 ans et 6 mois. JACQUEMAIN , 1822 , Lyon. Lith. de Brunet, à *Lyon*. Représentée morte. In-fol.

14195 Jubin (S.), arch. de Lyon. Lith. de PALLEY. En pied , dans la campagne. In-8.

14196 Jubin (S.), arch. de Lyon. Dans la campagne, une femme et un enfant à ses pieds. In-8.

14197 Jubin (S.), arch. de Lyon. Lith. de BRUNET. En pied , sortant de son palais. In-4.

14198 Jubin (S.), arch. de Lyon. Par Hip. FLANDRIN. Lith. de Brunet. Appuyé contre une colonne. In-4.

14199 Jubin (S.), arch. de Lyon. Lith. de BRUNET. Debout, dans la campagne ; à ses pieds une jeune fille qu'il bénit. In-fol.

14200 Jubin (S.), arch. de Lyon, mort le 18 avril 1082, retrouvé le 25 octobre 1824. Lith. de BRUNET et Cie. En pied. En 1644, jour de S. Jubin, trois hommes impotents furent miraculeusement guéris dans sa chapelle. In-fol.

14201 Julliard, curé de la paroisse de St-François-de-Sales, à Lyon. Lith. de BRUNET. Dirigé à droite, un livre à la main. Avant la lettre. In-fol. — Autre épreuve avant la lettre, pap. de Chine.

14202 Juntinus Flor. (Franc.). Médaillon gravé sur bois. Dirigé à gauche. In-64.

14203 Jvntinvs (Franc.) Flor. Sans nom de graveur. Médaillon in-64 au commencement d'une page in-8, contenant sa biographie en latin. Tiré du *Promptv. iconvm*, pars secunda, page 291.

14204 Jurine (Louis). Ambroise TARDIEU direxit. Dirigé à gauche. In-4.

14205 Jussieu (Ant.-L. de), né en 1748, mort en 1836. Duc del., COUCHÉ sculp. Eau-forte. Dirigé à droite. In-32.

14206 Jussieu (Ant.-Laurent). Avant la lettre; manière noire (physionotrace). Profil à gauche. In-18.

14207 Jussieu (Antoine-Laurent de), d'après le physionotrace; avant toute lettre. Profil à gauche. In-16.

14208 Jussieu (A.-L.). MENO HAAS sc. *Berlin*, 98. Profil à droite; dans un ovale. In-12.

14209 Jussieu (Antoine-Laurent). Portrait au physionotrace, avant toute lettre. Profil à gauche. In-8; avec une Note biographique insérée dans *Le Midi industrieux, savant, moral et littéraire*. Prairial an VIII (1800). In-8.

14210 Jussieu (A.-L. de). Gravure au trait, sans nom d'auteur. De profil; examinant une plante à l'aide d'une loupe. In-8.

14211 Jussieu. *Hist. de France*, tome XXII. E. del., LANDON direxit. Profil à gauche; regardant une plante à l'aide de la loupe. In-8.

14212 Jussieu (A.-L. de). DAVID, 1836. A. FEART del. et sculp. Médaillon imitant le bronze, entouré de feuillages; cartouche au-dessous. Profil à gauche. In-8.

14213 Jussieu (Antoine-Laurent de), botaniste et médecin. Dessiné d'après le portrait peint en 1825 par M. DUMONT, gravé par Ambroise TARDIEU. Dirigé à gauche, dans un ovale; avec Notice. In-8.

14214 Jussieu. Dessin original de la gravure de Tardieu, sur vélin, à la sépia. Dirigé à gauche; dans un ovale. Gr. in-4.

14215 Jussieu (Ant.-Laurent de), né à Lyon le 12 avril 1748. Par Julie BOILY. 1820. Lithographie. Dirigé à gauche. In-4.

14216 Jussieu (B.), né en 1699, mort en 1777. Par Antonin M. Lith. de Ducarme. Tiré de la *Galerie universelle* publiée par Blaisot. Dirigé à droite. In-4. — Ce portrait n'est point celui de Bernard, mais bien celui de son neveu Antoine-Laurent, né en 1748, mort en 1836.

14217 Jussieu (Bernard). Au trait, profil à gauche; regardant attentivement une plante. In-32.

14218 Jussieu (Bernard). En 1754, le célèbre Bernard de Jussieu planta le cèdre du Liban au Jardin-des-Plantes. Vignette. Tiré du *Voyage au Jardin-des-Plantes*. C. MONNET del., C.-P. GAUCHER inc. an VI. In-12.

14219 Jussieu (Bernard de), né à Lyon en 1699, mort à Paris en 1777. Par Amb. TARDIEU. In-8.

14220 Jussieu (Bernard de). Ambroise TARDIEU direxit. Avant la lettre. Dirigé à gauche; dans un ovale In-4.

14221 Jussieu (B. de). Adrien FEART sculp. Médaillon imitant le bronze, entouré de feuillages. Cartouche. Profil à gauche. In-8.

14222 Jussieu (Bernard de). Dessiné par GUILLERMINOT, gravé par LANGLOIS. En pied, se promenant dans les montagnes et regardant une plante avec la loupe. In-4. — Accompagné de la Biographie de Bernard et de Laurent-Antoine de Jussieu. Article du *Plutarque français*, signé: Achille COMTE. In-4, 16 pp.

14223 Jussieu. Avant toute lettre. Dans un cadre ovale; regardant une plante avec la loupe. Profil à gauche. Gr. in-4.

14224 Jussieu (Bernard de), d'après le portrait au pastel de Mlle Basseporte, par M. H. JACOB. Dirigé à droite; dans un ovale. In-4.

14225 Jussieu (Bernard de). Buste très petit, tiré des *Illustres Français*. Portraits de MM. de Jussieu, P.-J. Macquer, de Tournefort, Lavoisier, de Serres, J.-C. Cassini, Bourgelat, J.-B. Bourguignon d'Anville, entourés d'attributs de botanique, de chimie, de géographie, etc.; avec une Notice historique et cul-de-lampe. C.-P. MARILLIER del., N. PONCE eques sculp. In-fol.

14226 Jussieu (Bernard). VIGNERON del. Lith. de Engelmann. Dirigé à droite; lettre grise. In-fol.

14227 Jussieu. Voilà le nouvel intendant du Jardin-des-Plantes. (Caricature contre M. Bernard de Jussieu). Sans nom d'auteur. In-4.

K.

14228 Kellermann, commandant en chef l'armée des Alpes. A *Paris*, chez Villeneuve. Médaillon au physionotrace. Profil à gauche. In-18.

14229 Kellermann. 1735-1820. Sans nom d'auteur. Profil à droite. In-8.

14230 Kellermann (F.-C.), commandant en chef de l'armée des Alpes, né à Strasbourg en 1737. BONNEVILLE del. et sculp. Profil à gauche; dans un ovale. In-8.

14231 Kellermann, commandant en chef l'armée des Alpes. F. BONNEVILLE del., SANDOZ sculp. A *Paris*, chez l'auteur. Profil à gauche. In-8.

14232 Kellermann. Sans nom d'auteur. Avant la lettre. Médaillon sur une plinthe; profil à gauche. In-8.

14233 Kellermann (François-Christophe), né à Strasbourg en 1737, général des armées françaises. MOREAU del., TEXIER sculp. Médaillon sur une plinthe; profil à droite. In-4.

14234 Kellermann. Dessiné par HILAIRE, gravé par BOURGEOIS. En pied, assis sur un rocher, le chapeau à la main. In-fol.

L.

14235 Labbé (Louise), née, d'après M. Péricaud, vers 1525, morte en 1566. Médaillon ou vignette; avec petits génies et emblèmes. Profil à droite; le casque en tête; plinthe au-dessous du portrait. Notice biographique à la main. Dessin in-32 sur une feuille in-8. — Une autre épreuve tirée d'un livre. Dessin in-32 coupé dans un in-12.

14236 Labbé (Louise), dite la belle Cordière; règne de Charles VII. En pied, debout, robe à fond blanc pointillé; profil à gauche. In-8.

14237 Labé (Louise). Sans nom de graveur. XVIe siècle, règne de François Ier. En pied, debout, robe à grands dessins; dirigée à droite. In-8.

14238 Labé (Louise). XVIe siècle, règne de François Ier. Sans nom d'auteur. Portrait en pied, colorié. In-8.

14239 Labé (Louise). FOYATIER sculp., GROBON del. Imprim. lith de H. Storck. P.-M. Gonon, édit. Tiré du Musée de Lyon; d'après le buste de Foyatier. Le corps de face, la tête à droite; pap. de Chine. In-8.

14240 Labbé (Louise); par H. REVERCHON. Lith. de H. Brunet. Epreuve avec le titre en lettres majuscules, et le trophée au trait; une couronne au-dessus de sa tête. In-8.

14241 Labbé (Louise); par H. REVERCHON. Lithog. de H. Brunet. Epreuve avec le titre en petites lettres anglaises, une couronne au-dessus de sa tête. In-8.

14242 Labé (Louize); par H. REVERCHON. Lithog. de H. Brunet. Une couronne au-dessus de sa tête; épreuve avec le trophée ombré. In-8.

14243 Labbé (Louise). CAZENAVE sculp.; gravée d'après l'original du cabinet de La Mesengère. Avant la lettre. De face, la tête penchée. In-8.

14244 Labbé (Louise). Gravé d'après l'original du cabinet de La Mesengère, par CAZENAVE. Avant la lettre. In-4.

14245 Labbé (Louise), dite la Belle-Cordière, née en 1526, morte en 1566. Gravé d'après l'original du cabinet de La Mesengère, par CAZENAVE; pap. de Chine. In-4.

14246 Labé (Louize), lyonnoize; par SERRUR. Lithog. de Mlle Formentin. De face. In-4. — Autre épreuve, pap. de Chine.

14247 Labbé (Louise), née à Lyon en 1527, morte en 1566. Imprim. lithog. de Villain. Se trouve chez Sudié; N.-H. JACOB del. De face, la tête penchée. In-fol.

14248 Labé (Louise), née en 1526. Dédié aux femmes savantes. LE BARBIER l'aîné del., CARRÉE sculp. A Paris, chez Carrée, graveur. Une Notice historique au bas. Labé est représentée avec une armure et casque à l'antique. In-fol.

14249 Labit (Emmanuel-Jean-de-Dieu), premier chanteur du Grand-Théâtre de Lyon, mort à Lyon le 12 octobre 1811. Gravé par JULIEN, d'après Boquet. Quatrain. In-8.

14250 Lacenaire. PFITZER sculp. Biographie universelle, tome LXIX, page 253. Au trait; filets pour encadrement. A droite. In-8.

14251 Lacenaire, âgé de 35 ans, né à Lyon. Dessin d'après nature à l'estompe, sur pap. demi-teinte. Sans nom et sans signature. Profil à gauche. In-8.

14252 Lacenaire, âgé de 35 ans, né à Lyon, condamné à mort. Imprim. de Louis Perrin. RANDON fecit. Profil à gauche. In-8.

14253 Lacenaire. Lithographié. Profil à droite. In-fol.

14254 Lacenaire.... PETRE.... del. Ce nom est illisible. SEVILLY lithog. Imprim. lithog. de Villain. Un quatrain de sa composition, tracé en fac-similé de son écriture et de sa signature. Du 22 décembre 1835. Grand in-4

14255 Lacnaire (sic) (Lacenaire). Peint d'après nature en prison par Eugène QUESNET. Quesnet lithog. Publié par Kaeppelin, imprim.-lithog. In-fol.

14256 Lacolombière (R. P. Claud.). Matt. OGIER delin. et sculpsit, Lugduni, 1683. In-8. (Voyez COLOMBIÈRE.)

14257 Lacordaire (le R. P. H. D.), de l'ordre des Frères Prêcheurs. GERNLER lithog. J. Mennier, éditeur. Imprim. Storck, à Lyon. De face. In-fol.

14258 Lacroix (François), vicaire de la Guillotière, né le 29 janvier 1791, mort à la Martinique le 17 juin 1829. (Fait à la Martinique). Profil à droite. Lithogr. sans nom d'auteur. In-18.

14259 La Croix (A. de), vicaire général de Lyon. Gravé par MIGER en 1765, d'après M. A. Slodtz en 1737. In-4. (Voyez LA CROIX.)

14260 Lafaugère, professeur d'escrime, né à Agen en 1782. Dirigé à gauche. Lithog. in-4.

14261 Lafayette. Dessiné et gravé par GEILLE. Avant toute lettre; pap. de Chine. Gr. in-fol.

14262 Lafayette. Dessiné et gravé par GEILLE, E. MASCRÉ et WIDERKEHR. Pap. de Chine. In-fol.

14263 Laforest (Démophile), représentant du peuple (Rhône), né à Villié (Rhône) le 29 août 1795. Lithog. DAMIRON. Lyon, Mignot, édit. Lyon (septembre 1848). In-64.

14264 Laforest (Démophile), représentant du peuple (Rhône). A. LEGRAND. Paris, Victor

Delarue. Lithog. Becquet frères. Assemblée nationale (juillet 1848). In-4.

14265 Laforest (le citoyen), maire de la ville de Lyon. 25 février 1848. André BARON. *Lyon*, lithog. Naegelin. Dirigé à gauche. In-4.

14266 Laforest (le citoyen), maire de la ville de Lyon. *Lyon*, lithog. Naegelin. Dirigé à droite. In-4.

14267 Lagny (Thomas Fantel de). Peint par P. BELLE, gravé par T. MUTEL. In-fol. allongé. (Voyez FANTEL.)

14268 Lagrange (de Lion). Eau-forte, sans nom d'auteur. Dirigé à droite. In-18.

14269 Lagrange, de Lyon. Lithog. de GARDON. Profil à droite. In-12.

14270 Lagrange (Lyon). Lithog. DULIGNY, Alp. URRUTY fec. Publié par Bourdin, En haut : *Prévenus d'avril*. Dirigé à gauche. In-8.

14271 Lagrange. Lithog. DELAUNOIS. (N° du *Charivari*, 17 mai 1835, contenant le portrait et la biographie de Charles Lagrange). In-4.

14272 Lagrange. Au bureau, chez Aubert. Lith. DELAUNOIS. En haut : *Prévenus d'avril*. In-4.

14273 Lagrange (Th.), (l'imprimeur a mis Th. pour Ch., lisez Charles Lagrange), né à Paris le 28 février 1804. (Sa biographie le fait naître à Lyon. Voir le *Procès des accusés d'avril*). Dessiné d'après nature par LAFOSSE. Imprim. Lemercier, à *Paris*. Galerie des représentants du peuple, 1848 (Seine). Fac-similé de sa signature ; pap. de Chine. In-fol.

14274 Lagrange (Charles), représentant du peuple (Seine). A. COLLETTE. Imprim. Cattier. *Paris* et *New-York*, Goubil, Vibert et comp.; *London*, E. Gambart. Presque en pied, debout, de face, une main dans sa poitrine ; pap. de Chine. In-4.

14275 Lagrange, de Lyon. LECLER, 1835, d'après nature. Lithog. Delaunois ; Desessert, éditeur. Galerie patriotique. Au-dessous, une allocution aux insurgés, place des Cordeliers, 11 avril 1834. Dirigé à gauche. In-fol.

14276 Lagrange, représentant du peuple. En haut : *Les Montagnards socialistes*. DEGRANGE, éditeur. Lithog. Beaugeau. In-fol.

14277 Lagrange. Caricature représentant Charles Lagrange dans sa prison après les événements d'avril 1834. Lithog. Delaunois. Au-dessous : *La Cour rend des services et non pas des arrêts*. (Le *Nouveau Séguier*). In-4.

14278 Lagrange. (Par DAUMIER. N° 26). Impr. Aubert ; avec deux lignes de texte. En haut : *Les représentants représentés*. En pied, les cheveux aux vents, les bras croisés. Caricature du *Charivari*, 21 mars 1849. Pet. in-fol.

14279 Lagrange. Tiré du journal la *Caricature*. Lithog. DELAUNOIS. Pet. in-fol.

14280 Lalande (Jérôme). A. S. Dess. p. Z, avec le phy. inv. par Ch. Distique latin. Médaillon, profil à droite ; physionotrace. Pet. in-8.

14281 Lalande (de). Trait à l'eau-forte, sans nom d'auteur. Dirigé à droite. In-8.

14282 Delalande (Jérôme). A. PUJOS del., 1773; JNGOUF junior sculp., 1774. A *Paris*, chez Latré. Médaillon ; dirigé à droite. Quatrain. In-8.

14283 Lalande (Jérôme), né à Bourg le 11 juillet 1732, mort en 1807. Sans nom d'auteur; avant la lettre. Dirigé à gauche ; encadrement avec filets. In-8.

14284 Lalande (J.-G. de), célèbre astronome, né à Bourg, etc. Lithog de Fonrouge. LEGRAND del. Publié par Blaisot. Dirigé à gauche. In-4.

14285 Lalande. *European Magazine*. STANIER sculp. Published by J. Servell Cornhill. 1 nov. 1789. Dirigé à droite. In-8.

14286 Lalande (Jérôme de), de l'Académie royale, etc. A. PUJOS del., DUPIN sculp. Dirigé à gauche. In-8.

14287 Lalande (Jérôme de), né à Bourg-en-Bresse. A. PUJOS del., DUPIN sculp. A. *Paris*, chez Esnauts, a. p. d. R. Dirigé à gauche. Quatrain signé du chevalier DE CUBIÈRE. In-4.

14288 Lalande (Jérôme de), né à Bourg en Bresse le 11 juillet 1732. A. PUJOS del., 1773; P. MALEUVRE sculp., 1775. Médaillon. Dirigé à droite. Quatrain par DORAT. In-4.

14289 Lalande (Jérôme de), célèbre astronome du XVIII° siècle. F. BONNÉVILLE del., sculp. Dirigé à droite ; dans un ovale. In-4.

14290 Lalande. Caricature.

On croit au bienfaiteur quand on voit le bienfait ; S'il existait un Dieu, m'aurait-il fait si laid ?

Sans nom d'auteur. Gravure au trait ; dirigé à droite. In-8.

14291 Lambel (Joseph-Marie). LABADYE del., TEXIER sculp. Médaillon avec plinthe ; profil à droite. In-4.

14292 Lamerlière (M. Eugène de), homme de lettres, né à St-Marcellin (Isère). Galerie artistique de l'*Entr'acte lyonnais*. Lith. de GUBIAN et comp., à *Lyon*. In-4.

14293 Lamourette (Bischof), guillotiné en 1794. Sans nom de graveur. Médaillon rond. In-32.

14294 Lamourette (Adrien), évêque constitutionnel de Rhône-et-Loire. G. REYNAUD, lithographe. Lithog. H. Brunet, Fonville et comp. Perenon, éditeur... (Avec Notice biographique et fac-similé de sa signature). Profil à droite. Médaillon ovale. In-8.

14295 Lamourette (Adrien), 1ᵉʳ évêque constitutionnel de Lyon, mort le 11 janvier 1794; par F. BONNEVILLE. Profil à gauche. In-8.

14296 Lamourette (Adrien), évêque du départ. de Rhône-et-Loire; par CANO. Médaillon; profil à gauche. In-4.

14297 Lapoype (Jean-François), doyen des lieutenants-généraux (1846), baron de l'Empire, grand officier de la Légion-d'Honneur et chevalier de St-Louis, né à Lyon (Rhône), le 31 mai 1758 ; mort aux Brosses, près de Vaux, le 27 janvier 1851. TOUSSAINT. Lith. Vayron, d'après un tableau peint vers 1798, appartenant à cet officier général. Publié par P.-L.

Chevalier, de Lyon. Dirigé à droite. Pap. de Chine ; fac-similé de sa signature. In-8.

14298 Larcheret (Tho.-Ni.), né à Trévoux, ménestrel du pays des Dombes. COLIN del., Paul LEG. sculp. Dirigé à gauche ; pap. de Chine. In-8.

14299 Larrivée, né à Lyon en 1733, mort en 1802. Rôle d'OEdipe, tragédie lyrique. Dessiné par CŒURÉ, gravé par PRUDHON. Galerie théâtrale, 23e livraison., n° 90. En pied. In-fol.
— Autre épr. col. ; avec sa biographie tirée de la Galerie théâtrale. In-fol., 3 pp.

14300 Larrivée. Académie impériale de musique. Ovale ; profil à droite. Rôle d'OEdipe. In-12.

14301 Laurens (D. Petrus du), évêque de Belley. Alex. DUBUISSON VICTORIN ping. ad vivum. 1670. Guill. VALLET sculp. Médaillon avec armoiries. In-fol.

14302 Laurent (Laurentio Joannon de St-), mort en 1783. Joseph BONGIOVANI pinx., Joseph ARTIOLI delin., CHRISTOPHORUS ab Aqua sculpsit. Notice historique latine. In-fol.

14303 Lebrun (Claudius). Médaillon entouré de la légende. Quatrain signé GOUJON. In-4.

14304 Lebrun (Claudius), causidicus Bello-Juliensis, aetatis anno 57. 1617. Quatrain signé GOUJON. Une plume à la main. Au verso: Les procès civils et criminels. In-4.

14305 Lebrun (Claudius), causidicus Bello-Juliensis, ætatis anno 57. 1617. CULOT fecit. La main droite appuyée sur une pile de volumes. Médaillon. La plinthe et le quatrain ont été enlevés. In-4.

14306 Leclair (J.-M.), né en 1697, mort en 1764. Gravé par LAMBERT, d'après le dessin original appartenant à M. Fayolle. Dirigé à droite. In-8.

14307 Leclair (J.-M.). Gravé par LAMBERT, d'après le dessin original appartenant à M. Fayolle. Dirigé à droite. In-4.

14308 Le Clair (J.-Marie) l'aîné, de Lyon, musicien. Gravé par FRANÇOIS, d'après A. LOIR. Dirigé à gauche, un papier de musique à la main. Au-dessous, un soleil réchauffant une lyre. In-4.

14309 Le Clair (J.-Marie) l'aîné, de Lyon. A. LOIR pinx., FRANÇOIS sculp. Lugd., 1741. Plus haut, sous la manche, on lit encore : Gravé par J.-C. FRANÇOIS, né en 1717. Dirigé à gauche, la tête de face, un papier de musique à la main. In-fol.

14310 Legouvé (G.). FREMY del. et sculp. Eau-forte au trait. Dirigé à gauche. In-8, gr. pap.

14311 Legouvé (G.), membre de l'Institut. H. GARNIER del., lith. de Ducarme, publié par Blaisot. Dirigé à gauche. In-4.

14312 Legouvé (G.). DEVERIA del., LARCHER sc. Essai de la planche bien avant la lettre. Dirigé à droite. Gr. in-4.

14313 Legouvé (G.). DEVERIA del., LARCHER sculp. ; avant la lettre. Dirigé à droite. Papier de Chine. Tr. gr. in-4.

14314 Lelièvre, dit Chevalier. Esquisse à la plume ; profil à gauche. In-8.

14315 Lelièvre, dit Chevalier. Dessiné d'après nature, dans son cachot ; par C. JACQUAND. (Lithog.). Dirigé à droite. In-8.

14316 Lelièvre, dit Chevalier. Lithog. sans nom d'auteur. Tête penchée à droite. In-4.

14317 Lelièvre, dit Chevalier. D'après nature, au trait. Sans nom d'auteur. Tête penchée à gauche. In-4.

14318 Lelièvre, dit Chevalier. (D'après nature). Lithog. de L. C. Dirigé à gauche. In-4.

14319 Lelièvre, dit Chevalier. Lithog.; profil à gauche. In-4.

14320 Lemontey (Pierre-Edouard), né à Lyon le 14 janvier 1762. Dessiné par MOREAU, gravé par VOYER. A Paris, chez Dejabin. Médaillon sur une plinthe ; profil à droite. In-8.

14321 Lemontey (Pierre-Edouard), président de l'Assemblée nationale. Dessiné d'après nature par FAVERIN, gravé par VÉRITÉ. Médaillon sur une plinthe, encadrement rayé. Dirigé à gauche. In-8.

14322 Lemontey, d'après le dessin original qui est dans l'album de Madame la princesse Constance de Salm. Calque au crayon ; profil à gauche. In-8.

14323 Lemontey (P.-E.). Dessiné d'après nature en 1825, et gravé par Ambroise TARDIEU ; avant la lettre. Dirigé à gauche, dans un ovale. Gr. in-8.

14324 Lemontey (P.-E.), historien et critique Dessiné d'après nature en 1825, gravé par Ambroise TARDIEU. Dirigé à gauche, dans un ovale. Gr. in-8.

14325 Lémontey (P.-E.), né à Lyon le 14 janvier 1762; par LEGRAND. Lithog. Galerie universelle publiée par Blaisot. Dirigé à droite. In-4.

14326 Lemontey (P.-E), historien et critique, membre de l'Académie française, né à Lyon, départ. du Rhône, le 14 janvier 1762, mort à Paris le 26 juin 1826. Dessiné d'après nature en 1825, gravé par Ambroise TARDIEU. Dirigé à gauche; dans un ovale. Pap. de Chine. In-4.

14327 Lemontey (Pierre-Edouard). Jul. BOILLY. Lithog. 1822. Dirigé à gauche; avec Notice abrégée. In-fol.

14328 Lemot. BOUCHET pinx., FREMY del. et sculp. Au trait ; dirigé à gauche. In-8.

14329 Lemot (Franç.-Frédéric), né à Lyon le 4 novembre 1772, mort à Paris le 6 mai 1827. Lithogr. par BOILLY, 1823. Dirigé à droite ; avec Notice abrégée. In-4.

14330 Lemot (François-Fréderic) ; par Jules BOILLY. Gravure : réunion d'artistes. Déposé à la Bibliothèque en l'an XIII. 29 portraits dessinés au simple trait ; celui de Lemot sous le n° 19. In-fol.

14331 (Lenfant). Massacre des prêtres réfugiés dans l'église des Carmes, en septembre 1793. Dessiné et gravé par COUCHÉ fils, COUCHÉ sc.

Composition historique. Le père Lenfant est devant l'autel. En pied. In-8.—C'est par erreur qu'on a indiqué les massacres de septembre comme étant de 1793, lisez 1792.

14332 Lenfant (l'abbé), né le 6 septembre 1726, assassiné à l'Abbaye le 3 septembre 1792, au moment où il exhortait à la mort ses compagnons d'infortune. Lithog. PERROT. In-8.

14333 Lenfant (Alex.-Charles-Anne), jésuite. C.-M.-F. DIEN sculp. Médaillon avec plinthe ; dirigé à gauche. In-8.

14334 Le Roux (Léonard), architecte du roi. Gravé par Aug. ST-AUBIN, d'après C.-N. Cochin. 1782. Profil à droite. In-4.

14335 Lestrange (dom Aug.-Louis-Henri de), abbé des Trappistes, mort dans le couvent de ses religieuses de Lyon le 16 juillet 1827. Par H. REVERCHON. Lithog. de Brunet et comp. Dirigé à droite, la crosse en main. In-fol.

14336 Levasseur, missionnaire. Lithog. Dirigé à droite. In-4.

14337 Levi (Philippus, card. de), creat. an. 1473, mort. 1489. BARON fec. Profil à gauche. Tiré des *Eloges historiques des cardinaux illustres françois et étrangers* ; par le P. Henry ALBY. *Paris*, 1644. (Le card. de Levi était forézien). In-4.

14338 Lesay-Marnésia, préfet du Rhône. Lithog. J. WAILLY. Dirigé à gauche. In-8.

14339 Lezay-Marnésia (M. le comte de). A. LEGRAND. Lithog. Paul Petit et comp. *Encyclopédie biographique du XIXe siècle*. Dirigé à droite. Pap. de Chine. In-8. — Sur une autre page, ses armes. Pap. de Chine. In-8 ; avec sa Biographie tirée de l'*Encyclopédie biographique du XIXe siècle*. In-8, 16 pp.

14340 Lhermite de Souliers (Mre Jean-Baptiste), chevalier, gentilhomme ordinaire de la chambre du roy. Médaillon avec armoiries ; sa devise aux quatre coins, la légende autour du portrait ; au-dessous, quatrain en son honneur. Dirigé à gauche. In-4.

14341 Lhermite de Souliers (J.-B.). Sans nom d'auteur. Gravure ébauchée, Encadrée avec un simple filet. Dirigé à gauche. In-4. — Autre épreuve, pap. de Chine.

14342 Ligne (le prince de). Avec la devise : *Pro patria non timidus mori*. Sans nom d'auteur. Dirigé à droite ; dans un ovale. Notice biographique. In-8.

14343 Ligne (le prince de). Avant la lettre. COUCHÉ fils sculp. Dirigé à droite. In-4.

14344 Lilia de Crose (J.-B.), né à Montréal en Bugey. LABADYE del., COURBE sculp. A *Paris*, chez le sieur Dejabin, etc. Médaillon sur une plinthe ; profil à droite. In-4.

14345 Lisfranc (M. le dr), né à St-Paul-en-Jarrêt le 10 mai 1789, mort à Paris en mai 1847. GEOFFROY. Tiré du *Magasin pittoresque*. In-8.

14346 Lisfranc (Jacques). V. POLLET. Lithog. Paul Petit et comp. *Encyclopédie biographique du XIXe siècle*. Médecins célèbres. A gauche.

Pap. de Chine. In-8 ; avec Notice tirée de l'*Encyclopédie biographique du XIXe siècle*, signée DE L. In-8, 18 pp., tr. d.

14347 Loquin (Etienne), naturaliste distingué, né à Dijon le 5 mars 1757. Par PERBOUD, en 1825. Lithog. de Brunet. Profil à droite. In-8.

14348 Lortet, docteur-médecin. Etienne REY del. Lithog. H. Brunet et comp., à *Lyon*. Presque de face, la tête penchée. Avant la lettre. Pap. de Chine. In-fol.

17349 Lortet (le citoyen), commandant de la garde nationale. *Lyon*, 1848. B. ANDRÉ. Lith. Naegelin. In-4.

14350 Los-Rios (de), libraire à Lyon. Sans nom d'auteur. Médaillon, avec des livres sur une plinthe. Profil à droite. In-8.

14351 Los-Rios (François de), né à Anvers en 1728, libraire à Lyon depuis 1766. Médaillon, avec légende autour de la bordure. Manière noire. Profil à droite. In-8.

14352 Louis, fils d'Amé VIII (duc de Savoie). 1466. Sans nom d'auteur. Extrait d'un volume; avec Notice historique. In-32.

14353 Louis II, duc de Bourbon. A cheval. In-fol.

14354 Louis-le-Débonnaire. Médaillon trouvé dans les ruines de la synagogue des Juifs, à Lyon. Lithog. de BÉRAUD. In-8.

14355 Ludovicus XIII Dei gratià, etc. V. VAILLANT ad vivum faciebat, P. VAN SCHUPPEN sculpebat, 1660. Dirigé à droite. Médaillon, avec trophées et blason ; la légende sur une plinthe portant par erreur Ludovicus XIIII pour Ludovicus XIII. In-fol.

14356 Ludovicus Justus XIII, rex Gallorum. Sans nom d'auteur. En pied, avec médaillons représentant différentes circonstances de sa vie. Gr. in-fol.

14357 Lousmeau du Pont (Aimé), curé de St-Didier-de-Chalaronne, né à Lyon le 11 novembre 1741, député de Trévoux à l'Assemblée nationale de 1789. Dessiné par PERRIN, et gravé par COURBE. A *Paris*, chez Dejabin. Médaillon sur une plinthe. Profil à droite. In-4.

14358 Lumague (Marc-Ant.). LASNE sc. Tenant un tableau à la main. (Sur l'épreuve du cabinet du roi, il y a écrit au crayon : Lumague, négociant et amateur). (*Note de M.* GAY). In-4.

14359 Lumague, banquier (à Lyon); peint à Gênes. Ant. VANDICK eques pinx., Suzanne SYLVESTRE sculp. Pet. in-fol.

14360 Lumague (Marie), veuve de M. Pollalion, institutrice des Filles de la Providence, etc. Gravé par ROY depuis le recouvrement de sa vue. Dirigée à droite ; dans un médaillon, avec armoiries. In-8.

M.

14361 Mac-Carthy (l'abbé de), prédicateur. Lith. de PALLEY, d'après le dessin de H. Flandrin. In-4.

14362 Macon, général de brigade..., né à Chas-

selay (Rhône). TOUSSAINT. Lithog. Vayron ;
d'après une miniature appartenant à M. Chappuis, son neveu par alliance. Publié par P.-L.
Chevalier (de Lyon). Dirigé à droite. Pap.
de Chine ; fac-similé de sa signature. In-8.

14363 Madier de Montjau , conseiller à la Cour
royale de Nîmes. Par MONTROSE, 1820. Lith.
in-fol.

14364 Magdelaine (l'abbé de la). Par BIARD ;
avec la signature de l'auteur. Lithog. de H.
Brunet et comp. Quatrain. In-4.

14365 Magdelaine (l'abbé de la). Par BIARD ;
avant la signature de l'auteur. Lithog. de H.
Brunet et comp. Quatrain. In-4.

14366 Magneval (Gabriel-Barthélemi), ancien
négociant, député du départ. du Rhône ,
(1815), né à Lyon le 24 août 1751 , mort
à Paris le 14 novembre 1821. Lithog. de
BRUNET. Dirigé à droite ; dans des nuages.
In-4.

14367 Magneval , député du départ. du Rhône.
Lithog. de LANGLUMÉ. Dirigé à droite ; dans
un ovale. In-4.

14368 Magnin (Jean-André), peintre d'histoire,
né à Lyon le 25 février 1794 , mort à Bologne
(Italie) le 1er juin 1824. MAGNIN pinxit,
DÉSOMBRAGES delin. (Tiré par M. Désombrages
à 20 exemplaires). Dirigé à droite. Pap. de
Chine. In-fol.

14369 Maissiat (Jacques), né à Nantua (Ain)
le 28 mars 1805. Lithog. d'après nature par
LAFOSSE. Impr. Lemercier, à Paris. Assemblée nationale , Galerie des représentants du
peuple , 1848. (Ain). Dirigé à gauche , tête
penchée ; fac-similé de sa signature. Pap. de
Chine. Pet. in-fol.

14370 Maissiat (J.-Jacques), représentant du
peuple (Ain). FISCHER. Paris, Victor Delarue.
Lithog. de Becquet frères. In-fol.

14371 Maissiat (Mel), chef d'escadron au corps
royal des ingénieurs géographes , né à Nantua
le 19 septembre 1770. ROBERT del. Lithog.
Dirigé à gauche. Pet. in-fol.

14372 Malezieu (Nicolas de). DE TROYES pinxit.
offerebat Josephus Chavane , clericus. Gravé
par le chevalier EDELINCK. C. P. R. In-fol.

14373 Mandelot (F. de), prov. Lugd. præf. Médaille avec son revers sur une page in-fol..
contenant d'autres objets comme spécimen du
procédé de A. COLLAS. Nº 2.

14374 Manuel (par FERRAND , 1825. Dirigé à
droite. Au bas on lit : à Manuel, Lyon. Pap. de
Chine. In-4.

14375 Marca (Pierre de), né à Gant (Béarn)
en 1594 , mort archevêque de Paris en 1662.
Gravé par E. DESROCHERS, à Paris. Dans la
plinthe, au-dessous, quelques vers de Gacon.
Notice. Gr. in-8.

14376 Marca (Pierre de), archevêque de Paris.
J. V. SCHUP. pinx., J.-P. BIVEN sc. A Paris,
chez Lattré. Dirigé à droite ; dans un médaillon , sur une plinthe ; écusson. In-8.

14377 Marca (Petrus de), etc. VAN LOO pinxit,
1661; VAN SCHUPPEN sculp., 1663. Avec ses
armes. Citation latine de Tacite. In-fol.

14378 Marca (Pierre de). EDELINCK sc. C. P. R.
Médaillon , avec ses armes. Dirigé à gauche.
In-fol.

14379 Marca (Pierre de). G. ROUSSELET delin.
et sculp. Avant la lettre ; blason. Dirigé à
droite. In-fol.

14380 Marchand (Louis) , organiste du roi, né
à Lyon le 2 février 1669 , mort à Paris le 17
février 1732. Gravé par Charles DUPUIS,
d'après Robert. A Paris , chez Odieuvre,
marchand d'estampes , etc. In-4.

14381 Marchand (Louis) , organiste du roy, né
à Lyon , etc. ROBERT pinxit, Ch. DUPUIS sc.
Le nom et l'adresse du marchand d'estampes
effacés en retouchant la planche. In-4.

14382 Marchand (Louis), organiste du roy. Peint
par ROBERT et gravé par DUPUIS. Avant toute
lettre ; le portrait entouré d'un cadre à ornements. In-4.

14383 Marchand d'encre (le). Dessiné et gravé
par JULIEN. A Lyon , chez l'auteur. En pied ,
avec chanson. In-4.

14384 Marchande d'aiguilles (la). Dessiné et
gravé par JULIEN. A Lyon , chez l'auteur. En
pied , avec chanson. In-4.

14385 Marduel (J.-B.), docteur de Sorbonne,
né à Lyon le 27 décembre 1695, mort le 18
mars 1787. DAVESNE pinxit, GAUCHER sculp.
A Paris , chez Bligny. Offer (sic) par Bligny.
Dirigé à droite. Quatrain. In-4.

14386 Marduel (J.-B.), docteur de Sorbonne.
DAVESNE pinxit (GAUCHER sculp.). Le nom du
graveur gratté. A Paris, chez Bligny. Offer (sic)
par Bligny. Dirigé à droite. Quatrain. In-4.

14387 Marduel (J.-B.), curé de St-Roch. Par
BLIGNY, 1765. A Paris , chez Bligny. Mé-
daillon , avec légende , vers à sa louange.
Dirigé à gauche. In-fol.

14388 Marduel (Claude-Marie) , neveu de Jean
Marduel. Curé de St-Roch. 1828. Lith. de C.
MOTTE. De face , dans un ovale. In-8.

14389 Marduel (Jean-Bapt.), premier vicaire de
St-Nizier , vicaire de St-Roch , mort en 1846.
Zelus domus tuæ comedit me. Dessiné et
gravé de mémoire par Julie BOILY. Dirigé à
gauche. In-16.

14390 Margaron. Sans nom de graveur. In-32.

14391 Margaron, lieutenant-général de cavalerie...., né à Lyon (Rhône). TOUSSAINT. Lith.
Vayron , d'après un tableau appartenant à
M. le lieutenant - colonel Couturier St-Clair ,
son gendre. Publié par P.-L. Chevalier (de
Lyon). Dirigé à droite. Pap. de Chine ; fac-
similé de sa signature. In-8.

14392 Margaron. FORESTIER sculp., Ambroise
TARDIEU direxit. Presque de face ; dirigé à
droite. In-8.

14393 Marigny (Mademoiselle) , rôle de Fanchon la vielleuse. En pied , avec chanson. In-4.

14394 Marot (Clément). Sans nom d'auteur. Profil à droite. In-64.

14395 Marot. Sans nom d'auteur. Dirigé à gauche. In-64.

14396 Marot (Clément), né à Cahors en 1495, mort à Turin en 1554 (*sic*). J. HOLBEIN pinx., GAUCHER incidit. Médaillon sur une plinthe. Dirigé à gauche. In-12.

14397 Marot (Clément). J. HOLBEIN pinx., M. DE LAUNAY sculp. Médaillon avec plinthe, environné de fleurs et d'emblêmes. Quatrain de J.-B. ROUSSEAU. Dirigé à gauche. In-12.

14398 Marot (Clément). HOLBEIN pinx., LANDON direx. Tiré de l'*Histoire de France*. Encadrement avec filets. Dirigé à droite; au simple trait. In-12.

14399 Marot (Clément). Avant la lettre. Sans nom d'auteur. Dirigé à gauche, dans un nuage. Pap. de Chine. In-8.

14400 Marot (Clément), né à Cahors en 1484, mort à Turin en 1544. Sans nom d'auteur. Médaillon sur une plinthe. Profil à droite. In-8.

14401 Marot (Clément), valet de chambre de François Ier, né à Cahors. HOLBEIN pinx., D. SORNIQUE sculp. A *Paris*, chez Odieuvre. Médaillon sur une plinthe. Dirigé à droite. In-8.

14402 Marot (Clément). VIGNERON del. Lithogr. Profil à gauche. In-8.

14403 Marotus (Clemens). Sans nom d'auteur. Gravure sur bois, avec bordure. Profil à droite. In-8.

14404 Marot (Clément). Gravé par DESROCHERS. Un sixain dans la plinthe. Médaillon ; légende dans un cartouche. Profil à gauche. In-8.

14405 Marot (Clément). On l'appelait le poète des princes et le prince des poètes. Sans nom d'auteur. A *Paris*, chez Crépy. Médaillon sur une plinthe. Profil à droite. In-4.

14406 Marotius (Clemens), poeta gallicus. B. R. 1576. En haut : *La mort n'y mord*. Profil à gauche. In-4.

14407 (Marot), Marcus Tullius Cicero. JOLLAIN exc. En haut : *La mort n'y mord*. Profil à droite. In-4.

14408 Marotius (Clemens), poeta. Sans nom d'auteur. Profil à droite ; une couronne sur la tête. Distique latin. In-fol.

14409 Marot (Clément). G.-F.-L. DEBRIE inv. et sculp. 1729. Environné d'attributs, et au-dessous vignette représentant Marot conduit en prison. Profil à gauche. In-4.

14410 Marquemont (Denis-Simon de), cardinal, archevêque de Lyon, né à Paris en 1572, mort à Rome le 16 septembre 1626. Sans nom d'auteur apparent. Dirigé à droite. Notice biographique manuscrite collée au verso. In-32.

14411 Marquemont (Dionisius Simon de), S. R. E. presbyter cardinalis. P. MARIETTE excudit. Dirigé à gauche. In-4.

14412 Marquemont (Dionisius Simon de), S. R. E. presbyter cardinalis, etc. (P. MARIETTE

excudit). Avant le nom de l'auteur. Dirigé à gauche. In-4.

14413 Mars (Mlle). BERTONNIER, 1826. A *Paris*, chez l'auteur. In-8.

14414 Martin (Louis-Aimé), né à Rillieux près Lyon en 1786, mort à St-Germain-en-Laye le 18 novembre 1847. Par BORDES. Lithogr. de C. Motte. Dirigé à droite ; dans un ovale. In-fol.

14415 Martin (L.-Aimé). Peint par COSSMANN, impr. par Lemercier. Presque de face. Gr. in-fol., papier de Chine. avec l'envoi autographe de M. Aimé Martin à M. Coste.

14416 Martin (Blaise). Opéra comique. BULMANN del. Lithog. de C. Motte. Collection du *Courrier des spectacles*. In-4.

14417 Martin (Claude). (Le major Martin), fils d'un tonnelier de Lyon, né en janvier 1732, mort à Lucknow, dans le Bengale, le 13 septembre 1800; fondateur de l'école de la Martinière. BOUVIER sc. Dirigé à droite. In-8.

14418 Martin (Claude) (le major général). Dessiné par GUBIAN. Lith. de Bardoz, à *Lyon*. Dirigé à droite. In-fol.

14420 Martin (Pierre-Etienne), doct. en médecine, né à St-Rambert en Bugey en 1772, mort à Lyon le 10 juillet 1846. Lith. de H. BRUNET. Dirigé à gauche ; notice. In-4.

14420 Martin (Pierre-Etienne), d.-m. Dessiné et offert par RENAUD DE VILBACK. Lith. de Brunet et comp. Dirigé à gauche. Avec quatrain. In-4.

14421 Mascrany, eschevin. Avant toute lettre. Dirigé à gauche; dans un médaillon, avec ses armes. In-4.

14422 Massillon, professeur de théologie à Montbrison, nommé abbé de Savigny. Gravé sur acier par POLLET. Lettre grise. Gr. in-8.

14423 Masson (Jean Papire), avocat au Parlement de Paris, né à St-Germain-Laval en Forez en 1544, et mort à Paris en 1611. A *Paris*, chés Daumont. Médaillon sur une plinthe; dirigé à droite. Mauvais quatrain à sa louange. In-8.

14424 Masson (Papirius). L. GAUTIER sc. 1612. Avec fleurs autour du médaillon. Dirigé à droite. In-8.

14425 Masson (Joannes Papirius), Foresius, in regia et senatu parisiensi advocatus, etc. J M. FAULTE fecit. Dirigé à droite. In-8.

14426 Masson (Papire), avocat. Par DESROCHERS. Dirigé à droite. Mauvais quatrain. In-8.

14427 Masson (Papire). Jac. LUBIN sculp. Médaillon avec ses armes ; dirigé à gauche. In-4.

14428 Massonus. Masson (Jean Papirius). DE L'ARMESSIN sc. Dirigé à gauche. Gr. in-4.

14429 Masson (Papire). Jac. LUBIN sculp. Médaillon avec blason. Dirigé à gauche. In-fol., grandes marges.

14430 Matel (Mère Jeanne-Marie de Jesus, Chezard de). A. LE POUTRE sc., CARÉ pinx. In-4. (Voir CHEZARD).

14431 Maupetit (P. H. A.), général de brigade

de cavalerie..., né à Lyon (Rhône) le 21 novembre 1771, mort à Alençon en 1811. Toussaint. Lith. Vayron, d'après un tableau appartenant à M. le baron Maupetit, son neveu. Publié par P.-L. Chevalier (de Lyon). Dirigé à gauche. Pap. de Chine; fac-similé de sa sign. In-8.

14432 Maupetit (P.-H.-A.), colonel du 9e régiment de dragons, né à Lyon le 2 septembre 1769, mort en 1811. Gravé par Couché fils, Swebat inv. et del. Représentation d'un combat. Faisant partie des *Fastes de la nation française*, par Ternisien d'Haudricourt. In-4.

14433 Mayet (Jean-M.-Félix), curé de Rochetaillé, député de la sénéchaussée de Lyon à l'Assemblée nationale de 1789. Dessiné par Perrin, gravé par Voyez junior. Profil à droite. In-8.

14434 Mayet (Jean Marie-Félix), député de la sénéchaussée de Lyon. Gravé par Mme Cernelle, d'après Lambert. Presque de face; à l'aqua-tinta. In-4.

14435 Mayeuvre-Champvieux, née Granier (Mme). Lith. de Lefèvre. Avant la lettre. In-4.

14436 Mazarin (le cardinal). Nanteuil ad vivum del. et sculpebat. 1658. In-fol.

14437 Médicis (Catherine de), Sans nom d'auteur. En pied, une lettre à la main. In-4.

14438 Médicis (Marie de), épouse de Henri IV. Sans nom d'auteur. Avec une bordure représentant sept traits de l'histoire de sa vie, et en particulier son mariage à Lyon. Gr. in-fol.

14439 Melzi, vice-presidente della Republica italiana. Gius. Longhi dis. dal vero, Gio. Boggi incise. 1802. Deposto alla Biblioteca Maz. Médaillon rond in-4.

14440 Melzi, vice-presidente della Republica italiana. Sans nom d'auteur. Avant toute lettre. Médaillon rond gr. in-4.

14441 Melzi d'Elvil. Mlle de Noireterre del., P. Tassaert sc. Avant la lettre. Gr. in-4. — La lettre est sur une feuille qui lui sert de garde.

14442 (Melzi), Eril (François Melzi d'), duc de Lodi. P. Tassaert sculp., Mlle de Noireterre del. Pet. in-fol.

14443 Mendiante (la) des Chazottes. Cl. Jacquand, 1832. Lith. de Brunet et comp., à *Lyon*. In-fol. — Cette lithographie a été distribuée par les rédacteurs du *Papillon*, journal des dames.

14444 Menestrier (Claude-François), jésuite, né à Lyon le 10 mars 1631, mort à Paris le 21 janvier 1705. Lith. Cotton. L.-M. Perenon, éditeur, 1849. Avec notice et fac-similé de sa signature. En haut : *Panthéon lyonnais*. Gr. in-8. — Autre épreuve sur papier rose. — Autre épreuve sur papier jaune.

14445 Menestrier (le célèbre Claude). Gravé par Desrochers. Avec un quatrain. In-8.

14446 Menestrier (Cl.-Fr.). Gravé par J.-B. Nolin en 1688, d'après le portrait peint par P. Simon. Médaillon entouré de livres. In-4.

14447 Menestrier (Cl.-Fr.). Gravé par A. Trou-

vain, 1688, d'après P. Simon. Médaillon avec monogramme du Christ. Dirigé à droite. In-fol.

14448 Menestrier (Cl.-Fr.). Gravé par Steph. Gantrel en 1687. Médaillon sur un socle. In-fol.

14449 Menoust (R.), missionnaire de France. Lith. de Langlumé. Dirigé à gauche, dans un ovale. In-8.

14450 Menoust (R.), missionnaire de France. Lith. de Langlumé. Quatrain au-dessous du nom. Dirigé à gauche. In-8.

14451 Mercier (Barthélemi), abbé de St-Léger, né le 4 avril 1734, mort à Paris le 13 mai 1799. Gravé par G. Benoist, d'après Voiriot. De face, dans un médaillon supporté par une plinthe. Ecusson in-fol.

14452 Mercier, professeur d'écriture. Par Gayette, 1822. Lith. de Brunet. Profil à droite. Avant la lettre. In-4.

14453 Merinville (M. René Desmoustier de), évêque de Dijon et de Chambéry, administrateur du diocèse de Lyon en 1802, mort à Versailles en novembre 1821. Moreau delin., Courbe sculp. Profil à droite, dans un médaillon sur une plinthe, avec écusson. In-4.

14454 Mermet (Albert), lieutenant-colonel, né à St-Rambert (Bugey) en 1759. Vignette représentant sa mort. L. Lafitte del., Couché fil. sc. Notice hist. In-4.

14455 Messy (l'abbé), vicaire de St-François à Lyon. Sophie Savoye, 1837. Lith. de H. Brunet et comp., à *Lyon*, le 25 août 1836. In-fol.

14456 Meyssonnier (vray portrait de Lazare), conseiller, médecin ordinaire du roy et de S. A. R., docteur de l'université de Montpellier, agrégé au collége des médecins à Lyon; né à Mâcon en 1602, mort chanoine de St-Nizier à Lyon, le 26 février 1672. Sans nom de graveur. Gravure sur bois; dirigé à droite, avec signes cabalistiques. In-12.

14457 Michaud. Duc del., Couché fil. sc. Dirigé à droite. In-32.

14458 Michaud (Joseph), né le 19 juin 1767, au bourg d'Albens en Savoie, mort à Passy, près Paris, le 30 septembre 1839. Gravure, avant toute lettre. Dirigé à droite. Pap. de Chine. In-4.

14459 Michaud (Joseph). Jul. Boilly del. Lithographie. Dirigé à gauche, avec Notice. In-fol.

14460 Michel (Honorand. admod. Benedictus), S. Paris. baccal. theol. provinciæ S. Bonavent. bis quondam minister prov. Devaux sculp. Médaillon sur une plinthe. In-fol.

14461 Michel (le pauvre), grotesque de 1812. (Tiré de l'Album du *Tocsin*, journal de Lyon). C. Augier, E. Bonnet. Lith. de Gubian et comp. En pied. In-4.

14462 Michel (le pauvre). Gravé par Julien. En pied, avec chanson. *Galerie grotesque de Lyon*. In-4.

14463 Michon (Léonard). Gravé par Daudet en 1730, d'après le portrait de C. Grandon. Médaillon avec écusson, supports et devise; le

Journal de Lyon et un livre à côté; légende dans la plinthe. In-8.

14464 Milanois (J.-Jacques), ancien avocat du roi, né le 22 octobre 1749, mort victime de la Terreur, le 5 décembre 1793. LABADYE del., LE TELLIER sc. A *Paris*, chez le sieur Dejabin. In-4.

14465 Milanois, député de Rhône-et-Loire en 1789. Sans nom d'auteur. Profil à droite. In-4. — Autre épreuve pap. de Chine.

14466 Millot, comédien. Gravé par Jac. THOURNEYSEN, d'après Car. Dauphin. En pied, le chapeau à la main. In-fol.

14467 Milly (Nicolas-Christierne de Thy, comte de), né en 1728 d'une ancienne famille du Beaujolais. J. NOTTÉ pinx., N. THOMAS sculp. 1781. Médaillon entouré d'emblèmes; au-dessous, paysages; la Nature et un petit génie auprès de l'entrée d'une mine. Fourneau, cornues, signes cabalistiques; légende avec écusson. Dirigé à droite. In-4.— Autre épreuve, ayant de plus : A *Paris*, chez l'auteur, rue des Boulangers, vis-à-vis les Anglaises.

14468 Mme Minoret, première chanteuse du Grand-Théâtre de Lyon. Lith. BÉRAUD, à *Lyon*. Dirigée à droite. In-4.

14469 Mioland, chanoine, vic. général et supérieur des missionnaires de Lyon. Par JUBANY. Lith. de H. Brunet. Dirigé à droite. In-4.

14470 Mirabeau (Jean-Baptiste-Julien, dit), ancien militaire de marine, né à Lyon, et y est mort (*sic*) le 20 octobre 1811. Dessiné et gravé par JULIEN. En pied, avec chanson. In-4.

14471 Moine (Antonin), sculpteur, né à St-Étienne en Forez, mort en 1849. Lithographié d'après nature par GIGOUX. Lith. de Kaeppelin et comp. Les mains croisées devant lui, de face. In-4.

14472 Moine (Antonin). Par JULIEN. Impr. Aubert. *Galerie de la presse, de la littérature et des beaux-arts.* Dirigé à droite, les bras croisés. In-4.— Avec sa Biographie par Louis BATISSIER. In-4, 4 pp.

14473 Molard (Etienne), professeur de belles-lettres à Lyon, né à Lyon vers 1760, mort le 6 mars 1825. Lith. de BRUNET. Dirigé à gauche. In-4.

14474 Molière. FRILLEY del., SOLIMAN sculp. Lettre grise. In-4.

14475 Molière. FRILLEY del., SOLIMAN sculp, Lettre grise ; pap. de Chine. In-4.

14476 Molière. FRILLEY del., SOLIMAN sculp. Avant la lettre. In-4.

14477 Molière (J.-B. Poquelin de). Peint par GARNEREY, gravé par P.-M. ALIX. Dirigé à gauche ; dans un médaillon, avec emblèmes ; au-dessous, vignette représentant une scène de *Tartuffe*. In-fol., colorié.

14478 Moline de Saint-Yon, ministre de la guerre...., né à Lyon (Rhône). TOUSSAINT. Lith. Vayron. D'après une statuette communiquée par lui-même. Publié par P.-L. Che-

valier, de Lyon. Dirigé à gauche. Pap. de Chine; fac-similé de sa sig. In-8.

14479 Moucey (le général). Avant toute lettre. Dirigé à gauche. In-4.

14480 Monet (C.-N.), directeur de l'Opéra-Comique de Paris, puis directeur du théâtre de Lyon en 1745, né à Condrieu (Rhône), mort à Paris en 1785. COCHIN del. , Aug. DE ST-AUBIN sculp. 1765. Attributs de musique et emblèmes, avec sa devise : *Mulcet, movet, monet.* Médaillon ; profil à droite. In-8.

14481 Monet. Sans nom d'auteur. Avant la lettre. Attributs de musique entremêlés de fleurs. Médaillon. Profil à gauche. In-8.

14482 Monet, juge au Tribunal de commerce et nég. à Lyon. Lith. de BRUNET. In-8.

14483 Monfalcon (J.-B.), doct.-médecin, historien, né à Lyon le 11 octobre 1792. Par P. CORNU. Lith. de H. Brunet. Avant la lettre. Presque de face. In-8.

14484 Monfalcon, docteur-médecin. Dessiné par P. CORNU. Lith. de H. Brunet, à *Lyon*. Avant la lettre. De face. In-4.

14485 (Monfalcon). J.-J. LÉPINE sculp. , *Lyon*. De face. Au-dessous, une plinthe portant le titre de ses principaux ouvrages. Pap. de Chine. In-4.

14486 Mongez (Antoine), né à Lyon le 29 janvier 1747. Par Julie BOILLY, 1820. Lith. Presque de face. In-4.

14487 Monod (Adolphe), (ministre protestant à Lyon). Etienne REY del. Impr. lith. H. Brunet et comp., *Lyon*. In-fol.

14488 Monspey (Mis de), maréchal-de-camp sous Louis XVI, lieutenant-général sous Louis XVIII....., né à St-Georges-de-Rognains (Rhône). TOUSSAINT. Lith. d'après un tableau appartenant à M. le Mis de Monspey son fils. Publié par P.-L. CHEVALIER, de Lyon. Dirigé à droite. Pap. de Chine ; fac-similé de sa sig. In-8.

14489 Montaigu (Gilles Aycelin de). Profil à droite. Tiré de l'*Hist. des cardinaux français.* Avec Notice biographique. In-fol.

14490 Montazet (Antoine de Malvin de), archevêque et comte de Lyon, né dans le diocèse d'Agen le 17 août 1713, mort à Paris le 2 mai 1788. Peint par L.-Mel VANLOO, gravé par DUCHÈNE. A *Paris*, chez Bligny. Médaillon sur une plinthe, avec blason. In-4.

14491 Montazet (Antoine de Malvin de), archevêque et comte de Lyon, primat de France. Peint par L.-Mel VANLOO, gravé par C.-A. LITTRET DE MONTIGNY. A *Paris*, chez Quillau. Blason. Presque en pied, tenant un livre ouvert sur ses genoux. In-fol.

14492 Montazet (Antoine de Malvin de), archevêque et comte de Lyon, primat de France. Peint par L.-Mel VANLOO, gravé par C.-A. LITTRET DE MONTIGNY. Avant la lettre. Presque en pied, tenant un livre ouvert sur ses genoux. Différencié du numéro précédent par quelques changements à la tête. In-fol., belle épreuve.

14493 Montconys (Gard), Seur de Liergues, lieutenant criminel de Lyon en 1652. Gravure au trait, sans nom d'auteur. Regarde à droite. In 8. — Autre épreuve, pap. de Chine.

14494 Montélégier (Alle-Aphe de Bernon, vicomte de), par JACOMIN. Lith. de Brunet. Dirigé à gauche ; avec Notice. Blason. In-fol.

14495 Montenay (Georgette de). s. n. d'auteur. Portrait en buste, devant une tablette. In-8.

14496 Monternod (Mme de), née de Panette. Avant toute lettre. Profil à gauche. In-12.

14497 Montessu (Mme). Académie royale de musique. VIGNERON. Lith. de Engelmann. Dirigée à droite, dans un ovale. Pap. de Chine. In-4.

14498 Mongolfier (les frères), nés à Vidalon-lès-Annonay : Joseph , en 1740 ; Etienne , en 1745. PIGEOT del. et sculp. Gravure sur acier, lettre grise. Profils à droite, d'après l'antique. In-8.

14499 Montgolfier (les frères). Avant la lettre. Sans nom d'auteur. Profils à gauche, d'après l'antique. In-8.

14500 Montgolfier (J.). Lith. par L. TEISSIER. Dirigé à droite. In-8.

14501 Montgolfier (Joseph-Michel), inventeur de l'aérostat, du bélier hydraulique ; né à Annonay, département de l'Ardèche, en 1740, mort en 1810. Lith. de H. BRUNET et comp., à Lyon, 1842. Dirigé à droite. In-fol.

14502 Montillet (J.-F. de), archevêque d'Auch, primat de la Novempopulanie et des deux Navarres. ROLAND DE LA PORTE pinxit, François DE LOTHA S. P. sculp., 1754. Dirigé à gauche. In-fol.

14503 Montluel (M. de \. B. 89. Dessiné par QUENEDEY. Avant la lettre. Profil à droite. Médaillon rond. In-32.

14504 Montereul (Jean de) (ou Montreuil), de l'Académie française. Gravé pour la première fois d'après un dessin du temps, étant dans le cabinet de M. Monmerqué. Sans nom d'auteur. Profil à droite. In-4.

14505 Montluca (Jean-Etienne). Gravé par VIEL, d'après une miniature. Dirigé à droite, dans un ovale. In-4.

14506 Montrichard, un des généraux en chef commandant en Italie l'armée française, contre l'Angleterre. Sans nom d'auteur. Gravure sur bois, enluminée. In-fol.

14507 Morand (Jean-Antoine), architecte, né à Briançon le 10 novembre 1727, mort le 24 janvier 1794. Gravé par QUENEDEY, d'après le dessin de Couturier. Manière noire. Profil à gauche ; Notice. In-8.

14508 Moreau (Jean-Claude), maréchal-de-camp, baron de l'Empire...., né à Lyon (Rhône). TOUSSAINT. Lith. Vayron, d'après une miniature appartenant à M. Chabert-Moreau, avocat à la Cour royale de Grenoble.

Publié par P.-L. Chevalier, de Lyon. Dirigé à gauche. Pap. de Chine. Fac-similé de sa sig. In-8.

14509 Morel de Chaliol, nég. à Lyon en 1766. Lith. de BRUNET. Profil à gauche. Attributs du commerce. In-8.

14510 Morelle (Julienne), née à Barcelone le 16 février 1594, morte religieuse à Avignon le 16 juin 1653. ESME DE BOULONAIS fecit. Tiré de l'*Académie des sciences et des arts*, liv. II. Avec texte commençant au-dessous et occupant le verso. Dirigée à droite. In-fol.

14511 Morellet (l'abbé), né à Lyon. Dessin au crayon noir ; croquis. Profil à gauche. In-4.

14512 Morellet. LAFOND pinxit, FREMY del. et sculp. Gravure au trait. Dirigé à droite. In-8.

14513 Morellet (André), né en 1727, mort en 1819. Dessiné d'après le tableau original. MASSOL sculp. De face. In-8.

14514 Morellet, né en 1727, mort en 1819. Dessiné et gravé d'après Latour par LEFÈVRE. De face ; pap. de Chine. In-4.

14515 Morellet (l'abbé). Sans nom d'auteur. Avant la lettre. De face. Gr. in-4.

14516 Morellet (l'abbé André), né à Lyon le 7 mars 1727, mort le 12 janvier 1819. Par BOILLY, 1820. Dirigé à gauche. Lith. in-4.

14517 Morin (Jean-Baptiste), médecin, astronome, né à Villefranche en Beaujolais le 7 mars 1583, mort à Paris le 6 novembre 1656. Gravé par DESROCHERS. Médaillon. Quatrain, notice. Dirigé à droite. In-8.

14518 Morin (Jean-Baptiste). Sans nom d'auteur. A *Paris*, chez Daumont, rue St-Martin. Notice, quatrain. In-4.

14519 Morinus (Joannes-Baptista), ætat. 66, anno 1648. P. MARIETTE excud. Vers latins signés B. G. In-4.

14520 Morin (Jean-Baptiste). P. MARIETTE excud. In-4.

14521 Morin (Jean-Baptiste), d.-m. Gravé par N. POILLY, d'après AB. Flamen. Notice autour du médaillon, citation de Collesonius au-dessous, plus bas la dédicace de Claude Mercier son neveu. In-4.

14522 Mortemart (R. de Rochechouart-), représentant du peuple (Rhône) (1848). Romain CAZES. *Paris*, Victor Delarue. Impr. Domuec. Assemblée nationale. Dirigé à gauche. In-fol.

14523 Moulceon (S.), secrétaire de la ville de Lyon, 1641. Sans nom d'auteur. Profil à droite. In-8. — Autre épreuve, pap. de Chine.

14524 Mourand (*sic*) Prosper (Mouraud), représentant du peuple (Rhône). JUNDELLE. *Paris*, Victor Delarue. Impr. Kaeppelin. Assemblée nationale. Dirigé à droite ; tête de face. In-fol.

14525 Mouton-Duvernet, né au Puy en 1769, fusillé à Lyon le samedi 27 juillet 1816. RÉVILLE sculp. Eau-forte. Dirigé à gauche. In-32.

14526 Mouton-Duvernet. FORESTIER sculp., Ambroise TARDIEU direxit. Dirigé à droite. In-4.

14527 Mouton-Duvernet. Par FONVILLE. Lith.

de Villain. Dirigé à gauche. Pap. de Chine. In-fol.

14528 Muguet (François). Sans nom d'auteur apparent. Blason. Dirigé à droite. In-fol.

14529 Muguet (François), premier imprimeur du roy, etc. Simon DE QUOY pinxit, S. THO-MASSIN sculp. REGIUS ære incidit, 1700. Blason. In-fol.

14530 Le Musicien à la Cendrillon. Gravé par JULIEN, à *Lyon*. En pied, avec chanson. In-4.

N.

14531 Nemours (Jac. A. Sab. D. Ge. et Nem.), gouverneur de Lyon, mort en 1583. Médaillon gravé sur bois, sans nom d'auteur. Dirigé à gauche. Derrière, l'effigie de *Marie, impératrice*. In-64.

14532 Nemours (Jacques de Savoye, duc de). Sans nom d'auteur. Gravure sur acier. Dirigé à droite. In-64.

14533 Nemours (Jacques, duc de). Sans nom d'auteur. En pied ; dirigé à droite. In-4.

14534 Neufville (Antoine de), abbé de St-Just, etc., mort en 1670, à l'âge de 74 ans. DE LA ROUSSIÈRE delin. effigiem et sculp. Dirigé à droite. Gr. in-4.

14535 Neufville (Camille de), archevêque et comte de Lyon, né à Rome le 22 août 1606, mort à Lyon le 3 juin 1693. Sans nom d'auteur. Dirigé à droite. In-12.

14536 Nevfville (Messire Camille de), abbé d'Esnay, comte et archevesque de Lyon, primat des Gaules. MONCORNET excudit, 1651. Dirigé à droite, dans un médaillon. In-4. — Une autre épreuve, sans date.

14537 Neufville de Villeroy (Camille de), archevêque de Lyon. Sans nom d'auteur. Tiré de l'ouvrage de Mouton sur l'astronomie. Assis, tenant une lettre. In-4.

14538 Neufville (Camille de), archevêque de Lyon. GRIGNON fec. Dirigé à droite. Médaillon avec écusson. In-4.

14539 Neuville (Camille de), archevêque de Lyon. Sans nom apparent. Dirigé à droite. In-fol.

14540 Neufville (Cam. de), archevêque de Lyon. Gravé par HUMBELOT, 1664. Assis, tenant une lettre adressée au roi. Dirigé à droite. Dans le haut, un ange avec des palmes. In-fol.

14541 Neufville (Camille de). CHAMPAGNE pinx., 1654. M. LASNE fecit, 1655. Dirigé à droite, dans un écusson. In-fol.

14542 Neufville (Camille de). Par Germain AUDRAN. Assis, tenant une lettre. Dirigé à droite. In-fol.

14543 Neuville (Camille de), archevêque de Lyon. Gravé par Germain AUDRAN, 1688. Avant la lettre. Dirigé à droite. Décoré de l'ordre du St-Esprit. Médaillon de feuilles de chêne, avec écusson entouré de palmes. In-fol.

14544 Neufville de Villeroy (Camille de), archevêque de Lyon. Gravé par Germ. AUDRAN. Médaillon en branches de palmes entourées d'une banderole sur laquelle est écrit un vers de l'*Enéide*. Dirigé à droite, avec l'ordre du St-Esprit. Sans Notice apparente. In-fol.

14545 Neufville (Camille de), archevêque de Lyon. Gravé par J.-Jacq. THOURNEYSEN en 1672, d'après le tableau de Mignard; T BLANCHET delineavit. Dirigé à droite; écusson avec un lion et un griffon. In-fol.

14546 Neufville (Camille de), archevêque de Lyon. Stephanus PICARD Rom. sculp., 1670. Portrait entouré d'ornements d'architecture. Dirigé à gauche. In-fol.

14547 Neufville (Camillus de), arch. et comes Lugd. P. A. C. F. Joan. FRANÇOIS Francispanus pinxit. Dirigé à droite. Légende autour du médaillon. In-fol.

14548 Neufville (Camille de), arch., comes Lugd., Galliar. primas, etc. GANTREL ad vivum faciebat, cum privil. regis ; anno 1679 offerebat Petrus Terrasson, diaconus, primatialis Galliarum cleri syndicus generalis. Dirigé à gauche. In-fol.

14549 Nevfville (Carolvs de). D. d'Halincourt, marchio de Villeroi, comes de Bury, etc. C. AUDRAN fecit. Ovale entouré de la légende ; au-dessous, distique latin. Dirigé à gauche. In-4.

14550 Neufville (Charles de), seigneur d'Halincourt et de Villeroy, gouverneur de Lyon, mort le 17 janvier 1642. Theodor. VAN MERLEN fecit, 1652. Avec blason. Dirigé à gauche ; la légende autour du médaillon. In-fol.

14551 Neufville (Carolus de, D. d'Halin., eques torquatus). (Nicolaus de, primus regis secretarius). (Nicolaus de, marchio de Villeroy). Ces trois portraits sont au milieu d'une composition allégorique d'Audran. Un côté de la composition est occupé par Mars, et l'autre par Minerve. AUDRAN fecit. In-fol.

14552 Neuville (Ferdinand de), évêque de Chartres, mort à Paris le 7 janvier 1690. Avant toute lettre. Gravé. Dirigé à droite. Pet. in-4.

14553 Neufville (Messire Ferdinand de), évêque de St-Malo. Par T. VAN MEERLEN, 1653. Médaillon avec légende ; armoiries. Dirigé à gauche. In-fol.

14554 Neufville (Ferdinand de). Gravé par FORSFELL, 1808. Avant la lettre. Dirigé à droite. In-fol., très beau portrait.

14555 Neufville (Ferdinandus de), episcopus Carnotensis. NANTEUIL ad vivum ping. et sculp. 1669. Dirigé à gauche. Médaillon entouré de croix de Lorraine. In-fol.

14556 Neufville (Ferdinandus de), episcopus Carnotensis. R. NANTEUIL ad vivum ping. et sculp. 1664. Médaillon entouré de la légende, avec l'écusson. Dirigé à gauche. In-fol.

14557 Neufville (Ferdinand de). CHAMPAGNE pinx., NANTEUIL sculp. 1638. Médaillon octogone en feuilles de chêne, sur une plinthe, avec écusson. Dirigé à gauche. In-fol., très beau portrait.

14558 Nevfville (Ferdinandvs de), Carnotensivm episcopvs. Offerebat F. R. CADIOU Mantanus ord. FF. Prædicatorum, 1677. Dirigé à droite, dans un médaillon ovale ; la légende sur une banderole. Au bas du portrait, deux médaillons avec emblèmes et devises. In-fol.

14559 Villeroy (M. le maréchal de), né à Lyon le 7 avril 1644 , mort le 18 juillet 1730. Sans nom d'auteur. Dirigé à droite. Ovale. sur une plinthe. Tiré d'un livre, tome III , page 294. In-16.

14560 Neufville (Fr. de) , maréchal de Villeroy. Sans nom d'auteur. Médaillon sur une plinthe. Dirigé à droite. In-12.

14561 Neufville (François de), M. le maréchal de Villeroy. Tiré d'un livre, tome II, page 268. Sans nom d'auteur. Médaillon sur une plinthe. Dirigé à gauche. In-12.

14562 (Neuville), M. le maréchal de Villeroy. Tiré d'un livre., tome III , page 160. M. POOL sculp. Dirigé à droite. Médaillon sur une plinthe. In-8.

14563 Nenfville (Fr. de), M. le maréchal de Villeroy. Sans nom d'auteur. Tiré d'un livre , tome III, page 160. Dirigé à droite. In-8.

14564 Villeroy (maréchal). JONES fecit. Publish'd by C. Lownde's sept. 28 1793. Dirigé à gauche, dans une ovale. In-8.

14565 Neufville (François de) , duc de Villeroy. Gravé par DESROCHERS. Médaillon avec cartouche et légende ; sixain dans la plinthe par Gacon. Dirigé à gauche. In-8.

14566 Neufville (François de), Hertsog von Villeroy, maréchal von Franceeich. Sans nom d'auteur. Avec timbales et drapeaux. In-4.

14567 Neufville (François de), duc de Villeroy, etc. DE L'ARMESSIN sculp. Médaillon avec écusson. Notice historique. Dirigé à gauche. In-4.

14568 Nevfville (François de) , dvc de Villeroy, pair et maréchal (sic) de France. Sans nom d'auteur. Médaillon uni , ovale, sur une plinthe qui porte la légende. Dirigé à gauche. In-4.

14569 (Neufville). Monsieur le maréchal de Villeroy, commandant les armées du roy en Flandre. Sans nom d'auteur apparent. A Paris , chez Trouvain. Debout , en pied, le bâton de maréchal dans sa main gauche. Derrière lui , une bataille. In-fol.

14570 (Neufville), Monsieur le maréchal duc de Villeroy. Sans nom d'auteur apparent. A Paris, chez T. Mariette , rue St-Jacques. Debout , appuyant son bâton de commandement contre un rocher. In-fol.

14571 Neufville (Franciscus Villaregius), marescallus Franciae. Gravé par Ant. LECLERC, Lugd. Médaillon sur une plinthe ; écusson sur un manteau ducal. Dirigé à gauche ; la légende autour du médaillon. In-fol.

14572 Neufville, duc de Villeroy (Fr. de). Gravé par EDELINCK , d'après le portrait peint par Hyacinthe RIGAUD. Debout, presque en pied , la main gauche appuyée sur son casque , la droite tenant le bâton de commandement. In-fol.

14573 Neufville (Franç-Louis-Anne de) , duc de Villeroy, né le 7 mars 1695, mort à Villeroy le 13 décembre 1765. Dessiné et gravé par DESROCHERS. Quatrain signé M. MORAINE. Presque de face. In-8.

14574 Neufville (Franç.-Louis-Anne de), duc de Villeroy. A Paris, chez Daumont. Quatrain signé M. MORAINE. Presque de face. In-8.

14575 Neufville (Franç.-Louis-Anne de), duc de Villeroy. Jean CHEVALIER pinxit, J.-G. WILL sculpsit , 1774. Médaillon sur une plinthe , écusson au bas du portrait. In-fol. — Autre épreuve , papier plus neuf, mais plus grand de marges.

14576 (Neuville) (Franç.-Louis-Anne de). Le duc de Villeroy, capitaine des gardes écossois. Sans nom d'auteur. En pied , dans un cartouche environné d'attributs et d'emblèmes. Gr. in-fol.

14577 Neufville (Franç.-Paul de la), né à Versailles le 11 janvier 1678 , mort à Lyon le 6 février 1731. Sans nom d'auteur. A Paris , chez Crépy. Médaillon sur une plinthe ; notice dans un cartouche. In-8.

14578 Neufville de Villeroy (Fr.-Paul de), archiep. et comes Lugd., Galliae primas. SANTERRE pinxit, DREVET sculpsit. Médaillon entouré de la légende. In-4, rogné, belle épreuve. —Autre épreuve à marges un peu plus grandes.

14579 Neufville de Villeroy (Fr. - Paul de), archiep. et comes Lugd., etc. Gravé par DREVEL. d'après le portrait peint par SANTERRE. Médaillon entouré de la légende , avec plinthe et médaillon. In-4.

14580 Neufville de Villeroy (Franciscus-Paulus de), archiepiscopus, etc. Gravé par J.-F. CARS, d'après le portrait de Ch. Grandon. Offerebat Lud. RENAUD. Assis , le coude appuyé sur une table. Ecusson. In-fol.

14581 Neufville de Villeroy (Fr.-Paul de), arch. et comes , etc. Gravé par J.-F. CARS , 1717 , d'après le portrait peint par Ch. Grandon. Avec privilége. A Paris , rue St-Jacques. In-fol.

14582 Neufville (Nicolas de), né en 1542, mort en 1617. Sans nom d'auteur. Buste sur un piédestal. Dirigé à droite. In-18.

14583 Neufville (Nicolas de), duc de Villeroy. CADAME fec. Buste sur un piédestal , avec les armes des Villeroy. Sixain à sa louange. In-16.

14584 Neuville (N. de) , maréchal de Villeroy. Procédé de A. COLLAS. Profil à droite. In-16.

14585 Neufville de Villeroy. Me SOYER sculp. Gravure au trait. Hist. de France , t. XLIX , p. 54. Dirigé à droite. In-8.

14586 Neufville, Sr de Villeroy (Mre Nicolas de),

décédé le 12 décembre 1617. Par Michel LASNE. Dirigé à droite. In-8.

14587 Neufville (Nicolas de). AI pinxit, PINSIO sculp. Médaillon sur une plinthe. Dirigé à gauche. In-8.

14588 Neufville (Nicolas de). AI pinxit, PINSIO sculp. A *Paris*, chez Odieuvre. Médaillon sur une plinthe. Dirigé à gauche. In-8.

14589 (Neufville) Villeroi. MAUZAISSE fec. Lith. Les cheveux au naturel, la tête nue, avec une fraise, un manteau fourré. In-fol., pap. demiteinte.

14590 Neufville (Nicolas de), né en 1597, mort le 28 novembre 1685. I. FROSNE fecit. En octogone. Dirigé à droite. Dans le fond, par la fenêtre, on voit le siège d'une ville. In-8.

14591 Neufville (Nicolas de). Sans nom d'auteur. Médaillon ; aux deux angles supérieurs, blason et couronne de laurier. Dirigé à gauche. Dans le fond, par la fenêtre, on voit une bataille. In-8.

14592 Neufville, marq. de Villeroy, etc. (Nicolas de), gouverneur du Lionnois. Sans nom d'auteur. Dirigé à gauche, dans un ovale; avec blason. Notice historique. In-8.

14593 Neufville (Nicolas de), marquis de Villeroy. Sans nom d'auteur. Dans un ovale, dirigé à droite. In-8.

14594 Neufville (Mre Nicolas de) Chevalier. Thomas DE LEU sculp. Quatre vers au-dessous. Médaillon entouré de la légende. Dirigé à gauche. In-4.

14595 Neufville (Nicolas de), marquis de Villeroy. Sans nom d'auteur. A *Paris*, chez Daret. Dirigé à gauche, dans un ovale; avec blason. Notice historique. In-4.

14596 Neufville (Nicolas de), marquis de Villeroy, etc. MONCORNET exc. Portrait équestre; dans le fond, un champ de bataille. In-4.

14597 Neuville (Nicolas de), marquis de Villeroy. Ovale, armoiries à gauche et couronne à droite. Dirigé à droite. In-4.

14598 Neufville, marquis de Villeroy (Nicolas de), gouverneur du Lionnois. FRESNE fecit. Dirigé à droite, dans un octogone en feuilles de chêne. Dans le fond, par la fenêtre, on voit une bataille. In-4.

14599 Neufville (Nicolas de). DE L'ARMESSIN sculp. A *Paris*, chez Bertrand. Médaillon avec écusson. Notice historique. Dirigé à droite. In-4.

14600 Neufville (Nicolas de), duc de Villeroy. HUMBELOT sculp. Sans légende. Ovale, avec ses armes au-dessous. Aux quatre angles son chiffre : des N entrelacés. Dirigé à droite. In-4.

14601 Neufville de Villeroy. Médaillon sur une page de livre, chap. II et liv. X; avec emblèmes et ces mots : *Proeit et lucet*. Dirigé à droite. In-fol.

14602 Neufville (Nicolas de). Sans nom d'auteur. Médaillon suspendu à la base d'un mo-

nument; guirlandes de feuilles de chêne. Tiré d'un livre : *Triomphes de Louis-le-Juste*. Dirigé à gauche. In-fol.

14603 Neufville (Nicolas de), marquis de Villeroy, maréchal de France. Philippe DE CHAMPAGNE pinx., J. MORIN sculp., cum priv. reg. Dirigé à droite. In-fol., belle épreuve.

14604 (Neufville). Le maréchal de Villeroy (écrit ainsi : Vlleroy). Sans nom d'auteur. Médaillon sur une plinthe, avec trophées. Dirigé à droite. In-fol., belle épreuve, belles marges.

14605 Neufville (Nicolas de), duc de Villeroy, pair, etc. GRIGNON fecit. Avec blason. Dirigé à gauche. In-fol.

14606 Neufville (Nicolas de). Joan. L'ENFANT ad vivum faciebat, 1659. Ses armes au-dessous. Dirigé à gauche. Gr. in-fol.

14607 Neufville (Nicolas de), marquis de Villeroy. Ph. CHAMPAIGNE pinx., MORIN sc., cum privilegio regis. Se vendent à *Paris* chez ledit Morin. Octogone. Dirigé à droite. In-fol.

14608 Neufville (Catherine de), fille du maréchal de Villeroy, âgée de 13 ans, 1654. GRIGNON fecit. Debout, presque en pied; la légende autour du médaillon, écusson au-dessous. In-fol.

14609 Neufville (Françoise de), duchesse de Chaulne, morte en 1633. Par GRIGNON. Ovale, avec écusson. In-4.

14610 (Neufville) Magdelaine de Créquy, duchesse de Villeroy, morte le 31 janvier 1675, âgée de 66 ans. Sans nom d'auteur. Ovale. Dirigée à droite. In-8.

14611 Neufville (de), duchesse de Villeroy (Magdeleine de Créquy) (épouse de Nicolas de Neuville, duc de Villeroy). Sans nom d'auteur. Médaillon, avec blason et couronne de palmes. Dirigée à droite. In-8.

14612 Neufville (Magdelaine de Crequy), duchesse de Villeroy. T. VAN MEERLLEN fecit, 1652. Médaillon entouré de la légende, Ecusson au-dessous. Dirigée à gauche. In-fol.

14613 Neufville (Marie de), veuve du comte Doriat. 1633. GRIGNON fec. Médaillon, avec légende; écusson. Dirigée à droite. In-fol.

14614 Neufville. (Madame la duchesse Marie-Marguerite de Cossé, femme du duc de Villeroy), morte le 20 octobre 1708, âgée de 60 ans. Par CRESPY. Médaillon au milieu d'un cartouche formé par des amours et des guirlandes. In-12.

14615 Nicolas (R.-A.-P.), (provincial de la province de Lyon). J.-F. CARS le f. sculpsit, *Lugduni*, 1694. Gr. in-8.

14616 Nicolas (le Père), de Dijon, (trois fois provincial de la province de Lyon). Simon-Thadeus SONDERMAYR sculp. A. V. Emblèmes religieux. In-fol.

14617 Nioche (Pierre-Claude), avocat, envoyé en mission à Lyon par la Convention nationale. PERRIN del., COURBE sculp. A *Paris*, chez Dejabin. Profil à droite. In-4.

14618 Nivelle (Pierre), évesque (abbé de St-Sulpice en Bresse). A *Paris*, chez Pierre Mariette. Dirigé à droite, dans un ovale; blason et légende au-dessous. In-4.

14619 Nizier (S.), évêque de Lyon, mort le 2 avril 573. Gravé par JULIEN, d'après le dessin de P. Revoil. En pied, tenant la crosse épiscopale. In-fol.

14620 Noirot (l'abbé), professeur de philosophie à Lyon. *Paris*, lith. Auguste BRY. H.-J.-M. LE del. Sans date (1850). Pap. de Chine. In-4.

14621 Nonnoté (D.), peintre, né à Besançon le 10 janvier 1707, mort à Lyon le 5 février 1785. Dessiné par lui-même et gravé par DAULLÉ. Médaillon. Profil à gauche. In-fol.

14622 Nonotte (Donat). Gravé par S.-G. MIGER, d'après Nonotte lui-même. Médaillon dirigé à droite. In-fol.

14623 Nostradamus (Michel), né en 1503, mort en 1566. Eau-forte. Tiré d'un vol. Dirigé à gauche. In-32.

14624 Nostradamus (Michel), médecin (à Lyon), etc. Médaillon, avec plinthe et quatrain satirique. In-8.

14625 Nostradamus (Michel). A. L. pinxit, BOULANGER sculp. Médaillon sur une plinthe. Dirigé à droite. In-8.

14626 Nostradamus (Michael). Pinxit filius ejus Lud., DAVID delineavit et sculpsit. *Avenione*, 1716. Epitaphe latine et française. In-4.

14627 Nostradamus (Michael). J. BOULANGER fecit, P. MARIETTE excudit. Notice latine dans un cartouche. In-fol.

14628 Noverre (Gardel), artiste de l'Académie royale de musique, né en 1727, mort en 1810. Ad. MIDY del. Lith. de Ducarme. Dirigé à droite. In-4.

14629 Noverre. GUÉRIN del., B. ROGER sculp. Avant la lettre. Médaillon avec quatrain. Dirigé à gauche. In-4.

O.

14630 Olivier (Guill.-Ant.), voyageur, né à Fréjus en 1756, mort à Lyon le 1er octobre 1814. Dessiné d'après le buste conservé dans sa famille. Presque de face, dans un ovale. In-8.

14631 Olivier (Séraphin), (Razzoli, lionnois, né, d'après M. Péricaud, vers 1533, et d'après la *Biog. univ.*, à Lyon en 1538, cardinal en 1604, mort à Rome le 10 mars 1609). Sans nom d'auteur. Dirigé à droite. In-32.

14632 Olivarius Razalius card. Seraphinus creat. anno 1604, mort. 1609. F.-V. W. fecit. Tiré des *Eloges historiques des cardinaux illustres*, liv. II, page 506. Presque de face. In-4.

14633 Orcières (A.-F. Gaultier des), conventionnel, né à Bourg en Bresse le 28 novembre 1752. Voir Gaultier. GROS del., COURBE sculp. A *Paris*, chez Déjabin. In-4.

14634 Orgeval (L.-F. Alexandre de Garente d'), évêque d'Olba, coadjuteur de l'évêché d'Orléans. Dessiné par C.-N. COCHIN, gravé par Mme LINGÉE. Médaillon sur une plinthe. Dirigé à gauche. In-fol.

14635 Orsel (Victor) (à Rome). Dessin au crayon mine de plomb. Sans nom d'auteur. Profil à gauche. In-8.

14636 Orsel (Victor), né à Oullins le 25 mai 1795, mort le 1er novembre 1850. A. PERIN pinx. 1849, aq. fort. 1851. La tête penchée à gauche, figure à droite. Pap. de Chine. In-fol.

14637 Ossa (Jacques d'Euse ou d'), cardinal en 1312, mort pape sous le nom de Jean XXII, en 1314 (lisez 1334), élu pape à Lyon en 1316. Tiré d'un livre, tome VI. Sans nom d'auteur apparent. Médaillon sur une plinthe. Dirigé à droite. In-4.

14638 Ossa (Jacques d'), évêque de Fréjus. Tiré de l'*Histoire des cardinaux français*, page 400. Sans nom d'auteur apparent. Dirigé à gauche, les mains jointes; dans un médaillon. In-fol.

P.

14639 Pagnon (Joseph), peintre, élève de l'école de Lyon et de MM. Flandrin et Ingres, né à St-Uze, département de la Drôme, le 10 août 1824, mort à Lyon le 8 janvier 1848. Facsimilé d'un dessin laissé par lui à son ami, T. Impr. de Louis PERRIN, à *Lyon*. De face. In-fol.

14640 Papon (Louis), fils de l'autheur, seigneur de Marcilly. Gravure sur bois; médaillon avec arabesques. Tiré d'un ouvrage in-fol.

14641 Papon (Louis). Sans nom d'auteur. Gravure sur bois. Six vers grecs. Dirigé à droite. Extrait d'un vol. in-fol.

14642 Papon. Sans nom d'auteur. Avec un sonnet signé Phil. BUGNYON. Gravure sur bois. Extrait d'un vol. in-fol.

14643 Particelli (Michel), chevallier, seigneur d'Emery, de Thoré et de Tanlay, conseillier du roy en ses conseils, controlleur general et puis surintendent de ses finances. Sans nom d'auteur. Ovale. En haut ses armes. Dirigé à gauche. In-24.

14644 Particelli (Mre Michel). Par MONCORNET. Dirigé à droite, dans un médaillon; avec ses armes. Dans le fond, par la fenêtre, un jardin. In-4.

14645 Pascal (Antoine), premier curé de St-Bonaventure, né en Piémont le 13 mars 1751, mort à Lyon le 18 août 1828. Lith. de H. BRUNET. In-4.

14646 Paul (A.-L.), jésuite, mort à Lyon en 1809. Médaillon, manière noire; profil à gauche. Légende; distique en son honneur. In-18.

14647 Paul (A.-L.), de l'Académie de Marseille, né en 1740 à St-Chamas (Bouches-du-Rhône), et mort à Lyon en 1809. s. n. de graveur. Distique latin signé : J. BRUNEL, d'Arles. Profil à gauche, manière noire. In-8.

14648 Paullian (Louis), né à Lyon le 6 août 1795. Lith. d'après nature par Célestin DESHAYS. Impr. Lemercier, à Paris, Assemblée nationale, Galerie des représentants du peuple (1848) (Rhône). Dirigé à gauche. Fac-similé de sa signature; pap. de Chine. Pet. in-fol.

14649 Pavy, nég. à Lyon, député du Rhône, mort le 25 janvier 1839, à 72 ans. Lith. de BRUNET. Avant la lettre. In-4. —Autre épreuve, pap. de Chine, grandes marges.

14650 Pelletier C. (Au bureau de la Propagande démocratique et sociale). M. Avec une Notice biographique par Ch. JOUBERT. Grav. sur bois. In-4.

14651 Pelletier (Claude), né à l'Arbresle (Rhône) le 25 avril 1816. Lithographié d'après nature par LAFOSSE. Impr. Lemercier, à Paris. Assemblée nationale, Galerie des représentants du peuple, 1848. (Rhône). De face, le corps à gauche. Pap. de Chine. Fac-similé de sa sig. In-fol.

14652 Pelletier (Claude), représentant du peuple (Rhône). s. n. d'auteur. Paris, Victor Delarue. Impr. Kaeppelin. Pet. in-fol.

14653 (Perachon'). s. n. de graveur. Buste sur un piédestal, avec figures allégoriques. Frontispice du livre : Le faux satirique puni et le mérite couronné. In-12.

14654 Perenon (L.-M.), de Lyon. Lith. de BRUNET. Dirigé à droite; aux quatre angles du portrait, le titre de différents ouvrages de l'auteur. In-8.

14655 Péricaud (Antoine), bibliophile, né à Lyon le 4 décembre 1782. Par Etienne REY. Lith. de H. Brunet et Cie, à Lyon. Pap. de Chine; avant la lettre. Profil à droite. In-4.

14656 Perichon (Camille), prévôt des marchands à Lion, né en 1678, mort en 1768. Gravé par G.-F. SCHMIDT, d'après le portrait peint par C. Grandon. A Paris, chez Odieuvre. Epreuve faible. In-8.

14657 Périchon (Camille), prévôt des marchands à Lion. Gravé par G.-F. SCHMIDT, d'après le portrait peint par C. Grandon. Sans nom du marchand d'estampes. In-8, bonne épreuve.

14658 Perrichon (Camillus). Gravé par SERAUCOURT, d'après Car. Grandon. In-4.

14659 Perichon (Camille). Médaillon avec cadre. C. GRANDON pinxit., G.-F. SCHMIDT sculp. A Paris, chez Odieuvre. In-4.

14660 Perrichon (Camille), prévôt des marchands de Lyon. Gravé par SERAUCOURT, d'après Car. Grandon. Offerebant religiosi Minimi Lugd. Médaillon entouré de la légende reposant sur une plinthe. Ecusson soutenu par deux lions. In-fol.

14661 Perisse du Luc (J.-B.), député de Lyon aux

Etats généraux de 1789. Dessiné par LABADYE, gravé par LE TELLIER. Profil à gauche. In-4.

14662 Pernetti (Jao.), miles eccles. Lugd., ex Acad. Lugd. et Vil. fran. Gravé par TILLIARD, d'après Liotard. Médaillon sur une plinthe, avec un verset de l'Ecclésiaste. Dirigé à droite. In-4.

14663 Pernetti (Jacques), né à Chazelles-sur-Lyon en Forez en 1696, mort à Lyon le 16 février 1777. LIOTARD pinx., TILLIARD sculp. A Paris, chez Bligny, aux Tuilleries. Médaillon sur une plinthe. In-4.

14664 Pernetti (Jacques). LIOTARD pinx., TILLIARD sculp. Chez Bligny, aux Thuileries. Médaillon sur une plinthe, avec branches d'olivier; le médaillon soutenu par un ruban. In-4.

14665 Pernetti (Jacques), chevalier de l'église de Lion, etc. Gravé par TILLIARD, d'après Liotard. A Paris, chez Esnauts et Rapilly. In-4.

14666 Pernety (le gal vte). Etienne DAVID. Impr. de P. Bineteau. En pied, debout, dans la campagne, un ordre à la main. Galerie historique des bulletins de la grande armée. In-8, pap. demi-teinte.

14667 Pernety, lieutenant-général d'artillerie, baron de l'Empire...., né à Lyon (Rhône). TOUSSAINT. Lith. Vayron, d'après un tableau communiqué par lui-même. Publié par P.-L. Chevalier, de Lyon. Dirigé à droite. Pap. de Chine; fac-similé de sa sig. In-8.

14668 Pernety (le lieutenant-général d'artillerie, vicomte). Lith. par Paul BOURGEOIS, d'après Despoix. Lith. de Thierry frères, à Paris. Le corps de face, la tête à droite. Fac-similé de sa sig. In-8.

14669 Pernetty (le lieutenant-général d'artillerie, vicomte). Lith. par Paul BOURGEOIS, d'après Despoix. Lith. de Thierry frères, à Paris. Pap. de Chine; fac-similé de sa signature. Gr. in-4.

14670 Pernon (Camille de), négociant, membre du Tribunat, né à Lyon le 3 novembre 1753, mort le 14 décembre 1808, à Ste-Foy-lès-Lyon. REYNAUD lithogr. Dirigé à droite. Un des trois exemplaires tirés avant la lettre et avant les changements faits par l'éditeur L.-M. PERENON (1848). In-4.

14671 Pernon (Claude-Camille-Pierre-Etienne de), fils d'Etienne. Par G. REYNAUD. Lithog. NAEGELIN. En haut : Galerie du Panthéon lyonnais. Dirigé à droite; avec biographie et fac-similé de sa signature. In-4.

14672 Perreton (frère Claude), de l'Oratoire, né à St-Chaumond en Forest le 15 avril 1622, mort le 8 décembre 1710, etc. Gravé par Nic. TARDIEU, d'après Jouvenet. Médaillon sur une plinthe; dirigé à droite. In-4.

14673 Perrier. Rôle de Dupont dans le Célibataire et l'Homme marié. VATHIER del. Lith. de C. Motte. En pied, assis, les bras croisés sur sa poitrine. In-4.

14674 Perier, théâtre royal de l'Odéon. VIGNE-RON del. Lithog. de C. de Lasteyrie. Collection du *Corsaire*, n° 55. (*Journal des spectacles*). A droite, dans un ovale. In-4.

14675 Perrin (M. l'abbé), aumônier des prisons de Lyon depuis l'année 1798 jusqu'au 4 mars 1844, jour auquel il termina sa glorieuse carrière à l'âge de 91 ans. Nap. THOM. *Paris*, chez Coreghetti. Imprim. lithogr. de Becquet ; et à *Lyon*, à la Guillotière. De face, appuyé sur une table, un livre à la main ; sur la table, *son mouchoir, une tabatière et son bréviaire*. Autour du portrait, six vignettes contenant les principaux traits de sa vie. Notice biographique de douze lignes. In-folio colorié.

14676 Perrin (M. l'abbé), aumônier des prisons de Lyon depuis l'année 1798 jusqu'au 4 mars 1844, jour auquel il termina sa glorieuse carrière à l'âge de 91 ans. Nap. THOM. *Paris*, chez Coreghetti. Imprim. lithog. de Becquet ; et à *Lyon*, à la Guillotière. De face, appuyé sur une table, un livre à la main ; sur la table, *son mouchoir, une tabatière et un chapelet*. Autour du portrait, vignettes contenant les principaux traits de sa vie. Notice biographique de douze lignes. In-fol. colorié.

14677 Perrin (l'abbé), aumônier des prisons de Lyon. Sans nom d'auteur. Imprim. de Louis Perrin, à *Lyon*. Lithog. Dirigé à droite. In-fol.

14678 Perrin (l'abbé), aumônier des prisons de Lyon. (Dessiné par DUPRÉ). Imprim. de Louis Perrin. Dirigé à droite ; papier de Chine. In-fol., avec la signature de DUPRÉ au crayon.

14679 Perrin (M. l'abbé), né à Feurs (Loire) le 24 juillet 1753, mort en 1844. Lithog. GU-BIAN ; pap. couleur. De face, avec ornements et vignettes autour du portrait. In-fol.

14680 Perrin (l'abbé), aumônier des prisons de Lyon, né à Feurs (Loire) le 24 juillet 1753, mort à Lyon le 4 mars 1844, à l'âge de 91 ans. N. T. Imprim. lithog. de Becquet (à *Paris*) ; et à *Lyon*, chez J.-B. Gadola. De face, tenant à la main un livre intitulé : *Réflexions sur le système qui régit les prisons*. Notice biographique de onze lignes. Gr. in-fol.

14681 Perronet (Jean-Rodolphe), ingénieur du pont de l'Archevêché, mort le 27 février 1794, gé de 86 ans. COCHIN filius del., QUENEDEY sculp. Aqua-tinta. Médaillon avec légende au-dessous. In-fol.

14682 Perronet (optimo viro et clariss. civi Joani Rodolpho). C.-N. COCHIN filius del., Aug. DE ST-AUBIN sculp., 1782. Médaillon sur une plinthe ; légende en latin. Gr. in-fol.

14683 Perrot (danseur). Par Alexandre LACAU-CHIE. Lithog. de Rigo frères. En pied ; pap. de Chine. In-4. — Avec sa Biographie tirée de la *Galerie des artistes dramatiques*. et signée Eugène BRIFFAULT (1844). In-4, 4 pp.

14684 Pestalozzi (Antoine-Joseph), médecin ; de l'Académie de Lyon, né le 17 mars 1703,

mort le 2 avril 1779. DEQUEVAUVILLER sculp. Dirigé à droite. In-8.

14685 Peletin (Jacques-Henri-Désiré), médecin, né à Lons-le-Saulnier en 1744, mort à Lyon le 27 février 1808. *Vis electrica duplex in eodem fluido solo motu distincta*. Physionotrace ; avant la lettre. Sans nom d'auteur. Médaillon ; profil à gauche. In-12.

14686 Petit (Marc-Antoine), docteur en médecine, né à Lyon le 5 novembre 1766, et décédé le 7 juillet 1811. Gravé par JULIEN, de Paris. A *Lyon*, chez l'auteur. Dirigé à droite ; quatrain. In-8.

14687 Petit (Marc-Ant.), docteur en médecine, né à Lyon le 5 novembre 1766, et décédé le 7 juillet 1811. Gravé par JULIEN, de Paris. A *Lyon*, chez Maucherat-Longpré. Dirigé à droite ; quatrain. In-8.

14688 Petit (Marc-Antoine). Dessiné et gravé par ROY, rue des Vieux-Augustins ; avec un quatrain signé J.-F.-T. FÉTAN. Profil à droite. In-8.

14689 Petit (Marc-Antoine). Gravé par BOUR-GEOIS DE LA RICHARDIÈRE. Dirigé à droite. Notice biographique ; quatrain. In-4.

14690 Peytel (J.-B.) de Belley (condamné à mort aux assises de Bourg, en 1839). Lith. d'H. BRUNET et comp. Profil à gauche. In-8.

14691 Philibert Ier (duc de Savoie), mort à Lyon en 1482. Sans nom d'auteur. Extrait d'un volume. Notice historique. Profil à gauche. In-32.

14692 Philibert (Ier duc de Savoie). Sans nom d'auteur apparent. Dirigé à droite. In-12.

14693 Philibert Ier, duc de Savoie, mort à Lyon le 22 avril 1482, âgé de 17 ans. A. G. pinx., MATHEY sculp. Médaillon sur une plinthe. Dirigé à gauche. In-4.

14694 Philibertus I (Sabaudiæ dux), divi Amedei filius, etc. F.-I.-D. LANGE del.; P. GIF-FART, sculptor regius. Médaillon entouré de palmes. Légende en latin. In-fol.

14695 Philbert (*sic*), (dit le Beau, duc de Savoie), mort en 1504. Sans nom d'auteur. Extrait d'un vol. Profil à gauche. In-32. — Au-dessous, portrait de Marguerite d'Autriche. In-64.

14696 Philippe (comte de Bresse et duc de Savoie), mort en 1497. Sans nom d'auteur. Profil à droite. In-32.

14697 Picquet (Denis-Ferdinand), né à Bourg en Bresse le 26 octobre 1742, député de ce bailliage en 1789. LABADYE del., COMBE sculptor. A *Paris*, chez Déjabin. Profil à droite. In-4.

14698 Pie VII, à Lyon, bénissant les enfants de M. Henri des Tournelles. Par J.-J. DE BOIS-SIEU, 1805 ; avec cette légende : *Sinite parvulos venire ad me*. Pap. de Chine. In-4.

14699 Pierre-Vive (Marie-Catherine de), gouvernante des enfants de France, morte le 4 août 1570. Cl. DUFLOS sculp., L. TITIAN pinx. Médaillon avec ses armes, sa devise et sa notice biographique. Dirigée à droite. In-4.

14700 Pins (Jean-Paul Gaston de), archevêque d'Amasie (administrateur apostolique du diocèse de Lyon), né à Castres le 8 février 1766, mort à Lyon le 30 novembre 1850. Par JACQUAND. Lithogr. de Brunet. Dirigé à gauche ; avec ses armes et sa devise. In-4.

14701 Pins (Jean-Paul Gaston de), archevêque d'Amasie, etc. Par JACQUAND, d'après nature. Lithogr. de Béraud. Dirigé à droite ; avec ses armes et sa devise. Pap. de Chine. In-4.

14702 Pins (J.-P. Gaston de), archevêque d'Amasie, etc. Sans nom d'auteur. Lithogr. de H. BRUNET, à *Lyon*. Dirigé à droite ; avant la lettre. In-fol.

14703 Pins (J.-P. Gaston de) , archevêque d'Amasie , etc. Sans nom d'auteur. Lithogr. de H. BRUNET, à *Lyon*. Dirigé à gauche ; avant la lettre. Une des rares épreuves où l'anneau pastoral se trouve à la main gauche. In-fol.

14704 Piraud (Louis Dupré, dit). Dessiné et gravé par BOUCHET. Sixain à sa louange. In-4.

14705 Piston, lieutenant-général, baron de l'Empire...., né à Lyon (Rhône) le 30 septembre 1754, mort en la même ville le 21 mars 1831. TOUSSAINT. Lithogr. Vayron, d'après un tableau appartenant à sa famille. Publié par P.-L. Chevalier, de Lyon. Dirigé à gauche. Pap. de Chine ; fac-similé de sa signature. In-8.

14706 Plancus (L. Munatius), tribun et consul romain , regardé comme le fondateur de Lyon, né 73 ans avant J.-C. , mort l'an 42 de l'ère chrétienne. Médaillon gravé sur bois. Pap. rose. In-64.

14707 Plancus (L. Munatius). Gravé par SCHROEDER et NARGENT , d'après le dessin de F. Richard. Publié par Laurent, lib. Médaillon d'après l'antique, suspendu à la hache consulaire. Pap. de Chine. In-4.

14708 Planelli , marquis de Maubec (Louis-Gabriel) , né à Lyon le 13 janvier 1744. Dessiné par PERRIN, gravé par COURBE. A *Paris*, chez Déjabin. In-4.

14709 Point (J.-B.) , né à Fontanès le 4 novembre 1809. Lithogr. d'après nature. Impr. Lemercier, à *Paris*. DESMAISONS direxit. Assemblée nationale , Galerie des représentants du peuple, 1848 (Loire). Dirigé à gauche ; fac-similé de sa signature. Pap. de Chine. In-fol.

14710 Poivre (Pierre), naturaliste , de l'Académie de Lyon , né à Lyon le 19 août 1719 , mort le 6 janvier 1786. E. CONQUY sculp. Gravure sur acier. Dirigé à gauche. In-8.

14711 Polinière (A.-P.-Isidore, baron de), né à Vire (Calvados) le 15 décembre 1790, méd.; de l'Académie de Lyon, etc. BONNEFOND pinx. , CHEVRON sculp. Le corps à gauche, la tête de face. In-fol.

14712 Poncelet , missionnaire. Par ST-JEAN. Lithogr. de Brunet. En soutane ; dirigé à gauche. In-4. — Autre épreuve , pap. de Chine.

14713 Poncelet , missionnaire. Lithogr. de H. BRUNET. En surplis ; dirigé à droite. In-4.

14714 Ponchard (artiste de l'Opéra-Comique), né à Lyon. Par BERTONNIER, 1827. Dirigé à droite. In-18.

14715 Ponchard (artiste de l'Opéra-Comique). Par BERTONNIER , 1827 ; avant la lettre. Dirigé à droite. Pap. de Chine. In-18.

14716 Ponchard , théâtre royal de l'Opéra-Comique. Par VIGNERON. Lithogr. de Brégeaut et comp. Collection du *Corsaire* , n° 43. Dirigé à gauche . dans un ovale. In-4.

14717 Pons, de l'Hérault, préfet du Rhône et commissaire extraordinaire de l'Empereur pendant les Cent-Jours. LLANTA. Impr. d'Aubert et de Junca; *Biographie des hommes du jour*. In-4.

14718 Ponsouas (la vénérable Mère Louise-Cécile de), institutrice de la congrégation des Bernardines réformées du Dauphiné , morte à Lyon en 1675. N. AUROUX fecit. In-4.

14719 Populle (M.), député du département de la Loire, élu en 1818. Sans nom d'auteur ni de graveur. Dirigé à droite, dans un ovale. In-4.

14720 Populus (Marie-Etienne), député du baill. de Bourg en Bresse, né à Bourg le 25 novembre 1736. Gravé, sans nom d'auteur. Profil à gauche. In-8.

14721 Populus (Marie-Etienne). Gravé à l'eau-forte par PARIS, COURBE sculp. Profil à droite. In-4.

14722 Populus (Marie-Etienne). DELAPLACE del., COQUERET sculp. A. *Paris* , chez Le Vachez. Manière noire. Médaillon sur une plinthe ; dirigé à gauche. In-4.

14723 Pothier (R.-J.). e marmore ROMAGNESIUS delin., excudit LANGLUMÆUS. Cecinit NASONIS quantum potuit impensis N.-L. BARRO , Sequanus. Lithographice vero JACOBUS necnon et allegorice adornavit. Emblèmes au-dessus du portrait ; 13 vers latins au-dessous. In-fol.

14724 Pompallier (Jean-Baptiste-François), né à Lyon le 11 décembre 1802..., évêque de Maronée...., créé administrateur apostolique du diocèse d'Auckland, capitale de la Nouvelle-Zélande, le 20 juin 1848. Peint et lith. par MAZZOCCHI. Impr. Lemercier. Dirigé à gauche; fac-similé de sa signature. In-fol.

14725 Pothin (S.), premier évêque de Lyon , mort martyr l'an 177. Epreuve d'essai ; avant la lettre. (Gravé d'après le marbre de M. Chinard). En pied. In-4.

14726 Pothin (S.), évêque de Lyon. Gravé d'après le marbre de M. Chinard, qui est dans une chapelle de St-Nizier. A *Lyon*, chez l'auteur. Portrait en pied. In-4.

14727 Poupar (Jean-Baptiste), inspecteur honoraire de l'Université, membre de l'Académie de Lyon, bibliothécaire de la ville, né à St-Dié le 17 février 1768, mort à Lyon le 1er mars 1827. Lith. de H. BRUNET. In-8.

14728 Poupar (J.-B.), inspecteur de l'Université, bibliothécaire de la ville de Lyon. FONTAINE, 1850. Gravure à l'eau-forte sur papier végétal. In-8.

14729 Pouteau (Claude), né le 14 août 1724, mort le 10 février 1775. Avant la lettre. Sans nom d'auteur. Epreuve d'essai ; médaillon sur une plinthe. In-8.

14730 Pouteau (Claude), chirurgien en chef de l'Hôtel-Dieu de Lyon. Avant la lettre. Sans nom d'auteur, avec une épreuve d'essai au verso. In-8.

14731 Pouteau (Claude), docteur en médecine de Lyon. Sans nom d'auteur. *Igne, ferro sanabat.* Médaillon sur une plinthe. In-8.

14732 Pouteau (Claude) de Lyon, ancien chirurgien en chef du grand Hôtel-Dieu de Lyon. Dessiné par DECREUSE, d'après le buste en marbre exécuté par M. Legendre-Héral pour l'Hôpital de Lyon. Lith. de H. Brunet. In-fol.

14733 Précy. Combat du terrain Perrache, 29 septembre 1793. Précy a son cheval tué sous lui. (Tiré de la *France militaire*). MARTINET del., MASSON sculp. In-8.

14734 Précy (Louis-François Perrin, comte de), général de l'armée de Lyon en 1793, né à Semur en Bourgogne le 7 janvier 1742, mort à Marcigny-sur-Loire le 25 août 1820. Lith. veuve GUBIAN et comp., *Lyon*. Au-dessous, ses armes, sa devise et une Notice biographique ; sur le côté, fac-similé de sa signature. (Au verso : Copie exacte de la donation faite par le comte de Précy....). 2e édition, dépôt fait à *Lyon*, déc. 1847. In-4.

14735 Précy (le comte de). Dessiné et gravé par CHOMETON, en septembre 1814 ; avec deux vers à sa louange. In-4.

14736 Précy (le comte de). Dessiné et gravé par CHOMETON ; avant la lettre. In-4.

14737 Précy (le comte de). Lith. de BÉRAUD. Notice biographique et sa devise. In-4.

14738 Précy (le comte de), général des Lyonnais en 1793. Lith. de ENGELMANN. Avec la représentation d'un caveau funéraire. In-4.

14739 Préville (Pierre-Louis Dubus de), comédien français. Dessiné et gravé par ROMANET. A *Paris*, chez l'auteur. Médaillon avec masques et marotte. Sixain. In-fol.

14740 Priolus (Benjaminus), historiog. de France, né le 1er juin 1602, mort à Lyon en 1667. C. LEFEURE pinx., N. PITAU sculp. 1663. Quatre vers latins. In-fol.

14741 Priolus (Benjaminus). Avant la lettre. (C. LE FEURE pinx., N. PITAU sc.). In-fol., très beau.

14742 Prony (le baron de), en tête d'une réunion de 11 portraits. Dessiné et gravé par MONTAUT. Gr. in-8.

14743 Prony (Gaspard-Clair-François-Marie Riche, baron de), célèbre ingénieur, né à Chamelet (Rhône) en 1755, mort en 1839. Dessiné par FOUQUET, gravé par CHRÉTIEN, in-

venteur du physionotrace. Avant la lettre. La Notice à la main ; profil à gauche. In-12.

14744 Prony (Gaspard-Clair-François-Marie Riche). Jul. BOILLY del. Lithographie in-fol.

14745 Prost de Royer (Ant.-François), lieutenant général de police, écrivain, de l'Académie de Lyon ; né à Lyon le 5 septembre 1729, mort le 21 septembre 1784. Dessiné et gravé par Ch. BOILY. Médaillon sur une plinthe ; légende et quatrain. In-fol.

14746 Prudhomme (Louis). PÉRONARD sc. Publié par la Société d'industrie fraternelle. Dirigé à droite. In-8.

14747 Prudhomme (Louis), né à Lyon en 1752, mort à Paris le 20 avril 1830, littérateur, imprimeur, journaliste. Dirigé à gauche. In-4.

14748 Prunelle (le docteur), maire de la ville de Lyon en 1830. Gravé par VIBERT (en 1850). Assis, dirigé à gauche. Avant toute lettre. In-fol.

14749 Pupil Sr de Myons (Barth.-Jean-Claude), conseiller du roy, président en la Cour des monnoyes, sénéchaussée et présidial de Lyon. Gravé par J. TARDIEU, d'après Grandon. Médaillon sur une plinthe, avec blason. In-4.

14750 Pupil (Barthélemy-Jean-Claude). GRANDON pinxit., J. TARDIEU sculp. Médaillon sur une plinthe, avec blason, emblèmes et ornements autour du portrait. In-4.

14751 Pusy (J.-Xav. Bureaux de), député du baill. d'Amont (né à Pont-sur-Saône le 7 janvier 1750, préfet du Rhône en 1802, mort à Gênes le 2 février 1806). Sans nom d'auteur. Dirigé à gauche, dans un médaillon. In-12.

14752 Pusy (J.-X. Bureaux), Gravé par GUYOT, d'après Trezel. Dirigé à droite. In-8.

14753 Puzy (J.-X. Bureau de), (préfet de Lyon). Sans nom d'auteur ni d'éditeur. Profil à droite, Notice biographique dans la plinthe ; blason. In-4.

14754 Pusy (Bureau de). Sans nom d'auteur, probablement par DABADYE. A *Paris*, chez Déjabin, éditeur. Profil à droite ; Notice biographique dans la plinthe. In-4.

14755 Pusy (Jean-Xav. Bureaux de). DELAPLACE del., COQUERET sculp. A *Paris*, chez Le Vachez. Médaillon sur une plinthe ; blason. Dirigé à droite ; manière noire. In-fol.

14756 Puy, greffier de la justice de paix.... Dessin au crayon. In-8.

Q.

14757 Querbe (Louis), curé de Vourles en Lyonnais, fondateur des Clercs de St-Viateur, né à Lyon le 25 août 1795. Lithographié par GROBON frères, à *Lyon*, d'après un daguerréotype. Impr. par Auguste Bry, à *Paris*. Avant la lettre ; pap. de Chine. In-4.

14758 Quesnay (Franciscus), chirurgien, économiste, né à Merci en Normandie en 1694, mort en 1774. Gravé par F. FRANÇOIS, d'après le buste peint par Fredon. Médaillon avec or-

nements sur une plinthe ; au-dessous , dissertation sur la gravure. In-fol.

14759 Quibly (Marguerite de), coadjutrice du
monastère royal de la Déserte de Lyon, née
le 17 février 1594, morte le 12 juin 1675.
Médaillon avec ses armes. Dirigée à droite ,
devant un crucifix. In-4.

14760 Quibly (Marguerite de), abbesse du monastère royal de la Déserte de Lyon. Médaillon avec ses armes. Dirigée à gauche. In-4.

14761 Quillot (Jacobus), cordelier, quétiste, né
à Arnay-le-Duc à la fin du XVIIᵉ siècle. Gravé
par C. HAUSSARD , d'après Dufour. Médaillon
entouré de la légende ; offrande et dédicace
au-dessous. In-fol.

14762 Quinet (M. Edgar) , écrivain. Gravure
sur bois. P. L. H. R. Tiré d'un livre. Au verso,
fragment d'un article sur les enfants trouvés.
Coupé grandeur in-16.

14763 E. Quinet, représentant du peuple (Ain).
Th. BERTHET. Paris, Vᵒʳ Delarue. Impr. Kaeppelin. Pet. in-fol.

14764 Quinet (Edgar), né à Bourg le 17 février
1803. Dessiné d'après nature par Tony TOUL-
LION. Impr. Lemercier, à Paris. Assemblée
nationale, Galerie des représentants du peuple, 1848. (Ain). Dirigé à droite. Fac-similé
de sa signature ; pap. de Chine. Pet. in-fol.

14765 Quinet (Edgar). Dessiné par Tony TOUL-
LION. Impr. par Lemercier. Médaillon sur une
plinthe ; figure à gauche. Gr. in-fol., beau portrait.

R.

14766 Rabelais (François), né à Chinon vers
1483, mort à Paris le 9 avril 1553, médecin
du grand Hôtel-Dieu de Lyon , de novembre
1532 à mars 1534, avant Pâques. Eau-forte.
Dirigé à gauche. In-64.

14767 Rabelæsus (Franciscus), medicus Parisiensis. Sans nom d'auteur. Dirigé à gauche.
In-32.

14768 Rabelais. Gravé sur acier par HOPIVOOD.
Profil à gauche. Miniature carrée in-18 , sur
papier in-8.

14769 Rabelais. Avant la lettre. Médaillon ; au-
dessous, la Folie avec tous ses attributs. Dirigé
à droite. In-12.

14770 Rabelais (François). SARRABAT del. , N.
DE LAUNAY sculp. La Folie au-dessous, avec
ses attributs. Dirigé à droite. In-12.

14771 Rabelais. Avant la lettre. Sans nom d'auteur. Médaillon entouré de pampres, et au-
dessous deux thyrses en sautoir. Dirigé à
gauche. In-12.

14772 Rabelais. Hist. de France, tome XXXVI,
page 477. M. LASNE del., LANDON direx. Au
simple trait ; dirigé à droite. In-8.

14773 Rabelais. Par N. BELTONI : F. PITTRUCCI
inc. Gravure au trait, avec petite bordure.
Dirigé à droite. In-8.

14774 Rabelais. DESENNE del. , THOMPSON sculp.
Avant la lettre. Petit médaillon entouré d'a-
mours, de satyres et de fleurs. Dirigé à droite ;
pap. de Chine. In-8.

14775 Rabelais (François). Sans nom d'auteur.
Médaillon sur une plinthe. Dirigé à droite, le
chapeau sur la tête. In-8.

14776 Rabelais. Médaillon au-dessus d'une portion de colonne. Avant la lettre ; sans nom
d'auteur. (SARRABAT del., P. SAVART sculp.).
1777. Sans lettre sur la colonne. Attributs.
Au verso de ce portrait on remarque celui de
Rousseau , peint par DE LA TOUR , gravé par
E. FICQUET , et renversé ; circonstance qui
rend cette épreuve peut-être unique. In-8, gr.
papier.

14777 Rabelais (François). SARRABAT del. , P.
SAVART sculp. 1777. Chez l'auteur, hôtel Cha-
mouzet. Médaillon au-dessus d'une portion de
colonne , avec attributs. In-8.

14778 Rabelais (François). SARRABAT del., P.
SAVART sculp. 1777. Médaillon au-dessus
d'une portion de colonne , avec attributs. Pap.
de Chine. In-8, belle épreuve.

14779 Rabelais (F.). Impr. lith. de DELPECH.
Dirigé à gauche. In-8.

14780 Rabelais (François). M. LASNE sculp.
Chez P. Mariette, à l'Espérance. Médaillon
entouré de la légende. Dirigé à droite , un
gant à la main; au-dessous, le titre des œuvres
de Rabelais. In-8.

14781 Rablais (sic) (François). Chez Crépy, rue
St-Jacques. Médaillon sur une plinthe. Dirigé
à droite. Notice historique. In-8.

14782 Rabelais (François). Gravé par DESRO-
CHERS. Dirigé à gauche, tenant un verre. Notice historique dans un cartouche. Plinthe, avec
huit vers de Gacon en un seul couplet. In-8.

14783 Rabelais (François). A Paris , chez Daumont. Dirigé à gauche , tenant un verre. Notice historique dans un cartouche. Plinthe, avec
huit vers de Gacon non signés et divisés en
deux quatrains. In-8.

14784 Rabelais (F.). GEOFFROY sc. Gravé sur
acier, lettre grise. Dirigé à gauche et riant ; un
bonnet plat sur la tête. In-8.

14785 Rabelais (François). Avant la lettre. Sans
nom d'auteur. Dirigé à gauche, riant, un fusil
avec baïonnette derrière son dos. In-8.

14786 Rabelais (François). Sans nom d'auteur.
Dirigé à gauche , le chapeau sur la tête; une
draperie derrière lui. In-8.

14787 Rabelais, etc. (Mʳᵉ François). (MONCOR-
NET exc.). Dirigé à droite, un chapeau sur la
tête; derrière lui, draperie et fenêtre ouverte.
In-8.

14788 Rabelais (François). DÉVÉRIA del., LEIS-
NIER et FORSTEL sc. Imprimé par Chardon père ;
avant la lettre. Médaillon entouré d'emblèmes.
Profil à gauche, d'après l'antique. Pap. de Chine.
In-4.

14789 Rabelais (François), né à Chinon en 1483,

mort à Paris en 1553. Dessiné d'après le portrait original qni est à l'Ecole de médecine de Montpellier, et gravé par Ambroise TARDIEU. Dirigé à droite, dans un ovale. In-4.

14790 Rabelais. Avant toute lettre. Dessiné d'après le portrait original qui est à l'Ecole de médecine de Montpellier, et gravé par Ambroise TARDIEU. Dirigé à droite, dans un ovale. Pap. de Chine. In-4.

14791 Rabelais (Mre François). MONCORNET exc. Vers à sa louange, armoiries et palmes. Dirigé à gauche, un chapeau sur la tête; derrière lui, draperie et fenêtre ouverte. In-4.

14792 Rabelais (Mre François). MONCORNET exc. Dirigé à gauche; un chapeau sur la tête; derrière lui, draperie et fenêtre ouverte; au-dessus, armoiries et palmes; au dessous, vers à sa louange, 1655. In-4.

14793 Rablais (sic) (François). J. SARRABAT fecit et excudit. Dirigé à gauche, riant. In-4.

14794 Rabelais. J. FOLKEMA inv. et sculp. anno 1740. In-4.

14795 Rabelais. Sans nom d'auteur. Avant la lettre. Au-dessous est une bande vide ; marotte et caducée en sautoir, un œil ouvert au milieu. Dirigé à gauche ; une couronne au-dessus du tableau. Gr. in-4.

14796 Rabelais. Dessiné par TRIQUETI, gravé par ALLAIS. Portrait en pied ; en habits sacerdotaux, comme allant dire la messe, et un verre à la main. Gr. in-4.

14797 Rabelais, d'après des dessins originaux du XVIe siècle. CHRÉTIEN del. Pl. VIII. Dirigé à droite. Lithographie. Gr. in-4.

14798 Rabelais (François). de Chinon. N. HABERT sc. Dirigé à gauche, dans un médaillon ; le chapeau sur la tête. Notice historique dans une plinthe. In-fol.

14799 Rabelais (François), né à Chinon. J. BEAUME del. Impr. lith. de A. Meyers. Dirigé à gauche, dans un ovale. In-fol.

14800 Rabelais (François), né à Chinon en 1483, mort à Paris en 1553. J. BEAUME del. Impr. lith. de Villain. Dirigé à gauche, dans un ovale. In-fol.

14801 Rabelais. Sans nom d'auteur. Médaillon suspendu à un clou. Dirigé à gauche, le chapeau sur la tête. In-fol.

14802 Rabelais (François), poète français et curé de Meudon. Lith. par M. A. PRIEUR, dessiné d'après nature par JANET. Tiré du cabinet de M. Lenoir. Presque de face ; longue barbe, enveloppé d'un manteau. In-fol.

14803 Rambaud (Th.), maire de Lyon en 1818. Césarine D... del., Ch. RAMBAUD sculp. Avant la lettre. De face. In-12.

14804 Raspail (portrait du citoyen), candidat à la représentation nationale (dans le dép. du Rhône). Avec une Notice biographique et historique sur ce grand citoyen ; par un de ses compatriotes et par un de ses condisciples, (avec l'hymne à Raspail). Lith. GERENTE frères.

Lyon, impr. Guyot. s. d. (septembre 1848). In-fol.

14805 Rast (Jacques-Joseph), prêtre, ancien chanoine de St-Paul, né à Lyon le 17 novembre 1736, mort le 17 février 1816. Dessiné par Julie BOILY. Profil à gauche. In-18.

14806 Rast (Jacq.-Joseph). Dessiné d'après nature par CHOMETON. Imprimé à Paris. Avant la lettre. Profil à droite. In-4.

14807 Rauzan (l'abbé), supérieur général des missions de France. Lithogr. de H. BRUNET. Dirigé à gauche. In-12.

14808 Rauzan (de)(Rozan), directeur des missionnaires. Lith. de F. NOEL. Trois quarts à gauche, dans un carré. In-8.

14809 Rauzan (l'abbé). Par JERRUIQ (sic), à Paris. Profil à gauche, dans un médaillon. In-8.

14810 Rauzan (M. l'abbé). Lith. Avant la lettre. Dirigé à droite, dans un ovale. In-4.

14811 Rauzan (J.-B.), supérieur des missionnaires de France. Lith. de PALLEY. Se vend chez Besset. Dirigé à droite, dans un ovale. Un calvaire dans le fond. In-4.

14812 Ravez (Simon), né à Rive-de-Gier en 1770, mort à Bordeaux le 2 septembre 1849. Sans nom d'auteur. Profil à gauche. In-8.

14813 Ravez (M^r). Sans nom d'auteur. Au trait. Profil à gauche, dans un ovale. In-8.

14814 Ravez. Dessiné en 1824, et gravé par Amb. TARDIEU. Dirigé à droite, dans un ovale. In-8.

14815 Ravez. Par JULIEN. Lith. de Ducarme. Galerie universelle, publiée par Blaisot. Dirigé à gauche. In-4.

14816 Ravez (Simon), président de la Chambre des députés. Par BORDES. Lith. de C. Motte. Dirigé à droite. In-fol.

14817 Raynaudus (Theoph.), jésuite, né à Sospello, comté de Nice, en 1583, mort à Lyon le 31 octobre 1663. Gravé par Gér. AUDRAN. Assis, tenant un livre d'une main, un papier de l'autre. 1663. Au verso, le titre de ses œuvres. In-fol.

14818 Récamier (Mme), Juliette Bernard, née à Lyon le 3 décembre 1777, morte à Paris en 1849. Dessinée et gravée par MONTAUT. Petit médaillon ovale. In-32.

14819 Récamier (Mme). Dessinée à Londres, gravée à Paris, chez BONNEVILLE. Dans un ovale; de la main elle soulève son voile ; la tête penchée à droite. In-8.

14820 Récamier (Jeanne-Françoise). Gravure ; manière noire, à l'anglaise. Sans nom d'auteur; avant toute lettre. Dans un carré : de la main elle soulève son voile ; la tête penchée à gauche. In-8.

14821 Récamier (Mme). Sans nom d'auteur; avant toute lettre. Ovale. In-4. — Autre épreuve, pap. de Chine.

14822 Récamier (Mme). Charles SILÉSIEN sculp. A Mousseau près Paris, chez Levachez père, et à Paris, chez Vilquin. Presque en pied, soulevant son voile et se disposant à gravir des marches d'escalier. Manière noire. In-4.

14823 Récamier (Mme). Par DAVID, procédé COLLAS. Médaillon imitant le bronze. Profil à gauche, à l'antique. In-4.

14824 Récamier (Mme). F. GÉRARD pinx., P. ADAM sculp. 1826. Peinte en 1805. (Le tableau est à Berlin). Avant la lettre. En pied, assise sous un portique. Pap. de Chine. In-fol.

14825 Récamier (Mme). H. GREVEDON, 1826; GÉRARD pinx. Impr. lith. de Villain. De face, la tête penchée. Gr. in-fol.

14826 Recorbet (Ant.), chanoine, vic. gén. du diocèse de Lyon, né à Nulize le 22 janvier 1770, mort à Lyon le 16 décembre 1825. Par Auguste FLANDRIN; Lith. de Brunet. Profil à droite. In-fol.

14827 Refuge (Mre Eustache de), intendant de justice à Lyon, maître des requêtes, ambassadeur, mort en septembre 1617, âgé de 53 ans. Sans nom d'auteur. Notice historique en haut du portrait; au bas, quatre vers latins de Grotius. Dirigé à droite. In-4.

14828 Reffuge (Mre Eustache de). A Paris, chez Daret, 1654. Dirigé à gauche, dans un ovale, avec ses armes; ruban autour de l'ovale. Notice biographique de douze lignes. In-4.

14829 Reffuge (Eustache de). A Paris, chez Daret. Dirigé à gauche, dans un ovale, avec ses armes; sans ruban autour de l'ovale. Notice biographique de douze lignes. In-4.

14830 Rejembal (Antoine), (Regembal), tailleur de pierres à Bourg, représentant du peuple. (Ain). FISCHER. Paris, V. Delarue. Lith. de Becquet frères, Assemblée nationale. (Juillet 1848). In-fol.

14831 Regny (Fr. de), consul de France à Gênes. D'après le dessin de Cochin. CAMPION DE TERSAN sculp. Antipoli, 1766 (d'après Lelong). Médaillon. Profil à gauche. In-4.

14832 René (Nicolas), de Louze, récollet, diacre perpétuel de la province de Lyon, mort dans cette ville le 6 février 1702, à 85 ans. Seb. THOME pinxit., EM. OGIER fecit. Lugd. Avec sa devise. In-fol.

14833 Retaut de Villette (M.). Sans nom d'auteur. Médaillon ovale sur une plinthe. Bistré. Profil à droite. In-8

14834 Retaut de Villette (M.). Sans nom d'auteur. A Paris, chez Basset. Médaillon ovale sur une plinthe; manière noire. Dirigé à gauche. In-4.

14835 Reverchon (Marc), accusé d'Avril. Sans nom d'auteur. Eau-forte. In-18.

14836 Revoil (Pierre), peintre, directeur de l'Ecole de peinture à Lyon, né à Lyon en 1776, mort à Paris en 1842. Dessiné par Césarine-C. D. en 1810, et gravé par J.-B. CHOMETON le 14 mai 1811. In-4. — Autre épreuve, pap. gris.

14837 Revoil (Pierre). C. 1819. Lith. de L. Ch.,

à Lyon. Son masque plus grand que nature; profil à gauche. Avant la lettre. In-4.

14838 Revoil (Pierre). Dessiné au bistre par lui-même, représenté en écolier du Champ-de-Mars, crayonnant le buste du dieu Pan. En pied, profil à gauche. In-fol.

14839 Rey (Ant.-Claude), lieutenant-général de police de la ville de Lyon en 1789, mort en Sicile en 1810. Sans nom de graveur. Médaillon sur une plinthe, avec emblèmes; quatrain à sa louange. Profil à droite. In-4.

14840 Rey (Ant.-Claude), lieut.-gén. de police de la ville de Lyon. Gravé par SUPERCHY en 1788. MEUNIER scripsit. Imprimé par Giraud. Composition allégorique avec légende; distique au-dessus du tableau qui est environné de guirlandes de roses et de lauriers. In-4.

14841 Rey (Antoine-Claude), lieut.-gén. de police à Lyon. Gravé de mémoire par Ch. BOILY, en 1788. Médaillon avec guirlande. Plinthe avec vignette; quatrain à sa louange. In-4.

14842 Reyre (Vincent), doyen des présidents de chambre de la Cour royale de Lyon, né le 10 juillet 1762, mort le 14 juin 1847. A. BLANCHARD pinxit, DANGUIN sculp. Lyon, 1846. Imprimé par Fugère. Lettre grise. Assis, dirigé à droite. In-fol.

14843 Ribié (Mme), artiste du théâtre de Lyon, rôle de Cendrillon dans le Mariage de Cendrillon. Dessiné et gravé par JULIEN. En pied, avec musique. In-4.

14844 Ribier (César), curé de Larajasse, né à Lyon en 1762. Lith. de BRUNET. Profil à droite. In-8.

14845 Ribier (César), curé de Larajasse, décédé le 14 mai 1826. Lith. de B. Dirigé à droite. In-4.

14846 Ribier (César), curé de Larajasse, né en 1762, mort en 1826. Par H. REVERCHON. Lith. de H. Brunet. Dirigé à droite. In-fol. — Autre épreuve, avec un accident de tirage sur la manche droite.

14847 Richard (J.-Fleury), peintre, né à Lyon le 25 février 1777, mort à Ecully le 14 mars 1852. Gravé par CHOMETON, avril 1812. De face, avant la lettre. In-8.

14848 Richelieu (cardin.-archev. de Lyon), mort à Lyon le 22 mars 1653, à 71 ans. Tenant la Genèse en hébreu et en français. Par LA PEYRE. Au-dessous : A Mgr l'archevêque cardinal de Lyon. In-18.

14849 Richelieu (Alphonse de). Médaillon, sans nom d'auteur. Avec entourage. Distique latin dans un cartouche. In-8.

14850 Richelieu (Alphonse de). Sans nom d'auteur. Avec entourage. Distique latin dans un cartouche. Tiré d'un livre in-8.

14851 Richelieu (Alphonse du Plessis de). Sans nom d'auteur. Médaillon ovale rogné; légende en français. In-8.

14852 (Richelieu) (Alphonsus), cardinalis archiep. Lugd.) B. MONCORNET excud. Ovale, avec ses armes et des palmes entrelacées; dans le fond, une chasse. In-8.

14853 (Richelieu) (Alphonsus), cardinalis archiepiscopus Lugdun. B. MONCORNET exc. Avant les armes. Dans le fond, une chasse. In-8.

14854 Richelieu (Alphonsus de), arch. Lugdun. Dessiné et gravé par C. MELLAN, *à Rome*, en 1636. Dans la plinthe, légende en latin; à côté on lit.: *Frère du cardinal de Richelieu, auparavant chartreux*. In-4.

14855 Richelieu (Alphonse du Plessis de). J. FROSNE sculpsit. Médaillon, avec ses armes. Notice biographique. In-4.

14856 Richelieu (le cardinal Alphonse de). DARET exc. Avec trois écussons armoriés. In-4.

14857 Richelieu (Alphonse de). Avant toute lettre. Gravure ébauche. Pet. in-fol.

14858 Richepance, général de division, né à Metz en 1770, mort à la Guadeloupe en 1807. BONNÉVILLE del. et sc. De face, le chapeau sur la tête. In-8.

14859 Richepanse (le général). Tome XVIII, page 1. Gravure au trait, sans nom d'auteur. Dirigé à droite, tête nue. In-8.

14860 Richepance (Ant. de). Ambroise TARDIEU direxit. Dirigé à droite, tête nue. In-8.

14861 Richepanse (le général). TROLLI del. Impr. de Ducarme. Lithographie gr. in-fol.

14862 Richerand (le baron), chirurgien, né à Belley le 4 février 1779, mort à Paris en 1840. FORESTIER sculp., Ambroise TARDIEU direxit. In-8.

14863 Rieussec (P.-F.), député; de l'Académie de Lyon, né à Lyon le 22 novembre 1738, mort le 20 juillet 1826. Dessiné et gravé par BOUCHARDY père. Médaillon genre physionotrace; avant la lettre. In-8.

14864 Rieussec (P.-F.). Dessiné et gravé par BOUCHARDY père. Médaillon genre physionotrace. In-18, marges d'un in-4.

14865 Riolz (Jean-François-Armand de), jurisconsulte, né à Rhodez le 20 mars 1742, mort à Lyon le 28 décembre 1815. Sans nom de graveur; avant toute lettre. Dirigé à gauche, assis, la main gauche appuyée sur un livre. In-4.

14866 Rivet (Jean-Charles), ancien préfet du Rhône, né à Brive (Corrèze) le 19 mai 1800. Lith. d'après nature, par Marin LAVIGNE. Impr. Lemercier, *Paris*. Assemblée nationale, Galerie des représentants du peuple, 1848. (Rhône). Dirigé à gauche. Fac-similé de sa signature; pap. de Chine. Pet. in-fol.

14867 Robertet (Florimond de). XVIe siècle, règne de Louis XII. En pied. In-8. (Voir les *Mazures de l'abbaye royale de l'Ile-Barbe*, 2e partie, page 505.

14868 Robin (A.-J.), général de division, né à Dortan (Ain) le 3 juillet 1761. A *Paris*, au bureau de l'auteur des *Fastes*, etc... COUCHÉ fils sculp. Vignette. Portrait équestre, Notice historique. In-4.

14869 Rochebonne (Car.-F. de Châteauneuf de), arch. et comes Lugd. Mort le 28 février 1740. Sans nom de graveur. Médaillon sur une plinthe, avec ses armes. Aux quatre angles, emblêmes épiscopaux. Pet. in-fol.

14870 Rochebonne (Charles-François de Châteauneuf de), archevesque et comte de Lyon, primat et pair de France. C. GRANDON pinx., PARISEL sculp. Avec ses armes; dirigé à gauche. In-fol.

14871 Rochefoucauld (Franciscus de la), marchio de Rochebaron, triplicis Provinciæ Lugdunensis, Forensis et Bellojocensis præfectus. C. GRANDON pinxit, SERAUCOURT sculp. Médaillon sur une plinthe, avec ses armes et la dédicace par les religieux du tiers-ordre de St-François. Dirigé à gauche. In-4.

14872 Rodet (Claude-Louis), député du départ. de l'Ain, 1818; mort le 1er novembre 1838, à 70 ans. Sans nom d'auteur. In-8.

14873 Rojon (J.), condamné des 5 et 6 juin. Lith. de PROUST; dessiné d'après nature à Ste-Pélagie. In-fol.

14874 Roland de la Platière, nommé ministre de l'intérieur en mars 1792, inspecteur général des manufactures à Lyon avant la Révolution, membre de l'Académie de cette ville, né à Thizy près Villefranche (Rhône) le 19 février 1734, mort le 13 novembre 1793. DUC del. Dirigé à droite. In-32.

14875 Roland (J.-M.), ministre de l'intérieur. A *Paris*, chez VILLENEUVE, graveur. Médaillon rond; manière noire. Profil à gauche. In-12.

14876 Roland (J.-M.). J. LIGBERT sculp., J.-M. ROBERT inv. Dirigé à droite, dans un ovale. In-12.

14877 Roland (L.-M.). PASQUIER del. et sculp. Profil à gauche. Quatrain. Médaillon imitant le crayon rouge. In-12.

14878 Roland. HOPWOOD sculp. Publié par Furne, à *Paris*. Dirigé à droite. In-8.

14879 Roland. RAFFET del., HOPWOOD sculp. *Paris*. Publié par Furne et W. Coquebert. Debout; dirigé à droite. Tiré de l'*Histoire des Girondins* de M. de Lamartine (Ire livr., 1848). In-8.

14880 Roland (J.-M.), né à Chizy (*sic*), départ. de Rhône-et-Loire, le 19 février 1734. Sans nom d'auteur. Profil à droite; dans un ovale. In-8.

14881 Roland (J.). Lithogr. de DELPECH. Dirigé à gauche; fac-similé de sa signature. In-8.

14882 Roland (M.). CONDÉ sculpsit. Publish by Parsons, etc. Tiré du *Literary Magasine*. Dirigé à gauche; dans un ovale. In-8.

14883 Roland (J.-M.), né à Thizy, départ. de Rhône-et-Loire, le 19 février 1734. Peint par F BONNEVILLE, gravé par Aug. ST-AUBIN. A *Paris*, de l'imprimerie du Cercle social. Dirigé à droite; dans un ovale. In-8.

14884 Roland (J.-M.), né à Thizy, départ. de Rhône-et-Loire, le 19 février 1734. Peint par

F. Bonneville , gravé par Aug. St-Aubin. Sans nom d'imprim. Dirigé à droite ; dans un ovale. In-8.

14885 Roland se donnant la mort. Ary Scheffer del., Demare sculp. En pied , dans un paysage. In-8.

14886 Roland (J.-M.) de la Platière, inspecteur des manufactures de Lyon. Lemoine del., 1779, F. Hillemaker sculp. Aquâ forti, 1849. Dirigé à gauche , dans un médaillon. In-4.

14887 Roland (J.-M.) de la Platière , ministre de l'intérieur en 1792 , député de la Somme à la Convention nationale , né à Villefranche (Rhône) en 1734 ; se donna la mort le 15 novembre 1793. Dessiné d'après nature par Gabriel. Vignères, édit., Paris. Coiffé d'un chapeau ; profil à gauche. Gravure moderne d'après un dessin ancien. Lettre grise. In-4.

14888 Roland (J.-Marie de la Platière), ministre sous Louis XVI, né à Villefranche, mort le 16 novembre 1793. Dessiné par H. Garnier. Lith. de Ducarme. Galerie universelle publiée par Blaisot. Dirigé à gauche. In-4.

14889 Roland (J.-M.)', né à Thizy le 19 février 1734. Dessiné et gravé par Nicolas Colibert. Dirigé à gauche , dans un médaillon sur une plinthe , avec des livres et des papiers. In-fol.

14890 Roland (Jean-Marie) , ministre de l'intérieur. Le Vachez sculp. ; avec vignette représentant la levée de son cadavre. Duplessis-Bertaut inv. et del.; Duplessis-Bertaux, aquâ forti. Notice historique et fac-similé de sa signature. In-fol.

14891 Roland (Jean-Marie). Avant la lettre; avec Notice historique et une vignette gravée représentant le procès-verbal dressé auprès de son cadavre. In-fol.

14892 Roland (J.-M.) ; par Hesse. Lith. de Delpech ; accompagné d'un feuillet contenant le fac-similé de son écriture , copie d'une lettre écrite de Lyon le 22 janvier 1790. In-fol.

14893 Roland (Mme), née à Paris en 1756. Dessinée et gravée par Montaut. Petit médaillon ovale. In-32.

14894 Roland (Mme). Dessinée au physionotrace. Sans nom d'auteur ; avant toute lettre. Profil à droite , les cheveux tenus par un mouchoir. In-18 , marges d'un in-8.

14895 Roland (Mme) de la Platière, née Marie-Josèphe Phlipon, immolée par les factieux le 18 novembre 1793. Dessinée par Fouquet, gravée par Chrétien, inv. du physionotrace. Profil à droite. In-18, marges d'in-8.

14896 Roland (Mme). Lithogr. de Langlumé. Profil à gauche, tête nue , les cheveux tombant sur les épaules, le buste dans un nuage. In-16.

14897 Roland (Mme). Gravure sur bois. Médaillon ovale. Tiré de la Mosaïque. Profil à droite. In-16.

14898 Roland (Mme J. Phlipon). Sans nom d'auteur. Profil à droite ; les cheveux dénoués sur les épaules. In-8.

14899 Roland (Mme). A. Delvaux sculp. Petit médaillon ; profil à gauche , les cheveux tenus par un ruban. In-8.

14900 Roland (dernières paroles de Mme) au tribunal révolutionnaire : Vous me jugez digne de partager le sort des grands hommes que vous avez assassinés ; je tâcherai de porter à l'échafaud le courage qu'ils ont montré. Couché fils sculp. En pied , debout devant le tribunal révolutionnaire. In-8.

14901 Roland (Mme). Avant la lettre. A. Delvaux sculp. Profil à gauche ; les cheveux tenus par un ruban. Pap. de Chine. In-8.

14902 Roland (Mme). M.-F. Dien sculp. Profil à gauche; la tête entourée d'un mouchoir. In-fol.

14903 Roland (Mme). M.-F. Dien sculp. Collection des Mémoires de la Révolution , publiée par Baudoin frères. Profil à gauche ; la tête entourée d'un mouchoir. In-8.

14904 Rolland (Mme) (sic). Gravure au trait. Sans nom d'auteur. Profil à gauche. In-8.

14905 Roland (Mme), d'après un portrait appartenant à sa famille. Publié par Becquet et Pétion. Imprim. de Rougier ; le nom du graveur effacé. Profil à droite, les cheveux frisés , des fleurs à sa ceinture. In-8.

14906 Roland (Mme). Lith. de Delpech. Cheveux frisés. Profil à droite; fac-similé de sa signature : Roland, née Phlipon. In-fol.

14907 Roland (Mme). Avant toute lettre ; avec vignette représentant son jugement. In-8.

14908 Roland (Mme). Sans nom d'auteur ; avec vignette représentant son jugement. In-8. — Autre épreuve, pap. de Chine.

14909 Roland (J.-M. Ph.), femme du ministre de l'intérieur. B.-A. Nicollet del., C.-S. Gaucher inc. An VIII. Profil à droite dans un carré , la légende dans une plinthe. In-8.

14910 Roland (Mme) (M.-J. Phlipon) , femme du ministre , etc. Sans nom d'auteur. Notice historique ; quatrain à sa louange. Médaillon rond ; Profil à droite. In-8.

14911 Roland (M.-J. Ph.). E. Bonneville del. et sculp. A Paris , rue du Théâtre-Français. Notice. Médaillon ovale ; profil à droite. In-8.

14912 Roland (Mme). Hopwood sculp. Publié par Furne , à Paris. Profil à droite. In-8.

14913 Roland (Mme). Hopwood sculp. Publié par Furne , à Paris. Profil à droite. Gravure très soignée. Pap. de Chine. Gr. in-8.

14914 Roland (Mme). Raffet del., Bosselman sculp. Publié par Furne, Paris. Profil à droite; cheveux épars. (Tiré de l'Histoire des Girondins , par M. de Lamartine , 6e livr. 1848). In-8.

14915 Roland (mort de Mme). Henri Scheffer del., Blanchard sculp. En pied , debout sur la charrette avec Lamarche, la foule autour d'eux. In-8.

14916 Roland (Mme Phlipon-Roland) de la Platière. Portrait en pied , colorié , n° 39. In-8.

14917 Roland, (Mme) aux prisons de Ste-Pélagie. Sans nom de graveur; la tête couverte d'un voile à l'antique, les yeux baissés; au-dessous, quelques lignes; fac-similé de son écriture. In-4.

14918 Roland (Mme). A. LACAUCHIE Lithog. Rigo et comp. P. Amic l'aîné, à *Paris*. En pied, assise devant une table, écrivant une lettre au roi. Profil à droite. Papier teinté, relevé au crayon blanc. In-4.

14919 Roland (Manon-Jeanne Phlipon), morte sur l'échafaud en 1793. Lithogr. de DUCARME. *Galerie universelle* publiée par Blaisot. Profil à droite. In-4.

14920 Roland (M.-J. Phlipon, femme), née à Paris en 1756. E. BONNEVILLE del. et sculp. Profil à droite; dans un ovale. Gr. in-4.

14921 Roland (Mme); par DAVID, 1832. Procédé Collas. Médaillon imitant le bronze. Profil à gauche. In-fol.

14922 Roland (M.-J. P.), née à Paris, etc. Dessinée par F. C. Lithogr. de LANGLUMÉ. Profil à gauche; dans un ovale. In-fol.

14923 Roland (Marie-Jeanne-Phlipon); avec vignette représentant son jugement, et une Notice historique. DUPLESSIS-BERTAUX inv. et del.; Duplessis-Bertaux, aquâ forti; LE VACHEZ sculp. Profil à gauche; dans un médaillon rond. In-fol.

14924 Roland (Mme). DAVID pinx. Lithogr. de Langlumé. LEBEC, 1825, del. Profil à gauche; les cheveux dénoués sur les épaules. In-fol.

14925 Roland (Mme); par H. GREVEDON, 1825. Lithogr. de Delpech. Profil à droite. In-fol. Accompagné d'un fac-similé de son écriture, lettre datée de Paris, 25 avril 1792. In-fol.

14926 Rondelet (Jean), né à Lyon le 4 juin 1734, mort à Paris le 27 septembre 1829; architecte distingué, membre de l'Institut, auteur d'un *Traité de l'art de bâtir*. Propriété Pereson. Lithogr. veuve GUBIAN, à *Lyon* (1848). Dirigé à droite, Pap. glacé, lettre dorée. In-8.

14927 Rondelet (Jean). Buste d'après l'antique, dans le frontispice de son *Traité de l'art de bâtir*. *Paris*, 1830. Gr. in-4.

14928 Rondelet (Jean), né à Lyon le 4 juin 1743; né, d'après un portrait, en 1734, d'après M. Péricaud, vers 1755; d'après la *Biogr. des contemp.*, en 1755; d'après la *Biogr. univ.*, en 1743, comme ci-dessus J. BOILLY, 1822 Lith. in-fol.

14929 Rosaz (Sébastien-Louis), collectionneur, né à Lyon le 11 novembre 1777. Par QUENEDEY. Dirigé à droite, dans un ovale; avec Notice. In-8.

14930 Rossat (Louis), évêque de Gap, né à Lyon, paroisse de St-Nizier, le 8 décembre 1789; sacré à Lyon, dans la primatiale, le 14 février 1841. Lithographié par MAGGIOLO; lithogr. Paul Petit et comp., *Paris*. Dirigé à droite. Au-dessous, écrit au crayon : *A M. Bonnevie, doyen du Chapitre de Lyon.* † LOUIS, évêque de Gap, son ami. In-fol.

14931 Rostaing. (Représentation de la sépulture que Messire Charles, marquis et comte de Rostaing, a fait faire dans l'église des Feuillants-St-Bernard, de Paris, pour lui et à la mémoire de Messire Tristan son père). Charles de Rostaing et Tristan de Rostaing à genoux. Sans nom d'auteur. Pet. in-fol.

14932 Rostaing (Messire Charles, marquis et comte de), mort le 4 janv. 1660, âgé de 87 ans. Par son très humble serv. B. MONCORNET, avec priv. du roy. Blason et couronne de lauriers. In-4.

14933 Rostaing (Charles, marquis et comte de). Notice historique et vers à sa louange; par Henri CHESNEAU, 1660. Portrait en pied. In-fol

14934 Rostaing (Charles de). LE POTRE fecit. Trophée médallique, par Henry CHESNEAU, 1661. Médailles, trophées, emblèmes. In-fol.

14935 Rostaing (Henry, marquis de), comte de Bury. LEPAUTRE sculp. Sans nom d'auteur; avant toute lettre. Dirigé à gauche, entouré de trophées militaires. In-4.

14936 Rostaing (Jean, comte de); avec Notice historique et vers à sa louange, par Henri CHESNEAU, 1660. Portrait en pied. Dans le fond, bataille de Marignan où il était (1515). In-fol.

14937 Rostaing (haut et puissant seigneur Messire Tristan, marquis de), mort en 1591, âgé de 78 ans. Notice historique. A *Paris*, chez Boissevin. In-4.

14938 Rostaing (Tristan, marquis de), seigneur de Surieux-le-Comtal en Forests, nay en 1513, mort en 1591. Médaillon avec banderole et légende. In-4.

14939 Rostaing. Couvert de son armure, un bâton de commandement à la main droite. Ovale. Pet. in-fol.

14940 Rostaing (Messire Tristan, marquis de). Trophée médallique, généalogique et de commandement d'armée. LE POTRE fecit. In-fol.

14941 Rostaing (Tristan, marquis de). Sans nom d'auteur; avec des vers à sa louange; par Henri CHESNEAU, 1660. Portrait en pied; par une fenêtre du fond on voit le siège de Melun. In-fol.

14942 Rostaing (Mme), épouse de Jean, comte de Rostaing. Portrait en pied, avec chasse dans le fond; crucifix. Avant toute lettre. In-fol.

14943 Rostaing (Françoise Robertet, femme de Tristan, marquis de). Notice historique; quatrain par Henri CHESNEAU, 1660. A ses pieds, des figures allégoriques déroulent et montrent les armes de sa famille. In-fol.

14944 Roubillac (Lewis-François), né à Lyon en 1725, mort à Londres le 11 janvier 1762. Adrien CARPANTIERS pinx., T. CHAMBARS sculp. Presque en pied; terminant une statuette, ses outils devant lui. In-4.

14945 Roubillac (Lewis-Francis) (Louis-François). Adrien CARPANTIERS pinxit, D. MARTIN fecit, 1765. Légende en anglais. Presque en pied ; terminant une statuette, ses outils devant lui. Manière noire. In-fol.

14946 Rousseau (M.), proviseur du Lycée de Lyon. Lithogr. Sans nom d'auteur. In-4.

14947 Rousseau (J.-J.). J.-J. FRILLEY del., SOLIMAN sculp. Dirigé à gauche ; lettre grise. Papier de Chine. In-4.

14948 Rousseau (J.-J.). J.-J. FRILLEY del., SOLIMAN sculp.; avant la lettre. Dirigé à droite. In-4.

14949 Rousseau (J.-J.) à l'âge de 22 ans, passant la nuit à la belle étoile aux environs de Lyon. Dédié à M. Huet. Peint par ALBRIER, gravé par Hippolyte HUET, 1824. Imprimé par Chardon fils. A *Paris*, chez l'auteur. En pied. In-fol.

14950 Roussel aîné, hercule du Nord. Dessiné par THIERRIAT. Lithogr. de Lefèvre, à *Lyon*. In-4.

14951 Rousset (Joseph-Marie), avocat, ancien échevin, mort en août 1788. Dessiné et gravé par QUESNEDEY, à *Paris*, 1812 (d'après le physionotrace). Avant la lettre ; profil à droite. In-18.

14952 Roux-Martin, musicien-compositeur ; par JUBANY. Lithogr. de Brunet. In-4.

14953 Roville (G.), imprimeur, né à Tours vers 1518, mort à Lyon en 1589. H. L. (Hippolyte LEYMARIE). Son effigie sur une médaille antique ; profil à droite. In-12.

14954 Royer (Jean-Baptiste), évêque constitutionnel du départ. de l'Ain, député à l'Assemblée nationale, né à Cuiseaux le 8 octobre 1733. LABADYE del., COURBE sculp. A *Paris*, chez Déjabin. In-4.

14955 Rozier (François), curé de St-Polycarpe, né à Lyon le 23 janvier 1734, mort de l'éclat d'une bombe le 29 septembre 1793 ; savant agronome et auteur d'un ouvrage d'agriculture. Lithog. veuve GUBIAN et comp., *Lyon* (1848). Propriété Perenon. Dirigé à gauche. Pap. glacé, lettre dorée. In-8.

14956 Rozier (l'abbé). Gravé par GAUTIER, d'après Trézel. *Le vrai seul fut son but*. In-8.

14957 Rozier (l'abbé). GOULU sculp. Lettre grise. In-8.

14958 Rozier (l'abbé). Gravé par TARDIEU l'aîné. Buste entouré d'attributs d'histoire naturelle : fleurs, oiseaux, quadrupèdes, végétaux, abeilles. In-fol.

14959 Rozier (François Pilâtre de), aéronaute, né à Metz le 30 mars 1756, mort le 15 juin 1785. Médaillon porté sur des nuages. Sans nom d'auteur. In-8.

14960 Rozier (Pilâtre de). Sans nom d'auteur. Médaillon, avec quatrain au-dessous. In-4.

14961 Rozier (François Pilâtre de). Peint par John RUSSEL, gravé par Joseph COLLYER. Publié par W. Faden, 1786. Texte en anglais. In-fol.

14962 Sainbel (Charles Vial de). Engrav'd by LENEY from an original Painting in the possession of Mrs Sainbel. Dirigé à gauche, dans un ovale. In-8.

14963 Saint-André (le maréchal de), mort le 10 décembre 1562. Gravure au trait. Sans nom d'auteur apparent. In-12.

14964 Saint-André (de), prévôt des marchands à Lyon. PERRO del. ad vivum ; VALLET effigiem sculp. Ovale rogné, sans légende. Dirigé à droite. In-8.

14965 Saint-Aubin (Mme), du théâtre de l'Opéra-Comique. Gravée *en couleur* par ALIX, d'après Garneray. Vignette au-dessous : Scène IV d'*Ambroise*. In-fol.

14966 Saint-Aubin (Mme) dans *Une heure de mariage*, représentation du 7 novembre 1818. Par G. QUESNET. En pied. In-fol.

14967 Saint-Gelais (Mellin de), né en 1491, mort en 1558. C.-S. GAUCHER del. et inc., ex Bibliotheca regia. Couronné de lauriers, dans un médaillon sur une plinthe. In-12.

14968 Saint-Georges (Claude de), archevêque de Lyon, mort le 9 juin 1714, auteur du *Bouclier de la France* et de l'*Esprit de Gerson*. 1691. Propriété Perenon. Lith. veuve GUBIAN, à *Lyon* (1848). Ovale. Dirigé à gauche ; pap. glacé, lettre dorée. In-8.

14969 Saint-George (Messire Claude de), archevêque, comte de Lyon, primat des Gaules. Gravé par E. DESROCHERS, 1699. Dirigé à droite. Médaillon sur une plinthe ; quatrain à sa louange ; la légende autour du médaillon. In-8.

14970 Saint-George (Claude de), archevêque et comte de Lyon. Par M. OGIER, en 1695. Médaillon avec ses armes. In-4.

14971 Saint-George (Messire Claude de). Chez TROUVAIN. En pied, assis à une table, un volume à la main. In-fol.

14972 Saint-George (Claudius de). Gravé par EDELINCK. Dirigé à gauche, dans un médaillon ; la légende dans la plinthe, avec ses armes. In-fol.

14973 Saint-George (Cl. de), arch. et comes Lugd. Par Matt. OGIER, en 1695. Gr. in-fol.

14974 Saint-Pierre, aide-major général de la garde nationale, etc.... QUENEDEY del. et sculp. Profil à gauche ; manière noire. Avant la lettre. In-8.

14975 Salesi (Franciscus), episcopus Gebenensis, né en 1567, mort à Lyon le 28 décembre 1622. Sans nom d'auteur. Une auréole autour de la tête ; dirigé à droite. In-18.

14976 Sales (le bienheureux S. François de), prince et évesque de Genève. S. FOUCAULT. Dirigé à droite ; dans un ovale, avec auréole autour de la tête. In-18.

14977 Sales (le bienheureux François de), évesque de Genève. Sans nom d'auteur; ovale
allongé. Dirigé à droite. In-18.

14978 Sales (le bienheureux S. François de),
évesque de Genève. Matt. OGIER sculp., *Lugd.*
Dirigé à gauche. In-18.

14979 Sales (François de), évesque et prince
de Genève. Une banderole près de la tête, avec
devise latine et le mot *amour* dans une gloire.
Dirigé à droite, les mains croisées sur la poitrine. In-18.

14980 Sales (S. François de), évêque de Genève,
fondateur et instituteur des religieuses de la
Visitation. Sans nom d'auteur. Buste sur un
socle ; dirigé à droite. In-12.

14981 Sales (S. François de), sur l'original
qui est à l'abbaye royale de St-Victor-lez-Paris.
I. AUDRAN fecit. Médaillon sur une plinthe. *In
fide et lenitate ipsius sanctum fecit illum.*
(Eccl.). In-12.

14982 Sales (S. François de), éuesque et prince
de Genéue. Sans nom d'auteur. Ovale sur une
plinthe; dirigé à droite. In-12.

14983 S. François de Sales , évêque et prince
de Genève. Sans nom d'auteur. Ecrivant ces
mots sur une table : *Que votre cœur est aimable! Mon Dieu, que votre cœur est doux!* Dirigé
à droite. In-12.

14984 Sales (S. François de), évêque de Genève. ADAM sculp. Médaillon avec plinthe. Une
couronne au-dessus du médaillon , le nom du
saint en petites lettres noires. In-8.

14985 Sales (S. François de), évêque de Genève.
Sans nom d'auteur. Médaillon sur une plinthe;
une couronne au-dessus du médaillon , le nom
du saint en lettres grises. In-8.

14986 Sales (S. François de), évêque de Genève. Traduit du dessin de S. LEROY, d'après
le tableau original. Par R.-D. ELVAUX. Médaillon sur une plinthe ; une couronne au-
dessus du médaillon. In-8.

14987 Sales (S. François de). Place Maubert.
Dirigé à gauche , les mains jointes ; une gloire
autour de la tête , le monogramme du Christ
au-dessus. Quatrain. In-8.

14988 Sales (Franciscus von). Légende alle-
mande. F.-A. DICTELL fec. Médaillon sur une
plinthe. In-8.

14989 S. François de Sales , évesque et prince
de Genève , fondateur et instituteur des dames
religieuses de l'ordre sacré de la Visitation de
Ste-Marie, canonisé par notre Saint Père le
pape Alexandre VII le 19 avril 1665. A *Paris*,
chez Jac. Chéreau. Dirigé à droite , les deux
mains sur sa poitrine; un cœur enflammé dans
le haut , à droite ; le buste environné de nuages. Pap. bleu clair. In-8.

14990 Sales (S. François de), évesque et prince
de Genève. Sans nom d'auteur. Médaillon ovale
sur une plinthe. Dirigé à droite, dans un
nuage , les mains jointes , les yeux au ciel ;

le monogramme du Christ au-dessus de sa
tête. In-8.

14991 Sales (S. François de). Petite Notice historique. A *Paris* , chez Jac. Chéreau , rue St-
Jacques. Les mains jointes , une gloire autour
de la tête , un cœur enflammé à droite. In-8.

14992 Sales (S. François de). F. DELAMONCE ,
del. , DAUDET sculp. A *Paris* , chez Mesnard.
Assis , écrivant ; éclairé par un rayon d'en
haut. A la place du nom , un verset du *Deuté-
ronome.* In-8.

14993 Sales (le vrai pourtrait du B. François de).
Une Notice manuscrite le dit tiré des *Vrais
entretiens. Lyon* , V.-D. Courdilly, 1630. Un
ange soutient la draperie. Au bas, deux griffons tiennent une fleur de lis couronnée , et
de chaque côté deux écussons , l'un au monogramme du Christ , avec des lis , l'autre aux
initiales V. D. C. In-8.

14994 Sales (S. François de)........., canonisé
par le pape Alexandre VII. Sans nom d'auteur.
Les mains croisées sur la poitrine , une gloire
autour de la tête , avec le monogramme du
Christ. In-8.

14995 Sales (S. François de) offrant son cœur
enflammé à la Ste-Vierge et à son Fils. HURET
fec. cum privil. En pied , à genoux devant un
autel. Dans le fond , des jardins avec palais;
au-dessous : *Tibi dixi, cor meum,* etc. In-8.

14996 Sales (le B. François de), évesque de Genève. Sans nom d'auteur. Dirigé à droite. In-8.

14997 Sales (le bienhevrevx S. Francois de) ,
euesque de Geneue. Dirigé à droite , ayant au
cou une croix portant le monogramme du
Christ. In-12.

14998 Sales (François de), tiré au naïf, de son
aage le 56. C. HURET fecit. Banderole , avec
une gloire où l'on voit le mot : *amour*; la
légende dans la plinthe, en lettres contournées.
In-8.

14999 Sales (François de), tiré au naïf, de son
aage le 57. C. HURET fecit. Banderole avec
une gloire où l'on voit le mot *amour.* La légende
dans la plinthe, en lettres droites et régulières.
In-8.

15000 Sales (le vray portrait dv bien hevrevx
François de), évesqve et prince de Geneve.
J. BOULANGER fecit , Herman WEYEN excudit.
La légende autour de l'ovale ; prière en latin.
Dirigé à gauche. In-8.

15001 Sales. Hevres de la Ste-Vierge, à l'usage
des religieuses de la Visitation de Ste-Marie.
Reueuës et corrigées en cette dernière édition. 1678. Frontispice. Dans le haut , saint
François de Sales assis sur un nuage ; à gauche , le soleil portant ces mots : *Vive Jésus.*
GIFFORD exc. In-8.

15002 Salles (le B. évesque et très illustre
prince de Genève, François de); avec l'anagramme de son nom et un quatrain. J. GAI-
GNIÈRES fecit. Une gloire avec rayon dans le
coin à droite. In-8.

15003 Salle (le B. François de), évesque et prince de Genesve. A. BOUDAN exc. Les mains jointes devant un crucifix , un livre ouvert devant lui. Dirigé à gauche. In-8.

15004 Sales (François de). J. GUÉRIN sculpsit. A *Paris*, chez Langlois. Dirigé à gauche, dans un octogone ; la légende dans une plinthe. In-8.

15005 Sales (S. François de). Par J. DEVAUX. Dirigé à droite , avec gloire , dans un médaillon ; la légende dans la plinthe. Ecusson in-8.

15006 Sale (S. François de), évêque et prince de Genève. A *Paris*, chés Joullain. Assis , la figure de face, une plume à la main droite , la gauche ouvrant un livre. Dans le haut , des anges tenant les *Sermons*, les *Entretiens* et les *Épîtres*. Une porte ouverte laisse voir une galerie de son palais. In-8.

15007 Sales (le vray portraict de S. François de), évêque et prince de Genève.... A *Paris*, chez Crépy. Médaillon ; à chaque coin, monogramme du Christ. Dirigé à droite , les mains jointes ; légende sur une draperie qui couvre la plinthe. In-8.

15008 Sales (le bienheureux François de), évesque de Genève. Balthasar MONCORNET. Dans le fond , par la fenêtre, on aperçoit un prélat qui officie. In-8.

15009 Sales (S. François de). LANDRY excudit. Médaillon entouré de pilastres , avec des anges qui tiennent des branches d'olivier. In-8.

15010 Sales (vera effigie B. Francisci), episcopi de Geneva, etc.... MATHEUS fecit et excudit. Une Notice manuscrite le dit tiré de l'*Introduction à la vie dévote*. Paris, Loyson, 1648. Au verso, approbations. In-8.

15011 Salles (le bienheureux François de). Par M. L. Octogone. Dirigé à droite , ayant les mains jointes devant un crucifix , et un livre ouvert devant lui. *Aut amor, aut furor est...* etc. In-8.

15012 Sales (sancti Francisci de), episcopi Genevensis effigies. Si stampano in *Roma* da Gioan-Jacomo Rossi, alla Pace. Dirigé à gauche , les mains croisées sur sa poitrine. Ovale, avec ses armes au-dessous. In-8.

15013 Sales (S. François de). F. CHANNOUIN , J. COUVAY sculp. Avant la lettre. En pied , assis , écrivant de la main droite et tenant un cœur enflammé de la main gauche. En haut , un Saint-Esprit dans une gloire et des anges sur un nuage. In-8.

15014 Sales (S. François de). ROEHN del. , SISCO sculp. A *Paris*, chez J.-J. Blaise , libraire. Avec une vignette représentant S. François de Sales recevant une lettre pliée , du roi Henri IV. In-8.

15015 Sales (S. François de), évêque et prince de Genève. Dessiné d'après un tableau contemporain. Sans nom d'auteur. Les mains croisées , tenant un cœur enflammé. In-8.

15016 Sales (S. François de), évêque et prince

de Genève, fondateur de l'ordre de la Visitation. Dessiné et gravé par C.-M. DIEN. Dirigé à droite ; pap. de Chine. In-8.

15017 Sales (sainct François de), euesque et prince de Geneue , fils de Jean de Sales et de Françoise de Sionnas..... J. DE L'ARMESSIN sculpebat , 1681. A *Paris*, chez P. Bertrand. Dirigé à gauche ; dans un médaillon , avec ses armes ; dix lignes de biographie. In-4.

15018 Sales (François de). Gravé par SISCO. Avant la lettre ; avec une vignette représentant le Saint recevant une lettre pliée du roi Henri IV. Papier bleu. In-4.

15019 Sales (le vray portrait de sainct François de), évesque et prince de Geneve. Baltasar MONCORNET excudit. Cadre octogone, avec prière en latin. Dirigé à droite. In-4.

15020 Sales (sainct François de). J. DE L'ARMESSIN sculpebat , 1681. A *Paris* , chez P. Bertrand , rue St-Jacques , à la Pomme d'or. Avec privilége du roy. Dirigé à gauche ; dans un médaillon , avec ses armes et Notice ; auréole autour de la tête. In-4.

15021 Sales (le vray pourtrait du bienheureux Messire François de). Léonard GAULTIER incidit , 1624. A droite , dans le haut , est une petite vignette représentant le Saint à genoux. In-4.

15022 Sales (François de). Alexander BOUDAN excudit , *cum privilegio*. Médaillon porté par des anges, avec l'oraison propre de S. François de Sales. Gr. in-4.

15023 Sales (S. François de). A *Paris* , chez Guérard , rue du Petit-Pont. Portrait en pied ; un cœur à la main droite , et une plume à la gauche ; des livres autour de lui. In-4.

15024 Sales (S. François de). (P. MASSARD sc.). Avant toute lettre. Dirigé à gauche ; une auréole autour de la tête. In-4.

15025 Sales (François de) remettant un livre à des religieuses de la Visitation. En pied. HURET fecit. In-4.

15026 Sales (S. François de). Gravé par DÉROCHERS , rue du Foin. Sur une plinthe , sixain de GACON. In-4.

15027 Sales (François de) assis sur des nuages. EDELINCK sculp. Sujet en pied, avec des anges et des emblèmes. Au bas de la gravure, le nom du marchand d'estampes : à *Paris*, chez Odieuvre. In-4.

15028 Sales (François de) assis sur des nuages. EDELINCK sculp. Sujet en pied , avec des anges et des emblèmes. Au bas de la gravure, le nom du Saint. In-4.

15029 Sales (S. François de). Ant. DIEU pinxit, gravé par BAZIN. A *Paris*, chez Basset. Dirigé à gauche. In-4.

15030 Sales (le vray portrait de S. François de). Par OGIER. Dirigé à gauche , dans un médaillon sur une plinthe, avec l'adresse d'une lettre écrite par S. François de Sales à *Monseigneur l'évesque de Calcédoine*. In-4.

15031 Sales (S. François de), évêque et prince de Genève , fondateur et instituteur des dames religieuses de l'ordre sacré de la Visitation de Ste-Marie , canonisé par notre Saint Père le pape Alexandre VII le 19 avril 1665. Sans nom d'auteur. Les mains jointes; dirigé à gauche. In-4.

15032 Sales (le vray portrait de S. François de). Par MONCORNET. Octogone, avec prière en latin. In-4.

15033 Sales (S. François de). PREVOST pinx. , G. SCOTIN sculp. Presque en pied , tenant à la main le cordon du tiers-ordre des Minimes. In-fol.

15034 Sales (S. François de). Sans nom d'auteur. En pied. Dans le fond , d'un côté, il est représenté écrivant; de l'autre , parlant, entouré des religieuses de la Visitation. Notice historique. In-fol.

15035 Sales (S. François de), évêque et prince de Genève. Par Cornélie G. Dirigé à droite , les mains jointes et les yeux levés au ciel. In-fol.

15036 Sales (S. François de). A *Paris*, chez Jacques Chéreau , rue St-Jacques. Ant. DIEU pinx. Dirigé à droite. In-fol.

15037 Sales (S. François de), évêque et prince de Genève. Gravé par N. BAZIN , d'après Ant. Dieu. Dirigé à gauche. In-fol.

15038 Sales (S. François de). P. NOVELLI del. , P. DE COLLE sculp. Ap. Cavalli , *Venetiis*. Assis, écrivant; à ses pieds, deux petits génies portant sa crosse et sa mitre. In-fol.

15039 Sales (Den.-H. Franciscus de), bisschop van Geneve. Sans nom d'auteur apparent. Presque de face ; une auréole autour de la tête. In-fol.

15040 Sales (S. François de). Avant toute lettre. Sans nom d'auteur. (Les auteurs doivent être P. FIRENS , peintre , et FOSSEYEUX, graveur). Médaillon ovale ; dirigé à gauche. In-fol.

15041 Sales (S. François de). Au-dessous, une vignette représentant S. François préchant. Pierre FIRENS del. , J.-B. FOSSEYEUX sculp. A *Paris*, chez Jean. Notice historique. Médaillon ovale ; dirigé à gauche. In-fol.

15042 Sales (S. François de). A *Paris* , chez Crépy. En pied , porté sur des nuages ; à droite, un ange ou un génie, tenant sa mitre ; à gauche , un globe de feu, avec ces mots : *Vive Jésus*. Au-dessous des nuages , une devise tirée de l'*Ecclésiaste*. In-fol.

15043 Sales (S. François de). C. LEBRUN del., G. ROUSSELET sc.; cum priv. regis. En pied , porté sur des nuages, avec des anges. Au bas , d'autres anges tiennent des vases et des livres ; une suite de pilastres fait le fond. In-fol.

15044 Sales (le vrai pourtraict de S. François de), patron de la Charité, etc. Sans nom d'auteur. Gr. in-fol. rogné.

15045 Sales (S. François de) , prince et évesque de Genève. A *Paris* , chez Daumont. DE POILLY exc. , F. LANGOT. Presque de face ; dirigé à droite. Médaillon sur une plinthe. Gr. in-fol.

15046 (Sales). Les nouvelles Vies des Saints, corrigées et augmentées de plusieurs vies de saints et de dévotes personnes, qui n'ont point encore été imprimées. A *Paris* , par la Compagnie des imprimeurs, rue St-Jacques. Frontispice représentant tous les bienheureux. Au premier plan, S. François de Sales assis ; dirigé à droite. In-fol.

15047 Sales (S. François de). s. n. de graveur. En pied , assis sur un nuage, tenant d'une main sa crosse et montrant de l'autre main un soleil sur lequel est écrit : *Vive Jésus*. Sous la gravure, une thèse de droit soutenue le 1er septembre 1789 par le sieur Louis Baron , parisien. Gr. in-fol.

15048 Saulx (Gaspard de), seigneur de Tavanes, lieutenant-général en Lyonnais et Forez, né à Dijon en 1509, mort en 1573. SERGENT del., RIDÉ sculp., 1788. A *Paris*, chez Blin. Ecusson et légende. In-4 colorié.

15049 Sauzet (Paul), président de la Chambre des députés, ministre de la justice, né à Lyon le 23 mars 1800. Lith. GRÉGOIRE et DENEUX , à *Paris*. Rosselin , éditeur. Dirigé à droite; fac-similé de sa signature. In-8.

15050 Sauzet (Paul). GIROUX sc. Publié par Pagnerre, *Livre des Orateurs*. De face. In-8.

15051 Sauzet (Paul), d'après nature ; par MAURIN. Lith. de Grégoire et Deneux, à *Paris*. Rosselin , éditeur. Lettre grise ; fac-similé de sa signature. In-fol.

15052 Savy (Fleury-Zach.-Simon Palerne de), né à Lyon le 5 décembre 1733, mort à Bourg-Argental vers 1835. Gravé par Et. SUPERCHY, à *Lyon*, en 1790. Imprimé par Giraud. Médaillon rond sur une plinthe, avec guirlandes, armes et emblèmes. In-4.

15053 Savy (Fleury Zacharie-Simon Palerne de), premier maire de Lyon , proclamé le 12 avril 1790. Sans le nom du graveur. (D'après SUPERCHY). Lith. H. Storck. P. - M. Gonon , édit. Médaillon ovale sur une plinthe, avec guirlandes, armes et emblèmes. Papier jaune. In-fol.

15054 Say (Horace), chef de l'état-major du Génie à l'armée d'Egypte , tué au siége de St-Jean-d'Acre. (Gravé par) DUTERTRE. Profil à droite. Pap. de Chine. In-8.

15055 Say. MAVAGE sculp. Dirigé à gauche. In-32.

15056 Say (Jean-Baptiste), économiste, né à Lyon le 5 janvier 1767, mort à Paris le 15 novembre 1822. A. DEVERIA, 1822. Lith. de G. Engelmann. Dirigé à droite. Pap. de Chine. In-8.

15057 Scaliger (J.-César), né en 1484, mort en 1558. Sans nom d'auteur. In-32.

15058 Scaligeri (in Julii Cæsaris effigiem hexastichon). Kar. UTENH. Vers latins. In-4.

15059 Scaliger (Julius-Cesar). N. L'Armessin sculp. Tiré de l'*Académie des sciences et des arts* , liv. II , page 81 ; avec sa biographie au recto et au verso. In-fol.

15060 Scheidlin (Marcus de), mercator Lugdunensis.... natus Lugdun. d. 7 august. 1696 , desat. Lindav d. 1 nov 1762. M.-F. Kleinert pinx., J.-Jacob Haid f cit. Aug. Vindel. Ecusson ; manière noire. In-fol.

15061 Sébastien , né à Lion le 7 février 1758. Sans nom d'auteur ni de graveur. Presque de face. In-8.

15062 Senac (Raymond), né à Lyon le 19 mars 1787. Par Pidoux, d'après Jacomin. Lith. Paul Petit et comp. *Encyclopédie biographique du XIXe siècle* , 8e catégorie : Médecins célèbres. De face ; papier de Chine. In-4. — Avec sa Biographie tirée des *Médecins célèbres*. In-4, 7 pp., tr. d.

15063 Serizint. général de brigade et gouverneur de la Guadeloupe , né à Lyon (Rhône). Toussaint. Lith Vayron. D'après une miniature communiquée par Mme Garren , sa fille. Publié par P.-L. Chevalier de Lyon. Dirigé à droite. Pap. de Chine; fac-similé de sa sign. In-8.

15064 Serres (Louis de). Gr. Hurel inven. et sc. Ce portrait est placé le dernier des douze qui entourent le frontispice des *OEuvres pharmaceutiques du sieur Jean de Renou*, traduites et mises en lumière par Louis de Serres, médecin agrégé à *Lyon*. In-fol.

15065 Serullas (George-Simon) , pharmacien principal des armées, né à Poncin (Ain) le 21 novembre 1774, mort le 23 mai 1832. Sans nom d'auteur ; avant toute lettre. Profil à droite. Lith. in-fol.

15066 Servandoni d'Hannetaire. C. Monnet pinx. , Vin. Vangelisty sculp. , 1776. Médaillon sur une plinthe. Les coudes appuyés sur un livre ouvert. In-8.

15067 Servandoni. Gravé par Miger d'après Colson. Médaillon sur une plinthe. In-4.

15068 Sève (Alexandre de), conseiller d'Etat. I. Par Nanteuil , en 1662. Médaillon entouré de la légende , avec écusson. In-4.

15069 Seva (Mauritius), Lugdunensis'poeta , né à Lyon au commencement du xvie siècle, mort vers 1560 ou 1564. Médaillon sur bois ; profil à gauche. Sans nom d'auteur. In-64. — Derrière est le portrait de Pierre Bembo, card.

15070 Seva (Mavritivs). Médaillon in-64 , gravé sur bois. Tiré d'un livre in-4, avec Notice.

15071 Sève (Maurice), eau-forte; sans nom d'auteur. Profil à droite. N° 117. In-32.

15072 Sève (Maurice). Sans nom d'auteur. Profil à gauche. In-32.

15073 Sève (Maurice), Croquis à l'eau-forte; sans nom d'auteur. Lettre grise. In-4.

15074 Sève (Petrus de), baron de Fléchères , premier président de la Cour des monnaies de Lyon , mort en 1726. Avant toute lettre et avant les armoiries. In-fol.

15075 Sève (Petrus de), baro de Fléchères. Gravé par J.-F. Cars en 1706, d'après Hyac. Rigaud. Médaillon entouré de la légende. Ecusson in-fol.

15076 Sève (Sibille de), lionnoise , excellente en l'art poétique et rareté d'esprit (xvie siècle). Par Moncornet. Une chasse dans le fond. In-4. — Autre épreuve retouchée.

15077 (Sève) Suleman-Pacha, major-général des armées égyptiennes, grand-officier de la Légion-d'Honneur , né à Lyon (Rhône). Toussaint. Lith. Vayron , d'après un dessin d'Horace Vernet. Publié par P.-L. Chevalier de Lyon. Dirigé à droite. Pap. de Chine ; fac-similé de sa sign. In-8.

15078 (Sève) Suleman-Pacha (né à Fontaines près de Lyon , vers 1780). Par Linogwod, d'après le buste exécuté par M. Dantan jeune. Lith. Vayron. Publié par P.-L. Chevalier (de Lyon). Dirigé à droite. Pap. de Chine. In-8.

15079 (Sève). Le général Soliman-Pacha en Egypte (1834), ex-lieutenant du 6e hussards , (1814) , né à Lyon. Lith. sans nom d'auteur. Dirigé à gauche. In-4.

15080 Sèves de Lyon, ou Soliman-Bey. Dessiné d'après nature par Boggi. Lith. de Levilly. In-fol.

15081 (Sève). Soliman-Bey. Dessiné d'après nature par Boggi, Levilly lith. Lith. de Senefelder. In-fol.

15082 Sevin (Paul-Pierre), peintre (né à Tournon , établi à Lyon). Gravé par. Ertinger. Médaillon allégorique , avec les armoiries des quatre principales villes où Sevin a exercé son art : Tournon, Lyon, Rome et Paris. In-8.

15083 Sevin (Paulus-Petrus). F. Cheron ad vivum fec. 1687. F. Ertinger sculp. Médaillon rond entouré de devises et d'emblèmes ; bas-reliefs et ornements. In-8.

15084 Sevin (Paulus-Petrus). D. J. Cotelle pinx. *Romæ*,1670; D. Claudius Vermeulen sc., 1688. Médaillon ovale entouré d'ornements et d'emblèmes. Quatrain. In-4.

15085 Sidoine (Apollinaire), poëte , né à Lyon le 5 novembre 430, mort évêque de Clermont le 21 août 488. Sans nom d'auteur. Tiré d'un livre in-12.

15086 Sidoine Apollinaire (Caie-Sollius), évêque de Clermont. Tiré de la *Vie des grands hommes*, de Thevet, livre V. page 487. In-fol.

15087 Silvecane (Constant de), prévôt des marchands à Lyon en 1669, mort à Paris en 1694. Gravure au trait , sans nom d'auteur. Profil à droite. In-8. — Autre épreuve, pap. de Chine.

15088 Sylvestre (Israël), delineator regius; graveur à Lyon, né à Nancy en 1621, mort à Paris en 1691. C. Le Brun pinx. , Edelinck (1677) sculp. Légende autour du médaillon; au-dessous , vignette représentant Paris. In-fol.

15089 Simianes de Gordes (Lud.-Mar.-Armandus de), comte de Lyon. Par Fr. Van Schuppen

(1669), d'après C. Le Fèvre. Médaillon avec ses armes. In-fol.

15090 Siran (Mme), (première danseuse du Grand-Théâtre de Lyon). FLANDRIN. *Lyon*, impr. et lith. de Brunet. Tiré de *l'Artiste en province*, 2 mai 1841. Assise, dirigée à gauche. In-fol.

15091 Solleysel (Jacques), célèbre écuyer, né au château du Clapier près St-Etienne en 1617, mort le 21 janvier 1680. HAINZELMAN ad vivum delin. et sculp., 1680. Dirigé à droite. Quatrain. In-fol.

15092 (Solleysel). Sollisel (Jacques de). Querry to the present French King for his Great horses. Sans nom d'auteur apparent. Médaillon entouré de la légende, avec ses armes. Sur la plinthe, quatre vers anglais. In-4.

15093 Solleysel (Jacques de), escuyer du roy. EDELINCK. C. P. R. Médaillon avec ses armes. Dirigé à gauche. In-fol.

15094 Solleysel (Jacques de). Avant la lettre. L. COSSIN sculp. Des chevaux dans le fond. In-fol.

15095 Souchai, négociant de Lyon, directeur honoraire de l'Ecole de dessin, mort en 1807. En pied, assis, la tête appuyée sur sa main. 2e épreuve d'essai. In-12.

15096 Soufflot (Germain), né à Irancy, près d'Auxerre, en 1714, architecte à Lyon, mort à Paris le 29 août 1781. Sans nom d'auteur. Profil à gauche. In-64.

15097 Soufflot (Jacques-Germain), architecte, intendant général des bâtiments du roi, né en 1714, mort le 29 août 1781. Peint par Carle VANLOO. Diagraphe et pantographe GAVARD. Presque en pied, debout, avec des draperies. In-4.

15098 Soufflot (Jacques-Germain), architecte. né à Auxerre en 1694 (*sic*), mort à Paris le 29 août 1780 (*sic*). A *Paris*, chez BLIGNY. Sa main droite passée dans son gilet. Médaillon sur une plinthe; légende, quatrain. In-fol.

15099 Soufflot (Jacques-Germain). Avant toute lettre. La main droite passée dans son gilet. Médaillon sur une plinthe. In-fol.

15100 Souvigny (Messire Camille-Nicolas, comte de), né le 26 février 1721, mort le 21 avril 1748. Jac. TARDIEU, regius sculptor, 29 oct. 1750. (Tirage fait en 1848). Médaillon avec devise, écusson et biographie. In-4.

15101 Sponius (Carolus), medicus, anno salutis 1684, œtat. 75. Matt. OGIER ad vivum pinxit et sculpsit, *Lugduni*. La légende autour du médaillon; dans la plinthe, avec ses armes, distique signé Jacob SPON fils, méd. In-4.

15102 Spon (Jacob), docteur en médecine, antiquaire, né à Lyon en 1645, mort le 25 décembre 1685. Sans nom d'auteur. Dirigé à gauche, dans un carré. In-12.

15103 Spon (Jacob), docteur en médecine. Sans nom d'auteur. Dirigé à droite, dans un carré. In-12.

15104 Spon (Jacob). Par Matt. OGIER. Dirigé à droite, dans un médaillon. Quatre vers latins. In-12.

15105 Spon (Jac.). M. OGIER delin. et sculp., *Lugduni*. Frontispice de son livre: *Recherches curieuses d'antiquités*. En pied, avec deux autres personnages. In-4.

15106 Staal (Mme de), née de Launay, née à Paris en 1693, morte en 1750. MIGNARD pinx., ROBINSON sculp. Dirigée à droite. Pap. de Chine. In-12.

15107 Stella (Jacques), né à Lyon en 1596, mort le 29 avril 1647. et non en 1657. Sans nom d'auteur. Dirigé à gauche. In-8.

15108 Stella (Jacques), de Lyon, peintre. Gravure ébauche, sans nom d'auteur. Pap. de Chine; lettre grise. In-4. — Autre épreuve ébauche, pap. de Chine.

15109 Stella (Jacobus), Lugd. eques et pictor regis; vixit annis 62, obiit an. 1657. CLAUDIA sculp. Eau-forte très belle. In-4.

15110 Suchet (Louis-Gabriel), (né à Lyon le 2 mars 1770, et non en 1769 ou 1772; mort au château de St-Joseph près Marseille le 3 janvier 1826, et non le 9 ou le 19). Sans nom de graveur. Dirigé à gauche. In-32.

15111 Suchet, duc d'Albuféra. Sans nom d'auteur. Médaillon. Dirigé à droite, dans un ovale de feuilles de chêne. In-32.

15112 Suchet (le duc d'Albuféra, maréchal). Sans nom d'auteur. Profil à droite; au trait. Tiré d'un volume in-32.

15113 Suchet (le maréchal Albuféra). Sans nom d'auteur. Lithogr. Profil à droite. Médaillon in-32.

15114 Suchet. RÉVILLE sculp. Dirigé à gauche. In-18.

15115 Suchet. Sans nom d'auteur ni de graveur. Tiré d'un volume, tome V, page 418. Au simple trait, lettre grise. Dirigé à droite; filets gris pour encadrement. In-12.

15116 Suchet, duc d'Albuféra. Horace VERNET pinxit. ADAM sculp., acier. Dirigé à droite; le cadre sans ornements. In-12.

15117 Suchet (le duc d'Albuféra). Tome Ier, page 86. MICHALON FREMY del. et sculp. Gravure au trait. Tiré d'un livre, tome Ier, page 86. Profil à droite. In-8.

15118 Suchet, duc d'Albuféra. Horace VERNET pinxit, ADAM sculp. Cadre avec ornements et emblèmes, par TELLIER. Gravé par Andrew Best LELOIR. Dirigé à droite; fac-similé de sa signature. In-8.

15119 Suchet, duc d'Albuféra. Horace VERNET pinxit, ADAM sculp. (acier). Bénard, édit. Le cadre entouré d'ornements et d'emblèmes. LELOY inv., PORRET sculp. Tiré de la *Galerie Napoléon*. Fac-similé de sa signature. In-8.

15120 Suchet, maréchal de France, comte de l'Empire...., né à Lyon (Rhône). TOUSSAINT. Lithogr. Vayron, d'après un portrait de famille. Publié par P.-L. Chevalier de Lyon. Dirigé à gauche. Pap. de Chine ; fac-similé de sa signature. In-8.

15121 Suchet. Lithogr. de DELPECH. Dirigé à droite ; fac-similé de sa signature. In-8.

15122 Suchet. Ambroise TARDIEU direxit. In-8.

15123 Suchet. POLLET, 1833. Publié par Furne, à Paris. Dirigé à droite. In-8.

15124 Suchet (le maréchal), duc d'Albuféra. COUCHÉ fils sculp. Publié par Ambr. Dupont. Dirigé à droite. In-8. — Autre épreuve, pap. de Chine.

15125 Suchet. L. DAVID pinxit, GOULU sculp. En pied, debout, appuyé contre son cheval ; des troupes dans le lointain. In-8.

15126 Suchet (le maréchal duc d'Albuféra). H. VERNET pinxit. Dessiné par LLANTA. Lithogr. Paul Petit, Paris. Dirigé à gauche ; fac-similé de sa signature. Pap. de Chine. In-8. Avec sa Biographie. In-8, 4 pp.

15127 Suchet, maréchal de France, duc d'Albuféra. JOUANIN sculp. Publié par Blaisot. Dirigé à gauche. In-4.

15128 Suchet (M. le maréchal), pair de France. Sans nom d'auteur. Dirigé à droite ; dans un ovale. In-4.

15129 Suchet (Louis-Gabriel). G.-P.-C. BEYER. Avant la lettre. En pied. Pap. de Chine. In-4.

15130 Suchet (Louis-Gabriel), duc d'Albuféra, né à Lyon en 1769 (sic), départ. du Rhône. P. TASSART sculp. Dirigé à gauche. In-4.

15131 Suchet (le maréchal), duc d'Albuféra, pair de France. Peint par Horace VERNET, gravé par F. LIGNON, 1827. Dirigé à droite, dans un cadre carré. In-4.

15132 Suchet. Peint par Horace VERNET, gravé par F. LIGNON, 1827. Avant la lettre ; pap. de Chine. In-4

15133 Suchet. Gravé, sans nom d'auteur. En grand costume. Buste dirigé à gauche. Gr. in-4; le titre imprimé sur une feuille à part.

15134 Suchet (Louis-Gabriel), maréchal de France, duc d'Albuféra, né à Lyon. Siége de Sagonte. ROUX et FERET sculp. Dirigé à droite, l'épaule droite couverte de son manteau In-4.

15135 Suchet, né à Lyon le 2 mars 1772 (sic), mort à Marseille le 3 janvier 1826. Par J. BÉRARD. Lith. de Brunet. Dirigé à gauche ; le nom de l'auteur à droite. In-4.

15136 Suchet, né à Lyon le 2 mars 1772, mort à Marseille le 3 janvier 1826. BÉRARD f. Lith. de H. Brunet et comp. Dirigé à gauche, le bas du buste dans un nuage ; le nom de l'auteur à gauche. In-4.

15137 Suchet, lieutenant-général, 16 avril 1796. Dessiné par LAFITTE, gravé par COUCHÉ. Vignette le représentant dans une batterie. En pied ; texte au bas. Tiré des Fastes de la nation française, par Ternisien d'Haudricourt. In-4.

15138 Suchet (L.-G., comte), maréchal d'empire, duc d'Albuféra, né à Lyon en 1769. Vignette le représentant à cheval, recevant l'épée du général Blacke devant Valence. Fait partie des Fastes de la nation française, par Ternisien d'Haudricourt. In-4.

15139 Suchet (maréchal). BOUTERVECK, DELAISTRE. Portrait en pied ; dans la campagne, sa lunette et son chapeau à une main, l'autre main appuyée sur son sabre 4e série. In-4.

15140 Suchet (Louis-Gabriel), duc d'Albuféra. 8 juillet 1811 maréchal de France, mort en 1826. Peint par Paulin GUÉRIN. Diagraphe et pantographe GAVARD. En pied, dans la campagne ; la main gauche appuyée sur son sabre, son chapeau à terre. In-4. — Autre épreuve portant en haut le n° 249.

15141 Suchet (le maréchal). JULIEN del. Lith. de Ducarme. Tiré de la Galerie universelle publiée par Blaisot, n° 107. In-4.

15142 Suchet (le duc d'Albuféra, Louis-Gabriel), etc. Lithogr. de VILLAIN. Costume de pair de France. In-4.

15143 Suchet (Louis-Gabriel, comte). Gravé par AUDOUIN, imprimé par Durand ; avec écusson. In-fol. — Autre épreuve, pap. de Chine.

15144 Suchet (Louis-Gabriel), duc d'Albuféra, maréchal et pair de France..., né le 2 mars 1772 à Lyon, départ. du Rhône. MULLARD del., BOCOURT sculp. C'est Ulysse au conseil, c'est Achille au combat. Dirigé à gauche. In-fol.

15145 Suchet. G. BELLIARD, 1826. Lithogr. de Delpech. Dirigé à droite. In-fol.

15146 Suchet (le maréchal). Lithogr. de C. Motte. H. VERNET pinxit, MAUZAISSE fecit. 1826. Dirigé à gauche. In-fol.

15147 Suchet (le maréchal), duc d'Albuféra. CARRIÈRE, 1834. Lithogr. de Dopter. A Paris, chez Dopter. Dirigé à droite. In-fol.

15148 Suchet, maréchal de France. A Paris, chez JEAN. Debout, appuyé contre son cheval, au bord de la mer. In-fol.

15149 Suchet, maréchal de France. A Paris, chez JEAN. Debout, appuyé contre son cheval, au bord de la mer. Lithogr. in-fol., coloriée.

15150 Suchet, né à Lyon en 1770 (sic). AUBRY pinxit, CHARON sculpsit. A Paris, chez Jean, etc... Notice historique. En pied, appuyé contre son cheval ; dans le fond, attaque d'une ville. In-fol.

15151 Suchet. Avant toute lettre. En pied, appuyé contre son cheval. Manière noire. Gr. in-fol.

15152 Suchet (le maréchal). Fait partie d'une réunion de grands officiers de l'Empire, sous le n° 7. Lithogr. de Lemercier, LLANTA del., 1833. A Paris, chez Bulla. Gr. in-fol.

15153 Suchet (le maréchal). Fait partie d'une réunion de grands officiers de l'Empire, sous le n° 1. CARRIÈRE, 1835. Lithogr. de Lemercier. Paris, chez Mme veuve Turgis. Gr. in-fol.

15154 Suchet, née Granier (Madame). Lithogr. de REY, à Vienne. In-4.

T.

15155 Talaru de Chalmazel, etc. (Edmundus-Franciscus de), comes Lugdunensis. Par Matt. OGIER, 1699. Médaillon entouré de la légende, avec ses armes. In-fol.

15156 Talaru (Jean de), grand custode, chanoine et comte, archevesque de Lyon, cardinal, mort vers 1393. Sans nom de graveur. Dessiné et gravé à l'eau-forte, d'après une médaille. tiré de l'*Histoire des Cardinaux français*, liv. II, page 705. Notice biographique. In-fol.

15157 Tallemant, etc. (Messire Paul), né en 1642, mort en 1712. COYPEL filius pinxit, EDELINK sculp. C. P. R. Avec blason. Quatrain signé : DE SENLEQUE. In-fol.

15158 Talma. Lith. de BÉRAUD-L. CONDON, peintre et maître d'écriture. Portrait de face, couronné, avec un aigle au-dessous; plus bas, stances funèbres chantées sur le théâtre de Lyon, le 25 octobre 1826, en l'honneur de Talma, et signées : Eugène DE LAMERLIÈRE. In-fol.

15159 Tanneguy Renauld des Bois-Clairs, grand prévôt de Bourgogne et Bresse, comte de Charollois.... Beugé, Valromé et Gex. Balthazar MONCORNET excudit. Médaillon orné; légende. In-8.

15160 Tencin (Pierre de Guérin de), cardinal, arch. de Lyon, né à Grenoble en 1680, mort le 2 mars 1758. Par DESROCHERS, en 1740. Légende dans un cartouche, avec ses armes. In-8.

15161 Tencin (Pierre de). J.-M. B. sc. Médaillon ovale sur une plinthe. In-8.

15162 Tencin (Pierre de), archevêque, comte de Lyon. Peint par J.-Gasp. HEILMANN, gravé par J.-G. WILL. In-fol. Beau portrait.

15163 Tencin (Petrus de Guérin, cardinalis de). Ste PAROCEL effig. pinx., J.-G. WILL del. et sc. Médaillon sur une plinthe, avec ses armes. In-fol., très beau portrait.

15164 Tendret (Aristide), représentant du peuple (Ain). FISCHER. Paris, Vor Delarue. Lith. de Becquet frères. Assemblée nationale. Dirigé à gauche. In-fol.

15165 Terme (J.-F.), maire de Lyon, député du Rhône, né à Lyon en juillet 1791, mort le 8 décembre 1847. Gravé pour M. Monfalcon, sous la direction de M. VIBERT, par DUBOUCHET (1844). Imprimé par Chateau. In-fol.

15166 Terray (M. l'abbé), né à Boen en 1715, mort en 1778. Sans nom de graveur. Dirigé à gauche, dans un médaillon. In-12.

15167 Terray (M. l'abbé). Sans nom d'auteur. Médaillon sur une plinthe; dirigé à droite. In-12.

15168 Terray (M. l'abbé). Sans nom d'auteur. Médaillon sur une plinthe; dirigé à droite. Quatrain satirique. In-12...

15169 Terray (l'abbé). avant la lettre. CASENOVE sculp.; le nom du graveur au pointillé. Dirigé à droite. In-12.

15170 Terray (Joseph-Marie), (l'abbé Terray), contrôleur général des finances, mort en 1778. Peint par ROSLIN. Presque en pied, assis, une plume à la main. Au trait. In-12.

15171 Terray (Joseph-Marie), (l'abbé Terray), controleur général des finances. mort en 1778. ROSLIN pinxit, 1774. Presque en pied, assis, une plume à la main. Au trait. Au bas on voit, coupé par la rognure : Dessiné par JAN (sic); le reste manque. In-8.

15172 Terray. Lith. de DELPECH. Dirigé à droite. In-8.

15173 Terray (M. l'abbé), ministre d'Etat, conseiller ordinaire au Conseil royal, contrôleur général des finances. A Paris, chez Esnauts et Rapilly. Médaillon sur une plinthe, avec emblèmes et ornements. Dirigé à droite. In-8.

15174 Terray (M. l'abbé), ministre d'Etat, etc. Dessiné et gravé par LE BEAU. A Paris, chez Le Beau. In-4.

15175 Terray (l'abbé). Dessiné par VIGNERON. Lith. de Villain. Avant la lettre. Dirigé à gauche. In-4.

15176 Terray. MAURIN. Lith. de Delpech. Paris. Dirigé à droite. In-fol.

15177 Terray (l'abbé). Peint par ROSLIN, chev. de l'ordre de Wasa, 1774; gravé par L.-J CATHELIN. Presque en pied, assis, une plume à la main. Gr. in-fol. beau portrait

15178 Thalberg (pendant son séjour à Lyon). Lyon, 1842. A. F. 1842. (Auguste FLANDRIN). Tiré de l'*Artiste en province*. Dirigé à gauche. In-fol.

15179 Thalberg. Sans nom d'auteur. Caricature faite à Lyon au moment du passage de Thalberg. Il est représenté avec huit mains et jouant à la fois sur plusieurs pianos. Avant toute lettre. Pap. de Chine. In-4.

15180 Thénard. Premier Théâtre-Français. VIGNERON del. Lith. de Brégeaut et comp. Collection du *Corsaire*, n° 41. Dirigé à gauche. In-4.

15181 Therrigny, rôle de don Alphonse, dans le *Siège de Tolède*. Dessiné et gravé par JULIEN. En pied. In-4.

15182 Thevenet d'Antoine, dit le Turc (célèbre voleur). Sans nom de graveur. Médaillon rond, avec un chapeau de Mercure. Pet. in-fol.

15183 Thierriat (Augustin-Alexandre), professeur au Palais-des-Arts, né à Lyon le 11 mars 1789. Lith. de Lyon, 1824. Eau-forte. Profil à droite. Papier végétal. In-8.

15184 (Thierriat) Jacomin et Thierriat. Lithographie, avant toute lettre. Profils à droite. Pet. in-fol.

15185 Thierry (Jean), natif de Lion, sculpteur, né le 8 juin 1669, mort le 21 décembre 1739. N. LARGILLIÈRE pinx., S.-H. THOMASSIN sc. In-fol., beau portrait.

15186 Thomas (Antoin) (sic), mort à Oullins, près de Lyon. Sans nom d'auteur. Profil à gauche. In 64.

15187 Thomas (Ant.-Léonard), né à Clermont

(Auvergne) en 1732, mort près de Lyon en 1785. Lith. par JULIEN, d'après Cochin. Profil à gauche. Lith. de V. Ratier. In-8.

15188 Thomas. L. M. Lith. de DELPECH. Dirigé à droite , fac-similé de sa signature. In-8.

15189 Thomas (Antoine-Léonard), de l'Académie française , etc. C.-N. COCHIN del. 1767, B. ROGER sc. Médaillon ovale. Profil à droite. In-8.

15190 Thomas(Antoine), de l'Académie française. Par D*** d'après Cochin. Chez Bligny , lancier du roi , etc. Médaillon rond ; profil à droite. In-4

15191 Thomas (Antoine) , de l'Académie française, etc. COCHIN del. D.... A *Paris*, chez Esnauts et Rapilly. Médaillon rond; profil à droite. In-4.

15192 Thome (Effigies S.) Cantuâ : archiept. Mart. V. Trois quarts à gauche, dans un ovale. Sans nom d'auteur apparent. In-18.

15193 Thomas (le fameux), chanteur comique , mort à Lyon à la fin de décembre 1835. Sans nom d'auteur. Avec chanson sur l'air : *Lise épouse l'beau Gernance*. Signé : J. CLETT DE ROUTIÈRES. En pied; de face. In-4.

15194 Thomas (le père). Sans nom d'auteur. Avec la chanson *la Bourbonnaise*. En pied. Dirigé à droite, ayant ses lunettes. In-4.

15195 Tolozan, général de brigade de cavalerie sous la République, né à Lyon (Rhône). TOUSSAINT. Lith. Vayron , d'après un tableau communiqué par M. Basset de la Pape fils. Publié par P.-L. Chevalier de Lyon. La tête dirigée à droite. Pap. de Chine ; fac-similé de sa sign. In 8.

15196 Tolozan de Montfort (Louis), prévôt des marchands et commandant de la ville de Lyon , né à Lyon le 29 juin 1726 , mort à Oullins le 10 décembre 1811. C. BOILY sculp, à *Lyon* , en 1786. Médaillon avec attributs et emblèmes; profil à gauche. In-4. — Deux autres épreuves sans date.

15197 Tournon (François de), né en 1489, mort en 1562 d'après le portrait, et d'après MM. Péricaud et Bréghot le 22 avril 1566. Sans nom d'auteur. In-32.

15198 Tournon (François), card. de), creat. anno 1530, mort. 1562. F.-V. W. fec. In-8.

15199 Tournon (François de). Se vend à *Paris* , chez DESROCHERS,Vers à sa louange,par GACON. Médaillon avec cartouche sur une plinthe. In-4.

15200 Tournon (François de) , card.-arch. de Lyon. Se vend à *Paris*, chez DESROCHERS. Médaillon avec cartouche sur une plinthe, avant les vers de Gacon. Marges chargées d'écriture. In-4.

15201 Tournus (Firmin-Louis) , prêtre , né à Lyon le 25 (*sic*) novembre 1672, mort à Paris le 30 novembre 1733. Buste sur un socle ; dirigé à gauche. In-18.

15202 Tournus (Louis-Firmin) , prêtre , né à Lyon le 27 (*sic*) novembre 1672, mort en odeur de sainteté , etc. Buste sur un socle ; dirigé à droite. In-18.

15203 Tournus (Prière en l'honneur du B Louis-Firmin), portrait au-dessus de la prière. Sans nom d'auteur. In-12.

15204 Tournus (Firm.-Louis), et François de Paris, diacre. En pied, tous deux, allant à gauche. Dans un paysage. Deux quatrains, l'un en latin , l'autre en français. En haut on lit : *Le pélerinage de la piété*. In-12.

15205 Tournus (Firmin-Louis), prêtre du diocèse d'Agde , mort à Paris le 30 novembre 1733. Sans nom de graveur. Un passage du psaume XVIe, v. 5, écrit dans la plinthe qui supporte le médaillon. In-8. — Autre épreuve, papier jauni.

15206 Tournus (Louis-Firmin). Sans nom d'auteur. Manière noire ; la légende écrite en lettres blanches sur la plinthe en noir. Gr. in-4.

15207 Tournus (Firmin-Louis), prêtre, et François de Paris, diacre. Tous deux en pied, allant à droite, dans un paysage. Au-dessous, deux quatrains, l'un en latin, l'autre en français. En haut on lit : *Voyage de piété*. In-fol.

15208 Tournus (Firminus-Ludovicus), presbyter, etc. Tenant un crucifix ; les initiales O. P. N. dans la marge à gauche , sans autre nom. Pet. in-fol.

15209 Tournus (Firminus-Ludovicus), presbyter, etc. Tenant un crucifix ; les initiales O. P. N. dans la marge à gauche ; le chiffre F. T. gravé contre la table. In-fol.

15210 Tournus (Firminus-Ludovicus), presbyter. RESTOUT pinxit. T.MUTEL delin. et sculp. In-fol.

15211 Tournus (Mrs Firmin-Louis) , prêtre, et François de Paris , diacre Gravure intitulée : *Le pélerinage de piété*. Deux quatrains latin et français; portraits en pied. In-fol.

15212 Tressan , archevêque de Rouen. Portrait en pied, en manière d'*ex-voto* ; sans marges ni aucune indication de graveur. Gr. in-8. Gravure d'un fini précieux.

15213 Tressan (Louis de la Vergne de Montenard de), archevêque de Rouen, etc. A *Paris*, chez Crépy. In-4.

15214 Tressan (de), archevêque de Rouen. Portrait en pied, en manière d'*ex-voto*. VANLOO pinx., P. DREVET sculp. In-fol.

15215 Triumphus (B. Augustinus), floruit in Concilio Lugdunensi, etc. I. FRAN. inv., C. GALLE fecit. In-8.

15216 Trivulce (I.). Sans nom d'auteur. Dirigé à droite. In-64.

15217 Trivultius (Jo.-Jaco.). Médaillon rond gravé sur bois; profil à gauche. In-64.

15218 Trivulse (Jean-Jacques), mort en 1518. J. ROBERT delineavit, PINSIO sculpsit. A *Paris*, chez Odieuvre. Médaillon sur une plinthe ; de face. In-8.

15219 Trivulce (Théodore), milanois, maréchal de France (gouverneur de Lyon), mort à Lyon en 1533 , âgé de plus de 75 ans. Eau-forte ; profil à gauche. In-32.

15220 Trivultius (Theodorus). Médaillon gravé sur bois. In-64.

15221 Trivulce. Au trait; sans nom d'auteur. In 8.

15222 Tronchet (Etienne du), sauvé de la mort à Montbrison par le baron des Adrets, le 12 juillet 1562, après la réponse fameuse : *Je vous le donne en quatre*. Lith. H. STORCK, à Lyon. Médaillon orné entouré de sa devise : *En heur content se dit Estienne du Tronchet*. Au-dessous, Notice biographique de huit lignes. Dirigé à droite. In-12.

15223 Truchet (J.) (Père Sébastien), carme, né à Lyon en 1655, mort à Paris le 5 février 1729; mécanicien célèbre, de l'Académie des sciences. Propriété Perenon. Lith. veuve GUBIAN, à Lyon (1848). Ovale; dirigé à droite. Pap. glacé, lettre dorée. s. d. In-8.

15224 Truchet (Sébastien), religieux, né à Lyon le 13 juillet 1657 et non en 1655, comme l'indique le portrait précédent. Gravé par H.-S. THOMASSIN fils, en 1720, d'après le portrait peint en 1703 par Elisabeth Cheron le Hay. In-fol.

15225 Truchet. Avant la lettre; sans nom d'auteur. Avec les mains. In-fol.

U.

15226 Ultrogote, femme de Childebert Ier. Lith. de DELPECH, à *Paris*. Profil à gauche, avec couronne. In-4.

15227 UUltrogotta, Franciê (*sic*) regina, Childeberti I reg. uxor. UUltrogotte (*sic*), espouse du roy Childebert I. A *St-Germain-des-Prés*. La légende latine autour du médaillon ; la légende française au bas, dans une plinthe. Au verso, l'histoire de Clotilde, reine de France. In-4.

15228 Ultrogothe (la reine), fondatrice de l'hospice de Lyon. Lithogr. B.-L. En pied ; fait partie d'un *Voyage à Lyon*, t. I, p. 25. In 4.

15229 Urphé (Genovefa d'), vidua Caroli Alex. duc. Croi, marchion de Havre, etc. Gravé par Pet. DE JODEN, d'après Ant. Van-Dyck. In-4.

15230 Urfé. Sans nom d'auteur. Dirigé à gauche. In-64.

15231 Urfé (Honoré d'), chevalier de Malte (né à Marseille le 11 février 1567, mort en Piémont l'an 1625 ; auteur de l'*Astrée*). Gravé par P. VAN-SCHUPPEN en 1699. Médaillon avec ses armes. In-4.

15232 Urfeius (Honorius), etc. Gravé par BAILLIVE, d'après Ant. Van-Dyck. Joannes MEYSENS excudit. Dirigé à droite, ses gants à la main. Légende en latin. In-4.

15233 (Urfé). Sans nom d'auteur. Médaillon orné, avec griffons ; légende grecque. Couronné et costumé en Hercule. Quatrain. In-8.

15234 Urfé (d'). Sans nom d'auteur. Médaillon avec deux cygnes. Couronné et costumé en Hercule. Quatrain. Tiré d'un livre in-8.

15235 Vrphé (d'). M.-P. F. Dirigé à gauche, ses gants à la main ; quatrain au-dessous. Tiré du roman d'*Astrée*. Rogné in-8.

15236 Urphé (Louis-Lascaris d'), évêque de Limoges, mort le 30 juin 1695. Sans nom d'auteur ; avant la lettre. Médaillon avec blason. In-8.

V.

15237 Valentin-Smith (Johannes-Erhard), conseiller à la Cour d'appel de Lyon, économiste ; né à Trévoux le 16 septembre 1796. Avant toute lettre. Dessin d'Amaranthe ROUILLIET. Imp. Lemercier, 1844. Dirigé à droite ; pap. de Chine. In-fol.

15238 (Valladier). Valladerius (André), à l'âge de 58 ans) ; (né à Saint-Pol en Forez vers 1570, mort le 13 août 1638, abbé de Saint-Arnoul de Metz). Dessiné d'après nature et gravé par Michel LANIUS (Lasne). In-fol.

15239 Valous (Camille-Marie de), commandant la corvette l'Elisabeth en 1793, né à Lyon. Dessiné et gravé en 1807 par son neveu C. V. DE B. In-4. — Autre épreuve, pap. de Chine.

15240 Van-der-Kabel (Adrien), peintre et graveur, né à Riswych près de la Haye, en 1631; mort à Lyon, rue de la Gerbe, en 1705, d'après MM. Bréghot du Lut et Péricaud, en 1695 d'après le père Lelong et la *Biographie universelle*. Sans nom d'auteur. Dirigé à droite ; médaillon. In-12.

15241 Vander-Cabel (Adrien). Se ipse pinx., BOUCHET sculp., 1693. Dirigé à gauche, avec perruque ; quatrain. In-fol.

15242 Vander Cabel (Adrian) (*sic*), peintre. Gravé par BOUCHET en 1693. Dirigé à gauche, la tête enveloppée d'un mouchoir ; quatrain à sa louange. In-4.

15243 Varicourt (Pierre-Marin Rouph de), curé de Gex, député aux Etats généraux de 1789, (évêque d'Orléans, né à Gex le 9 mai 1755, mort le 9 décembre 1832). MOREAU del., COMBE sculp. A *Paris*, chez Déjabin. In-4.

15244 Vasselier (Joseph), membre de l'Académie de Lyon, né à Rocroy le 16 octobre 1725, mort à Lyon le 10 octobre 1798. Sans nom d'auteur. Profil à droite, dans un ovale. In-16.

15245 Vasselier (Joseph), membre de l'Académie de Lyon. Avant toute lettre ; épreuve d'essai. Tiré d'un vol. Gravure à l'aqua-tinta; profil à gauche. Ovale in-8.

15246 Vasselier (Joseph). Avant la lettre ; sans nom d'auteur. A l'aqua-tinta; profil à gauche. In-8.

15247 Vauban (Séb. Le Prestre de), né le 1er mai 1633, mort à Paris le 30 mars 1707. Gravé par N. DUPUIS, d'après Hyac. Rigaud. In-4.

15248 Vaugelas, né à Chambéry en 1585, mort en 1650. Lithogr. de DELPECH. Dirigé à droite. In-8.

15249 Vaugrenans (Henri-Camille de Colmont , S^r de). Gravé par MARVIE en 1791, d'après le dessin de Mlle Terbuch. Tenant les *Nuits d'Young*. Médaillon avec ses armes soutenues par deux aigles. In-4.

15250 Vendôme. A. GUILLEMINOT del., DELAISTRE sculp. Lettres grises. En pied, costume de guerre, la main sur son casque. In-4.

15251 Verderius (J.-Ant.), etc., contrôleur général de Lyon, né à Montbrison le 11 novembre 1544, mort à Duerne le 25 septembre 1600. Gravé sur bois, sans nom d'auteur. Médaillon rond. In-64.

15252 Verdier (A. du). A. EHRHARD sculp., Lithogr. H. Storck. P.-M. Gonon, édit. Médaillon entouré de sa devise, avec l'indication de son âge : æt. 29. Dirigé à gauche. In-8.— Autre épreuve, sans l'indication de son âge ; pap. de Chine.

15253 Verderii (in nobil. viri Antonii) symbolum hoc , *et Marti et Minervæ*. Sans nom de graveur ; au-dessous, douze vers latins de Guillaume PARADIN. Dirigé à droite. In-12.

15254 Verderii (in nobil. viri Antonii).... Gravure sur bois , avec la devise *et Marti et Minervæ*. Tiré d'un livre. Dirigé à droite. In-8.

15255 Verdier (du). Buste sur un socle , couronné par deux chevaliers costumés à l'antique. Frontispice du livre : *Le Romant des Romans où on verra la suite et la conclusion de don Belianis de Grèce , du Chevalier du Soleil et des Amadis* , par DU VERDIER, 1626. In-8.

15256 Verderius (Antonius), Forensis. Gravure sur bois , sans nom d'auteur apparent. Dirigé à gauche , avec la moitié de sa devise : *Et Minervæ*. Médaillon ovale, avec ornements et emblèmes. Tiré d'un livre in-4.

15257 Verdier (François), peintre du roi. Gravé par E. DESROCHERS en 1723 , d'après Ranc. Médaillon sur une plinthe ; avec sa palette et ses pinceaux. In-fol.

15258 Verdier (le lieutenant-général comte), commandant la garde nationale de Lyon. Dédié à la Garde nationale du département du Rhône par l'éditeur. Dessiné d'après nature par J. GUBIAN. Lithogr. de Pascal, à *la Guillotière*. Dirigé à gauche. In-4. — Autre épreuve , pap. de Chine.

15259 Vergier (Jacques) , conseiller du roy , ancien commissaire (*sic*) de la marine , né le 3 janvier 1655 , mort le 18 août 1720. Sans nom de graveur. Médaillon sur une plinthe ; dirigé à droite. In-18.

15260 Verjus (Petrus), theologus et prothonotarius apostolicus, ætat. 52. 1684. Gravé par Matt. OGIER. Médaillon sur une plinthe , avec ses armes ; la légende autour du médaillon. In-fol.

15261 Viannay (J.-M.-B.), curé d'Ars. DUBOUCHET. Jules Meunier, édit., à *Fontaine* (Rhône).

En pied , debout , revêtu des ornements sacerdotaux. In-18.

15262 Vianet (véritable portrait de M. Jean), curé d'Ars , département de l'Ain. MIGNOT. Lithogr. galerie de l'Argue, *Lyon*. Galerie historique publiée par le journal l'*Avenir de la jeune France* (1851). Dirigé à droite, dans un fauteuil. In-8.

15263 Viauay (J.-M.-B.), curé d'Ars. Sans nom de graveur. Imprimerie de Guyot père et fils, à *Lyon*. Dirigé à droite, les mains jointes. Encadrement orné. In-4.

15264 Vianay (Jean - Marie - Baptiste), curé d'Ars. Sans nom de lithographe. Unique dépôt chez Mothon , libraire à *Lyon*. Médaillon sur une plinthe; dirigé à gauche , la légende autour du médaillon ; dans la plinthe , quatrain. Pap. de Chine. In-4.

15265 Vianay (Jean-Marie-Baptiste), curé d'Ars, né à Dardilly en 1786. J. Meunier, édit. à *Fontaine* (Rhône). Lithogr. par GERNLER. Médaillon ovale sur une plinthe. Dirigé à droite , la légende autour du médaillon ; quatrain à sa louange. In-4.

15266 Viannay (Jean-Marie-Baptiste) , curé d'Ars , département de l'Ain , né à Dardilly en 1786. Nap. THOM. A *Lyon*, chez J.-B. Gadola fils ; Imprim. lithogr. de Becquet , à *Paris*. Médaillon ovale, entouré de sept vignettes; dirigé à droite , un livre ouvert à la main. In-fol. colorié.

15267 Vianay (Jean-Marie-Baptiste), curé d'Ars, né en 1786 à Dardilly , près de Lyon. Nap. THOM. A *Paris*, chez Cereghetti ; à *Lyon*, chez Cantoni et chez Bernasconi. Lithogr. de Becquet. Dirigé à gauche , un chapelet à la main ; avec quatre sujets tirés de sa vie, deux médaillons : l'*Ecce Homo* et *Notre-Dame des Douleurs* , et une vue de l'église d'Ars. In-fol.

15268 Vianet (véritable portrait de M. Jean-Baptiste) , curé à Ars , département de l'Ain. Nap. THOM. Lithogr. de Becquet. Assis , un livre à la main ; au-dessous , vignette. In-fol.

15269 Vianay (Jean-Marie-Baptiste), curé d'Ars, né à Dardilly en 1786. Fabrique d'images de Dembour et Gangel, à *Metz*. Assis , un livre à la main ; entouré de vignettes représentant divers traits de sa vie , avec sa biographie et un cantique. In-fol. colorié.

15270 Vien (J.-M.), premier peintre du roi. Gravé par J.-C MIGER, d'après le portrait peint par Mme Guiard. Médaillon sur une plinthe. In-fol.

15271 Villard (Pierre) , fabricant. Par Jules R... Lithogr. de BRUNET. Sixain à sa louange. In-4.

15272 Villars (Messire Hierosme de) , archevesque et conte (*sic*) de Vienne , l'an 1606. Sans nom d'auteur ; légende grecque. In-8.

15273 Villecourt (Clément), vicaire général de Meaux en 1827, né à Lyon le 9 octobre 1787. Par LECLER , 1828. Lithogr. de Mantous. Biographie. In-fol.

15274 Villette (François), ingénieur et occupé pour les feux d'artifices de la ville de Lyon, né à Lyon le 6 octobre 1621, mort dans la même ville le 11 octobre 1698. Gravé par E. DESROCHERS. Médaillon avec cartouche contenant la notice biographique; au-dessous, plinthe avec huit vers à sa louange. Dirigé à gauche. In-8. — Autre épreuve. — Troisième épreuve. A Paris, chez Daumont.

15275 Villette (Madame la marquise de), surnommée Belle et Bonne par Voltaire, née à Pougny, pays de Gex, le 3 juin 1757, morte le 13 novembre 1822 ; avec quatrain par M. DE VILLETTE Sans nom d'auteur apparent. In-4.

15276 Vio (Thomas de), card. Caietanus creat. anno 1517 , mort. 1534. F.-V. W. In-8.

15277 Viou (Jean-Pierre), dominicain , né le 20 août 1707 , mort le 29 avril 1780. *Beati qui persecutionem patiuntur propter justitiam* (Né à St-Pol-en-Chalençon , Forez). Sans nom d'auteur. Médaillon sur une plinthe; profil à gauche. In-8.

15278 Viretus (Petrus), un des chefs de la Réforme en Suisse , pasteur à Lyon ; né à Orbes en 1511 , mort à Orthez le 11 juillet 1571. Gravure sur bois , sans nom d'auteur. Profil à gauche. Médaillon entouré d'ornements. In-8.

15279 Virieux (F.-H. de), ancien colonel du régiment de Limousin , député des Etats généraux de 1789, lieutenant de Précy pendant le siége de Lyon , tué lors de la sortie. E. BONNEVILLE del. et sculp. A Paris , rue du Théâtre-Français. Dirigé à droite Ovale in-8.

15280 Virieu (Franç.-Henri de), député du Dauphiné à l'Assemblée nationale. VÉRITÉ sculp. Dirigé à gauche, dans un ovale ; quatrain. In-8.

15281 Virieu (François-Henri de) , député du Dauphiné à l'Assemblée constituante. Gravé par VÉRITÉ. Dirigé à gauche. In-4.

15282 Virieu (François-Henri de) , député du Dauphiné aux Etats généraux de 1789. LABADYE del., VOYEZ sculp. A Paris, chez Déjabin. In-4.

15283 Visviz (Thémistocle), natif d'Enos , âgé de 11 ans. Par CORNU. Lithogr. de H. Brunet. En pied , costume grec. In-fol.

15284 Vitet (L.), médecin , maire de Lyon de 1790 à 1792 , né à Lyon le 3 août 1736 , mort le 25 mai 1809. Gravé par TARDIEU l'aîné, d'après Hennequin. Médaillon avec emblèmes. In-8.

15285 Vitet (L.), médecin. Avant la lettre. F. HUBERT. Médaillon avec emblèmes. In-4.

15286 Vivien (Joseph), peintre , né à Lyon en 1647 d'après la *Biographie universelle* , et en 1657 d'après MM. Bréghot du Lüth et Péricaud; mort à Bonn le 5 décembre 1734. Gravé par AUBERT. Médaillon in-8.

15287 Vivien (Joseph). Sans nom d'auteur.

Gravure ébauche dans un carré ; papier de Chine. In-8.

15288 Vivien (Joseph). Sans indication de graveur. Croquis à l'eau-forte , dans un carré. In-4.

15289 Voltaire, hôte des environs de Genève de 1754 à 1758 , propriétaire de Ferney de 1758 à 1781. Dessiné et gravé par Aug. ST-AUBIN , d'après le buste fait par HOUDON. Médaillon ; profil à droite , d'après l'antique. In-8.

15290 (Voltaire). Lekain chez Voltaire à Ferney. (Scène d'adieu de Voltaire et de Lekain). Lithogr. sans nom d'auteur; médaillon rond. In-4.

15291 Voltaire. (Visite de Mademoiselle Clairon à Fernex (*sic*). Sans nom de graveur. Voltaire et Mlle Clairon aux genoux l'un de l'autre. In-4.

15292 Voltaire (M.-F.-A. de), mort à Paris en 1778 , âgé de 84 ans. Au-dessous, vignette représentant son tombeau à Ferney. J. LE ROY sculp. A présent , chez Esnauts et Rapilly , rue St-Jacques. A.-P.-D. R. Profil à droite. Quatrain. In-4.

15293 Voltaire. Esquisse d'après nature , faite à Ferney en 1769. Sans nom d'auteur. Médaillon sur une plinthe; dirigé à gauche. In-4.

15294 Voltaire. Le vieux malade de Fernex (*sic*), tel qu'on l'a vu en septembre 1777. Sans nom d'auteur. En pied , dans un paysage. Caricature. In-4.

15295 (Voltaire). Eau-forte , avant la lettre. *Paris* , 1778. En pied , se promenant dans un paysage. In-4.

15296 (Voltaire). Le lever du philosophe de Ferney. Sans nom d'auteur. Médaillon ovale ; huitain satirique. In-4.

15297 (Voltaire). Le déjeuner de Ferney , d'après nature , en 1775. CANOT sculp. *London* printed for R. Sayer at n° 53, in Fleet street. Médaillon ovale. In-4.

15298 (Voltaire). Peint d'après nature à Ferney par HUBERT. Lithogr. par COTEAU. Impr. lithogr. de Villain ; avant la lettre. En pied , debout, un bonnet sur la tête, les mains croisées devant lui. In-fol.

15299 Voltaire travaillant dans son cabinet. Dessiné par S.-A. DANZEL au château de Ferney en 1764, et gravé par J.-B. MICHEL, d'après le dessin qui est dans le cabinet de M. le marquis de Villette. A *Paris* , chez Duret. Vers à sa louange ; blason. In-fol.

15300 Voltaire (F.-M. Arouet de). Peint par GARNEREY , gravé par P.-M. ALIX. A *Paris* , chez Alix. Médaillon colorié sur une plinthe , avec médaillons en petit portant le titre des différents ouvrages de Voltaire. In-fol.

15301 Vuillerme (F.-M.) , curé de St-Nizier, né à Lyon en 1775 , mort à Lyon en 1834. Lithogr. de BARDOZ , à Lyon. En pied , après sa mort , revêtu de ses habits sacerdotaux. In-fol.

Accusés d'avril 1854 et leurs défenseurs.

15302 Albert (Edouard) , prévenu d'avril. Lith. de Ligny. Alp. URRUTY fec. Publié par Bourdin. 33e livraison. In-8.

15303 Albert, prévenu d'avril. Chez Desesserts, éditeur. Lith. DELAUNOIS. In-8.

15304 Albert (Edouard), prévenu d'avril, d'après le croquis de CAUSSIDIÈRE fils. Au bureau, chez Aubert. Lith. DELAUNOIS. In 4.

15305 Baune. Lion. Lithographié à la plume. In-18.

15306 Baune , prévenu d'avril. Lith. de Ligny. Alp. URRUTY fec. Publié par Bourdin. In-8.

15307 Baune, prévenu d'avril. Chez Desesserts, éditeur. Lith. DELAUNOIS. In-8.

15308 Baune, prévenu d'avril. Au bureau , chez Aubert. Lith. DELAUNOIS. In-4.

15309 Carrier , prévenu d'avril. Lith. de Ligny. Alp. URRUTY fec. Publié par Bourdin. 26e liv. In-8.

15310 Caussidière fils, prévenu d'avril. Au bureau, chez Aubert. Lith. JUNCA. In 4.

15311 Caussidière père, prévenu de Lyon. Lith. de Ligny. URRUTY fec. Publié par Bourdin. 22e liv. In-8.

15312 Caussidière père, prévenu d'avril, d'après le croquis de CAUSSIDIÈRE fils. Au bureau, chez Aubert. Lith. DELAUNOIS. In-4.

15313 Caussidière père, prévenu d'avril, d'après le croquis de CAUSSIDIÈRE fils. Au bureau , chez Aubert. Lith. DELAUNOIS. In-4.

15314 Charles, prévenu d'avril. Lith. de Ligny. Alp. URRUTY fec. Publié par Bourdin. 49e livr. In-8.

15315 Cochet, prévenu d'avril. Lith. de Ligny. Alp. URRUTY fec. Publié par Bourdin. 53e liv. In-8.

15316 Corréa , prévenu d'avril. Lith. de Ligny. Alp. URRUTY fec. Publié par Bourdin. 41e livr. In-8.

15317 Corréa, prévenu d'avril. Au bureau, chez Aubert. Lith. JUNCA. In-4.

15318 Despinas, prévenu d'avril. Lith. de Ligny. Alp. URRUTY fec. Publié par Bourdin. 54e liv. In-8.

15319 Dibier, prévenu d'avril. Lith. de Ligny. Alp. URRUTY fec. Publié par Bourdin. 30e liv. In-8.

15320 Drigeard-Desgarniers , prévenu d'avril. Lith. de Ligny. Alph. URRUTY fec. Publié par Bourdin. 37e liv. In-8.

15321 Drigeard-Desgarniers , prévenu d'avril , d'après le croquis de CAUSSIDIÈRE fils. Au bureau, chez Aubert. Lith. DELAUNOIS. In-4.

15322 Favre (Jules) , avocat des prévenus de Lyon. L. MASSARD. Lith. de Frey. Publié par Bourdin. 55e liv. In-8.

15323 Girard, prévenu d'avril. Lith. de Ligny. Alp. URRUTY fec. Publié par Bourdin. 32e liv. In-8.

15324 Girard (Auguste) , prévenu d'avril. Lith. de Ligny. Alp. URRUTY fec. Publié par Bourdin. 47e liv. In-8.

15325 Gérard, prévenu d'avril. Au bureau, chez Aubert. Lith. DELAUNOIS. In-4.

15326 Koczinski, par erreur Roczinski , réfugié polonais, prévenu d'avril. Lith. de Ligny. Alp. URRUTY fec. Publié par Bourdin. 9e liv. In-8.

15327 Koczinski , réfugié polonais , prévenu d'avril. Alp. URRUTY fec. Lith. de Ligny. Publié par Bourdin. In-8.

15328 Koczinski, réfugié polonais, prévenu d'avril. Au bureau, chez Aubert. Lith. DELAUNOIS. In-4.

15329 Lafond, prévenu d'avril. Lith. de Ligny. Alp. URRUTY fec. Publié par Bourdin. 48e liv. In-8.

15330 Lagrange. Lion. Lithographie à la plume, sans nom d'auteur. In-8.

15331 Lagrange, prévenu d'avril. Lith. de Ligny. Alp. URRUTY fec. Publié par Bourdin. 1re liv. In-8.

15332 Lagrange , prévenu d'avril. Desesserts, éditeur. Lith. DELANNOIS. Avec une couronne de chêne et le mot *liberté* au-dessous du portrait. In-8.

15333 Lagrange , prévenu d'avril. Au bureau, chez Aubert. Lith. DELAUNOIS. Avec un billot, une hache et une palme au-dessous. In-4.

15334 Lagrange. Au bureau , chez Aubert. Lith. DELAUNOIS. Prévenus d'avril. 5e liv. In-4.

15335 Lagrange de Lyon. Lecler, 1833, d'après nature. Galerie patriotique. Desesserts, éditeur. Lith. DELAUNOIS. Avec les paroles prononcées par Lagrange à la place des Cordeliers, le 11 avril 1834. In-fol.

15336 Lamennais, défenseur des prévenus. Chez Desesserts, éditeur. Lith. DELAUNOIS. In 8.

15337 Marigné , prévenu d'avril. Lith. de Ligny. Alp. URRUTY fec. Publié par Bourdin. 43e liv. In-8.

15338 Marigné, prévenu d'avril. Au bureau, chez Aubert. Lith. de JUNCA. In-4.

15339 Michel (de Bourges), défenseur des accusés d'avril. Chez Desesserts, éditeur. Lith. DELAUNOIS. In-8.

15340 Michel (de Bourges) (Julien), défenseur des accusés d'avril et condamné par la Chambre des pairs à un mois de prison et 10,000 francs d'amende. Au bureau, chez Aubert. Lith. DELAUNOIS. In-4.

15341 Mollard-Lefèvre , prévenu d'avril. Lith. de Ligny. Alp. URRUTY fec. Publié par Bourdin. 43e liv. In-8.

15342 Poulard , prévenu d'avril. Lith. de Ligny. Alp. URRUTY fec. Publié par Bourdin. 51e liv. In-8.

15343 Pradel , prévenu d'avril. Lith. de Ligny. Alp. URRUTY fec. Publié par Bourdin. 50e liv. In-8.

15344 Pradel, prévenu d'avril. Au bureau , chez Aubert. Lith. DELAUNOIS. In-4.

15345 Provost, prévenu d'avril , d'après le croquis de M. Geoffroi, condamné de juin. Au bureau, chez Aubert. Lith. DELAUNOIS. In-4.

15346 Reverchon (Marc). Sans nom d'aut. In-8.

15347 Reverchon (Marc), prévenu d'avril. Lith. de Ligny. Alp. URRUTY fec. Publié par Bourdin. 23ᵉ liv. In-8.

15348 Reverchon, prévenu d'avril. Chez Desesserts, éditeur. Lith. DELAUNOIS. In-8.

15349 Reverchon (Marc), prévenu d'avril, d'après le croquis de CAUSSIDIÈRE fils. Au bureau, chez Aubert. Lith. DELAUNOIS. In-4.

15350 Thion, prévenu d'avril. Lith. de Ligny. Alp. URRUTY fec. Publié par Bourdin. 45ᵉ liv. In-8.

15351 Thion, prévenu d'avril. Au bureau, chez Aubert. Lith. JUNCA. In-4.

BIOGRAPHIE GÉNÉRALE.

15352 Lugdunum sacroprofanum, seu de claris, illustribus et notis Lugdunensibus, Forensibus et Bellijocensibus Indices. Argumentum et synopsis *Lugduni*, Guillelmus Barbier, 1647. In-4, 12 pp.

15353 Recherches pour servir à l'histoire de Lyon, ou les Lyonnois dignes de mémoire. (Par Jacques PERNETTI; avec des notes autographes de M. COCHARD). *Lyon*, chez les frères Duplain, M.DCC.LVII. In-8, demi-rel., dos veau v. non rogné.

15354 Recherches pour servir à l'histoire de Lyon, ou les Lyonnois dignes de mémoire. (Par l'abbé PERNETTI). *Lyon*, Duplain, 1757. — Supplément aux Lyonnois dignes de mémoire. (Par le chevalier LAURÈS). A *Marnioule*, Martin Frettagolet, 1758. 2 vol. in-8, demi-rel., dos et coins mar. r. [Koehler]. — Cet exemplaire offre quelques notes manuscrites copiées sur celles de l'abbé Mercier de St-Léger.

15355 Recherches pour servir à l'histoire de Lyon, ou les Lyonnois dignes de mémoire. (Par M. l'abbé PERNETTI). *Lyon*, chez les frères Duplain, M.DCC.LVII. 2 vol. in-8; exempl. de M. Bréghot du Lut, avec des notes manuscrites en marge. — *Id.* demi-rel., dos bas., planche; exemplaire de M. Bréghot du Lut, avec des notes de sa main.

15356 Observations sur les Lyonnois dignes de mémoire de M. PERNETTI (175 ?). Ms. in-4, 4 ff.

15357 Nécrologe lyonnais. 1826-1835. Par MM. B. et P. *Lyon*, Rusand, 1836. In-8.

15358 Biographie lyonnaise. Catalogue des Lyonnais dignes de mémoire, rédigé par MM. BRÉGHOT DU LUT et PÉRICAUD aîné, et publié par la Société littéraire de Lyon. *Paris*, *Lyon*, 1839. In-8, demi-rel., dos et coins v. f., fil. [Koehler.]

Biographie religieuse.

15359 Histoire des premiers Martyrs de Lyon et de Vienne, tirée de l'*Histoire ecclésiastique*

d'Eusèbe. Sans nom de lieu, s. d. In-12, v. br., fil. [Koehler.]

15360 Indiculus Sanctorum Lugdunensium; concinnatus a Theophilo RAYNAUDO. Additæ mantissæ de piis quibusdam Lugdunensibus, non vindicatis. *Lugduni*, sumptibus Claudii Landry. M.DC.XXIX. In-12, bas., fil.

15361 Indiculus sanctorum Lugdunensium, concinnatus à Theophilo RAYNAUDO. *Lugduni*, Cl. Landry, 1629. In-12, demi-rel. m. r.

15362 Les Saincts de Lyon, du R. P. Théophile RAYNAUD; traduicts du latin par un religieux de la mesme Compagnie. *Lyon*, Esprit Scot, M.DC.XXIX. In-12, vél.

15363 Les Saincts de Lyon, du R. P. Théophile RAYNAUD; traduits du latin par un religieux de la mesme Compagnie. *Lyon*, Esprit Scot, 1629. In-12, demi-rel. m. r.

15364 Hagiologium Lugdunense (par Théophile RAYNAUD). *Lugduni*, A. Molin, 1662. In-fol., titre gravé et portrait; v. br., fil. [Koehler.]

15365 Abrégé de l'histoire des Martyrs et des Saints de la ville de Lyon, etc.; par Jean GUERIN. *Lyon*, 1668. In-16, demi-rel. m. r.

15366 Observations sur l'Histoire littéraire de Lyon du P. COLONIA. Mss. in-fol., 36 pp., et Préface, 2 pp.

15367 Account of the Martyrs at Smyrna and Lyons, in the second Century; with explanatory notes. *Edinburgh*, A. Murray, 1776. Pet. in-8, v. f., fil. [Koehler.]

15368 De Martyribus Lugdunensibus Dissertatio. Accedit altera de Jesu Christi divinitate contra auctorem Lexici philosophici, et divinatio in sancti Justini martyris de angelis testimonium. *Bononiæ*, E. Aquinat, 1779. In-4, v. br., fil. [Koehler.]

15369 Vies des Saints du diocèse de Lyon; par F.-Z. COLLOMBET. *Lyon*, Rusand, 1835. In-8, v. br., fil. [Koehler.]

Mélanges de biographie.

15370 Notice historique sur les médecins du grand Hôtel-Dieu de Lyon, lue en séance publique de l'administration des Hôpitaux, le 4 mai 1825 ; par J.-P. POINTE , d.-m. *Lyon*, Th. Pitrat , 1826. In-8 , 54 pp.

15371 Biographie contemporaine des gens de lettres de Lyon. (Par MM. DE LAMERLIÈRE , MONTANDON , GUILLARD fils , VALLOIS et Auguste DESPORTES). *Lyon et Paris , les marchands de nouveautés* , 1826. In-12, demirel., dos et coins m. r., tête dorée. [Koehler.]

15372 Biographie contemporaine des gens de lettres de Lyon. *Lyon et Paris* , 1826. In-32, cartonné à la Bradel. — Biographie lyonnaise des auteurs dramatiques vivants, dits *du terroir* ; rédigée dans la loge du portier des Célestins. Par un bon enfant. (Kauffmann et Léon Boitel). *Lyon*. In-32, v. f. , fil. , tr. d. [Koehler.]

15373 Biographie lyonnaise des auteurs dramatiques vivants, dits *du terroir*. *Lyon*. In-32.

15374 Biographie des accusés d'avril , de leurs défenseurs , des pairs , juges du procès, etc.; publiée en 4 livrais. de 108 pages chacune , et contenant 18 portraits, etc. 2ᵉ édition, livrais. 1 et 2. *Paris*, Collibert, éditeur, 1835. In-18.

15375 Leidrade, Biographie lyonnaise. Notices sur Leidrade , Agobard et Amolon. Par M. A. PÉRICAUD. Extrait des *Archives du Rhône*. In-8 , 10 ff.

15376 Lettre à M. C.-N. Amanton au sujet de ses Lettres sur trois Lyonnais premiers présidents au Parlement de Bourgogne ; par M. N.-F. COCHARD. *Lyon*, Barret, 1827. In-8, 15 pp.

Vies , Notices et Éloges.

15377 Recueil de Notices : 1º sur M. Vincent de Margnolas , par M. MONTAGNE DE PONCINS , 1809; — 2º sur M. le comte de Fargues, par M. REGNY, 1818 ; — 3º sur Charles Bordes , par M. PÉRICAUD ; — 4º sur A.-F. Delandine, par M. DUMAS, 1820 ; — 5º sur M. Loyer, architecte , par M. COCHET, 1807; — 6º sur Mᵐᵉ de Ménéust de Bois-Jouan , par L.-F. TROLLIET, 1816 ; — 7º sur G. Cléberg , par M. MARNAS, 1820; — 8º sur J.-M. Martinière (par M. B. SAY) , 1818 ; — 9º Éloge de M. Émile Perret, par M. REGNY, 1824 ; — 10º de M. Bellay, par M. PICHARD, 1824 ; — 11º Notice sur M. Deschamps, par M. GROGNIER , 1825 ; — 12º sur M. Willermoz, par M. TERME, 1824 ; — 15º sur la vie et les ouvrages de J.-H.-D. Petetin, par M. MARTIN l'aîné ; — 14º sur Bourgelat, par L.-F. GROGNIER, 1805 (avec des notes mstes de M. COCHARD). In-8, demi-r. bas.

A.

15378 Agobard. De Agobardi archiepiscopi Lugdunensis vita et operibus. Ad doctoris gradum in facultate litterarum , academiæ Parisiensis ,

promovendus, disseruit Antoninus Petrus-Laurentius MACÉ, etc. *Parisiis*, apud Joubert, etc. 1846. In-8.

15379 Apollinaire (Sidoine). Notice sur Sidoine Apollinaire , par A. PÉRICAUD l'aîné. *Lyon*, Barret. In-8 , 24 pp.

15380 Artaud. Éloge historique de A.-F.-M. Artaud ; par J.-B. DUMAS. *Lyon*, Barret , 1840. In-8, 44 pp.

15381 Audin. Notice historique sur J.-M.-V. Audin , par M. l'abbé BEZ. *Lyon* , Léon Boitel, 1851. In-8.

15382 Auger. La Vie du Père Edmond Auger, de la Comp. de Jésus , confesseur et prédicateur de Henri III, roi de France, etc. ; par le P. Jean DORIGNY. *Lyon*, Nic. Deville, 1716. In-12, v. br., fil. [Koehler.]

15383 Auger. Notice sur Edmond Auger. *Lyon* , Barret , 1828. In-8 , 26 pp. (Extrait du tome VII, p. 100 des *Archives historiques et statistiques du départ. du Rhône*.

B.

15384 Balbis. Notice sur J.-B. Balbis , lue en séance publique de l'Académie des sciences, belles-lettres et arts de Lyon , le 14 juillet 1851 , par M. GROGNIER. In-8.

15385 Ballanche. Lettre de part de la mort de M. Pierre-Simon Ballanche , né à Lyon le 4 août 1776, mort à Paris le 12 juin 1847. *Paris* , 15 juin 1847. In-4 , 1 p.

15386 Ballanche, sa vie et ses écrits, par Victor DE LAPRADE. *Lyon* , Léon Boitel , 1848. In-8, 67 pp.

15387 Baronnat. Biographie du clergé contemporain, par un solitaire. Livrais. 63, tome VI. (M. Baronnat). *Paris* , Appert , 1842. In-18, portrait.

15388 Baumers. Éloge historique de M. Baumers, docteur en médecine, etc. ; lu à la Société de Médecine le 22 janvier 1844. Par C. CANDY. *Lyon*, Marle, 1844. In-8, 32 pp.

15389 Bellay. Éloge de M. Bellay, médecin, prononcé à la Société de Médecine de Lyon , le 20 décembre 1824, par J.-M. PICHARD. *Lyon*, Barret. In-8, 8 pp.

15390 Béraud. Éloge historique du P. Béraud (Laurent), jésuite, astronome ; lu dans l'assemblée publique de l'Académie.... de Lyon , le 29 août 1780, par le P. LE FEBVRE, de l'Oratoire. *Lyon*, Aimé Delaroche, M.DCC.LXXX. In-12 , 46 pp.

15391 Bérenger. Notice historique sur L.-P. Bérenger, par M. DUMAS. *Lyon*, Léon Boitel, 1856. In-8, 23 pp.

15392 Bernat. Discours prononcé sur la tombe de F.-C. Bernat , avocat du roi au tribunal de première instance de Lyon , par M. BRÉGHOT DU LUT. *Lyon* , Th. Pitrat. In-8, 1 p.

15393 Blanc-St-Bonnet. Extrait tiré de la *Bio-*

graphie des hommes vivants, édition de 1816 ; *Paris,* tome I, page 358. (Joseph-Marie Blanc-St-Bonnet). In-8 , 7 pp.

15394 Blanchin. Notice sur M. Blanchin , membre de la Société de Médecine ; par J.-M. Pichard. *Lyon* , Barret , 1825. In-8, 4 pp.

15395 Bochard. Notice historique sur M. Bochard, grand vicaire du diocèse de Lyon , de la maison et société de Sorbonne, etc. ; par M. Corsain ; avec portrait. *Lyon,* chez les principaux libraires. 1834. In-8 , 79 pp.

15396 Boissieu (Jean-Jacques de). Eloge historique de M. J.-J. de Boissieu , par M. Dugas-Montbel ; lu à la séance publique de l'Académie de Lyon le 28 août 1810. (Avec le catalogue de toutes les gravures composant l'œuvre de M. de Boissieu). *Lyon* , Ballanche père et fils , 1810. In-8, 55 pp., demi-rel. veau f. [Koehler.]

15397 Boissieu. Hommage rendu à la mémoire de J.-J. Boissieu par le Conseil du Conservatoire des arts de Lyon , dans la séance du 9 mars 1810. *Lyon,* Cutty , 1810. In-8 , 28 pp.

15398 Bonald. Caractère de Son Eminence Mgr L.-J.-M. de Bonald, archevêque de Lyon , Vienne , et primat des Gaules , etc. ; par Mlle Antoinette Laurent. *Lyon,* Dumoulin , Ronet et Sibuet, 1841. In-8 , 15 pp.

15399 Bonaventure. Histoire abrégée de la vie, des vertus et du culte de saint Bonaventure , de l'ordre des FF. Mineurs... et patron de la ville de Lyon. *Lyon,* Duplain, 1747. Gr. in-8, fig. et vign., m. r., fil., tr. d., anc. rel.

15400 Bonnevie. Notice sur l'abbé Bonnevie, par l'abbé Bez. *Lyon,* Auguste Brun, 1850. In-8 , 31 pp.

15401 Borde. Notice sur la vie et les ouvrages de Charles Borde (par A. Péricaud aîné) ; lu à l'Académie en juillet 1824. *Lyon* , Barret. In-8 , 20 pp.

15402 Borde. Tribut de l'amitié à la mémoire de M. Borde , de l'Académie de Lyon ; par M. l'abbé G** (Guillon de Montléon). *Lyon,* Faucheux , m.dcc.lxxxv. In-8, 31 pp.

15403 Borelly. Eloge funèbre de Messire J.-B. Borelly , curé de St-Polycarpe, par M Bonnevie. *Lyon* , Kindelem , 1818. In-8 , 23 pp.

15404 Bottex (Alexandre). Notice biographique sur le docteur Bottex , par P. Diday. Extrait de la *Revue de Lyon,* 1er novembre 1849. *Lyon,* Léon Boitel. In-8 , 8 pp.

15405 Bottex (Alexandre). Elogé de M. le docteur Alexandre Bottex ; lu dans la séance publique de la Société de Médecine de Lyon , le 28 janvier 1850 , par M. le docteur de Polinière. *Lyon,* Louis Perrin, 1850. In-8, 62 pp.

15406 Bouchet. Eloge historique de C.-A. Bouchet... ; lu à la Société de Médecine de Lyon, le 30 décembre 1839 , par le docteur Rougier. *Lyon* , Louis Perrin , 1840. In-8 , 51 pp.

15407 Bourdelin. Hommage à la mémoire de M. l'abbé Bourdelin, par M. Delandine. 1783. In-8 , 15 pp.

15408 Bourgelat. Notice historique et raisonnée sur C. Bourgelat , par L.-F. Grognier. *Paris* et *Lyon* , Barret , 1805. In-8, demi-rel., dos v. f., non rogné. [Koehler.]

15409 Bréghot du Lut. Eloge historique de M. Claude Bréghot du Lut, prononcé à la Société littéraire de Lyon , le 6 février 1850 , par M. d'Aigueperse ; publié par la Société littéraire de Lyon. *Lyon* , Louis Perrin , 1850. In-8 , 19 pp.

15410 Brossette. Notice historique sur Claude Brossette, suivie d'une Lettre inédite du président Bouhier. (Par A. P.). (1821). *Lyon.* In-8 , 3 pp.

15411 Bruyas. Notice sur M. le président Bruyas, lue à Société littéraire de Lyon, le 24 janvier 1844 , par M. Marc-Antoine Péricaud. *Lyon* , veuve Ayné. In-8 , 9 pp.

15412 Bruyset-Ste-Marie , fondatrice de la Providence de Fourvières , morte à Lyon le 23 novembre 1834. Notice sur Madame Bruyset-Sainte-Marie , adressée aux dames de l'œuvre de la Providence. Sans nom d'auteur. *Lyon* , Louis Perrin. In-8.

15413 Bureaux-Pusy. Eloge historique de M. Bureaux-Pusy, successivement préfet des départ. de l'Allier , du Rhône , etc. ; par M. J. Guerre. Lu à l'Académie de Lyon, dans sa séance du 21 juillet 1807. *Lyon* , Ballanche père et fils , 1807. In-8 , 72 pp.

15414 Buytouzac. Eloge historique de M. Buytouzac, docteur en médecine ; par M. Parat. *Lyon* , Barret , 1828. In-8, 20 pp.

C.

15415 Capistran. Les magnificences de Rome à la canonisation des BB. Jean de Capistran et Paschal Baylon , etc. Ce qui s'est passé ensuite à Lyon , Montbrison , Villefranche et Châlon-sur-Saône , aux premières solemnitez qu'on y a faites de ces nouveaux saints. Par le P. J.-B. Bazin. *Lyon,* Delaroche , 1693. In-8 , v. f., fil., tr. d. [Koehler.]

15416 Cartier. Eloge historique de M. L.-V. Cartier, par M. de Montherot. *Lyon* , 1839. In-8.

15417 Chalier. Eloge funèbre de Chalier , assassiné judiciairement le 16 juillet par les aristocrates de Lyon , aujourd'hui Ville-Affranchie , prononcé par Dorfeuille , président de la Commission de justice populaire. *Ville-Affranchie,* 1793. In-4, 8 pp.

15418 Chalier. Biographie lyonnaise. Notice sur Chalier ; par César B. (Bertholon). Extrait de la *Revue du Lyonnais,* 8e livraison, août 1835. (*Lyon*) , Léon Boitel. In-8, 24 pp.

15419 Champagneux. Notice sur M. Champagneux , membre de la Société Linnéenne de

Lyon; lue à ladite Société, le 27 décembre 1845, par M. ROFFAVIER. *Lyon*, Dumoulin et Ronet, 1846. In-8, 7 pp.

15420 Chancey. Notice sur M. Chancey, membre correspondant de la Société Linnéenne de Lyon; lue, dans la séance du 16 mars 1829, par M. CHAMPAGNEUX. *Lyon*, Louis Perrin. In-8, 11 pp.

15421 Chapuis de Corgenon. La Vie de la révérende Mère Marie de la Passion, nommée au siècle Claudine Chapuis de Corgenon, religieuse professe du chœur, du premier monastère de Ste-Elisabeth de Lyon.... s. d. (Née en 1643, morte le 21 août 1727). *Lyon*, veuve d'André Molin. In-12, bas.

15422 Charmetton, né en 1710, mort le 27 janvier 1781. Précis de la vie ou Eloge abrégé de M. Charmetton, gradué, membre du collége de chirurgie de la ville de Lyon; par M. A. FIGUET. In-12, 16 pp.

15423 Chaumond. Vie (la) de saint Chaumond, évêque de Lyon et martyr (massacré à Châlon-sur-Saône le 28 septembre 657). *Paris*, Vaugon, 1692. In-18, v. f., fil. [Thouvenin.]

15424 Chaumond. Office (l') et la vie de saint Chaumond, évesque de Lyon et martyr. *Paris*, Trabouillet, 1692. In-12, v. br., fil. [Koehler.]

15425 Chavanne (Claude de), né à Villefranche le 1er août 1753, mort à Lyon le 13 mars 1804. Notice historique sur la vie de Claude de Chavanne, lue à l'Académie de Lyon et à la Société d'agriculture du Rhône par N.-F. COCHARD. *Lyon*, Barret, 1831. In-8, 31 pp.

15426 Chervin. Eloge historique du docteur Chervin; par M. ROUGIER. *Lyon*, Marle aîné, 1846. In-8, 32 pp.

15427 Chezard de Matel. La Vie de la vénérable Mère Jeanne-Marie Chezard de Matel, fondatrice des religieuses de l'ordre du Verbe-Incarné; par le R. P. Ant. BOISSIEU. *Lyon*, Molin et Barbier, 1692. In-8, v. br., fil. [Koehler.]

15428 Chinard. Notice sur M. Chinard, statuaire (né le 12 février 1756, mort le 20 juin 1813); par J.-B. DUMAS. *Lyon*, Ballanche (1814). In-4, 16 pp.

15429 Chinard. Notice sur Joseph Chinard, par J.-S. P. (PASSERON). Extrait de la *Revue du Lyonnais*, 6e livraison, juin 1835. In-8, 7 pp.

15430 Cléberger. Précis historique sur Jean Cléberger, surnommé le Bon-Allemand et vulgairement appelé l'Homme-de-la-Roche; publié par la Commission du monument qui doit lui être érigé. *Lyon*, Dumoulin, Ronet et Sibuet, 1er juillet 1842. In-4 sur pap. rose, avec un frontispice et la figure de Cléberger, lithographiés sur papier de Chine. 16 pp. et 8 pp. — Un autre exemplaire avec autre fig.

15431 Kléberger. Notice sur Jean Kléberger, le bon Allemand, vulgairement appelé l'Homme-de-la-Roche (au sujet de l'inauguration du

16 septembre 1849). Sans nom d'auteur. *Lyon*. Dumoulin et Ronet. In-4, 2 pp., fig.

15432 Cléberg. Notice sur Jean Cléberg, vulgairement appelé l'Homme-de-la-Roche; par M. MARNAS. Rédigée d'après le vœu de l'administration des Hôpitaux de Lyon. *Lyon*, veuve Cully (1820). In-8. 10 pp.

15433 Clément IV. Abrégé de la vie du pape Clément IV, originaire de l'ancienne et illustre famille des Gros...... dont est sorti Michel Gros, chevalier, seigneur de St-Joire, gentilhomme lyonnois. *Lyon*, Goy, 1674. Pet. in-8, parch.

15434 Cochard. Eloge historique de N.-F. Cochard (né à Villeurbanne le 20 janvier 1763; mort à Ste-Colombe (Rhône) le 20 mars 1834). Par J.-B. DUMAS. *Lyon*, Barret, 1834. In-8, 31 pp.

15435 Cochard. Notice sur F.-N. Cochard, par L.-F. GROGNIER. *Lyon*, Barret, 1836. In-8, 20 pp.

15436 Coste (J.-L.-A.), bibliophile, né à Lyon le 2 juin 1784, mort le 5 mai 1851. Notice historique sur J.-L.-A. Coste, de la Société des Bibliophiles français, ancien conseiller à la Cour d'appel de Lyon; par le docteur Charles FRAISSE. *Lyon*, Léon Boitel, 1851. In-8, 24 pp.

15437 Coton. De vita patris Petri Cotoni e soc. Jesu, lib. III. autore Petro ROVERIO. *Lugduni*, Liberal, 1660. In-8, bas.

15438 Couchaud (André). Eloge d'André Couchaud, architecte; lu à la Société littéraire de Lyon, le 14 novembre 1849, par E.-C. MARTIN-DAUSSIGNY. Publié par la Société littéraire de Lyon. *Lyon*, Louis Perrin. In-8, 16 pp.

15439 Courbon. Quelques mots jetés par le sentiment, dans le désordre de la tristesse commune, sur la tombe de M. Courbon... Par M. BONNEVIE. *Lyon*, Brunet. In-4, 3 pp.

15440 Courbon. Notice historique sur M. Courbon, premier vicaire général du diocèse de Lyon, décédé le 7 février 1824. *Lyon*, Boursy, 1824. Sans nom d'auteur (NOLHAC). In-8, 16 pp.

15441 Coysevox. Eloge funèbre de Coysevox (né vers 1640, mort le 10 octobre 1820), sculpteur du roy; prononcé à l'Académie par FERMEL'HUIS, docteur en médecine. *Paris*, 1721. In-8, 42 pp.

15442 Cozon. Nécrologie de M. Cozon, ancien magistrat à Lyon; par ONUPHRE. *Lyon*, 1822. In-8, 20 pp.

15443 Cretenet. La Vie de vénérable Messire Jacques Cretenet, prestre et instituteur de la Congrégation des prestres missionnaires de St-Joseph de la ville de Lyon; avec un Abrégé de la vie de la vénérable Mère Magdeleine de St-François, première religieuse et supérieure du premier monastère de Ste-Elisabeth de Lyon. *Lyon*, J. Girin, 1680. In-8, v. br., fil. [Koehler.]

D.

15444 Dartigues. Notice historique sur Simon Dartigues, docteur en médecine; lue au Cercle religieux et littéraire, dans la séance du 22 décembre 1825, par Fr.-Marie-Philippe LEVRAT aîné, d.-m. *Lyon*, Boursy, 1826. In-8, 14 pp.

15445 Degérando. Eloge de M. Mottet de Gérando, membre de l'Académie de Lyon, lu par M. RÉGNY dans la séance publique du 10 juillet 1828. *Lyon*, Barret, 1828. In-8, 15 pp.

15446 Degérando. Journal d'éducation populaire. Bulletin de la Société pour l'instruction élémentaire. Mai et juin 1843. (A la page 163 : Discours sur la vie et les travaux du baron de Gérando, prononcé à l'assemblée générale de la Société pour l'instruction élémentaire, le 30 avril 1843, par M. JOMARD. *Paris*). In-8.

15447 Deguerry. Biographie du clergé contemporain, par un solitaire; 32e livraison. M. De Guerry. *Paris*, 1841. In-18; portrait sur acier.

15448 Delacroix. Biographie du clergé contemporain, par un solitaire; livraison 98, tome IX. M. Delacroix, archevêque d'Auch. *Paris*, 1845. In-8. Portrait.

15449 Delandine. Notice historique sur la vie et les ouvrages d'Antoine-François Delandine; par J.-B. DUMAS, secrétaire de l'Académie. *Lyon*, Mistral, 1820. In-8, 78 pp.

15450 Delandine. Hommage à la mémoire de M. Delandine, bibliothécaire de la ville de Lyon. Discours prononcé sur sa tombe, le 6 mai 1820, par M. DUMAS, secrétaire de l'Académie de Lyon. In-8, 4 pp.

15451 Delorme. Eloge historique de Philibert de l'Orme, architecte lyonnais; par Louis FLACHÉRON, architecte de la mairie de Lyon. Le prix a été adjugé à ce Mémoire par l'Académie des belles-lettres, sciences et arts de Lyon, le 28 août 1814. *Lyon*, Barret. In-8, 52 pp.; planche.

15452 Delorme (Philibert). Notice sur Philibert Delorme; par J.-S. P. (PASSERON). *Lyon*, 1855. In-8, 24 pp.

15453 Deplace. Notice sur Guy-Marie Deplace, suivie de sept Lettres inédites de Joseph DE MAISTRE; par F.-Z. COLLOMBET. *Lyon*, Léon Boitel, 1843. In-8, 48 pp.

15454 Deschamps. Notice sur M. Deschamps, pharmacien; par GROGNIER. *Lyon*, Barret, 1824. In-8, 16 pp.

15455 Desgarets. Biographie du clergé contemporain, par un solitaire, livraison 90, tome VIII. M. Desgarets. *Paris*, Appert, 1844. In-18, 1 p. portrait.

15456 Dolet. Vie d'Etienne Dolet, imprimeur à Lyon dans le seizième siècle; avec une Notice des libraires et imprimeurs-auteurs que l'on a pu découvrir jusqu'à ce jour. *Paris*, Gogué et Née de la Rochelle. M.DCC.LXXIX. In-8, cart., r.

15457 Dolet. Procès d'Estienne Dolet, imprimeur

et libraire à Lyon. 1543-1546. *Paris*, Techener, 1836. In-8. — Précédé d'un *Avant-propos* signé A. T. (TAILLANDIER). Tiré à petit nombre et relié dans un volume contenant plusieurs opuscules de Dolet réimprimés par les soins de M. Techener, et dont le premier est la *Manière de bien traduire*.

15458 Dombey. Eloge de Joseph Dombey, médecin, botaniste du roi (mort en 1794); par M. J. MOUTON-FONTENILLE. *Bourg*, Bottier. s. d. In-12, 57 pp.

15459 Donnet. Biographie du clergé contemporain, par un solitaire. 17e livraison, tome II. Mgr Donnet, archevêque de Bordeaux. *Paris*, 1841. In-18, portrait.

15460 Duchamp. Biographie de la sœur Marguerite Geneviève Duchamp de Lyon (XVIIe siècle). Sans date et sans signature. Ms. in-8, 7 pp.

15461 Ducruy. Les Soirées lyonnaises : aventures de M. J. Ducruy et de quelques-uns de ses amis de Lyon pendant leur séjour en Espagne lors de la guerre de 1808 à 1814 et à diverses époques; racontées par eux-mêmes à leur retour dans leurs foyers, et rédigées par M. J. QUANTIN; avec figure et carte géographique. *Paris*, J. Brianchon. *Lyon*, Ducruy, 1825. In-8, rel.

15462 Dufavel. Notice sur Dufavel, avec portrait. (Au profit de Dufavel). *Lyon*, Sauvignet, 1836. In-8, 8 pp. avec l'affiche d'annonce.

15463 Dufavel. Quatorze (les) jours de captivité de Dufavel. Récit exact rédigé par le docteur BIENVENU, sur les notes qu'il a recueillies de la bouche même de Dufavel. *Lyon*, Louis Perrin, 1836. In-8, 40 pp.

15464 Dugas-Montbel. Eloge historique de J.-B. Dugas-Montbel, par J.-B. DUMAS. *Lyon*, Barret, 1835. In-8, 31 pp., br.

15465 Dumas (Charles Louis). Eloge funèbre de Charles-Louis Dumas, prononcé dans l'assemblée publique de la Faculté de médecine de Montpellier, le 14 décembre 1813, par M. PRUNELLE. *Montpellier*, Jean Martel aîné. Août 1814. In-4. 96 pp. demi-rel., dos bas. verte.

15466 Dumas. Eloge historique de Ch.-L. Dumas, lu dans la séance publique de la Société de Médecine de Lyon, le 18 juin 1818, par M. PARAT. *Paris*, décembre 1821. In-4, 21 pp.

15467 Duphot. Notice historique sur la mort du général Duphot, né à Lyon, assassiné à Rome par la milice papale le 7 nivose an VI. *Lyon*, Mougin-Rusand (1848). In-8, 8 pp.

15468 Dupont (Pierre). Notice sur Pierre Dupont, par Charles BAUDELAIRE. *Paris*, Martinet. In-8, 8 pp.; portrait gravé.

E.

15469 Emery. Biographie du clergé contemporain, par un solitaire; 55e livraison, tome III. M. Emery. *Paris*, Appert, 1842. In-18, 36 pp.; portrait.

15470 Epinac (Pierre d'). Notice sur Pierre d'E-
pinac, archevêque de Lyon sous Henri III et
Henri IV, par Ant. PÉRICAUD. *Lyon*, J.-M. Barret. 1829. In 8, 24 pp.

15471 Esparron. Notice sur le docteur Esparron,
par FERRUS. *Paris*, s. d. In-8, 7 pp.

15472 Eucher. Assertio pro unico S. Eucherio Lugdunensi episcopo; auctore Jos. ANTELMO. Accedit concilium Regiense sub Rostagno metrop.
Aquensi, anni 1285. *Parisiis*, Cl. Briasson,
1726. In-4, bas.

F.

15473 Falconnet. Eloge historique de M. Falconnet. *Paris*, 1762. In-4, 17 pp.

15474 Falconnet (Fleury), né à Lyon le 18 juin
1785, mort le 26 janvier 1849. Nécrologie:
M. Falconnet, par M A. H. Extrait du *Courrier de Lyon* du 27 janvier 1849. *Lyon*, Dumoulin et Ronet. In-8.

15475 Falconnet (Fleury). Eloge de Fleury Falconnet, décédé vice-président de la Société
académique d'architecture, par M. Jacques
FARFOUILLON. *Lyon*, Louis Perrin, 1850.
In-8, 12 pp.

15476 (Un Fantassin). Mémoire historique de la
vie d'un fantassin de 25 ans de service sans
aucune discontinuation, et les noms des 120 ca-
pitaines avec lesquels il a servi au régiment de
Lionnois, etc. *Sans nom de ville*, 1711 In-12,
2 vol., v. f., fil. [Koehler.]

15477 Fargues (de) Notice nécrologique sur
M. le comte de Fargues, maire de Lyon; lue
dans la séance publique de l'Académie de Lyon,
le 26 mai 1818, par M. RÉGNY. *Lyon*, Ballanche, 1818. In-8, 52 pp.

15478 Fargues. Journal de la maladie dont est
mort M. le comte de Fargues, maire de la ville
de Lyon, etc. Par F.-M.-Ph. LEVRAT. *Lyon*,
Bousy, 1818. In-8 16 pp.

15479 Fesch. Biographie du clergé contemporain,
par un solitaire; 19e livraison, tome II. M. le
cardinal Fesch. *Paris*, Appert, 1841. In-18,
56 pp.; portrait.

15480 Fesch. Le cardinal Fesch, archevêque de
Lyon, primat des Gaules, etc., etc. Fragments
biographiques, politiques et religieux, pour servir à l'histoire ecclésiastique contemporaine;
par M. l'abbé LYONNET, chanoine de l'église
primatiale et vicaire général du diocèse de
Lyon. Librairie catholique de Perisse frères,
Lyon, *Paris*, 1841. 2 vol. in-8, demi-rel.,
dos et coins mar. r., fil., tête dorée, portrait.
[Koehler.]

15481 Fesch. La vérité sur le cardinal Fesch, ou
Réflexions d'un ancien vicaire général de Lyon
(M. l'abbé CATTET) sur l'*Histoire* de Son Eminence par M. l'abbé Lyonnet. *Lyon*, *Paris*,
1842. In-8, demi-rel., dos et coins mar. r., fil.,
tête dorée. [Koehler.]

15482 Fesch. Défense de la vérité sur le cardinal Fesch et sur l'administration apostolique
de Lyon; par un ancien vicaire général de Mgr
d'Amasie (M. l'abbé CATTET). *Lyon*, *Paris*,
1842. In-8, demi-rel., dos et coins mar. r.,
fil., tête dorée. [Koehler.]

G.

15483 Gacon. François Gacon et Jean-Baptiste
Rousseau. Extrait de la *Revue du Lyonnais*,
5e livraison, mai. (A la fin signé : J.-S. P.)
(PASSERON). *Lyon*, Léon Boitel, 1855. In-8,
57 pp.

15484 Garon (Louis). Notice sur Louis Garon et
la fête du Cheval fol; suivie des Stances sur
l'ancienne confrérie du St-Esprit, fondée en la
chapelle du Pont du Rhône à Lyon, etc. *Lyon*,
Léon Boitel, 1857. In-8, demi-rel., dos et coins
m. r., non r. [Koehler.]

15485 Gattel. Notice historique sur Claude-Marie
Gattel (par J.-M. BRUYSET aîné). In-8, 8 pp.
— Cette Notice fut faite pour être placée en
tête de l'édition du Dictionnaire de la langue
française, publiée à Lyon en 1813 par Mme J.
Buynand née Bruyset.

15486 Gauthier (Louis-Philibert-Auguste), né
à St-Amour le 24 mai 1792, mort le 22 novembre 1851. Notice historique sur le docteur
L.-P.-A. Gauthier, par le docteur Ch. FRAISSE.
Lyon, Dumoulin et Ronet, 1852. In-8, 14 pp.

15487 Gay. Notice historique sur J.-J.-P. Gay,
architecte ; par F.-F. R*** (RICHARD). s. d.
(juillet 1852). In-8, 11 pp.

15488 Gensoul. Notice historique sur M. Gensoul
(Ferdinand), par M. GROGNIER. *Lyon*, Barret,
1825. In-8, 15 pp.

15489 Germain. Vie de M. Germain, curé de
Roussillon, diocèse de Grenoble, mort en novembre 1831. (Par M. l'abbé ALBERT, curé de
Voiron, et M....). (M. Germain était né à Lyon
en 1753). *Lyon*, Sauviguet, 1834. In-12.

15490 Gilibert. Eloge historique de J.-Emma-
nuel Gilibert, médecin à Lyon; par E. SAINTE-
MARIE. *Lyon*, 1814. In-4, 17 pp.

15491 Girard. Biographie du cardinal Girard.
1696. Ms. in-4, 6 ff.

15492 Girard. Recueil des principales actions de
l'éminentissime cardinal Pierre Girard, de St-
Symphorien-le-Châtel, du diocèse et gouvernement de Lyon. Par J.-P.-D. C*** *Lyon*, Pierre
Thened, 1705. In-12, v. f., fil, tr. r. [Koehler.]

15493 Grognier. Notice historique sur Grognier,
par MAGNE. *Lyon*, 1838. In-8.

15494 Guerre. Nécrologie: Biographie de M. Guerre. Lyon, 22 août 1845. *Lyon*, Dumoulin, Ronet et Sibuet. In-8, 7 pp.

15495 Guidi (des). Esquisse biographique du
comte Sébastien des Guidi, introducteur de
l'homœopathie en France. (Par M. ARQUIL-
LIÈRE). *Nantes*, Charles Gailmard, 1847. In-8,
14 pp.

H.

15496 Hodieu. Obsèques de M. Hodieu. (Extrait du *Cri du peuple*). In-8, 4 pp.

15497 Honesti. Vita della Rever. Madre Maria Antonietta Honesti di Savoia della riforma Cisterciese, prima superiora del nuovo monastero di S. Bernardo fondato in Lione, detto la Madonna della diuina Prouidenza. *Bologna*, M.DC.LV. In-4, fig.

I.

15498 Irénée. La Vie de saint Irénée, second évéque de Lyon, docteur de l'Eglise et martyr. (Par BAROIS, libraire). *Paris*, Robert-Marc Despilly, 1723. 2 vol. in-12, bas.

J.

15499 Janin de Combe-Blanche. Discours prononcé le 13 juin 1811 sur la tombe de M. Janin de Combe-Blanche, au cimetière de la Guillotière, près Lyon; par DELANDINE. *Lyon*, J. Roger, 1811. In-8, 4 pp.

15500 Janin de Combe-Blanche. Eloge de Jean Janin de Combe-Blanche, maître en chirurgie, etc. Par Jacques-Pierre POINTE. *Lyon*, Th. Pitrat, 1825. In-8, 22 pp.

15501 Jordan. Discours prononcé sur la tombe de M. Camille Jordan; par M. DE SAINTE-AULAIRE, député du Gard. *Paris*, Hocquart. In-8, 6 pp.

15502 Jubin. Notice sur la vie et la translation des reliques de saint Jubin, archevêque de Lyon. (Par M. CHOLLETON (1824). In-8, 13 pp.

15503 Jubin. Notice sur saint Jubin, archevêque de Lyon; par A. PÉRICAUD. *Lyon*, Barret, 1826. In-12, 12 pp.

15504 Jubin. Notice sur saint Jubin, archevêque de Lyon, avec une Dissertation sur l'authenticité de son corps et de son tombeau, etc., etc.; par J.-B. DURAND, curé de St-Irénée, à Lyon. *Lyon*, Rusand, 1826. In-12, demi-rel., dos et coins m r., tête dorée.

15505 Jussieu. Note biographique sur Antoine-Laurent Jussieu, insérée dans le *Midi industrieux*, *savant*, *moral et littéraire*. Prairial, an VIII (1800). In-8, 3 pp., portrait.

15506 Jussieu (Antoine-Laurent). Eloge historique d'Antoine-Laurent de Jussieu, par M. FLOURENS; lu le 13 août 1838. In-4, 60 pp.

L.

15507 Labé. Discours sur la personne et les ouvrages de Louise Labé, lyonnoise; par M. DE RUOLZ. *Lyon*, Delaroche, 1750. In-8, demi-rel. v. f.

15508 Labé. Discours sur la personne et les ouvrages de Louise Labé, lyonnoise; lu dans l'assemblée publique de l'Académie des sciences et belles-lettres, au mois d'avril 1746; par M. DE RUOLZ, conseiller à la Cour des monnoies. *Lyon*, Aymé Delaroche, M.DCC.L. In-8, 46 pp. Réimpression.

15509 Labé (Louise). Documents historiques sur la vie et les mœurs de Louise Labé, de nouveau mis en lumière par P.-M. G. (GONON). *Lyon*, 1844. Gr. in-8, demi-rel., dos et coins mar. r., non rogné, tête dorée, fig. [Capé].
— Autre exemplaire, papier de couleur, demi-rel., dos et coins mar. r., non rogné, tête dorée, fig. [Capé.]

15510 Lachaise. Histoire du Père La Chaize, jésuite et confesseur du roy Louis XIV, où l'on verra les intrigues secrètes qu'il a eu (*sic*) à la cour de France.... *Cologne*, chez Pierre Marteau, M.DC.XCIII. In-12, cuir de Russie, fil., tr. d. [Simier.]

15511 Lacroix (Antoine). Extrait de l'éloge de feu M. l'abbé de la Croix, obéancier de St-Just (né en 1708, mort en 1781). Par M. DESCHAMPS, de l'Académie de Lyon. Tiré du *Journal de Lyon* du 11 octobre 1786. In-8, 24 pp.

15512 Lacroix. Nouvelles des missions étrangères de la Martinique, colonie française. *Lyon*, Rusand, 1822. In-8, 22 pp. — Ce cahier contient deux Lettres de M. Carrand, prêtre du diocèse de Lyon, à M. le curé de la Guillotière (Neyrat), pour lui annoncer la mort de l'abbé Lacroix, qui avait été vicaire à la Guillotière.

15513 Lanoix. Notice biographique sur Jean-Baptiste Lanoix; par J.-P. POINTE, docteur-médecin. *Lyon*, Léon Boitel, 1845. In-8, 24 pp.

15514 Lapoype. Biographie et obsèques du général de Lapoype. (Par CALVET DE ROGNIAT et par M. VACHEZ). *Lyon*, Léon Boitel, 1851. In-8.

15515 Leclerc-Puisieux. Eloge funèbre de Victor-Emmanuel Leclerc-Puisieux, général en chef de l'armée de St-Domingue; par M. BONNEVIE. *Lyon*, Ballanche, an XI. In-8, 24 pp.

15516 Lémontey. Notice sur P.-L. Lémontey; par Z. *Lyon*, Barret, s. d. In-8, 16 pp.

15517 Lemot. Funérailles de M. le baron Lemot. (Discours prononcé par M. QUATREMÈRE DE QUINCY, secrétaire de l'Académie royale des beaux-arts, le 11 mai 1827). *Paris*, Didot. In-4, 8 pp.

15518 Leymarie. Notice sur Hippolyte Leymarie, par Léon BOITEL (insérée dans le Catalogue de ses livres). 1845. In-8, 11 pp.

15519 Lortet. Notice sur Mme Lortet (membre de la Société Linnéenne de Lyon); par M. ROFFAVIER, 1853. In-8, 11 pp.

15520 Loyer. Notice historique sur M. Loyer, architecte, membre de l'Académie de Lyon;

lue dans une des séances de cette compagnie par M. Cochet, architecte, membre de la même Académie. *Lyon*, Ballanche père et fils (1808). In-8., 8 pp.

M.

15521 Mailliard (Benoît). Notice sur Benoît Mailliard, chroniqueur lyonnais du xve siècle. Extrait du *Journal de Montbrison et du département de la Loire*, des 8 et 15 juillet 1849. Par Aug. Bernard. *Montbrison*, imprim. de Bernard. In-8, 15 pp.

15522 Malechard. Eloge historique de Malechard, chef d'escadron d'artillerie; par J.-P. Pointe. *Lyon*, Léon Boitel, 1838. In-8, 50 pp.

15523 Mandelot (de). Discours de la vie, mort et derniers propos de feu Monseigneur de Mandelot...., avec l'ordre tenu à ses obsèques. *Lyon*, Jean Pillehotte, M.C.LXXXVIII. Pet. in-4, mar. r., tr. d. [Koehler.]

15524 Mandelot (de). Notice sur F. de Mandelot, gouverneur et lieutenant-général du Lyonnais, etc., sous Charles IX et Henri III. Par A. Péricaud. *Lyon*, Barret, 1828. In-8, 39 pp.

15525 Mandrin. Histoire de Louis Mandrin depuis sa naissance jusqu'à sa mort; avec un détail de ses cruautés, de ses brigandages et de son supplice. *Chambéry*, Gorrin; et *Paris*, Delormel, 1755. In-12, v. — A la suite et sous la même reliure, les six pièces suivantes : 1° La Mandrinade, ou l'Histoire curieuse, véritable et remarquable de la vie de Louis Mandrin *Saint-Geoirs*, 1755; 2° Testament politique de Louis Mandrin, généralissime des troupes des contrebandiers, écrit par lui-même dans sa prison. Septième édition. *Genève*, 1756; 3° Jugement souverain qui a condamné à la roue Louis Mandrin, du lieu de St-Etienne-de-St-Geoirs en Dauphiné, principal chef des contrebandiers qui ont commis les crimes et désordres mentionnés audit Jugement. Du 24 mai 1755. Exécuté le 26 dudit mois ; 4° Mandrin pris, comédie en un acte. *Amsterdam*, 1755; 5° Dialogue entre Cartouche et Mandrin, où l'on voit Proserpine se promener en cabriolet dans les enfers. A *La Barre*, chez La Roue, 1755; 6° OEuvres mêlées. Dialogue entre Charles XII, roi de Suède, et Mandrin, contrebandier; par Madame de Beaumer. *La Haye*, 1760.

15526 Marchand. Lettre à M. Chardon de la Rochette, contenant des éclaircissements certains sur le véritable lieu de la naissance du célèbre organiste Louis Marchand, et sur l'âge auquel il est mort. Par C.-N. Amanton. De *Dijon*, le 16 juillet 1812. In-8, 6 pp.

15527 Marduel (Jean). Eloge funèbre de Messire Jean Marduel, docteur de Sorbonne et curé de St-Roch, prononcé dans l'église de cette paroisse, le 9 novembre 1787, par l'abbé Michel. *Paris*, J.-B. Lottin, 1787. In-4, 24 pp.

15528 Margnolas (Vincent de). Notice sur M. L. Vincent de Margnolas, décédé à Paris le 3 octobre 1809 ; par Montagne de Poncins. Octobre 1809. In-8, 30 pp.

15529 Martin (le major-général). Eloge historique de Cl. Martin, major-général, fondateur de l'école de la Martinière, à Lyon; né en cette ville en janvier 1732, mort aux Indes le 13 septembre 1800. Par George Martin, de Lyon. *Lyon*, André Idt., 1830. In-8, 39 pp.

15530 Martin (le major-général). Du major-général Martin. Sans nom d'auteur. (Par Auguste Gastine. (Extrait de la *Revue du Lyonnais*). *Lyon*, Léon Boitel. In-8, 14 pp.

15531 Martin (le major-général). Rapport fait à l'Académie sur les honneurs à rendre à la mémoire du major-général Cl. Martin; par le docteur Polinière. *Lyon*, Barret, 1840. In-8, 27 pp.

15532 Martinel. Notice biographique sur J.-F.-M de Martinel (agronome); par M. Bonafous. *Paris*, Huzard, 1829. In-8, 7 pp.

15533 Martinière. Notice nécrologique sur M. J.-B. Martinière, avoué; par B. S. (Blanc-Saint-Bonnet). In-8, 6 pp.

15534 Martinière (Jean-Baptiste). Notice sur M. Martinière, par M*** (Moulin). *Lyon*, Boursy, 1818. In-8, 8 pp.

15535 Mathieu. La Vie de la vénérable Mère Magdeleine du Sauveur, surnommée Mathieu, religieuse du tiers-ordre de N. S. P. S. François, et supérieure au premier monastère de Sainte-Elisabeth à Lyon. Par le R. P. Alexandre, de Lyon. *Lyon*, François Comba, M.DC. XCI. In-8, bas.

15536 Mathieu. La vie de la vénérable Mère Magdeleine du Sauveur, surnommée Mathieu, religieuse du tiers-ordre de N. P. S. François, et supérieure au premier monastère de Sainte-Elisabeth à Lyon. Par le R. P. Alexandre, de Lyon. *Lyon*, Fr. Comba, 1696. In-8, v. br., fil., tr. d. [Koehler.]

15537 Mayet. Nécrologie de M. Etienne Mayet, né à Lyon, membre de l'Académie de cette ville; d'après des notes de MM. Gauché, Coulon et Catel. Extrait des *Archives du Rhône*, 1823. In-8, 3 ff.

15538 Mayeuvre. Eloge de M. Mayeuvre de Champvieux, par M. Revoil; lu à l'Académie des sciences, belles-lettres et arts de Lyon, dans sa séance publique du 16 août 1813. *Lyon*, Ballanche, M.DCCC.XIII. In-8, 18 pp.

15539 Meigret. Généalogie de Meigret. Messire Jean Meigret, chevalier, conseiller du roy en ses conseils, et président sa Cour de parlement à Paris. s. d. (1650 ? *circa*), s. n. d'imprim. Pet. in-4, 9 pp., avec des notes mstes.

15540 Ménéust. Notice historique de la vie de Madame de Ménéust de Bois-Jouan, supérieure de la maison de Notre-Dame de Charité du Refuge de St-Michel, à Lyon, décédée le 7 janvier 1816. Par L.-F. TROLLIET, médecin. *Lyon*, Ballanche. In-8, 8 pp.

15541 Mercier de Saint-Léger. Notice sur la vie et les écrits de Mercier Saint-Léger, par CHARDON DE LA ROCHETTE. *Paris*, an VII. In-8, 30 pp.; avec des notes critiques et mstes par M. BARBIER. — Nécrologie sur B. Mercier, connu sous le nom d'abbé de Saint-Léger de Soissons; par A. BARBIER. Pet. in-4, 1 f.

15542 Monnet (Jean). Supplément au Roman comique, ou Mémoires pour servir à la vie de Jean Monnet, ci-devant directeur de l'Opéra-Comique à Paris, de l'Opéra de Lyon...; Ecrits par lui-même. *Londres*, 1775, deux tomes en 1 vol. in-12, rel. v.

15543 Monnet. Détail de la vie de M. Monnet, qui a découvert l'infâme complot de contre-révolution qui devait s'opérer dans toute la France; etc. Par J. RICHARD. In-8, 4 pp.

15544 Montucla (Jean-Etienne). Notice historique sur la vie et les ouvrages de J.-Et. Montucla; présentée à la Société libre d'agriculture de Seine-et-Oise, par A.-S. LEBLOND. *Paris*, an VIII (1800). In-8, 24 pp. (Lisez au n° 14505 : Montucla au lieu de Montluca).

15545 Morel (Jean-Marie), paysagiste. Biographie lyonnaise. Notice sur Jean-Marie Morel, né à Lyon, et mort dans cette ville en 1810, à l'âge de 83 ans; par M. DUMAS. s. d. (1825). In-8, 3 ff.

15546 Morel. Discours sur la vie et les œuvres de J.-M. Morel, architecte, auteur de la *Théorie des jardins*, etc. Par DE FORTAIR. *Paris*, Colas, 1813. In-8, 34 pp.

15547 Morel (Pierre). Biographie lyonnaise. Notice sur M. Pierre Morel le grammairien, correspondant de l'Institut (lue au Cercle littéraire le 29 juillet 1824 par M. Etienne MOLARD). (Extrait des *Archives du Rhône*). In-8, 4 ff., bas.

15548 Morel-Voleine (Claude-Hélène). Notice sur C.-H. Morel-Voleine (archiviste), (né en 1769, mort le 16 juin 1828); par C. B. D. L. (Claude BRÉGHOT DU LUT). *Lyon*, Barret, 1828. In-8, 7 pp.

15549 Morin (Jean-Baptiste), astronome, né à Villefranche le 7 mars 1583, mort à Paris le 6 novembre 1656. La Vie de maistre Jean-Baptiste Morin, natif de Villefranche en Beaujolois, docteur en médecine et professeur royal aux mathématiques à Paris. *Paris*, Hénault, 1660. In-12, bas. br., fil.

15550 Mortier. Eloge de Denis Mortier, chirurgien en chef de l'Hôtel-Dieu de Lyon; par J.-M. PICHARD. *Lyon*, Rusand, 1824. In-4, 14 pp.

15551 Munaret. Notice sur M. Munaret, docteur en médecine. Extrait de la *Biographie des gens de lettres*. Par le docteur Ed. F. s. d. (1846?). In-8, 8 pp.

N.

15552 Nemours (duc de). Notice sur Charles-Emmanuel de Savoie, duc de Nemours, gouverneur et lieutenant-général du Lyonnais, etc., pendant la Ligue; né à l'abbaye de Vauluisant (Champagne) en 1531, mort à Annecy le 25 juin 1585. Par A. PÉRICAUD. *Lyon*, Barret, 1827. In-8, 35 pp.

15553 Neufville. Laudatio funebris illustr. Ecclesiæ principis Camilli de Neufville, archiepisc. Lugdun.; dicta à D. DE COLONIA. *Lugduni*, Deville, 1693. In-4, 31 pp.

15554 Neufville. La Vie d'illustrissime et révérendissime Camille de Neufville, archevêque et comte de Lyon, etc. (Par GUICHENON, Augustin.) *Trévoux et Lyon*, 1695. In-12, v. f., fil. [Koehler.]

15555 Neufville (Camille de). Notice sur Camille de Neufville, archevêque de Lyon sous Louis XIV; par A. PÉRICAUD, bibliothécaire de la ville de Lyon. *Lyon*, Barret, M.DCCC.XXIX. In-8, 24 pp.

15556 Nizier (S.). Notice sur S. Nizier, évêque de Lyon au VIe siècle; par Ant. PÉRICAUD. *Lyon*, Barret, 1830. In-8, 16 pp.

O.

15557 Orsel (Victor). Notice sur Victor Orsel, de Lyon; par MARTIN-DAUSSIGNY. *Lyon*, Léon Boitel, 1851. In-8, 15 pp.

15558 Orsel (Victor), né à Oullins le 25 mai 1795, mort à Paris le 31 octobre 1850. Victor Orsel : Œuvres diverses (avec Notice biographique par M. Henri TRIANON, bibliothécaire à la bibliothèque Sainte-Geneviève.) *Paris*, 1851. *Paris*, Brière. In-fol.

15559 Ozanam. Notice historique sur J.-A.-F. Ozanam, par LEVRAT aîné. *Lyon*, Léon Boitel, 1838. In-8.

P.

15560 Palanus. Histoire de Palanus, comte de Lyon, mise en lumière, jouxte le manuscrit de la bibliothèque de l'Arsenal, par Alfred DE TERREBASSE. *Lyon*, Louis Perrin, 1833. In-8, v. f., fil., tr. d. [Koehler.]

15561 Palanus. Histoire de Palanus, comte de Lyon, mise en lumière, jouxte le manuscrit de la bibliothèque de l'Arsenal, par Alfred DE TERREBASSE. *Lyon*, Louis Perrin, 1833. In-8, pap. bleu, demi-rel., dos et coins mar. bl.

15562 Parat. Eloge historique de Philibert Parat, docteur en médecine, etc.; par le docteur MARTIN jeune. *Lyon*, Barret, 1839. In-8, 44 pp.

15563 Pastre. Souvenirs biographiques sur M. l'abbé Pastre, ancien préfet apostolique de l'île Bourbon, chanoine de l'église primatiale;

par M. l'abbé Lyonnet. *Lyon*, Sibuet, Ronet et comp., 1839. In-8, 51 pp.

15564 Perachon. Le faux Satyrique puni et le mérite couronné, dans une Lettre d'Ariste à l'un de ses amis, contenant l'apologie de M. Perachon, etc., 1696; suivi d'une seconde Lettre d'Ariste à l'un de ses amis,1699. *Lyon*, chez Claude Rey. In-4.

15565 Péricaud. Fragment historique, 1793 (concernant Cl. Péricaud. Par M. A. Péricaud aîné). *Lyon*, Barret, 1827. In-8, 8 pp.

15566 Pernon (Camille). Nécrologie. (Extrait du *Bulletin de Lyon*, n° 102, 21 décembre 1808, concernant M. Pernon). In-4, 1 p.

15567 Perret (Emile). Eloge de M. Emile Perret, ancien capitaine d'artillerie de la garde..., de l'Académie royale de Lyon; lu en séance publique de l'Académie, le 27 août 1823, par M. Régny. *Lyon*, M.DCCCXXIV. In-8, 26 pp.

15568 Perrin. L'abbé Perrin, aumônier de la prison de Roanne. Notice biographique. *Lyon*, Louis Perrin, 1836. In-8, 48 pp.

15569 Perrin. Un Apôtre au XIXe siècle. M. l'abbé Perrin (aumônier de la prison de Roanne). *Lyon*, Rossary, 1837. In-8, 14 pp.

15570 Perrin (Louise-Adélaïde), née à Lyon le 2 avril 1789, morte le 15 mars 1838. Notice biographique sur Louise-Adélaïde Perrin, fondatrice de l'établissement des Jeunes Filles incurables de Lyon; par Théodore Perrin (son frère). *Lyon*, Girard et Josserand, 1852. In-8, 19 pp.

15571 Perrochia. Jean-Claude Perrochia, manufacturier de Lyon, une des victimes de la Commission sept. In-8, 22 pp.

15572 Pestalozzi. Eloge de M. Pestalozzi, par M. Christin, secrétaire perpétuel (de l'Académie de Lyon). *Lyon*, 1743. In-4, 18 pp.

15573 Peletin (Désiré). Eloge historique de J.-H.-Désiré Peletin (né à Lons-le-Saunier en 1744, mort à Lyon le 27 février 1808)... Discours prononcé à la séance publique de l'Académie de Lyon, le 23 août 1808, par Aimé Martin. *Lyon*, Ballanche père et fils, 1808. In-8, 30 pp.; avec notes mstes.

15574 Peletin. Notice historique sur la vie et les ouvrages de J.-H.-Désiré Peletin, docteur en médecine.... (mort en 1808). s. d., s. n. d'auteur ni d'imprim. In-8, 121 pp.

15575 Petit (Marc-Antoine). Eloge de M. Marc-Antoine Petit, par M. Cartier; lu dans la séance publique de l'Académie de Lyon le 3 septembre 1811. Imprimé par ordre et aux frais de cette Compagnie. *Lyon*, Ballanche, 1811. In-8, 31 pp.

15576 Petit (Marc-Antoine). Hommage rendu à la mémoire de Marc-Antoine Petit, docteur en médecine, membre de l'Académie.... de Lyon; par J.-B. Dumas, secrétaire de cette Académie. (En vers, avec des notes). *Lyon*, Ballanche père et fils, 1811. In-8, 32 pp.

15577 Petit. Eloge historique de Marc-Antoine Petit, docteur en médecine, par Parat; lu dans la séance publique de la Société de médecine de Lyon le 30 juillet 1812. *Lyon*, 1812. In-4, 20 pp., et 3 de notes.

15578 Pichard. Eloge de J.-M. Pichard, par le docteur L.-A. Rougier. *Lyon*, 1836. In-8.

15579 Pichard. Eloge de M. Pichard, par J.-B. Dumas. *Lyon*, Barret, 1837. In-8, 15 pp.

15580 Pichon. Extrait de la vie de la Mère Marie-Françoise Pichon, religieuse de Ste-Elisabeth, quai de l'Observance. Ms. in-fol., 5 pp.

15581 Picquet. La Vie de Messire Fr. Picquet, consul de France et de Hollande à Alep, ensuite évêque de Césarople, puis de Babylone, vicaire apostolique en Perse; (né à Lyon le 12 avril 1626, mort le 26 août 1685). *Paris*, M.DCC.XXXII. In-12, bas., portrait.

15582 Pillet. Abrégé de la vie et des vertus de notre très chère sœur Anne-Marie Pillet, dite Simplicienne, décédée en odeur de sainteté dans le troisième monastère de la Visitation Ste-Marie de Lyon, le 18 mars 1721. (Le titre manque). In-12, v. f., fil. [Koehler.]

15583 Pointe. Notice historique sur H.-J. Pointe, par J.-P. Pointe. *Lyon*, 1839. In-8.

15584 Poivre. Notice sur la vie de M. Poivre, chevalier de l'ordre du roi, ancien intendant des isles de France et de Bourbon. *Philadelphie* (*Paris*), Moutard, 1786. In-8, v.

15585 Poivre. Notice sur la vie de M. Poivre, ancien intendant des isles de France et de Bourbon (par Dupont de Nemours). *Paris*, Moutard, 1786. In-8.—A la suite est un ms. intitulé: *Mémoire d'un voyageur touchant les îles du détroit de la Sonde, Siam, la côte Coromandel*, etc. Fait pendant les années 1745, 1746, 1747. 152 pp. La fin manque.

15586 Poivre. Notices sur M. Poivre et sur M. Dupont de Nemours, par M. A. Boullée, suivies du Discours de réception de l'auteur à l'Académie de Lyon. *Lyon*, Rossary, 1835. In-8, 68 pp.

15587 Ponçonnas. Vie de la Mère Ponçonnas, institutrice de la congrégation des Bernardines réformées en Dauphiné, Provence, etc. *Lyon*, 1675. In-8.

15588 Prost de Royer. Eloge de Prost de Royer, prononcé à l'ouverture des audiences de la sénéchaussée de Lyon, le 30 novembre 1784, par Barou du Soleil. 1785. In-8, 168 pp.

R.

15589 Raillard. Eloge historique de J. Raillard, médecin en chef de l'hospice de l'Antiquaille, par M. A. Chapeau. *Lyon*, André Idt, 1828. In-8, 25 pp.

15590 Ranquet. Vie et vertus de la vénérable Mère Catherine de Jésus Ranquet, religieuse ursuline, native de la ville de Lyon. Par Gaspard AUGERI. *Lyon*, Matth. Libéral, 1670. In-4, v. br., fil. [Koehler.]

15591 Rast. Notice sur M. J.-J. Rast, prêtre, ancien chanoine de St-Paul. *Lyon*, Ballanche (1816). In-4, 8 pp.

15592 Récamier (Mme). Madame Récamier, ouvrage couronné par l'Académie de Lyon, suivi d'une étude sur Madame de Staël; par Antonin RONDELET, de Lyon. *Paris*, *Lyon*, 1851. In-12.

15593 Régis. Panégyrique du bienheureux Jean-François Régis, de la Compagnie de Jésus, apôtre du Velay et du Vivarez. Par le R. P. (COLONIA), de la même Compagnie. *Lyon*, Jacques Lions et Louis Bruyset, M.DCCXVII; avec un abrégé de sa vie et une pratique de piété pour l'honorer. In-12, bas., fig.

15594 Requin. Notice biographique sur l'adjudant-commandant Requin, né à Brenod; par CHEVALIER, de Lyon. *Bourg*, 1850. In-12.

15595 Revoil. Eloge historique de Pierre Revoil, correspondant de l'Institut, chevalier de la Légion-d'Honneur, ancien professeur de peinture à l'Ecole des beaux-arts de Lyon; discours de réception prononcé à la Société littéraire de Lyon, dans la séance du 27 avril 1842, par E.-C. MARTIN-DAUSSIGNY, peintre. *Lyon*, Barret, 1842. In-8, 32 pp.

15596 Reyre (Vincent). Notice historique sur M. le président Reyre. *Lyon*, Nigon, 1847. In-8, 32 pp.

15597 Riants (de). La vie de la vénérable Mère Suzanne-Marie de Riants de Villerey, religieuse de l'ordre de la Visitation dans la maison de l'Antiquaille de Lyon. Sans nom d'auteur. *Lyon*, Valfray, M.DCC.XXVI. In-12, bas., portrait.

15598 Ribier (César). Notice sur M. César Ribier, curé de Larajasse, né en 1762, décédé le 14 mai 1826. *Lyon*, Perisse. In-8, 23 pp.

15599 Richelieu. Les trois Coronnes de Monseigneur l'éminentissime cardinal duc de Richelieu. Oraison funèbre prononcée en la chapelle, etc..., à Lyon, par Claude CAYNE, en rue Noire, etc... 1643. In-4, 15 pp.

15600 Richelieu. Vita Alphonsi-Ludovici Plessæi Richelii S. R. E. presbyteri cardinalis, archiepiscopi et comitis Lugdunensis; auctore M. D. P. *Parisiis*, A. Vitré, 1653. In-12, v. f.

15601 Richelieu. Notice sur A.-L. du Plessis de Richelieu, archevêque de Lyon sous Louis XIII et Louis XIV, par A. PÉRICAUD, bibliothécaire de la ville de Lyon; suivie d'une relation de la peste de Lyon en 1628 et 1629. *Lyon*, Barret, 1829. In-8, 36 pp.

15602 Rieussec. Notice historique sur la vie de M. P.-F. Rieussec, conseiller honoraire à la Cour royale de Lyon, etc.; lue en séance publique de l'Académie royale de Lyon, le 3 juillet 1827, par M. GUERRE. *Lyon*, Louis Perrin, 1827. In-8, 22 pp.

15603 Rieussec. Notice sur M. Rieussec, lue à la

séance publique de la Société royale d'agriculture de Lyon; par M. GROGNIER. *Lyon*, Barret, 1828. In-8, 27 pp.

15604 Rieussec. Notice biographique et Discours prononcés sur la tombe de A. Rieussec, avocat à la Cour royale de Lyon. *Lyon*, Louis Perrin, 1839. In-8, 29 pp.

15605 Riolz. Notice nécrologique pour servir à l'éloge de J.-Fr.-Arm. Riolz; suivie d'une Dissertation sur M. Prost de Royer de Lyon et Merlin de Douay. Par Onuphre *** (MOULIN). *Lyon*, Boursy, 1817. In-8, 47 pp.

15606 Roux (Claude-Antoine). Biographie. Eloge de M. l'abbé Claude-Antoine Roux, né à Lyon le 18 juin 1750, mort à Ecully le 1er décembre 1829; lu en séance publique de l'Académie de Lyon, le 26 avril 1830, par J.-B. DUMAS, secrétaire perpétuel. In-8, 23 pp.

15607 Rozier. Eloge de l'abbé Rozier, par Alphonse de BOISSIEU; couronné par l'Académie de Lyon dans sa séance publique du 30 août 1832. (Médaille d'or de 600 fr.). *Lyon*, Barret, 1er novembre 1832. In-8, 35 pp.

15608 Rozier. Eloge historique de François Rozier, restaurateur de l'agriculture française; par Arsenne THIÉBAUT DE BERNEAUD. *Paris*, 1833. In-8, 92 pp.

15609 Rusand. Notice biographique sur M.-P. Rusand, ancien imprimeur; par l'abbé A. M. *Paris*, Poussielgue, 1840. In-8, 47 pp.

s.

15610 St-George. Oraison funèbre de Mgr l'illustriss. et révérendiss. Claude de St-George, archevêque de Lyon; par le P. DE COLONIA. *Lyon*, Laurens, 1714. In-4, bas., portrait.

15611 Saint-Joseph. Vie de sœur Françoise de St-Joseph, carmélite déchaussée, tirée des actes, tant de son état séculier où elle a vécu à Lyon, que de celui de religieuse dans Avignon. Par le R. P. MICHEL-ANGE DE STE-FRANÇOISE. *Lyon*, Briasson, 1688. In-4, v. br., fil. [Koehler.]

15612 Sales. Relation de la mort de saint François de Sales, arrivée à Lyon le 28 décembre 1622. Extrait d'un journal manuscrit de M. le marquis de Cambis-Velleron, qui fait partie de la bibliothèque du séminaire de St-Irénée à Lyon. Ms. in-fol., 31 pp., jolie écriture, demi-rel., dos et coins mar. violet. [Thouvenin.]

15613 Sales. Relation des cérémonies observées en la solennité de la canonisation de S. François de Sales, évesque et prince de Genève, dans le second monastère des religieuses de la Visitation Ste-Marie de l'Antiquaille à Lyon. *Lyon*, M. Libéral, 1656. In-4, demi-rel., dos et coins mar. rouge. [Thouvenin.]

15614 Seringe. Notice historique sur Jean-Charles Seringe, par LEVRAT fils. *Lyon*, février 1855. In-8.

15615 Sève. Souvenirs d'un aumônier militaire,

1826-1850. Par M. l'abbé Sève. *Paris, Lyon*, 1851. In-8 , 490 pp.

15616 Simonet. Notice sur George-Antoine Simonet , créateur de la fabrique de mousseline de Tarare; par H. C. *Lyon*, Chanoine et comp., 1846. In-8 , 54 pp.

15617 Singier. Notice biographique sur M. Singier, ancien directeur des théâtres de Lyon et de Feydeau; par M. Huré jeune. *Paris*, Tresse; *Lyon* , Giraudier , Th. Guymon , 1847. In-8 , 48 pp.

15618 Soubry. Éloge de M. Soubry , trésorier de France de la généralité de Lyon , par M. (Bruyset de Manévieux). *Chambéry* , 1775. In-8 , 58 pp.

15619 Strozzi. Vie de Philippe Strozzi , premier commerçant de Florence et de toute l'Italie sous les règnes de Charles V et de François Ier; trad. du toscan de Laurent son frère par Requier. *Paris*, Lambert, 1762. In-12, 371 pp.

15620 Sudan. Notice sur l'abbé J.-N. Sudan (par Cl. Bréghot du Lut). *Lyon* , J.-M. Barret, 1827. In-8 , 7 pp.

15621 Suchet. Notice sur le maréchal Suchet , duc d'Albuféra ; par J.-D. Bolo. *Lyon* , Louis Perrin , 1826. In-8, 35 pp. , portrait.

T.

15622 Tencin. Mémoire pour servir à l'histoire de M. le cardinal de Tencin (archevêque de Lyon). (Le titre manque). In-12 , v. f., fil., tr. d. [Koehler.]

15623 Terrasson. Observations pour servir à l'histoire des gens de lettres qui ont vécu dans ce siècle-ci. Sans nom d'auteur. (Lettre 1re sur l'abbé Terrasson , par M. de Moncrif). m.dcc.li. In-16 , 16 pp.

15624 Thomas. Le Père Thomas (chanteur comique ambulant) ; par Léon Boitel. (*Lyon*, 1854). In-8 , 8 pp.

15625 Tolozan de Montfort. Notice sur L. Tolozan de Montfort (par Passeron). *Lyon* , Léon Boitel , 1837. In-8 , 59 pp.

15626 Torombert, né en 1787, mort en 1829. Éloge de M. Torombert , avocat à la Cour royale de Lyon... ; prononcé en séance publique de l'Académie, le 30 août 1856 , par C.-L. Grandperret. *Lyon* , Rossary , 1836. In-8 , 32 pp.

15627 Tournon. Histoire du cardinal de Tournon (archevêque de Lyon), ministre de France, etc.; par le P. Ch. Fleury. *Paris* , Dhoury , 1728. In-8, v. f., aux armes.

15628 Tournon (François de). François, cardinal de Tournon , archevesque de Lyon. Tiré des *Éloges historiques des cardinaux illustres*. In-4, 11 ff. —Chapitre détaché d'un volume, de la page 255 , livre II, à la page 276. Le cardinal de Tournon est mort en 1562.

15629 Trélis. Éloge de M. Trélis , par J.-M. Pichard. *Lyon* , Rossary, 1833. In-8, 12 pp.

15630 Tristan (Flora). Biographie de Flora Tristan , par Mme Eléonore Blanc. *Lyon* , 1845. In-18 , 88 pp.

15631 Trivier. Sancti Trivierii, confessoris Dumbarum et Bressiæ patroni, Vita.(*Lugduni*), Gautherin , 1647. Pet. in-8 , bas. br.

15632 Trivier. Saint Jérôme. Vies de saint Paul, ermite, de saint Hilarion et de saint Malchus, moines.... Traduction avec le texte en regard, et des notes; par F.-Z. Collombet. (Ce volume contient une Dissertation de l'abbé Greppo.... sur les dénominations de Nonnus et Nonna..., p. 410, et la Vie de saint Trivier , moine, p. 424 et 426). *Lyon*, *Paris* , 1840. In-8.

15633 Troncy (Benoît du). Biographie lyonnaise. Notice sur Benoît du Troncy (par M. Bréghot du Lut). (Extrait des *Archives du Rhône* , 1826.). In-8, 4 ff.

V.

15634 Vaivolet. Notice sur M. B. Vaivolet, membre correspondant de la Société Linnéenne de Lyon ; par M. Aunier. *Lyon* , Louis Perrin. In-8 , 4 pp.

15635 Varenne de Fenille. Éloge de M. Varenne de Fenille , par L.-F. Grognier; ouvrage couronné par la Société d'émulation et d'agriculture du départ. de l'Ain , en 1813. *Paris*, Huzard , 1817. In-8 , 48 pp.

15636 Verna (de), né en 1776 à Verna en Dauphiné , mort à Lyon le 17 juin 1841. Notice biographique sur Jean-Marie-Vict. Dauphin de Verna, chevalier de la Légion-d'Honneur et de l'ordre de St-Grégoire, ancien député , ancien adjoint à la mairie de Lyon. Par l'abbé Bez. s. d. (1841). *Lyon*, Pitrat. In-8, 15 pp.

15637 Verninac. Éloge historique de M. Raymond de Verninac, préfet du départ. du Rhône; prononcé le 29 mai 1826, dans la séance publique de l'Académie royale des sciences, belles-lettres et arts de Lyon , par J.-B. Dumas. *Lyon*, Barret, 1826. In-8, 43 pp.

15638 Vezy. Verbal de la Vie de dame Marguerite de Vezy d'Arbouze , religieuse du monastère royal de St-Pierre , à Lyon ; du 31 décembre 1654. Ms. in-fol., 9 pp.— Expédition avec les signat. autogr.

15639 Vianay. Recueil de faits curieux, d'événements et d'anecdotes. Notice sur M. J.-B. Vianay, curé d'Ars (Ain). *Lyon* , Boursy fils (1847). In-4.

15640 Vianay. Pélerinage d'Ars et Notice sur la vie de J.-M.-B. Vianay, curé d'Ars. *Lyon*, Mothon, 1845. Pet. in-12 ; portrait.

15641 Villars. Abrégé de la vie de Balthazar de Villars et de de Bais (Manuscrit par M. Cochard). In-8.

15642 Villeplaine. (Boscary de Villeplaine.) Notice sur J.-B.-J. Boscary de Villeplaine (extraite des *Archives du Rhône* , nº 39). (Par M. Passeron). *Signé*: Z... s. d. (182.). In-8.

15643 Viry (Arthaud de). Notice historique sur la vie de J.-B. Arthaud de Viry, d.-m.; par son neveu Arthur DE VIRY, d.-m. *Roanne*, 1834. In-8.

15644 Vouges de Chanteclair. Recueil biographique sur M. Marc-Antoine-Louis-André de Vouges de Chanteclair; par M. J. MORIN. Janvier 1847. *Lyon*, Mougin-Rusand. In-8, 16 pp.

15645 Vouty de la Tour. Notice sur le baron Vouty de la Tour, décédé à Paris le 4 mars 1826; par F... *Paris*, 1826. In-8, 14 pp.

15646 Vouty de la Tour, né en 1761, mort à Paris en 1826. Eloge historique de M. Vouty de la Tour, prononcé à l'Académie de Lyon en séance publique le 29 mai 1826, par Hré TOROMBERT. *Lyon*; Louis Perrin, 1826. In-8, 38 pp.

15647 Willermoz (J.-B.). Notice sur M. Willermoz, membre de la Société royale d'agriculture de Lyon; par M. TERME, d.-m. *Lyon*, J.-M. Barret, 1824. In-8, 14 pp.

AUTOGRAPHES.

A.

15648 Affringues (R. P. général Bruno d'). Lettre de recommandation. 9 août 1617. Lett. aut. sig. In-4, 1 p., sceau.

15649 Albon (le marquis d') (André-Suzanne), maire de Lyon en 1812, député du Rhône sous la Restauration, pair de France; né à Lyon le 15 mai 1761, mort dans sa terre d'Avauge près de Tarare, le 28 septembre 1834. Lettre à Monseigneur le chancelier de France, président de la Chambre des pairs. Il le supplie de solliciter pour lui de Sa Majesté la croix d'officier de la Légion-d'Honneur. Il a été nommé chevalier le 22 août 1812, et il se trouve dans le cas d'obtenir la croix d'officier, puisqu'il y a plus de sept ans qu'il a reçu la décoration de chevalier. s. d. Aut. sig. In-fol., 1 p.

15650 Albon (le marquis d') André-Suzanne. A M. Fortin, homme de loi. Lettre au sujet de papiers de famille. *Paris*, 2 janvier 1818. Lett. aut. sig. In-4. — *Id.* A M. Rochereau. s. d. In-8, 1 p.

15651 Albon (Alexandre d'), archidiacre, comte de Lyon. Convention pour la rénovation des rentes de Nervieu et Talaru entre MM. les comtes de Lyon et Me Jacques Genevrier, commissaire en droits seigneuriaux. 1er avril 1743. Aut. revêtu des signatures d'Alexandre D'ALBON, DE CHAUSSELOT, comte de Lyon, DE MONTJOUVENT, comte de Lyon et de Genevrier. In-fol., 6 pp.

15652 Albon (Jacques d'), maréchal de St-André, fils de Jean d'Albon auquel il succéda comme gouverneur du Lyonnais en 1550; mort le 10 décembre 1562. Sa signature au bas d'une quittance du 10 juin 1550. In-4 vél. — Autre signature au bas d'un reçu de la somme de douze mille dix livres, de la part de Jean Facy, notaire et secrétaire du roi. Aut. sig. vélin. In-fol.

15653 Albitte (Antoine-Louis), envoyé en mission par la Convention à Lyon et dans le départ.

de l'Ain, où il exerça les rigueurs les plus sévères. Né à Dieppe, mort de froid et de faim à la retraite de Moscou. A ses collègues Fouché, Laporte et Méaulle. Lettre au sujet de Dorfeuille. *Bourg régénéré*, 4 pluviose an II. Lett. aut. sig. In-4, 2 pp. — *Id.* A ses collègues. Lettre au sujet des habitants de la Maurienne. *Chambéry*, 26 ventose an II. Lett. aut. sig. In-4, 1 p.

15654 Allard (Guy), avocat et historien, né à Grenoble en 1646, mort en 1716. Lettre à M. l'abbé Ménage au sujet des premiers dauphins de Viennois, et de l'origine des Universités. *Grenoble*, 14 février 1677. Aut. sig. In-8, 3 pp.

15655 Allard-Dulach (d'), prévôt des forêts. A M. Malland, à Montbrison. Lettre au sujet d'une exemption d'impôts réclamée par lui. 17 octobre 1695. Aut. sig. In-8, 2 pp.

15656 Allard (Antoine-Eugène), né vers 1796, mort le 13 février 1830, secrétaire du Cercle littéraire de Lyon. Lettre à M. Coste pour lui annoncer sa nomination à la présidence de cette Société. *Lyon*, 30 septembre 1827. Aut. sig. In-4, 1 p.

15657 Allard (d'). A M. Coste, conseiller à la Cour. Lettre de recommandation pour M. Auguste Bernard, historien du Forez, pour qu'il lui soit permis de consulter la bibliothèque lyonnaise de M. Coste. *Montbrison*, 4 août 1834. Aut. sig. In-8, 1 p.

15658 Allard, législateur. A M. Pitel, chef de bureau au ministère de l'intérieur. Lettre au sujet de sommes dues aux ex-commissaires du Gouvernement près les Corps administratifs. *Lyon*, 26 prairial an IX. In-4, 1 p. — *Id.* Aux citoyens composant la commission des Hospices, pour réclamer une place à l'Hospice des vieillards en faveur de Jacques Dusser. *Lyon*, 19 floréal an VII. Aut. sig. In-4, 1 p.

15659 Amoreux fils, médecin. Lettre au sujet du résultat d'un concours sur les lichens, proposé par l'Académie de Lyon. *Montpellier*, 8 septembre 1786. Aut. sig. In-4, 4 pp. —

Id. Récépissé autogr. du deuxième prix, consistant en une médaille d'argent, fondation Adamoli, pour un Mémoire sur les lichens. *Montpellier*, 15 octobre 1786. In-8, 1 p.

15660 Ampère (André-Marie), mathématicien, né à Poleymieux près Lyon le 20 janvier 1775, mort à Marseille le 10 juin 1836. Calcul d'intérêts. Ms. aut. In-fol., 5 pp.

15661 Ampère (A.). Lettre à un général pour obtenir un congé temporaire en faveur du jeune Ilix, comme un moyen de soulager un peu la position déplorable de sa famille. *Paris*, 4 septembre 1834. Aut. sig. In-4, 1 p.

15662 Andrieu-Poulet (Claude-Marie), négociant-drapier, littérateur, né à Tarare le 29 mars 1746, mort vers 1797. Vers autographes à sa femme, en lui offrant une parure de cygne. In-4, 1 p.

15663 Artaud (Antoine-Joseph-François-Marie), né à Avignon en 1767, mort à Orange le 27 mars 1838, conservateur du Musée de Lyon. Ms. d'un voyage à Die. dans le pays des anciens Voconces. In-4, 19 pp.

15664 Aubarède (Je d'). Lettre dans laquelle cette dame, en renvoyant des livres, réclame deux ouvrages de M. de Moyria : *Rosemonde* et *le Siècle des lumières. Lyon*, 10 octobre 1837. Aut. sig. In-8, 1 p.

15665 Audignac (d'). Lettre à Monseigneur *** au sujet d'un sieur Martin, chargé d'approvisionner de bois une ville, qui demande, après sa mission remplie, de retourner à Lyon. *Lyon*, 15 septembre 1782. In-4.

15666 Audin (Jean-Marie-Vincent), homme de lettres, né à Lyon le 20 avril 1793, mort en voiture près d'Orange, en revenant de Rome, le 21 février 1851 ; inhumé à Lyon le 25 février. Lettre intime et souhaits de nouvelle année. *Paris*, 31 décembre 1844. Aut. sig. In-8, 2 pp.

15667 Audra (l'abbé Joseph), baron de St-Just, auteur de divers ouvrages; né à Lyon en 1714, mort à Toulouse le 17 septembre 1770. A Voltaire. Lettre au sujet de l'affaire Sirven et de son Essai sur l'histoire générale, qu'il a emprunté à l'*Histoire universelle* de Voltaire. *Toulouse*, 13 septembre 1769. Aut. sig. In-4, 5 pp.

15668 Audran (B.), graveur, né le 23 novembre 1661, mort dans sa terre de Louzouer, près de Sens. Récépissé autographe, signé, de trois dessins à lui remis par M. de Boze. *Paris*, 3 avril 1719. In-8.

15669 Audran (Cl.), peintre du roi, né à Lyon le 25 août 1658, mort à Paris, au palais du Luxembourg, le 27 mai 1734. Quittance autographe signée de la somme de cent vingt-six livres à valoir sur les peintures, dorures du cabinet de glaces de la duchesse de Bouillon. *Paris*, 28 février 1694. In-8.

15670 Augereau, duc de Castiglione, maréchal, commandant en chef de l'armée de Lyon en 1814, né à Paris le 11 novembre 1775, mort dans sa terre de la Houssaye le 12 juin 1816. Réquisition d'une estafette extraordinaire pour porter à Grenoble une dépêche au sénateur comte St-Vallier. *Lyon*, 2 février 1814. In-4, 1 p.

· B.

15671 Ballanche (Pierre-Simon), né à Lyon le 4 août 1776, mort à Paris le 12 juin 1847. Lettre à M. d'Herbouville, préfet du Rhône, au sujet d'une statistique dont la Société des amis du commerce et des arts rassemble les matériaux, et pour laquelle elle a proposé un prix. *Lyon*, 19 mars 1807. Aut. sig. In-4, 2 pp. — *Id.* Lettre à M. le comte**, accompagnant des observations relatives à l'imprimerie et à la librairie. *Lyon*, 6 juin 1810. Aut. sig. BALLANCHE père et fils, impr.-libraires. In-fol., 1 p. — *Id.* A Madame Mélanie Waldor. Billet au nom de Mme Récamier, pour lui exprimer ses regrets de ne pouvoir se rendre à l'invitation qui lui est faite. *Paris*, s. d. Aut. sig. In-8, 1 p. — *Id.* A Madame Charles Lenormant. Lettre où il est question de Châteaubriand et de la traduction du deuxième chant de Milton, d'Ampère et de Mme Récamier. *Dieppe*, 12 juillet 1855. Lett. aut. sig. In-8, 2 pp. — *Id.* Lettre à M. Peyron, membre de la Société du commerce et des arts, à propos de l'impression d'une circulaire. 11 juillet, s. d. Aut. sig. BALLANCHE fils. In-4, 1 p. — *Id.* Discours prononcé à la translation des restes d'Elisa Mercœur, du cimetière du Mont-Parnasse à celui du P. La Chaize, le matin du 18 mai 1836. Autographe non signé. In-4, 1 f. — *Id.* Billet d'envoi à un chef de bureau de l'un des ministères, pour lui recommander la remise d'une lettre à un ministre. s. l., s. d. Aut. sig. In-8. — *Id.* Billet à Charles Nodier, en lui envoyant un des trois exemplaires de choix de l'*Antigone*. 14 sept. Sans date. Aut. sig. In-8, 1 p.

15672 Balme, docteur-médecin, écrivain, mort à Oullins. Lettre à M. Claret, avoué, au sujet d'un procès perdu. *Paris*, 25 juin 1818. Aut. sig. In-4, 5 pp.

15673 Balmont, adjudant-général, chef de l'état-major au corps d'armée devant Luxembourg. Au citoyen Duclaux, accusateur militaire au tribunal militaire de Thionville. Lettre d'amitié. 2 floréal an III. Aut. sig. In-4, 2 pp.

15674 Baraguay d'Hilliers (le comte), commandant à Lyon en 1812-1813. Lettre à M. le duc de Feltre, ministre de la guerre, pour lui donner connaissance d'un petit billet en chiffres qu'il a reçu du gouverneur de Barcelonne le 23 octobre 1810. Quartier de Gironne, 27 octobre 1810. Aut. sig. In-fol., 1 p.

15675 Bard (Joseph), écrivain, né à Chorey près Beaune. Lettre à M. Coste, en lui envoyant le *Manuel d'Archéologie* et le *Journal d'un Pèlerin*. 2 août 1845. Aut. sig. In-4, 1 p. — *Id.* Lettre à M. Chambet, au sujet de l'impression de la deuxième édition de la *Tour de la Belle-Allemande. Lyon*, 10 février 1857. Aut. sig. In-4, 5 ff. — *Id.* Nouvelle Prière à Notre-Dame de Fourvières, à l'occasion du choléra-morbus, par M. le chevalier Joseph BARD. Ms. aut. sig. In-4, 5 pp.

15676 Barnave (Antoine-Pierre-Joseph-Marie), président de l'Assemblée constituante, né à Grenoble le 21 septembre 1761, mort à Paris, sur l'échafaud, le 28 novembre 1793. Un brouillon manuscrit contenant d'un côté une page sur Lyon et son commerce, et de l'autre des pensées et maximes générales. Aut. sans sig. In-fol., 2 pp.

15677 Barou du Soleil (P.-A.), né le 1er avril 1742, mort victime de la Terreur le 13 décembre 1793. A un Dominicain. Lettre dans laquelle il lui indique les ouvrages nécessaires à un philosophe et à un naturaliste qui veut voyager en Suisse. Pour se mettre à l'abri des miasmes de Perrache, il a loué pour l'été la haute d'Argoire en Vacques. Il envoie à M. le prieur un prospectus de souscription publié par l'Hôtel-Dieu pour hâter le jour où les malades pourront coucher seuls dans leur lit. *Lyon*, 18 mars 1787. Aut. sig. In-4, 4 pp.

15678 Baroud (de Lyon). Lettre à M. Grand au sujet d'une rente de 10,500 fr. constituée sur 50 têtes, moyennant un capital de 105,000 fr., en vertu de l'édit de février 1781, au profit de M. D.-G. Scherer. *Paris*, 14 novembre 1782. Lett. aut. sig. In-4, 1 p.

15679 Basset (Charles), conseiller du roi, maire perpétuel de la ville de Roanne. Reçu et quittance de la somme de 280 livres de Jean-Simon Le Dagre, escuyer, conseiller du roi, receveur alternatif des tailles de l'élection de Roanne, pour les gages de son office de l'année 1707. Aut. sig. sur parchemin. In-12, 1 p.

15680 Bastard (comte de). Lettre à M. Coste au sujet de la mort de Mad. Coste la mère. Il écrit de Vincennes pendant l'interrogatoire de M. de Polignac. Détails intimes sur l'intérieur de M. Bastard. *Vincennes*, 26 octobre 1830. Aut. sig. In-8, 2 pp.

15681 Bastard d'Estang. Lettre à M. le vicomte ***, pour lui annoncer son mariage avec Mlle de la Colonilla de Bordeaux, et le prier d'être son interprète auprès de S. A. R. Madame la duchesse d'Angoulême. *Bordeaux*, mai 1818. In-4, 1 p.

15682 Bayart (du Terrail). Lettre à M. le trésorier Robertet. Signat. autogr. In-4.

15683 Beaujolin, vicaire général. Lettre à M. Coste pour lui exprimer ses regrets de ne pouvoir se rendre à son invitation. *Lyon*, 24 octobre 1845. Lett. aut. sig. In-4, 1 p.

15684 Belheuf (le présid. de). Lettre à M. Coste au sujet d'un congé de douze jours qu'il ré-

clamait, et que M. de Belbeuf s'empresse de lui accorder. Détails intimes au sujet des démolitions du vieux Palais-de-Justice. *Lyon*, 3 août 1833. Lett. aut. sig. In-8, 4 pp.

15685 Bellescize (de), commandant du fort de Pierre-Scise à Lyon. Lettre à M. Maurin, secrétaire-greffier du Consulat, au sujet de quelques réparations à ce château. *Lyon*, 18 mai 1784. In-4, 1 p.

15686 Bellièvre (Pomponne de). Lettre à M. de Villeroy, secrétaire d'état, au sujet des affaires du moment. *Lyon*, 11 janvier 1595. Lett. aut. non sig. In-4, 3 pp.

15687 Béranger. Lettre d'affaires au citoyen Coulet. 11 pluviose an VII. Aut. sig. In-4, 3 pp.

15688 Béraud, doyen des conseillers de la Cour. A M. Coste. Lettre d'affaires. *Lyon*, 20 janvier 1835. Lett. aut. sig. In-4, 2 pp.

15689 Berchoux (Joseph de), auteur du poème de la *Gastronomie*, né le 5 novembre 1765 à Lay-lès-St-Symphorien (Loire), mort à Marcigny le 17 décembre 1838. Lettre à Michaud, homme de lettres, au sujet de l'arrivée à Lyon de Mgr le comte d'Artois. *Lyon*, 20 septembre 1814. Lett. aut. sig. In-8, 5 pp. — *Id.* L'Esclave imaginaire, article destiné à la *Quotidienne*. Ms. aut. non sig. 23 décembre 1814. In-4, 4 pp. — *Id.* Billet de remerciment à M. Tardieu, graveur, au sujet du portrait de Berchoux qu'il venait de lui adresser. *Marcigny*, 15 novembre 1826. Bill. aut. sig. In-12, 1 p.

15690 Béranger (Laurent-Pierre), inspecteur de l'Acad. de Lyon, né à Riez en Provence le 27 novembre 1749, mort à Lyon le 26 septembre 1822. Lettre à M. Morel, secrétaire perp. de l'Académie de Vaucluse, au sujet d'échantillons de taffetas pour douillettes, demandés, et qui n'arrivaient point. *Lyon*, 20 décembre 1814. Lett. aut. sig. In-4, 1 p. — *Id.* Lettre au rédacteur de la *Quotidienne*, en lui adressant un poème de sa composition, intitulé *Philippiques*, pour qu'il en soit rendu compte dans le journal dont il fait l'éloge. *Lyon*, 10 aoust. 14 (sic). In-8, 1 p. — *Id.* Les Boulevards de province, épître en vers à M. Cr... Vand., d'Orléans, 10 pages, 219 vers; insérés dans le *Mercure de France*, n° 29. 21 juillet 1781. — Ces vers valurent des coups de canne à M. Béranger, qui était alors professeur de rhétorique au collège d'Orléans; et, à croire la note qu'on trouve au dos de cette copie, il en donna quittance. — *Id.* Lettre à son éditeur, en lui envoyant un manuscrit de prose et de vers devant former trois volumes. *Lyon*, 15 novembre 1817. Lett. aut. sig. In-8, 4 pp. — *Id.* Lettre à M. l'abbé de Bonnevie, proviseur du Lycée de Lyon, pour lui recommander M. Millet comme professeur. *Lyon*, 29 septembre 1810. Lett. aut. sig. In-4, 1 p. — *Id.* A M. Hyacinthe Morel, professeur d'éloquence à Avignon. Lettre de remercîment pour l'envoi d'un poème. *Lyon*, 26 mars 1812. Lett. aut. sig. In-4, 3 pp.

15691 Bernard (Martin), commissaire général de la République dans le départ. du Rhône. Sa signature au bas d'un laissez-passer pour quatre caisses de fusils destinés à la garde nationale de Thizy, déposées à la Demi-Lune ; avec l'approbation et le sceau des Voraces. Approbation signée : JUIF-ERRANT et COUPE-ROSE , frères Voraces. *Lyon* , 28 avril 1848. In-4 , 1 p.

15692 Bernis (abbé comte de). Lettre à M. l'abbé comte de Pingon, en réponse à des compliments sur sa nomination de commandeur de l'ordre du St-Esprit. *Versailles*, 28 février 1758. Sign. aut. In-4, 1 p.

15693 Berruyer, major du 11e régiment de dragons , membre de la Légion-d'Honneur, maréchal-de-camp en 1814. Lettre à M. Perroud , chef de bureau des fourrages et remontes , au sujet d'un sieur de Laporte chargé de la remonte de 91 chevaux , et qui, après avoir touché 19,000 francs, ne fournissait pas les chevaux: *Amiens*, 1er mars 1807. Lett. aut. sig. In-4 , 3 pp. — *Id.* Lettre (sans suscription).

15694 Berruyer, commandant en chef des chasseurs à cheval. Lettre à son frère, où il est question : 1° de l'armée du prince de Condé, qu'il tourne en ridicule et qu'il est prêt à recevoir gaillardement ; 2° de l'échevinage à Lyon, et du seul remède à employer pour guérir cette exécrable maladie qu'on nomme l'aristocratie, savoir : la poudre à canon. Il attend l'armée des brigands émigrés, pour les couper en morceaux. Détails intimes. *Wissembourg*, 15 octobre 1791. Lett. aut. sig. In-4, 3 pp.

15695 Berthaud , poète , auteur de l'*Homme rouge*, satire publiée à Lyon. Lettre à M. B. Pont, rédact. en chef du *Haro*, à Caen, au sujet d'une pièce de vers réclamée pour son journal. *Paris*, 24 avril 1840. Lett. aut. sig. In-8, 2 pp.

15696 Bertholon (l'abbé), auteur d'un livre intitulé : *De l'électricité du corps humain*. Lettre à M. Ledru fils, à Paris, au sujet du traitement des épileptiques par l'électricité. *Narbonne*, 8 août 1785. Lett. aut. sig. In-4, 2 pp.

15697 Besson (l'abbé Jacques-François) , curé de St-Nizier à Lyon , évêque de Metz , né à Seyssel le 12 septembre 1756, mort le 23 juillet 1842. Lettre à M. le préfet du Rhône en lui envoyant une déclaration qui avait été demandée. *Lyon* , 12 brumaire an XIV. Lett. aut. sig. In-4, 1 p.

15698 Beuchot, directeur du *Journal de la librairie* (journaliste à Lyon). Lettre à M. Coste , dans laquelle il lui promet de rechercher les raretés qui manquent à sa bibliothèque lyonnaise, et dont il a reçu la note. Détails intimes. *Paris*, 28 juin 1819. Aut. sig. In-4, 2 pp. — *Id.* Lettre (sans suscription), qui ne renferme que des détails intimes. 1827. Aut. sig. In-4, 2 pp.

15699 Biessy père, d.-m., prof. et prévôt du collège de chirurgie de Lyon. Lettre à MM. les membres du collège de chirurgie , au sujet d'une lettre anonyme dont il envoie la copie , et dans laquelle le district du Change prétend avoir le droit de choisir son chirurgien où il lui plaît et en dehors même du collège de chirurgie: ils maintiendront au péril de leur vie M. Bavet , leur chirurgien , qu'il soit ou non agrégé. Réfutation de la lettre anonyme. *Lyon*, 25 avril 1790. Aut. sig. In-4 , 3 pp. — La copie de la lettre anonyme est du 25 avril 1790. In-4, 3 pp.

15700 Bignan (Anne), littérateur, né à Lyon en 1795. Billet par lequel il ordonne de vendre cinq mille francs de rente au mieux, mais pas au-dessous de 79 fr. 50 c. 23 janvier 1825. In-8, 1 p. — *Id.* Lettre à Mme Dufresnoy, en lui envoyant un fragment de sa traduction d'Homère. *Paris*, 4 mars 1821. Lett. aut. sig. In-4, 1 p. — *Id.* Lettre au *Journal des Débats*, au sujet de la priorité d'un poème lyrique intitulé *Louis IX à Pharescour, ou les Français délivrés*, écrit en collaboration avec M. Charles Raison , et reçu le 16 mars 1816 à l'Académie royale de musique. Lett. aut. sig. *Paris* , 12 avril 1816. In-8, 1 p. — *Id.* Deux Odes traduites en vers français. Fragm. ms. aut. sig. In-8, 1 p. — *Id.* Liste des ouvrages couronnés de M. Bignan. 3 mai 1827. Ms. aut. In-8, 1 p.

15701 Blanc et Hardy, députés du départ. de l'Ain au Corps législatif. A M. Amabert, secrétaire général du ministère des finances. Lettre de recommandation pour M. François-Clément Robert à la place d'inspecteur dans les Droits réunis. *Paris*, 8 prairial an XII. Aut. sig. In-4, 3 pp.

15702 Blot (Pierre-Charles), député de Lyon à l'Assemblée constituante. Pétition à S. E. le ministre des finances , dans laquelle il fait valoir ses services et ses droits au poste de directeur des Monnaies ou de commissaire du roi près un hôtel des Monnaies. Cette pétition est apostillée favorablement par M. PAVY, à la date du 12 mars 1822. Aut. sig. In-fol., 3 pp.

15703 Blot (Sylvain), sous-préfet de Villefranche, littérateur. Lettre à M. Coste pour le remercier de l'envoi d'un billet d'entrée dans sa campagne des Brosses, pour le mercredi 27 septembre 1843 , jour où devait s'y rendre S. A. R. Madame la duchesse de Nemours; il le prie d'étendre cette faveur à sa femme et à son fils. *Villefranche*, 25 septembre 1843. Lett. aut. sig. In-4, 1 p.

15704 Bochard (Claude-Marie), ancien vicaire général du diocèse de Lyon , fondateur des Frères de la Croix à Ménestruel près Poncin (départ. de l'Ain) ; né à Poncin le 24 avril

1789, mort à Ménestruel le 22 juin 1834. Lettre à Mgr l'évêque de Mende pour le complimenter sur son prochain retour dans son diocèse. *Mende*, 12 juillet 1822. In-4, 1 p.

15705 Boiron, député de Rhône-et-Loire à la Convention. Lettre au citoyen Pons de Verdun, représentant du peuple. Il le prie de se trouver à la Convention *à bonheure*, pour faire son rapport sur l'affaire des citoyens Dufrêne. 8 prairial an III. Aut. sig. In-4, 1 p.

15706 Bois-Boissel (l'abbé de), comte de Lyon. Lettre à M... en lui envoyant l'acte de prise de possession de son abbaye à Bordeaux; il réclame le don des fruits que le roi est dans l'usage d'accorder aux nouveaux titulaires de ses bénéfices. *Lyon*, 14 février 1785. Aut. sig. In-4, 2 pp.

15707 Boissieu (J.-J. de), graveur, né à Lyon le 30 novembre 1736, mort dans la même ville : le 1er mai 1810, d'après Feller ; le 1er mars, d'après M. Péricaud. Pétition de J.-J. Boissieu (*sic*) aux citoyens du Comité révolutionnaire du canton de l'Egalité, pour faire lever les séquestres mis sur les biens qu'il possède hors de la commune. Il se fonde pour cela sur son civisme bien connu, sur ce qu'il n'a pris aucune part aux deux révoltes de Commune-Affranchie, puis sur une attestation délivrée le 29 nivose dernier, et par laquelle on reconnaissait qu'il était un bon républicain et qu'il n'y avait aucune dénonciation contre lui; *Commune-Affranchie*, 5 floréal an II ; avec attestations favorables et signatures des membres du Comité révolutionnaire, du maire et des officiers municipaux, ainsi que le *visa* du juge de paix pour les signatures. In-fol., 3 pp., timbre et sceaux.

15708 Boissieux (Jean-Baptiste), procureur impérial, avocat à la Cour royale de Lyon, né à Lyon en 1743, mort le 23 mai 1831 d'après Quérard, le 23 mars d'après MM. Bréghot et Péricaud. Lettre à M. Dondin, avoué à Trévoux, pour obtenir une prorogation de trois mois au sujet de la contrainte personnelle. *Lyon*, 23 décembre 1790. Aut. sig. In-8, 1 p.

15709 Boivat de Lavarenne, greffier à Roanne. Reçu et quittance de la somme de cent cinquante livres de Jean-Simon Le Dagre, ex-cons. du roi, receveur alternatif des tailles de l'élection de Roanne, pour les augmentations de gages héréditaires attribués à l'office dont il est propriétaire, pour l'année 1707. Aut. sig. sur parchemin. In-12, 1 p.

15710 Bollioud-Mermet (Louis), né à Lyon le 3 février 1709, mort en 1793, secrétaire de l'Académie de Lyon. Extrait des registres de l'Académie de Lyon, du 5 mars 1771. Procuration par laquelle la compagnie donne plein pouvoir à M.... pour agir en son nom dans l'affaire entamée par le directeur des Domaines au sujet de l'ordonnance de M. l'intendant de Lyon, qui décharge l'Académie du droit d'a-

mortissement demandé à raison des legs à elle faits par M. Adamoli. Lett. aut. sign. In-fol., 1 p.; sceau de l'Académie.

15711 Bonaparte, premier consul de la République. Lettre au ministre des relations extérieures sur la formation à Lyon de la Consulte cisalpine, et sur ceux qui doivent la composer. *Paris*, 22 vendémiaire an Ier. Sig. autogr. In-4, 6 pp.

15712 Bondy (Pierre-Marie Taillepied, comte de), ancien préfet du départ. du Rhône, de la Seine et de la Moselle, mort à Paris le 12 janvier 1847. Lettre à M. Crépaux en lui adressant les pièces de l'affaire Lafon-Ladebat, pour qu'il les fasse parvenir à la Cour des comptes. *Paris*, 1er août 1810. Aut. sig. In-4, 1 p.

— *Id*. Certificat d'aptitude dans les affaires administratives, en faveur de M. Souplet. *Paris*, 2 novembre 1813. Aut. sig. In-fol., 1 p.

15713 Bonnardet (Louis), économiste, né à Lyon en 1793. Billet de remerciment à M. Coste au sujet de l'envoi d'un billet d'entrée pour les Brosses, le 27 septembre 1843, jour où s'y rendait la duchesse de Nemours. M. Bonnardet y demande si ce billet lui donne le droit de se présenter avec sa famille. *Lyon*, 26 septembre. Aut. sig. In-4, 1 p.

15714 Bonnefoy (J.-B.), membre du collège royal de chirurgie de Lyon, né en 1756, mort le 24 février 1790. Lettre à M. Ledru au sujet de la guérison des épileptiques par l'électricité, et des procédés qu'il emploie pour modifier la commotion électrique. *Lyon*, 14 août 1783. Aut. sig. In-4, 3 pp.

15715 Bonnevie (l'abbé), proviseur du Lycée de Lyon, prédicateur ; né à Rhétel le 6 janvier 1761, mort à Lyon, doyen du chapitre de St-Jean, le 7 mars 1849. Lettre à M. Masson, libraire à Paris, au sujet de la pension de son fils. *Lyon*, 28 novembre 1810. Lett. aut. sig. In-4, 1 p.

15716 Bony (le chevalier), maréchal-de-camp. Lettre à M. le payeur général de la guerre, au sujet de sa solde d'activité, de son traitement extraordinaire du 27 septembre au 19 octobre 1813, et de sa demi-solde comme prisonnier de guerre du 20 octobre au 31 décembre de la même année. *Selongey*, 9 décembre 1814. Aut. sig. In-4, 2 pp.

15717 Bossut (Charles), (mathématicien, né à Tartaras, village du Lyonnais, aujourd'hui du départ. de la Loire, le 11 août 1730, mort le 14 janvier 1814 ; professeur de mathématiques à l'Ecole du génie à Mézières en 1752, membre de l'Académie des sciences en 1768 et de l'Institut en 1809. Feller lui donne à tort, dans sa Biographie, le titre d'abbé). Lettre de Bossut à Monseigneur **, par laquelle, après cinquante-quatre ans de services dans les écoles militaires du génie, il réclame au sujet d'un logement qu'il occupait aux galeries du

Louvre et qu'on vient de lui ôter. Il demande une indemnité, attendu qu'il a des titres pour y prétendre. s. l., s. d. Aut. sig. In-4, 1 p.
— *Id.* Lettre à M. Louis, libraire, au sujet de son *Histoire des Mathématiques* qui était sur le point de paraître. Il réclame dix exemplaires reliés pour les offrir, avant la mise en vente, aux ministres de la guerre et de l'intérieur et les engager à en prendre un certain nombre. *Paris*, 26 octobre 1809. Lett. aut. sig. In-4, 2 pp.

15718 Bottex (Alexandre), médecin en chef de l'hospice de l'Antiquaille, membre de l'Académie de Lyon ; né à Neuville-sur-Ain le 2 novembre 1796, mort le 23 septembre 1849. Note sur un cas de monomanie incendiaire. s. d. Aut. sig. In-4, 1 p.

15719 Boucharlat, né à Lyon en 1775, mort à Paris en 1847. Lettre à M. Dourville de Crest, à Valence, en lui envoyant quelques pièces pour un recueil dont il est le directeur. *Paris*, 10 novembre 1822. Lett. aut. sig. In-4, 1 p.
— *Id.* Billet d'invitation à MM. de Villenave. 1 février 1831. In-8, 1 p. — Deux copies d'un poème : la Régénération de la Grèce. s. d. L'une des copies a 4 pp., et l'autre 6. Sans signature.

15720 Bouillaud, supérieur du séminaire. Lettre (sans suscription), à propos d'un certificat à donner à un séminariste boursier retiré du grand séminaire et placé dans un petit pour y enseigner les humanités. *Lyon*, 4 septembre 1808. Aut. sig. In-4, 2 pp.

15721 Boule, religieux cordelier. A M. de Montluel, à Paris. Lettre de recommandation pour M. Girard. *Lyon*, 7 avril 1761. Aut. sig. In-4, 1 p.

15722 Bourbon (Louis de). Lettre à M. le duc de Longueville ; il le félicite de l'avoir attendu à Lyon où il arrivera le surlendemain. Ils y prendront ensemble des mesures sur ce qu'ils auront à faire. *Roanne*, 19 janvier 1660. Lett. aut. sig. In-4, 2 pp.

15723 Bourgelat (Claude), fondateur de la première école vétérinaire de France, né à Lyon en 1712, mort le 3 janvier 1779. Supplique à Sa Majesté pour obtenir une ordonnance de comptant de la somme de 36,000 livres qui lui servira pour faire une espèce d'enchère au profit de Sa Majesté sur les jouissants du privilége des fiacres et carrosses de remise dans la ville de Lyon, et facilitera le désir qu'il a d'avoir ce privilége, et lui tiendrait lieu de récompense pour tous les sacrifices qu'il a faits pour la perfection de son art. 11 octobre 1760. Aut. sans sig. In-4, 2 pp. — Arrêt qui accorde au sieur Bourgelat, pour 15 années à partir du 1er janvier 1761, le privilége de 25 carrosses publics sur les places de la ville de Lyon, au lieu de 15 que fournissaient les sieurs Granet et Breton, dont le privilége expire. *Versailles*, 21 octobre 1760. Aut. sig. In-fol., 3 pp. —

Lettre dans laquelle, en envoyant l'expédition de l'arrêt qui lui accorde le privilége des fiacres dans la ville de Lyon, il supplie qu'on lui fasse la grâce de le mettre en état de payer avec l'ordonnance de comptant de 36,000 livres le privilége qu'il acquiert de payer cette somme. (L'ordonnance de 36,000 livres au porteur a été expédiée le 26 octobre 1760). *Paris*, 30 octobre 1760. Aut. sig. In-4, 2 pp.
— Lettre où M. Bourgelat prévient que l'état qu'il a envoyé est rempli d'erreurs, et qu'il en adresse un autre collationné sur l'original. *Lyon*, 10 septembre 1762. Lett. aut. sig. sans suscription. In-4, 1 p. — Quittance d'un loyer pour un appartement dans une maison dont Bourgelat avait le bail général. *Paris*, 11 janvier 1772. Aut. sig. In-4, 1 p.

15724 Bourrit (P.), pasteur de l'Eglise réformée, auteur d'un *Voyage à la Grotte de la Balme* (*Isère*), mort à Lyon le 14 novembre 1841.
— Lettre à M. d'Herbouville, préfet du Rhône, pour lui accuser réception de deux mandats. *Lyon*, 30 janvier 1808. Lett. aut. sig. In-4, 1 p.

15725 Bouvier des Eclaz, baron de l'Empire, général de cavalerie, né à Belley le 3 décembre 1758. Lettre à Son Excellence au sujet d'une demande faite par lui pour faire délivrer la commission d'aide-de-camp au capitaine Cachera, qui a servi en cette qualité pendant la campagne d'Estramadure. *Paris*, 13 janvier 1812. Lett. aut. sig. In-4, 1 p.

15726 Bouvier du Molard, préfet du Rhône pendant les événements de 1831. Lettre d'affaire : achat de sulfate de cuivre de Salzbourg. *Vilmunster* par Boulay, 14 avril 1826. Aut. sig. In-4, 1 p.

15727 Brac, médecin de l'Hospice des vieillards et orphelins. Détails sur le remplacement du citoyen Brac, comme médecin de la maison des vieillards et orphelins. Réclamation de sa part à ce sujet. *Lyon*, 28 ventose an III. Aut. sig. In-4, 3 pp.

15728 Bréghot du Lut (Claude), conseiller à la Cour d'appel, bibliographe, né le 11 octobre 1784 à Montluel (Ain), mort à Lyon le 30 novembre 1849. Lettre à M. Coste pour le remercier d'avoir écrit en sa faveur à M. de B. pour la place de conseiller qu'il postulait. Il se met à la disposition de M. Coste, pendant son séjour à Paris. *Paris*, 30 octobre 1821. Lett. aut. sig. In-4, 2 pp.

15729 Brillat-Savarin (Anthelme), auteur de la *Physiologie du Goût*, né à Belley le 1er avril 1755, mort le 2 février 1826. Lettre de Brillat-Savarin à M. Dumoulin, receveur à Belley, au sujet de sommes à encaisser. Il y est question d'un concile dissous et de l'envoi à Vincennes de trois évêques, puis d'une députation de quatre évêques au pape pour lui soumettre la question des institutions canoniques, objet du débat. Il est encore question de l'envoi à Naples d'une armée commandée par le M. Pérignon, destitué par le roi de Naples, ainsi que de la sénatorerie fixée au Perron près Lyon. *Paris*, 28 juillet. s. d. Lett. aut. sig. In-4, 3 pp. — *Id.* Lettre à M. Delphin. Détails intimes, affaires de famille. Emploi des vacances de Brillat-Savarin. Portrait de Mme Récamier, réclamé instamment par lui. Nouvelles de Paris : le duc d'Angoulême est, dit-on, nommé généralissime des troupes de terre et de mer. Jeu de bourse. *Paris*, 8 octobre. s. d. Lett. aut. sig. In-8, 3 pp.

15730 Brosses (René, comte de), né à Dijon le 12 mars 1771, mort à Chaillot le 2 décembre 1834, préfet du Rhône depuis le 8 janvier 1825 jusqu'au 1er août 1830. Lettre à M. Coste pour l'engager à se réunir au petit Comice électoral de la paroisse St-François, qui désire sa coopération pour examiner la liste des électeurs domiciliés sur sa paroisse. *Lyon*, jeudi 4 heures. s. d. Lett. aut. sig. In-8, 1 p.

15731 Brossette (Claude), de l'Académie de Lyon, avocat à Lyon, éditeur et commentateur de Boileau; né à Theizé en Lyonnais le 8 novembre 1671, mort en 1743. Lettre à Mgr François de Lamoignon pour lui faire agréer l'hommage d'une Dissertation qu'il vient de publier sur un monument antique, et que M. Despréaux s'est chargé de lui porter. *Lyon*, 19 mars 1705. Lett. aut. sig. In-4, 2 pp. — *Id.* Deux Lettres à M. Clautrier, secrétaire de Mgr le contrôleur général, au sujet d'une émotion populaire qui éclata à Lyon le 4 juin 1714 contre un nommé Marion, fermier du tabac et des octrois. *Lyon*, 25 juin et 29 juillet 1714. Lett. aut. sig. In-4, 3 pp. et 2 pp. — *Id.* Lettre où il est question du *Traité de la faiblesse de l'esprit humain* par M. Huet, ainsi que de la nouvelle édition des Œuvres de M. Rousseau en 2 vol. in-4. *Lyon*, 30 juillet 1723. Lett. aut. sig. sans suscription. In-4, 2 pp.

15732 Bruny (baron), maréchal-de-camp. Lettre à M. le baron de Plazanet, colonel du corps des sapeurs-pompiers de Paris, pour obtenir une prolongation de congé en faveur du sieur Huguet (Pierre), sapeur. *Bourges*, 18 avril 1827. — *Id.* Lettre à Mgr le duc de Bellune, ministre de la guerre, pour autoriser le lieutenant-général Guilleminot à délivrer au lieutenant-général de Vignolles les cartes des Pyrénées par Roussel jusqu'à l'Ebre, et celles du reste de l'Espagne par Lopez. Il termine en disant que, quoique porté comme mort dans le journal du 9 février, il espère servir encore utilement et survivre à la méchanceté qui a motivé cette fausse insertion. *Bourges*, 18 février 1823. Aut. sig. In-4, 1 p.

15733 Bruon. A M. Coste. Lettre de regret de ne pouvoir se rendre à une invitation. *Lyon*, s. d. Lett. aut. sig. In-4, 1 p.

15734 Bruyset-Ponthus (Pierre). Lettre à M. Rouher, président de l'administration des Hospices, au sujet de la caution exigée pour la location qu'il tient des Hospices, quai du Rhône, maison de la Charité. *Lyon*, 30 brumaire an X. In-4, 1 p.

15735 Buget, général de brigade, baron d'Empire, né à Bourg. A Son Excellence le général Berthier, maréchal d'Empire, ministre de la guerre. Lettre par laquelle il annonce avoir reçu l'ordre de laisser dans son cantonnement le 24e régiment de chasseurs à cheval qui devait partir pour Vienne. *Saintes*, 22 nivose an XIII. Aut. sig. In-fol., 1 p.

C.

15736 Cabrera (général espagnol, réfugié à Lyon). Lettre à M. le préfet du Rhône pour le prier d'obtenir du ministre un mois de congé, afin de pouvoir aller à Moulins voir son frère, aussi réfugié. *Lyon*, 17 août 1849. Aut. sig. In-8, 2 pp.

15737 Calamard, échevin de la ville de Montbrison. Reçu de la somme de cent onze livres deux sols deux deniers, pour les gages attribués à sa charge. (326 fr.). *Montbrison*, 18 janvier 1717. Parch. in-8, 1 p.

15738 Calamard de Lafayette (Charles), écrivain, littérateur. Lettre à M. Coste sur les affaires publiques et au sujet de la Chambre des députés, dont M. Calemard faisait partie. *Paris*, 1er juin 1828. Autogr. sig. In-fol., 4 pp. — Lettre au même, au sujet de l'affaire d'un nommé Tercet. *Paris*, 28 juin 1828. Aut. sig. In-8, 2 pp. — Lettre au même. In-8, 2 pp.

15739 Canuel (Simon), lieutenant-général et commandant à Lyon en 1796, commandant la 19e division militaire en 1816, né vers 1767. Au colonel comte de la Porterie. Lettre intime; il lui annonce l'impression des *Mémoires* sur la campagne de la Vendée en 1815, et lui promet un exemplaire de cet ouvrage. 26 mai 1817. Aut. sig. In-4, 2 pp.

15740 Capinaud (Antoine), professeur de grammaire à Lyon, écrivain, mort vers 1807. Aux citoyens administrateurs du district de Lyon pour réclamer la levée de son séquestre, d'après les certificats de non-rébellion et de non-émigration qu'il présente à l'appui. Aut. sig. In-4, 1 p. — Lettre à M. Thabard, pour le prier d'annoncer à son ami Jambon son arrivée en bonne santé dans la charmante pleine (*sic*) Tullinoise. *Tullins*, 7 novembre 1805. Aut. sig. In-4, 1 p.

15741 Carra St-Cyr (Jean-François, comte de). Lettre par laquelle il prie le représentant du peuple Duboys de rendre un arrêté pour l'autoriser à prendre à l'estimation un cheval dans l'un des dépôts de la République pour M. l'adjudant Menant et l'aide-de-camp du général en chef Florimont Recourt, qui se trouvent à pied. *Au Mans*, 23 prairial de l'an III de la République. Pièce aut. revêtue de l'arrêté et de cinq signatures. In-4, 2 pp., timbre.

15742 Carret (Michel), chirurgien, député au conseil des Cinq-Cents, membre du Tribunat; né vers 1752, mort à Paris le 20 juin 1818. Lettre au citoyen Verninac, préfet du départ. du Rhône, au sujet de la fête du 1er vendémiaire an IX. *Paris*, 2 vendémiaire an IX. Aut. sig. In-4, 4 pp. — Lettre à M. Pétel, chef de bureau au ministère de l'intérieur, pour recommander à sa bienveillance M. Thouret. Aut.

15743 Cassini (Felippo). A M. Burel. Lettre de recommandation pour le citoyen Sauvadet, de Montbrison, patroné par le général Bouchet, commandant le départ. du Rhône. *Lyon*, 27 messidor an VIII. Aut. sig. In-4, 2 pp.

15744 Castaing, commissaire national au Tribunal de la campagne. Lettre au citoyen Gravier, juré du Tribunal révolutionnaire : « Nous allons faire, décadi prochin, la fête de l'Egalité. Nous somme après construire une montagne aux Brotteaux, peut loin du sepulcre des muscadins; leurs veuves y vont travailler, pour donner le change sur leurs crimes. Décady ensuite l'on proclameras la constitution, le gouvernement révolutionnaire, et la Commune ne sera plus en état de siége, le reste nous regardera, et tu peut croire que nous ferons aler, et ça ira.

. . . .

Nous avons bien des arristocrates de libre par je ne saisquels moyens, mais le sage décret que la Convention vient de rendre pour incarcerer Banco et sequestrer les persones et propriétés des ennemis de la Révolution, vas remédier à ces abus ; et toutes les fois que l'on décréteras des mesures vigoureuses contre ces coquins, cela équivaudras à des victoires complette. » *Commune-Affranchie*, le 13 ventose l'an II. Aut. sig. In-4, 3 pp.

15745 Cayer (Jean-Ignace), chanoine, astronome, physicien de l'Académie de Lyon ; né le 28 avril 1704, mort le 17 janvier 1734. Lettre au R. P. Grégoire, directeur des religieuses du tiers-ordre de St-François, en leur hospice, à Arbois; au sujet des machines à battre le mouton. *Lyon*, 1er juillet 1737. Aut. sig. In-4, 3 pp.

15746 Cayre (Paul), membre du Conseil des Cinq-Cents. Lettre au sujet des démarches à suivre pour faire rentrer le palais St-Pierre, mis au nombre des biens nationaux à vendre, dans le domaine de l'Administration centrale. Avis de Poullain-Grandprey sur cet objet. *Paris*, 14 vendémiaire an VII. Aut. sig. In-4, 2 pp.

15747 Chabert (Philibert), directeur de l'Ecole vétérinaire d'Alfort, né à Lyon le 6 janvier 1737, mort à Alfort le 8 septembre 1814. Lettre à M. de Ronsière, commissaire des guerres, au sujet de l'élève militaire Bruant dont il se plaint et dont il propose de se défaire en faveur d'un régiment de cavalerie. Aux Casernes, 1er août 1779. Aut. sig. In-4, 2 pp.

15748 Chabert (Salpètre), général de brigade.

Lettre au représentant du peuple Reverchon. Nouvelles de l'armée. Quartier général du Col de *Bagnol-sur-Mer*, 29 floréal an II. Aut. sig. In-fol., 2 pp.

15749 Chabert (Théodore), lieutenant-général, commandant la 5e division de réserve de l'armée des Alpes. Lettre au directeur général, pour lui demander une carte de d'Albe. Du quartier général à *Pontcharra*, 27 juin 1815. Aut. sig. In-4.

15750 Chalier (Marie-Joseph), né à Beaulard (Piémont) en 1747, mort à Lyon sur l'échafaud le 17 juillet 1793. Il fut successivement prêtre, voyageur, négociant, et président du Club révolutionnaire de Lyon. Il logeait place du Collége, maison du tambour. Ses crimes en ont fait un autre Marat : il ne parlait rien moins que d'égorger 20,000 citoyens, par amour pour l'humanité. Lettre à MM. Pernot et Detourbet, marchands d'étoffes de soie à Paris; lettre d'affaires où il est question du froid excessif qui se fait sentir à Lyon, de la Saône et du Rhône pris, et de la misère qui serait plus grande encore sans la vigilance du lieutenant de police Rey. *Lyon*, 30 décembre 1788. Aut. sig. In-4, 2 pp. — *Id.* Brouillon de considérants dans l'affaire des citoyens Mathevon et Ramez. Aut. sig. In-fol., 1 p. — Feuilles contenant ses adieux à ses parents et à ses amis, écrits la veille de son exécution. *Lyon*, 16 juillet 1793. L'une in-fol., 2 pp. ; et l'autre in-8, 2 pp.

15751 Chambet aîné, libraire et journaliste. Lettre à M. Coste, pour lui offrir, au prix de 100 fr., un exemplaire unique de l'*Histoire des inondations de Lyon*, sur papier porcelaine et avec autographes de Châteaubriand, Lamartine, etc. *Lyon*, 25 février 1841. Aut. sig. In-8, 1 p.

15752 Chambost (le comte Rivierieulx de), commandant de la garde nationale de Lyon, député du Rhône de 1820 à 1822, mort le 13 février 1827. Déclaration par laquelle il atteste qu'il a envoyé à Paris son fils Claude-François-Hippolyte, pour y suivre les cours de droit et prendre ses grades. *Lyon*, 2 novembre 1821. Aut. sig. In-8, 1 p.

15753 Champagneux (A.). Lettre à M. Pétel, chef de bureau au ministère de l'intérieur, au sujet de la mort de son père M. Champagneux, l'ex-ministre. *Paris*, 27 août 1807. Aut. sig. In-4, 1 p.

15754 Champagneux, substitut du procureur de la Commune. Lettre à M. Blot, procureur-syndic, au sujet de la délibération prise par la municipalité relativement aux constructions du sieur Chey dans la ci-devant chapelle de St-Saturnin pour l'élargissement de la rue St-Côme, la plus essentielle à cette ville. *Lyon*, 14 février 1792. Aut. sig. In-4, 1 p. — A M. Gaillard, secrétaire des finances à l'Hôtel commun de Lyon. Lettre où, pour la simplification des comptes, M. Champagneux conseille une séparation marquée entre la caisse municipale consacrée aux dépenses administratives et la caisse qui contient et recevra les sommes destinées au payement des créanciers de la commune. *Paris*, 25 juin 1792. Aut. sig. In-4, 3 pp.

15755 Champagneux. Lettre au citoyen Pétel, commis à la Commission des tribunaux et police, pour lui recommander son fils Léon Champagneux, appelé à faire partie de la même Commission. *Bourgoin*, 16 vendémiaire an III. Aut. sig. In-4, 2 pp.

15756 Champagneux (Léon). Lettre au libraire Maire, de Lyon, au sujet des Mémoires de madame Roland. Il lui offre de lui en adresser des exemplaires. *Paris*, 28 vendémiaire an X. Aut. sig. In-4, 1 p,

15757 Champagny, duc de Cadore, homme d'état, né à Roanne en 1756, mort en 1834. Lettre dans laquelle il demande deux strophes pour une solennité publique à propos de la remise d'une épée et de drapeaux conquis, et il envoie en prose les idées qui doivent y entrer et y accompagner deux autres strophes de Millevoye. *Paris*, 30 décembre 1822. Aut. sig. In-4, 2 pp. — Lettre de recommandation pour obtenir une bourse en faveur du fils d'un ancien magistrat de Rennes. *Paris*, 12 novembre 1808. Aut. sig. In-4, 1 p. — Lettre à M. le chev. G. Touchard, pour souscrire à un ouvrage sur le point de paraître. Le 27 décembre 1821. Aut. sig., 1 p.

15758 Chapponay (de). Lettre à M. Desmanoches, greffier au bureau des finances de Lyon. *Grenoble*, 1611.

15759 Chapsal, général de division, commandant la 19e division militaire. Lettre au Directoire exécutif, pour demander la promotion du citoyen Gault, son aide-de-camp, au grade de chef de bataillon. Apostillée par MM. DULAURE, J. ARTAULD, J.-B. GIROT, membre du conseil des Anciens. Renvoyée au ministère de la guerre et signée : BARRAT. 6 pluviose an VI. Aut. sig. In-fol., 1 p.

15760 Charrier de la Roche-Jullye. Lettre à une dame au sujet d'immeubles à vendre, appartenant à M. du Soleil. 25 mars 1684. Aut. sig. In-4, 3 pp.

15761 Charrin (P.-J.), littérateur, né à Lyon en 1784. Lettre à M. Roquefort : il lui adresse une Chansonnette pour être insérée dans le *Mercure*, à la suite d'un article en faveur des *Enfants de Momus*. Invitation à revenir à leur réunion si la première l'a satisfait. *Paris*, 3 mai 1813. Aut. sig. In-4, 1 p.

15762 Chas, instituteur de l'Ecole nationale des sourds-muets de Paris. Lettre au citoyen préfet du départ. du Rhône : remerciments pour des lettres écrites en sa faveur au citoyen Cubières et à Lucien Bonaparte. Il annonce qu'il vient de traduire le 1er chant de l'*Art poétique* de Vida, et demande au préfet d'appuyer auprès du ministre sa candidature comme pro-fesseur au Prytanée de Lyon, dont M. Decomberousse est directeur. s. d. Frimaire. Aut. sig. In-4, 3 pp.

15763 Chasset (Charles-Antoine), avocat à Villefranche, député du tiers-état de la sénéchaussée du Beaujolais aux Etats généraux et député de Rhône-et-Loire à la Convention, sénateur et comte de l'Empire ; né à Villefranche (Rhône) le 25 mai 1745, mort en 182.. Lettre au sujet de l'affaire des habitants de Lamure. *Villefranche*, 28 juillet 1788. Aut. sig. In-4, 3 pp. — Lettre aux citoyens administrateurs du départ. du Rhône, pour leur accuser réception des deux extraits des procès-verbaux de l'Assemblée électorale du départ. du Rhône, qui l'a nommé au Corps législatif. *Paris*, 12 floréal an VI. Aut. sig. In-4, 1 p.

15764 Chegaray, procureur du roi à Lyon. Lettre à M. Coste en lui envoyant, pour sa bibliothèque lyonnaise, un exemplaire sur papier fin et à toutes marges du rapport de M. Girod (de l'Ain), avec promesse de lui adresser un exemplaire du réquisitoire. *Paris*, 28 janvier. Aut. sig. 1835. In-4, 2 pp.

15765 Chevrier-Corcelle. Lettre à M. Coste au sujet de la discussion de la loi départementale à la Chambre des députés. *Paris*, 2 avril 1819. Aut. sig. In-4, 3 pp.

15766 Choin de Chaillonères. Lettre de remerciment à M. de Maynanville, intendant à Tours, au sujet de la conclusion de l'arrangement des affaires de M. de Choin, due à ses bons soins. *Toulon*, 17 octobre 1750. — Id. Lettre sur la valeur de la terre de Langes. *Toulon*, 10 février 1751. Aut. non sig. In-4, 4 pp. — Id. Lettre dans laquelle se trouvent des renseignements pour mettre sur la voie des terriers de Chaillonères, égarés. 13 janvier 1753. Aut. non sig. In-4, 4 pp.

15767 Choin (Louis-Albert Joly de), évêque de Toulon le 1er juin 1738. Lettre de remerciments à M. de St-Jullien, receveur général du clergé. *Toulon*, 10 octobre 1753. Aut. sig. In-4, 1 p. — Id. Au même : il lui annonce l'arrivée de deux petites caisses de vin muscat de Nice. *Toulon*, 26 mars 1755. Aut. sig. In-4, 2 pp. — Id. Reçu de rente au nom de la supérieure Marie-Aimée de Gabet sur l'emprunt de 13,700,000 livres au denier vingt, exempt du dixième. Impr. sig.

15768 Cholleton (l'abbé), grand vicaire. Lettre de bonne année, dans laquelle il est question de la requête présentée à la duchesse d'Angoulême, à son passage à Lyon, par les religieuses de la Visitation pour obtenir leur ancienne maison de Sainte-Marie-des-Chaînes, qui n'a pas été aliénée. *Lyon*, 31 décembre 1814. Aut. sig. In-4, 2 pp.

15769 Chorier (Nicolas), jurisc., hist., litt., né à Vienne (Dauphiné) en 1609, mort en 1692. Lettre à un écrivain (sans suscription) pour réclamer, avec de grands éloges, au nom de

M. l'abbé de St-Firmin, la liste de tous les ouvrages publiés par cet auteur. *Grenoble*, 3 janvier 1677. Aut. sig. In-4, 2 pp.

15770 Christin (Jean-Pierre), mathémat., né le 31 mai 1683, mort le 19 janvier ou juin 1755. A M. le R. P. Grégoire, ancien deffiniteur (*sic*) du tiers-ordre de St-François et de l'Académie de Lyon, à Marseille. Lettre au sujet des mesures lyonnaises, le pied de ville, la pinte ou le pot, l'ânée, etc. *Lyon*, 28 août 1741. In-4.

15771 Cinq-Mars (Henri d'Effiat de), grand écuyer de France, né en 1620. Compromis avec de Thou dans un complot contre Richelieu, condamné à mort et exécuté à Lyon, le 12 juillet 1642, sur la place des Terreaux. Lettre à M. de Thou à propos de l'abbaye de St-Quentin. Aut. sig. In-8, 4 feuillets avec cachet.

15772 Ciseron., officier municipal provisoire. Lettre aux citoyens composant la section de l'ancienne ville, pour s'excuser de n'être pas à son poste, la fièvre le retenant chez lui. *Lyon*, 30 septembre 1793. In-4.

15773 Clapasson, avocat, né le 13 janvier 1708, mort le 21 avril 1770, auteur d'une *Description de la ville de Lyon*, publiée en 1741 sous le pseudonyme de Paul Rivière de Brinais. Lettre d'affaires à M. Colabaud, de Châtillon. *Lyon*, 24 janvier 1738. Aut. In-4, 1 p.

15774 Clavier (Etienne), membre de l'Académie des inscriptions et belles-lettres : d'après le compte-rendu de l'Académie du 26 mai 1818, né à Lyon en 1765 ; d'après M. Péricaud, né le 26 décembre 1762, mort à Paris le 18 novembre 1817; membre de l'Institut. Lettre par laquelle il prie Son Excellence le ministre de lui accorder la place de bibliothécaire de l'Arsenal, vacante par la mort de M. Ameilhon. *Paris*, 14 novembre 1811. Aut. sig. Gr. in-4, 2 pp.

15775 Clerjon (P.), médecin, auteur d'une *Histoire de Lyon*, né à Vienne le 7 mars 1800, mort à Lyon le 20 février 1832. Lettre à M. Rey, professeur à l'Ecole des beaux-arts : il lui rend compte de son voyage dans le Midi. *Montpellier*, 5 décembre 1825. Aut. sig. In-4, 1 p.

15776 Cochard (N.-F.), avocat, né à Villeurbanne le 20 janvier 1763, mort à Ste-Colombe le 20 mars 1834. Lettre au citoyen Rouher pour lui recommander la veuve Faton, d'Ampuis; prière de la faire admettre au nombre des élèves accoucheuses, moyennant la somme exigée de 150 fr. produit d'une quête que la commune a faite. *Lyon*, 9 germinal an VII. Aut. sig. In-4, 1 p. — *Id.* A sa femme. Lettre pour lui annoncer que leur fils a été réformé. *Lyon*, 13 décembre 1818. Aut sig. In-8, 2 pp.

15777 Cochet. Lettre à M. Coste pour lui recommander M. de Bussigny, comme pouvant diriger l'exploitation d'une terre en Bresse près la Saulsaye. *Lyon*, 21 octobre 1847. Aut. sig. In-4, 3 pp.

15778 Cogell, peintre, né à Stockolm en 1734, professeur à l'Ecole de dessin à Lyon, mort dans

cette ville le 20 janvier 1812. Sa signature à une pièce signée GILIBERT et TABARD (Voir GILIBERT.)

15779 Collet, prêtre, vicaire à Bourg, puis curé à Poncin (Ain). Lettre à M.... en lui envoyant un exemplaire de son poème épique de *Josué*, et un sonnet à insérer dans un journal. *Bourg*, 8 août 1809. Aut. sig. In-4, 1 p.

15780 Collot-d'Herbois (Jean-Marie), comédien et auteur dramatique, représentant du peuple, envoyé en mission à Lyon par la Convention pendant la Terreur; né à Paris en 1750, mort à Cayenne le 8 janvier 1796. Lettre à un ami au sujet de deux décrets : l'un sur l'admission des députés des colonies, et l'autre sur l'abolition de l'esclavage. *Paris*, 19 pluviose. s. d. Aut. sig. In-fol., 2 pp.

15781 Collombet (François-Zénon), né à Sièges (Jura) le 28 mars 1808. Lettre à M. le vicomte de Châteaubriand en lui envoyant le 2e volume de S. Jérôme. Jugement de Silvio Pellico sur le *Génie du Christianisme*. Détails sur M. l'abbé Bonnevie, Berthe et ses chats. *Lyon*, 28 septembre 1837. Aut. sig. In-4, 4 pp. — *Id.* Billet dans lequel M. Collombet annonce son départ pour Paris, et se met à la disposition de M. Coste. s. d. Aut. sig. 1 p.

15782 Colonia (Dominique de), né à Aix en Provence le 26 août 1660, mort à Lyon le 12 septembre 1741. Lettre de remercîment pour l'envoi d'un échantillon de soie mise en œuvre, avec la coque cardée et les deux coques brutes d'araignée. *Lyon*, 3 mars 1710. Aut. sig. In-4, 3 pp. — *Id.* Fragment manuscrit de la troisième partie de l'*Histoire de Lyon*. 4 pages in-fol. : 3, 4, 5, 6.

15783 Combles (de), membre du Conseil supérieur à Lyon. On lui attribue *Caquire*, parodie de *Zaïre*, publiée sous le nom de VESSAIRE. Lettre au sujet de la liquidation de ses rentes. *Lyon*, 12 octobre 1797. Aut. sig. In-4, 4 pp. — *Id.* Sur le même sujet. *Lyon*, 26 octobre 1797. Aut. sig. In-4, 1 p.

14784 Corcelles (de), député. Lettre à une dame au sujet d'une maladie. *Paris*, 20 avril 1822. Aut. sig. In-4, 2 pp.

15785 Coste (Antoine), conseiller à la Cour d'appel, bibliophile; né à Lyon le 2 juin 1784, mort le 5 mai 1851. Lettres et manuscrits divers.

15786 Coste (Jean-François), médecin militaire, membre de l'Académie de Lyon, né à Ville-en-Michaille (Ain) le 4 juin 1741, mort à Paris le 31 octobre 1819. Lettre à un des membres de l'Académie de Lyon, pour le charger de faire agréer à cette Société ses remercîments pour le suffrage qu'elle a accordé à un Mémoire médical qu'il avait envoyé, et engager ce corps savant à décider le Gouvernement à le faire imprimer à ses frais. *Calais*, 21 décembre 1776. Aut. sig. In-4, 2 pp.

15787 Cotton (le P. Pierre), de la Compagnie de Jésus, confesseur de Henri IV, né à Néronde en Forez en 1564, mort à Paris le 29 mars 1626. Lettre à M. de Moltu, à Grenoble; il y est question de M. de Chevrières et de M. le président St-Julien. *Fontainebleau*, 26 mai 1607. Aut. sig. In-fol., 2 pp.

15788 Cotton (Thomas-Jacques de), député du Rhône sous la Restauration. Lettre à M. le préfet. Réclamation au sujet du logement d'un gendarme chez les habitants de Joux, alors que la caserne de gendarmerie, qui peut en contenir cinq, n'en compte que quatre. *Joux*, 11 janvier 1814. Aut. sig. In-4, 2 pp.— Sa signature au bas d'un certificat en faveur de M. Gubian fils, ex-greffier du Tribunal de 1re instance de Lyon. *Paris*, 18 décembre 1816. Signatures de MAGNEVAL et du comte DE FARGUES. In-fol., 1 p.

15789 Couderc, économiste, député de la sénéchaussée de Lyon en 1789, né en 1742, mort en mai 1809. Lettre au préfet du Rhône pour lui accuser réception du décret de Sa Majesté par lequel il est nommé membre du Conseil général du département. *Lyon*, 30 août 1810. Aut. sig. In-4, 1 p.

15790 Coulon (Jean-Baptiste), jurisconsulte et bibliophile, né à Lyon vers 1755, mort le 23 août 1830. Lettre adressée à M. Pouthieu, libraire à Paris, pour avoir la suite des *Mémoires dramatiques*. *Lyon*, 28 octobre 1824. Aut. sig. 1 p.

15791 Couppier, député du Rhône sous la Restauration. Demande de secours pour le sieur Perrauld de Tarare, appuyée par Mgr de Pins. En note à l'encre rouge : Proposé 200 fr. de secours en attendant la décision du Comité, le 8 juin 1826. Aut. sig. In-4, 1 p. — Sa signature au bas d'une demande de secours de la part de Caroline Thiénot de Souvillie.

15792 Courvoisier (Joseph-Antoine), ancien garde des sceaux, né à Besançon le 30 novembre 1775, mort à Lyon le 10 septembre 1835. Lettre à M. Coste. Condoléances sur la mort d'une parente. *Lyon*, 13 avril. s. d. Aut. sig. In-4, 1 p. — Au même. Invitation à se rendre à la préfecture au premier avis de quelque tumulte. *Lyon*, 16 mai 1822. Aut. sig. In-8, 1 p. — *Id.* Au même. Promesse de donner au ministre un avis favorable sur une demande faite par M. Coste. *Lyon*, 27 juillet 1826. Aut. sig. In-4, 1 p.

15793 Coustou (Guillaume), sculpteur, né à Lyon le 1er mai 1677, mort à Paris le 22 février 1746. Lettre au sujet d'un gros bloc de marbre blanc. *Paris*, 20 avril 1771. Aut. sig. In-8, 1 p.

15794 Crassier (de Prez), député de Gex. Lettre par laquelle il réclame un congé pour M. Delort, premier chef d'escadron des carabiniers, auquel une permission de mariage avait été accordée précédemment, congé sans lequel la permission de mariage lui est inutile. *Paris*, 30 juillet 1790. Aut. sig. In-4, 1 p.

15795 Creuzé de Lesser, préfet et littérateur. Lettre à M. le vicomte de Montmorency au sujet de M. Vallois, statuaire de Son Altesse Royale Madame. Un post-scriptum fait l'éloge d'un établissement appelé l'*Œuvre des Orphelins*, maison dotée par la charité publique et fondée, il y a dix ans, à Montpellier, avec une pièce de douze sols par Mlle Sophie La Grese. M. Creuzé de Lesser met cette Œuvre sous le patronage de S. A. R. Madame. Aut. sig. In-4, 2 pp.

15796 Cusset (J.), député de Rhône-et-Loire à la Convention, fusillé le 10 octobre 1796, à l'âge de 37 ans. Lettre à ses collègues pour leur recommander ses parentes que le siège a dépouillées de toutes leurs ressources. 16 frimaire an II. Aut. sig. In-fol., 1 p. — *Id.* Lettre au ministre pour appuyer une pétition qui s'y trouve jointe. Sans lieu. 16 pluviose. s. d. — *Id.* Au citoyen Ferrière, défenseur officieux, à Paris, chargé de répondre à une dénonciation faite contre lui. Il demande à être mandé au Comité, s'il s'élève des objections. Il insiste pour que son calomniateur soit exclu des Jacobins. s. l. et s. d. Aut. sig. In-4, 2 pp.

D.

15797 Dagier, auteur d'une *Histoire chronologique du grand Hôtel-Dieu de Lyon*. Lettre à Sa Majesté Louis XVIII. Il lui envoie le double d'un plan de finances présenté le 1er novembre 1789 au roi et aux Etats généraux par l'entremise de Mgr le comte de Bourbon et de M. Necker. Il lui offre de lui soumettre un plan relatif à l'administration des colonies. Brouillon sans signature, sans date. — Lettre à sa petite-nièce à l'occasion du jour de l'an. *Lyon*, 3 janvier 1829. Autogr. signé. In-4, 1 p. — *Id.* Lettre d'affaire. *Lyon*, 3 juillet 1835. Autogr. sig. In-4, 2 pp. — Lettre à Madame ***. Il lui offre un exemplaire de son *Histoire de l'Hôtel-Dieu*, et lui fait le triste tableau de ses mécomptes à propos du résultat financier de cette publication. *Lyon*, 24 janvier 1837. Autog. sig. In-4, 1 p. — Brouillon de lettre où il est question des embarras qu'il éprouve à faire rentrer les souscriptions de son ouvrage. Autogr. sans signat. sans date. In-4, 1 p.— Brouillon d'une préface pour son *Histoire de l'Hôtel-Dieu*. In-4, 1 p.

15798 Dallemagne, né à Belley, général commandant la 25e division militaire, membre du Corps législatif, mort en 1813. Lettre au ministre de la guerre pour lui annoncer que, venant de recevoir de Sa Majesté le roi de Westphalie une dépêche par laquelle elle l'invite à lui faire connaître de suite combien, en cas de besoin, il pourrait faire marcher de troupes, il a donné l'ordre aux compagnies disponibles de se rendre de suite à Wesel. Dans l'espérance d'obtenir l'assentiment du ministre, il a cru devoir prendre cette mesure et obéir aux ordres de S. M. le roi de Westphalie ; il prie le ministre de lui faire connaître ses intentions à cet égard. *Wesel* , 6 mai 1809. Autogr. sig. In-fol., 1 p. — *Id.* Au premier Consul. Il lui recommande un de ses parents, ancien chef de bataillon, Joseph Dona-Vincent, de Belley (Ain), comme receveur-percepteur de cette commune. *Paris*, 14 germinal an XI. — Aut. sig. In-4, 2 pp.; apostillé et signé par BONAPARTE.

15799 Damas (le comte Gustave de). Lettre à M. Duhamel, cap. aide-de-camp de M. le lieut.-gén. comte Le Paultre de Lamotte, pour lui recommander M. Dussaut , un de ses amis, qui désire l'entretenir d'une affaire toute personnelle. *Lyon*, 23 décembre 1827. Aut. signé. In-4, 1 p.

15800 Damas (comte Roger de). Lettre à M. le maréchal-de-camp de Laroche-Aymon , commandant le département de la Loire à Montbrison , pour avoir de suite le nombre et le nom de MM. les lieutenants-généraux, maréchaux-de-camp et colonels qui se trouvent dans le départ. de la Loire , soit en demi-solde, retraite ou autrement ; prière de fournir sur chacun d'eux les renseignements suivants : dans quelle armée ou quel département ils ont servi depuis le 20 mars , et les motifs de leur résidence dans la Loire. Annonce de l'envoi prochain d'un modèle d'état à fournir pour les officiers de tous grades qui rentrent dans leurs foyers par suite du licenciement de l'armée. *Lyon*, 10 novembre 1815. Autog. signé. In-4, 1 p.

15801 Dechazelles (Pierre-Toussaint), peintre , auteur d'une *Histoire des monuments du moyen-âge* (Etudes sur l'histoire des arts) ; né , en 1751, à Lyon , où il est mort le 15 décembre 1833. Lettre à M. Roccofort. Il lui recommande un jeune artiste lyonnais . M. Durand , qui aurait besoin des conseils d'un homme instruit sur les mœurs et costumes du moyen-âge pour la composition de quelques tableaux dont les sujets sont puisés dans cette époque. *Grange-Blanche* , 27 octobre 1809. Autog. signé. In-8, 2 pp.

15802 Defarge , conseiller de préfecture. Lettre à M. Rouher , administrateur des Hospices , pour l'intéresser au citoyen Dalivet dans la prochaine nomination d'un médecin suppléant pour les Hospices. *Lyon*, 13 germinal an X. Autogr. signé. In-4, 1 p.

15803 Deforis (Fr.-H.). Lettre à M. Viguier de Curny, conseiller, administrateur de la municipalité à Paris, au sujet de leurs propriétés religieuses et ecclésiastiques envahies par la force et de leurs propriétés particulières qu'on leur a fait évacuer. Il demande les bons offices de M. Viguier pour que la justice de leur cause trouve un favorable accueil auprès du Conseil , et une réponse consolante. Sans lieu , 6 novembre 1790. Autogr. signé. In-4, 2 pp.

15804 Degabriel. Lettre à M. Coste, en lui envoyant l'*Epître à Berthaud* et la satire l'*Asmodée* qu'il lui avait promises. *Lyon*, 18 mai 1832. Autog. signé. In-8, 1 p.

15805 Degérando (Joseph-Marie), secrétaire-général du ministre de l'intérieur, membre de l'Institut; né à Lyon le 29 février 1772, mort le 10 novembre 1842. Lettre à M. le conseiller d'Etat Pelet de la Lozère, pour obtenir sur une pension de 300 fr. un arriéré de sept mois dû à une jeune créole , Adèle Drouillard , de St-Domingue , qui a perdu dans cette île quatre millions et son père. Elle y avait été envoyée elle-même pour être placée dans la maison d'éducation que l'impératrice avait projetée en faveur des jeunes créoles. *Paris*, 27 août 1806. Autogr. signé. In-4, 1 p. — Lettre à M. Frédéric Turckheim, banquier à Strasbourg. Il lui annonce qu'honneur sera fait à ses traites sur lui. *Paris*, 8 frimaire..... Aut. sig. In-4, 1 p. — *Id.* Lettre au citoyen Salaville, en lui adressant un billet pour l'Athénée de Paris. 21 frimaire an XI. Aut. sig. In-8, 1 p.

15806 De Gérando (baron). Lettre d'amitié à M. Coste , auditeur au Conseil d'Etat, commissaire spécial à Wares, Bouches-du-Wesser. Il lui fait compliment de sa noble conduite dans l'exercice de ses fonctions ; il lui annonce de l'avancement, comme une récompense qui lui est due. *Nogent-sur-Marne*, 25 juin 1813. Autogr. signé. In-4, 1 p. — Lettre où il lui fixe un rendez-vous à Paris à M. Coste. *Nogent-sur-Marne*, 5 octobre 1820. Autog. signé. In-8 , 1 p. — *Id.* Lettre à M. Bernat , secrétaire du district de Lyon. Il le prévient d'une indisposition qui l'empêche de se rendre à la municipalité, et le prie de le faire remplacer dans un travail d'estimation qu'il devait faire. *Lyon*, 28 septembre 1790. Autogr. signé. In-8 , 1 p. — Lettre à M. Monnet, archiviste des Hospices, en lui envoyant deux exemplaires de l'ouvrage de son frère, l'un pour les archives de l'Hôtel-Dieu, et l'autre pour celles de la Charité. 3 février. Autogr. signé. In-8 , 2 pp.

15807 Delalande (baron), chef d'escadron au corps royal d'état-major, officier de la Légion-d'Honneur, chevalier de St-Louis, etc. Lettre à M. Clerc, professeur d'astronomie à Lyon. Il le prie de lui trouver fille ou veuve qui s'accommodât d'un vieux soldat d'assez bon caractère, mais ne valant pas grand'chose d'ailleurs. Il a reçu en partage quelques manuscrits de son oncle, papa Lalande, et il en offre à M. Clerc un qui trouverait un grand prix aux yeux de tout Bressan : c'est en quelque sorte l'histoire abrégée de la Bresse, écrite entièrement de la main de cet illustre compatriote. s. d., s. l. Autogr. signé. In-4, 2 pp.

15808 Delandine (Antoine-François) , membre de l'Assemblée constituante, né à Lyon le 6 mars 1756, mort le 5 mai 1820. Lettre à Messieurs... (les membres de l'Assemblée ?) pour leur déclarer quelle est son opinion sur le décret qui va être rendu, et protester qu'il ne séparera point l'amour de la patrie de l'amour de son roi. Ce 12 juillet 1791. Autogr. signé. In-4, 3 pp.

15809 **Delandine** (Antoine-François). Lettre au citoyen président du district de Lyon. Il s'empressera de concourir aux travaux de la Commission littéraire et artistique à laquelle il a été appelé, dès que les neiges auront disparu... Les ruines de Lyon lui rappelleront de bien tristes souvenirs... On lui avait confié la rédaction et la publication du catalogue de la Bibliothèque, ce catalogue eût été unique : on a interrompu ses travaux ; lui-même a été expulsé, puis proscrit. Son médaillier lui a été enlevé, son linge, ses effets ont disparu, mais tous ses chagrins sont adoucis par le témoignage d'estime qu'une administration éclairée lui accorde. *Nérondes*, district de Roanne, 6 nivose an III. *Signé* : LANDINE. Autogr. in-4, 2 pp. — Lettre au citoyen Saillier, procureur-syndic du district de Lyon. Réponse à des renseignements sur l'agriculture, les richesses minérales, les sciences, les arts et la population du pays. *Lyon*, 14 vendémiaire an IV. Autog. signé. In-4, 4 pp.

15810 **Delandine** (Antoine-François), bibliothécaire de Lyon. Lettre à Mgr***, pour lui demander que les lettres de noblesse qu'il a reçues du roi le 11 octobre 1814 soient motivées non sur ses travaux littéraires, mais sur ses services étant député aux Etats généraux, son dévouement au roi et son emprisonnement pendant la Révolution. *Lyon*, 2 octobre 1814 (par erreur ; lisez : 2 novembre 1814.) Autog. signé. In-fol., 1 p. — Lettre au même au sujet de sa demande en obtention de lettres de noblesse. Il s'inquiète du retard mis à leur expédition. *Lyon*, 6 février 1815. Autogr. signé. In-4, 2 pp.

15811 **Delandine** (Antoine-François). Lettre à M. Coste pour lui offrir un opuscule sur Néronde ; il espère que cette œuvre, tirée à cent exemplaires, trouvera sa place dans la bibliothèque lyonnaise de M. Coste. *Lyon*, juillet 1819. Autogr. signé. In-4, 2 pp. — Quatre Lettres de 1816, 1817 et 1818, écrites par le secrétaire de M. Delandine et sous sa dictée. Trois de ces lettres sont signées DELANDINE, de la main du secrétaire ; celle du 19 septembre 1816, adressée à M. Tezenas, est signée par M. Delandine lui-même : elle contient des détails sur MM. d'Albon, Godinot, Magneval, Mottet-Gérando Prunelle, Morand père, de Laurencin, de Chantelauze, de Laprade, Cochet, Régny père, etc. In-4, 3 pp.

15812 **Delandine** (Jérôme), maire de Balbigny, avocat (fils d'Antoine-François), né à Lyon en 1787. Demande d'une place d'inspecteur de la librairie et imprimerie dans la 19e division, adressée à Son E. le grand chancelier de France, avec des attestations et honorables recommandations en sa faveur. *Paris*, 27 janvier 1815. Autogr. signé. In-fol., 3 pp.

15813 **Delestra** (M.) Lettre à un ami au sujet d'une réduction annuelle de 326 fr. sur les 1362 fr. qui lui furent accordés par brevet du 5 novembre 1810. Curieuse description de Belley et de la société. La ville peut être décrite par quatre rimes : chicane, douane, rouanne, soutane. *Belley*, 15 octobre 1830. Autogr. signé. In-4, 4 pp.

15814 **De l'Horme** (baron F.), né le 24 août 1760, mort à Ormes près de Tournus en 1834. Lettre à M. Dupré, archiviste de la Charité, au sujet d'une cassette et d'assignats qu'il lui avait confiés pour qu'il les mît à l'abri de la bombe et de l'incendie, parmi les deniers des pauvres. Et, si le besoin de l'hospice l'exigeait, il consent avec plaisir qu'on fasse usage de la somme qui lui appartient. « Ce sont moins les horreurs du siège, dit M. de l'Horme, que les suites qu'il peut avoir, qui m'ont éloigné de la ville. Je mène une triste vie dans ma retraite, et je désire sans cesse que la paix rentre enfin dans notre malheureuse patrie. » *Brignais*, 26 août 1793 (an II). Autogr. signé. In-8, 2 pp. — Lettre à M. Coste pour lui annoncer qu'il est désigné pour remplir les fonctions de secrétaire au bureau provisoire du Collège, et pour le prier d'engager les électeurs qui votent avec lui à se présenter le premier jour à la séance afin de faire confirmer le bureau provisoire. *Lyon*, 5 mai 1822. Autog. signé. In-4, 1 p. — Au même. Il rend compte des démarches qu'il a faites. M. Bryon n'attendra pas longtemps. Les dispositions actuelles sont très bonnes. Aut. In-4.

15815 **Delorme** (Guillaume-Marie), né à Lyon le 26 mars 1700, mort le 26 avril 1782, architecte, membre de l'Académie de Lyon, auteur de *Recherches sur les aqueducs de Lyon*. Lettre au R. P. Grégoire au sujet de sa lecture sur l'expérience du cabestan nouvellement proposé par un ancien capitaine de vaisseau pour tirer l'ancre sans discontinuation : expérience faite à Marseille, et à laquelle avait été appelé le R. P. Observations théoriques de Delorme. *Lyon*, 30 septembre 1746. Autogr. signé. In-4, 4 pp.

15816 **Delorme** (Philibert), célèbre architecte, né à Lyon au commencement du XVIe siècle, mort en 1577. Quittance pour une dépense relative au tombeau de François Ier. 26 mai 1548. Autog. signé. sur parchem. In-4, 1 p.

15817 **Desprez.** Lettre au conseiller de préfecture remplaçant le préfet du Rhône, pour le remercier de lui avoir adressé l'extrait du décret de l'empereur qui le nomme membre du Conseil général du départ. du Rhône. *Lyon*, 13 août 1810. Autogr. signé. In-4, 1 p.

15818 **Dessaix** (Jo.-Ma.), général, né à Thonon en Savoie en 1764, mort en 1825. A M. Moricant, pour le prier de faire parvenir de suite par estafette une lettre au général Lasalcette à Grenoble. *Lyon*, 21 mai 1815. Autogr. signé. In-16. 1 p.

15819 Déveille, artiste, place du Plâtre. Lettre au préfet du départ. du Rhône pour le prévenir qu'il est auteur de deux poèmes de *Lyon à Bonaparte*, et d'une pièce de théâtre intitulée : *Les Hommes comme il y en a peu*, en trois actes et en prose. Cette pièce est suivie d'une grande symphonie à huit voix qui a pour titre : *Cantatif de la reconnaissance lyonnaise envers le* l^{er} *Consul ;* paroles en vers héroïques, musique d'un Romain, le tout terminé par un ballet. Il demande d'en faire parvenir deux ou trois exemplaires au premier Consul pour mériter son approbation, ainsi que le brevet d'invention nécessaire à la conservation de cette propriété tout-à-fait neuve et hors des sentiers battus. *Lyon*, 6 floréal an X (26 avril 1802). Autogr. signé. In-4, 2 pp.

15820 Devienne (Mme), née Gevaudan. Lettre à M. Bouilly pour le remercier du soulagement qu'il a bien voulu apporter à sa douleur, et de l'envoi qu'il lui a fait d'un de ses ouvrages. Mme Devienne termine ainsi : « Venez me « voir; vous serez toujours le bienvenu de la « plus infortunée des mères. » *Paris*, 20 janvier 1817. Autogr. signé. In-8, 1 p.

15821 Devilliers (Pierre), un des principaux rédacteurs de la *Gazette universelle de Lyon* depuis 1825 jusqu'à 1830; écrivain, né à Lyon en 1797, mort le 18 juin 1837. Lettre à M. Coste, pour le remercier de ses marques réitérées de bonté. s. l., s. d. Autogr. signé. In-4, 1 p.

15822 Deydier (Etienne), notaire feudiste et géomètre à Pont-de-Vaux, député par le département de l'Ain à l'Assemblée législative et à la Convention, juge au Tribunal d'appel de Lyon. Lettre d'amitié au général de brigade Comte, en Egypte. Deydier lui recommande son ami Pain qui est réduit à prendre une place en Egypte, où le suivent sa femme et ses enfants. *Lyon*, 2 thermidor an IX. Autogr. signé. In-4, 2 pp.

15823 Dignoscyo, architecte, mort à Lyon en 1852. Lettre à M. Coste au sujet des plans qu'il lui avait soumis et qu'il destine à la bibliothèque lyonnaise de M. Coste. *Lyon*, 25 novembre 1848. Autogr. signé. In-4, 1 p.

15824 Dodieux, citoyen de Lyon, directeur du jury à Lyon en 1793, juge du Tribunal du district. Lettre au citoyen président et aux autres citoyens de la section de la Croix-Rousse, pour leur recommander Virginie Chongoin, ouvrière de Lyon, victime de quelques marchands coalisés pour ôter le travail et la vie à leurs frères : « De retour d'un pénible et ingrat pèlerinage où elle n'a recueilli que des passeports et attestations de bonne

conduite, si elle voulait servir le fanatisme et l'aristocratie; mais, dédaignant leurs aumônes pompeuses, elle a recours à la modique mais cordiale bienfaisance des patriotes lyonnais, et elle borne ses désirs à l'achat d'un rouet à dévider de rencontre pour gagner comme nous le pain des sueurs. » *Lyon*, 22 mai, an IV de la liberté. Autogr. signé. In-8, 2 pp.

15825 Donnadieu (général vicomte Gabriel), auteur d'un volume sur la conspiration de Lyon; né à Abel Hugo, en lui accusant réception du *prospectus* de l'*Histoire de la guerre d'Espagne* qu'il se propose de publier. Le général demande à Abel Hugo un instant d'entretien, pour apprendre à quelle source il a puisé les matériaux sur la campagne de Catalogne. 10 avril. s. d. Autog. signé. In-8, 2 pp.

15826 Donnet (François-Auguste-Ferdinand), nommé le 30 novembre 1836 archevêque de Bordeaux, cardinal; né à Bourg-Argental le 16 novembre 1795. Lettre à M. Coste au sujet d'un envoi de vin de Bordeaux. *Sauveterre*, 12 décembre 1850. Autogr. signé. In-8, 2 pp.

15827 Dorfeuille (Antoine), ancien comédien, rédacteur du *Père Duchêne* de Lyon, président du Tribunal révolutionnaire de Lyon pendant la Terreur, tué en cette ville le 4 mai 1795. Lettre aux citoyens Grégoire et Jagot, commissaires de la Convention nationale à Nice. Détails sur ce qui se passe aux postes de Sospello. Demande des papiers nouvelles. *Sospello*, 22 avril. s. d. Autogr. signé. In-8, 2 pp. — *Id.* Lettre à un citoyen frère et ami, pour lui annoncer qu'il a été arrêté, à son passage à Lyon, par les représentants du peuple Fouché, Laporte et Méaulle, pour célébrer avec eux la première fête de la Raison dans cette commune enfin purifiée. Il lui envoie le discours qu'il a prononcé au haut de la montagne élevée aux Brotteaux sur les cadavres des contre-révolutionnaires, afin qu'il en fasse part à la commune de Paris. Il part pour rejoindre Albitte, qui lutte dans le Mont-Blanc avec les débris du fanatisme et de la féodalité. *Commune-Affranchie*, 20 ventôse. Autogr. signé. In-4, 1 p. — *Id.* Aux citoyens administrateurs de Roanne, au sujet des jeunes gens de St-André-d'Apchon qui se plaignent que, sur le nombre de 42 qui forment la première classe, il n'y en ait que 14 effectifs pour marcher. Ils attribuent cette réduction à des faveurs que réprouve la loi. Il demande son entière exécution. *Roanne*, 26 septembre an II. Autogr. signé. In-4, 1 p.

15828 Doppet (François-Amédée), général de division, écrivain, général en chef de l'armée qui assiégea Lyon en 1793, député au Conseil des Cinq-Cents; né à Chambéry en 1753, mort à Aix-les-Bains en 1800. Lettre au ministre de la guerre en le priant, vu l'état de sa santé, de lui faire accorder une retraite ou de le faire jouir des bienfaits accordés aux officiers généraux réformés. Il lui fait hommage du premier volume d'un ouvrage qu'il vient de publier. *Chambéry*, 19 prairial an V. Autogr. signé. In-fol., 1 p.

15829 Drut , général de brigade. Lettre au commissaire des guerres à propos des coups de fusil que les officiers de santé s'amusent à tirer aux petits oiseaux qui se trouvent dans le jardin de l'Hôpital ; il rappelle qu'il est défendu de tirer des coups de fusil dans une place de guerre et surtout près des magasins à poudre, comme se trouve le jardin de l'Hôpital. *Portoferrajo*, 21 ventose an XII. Autog. signé. In-4, 1 p.

15830 Dubois-Crancé (Edmond-Louis-Alexis), né à Charleville en 1747 , mort en 1814 , représentant du peuple, envoyé à Lyon par la Convention, en 1793, pour soumettre la ville. Lettre à la Commission du mouvement au sujet du sieur Caffe, ancien journaliste à Lyon, qui demande son élargissement. Mauvais renseignements sur le civisme et la moralité de Caffe, accusé de malversations et d'intelligences avec l'ennemi. 17 thermidor. s. d. Autogr. signé. In-fol., 3 pp. — *Id.* Au général Charles St-Rémy , pour lui annoncer que , vu l'insuffisance des masses du petit équipement pour les besoins du soldat , on a demandé à la Convention 10,000 fr. , à appliquer à cette masse pour chaque bataillon. *Grenoble*, 18 juin 1793, an II. Autogr. signé de DUBOIS-CRANCÉ et d'ALBITTE. — *Id.* Arrêté par lequel le citoyen Charles St-Rémy , promu au grade de général de division , restera chef de l'état-major de l'armée des Alpes , attendu les connaissances que possède cet officier d'un rare mérite sur tous les passages des montagnes qui nous séparent du Piémont. *Grenoble*, 6 juin 1793. Autogr. signé de DUBOIS-CRANCÉ , d'ALBITTE et de GAUTHIER, In-fol., 1 p.

15831 Dubouchet (Pierre), médecin à Montbrison , député de Rhône-et-Loire à la Convention. Lettre au citoyen Miot. Il lui demande qu'on mette à sa disposition une voiture aux frais de la nation, pour la mission que vient de lui donner la Convention dans le départ. de Seine-et-Marne. Au bas : La délivrance de cette voiture est approuvée. 11 septembre 1793. Autogr. non signé. In-8, 1 p.

15832 Ducieu, homme de loi. Lettre à M. Rouher, administrateur des Hospices, pour lui fixer un rendez-vous, heureux de recevoir quelqu'un qu'il révère pour toutes ses vertus sociales et bienfaisantes. *Lyon*, 28 vendémiaire an X. Autogr. signé. In-8, 1 p. — *Id.* Au même, au sujet de la fuite du domicile conjugal d'une dame Fiajolet, qui se plaint des mauvais procédés de son mari. Autogr. signé. In-4.

15833 Dugas (Pierre), président honoraire de la Cour des monnaies , ancien prévôt des marchands, né le 11 juillet 1701, mort le 28 avril 1757 et non en 1737. Lettre à Monseigneur... Dugas se disculpe d'avoir rien écrit qui puisse lui faire perdre son estime. Il a donné quelques Mémoires aux religieuses du monastère de Ste-Elisabeth , pour être présentés à Son Eminence , contre le premier projet qui lui a été communiqué. Il est attaché à cette communauté, car il y possède un gage très cher, sa fille s'y étant consacrée à Dieu. *Lyon*, 30 décembre 1744. Autogr. signé , 2 pp.

15834 Dugas-Montbel (J.-B.) , littérateur , érudit , né à St-Chamond le 11 mars 1776 , mort à Paris le 30 novembre 1834. Lettre à M. Coste au sujet de l'emplette faite à Londres des *Rimes* de Louise Labé , dans le but unique d'offrir à son ami Bréghot du Lut les moyens de donner l'édition qu'il projetait. Cette édition ayant paru, l'ouvrage original n'est plus qu'un livre rare ; il l'adresse à la belle bibliothèque de M. Coste, beau monument élevé à la gloire littéraire de notre patrie et réunissant les plus précieux documents pour son histoire. *Paris*, 16 décembre 1833. Autogr. signé. In-4, 2 pp. — Billet à M. Heinz , membre de l'Institut , pour l'avertir qu'il se rendra à l'invitation qu'il en a reçue. *Paris* , 16 mai 1833. Autog. sig. In-8, 1 p. — Article sur les OEuvres de Louise Labé , édition in-8, Louis Perrin, 1824 , adressé aux fondateurs de la *Gazette de Lyon*, et signé des initiales E. K. E. In-4, 10 pp.

15835 Du Guet , représentant du peuple. Lettre au ministre des finances. Réclamation personnelle sur l'emprunt forcé de l'an IV. *Paris* , 8 pluviose an VII. Autogr. sign. In-4, 3 pp.

15836 Du Guet. Lettre à Monseigneur ***. Il s'engage à recommander à Mme d'Aligre M. l'abbé Clément pour instituteur de son fils. *Paris*, 9 octobre. s. d. Autogr. signé. In-8, 2 pp.

15837 Dumas (Jean-Baptiste), né à Lyon le 11 novembre 1777, secrétaire perpétuel de l'Académie de Lyon. Lettre de remercîment à M. Chambet fils, membre de la Société épicurienne de Lyon, au sujet de l'envoi de quelques-unes de ses poésies. *Lyon*, 21 juin 1812. Autogr. signé. In-4, 1 p.

15838 Dupin (A.). Lettre d'invitation à dîner. M. Dupin y fixe le jour d'une visite à rendre à une femme de lettres qui reçoit le lundi, et qui, n'ayant pas d'autres ressources que son talent, ne pourrait pas dérober d'autres heures à des travaux qui l'honorent comme femme et comme auteur. 1835. Autogr. signé. In-8, 2 pp.

15839 Duphot (Léonard), adjudant général , né à la Guillotière en 1770 , assassiné à Rome le 28 décembre 1797. Lettre au général Daverton. Il lui demande l'ordre de rentrer dans son ancienne division qui se trouve à l'armée d'Italie, ou la permission d'aller passer quelque temps dans sa famille à Lyon, vu l'épuisement de sa bourse et la dépréciation des mandats à

Périgueux. Il n'a pas de cheval, et il est obligé d'en emprunter un pour faire son service. *Périgueux*, 19 messidor an IV. Autogr. signé. In-fol., 1 p.

15840 Duplan, directeur des théâtres de Lyon. Lettre à M. le conseiller Coste : il lui annonce l'arrivée de M. Ferrand ; il éprouve un véritable chagrin de l'éloignement qui en sera la suite. *Lyon*, 17 mars 1835. Autogr. signé. In-8, 1 p.

15841 Durand, juge honoraire. A M. le conseiller Coste. Lettre de nouvel an , où il lui souhaite santé, gaîté et prospérité. *Lyon*, 28 janvier 1831. Autogr. signé. In-4, 2 pp.

E.

15842 Espinace (d') , grand prévôt de Lyon. Lettre à M. de Couturier pour réclamer la somme de 150 francs en remplacement de celle avancée par lui depuis six mois à un officier de sa compagnie à Lyon, sur la confiance d'une ordonnance de M. d'Argenson , pour payement de frais et salaire au sujet de la capture de Claude Girard , insigne voleur, transféré de Lyon à Paris en 1715. *Paris*, 29 avril 1716. Aut. sig. In-fol., 2 pp.

15843 Espinac (Pierre d'), archevêque de Lyon, né en 1540, mort à Lyon en 1599. Lettre à M. de Villeroy sur le motif qui l'a fait se retirer de l'amitié de M. d'Espernon, qui tous les jours lui rend de mauvais offices auprès du roi, quoiqu'il ne lui ait jamais donné sujet de mécontentement. *Lyon*, 1er mars 1587. Aut. sig. In-folio, 3 pp. — Bon pour la somme de cent soixante-six escus. 1587. Sig. aut. , parchemin. — Autre sig. au bas d'une pièce in-4, parch.

15844 Evieu (le chevalier d'), bailly de Lyon. Lettre où il donne avis que le secours de France est arrivé à Messine , et qu'il appréhende de pâtir ici si la guerre va en longueur. M. de Latour-Maubourg a été nommé le 9 janvier procureur du trésor au Conseil , et il entrera en charge le 1er mai. *Malte*, le 6 janvier 1675. Aut. sig. In-fol., 1 p. — Id. Au commandeur de Montgontier, au sujet des décimes payés par la cure de St-George, bien qu'elle en soit exempte. Lettre d'affaire. *Malte* , le 27 août 1674. Aut. sig. In-fol. , 4 pp. — Id. Au commandeur de Mongontier. Il lui confie la gestion de ses affaires. Il lui permet de disposer pour qui il voudra de la vacance de la chapelle d'Ornacieu. Recommandation au sujet des archives de la Commanderie ainsi que du portail de St-George, qui s'en va par terre. *Malte*, le 30 décembre 1675. Aut. sig. In-4, 3 pp.

15845 Eynard (J.-Ennemond), médecin , chimiste et mécanicien , né à Lyon le 10 août 1749, mort dans la même ville le 5 mai 1837. Lettre au rédacteur du journal le *Temps*, pour se plaindre que sa lettre sur la défense de la Grèce n'ait pas été publiée par lui comme par le *Constitutionnel*. Il en demande au moins un extrait, avec quelques réflexions sur l'article inconvenant du *Courrier*, en entrant dans quelques détails sur Capo-d'Istria, homme accompli sous le rapport du cœur, du désintéressement et de la moralité. s. l., s. d. 26 mai. Aut. sig. In-8, 2 pp.

F.

15846 Fabvier (le colonel Charles-Nicolas), attaché à l'état-major du maréchal duc de Raguse à Lyon en 1817. Lettre à son général au sujet du compte-rendu que le général devait faire, dans les *Annales*, de la brochure que le colonel Fabvier venait de publier sur Lyon. *Paris*, le 25 février 1818. Aut. sig. In-4, 2 pp.

15847 Falconet (André), doyen du Collége de médecine, fondateur d'un Traité sur le scorbut, ex-consul de Lyon ; né à Roanne le 16 novembre 1612, mort en 1691. Hommage à M. Gontier, conseiller et médecin du roi. Le 24 juin 1683. Aut. revêtu des signatures de FALCONET et de GONTIER. In-4 , 1 p.

15848 Favre (Antoine), célèbre jurisconsulte, littérateur , juge-mage de Bresse , président du Genevois, premier président du sénat de Chambéry, gouverneur de Savoie ; né à Bourg en Bresse en 1557 , mort en 1624. Lettre d'affaire à Mgr.... *Chambéry* , 29 novembre. 1617. Aut. sig. In-fol., 1 p.

15849 Ferroux, représentant du peuple en mission dans les départ. du Rhône , de l'Isère et de l'Ain , né à Besançon le 25 avril 1751, mort vers 1840. Lettre au sujet du recouvrement de l'impôt qui se fait sans bases fixes ; il demande que les répartiteurs et contrôleurs, dans leur premier travail , s'attachent à faire des calculs exacts pour les matrices ; que, dans leurs arrêtés, ils établissent le montant du revenu de chaque commune, et qu'ils établissent le marc le franc à imposer sur le principal. 19 brumaire an IX. Aut. sig. In-4, 2 pp. — Lettre au citoyen Valette, chef de bureau de la direction des contributions directes du Jura, au sujet d'un procès-verbal signé Lejay, constatant que le percepteur de Marnoz a détourné pour l'an IX les fonds de sa recette. 30 pluviôse an X. Aut. sig. In-4, 1 p.

15850 Fesch (cardinal-archevêque de Lyon), né à Ajaccio le 3 janvier 1763, mort à Rome le 13 mai 1839. Lettre à Mme de Fontanges , dame d'honneur de Madame. Il lui apprend qu'il s'occupe des réparations et de l'ameublement de sa maison de campagne aux Chartreux, où il compte s'établir au printemps prochain. « C'est, dit-il, une terre de saints, et j'espère à leur exemple y trouver la paix et le bonheur de la solitude. Il est temps de m'y renfermer, et de n'en sortir que pour les affaires de mon diocèse. J'ai renoncé plus que jamais à Paris, et je suis décidé à tenir cette résolution au prix de toute perte temporelle. Le 3 janvier cinquante ans auront sonné, il est temps de penser solidement au jour dernier. » *Lyon*, 18 septembre 1812. Aut. sig. In-4, 1 p. — Billet daté d'Albano, 14 août 1817. Il s'y plaint d'un rhumatisme qui a raidi ses mains et l'empêche de s'en servir. Aut. sig. In-8, 1 p.

15851 Feytaud (Adrien), rédacteur de l'*Epingle* et de la *Revue de Lyon*. Lettre à M. Coste, pour le prier de souscrire à la *Revue de Lyon*. *Lyon*, 20 juillet 1836. Aut. sig. In-8, 1 p.

15852 Fillion (Didier), marchand de bas, officier municipal, terroriste, né à Lyon. Lettre aux citoyens représentants du peuple pour réclamer sa mise en liberté. Maison d'arrêt du Plessis, le 26 vendémiaire de l'an IV. Aut. sig.; apostillé par CUSSET, ACHARD et BOIRON. In-fol., 1 p.

15853 Finguerlin, célèbre banquier de Lyon. Un vol de 500,000 fr. en espèces lui ayant été fait à la fin d'un mois, cet accident ne dérangea en rien les payements du lendemain. Lettre d'amitié à M. Rosset à Lyon, en lui envoyant une lettre pour M. Scherer; il lui annonce que tout Genève apprendra avec satisfaction que son cousin puisse être justifié, car tout le monde s'y intéresse. *Genève*, 31 janvier 1808. Aut. sig. In-4, 1 p.

15854 Fleurieu (Charles-Pierre Claret, comte de), navigateur, organisateur de la guerre d'Amérique, ministre de la guerre en 1790, gouverneur du fils de Louis XVI en 1791, sénateur sous Napoléon, membre de l'Institut, auteur de divers ouvrages sur la marine; né à Lyon le 2 juillet 1738, mort le 17 août 1810. — Lettre à Monseigneur.... en lui offrant la dédicace de son discours de réception à l'Académie de Lyon. Il développe dans ce discours l'importance et la nécessité de l'art nautique. *Toulon*, 26 janvier 1762. Aut. sig. In-4, 3 pp. —La Lettre est signée FLEURIEU D'EVEUX

15855 Fleurieu (Charles-Pierre, comte de). Lettre à M. Comus pour lui faciliter la communication des observations magnétiques de M. Delisle. M. de Fleurieu est persuadé « que les recherches approfondies de M. Comus sur l'aimant peuvent être fort utiles pour avancer une théorie encore bien imparfaite. » *Versailles*, 14 juillet 1776. Aut. sig. In-8, 2 pp.

15856 Fleurieu (Charles-Pierre Claret). Pétition pour obtenir son élargissement. Le citoyen Fleurieu établit ses états de services, décrit ses campagnes, ses découvertes géographiques et astronomiques, et les travaux par lesquels il a servi la nation. De la maison d'arrêt de la section des Piques, 6 vendémiaire an III de la République. *Signé* : CLARET-FLEURIEU. Autog. avec cette apostille en marge : «Arrêté le 22 vendémiaire qu'il sera écrit au Comité de sûreté générale pour prendre connaissance de l'affaire du citoyen Fleurieu, et le mettre en réquisition s'il y a lieu. » In-fol., 6 pp.

15857 Fleurieu (Charles-Pierre, comte de). Lettre à un auteur en lui renvoyant le manuscrit de son ouvrage; prière de supprimer l'Epître dédicatoire, que M. de Fleurieu ne peut accepter, et qui priverait d'ailleurs l'auteur de présenter son travail à l'Institut. *Paris*, 18 mai 1807. Aut. sig. In-4, 1 p. — Décret qui nomme le sieur Claret de Fleurieu gouverneur du palais des Tuileries, en remplacement du général Caffarelli. *St-Cloud*, le 6 thermidor an XIII. Sig. aut. du secrétaire d'Etat Hugues Maret. In-4, 1 p.

15858 Fleurieu (Charles-Pierre Claret, comte de). Supplique adressée à Sa Majesté impériale pour en obtenir une somme de quarante mille francs promise à M. de Fleurieu par Sa Majesté pour payer ses dettes. Prière à Sa Majesté de se hâter de lui venir en aide, M. de Fleurieu se trouvant dans le cas d'être contraint le 15 de ce mois pour une somme de douze mille francs. *Paris*, 8 février 1809. Aut. sig., avec une apostille : « Renvoyé au maréchal Duroc pour remettre sur-le-champ ces douze mille francs à M. de Fleurieu, et lui payer le reste par mois sur la caisse des théâtres, jusqu'à ce que la somme de quarante mille francs soient soldés (sic). *Paris*, ce 11 février 1809. *Signé* : N. (NAPOLÉON). Sig. aut. In-fol., 2 pp.

15859 Fleurieu (Jean-Jacques Claret de), trésorier général et actionnaire de la Compagnie de Perrache, né le 18 octobre 1766, mort le 16 avril 1826. Lettre d'affaire à M. Grand-Pierre, avoué à Paris. *Lyon*, le 1er fructidor, sans année. Aut. sig. In-4, 1 p.

15860 Forest (Jacques), mort vers 1820, député de Rhône-et-Loire. Remerciment à son collègue de sa mise en liberté. 12 août an II. Aut. sig. In-4, 1 p.— *Id.* Observations du citoyen Forest, député à la Convention nationale pour le départ. de Rhône-et-Loire, sur le décret d'arrestation prononcé contre lui le 11 juillet 1793. *Lyon*, 12 août 1793. Aut. sig. In-fol., 4 pp. — *Id.* A la Convention. Forest et Michet, représentants du peuple nommés par le départ. de Rhône-et-Loire, réclament contre leur arrestation qu'aucun fait ne motive; ils demandent leur liberté, ou qu'on leur fasse connaître les causes de leur arrestation, pour qu'ils puissent se défendre. Reçu le 19 vendémiaire. Aut. sig. In-fol., 1 p., avec un timbre de la Commission de correspondances.

15861 Fortis (F.-M.), auteur d'un *Voyage pittoresque à Lyon*, né à Chambéry en 1768, mort à Paris le 18 janvier 1847. Lettre à M. Coste, en lui adressant le dernier prospectus de son ouvrage pour obtenir sa souscription. s. l., s. d. Aut. sig. In-4, 1 p.

15862 Fouché (de Nantes), commissaire envoyé à Lyon par la Convention, accusé à son retour par Robespierre d'avoir déshonoré la Révolution par ses excès; né à Nantes le 29 mai 1753, mort à Trieste en 1820. Lettre à son collègue Boisset, en mission à Lyon. Il a le cœur navré des événements qui viennent d'ensanglanter la ville de Lyon (le massacre dans les prisons, le 15 floréal). Une justice plus forte et plus prompte eût épargné ces malheurs. Il les voyait dans l'avenir, lorsque, après le 9 thermidor, il demandait à la Convention l'établissement d'une Commission pour juger les forfaits horribles qu'il avait eu le courage de dévoiler. Il réclame contre un article du *Journal de Lyon*, qui lui reproche d'avoir fait signer des réquisitions pour la consommation de la maison des représentants du peuple ; tous ceux qui le connaissent et qui l'ont vu à Lyon savent bien qu'il y mangeait le pain le plus noir, et qu'il n'y buvait que de l'eau. Il se plaint de Daumale, juge de la Commission révolutionnaire, qui depuis six mois rédigeait contre lui les plates calomnies du journal de Galetti, et que le Comité de sûreté générale vient de faire arrêter. *Paris*, 21 floréal an III. Aut. sig. In-fol., 2 pp.

15863 Fourier (Joseph), de l'Académie, ancien membre de la Commission d'Egypte, un des auteurs du dessèchement des marais de Bourgoin, préfet du Rhône en 1815; né à Auxerre en 1768, mort à Paris le 26 mai 1830. Lettre à M. Baillot, chef de bureau à la préfecture du Rhône. Il lui demande des renseignements d'une extrème gravité, pour justifier aux yeux du roi les événements qui se sont passés à Lyon pendant son séjour. *Paris*, 29 décembre 1815. Aut. sig. In-4, 3 pp. En mauvais état.

15864 Franceschi (J.-B.), général de brigade. Lettre à M. Lavallette, conseiller d'Etat, directeur général des postes. Il lui demande pour son beau-père Jean-Baptiste Guasco, de Bastia, la place de directeur des postes à Bastia, vacante par la nomination de M. Baciocchi à l'inspection de Turin. *Aix-la-Chapelle*, 7 messidor an XII. Aut. sig. In-fol., 2 pp. — Lettre au ministre de la guerre pour obtenir un congé de quatre décades et une feuille de route en faveur du citoyen Cuvillers, soldat de la première compagnie, actuellement à l'hôpital pour cause de blessure au passage du Mincio. Au quartier-général de Milan, 15 ventose an IX. Aut. sig. In-fol., 1 p.

15865 Franchet-Desperey, directeur de la police du royaume, né à Lyon vers 1775. Lettre par laquelle il adresse à son confrère Pouton d'Amécourt une plainte à recommander à M. Gossin, magistrat. *Paris*, 6 avril 1821. Aut. sig. In-4, 1 p. — *Id*. Billet dans lequel il réclame des inspecteurs de la librairie un relevé, d'après le registre des imprimeurs, du nombre

des journaux tirés chaque jour depuis le 1er janvier 1826. s. d. 24 février. Aut., avec l'initiale F. In-8, 1 p. — *Id*. Prière aux employés de la librairie de revenir le soir pendant quelque temps pour mettre à jour le travail qui les concerne. *Paris*, 10 novembre 1824. Aut. sig. In-8, 1 p.

15866 Fulchiron, député du Rhône, membre de l'Académie de Lyon. Lettre à M. Comminet pour le prier d'accueillir un domestique de sa maison qui désire vendre quelques rentes sur l'Etat. *Paris*, 11 mars 1824. Aut. sig. In-8, 1 p. — Lettre accompagnant un billet de tribune pour la Chambre des députés. *Paris*, 14 mai 1833. Aut. sig. In-8, 1 p.

G.

15867 Gadagne, banquier à Lyon, d'une famille florentine établie dans notre ville vers la fin du xve siècle. On disait à Lyon : *riche comme Gadagne*, et Rabelais parle des *escus de Gadaigne* ; une des rues de notre ville porte le nom de cette famille, éteinte aujourd'hui. Lettre de condoléance au sujet de la mort du frère de S. A. Monseigneur.... De Gadagne, le 30 octobre 1670. Autogr. signé. In-4, 2 pp.

15868 Gamet (J.-M.), ancien professeur d'anatomie comparée, chirurgien à Paris; né à Lyon. Lettre à Monseigneur...., pour lui rappeler qu'il lui a promis de s'occuper de faire acheter par l'Etat sa découverte contre les affections nerveuses et cancéreuses. *Paris*, 12 septembre 1775. Autogr. signé. In-4, 2 pp.

15869 Gasparin, ancien préfet du Rhône. Lettre de remercîment à M. Coste en lui renvoyant un livre qu'il lui avait emprunté pour y trouver l'arrêté du 18 août 1793, arrêté qui réunit la commune de la Guillotière au départ. de l'Isère. *Lyon*, 18 septembre 1833. Autogr. sig. In-4, 1 p.

15870 Gaultier de Coutances, conseiller à la Cour royale de Lyon, né à Paris en 1765. Lettre à M. le garde des sceaux, ministre de la justice, pour le prier de vouloir bien le proposer à Sa Majesté pour occuper la première place vacante de conseiller à la Cour royale de Paris, en échange de celle qu'il occupe à Lyon. *Paris*, 1er juillet 1817. Autogr. signé. In-fol., 3 pp.

15871 Gaulthier (Louis-Philibert-Auguste), docteur-médecin, membre de l'Académie de Lyon, né à S-Amour le 24 mai 1792, mort à Lyon le 22 novembre 1851. Lettre à M. Michaud, éditeur, pour le prier de vouloir bien remettre à M. Coste le 70e volume de la *Biographie universelle*, en grand papier. *Lyon*, 16 février 1842. Autogr. sig. In-8, 1 p.

15872 Gauthier des Orcières (Antoine-François), avocat, député de l'Ain à la Convention, écrivain, né en Bresse. Lettre au ministre de la guerre pour lui recommander le citoyen Pesse, employé à la garde des effets militaires à l'armée des Alpes. *Paris*, 29 ventose an VI. Autog. signé. In-4, 1 p.

15873 Gilibert aîné (Jean-Emmanuel), médecin et botaniste, fondateur du Jardin botanique de Grodno (Pologne), maire de Lyon en 1793, membre de l'Académie de cette ville ; né à Lyon le 21 juin 1741, mort le 2 septembre 1814. Observation. M. de Flesselles, en remettant la commission au médecin en chef des épidémies de la généralité de Lyon, lui déclara que les modiques appointements seraient compensés par les honoraires des voyages en cas d'épidémie, et que, les années assez heureuses pour que le médecin ne fût point commandé, on y aurait égard par une gratification. 3 janvier 1785. Autogr. signé ; avec ces mots en tête, d'une autre écriture : Bon pour 300 fr. de gratification, ce 11 janvier 1785. In-4, 1 p.

15874 Gilibert aîné (Jean-Emmanuel). Adresse des Français, devenus libres, à tous leurs voisins qui veulent devenir libres et amis de l'humanité. s. l., s. d. Autogr. in-fol., 4 pp.

15875 Gilibert aîné (Jean-Emmanuel). Lettre aux citoyens administrateurs du départ. du Rhône, pour les engager à honorer de leur présence la séance publique que l'Ecole centrale, formée par leurs soins, doit tenir le 9 brumaire an VI, à 10 heures du matin, pour l'ouverture solennelle de ses cours. *Lyon*, 7 brumaire an VI. Autogr. signé. In-4, 1 p.

15876 Girard, colonel, aide-de-camp du roi de Westphalie ; né à Lyon le 25 novembre 1774. Copie de ses états de service. Certifié conforme par le colonel Girard. *Cassel*, le 22 avril 1808. Autogr. signé. In-fol., 1 p.

15877 Girod, général de brigade. Lettre au préfet du départ. du Rhône en lui envoyant l'état détaillé des postes civils et militaires de la place, pour servir à l'adjudication de la fourniture des bois et lumières des corps-de-garde. *Lyon*, 15 thermidor an XI. Autogr. signé. In-4.

15878 Glatigny (de). Lettre à M. le président Dupyray, à Lyon, au sujet d'une affaire avec M. de la Barmondière. *Beauvoir*, 2 octobre 1781. Autogr. signé. In-4, 3 pp. — Avec brouillon de la réponse de M. le président Dupyray. In-fol., 3 pp.

15879 Goudard, négociant, député du tiers-état de la ville de Lyon aux Etats généraux de 1789. Billet à M. Vascheron, tapissier à Paris : « C'est à la bienfaisance du patriote Palloy, l'un des conquérants de la Bastille et entrepreneur des démolitions de cette affreuse prison, que je suis redevable des débris sur lesquels repose ce monument. » 28 octobre 1791. Autogr. signé. In-4, 1 p.

15880 Goullus, général de brigade. Lettre au général de division Dessoles, chef de l'état-major général de l'armée, pour lui demander un passeport en faveur de Mlle Elisabeth Pfifer de Athirofen, qui va se marier en Italie. *Lucerne*, 21 pluviose an V. Autog. signé. In-4, 2 pp. — Certificat de bonne conduite pour Antoine Cusse, natif de Paris, arrivé au régiment le 13 juillet 1791. Fait au camp, 20 juillet 1793, an II. Autogr. signé. In-8, 1 p., avec sceau.

15881 Grimod de la Reynière (A.-B.-L.), auteur d'un opuscule concernant Lyon, membre de l'Académie de notre ville, né à Paris en 1758, mort en 1838. Lettre à M. Maradan, libraire à Paris. Il lui demande différents ouvrages pour meubler sa bibliothèque de campagne. « J'ai éprouvé bien du regret que vous ne soyez venu cette année visiter ma retraite et assister aux noces de ma fille adoptive, qui, comme vous savez, est l'aînée des enfants de Mme Servez, jeune personne de 19 ans, fort jolie, remplie d'esprit, de connaissances, de talents, et, ce qui vaut mieux, pleine de vertu et douée d'un excellent caractère. Je viens de l'unir à un jeune homme de bonne famille, riche, d'une très belle figure et qu'elle aime passionnément. Ils ont promis de demeurer toujours près de moi, et le spectacle d'un bonheur en grande partie mon ouvrage adoucira pour moi la main de la vieillesse, et sèmera de fleurs la fin de ma carrière. Votre ancienne amitié pour moi me persuade, Monsieur, que vous prendrez part à ma félicité et que vous ne refuserez pas de venir en être le témoin. » *Au château de Villers-sur-Orge*, poste restante à Linas (Seine-et-Oise), 4 octobre 1817. Autogr. signé. In-4, 1 p.

15882 Grognard (François), philanthrope, né à Lyon en 1748, mort à Fontenay-sous-Bois près Paris le 5 novembre 1823. Billet par lequel il demande à M. Coste les doubles des portraits de Lyonnais illustres qu'il a en portefeuille, pour une collection qu'il forme. Il lui offre en échange les doubles qu'il possède. *Paris*, 10 août 1821. Autogr. signé. In-8, 1 p.

15883 Grognier (Louis-Furcy), zoologiste et botaniste, professeur à l'Ecole vétérinaire de Lyon, né à Aurillac le 1er avril 1774, mort le 7 octobre 1837. Lettre à M. Sylvestre, de l'Institut, pour lui faire agréer l'hommage d'un *Compte-rendu* de la Société royale d'agriculture de Lyon pour l'année 1814. *Lyon*, 24 décembre 1814. Autogr. signé. In-4, 1 p.

15884 Grollier (de). Lettre à M. de Magnanville, garde du trésor royal, pour lui témoigner sa satisfaction des arrangements pris avec lui par M. le bailly de Grollier pour la charge de grand baillif de Bresse. *Pont-d'Ain*, 16 juillet 1767. Autogr. signé. In-4, 1 p.

15885 Gros de Boze (Claude), savant numismate, secrétaire perpétuel de l'Académie royale des inscriptions, et depuis de l'Académie française ; né à Lyon le 28 janvier 1680, mort le 10 septembre 1753. Lettre à M...., pour lui annoncer l'envoi d'une quittance de finance de ses taxations. « Le Mémoire que vous avez fait pour défendre votre franc salé est un tissu des meilleures raisons. » *Versailles*, 3 décembre 1714. Autogr. signé. In-4, 1 p.

15886 Gueidan, curé de St-Trivier, député à l'Assemblée nationale. Lettre d'affaires. *Paris*, 18 mai 1791. Autogr. signé. In-4, 3 pp.

15887 Guernon de Ranville (le comte Martial-Côme-Perpétue-Magloire) , nommé procureur général à Lyon le 26 août 1829 , ministre en 1830, né à Caen en 1787. Lettre à M. le procureur du roi de.... pour lui annoncer qu'il accepte son invitation, et le prévenir qu'il arrivera dimanche prochain à Vienne. *Grenoble*, ce 6 février 1826. Autogr. signé. In-4 , 1 p.

15888 Guichenon (le chevalier) , historien de la Bresse. Lettre à S. A. R. Madame, pour lui apprendre que , selon ses ordres , il a fait tout ce qu'il a pu pour accommoder le procès de M. d'Inols avec la Villjeu (sic). *Bourg* , 25 novembre 1662. Autogr. signé. In-4 , 2 pp.

15889 Guidi (comte Sébastien des) , docteur-médecin, inspecteur de l'Université de Lyon , introducteur de l'homœopathie en France ; né au château de Guardia , à Caserte près Naples , le 5 août 1769. Lettre à M. le docteur Ste-Marie, au sujet de la tarentule du royaume de Naples et du tarentisme. Autogr. sans date (an XI). In-4, 3 pp. — Avec des notes sur la tarentule , transcrites par M. des Guidi (Philippe), professeur à l'École centrale de l'Ardèche, président de l'Académie des sciences de Naples ; né à Naples vers 1750 , mort dans la même ville en 1821 ; et deux Lettres du docteur Ste-Marie, de Lyon , l'une du 4 pluviose an XI, l'autre du 20 floréal même année , adressées aux deux Messieurs des Guidi, pour les remercier des renseignements intéressants que ces Messieurs lui ont donnés sur la tarentule et le tarentisme , sujet dont il s'occupe en ce moment. Autogr. signé. In-4.

15890 Guillon de Montléon (l'abbé Aimé) , premier conservateur à la Bibliothèque Mazarine; né à Lyon le 24 mars 1758 , mort à Paris le 12 février 1842. Lettre à M. de Kératry, relative à quelques pensionnés de la Restauration et à l'*Encyclopédie* de Courtin. *Paris*, 29 juillet 1829. Autogr. in-4, 3 pp., avec plusieurs pages de brouillons de son *Histoire du siége de Lyon.*

H.

15891 Halincourt. Lettre à MM. les consuls et échevins de la ville de Lion , pour les prévenir qu'il leur envoie un gentilhomme chargé de leur dire où il a laissé M. de Nemours , qui ne sera à Lyon que dimanche. Au reste, il a été averti que M. de Tavanes a eu une bonne partie de ses troupes défaites. Dieu aide aux gens de bien de tous côtés. *Macon*, 15 mars 1589. Aut. sig. In-4, 1 p.

15892 Halincourt, gouverneur du Lyonnais, Forez et Beaujolois. Sa signature au bas d'un ordre. *Lyon* , février 1630. In-8, 1 p.

15893 Hennequin (Pierre-Auguste) , peintre et sculpteur, né à Lyon en 1765, mort à Tournay en mai 1833. Lettre au ministre pour réclamer l'exécution de l'arrêté rendu par son prédécesseur Laplace, en date du 30 frimaire an VIII, par lequel son loyer devait lui être payé à dater du 1er vendémiaire an VIII, jusqu'au moment où il obtiendrait un atelier dans le Palais national des sciences et des arts. Il appuie sa demande sur les grands tableaux qu'il a exécutés depuis l'an VII. L'un représente *le 10 Août*, l'autre *les remords d'Oreste*. *Paris* , s. d. Aut. sig. In-4, 1 p.

15894 Hennequin (Pierre-Auguste). Lettre à M. le secrétaire général au sujet d'un dessin qu'il avait adressé à M. le préfet, pour qu'il fût reçu au moment où l'on proclamerait les grandes victoires de l'Empereur, et dont il n'a pas reçu de nouvelles. « Je présume cependant que M. le préfet n'a pas pensé que je voulais faire un essai de ma capacité en lui proposant un ouvrage dont je serais flatté qu'il fût honoré lui-même. » *Paris* , 11 frimaire an XIV. Aut. sig. In-4, 1 p.

15895 Henry IV , roi de France. Lettre à M. de Villeroy. « M. de Vylleroy, je vous prye dexpedyer yncoutynant ceux de la relygyon et sollycyter le fayt de *Zamet* et de *Chene* afyn que M. des Dyguyeres comance a fayre quelque chose et donnes ordre que largent de l'armee parte demayn sy vous aves des nouvelles anvoyes les moy. Bon jour M. de Vylleroy. Ce XVe d'avril , à St-Germain-an-Laye. HENRY. » Aut. sig. In-4, 1 p.

15896 Henrys, avocat du roi, à Montbrison. Consultation au sujet des diverses réparations du Chambon, de la Saussonnière, le 5 septembre 1657. Aut. sig. In-8 , 1 p. — Avis consultatif de M. Henrys. s. d., s. l. Aut. sig. In-4, 1 p. — Deux autres pages sig. s. l., s. d. In-4 et in-12.

15897 Herbouville (Charles-Joseph-Fortuné, marquis d') , préfet du départ. du Rhône, né en 1756 à Paris où il est mort le 1er août 1829. Lettre à Son Excellence le ministre du trésor public. Renseignements sur les autorités qui gouvernaient Lyon pendant les mois d'août et de septembre 1793, et sur une somme de 143, 992 livres 10 sols en assignats qui a été extraite, à cette époque , de la caisse du payeur général du département. *Lyon*, 15 décembre 1807. Aut. sig. In-fol., 2 pp.

15898 Herbouville (C.). Lettre à M. Tabard, professeur au Lycée de Lyon , pour lui annoncer qu'il fera valoir ses titres, soit auprès de M. Fontanes, soit auprès des chefs de l'instruction publique , pour son admission à l'Académie de

Lyon. *Paris*, 10 janvier 1810. Aut. sig. In-4, 1 p. — *Id.* A M. Gerbet. Billet. Mardi 14 décembre. Aut. sig. In-12, 1 p.

15899 Hilaire, de la Société de Jésus, auteur d'un ouvrage sur Fourvières. Lettre à M. Coste en lui faisant passer une copie de la lettre de d'Urfé. *Lyon*, ce 8 février 1836. Aut. sig. In-4, 1 p.

15900 Hodieu (Claude), secrétaire en chef de la mairie de Lyon, auteur d'une relation manuscrite du siége de Lyon; né en mars 1765, mort le 27 juin 1831. Lettre à M. Coste, conseiller à la Cour, en lui envoyant un exemplaire de l'*Opinion* prononcée par M. Magneval sur les affaires de Lyon, ainsi qu'un *Mémoire présenté au roi par M. Reboul sur l'affaire de M. Peillon de Grigny*. *Lyon*, 2 septembre 1819. Aut. sig. In-4, 2 pp.

15901 Humblot-Conté fils (A.-R.). Lettre d'affaire, adressée à M. Michoud : demande de deux balles de coton du Levant. *Laferté*, 20 octobre. 1812. Aut. sig. In-4, 1 p.

I.

15902 Imbert-Colomès (Jacques), échevin et commandant de la ville de Lyon en 1789, député au conseil des Cinq-Cents; né à Lyon en 1725, mort à Bath en 1809. Lettre à M...., intendant de Lyon, pour le prévenir qu'il aura à toucher une somme de 6,000 fr. comme intendant de Lyon et comme président de la Chambre de commerce. *Lyon*, 24 novembre 1757. Aut. sig. In-4, 3 pp.

15903 Imbert-Colomès (comtesse de Montrichard, fille de Jacques). Lettre à M. le duc de Doudeauviller pour réclamer contre la suppression d'une pension de 600 fr. qu'elle tenait de Charles X, en mémoire des services rendus pendant dix-neuf ans à la cause royale par son père. *Paray-le-Monial*, 2 janvier 1827. Aut. sig. In-4, 3 pp.

J.

15904 Jacquard (Joseph ou Charles-Marie), mécanicien, né à Lyon le 7 juillet 1752, mort à Oullins le 7 août 1834. Lettre au citoyen préfet du départ. du Rhône : « Citoyen préfet, d'après l'avis que vous avez bien voulu me donner de la demande du ministre de l'intérieur, je m'empresse de vous remettre un modèle de la mécanique pour laquelle j'ai sollicité un brevet d'invention, en vous priant de le faire parvenir à sa destination. Je suis avec respect votre dévoué concitoyen, J.-C. JACQUARD, rue de la Pécherie, près la place de la Platière. *Lyon*, 19 vendémiaire an IX. » Aut. sig. En marge : « Transmis au ministre le 21, accusé réception le 22 vendémiaire. » In-4, 1 p.

15905 Jagot, juge de paix à Nantua, député du départ. de l'Ain à la Convention nationale, détenu pour avoir fait partie de l'ancien Comité de sûreté générale. Pétition aux citoyens représentants pour réclamer sa liberté et son jugement. 13 thermidor an III. Aut. sig. In-fol., 1 p.

15906 Jailly (Hector), sous-préfet de Trévoux sous la Restauration, rédacteur des journaux la *France* et la *Mode*, auteur d'*Une année*, etc. Billet à M. Chambet. Envoi d'une lettre; prière de la faire remettre à son adresse. Ce 6 juin 1836. Aut. sig. In-8, 1 p.

15907 Janin (Jules), littérateur; né à Condrieu le 24 décembre 1804. Lettre à M. de Sainson pour lui demander un exemplaire de son *Voyage autour du monde*. *Paris*, 24 novembre 1835. Aut. sig. In-8, 1 p. — Avec le portrait de J. Janin publié par Ambroise Dupont, gravé manière noire. In-8.

15908 Jars. Lettre à M. Mesnard, secrétaire de M. Bertin, intendant de Lyon, pour lui annoncer que les cuivres viennent d'être affranchis des droits de douane de Lyon et de ceux d'entrée dans le pays des cinq grosses fermes. *Paris*, 3 juillet 1754. Aut. sig. In-4, 2 pp.

15909 Jaume (Urbain), membre de la Société des Jacobins de Paris, secrétaire général de la préfecture du Rhône. Lettre au citoyen Rouher pour lui recommander le sieur Pichon, garçon de bureau de la préfecture. *Lyon*, 16 vendémiaire an X. — *Id.* Certificat de civisme en faveur du citoyen Berenguier. *Paris*, 13 pluviose an II. Aut. sig. In-4, 1 p.

15910 Javogues (Claude), huissier, conventionnel, commissaire de la Convention dans le départ. du Rhône et de la Loire; né à Bellegarde (Ain) en 1759, exécuté après la conspiration du camp de Grenelle en 1796. Lettre à M***, commandant une compagnie, pour lui annoncer qu'il a pris le signalement de trois volontaires qui brûlent de se signaler et qu'il lui envoie. *Montbrison*, ce 12 décembre 1791. Aut. sig. In-4, 1 p.

15911 Jolyclerc (François-Marie-Thérèse), chanoine de St-Paul en 1789, curé constitutionnel de St-Nizier en 1792. Pétition adressée aux citoyens administrateurs pour obtenir qu'on lui restitue les quelques restes de son mobilier, laissés dans les appartements du presbytère avant que le Comité révolutionnaire de ce canton ne s'y fût installé. *Lyon*, 23 floréal an III. Aut. sig. In-4, 3 pp.

15912 Jonage (C. de). Lettre à M. Bernat pour obtenir d'être porté dans les rôles de la capitation. (*Lyon*), 15 octobre 1790. Aut. sig In-4. 1 p.

15913 Jordan (Camille), orateur, membre du conseil des Cinq-Cents et du Conseil d'Etat, né à Lyon le 11 janvier 1771, mort à Paris le 19 mai 1821. Lettre à un ami pour lui recommander un candidat au sénat, attendu que le cardinal Fesch, nommé dans le départ. du Lot, ne sera point porté à Lyon. Il est question dans cette lettre du roman de Mme Krudener, *Valérie*. s. d., 30 brumaire. Aut. sans sig. In-8, 2 pp. — *Id*. Lettre dans laquelle, en qualité de secrétaire de la Société du commerce et des arts, il annonce au préfet du Rhône que la liste demandée à la Société sera bientôt prête. *Lyon*, 18 vendémiaire an XIII. Aut. sig. In-4, 2 pp. — Lettre à M le conseiller Coste, pour lui annoncer qu'il se démet de sa candidature à la députation,à cause de sa mauvaise santé. 22 août. Aut. sig. In-8, 3 pp.— *Id*. Au même, pour lui fixer un rendez-vous : il l'engage à souper. s. d. Aut. sig. In-12, 2 pp. — *Id*. Au même. Autre billet. Aut. sig. In-12.

15914 Joubert (Barthélemi-Catherine), général des armées de la République, né à Pont-de-Vaux en 1769, tué à Novi le 15 août 1799, à peine âgé de trente ans. Lettre au citoyen Scherer, ministre de la guerre, pour lui annoncer que les arrêtés du 7 seront ponctuellement exécutés; mais que, sa santé ne lui permettant pas de s'occuper assez activement des affaires, il persiste dans sa démission et prie le Directoire de le faire remplacer. Au quartier général, à *Reggio*, le 17 nivose an VII (6 janvier 1799). Aut. sig. In-fol., 1 p.

15915 Journel, avocat lyonnais. A M. le conseiller Coste. Lettre de remercîment et de regrets de ne pouvoir se rendre à une invitation. *Lyon*, 18 janvier 1836. Aut. sig. In-4, 1 p.

15916 Jussieu (Bernard de), célèbre botaniste, né à Lyon en 1699, mort à Paris en 1777. Lettre à M.... au sujet de l'efficacité souveraine des alcalis volatils pour combattre les accidents qui suivent la morsure des vipères. *Paris*, ce 19 juin 1767. Autogr. sig. In-4 , 1 p. — Indication d'un remède contre la morsure des vipères : six gouttes d'alcali volatil mélangé avec de l'huile de succin. In-4, 2 pp. — Extrait des *Mémoires de l'Académie des sciences*, année 1747. Récit de la guérison d'un élève de M. de Jussieu, mordu par une vipère et guéri par le célèbre professeur au moyen de l'alcali volatil. In-4, 4 pp.

15917 Jussieu (Claude de), prêtre de la Compagnie de Jésus, né à Lyon le 11 septembre 1715. Pétition au Directoire du district, pour qu'on lui paye le traitement de 1200 fr. auquel il a droit, en exécution du décret de l'Assemblée nationale. (*Lyon*), 1791. Aut. sig. In-4, 1 p. — Autre pétition du même au District, du 4 février 1791. Aut. sig., avec l'Ordonnance de payement. Extrait collationné , signé Bernat. In-4, 2 pp.

15918 Jussieu (Antoine-Laurent de), naturaliste, membre de l'Institut; né à Lyon le 12 avril 1748, mort à Paris le 17 septembre 1836. Lettre à M. Jacques Thouin pour le prier de faire imprimer sur-le-champ l'affiche de ses herborisations. A *Magnifol*, ce mercredi 20 mai 1807. Billet aut. non signé. In-8, 1 p.

15919 Jussieu (Adrien de), fils de Laurent, professeur au Jardin des Plantes, né à Paris en 1797. Lettre à M. Cadet Gassicourt au sujet d'une branche sur laquelle celui-ci voulait avoir son avis, et qui n'était autre que le *rhus toxicodendron*, qui existe au Jardin des Plantes. *Paris*, 20 octobre 1836. Aut. sig. In-8, 1 p.

15920 Jussieu (de), fils d'Antoine - Laurent de Jussieu, littérateur, nommé préfet en 1831. Lettre à M. Marlet pour le prier de dire quel est le sujet du dessin qu'il fait pour le *Bon Génie*, journal de la jeunesse. *Sèvres*, 19 juillet 1828. Aut. sig. In-8, 1 p.

K.

15921 Kellermann (François-Christophe), commandant l'armée républicaine pendant le siége de Lyon, maréchal d'Empire, duc de Valmy; né à Strasbourg en 1735, mort à Paris en 1820. Ordre du commandant en chef de l'armée des Alpes et d'Italie au général de division Saint-Rémy, de partir sans délai pour venir le rejoindre dans le départ. du Mont-Blanc. *Quartier général de la Pape*, 31 août 1793, an II. Aut. sig., contre-signé Garnier, général d'armée. In-fol., 1 p.—.Certificat de médecins attestant que le général de division Charles de St-Rémy est atteint de coliques néphrétiques, etc., et qu'il est impossible de le traiter pendant le cours de la campagne. *Signé* : Guyot, chirurgien consultant de l'armée des Alpes, et Farge, premier médecin de l'armée des Alpes. *Grenoble* , 25 septembre 1793 ; avec attestation à l'appui du général Kellermann. *Paris*, 15 pluviose an III. Aut. sig. In-4, 2 pp.

L.

15922 Lablée (Jacques), membre de l'Académie de Lyon, né à Beaugency le 26 août 1751. Lettre pour demander des secours : il a soixante-dix-sept ans, il n'a pas de fortune ni d'emploi ; il a publié 30 volumes et fondé divers recueils; il croit avoir rendu des services à la cause royale et il ne se reproche rien. *Paris*, 7 février 1828. Aut. sig. In-4, 1 p

15923 Laboureur (Claude Le), né vers 1601, mort vers 1682 ; prieur de l'Ile-Barbe, oncle de Jean et de Louis Le Laboureur. On a de lui les *Mazures de l'abbaye de l'Ile-Barbe*. Lettre à M. de Sainte Marthe, conseiller du roi, avec une liste des abbés de St-Rigault, écrite de sa main pour la *Gallia christiana*. *Lyon*, 24 février 1665. Aut sig. In-4, 2 pp.; cachet.

15924 Lacenaire (Pierre-François), assassin , homme de lettres; né à Francheville près Lyon en 1800 , exécuté à Paris le 9 janvier 1836. Billet à une dame pour s'excuser de ne pas avoir répondu plus tôt à son désir. Il lui envoie une romance autographe. De la Conciergerie, 2 février 1836. Aut. sig. In-8, 1 p. — *Id.* Romance manuscrite et signée LACENAIRE. In-8, 1 p.

15925 Lachaise (le père François de), professeur de physique et de philosophie au collége de la Trinité à Lyon, confesseur de Louis XIV; né au château d'Aix en Forez le 25 août 1624, mort le 20 janvier 1709. Lettre à Mgr... au sujet d'un ami de Rome dont Sa Majesté souhaite que les projets réussissent, mais sans qu'elle puisse y prendre part, étant engagée ailleurs. *Paris*, 30 août 1694. Aut. sig. In-4, 1 p.

15926 Lacretelle. Lettre à M. le rédacteur en chef du *Courrier de Lyon*, pour lui demander l'insertion d'un article en réponse à celui de M. de Lamartine. Il ose réclamer ce service, attendu qu'il intéresse la patrie et le Gouvernement. *Belair près Mâcon*, 26 août 1840. Aut. sig. In-4, 1 p.

15927 Lacroix-Laval (Jean-Pierre-Philippe-Anne de), seigneur de Dardilly, Marcy et Ste-Consorce, etc.; né à Lyon le 28 avril 1744, mort sur l'échafaud révol. le 25 déc. 1793. Réclamation adressée aux citoyens administrateurs composant le Directoire du district de la campagne de Lyon, au sujet d'une double imposition dont les municipalités de Latour et de Ste-Consorce l'ont grevé. 17 mai 1793. Aut. sig. In-fol., 2 pp.

15928 Lacroix-Laval (Jean de), maire de Lyon, du 31 janvier 1826 au 4 août 1830; né à Lyon le 18 mai 1782. Lettre à M. Coste en lui adressant un billet pour la séance de la Chambre des députés. *Paris*, 2 mai 1829. Aut. sig. In-8, 1 p. — Billet par lequel il fait ses adieux à M. Coste; il le prie de défendre les intérêts *du maire* au Conseil municipal de Lyon. *Paris*, 23 mai 1829. Aut. sig. In-8, 1 p.

15929 Lafayette (le marquis, général), membre de la Chambre des députés, cause ou prétexte d'une manifestation à Lyon en 1829; un pont de la ville porte son nom. Lettre en réponse à une pétition des gardes nationaux d'Angers qui lui a été adressée pour être déposée au bureau de la Chambre. *Paris*, 26 janvier 1820. Aut. sig. In-4, 1 p., avec portrait.

15930 Laforest (Paul-Timoléon de), custode de Ste-Croix, vicaire général, auteur d'ouvrages de théologie; né en 1709. Attestation en latin. *Lyon*, 6 octobre 1773. Aut. sig. In-4, 1 p.

15931 Lalande (Joseph-Jérôme Lefrançais de), célèbre astronome, né à Bourg le 11 juillet 1732, mort le 4 avril 1807. Lettre à M. Lebreton. Il lui annonce qu'il a reçu l'autorisation pour le tirage de 3,000 exemplaires de l'*Annuaire*; mais il n'y est point fait mention de 750 exemplaires pour les Conseils ni de 250 ex. pour le Bureau des longitudes. 9 messidor au soir. Aut. sig. In-8, 1 p. — *Id.* Aux citoyens commissaires, afin qu'on procure à l'Observatoire six voies de bois et vingt livres de chandelles. Sans lieu, s. d. Aut. sig. In-4, 1 p.

15932 Lamartine (Prat de), chevalier de St-Louis, érudit, père du poète. Lettre à un négociant de Lyon, pour se faire confectionner une fourrure avec des peaux de taupes qu'il fournirait lui-même. *Mâcon*, 15 décembre 1784. Aut. sig. In-4, 1 p.

15933 Lambert (Jacques-Antoine), numismate, né à Lyon le 8 avril 1770, mort le 15 août 1850. Lettre à M. Coste pour le prier de lui faire acheter trois ouvrages de numismatique dans une vente. Sans lieu, s. d. Aut. sig. In-4, 2 pp.

15934 Lamourette (Adrien), évêque constitutionnel du départ. de Rhône-et-Loire, né en 1742 à Frévent (Pas-de-Calais), mort à Paris sur l'échafaud le 11 janvier 1794. Lettre à M. Ange-Joseph Lamourette, pour lui annoncer qu'il le nomme à la place de vicaire-directeur de son séminaire. *Lyon*, 25 septembre 1791. Aut. sig. In-fol., 1 p.

15935 Langlès (Louis-Mathieu), orientaliste, né à Péronne près Montdidier en 1763, mort à Paris en 1824. Lettre au libraire Maradan, pour le prévenir qu'il est en état de livrer à l'impression le 1er volume de son Voyage. *Paris*, s. d. In-8, 1 p. — *Id.* Un feuillet du Voyage du chevalier Chardin en Perse et autres lieux de l'Orient. Autog. de LANGLÈS. In-fol., 2 pp.

15936 Lanthenas (François), médecin, député du départ. de Rhône-et-Loire à la Convention. Reçu du citoyen Bonneville la somme de 27,000 livres en mandats, pour sa créance. *Paris*, 27 messidor an VI. Aut. sig. In-4, 1 p.

15937 Laporte (Sébastien de), représentant du peuple, envoyé en mission à Lyon à l'époque du siége. Lettre au représentant du peuple Cadroy, pour lui annoncer que la mission dans le Midi, qu'il a sollicitée trop tardivement, vient d'être accordée à Despinassy. Sa demande est arrivée un quart-d'heure après que le décret a été rendu. Cadroy n'en sera pas moins très utile au pays dans sa mission à Lyon. *Paris*, 11 prairial an III. Aut. sig. In-4, 1 p.

15938 Lapoype (Jean-François de), général de division, né à Lyon le 31 mai 1758, mort le 27 janvier 1851, dans sa propriété de Fantaisie, aux Brosses près de Vaux. Requête par laquelle il demande qu'il soit sursis à toute poursuite contre sa personne, pour restitution des sommes provenant des baux de ses propriétés de Serrières, passés en l'an IV et touchés par lui, vu que lesdits biens lui appartiennent comme légitimaire et de plus comme acquéreur. Au quartier général de *Paris*, le 16 floréal an X. Aut. sig. In-fol., 2 pp.

15939 Laprade (Victor de), professeur de littérature à la Faculté des lettres de Lyon, membre de l'Académie de la même ville, né à Montbrison le 13 janvier 1812. *Les deux Muses*, idylle. *Montbrison*, octobre 1849. Aut. sig. In-8, 22 pp.

15940 La Roche (le baron Louis Charrier de),

évêque de Versailles, né à Lyon le 17 mai 1738, mort le 17 mars 1827. Lettre pour recommander un sieur Uzanne au poste de référendaire à la Cour des comptes. *Versailles*, 20 août 1812. — Lettre à M. Leclerc, imprimeur à Paris, au sujet d'un poste que celui-ci demande pour un prêtre de sa connaissance, mais qui se trouve déjà promis à un autre. *Versailles*, 20 février 1821. Aut. sig. In-4, 1 p.

15941 La Salle (Philippe de), célèbre dessinateur et mécanicien, né à Seyssel le 23 septembre 1723, mort à Lyon le 27 février 1804. Lettre à un conseiller d'Etat, pour lui faire hommage d'un exemplaire du Rapport de l'ancienne Académie des sciences sur le métier de sa composition propre à la fabrication des étoffes brochées. Il voudrait être présenté au ministre de l'intérieur, pour lui proposer de juger par lui-même d'un atelier. *Lyon*, 31 décembre 1803. Aut. sig. In-4, 1 p. — On lit en marge : « Le remercier. »

15942 La Sausse (l'abbé Pierre-Jean-Baptiste de), ancien directeur de St-Sulpice, grand-vicaire de Lamourette, écrivain ecclésiastique; né à Lyon le 22 mars 1740, mort à Paris le 2 novembre 1826. Réponse du citoyen La Sausse, condamné à la déportation comme prêtre réfractaire, et détenu à la Force, à une lettre du greffier du Bureau central. Aut. non sig. In-4, 5 pp. — Prospectus d'un de ses ouvrages : *La Vie de Jésus-Christ, tirée de l'Evangile selon la Concorde.* Aut. non sig. In-4, 5 pp. — Une page in-4, Notes diverses.

15943 Latourette (Marie-Antoine-Louis Claret de Fleurieu de), naturaliste, secrétaire perpétuel de l'Académie de Lyon, ami de J. J. Rousseau; né au mois d'août 1729, mort en 1793. Lettre à M..... pour lui annoncer qu'il a fait communication à l'Académie de la lettre qu'il lui avait adressée. Il envoie la liste des académiciens de Lyon pour la présente année. *Lyon*, 4 mars 1788. Aut. sig. In-4, 1 p.

15944 Laurencin (Jean-Espérance-Blandine, comte de), membre de l'Académie de Lyon, né à Chabeuil près Valence (Dauphiné) le 17 janvier 1733, mort le 21 janvier 1812. Lettre d'amitié adressée au vicomte de Montmorency: il lui parle de son séjour à Châteaudun, où l'on s'ennuie à s'avaler la langue. *Orléans*, 17 août 1787. Aut. sig. In-8, 5 pp.

15945 Laurencin (Espérance). Lettre à M. le ministre de l'intérieur, pour lui exposer : 1° la situation déplorable qui lui est faite par le Comité de liquidation, qui a décidé que sa dette ne serait pas comprise dans les créances arriérées de l'Etat; 2° les malheurs arrivés aux différents membres de sa famille. Eloge du ministre, de ses actes et de ses écrits. *Aux travaux Perrache, à Lyon*, 4 mai 1790. Aut. sig. In-4, 4 pp.

15946 Laurencin (Espérance). Pétition au Comité révolutionnaire du canton de l'Egalité, au sujet

de ses fils, mis sur la liste des émigrés au mois de mai 1793. Depuis 1792 il ignore ce qu'ils sont devenus; il a pleuré leur mort, il pleurerait davantage leur existence. S'ils ont déserté le drapeau de la patrie, ils sont indignes de leur père qui lui renie et mettrait sa gloire à les punir. Pièce revêtue de nombreuses signatures et d'attestations des membres du Comité révolutionnaire. *Commune-Affranchie*, 4 vendémiaire an III. Aut. sig. In-fol., 2 pp.; timbre.

15947 Laurencin (Espérance). Lettre à M. Dumas pour lui rappeler qu'on lui avait promis la destitution de Pierre Fayé, qui vient encore de se rendre coupable d'une coquinerie. Sans lieu. 17 fructidor an X. Aut. sig. In-4, 1 p. — Lettre à un de ses collègues, en lui envoyant la liste des membres du Conseil municipal de sa commune. *Chanzé*, 24 messidor an XI. Aut. sig. In-4, 1 p.

15948 Laurencin (Aimé-François, comte de), de l'Académie de Lyon, littérateur-journaliste, député du Rhône en 1824; né vers 1760, mort à la Chassagne (Rhône) le 7 octobre 1833. Lettre à M. de Tezenas, pour lui transmettre la copie de l'adresse du Collège électoral du départ. du Rhône. C'est M. d'Herbouville qui a prononcé l'adresse au roi. *Paris*, 12 septembre 1815. Aut. sig. In-4, 1 p. — Lettre à M. le baron Pasquier, directeur général des ponts et chaussées, représentant de la Comp. Perrache. M. le comte Laurencin met sous les yeux de M. Pasquier une notice relative au pont de la Mulatière, qui est devenu propriété du Gouvernement par un décret en date du 11 juin 1809 : ce décret réglait jusqu'à fin de paiement le mode d'administration de cette propriété, ainsi que la distribution des fonds en provenant. Il demande en conséquence l'exécution de ce décret et le remboursement des sommes non dues, que l'administration des Droits réunis l'a forcé de verser dans sa caisse au détriment de la Comp. Perrache. *Paris*, 12 février 1815. Aut. sig. In-4, 2 pp.

15949 Laurencin (Charles de). Lettre au vicomte de Montmorency: il lui apprend que le jeune Cassin, auquel il s'intéresse, a un numéro assez avancé pour n'être point appelé et qu'il se trouve libéré du service. *Sens*, 14 novembre 1818. Aut. sig. In-4, 1 p.

15950 Laurens-Humblot (Jean-Baptiste), manufacturier, député du Rhône en 1830, pair de France. Renouvellement d'abonnement au *Moniteur. Paris*, 6 décembre 1859. Aut. sig. In-8, 1 p.

15951 Laussel (N.), ancien prêtre, joséphiste, procureur de la commune de Lyon en 1793; né à Guignac (Languedoc) le 15 juin 1757. Considérants par lesquels la municipalité estime que le sieur St-George, ancien grand-vicaire, malgré sa requête et les pièces annexées, ne peut être rayé de la liste des émigrés. *Lyon*, 30 janvier 1793. Aut. sig. In-fol., 1 p.

15952 Laverpillière (Jacques Leclerc de), ancien major de la ville de Lyon, prévôt des marchands de 1764 à 1772, membre de l'Académie de Lyon, mort en 1776. Lettre à M. le marquis de Rochebaron, à Lyon, au sujet d'une affaire pour laquelle il sollicite les ministres contre les prétentions de M. de Myons qui ne connaît rien de sacré et qui se dément avec autant de hardiesse que s'il avançait les faits les plus avérés. *Paris*, 19 juillet 1763. Aut. sig. In-4, 2 pp. — Lettre au même pour lui annoncer que M. de Villeroy a représenté à M. le vice-chancelier, avec toute la force imaginable, combien M. de Rochebaron a toujours su maintenir la discipline et le bon ordre dans la ville de Lyon, où tous les ordres ont pour lui de la reconnaissance et du respect. M. de Myons ne retirera de toutes ses démarches que de la confusion. *Paris*, 23 juillet 1763. Aut. sig. In-4, 2 pp. — Lettre au même sur la déconvenue du prévôt des marchands lorsqu'il s'est vu dépouillé de son commandement. *Lyon*, 20 octobre 1767. Aut. sig. In-4, 1 p.

15953 Laverpillière (Leclerc de). Lettre à M. Bureau de Puzy, préfet du Rhône, pour lui accuser réception de celle par laquelle M. le préfet lui annonce sa nomination au corps municipal de Lyon. *Lyon*, 2 août 1804. Aut. sig. In-4, 1 p.

15954 Lavie père, mort à Lyon, où il était conseiller à la Cour. Notes sur Démosthènes. Aut. In-8, 1 p.

15955 Lecamus (Gabriel-Etienne), naturaliste, de l'Académie de Lyon; né dans la Haute-Marne, près de Langres, le 15 mai 1746. Pétition dans laquelle il énumère tous ses titres, tous les services qu'il a rendus, et réclame de nouvelles fonctions soit dans le Corps législatif, soit dans le Tribunat. s. l., s. d. Aut. sig. In-fol., 3 pp.

15956 Leclerc (Laurent-Josse), fils du graveur Sébastien Leclerc; né à Paris en 1677, mort directeur du séminaire de St-Irénée le 7 mai 1736. Lettre au président Bouhier en lui envoyant son *Durand* et le petit Traité du blason de La Roque. *Paris*, 30 mars 1735. Aut. sig. In-4, 3 pp.

15957 Ledoyen, général de brigade. Lettre d'affaire adressée à l'adjudant-général Prisye. *Paris*, 23 vendémiaire an IV. Aut. sig. In-4, 1 p.

15958 Legrand (le comte Claude-Juste-Alexandre), lieutenant-général, inspecteur général d'infanterie dans le Midi; pair de France, né au Plessis-sur-St-Just (Oise) le 23 février 1762, mort à Paris le 8 janvier 1815. Lettre au ministre de la guerre; accusé de réception d'un ordre. *Liége*, 14 nivose an XI. Aut. sig. In-fol., 2 pp.

15959 Lemoine (Pierre-Camille), savant paléographe, avocat, archiviste des comtes de Lyon. Lettre à M. le bibliothécaire de l'abbaye de Ste-Geneviève, avec prospectus imprimé de son ouvrage: *La Diplomatique pratique*. Les blancs

remplis à la main; post-scriptum autog. signé *Toul*, le 13 février 1764. —Lettre à Messieurs... pour leur recommander son ouvrage qu'il a terminé au mois de juin dernier. Détails sur les ennuis financiers qu'il a éprouvés pour l'impression de son livre. *Lyon*, 24 septembre 1765. Aut. sig. In-4, 2 pp.

15960 Lémontey (Pierre-Edouard), avocat, député, membre de l'Académie; né à Lyon le 14 janvier 1762, mort à Paris le 26 juin 1826. Lettre à M. le duc de la Rochefoucault, pour lui demander le maintien de M. Thiersault comme régisseur de la maison de répression de St-Denis. *Paris*, 12 avril 1819. Aut. sig. In-4, 1 p. — Id. Lettre au sujet des réflexions politiques de M. Méhée sur le dernier ouvrage de Châteaubriand. Il demande que, dans une matière aussi délicate, l'on consulte un autre censeur. *Paris*, 28 décembre 1814. Aut. sig. In-4, 2 pp. — Avis sur deux caricatures: l'une relative à l'épisode de la bataille de Mont St-Jean, l'autre contre Cambacérès. *Paris*, 11 juillet 1815. Aut. sig. Fragment in-4, 1 p. — Lettre à Son E. le ministre de la guerre, pour lui demander l'autorisation de consulter, dans le dépôt de la guerre, les documents historiques depuis 1715 jusqu'à 1726. s. l., s. d. In-fol., 1 p.

15961 Lemot (le baron François-Frédéric), statuaire, membre de l'Institut; né à Lyon le 4 novembre 1771, mort à Paris le 6 mai 1827; auteur de la statue de Henri IV placée en 1818 sur le Pont-Neuf à Paris, et de celle de Louis XIV érigée le 6 novembre 1826 à Lyon sur la place Bellecour. Lettre à un des 40,000 souscripteurs de la statue de Henri IV, qui voulait surveiller son travail: il demande une satisfaction ou une réparation publique, car il n'est pas homme à y renoncer, et il exige qu'il fasse insérer dans la *Quotidienne* qu'il n'a jamais eu l'intention d'élever des doutes injurieux sur son talent à lui Lemot, et de détruire par de perfides insinuations la confiance dont on l'avait honoré. *Paris*, 1er mars 1817. Aut. sig. In-4, 4 pp. — Lettre à M. Pérignon au sujet d'un malentendu qui a fait aller ce dernier au Roule au lieu de se rendre au faubourg St-Laurent, pour y assister à l'opération de la fonte de la statue de Henri IV. Il espère que semblable méprise n'aura pas lieu le jour de la grande fonte. *Paris*, 24 mars 1817. Aut. sig. In-4, 1 p. — Billet à M. Ghéfaldy, pour lui fixer un rendez-vous. *Paris*, 16 septembre 1823. Aut. In-8. — Lettre à M. de Brosses, préfet du Rhône, pour annoncer le départ de Paris de la statua équestre de Louis XIV. Détails intéressants. *Paris*, 3 octobre 1825. Aut. sig. In-4, 3 pp.

15962 Lescallier (Daniel, baron), préfet de la Guadeloupe, économiste, né à Lyon le 29 novembre 1743, mort en mai 1822. « Mémoire fort important, en ce qu'il établit une discussion sur la marche et les opérations du capitaine

Blanc » et sur la Société de Vaudeuil. *Paris*, 13 novembre 1788. In-fol., 6 pp. — Note sur les réclamations du capitaine Blanc. *Cayenne*, 27 mai 1789. Aut. non sig. In-4, 2 pp. — A M. Leroy, consul à Hambourg. Lettre de recommandation pour M. Sieveking. *New-Yorck*, 24 juillet 1812. Aut. sig. In-4, 1 p.

15963 Lespinasse (Mlle Julie-Jeanne-Eléonore de), femme de lettres, amie du président Hénault et de d'Alembert; née à Lyon en 1732, morte le 26 mai 1776. s. d. Sa signature aut. Pap. coupé.

15964 Lestrade (Louis-François), général de division, né dans les Cévennes vers 1768. Lettre à l'adjudant-général Pressye pour lui annoncer que le général Kellermann lui ordonne impérativement de se présenter à Lyon. *Briançon*, ce 5 octobre 1793. Aut. sig. In-fol., 3 pp.

15965 Lezay-Marnésia (le comte Albert de), préfet du Rhône, du 1er novembre 1817 au 8 janvier 1822. Demande d'audience à un ministre. *Paris*, 3 février 1822. Aut. sig. In 4, 1 p.

15966 Liénard (Claude-François), vaudevilliste-chansonnier, né à Lyon le 29 janvier 1784, mort de l'opération de la pierre à l'Hôpital de Lyon le 31 août 1843. Lettre à un de ses amis pour le remercier de l'envoi qu'il lui a fait de la *Physiologie du mariage*, livre qui, dans sa position d'homme marié, lui arrive comme la moutarde après dîner. *Lyon*, 3 mars 1836. Aut. sig. In-8, 1 p.

15967 Lois (de), comte de Lyon. Lettre d'affaire. Compte des droits d'économat pour sa nomination à l'abbaye d'Aumale. *Lyon*, 13 janvier 1785. Aut. sig. In-4, 2 pp.

15968 Los-Rios (Jean-François), libraire à Lyon, écrivain, né à Anvers en 1728, mort à Malines le 24 novembre 1820. Lettre d'affaire adressée à M. Vincent, libraire à Paris. *Lyon*, 25 juillet 1773. Aut. sig. In-4, 2 pp.

15969 Lucotte (Edme-Aimé), comte, général, envoyé à Lyon en 1815 pour s'opposer au retour de l'Empereur; né à Dijon en 1770. Lettre au ministre de la guerre, en lui envoyant ses états de service et ceux de ses aides-de-camp. *Beauvais*, 30 nivose an XIII. Aut. sig. In-fol., 1 p.

15970 Lyonnet (l'abbé), grand vicaire du diocèse de Lyon, évêque de St-Flour, écrivain. Lettre d'amitié adressée à M. le conseiller Coste. *Lyon*, 27..... Aut. sig. In-8, 1 p.

M.

15971 Madeleine (Louis Philipon de la), littérateur, né à Lyon le 9 octobre 1734, mort à Paris le 19 avril 1818. Lettre à M. Lamy, libraire, pour le prier de ne pas envoyer au dépôt du ministère de l'intérieur le 13e vol. des *Ordonnances*, qu'on espère retrouver. *Paris*, 26 juillet 1806. Aut. sig. In-4.

15972 Madinier, chevalier de St-Louis. Lettre à M. Tezenas, chef de la librairie: demande d'un brevet de libraire pour quelqu'un qui l'intéresse. *Paris*, 20 mai 1824. Aut. sig. In-4, 1 p. — Lettre de remerciment à M. Tezenas. *Paris*, 10 juillet 1824. Aut. sig. In-8, 1 p.

15973 Magneval (Ph.), négociant, député du Rhône, né à Lyon le 24 août 1751, mort à Paris le 14 novembre 1821. Au citoyen André. Lettre d'affaire. *Lyon*, 18 avril 1793. Aut. sig. In-4, 2 pp.— Au même. Lettre d'affaire. *Lyon*, 6 juillet 1793. Aut. sig. In-4, 2 pp.— A M. Claret, avoué. Lettre d'affaire. 6 juin 1819. Aut. sig. In-4, 2 pp.

15974 Mandelot (François de), seigneur de Passy, gouverneur de Lyon; né à Paris le 20 octobre 1529, mort à Lyon le 24 novembre 1588. Sa signature au bas d'une attestation donnée à Lyon le 7 juillet 1576. In-4 parchem., 1 p.; sceau.

15975 Marbeuf (Yves-Alexandre de), évêque d'Autun en 1767 et archevêque de Lyon en 1788, né à Rennes en 1734, mort en exil à Lubeck le 15 avril 1799. Lettre à un ministre au sujet des Bernardines de Moulins (en Bourbonnais) qui réclament pour faire révoquer les ordres du roi, ordres qui empêchaient qu'on ne pût recevoir des novices dans cette maison. *Paris*, 23 juin 1774. Aut. sig. In-4, 3 pp.— *Id.* Lettre au sujet de deux délibérations prises par l'administration de Bourgogne au sujet des canaux et des grands chemins. *Paris*, 1er juillet 1780. Aut. sig In-4, 1 p.

15976 Marduel (Claude-Marie), vicaire de St-Nizier à Lyon, nommé curé de St-Roch à Paris en 1787. Lettre d'excuses adressée à Mgr l'évêque de Quimper. *Paris*, le 10 octobre 1804. Aut. sig. In-4, 1 p. — Lettre au sujet des quelques paroles qu'il a prononcées sur la tombe du général Léopold Berthier. *Paris*, le 10 mai (1807). Aut. sig. In-4, 1 p.

15977 Marduel (Jean-Baptiste), vicaire de St-Nizier à Lyon, puis vicaire de St-Roch à Paris. Sa signature au bas d'un certificat de confrérie délivré à Mlle Emilie-Marguerite Rondet (compromise en 1791 pour avoir insulté l'évêque constitutionnel Lamourette, à St-Nizier). *Lyon*, ce 8 octobre 1808. Sig. aut. In-12.

15978 Margaron (le baron Pierre), lieutenant-général, né le 1er mai 1755. Mémoire adressé aux représentants du peuple pour se plaindre de son emprisonnement malgré son civisme et les services qu'il a rendus. Enumération de ses campagnes. Sans lieu ni date. Aut. sig. In-fol., 5 pp. — Lettre au maréchal Berthier en lui adressant ses états de service. *Calais*, 17 nivose an XIII. Aut. sig. In-fol., 1 p.

15979 Marguery (F.), de Lyon, homme de lettres, auteur d'un *Dictionnaire portatif de la langue française*. Demande d'emploi. *Paris*, 19 juin 1817. Aut. sig. In-4, 1 p.

15980 Marin, statuaire, professeur à l'Ecole de

Lyon, né à Lyon en 1759, mort à Paris le 18 septembre 1834. Lettre à M. Belanger, architecte à Paris. Il se plaint de ne travailler que pour son compte. Il parle du prince de Canino, de Mme Lucien et de Mme Lezay-Marnésia. *Lyon*, 14 mars 1815. Aut. sig. In-4, 3 pp. — *Id.* Au même. Lettre d'amitié. *Lyon*, 30 j. 1815. Aut. sig. In-4, 4 pp.

15981 Marquemont (Denys-Simon de), archevêque de Lyon, cardinal, né à Paris en 1572, mort à Rome le 16 septembre 1626. Sa signature au bas d'une quittance du 21 novembre 1623. Sur vélin, in-8. — Lettre au R. P. Tiersault, supérieur de la Congrégation de l'Oratoire, pour lui témoigner de nouveau toute son affection pour lui et pour sa Congrégation. De Rome, le 8 mars 1626. Aut. sig. In-4, 1 p.

15982 Martin (Claude), major-général au service de la Compagnie anglaise des Grandes-Indes, fils d'un tonnelier de Lyon; né en janvier 1732, mort à Lucknow, dans le Bengale, le 13 septembre 1800. Lettre à M. Langlés l'orientaliste. Il lui adresse le catalogue de ses livres indiens et lui offre, si quelques-uns d'entre eux lui sont utiles, de lui envoyer ou les originaux ou les copies. *Lucknow*, 1er décembre 1797. Aut. sig. In-4, 1 p.

15983 Martin (Louis-Aimé), littérateur, né à Reillieux près Lyon en 1786, mort à St-Germain-en-Laye le 18 novembre 1847. Lettre à M. le chevalier Lablée, pour lui annoncer qu'il s'empressera de faire lire ses couplets à quelques-uns de MM. les députés, *du moins à ceux que le dieu de la poésie illumine de ses traits. Paris*, le... 181.. Aut. sig. In-8, 2 pp. — Reçu de cent francs pour sa collaboration du mois de juillet au *Journal des Débats. Paris*, 3 août 1818. — Lettre pour demander audience. Il annonce l'envoi de trois lettres : une de Fénelon, une de Bossuet, une de Mme Guyon. *Paris*, 23 mars 1824. Aut. sig. In-4, 1 p. — Billet adressé à M. Téchener, libraire, pour le prier de passer chez lui s. d. Aut. sig. In-8, 1 p.

15984 Martinel (Joseph-François-Marie de), ancien colonel, un des fondateurs de la Société linnéenne de Lyon, directeur de la Pépinière départementale du Rhône; né à Aix en Savoie le 23 octobre 1763, mort à Lyon le 8 avril 1829, et non le 5 ou le 10. Lettre à un ami au sujet de la taille des mûriers dans le département du Rhône. Il vient d'être reçu membre de la Société d'agriculture de Lyon. *Lyon*, 28 janvier 1818. Aut. sig. In-4, 2 pp.

15985 Matthieu (Jean-Baptiste), continuateur de l'Histoire de Louis XIII commencée par Pierre-Matthieu son père; né à Lyon au commencement du XVIIe siècle. Lettre à Madame de Boly, supérieure du couvent de Ste-Elisabeth de Bellecour, au sujet du refus que le pape fait de la béatification de sa sœur, Marie Matthieu, en religion Magdeleine du Sauveur,

morte l'année précédente supérieure du couvent de Ste-Elisabeth de Bellecour. *Paris*, 3 avril 1681. Aut. sig. In-4, 2 pp.

15986 Mathon de la Cour (Jacques), mathématicien et mécanicien, de l'Académie de Lyon; né à Lyon en 1712, mort le 7 novembre 1777. Envoi à M. le président de Malesherbes d'une brochure intitulée : *Lettre à Mad... sur les peintures, les sculptures... exposées au salon du Louvre l'an* 1763. Aut. sig. In-12, 1 p.

15987 Maupetit (Pierre Honoré-Anne), général de brigade, baron d'Empire, né à Lyon le 21 novembre 1771, mort commandant de la subdivision militaire de l'Orne à Alençon, le 13 décembre 1811. Lettre d'amitié à son oncle Maupetit-Bethenot. *Compiègne*, 19 brumaire an XIII. Aut. sig. In-8, 1 p. — Lettre à M. Henry, colonel de gendarmerie d'élite, pour lui recommander un militaire. *Hanovre*, le 17 août 1808. Aut. sig. In-4, 1 p.

15988 Mayeuvre de Champvieux (Etienne), membre du conseil des Cinq-Cents, littérateur; né à Lyon le 11 janvier 1743, mort le 2 juin 1810. Lettre d'affaires adressée au citoyen Rouher, administrateur de l'Hospice des vieillards du départ. du Rhône. *Paris*, le 6 pluviose an V. Aut. sig. In-4, 1 p. — Lettre au citoyen de Fermon, conseiller d'Etat, pour lui recommander vivement Mme veuve Dareste-Alléon, dont le mari était receveur des tabacs à Lyon, et à qui le Trésor public demande des comptes qu'elle ne peut donner exactement, les registres ayant été détruits pendant le siège. *Lyon*, 17 floréal an XI. Aut. sig. In-4, 2 pp. — Lettre au même, pour lui recommander le citoyen Portalet, de Montmerle. *Lyon*, le 28 ventose an XII. Aut. sig. In-4, 2 pp.

15989 Menoux (Louis-François-Marie), conseiller à la Cour d'appel de Lyon, président à vie de l'Académie de la même ville, né à Lyon le 28 octobre 1769. Lettre à un académicien pour s'excuser de ne pouvoir assister à une séance de l'Académie. *Lyon*, 25 novembre 1832. Aut. sig. In-8, 1 p.

15990 Mercier (Barthélemi), abbé de St-Léger, savant bibliographe, né à Lyon le 4 avril 1734, mort à Paris le 13 mai 1799. Lettre à M. de Fonpemagne, de l'Académie française, pour l'engager à faire des recherches sur Jean Thenaud, l'auteur de la *Marguerite de France*. (*Paris*), 24 mars 1776. Aut. sig In-8, 2 pp. — Un feuillet manuscrit contenant les noms de quelques écrivains peu connus qui ne se trouvent pas dans les dictionnaires. Aut. in-4.

15991 Mérinville (René Desmoutier de), ancien évêque de Lyon et de Chambéry, administrateur du diocèse de Lyon en 1802, chanoine-évêque de St-Denis; né en 1742 dans le diocèse de Limoges, mort à Versailles en novembre 1821. Lettre au conseiller d'Etat préfet, pour lui annoncer qu'il prend en considération sa recommandation en faveur du prêtre

Delaudine pour la cure de Néronde. *Lyon*, 27 thermidor an X. Aut. sig. In-4, 1 p.

15992 **Merlino** (Jean-François-Marie), député de l'Ain à la Convention, membre du conseil des Cinq-Cents ; né à Lyon en 1738, mort dans le départ. de l'Ain en 1805. Lettre à la citoyenne Granger à St-Cyr au Mont-d'Or, pour la rassurer sur « la situation où la mettent, relativement à ses intérêts, les tristes, mais bien mérités événements de la rebelle ville de Lyon. » *Paris*, 24 nivose an II. Aut. sig. In-4, 2 pp — Lettre à son collègue Reverchon à Commune-Affranchie, pour lui recommander le citoyen Jourdan son beau-frère, qui n'a jamais été du parti des contre-révolutionnaires lyonnais. *Paris*, 14 floréal an II. Aut. sig. In-4, 3 pp.

15993 **Messance**, pseudonyme de Jean Baptiste-François de la Michaudière, un des auteurs des *Recherches sur la population des généralités d'Auvergne et de Lyon*; intendant de Lyon en 1757, né le 2 septembre 1720, mort en avril 1797. Lettre à Mgr.... pour lui accuser réception d'une lettre. *St-Etienne*, le 21 décembre 1785. Aut. sig. In-4, 2 pp.

15994 **Meynis** (B.-G.), procureur-général-syndic du départ. de Rhône-et-Loire, de septembre 1792 au 10 octobre 1793. Lettre au rédacteur du *Thermomètre* pour demander un abonnement à son journal, avec copie de l'adresse envoyée à la Convention par les citoyens affranchis de tous préjugés de la commune de St-Bonnet-le-Château. *St-Bonnet-le-Château*, ce 24 janvier an II de la République (1793). Aut. sig. In-4, 3 pp. — Lettre d'amitié à M. Dagier, jurisconsulte. *Montbrison*, 21 nivose an XII. Aut. sig. In-4, 2 pp. — Lettre à un de ses amis pour demander un extrait du procès-verbal de son installation aux fonctions de procureur-général-syndic du département, qui eut lieu sur la fin de septembre 1792 ; avec le certificat qu'il n'a cessé d'exercer ces fonctions qu'au 10 octobre 1793, jour de l'occupation de Lyon par l'armée conventionnelle, pièces dont il a besoin pour ajouter à ses états de service, et nécessaires pour fixer la pension de retraite qu'il va solliciter. *Montbrison*, 25 janvier 1826. Aut. sig. In-4, 2 pp.

15995 **Michaud** (Joseph), littérateur, membre de l'Académie française, député de l'Ain, né à Albens (Savoie) en 1767, élevé à Bourg, mort à Passy près Paris le 30 septembre 1839. Lettre à M. Villemain, directeur de la librairie, pour lui recommander un ecclésiastique qui est parti pour l'exil avec ses livres, et qui voudrait rentrer en France avec eux. Ce sont ses seuls amis : ces émigrés-là ne demanderont rien et ne feront ombrage à personne. s. l., s. d. Aut. sig. In-4, 1 p. — Billet adressé à M. Amaury-Duval au sujet d'un mariage pour lequel il avait composé des vers,

et dont il n'entend plus parler. s. l., s. d. Aut. sig. In-8, 1 p.

15996 **Michel** (Antoinette). Lettre à M. Delphin, la plus aimable de ses connaissances, pour avoir des nouvelles de son affaire à la Guerre (*sic*). *Caen*, 12 mai 1813. Aut. sig. In-4, 1 p.

15997 **Micollier**, né à Villefranche-sur-Saône. Lettre pour obtenir le maintien de la destitution d'un procureur dont l'archevêque de Rouen avait à se plaindre. Cette cause est celle de tous les seigneurs, et le Parlement de Dijon vient de juger dans le même sens. s. l., s. d. Aut. sig. In-4, 2 pp.

15998 **Millanois** (Jean-Jacques), premier avocat du roi en la sénéchaussée et siége présidial, membre de l'Académie de Lyon, constituant ; né à Lyon le 22 octobre 1749, mort victime de la Terreur, d'après la *Biographie lyonnaise*, le 5 décembre 1793 ; condamné à mort, d'après la *Biographie des contemporains*, le 1er janvier 1794, en 1794 selon le registre manuscrit des condamnations. Lettre à M.... pour le supplier de mettre fin aux frais multipliés que le curé de Lantignié occasionne à sa paroisse. *Lyon*, le 21 mars 1785. Aut. sig. In-4, 2 pp.

15999 **Millin** (Auguste-Aubin), archéologue, helléniste, conservateur de la bibliothèque du roi ; né à Paris le 14 juillet 1759, mort en 1818. Lettre à M. Roquefort, de Lyon, homme de lettres, pour lui demander l'*Almanach de Lyon* de M Cochard, et un article qu'il avait promis de rédiger pour les *Annales encyclopédiques*. *Paris*, Bibliothèque du roi, 1er mars 1818. Aut. sig. In-8, 1 p.; avec portrait gravé sur acier, découpé.

16000 **Millot** (Guillaume), neveu de l'abbé Millot. Fragment d'Histoire de France. Aut. sig., avec la légalisation de la signature de M. Guillaume par H. de Châteaugiron. In-8, 3 pp.

16001 **Molin**, curé constitutionnel de St-Irénée. Lettre à M. Caminet pour le prier de renvoyer la requête relative à l'aumône faite aux pauvres de St-Irénée, afin de pouvoir en toucher le montant à la caisse du District. *Lyon*, 31 mai 1791. Aut. sig. In-8, 1 p.

16002 **Mollet** (Joseph), professeur de physique au collège de l'Oratoire, puis à l'Ecole cnetrale de Lyon, membre de l'Académie de cette ville; né le 5 novembre 1793 à Aix en Provence, mort le 30 janvier 1829. Lettre au citoyen Dumotiez, ingénieur-constructeur, pour lui faire une commande de divers objets utiles à ses cours. *Lyon*, 15 frimaire an X. Aut. sig. In-4, 2 pp. — Lettre au même pour lui accuser réception des objets expédiés. *Lyon*, 2 vendémiaire an XI. Aut. sig. In-4, 2 pp. — Lettre à Son Excellence le ministre.... Il lui adresse le prospectus d'un cours élémentaire de physique expérimentale, et sollicite ses encouragements. *Lyon*, 4 juin 1822. Aut. sig. In-4, 1 p.

16003 Mollion (Joseph), nègre africain. Lettre au citoyen président du canton de la Raison, pour obtenir son élargissement de la prison de St-Joseph. Le citoyen Almeras, adjudant général de l'armée des Alpes, offre de le prendre à son service s'il peut le rejoindre dans la vallée d'Aoste. *Commune-Affranchie*, 4 messidor an II. Aut. sig. In-4, 3 pp.

16004 Monconys (de), sieur de Liergues, prévôt des marchands. Lettre à M.... au sujet de la bague de Mgr le cardinal de Lyon et de quelques autres questions d'archéologie et de numismatique. *Lyon*, le 3 juin 1633. Aut. sig. In-4, 1 p.

16005 Monfalcon (J.-B.), historien, bibliothécaire de la ville de Lyon, membre de l'Académie de cette ville, né le 11 octobre 1792. Lettre à M. Babeuf, directeur de la *Nouvelle Biographie des contemporains*, au sujet de l'offre qu'il lui a faite de coopérer à la *Biographie*. *Paris*, s. d. Aut. sig. In-4, 1 p.

16006 Mongez (Antoine), membre de l'Institut et du Tribunat, administrateur de l'Hôtel des monnaies; né à Lyon le 29 janvier 1747, mort à Paris le 30 juillet 1835. Autorisation donnée aux citoyens Daumoy de remettre au citoyen Tiolier cent flans de la pièce de cinq centimes et cinquante de celle de deux décimes. *Paris*, 16 germinal an IV. Aut. sig. In-8, 1 p. — Lettre à M. Desayes, ex-commis de la garantie à Hambourg, pour le prévenir qu'une allocation de 300 fr. lui a été accordée. *Paris*, 31 octobre 1814. Aut. sig. In-4, 1 p.

16007 Monneron (Louis). Note de sommes à compter à M. Fortin. *Paris*, 1er germinal an XII. Aut. sig. In-8, 1 p.

16008 Monnet (Jean) (et non Monet), directeur de l'Opéra-Comique à Paris en 1743 et 1752, et du théâtre de Lyon en 1748; auteur de quelques ouvrages, éditeur de l'*Anthologie française*. Né à Condrieu (Rhône), mort à Paris en 1785. Billet pour deux personnes, du jeudi 21 mars 1754; avec Opéra comique dans un cartouche à paysage et à personnages. Signature autogr. de MONNET, avec les mots *secondes loges*. In-16.

16009 Monperlier (Jean-Antoine-Marie), auteur de poésies et de vaudevilles; né à Lyon le 13 juin 1788, mort le 23 mars 1819. Lettre à M. Tezenas, rédacteur du *Journal de la Loire* à Montbrison; remerciments pour les éloges qu'il a donnés à ses productions. *Lyon*, mai 1812. Aut. sig. In-4, 1 p. — Lettre au même pour le remercier d'avoir pris sa défense contre ceux qui voudraient le décourager et l'empêcher d'aller plus loin. *Lyon*, 6 février 1813. Aut. sig. In-4, 2 pp.

16010 Montazet (Antoine Malvin de), archevêque de Lyon, de l'Académie française; né dans le diocèse d'Agen le 17 août 1713, mort à Paris le 2 mai 1788. Lettre à l'ambassadeur de Savoie, au sujet des droits du roi de Sardaigne sur le monastère des Célestins de Lyon. *Lyon*, 6 août 1781. Aut. non sig. In-8, 3 pp. — Lettre à un abbé à propos d'une sentence rendue contre le duc de Fitz-James. *Paris*, 21 juin. Aut. non sig. In-4, 2 pp.

16011 Mont-d'Or (de), dernier rejeton d'une famille qui prétendait remonter à Roland. Lettre au citoyen préfet, pour lui exprimer son regret de ne pouvoir accepter, dans l'état de santé où il est, les fonctions de président à l'Assemblée du canton de Vaugneray. *Lyon*, établissement des Eaux minérales, 15 thermidor an XI. Aut. sig. In-fol., 3 pp.

16012 Monteynard (Marguerite-Magdeleine), dernière abbesse de St-Pierre, nommée en 1772, dépossédée et chassée en 1790. Au très révérend Père..... Lettre d'affaire. *Lyon*, sans date. Aut. sig. In-8, 2 pp.

16013 Montgolfier (M.-A.), fabricant de papier (père des Montgolfier d'Annonay). Lettre pour appuyer la demande d'une route allant d'Autun à Beaujeu et à Villefranche en passant par le Mont-Cenis, Blanzy, St-Romain et St-Pierre-le-Vieux. *Rives* en Dauphiné, le 2 mars 1785. Aut. sig. In-4, 3 pp.

16014 Montrichard (Joseph), général de division, né dans le départ. de l'Ain le 24 janvier 1760. Lettre au général de division Dessolle, en lui adressant l'état de l'ancienneté des différents grades auxquels il a été successivement promu. Au quartier général, à *Kempten*, 25 brumaire an IX. Aut. sig. In-4, 1 p.

16015 Montucla (Jean-Etienne), mathématicien, né à Lyon en 1725, mort à Versailles le 18 décembre 1799. Lettre au sujet des règlements de police de la manufacture. *Versailles*, le 18 août 1778. Aut. sig. In-4, 2 pp. — Lettre au sujet de différentes nuances de laines. L'auteur émet le vœu qu'à l'avenir on astreigne la manufacture de la Savonnerie à prendre ses laines à la manufacture des Gobelins. *Versailles*, 28 septembre 1778. Aut. sig. In-4, 2 pp. — Lettre en faveur du sieur Sirey, auquel s'intéresse Mgr l'évêque de Senlis. *Versailles*, 15 décembre 1784. Aut. sig. In-4, 2 pp.

16016 Montviol (de), président du Comité général de salut public pendant le siége de Lyon. Billet adressé à M. Claret pour savoir « s'il est réglé avec MM. Faure et fils. » s. l. (*Lyon*), sans date. Aut. sig. In-4, 1 p.

16017 Morand (Jean-Antoine), architecte, constructeur d'un pont sur le Rhône, auquel il a laissé son nom; né à Briançon le 10 novembre 1727, mort le 24 janvier 1794. Récapitulation des comptes relatifs à l'effet des glaces. Du 14 janvier 1789. Aut. sig. In-4, 1 p. — Billet à M. Choppin pour le prier de payer à M. Madinier la somme de 247 livres 10 sols, montant des moellons prêtés à la Compagnie du pont St-Clair pour le surcharger à l'époque des glaces en janvier 1789. *Lyon*, 6 février 1789. Aut. sig. In-8, 1 p.

16018 Morand de Jouffrey (le chevalier Antoine), procureur général à Douai et à Grenoble, conseiller honoraire à la Cour de Lyon, mort à Chasselay, au château de Machy, le 20 février 1838, à l'âge de 76 ans. Lettre à M. Rouher, administrateur des Hôpitaux. Il lui donne rendez-vous pour reconnaître la recette des ponts du Rhône. *Lyon*, 8 pluviose an X. Aut. sig. In-8, 1 p. — Lettre accompagnant les procès-verbaux des séances de la 2e section électorale. *Lyon*, le 11 mai 1822. Aut. sig. In-4, 1 p.

16019 Morand de Jouffrey, juge de paix du canton de Limonest, littérateur. Lettre au sujet de quelques particularités concernant son grand-père Jean-Antoine Morand, ingénieur. *Machy*, 23 novembre 1852. Aut. sig. In-8, 3 pp.

16020 Morel de Rambion, conseiller à la Cour. Note biographique sur le baron Claude-Antoine Vouty, son parent. Aut. non sig. In-8, 1 p.

16021 Moreau de Jonnès (Alexandre), chef d'escadron, associé - correspondant de l'Institut, auteur d'un Mémoire sur les colonies, qui a remporté, en septembre 1823, le prix de 2,000 fr. proposé par l'Académie de Lyon. Lettre pour prier un général de le débarrasser d'un officier qui n'est susceptible de rien. *Boulogne*, le 15 vendémiaire an XII. Aut. sig. In-4, 1 p.

16022 Morel (René), docteur-médecin, chansonnier, né en 1787 à Bourg (Ain), mort à Lyon le 1er mars 1851. Manuscrit d'une des chansons de son recueil. Aut. sig. In-4, 3 pp.

16023 Morellet (l'abbé), membre de l'Institut, né à Lyon le 7 mars 1727, mort à Paris le 12 janvier 1819. Lettre au citoyen Dubois-Laverne, directeur de l'imprimerie nationale, au sujet d'un de ses ouvrages en vente chez Bossange. *Paris*, 3 germinal. Aut. sig. In-8, 1 p. — *Id.* Lettre où il est question de trouver des aboutissants pour arriver jusqu'au général Andréossi. 23 octobre. Aut. sig. In-8, 1 p.

16024 Morin (Claude-Marie), membre de l'Académie de Lyon, auteur du poème de *Gênes sauvée, ou le passage du Mont-St-Bernard*; né à Lyon, d'après la *Biographie lyonnaise* de MM. Bréghot du Lut et Péricaud, vers 1770; d'après la *Biographie des hommes vivants*, le 21 août 1760; d'après Michaud, en 1768; mort à Paris le 15 juin 1834. Lettre à M... en lui adressant un exemplaire de son poème. *Paris*, 12 décembre 1809. Aut. sig. In-4, 2 pp.

16025 Mottet-Degérando (Dominique), membre de l'Académie de Lyon, député du Rhône; né à Valence le 3 avril 1771, mort à Lyon le 14 mars 1828. Lettre de condoléance adressée à M. Ph. Delphin, à Lyon. Sans lieu, 19 novembre 1812. Aut. non sig. In-4, 1 p.

16026 Moulin (Onuphre-Benoît-Claude), ancien procureur, auteur de pamphlets biogra-

phiques et politiques, défenseur de Chalier; né vers 1760, mort le 31 mars 1823. A Me Claret, notaire à Lagnieu. Lettre d'affaire. *Lyon*, 6 nivose an VIII. Aut. sig. In-4, 1 p.

16027 Mouton-Duvernet (le baron Régis-Barthélemi), lieutenant-général, gouverneur de Lyon en 1815; né au Puy (et non à Paris) en 1769, condamné à mort (mais non exécuté) le 19 juillet 1816, fusillé sur le chemin des Etroits, près de Lyon, le samedi 27 juillet, à 6 heures du matin. Lettre de Mouton, chef de bataillon, au ministre de la guerre pour le prier de lui accorder l'autorisation de continuer ses fonctions d'aide - de-camp auprès du général de brigade Gareau. *Nice*, le 13 fructidor an IX. Aut. sig. In-4, 1 p. — Lettre du lieutenant - général commandant la 19e division militaire à S. E. Mgr le duc d'Otrante, ministre de la police générale à Paris, pour lui exposer l'embarras dans lequel il se trouve au milieu de troupes insubordonnées qui désertent, et lui demander qu'on lui fasse connaître la conduite qu'il doit tenir. *Montbrison*, 20 juillet 1815. Aut. sig. In-4, 3 pp. — Lettre à M. Martin pour lui déclarer qu'il lui livre sa calèche et ses chevaux de selle et de voiture, afin de s'acquitter envers lui et envers ses autres créanciers. *Montbrison*, 29 juillet 1815. Aut. sig. In-8, 2 pp. — Lettre confidentielle adressée à M. le comte de Roger de Damas pour le prier de s'intéresser à sa position et obtenir qu'on le transfère à Paris. De la prison de Roanne, à *Lyon*, le 25 mars 1816. Aut. sig. In-4, 3 pp.

16028 Mouton-Fontenille (Jacques-Philippe), professeur d'histoire naturelle, membre de l'Académie de Lyon; né à Montpellier, mort à Lyon le 22 août 1837. Lettre à M. Huzard, en lui adressant des exemplaires de son ouvrage sur la botanique, dont un pour le citoyen Fourcroy, auprès de qui il sollicite la place de conservateur du cabinet d'histoire naturelle de Lyon. *Lyon*, ce 3 nivose an XI. Aut. sig. In-4, 2 pp. — Lettre à M. le comte de Bondy en lui adressant une copie du rapport de la Commission sur la pyrale de la vigne. *Lyon*, 22 janvier 1810. Aut. sig. In-4, 2 pp.

16029 Moutonnat (Jean-Antoine), ancien magistrat, conservateur du Musée de Lyon, du 16 août 1802 au 3 octobre 1806; né vers le milieu du XVIIIe siècle, et mort à Genève en novembre 1834. Lettre à M. le conseiller Coste pour l'engager à venir le voir à Genève. *Plain-Palais*, 1er novembre 1821. Aut. sig. In-4, 1 p.

16030 Moyria (de), commandeur de l'ordre de Malte. Lettre à M. Bertin, au sujet d'une créance et d'une pension à faire payer. *Fontaines* près Lyon, 20 juin 1806. Aut. sig. In-4, 3 pp.

16031 Moyria (Gabriel, vicomte de), agronome, littérateur, né à Bourg en 1771, mort en 1839. Lettre d'amitié adressée à M. Chambet. Il lui demande les tragédies de *Marie Stuart* et de *Charles de Navarre*. *Bourg*, 23 mars 1820. Aut. sig. In-8, 1 p. — Lettre au même, pour le prier d'acquérir les trois carottes de tabac qu'il doit à l'obligeance de M. d'Albon. Mme Dorval joue à Bourg les monstruosités du drame moderne. « Quelle nature ! cela crispe, cela fait mal ! » *Bourg*, 11 juillet 1833. Aut. sig. In-8, 1 p.

16032 Moyron (Jacques), baron de St-Trivier , avocat, procureur général de la ville de Lyon, éditeur de la *Vie de saint Trivier*, 1647, bienfaiteur de la Charité (Aumône générale), à laquelle il légua tous ses biens ; né le 15 février 1564, mort le 26 mai 1656. Consultation sur les indemnités dues aux seigneurs directs. (Démolition des maisons par gens de main-morte). *Lyon*, 9 septembre 1655. Aut. sig. In-4, 3 pp.

16033 Murard de St-Romain, député du Rhône. Lettre d'affaires adressée à M. le conseiller Coste. *Magneux-Haute-Rive*, 23 mars 1835. Aut. sig. In-4, 2 pp

16034 Mylius (baron), gouverneur de Lyon pour les puissances alliées, pendant l'invasion autrichienne. Lettre à M. le préfet du Rhône, pour lui rappeler qu'il a fait une demande de 200,000 fr. Il lui adresse un de ses employés qui a ordre de faire venir dans la caisse centrale du Gouvernement provisoire les fonds qui sont dans celle de M. le receveur général Mazuyer. Il réclame le *visa* du préfet sur ledit ordre. *Lyon*, 28 avril 1814. Aut. sig. In-fol., 1 p.

N.

16035 Nervaux (de), littérateur, vaudevilliste. Lettre à M. Chambet pour le prier de lui adresser de suite l'opéra de *Ma tante Aurore*. Il en a besoin pour un vaudeville auquel il travaille. *Châlon-sur-Saône*, 1er avril 1836. Aut. sig. In-8, 1 p.

16036 Neufville (Nicolas de), seigneur de Villeroy, conseiller et secrétaire d'Etat ; né en 1542, mort le 12 décembre 1617. Lettre au comte de la Rochepot, ambassadeur de Sa Majesté en Espagne, au sujet de la qualité que l'ambassadeur doit prendre en Espagne. Le roi parle d'aller à Blois dans huit ou dix jours , et la reine, quoique dans le huitième mois de sa grossesse, veut suivre le roi , ne pouvant vivre éloignée de Sa Majesté. Affaires du temps. *St-Germain-en-Laye*, le 13 juillet 1601. Sig. aut. In-fol., 2 pp.— Lettre à M. le duc de Sully au sujet de l'office de chancelier de l'ordre dont Sa Majesté avait déjà parlé à M. de Sully, et dont on a commandé la provision sur la procuration de M. de Marmoustier. *Villers-Cotterets* , le 23 juillet 1606. Aut. sig. In-fol. , 1 p. — Lettre à M. de Préaulx, con-

seiller du roi, estant de présent pour le service de Sa Majesté en Flandres. M. de Villeroy a reçu la lettre de M. de Préaulx du 12 mars ; il a redépesché le porteur en si grande hâte qu'il ne pourra lui porter sa réponse. Quant aux volontés de M. de Sully sur l'affaire de M. d'Espinay , M. de Villeroy n'en a presque pas entendu parler. *Paris* , le 14 décembre 1607. Aut. sig. In-fol., 1 p. — Lettre à M. de Préaulx. Le roi a voulu ouïr lire la lettre que M. de Préaulx lui écrivit le 25 de ce mois. S. M. y a pris plaisir ainsi qu'à la nouvelle que lui ont rapportée M. de Praslin et M. d'Elbeine. Affaires du temps. *Paris* , le 19 décembre 1609. Aut. sig. In-fol., 1 p.

16037 Neumayer (Maximin-G.-Joseph) , général de division , nommé commandant des forces générales de la ville par le Comité central de Lyon le 27 février 1848, proclamé commandant de la division par le commissaire du Gouvernement provisoire, Emmanuel Arago, le 29 du même mois. — Lettre au capitaine Guibourdanche , commandant la compagnie du train des équipages militaires à Lyon, au sujet d'une affaire de service. *Lyon* , le 13 juin 1844. *Signé* : NEUMAYER , maréchal-de-camp, commandant la 2e brigade. Sig. aut. In-4, 1 p.

16038 Niboyet (Eugénie) , femme de lettres à Lyon , née à Montpellier en 1797, directrice du *Conseiller des femmes*. Lettre à M. Eugène de Lamerlière pour lui demander sa collaboration et l'échange de son journal contre le *Conseiller des femmes*. *Lyon*, 7 octobre 1833. Aut. sig. In-4, 1 p.

16039 Nivière-Chol (Antoine), maire de Lyon en 1792-1793, receveur général du département du Rhône. Lettre au conseiller d'Etat préfet du Rhône. Il lui adresse un nouveau certificat du conservateur des hypothèques de Montbrison, pour prouver la solidité de son cautionnement en immeubles. *Lyon* , 18 prairial an X. Aut. sig. In-4, 1 p.

16040 Noailles (le comte Alexis de) , commissaire du roi à Lyon en 1814, député du Rhône en 1815 ; né le 1er juin 1783, mort le 14 mai 1835. Lettre à M. de Vaulchier , directeur général des postes , pour lui recommander un solliciteur. *St-Jean-en-Royans* (Drôme), 8 novembre 1815. Aut. sig. In-fol., 2 pp.— Lettre de remerciment adressée à M. Tézenas , chef de la direction de la librairie. *Paris* , 10 octobre 1825. Aut. sig. In-4, 1 p.

16041 Nolhac (Jean-Baptiste-Marie) , orientaliste et polygraphe ; né à Lyon le 30 juin 1770, mort dans la même ville le 2 août 1848. Lettre à Messieurs (les rédacteurs d'un journal) au sujet de sa nouvelle traduction des *Psaumes*. *Lyon*, le 28 mars 1836. Aut. in-4, 5 pp.—Avec la lettre d'envoi de M. Paul Allut (écrivain , bibliophile) à M. Coste, chargé par l'Académie de Lyon de faire la biographie de M. Nolhac. *Lyon*, 29 octobre 1850. Aut. sig. In-4, 1 p.

16042 Nompère de Champagny (Jean-Baptiste), duc de Cadore, député du Forez aux États généraux, homme d'État; né à Roanne en Forez le 4 août 1756, mort à Paris le 3 juillet 1834. Lettre au représentant du peuple Richaud qui l'avait nommé membre de l'administration de la Loire. Il lui déclare que, militaire et marin pendant la plus grande partie de sa vie, et maintenant laboureur, il est resté étranger à toute idée d'administration et de comptabilité; que, ne sachant pas suivre ses propres affaires, il ne saurait conduire celles de la nation, et que, s'il se rend à Feurs, c'est pour obéir aux ordres qu'il a reçus. Dans quelques jours il donnera sa démission. s. l. 13 germinal an III. Aut. sig. In-4, 2 pp. — Lettre aux représentants du peuple en mission à Lyon. Il leur donne sa démission d'administrateur du départ. de la Loire, démission motivée par les raisons qu'il a déjà fait valoir auprès du citoyen Richaud; il leur signale d'autres citoyens plus capables que lui. *Feurs*, 3 floréal an III. Aut. sig. In-fol., 1 p.

16043 Nompère de Champagny, recteur de l'Académie de Lyon. Lettre à Son Exc. le comte de Cessac, ministre d'État, pour lui recommander un élève du Lycée de Lyon qui, bien qu'admis à l'examen de l'École polytechnique et après avoir tiré à la conscription à Montbrison, s'est vu forcé à s'enrôler dans la garde départementale pour ne pas être obligé de partir. Un mot du ministre suffira pour que le jeune homme puisse, malgré son enrôlement, rentrer au Lycée jusqu'au prochain examen de l'École polytechnique. *Lyon*, novembre 1812. Aut. sig. In-fol., 2 pp. — Lettre à M. Tabard, pour l'inviter à venir prêter le serment de fidélité prescrit par le décret impérial du 8 de ce mois. *Lyon*, 22 avril 1815. Aut. sig. In-4, 2 pp.

16044 Nonneville (vicomte de), préfet de la Loire. Lettre à Son Excellence le ministre des finances. Demande d'audience. *Paris*, 18 avril 1822. Aut. sig. In-4, 1 p.

16045 Nugue, procureur général impérial de la Cour de justice criminelle du départ. du Rhône. Lettre à M. le Procureur impérial près le Tribunal civil de Lyon, pour lui donner avis de l'envoi des pièces de la procédure commencée contre le nommé Bergeret et Françoise Gallin, pour suppression d'état. *Lyon*, 8 thermidor an XII. Aut. sig. In-4, 1 p.

O.

16046 Ordonneau (Louis baron d'), général de division, lieutenant-général à Lyon en 1831. Lettre à M. le colonel Gazan. Il s'excuse de ne pouvoir satisfaire à sa recommandation en faveur d'un protégé; car, par suite des événements déplorables arrivés à Lyon dans le mois

de novembre et par l'effet de la dissolution de la garde nationale, il n'a plus de commandement supérieur à Lyon. *Lyon*, 31 août 1832. Aut. sig. In-4, 1 p.

16047 Ozanam (Jean-Antoine-François), médecin, né à Bouligneux, canton de Chalamont (Ain), en 1775, mort à Lyon le 12 mai 1837. Lettre à M. le conseiller Coste, pour lui demander le nom du lieutenant criminel de robe courte qui signa le procès-verbal du chirurgien chargé de constater l'assassinat de Barthélemi Aneau, recteur du collège de la Trinité en 1561, et qui mourut subitement le 29 août 1572 à l'aspect des calvinistes égorgés dans la cour de l'Archevêché. *Lyon*, 22 mai 1829. Aut. sig. In-4, 1 p.; avec la réponse de M. Coste.

P.

16048 Palerne de Savy (Fleuri-Zacharie-Simon), premier maire de Lyon, membre de l'Académie de cette ville; né le 5 décembre 1733, mort à Bourg-Argental vers 1835. Lettre à Messieurs... au sujet d'une dette de M. d'Albon fils, que M. Palerne de Savy avait réclamée à Mad. d'Albon la mère. *Lyon*, 9 décembre 1790. Aut. sig. In-4, 3 pp.

16049 Pannetier de Valdotte (le général comte Claude-Marie-Joseph), né à Pont-de-Vaux. Lettre au citoyen Herlant au sujet du sergent Bouvier, à qui s'intéressent les généraux Lecourbe et Suchet. *Paris*, 7 thermidor an X. Aut. sig. In-4, 2 pp.

16050 Parat (Philibert), docteur-médecin, membre de l'Académie de Lyon, né à Lyon en septembre 1763, mort le 11 décembre 1838. Lettre à M. Coste, en lui adressant tous les opuscules de sa composition que M. Coste lui avait demandés. *Lyon*, 26 janvier 1835. Aut. sig. In-4, 1 p.

16051 Paré, négociant à Lyon, auteur d'ouvrages ascétiques. Pétition adressée à Son Altesse royale Madame Louise, carmélite, au sujet d'un règlement concernant les apprentis et compagnons. *Lyon*, 1er mars 1782. Aut. sig. In-fol., 3 pp.

16052 Passeron (J.-S.), littérateur, né à Lyon le 20 janvier 1780, mort dans cette ville en 1850. Lettre à M. Tézenas au sujet de divers écrivains lyonnais : Molard, Desplace, Aimé Martin, dont il fait une critique sévère. Détails intimes sur lui-même. *Paris*, 8 mai 1811. Aut. sig. In-4, 4 pp. — Lettre à M. Coste. Compliments de jour de l'an. *Lyon*, 31 décembre 1832. Aut. sig. In-8, 3 pp.

16053 Patrin (Eugène-Louis-Melchior), minéralogiste, membre de l'Institut, député du départ. de Rhône-et-Loire à la Convention; né à Mornant près Lyon le 3 août 1742, mort à St-Vallier (Drôme) le 15 août 1815, d'après la *Biographie lyonnaise* de MM. Bréghot du

Lut et Péricaud ; le 12 juillet de la même année, d'après Feller. Lettre de Patrin, représentant du peuple, à ses collègues en mission à Lyon, pour leur exposer la triste position-des départements où il a été envoyé. Commune-d'Armes (St-Etienne) a 6,000 indigents à nourrir. Il demande un million, dont 300,000 francs comme avance immédiate, outre les 60,000 francs que réclame la municipalité. *Commune-d'Armes*, 4 ventose an III. Aut. sig. In-fol., 2 pp. — Lettre du commissaire du pouvoir exécutif près l'administration municipale du canton de Mornant, Patrin, à l'administration départementale du Rhône, au sujet d'un événement grave arrivé le 26 floréal à St-Didier-sous-Riverie, et à propos d'un arbre de la liberté qui a été abattu à Mornant. *Mornant*, le 13 prairial an IV. Aut. sig. In-4, 2 pp. — Lettre à un ami au sujet de la situation de la France. s. l., s. d. Aut. in-4, 2 pp. — Lettre de Patrin, bibliothécaire de la direction générale des sciences, correspondant de l'Institut, à M. le comte..... pour solliciter sa retraite et un traitement qui le mette à l'abri du besoin ; son âge et ses infirmités, fruit de ses travaux et de ses voyages, ne lui permettant plus de remplir sa place de bibliothécaire-traducteur. Rapport détaillé des services qu'il a rendus. s. l., 27 juillet 1814. Aut. sig. In-fol., 6 pp.

16054 Paul (Anne-Laurent), jésuite, traducteur de plusieurs historiens latins, né à St-Chamas (Bouches-du-Rhône) en 1740, mort à Lyon le 29 octobre 1809. Lettre à M. Barbou, imprimeur-libraire à Paris. Il lui offre la 2ᵉ édition de sa traduction de *Cornelius Nepos*, de préférence à un imprimeur de province qui le presse d'en finir avec lui. *Lyon*, 27 thermidor an X. Aut. sig. In-4, 2 pp.

16055 Paulze d'Yvoy, maître des requêtes, préfet du Rhône du 2 août 1830 au 6 mai 1831. Lettre de recommandation adressée à M. le baron de Labouillerie, sous-secrétaire d'Etat au ministère des finances. *Paris*, 8 janvier 1817. Aut. sig. In-4, 1 p.

16056 Paultre Delamotte (vicomte), lieutenant-général, commandant la 19ᵉ division militaire de 1822 à juillet 1830 ; mort dans sa terre de Belon près de Meaux, le 6 juin 1840. Lettre pour demander qu'on démente un article publié par un journal, article concernant le trompette des chasseurs, et qui est entièrement faux. *Lyon*, 22 septembre 182.. Aut. sig. In-8, 1 p. — Lettre à M. Dussaud. Il a reçu la cantate, et il verrait avec plaisir qu'elle fût chantée au banquet de l'Hôtel-de-Ville. *Lyon*, 4 novembre 1825. Aut. sig. In-8, 1 p.

16057 Pavy (l'abbé Louis-Antoine-Augustin), vicaire de St-Bonaventure, auteur de Monographies sur l'église des Grands-Cordeliers et des Cordeliers de l'Observance, nommé évêque d'Alger le 26 février 1846, sacré à Lyon

le 24 mai ; né à Roanne le 18 mars 1805. Billet adressé à M. Coste. Il lui demande l'autorisation de faire dans sa bibliothèque ses petites provisions. « Le tout petit vicaire de St-Bonaventure salue avec respect et reconnaissance son bienveillant pourvoyeur. » s. d. Aut. in-4, 1 p.

16058 Pavy (Joseph), fabricant d'étoffes de soie, ancien président du Tribunal de commerce, député du Rhône sous la Restauration, mort le 25 janvier 1839, à l'âge de 72 ans. A S. E. Mgr Roy, ministre des finances. Demande d'une audience pour lui et pour M. Gabriel Magneval, fils de son honorable collègue défunt. *Paris*, 24 novembre 1821. Aut. sig. In-4, 1 p.

16059 Penhouet (Louis-Bon Mandet, comte de), colonel de gendarmerie à Lyon en 1817, auteur des *Lettres sur l'histoire ancienne de Lyon* ; né au château de Penhouet (Loire-Inférieure) le 10 août 1764, mort à Rennes le 25 avril 1839. Lettre à M. Michaud, pour le prier de faire parvenir à un ami un numéro de la *Quotidienne* où il est question de son ouvrage. Aut. non sig. In-4, 1 p. — Lettre à M. le marquis de Villéle, ministre des finances. Il le prie d'appuyer auprès du ministre de la guerre la demande qu'il a faite de rentrer dans l'emploi dont il a été injustement privé. *Le Puy*, 17 janvier 1822. Aut. sig. In-fol., 1 p.

16060 Péricaud (Antoine), ancien bibliothécaire de la ville de Lyon, bibliophile, né à Lyon le 4 décembre 1782. C'est par une erreur inconcevable que Feller le fait mourir en 1840, alors qu'il vit encore en 1853. Lettre à M. Coste, à Paris. Il lui conseille, avant de quitter le paradis de la France, de jeter un coup d'œil attentif sur toutes les pièces dont M. l'abbé Guillon de Montléon veut se défaire, pièces qui compléteraient la collection acquise de M. Mᵗ. *Lyon*, 11 mai 1829. Aut. sig. In-4, 1 p. — Lettre à M. Quérard, auteur de la *France littéraire*. Il lui offre des notices sur quelques auteurs grecs ou latins, et demande à quelle époque elles devront être fournies. Il lui propose un article sur Sidoine Apollinaire, et le prie de le donner comme étant son œuvre à lui Quérard, parce que M. Bréghot du Lut et lui doivent être censés y être restés tout-à-fait étrangers. Différence entre les deux ex. de l'*Histoire du Forés* par La Mure, qui se trouvent à la bibliothèque de Lyon. *Lyon*, 2 juillet 1836. Aut. sig. In-4, 1 p.

16061 Perisse du Luc (Jean-Baptiste), imprimeur-libraire, député du tiers-état de Lyon aux Etats généraux, mort victime de la Terreur après le siège de Lyon. Lettre à M. Rey, chantre de la Platière, à Lyon. Il lui donne la marche à suivre pour obtenir le résultat qu'il désire dans sa demande relative à une augmentation de traitement. *Paris*, 15 septembre 1790. Aut. sig. In-fol., 1 p. — Lettre aux citoyens administrateurs du départ. du Rhône. Il fera en sorte de réunir le jury et lui présentera un précis des devoirs du professeur de grammaire générale, afin de faire connaître aux divers concurrents les connaissances et qualités nécessaires à la place vacante. *Lyon*, 18 thermidor an VII. Aut. sig. In-4, 1 p.

16062 Pernetti (l'abbé Jacques), chevalier de l'église de St-Jean, auteur des *Recherches pour servir à l'histoire des Lyonnais dignes de mémoire. Lyon*, 1757. Né à Chazelles-sur-Lyon en Forez, vers 1696, mort à Lyon en 1777. Lettre à Lottin jeune, libraire à Paris. Il lui donne des renseignements sur Louis Duret, célèbre médecin, renseignements qu'une personne lui demandait sous le voile de l'anonyme. *Lyon*, 18 mars 1764. Aut. sig. In-4, 2 pp. — A MM. Grand Tabhart, banquiers à Paris, au sujet de l'inquiétude où se trouve Mlle de Bellegarde de n'avoir point de réponse sur le certificat qu'elle leur a envoyé et sur la lettre de change qu'elle leur avait demandée sur Lyon, ayant des engagements à remplir. *Paris*, 18 novembre. Aut. sig. In-16, 1 p. — Sa signature au bas d'un hommage écrit sur la garde d'un livre. In-8.

16063 Pernety (Dom Antoine-Joseph), neveu de Jacques Pernetti, quoique signant autrement, bénédictin, abbé de Burgel, de diverses académies, sécrétaire de l'Académie de Valence, auteur des *Fables égyptiennes*, etc.; né à Roanne en Forez le 13 février 1716, mort en 1801. A M. Royez, libraire à Paris: sur l'impossibilité de réduire en un volume, comme ce libraire en avait le projet, les 9 ou 10 ou 11 vol. in-4 de Lavater, avec les deux vol. de son *Traité de la connaissance de l'homme moral par celle de l'homme physique*, et ses *Observations sur les maladies de l'âme* qui forment le troisième volume, et les *Lettres sur les physionomies*, qui ne sont pas de lui, mais d'un de ses cousins. Analyse impossible, abrégé dont il ne se charge pas. Ses deux ouvrages sur la *Connaissance de l'homme moral*, et ses *Observations sur les maladies de l'âme* ne se trouvent plus en librairie; il lui offre donc d'en faire une nouvelle édition en 3 vol., en y joignant les *Lettres sur les physionomies*. Il lui conseille de s'entendre avec le libraire de Berlin, M. Decker, pour les planches que ce dernier possède. Quant aux volumes de Lavater, il pense qu'on peut les laisser pour ce qu'ils sont. *Valence en Dauphiné*, 30 septembre 1786. Aut. sig. In-4, 2 pp.

16064 Pernety (le vicomte Joseph-Marie), baron de l'Empire, lieutenant-général, inspecteur général au corps royal de l'artillerie, chef de la 6e division, né à Lyon en 1766. Lettre à M. Michoud. Il lui annonce que le ministre de la guerre approuve qu'il tire de St-Etienne, en traitant avec l'entrepreneur, 10,000 fusils pour être exportés pour l'Amérique, sous caution que ces armes ne seront point employées contre les puissances amies ou alliées de la France. Il sera délivré cent modèles de chaque espèce, plus 500 fusils étrangers, au prix de 9 francs. *Paris*, 23 mars 1810. Aut. sig. In-4, 2 pp.

16065 Pernou (Camille), négociant, membre du Tribunat, mort le 14 décembre 1808 à Ste-Foy. Lettre à M. Dufrène, intendant du Trésor royal. Il lui demande instamment le payement de ce qui est dû à sa maison par le garde-meuble de la couronne, payement devenu indispensable pour faire face à des engagements pris vis-à-vis d'un banquier qui refuse de renouveler des traites et exige des valeurs ou des espèces. *Paris*, 11 août 1789. Aut. sig. In-4, 2 pp.

16066 Perrichon (Camille), conseiller d'Etat ordinaire, de l'Académie de Lyon, prévôt des marchands; né en 1678, mort en 1768. Lettre à Mgr le cardinal d'Auvergne au sujet de règlements de compte de la part du fermier de Son Eminence. *Lyon*, 26 mars 1747. Aut. sig. In-fol., 4 pp. — Au même. Lettre sur le même sujet. *Lyon*, 29 mars 1747. Aug. sig. In-4, 3 pp.

16067 Perrin (Louise-Adèle), fondatrice de l'institution des Jeunes Filles incurables d'Ainay; née à Lyon le 11 avril 1789, morte le 25 mars 1838, dans son établissement. Lettre à M. Coste. Elle lui demande pardon s'il n'a pas déjà reçu la Notice historique que M. l'abbé Sève a faite en faveur de l'OEuvre des jeunes filles incurables, mais Mme de Limas s'était chargée de la lui offrir. Le souvenir de la générosité de M. Coste rend cette méprise impardonnable. *Lyon*, 22 janvier 1837. Aut. signé. In-8, 1 p.

16068 Pestalozzi (Antoine-Joseph), médecin, membre de l'Académie de Lyon, écrivain; né à Lyon le 17 mars 1703, mort le 2 avril 1779. Certificat attestant que le chevalier de Kerno, de l'ordre de Malte, lieutenant des vaisseaux du roi, est, par suite d'un empoisonnement, dans l'impossibilité de reprendre son service militaire avant une année. *Lyon*, ce 7 septembre 1763. Aut. sig., apostillé et signé par François DE LA ROCHEFOUCAULD, marquis DE ROCHEBARON, commandant pour le roi dans la ville de Lyon et les provinces de Lyonnois, Forest et Beaujolois. *Lyon*, le 8 septembre 1763. Sig. aut. In-4, 3 pp.

16069 Pétel (Vital), chef du bureau de la comptabilité au ministère de l'intérieur, né à Lyon le 6 février 1756. Lettre en faveur de M. Clavière, qu'il a connu à Lyon et qui lui est recommandé par un de ses anciens camarades, M. Plouvyé de St-Laurent. 24 brumaire. Aut. sig. In-4, 1 p. — Ses états de services publics présentés au ministre de l'intérieur. *Paris*, 14 novembre 1807. Aut. sig. In-fol., 4 pp.

16070 Pételin (Anselme), publiciste, économiste, rédacteur en chef du *Précurseur* et du *Censeur*, journaux de Lyon, commissaire extraordinaire dans le départ. de l'Ain; né à Morzine (départ. du Mont-Blanc) le 27 septembre 1807. Lettre à M. de Corcelles. Il ne peut accepter son invitation, obligé qu'il est de témoigner le lendemain devant la Cour des pairs. Juillet 1835. Aut. sig. In-8, 1 p.

16071 Pételin (Jacques-Henri-Désiré), médecin, auteur de divers ouvrages relatifs à sa profession; né à Lons-le-Saunier en 1744, mort à Lyon le 27 février 1808. Lettre aux citoyens administrateurs pour les remercier de l'arrêté qui le nomme membre du jury d'instruction près l'Ecole centrale. *Lyon*, 1er thermidor an VII. Aut. sig. In-4, 1 p. — Certificat d'indigence et de maladie délivré à une femme de la ville. *Lyon*, 13 fructidor an VII. Aut. sig. In-4, 1 p. — Lettre à M. (le préfet?) pour le remercier de son arrêté qui le maintient dans les fonctions de commissaire près le jury d'instruction de l'Ecole impériale vétérinaire de Lyon. *St-Didier-au-Mont-d'Or*, 9 octobre 1807. Aut. sig. In-4, 1 p.

16072 Petit (Didier), négociant, collectionneur. Lettre à M. Coste pour lui demander s'il lui conviendrait d'acheter au prix de 70 francs la *Partenice Mariane* de MANTUAN, dont M. Cailhava aurait du reste envie. *Lyon*, le 9 mai 1836. Aut. sig. In-12, 2 pp.

16073 Philipon cadet, président de l'administration centrale du départ. du Rhône en 1799. Lettre au citoyen Rhœr (sic), administrateur de la Commission des Hospices. Philipon lui adresse la citoyenne Bourdin pour être admise à l'Hospice des vieillards. *Lyon*, 23 nivose an VII. Aut. sig. In-8, 1 p.

16074 Philipon de la Madelaine (Louis), écrivain, littérateur, né à Lyon le 9 octobre 1734, mort à Paris le 19 avril 1818. Lettre au citoyen ministre. Il est fier d'avoir vu son nom auprès de celui du ministre sur les registres de l'Académie de Lyon. Il réclame sa bienveillance; il n'a pas l'honneur d'être connu de lui, mais il est l'ami du citoyen Mirback dans la personne de qui le ministre a montré combien le mérite lui est cher. s. l., ce 23 thermidor an V. *Signé*: PHILIPON LA MADELAINE. Aut. sig. In-4, 1 p. — Lettre du conservateur des livres et gravures du ministère de l'intérieur, Philipon de la Madelaine, à M. Millin, pour le prier de lui adresser, le plus tôt possible, le 4e volume de son intéressant *Voyage* dans les départements du Midi, ouvrage dont le ministre parle souvent. *Paris*, le 8 mai 1811. Aut. sig. In-4, 1 p.

16075 Pichois (Michel-Germain), avocat aux Cours de Lyon depuis 1778, député de la Fédération lyonnaise pendant les Cent-Jours, écrivain, mort aux environs de 1830. Lettre d'affaire adressée à M. Claret, avoué. *Paris*, 9 frimaire an XI. Aut. sig. In-4, 1 p.

16076 Pilot (C.), président de la Société populaire de Commune-Affranchie. Lettre au citoyen Gravier à Paris, pour le prier d'abonner la Commission temporaire établie à Commune-Affranchie aux journaux suivants: *Le Moniteur*, l'*Antifédéraliste*, le *Batave*, ou le *Sans-Culotte*. « Tu diras à ma femme que le citoyen Pelon de rue Buisson a été guillotiné hier, et je crois que son vieux aristocrate d'oncle ne tardera pas.... Enfin, tous les jours il en passe, tant fusillés que guillotinés, toujours une cinquantaine. » *Signé*: Le sans-culotte C. PILOT. *Commune-Affranchie*, le 28 frimaire an II. Aut. sig. In-4, 3 pp.

16077 Pingon (de), chanoine, comte de Lyon. Lettre d'affaires adressée à M. Blanc, bourgeois de Gap. *Lyon*, 12 février 1766. Sa sig. aut. au bas de la lettre. In-4, 1 p. — Lettre au même, pour lui accuser réception d'une somme de 1,035 livres 10 sols à compte sur sa ferme. S'il trouve trop forte l'imposition pour les décimes du clergé, il lui conseille de présenter une requête afin d'en obtenir la diminution. *Chambéry*, 1er novembre 1767. Aut. sig. In-4, 1 p. — Lettre à M. de Malherbe, prieur de Pujeard, au sujet d'un procès. *Lyon*, le 16 août 1785. Avec trois réponses, aut. sig. de M. l'abbé DE MALHERBE à propos de ce même procès. In-4.

16078 Piston (le baron Joseph), lieutenant-général, né à Lyon le 30 septembre 1754, mort dans la même ville le 21 mars 1831. Lettre au général de division Berthier, en lui adressant l'état de ses services « pour servir au rang que doivent occuper dans la ligne les officiers généraux employés à l'armée des Alpes et d'Italie. » Au quartier-général à *Briançon*, le 24 thermidor an III. *Signé*: Le général de brigade, chef de l'état-major du corps d'armée des Alpes, PISTON. Sig. aut. In-4, 1 p. — Lettre à l'adjudant général Prisye au camp de Tournoux (Hautes-Alpes), au sujet du service des capitaines-adjoints. Au quartier général sous *Briançon*, le 26 fructidor an III. Aut. sig. In-4, 1 p.

16079 Pitt (Jacques), docteur-médecin, poète, journaliste, auteur de divers ouvrages, membre de l'Académie de Lyon; né à Montbrison en 1746, mort à Lyon le 1er janvier 1803. Lettre en prose et en vers adressée à M. Charpentier, homme de loi, pour lui donner un rendez-vous. *Lyon*, 2 janvier 1792. Aut. sig. In-8, 2 pp.

16080 Plouvyé de St-Laurent. Lettre à M. Pétel à Paris, pour lui recommander un jeune architecte de Lyon. *Lyon*, 17 août 1810. Aut. sig. In-4, 3 pp.

16081 Ponchon (F.), poète, littérateur, auteur d'*Eulalie*, etc., né à Lyon le 7 mars 1780. Lettre à M. Emery, libraire, au sujet d'un compte-rendu d'une de ses brochures qu'on lui avait promis de faire et qui ne paraît pas. M. Emery est prié de remettre à M. Mazoyer six exemplaires d'*Eulalie* et quatre de la *Vierge*, si toutefois il n'en trouve pas lui-même la vente. *Cuire*, 30 août 1813. Aut. sig. In-4, 1 p.

16082 Pointe (Noel), député de Rhône-et-Loire à la Convention, né à St-Etienne, mort à Ste-Foy-lès-Lyon le 10 avril 1825. Lettre à un collègue au sujet de l'arrestation du contre-révolutionnaire Praire-Royet, maire de St-Etienne. Il demande qu'on le traduise devant le Tribunal révolutionnaire. *Lyon*, 27 septembre 1793. Aut. sig. In-8, 2 pp.

16083 Poivre (Pierre), voyageur, naturaliste, économiste, intendant des îles de France et de Bourbon; né à Lyon le 19 août 1719, mort le 6 janvier 1786. Lettre à un de ses confrères de l'Académie de Lyon au sujet du legs fait à l'Académie de Lyon de la bibliothèque Adamoli, des prétentions de l'héritier de M. Adamoli et du refus obstiné de MM. les officiers municipaux. Pour lever ces difficultés, M. Poivre se charge de voir les deux ministres Bertin et Turgot. Il voudrait terminer cette affaire avant son départ. *Paris*, 18 août 1775. Aut. sig. In-4, 4 pp.

16084 Poullain de Grandprey, pendant la Révolution : Poullain-Granprey (Joseph-Clément), conventionnel, commissaire extraordinaire à Lyon en 1795 et 1796, membre du conseil des Cinq-Cents; né à Ligneville (Vosges) le 23 décembre 1744, mort dans sa terre de Graux (Vosges) le 6 février 1826. Lettre de recommandation adressée aux citoyens régisseurs de l'Octroi de bienfaisance à Paris en faveur d'un ancien capitaine du 7e bataillon des Vosges. *Paris*, ce 5 prairial an VII. Aut. sig. In-4, 1 p.

16085 Pourret des Gauds (A.), littérateur, romancier, né à Bourg-Argental. Lettre à un libraire pour le prier de ne point retirer de chez M. Audin les exemplaires d'un opuscule (probablement *Adhémar*), que M. Audin tâchera de placer petit à petit. *Bourg-Argental*, 14 décembre 1835. Aut. sig. In-4, 2 pp.

16086 Précy (Louis-François-Perrin, comte de), lieutenant-général, chef de l'armée de Lyon pendant le siége de 1793, commandant de la Garde nationale de Lyon en 1814; né à Semur en Bourgogne le 7 janvier 1742, mort à Marcigny-sur-Loire le 25 août 1820. Lettre à M. Rouher, chef d'état-major de la Garde nationale de Lyon, pour lui donner différentes commissions : il le prie de lui envoyer de la cire d'Espagne et des crayons, s'il ne peut les lui porter en personne. Couché sur son grabat, il se rappelle à son bon souvenir ainsi qu'à celui de ses anciens frères d'armes. *Marcigny*, 3 mars 1820. Sa sig. aut. au bas de la lettre. In-4, 1 p.

16087 Pressavin (Jean-Baptiste), chirurgien, procureur de la commune de Lyon en 1792,

député à la Convention, membre du conseil des Cinq-Cents, écrivain. Reçu d'une somme en assignats pour le compte de son frère Desmulins (*sic*). *Beaujeu*, 7 mars 1791. Aut. sig. In-8, 1 p. — Attestation au sujet de la part que Collot-d'Herbois et Chalier ont prise aux crimes commis à Lyon. s. l., le 18 nivose an III. Aut. sig. In-4, 4 pp. — Lettre de Pressavin, commissaire national du canton de Belleville, au commissaire provisoire près l'administration départementale du Rhône, au sujet de l'exécution de la loi du 3 brumaire dans le canton de Belleville. s. l., s. d. Aut. sig. In-4.

16088 Priest (vicomtesse de St-). (Voir l'affaire du *Carlo-Alberto*). Lettre au rédacteur-gérant du journal *le Légitimiste*. Elle demande que son nom ne figure pas dans la liste des abonnés, attendu que les doctrines politiques du journal ne sont pas les siennes. s. l., s. d. Aut. sig. In-8, 1 p.

16089 Primat (Claude-François-Marie), évêque constitutionnel du départ. du Rhône, archevêque de Toulouse, né à Lyon vers 1746, mort à Toulouse le 10 octobre 1816. Lettre à M. Raimond Lenoir, administrateur de St-Nizier. Il lui exprime ses regrets d'être séparé de lui. «.. Je suis, dit-il, dans un pays que je ne connais pas, et j'apprends avec déplaisir que les esprits ont des préventions et que les têtes se montent. Qu'il est triste d'aller vivre au milieu de telles gens!... Quelle différence entre le caractère de ces gens-là et celui de nos braves et bons Lyonnais! Quelle douleur de me voir arraché à mes parents, à mes amis et à nos dignes et inimitables administrateurs de St-Nizier! Je ne trouve point d'expression pour vous exprimer ma douleur et ma reconnaissance, et les sentiments qui m'unissaient à eux par les liens les plus doux et les plus sacrés. Aussi ne les oublierai-je jamais, et ce souvenir fera ma consolation partout où je serai.... Je quitte une église dont les administrateurs temporels, pendant les temps fâcheux que nous venons de passer, ont rempli mon âme de toutes sortes de consolations. Rien de plus édifiant que leur zèle et les efforts qu'ils ont faits pour l'ornement de l'église et la gloire de la religion. » *Paris*, 1er floréal an X. Aut. sig. In-8, 3 pp.

16090 Prony (Gaspard-François-Clair-Marie Riche, baron de), savant ingénieur, physicien et mathématicien, inspecteur général, directeur de l'Ecole impériale des ponts-et-chaussées, membre de l'Institut; né à Chamelet près Lyon le 22 juillet 1755, mort à Paris le 29 juillet 1839. Lettre à M. le chevalier Marcel, directeur de l'imprimerie impériale. Il le prie de lui remettre un exemplaire des feuilles imprimées et des planches gravées du cahier de l'Ecole polytechnique qui est sous presse. Il part pour Rome. *Paris*, s. d. Aut. sig. In-fol., 1 p.

16091 Prost de Grange-Blanche (Alexandre), fils de feu Etienne Prost de Grange-Blanche, chevalier de l'ordre de St-Lazare, procureur général de la ville de Lyon et neveu de feu Claude Bourgelat, fondateur des écoles royales vétérinaires; né à Lyon vers 1739. Placet au roi pour faire revivre la pension de 600 francs qui lui avait été accordée par S. M. Louis XVI, avec sa retraite, après avoir été inspecteur des écoles vétérinaires pendant la vie de son oncle. *Paris*, 27 septembre 1814. Aut. sig. In-fol., 1 p.

16092 Prudhomme (Louis), journaliste, historien, imprimeur-libraire; né à Lyon en 1752, mort à Paris le 20 avril 1830. Lettre à M. Dumesnil de Merville, secrétaire du roi, au sujet d'un droit qu'il a été obligé de payer pour des papiers. *St-Brieuc*, 9 septembre 1780. Aut. sig. In-4, 4 pp. — Circulaire adressée aux imprimeurs-libraires et papetiers de la Bretagne par les sieurs Prudhomme et Gelineau, pour les engager à signer une requête présentée au Conseil afin d'obtenir le redressement de plusieurs vexations exercées par les préposés à la Régie sur le commerce du papier et du carton. *St-Brieuc*, 7 novembre 1780. Aut. sig. de PRUDHOMME, avec la sig. aut. de GELINEAU. In-fol., 4 pp. — Lettre à M. Dumesnil de Merville, au sujet de la perte de son procès contre la Régie. *St-Brieuc*, 10 mars 1785. Aut. sig. In-4, 1 p.

16093 Prunelle (Clément-François-Victor-Gabriel), docteur-médecin, écrivain, ancien maire de Lyon; né à La Tour-du-Pin (Isère) le 22 juin 1778. Lettre d'affaire adressée à M. Achard-James. *Lyon*, 18 juillet 1829. Aut. sig. In-8, 1 p.

16094 Pupil de Myons, président en la Cour des monnaies, sénéchaussée et présidial de Lyon. Promesse de payer au domestique de son père une pension viagère de 300 livres. *Lyon*, 18 février 1779. Aut. sig. In-8, 1 p.

16095 Puthod (le baron Jacques-Pierre-Marie-Louis), lieutenant-général, général de division en 1808, commandant à Lyon en 1815; né à Bourg en Bresse le 28 septembre 1769, mort à Libourne en 1837. Lettre aux citoyens administrateurs du district de la campagne de Lyon au sujet des frais de bureau exorbitants que réclame le sieur Galbois, commissaire particulier du district de Lyon. *Dijon*, 31 mai 1793. Aut. sig. In-4, 4 pp. — Lettre à Son Excell. Mgr le duc de Feltre, ministre de la guerre, au sujet du départ de la 10e compagnie du 9e régiment d'artillerie qui se rend à Anvers. *Groningue*, le 30 décembre 1811. Aut. sig. In-4, 1 p.

R.

16096 Raillard (Jean), membre de la Société de Médecine de Lyon; né à Lyon en 1774. Lettre à

M. Rouher, administrateur des Hospices. Il lui demande son suffrage pour la suppléance à l'un des Hospices. Nommé au concours, en 1786, chirurgien interne de l'Hôtel-Dieu, il est entré, après l'expiration de son temps à l'Hôtel-Dieu, à l'Hôpital militaire où il est resté dix-huit mois, dont huit en qualité de chef conjointement avec M. Carret. *Lyon*, 12 germinal an X. Aut. sig. In-4, 1 p.

16097 Rambaud (le baron Pierre-Thomas), président à la Cour royale, maire de Lyon, né dans cette ville en 1757. Lettre à M. le conseiller d'Etat, préfet du départ. du Rhône. Demande d'un port d'armes. *Lyon*, 16 septembre 1816. Aut. sig. In-fol., 1 p.

16098 Ramey (Jean), conseiller du roi au bailliage de Forez, à Montbrison. Sa signature au bas d'une quittance de quatre-vingt-douze livres pour deux quartiers de gages attribués à ses offices. *Montbrison*, 17 juin 1704. Aut. sig. In-8 en travers, 1 p. sur vélin.

16099 Ravez (Simon), président de la Chambre des députés: suivant la Biographie Feller publiée par Pélagaud, né *en* 1770 à Lyon; suivant la Biographie de Rabbe, né *vers* 1770 à Rive-de-Gier; mort à Bordeaux le 2 septembre 1849. Lettre à un de ses collègues de la Chambre des députés pour lui recommander M. Dumas, de Rive-de-Gier. *Paris*, 21 juillet 1817. Aut. sig. In-fol., 1 p.

16100 Ravier du Magny. Lettre à M. Coste, en lui adressant un Mémoire judiciaire dans une affaire dont il est appelé à connaître. *Lyon*, 8 août 1818. Aut. sig. In-4, 2 pp.

16101 Raymond (Jean-Michel), professeur de chimie à l'Ecole spéciale de Lyon, inventeur du bleu auquel son nom est resté attaché; né le 24 mars 1766 à St-Vallier, où il est mort le 6 mai 1837. Lettre à M. le comte de Bondy, préfet du départ. du Rhône. Il le prie d'appuyer sa pétition au ministre du commerce pour obtenir la croix d'honneur, en raison de sa découverte de la fixation du bleu de Prusse sur la soie. *Lyon*, 14 novembre 1812. Aut. sig. In-4, 3 pp.

16102 Mme Récamier (Jeanne-Françoise-Julie-Adélaïde Bernard, nommée Juliette dans l'intimité de la famille); née à Lyon, rue de la Cage, le 3 décembre 1777, morte à Paris à l'Abbaye-aux-Bois le 11 mai 1849. A Mme Delphin. Lettre d'amitié. 31 octobre. Aut. sig. In-8, 2 pp.

16103 Reverchon (Jacques), représentant du peuple envoyé en mission à Lyon, membre du conseil des Cinq-Cents; né à St-Cyr-au-Mont-d'Or en septembre 1746, mort à Nyon, en Suisse, en juillet 1828. Lettre à Barras au sujet du citoyen Juin, qui a servi comme capitaine lors du siége de Lyon, et que les événements ont réduit à la dernière misère. *Paris*, 14 ventose an VII. Aut. sig. In-4, 1 p.

16104 Revoil (Pierre-Henri), directeur de l'Ecole de peinture de Lyon, littérateur, né à Lyon le 13 juin 1776, mort à Paris le 19 mars 1842. Lettre à M. Coste. Il lui propose l'acquisition de l'Apocalypse de Jehan Duvet, premier graveur français, l'une des plus rares productions des presses lyonnaises dans le xvɪᵉ siècle. Sa date est de 1561. *Paris*, 4 juin 1838. Aut. sig. In-8, 2 pp. — A M. Coste. Il lui offre, au prix de 600 francs, son Apocalypse figurée de Jehan Duvet, dont M. Coste lui avait offert la veille 25 napoléons. *Paris*, 11 juin 1838. Aut. sig. In-8, 1 p.

16105 Rey (Claude-Antoine), lieutenant-général de la police à Lyon en 1789, mort en Sicile en 1810. Lettre à M.... pour le remercier au nom de tous les citoyens de la ville de ce qu'il a bien voulu leur fournir les moyens de faire arriver des charbons à Lyon. Conventions faites entre les marchands de Givors et les voituriers par terre. s. l., s. d. Aut. sig. In-4, 2 pp.

16106 Reyre, avocat. Lettre à M. Bouzon de Jouan, directeur de la *Jurisprudence du Code civil*. Il réclame deux numéros qui manquent à sa collection de l'année. *Lyon*. 29 nivose an XIII. Aut. sig, In-4, 1 p. — A M. Rouher. Il le prévient que lorsqu'il en sera temps il fera, en faveur de Mme Perraud, toutes les démarches nécessaires. s. l., s. d. Aut. sig. In-8, 1 p.

16107 Riboud (Thomas-Philibert), commissaire du pouvoir exécutif près l'administration du département de l'Ain, magistrat et archéologue, membre du conseil des Cinq-Cents; né à Bourg en 1755, mort à Jasseron près de Bourg le 6 août 1835, âgé de 80 ans. Lettre au citoyen commissaire du pouvoir exécutif près l'administration municipale du canton de..., au sujet des progrès que fait la désertion dans l'armée et de l'impunité dont on laisse jouir à la fois les déserteurs et ceux qui les recèlent. Il demande à leur égard l'application de la loi du 4 nivose. *Bourg*, 11 nivose an V. Aut. sig. In-fol., 2 pp.

16108 Riboutté (François-Louis), auteur dramatique, ancien agent de change à Paris; né à Lyon en 1770, mort à Paris en février 1834. Lettre à M. Audiffret, homme de lettres à la bibliothèque du roi. Il lui donne pour une notice les titres des pièces qu'il a fait représenter aux Français : l'*Assemblée de famille*, le *Ministre anglais*, l'*Amour* et l'*Ambition*, le *Spéculateur*, comédie en 5 actes, et la *Réconciliation*, en 1 acte, pièce non imprimée; à Feydeau, l'*Enfant prodigue*, en 3 actes. Il donne sur sa femme, Mlle Simon, actrice, quelques détails. s. d., s. l. Aut. sig. In-8, 2 pp. — A M. Naudet. Billet de remercîment à propos d'un congé obtenu par son intermédiaire pour un jeune marié. Aut. sig. In-8, 1 p. — Sa signature au bas d'un reçu. *Paris*, 10 floréal an IV. Aut. sig. In-32, 1 p. — A Mgr le chancelier de France, pour lui demander le rétablissement du journal du soir le *Miroir*. Cette pétition est signée également

du nom de Souvignère-St-Marc, homme de lettres, auteur du *Réveil du peuple. Paris*, 11 janvier 1814. Aut. sig. In-fol., 2 pp.

16109 Ricard père (G.-A.), négociant à Paris, nommé représentant du peuple par l'Assemblée électorale du département du Rhône. Lettre à l'administration centrale du département; remercîment pour sa nomination, protestation de son dévonement aux intérêts du département. *Paris*, 11 floréal an VII. Aut. sig. In-4.

16110 Richard de la Prade, de Monthrison, médecin, membre de l'Académie de Lyon. A M. Claret, avoué. Lettre d'affaire. *Montbrison*, le 24 octobre 1817. Aut. sig. In-8, 2 pp.

16111 Richard (Fleury), peintre, né à Lyon le 25 février 1777, mort à Ecully le 14 mars 1852. Lettre à M. Gide, libraire. Accusé de réception des livraisons d'un *Voyage en Languedoc. Lyon*, 6 février 1835. Aut. sig. In-4, 1 p.

16112 Richelieu (Alphonse-Louis du Plessis de), frère aîné du ministre, archevêque de Lyon; né en 1582, mort le 22 mars 1653. Lettre au cardinal de la Valette, en cour; compliments et protestations d'amitié; affaires du temps, bref du pape. M. de Chavigny a écrit par le pénultième ordinaire pour annoncer des Mémoires que M. de Richelieu n'a pas encore reçus. *Rome*, ce 24 avril 1636. *Signé*: Le cardinal-archevêque de Lyon. Aut. sig. In-4, 2 pp.; cachet aux armes de Richelieu.

16113 Richelieu (le cardinal de), général de l'armée du roy destinée pour servir en Italie; né en 1585, mort en 1642. Ordre de faire déloger la compagnie de chevau-légers du sieur de la Boulaye qui était en garnison à Marcigny. Envoi de ladite compagnie à la Claye, où elle aura ses quartiers jusqu'à nouvel ordre. *Lyon*, le 26 janvier 1630. Sig. aut. In-fol., 1 p.; timbre aux armes du cardinal.

16114 Richepanse (Antoine), général de division, né à Metz en 1770, mort à la Guadeloupe en 1807. Lettre de remercîments adressée au citoyen général.... au sujet des cartes de Cassini qu'il a bien voulu lui faire délivrer. *Montbrison*, ce 7 thermidor an VI. Aut. sig. In-4, 1 p.

16115 Richerand (le baron Anthelme), chirurgien, né à Belley le 4 février 1779, mort à Paris en 1840. Lettre à M. Roger, secrétaire général des postes, pour l'inviter à dîner. s. l. 30 juin, sans autre date. Aut. sig. In-4, 1 p.

16116 Rieussec (Pierre-François), conseiller à la Cour royale de Lyon, député au Corps législatif, membre de l'Académie de Lyon; né dans cette ville le 22 novembre 1738, mort le 20 juillet 1826. Lettre à M. le ministre des finances pour solliciter une place de percepteur en faveur de M. Simon, adjoint municipal de la commune de Tassin. *Lyon*, 30 mai 1808. Aut. sig. In-4, 3 pp.

16117 Robin (Antoine-Joseph), général de division, né à Dortan le 3 juillet 1761. Lettre au citoyen ministre de la guerre, pour lui expliquer les motifs qui ont obligé son prédécesseur à opérer la dispersion du 14ᵉ régiment de chasseurs à cheval. Au quartier général de *Turin*, le 5 pluviose an XI. Aut. sig. In-fol., 2 pp.

16118 Roche-Lacarelle (Antoine-Louis-Ferdinand de la), auteur d'une Histoire du Beaujolais ; né au château de Lacarelle le 11 juillet 1791. Reçu de la charte d'affranchissement de la ville de Beaujeu, qui lui est livrée par le bibliothécaire de M. Coste. *Lyon*, 1853. Aut. sig. In-8, 1 p.

16119 Rodamel (Pierre), médecin, littérateur, né près de Roanne en 1770, mort à Lyon le 14 juin 1811. Lettre à MM. les administrateurs des Hospices de Lyon, pour solliciter la place de médecin suppléant au grand Hôtel-Dieu. Enumération de ses titres à leur bienveillance. *Lyon*, 10 ventose an XII. Aut. sig. In-4, 3 pp.

16120 Roguet (François, comte), général de division, commandant à Lyon pendant les événements de 1831, né à Toulouse le 12 novembre 1770. Lettre à M. le ministre de la guerre Berthier, en lui envoyant ses états de service. Du camp de *Montreuil*, le 1ᵉʳ nivose an XIII. Aut. sig. In-fol., 1 p.

16121 Roland de la Platière (Jean-Marie), ministre de l'intérieur, né à Thizy le 19 février 1734, mort le 13 novembre 1793. Lettre sur la situation présente. *Paris*, 28 juin 1791. Aut. In-4, 2 pp.

16122 Roland (Manon-Jeanne-Phlipon), née à Paris en 1754, morte sur l'échafaud le 8 novembre 1793. Lettre intime sur sa famille : « Les affaires de Lyon sont dans un terrible chaos. Le peuple n'y est point si violent qu'on le dit, mais la municipalité y fait des inconséquences sans nombre. J'en donne les détails à l'ami Bancel. Vous savez qu'on a arrêté un autre personnage qui est à Pierre-Scize, puis un courrier qui se rendait à Turin.... Tous vos ministres sont des fripons, mais le premier me semble le pire de tous. » 20 juillet 90. Aut. sig. In-8, 4 pp. — Lettre sur la situation des esprits à Lyon : « Je me soucie peu, écrit-elle, que mon mari se rende encore à Lyon, puisqu'il en est une fois sorti. Un honnête homme est aussitôt pendu qu'un sot ; et tel glorieux qu'il soit de mourir pour la patrie, ce n'est pas au réverbère. Il ne faut qu'un petit nombre de sujets apostés pour faire un mauvais parti. Mais comme l'usage ne s'est pas encore introduit de lanterner les femmes, je dirigerai mon palefroy vers la grande ville après-demain vendredi..... » *Villefranche* (Rhône), 28 juillet 90. Aut. sig. In-4, 4 pp. — Lettre sans suscription : « Vous me justifiez et j'en reçois une joie que je vous laisse à

juger, parce que vous êtes fait pour l'apprécier. Mais je suis aussi très aise d'avoir été prévenue, et j'aime à vous voir cet avantage. Je reste à l'hôtel Britannique. Vous m'y trouverez habituellement à dîner, et j'y conserve, comme je porterai partout, la simplicité qui me rend digne de n'être point dédaignée malgré le malheur de me trouver la femme d'un ministre. Je n'espère de concourir au bien qu'à l'aide des lumières et des soins des sages patriotes, et vous êtes pour moi à la tête de cette classe. Venez promptement, j'ai hâte de vous voir et de vous réitérer l'expression de ces sentiments que rien ne saurait altérer. » *Paris*, 27 mars 1792. Aut. sig. In-8, 2 pp. (On croit cette Lettre adressée à Robespierre. Elle a été trouvée dans les papiers de Couthon). — Fragment d'un roman. Aut. in-4, 2 pp.

16123 Roche (Louis Charrier de la), évêque de Versailles, né à Lyon le 17 mai 1738, mort le 17 mars 1827. Lettre à M. Ravier de Bellegarde, juge au tribunal de Villefranche, pour lui exprimer ses regrets de ce que la place qu'il sollicitait à la Cour royale de Lyon à été donnée à un autre. *Versailles*, 14 mai 1823. Aut. sig. In-4, 1 p.

16124 Romeuf (le baron Jacques-Alexandre de), général commandant le départ. de la Loire en 1816, commandant la première subdivision de la 19ᵉ division militaire à Lyon, d'octobre 1817 à 1820 ; né à La Voûte (Haute-Loire) le 19 novembre 1762. Lettre à Mgr le grand chancelier de la Légion-d'Honneur, pour lui accuser réception de son brevet d'officier de la Légion-d'Honneur. *Lyon*, le 29 juin 1818. Aut. sig. In-fol., 1 p.

16125 Rondelet (Jean), architecte, né le 4 juin 1743, mort à Paris le 27 septembre 1829. Lettre aux citoyens administrateurs du départ. du Rhône, pour les prévenir qu'il vient d'inviter le district de Montferme (St-Rambert-en-Bugey) à envoyer à Lyon tout le ferblanc dont il peut disposer. *Paris*, 14 brumaire an III. Aut. sig. In-4, 1 p.

16126 Rosaz (Sébastien), collectionneur de pièces ayant rapport à l'époque révolutionnaire à Lyon ; né à Lyon, mort à Charly (Rhône) en 1849. Lettre à M. Palloy, à Sceaux. Il lui adresse la liste des portraits qu'il recherche pour compléter sa collection des monuments lyonnais modernes, afin que, dans le cas où il en posséderait quelques-uns ou d'autres objets relatifs à Lyon dont il voudrait se défaire, il pût les lui acheter. *Paris*, 19 octobre 1828. Aut. sig. In-fol., 1 p. Ci-jointe la liste des portraits désirés. In-fol., 1 p. — Lettre à M. Coste pour lui demander son avis sur l'arrangement qu'il vient de donner à sa collection des monuments lyonnais. *Lyon*, 16 juillet 1831. Aut. sig. In-8, 2 pp. — Billet adressé à M. Coste pour le prévenir qu'il se met à sa disposition. s. l. 5 septembre 1841. Aut. sig. In-8, 1 p.

16127 Rozier (l'abbé François), savant agronome, curé de la paroisse St-Polycarpe; né le 23 janvier 1734, mort d'un éclat de bombe, dans son lit, le 29 septembre 1793. Lettre d'affaires adressée à Mᵐᵉ Rozier, sa belle-sœur, à Vienne. Il la prie de s'adresser à Lyon à M. Mougez l'aîné, son fondé de pouvoir. *Paris*, 13 janvier 1778. — Lettre à M. l'abbé Beauveau, au nom du Comité des prix et encouragements, au Comité d'inspection. Il demande que le secrétaire de la Société soit chargé de lui envoyer les pièces nécessaires à sa constitution. 12 février 1778. Aut. sig. In-4, 1 p.

16128 Rozier (l'abbé). Lettre sans suscription à un des chefs de l'administration, pour lui rendre compte de divers objets concernant la pépinière. *Lyon*, 4 août. Lett. aut. sig. In-4, 2 pp.

16129 Royer (Antoine-François Prost de), avocat, échevin, président de la Conservation, lieutenant-général de police, membre de l'Académie de Lyon; né le 5 septembre 1729, mort le 21 septembre 1784. Lettre à M. Lenoir. Il lui adresse une ordonnance de police qu'il a rendue, pour assujettir les forçats libérés et autres repris de justice qui infestent Lyon et les provinces. Il y joint une lettre que M. de Sartines lui a adressée après avoir reçu cette ordonnance qu'il lui avait conseillée. Il demande le nom et le signalement de tous ceux qui, renvoyés de Bicêtre, déclarent vouloir se rendre à Lyon, ainsi que le nom et le signalement de tous les vagabonds, escrocs, filous et autres qui se trouvent à Bicêtre. Lyon est le foyer d'où les mauvais sujets en tous genres vont infester le royaume. Il est sans fonds depuis cinq ans qu'il exerce sa charge, et il quittera une place accablante où l'intention du roi n'est pas qu'il se ruine, si, comme l'a dit M. de Maurepas, on le met à portée de ne plus réclamer justice. Il n'est pas indifférent pour la police de Paris que celle de Lyon soit organisée et soutenue. *Lyon*, 28 août 1777. Aut. sig. In-4, 3 pp. Ci-inclus l'ordonnance de police imprimée. In-8, 2 pp.

16130 Ruolz (de). Lettre d'affaire adressée à M. Sabot. *Lyon*, 20 mai 1703. Aut. sig. In-4, 3 pp.

S.

16131 Sain-Rousset (André-Paul), baron de Vauxonne, maire de la division du midi de Lyon; né à Lyon le 28 juin 1757, mort à Vaux près de Villefranche le 18 décembre 1837. Lettre à M. le préfet du Rhône, pour lui annoncer qu'il accepte la place de premier adjoint à laquelle il a été nommé par décret impérial du 18 mars dernier. *Lyon*, 25 mai 1808. Aut. sig. In-4, 1 p.

16132 Saint-Albin (Hortensius de), littérateur. Lettre à Mief, chef de division à la préfecture de Seine, au sujet d'un article inséré dans le *Constitutionnel*. s. l. (*Paris*), 29 juillet. s. d. (183.,). Aut. sig. In-8, 1 p.

16133 Saint-Clair (baron N. de). Lettre du baron St-Clair, colonel du 63ᵉ régiment de ligne, à Mgr le comte de Cessac, ministre de la guerre, au sujet de la comptabilité de son régiment. Puerto-Real, armée d'Espagne, 1ᵉʳ juillet 1811. Aut. sig. In-fol., 1 p. — Lettre du lieutenant-général Saint-Clair au général... pour lui recommander le capitaine Vejux de Besançon. *Grenoble*, 24 juin 1831. Aut. sig. In-4, 1 p.

16134 Saint-George (Claude de), archevêque de Lyon, mort le 9 juin 1714. Lettre à une dame, religieuse à Lyon, au sujet de la réunion de sa communauté à la prébende ou prieuré de St-Sébastien. Nouvelles de la santé du Père Lachaise. *Paris*, ce 20 novembre 1699. Aut. sig. In-4, 1 p.

16135 Saint-George, comte de Lyon, abbé de Souillac, prieur du prieuré de Parcon. Déclaration d'élection de domicile à Lyon pour y recevoir sa pension ou le produit de ses revenus. *Lyon*, ce 22 octobre 1790. Aut. sig. In-4, 1 p.

16136 Saint-Joseph (général, baron de), commandant à Lyon. Lettre au capitaine commandant la 3ᵉ compagnie du train des équipages militaires, pour le remercier de lui avoir communiqué son travail sur les manœuvres des caissons. *Lyon*, 27 mars 1842. Aut. sig. In-4, 1 p. — Lettre à un officier pour affaires de service. *Lyon*, le 4 avril 1842. Aut. sig. In-4. 3 pp.

16137 Sainte-Marie (Etienne), docteur-médecin, auteur de plusieurs ouvrages relatifs à son art; né à Ste-Foy-lès-Lyon le 4 août 1776, mort le 3 mars 1829. Lettre à M. le comte de Brosses, préfet du Rhône, pour le remercier de l'honneur qu'il lui a fait en l'appelant à concourir au travail de statistique dont le département du Rhône est l'objet. Il choisit les deux sous-divisions du chapitre II, qui ont pour titre, l'une : *Constitution physique des habitants*, et l'autre : *Caractères, mœurs, coutumes, usages*. *Lyon*, 9 mai 1826. Aut. sig. In-4, 2 pp.

16138 Saint-Yon (A.), général. Lettre à un ami au sujet de l'admission de trois officiers qu'il lui avait recommandés... Souvenir de jeunesse à propos du général Allard et du maréchal Brune. Sans lieu (*Paris*). Ministère de la guerre. s. d., le 24 au soir. Aut. sig. In-4, 1 p.

16139 Sala (Adolphe), officier de la garde royale, accusé dans l'affaire du *Carlo-Alberto*, auteur d'une brochure intitulée : *Les Ouvriers lyonnais en* 1834. Lettre à M. Chambet pour l'autoriser à publier la troisième édition de son ouvrage. *Genève*, 10 juillet (1834). Aut. sig. In-4, 3 pp.

16140 Sales (saint François de), évêque et prince de Genève, écrivain, fondateur de l'ordre de la Visitation; né au château de Sales, en Savoie, en 1567, mort à Lyon dans le couvent de la Visitation, rue Ste-Hélène, le 28 décembre 1622. Lettre à Monseigneur (l'évêque de Belley?) « Je me réjouis avec vostre peuple qui a le bien de recevoir de vostre bouche les eaux salutaires de l'Evangile, et m'en réjouirois bien davantage s'il les recevoit avec l'affection et reconnoissance qui est deue à la peine que vous prenés de les répandre si abondamment. Mais, Monseigneur, il faut beaucoup souffrir des enfans tandis qu'ils sont en bas âge, et, bien que quelquefois ils mordent le tetin qui les nourrit, il ne faut pourtant pas le leur ôter.... Continuons seulement à bien cultiver, car il n'est point de terre si ingrate que l'amour du laboureur ne féconde..... Le bon P. Poissard est venu de par-delà le diocèse; il a veu le P. Desgranges à qui il a fait connoistre le plan du pont de Seyssel que Monseigneur a le projet de faire élever au bas du couvent des Carmélites. Le pauvre peuple louera Dieu, car le service lui sera très utile. » s. l., s. d. Entièrement de sa main. *Signé*: FRANÇOIS, évêque de Genève. In-8, 3 pp.

16141 Sales (J.-B.-Cl.-Isoard dit Delisle de) fécond littérateur, membre de l'Institut; né à Lyon en 1745, mort en 1816. Adresse à Sa Majesté l'empereur et roi pour lui offrir son Homère. *Paris*, le 30 décembre 1807. Aut. sig. In-4, 2 pp. — Lettre de Madame Delisle de Sales au citoyen Lemercier, sénateur, pour lui recommander son mari qui sollicite une place au Corps législatif. *Paris*, le 10 pluviose an X. Aut. sig. In-4, 1 p.

16142 Sathonay (Nicolas-Jean-Claude-Marie Fay de), ancien avocat au Parlement, maire de Lyon, mort dans cette ville le 27 août 1812. Lettre à un ami au sujet de la suppression du Conservatoire des arts de Lyon et de sa réorganisation sur d'autres bases. *Lyon*, 5 mars 1806. Aut. In-4, 4 pp.

16143 Sauzet (Paul), orateur, ministre de la justice, né à Lyon le 23 mars 1800. Lettre à M. Coste, conseiller à la Cour royale, présidant la 4e chambre, pour le prier de renvoyer à la semaine prochaine les causes qui intéressent M. Sauzet et qui pourraient se présenter devant la chambre que M. Coste préside. *Grenoble*, 1er mars 1828. Aut. sig. In-4, 2 pp.

16144 Savaron (général). Lettre à M. Defarge en l'absence de M. de Bureaux-Puzy, pour le prévenir qu'il ne peut accepter la place de membre du Conseil municipal de Lyon. *Lyon*, le 12 thermidor an XII. Aut. sig. In-4, 1 p.— Lettre au même pour lui réitérer son refus. *Lyon*, le 13 thermidor an XII. Aut. sig. In-4, 1 p. — Lettre à M. d'Herbouville, préfet du Rhône, pour lui annoncer qu'il se rendra le 20 juin au Conseil d'arrondissement. *Lyon*, le 29 mai 1806. Aut. sig. In-4, 1 p.

16145 Savoie (Charles, duc de), parvenu au trône par la mort de son frère Philibert en 1482; mort en 1489. Lettre à ses bien amés et féaux les officiers, sindicques, hommes et communautés du Lyonnois, pour accréditer auprès d'eux son envoyé, leur rappeler les liens qui les unissent à la maison de Savoie, et les assurer de son amitié. *Chambéri*, le 24 mai 1483. Sig. aut. In-4, 1 p.

16146 Savoie (Christine de). Lettre à M. Viollet, agent de Sa Majesté le roi de Sardaigne à Lyon, chargé des intérêts de la maison de Savoie dans le procès soutenu à propos du couvent des Célestins; remerciments au sujet des lettres qu'elle lui avait envoyées et auxquelles il avait *donné cours*; prière d'envoyer la note de ses dépenses. *Turin*, le 22 avril 1775. *Signé* : Christine DE SAVOYE HESSE. Sig. aut. In-4, 1 p.

16147 Savoie (Louis de). Lettre à M. Viollet, à Lyon; remerciments pour les souhaits qu'il lui a adressés. « Soiez assuré du retour des miens pour votre bonheur. L'on ne peut être plus satisfait que je le suis de votre exactitude pour mes commissions, et je vous serai toujours bien affectionné. » *Turin*, le 7 février 1778. Sig. aut. In-4, 1 p.; cachet à ses armes.

16148 Say (Horace). Lettre au citoyen... pour le prévenir qu'il tient à sa disposition la somme de 200 francs destinée à la Caisse de secours des travailleurs. *Paris*, le 31 mai 1848. Aut. sig. In-4, 1 p.

16149 Say (Jean-Baptiste), économiste, né à Lyon le 5 janvier 1767, mort à Paris le 15 novembre 1832, et non en 1822 comme quelques biographes l'ont dit par erreur. Lettre à M. le duc de la Rochefoucault pour le prévenir que le bruit court qu'on veut faire payer aux professeurs du Conservatoire des arts et métiers l'amphithéâtre où ils font leurs leçons. Il proteste d'avance contre cette pensée, et, si le fait se confirme, il le consignera dans ses ouvrages qui l'apprendront à toute l'Europe. *Paris*, 7 mars 1820. Aut. sig. In-4, 2 pp.— Lettre à MM. Bossange père et fils, libraires, pour les prier de faire passer à Madrid une certaine quantité d'exemplaires de ses *Lettres à Malthus* qu'il leur adresse à cet effet. *Paris*, 15 août 1820. Aut. sig. In-8, 1 p.

16150 Segaud (Pierre-Dominique), avocat à Lyon, écrivain, littérateur; né à Montluel en 1784, mort à Lyon le 27 septembre 1821. Lettre à M. Coste, à Paris, pour le prévenir qu'il l'a recommandé à un de ses amis de Lyon, chez qui M. Coste aura la certitude d'être bien reçu. *Lyon*, ce 15 novembre 1808. Aut. sig. In-4, 1 p.

16151 Seguier (Pierre), chancelier; né à Paris en 1588, mort en 1672. Autorisation de délivrer aux RR. PP. Augustins de Lyon la somme de 500 livres à prendre sur les biens de MM. Cinq-Mars et de Thou. s. l., s. d. (1642?). Sig. aut. In-4, 1 p.

16152 Seriziat (Charles), général de brigade, chef d'état-major de l'aile gauche de l'armée d'Italie; né à Lyon le 21 avril 1756, mort à la Guadeloupe le 19 prairial an X. Lettre à M. Aubernon, commissaire-ordonnateur en chef, pour lui recommander le citoyen Valory, chargé du service des vivres. Au quartier général de *Bergame*, le 19 thermidor an VIII. Sig. aut. In-fol., 1 p.

16153 Seriziat (Joseph), agent principal des subsistances à Lyon. Lettre aux citoyens Glaize et Peyron, agents des subsistances de Lyon dans le Midi, pour les féliciter de ce qu'ils ont réussi à faire un nouvel achat de blé dur pour la ville. Détails sur les embarras où Lyon se trouve: « Nous sommes réduits à ne donner du pain à nos concitoyens que de deux jours l'un ; l'intervalle est rempli par un service en riz ; j'attends aujourd'hui deux mille quintaux de grains de Bourgogne.... Allez toujours en avant, mes amis ; ce n'est que par vos achats multipliés que nous mettrons à la raison les cultivateurs de Bourgogne.... N'échappez donc aucune occasion d'acheter, et malgré les hauts prix assurez nos subsistances. C'est au gouvernement à venir à notre secours. A l'égard de vos engagements, soyez tranquilles, ils seront acquittés : la commune entière ne souffrirait pas que ses agents fussent compromis en la sauvant des horreurs de la famine. Les grains que vous nous envoyez répondent de vos engagements ; nous les vendrions plutôt sur le port pour rembourser les emprunts que nous ferions pour les acquitter. Soyez donc tranquilles et allez en avant....» *Lyon*, le 21 prairial an III. Aut. sig. In-4, 4 pp.

16154 Servan (Joseph-Michel-Antoine), avocat général au parlement de Grenoble, membre de l'Académie de Lyon ; né à Romans (Dauphiné) le 3 novembre 1737 et non le 5 novembre 1737, dans la paroisse de St-Pierre et St-Saturnin, et non à Fontaine près Lyon, d'Anthelme Sève, propriétaire d'une usine à tondre le drap, et non meûnier, et d'Antoinette Juillet, fille d'un meûnier de Neuville-sur-Saône ; entré dans la marine à douze ans et demi, dans le 2e hussards le 2 mai 1807, nommé lieutenant porte-étendard dans le 14e chasseurs le 13 mai 1815, démission-

naire le 8 mai 1816. Lettre à son ami Jules....: il l'invite à souper pour le consoler de la perte de son sabre. s. l., ce samedi. Sans autre date. Signé : *Votre ami*, SOLIMAN. Aut. sig. In-4, 1 p.

16156 Siauve. Lettre à M. Lenoir au sujet de l'architecture gothique et de la basilique de St-Ambroise de Milan. Il lui annonce la découverte qu'il vient de faire, auprès du lac de Côme, d'un petit temple antique d'un forme très singulière : on le donne comme un temple dédié autrefois à Jupiter-Tonnant. *Udine*, le 20 mars 1807. Aut. sig. In-4, 1 p.

16157 Silans (Passerat de), député de l'Ain. Lettre à M. le chef du Bureau des brevets pour presser l'expédition d'un brevet de lithographe demandé par un de ses protégés. *Paris*, le 9 mars 1818. Aut. sig. In-8, 2 pp.

16158 Singier (Alexis), directeur des théâtres de Lyon ; né à Morteau en 1775, mort à Paris en 1849. Lettre d'affaires adressée à M. Touchard. *Lyon*, le 22 juin 1827. Aut. sig. In-4, 1 p.

16159 Sobry (Jean-François), auteur d'ouvrages scientifiques et littéraires ; né à Lyon le 24 novembre 1743, mort à Paris le 3 février 1820. Rapport fait, au nom d'une Société, sur le *Traité de l'imprimerie* du citoyen Bertrand Quinquet. *Paris*, 9 prairial an VII. Aut. sig. In-4, 2 pp. — Rapport de voirie. *Paris*, 30 août 1818. Aut. sig. In-fol., 1 p.

16160 Socquet (Joseph-Marie), écrivain, médecin et professeur ; né à Mégève en Savoie, mort à Turin le 18 juin 1839, âgé de 70 ans. Lettre à M. le préfet du Rhône, en lui adressant un exemplaire de ses *Nouveaux Essais sur la pratique et la théorie du plâtrage employé comme engrais sur les prairies artificielles. Lyon*, 24 mai 1820. Aut. sig. In-4, 1 p.

16161 Songeon (le chevalier de), né à Annecy, nommé général de brigade le 25 novembre 1813, retiré à Lyon avec le grade de maréchal-de-camp. Lettre à M. Panckoucke, éditeur des *Victoires et Conquêtes*, pour le prévenir qu'il vient de lui adresser un manuscrit contenant le détail des événements qui se sont passés au siége de St-Sébastien, afin que justice lui soit rendue dans la relation que va en donner l'ouvrage qu'il publie. *Lyon*, le 27 octobre 1819. Aut. sig. In-4, 3 pp.

16162 Sonnerat (Pierre), voyageur, naturaliste, de l'Académie des sciences ; né à Lyon vers 1745, mort à Paris le 12 avril 1814. Lettre à M.... pour qu'on lui remette 600 piastres dont il aura besoin pour les dépenses du long voyage qu'il entreprend. s. l., ce 30 août 1775. Aut. sig. In-4, 2 pp. — Lettre à M. le comte d'Angivilliers pour le prier de faire augmenter ses appointements, la maison qu'il occupe lui coûtant seule les 2,000 livres avec lesquelles il est parti. Il ne peut rien entreprendre et rien acheter des raretés qu'on lui apporte. Coup d'œil sur Pondichéry. Les habitants sont ruinés, et le privilége exclusif du commerce, qu'on a donné à une compagnie, ne leur laisse aucune ressource pour se rétablir. L'intérieur des terres est absolument désert ; on parcourt des villages entiers sans rencontrer un seul homme. Détails concernant les Anglais. *Pondichéry*, ce 27 août 1786. Aut. sig. In-4, 2 pp.

16163 Sonthonax (Léger-Félicité), homme d'Etat, commissaire délégué à St-Domingue, député au conseil des Cinq-Cents ; né à Oyonnax en 1763, mort dans son pays natal en juillet 1813. Lettre au ministre de la guerre pour le prier de lui donner copie d'un jugement rendu contre son frère Jean-François-Gabriel Sonthonax, destitué du grade de capitaine au 2ᵉ bataillon de l'Ain, par jugement d'une Cour martiale tenue à Mayence en 1793. Dans le cas où on ne trouverait pas de minute de cette pièce, Sonthonax demande une attestation qui constate sa non-existence. *Paris*, 28 floréal an IX. Aut. sig. In-fol., 1 p.

16164 Souyer-du-Lac (Jean-Baptiste), jurisconsulte, conseiller et premier avocat du roi aux bailliage, domaines et sénéchaussée de Forez, séant à Montbrison ; né à St-Didier-en-Velay le 7 mai 1728, mort le 2 août 1792. Lettre à Mᵐᵉ de Gresolles, abbesse de Bonlieu, au sujet d'affaires particulières : « La nouvelle du jour est l'érection en abbaye du prieuré de Jourcey, sous la protection immédiate du roi. Elle sera composée d'une abbesse, prieure et sous-prieure, et de vingt-quatre chanoinesses qui porteront la croix semblable à celle des Dames de l'*Ave Maria*. Madame de Noblet est abbesse ; la famille de Noblet a sa nomination à perpétuité d'une place de chanoinesse honoraire, et pour être reçue il faudra sept degrés de noblesse du côté paternel, la mère constatée noble. » *Montbrison*, 21 mai 1785. Aut. sig. In-4, 3 pp. —A la même. Lettre d'affaires au sujet d'un procès. *Montbrison*, 27 mai 1785. Aut. sig. In-4, 1 p.

16165 Soufflot (Jacques-Germain), architecte, membre de l'Académie de Lyon, intendant général des bâtiments de la couronne ; né à Irancy près d'Auxerre en 1714, et non en 1724, mort à Paris le 29 août 1781. Pendant son séjour à Lyon, il construisit : l'Hôtel-Dieu, la Loge du Change, le Grand-Théâtre. On lui doit à Paris le Panthéon, qui fut continué par un de ses élèves, Jean Rondelet, de Lyon. Lettre à M,... en lui envoyant les plans pour le théâtre (de Lyon?), dont M. Munet pourrait avoir besoin. *Paris*, 17 mai 1775. Aut. sig. In-4, 3 pp.

16166 Sozzi (Louis-François de), avocat, littérateur, des Académies de Lyon et de Nancy ; né à Paris le 4 octobre 1706, mort à Lyon le 11 mars 1780. Lettre à un de ses confrères au sujet du discours prononcé à l'Académie de Lyon en l'honneur de feu M. le chevalier de Solignac, dont le correspondant de M. de

Sozzi se prépare à écrire l'éloge. *Lyon*, le 18 août 1775. Aut. sig. In-4, 2 pp.

16167 Spon (Jacob), médecin et antiquaire ; né à Lyon en 1645, mort dans la misère à l'hôpital de Vevey, et non à Zurich, le 25 décembre 1685. Lettre de politesse et d'amitié adressée à M. Thomassin de Mazangue, conseiller du roi au Parlement de Provence à Aix. *Signée*: SPON fils. *Lyon*, 2 juin 1681. Aut. sig. In-8, 1 p.

16168 Suchet (Louis-Gabriel), duc d'Albuféra, maréchal de France : d'après les registres de la paroisse de St-Pierre et St-Saturnin, né à Lyon le 2 mars 1770, et non en 1769 ou 1772, comme le prétendent par erreur ses biographes ; baptisé le même jour par Coret, vicaire ; mort au château de St-Joseph près de Marseille le 3 janvier 1826, et non le 6, le 9 ou le 19 janvier, comme l'annoncent la *Gazette universelle de Lyon*, les *Archives du Rhône*, et la plupart de ceux qui ont écrit sur lui. Lettre au commissaire-ordonnateur en chef de l'armée d'Italie, pour lui annoncer que le général en chef a accédé à la demande du citoyen Barral, chef de brigade du génie, et qu'il est autorisé à jouir d'une indemnité de 2,400 livres pour frais de bureaux. « Salut républicain, SUCHET. » Au quartier général de *Milan*, le 12 fructidor an VI. Sig. aut. In-fol., 1 p. — Nomination du citoyen Jean-Toussaint Salvage, capitaine au 20ᵉ régiment de chasseurs à cheval, au grade de chef d'escadron dans le même régiment. *Signé*: Le général de division, L.-G. SUCHET. Au quartier général de l'armée, le 1ᵉʳ vendémiaire an VII. Sig. aut. In-fol., 1 p. ; sceau.

16169 Suchet (Louis-Gabriel), duc d'Albuféra. Ordre du général de brigade Suchet, chef de l'état-major, à l'adjudant général Louis, de se rendre à Suze et d'y prendre le commandement. Quartier général de *Milan*, le 5 vendémiaire an VII. Sig. aut. In-fol., 2 pp. — Tableau de répartition sur les communes du foin que le gouvernement helvétique doit verser dans les magasins. Pour copie conforme : le général de division, chef de l'état-major général, L.-G. SUCHET. Armée du *Danube*, au quartier général, le 27 messidor an VII. Sig. aut. In-fol., 1 p. — Lettre du général de brigade, chef de l'état-major général de l'armée, au général de division Lecourbe, pour le prévenir qu'il lui envoie le tableau de répartition sur les communes du fourrage que le gouvernement helvétique doit fournir. Armée du *Danube*, quartier général à *Lentzbourg*, le 29 messidor an VII. Aut. sig. In-fol., 1 p.

16170 Suchet, duc d'Albuféra. Copie d'une Lettre écrite le 14 vendémiaire an VIII par Dubois-Crancé, ministre de la guerre, au général commandant en chef l'armée d'Italie. Ordre pour des mouvements de troupes. Pour copie conforme : le général de division, chef de l'état-major général, L.-G. SUCHET. Aut. sig. In-fol., 3 pp. — Lettre du général de division , inspecteur général d'infanterie Suchet, à M. le général Andréossi, chef d'état-major général, en lui renvoyant une réclamation d'un habitant de Wimille et la réponse de l'officier de gendarmerie commandant la place , qui établit la fausseté des assertions contenues dans la réclamation. Au quartier général de *Wimille*, le 13 floréal an XIII. Aut. sig. In-4, 1 p.

16171 Suchet, duc d'Albuféra. Lettre de Suchet, général de division, commandant le 5ᵉ corps, à Son Altesse S. le vice-connétable, major-général, pour le remercier d'avoir engagé le général Beker à s'adresser directement à Sa Majesté afin d'en obtenir le congé de deux ou trois mois que le général Suchet sollicite, et qu'il serait le premier à ajourner si le 5ᵉ corps était appelé à rendre prochainement de nouveaux services à Sa Majesté. *Breslau*, le 14 février 1808. Aut. sig. In-4 , 1 p. — Lettre à M. l'inspecteur aux revues de l'armée, pour que M. Fabre, fils de M. Fabre, colonel d'artillerie , soit porté sur les états des revues comme détaché de sa compagnie , et soit en conséquence payé de sa solde à Gironne. Armée impériale d'Aragon et de Catalogne, quartier général de *Gironne* , le 11 février 1814. Aut. sig. In-4, 1 p. — Lettre du maréchal duc d'Albuféra à M. Coste, pour le prévenir que sa procuration lui sera remise mardi. *Paris*, 18 septembre 1824. Aut. sig. In-8, 1 p.

16172 Suchet jeune, agent militaire de la République française dans les états de Massa et de Carare et dans les fiefs impériaux (frère du maréchal). Lettre à son ami Permon, agent de la République française. Affaires particulières, ventes et achats en Italie. « ..... Je te conseille d'ajourner la partie politique de notre mission jusqu'au payement bien avancé de la contribution. C'est le seul moyen d'être payé. La Corse est à nous, les Anglais l'ont évacuée ; déjà la gendarmerie est partie avec Casalta , Savi, etc... » *Livourne*, ce 27 vendémiaire an V. Aut. sig. In-4, 3 pp. — Lettre au même. Annonce de grands succès ; invitation à agir fermement. s. l., frimaire an V. Aut. sig. In-4, 1 p.; sceau.

16173 Suchet jeune. Lettre à son ami Permon. Nouvelles du temps. (Voir les *Mémoires* de Mad. d'Abrantès). « J'ai appris de plaisantes nouvelles de Carare : Leclerc s'y était fait nommer député au Corps législatif cispadan. Sa nomination a été cassée; de dépit il est parti pour Paris. O sottise ! ô faiblesse humaine !... » *Rome*, le 23 floréal an V. Aut. sig. In-4, 3 pp.; sceau. — Lettre au même. Nouvelles particulières. « Mille choses obligeantes et amicales à J. Bonaparte. » *Rome*, le 22 prairial an V. Aut. sig. In-4, 2 pp. — Lettre d'amitié au même. *Rome*, le 27 messi-

dor an V. Aut. sig. Post-scriptum de Viallet. In-4, 2 pp.

16174 Sugny , général de division , inspecteur général. Lettre à M. Pétel. Il lui envoie un paquet à son adresse. *Paris*, 13 vendémiaire an XII de la République. Aut. sig. In-4, 1 p.

T.

16175 Tassaert , graveur. Lettre au Comité civil de la section du Finistère, pour l'engager à souscrire au monument qu'il se propose d'élever à la mémoire de l'immortel Chalier. Ce monument est une gravure exécutée d'après un très beau dessin original du citoyen Caresme, représentant les derniers moments du martyr Chalier dans les prisons de Lyon. *Paris* , 1ᵉʳ messidor an II. Aut. sig. In-4, 2 pp.

16176 Tavernost (de) , chevalier d'honneur au Parlement de Dombes. Lettre à M. Barbier. Il demande que la veuve du sieur Bullioud de la Roche , décédé le 27 avril 1767, ne soit tenue à payer que six mois de la capitation. *Trévoux*, 23 janvier 1769. Aut. sig. In-4, 2 pp.

16177 Teillard , prêtre, du chapitre de Notre-Dame-du-Château-de-Beaujeu. Lettre à l'abbé Syeyes. Il lui demande d'élever la voix pour faire cesser le célibat du prêtre. *Beaujeu*, 12 août 1789. Aut. sig. In-4 , 3 pp.

16178 Tellier (A.-C.) , représentant du peuple, envoyé dans les départ. du Rhône, de la Loire, Saône-et-Loire, Ain et Isère. Lettre aux administrateurs du district de Chalon-sur-Saône pour désapprouver leur intention de faire supporter aux personnes riches les frais occasionnés par les mesures judiciaires prises contre les personnes qui n'ont pas de quoi payer; dépenses que la République doit supporter. « Le temps est heureusement passé où, avec des interprétations forcées et des commentaires perfides, on trouvait dans les lois des raisons suffisantes d'être injuste..... J'estime que les propriétés doivent être sacrées , et qu'il n'est pas permis d'en disposer arbitrairement pour subvenir à telle ou telle dépense. La nation seule a ce droit. » *Lyon* , 6 nivose an III. Aut. sig. In-fol., 2 pp.

16179 Tencin (Pierre Guérin de) , cardinal-archevêque de Lyon , né à Grenoble en 1680 , nommé au siège archiépiscopal de Lyon en 1740, et non en 1747 comme le dit par erreur la *Biographie lyonnaise* de MM. Bréghot du Lut et Péricaud; mort le 2 mars 1758. Lettre à M. l'abbé Gaillande, docteur de Sorbonne, à Paris, au sujet de la place qu'il sollicite. Il lui annonce que la première vacance sera pour lui. s. l., 13 septembre 1737. Aut. sig. In-8, 2 pp. — Au même. Lettre d'amitié : « Vous dites qu'on cherche à me nuire; j'aideray à cela, pourvu qu'on me laisse jouir à Lyon d'un poste que je regarde comme le plus agréable du monde, et qui aurait fait l'objet de mes vœux si j'avais osé y penser. » *Rome*, ce 27 juin 1741. Sig. aut. In-4, 2 pp.

16180 Terrasson, député du Rhône. Circulaire par laquelle les questeurs du Corps législatif transmettent l'extrait du décret impérial du 29 messidor, réglant le costume des membres du Corps législatif dans les cérémonies publiques. *Paris*, 9 thermidor an XII. Lettre imprimée, adressée au législateur Huguet, signée de TERRASSON, VIENOT, etc. Sig. aut. In-4, 2 pp.

16181 Terray (l'abbé Joseph-Marie), homme d'Etat, contrôleur général des finances en 1768 jusqu'en 1774 ; né à Boën (Forez) en 1715, mort le 18 février 1778. Lettre à M. de Montigny, trésorier de France, pour obtenir de paver la partie de la rue Notre-Dame-des-Champs depuis la barrière jusqu'au boulevard. *Paris*, ce 8 mars 1769. Aut. sig. In-4, 1 p.

16182 Terrebasse (Louis-Alfred Jacquier de), auteur de l'*Histoire de Bayart* et de plusieurs publications historiques ; né à Lyon le 16 décembre 1801. Lettre à M. Coste, conseiller à la Cour royale de Lyon, pour lui rendre compte des visites qu'il a faites de la part de M. Coste au relieur Thouvenin : « Le plus habile de nos relieurs en est aussi le plus lent. Sa lenteur au surplus ne provient, dit-il, que de son respect pour vos volumes qu'il veut traiter en raison de leur mérite. » Proposition faite par M. Sylvestre, libraire, de réimprimer à 75 exemplaires la *Farce des Théologastres*, dont M. Coste possède l'*unique et précieux volume*. *Paris*, 2 juin 1832. Aut. sig. In-4, 2 pp.

16183 Terret, écrivain économiste. Lettre à M. le préfet du Rhône pour le remercier de la bonne opinion qu'il a des ouvrages de M. Terret, et lui faire passer le manuscrit qu'il demande. *Lyon*, 4 septembre 1807. Aut sig. En marge, de la main du préfet : « Louer l'utilité de ses recherches, qui sont importantes pour former l'histoire de la fabrique de la ville de Lyon. 10 septembre ; adressé au ministre le manuscrit du sieur Terret, et écrit dans le sens ci-dessus. » In-4, 1 p.

16184 Thiénot, président de chambre à la Cour royale de Lyon. Lettre à Monseigneur, pour le prévenir qu'il a chargé M. Housset de suivre en son nom le payement de l'ordonnance qui lui a été annoncée. *Lyon*, 11 septembre 1816. Aut. sig. In-4, 1 p.

16185 Thomas (André-Léonard), littérateur, panégyriste ; né à Clermont-Ferrand (Auvergne) le 1er octobre 1732, mort au château d'Oullins le 17 septembre 1785. Lettre intime à M. Janin de Combeblanche, écuyer, membre de plusieurs académies. Il lui donne des nouvelles de la santé de sa sœur, que le grand mot d'électricité épouvante. *Oullins*, 17 juin 1785. Aut. sig. In-4, 1 p.

16186 Thorigny (de Leullion), magistrat à Lyon, nommé ministre de la justice par Louis-Napoléon. Lettre à M. Coste. Il le prévient de l'arrivée à Lyon de M. Chegaray. *Lyon*, le 23 novembre 1835. Aut. sig. In-8, 1 p.

16187 Thou (François-Auguste de), conseiller du roi, fils aîné de l'historien ; né à Paris en 1607, compromis dans un complot contre Richelieu avec son ami Cinq-Mars, condamné et exécuté sur la place des Terreaux à Lyon le 12 juillet 1642. Son corps fut inhumé dans l'église des Feuillants, et son cœur porté à Paris et déposé dans l'église St-André. Lettre à Mgr le chancelier pour demander un congé. *Dijon*, 11 décembre 1639. Aut. sig. In-fol., 1 p., sceau.

16188 Tolozan de Montfort, dernier prévôt des marchands à Lyon ; né le 29 juin 1726, mort à Oullins le 10 décembre 1811. Lettre à M. l'intendant au sujet de l'approvisionnement de charbon de terre destiné à la ville de Lyon et des mesures à prendre pour la régularité de sa distribution, s'élevant à 800 bennes par jour. *Lyon*, 3 janvier 1789. Aut. sig. In-4, 3 pp.

16189 Tolozan (l'aîné), ancien prévôt des marchands, auteur d'un livre sur la législation du commerce. Lettre d'envoi et hommage de son ouvrage. Sans suscription. *Lyon*, prairial an X. Aut. sig. In-4, 1 p.

16190 Tolozan, général de cavalerie, né à Lyon. Pétition adressée au ministre des finances par le citoyen Prost, manufacturier à Neuville-sur-Saône, pour obtenir une place de receveur particulier ; avec une apostille. Aut. sig. du général TOLOZAN. *Paris*, floréal an XI. In-4, 1 p.

16191 Tournon (François de), cardinal, nommé à l'archevêché de Lyon en 1551, mort le 22 avril 1562. Lettre à M. le duc de Montmorency, pair et connétable de France. Il lui fait ses compliments ; il y a deux jours qu'il n'a vu le roi ni la compagnie, pour avoir tenu chambre et pris médecine dont il avait bon besoin. *Fontainebleau*, 8 juin 1555. Aut. sig. In-fol., 1 p.

16192 Trolliet (Louis-François), médecin en chef de l'Hôpital civil d'Alger, ancien doyen des médecins de l'Hôtel-Dieu de Lyon, auteur de divers ouvrages ; né en 1777, mort à Alger le 1er décembre 1852. Lettre à son parent, M. Michaud, pour lui annoncer l'envoi de plusieurs articles destinés à la *Biographie universelle* ; il prépare : Fouquet, médecin à Montpellier, et Gilibert de Lyon. Détails sur la visite de S. A. R. Monsieur à une manufacture d'étoffes pour meubles à la Guillotière. Il prie d'insérer ces renseignements dans la *Quotidienne*, cela fera plaisir aux chefs de cette manufacture, dont il est le médecin. s. l. (*Lyon*), s. d. (juillet 1816). Aut. sig. In-4, 2 pp.

16193 Truchet (Jean), connu sous le nom de Sébastien qu'il prit en entrant dans l'ordre des Carmes, célèbre mécanicien, de l'Académie des sciences ; né à Lyon le 15 juillet 1657,

mort le 5 février 1729. Lettre à Monseigneur...
pour appuyer le placet que doit présenter une
de ses parentes. *Paris*, 17 août 1726. Aut.
sig. In-4, 1 p. En marge on lit : « Néant. »

U.

16194 Urfé (Claude d'), baron de Beauvoir,
seigneur de St-Just, ambassadeur de François Ier au Concile de France, chambellan
et lieutenant de cent gentilshommes du roi ;
né en février 1500, marié en 1552 à Jeanne
de Balzac, dont il eut entre autres enfants Jacques d'Urfé, père d'Honoré ; mort en 1558.
Lettre à Monseigneur le duc de Montmorency,
pair et connétable de France, pour le remercier de la lettre qu'il lui a fait l'honneur de
lui écrire. « .... Je ne vous pourroys escrire
le plaisir que Monseigneur le Daulphin a eu
d'entendre le propos que Monseigneur de Beauregard lui a dict de la part du roy ; car, selon
ce que son petit aage lui permet, il n'en peut
faire plus de démonstrance. Il m'en a entre-
tenu plusieurs fois, se gardant très bien d'en
parler à aultre : et pour le tenter lui ai dict
quelquefois qu'il en pouvoit bien deviser avec-
ques aulcuns. A quoi il m'a respondu qu'il
n'en estoit besoing, et que peut-être son roy
en seroit marry. Qui faict présumer que pour
l'advenir il aura cette retenue d'estre secret,
qui est, comme sçavez, très requise à ung
prince. » *Blois*, ce 28 de novembre 1551.
Compliment et sig. aut. In-4, 1 p. — Lettre
au capitaine Chassamcourt pour l'assurer de
son amitié. Il le prie en même temps de *passer ce pauvre pays le plus tôt qu'il pourra*. Il
se recommande à lui et à tous ses compagnons.
De *La Basthie*, ce samedi 22 avril. Aut. sig.
In-8, 1 p.

16195 Urfé (Honoré d'), chevalier de Malte,
auteur de l'*Astrée* ; né à Marseille le 11 février
1567, mort en Piémont en 1625. *Ex-libris* écrit
de sa main à la date de 1624, et détaché d'un
volume intitulé : *Antonii Riccoboni Rhodigini
de historia Commentarius*. 1568. In-8 ; avec
son portrait par Van-Schuppen, in-4.

16196 Urfé (sœur Marie Thérèse d'), abbesse
du monastère de Ste-Claire de Montbrison.
Au duc de Bouillon. Lettre de condoléance sur
la mort de sa femme. 11 mars 1720. Aut. sig.
In-4, 2 pp. — Lettre à Monseigneur ***, pour
le remercier de sa puissante protection et lui
exprimer la vive gratitude de la communauté.
s. d. Aut. sig. In-4, 2 pp.

V.

16197 Varenne de Fenille (Philibert-Charles-
Marie), receveur général de la Bresse, à Bourg ;
écrivain agronome, né à Dijon en 1740, mort

à Lyon sur l'échafaud révolutionnaire le 22
pluviose an II (10 février 1794). Lettre d'affaires au sujet de la vente d'une maison. *Paris*,
5 février 1775. Aut. sig. In-4, 2 pp.

16198 Varlet (baron), maréchal-de-camp. Lettre
au lieutenant-colonel Paulin, commandant les
sapeurs-pompiers à Paris, pour lui recommander un jeune soldat. *Rueil* près Paris, le 31
mai 1843. Aut. sig. In-4, 2 pp.

16199 Vasselier (Joseph), poète lyonnais, auteur de contes érotiques, membre de l'Académie de Lyon ; né à Rocroy en Champagne le
16 octobre 1735, mort le 10 octobre 1798 à
Lyon, où il était directeur de la petite poste.
Réclamation au sujet de sa pension de retraite
comme contrôleur de Lyon, après 40 années
de service, pension qu'on refuse de lui servir tant qu'il gardera la gestion de la petite
poste qui lui fut donnée en 1785. Il se voit
donc obligé de donner sa démission, forcé qu'il
est de préférer le plus au moins. *Lyon*, 3 novembre 1792. Aut. sig. In-fol., 1 p.

16200 Vaublanc-Viennot (le comte Vincent-
Marie de), ministre d'Etat ; né en 1756. Lettre à M. Augustin de Lameth, membre du Corps
législatif, pour le prier d'appuyer la demande
qu'il fait d'une place de receveur particulier à
Lyon en faveur de son gendre. *Metz*, le 22
février 1807. Aut. sig. In-4, 2 pp.

16201 Vergier (Jacques), poète, chansonnier,
d'abord abbé, puis secrétaire du marquis de
Seignelay, commissaire ordonnateur de la marine, président du Conseil de commerce à Dun-
kerque ; né à Lyon le 3 janvier 1655, assassiné
à Paris dans la nuit du 17 au 18 août 1720.
Lettre à Monseigneur (le ministre) au sujet
des recettes extraordinaires de 1703. *Dunker-
que*, ce 31 août 1709. Aut. sig. In-fol., 1 p.

16202 Verna (Victor de), député du Rhône,
remplissant les fonctions de maire de Lyon à
l'époque de la révolution de Juillet ; né au
château de Verna en Dauphiné en 1776, mort
à Lyon le 17 juin 1841. Lettre à M. Coste,
conseiller à la Cour royale. Il le prie de renvoyer la cause de Mme Paultier née de Laurencin ; détails sur la politique du jour ; construction de l'église de St-François. *Paris*, 14
avril 1829. Aut. sig. In-8, 2 pp.

16203 Verne de Bachelard, député du Rhône.
Lettre à M. Sauvo, rédacteur en chef du *Moni-
teur*. Il le prie de lui adresser le *Moniteur* à
Roanne. *Lyon*, 1er septembre 1837. Aut. sig.
In-4, 1 p.

16204 Verninac de Saint-Maur (Raymond), littérateur et poète, ministre de France en Suède
en 1792, premier préfet du département du
Rhône en 1800, restaurateur de l'Académie de
Lyon ; né à Gourdon dans le Quercy en 1762
et non à Cahors, mort le 1er juin 1822. Lettre
à M. de la Calprade, jurisconsulte, au sujet
du protégé qu'il lui avait recommandé. *Bordeaux*, 9 thermidor an XII. Aut. sig. In-4, 1 p.

16205 Vial (Jean-Baptiste-Charles), auteur dramatique. On lui doit : *Aline, reine de Golconde ; — les deux Jaloux; — le Mari et l'Amant ; — les deux Mousquetaires*, etc. Né à Lyon le 2 juillet 1771, mort le 27 octobre 1857. Lettre à MM. les membres du Comité du théâtre royal de l'Opéra-Comique, au sujet de la distribution du rôle du président dans les *deux Jaloux*, vacant par le départ de Gonthier. Il opine pour qu'on le donne à M. Richebourg. *Paris*, 12 décembre 1815. Aut. sig. In-4, 1 p. — Manuscrit d'une chansonnette, *le Chien et l'Amant*. In-8, 2 pp.

16206 Villeroy (F. de Neufville, duc de), maréchal de France, nommé gouverneur de Lyon en 1685, né à Lyon le 7 avril 1644, mort le 18 juillet 1730. — Lettre écrite un dimanche à minuit, après la perte de la bataille d'Oudenarde. « .... Le désordre est au point que je ne sais plus dans quelle disposition sont les armées. » s. l., s. d. (juillet 1708). Aut. sig. In-4, 5 pp. — Lettre à M. Desmarets. Il lui confirme que le régent vient d'accorder à son petit-fils la survivance de la charge de son père. *Paris*, le 13 décembre 1716. Sig. aut. In-4, 1 p. — A MM. du Consulat de Lyon. Il leur annonce qu'il fera homologuer leur lettre et leur délibération en faveur de M. Denis. A *Villeroy*, le 4 novembre 1727. Sig. aut. In-fol., 2 pp.

16207 Villeroy (François-Paul de Neufville de), archevêque de Lyon, protecteur et membre de l'Académie, fils du précédent ; né à Versailles le 11 janvier 1678, mort à Lyon le 6 février 1731. Lettre à Messieurs... (les échevins de Lyon ?) pour les remercier de la part qu'ils ont prise à la grâce que le roi lui a faite en le nommant à l'archevêché de Lyon. *Paris*, 26 août 1714. Signé : L'abbé DE VILLEROY, nommé à l'archevêché de Lyon. Aut. sig. In-4 , 1 p.

16208 Viricel (Jean-Marie), docteur-médecin, membre de l'Académie de Lyon, né à Lyon en 1773. Lettre à M. Coste ; remercîment de lui avoir envoyé des billets d'entrée dans sa campagne des Brosses, pour voir les manœuvres du camp et la petite guerre des Brotteaux. *Lyon*, 26 septembre 1843. Aut. sig. In-4, 1 p.

16209 Virieu (Mme Digeon de). Lettre à M. Tabart, bibliothécaire, au sujet d'un rendez-vous donné chez elle par M. Morel pour voir des notes sur le cours du Rhône. *La Croix-Rousse*, lundi 11 ventose. Sans d. Aut. sig. In-8, 1 p.

16210 Vitet (Louis), président du département de Rhône-et-Loire, maire de Lyon, médecin, membre de l'Académie, député au Corps législatif; né le 3 août 1736, mort le 25 mai 1809. Lettre à M. Parichon, vicaire-desservant de l'église de Cuire, pour lui annoncer l'envoi d'un arrêté du Conseil général du département. *Lyon*, 18 décembre 1790. Aut. sig. In-4, 1 p.

16211 Voleine (Claude-Hélène Morel de), archiviste de la ville, né à Lyon le 3 juillet 1768, mort le 16 juin 1828. Note de livres déposés dans les archives de la ville. Aut. in-4, 3 pp. — Copie de la chanson de Pierre Laures, chirurgien, contre M. Perrichon qui avait fait défense de se baigner nu. Aut. In-4, 2 pp.

16212 Voltaire (François-Marie Arouet de), propriétaire à Ferney ; né à Châtenay près de Sceaux le 20 février 1694, mort à Paris le 30 mai 1778. Lettre à M. Dupont, avocat à Colmar. Il réclame ses bons offices pour lui faire parvenir au plus vite cinq caisses laissées entre les mains de Turckeim de Colmar, caisses qui contiennent les livres et les habits de Madame Denis et les siens. *Prangin*, par Nyon, pays de Vaud , 26 décembre 1754. Aut. sig. In-4, 3 pp.

16213 Vouty de Latour (le baron Claude-Antoine), premier président de la Cour royale de Lyon, député du Rhône en 1815; né en 1761, mort le 4 mars et non en février 1826. Lettre à MM. de l'Ecole vétérinaire , pour les prier d'estimer deux mulets qui lui appartiennent de moitié avec son granger. *La Tour*, 23 brumaire an XII. Lett. aut. sig., suivie de l'estimation. In-4, 1 p.

W.

16214 Willermoz père (Jean-Baptiste), agronome, né à Lyon le 10 juillet 1730, mort le 29 mai 1824. Lettre aux citoyens administrateurs pour les prévenir qu'il accepte les fonctions de membre du jury d'instruction près l'Ecole centrale du département. A *Lyon*, 24 germinal an VI. Aut. sig. In-4, 1 p.

AUTEURS LYONNAIS.

Prosateurs.

A.

16215 Agobard, archevêque de Lyon au IXe siècle. Sancti Agobardi archiepiscopi Lugdunensis opera. Item epistolae et opuscula Leidradi et Amulonis. Steph. Baluzius emendavit, notisque illustravit. *Parisiis*, Fr. Muguet, 1666. 2 vol. in-8, m. r., aux armes de Colbert.

16216 — De la grêle et du tonnerre. (Trad. par M. Péricaud aîné). *Lyon*, Dumoulin, 1841. In-8, 55 pp.

16217 Albon (comte d') Recueil de ses œuvres : Discours sur l'Angleterre. 1779. — Discours sur la Hollande. — Discours sur la Suisse. — Remerciment à l'Académie de Lyon. 1775.—. Dialogue entre Alexandre et Titus.— Eloge historique de F. Quesnay. 1775.— Lettres sur les émeutes populaires. — Discours prononcé à la séance de la Société d'agriculture de Lyon. 1785. In-8, demi-rel. bas.

16218 — Discours sur cette question : Si le siècle d'Auguste doit être préféré à celui de Louis XIV, relativement aux lettres et aux sciences. *Paris*, 1784. In-8, portrait, 66 pp.

16219 — Lettre sur le commerce, les fabrications et les consommations des objets de luxe, adressée à M. Boistirki. 1789. s. n. d'impr. In-8, 16 pp.

16220 — Opinion de M. le comte d'Albon, député du départ. du Rhône, sur le projet de loi relatif à l'amnistie. In-8, 8 pp.

16221 Allard (P.). Catacrise de l'opinion de ceux qui tiennent le droict romain pour loy ou coustume en Lyonnois. *Lyon*, Roussin, 1597. Pet. in-4, pap. lavé, réglé, v. f., fil., tr. r. [Thouvenin.]

16222 Allier. Essai sur cette question de droit public : Les lois émanées du Corps législatif peuvent-elles avoir besoin d'une sanction quelconque ? *Lyon*, Aimé Delaroche, 1789. In-8, 11 pp.

16223 Amard (L.-V.-F.), chirurgien de la Charité de Lyon. Traité analytique de la folie et des moyens de la guérir. *Lyon*, Ballanche, 1807. In-8, 105 pp.

16224 Ampère (A.-M.) Considérations sur la théorie mathématique du jeu. *Lyon*, frères Perisse. *Paris*, veuve Perisse, an XI (1802). In-4, 63 pp.

16225 — Recherches sur l'application des formules générales du calcul des variations aux problèmes de la mécanique. *Paris*, Baudouin, ventose an XIII (1805). In-4, 33 pp.

16226 — Annales de chimie. Mai 1815. Démonstration de la relation découverte par Mariotte entre les volumes des gaz et les pressions qu'ils supportent à une même température. Lu à l'Institut le 24 janvier 1814. In-8, 16 pp.

16227 — Mémoire sur la réfraction de la lumière; lu à l'Institut le 27 mars 1815. Extrait de la correspondance sur l'Ecole polytechnique, cahier de mai 1815. In-8, 8 pp.

16228 — Mémoire contenant l'application de la théorie exposée dans le XVIIe cahier du journal de l'Ecole polytechnique, à l'intégration des équations aux différentielles partielles du premier et du second ordre. *Paris*, imprimerie royale, 1819. In-4, 188 pp.

16229 — Note sur un Mémoire lu à l'Académie royale des sciences, dans la séance du 4 décembre 1820 (*sic*). Extrait du Journal de physique du mois de septembre 1820? (*sic*). In-4, 4 pp.

16230 — Analyse des travaux de l'Académie royale des sciences pendant l'année 1821. Partie mathématique, par M. le chevalier Delambre, secrétaire perpétuel ; contenant un compte-rendu des *nouvelles expériences électro-magnétiques*. In-4, 112 pp.

16231 — Extrait de l'analyse des travaux de l'Académie royale des sciences pendant l'année 1820. Partie mathématique, par M. le chevalier Delambre. Mémoires contenant des expériences relatives à l'action mutuelle de deux courants électriques, et à celle qui existe entre un courant électrique et le globe de la terre ou un aimant ; par Ampère. s. d., sans nom d'impr. In-4, 15 pp.

16232 — Mémoire sur quelques nouvelles propriétés des axes permanents de rotation des corps et des plans directeurs de ces axes. *Paris*, impr. royale. 1823. In-4, 80 pp.

16233 — Exposé méthodique des phénomènes électro-dynamiques et des lois de ces phénomènes, *Paris*, Bachelier, 1823. In-8, 26 pp.

16234 — Mémoire sur l'action mutuelle de deux courants électriques, sur celle qui existe entre un courant électrique et un aimant ou le globe terrestre, et celle de deux aimants l'un sur l'autre ; lus à l'Académie royale des sciences. Extrait des Annales de chimie et de physique. s. d. (182?). In-8, 68 pp., pl.

16235 — Mémoire sur une nouvelle expérience

électro-dynamique, sur son application à la formule qui représente l'action mutuelle de deux éléments de deux conducteurs voltaïques, et sur de nouvelles conséquences déduites de cette formule ; suivi d'une Lettre à M. Gherardi relative à l'explication de quelques phénomènes électro-dynamiques. *Paris*, Crochard, Bachelier, 1825. In-8, 48 pp.

16236 — Précis d'un Mémoire sur l'électro-dynamique (1825). In-8, 15 pp.

16237 — Mémoire sur l'action mutuelle d'un conducteur voltaïque et d'un aimant, présenté à la séance du 28 octobre 1826; avec un Supplément. In-4, 88 pp., pl.

16238 — Description d'un appareil électro-dynamique ; deuxième édition. *Paris*, Bachelier, 1826. In-8, 32 pp.

16239 — Théorie des phénomènes électro-dynamiques, uniquement déduite de l'expérience. *Paris*, Méquignon-Marvis, 1826. In-4, 226 pp., fig.

16240 — Mémoire sur la détermination de la surface courbe des ondes lumineuses dans un milieu dont l'élasticité est différente suivant les trois directions principales, c'est-à-dire celles où la force produite par l'élasticité a lieu dans la direction même du déplacement des molécules de ce milieu. *Paris*, Bachelier, 1828. In-8, 35 pp., pl.

16241 — Note sur l'action mutuelle d'un aimant et d'un conducteur voltaïque. *Paris*, Bachelier, 1828. In-8, 29 pp., pl.

16242 — Des castes et de la transmission héréditaire des professions dans l'ancienne Egypte. Lu à l'Académie des inscriptions et belles-lettres le 1er septembre 1848 In-4.

16243 Arnassant (J.-L.). Abrégé de l'art du chirurgien-dentiste. *Lyon*. In-12, 120 pp.

16244 Aubert (Henri). En avant, marche ! ou Réflexions d'un prolétaire sur la position politique de la France, suivies de quelques considérations sur le système gouvernemental, dédiées à la nation; seconde édition. *Paris* et *Lyon*. A la fin : *Lyon*, Perret. s. d. (185.). In-8, 16 pp.

B.

16245 Bachelu (le général). Opinion sur la situation de la France. *Lyon*, Boursy, 1831. In-8, 23 pp.

16246 Ballanche (P.-S.). Du sentiment considéré dans ses rapports avec la littérature et les arts. *Lyon, Paris*, an XI (1801). In-8, demi-rel., dos v. f. [Bruyère.]

16247 Balme (Claude), docteur-médecin. Réclamations importantes sur les médecins accusés d'irréligion, et sur les nourrices mercenaires. *Au Puy*, Lacombe, an XIII (1804). In-8, 52 pp. Avec l'envoi autographe signé de l'auteur.

16248 — Répertoire de médecine, ou Recueil d'extraits et d'indications de différents ouvrages anglais, français, italiens et latins. *Lyon*, J.-B. Kindelem, 1814. In-8, formant les lettres A, N, A, 136 pp. — *Id.* Prospectus de l'ouvrage. In-8, 28 pp.

16249 — Quelques notes sur les effluves marécageux, pestilentiels et contagieux. *Paris, Lyon*, 1846. In-8, 58 pp.

16250 De Barcos (l'abbé). Oraison funèbre de Louis XIV, prononcée en l'église des Carmélites de Lyon le 5 décembre 1715. *Paris*, Houry, 1716. In-4, 36 pp.

16251 Bard (Joseph). Journal d'un pèlerin, paysages, monuments, récits, etc. *Rome, Lyon*, 1845. In-8, 2 vol.

16252 Barginet (A.), de Grenoble. Histoire du gouvernement féodal. *Paris*, Raymond, 1825. In-12, demi-rel., dos v. vert.

16253 Barrillon. Etude sur la puissance maritime de la France et de l'Angleterre. *Lyon*, Léon Boitel, 1843. In-8, 47 pp.

16254 — La Réforme postale en France. *Lyon*, Léon Boitel, 1847. In-8, 51 pp.

16255 Barrangeard, docteur-médecin. Critique médicale ayant pour but spécial 1° de signaler l'avantage des concours en médecine, etc. *Lyon*, Boursy, 1830. In-8, 55 pp.

16256 Barry (Charles-Et.-Gme), de Lyon. Dissertation sur la propriété contagieuse de la pourriture d'hôpital. *Paris*, Didot le jeune, 1828. In-4, 15 pp.

16257 Bastard-d'Estang (comte de). Discours prononcé à l'ouverture de la session du collège électoral du départ. de Haute-Garonne, le 4 octobre 1816. *Toulouse*, Douladoure. In-8, 7 pp.

16258 — Opinion... sur le projet de loi relatif à la répression des délits commis par la voie de la presse, prononcée à la Chambre des pairs dans la séance du 25 février 1822. In-8, 66 pp.

16259 — Opinion... sur l'article 2 du projet de loi relatif à la répression des délits commis par la voie de la presse, prononcée à la Chambre des pairs dans la séance du 2 mars 1822. In-8, 21 pp.

16260 — Opinion... sur l'article 17 du projet de loi relatif à la répression des délits commis par la voie de la presse, prononcée à la Chambre des pairs dans la séance du 5 mars 1822. In-8, 21 pp.

16261 — Opinion... sur le projet de loi relatif au sacrilège, prononcée à la Chambre des pairs, à la séance du 11 février 1825. In-8, 37 pp.

16262 — Développements d'un amendement proposé par le comte de Bastard sur le titre premier du projet de loi relatif au sacrilège, à la Chambre des pairs, séance du 16 février 1825. In-8, 19 pp.

16263 — Rapport fait à la Chambre des pairs, dans la séance du 5 mai 1829, au nom d'une commission spéciale chargée de l'examen du projet de loi sur la contrainte par corps. In-8, 37 pp.

16264 — Rapport fait à la Chambre des pairs, au nom d'une commission spéciale chargée de l'examen du projet de loi relatif à des réformes dans la législation pénale. In-8, 43 pp.

16265 — Rapport fait à la Cour des pairs par l'un des commissaires chargés de l'instruction du procès des ministres accusés par la Chambre des députés. Séance du 20 novembre 1830. In-8, 88 pp.

16266 Bellier de Valence (Drôme), docteur-médecin. Le Diable, chef du pouvoir occulte. Lyon, 16 mars 1848. Lyon, Rodanet. In-4.

16267 Bellin (Antoine-Gaspard). Exposition des principes de rhétorique contenus dans le Gorgias de Platon, etc. Lyon, Isidore Deleuze, 1841. In-8, 36 pp.

16268 — Exposition des idées de Platon et d'Aristote sur la nature et l'origine du langage, discours.... Strasbourg, G. Silbermann, 1842. In-8, 32 pp.

16269 — Des avantages du concours appliqué au recrutement du personnel administratif et judiciaire, par Antoine-Gaspard BELLIN. Lu à la Société littéraire de Lyon, dans sa séance du 13 novembre 1844. Paris, Lyon, 1846. In-8, 63 pp.

16270 Bénéchol, évêque et martyr de Patare (Lycie). Prophétie attribuée à S. Césaire, et traduite d'un des ch., f° 47 et suiv., extraite du Mirabilis liber, recueil de prophéties, révélations, etc. ; traduite du syriaque en latin gothique. In-8, imprimé à Lyon en 1524, etc. Lyon, Guyot, 1830. In-8.

16271 Béraud (le R. P.), jésuite, professeur de mathématiques dans le Collège de Lyon. Dissertation sur la cause de l'augmentation de poids que certaines matières acquièrent dans leur calcination. Bordeaux, Brun, 1747. In-4, 36 pp.

16272 — Dissertation sur la cause de l'augmentation de poids que certaines matières acquièrent dans leur calcination. La Haye, 1748. In-12, 98 pp.

16273 Berchoux. Examen critique de la législation moderne relative aux chemins vicinaux, et projet nouveau de leur rétablissement. Lyon, Rusand, 1824. In-4, 50 pp.

16274 Bergasse (Nicolas). 71 brochures de 1784 à 1822, écrites par lui ou contre lui, ou à son sujet. In-8, parmi lesquelles :

16275 — Considérations sur le magnétisme animal, ou sur la théorie du monde et des êtres organisés, d'après les principes de Mesmer. A la Haye, 1784. In-8, 149 pp.

16276 — Discours sur l'humanité des juges dans l'administration de la justice criminelle, adressé aux magistrats des cours souveraines de France, et pour servir de suite à ses précédents mémoires. Paris, 1788. In-8, 42 pp.

16277 — Lettre sur les États généraux. 1789. In-8, 43 pp.

16278 — Discours sur la manière dont il convient de limiter le pouvoir législatif et le pouvoir exécutif dans une monarchie. Lyon, A. Delaroche, 1789. In-8, 56 pp.

16279 — Recherches sur le commerce, les banques et les finances. Paris, 1789. In-8, 97 pp.

16280 — Observations préliminaires sur l'état des finances, publié par M. DE MONTESQUIOU. Paris, Lallemand, 1791. In-8, 24 pp.

16281 — Rapport du Comité de constitution sur l'organisation du pouvoir judiciaire, présenté à l'Assemblée nationale. In-8, 46 pp. — Id, Autre édition, Paris. In-8, 32 pp.

16282 — Discours sur les crimes et les tribunaux de haute trahison, pour servir de suite à son Discours sur l'organisation du pouvoir judiciaire. s. d. In-8, 33 pp.

16283 — Protestation contre les assignats-monnaie. In-8, 30 pp.

16284 — Lettre à ses commettants au sujet de sa protestation contre les assignats-monnaie, suivie de quelques réflexions sur un article du Patriote françois, rédigé par Brissot de Warville. In-8, 48 pp.

16285 — Jugement rendu contre Bergasse et son dernier écrit (Protestation contre les assignats-monnaie). In-8, 8 pp.

16286 — Réflexions sur l'acte constitutionnel du Sénat. (1814). In-8, 16 pp.

16287 — Réponse aux Réflexions de M. Bergasse sur l'acte constitutionnel de l'Etat. Paris, P. Blanchard (1814). In-8, 16 pp.

16288 — Réfutation des faux principes et des calomnies avancés par les Jacobins pour décrier l'administration de nos rois et justifier les usurpations de l'autorité royale et du trône. Lyon, Joseph Bettend, 1816. In-8, 293 pp.

16289 — Société des bonnes-lettres. Essai sur le rapport qui doit exister entre la loi religieuse et les lois politiques des peuples. s. d. In-8, 12 pp.

16290 Bertholon (l'abbé). Nouvelles preuves de l'efficacité des paratonnerres. Montpellier, Martel, 1783. In-4, 28 pp., fig.

16291 — Salubrité (de la) de l'air des villes et en particulier des moyens de la procurer, ouvrage couronné par l'Académie de Lyon. Montpellier, Martel, 1786. In-8, 102 pp.

16292 — Mémoire sur la théorie des incendies, sur leurs causes et les moyens de les prévenir et de les éteindre. Montpellier, Martel, 1787. In-4, 44 pp., fig.

16293 Beuchot (Adrien-J.-Quentin), né le 13 mars 1777 à Paris, où il est mort le 10 avril 1851, clerc de M. Lièvre, notaire à Lyon, vers la fin du XVIIIe siècle ; un des collaborateurs du Bulletin de Ballanche. Ses articles sont signés A.-J.-Q. B. Il avait terminé ses études chez les Oratoriens de Lyon. Note bibliographique sur le Festin de Pierre de

Molière. In-8, 4 pp. — Extrait du *Journal de la Librairie*.

16294 — Oraison funèbre de Buonaparte, par une société de gens de lettres; prononcée au Luxembourg, au Palais-Bourbon, au Palais-Royal, aux Tuileries et ailleurs. *Paris*, 1814. In-8, 48 pp.

16295 Biessy (C.-V.). Aperçu général et observations pratiques sur la médecine légale. *Lyon*, Kindelem, 1810. In-8, 77 pp.

16296 — Lettre à MM. Richard et Chappeau, médecins à Lyon. De Lyon, le 18 décembre 1822. *Lyon*, Kindelem. In-4, 5 pp.

16297 — Secours à donner aux asphyxiés; par BIESSY, docteur-médecin. *Paris*, Mistral. s. d. In-8, 27 pp.

16298 Blanchard. Précis historique de la vie et du pontificat de Pie VI. (Exemplaire préparé pour une nouvelle édition, par M. l'abbé Aimé GUILLON). *Londres*, 1800. In-8, 218 pp.

16299 Bochard, vicaire général. Cinquième âge de l'Eglise, extrait d'une dissertation sur ses sept âges selon l'Apocalypse. *Lyon*, 1826. In-8, 68 pp.

16300 Bollioud de Mermet. De la corruption du goust dans la musique françoise. *Lyon*, Aimé Delaroche, M.DCC.XLVI. In-16, v. f., fig.

16301 — De la Bibliomanie. s. n. d'auteur. *A la Haye*, M.DCC.LXV. In-8, 111 pp., v. mar., fig. (En recueil avec *Essai sur la lecture*). — Un autre exemplaire, id. *La Haye*, M.DCC.LXI. In-8, 111 pp., bas.

16302 — Essai sur la lecture. s. n. d'auteur. *A Amsterdam* et à *Lyon*, chez Pierre Duplain l'aîné, M.DCC.LXV. In-8, 125 pp., v. marb., fig. (1 vol. avec : *De la Bibliomanie*).

16303 Bonnardet (Louis). De la Mendicité. *Lyon*, Léon Boitel, 1841. In-8, 144 pp.

16304 Bonnefoy (J.-B.). Analyse raisonnée des rapports des commissaires chargés par le roi de l'examen du magnétisme animal. 1784. In-8, 89 pp.

16305 — Examen du compte-rendu par M. THOURET, sous le titre de Correspondance de la Société royale de médecine, relativement au magnétisme animal. 1785. In-8, 59 pp.

16306 Bonnevie (l'abbé de), chanoine de Lyon. Discours sur les causes et les effets de la Révolution française, prêché le 21 avril 1816, dans l'église de St-Cannat, en faveur des Marseillais blessés à l'affaire de la Saulce, dans la mémorable campagne de S. A. R. Monseigneur le duc d'Angoulême. *Marseille*, Roux-Rambert, 1816. In-8, 41 pp.

16307 Borde. Œuvres diverses (théâtre, poésies et œuvres en prose). *Lyon*, Faucheux, M.DCC.LXXXIII. In-8, 2 vol., cart. rouge.

16308 Bosse (A.). La manière universelle de M. Desargues lyonnois, pour poser l'essieu et placer les heures et autres choses aux cadrans au soleil. *Paris*, Pierre Deshayes, M.DC.XLIII. In-8, v. vert, fil., fig.

16309 Boissieu (Alphonse de). La légitimité de don Carlos, jugée d'après les vrais principes de la monarchie espagnole. (Extrait de la *Gazette du Lyonnais*); septembre 1834. In-8, 23 pp.

16310 Bottex (Alexandre) de Neuville (Ain). Essai sur les émissions sanguines dans le traitement des fièvres continues. *Paris*, Didot le jeune, 1823. In-4, 48 pp.

16311 — Essai sur les hallucinations. *Lyon*, Louis Perrin, 1836. In-8, 75 pp.

16312 Bouchacourt (Ch.), ingénieur civil. Mémoire sur l'industrie métallurgique de la province de Murcie (Espagne). *Paris*, Louis Colas. In-8, 50 pp.

16313 Boulard, architecte à Lyon. Plan d'une voiture de transport, qui a remporté le prix à l'Académie de la Rochelle en décembre 1784. In-4, 8 pp., fig.

16314 Boullée. L'amour de la vérité, Discours prononcé le 6 novembre 1826, à la rentrée solennelle du Tribunal de Mâcon. *Mâcon*, Dejussieu. In-8, 12 pp.

16315 — Rapport fait à la Société d'agriculture, sciences et belles-lettres de Mâcon, dans sa séance du 6 septembre 1827, au nom de la Commission chargée de l'examen des Mémoires envoyés au concours de cette année. *Mâcon*, Dejussieu fils, 1827. In-8, 142 pp.

16316 — Démosthène. (Extrait de l'*Encyclopédie des gens du monde*). (*Paris*), E. Duverger. In-8, 8 pp.

16317 — Le chancelier d'Aguesseau. (Extrait de l'*Encyclopédie des gens du monde*). (*Paris*), E. Duverger. In-8, 8 pp.

16318 Bourdin (Jacques), propriétaire, électeur à la Guillotière. Projet d'un Code de procédure des familles, contenant les moyens d'empêcher les procès. *Lyon*, Pommet, 1846. In-8, 18 pp.

16319 Bourgelat. Réflexions sur la milice et sur les moyens de rendre l'administration de cette partie uniforme et moins onéreuse. s. l., M.DCC.LX. In-12, bas.

16320 Bouthillier. Le Banquier français, ou la Pratique des lettres de change; par le sieur BOUTHILLIER. *Lyon*, 1731. In-8, bas.

16321 Bouvery (Louis-Joseph). Causes de la misère et moyens pour la détruire. *Lyon*, Dumoulin et Ronet, 1848. In-8, 19 pp.

16322 Bréghot du Lut et Péricaud. Notice bibliographique sur les éditions et sur les traductions françaises des Œuvres de Cicéron; par C. BRÉGHOT DU LUTH et A. PÉRICAUD. In-8, 69 pp. Tiré à part à 10 exemplaires seulement du Cic. in-8, latin français, de J.-Victor LE CLERC.

16323 — Nécrologe lyonnais, 1826-1835, par MM. B. et P. *Lyon*, Rusand, 1836. In-8, 12 pp.

16324 Bréghot du Lut (Claude). Note sur un point d'histoire littéraire (sur J.-B. Lantin).

Signé : C. B. D. L. (BRÉGHOT DU LUT). *Lyon*, Barret. In-8., 8 pp.

16325 — Notice sur un ouvrage intitulé : *Calendrier de Thémis*, par M. A. P. Article critique signé I. F. (*Lyon*), s. d. (1821), Pitrat. In-8, 4 pp.

16326 — Notice sur J.-B. Poidebard, rédigée par M. C. B. D. L. *Lyon*, Barret, 1826. In-8, 10 pp.

16327 — Notice sur la vie et les ouvrages de Martial (extraite de la *Biogr. universelle*). (*Paris*), Everat. In-8, 7 pp.

16328 — Imitations de Martial et d'Horace. Extrait du tome II des *OEuvres* de Ducerceau. *Paris* et *Lyon*, 1826, 2 vol. in-8. In-8, 43 pp.

16329 — Imitations de Martial, par C. B. D. L. *Lyon*, Barret, 1830. In-8, 9 pp.

16330 — Lettres de M. C. Breghot du Lut (à M. Tezenas). (Ces lettres, écrites du 29 mars 1823 au 28 juillet 1826, ont été publiées par M. Fontaine). *Lyon*, 1834. In-8, 16 pp.

16331 — Bibliographie. Lettre de M. le marquis César Alfieri, sur une des premières éditions de Marot; avec notes de M. Bréghot du Lut. (1838). s. n. d'imprimeur. In-8, 4 pp.

16332 Brun (Sébastien), ci-devant principal du petit Collège de Lyon. Les arts mécaniques et les arts libéraux se tenant par la main, ou Idées offertes à la discussion et au jugement des pères de famille et des instituteurs.... *Lyon*, Ballanche et Barret, an IV. In-12, 24 pp.

16333 Bruyset (J.-M.). Essai sur le contrat collybistique des anciens, et particulièrement des Romains. 1786. In-4, 16 pp.

16334 — Caractères de la propriété littéraire. De la nécessité d'une administration particulière de la librairie. A la fin : Lyon, le 1er juin 1808. *Lyon*, Bruyset aîné et Buynand. In-4, 15 pp.

16335 Bruyas (Paul). De l'étude de la langue. *Lyon*, Léon Boitel, 1842. In-8, 75 pp.

16336 Buisson (Adolphe), pharmacien. Observations sur les analyses judiciaires industrielles et sur les moyens d'en éviter quelques erreurs. *Lyon*, Barret, 1832. In-8, 14 pp.

16337 — Recherches chimiques sur le précipité pourpre de Cassius, sur son analyse et sa préparation. *Lyon*, 1831. In-8, 16 pp.

C.

16338 Caminet, député de Rhône-et-Loire. Rapport et projet de décret faits à l'Assemblée nationale, sur la convention faite entre le roi et la république de Mulhausen, qui en demande la ratification au Corps législatif. *Paris*, 1792. In-8, 11 pp.

16339 — Rapport sur les subsistances, fait au nom des Comités de commerce et d'agriculture. *Paris* (179.?). In-8, 7 pp.

18340 Camus (Mgr), évêque de Belley (Jean-Pierre). Le sainct desespoir d'Oléastre. *Lyon*, 1624. In-12, parch.

16341 — Daphide, ou l'Intégrité victorieuse. Histoire arragonoise. *Lyon*, Antoine Chard, M.DC XXV. In-12, bas.

16342 — Palombe, ou la Femme honnorable. Histoire catalane. *Paris*, Claude Chappelet, M.DC. XXV. In-8, mar. noir, armes sur le plat.

16343 — Casilde, ou le Bonheur de l'honnesteté. *Paris*, Jean Moreau, M. DC. XXVIII. In-12, parch.

16344 — Hellenin et son heureux malheur. Ensemble Callitrope, ou le Changement de la droicte de Dieu. *Lyon*, Antoine Chard, M.DC. XXVIII. In-8, parch.

16345 — L'Hermite pelerin et sa peregrination, perils, dangers et divers accidens..... *Douay*, Balthazar Bellere, 1628. In-12, v. r., fil., tr. d.

16346 — L'Amphithéatre sanglant ou sont representées plusieurs actions tragiques de nostre temps. *Paris*, Joseph Cottereau, M.DC.XXX. In-8, v. fauve, tr. d. [Bruyère.]

16347 — Les Spectacles d'horreur, où se découvrent plusieurs tragiques effets de nostre siècle. *Paris*, André Soubron, M.DC.XXX. In-8, v. f., tr. d. [Koehler.]

16348 — Les Décades historiques. *Douay*, Marc Wyon, M.DC.XXXII. In-8, v. r., fil.

16349 — La Tour des Miroirs. Ouvrage historique. s. l. Chez Robert Bertault et Louis Bertault, M.DC.XXXII. In-8, v. br., fil.

16350 — Traicté de la pauvreté évangelique. *Besançon*, Jean Thomas, M.DC.XXXIV. In-8, veau fauve.

16351 — Le Voyageur inconnu, histoire curieuse et apologétique pour les religieux. *Paris*, Jacques Bessin, 1640. In-8, v. f., fil., tr. d. [Koehler.]

16352 — La pieuse Julie, histoire parisienne. *Rouen*, Jean De la Mare, 1641. In-8, v. f., fil., tr. d. [Koehler.]

16353 — Les Occurrences remarquables. *Rouen*, Vaultier, M.DC.XXXXIII. In-8, veau f., fil.

16354 — Mémoriaux historiques. *Rouen*, François Vaultier, M.DC.LVIII. In-8, parch.

16355 — S. Augustin. De l'ouvrage des moynes; ensemble quelques pièces de S. Thomas et de S. Bonaventure sur le mesme sujet. Trad. par J.-P. CAMUS, evesque de Belley. *Paris*, 1633. In-8.

16356 — Les evenemens singuliers de M. de Belley, divisez en quatre liures. *Lyon*, M. DC. XXVIII. In-8, parch.

16357 — Les evenemens singuliers de M. de Belley, diuisez en quatre livres, reueus et corrigez en cette derniere edition. *Paris*, M.DC. LX. In-8, bas. jasp., dent.

16358 — Esprit de S. François de Sales, recueilli de divers écrits de J.-P. CAMUS, évêque de Belley (par P. COLLOT). *Paris*, J. Estienne, 1727. In-8, v. br.

16359 Carret. Discours du 9 thermidor an IV, par le citoyen CARRET, commissaire du Pouvoir exécutif près la municipalité du Nord. *Lyon*, Destéfanis. In-4, 6 pp.

16360 — Conseil des Cinq-Cents. Opinion de CARRET, député du Rhône, sur la liberté de la presse. Séance du 22 prairial an VII. In-8, 11 pp.

16361 — Discours prononcé sur un message du Directoire exécutif annonçant de nouvelles victoires en Batavie. 22 vendémiaire an VIII. *Paris*, impr. nationale. In-8, 3 pp.

16362 — Opinion... sur le projet de loi relatif aux justices de paix. 12 frimaire an IX. *Paris*, impr. nationale. In-8, 4 pp.

16363 — Rapport fait sur un projet de loi tendant à autoriser la commune de Bourdeille à acquérir un terrain. 21 frimaire an IX. *Paris*, impr. nationale. In-8, 2 pp.

16364 — Rapport fait sur le projet de loi relatif à la reconstruction de la place Bellecour, à Lyon. 4 nivose an IX. In-8, 4 pp.

16365 — Opinion... sur le projet de loi relatif à l'établissement d'un Tribunal criminel spécial. 12 pluviose an IX. *Paris*, impr. nat. In-8, 16 pp.

16366 — Rapport fait par CARRET sur une pétition du cit. Michaux. 16 fructidor an IX. *Paris*, impr. nat. In-8, 6 pp.

16367 — Rapport fait par CARRET sur un projet de loi tendant à autoriser la commune de Villefranche (départ. de l'Aveyron) à acquérir un bâtiment national. 18 frimaire an X. *Paris*, impr. nat. In-8, 2 pp.

16368 — Rapport.... sur un projet de loi tendant à autoriser la commune d'Auxonne à vendre deux propriétés. 21 frimaire an X. *Paris*, impr. nat. In-8, 2 pp.

16369 — Rapport.... sur un projet de loi tendant à autoriser un échange de terrain entre la commune de Bardos, etc. 21 frimaire an X. *Paris*, impr. nat. In-8, 2 pp.

16370 — Rapport.... sur un projet de loi tendant à autoriser la commune de Blois à faire l'échange de l'ancien Hospice. 21 frimaire an X. *Paris*, impr. nat. In-8, 3 pp.

16371 — Rapport.... sur un projet de loi tendant à autoriser la commune de Coarraze à faire la cession d'un terrain, etc. 21 frimaire an X. *Paris*, impr. nat. In-8, 2 pp.

16372 — Rapport.... sur un projet de loi tendant à autoriser la commune de Dôle à faire un échange, etc. 21 frimaire an X. *Paris*, impr. nat. In-8, 2 pp.

16373 — Rapport.... sur un projet de loi tendant à autoriser la commune de Paris à acquérir 60 hectares de terrain. 21 frimaire an X. *Paris*, impr. nat. In-8, 3 pp.

16374 — Rapport.... sur un projet de loi tendant à autoriser la commune de St-Amour à acquérir une portion de bâtiment, etc. 21 frimaire an X. *Paris*, impr. nat. In-8, 2 pp.

16375 — Rapport.... sur un projet de loi tendant à autoriser la commune de St-Lupicin à vendre plusieurs terrains communaux. 21 frimaire an X. *Paris*, impr. nat. In-8, 2 pp.

16376 — Opinion.... sur le projet de loi relatif à l'instruction publique. 8 floréal an X. *Paris*, impr. nat. In-8, 10 pp.

16377 — Opinion.... sur le projet de loi relatif à l'exercice de la médecine. 17 ventose an XI. *Paris*, impr. nat. In-8, 4 pp.

16378 — Rapport.... sur le projet de loi concernant la pharmacie. 17 germinal an XI. In-8, 10 pp.

16379 — Discours.... sur le projet de loi concernant la pharmacie. 21 germinal an XI. *Paris*, impr. nat. In-8, 8 pp.

16380 — Opinion.... sur la motion d'ordre relative au gouvernement héréditaire. 11 floréal an XII. *Paris*, impr. nat. In-8, 7 pp.

16381 — Discours fait au Corps législatif.... sur le projet de loi relatif à la reconstruction de la place Bonaparte, à Lyon. Séance du 7 ventose an XIII. In-8, 6 pp.

16382 Cartier. Médecine (de la) interne appliquée aux maladies chirurgicales. *Lyon*, Barret, 1807. In-8, 80 pp.

16383 Champanhet. Discours prononcé à la rentrée solennelle du Tribunal de première instance du départ. de la Seine, le 3 novembre 1827. *Paris*, 1827. In-8, 18 pp.

16384 — Discours de M. CHAMPANHET, député de l'Ardèche, dans la discussion du projet de loi portant demande d'un crédit pour secours aux victimes des événements de Lyon. (Séance du 16 mai 1834). In-8, 4 pp.

16385 Champeaux et Faissole. Expériences et observations sur la cause de la mort des noyés, et les phénomènes qu'elle présente. *Lyon*, Aimé Delaroche, 1768. In-8.

16386 Champier (Claude). Brief et facile Commentaire de toutes choses engendrées en l'air, comme pluyes, gresles, tonnaires, foudres, esclairs, neges, orages, vents, et autres; par Claude CHAMPIER. *Lyon*, Ben. Rigaud, 1558. In-18.

16387 Champier (Symphorien). Dyalogus singularissimus, etc., Symphoriani CHAMPERII in magicarum artium destructionem, etc. *Lugduni*, Guill. Balsarin. In-4 goth.

16388 — Index librorum in hoc volumine contentor. Domini Symphoriani CHAMPERII physici lugdun. libelli duo. — Primus de medicine claris scriptoribus... Secundus de legum divinarum conditoribus... Dyalogus dñi Symphoriani Chaperii et Sebastiani Coppini Mollissoniēsis in legem mahometicam. — Ejusdem... de corporum animorumq. morbis... v. br., fil., tr. d. [Koehler]. Evangelicae christianaeq. religionis ex scriptis gētilium et poetarum et philosophor. validissimis argumētis comprobatio. — Ejusdem... Aphorismi sive collectiones medicinales. — Alexādri Bñdicti Veronēsis Apho-

rismi... Alexãdri Aphrodisei Greci de febribus.
— Opera parva Hippocratis noviter de greco
in latinum traducta lib. VII.— Epistole quedã
ad ipm dñm Symphorianũ Chãperium. s. l,
s. d. Pet. in-8 goth.

16389 — La Nef des dames vertueuses cõposee
par maistre Simphorien CHAMPIER, docteur
en medicine, contenant quatre liures... —
... Imprimé à *Lyon* sur le Rosne par Jaques
Arnollet (sans date). Pet. in-4 goth., mar. r.
doublé mar. vert, tr. d. [Bauzonnet.]

16390 — Le Questionaire des cirurgiens et barbiers, avec le Formulaire du petit guydon en
cirurgye veu et corrigé et les lunettes des cirurgiens de nouveau adiouttez et imprimez
nouvellement à Paris. On les vend en la rue
Neufve Nostre-Dame, à l'enseigne Saint-Nico-
las. In-8 goth.

16391 — La Nef des princes et des batailles de
noblesse..... par noble et puissant seigneur
Robert DE BALZAT, conseiller et chãbrelan du
roy...; item plus le regime dung ieune prince
et les prouerbes des princes et aultres petits
liures... composés par maistre Simphorien
CHAMPIER, docteur en theologie et medicine,
iadis natif de Lionnois. — ... Et est cest present onure imprimé à *Lion* en rue Merciere
par maistre Guillaume Balsarin, imprimeur du
roy nostre sire, le xiie iour de septembre mil
cinq cens et deux. In-4 goth. mar. r., doublé
mar. vert, large dent., tr. d. [Bauzonnet.]

16392 — Domini Simphoriani CHAMPERII Lugdu-
neñ. liber de quadruplici vita theologia Ascle-
pii Hermetis Trismegisti discipuli cum commen-
tariis ejusdem domini Simphoriani. Sixti phi-
losophi Pythagorici enchiridion Isocratis ad
Demonicum oratio preceptiva silve medicinales
de simplicib. cũ nõnullis in medice facultatis
praxim introductoris quaedam et Plinii junio-
ris practica. Tropheum Gallorum quadruplici-
cem eorumdem complectens historiam. De in-
gressu Ludovici XII Francor. regis in urbem
Genuam. De ejusdem victoria in Genuẽn. re-
gum francorum genealogia. De claris Lugdunensibus. De Gallorum scriptoribus. De Gallis
summis pontificibus. Eple varie ad eumdem
dñm Simphorianũ. — Impressum est presens
opus Lugduni expensis honestissimorum biblio-
polarum Stephani Gueynardi et Jacobi Hugue-
tani : arte vero et industria Jannot de Campis ;
annno Domini M.CCCCC.VII. finitum pridie kal.
augusti. In-4 goth. v. f., fil., tr. d. [Koehler.]

16393 — Le Triumphe du tres-chrestien roy de
France Loys XII de ce nom, contenant l'origine et la declination. des Veniciens avec l'armee dudit roy et celle desditz Veniciens. (Par
Simphorien CHAMPIER). *Lyon*, Claude Daoust,
aultrement dict de Troys, 1509. Pet. in-4
goth.

16394 — Rosa Gallica aggregatoris Lugdunẽsis
Symphoriani CHAMPERII omnib. sanitatem affec-
tantibus utilis et necessaria. *Ex officina ascen-*

siana, 1514. In-8, v. ant. à compart., fers à
froid., tr. d. [Koehler.]

16395 — Periarchon, I. de principiis platonicarũ
disciplinar. omniũq ; doctrinarũ Symphoriani
CHAMPERII, etc. *Parisiis*, Ant. Bõnemere (sans
date). Le privilége est de 1515. In-8. v. ant.
à compart., fers à froid, tr. dr. [Koehler.]

16396 — Epistole sanctissimorũ collectæ et partim illustratæ opera et industria Symphoriani
CHAMPERII Lugdunen., impressarum autem
prelo ascensiano ad IIII. idus martias. M.DXVI.
In-8, veau f., tr. d. [Koehler.]

16397 — Symphonia, Platonis cum Aristotele: et
Galeni cum Hippocrate D. Symphoriani CHAM-
PERII: Hippocratica philosophia ejusdem. Pla-
tonica medicina de duplici mundo : cum ejusdem scholiis. Speculum medicinale platoni-
cum : et apologia litterarum humaniorum. —
Impressum est hoc opus apud Badium Parrhi-
siis. Anno salutis M.D XVI. XIIII calen. maias.
A la suite et rel. dans le même volume et des
mêmes impression et date : *Cribatio : lima : et*
annotamenta in Galeni, Avicennae et Conci-
liatoris opera per Symphorianum Champerium
Lugdunen. illustrissimi Lotharingiae physicis
consiliarium primarium. In-8, v. f., fil., tr. d.
[Koehler.]

16398 — Index eorum omnium que in hac arte
parva Galeni pertractantur. Ars parva Galeni
Pergameni.... Item subjunguntur. Paradoxa
domini Simphoriani CHAMPERII Lugdunẽn.....
Item additiões Haly rodoa... — Epithome
cõmentarior. Galeni in libros Hippocratis
Cohi... Ejusdem dñi Simphoriani Cẽtiloq;
isagogicum in lib. Hipp. — Medicinale bel-
lum inter Galenum et Aristotelem gestum...
a domino Simphoriano CHAMPERIO compo-
situm... — Practica nova in medicina. Aggregatoris Lugdunẽsis domini Simphoriani
CHAMPERII de omnibus morborum generibus....
Aurei libri quinque. Item ejusdem aggregatoris liber unus de omnibus febrium generibus.
— Impressum *Lugduni* per honestum virum
Johannem Marion anno Domini M.CCCCC XVII.
die xix martii. Pet. in-4 goth. .

16399 — De mirabilibus sacrae Scripturae.
Simphoriani CHAMPERII quattuor volumina,
impressa Lugd. per Jacobum Mareschal,
M.CCCCC XVII. In-8 goth. , veau fauve, tr. d.
[Koehler.]

16400 — Practica nova in medicina. Aggregatoris
Lugdunẽsis domini Simphoriani CHAMPERII de
omnibus morborum generibus ex traditionibus
Grecorum. Impressum *Lugduni* per honestum
virum Johannem Marion anno 1517. In-8 goth.
veau brun, tr. d., fleurons sur le plat.[Koehler.]

16401 — Pronosticon libri tres quorũ primus est
de pronosticis seu presagiis prophetarum, secundus de presagiio astrologorum, tertius de
presagiis medicorum, Symphoriani CHAMPERII.
(Sine loco et anno). *Impensis Vincentii de*
Portonariis. In-4 goth. de 12 feuillets, v.

ant. à comp., fers à froid. [Koebler]. La péroraison est datée de Lyon, 1518.

16402 — Que in hoc opusculo habentur. Duellum epistolare : Gallie et Italie antiquitates summatim complectens. Tropheum christianissimi Galliarum regis Francisci huius nominis primi. Item complures illustrium virorum epistole ad dominũ Symphorianũ Camperiũ. A la fin : Impressùm fuit presens opus per Joannë Phiroben et Ioannem Diuinenr Alemanos, sumptibus honesti uiri Jacobi Frãcisci Deionta Florentini bibliopole Veneti. Anno M.CCCCC. XIX, die decima octobris. In-8, fig. sur bois.

16403 — La Nef des princes et des batailles de noblésse, avec le chemin pour aller à lospital : et autres enseignemens utilz et proffitables a toutes manieres de gens pour cõgnoistre a bien vivre et mourir, dedyes et envoyes a divers prelats et seigneurs ainsi qu'on pourra trouver cy apres. — Item, plus le regime dung jeune prince et les proverbes des princes et autres petitz livres tres utils et prouffitables : lesquelz ont este composez par maistre Simphorien Champier, docteur en theologie et medicine, iadis natif de Lionnois. — Imprime à *Paris* le neufviesme iour du moys daoust lan mil cinq cens vingt-cinq, par Phelippe le Noir, relieur iure en luniversite de Paris, demourant en la grant rue Sainct Jacques a lenseigne de la Roze blanche couronnee. Pet. in-4 goth., mar. r. doublé de même, fil., tr. d. [Bauzonnet.]

16404 — Officina apothecariorum, seu seplasiariorum, pharmacopolarum, ac inniorum medicorum. D. Symphoriani Campegii equitis aurati.... A la fin : Finiunt utilissima opera et cedro dignissima cõsummatissimi viri do. Symphoriani Champegii..... *Lugduni*, excusa apud Joannem Crespin, al's du Carre, anno publicæ salutis millesimo ccccc XXXII, die xii mensis aprilis. In-8, 56 ff., cart.

16405 — Campus elysius Galliæ amœnitate refertus : in quo sunt medicinæ compositæ, herbæ et plantæ uirentes : in quo quicquid apud Indos, Arabes et Pœnos reperitur, apud Gallos reperiri posse demonstratur : a domino Symphoriano Campegio..... compositus. *Lugduni*, M.D.XXXIII. In-8. En recueil avec *Hortus Gallicus*. In-8, v. br. gauf., fil., tr. d. [Koehler.]

16406 — Hortus Gallicus, pro Gallis in Gallia scriptus, veruntamen non minus Italis, Germanis et Hispanis quã Gallis necessarius. Symphoriano Campegio equite anrato ac Lotharingorum archiatro authore... *Lugduni*, in aedibus Melchioris et Gasparis Trechsel fratrum, 1533. Pet. in-8, v. br., fil., tr. d. [Koehler.]

16407 — Periarchon, id est de principiis utriusque philosophiæ... Symphoriano Campegio.... authore. *Lugduni*, M.D.XXXIII. In-8. En recueil avec *Hortus Gallicus* (Sciences médicales). In-8, v. br. gauf., fil., tr. d. [Koehler]

16408 — Seminariũ siue plantarium earum arborum quæ post hortos conseri solent : quarum

nomina, fructus, itẽ etiam conserendi vocabula apud authores bene recepta hoc libello declarantur. *Parisiis*, Rob. Stephanus, 1536. In-8, vél.

16409 — De monarchia Gallorum campi aurei, ac triplici imperio, videlicet Romano, Gallico, Germanico, etc.; authore Symphoriano Campegio. *Lugduni*, ex officina Melch. et Gasp. Trechsel, 1537. Gr. in-8, demi-rel., dos m. r.

16410 — Symphoriani Champerii libri VII de dialectica, rhetorica, geometria, arithmetica, astronomia, musica, philosophia naturali, medicina et theologia : et de legibus et repub. eaq : parte philosophiæ quæ de moribus tractat. Atq : hæc omnia sunt tractata ex Aristotelis et Platonis sententia. *Basileæ*, Henr. Petrus, 1537. In-8, v. ant. à compart., fers à froid, tr. d. [Koehler]. Il n'y a que trois livres. Tous les sujets annoncés sur le titre paraissent traités.

16411 — Prologue et chapitre singulier de Mᵉ Guidon de Cauliac ; le tout nouv. trad. et illustré de commentaires par Mᵉ Jehan Canappe, docteur en médecine. *Lyon*, Etienne Dolet, 1542. In-8, v. f., fil., tr. d.

16412 — Enchiridion juris utriusque terminorum. Benedicto Curtio Symphoriano, equite ecclesiæ Lugdunensis. *Lugd.*, sub scuto Coloniensi, apud Johannem et Franciscum Frellonios, fratres. 1543. In-8.

16413 — Histoire des gestes du preux et vaillant chevalier Bayard, par Symphorian Champier. *Lyon*, Ben. Rigaud, 1602. In-8, m. r., fil., tr. d. [Koehler.]

16414 — Le Myrouel des appothiquaires et pharmacopoles par lequel il est demonstré comment les appothicaires communément errent en plusieurs simples médecines, les lunettes des cyrurgiens et barbiers..... Par Champier. *Paris*, s. d. Pet. in-8. Cet ouvrage est à la suite du Questionnaire, qui parait être du même auteur.

16415 — Janua logice et phisice Simphoriani Champerii. Impressũ Lugduni per Mgrm. Vuillermũ Balsarin. M.IIII.CC.IIIIXX et XVIII. In-8, v. f., tr. d. [Koehler.]

16416 Chantelauze (de), député de la Loire. Discours sur le projet de loi départementale. *Paris*, Hénry, 1829. In-8, 28 pp.

16417 Charavay (Gabriel). Le projet de constitution jugé au point de vue démocratique, par un membre de l'ex-Comité central de Lyon. *Lyon* et *Paris* (1848), In-8, 29 pp.

16418 Charavay (Jean). Conseils aux jeunes républicains, mis au jour par J. C. s. d. (mars 1848). In-8, 4 pp.

16419 — Projet d'association fraternelle de l'industrie française. s. d. (1848). In-8, 15 pp.

16420 Chardon, docteur-médecin à Chasselay (Rhône). Projet d'association pour la régénération , la moralisation , le bien-être et le bonheur des classes ouvrières, et pour la prospérité de l'agriculture, par l'application sage et intelligente des vrais principes républicains. *Lyon*, Boursy, 1848. In-8, 15 pp.

16421 Chardon de la Rochette. Anecdotes littéraires sur Heerkens, recueillies par CHARDON LA ROCHETTE. De *Troyes*, le 11 nivose an XII. In-8. Extrait du *Magasin encyclopédique*, IXe année, f. 5.

16422 — Aux amateurs des sciences, des lettres et des arts; par CHARDON DE LA ROCHETTE. s. d. In-8, 14 pp.

16423 — Notice sur Janus Vlitius, conseiller et syndic de Breda, poète latin et éditeur des *Autores rei venaticæ antiqui*, etc. , par J.-F. A.-Y. s. d. In-8, 29 pp.

16424 Charrier de la Roche. Circulaire de M. CHARRIER DE LA ROCHE, prévôt-curé d'Ainay, de Lyon, le 7 décembre 1780, pour demander des secours pour sa paroisse. In-4.

16425 — Extrait d'une lettre de M. CHARRIER DE LA ROCHE, prévôt-curé d'Ainay, député de la sénéchaussée de Lyon, à une personne qui paraissait étonnée de ce qu'il n'avait pas signé la déclaration d'une partie de l'Assemblée , sur la religion. *Paris*, 20 mai 1790. In-8, 2 pp.

16426 — Questions sur les affaires présentes de l'église de France, avec des réponses propres à tranquilliser les consciences; par CHARRIER DE LA ROCHE, député de Lyon à l'Assemblée nationale. *Paris*, Leclerc, 1791. In-8, 74 pp.

16427 — Lettres à M. Charrier de la Roche, auteur des *Questions sur les affaires présentes de l'église de France*. *Paris* , 1791. In-8 , quatre cahiers brochés.

16428 — Lettre de M. l'abbé Charrier, évêque métropolitain de Rouen, à M. le cardinal de la Rochefoucault ; suivie d'un extrait de l'ouvrage intitulé : *Questions sur les affaires présentes de l'église de France, etc.* 1791. In-8, 15 pp.

16429 — Lettre d'un curé du diocèse de Rouen à M. Charrier de la Roche, élu évêque du départ. de la Seine-Inférieure. *Paris*, Crapart , 1791. In-8, 16 pp.

16430 — Réfutation de l'Instruction pastorale de M. l'évêque de Boulogne sur l'autorité spirituelle, relativement aux affaires présentes de l'Eglise, etc. ; par CHARRIER DE LA ROCHE. *Paris*, Leclerc, 1791. In-8, 150 pp.

16431 — Lettres sur l'écrit de M. Charrier de la Roche, député de Lyon à l'Assemblée nationale, intitulé : *Réfutation de l'Instruction pastorale de M. l'évêque de Boulogne*. s. n. d'auteur. *Paris*, Crapart. s. d. (1791). In-8, 39 pp.

16432 — La Voix de la charité, à M. Charrier de la Roche, évêque constitutionnel et métropolitain des Côtes-de-la-Manche. In-8, 56 pp.

16433 — Lettre de M. l'abbé Charrier, évêque de la métropole des Côtes-de-la-Manche, à MM. du Directoire du départ. de la Seine-Inférieure. *Lyon*, 26 octobre 1791. In-8, 8 pp.

16434 — Adresse à M. l'abbé Charrier, sur sa démission de l'évêché de la Seine-Inférieure , et sur les deux écrits qu'il vient de donner au public à ce sujet. *Paris*, 30 novembre 1791. In-8, 24 pp.

16435 — Réflexions sur un écrit inséré dans le *Moniteur* , relativement à la conduite de M. Charrier, ci-devant évêque constitutionnel de Rouen , dans la démission qu'il a donnée de son siége. *Lyon*, janvier 1792. In-8, 51 pp.

16436 — Lettre du chevalier de.... à M. l'abbé Charrier, au sujet de son écrit de janvier 1792 , sur sa conduite dans la démission de l'évêché constitutionnel de Rouen. *Lyon*, le 6 février 1792. In-8, 16 pp.

16437 Chassaignon (Jean-Marie). Cataractes de l'imagination , déluge de la scribomanie, vomissement littéraire, hémorrhagie encyclopédique , monstre des monstres ; par EPIMÉNIDE l'inspiré. Dans l'antre de Trophonius , au pays des visions. M.DCC.LXXIX. 4 vol. in-8, cart. rouge , non rogné , fig.

16438 Chasset (Charles-Antoine). Rapport fait à l'Assemblée nationale au nom du Comité des dixmes ; par M. CHASSET, du Beaujolais, le 9 avril 1790. *Paris*, impr. nat. , 1790. In-8, 30 pp.

16439 — Rapport fait au nom du Comité des dixmes à l'Assemblée nationale.... à la séance du 17 juin 1790. *Paris*, impr. nat. In-8, 15 pp.

16440 — Opinion sur l'affaire de Louis XVI, adressée à la Convention nationale par CHASSET, député du départ. de Rhône-et-Loire. s. d. (1792). Impr. nat. In 8, 14 pp.

16441 — Projet de plusieurs décrets, présenté à la Convention nationale au nom des Comités d'instruction publique, de liquidation et des finances.... s. d. (1793). Impr. nat. In-8 , 11 pp.

16442 — Chasset (Charles-Antoine), député à la Convention nationale par le départ. de Rhône-et-Loire, à ses commettants. *Lyon*. Delaroche, 1793. In-4, 8 pp.

16443 — Ch.-Ant. Chasset, député à la Convention par le départ. de Rhône-et-Loire, à ses commettants , au sujet des attentats commis contre la représentation nationale. s. d. (8 juillet 1793). *Lyon*, Aimé Vatar-Delaroche. In-fol., 1 p.

16444 — Réflexions sur le Rapport de Chasset. Obligations renouvelées , ou les Banqueroutes frauduleuses ; par OLLIVIER. *Paris* , Deltufo (179. ?). In-8, 11 pp.

16445 — Conseil des anciens. Opinion de CHASSET sur la résolution du 26 germinal an VI concernant les copartageants , les cautions solidaires et les cautions simples, poursuivis par les créanciers des émigrés. Séance du 9 messidor an VI. In-8, 28 pp.

16446 Chastaing (Marius). Des causes du malaise social et de leur remède, ou Astréolégie. *Lyon*, Rodanet, 1848. In-12, 95 pp.

16447 — Astréolégie, ou Remède aux causes du malaise social. *Lyon*, Rodanet, 1848. In-12, 242 pp.

16448 Chatelet. Qu'est-ce que la République? *Lyon*, Guyot frères, 1848. 62 pp.

16449 Chenavard (Ant.-M.), architecte. Relation du voyage fait en 1843-44 en Grèce et dans le Levant; par A.-M. CHENAVARD, architecte, Etienne REY, peintre, professeur de l'Ecole royale des beaux-arts de Lyon, et J.-M. DALGABIO, architecte. *Lyon*, Léon Boitel, 1846. In-8.

16450 Chevrier de Corcelles (Félix). Quelques idées sur le projet de constitution. Mai 1815. *Lyon*, J.-B. Kindelem. In-8, 23 pp., br.

16451 Chicoyneau. Lettre de M. Chicoyneau, conseiller du roy en tous ses conseils et son premier médecin, écrite à M. Panthot l'aîné, conseiller et médecin ordinaire du roy.... aggrégé au Collége des médecins de Lyon, ensuite d'une que M. Panthot lui a écrite pour un phénomène curieux et particulier arrivé à un religieux capucin fort âgé qui l'a (*sic*) traité et guéri d'une maladie dangereuse et très fâcheuse. (Du 20 août 1745). In-4, 5 pp.

16452 Clerc (Alexis), docteur-médecin à Rive-de-Gier (Loire). Maternité (la), ou Epîtres aux femmes sur les devoirs d'une bonne mère avant et après ses couches. Première Epître. *Lyon*, Millon, 1824. In-8, 59 pp.

16453 Clerjon (P.). Essai de philosophie médicale. *Montpellier*, Martel, 1826. In-4, 50 pp.

16454 Cliet (H.), docteur-médecin. Quelques considérations médicales. *Lyon*, Kindelem, 1822 In-8, 52 pp.

16455 Cochet, de l'Académie de Lyon. Museum astronomique, géologique et zoologique, etc. *Lyon*, Ballanche, 1804. In-8, 188 pp.

16456 Collot-d'Herbois. Trente-trois brochures, de 1791 à 1794, par lui ou à son sujet. In-8 et in-12.

16457 Coppier (Guillaume). Cosmographie universelle et spirituelle, par des riches similitudes, judicieuses inductions et fort belles moralités.... *Lyon*, Pierre Bouchard, M.DC.LXX. In-12, bas.

16458 Corcelles (de), député du Rhône. Opinion sur les bannis, telle qu'elle devait être prononcée dans la séance du 17 mai 1819. *Paris*, Hacquart. In-8, 11 pp.

16459 — Discours sur l'emploi des fonds du domaine extraordinaire, séance du 4 juillet 1820. *Paris*, Cosson. In-8, 11 pp.

16460 — Opinion.... sur le projet de loi relatif aux pensions ecclésiastiques, prononcée dans la séance du 12 mai 1821. In-8, 15 pp.

16461 — Lettre à M. le préfet du département du Rhône. Extrait du *Pilote* du 20 juin 1822. *Lyon*, Mistral. In-8, 7 pp.

16462 Collombet (François-Zénon). Vie de sainte Térèse. *Lyon*, *Paris*, 1836. In-8, v. f., fig. [Koehler.]

16463 — S. Cyprien. Livre de l'Oraison dominicale, traduit en français, avec le texte en regard, par F.-Z. COLLOMBET. 1837. *Lyon*, Antoine Perisse. In-8, 90 pp.

16464 — Notes critiques sur une édition des Discours et Poèmes de Fontanes, publiée à Lyon en 1837. *Lyon*, Rossary, 1837. In-8, 16 pp.

16465 — Commonitoire de S. Orientius, évêque d'Auch au Ve siècle; poème en deux livres, trad. en français; avec le latin en regard et une vie de l'auteur empruntée aux Bollandistes. *Lyon*, Perisse, 1839. In-8, 128 pp. Envoi aut. du traducteur.

16466 — Notice sur le poème latin: *De Tristibus Franciæ*, édité par M. Léon CAILHAVE, d'après le manuscrit de la Bibliothèque de Lyon. *Lyon*, Léon Boitel, 1842. In-8, 20 pp.

16467 — M. Villemain. De ses opinions réligieuses et de ses variations politiques. *Lyon*, Allard. s. d. In-8.

16468 — Tertullien. Prescriptions contre les hérétiques; version nouvelle. *Paris*, 1845. In-12, 176 pp.

16469 — Vie de S. Etienne Harding. Compte-rendu par F.-Z. COLLOMBET. *Lyon*, Léon Boitel, 1846. In-8.

16470 Colonia (Dominique de). Europæ conjuratæ Victori Panegyricus dictus in collegio lugdunensi S. Trinit. *Lugduni*, Amaury, 1695. In-4, 37 pp.

16471 Cossigny. Finances. Réflexions sur le plan d'une banque territoriale par le citoyen Ferrière. *Paris*, 26 nivose an V; avec un *postscriptum* du même, du 29 nivose an V. (*Paris*), Sobry. In-8, 16 pp.

16472 Coste, Bréghot du Lut et Péricaud. Notice topographique sur la ville de Lyon. s. n. d'auteur. (Par MM. COSTE aîné, BRÉGHOT DU LUT et PÉRICAUD). *Lyon*, Rusand, 1832. In-8, 22 pp. Nous répétons cet article, déjà inscrit au nº 1409, pour mentionner la première édition que nous avions omise, et rétablir le nom d'un des collaborateurs qui avait voulu rester inconnu.

16473 — Notice topographique sur la ville de Lyon. Nouvelle édition, revue, corrigée et augmentée; par MM. COSTE aîné, C. BRÉGHOT DU LUT et A. PÉRICAUD. *Lyon*, Rusand, 1834. In-8, 24 pp.

16474 Cotton (de), député du Rhône. Opinion... sur la loi relative aux journaux. (*Paris*), Hacquart, 1819. In-8, 24 pp.

16475 Couderc, député du Rhône. Opinion.... sur le projet de loi d'indemnité accordée aux émigrés, prononcée dans la séance du 21 février 1825. *Paris*, A. Henry. In-8, 24 pp.

16476 Courvoisier, procureur général près la Cour royale de Lyon. Quinze brochures in-8.

16477 Curchod (C.-H.), ancien officier d'artillerie. Vive Le Roy, et plus de sangsues! *Lyon*, Lions, 1828. In-8, 8 pp.

16478 Cusset (Joseph), député de Rhône-et-Loire. Projet de décret sur la division du territoire, l'état des citoyens, les assemblées primaires, etc. s. d. 179..) In-8, 12 pp.

16479 — Projet relatif aux droits de l'homme. *Paris*, impr. nat. In 8, 4 pp.

16480 — Projet de décret sur les subsistances. s. d. In-8, 7 pp.

16481. — Compte-rendu à mes collègues et au souverain le peuple. Tome premier. Le 25 frimaire an II. *Paris*, impr. nat. In-8, 94 pp.

16482 — Convention nationale. Compte-rendu en exécution du décret du 21 nivose an III (au sujet de sa conduite près l'armée de la Moselle). De l'imprimerie nationale, pluviose an III. In-8, 3 pp.

D.

16483 Daviel, oculiste. Lettre écrite de la région des morts, par DAVIEL, ci-devant oculiste du roi, au sieur G., chirurgien à Lyon. *Sur les bords du Styx*, 1769. In-12, 36 pp.

16484 — Lettre écrite de la région des vivants, pour faire pendant à celle écrite de la région des morts, adressée à M. Guérin, chirurgien, etc. Seconde Lettre au même. *Berne et Genève*, 1780. In-12, 24 pp.

16485 Dedillon. Coup-d'œil sur les constitutions et les partis en France, par A.-R. DEDILLON. *Lyon*, Rusand, 1827. In-8, 80 pp.

16486 Delandine. Eloge de Philippe, duc d'Orléans, petit-fils de France, régent du royaume pendant la minorité de Louis XV. Dédié à S. A. S. Mgr le duc de Chartres. *Lyon*, Pierre Cellier. M DCC LXXVIII. In-8, 61 pp.

16487 — Couronnes académique, ou Recueil des prix proposés par les Sociétés savantes..... Précédé de l'Histoire abrégée des Académies de France. *Paris*, M.DCC.LXXXVII. Deux tomes en 1 vol. in-8, bas.

16488 — Le Conservateur, ou Bibliothèque choisie de littérature, de morale et d'histoire. M.DCC.LXXXVII. 2 vol. in-12, cart.

16489 — Du droit de commander l'armée, inhérent à la dignité royale. In-8, 16 pp.

16490 — Des États généraux, ou Histoire des assemblées nationales en France, des personnes qui les ont composées, de leur forme, de leur influence, et des objets qui y ont été particulièrement traités. *Paris*, Cuchet, 1788. In-8, 279 pp.

16491 — De la séparation nécessaire de l'administration des grandes cités, de celles des pays agraires qui les avoisinent. Discours prononcé à l'Assemblée nationale le mercredi 4 novembre 1789. In-8, 16 pp.

16492 — Observations sur les romans, et en particulier sur ceux de Mme de Tencin. s.d.(178.?). In-18, 43 pp.

16493 — Des Patronages laïcs et familiers qui doivent revenir aux descendants des fondateurs; discours prononcé à l'Assemblée nationale. Avec le décret rendu sur cet objet. *Paris*. In-8, 16 pp.

16494 — Question : Faut-il des assignats-monnaie ou des quittances de finance pour la liquidation de la dette publique ? *Paris*, impr. nationale, 1790. In-8, 20 pp.

16495 — Nouvelles Observations sur l'émission de deux milliards d'assignats-monnaie. In-8, 54 pp.

16496 — Des Mines et en particulier des carrières de charbon de terre; opinion prononcée à l'Assemblée nationale le..mars 1791. *Paris*, Gattey, 1791. In-8, 24 pp.

16497 — Opinion sur la situation présente du roi. *Paris*, 1791. In-8, 16 pp.

16498 — De l'indivision des mines et carrières. *Lyon*, Ballanche et Barret, an IX. In-8, 12 pp.

16499 — Mémoires bibliographiques et littéraires. *Paris*. In-8, demi-rel.

16500 Delhorme, député du Rhône. Opinion sur le budget de l'exercice de 1824. Séance du 3 avril 1823. *Paris*, Hacquart. In 8, 11 pp.

16501 Delorme (Philibert), architecte de Lyon. Cahiers de ses travaux journaliers, avec plans, devis, lettres qui lui furent adressées, etc. 21 cahiers de la main de M. DELORME. In-4.

16502 Denar (Joseph). Projet d'une banque hypothécaire. *Lyon*, 1848 In-8.

16503 Deplace (G.-M.). Observations grammaticales sur quelques articles du Dictionnaire du mauvais langage. *Lyon*, Ballanche père et fils, 1810. In-12, 95 pp.

16504 — De la persécution de l'Eglise sous Buonaparte. (10 juillet 1814. *Lyon*, Ballanche, In-8. 131 pp.

16505 Derrion. Constitution de l'industrie, ou Organisation pacifique du commerce et du travail, ou Tentative d'un fabricant de Lyon pour terminer d'une manière définitive la tourmente sociale. *Lyon*, Durval, 1834. In-8.

16506 Dervieu (Claude-Marie). Mon rêve politique, ou Projet de constitution. *Lyon*, 1832. In-8, 68 pp.

16507 Deschamps. Discours prononcé par M. DESCHAMPS, l'un des députés de la noblesse du Lyonnais, dans la Chambre de l'ordre de la noblesse, le 27 juin 1789. In-8, 16 pp.

16508 — Opinion de M. DESCHAMPS, député de Lyon, sur la réponse du roi adressée à l'Assemblée nationale, le 18 septembre, relativement aux arrêtés du 4 août et jours suivants. *Versailles*, Pierres. In-8, 15 pp.

16509 — Motion prononcée dans la séance du samedi soir 10 octobre (1790). *Paris*, Pierres. In-8, 7 pp.

16510 Despinay Saint-Denis (le colonel marquis).

A MM. les rédacteurs du *Moniteur* et des autres journaux français et d'Europe. (Lettre au sujet de la régence d'Alger). *Paris*, 1827. In-8, 20 pp.

16511 Devay (Francis), docteur - médecin. Inductions physiologiques et médicales touchant la fin de l'homme et sa résurrection. In-8, 16 pp.

16512 Devienne, député du Rhône. Discours prononcé dans la discussion du projet d'adresse en réponse au discours de la couronne; séance du 27 janvier 1848. In-8, 14 pp.

16513 Donnet, archevêque de Bordeaux. Lettre pastorale sur son voyage en Afrique à l'occasion de la translation des reliques de S. Augustin. 25 décembre 1842. *Bordeaux*, Henri Faye. In-8, 24 pp.

16514 Ducruy. Projet d'un nouveau mode de contribution et de perception pour l'empire français, fait et envoyé à MM. les députés à l'Assemblée nationale; par Charles Ducruy, citoyen de Lyon. *Lyon*, Faucheux. In-8, 16 pp.

16515 Dufêtre, évêque de Nevers. Lettre pastorale à l'occasion de son entrée et de son installation dans son diocèse. *Lyon*, 1843. In-4.

16516 Dugas-Montbel. Examen de quelques observations publiées par M. DE ROCHEFORT pour prouver que le récit de la blessure d'Ulysse, au dix-neuvième chant de l'Odyssée, est un passage interpolé. *Paris*, Le Normant, 1817. In-8, 49 pp.

16517 — Du Digamma dans les poésies homériques. (Extrait d'un nouveau commentaire sur Homère). s. d. (182.?) *Paris*, Faiu. In-8, 8 pp.

16518 — Examen critique des Dictionnaires de la langue française... par M. Ch. NODIER. *Paris*, 1828. In-8. (Compte-rendu). s. d. In-8.

16519 Dumas, secrétaire de l'Académie de Lyon. Variétés littéraires. (Tome 1er et unique). *Lyon*, 1808. In-12, bas.

16520 Duméril (J.-C.). Essai sur les moyens employés par les Romains pour fabriquer les vins et les conserver. *Lyon*, Ballanche (1805). In-8, 16 pp.

16521 Dupasquier (Gaspard-Alphonse), de Lyon. De l'imagination et de son influence sur l'homme, dans l'état de santé ou de maladie. *Paris*, Didot le jeune, 1821. In-4, 90 pp.

16522 Dupasquier (Louis), architecte. De l'enseignement de l'art; discours lu à l'Académie des sciences, belles-lettres et arts de Lyon, le 25 août 1846. *Lyon*, Léon Boitel, 1846. In-8, 31 pp.

16523 Duplessis (G.). L'Iliade d'Homère, traduite en français par M. Dugas-Montbel. *Paris*, 1828. 2 vol. in-8. — Observations sur l'Iliade d'Homère par le même. Compte-rendu par M. DUPLESSIS. s. d. In-8.

16524 Dupuy (Jean-Marie), ancien chirurgien de l'Hôtel-Dieu de Lyon. Mémoire physiologique sur la respiration. *Paris*, Crochard, 1806. In-8, 83 pp.

E.

16525 Eichhoff, professeur de la Faculté des lettres. Coup-d'œil sur le génie littéraire de l'Europe; discours prononcé à l'ouverture de son cours de littérature étrangère. In-8, 15 pp.

16526 Embry (Artus-Thomas d'). Tableaux prophétiques prédisant la ruine de la monarchie turque et le rétablissement de l'empire grec, extraits littéralement de l'Histoire de Chalcondile, athénien; ouvrage imprimé en 1620. (Réimprimé le 27 août 1821). *Lyon*, *Paris*. In-8, 48 pp.

19527 Esparron (P.-J.-B.), médecin. Essai sur les âges de l'homme. *Paris*, Crapelet, 1803. In-8, 161 pp.

16528 Etevenard, maître de mathématiques. Abrégé des calculs appliqués aux ballons aérostatiques. *Lyon*, M.DCC.LXXXV. In-8.

16529 Saint Eucher, évêque de Lyon. D. Eucherii episcopi Lugdunensis de laude Eremi ad Hilarium Lerinensem monachum Libellus. *Antuerpiae*, ex officina Plantiniana.... M.DC.XXI. Pet. in-12, v. marron gaufré. fil. (En recueil avec *D. Eucherii episcopi lugdunensis de contemptu mundi...*)

16530 — D. Eucherii episcopi Lugdunensis de contemptu mundi Epistola parœnetica ad Valerianum cognatum. Accedit Vita D. Paulini Nolani, veri mundi contemptoris. *Antuerpiæ*, ex officina Plantiniana... M.DC.XXI. Pet. in-12, v. marron gauffré, fil.

F.

16531 Ferrières (Jacques-Annibal), négociant. Plan d'un nouveau genre de banque nationale et territoriale, présenté à l'Assemblée nationale. *Paris*, M.DCC.LXXXIX. In-4, 15 pp.

16532 Fignet (A.). Seconde Lettre à M. Guérin, gradué, membre du Collége royal de chirurgie de Lyon (sur une opération du cristallin). *Lyon*, 27 février 1780. *Genève*, M.DCC.LXXX. In-12, 19 pp.

16533 Filère (R. P. J.). Le Bonheur des maisons et des personnes particulières, étably sur l'imitation des vertus du Sauveur, de ses saints parents et des patriarches ses ancêtres; et crayonné dans le bonheur de l'univers par le mariage de la nature et de la grâce. *Lyon*, Ant. Cellier, 1656. In-8.

16534 Flachat (Jean-Claude). Observations sur le commerce et sur les arts d'une partie de l'Europe, de l'Asie, de l'Afrique, et même des Indes orientales. *Lyon*, Jacquenod père et Rusand, M.DCC.LXVI. 2 vol. in-12, v.

16535 Fléchet (C.-L.). Dictionnaire général et raisonné d'architecture de tous les peuples et de tous les âges. *Lyon*, Brunet et Fonville, 1850. In-4, en livraisons.

16536 Fleurieu (Claret de). Corps législatif. Discours prononcé par C.-P. CLARET-FLEURIEU, conseiller d'Etat, orateur du Gouvernement, séance du 18 frimaire an X (au sujet d'un traité de paix entre la France et la Russie). *Paris*, impr. nationale. In-8, 6 pp.

16537 Fons (P.). Abrégé de l'arpentage, précédé d'un *Extrait du droit françois*, etc.; et d'une *Réduction des pieds en toise lyonnoise. Lyon*, ce 9 may 1607. Manque le titre. — Le privilège accordé à Claude Naulot, marchand à Lyon, est du 15 nov. 1683. In-8, bas., 84 pp.

16538 Fulchiron (J.-C.). Voyage dans l'Italie centrale, par J.-C. FULCHIRON.*Paris*, Pillet fils aîné, 1847. 4 vol. in-8, demi-rel. veau noir, planches.

G.

16539 Gabrielli (Jules). Improvisation philosophique sur une tombe illustre. (Réflexions à propos de la mort du duc d'Orléans). *La Croix-Rousse*, Théodore Lépagnez, 1843. In-12, 46 pp.

16540 Garnier (Pierre). — Chauvin. Dissertation physique en forme de lettre, à M. de Sève, dans laquelle il est prouvé que les talents extraordinaires qu'a Jacques Aymar de suivre avec une baguette les meurtriers et les voleurs, etc., dépendent d'une cause très naturelle et très ordinaire; par P. GARNIER. *Lyon*, J.-B. Deville, 1692. In-12. — Lettre à Madame la marquise de Senozan, sur les moyens dont on s'est servi pour découvrir les complices d'un assassinat commis à Lyon le 5 juillet 1692.(Par CHAUVIN). *Lyon*, J.-B. Deville, 1692. In-12.

16541 — Histoire de la maladie et de l'ouverture du corps de M. Matthieu de Sève. *Lyon*, Faeton, 1695. In-8, bas.

16542 Gauthier (Louis-Philibert-Auguste). Dissertation sur les fièvres intermittentes. *Paris*, Didot jeune, 1819. In-4, 21 pp.

16543 Gensoul (J.). Essai sur la réunion immédiate des plaies après l'amputation des membres. *Paris*, Didot, 1824. In-4, 31 pp.

16544 — Lettre chirurgicale sur quelques maladies graves du sinus maxillaire et de l'os maxillaire inférieur. *Paris*, Baillière, 1833. In-8, 77 pp. avec atlas de 8 pl. in-fol.

16545 Genty (l'abbé). — Jacquet (l'abbé). Influence (l') de la découverte de l'Amérique sur le bonheur du genre humain. *Paris*, Nyon, 1788. In-8. — Dissertation sur les suites de la découverte de l'Amérique, par un citoyen.... de Lyon. 1787. — Coup d'œil sur les quatre concours qui ont eu lieu en l'Académie de Lyon, pour le prix offert par M. l'abbé Raynal sur la découverte de l'Amérique. (Par l'abbé JACQUET). *Lyon*, 1791. rel. bas.

16546 Gérando (J.-M. de) de l'Institut. Des signes et de l'art de penser, considérés dans leurs rapports mutuels. *Paris*, an VIII. 4 vol. in-8, v. f. [Koehler.]

16547 — Société d'encouragement pour l'industrie nationale. Discours prononcé à la séance d'ouverture, le 9 brumaire an X. *Lyon*, Tournachon-Molin. In-4, 8 pp.

16548 — Histoire comparée des systèmes de philosophie, relativement aux principes des connaissances humaines. *Paris*, Henrichs, an XII (1804). 3 vol. in-8, v. f., fil.

16549 — Eloge de M. Conté, prononcé à la séance de la Société d'encouragement, le 12 février 1806. *Paris*, Mme Huzard, 1806. In-4, 19 pp.

16550 — Orazione recitata nel campidoglio il dì 16 agosto 1810. *Roma*, Salvioni. In-4, 20 pp.

16551 — Dissertazione sopra benefici che puo ritrarre la ricchezza economica degli stati dal progresso delle scienze fisiche; pronunciata nell' Academie dei Lincei. *Roma*, Salvioni, 1810. In-4, 12 pp.

16552 — Allocuzione... nel giorno dell' inaugurazione delle nuove scuole di S. Luca. *Roma*, L.-P. Salvioni, 1810. In-4, 7 pp.

16553 Il Consiglio ad un giovane poeta, dialogo socratico recitato nelle adunanze dell'Arcadia. *Roma*, Salvioni. s. a. In-4, 12 pp.

16554 — Du perfectionnement moral, ou de l'éducation de soi-même. *Paris*, Antoine-Augustin Renouard, M.DCCC.XXIV. 2 vol. in-8, bas. marb., fil.

16555 — De la bienfaisance publique. *Paris*, Jules Renouard, 1839. 4 vol. in-8, demi-rel., dos v. f. [Bauzonnet.]

16556 Gilibert (Jean-Emmanuel). Aperçu sur le magnétisme animal, ou Résultat des observations faites à Lyon sur ce nouvel agent. *Genève (Lyon)*, 1784. In-8, 76 pp.

16557 — Médecin (le) naturaliste, ou Observations de médecine et d'histoire naturelle. *Lyon*, Reymann, 1800. In-12, fig., bas. marb.

16558 Gilibert (Stanislas). Essai sur le système lymphatique considéré dans l'état de santé et dans l'état de maladie. *Paris*, Méquignon l'aîné, an XII (1804). In-4, 51 pp.

16559 Girard (G.), docteur-médecin, de Lyon. Santé (la) peut-elle être altérée par les vapeurs cadavéreuses qui s'exhalent des cimetières? *Lyon*, Leroy, 1791. In-8, 7 pp.

16560 — Observations relatives à la ligature du cordon ombilical, présentées à Son Exc. le ministre de l'intérieur, etc. *Lyon*, Ballanche, 1812. In-8, 24 pp.

16561 Girinet. Roi (le) de la Basoche, poème latin inédit de Philibert GIRINET; traduit en français, avec des notes, par C. BRÉGHOT DU LUT. *Lyon*, Perisse, 1838. In-8, 27 pp.— Nota : C'est par erreur que M. Bréghot a donné comme inédit le texte de ce poème, qui se trouve dans les *Bucolicorum autores XXXVIII*, publié par J. Oporin, *Basileæ*, 1546. Pet. in-8.

16562 Gonon (P.-M.). Séjours de Charles VIII à Romme , 1493-1494 ; publiés par P.-M. G. *Lyon*, 1842. In-8, 16 pp.

16563 — Bulle de N. S. P. le pape Clément XIV, portant suppression et extinction de la Société de Jésus, de nouveau mise en lumière par P.-M. GONON. *Lyon*, Marle, M.DCCC.XLV; avec le fac-similé de la médaille commémorative de la suppression et extinction des Jésuites. Lithogr. Storck. In-8, 20 pp.

16564 — Médaille commémorative de l'établissement du système métrique et de son usage exclusif, publiée par P.-M. GONON , dessinée et gravée par M. Marius PENIN. *Lyon*, Léon Boitel , 1840. In-8, fig. — Autre sur papier bleu.

16565 — Suppression du dernier couplet de la *Marseillaise*, et captivité de Rouget-de-l'Isle en 1793. s. d. (184..). *Lyon*, Léon Boitel. In-8.

16566 — Biographie de J -B. Cavaignac, représentant du peuple à la Convention nationale. (Tirée de la *Bibliographie lyonnaise*, par GONON). Réimpression. *Lyon*, Boursy (octobre 1848). In-8, 8 pp.

16567 — Observations présentées à l'Assemblée nationale par un membre du club de la Fraternité de Lyon, sur le bref de Pie IX. *Lyon*, Boursy, 1848. In-8, 4 pp.

16568 — Pie IX et le Clergé catholique. s. n. d'auteur. (Par GONON). *Lyon* , Boursy. s. d. (janvier 1849). In-8, 4 pp.

16569 Goudard. Rapport fait à l'Assemblée nationale au nom du Comité d'agriculture et de commerce , sur la suppression des droits de traite perçus dans l'intérieur du royaume, le reculement des douanes aux frontières , et l'établissement d'un tarif uniforme. *Paris* , impr. nat., 1790. In-8, 49 pp.

16570 — État des bureaux servant à la perception des droits à l'entrée et à la sortie du royaume...., présenté à l'Assemblée nationale et, par son ordre, au nom du Comité d'agriculture et de commerce. *Paris*, impr. nat., 1791. In-8, 13 pp.

16571 — Rapport du Comité d'agriculture et de commerce. *Paris*, impr. nat., 1791. In-8 , 4 pp.

16572 — Rapport et projet de décret sur quelques faveurs à accorder à la main-d'œuvre nationale , présentés au nom du Comité d'agriculture et de commerce. *Paris* , impr. nat. , 1791. In-8, 7 pp.

16573 — Rapport présenté à l'Assemblée nationale sur la situation du commerce extérieur. *Paris*, impr. nat., 1791. In-8, 17 pp.

16574 — Rapport sur la conservation à Paris du bureau de douane de secours. *Paris* , impr. nat., 1791. In-8, 8 pp.

16575 — Rapport sur les moyens de faire l'emploi le plus utile des sacrifices que l'Assem-blée nationale a faits en faveur de la plupart des employés supprimés. *Paris* , impr. nat. (1791). In-8 , 8 pp.

16576 — Rapport sur les moyens de subvenir aux pensions de retraite des préposés des douanes. *Paris* , impr. nat. (1791). In-8 , 6 pp.

16577 Goujon (J.-C.). Hiéroglyphe royal d'Henry-le-Grand, expliqué par le sieur J.-C. GOUJON , lyonnois. *Lyon* , Roussin, 1610. In-8.

16578 Goullard , curé de Roanne, député du Forez. Opinion.... sur le projet du Comité ecclésiastique pour l'organisation du clergé, prononcée à l'Assemblée nationale le 31 mai 1790. In-8, 43 pp.

16579 Gourju (P.-C.). Le Christianisme jugé par la raison commune, dans le système de M. Lamennais ; dédié aux élèves de M. Noirot, par M. P.-C. GOURJU. *Lyon*, s. d. (184.?). In-8, avec hommage et sig. aut.

16580 Grégoire et Collombet (F.-Z.). Héro et Léandre, poème de Musée le grammairien ; traduit du grec. *Lyon* , Bohaire, 1834. In-8 , 36 pp.

16581 Greppo. Notice historique sur les bibliothèques des Hébreux, par J.-G.-H. GREPPO. *Belley*, Verpillon, 1835. In-8.

16582 Grimod de la Reynière, négociant à Lyon. Copie d'une lettre à Mad. Desroys, ancienne sous-gouvernante des ci-devant princes de la maison d'Orléans à Paris. (*Lyon*), 1794. In-8, 8 pp.

16583 Grognier. Notes sur les chèvres de Cachemire importées en France. *Lyon*, Barret. In-8, 4 pp.

16584 — Du régime des porcs à Maurs , départ. du Cantal. s. d. In-8, 12 pp.

16585 — Éloge de Parmentier. *Paris*, Mad. Huzard, 1823. In-8, 44 pp.

16586 Gruardet. La revendication ou protestation de droit naturel. 6 mai 1832. *Lyon* , Charvin. In-8 , 15 pp.

16587 Gubian (P.). Allégories, pensées, maximes et fables, dédiées aux Français. *Lyon* , Brunet, 1823. In-8, 24 pp.

16588 Guillard (L.) De la connaissance de soi-même. *Lyon*, veuve Ayné, 1842. In-8, 15 pp.

16589 Guillet (J.-P.), fabricant d'amidon. Tableau de l'organisation du travail et du droit au travail. Lyon, le 29 août 1849. *La Croix-Rousse*, Lépagnez. In-8, 16 pp.

16590 Guilliaud. Amélioration des constructions de la marine nationale ; présenté au ministre de la marine. *Lyon*, L. Cutty. In-4, 18 pp.

16591 Guillon de Montléon (l'abbé Aimé). Raoul ou Rodolphe devenu roi de France l'an 923. Dissertation historique. *Paris*, 1827. In-8.

16592 — De quatre tableaux attribués à Léonard de Vinci, dans lesquels la Sainte-Vierge, assise, se penche vers son enfant qui joue avec un agneau , mais entre deux desquels est inter-

calée une Sainte Anne. *Paris*, 1836. In-8,
30 pp., fig.

H.

16593 Henry (François). Mélanges d'histoire
et de littérature (1678-1693), par François
HÉNRY, né à Lyon; continués, à partir de
1693, par Guillaume Henry son fils. Ms. 2 vol.
pet. in-4, couverts : le premier en carton,
le second en peau verte.
16594 Hildebrand. Mémoire sur l'utilité des
fumigations. *Lyon*, Reguilliat, 1780. In-8,
29 pp.

I.

16595 Imbert, de Montbrison. Nécessité d'un
changement de législature. Opinion de M. IM-
BERT, proposée à la session générale du
départ. de Rhône-et-Loire, le 11 décembre
1790. In-8
16596 Imbert-Colomès, député du Rhône au
conseil des Cinq-Cents, à ses commettants et
au peuple français, sur la journée du 18 fructidor. *Francfort*, 1797. In-8, 41 pp.
16597 S. Irénée. Opus eruditissimum divi Ire-
naei episcopi lugdunensis, in quinque libros
digestum... *Parisiis*, apud Audoënum Parvum,
1563. In-8, v. gaufré, ornements sur le plat.
16598 — Sancti patris Irenæi scripta anecdota,
græce et latine, notisque ac dissertationibus
illustrata, denique Liturgia græca Jo.-Ernesti
Grabe. Aucta labore et studio Christoph.-Ma-
thæi PFAFFII. *Lugduni Batavorum*, MDCCXLIII.
Deux tomes en 1 vol. iu-8, veau fauve gaufré
sur le plat.

J.

16599 Jacques (l'abbé). L'Eglise considérée
dans ses rapports avec la liberté et les progrès
de la civilisation, ouvrage opposé aux Saint-
Simoniens et à quelques jugements de M. Gui-
zot dans son Cours d'histoire. *Lyon*, Th. Pitrat,
1832. In-8.
16600 — L'Eglise considérée dans ses rapports
avec la liberté, l'ordre public et les progrès de
la civilisation, particulièrement au moyen-âge.
Paris, Lyon, 1836. In-8.
16601 Janin de Combe-Blanche. Observations
sur plusieurs maladies des yeux. *Lyon*, A. Delaroche, 1767. In-12, 35 pp.
16602 — Réflexions sur le triste sort des personnes qui, sous une apparence de mort, ont
été enterrées vivantes, et sur les moyens qu'on
doit mettre en usage pour prévenir une telle
méprise, ou Précis d'un Mémoire sur les causes de la mort subite et violente. *La Haye*,
Paris, M.DCC LXXII. In-8, v.
16603 — Lettre sur l'anti-méphitique. *Vienne*,
1785. In-8, 18 pp.

16604 — Réponse au Discours de M. O.-Rian,
agrégé au Collége de médecine de Lyon, sur
le magnétisme animal. *Genève* et *Lyon*, 1784.
In-8, 16 pp.
16605 Jars, député du Rhône. Discours prononcé
dans la discussion de la prise en considération de la proposition de MM. Pagès et Mauguin. Séance du 6 avril 1841. (*Paris*). In-8,
15 pp.
16606 — Discours prononcé dans la discussion
sur la prise en considération de la proposition de M. Ganneron. Séance du 10 février
1842. In-8, 11 pp.
16607 Jolibois (l'abbé), curé de Trévoux. Dissertation sur le Mediolanum des Séguisiens. s. d.
(1847). *Lyon*, Léon Boitel. In-8, 8 pp.
16608 Jordan (Camille). Discours de Camille
JORDAN, précédés de son Eloge par M. BALLAN-
CHE, et d'une Lettre de M. le baron DEGÉRANDO
sur sa vie privée; suivis de fragments inédits
et des discours qui ont été prononcés sur sa
tombe par MM. ROYER-COLLARD et DE SAINT-
AULAIRE, et ornés de son portrait et d'un fac-
similé de son écriture. *Paris*, Jules Renouard,
1826. In-8, demi-rel. v., portrait.
16609 — Grande Harangue prononcée à la barre
de l'Assemblée nationale, par le Carrillonneur
de la Samaritaine, député des habitants des
tours et cloches du royaume, relativement au
projet de fondre les cloches. (Pamphlet contre
Camille Jordan, au sujet des cloches). s. n.
d'auteur, s. d. In-8, 11 pp.
16610 — Conseil des Cinq-Cents. Rapport fait
par Camille JORDAN sur la police des cultes.
Séance du 29 prairial an V. Impr. nat, an V.
In-8, 42 pp.
16611 — Camille Jordan, député du Rhône, à ses
commettants, sur la révolution du 18 fructidor.
Paris, 25 vendémiaire an VI. In-8, 144 pp.
16612 — Discours.... en réponse au Message du
Directoire, relatif à Lyon. In-8, 14 pp.
16613 — Vrai sens du vote national sur le Consulat à vie, par le citoyen.... (Une note de
l'éditeur indique Camille JORDAN, de Lyon,
comme auteur de cet Opuscule.) *Paris*, s. d.,
s. n d'impr. In-8, 60 pp.
16614 — Robespierre aux frères et amis, et
Camille Jordan aux fils légitimes de la Monarchie et de l'Eglise. (Pamphlet contre Camille
Jordan, signé PASTEUR). s. d. In-8, 24 pp. —
Autre édition, 27 pp.
16615 — Opinion de M. Camille JORDAN, député
du départ. de l'Ain, sur le projet de loi relatif
à la liberté individuelle. Séance du 14 janvier
1817. *Paris*, Hacquart. In-8, 30 pp.
16616 — Opinion.... sur le projet de loi relatif
aux journaux. Séance du 28 janvier 1817.
Paris, Hacquart. In-8, 23 pp.
16617 — Opinion.... sur l'affectation des bois
de l'Etat à la caisse d'amortissement. Séance
du 6 mars 1817. *Paris*, Hacquart. In-8, 37 pp.
16618 — Opinion de C. J..... relativement à la

loi sur le budget ; prononcée dans la séance du 4 mars 1817. In-8., 16 pp.

16619 — Opinion.... sur le projet de loi relatif à la répression des abus de la presse, prononcée dans la séance du 15 décembre 1817. *Paris*, veuve Agasse. In-8, 20 pp.

16620 — Opinion.... sur le projet de loi relatif au recrutement de l'armée, prononcée dans la séance du 2 février 1818. *Paris*, veuve Agasse. In-8, 8 pp.

16621 — Opinion.... sur la proposition de M. Laisné de Villevêque, pour la restitution aux émigrés de leurs rentes sur l'Hôtel-de-Ville de Paris ; prononcée en comité secret le 24 février 1818. *Paris*, veuve Agasse. In-8, 12 pp.

16622 — Réponse.... à un Discours sur les troubles de Lyon ; prononcée dans la séance du 22 avril 1818, pendant la discussion du budget. — Réponse de M. de Cotton, député du Rhône, à M. Camille Jordan, de Lyon, député de l'Ain. *Paris*, Plancher, 1818. In-8, 32 pp.

16623 — Opinion.... sur les dépenses du ministère de la police générale, prononcée dans la séance du 25 avril 1818. *Paris*, veuve Agasse. In-8, 12 pp.

16624 — Opinion.... sur le titre du budget relatif à l'emprunt, prononcée dans la séance du 28 avril 1818. *Paris*, veuve Agasse. In-8, 8 pp.

16625 — Un mot de M. Camille JORDAN, député de l'Ain, à ses collègues sur l'écrit de M. de Cotton, député du Rhône qui lui est adressé. 11 mai 1818. *Paris*, Hacquart. In-8, 3 pp.

16626 Joud, docteur-médecin à Condrieu. Lettre au sujet de l'inoculation de la petite-vérole des enfants de M. La Chapelle de Condrieu, adressée à M. Pressavin. s. d. (1785). In-8, 59 pp.

16627 Journel (J.). Réflexions sur l'accusation résolue à la Chambre des députés contre les derniers ministres du roi Charles X. *Lyon*, Guyot, 1830 In 8, 94 pp.

L.

16628 Le Laboureur. Epistre apologétique pour le Discours de l'origine des armes, contre quelques lettres de C.-F. Menestrier; par C. L. L. A. P. de l'Isle-Barbe (Cl. LE LABOUREUR). Sans lieu ni date. In-4, v. gr., fil. [Koehler.]

16629 Lacroix de Laval, député du Rhône. Discours dans la discussion du projet de loi relatif à l'organisation des Conseils d'arrondissement et de département, prononcé dans la séance du 1er avril 1829. *Paris*, veuve Agasse. In-8, 20 pp.

16630 Lacuria. De l'Eglise, de l'Etat et de l'Enseignement. *Lyon*, 1847. In-8.

16631 Ladroit. Réponse à l'éditeur des éloges

donnés au *Traité du rhumatisme lyonnais*. *Lyon*, Pelzin et Drevon. In-8, 20 pp.

16632 Laenge (F.). Mémoire sur un remède secret employé dans les gales répercutées. *Lyon*, Roger. s. d. In-4.

16633 Lagrange (J.-J.-Eugène). Examen critique du cours de droit français de M. Duranton ; par J.-J.-E. L., avocat à la Cour royale de Lyon. *Lyon*, Durval, 1832. In-8 (1er vol., le seul qui ait paru).

16634 La Grive (Louys de), apothicaire à Lyon. Antiparallele des viperes romaines et herbes candiottes : auquel est preuvé, la theriaque lyonnoise n'avoir pas seulement les vertus et effets du theriaque Diatessaron, mais aussi du grand theriaque de la D. d'Andromachus S. *Lyon*, Claude et Jean Chastellard, 1632. In-8.

16635 Lair (H. de), chirurgien à Lion. Revelation de plusieurs remedes souverains contre les plus cruelles et perilleuses maladies qui puisse (sic) assaillir le corps humain. A *Lion*, 1671, ce 23e mars. Ms. in-4, rel. parch.

16636 Lanthenas (François). Recueil de 18 brochures écrites par lui ou à son sujet, de 1791 à 1796. In-8.

16637 — F. Lanthenas, nommé à la Convention nationale par le départ. de Rhône-et-Loire et par celui de Haute-Loire, sur la Constitution. Opinion prononcée dans la séance du vendredi 10 mai 1792. Impr. nat. In-8, 30 pp.

16638 — Motifs des opinions de François LANTHENAS sur le jugement de Louis XVI. s. d. (janvier 1793). Impr. nat. In-8, 7 pp.

16639 — Moyens de conserver la révolution du 9 thermidor. *Paris*, impr. nat., an III. In-8, 7 pp.

16640 — Droit de cité, exercice de la souveraineté du peuple français, et garantie de la liberté publique contre les abus de l'égalité en droits. *Paris*, impr. nat., thermidor an III. In-8, 20 pp.

16641 — Projet de loi pour l'institution des fêtes décadaires, offert à la Convention. *Paris*, impr. nat., nivose an III. In-8, 47 pp.

16642 Laprade (Richard de). Mémoire qui a obtenu la mention honorable en 1809, au jugement de la Société de médecine de Bruxelles, sur la question proposée en ces termes : Quels sont les effets que produisent les orages sur les hommes et sur les animaux ? De quelle manière ces effets ont-ils lieu ? Quels sont les moyens de s'en garantir et de remédier aux désordres qu'ils occasionnent ? *Bruxelles*. In-8, 140 pp.

16643 — Discours sur l'institution du médecin suivant Hippocrate. *Lyon*, Ballanche, 1822. In-8.

16644 Laprade (Victor de). Du principe moral dans la République. Discours prononcé à la Faculté des lettres de Lyon, le 11 mars 1848. *Lyon*, Léon Boitel, 1848. In-8, 16 pp.

16645 — Du sentiment de la nature dans la

poésie d'Homère. *Paris*, Comon, 1848. In-8, 137 pp.

16646 Larroque. Considérations servant de réponse à ce que David a écrit contre ma Dissertation de Photin. *Rouen*, J. Lucas, 1671. In-4.

16647 Larue (Jenny). Prospectus d'un tableau brodé, dédié à S. A. R. Madame, duchesse d'Angoulême. *Lyon*. In-4, 3 pp.

16648 Laurencin (comte de) député du Rhône. Opinion.... sur le projet de loi tendant à modifier la loi du recrutement. Séance du 31 mai 1824. *Paris*. In-8, 14 pp.

16649 — Opinion.... sur la septennalité. Séance du 3 juin 1824. *Paris*. In-8, 20 pp.

16650 — Opinion.... prononcée le 19 février 1825, dans la Chambre des députés, sur la loi de l'indemnité. In-8, 52 pp.

16651 — Opinion de M. le comte DE LAURENCIN, prononcée le 11 mars 1825, dans la Chambre des députés, sur la proposition d'appliquer les dispositions de la loi d'indemnité aux maisons confisquées et démolies à Lyon, après le siége. *Paris*, Lenormant. In-8, 15 pp.

16652 Leisan (J.-G.). Réponse à la lettre du sieur Roland de la Platière au sieur Brissot de Varville, le 5 mars 1790; par J.-G. LEISAN, citoyen actif de la ville de Lyon. In-8, 7 pp.

16653 Lemaire, du Collége royal de chirurgie de Lyon. Observations sur quelques traitements magnétiques. *Lyon*. In-8, 7 pp.

16654 Lémontey. Du droit des non-catholiques aux Etats généraux. 1789. In-8, 23 pp.

16655 — Réflexions sur les devoirs des conseils des accusés. *Lyon*, Aimé Delaroche, 1790. In-8, 8 pp.

16656 — Avis à un citoyen qui doit concourir à l'élection des juges. *Lyon*, A. Delaroche, 1790. In-8, 16 pp.

16657 — Opinion.... sur les ecclésiastiques non assermentés. *Paris*, 1791. In-8, 11 pp.

16658 — Rapport et projet de décret concernant les pétitions des militaires; présentés au nom de la Commission extraordinaire des douze; par M. LÉMONTEY, député de Rhône-et-Loire. 15 juillet 1792. In-8, 7 pp.

16659 — Moyen sûr et agréable de s'enrichir, ou les trois Visites de M. Bruno. *Paris*, Hacquart. In-12, 24 pp.

16660 — Quelques demandes pour les campagnes, par M. LÉMONTEY, député de St-André-de-la-Côte, et l'un des commissaires de l'arrondissement de St-Symphorien-le-Château. In-8, 8 pp.

16661 Leroy (Benoît), avocat. Nouvelles Observations sur la plus grande action de la pesanteur de l'eau, considérée comme puissance mécanique, et projet d'exécution pour recevoir cette plus grande poussée. *Lyon*, le 1er juillet 1769. In-8, 31 pp. — Avec un Mémoire par le même. In-8, 30 pp.

16662 Levrat-Perroton (J.-F.), docteur-médecin. Observations et réflexions sur les propriétés obstétricales du seigle ergoté. *Lyon*, Rossary, 1832. In-8, 40 pp.

16663 — Recherche sur l'emploi du seigle ergoté. *Paris, Lyon*, 1837. In-8, 134 pp.

16664 — Mémoire sur l'emploi de l'alcali volatil fluor dans la coqueluche. *Lyon*, 1848. In-8, 23 pp.

16665 — Notice sur quelques améliorations apportées au traitement des ulcères et des bubons vénériens. s. d. (1850). *Lyon*, Nigon. In-8, 4 pp.

16666 Leymarie (Hippolyte). Considérations sur la pipe, pour servir de complément à la Physiologie du fumeur, et de réponse au Mémoire de M. le docteur Montain. *Lyon*, Léon Boitel, 1841. In-8, 29 pp.

16667 Lisset Benancio. Déclaration des abuz et tromperies que font les apothicaires. *Lyon*, Jove, 1557. In-18, cart.

16668 Lombard. Ma première campagne. Février 1831. *Lyon*, Louis Babeuf, 1831. In-8, 52 pp.

16669 Lortet. Le Sourd-muet grec en Allemagne, ou Lettres de M. ALLE, instituteur des sourds-muets, à l'un de ses amis, etc. Traduit de l'allemand par M. LORTET, d.-m. p. *Lyon*, Mistral, 1822. In-8, 23 pp.

M.

16670 Magneval, député du Rhône. Opinion de M. Magneval (à l'occasion des événements arrivés en juin 1817 à Lyon, et de la mission dans cette ville du duc de Raguse). Séance du 22 avril 1818. *Paris*, Michaud. In-8, 8 pp.

16671 Martin-Daussigny (E.-C.), peintre. Observations générales sur la peinture encaustique; par E.-C. MARTIN-DAUSSIGNY. *Lyon*, Bohaire, 1838. In-8, 23 pp.

16672 — Débats entre la Peinture encaustique et la Peinture à l'huile, ou Lettre d'un voyageur en Grèce. *Lyon*, Louis Perrin, 1841. In-8, 47 pp.

16673 — De l'influence que les idées artistiques du xve et du xvie siècle ont eue sur le talent de Raphaël. *Lyon*, Louis Perrin (1847). In-8, 10 pp.

16674 — Peintures des litanies exécutées par Victor Orsel dans la chapelle de la Vierge à l'église de N.-D. de Lorette à Paris, décrites par E.-C. MARTIN-DAUSSIGNY. *Lyon*, Louis Perrin, 1851. In-8, 28 pp.

16675 Masso (Antoine de), jurisconsulte lyonnais. Orationes duæ comitiis consularibus Lugduni habitæ. *Lugduni*, G. Roville, 1556. In-4.

16676 Mathon de la Cour. Nouveaux Eléments de dynamique et de méchanique. *Avignon*, veuve Girard, M.DCC.LXII. In-8, pl.

16677 — Discours sur les meilleurs moyens de

faire naître et d'encourager le patriotisme dans une monarchie. *Paris*, Cuchet, 1788. In-8, 56 pp.

16678 — Dissertation sur les causes et les dégrés de la décadence des lois de Lycurgue. *Lyon*, 1767. In-8, 100 pp.

16679 Mazoyer. Dyssergie lugdunoprototechnique, ou Décadence du premier des arts à Lyon. Progrès actuels du même art, mais particuliers. *Lyon*, 1848. In-8, 24 pp.

16680 Menestrier (Claude-François), de la Compagnie de Jésus. Advis nécessaires pour la conduite des feux d'artifice. In-8. Manque le titre.

16681 — Lettre à M. Mayer sur une pièce antique qu'il a apportée de Rome. In-4, 8 pp.

16682 — Idée d'un honneste homme, par le R. P. Cl.-Fr. MÉNESTRIER, de la Compagnie de Jésus. (Petit Traité des études). Ms. écrit en 1663. In-8, 94 pp., rel. bas.

16683 — Les Nœuds de l'amour. Dessein des appareils dressez à Chambéry à l'entrée de leurs Altesses royales à l'occasion de leurs nopces. A *Chambry* (sic), FF. Du-Four, 1663. In-4, veau.

16684 — Description de l'arc dressé par les soins du souuerain Sénat de Sauoye pour l'entrée de leurs Altesses royales à Chambéry. (Par le R. P. C.-F. MENESTRIER, de la Compagnie de Jésus). *Lyon*, Pierre Guillimin, M. DC. LXIII. In-4.

16685 — Description de l'arc de la porte du chasteau. Les nœuds d'amour de la France et de la Sauoye. Sans date, sans nom d'auteur ni d'imprimeur. In-4.

16686 — Description de l'arc dressé par les soins des magistrats de la souueraine Chambre des comptes de Sauoye en la place du chasteau, à l'entrée de leurs Altesses royales en la ville de Chambéry. Sans date, sans nom d'auteur ni d'imprimeur. 1663. In-4, 31 pp.

16687 — Dessein de la course à cheual faite à l'occasion des nopces de Mme Françoise d'Orléans-Valois avec S. A. R. Charles-Emmanuel II, duc de Sauoye, roi de Chypre, etc. *Chambry* (sic), par les FF. Du-Four, 1663. Pet. in-fol.

16688 — Le Phare d'amour, dessein du feu d'artifice dressé aux nopces de leurs Altesses royales. Sans date, sans nom d'auteur ni d'imprimeur. 1663. In-4.

16689 — Les Deuoirs funèbres rendus à la mémoire de Mme Royale Chrestienne de France, duchesse de Sauoye, reine de Chypre, espouse de Victor-Amé, le 19 mars 1664; et de Mme la Duchesse Royale Françoise de Valois, espouse de S. A. R. Charles-Emmanuel II, le 21 du mesme mois, par le souuerain Sénat et la souueraine Chambre des comptes de Savoye, à Chambéry. Pet. in-fol.

16690 — La naissance du Héros, dessein du feu d'artifice dressé à Chambéry dans la place du chasteau par les soins de M. le marquis de Saint-Maurice, pour la naissance de Mgr le prince de Piedmont. *Grenoble*, Philippes, M.DC.LXVI. In-4, 8 pp., fig.

16691 — Relation des ceremonies faites dans la ville d'Annessy à l'occasion de la solemnité de la canonisation de S. François de Sales, éuesque et prince de Genèue, fondateur de l'institut de la Visitation Sainte-Marie. *Grenoble*, Robert Philippes, 1666. Pet. in-fol. — Le nouvel astre du Ciel de l'Eglise. Dessein de l'appareil dressé dans le premier monastère de la Visitation Sainte-Marie d'Anuessy, à l'occasion de la première solemnité faite pour la canonisation de S. François de Sales, éuesque et prince de Geneue, fondateur de l'institut de la Visitation, depuis le 9 may de l'année 1666 jusques au seisiéme du mesme mois. *Grenoble*, R. Philippes, 1666. Pet. in-fol. Ces deux ouvrages du R. P. C.-F. Menestrier rel. en un vol., planches et généalogie.

16692 — Traité des tournois, joustes, carrousels et autres spectacles publics. *Lyon*, Jacques Muguet, M.DC.LXIX. In-4, demi-rel. v., fig.

16693 — Oraison funèbre de Henry de La Tour d'Auvergne, vicomte de Turenne, prononcée à Rouën. *Paris*, 1676. In-8.

16694 — La Devise du roy justifiée. *Paris*, Est. Michalet, 1679. In-4, v., fil. [Koehler.]

16695 — Des Ballets anciens et modernes, selon les règles du théâtre. *Paris*, René Guignard, 1682. In-8, v. f., fil., tr. d. [Koelher.]

16696 — La Philosophie des images, composée d'un ample recueil de devises et du jugement de tous les ouvrages qui ont été faits sur cette matière. *Paris*, Robert-J.-B. de la Caille, 1682-3. 2 vol. in-8, v. f., fil., tr. d. [Koehler.]

16697 — Des Décorations funèbres, où il est amplement traité des tentures, des lumières, des mausolées, catafalques, inscriptions et autres ornements funèbres; avec tout ce qui s'est fait de plus considérable depuis plus d'un siècle, pour les papes, empereurs, rois, reines, cardinaux..... *Paris*, R.-J.-B. de la Caille et R. Pipie, 1683. In-8, v. f., fil., tr. d. [Koelher.]

16698 — Lettre sur l'usage d'exposer dès devises dans les églises pour les décorations funèbres. *Paris*, 1687. In-8.

16699 — Dissertation des lotteries. *Lyon*, Laurent Bachelu, 1700. In-12, v. f., fil., tr. d. [Koehler.]

16700 — Projet de l'histoire de l'ordre de la Visitation de Sainte-Marie. *Annecy*, Faure, 1701. In-4.

16701 — Bibliothèque curieuse et instructive de divers ouvrages anciens et modernes de littérature et des arts, ouverte pour les personnes qui aiment les lettres. *Trévoux*, Estienne Ganeau, 1704. 2 tomes en un vol. in-12, v. f., fil., tr. d. [Simier.]

16702 — Dissertation sur l'usage de se faire porter la queue. Nouvelle édition, avec des notes. *Lyon*, J.-M. Barret, 1829. In-8, demi-rel., dos de v. ant. [Koelher.]

16703 — Dissertation sur l'usage de se faire porter la queue, par le P. MENESTRIER. Nouvelle édition, avec des notes (par MM. BRÉGHOT DU LUT, GRATTET-DUPLESSIS et PÉRICAUD aîné). *Lyon*, Barret, 1829. In-8, 32 pp.

16704 — Lettre du P. MENESTRIER à Marc Mayer, sur une pièce antique. (Publiée avec des notes par A. PÉRICAUD). Gr. in-8 , 8 pp. — *(Les autres ouvrages du P. Menestrier se trouvent dans le Catalogue de la Bibliothèque générale)*.

16705 Mermet. Notice sur Postumus et son élévation à l'empire. *Lyon*, 1827. In-8, 8 pp.

16706 Messance. Hommage à l'Assemblée nationale , par MESSANCE , auteur des Probabilités sur la durée de la vie humaine ; probabilités qu'il ne faut pas confondre avec celles de M. de Lalande, qui n'ont pour base que l'extinction des rentiers. *Paris* , Potier de Lille , 1790. In-8, 8 pp.

16707 Michel , député de Rhône-et-Loire. Observations sur le procès de Louis XVI. *Paris*, impr. nationale, 1792. In-8, 7 pp.

16708 Millanois , député de Rhône - et - Loire. Opinion sur le projet du Comité des contributions publiques, de maintenir les taxes à l'entrée des villes. *Lyon*, Aimé Delaroche , 1791. In-8, 23 pp.

16709 — Remercîment des députés du Tiers-Etat de la ville de Lyon aux Etats généraux, prononcé par M. MILLANOIS dans l'assemblée particulière de Messieurs les électeurs , tenue le 1er avril 1789 dans l'une des salles de l'Hôtel commun de cette ville. s. n. d'impr. In-8, 4 pp.

16710 Mogniat de l'Ecluse. Projet de régénération salutaire à la France, dédié à l'Assemblée nationale. *Lyon* , 29 juillet 1789. In-8 , 32 pp.

16711 — Réponses à différentes questions proposées pour la confection d'un Code rural. s. d. In-4, 20 pp.

16712 Mollet (Joseph). Importance (de l') de la météorologie, 1802. In-8, 24 pp.

16713 — Etude du Ciel , ou Connaissance des phénomènes astronomiques mise à la portée de tout le monde. *Lyon*, chez les frères Perisse, an XI (1803). In-8, demi-rel., dos bas. marron.

16714 — Mémoire sur deux faits nouveaux, l'inflammation des matières combustibles et l'apparition d'une vive lumière , obtenues par la seule compression de l'air. *Lyon* , 1804. In-8, 31 pp.

16715 —Hydraulique physique, ou Connaissance des phénomènes que présentent les fluides..... *Lyon*, Ballanche père et fils, 1809. In-8, demi-rel., dos v. f., planches. [Bruyère.]

16716 — Discours sur les beautés de la lumière, prononcé le 2 mai 1811 à l'ouverture de l'Ecole municipale de chimie , physique et botanique de la ville de Lyon. *Lyon* , Ballanche père et fils, 1811. In-8, 15 pp.

16717 — Influence (de l') des sciences sur le commerce et les arts. *Lyon*, 1812. In-8, 30 pp.

16718 — Constitution (de la) intime des gaz, mémoire lu à l'Académie de Lyon le 17 juin 1817. In-8, 32 pp.

16719 — Mécanique physique , ou Traité expérimental et raisonné du mouvement et de l'équilibre considérés dans les corps solides. *Avignon*, Seguin aîné , 1818. In-8 , demi rel. v. fauve. [Bruyère]

16720 — Cours élémentaire de physique expérimentale. *Lyon* , *Paris* , 1822. 2 vol. in-8 , demi-rel. v. f., planches.

16721 — Gnomonique graphique , ou Méthode simple et facile pour tracer les cadrans solaires.... Troisième édition. *Paris*, 1827. In-8, demi-rel. v. fauve. [Bruyère.]

16722 Monfalcon (J.-B.). Quelques réflexions sur les rapports des médecins avec la société. *Paris*, 1818. In-8.

16723 — Histoire des marais et des maladies causées par les émanations des eaux stagnantes. *Paris* , Béchet jeune , 1824. In-8 , demi-rel., dos v. f.

16724 Monmartin (Antonin). Considérations sur la liberté de la chasse, développées dans un Examen critique. *Paris* , *Lyon*, 1844. In-8, 78 pp.

16725 Monier , avocat général à la Cour royale de Lyon. Mélanges politiques et littéraires, précédés d'une Notice sur la vie et les écrits de l'auteur. *Paris*, Sapia, 1857. In-8.

16726 — Considérations sur les bases fondamentales du nouveau projet de constitution. *Lyon*, Ballanche , 1814. In-8, 31 pp.

16727 — Essai sur Blaise Pascal. *Paris*, Ponthieu, 1822. In-8, 32 pp.

16728 — L'Apologétique et les Prescriptions de Tertullien, traduction de l'abbé de Gourcy... suivies de l'Octavius Félix. *Lyon*, 1823. In-8. (Compte-rendu attribué à MM. MONIER, avocat général à la Cour royale de Lyon, et BRÉGHOT DU LUT). In-8, 7 pp.

16729 Montain (F.) aîné, médecin. Aperçu sur le charlatanisme. *Lyon*, Ballanche, 1806. In-8, 8 pp.

16730 — Des effets de l'Aperçu sur le charlatanisme. Le 15 août 1806. *Lyon* , Cutty. In-8, 8 pp.

16731 — Lait (du) considéré comme cause des maladies des femmes en couche. *Paris* , Brunot-Labbe, 1808. In-8, 67 pp.

16732 — Des effets des différentes espèces d'évacuations sanguines artificielles. *Lyon*, Barret, 1810. In-8, 43 pp.

16733 Montain (A.-C.), médecin. Traité de la cataracte. *Paris* et *Lyon* , Maire, 1812. In-8, 127 pp.

16734 Montgolfier. Note sur le bélier hydraulique et sur la manière d'en calculer les effets. *Paris*, Gillé fils , an XI, février 1803. In-8 , 14 pp.

16735 Morand de Jouffrey, procureur général. Plaidoyer prononcé le 11 août 1828, devant la Cour royale de Douai, contre l'éditeur responsable du journal intitulé : l'*Echo du Nord*, etc. *Douai*, Wagrer aîné. In-8, 35 pp.

16736 Morel (L.), ancien médecin à l'hôpital de Villefranche. Instructions familières sur l'utilité et l'usage des bains d'été. *Lyon*, 1788. In-12, 47 pp.

16737 — Seconde Adresse à MM. les administrateurs du départ. de Rhône-et-Loire relativement aux secours dont les habitants de la campagne ont besoin dans les cas d'épidémie. A Villefranche, le 21 janvier 1791. *Lyon*, Delaroche. In-8, 7 pp.

16738 — Adresse pour l'activité des médecins brevetés pour les épidémies. Seconde Adresse, etc. *Lyon*, Delaroche, 1791. (Avec une Lettre autographe mste). In-8, 14 pp.

16739 Morel. Mémoire et observations sur l'application du feu au traitement des maladies. *Paris*, Le Normant, 1813. In-8, v., fil.

16740 Morellet (l'abbé André), recueil de 12 brochures écrites par lui ou à son sujet, de 1787 à 1799. In-8.

16741 — Lettres inédites de l'abbé MORELLET, membre de l'Académie française, sur l'histoire politique et littéraire des années 1806 et 1807, pour faire suite à ses Mémoires. *Paris*, Ladvocat, M.DCCC XXII. In-8.

16742 Examen des décisions de M. l'abbé MORELLET sur les trois questions importantes qui sont le sujet de son Mémoire (au sujet de la Compagnie des Indes). s. d. (1769?) s. n. d'auteur. In-4,

16743 — Théorie du paradoxe. *Amsterdam*, 1775. In-8, v. marb.

16744 — Réponse sérieuse à M. L*** (Linguet), par l'auteur de la *Théorie du paradoxe*. *Amsterdam*, 1775. In-8, v. marb. En recueil avec *Théorie du paradoxe*.

16745 — La Cause des pères, ou Discussion d'un projet de décret relatif aux pères et mères, aïeuls et aïeules des émigrés; par l'auteur du *Cri des familles* (MORELLET). *Paris*, Dupont, l'an III de la République. In-8.

16746 — Dernière défense des pères et mères, aïeuls et aïeules d'émigrés. *Paris*, Du Pont, ce 12 nivose an IV. In-8.

16747 Mouton-Fontenille de la Clotte (J.-P.). Tableaux de concordance des genres d'un pinax des plantes européennes. *Paris* et *Lyon*, Reymann, s. d. In-8, titre gravé, 95 pp.

16748 — Réponse à M. Louis-Aimé Martin sur sa Critique du *Traité élémentaire d'ornithologie* de M. MOUTON-FONTENILLE. Par l'auteur du Traité. *Lyon*, Cabin, 1812. In-8, 64 pp.

16749 — La France en convulsion pendant la seconde usurpation de Buonaparte. *Lyon*, Boursy, 1815. In-8. — La France en délire pendant les deux usurpations de Buonaparte.

Paris et *Lyon*, 1815. In-8, fig. Un vol. cart. à la Brad., non rog.

16750 Moyria (le comte Abel de). Manuel du travailleur républicain. A *Lyon*, chez les principaux libraires. (Avec une Préface datée de *Lyon*, 20 octobre 1848). In-32, 55 pp.

N.

16751 Nervaux (de). Vive la République! *Lyon*, 1832. In-8, 16 pp.

16752 Nicod (l'abbé), curé de la Croix-Rousse. L'Avenir prochain de la France. *Lyon*, Dumoulin et Ronet, 1850. In-8.

16753 Nicolas (Alexandre). Réponse à l'écrit de M. F.-Z. Collombet, ayant pour titre : *M. Villemain; de ses opinions religieuses et de ses variations. Paris*, *Lyon*, 1844. In-8, 85 pp.

16754 Nolhac (J.-B.-M.). Etudes sur le texte des Psaumes, ou le livre des Psaumes expliqué à l'aide des notions acquises sur les usages, etc., des peuples anciens. *Paris*, Perisse frères. 4 tomes en 2 vol. in-8, gr. pap. vél., v. f., fil. [Koehler.]

16755 — Etudes sur le texte d'Isaïe, ou le livre du prophète Isaïe expliqué à l'aide des notions acquises par les usages, etc., des peuples anciens. *Lyon*, tome Ier, André Idt ; tome II, Louis Perrin. 2 tomes en 1 vol. in-8, v. f., fil. [Koehler.]

16756 — Du système philosophique de M. F. de La Mennais, et de quelques écrits publiés en faveur de ce système. s. n. d'auteur. *Lyon*, Boursy, 1825. In-8, 59 pp.

16757 — Réflexions sur la philosophie de M. Cousin, en l'an 1828, par un élève des écoles de Paris. *Paris*, *Lyon*, M.DCCC.XXVIII. In-8, 42 pp.

16758 — Etude du chrétien, ou le Disciple à la suite de son divin Maître dans le jardin des Oliviers, devant les juges de Jérusalem et sur le Calvaire. *Lyon*, *Paris*, 1829. In-8, 421 pp.

16759 — L'Ami des hommes, ou Réflexions sur l'éducation commune, considérée dans ses rapports avec la morale et avec le bonheur du peuple. *Lyon* et *Paris*, Perisse, 1831. In-8.

16760 — Origine du mot Choléra. s. n. d'auteur. In-8, 14 pp.

16761 — Réflexions sur la punition des grands crimes, considérée dans ses rapports avec la morale. *Lyon*, Louis Perrin, 1836. In-8.

16762 — De la hache sculptée au haut de plusieurs monuments funèbres antiques, et des mots *sub ascia dedicavit* ou *dedicaverunt* qui terminent les inscriptions gravées sur ces monuments. *Lyon*, 1840. In-8, 75 pp.

16763 — Lectures sur l'Oraison dominicale, ou pieux mouvements d'une âme chrétienne qui s'élève à Dieu et à la connaissance de ses devoirs par la méditation de la plus belle des prières. *Paris, Lyon*, 1840. In-12, 204 pp.

16764 — Du livre de l'Imitation de Jésus-Christ, et du siècle dans lequel vivait son auteur. *Paris, Lyon*, 1841. Gr. in-8, 185 pp., fig.

16765 — Deux Lettres écrites d'Allemagne sur la musique dans les églises et sur les orgues. *Lyon*, Louis Perrin, 1842. In-8, 67 pp.

16766 — Le livre des Lamentations du prophète Jérémie, traduit en français sur le texte hébreu, avec les traits de ces Lamentations qui sont chantés dans les églises pendant la Semaine-sainte, placés en regard de la traduction. *Lyon*, Perisse frères, 1842. In-8, 122 pp., demi-rel., dos mar.

16767 — Soirées de Rothaval, petit hameau dans le département du Rhône, ou Réflexions sur les intempérances philosophiques de M. le comte Joseph de Maistre dans ses Soirées de St-Pétersbourg. *Lyon*, Louis Perrin, 1843. 2 vol. gr. in-8. — Suivies des nouvelles Soirées de Rothaval...., 1844. Un vol., tome 5e, gr. in-8.

16768 — Quelques lignes sur l'étrange théologie de M. le comte Joseph de Maistre. *Lyon*, Louis Perrin, 1845. In-8, 25 pp.

16769 — Rapport fait par M. J.-B.-M. NOLHAC, dans la séance publique de l'Académie royale de Lyon, le 30 décembre 1845, au nom de la Commission nommée pour examiner les Mémoires qui ont concouru au prix proposé par cette Académie pour le meilleur éloge de M. de Gérando. *Lyon*, Louis Perrin, 1846. In-4, 20 pp.

16770 — Dernières Observations sur l'auteur du livre de l'Imitation de Jésus-Christ, et sur le siècle où il a vécu. *Paris, Lyon*, 1847. In-8, 32 pp.

16771 Noroi, à Caluire. Le Gouvernement social; adressé à la nation française. *Lyon*, Destéfanis (179. ?). In-4, 14 pp.

16772 Noverre. Lettres sur la danse et sur les ballets. *Lyon*, Aimé Delaroche, M.DCC.LX. In-8, veau, fil.

O.

16773 Olivier, docteur. Dissertation sur la rage, où l'on trouve les moyens de s'en préserver et guérir. *Lyon*, Christ. Reguilliat, 1743. In-8, 61 pp.

16774 — Dissertation sur la cataracte. *Lyon*, Delaroche, 1752. In-4, 19 pp.

16775 Orelut. Détail des cures opérées à Lyon par le magnétisme animal, selon les principes de M. Mesmer; précédé d'une Lettre à M. Mesmer. *Lyon*, Faucheux, 1784. In-8, 27 pp. — Autre in-8, 18 pp.

16776 Ozanam (A.-F.). Deux Chanceliers d'Angleterre, Bacon de Vérulam et S. Thomas de Cantorbéry. *Paris, Lyon*, 1836. In-8, avec l'envoi à M. Bonnevie, et sign. aut.

P.

16777 Pache (G.-H.-F.). Discours sur la mort de Louis XVIII, prononcé dans l'église réformée de Lyon le 19 septembre 1824. *Lyon*, Laurent, 1824. In-8, 28 pp.

16778 Pagès (E.). Notice sur les études longues et profondes qu'il fallait faire anciennement dans la faculté de théologie de Paris pour parvenir au doctorat. 1836. In-8, 36 pp.

16779 Panthot (Jean), docteur-médecin. Examen de la dernière Lettre imprimée de M. de Rhodes... et des sentiments d'Eudoxe... servant d'apologie à Pierre Garnier. *Lyon*, 1691. In-4, bas., avec l'*éx dono authoris* J.-B. PANTHOT, docteur-médecin.

16780 — Brièves Dissertations sur l'usage des bains chauds et principalement de ceux d'Aix en Savoie, et sur l'effet du mercure. *Lyon*, 1700. In-4, bas.

16781 — Dissertation sur trois opérations de la pierre faites par maître Jean Panthot, docteur-médecin. *Lyon*, 1702. In-4, bas.

16782 Passeron (J.-S.). A Messieurs les députés des départements de la France. Du Mont-Pila, le 20 janvier 1850. Projet de défrichement de terrains; par un ancien sergent de grenadiers. *Lyon*, Rossary. In-8, 36 pp.

16783 — Napoléon, son élévation, sa chute et son parti; par un prolétaire. *Lyon*, 1833. In-8.

16784 — De l'homme et de la société; esquisses. *Lyon*, Léon Boitel, 1844. In-8, avec envoi autog. de l'auteur.

16785 Passot (Félix). Démonstration de l'immobilité de la terre. *Lyon*, Fontaine, 1829. In-8, 18 pp.

16786 Pavy (Joseph). Discours de M. Joseph PAVY, député du Rhône, à l'occasion de la proposition de loi sur la presse. *Paris*. In-12, 33 pp.

16787 — Opinion..... sur le budget de 1824; séance du 2 avril 1823. *Paris*, Hacquart. In-8, 22 pp.

16788 — Discours de M. PAVY, député du Rhône, dans la discussion du projet de loi sur la police de la presse; prononcé dans la séance du 22 février 1827. *Paris*, veuve Agasse. In-8, 10 pp.

16789 Perenon (L.-M.), de Lyon. Carte polygonale du royaume de France divisé en 86 départements; par M. PERENON, de Lyon. s. n. d'impr. Août 1824. Gr. in-fol.; avec la sig. aut. de l'auteur.

16790 — De la cause du méphitisme marécageux, et de son identité avec le méphitisme en général. *Paris*, Ponthieu, 1824. In-4, 27 pp.

16791 — Renseignements sur la cause des orphelins légitimes de Lyon. *Lyon*, le 17 septembre 1827. *Lyon*, L. Boget. In-8, 8 pp.

16792 — Opinion et projet de loi sur la responsabilité des ministres et de tous leurs agents. *Paris, Lyon, Lausanne et Londres*, 1830. In-8, 20 pp.

16793 — Avis et remontrance légale d'un Lyonnais libre, adressés à MM. les membres de la Commission d'accusation, juges des infortunés ministres du roi Charles X. *Lyon*, 1830. In-8, 22 pp.

16794 — Opinion et projet de loi d'un Lyonnais libre, pour la pairie conditionnellement héréditaire. *Lyon*, D.-L. Ayné ; sans date. In-8, 8 pp.

16795 — Plan d'organisation sociale pour un peuple libre et sagement constitué ; adressé à tous les vrais amis de la chose publique, par un Lyonnais libre, P. L.-M. *Lyon*, Boursy, 1832. In-8, 8 pp.

16796 — Projet pour la constitution française des plus complets, soumis au peuple qui réfléchit et à l'Assemblée nationale de France. *Paris et Lyon*, 1848. In-8, 44 pp.

16797 — Considérations sur l'ouvrage intitulé *l'Avenir de la France* de M. Nicod, curé de la Croix-Rousse ; par L.-M. P. (PERBNON). *Paris, Lyon*, 1851. In-8.

16798 Péricaud et Bréghot du Lut. Cicéroniana, ou Recueil des bons mots et apophthegmes de Cicéron ; suivi d'Anecdotes et de Pensées tirées de ses ouvrages, et précédé d'un Abrégé de son histoire ; avec des notes. *Lyon*, Ballanche. 1812. In-8, 239 pp. Tiré à 100 exempl., dont 4 sur papier collé portent les noms des auteurs (A. PÉRICAUD et C. BRÉGHOT.).

16799 — Discours sur la nécessité et les avantages de l'amnistie, prononcé devant le sénat, après la mort de César, par M.-T. Cicéron ; trad. par *** (PÉRICAUD aîné). *Lyon*, veuve Buynand, née Bruyset, 1818. In-8, 16 pp.

16800 — Discours sur la nécessité et les avantages de l'amnistie, prononcé devant le sénat, après la mort de César, par M.-T. Cicéron ; trad. en français par l'un des auteurs du Cicéroniana (Ant. PÉRICAUD aîné). Seconde édition. *Lyon*, veuve Buynand née Bruyset, 1819. In-8, 16 pp., grand pap. vélin.

16801 — Calendrier de Thémis, dans lequel on trouve chaque jour la date d'un homme célèbre dans les fastes du droit ; suivi d'une Notice sur St-Yves. *Paris et Lyon*, Guyot, 1821. In-8, 19 pp., et la Notice 4 pp.

16802 — Article extrait de la *Gazette universelle de Lyon* du 26 septembre 1821, sur les œuvres de Cicéron trad. en français, avec le texte en regard ; édition publiée par J.-Victor Le CLERC. In-8, 2 pp.

16803 — Œuvres complètes de Démosthène et d'Eschine, en grec et en français, traduction de l'abbé AUGER... Article critique signé A.

P. (Ant. PÉRICAUD). Extrait de la *Gazette universelle* du 10 octobre 1821. In-8, 3 pp.

16804 — Calendrier des Muses, dans lequel on trouve à chaque jour la date d'un poète ; par Aonius P*** (Ant. PÉRICAUD aîné). *Au Mont-Parnasse*, 1822. In-8.

16805 — Discours sur la traduction considérée comme exercice ; lu à l'Académie royale des sciences, belles-lettres et arts de Lyon ; par M. PÉRICAUD aîné, le 31 août 1822. In-8, 8 pp.; tiré à 25 exemplaires.

16806 — Octavius (l') de Minucius Felix ; nouvelle traduction, avec le texte en regard, par Ant. PÉRICAUD. *Lyon*, Durand, 1823. In-8, 238 pp.

16807 — Minuciana, ou Supplément aux Notes de la traduction de l'*Octavius* publiée à Lyon en 1843. Les Notes dont se compose cet Appendice sont de différents auteurs, notamment de M. P. ROSTAIN. *Lyon*, Nigon, 1847. In-8, 32 pp.

16808 — Notices sur Leidrade, Agobard et Amolon, archevêques de Lyon. *Lyon*, Barret, 1825. In-8, 20 pp.

16809 — Plaidoyer pour Servius Sulpicius, contre L. Muréna, composé en latin par Aonius Paléarius, et traduit pour la première fois en français par A. PÉRICAUD. *Paris*, Lefèvre, M.DCCC.XXVI. In-8, 88 pp. (Suivi du Songe de saint Jérôme, par PÉRICAUD). *Lyon*, Barret, 1826. In-8, 14 pp.

16810 — Songe de S. Jérôme. Note destinée à la seconde édition du Cicéroniana. *Lyon*, Barret, 1826. In-8, 14 pp.

16811 — Lettre sur un point d'histoire littéraire, de Lyon, le 18 septembre 1828, signée LAUNOY et adressée à M. Bréghot, un des rédacteurs des *Archives du Rhône*). *Lyon*, Barret, 1828. In-8, 8 pp.

16812 — Essai sur la vie et les écrits de Du Cerceau, par A. P. *Lyon*, G. Rossary, 1828. In-8, 28 pp.

16813 — Les Philosophes en contradiction, discours satirique d'Hermias ; traduit du grec par Ant. PÉRICAUD. *Lyon*, G. Rossary, 1831. In-8, 15 pp.

16814 — Séjour de Cagliostro à Lyon, de 1784 à 1785. *Signé* : A. P..... s. d. *Lyon*, Rossary. In-8, 8 pp.

16815 — Molière à Lyon. 1653-1657. *Lyon*, octobre 1835. In-8, 8 pp.

16816 — Invective de Salluste contre Cicéron, et réponse de Cicéron à Salluste ; traduction nouvelle, par M. A. PÉRICAUD. *Paris*, Panckoucke, 1835. Tiré à part à 25 ex. du Cicéron latin-français de la collection des Classiques latins publiée par M. Panckoucke. In-8, 39 pp.

16817 — Ephémérides lyonnaises, par A. P., B. de L. (Antoine PÉRICAUD, bibliothécaire de Lyon). s. d. (1835). *Lyon*, Rusand. In-8, 14 pp.

16818 — Variétés historiques, biographiques et

90

littéraires. *Lyon*, Léon Boitel, 1836-37. In-8, 168 pp. Extrait (avec des additions) de la *Revue du Lyonnais*.

16819 — Bibliographie lyonnaise du quinzième siècle. 1473-1500. *Lyon*, Pélagaud et Lesne, 1840. In-8, 50 pp.

16820 — Nouvelles Recherches sur les éditions lyonnaises du XVe siècle. *Lyon*, Mougin-Rusand, juillet 1840. In-8, 27 pp.

16821 — Les Gouverneurs de Lyon, par Ant. PÉRICAUD aîné. (Extrait de la *Revue du Lyonnais*). *Lyon*, Léon Boitel, 1841. In-8, 23 pp.

16822 — L'Homme de la Roche. *Lyon*, Isidore Deleuze, 1842. In-8, 4 pp.

16823 — Démosthéniana, ou Recueil des bons mots, sentences et apophthegmes de Démosthène. *Lyon*, Mougin-Rusand, 1842. In-8, 31 pp.

16824 — Fragments biographiques sur Jacques Sadolet, évêque de Carpentras. *Lyon*, Guyot, 1849. In-8, 15 pp.

16825 — Florent Wilson, Guillaume Postel et Louis Castelvetro. Fragments extraits d'un Supplément à l'Histoire littéraire de Lyon du P. de Colonia; par Ant. PÉRICAUD aîné. *Lyon*, Guyot, 1850. In-8, 22 pp

16826 Perisse du Luc. Lettre de M. Perisse du Luc, député de la ville de Lyon, à M. Brissot, auteur du *Patriote français*, sur les assignats. *Paris*, imprimerie nationale, 1790. In-8, 11 pp.

16827 — Opinion.... sur le papier-monnaie. Du 2 avril 1790. In-8, 22 pp.

16828 — Réponse à M. Perisse du Luc, député de Lyon à l'Assemblée nationale, sur le papier-monnaie, etc. *Paris*, avril 1790. In-8, 20 pp.

16829 — Rapport sur la fabrication et l'émission des 800 millions d'assignats, fait à l'Assemblée nationale, au nom des commissaires, le 4 novembre 1790; suivi des décrets des 4 et 18 novembre. *Paris*, 1790. In-8, 16 pp.

16830 Pestallossi (*sic*), docteur-médecin. Traité de l'eau de mille-fleurs, remède à la mode. « Les notes marginales montrent ce qu'il contient. » *Lyon*, chez la veuve de J.-B. Guillimin et Théodore Labbé, M.DCC.VI. In-12.

16831 Peletin (Jacques-Henri-Désiré), docteur-médecin. Mémoire sur la découverte des phénomènes que présentent la catalepsie et le somnambulisme. 1787. In-8, 1re partie, 62 pp.

16832 — Théorie du galvanisme. *Paris*, *Lyon*, an XI (1803). In-12.

16833 Petit (Marc-Antoine), docteur-médecin. Discours sur la douleur. *Lyon*, Reymann, an VII. In-8, 93 pp.

16834 Pezzani (André), avocat. Dieu, l'homme, l'humanité et ses progrès. *Paris*, *Lyon*, 1847. In-12, 280 pp.

16835 — Club de l'Egalité. Essai sur l'organisation du travail; discours prononcé par le citoyen

PEZZANI, président. *Lyon*, s. d. (1848). In-12, 15 pp.

16836 — Présidence ou royauté; examen critique des trois formes de la démocratie. *Lyon*, Rodanet, 1849. In-16, 30 pp.

16837 — Esquisse de la philosophie de Ballanche. Essai sur la partie transcendantale des mystères anciens. Fragments philosophiques. *Paris*, Cadot, 1850. In-12, 119 pp.

16838 Peyré (J.-F.-A.), membre du Conseil général du Rhône. De la Pyrale et des abus de la chasse. s. d. (184.). In-8, 13 pp.

16839 Piel (Pierre). Extrait historique de quelques religions; de l'appréciation du diable et de la certitude de l'existence de Dieu. *Lyon*, veuve Ayné, 1848. In-24, 95 pp.

16840 Pigeaire. Un mot de vérité pour répondre aux mensonges de M. Camille Jordan, et à la déclaration de M. Mouton-Fonteuille. *Lyon*, Kindelem. In-4, 4 pp.

16841 Pigeon (G.). De l'état de l'industrie dans la société moderne. *Lyon*, 1846. In-8.

16842 — Note sur l'emploi du frein dynamométrique de M. Prony (pour l'évaluation de la force utile et de la consommation de combustible d'une machine à haute pression). *Lyon*. In-8.

16843 Pignol (A.-R.). Des rapports sur l'influence du climat et de l'habitation sur les plantes et les animaux en général. *Lyon*, Rusand (180.?). In-8, 20 pp.

16844 Pointe (Jacques-Pierre), docteur-médecin. Annotations de médecine pour servir à l'histoire des maladies des artisans. *Paris* et *Lyon*, 1828. In-8, 42 pp.

16845 — Recherches sur les accidents produits par l'usage des préparations de charcuterie avariées. *Lyon*, Léon Boitel, 1855. In-8, 14 pp.

16846 — Relation médicale d'un voyage de Lyon à Alger, lue à la Société littéraire de Lyon, dans la séance du 6 août 1855, par J.-P. POINTE, docteur en médecine... *Lyon*, Maire, 1856. In-8, 40 pp.

16847 Pointe (Noel), ouvrier à St-Etienne, député. Recueil de sept brochures, de 1792 à 1795. In-8.

16848 Polinière (A.-P.-Isidore). Mémoire sur la question suivante : Quels sont les avantages et les inconvénients respectifs des hôpitaux et des secours distribués à domicile aux indigents malades? etc. *Lyon*, Darnaud, 1821. In-8, 147 pp.

16849 Ponchon (F.) L'Agonie du genre humain. *Paris*, 1837. In-8, demi-rel. v. r. [De Montherot.]

16850 Pons (Jacques). Traité des melons, où il est parlé de leur nature, de leur culture, etc.; par M. Jacques PONS...., doyen des médecins agrégés au collège de Lyon. *Lyon*, Antoine Cellier fils, 1680. In-12, 52 pp.

16851 Potton (Ariste), médecin. Observations sur la voix sombrée. *Lyon*, 1843. In-8.

16852 Pressavin (Jean-Baptiste), docteur-médecin. Réponse de M. Pressavin, maître en chirurgie de la ville de Lyon, à la lettre de MM. Faissole et Champeaux, sur le rapport qu'ils ont fait des causes de mort de la prétendue fille Rouge. *Lyon*, Valfray, 1768. In-4, 17 pp.

16853 — Suite de sa correspondance avec les différents magnétiseurs de la même ville. s. d. In-8, 15 pp.

16854 — Essai sur l'utilité de l'inoculation de la petite-vérole. *Lyon*, imprim. de la ville, 1785. In-8, 8 pp.

16855 — Impôt unique ou perception en nature sur les productions du sol de la France ; par Pressavin, juge, prévôt de Beaujeu. 1789. s. n. d'impr. In-8, 15 pp

16856 — Opinion de Pressavin, député de Rhône-et-Loire, sur le procès du roi, imprimée par ordre de la Convention nationale. *Paris*, impr. nationale. s. d. (janv. 1793 ?). In-8, 10 pp.

16857 Prost (P.-A.). Coup-d'œil physiologique sur la folie. *Paris*, s. d. In-8, 32 pp.

16858 Prost de Royer. Mémoire sur la conservation des enfants. *Lyon*, Laroche, 1778. In-8, 60 pp.

16859 Pupet (J.). Vérité, justice, légalité. Mes croyances religieuses, ou Maximes de la religion solaire, suivies d'un Essai de corporations d'ouvriers. Deuxième édition. *Lyon*, Léon Boitel, 1845. In 8, 144 pp.

16860 Puy, chirurgien. Consultation de chirurgie, ou Examen d'un rapport juridique fait le 10 juillet 1767 pour découvrir les causes de mort d'un corps humain trouvé flottant sur l'eau, dans le Rhône, à neuf lieues de Lyon. *Lyon*, Laroche, 1768. In-4, 27 pp.

Q.

16861 Quibel (A.-M.). Inspirations d'un fidèle. *Lyon*, Sauvignet, 1854. In-8. (Dans cet ouvrage l'auteur a voulu imiter le style des *Paroles d'un croyant*, qu'il réfute).

R.

16862 Rapou (T.), médecin. Annales de la méthode fumigatoire, ou Recueil d'observations pratiques sur l'usage médical des bains et douches de vapeurs. *Paris*, 1827. In-8, 122 pp., planches.

16863 — Notice sur les bains et douches de vapeurs et d'eaux minérales, et sur l'établissement balnéo-fumigatoire situé à Lyon. *Lyon*, Louis, Perrin, 1828. In-8, 32 pp.

16864 Rapou (Auguste) fils. Quelques mots sur l'homœopathie au Congrès de Lyon. *Lyon*, C. Rey jeune, 1841. In-8, 35 pp.

16865 — Compte-rendu du 14e Congrès homœo-

pathique, tenu à Leipsig le 10 août 1842. *Lyon*, Léon Boitel, 1842. In-8, 16 pp.

16866 — Ce que c'est que l'homœopathie, pour servir de réponse aux allégations inconsidérées de ses détracteurs. *Paris, Lyon*, 1844. In-8, 72 pp.

16867 — De l'ancienne et de la nouvelle Médecine. *Lyon*, Dumoulin et Ronet, 1847. In-8, 78 pp.

16868 Rater (G.). Essai sur l'hémoptysie. *Paris*, Didot, 1825. In-4, 31 pp.

16869 Raymond (J.-M.). Examen critique de l'ouvrage de M. Tissier, publié sous le titre d'*Essai sur la théorie des trois éléments, comparée aux éléments de la chimie pneumatique*. *Lyon*, Barret, 1805. In-8, 44 pp.

16870 Raynaud (Théophile). R. P. Theophili Raynaudi ex Soc. Jesu. Erotemata de malis ac bonis libris, deque justa aut injusta eorumdem confixione. Cum indicibus necessariis. *Lugduni*, Huguetan, M.DC.LIII. In-4, v.

16871 Renard. Lettre sur le buste de Challier, exécuté par le citoyen Beauvalet, membre de la Commune de Paris et auteur du meilleur buste de Marat. s. l., s. d. In-8, 4 pp.

16872 Renaud (A.). Critique sincère de plusieurs écrits sur la fameuse baguette, etc. *Lyon*, Langlois, 1693. In-12, v. f., fil., tr. r. [Koehler.]

16873 Rey (Etienne). Méthode pour l'enseignement du dessin. *Paris, Lyon*, 1854. In-8.

16874 — Dissertation sur la peinture encaustique. *Lyon*, Barret, 1840. In-8, 25 pp.

16875 Reyre (Clément). Qu'est-ce que le retour à l'Empire? s. n. d'auteur. (M. Clément Reyre). *Lyon*, Nigon, 1850. In-4.

16876 Riboud (Thomas). Considérations et recherches sur les monuments anciens et modernes du territoire de Brou, commune de Bourg, départ. de l'Ain. *Bourg*, Bottier. In-8, 60 pp.

16877 — Considérations sur la confection d'un Code rural. In-12, 124 pp.

16878 — Desséchement et mise en valeur de marais situés dans le territoire de Polliat, canton de Bourg (Ain). (*Bourg*), (18..). In-8, 48 pp.

16879 — Détails et notions historiques sur d'anciens et nombreux tombeaux trouvés en différents lieux du départ. de l'Ain. s. d. In-8, 38 pp.

16880 — Essai sur l'étude de l'histoire des pays composant le départ. de l'Ain. s. d. 3 parties. In-8.

16881 — Extrait et fragments d'observations sur quelques points de la procédure et de la législation criminelle. *Bourg*, Josserand et Janinet. In-4, 4 pp.

16882 — Mémoire statistique et historique sur la ville de Bourg. In-8, 49 pp.

16883 — Mémoire sur la topographie du départ. de l'Ain, sur sa culture générale et quelques espèces d'arbres qui y deviennent rares. In-8, 39 pp.

16884 — Mémoire sur le monument d'Izernore, arrondissement de Nantua , départ. de l'Ain. s. d. In-8, 40 pp.

16885 — Observations sur la confection d'un Code rural en France. Seconde partie. s. d., s. n. d'impr. In-8, 78 pp.

16886 — Observations sur quelques objets principaux d'amélioration en agriculture et économie rurale dans le départ. de l'Ain. *Bourg*, Janinet. In-8, 101 pp.

16887 — Recherches sur l'origine, les mœurs et les usages de quelques communes (du départ. de l'Ain) voisines de la Saône. In-8 , 43 pp.

16888 — Discours prononcés à la rentrée du bailliage et siége présidial de Bourg en Bresse, en 1779 et 1781. In-8, 36 pp.

16889 — Discours prononcé à l'Assemblée générale du tiers-état de Bresse , tenue à Bourg les 23 et 24 avril (1781). 1781. In-8, 55 pp.

16890 — Discours lu à la première séance de la Société d'émulation de Bourg en Bresse , le 24 février 1783 , sur l'utilité de cet établissement. *Lyon*, Faucheux,1783. In-8, 47 pp.

16891 — Eloge d'Agnès Sorel , surnommée la belle Agnès , lu à la Société d'émulation de Bourg le 23 septembre 1785. *Lyon*, Faucheux, 1785. In-8, 39 pp.

16892 — Discours sur l'administration ancienne et moderne de la Bresse, prononcé à l'Assemblée générale du tiers-état de cette province, le 10 avril 1787. 1787. In-8, 87 pp.

16893 — Lettre de M. RIBOUD , procureur du roi et subdélégué à Bourg , à un député du tiers-état du Bugey , à l'Assemblée générale des trois ordres de cette province. *Bourg*, 19 mars 1789. In-12, 12 pp.

16894 — Essai sur les moyens à employer pour subvenir aux besoins publics. 1er mars 1790. *Bourg*, Vernarel. In-8, 46 pp.

16895 — Opinion présentée au Conseil du départ. de l'Ain, sur la question relative à la réduction des districts dudit départ. , par M. RIBOUD, procureur général syndic, le 6 novembre 1790. *Bourg*, Philipon, M.DCC.LXXXX. In-4, 42 pp.

16896 — Rapport contenant les détails principaux de la gestion du Directoire du départ. de l'Ain, jusqu'au 1er novembre 1790. *Bourg*, Philipon, 1790, In-4, 148 pp. pl.

16897 — Projet de décret relatif aux liquidations et à l'ordre des remboursements de la dette exigible, présenté par M. RIBOUD, *Paris*, le 12 décembre 1791. Impr. de Sallière. In-8, 12 pp.

16898 — Discours sur l'enseignement dans les écoles centrales, et les effets qu'on peut attendre de leur établissement; prononcé à l'ouverture de celle du départ. de l'Ain , à Bourg, le 1er nivose an V. In-8, 19 pp.

16899 — Exposition et emploi d'un moyen intéressant de disposer des eaux pour les travaux

publics , l'agriculture, les arts, etc. *Paris*, Charles Pougens an VI (1798). In-4 , 36 pp., pl.

16900 — Honneurs funèbres rendus au général Joubert par les citoyens de son département qui se sont trouvés à Paris , en fructidor an VII. (Discours du citoyen RIBOUD). In-8, 16 pp.

16901 — Conseil des Cinq-Cents. Opinion de Thomas RIBOUD (de l'Ain) sur le projet de résolution relatif à l'Ecole polytechnique; séance du 19 vendémiaire an VIII. *Paris*, impr. nationale. In-8, 14 pp.

16902 — Vues et projet de résolution présentés (au conseil des Cinq-Cents) sur les moyens de rendre les incendies plus rares et moins funestes. (*Paris*), an VIII. In-8, 154 pp.

16903 — Lettre de Thomas RIBOUD , député de l'Ain, membre du conseil des Cinq-Cents , à un fonctionnaire public du même département. *Paris*, le 8 frimaire an VIII. In-8, 6 pp.

16904 — Observations sur les contributions du départ. de l'Ain. Germinal an IX. *Bourg*, Dufour et Josserand. In-4, 7 pp.

16905 — Recherches sur les substances minérales inflammables qui peuvent exister dans le départ. de l'Ain, et être appliquées à divers usages utiles. In-8, 42 pp.

16906 — Notice des travaux et de la situation de la Société d'émulation et d'agriculture du départ. de l'Ain pendant les années X et XI. *Bourg*, Janinet, 1804. In-8, 52 pp.

16907 — Compte-rendu des travaux de la Société d'émulation et d'agriculture du départ. de l'Ain pendant les années XII et XIII ; par Th. RIBOUD. *Bourg*, Janinet, 1805. In-8 , 46 pp.

16908 — Notice des travaux de la Société d'émulation et d'agriculture du départ. de l'Ain, depuis novembre 1805 jusqu'en septembre 1806. *Bourg*, Janinet, 1806. In-8, 84 pp.

16909 — Essai sur la minéralogie du départ. de l'Ain. *Bourg*, Janinet , 1807. In-8, 55 pp.

16910 — Compte-rendu des travaux de la situation de la Société d'émulation et d'agriculture du départ. de l'Ain, du 2 septembre 1807 au 1er septembre 1808. *Bourg*, Janinet, 1808. In-8, 52 pp.

16911 — Règlement de la Société d'émulation et d'agriculture du départ. de l'Ain. 6 janvier 1808. Certifié conforme ; *signé* : Thomas RIBOUD, secrétaire. *Bourg* , J.-A.-M. Janinet. In-8, 11 pp.

16912 — Rapport fait au nom de la Commission de législation sur le titre II du livre II du Code d'instruction criminelle, séance du 9 décembre 1808. *Paris*, Hacquart. In-8, 40 pp.

16913 — Rapport fait au nom de la Commission de législation , sur le deuxième projet de loi formant le livre II du Code pénal; séance du 15 février 1810. *Paris*, Hacquart. In-8 , 24 pp.

16914 — Rapport fait au nom de la Commission de législation civile et criminelle , par M. RIBOUD, sur le projet de loi concernant les expropriations pour cause d'utilité publique; séance du 8 mars 1810. *Paris*, Hacquart. In-8, 28 pp.

16915 — Mémoire sur les différentes espèces de haies et clôtures usitées dans le départ. de l'Ain. *Paris*, Mme Huzard, 1810. In-8, 35 pp.

16916 — Indication générale des monuments et antiquités du départ. de l'Ain. s. d. (1810). In-8, 51 pp.

16917 — Dissertation sur l'ancienneté de la ville de Bourg et sur les différents noms qu'elle a portés. *Bourg*, Janinet (1811). In-8, 58 pp.

16918 — Observations sur le cours et la perte du Rhône, entre le fort de l'Ecluse et Seyssel, et sur les moyens proposés jusqu'ici pour le rendre navigable en cette partie. 1812. In-8, 67 pp.

16919 — Discours prononcé par M. RIBOUD, en faisant hommage au Corps législatif d'un ouvrage intitulé : *Elementa juris civilis Justinianei, cum Codice Napoleone, etc.*, par G.-D. ARNOLD. Séance du 22 mars 1813. *Paris*, Hacquart. In-8, 7 pp.

16920 — Discours prononcé par M. RIBOUD, député du départ. de l'Ain, en annonçant au Corps législatif la mort du général Dallemagne. Séance du 24 décembre 1813. *Paris*, Hacquart. In-8, 8 pp.

16921 — Exposé et développement des motifs de la proposition présentée à la Chambre des députés, par M. RIBOUD, le 30 juin ; séance du 8 juillet 1814. *Paris*, Hacquart. In-8, 38 pp.

16922 — Opinion de M. RIBOUD sur le projet de loi relatif aux finances; séance du 30 août 1814. *Paris*, Hacquart. In-8, 47 pp.

16923 — Projet de formation d'un Musée départemental. 14 février 1816. *Bourg*, Janinet, 1816. In-8, 24 pp.

16924 — Notes historiques et statistiques sur les travaux et la situation de la Société d'émulation et d'agriculture de l'Ain depuis le mois de septembre 1815 jusqu'au 1er novembre 1816; par M. Th. RIBOUD. *Bourg*, Bottier, M.DCCC.XVII. In-8, 72 pp.

16925 — Rapport sur les vestiges d'antiquité reconnus dans la démolition de la prison de Bourg. *Bourg*, Bottier, 1817. In-8, 33 pp.

16926 — Recherches sur les monuments découverts dans la démolition de la prison de Bourg en 1817. *Bourg*, Bottier, 1818. In-8, 65 pp.

16927 — Nouvelles Recherches sur les monuments découverts à Bourg en 1817, dans le cours de la démolition et de la reconstruction d'une prison ; Supplément au Mémoire inséré dans l'Annuaire du départ. de l'Ain pour l'an 1818. In-8, 46 pp.

16928 — Description d'un olyphant ou grand cornet, chargé de bas-reliefs, trouvé dans la chaîne méridionale des montagnes du Bugey, départ. de l'Ain, etc. In-8, 70 pp.

16929 — Eclaircissements ultérieurs et confirmatifs sur l'olyphant décrit dans l'Annuaire de l'Ain pour 1819. In-8, 11 pp.

16930 — Programme des prix proposés par la Société d'émulation et d'agriculture du départ. de l'Ain pour 1821 et années suivantes ; par Th. RIBOUD, secrétaire de la Société. Inséré dans le *Journal d'agriculture* (janvier, février 1820). In-8.

16931 — Procès-verbal de la séance publique de la Société d'émulation et d'agriculture du départ. de l'Ain, du 5 septembre 1822. (Thomas RIBOUD, secrétaire). *Bourg*, Bottier. In-8, 78 pp.

16932 — Notice sur la vie et les ouvrages de M. Riboud; lue à la séance publique de la Société d'émulation de l'Ain, le 20 septembre 1835, par M. GARADOZ. In-8. En recueil dans le *Journal de la Société d'émulation de l'Ain*, n°s 9 et 10, septembre et octobre 1835. In-8.

16933 Richard, docteur-médecin. Lettre à MM. les docteurs et professeurs agrégés au Collége de médecine de Lyon, sur le magnétisme. s. d. (178.?). In-4, 7 pp.

16934 — Cours public et gratuit sur les maladies médico-chirurgicales, précédé de quelques réflexions sur la méthode mesmérienne. In-4, 8 pp.

16935 Richard (Marc) et Petite (J.-F). Projet d'établissement d'une Banque française, présenté au Corps législatif et au Directoire exécutif de la République. Ventose an VII. *Paris*. In-8, 16 pp.

16936 Rieussec, député du Rhône. Discours prononcé en faisant hommage au Corps législatif d'un ouvrage intitulé : *De l'influence du grand propriétaire sur la prospérité agricole et commerciale*. Séance du 21 avril 1810. *Paris*, Hacquart. In-8, 4 pp.

16937 Rivereulx (de), colonel d'artillerie. Discours prononcé, le 19 juin 1790, au régiment de Metz, artillerie. (Avec la réponse). In-8, 8 pp.

16938 Robert (P.). Nouvelle Organisation du travail, ou Entretien d'un ouvrier avec son patron, sur un mieux possible. Seconde édition. *Lyon*, 1848. In-8, 15 pp.

16939 Œuvres de J.-M.-Ph. ROLAND, précédées d'un Discours préliminaire, par L.-A. CHAMPAGNEUX, et accompagnées de notes. *Paris*, an VIII. 3 vol. in-8.

16940 — Lettre à M. Brissot de Warville, le 1er mars 1790. In-4, 1 f.

16941 — Lettre à M. Champagneux, avocat. *Lyon*, 6 mars 1790. In-4, 2 pp.

16942 — Réponse à la lettre du sieur Roland de la Platière, par un citoyen patriote. s. d. In-8, 16 pp.

16943 — Municipalité de Lyon. Aperçu des travaux à entreprendre et des moyens de les suivre. s. d. (mars 1790). In-8, 32 pp.

16944 — Lettre à M. Roland de la Platière sur

sa brochure intitulée : *Municipalité de Lyon.* Par Du Véro. *Lyon,* 5 avril 1790. In-8,11 pp.

16945 — Mémoire sur la culture de France comparée à celle d'Angleterre. s. d. In-8 , 64 pp.

16946 — Aux amis de la vérité ; du 28 juillet 1790. *Lyon ,* A. Delaroche, 1790. In-8, 7 pp.

16947 — Lettre à J.-M. Roland, ci-devant de la Platière, sur son opuscule intitulé : *Aux amis de la vérité.* Par Hilarion Simplice Véro. *Lyon,* le 10 août 1790. In-8, 8 pp.

16948 — Discours prononcé à la Société centrale formée des commissaires des Sociétés populaires des Amis de la Constitution de Lyon, le 6 janvier 1791. s. n. d'impr. In-8, 15 pp.

16949 — Lettre sur le décret relatif aux dettes et dépenses des villes , et la manière d'y pourvoir. De *Paris à Lyon ,* le 30 mars 1791. In-8, 10 pp.

16950 — Adresse préliminaire de la commune de Lyon sur la dette de cette ville.... présentée à l'Assemblée nationale , le 11 mars 1791 , par Jean-Marie Roland et François Bret. In-4, 4 pp.

16951 — Le Ministre de l'intérieur aux corps administratifs , le 21 septembre l'an IV de la liberté et le Ier de l'égalité. In-4, 4 pp.

16952 — Aux Corps administratifs. (Circulaire sur les événements). *Lyon ,* Amable Leroy , 1792. In-8, 8 pp.

16953 — Compte moral du Ministre de l'intérieur. Justification de sa conduite. *Paris,* impr. nationale, 1792. In-8, 14 pp.

16954 — Le Ministre de l'intérieur aux Parisiens (pour justifier sa conduite). *Paris ,* de l'imprimerie nationale du Louvre, 1792 , l'an IV de la liberté et le Ier de l'égalité. In-8, 8 pp.

16955 — Circulaires aux Directoires de département , aux corps administratifs, etc. Lettres au roi, à Lafayette, à la Convention , etc. Du 24 mars au 19 juin 1792. In-8 , 143 pp.

16956 — Lettre de M. Roland, ministre de l'intérieur, au roi. 10 juin (1792). In-8, 10 pp.

16957 — Lettre de M. Roland , ministre de l'intérieur, à l'Assemblée nationale en lui envoyant la lettre qu'il a adressée au roi. 13 juin 1792. In-8, 2 pp.

16958 — Discours prononcé par le Ministre de l'intérieur, le 24 juin, sur les moyens qu'il a pris pour contenir le fanatisme religieux et rétablir l'ordre dans le royaume. *Lyon,* 1792. In-8, 7 pp.

16959 — Lettre à M. Roland , ex-ministre de l'intérieur ; de Paris, le 27 juin 1792. Par Champy. *Paris.* In-8, 11 pp.

16960 — Lettre à l'Assemblée nationale , 3 septembre 1792. In-8, 8 pp.

16961 — Compte-rendu le 23 septembre par le Ministre de l'intérieur. *Signé :* Roland. De l'impr. nationale, 1792. In-8, 16 pp.

16962 Le Ministre de l'intérieur aux Parisiens. 1792. In-8, 8 pp.

16963 — Lettre du Ministre de l'intérieur à la Convention nationale, du 30 septembre 1792, sur ce qu'il doit rester au ministère et qu'il y reste. Impr. nationale. In-8, 8 pp.

16964 — Lettre à l'Assemblée conventionale. Paris, le 30 septembre 1792. *Lyon,* Amable Leroy. In-8, 8 pp.

16965 — Rapport du Ministre de l'intérieur à la Convention nationale, sur l'état de Paris; du 29 octobre 1792. Impr. nationale. In-8,31 pp.

16966 — Lettre du Ministre de l'intérieur à la Convention nationale, sur les subsistances. *Paris,* impr. nationale, (novembre) 1792 In-8, 25 pp.

16967 — Roland , ministre de l'intérieur , aux Sociétés populaires, aux pasteurs de campagnes et de villes , à tous les amis de l'humanité et de la patrie. 17 décembre, l'an 1er de l'égalité et de la République; pour accompagner l'envoi d'un écrit sur l'établissement de Sociétés civiques. Une note manuscrite annonce que cet écrit , de Marsillac , a pour but de remplacer les hôpitaux par des Sociétés civiques établies surtout en vue des ouvriers. In-12, 3 pp.

16968 — Rapport fait par le citoyen Brival , au nom du Comité de sûreté générale , relativement aux papiers trouvés chez le citoyen Roland. s. d. De l'impr. nationale. In-8,46 pp.

16969 — Lettre de Roland , sans suscription , probablement aux Sociétés populaires de France , au sujet de l'arrêté de la Société républicaine de Cherbourg. *Paris,* le 4 janvier 1793. In-12, 1 p.

16970 — L'ex-Ministre de l'intérieur au Président de la Convention nationale. *Paris ,* 19 avril an II de la République(1793). Justification de sa conduite. Impr. de Gorsas. In-8, 8 pp.

16971 — Observations de l'ex-ministre Roland sur le rapport fait contre lui par le député Brival. *Paris,* 21 mai 1793, de l'impr. de Delormel. In-8, 12 pp.

16972 Roland (Mme). Appel à l'impartiale postérité , par la citoyenne Roland. Imprimé au profit de sa fille unique. Quatre parties. *Paris,* Louvet , an III. In-8.

16973 — Lettres autographes de Mme Roland, adressées à Bancal-des-Issarts, membre de la Convention; publiées par Mme Henriette Bancal-des-Issarts , et précédées d'une introduction par Sainte-Beuve. *Paris,* Eugène Renduel, 1835. In-8, demi-rel., v. f. [Bruyère.]

16974 Rollet. Les Campagnards républicains, ou les deux Epoques. Conférences villageoises. A *Lyon,* chez l'auteur (mars 1849). In-8, 48 pp.

16975 Rostain. (Lettre philologique) à M. le conseiller B. D. L. (Bréghot du Lut) (au sujet d'un procès). *Lyon* (1840). In-8, 16 pp.

16976 Roubaud. Réflexions en faveur de l'humanité. s. d. (1784?). s. n. d'impr. In-8,32 pp.

16977 Roux (Vital) de Lyon, négociant. De l'influence du Gouvernement sur la prospérité du commerce. *Paris*, Fayolle, an IX (1800). 2 tomes en 1 vol. in-8, demi-rel. bas.

16978 Rozier (l'abbé). Mémoire sur la culture du chanvre. *Lyon*, Perisse. In-8.

S.

16979 Sabatier (l'abbé). De l'avenir de l'Europe. s. n. d'auteur. *Lyon*, Bohaire, 1814. In-8, 116 pp.

16980 St-Chamond (marquis de). Voyage de M. le marquis de St-Chamond, chevalier des ordres du roy, ministre d'estat et ambassadeur extraordinaire pour la France en Allemagne l'an de N. S. 1635. Manuscrit in-12, ayant appartenu à Didier Thomas, de Lyon. Pet. in-8, bas.

16981 Sainte-Marie (E.), docteur-médecin. De l'Huître et de son usage comme aliment et comme remède. *Lyon*, Boursy, 1827. In-8, 34 pp.

16982 Saissy. Recherches expérimentales anatomiques, chimiques, etc., sur la physique des animaux mammifères hybernants, notamment les marmottes, les loirs, etc. *Paris*, *Lyon*, 1808. In-8, 98 pp.

16983 Sanchaman (J.-B.), professeur au Lycée de Lyon. Discours sur les causes de la crise politique du dix-huitième siècle et sur les vérités d'ordre social dont cette grande crise atteste l'évidence et l'utilité. *Lyon*, Amable Leroy, an XIII (oct. 1804). In-8, 48 pp.

16984 Sargnon (C.-M.). Le peuple capitaliste et commerçant, ou Régénération de l'industrie française par l'association des producteurs ; organisation du travail. (*Lyon*), 1848. In-8, 16 pp.

16985 Sénac (R.). Discours sur la nature et le siége des maladies. *Lyon*, Louis Perrin, 1830. In-8, 32 pp.

16986 Servan de Sugny (Edouard). Ma vie judiciaire. *Lyon*, veuve Ayné, 1847. In-8, 126 pp.

16987 — Souvenirs, réflexions et vœux d'un Français à l'occasion de l'établissement de la République. *Paris*, *Lyon*, mai 1848. In-8, 32 pp.

16988 — Voyage impromptu de Louëche-les-Bains à Thoune et retour. *Gex*, Robert, (novembre) 1848. In-8, 34 pp.

16989 — Plaisirs d'un solitaire. (Prose et vers). *Lyon*, Brun, 1850. In-18.

16990 Smith (Valentin). Rapport à la Commission supérieure des chemins de fer sur les embranchements et le libre parcours. *St-Etienne*, Gonin, novembre 1841. In-8.

16991 — De la Mendicité et du Travail ; suivi d'une Note sur la garantie du travail et sur la garantie de l'assistance par l'Etat. *Clermont*, Thibaud Landriot, 1848. In-8, 123 pp.

16992 Sobry (Jean-François). Des différents

systèmes d'existence nationale. s. d. In-8, 2 ff.

16993 — Discours sur la bonne volonté. s. l. ni d. In-8, 12 pp.

16994 — Discours sur la métaphysique. s. d. In-8, 17 pp.

16995 — Discours sur la prééminence de la langue française. s. d. In-8, 16 pp.

16996 — Discours sur le droit public des fondations, prononcé au Lycée des arts. s. d. In-8, 20 pp.

16997 — Discours sur le poète Quinault. s. d. In-8, 19 pp.

16998 — Discours sur les Sociétés littéraires. s. d. In-8, 24 pp.

16999 — Que la logique n'est pas la règle principale de la politique. s. d. In-8, 3 pp.

17000 — Rapport fait à la Société libre d'institution sur un ouvrage du citoyen Bertrand, tendant à prouver qu'il y a des cas dans toutes les langues, et que c'est une erreur de croire qu'il n'y en a point dans les noms français. s. d. In-8, 12 pp.

17001 — La Révolution, drame dans le goût de Mercier, et pouvant servir de commentaire à l'an 40. s. d. *Paris*. In-8, 11 ff.

17002 — Le Stationnaire (journal), nᵒ 1ᵉʳ. *Signé* : J.... F.... S.... s. l. ni d. In-8, 11 pp.

17003 — Le Mode françois, ou Discours sur les principaux usages de la nation française. *Londres*, M.DCC.LXXXVI. In-8.

17004 — Lettre de M. Sobry à M. le comte de Rivarol, sur l'utilité de la critique ; ouvrage où il n'est point question des Etats généraux. 1789. In-8, 35 pp.

17005 — Discours sur les jeux ; adressé à la Municipalité de Paris en 1791. In-8, 5 ff.

17006 — Rappel du peuple français à la sagesse, ou Principes de la morale. Deuxième édition. *Paris*, an V. In-8.

17007 — Thémistocle, tragédie en 5 actes et en vers, dédiée à Bonaparte. (Par le père Follard, jésuite, avec une Epître dédicatoire à Bonaparte, par Sobry). *Paris*, Sobry, imprimeur ; Lebreton et Marielle, libraires, au V. In-8, 72 pp.

17008 — Apologie de la Messe. *Paris*, Sobry, 1ᵉʳ brumaire an VI. In-8, 32 pp.

17009 — Culte libre. (Arrêté des administrateurs du culte du temple de la Fontaine de Grenelle, qui se constituent libres et indépendants du Comité des Théophilanthropes séant à Catherine, et de tout autre). 10 thermidor an VI. *Signé* : Sobry, Navoigille, Desforges, Regnier l'aîné. In-8, 8 pp.

17010 — Discours sur la bonne volonté. *Paris*, Sobry, an VI. In-8, 12 pp.

17011 — Discours sur la nécessité du culte. *Paris*, Sobry, l'an VI. In-8, 24 pp.

17012 — Programme des jeux gymniques ouverts à Paris, rue de Varenne, numéro 667. (Par Sobry). *Paris*, Sobry, l'an VI. In-8, 23 pp.

17013 — Discours pour la fête du premier jour de l'an VII. In-8, 16 pp.

17014 — Discours sur la maladie de la peur dans les enfants. *Paris*, Sobry, an VII. In-8, 27 pp.

17015 — Discours sur la parure chez les peuples républicains. s. d. (1799?). In-8, 8 pp.

17016 — De l'incompatibilité du système démagogique avec le système d'économie politique des peuples modernes. *Paris*, an VIII. A la fin, *signé*: THÉRÉMIN. De l'impr. de Sobry. In-8, 25 pp. — On a cru reconnaître, dans cette brochure signée d'un ami de Sobry, le style, les pensées et la manière de ce dernier. A ce titre, on l'a jointe aux œuvres de Sobry.

17017 — Discours sur l'art de l'imprimerie; prononcé le 9 messidor an VII, à la Société libre des sciences, lettres et arts de Paris, par le citoyen SOBRY, l'un de ses membres, et en séance publique le 9 brumaire an VIII. In-8, 16 pp.

17018 — Discours sur les réputations. *Paris*, an VIII. In-8, 54 pp.

17019 — Discours sur la nécessité de faire entrer pour beaucoup la politesse dans l'éducation; lu à la Société libre d'institution de Paris, dans la séance publique du 26 nivose an IX. In-8, 15 pp.

17020 — Discours sur l'excès. *Paris*, ventose an X. In-8, 16 pp.

17021 — Extraits de l'*Imitation* mise en vers, par P. Corneille. (Par SOBRY). *Paris*, brumaire an XI. In-8, 54 pp.

17022 — Discours sur le cérémonial. *Paris*, floréal an XIII. In-8, 24 pp.

17023 — Poétique des arts, ou Cours de peinture et de littérature comparées. *Paris*, 1810. Un vol. in-8.

17024 Spon (Jacob). Dissertation sur l'origine des étrennes, par Jacob SPON; nouvelle édition avec des notes, par M***, des Académies de Lyon, Dijon, etc. (C. BRÉGHOT DU LUT). *Lyon*, Barret, 1828. In-8, 28 pp.

17025 Subit, docteur. Interprétation des mots : Fraternité, Egalité, Liberté. A *La Guillotière*. In-12, 12 pp.

T.

17026 Thenadey. Lettre à M. le docteur A.-C. Montain. *Lyon*, Pitrat, 1824. In-8, 24 pp.

17027 Thenance (J.-S.), docteur-médecin. Nouveau forceps non croisé. *Lyon*, Ballanche, an X. In-8, 112 pp.

17028 — Lettre à M. Tarbes (*sur le forceps non croisé*). *Lyon*, Ballanche, an XIII. In-8, 15 pp.

17029 Thevenet (J.), député de Rhône-et-Loire. A nosseigneurs de l'auguste Assemblée nationale, par THEVENET, ancien laboureur. *Lyon*, A. Delaroche, 1790. In-8, 32 pp. Mé-

moire sur le moyen d'établir une plus parfaite égalité dans la répartition des impôts.

17030 — Mémoire sur l'imposition foncière assignée au départ. de Rhône-et-Loire pour l'année 1791. 4 juillet 1791. In-8, 24 pp.

17031 — Opinion de M. THEVENET sur les moyens de parvenir à la plus juste répartition des impositions foncière, mobiliaire et industrielle, entre tous les individus de l'empire français. s. d. (1793). De l'impr. nat. In-8, 47 pp.

17032 Thomas (D.). Mémoires pour servir à l'histoire de Lyon pendant la Ligue (par D. THOMAS, avec des Notes par A. PÉRICAUD). *Lyon*, Léon Boitel, 1835. In-8, 64 pp. — Voir: *Hist. civile*, numéros 3739 et suivants.

17033 Tissier père. Mémoire pour établir la surphosphorescence des corps. *Lyon*, Barret, 1807. In-8, 21 pp.

17034 Tissot (C.-M.-J.), de Rive-de-Gier. Dissertation sur la fistule lacrymale. *Paris*, Didot, 1815. In-4, 28 pp.

17035 Tissot (F.-H.). Mémoire en faveur des aliénés. *Lyon*, Pélagaud, 1837. In-8, 47 pp.

17036 Tournon (comte de), pair de France. Opinion.... sur le projet de loi destiné à remplacer l'article 23 de la Charte constitutionnelle. Séance du 27 décembre 1831. (*Paris*), Fournier. In-8, 20 pp.

17037 — Opinion.... sur la résolution de la Chambre des députés relative au bannissement de la branche aînée des Bourbons. (Séance du 13 janvier 1832). (*Paris*, Fournier). In-8, 17 pp.

V.

17038 Valernod (Marie-Elzéar de). Problème: diminuer des deux tiers la dépense de l'eau dans les machines mues par son choc; proposé et résolu par Marie-Elzéar DE VALERNOD. *Lyon*, Chavance, 1773. In-4, 17 pp., avec Supplément de 6 pp. et fig.

17039 Vergniais. Projet de gouvernement digne d'un grand peuple. 6 novembre 1848. *Lyon*, Nigon. In-32, 16 pp.

17040 — A tous les cœurs grands et généreux. (Projets pour le bonheur du peuple). *Lyon*, Nigon. s. d. (septembre 1848). In-8, 14 pp.

17041 Vernay, ancien avocat. De la restauration de la Monarchie, ou la clémence de Louis XVIII. *Lyon*, Pelzin, 1814. In-8, 18 pp.

17042 Viossat. L'Organisation du travail, par V. V. *Lyon*, 1848. In-8.

17043 Viricel (J.-M.) fils, de Lyon. Mémoire sur l'art de préparer les malades aux grandes opérations, par J.-M. VIRICEL fils, de Lyon. An VII. In-8, 80 pp.

17044 Vitet. Pharmacopée de Lyon, ou Exposition méthodique des médicaments simples et composés , etc. *Lyon*, frères Perisse , 1778. In-4, v. br., fil., tr. r. [Koehler.]

17045 Vitet (L.), député du départ. du Rhône. Conseil des Cinq-Cents. Motion d'ordre sur les écoles spéciales de médecine. Séance du 4 messidor an VI. *Paris*, imprimerie nationale. In-8, 4 pp.

17046 — Conseil des Cinq-Cents. Motion d'ordre pour la troisième lecture du rapport, du 17 ventose an VI, sur les écoles spéciales de médecine.... Séance du 23 nivose an VII. In-8, 11 pp.

17047 Vogely (Félix). Cours théorique et pratique d'hippiatrique , à l'usage de MM. les officiers des corps de troupes à cheval. *Paris* , Anselin, 1834. Trois volumes in-32, planches, cartonné. Envoi aut. de l'auteur.

17048 — Des Vétérinaires militaires en France ; histoire critique de ce qu'ils sont et de ce qu'ils ont été, avec un Essai sur ce qu'ils devraient être. *Besançon, Paris*, juillet 1835. In-8, 320 pp., avec l'envoi aut. sig. de l'auteur.

17049 — Flore fourragère, ou Traité complet des aliments du cheval. *Paris*, Anselin, 1836. In-8, planche, avec l'envoi aut. sig. de l'auteur.

Anonymes.

Théologie, Jurisprudence.

17050 Lettre à un prêtre ci-devant constitutionnel , suivie de la réponse. *Lyon*, Pelzin, 1818. In-8, 32 pp.

17051 Apologie (par DUPRÉ) contre un livre intitulé *Catacrise du droit romain* (par Allard). *Lyon*, 1601. In-12, v. f., fil. [Koehler.]

17052 Discours sur la nécessité et les moyens de supprimer les peines capitales; lu dans la séance publique de l'Académie de B*** (Besançon), le 15 décembre 1770, par M.*** (PHILIPON LA MADELAINE). 1770. In-8, 60 pp.

17053 Ebauche d'un Cours préliminaire de droit naturel; première partie. Notes analytiques et critiques sur le *Contrat social* de J.-J. Rousseau (par Aimé DEVIRIEU). *Lyon* , Barret, 1829. In-8.

Sciences et Arts.

17054 Observations sur la vraie philosophie , dédiées à feu Madame la présidente de Fleurieu. (Avec un hommage autographe de l'abbé PERNETTY). *Lyon*, Aimé Delaroche, M.DCC.LVII. Pet. in-12, demi-rel. v. f.

17055 Du Système philosophique de M. F. de Lamennais , et de quelques écrits publiés en faveur de ce système (attribué à M. NOLHAC). *Lyon* , J.-Ch. Boursy, 1825. In-8, 59 pp.

17056 Projet d'une colonne monumentale à ériger en l'honneur de la philosophie moderne. *Lyon*, Louis Perrin, 1827. In-8, 159 pp.

17057 Réflexions sur la philosophie de M. Cousin , en l'an 1828, par un élève des écoles de Paris (M. NOLHAC). *Paris* et *Lyon* , 1828. In-8 , première partie. — Réflexions sur la philosophie de M. Cousin , en 1828 et 1829. *Paris* et *Lyon* , 1829. In-8, seconde partie.

17058 Note sur deux Mémoires lus par M. Ampère à l'Académie royale des sciences, le premier dans la séance du 26 décembre 1820 , le second dans les séances des 8 et 15 janvier 1821. In-4, 7 pp.

17059 L'Art de fertiliser les terres, ou Observations sur les prairies artificielles et sur l'usage du plâtre employé comme engrais. (Un des chapitres est intitulé : Mémoire sur l'utilité du plâtre employé comme engrais dans les prairies, publié en 1774 par MM. les administrateurs de l'hôpital général de la Charité de Lyon). En *Suisse* et à *Lyon* , M.DCC.LXXIX. In-8, 48 pp.

17060 Observations sur l'engrais des fosses d'aisance de la ville de Lyon. *Lyon*, Aimé Delaroche, 1782. In-8, 20 pp.

17061 Destruction du ver de la vigne. *Lyon* , Rossary, 1837. In-8, 21 pp.

17062 Pharmacopea Lugdunensis. *Lugduni*, vid. Th. Soubron, 1628. In-4, v. f., fil. [Koehler.]

17063 Sycophantie thériacale descouverte dans l'apologie du parallèle des vipères et herbes lyonnoises avec les romaines et candiotes, etc. (par Claude PONS). *Lyon*, S. Jasserme, 1634. In-8 , v. f., fil. [Koehler.]

17064 Vertu de l'emplâtre panacé , autrement de prompte opération. *Lyon* , 1694. In-4 , 60 pp.

17065 Dissertation sur un monstre né à Lyon l'année 1702. s. l. et s. d. In-4.

17066 Dissertation sur les noyés, par M. V***, médecin. *Lyon*, Faucheux, 1768. In-4, 23 pp.

17067 Lettre d'un élève de M. Mesmer à M. Pressavin, gradué , membre du Collège royal de chirurgie de Lyon, sur le magnétisme animal. (*Lyon*, 1784). In-8, 16 pp.

17068 Doutes d'un provincial, proposés à MM. les médecins-commissaires chargés par le roi de l'examen du magnétisme animal. *Lyon*, 1784. In-8, 136 pp.

17069 Procès-verbal de l'expérience magnétique faite à l'Ecole vétérinaire de Lyon le 9 août 1784. In-4, 2 pp.

17070 Abrégé de l'histoire des magnétiseurs de Lyon, par un nouveau converti. (*Lyon*, 17..). In-8, 8 pp.

17071 Epître à M. Petetin. Critique du système de la catalepsie. In-8, 14 pp.

17072 Lettre de M.... G.... à M.... D. L. M. , concernant le tabac. *Chálons*, 20 novembre 1790. In-8 , 15 pp.

17073 Lettre au docteur Pitt, rédacteur du *Journal de Médecine de Lyon*. Le 30 fructidor an

VIII. (Critique de l'article du docteur Pitt sur les femmes enceintes). s. n. d'imprimeur. In-8, 8 pp.

17074 Extraits de divers journaux et rapports de Sociétés savantes relatifs à l'ouvrage de M. Rodamel, intitulé : *Traité du rhumatisme chronique, sous la modification qu'il reçoit de l'atmosphère et des circonstances locales de la ville de Lyon. Lyon*, Ballanche, 1808. In-8, 32 pp.

17075 Réponse au Mémoire de MM. Chapeau et Richard *Lyon*, Kindelem, 1822. In-8, 51 pp.

17076 Mémoire des médecins de Lyon sur la responsabilité médicale, à l'occasion du procès de M. Thouret-Noron. *Lyon*, Louis Perrin, 1834. In-8, 51 pp.

17077 De l'Homœopathie et du matérialisme, par M**. *Lyon*, 1838. In-8, 23 pp.

17078 De l'Homœopathie, par M***. Février. *Lyon*, Pitrat, 1838. In-8, 17 pp.

17079 Mélanges sur les beaux-arts, extraits de la *Gazette universelle de Lyon*, années 1825 et 1826 ; par un amateur lyonnais (PASSERON). *Lyon*, Targe, 1826. In-8, 45 pp.

17080 Instruction sur l'art de nager, d'après les principes puisés dans la physique....; par C. L. C***, de Lyon (l'abbé DE LA CHAPELLE ?). A *Lyon*, Rusand, 1803. In-8, 40 pp.

Belles-Lettres.

17081 L'Art de la poésie françoise, ou la Méthode de connoître et de faire touté sorte de vers. Avec un petit recueil de pièces nouvelles, qu'on donne par manière d'exemple. (Par le sieur D. L. C.) (DE LA CROIX). *Lyon*, Thomas Amaulry, 1675. In-12, v.

17082 Lettre à M. D. L. R. (DE LA ROCHE), auteur de la *Feuille hebdomadaire*. (Critique de l'idylle la *Bienfaisance* de M. L...). Par M. D. C. P. D. R. 12 février 1771. In-8, 16 pp.

17083 Extrait des *Archives historiques, statistiques et littéraires du département du Rhône*. Février 1830. L'Iliade d'Homère, traduite en français par M. DUGAS-MONTBEL. (Compte-rendu de cette traduction (par GRATTET-DUPLESSIS). *Signé* : P. S. *Lyon*, Barret, 1830. In-8, 15 pp.

Histoire et Politique.

17084 Lettres sur l'origine de la Noblesse françoise, et sur la manière dont elle s'est conservée jusqu'à nos jours (par l'abbé MIGNOT DE BUSSY). *Lyon*, Jean Deville, M.DCC.LXIII. In-12, v.

17085 Observations patriotiques sur le droit de couponage concédé par Marguerite d'Autriche aux R. P. Augustins. s. d. (1775 ?). In-8.

17086 Exposé des motifs de la conduite du roi relativement à l'Angleterre. *Lyon*, impr. du roi, 1779. In-4, 4 pp.

17087 Du Journal des Débats et de la déclaration du 23 juin 1789, par Z....(attribué à PASSERON). *Lyon*, G. Rossary. In-8, 16 pp.

17088 Projet d'épurer le commerce national et de fonder une banque publique de change et d'assurance, par le vieux Germain. *Lyon*, Delamollière. s. d. In-4, 3 pp.

17089 Projet de liquidation de la dette nationale, par un négociant de Lyon. *Lyon*, 1790. In-8, 8 pp.

17090 Opinion d'un négociant de Lyon sur les assignats. *Signé* : ROUSSEAU. De *Lyon*, le 14 avril 1790. In-8, 16 pp.

17091 Réflexions d'un manufacturier de Lyon sur les assignats. s. d. In-8, 8 pp.

17092 Des Assignats-monnoie. s. d. In-8, 15 pp.

17093 Moyen de faire rentrer l'argent dans la circulation et de relever les assignats du discrédit qu'ils éprouvent ; par J.-M. P., négociant de Lyon. Avril 1791. *Lyon*, Amable Leroy, 1792. In-8, 16 pp.

17094 Le Nouveau trente-un Mai, ou Journée du 18 fructidor an V; mis au jour le 10 messidor an VII, époque de la liberté de la presse. *Lyon*, an VII (1799). In-8, 66 pp.

17095 Du Nouvel ordre de choses, du roi, de la noblesse. Essai politique et moral dédié aux amis du roi et de la France ; par un Lyonnais qui n'est rien, n'a rien été et ne peut rien être. *Signé* : A.-C.-F. DEV., négociant (Aimé DEVIRIEU) *Lyon*, 1814. In-8, 55 pp.

17096 Litanies de S. Louis-le-Désiré, à l'usage des royalistes, par P.-P.-D. DE V. *Lyon*, Mistral, s. d. In-8, 4 pp.

17097 Petit Catéchisme à l'usage des royalistes. *Lyon*, Mistral. In-8, 4 pp.

17098 Réponse d'un cultivateur du départ. du Rhône à l'auteur de la *Lettre d'un Français au roi*, par P*** (PASSERON). *Paris*, Dondey-Dupré. s. d. In-8, 14 pp.

17099 Apologie des catholiques qui ont refusé de prier pour Buonaparte comme empereur des Français. *Lyon*, Barret, 1815. In-8, 48 pp.

17100 Moyens sûrs d'acquitter promptement et avec avantage les dettes de la France, par R.... (REVERDY) de Lyon. *Paris*, Audin, 1816. In-8, 102 pp.

17101 Les Précurseurs de l'Ante-Christ, histoire prophétique....., ou la Révolution française prédite par S. Jean l'évangéliste.... (Par Jean WENDEL-WURTZ). Cinquième édition. *Lyon*, Rusand, 1816. In-8, demi-rel., dos bas.

17102 Catéchisme anti-révolutionnaire. *Lyon*, impr. de Rusand, 1829. In-18, 36 pp.

17103 Les Principes de la République, lettre d'un prolétaire sur l'Association du Progrès. *Signé* : Maître JACQUES. Boiron, éditeur. Impr. Léon Boitel. s. d. (183.). In-8, 8 pp.

17104 Droits des Français, à tous les citoyens. *Lyon*, Brunet, 1830. s. n. d'auteur. In-8, 8 pp.

17105 Détails sur l'expédition, l'assaut et la prise de Constantine ; par un témoin oculaire , membre de la Commission scientifique de l'expédition française. *Lyon*, Gabriel Rossary, 1838. In-8, 35 pp.

17106 Statuts des Républicains de 1834 , présentés à la République de 1848. s. n. d'auteur. *Lyon*, Chanoine, 1848. In-8.

17107 La Raison du peuple : Liberté , Egalité , Fraternité. 1848. Des presses de Léon Boitel. In-32 , 16 pp.

17108 Le Terme moyen républicain , ou Plan général de ce que doit être la République de 1848 , par A. E....ux. *Lyon* , 1848. In-8, 38 pp.

17109 Républicanisme et Fouriérisme. 1843-1848. (Avant et Après, ou Manuel des variations républicaines du Fouriérisme). Extrait du *Censeur* du 30 mars 1848. *Lyon*, Boursy fils. In-8, 8 pp.

17110 Dieu et le Peuple , ou le parfait Républicain. (Par une républicaine (*sic*) lyonnaise). *Lyon* , Guyot. In-8, 15 pp.

17111 Vie et mort de Monseigneur Affre...., par un catholique lyonnais. *Lyon* , 1848. In-12 , 80 pp.

17112 L'Incertitude , état actuel des esprits en France. Besoin de liberté, cause première des révolutions ; par H.-L. D. , ancien ouvrier. *La Croix-Rousse*, Lépagnez, 1850. In-8, 32 pp.

Poètes.

17113 Loterie galante, étrennes aux amants. *Lyon* , veuve Reguilliat, M.DCC.LXXVIII. Deux parties en un volume in-12.

17114 La Guirlande de roses, dédiée aux dames lyonnaises. *Lyon*, Aug. Baron , 1850. In-12 , demi-rel. v.

17115 Recueil de chansons nationales. Sans nom d'auteur. *Lyon* , Boursy. In-12 , 24 pp.

17116 Mosaïque poétique (auteurs lyonnais). *Paris* , 1834. In-12.

A.

17117 Aneau (Barthélemi). Décades de la description , forme et vertu naturelle des animaulx , tant raisonnables que brutz. (Par Barthélemi ANEAU pour le premier livre, et par Guillaume GUEROULT pour le second). A *Lyon*, par Balthazar Arnoullet , 1549. In-8, fig., mar. vert , doublé mar. rouge à comp., fil., tr. d.

17118 — Imagination poétique, traducte en vers françois des Latins et Grecs par l'auteur mesme d'iceux (Barth. ANEAU). A *Lyon*, par Macé Bonhomme, 1552. Pet. in-8, v. f., fil., tr. d., fig. de Salomon BERNARD.

17119 Arandas (George) (pseudonyme d'Hum-

bert Ferrand, de Belley). Le Serment du Grutly. *Lyon* , Léon Boitel , 1836. In-8 , 8 pp.

B.

17120 Bard (Joseph). Le Choléra-morbus. *Paris et Lyon*, Babeuf, 1832. In-8, 4 pp.

17121 — Chants du Midi, consacrés aux amis de l'art en province (particulièrement dans les contrées burgundo-lyonnaises) ; par Joseph BARD. *Lyon* , 1843. In-12, mar. r., fil., tr. d. [Closs.]

17122 Barret (Nicolas). Une Journée. Chant triomphal pour les fêtes solennelles de la grande armée , latin et français. *Lyon* , 1806. In-8 , 46 pp.

17123 — Les Polonais , épisode héroïque en vers. *Lyon* , Cusin , 1818. In-8 , 39 pp.

17124 Beaulieu (C.). Fables imitées de La Fontaine, avec changement de morale et vingt fables nouvelles. Deuxième édition, Guyot frères. *Lyon* , *Paris*, 1850. In-8, fig.

17125 Béchard (J.) Ma Profession de foi politique , ou ce que j'aime et ce que je n'aime pas. *Lyon*, 20 mai 1849, Sénocq. In-4. — Le vin et l'amour. *Lyon*, le 3 juin 1849. In-4.

17126 Benech, de Montpellier, maître de langues à Lyon. Les quatre Sapho , héroïde en vers latins par Ovide ; en vers anglais , italiens , français. *Lyon*, Barret, 1773. In-4 , 19 pp.

17127 Benoit (Philippe). Le Bonheur , épître. Janvier 1843. *Lyon*, Léon Boitel. In-8, 24 pp.

17128 Béranger (L.-P.). Portefeuille d'un troubadour, ou Essais poétiques, suivis d'une Lettre à M. Grosley... sur les trouvères et les troubadours. *Marseille* , 1782. In-8 , demi-rel., dos et coins mar. r., non rogné. [Thouvenin.]

17129 — Poésies. *Londres* , 1785. 2 vol. in-18 , mar. bl., fil., tr. d. [H. Duru.]

17130 — Justice et clémence, stances dithyrambiques , dédiées aux incorrigibles. *Marseille*, Dubié. In-8 , 4 pp.

17131 — Oubli et pardon, chanson nouvelle, traduite littéralement du provençal. *Lyon*, Brunet. In-8 , 8 pp.

17132 — La Terreur et les Terroristes, philippiques contre les premières horreurs de la révolution , de 1789 jusqu'au règne du Directoire. *Lyon*, Pelzin , 1814. In-8, 72 pp.

17133 — Poésies de société et de circonstances. *Lyon* , Brunet, 1817. In-8.

17134 Bertholon (César). Serment des juges , satire ; par César B.... *Paris* et *Lyon*, L. Ayné, 1850. In-8, 7 pp.

17135 Berthollon de Pollet. Vers à la mémoire de M. le comte Gabriel de Moyria , de Bourg ; précédés d'une Notice biographique, par M. MILLIET. *Lyon*, Chambet aîné, 1839. In-8, 31 pp.

17136 Bertholon, de Troyes, libraire à Lyon en 1848. La Constitution retournée, ou Histoire de rire ou de pleurer *ad libitum*, parodie en douze chants. *La Guillotière*, Bajat, 1848. In-8, 30 pp.

17137 Billet (Antony-Claudius). Chansons et romances. *Lyon*, Laforgue, 1829. In-8, 123 pp.

17138 Boitel (Léon). Mon Recueil. *Lyon*, Boursy, 1830. In-12.

17139 Borde (J.-A.) Epître à mon ami. *Lyon*, Barret, 1822. In-8, 8 pp.

17140 — Les Muses, ode dédiée à Mlle Mars. *Lyon*, Barret, 1822. In-8, 8 pp.

17141 Boucharlat (J.-L.). Sion, ou les Merveilles de la montagne sainte, poème en trois chants. *Paris*, Didot l'aîné, 1816. In-8, 56 pp.

17142 — Epître à Mathon de Lacour (avec notes par M. BRÉGHOT). *Lyon*, Barret, 1827. In-8, 20 pp.

17143 — L'Ecole polytechnique, discours en vers prononcé le 11 mars 1846. *Paris*, Ducessois. In-8, 8 pp.

17144 — Les Progrès de l'astronomie, poème. *Paris*, Bachelier, 1847. In-8, 20 pp.

17145 Bouthier-Borgard. Adresse à Coligny, soi-disant médecin. In-8, 2 pp.

17146 Bussières (Jean de), jésuite. Les Descriptions poétiques de J. D. B. *Lyon*, J.-B. Devenet, 1649. In-4, v. f., fil., tr. d. [Koehler.]

17147 Butignot (J.-M.). Elégies et odes. *Lyon*, Ballanche, 1815. In-8, pap. vél., bas. porph. dent.

C.

17148 Canat de Chizy. M. CANAT DE CHIZY à son épouse, et quatre autres pièces du même, en prose et en vers. In-8, 8 pp.

17149 Chambeyron (A.-M.-E.). Epître à Lamon sur les moyens de réussir dans l'exercice de la médecine. *Paris*, Didot, 1823. In-8, 16 pp.

17150 Champagne (le citoyen A.). Le Charivari, chanson populaire. s. d., 1849. In-4, 1 p. — *Id.* Ms. in-4, 1 p.

17151 — Les Hongrois, chanson démocratique. s. d. (mai 1849). *La Croix-Rousse*, Lépagnez. In-4, 1 p. — Le Marchand d'habits. 1849, In-4. — Les Montagnards. 1849. In-4. — Le Montagnard, scène démocratique. 1849. In-4. — Le Paradis terrestre. 1849. In-4. — Le Volontaire. 1849. In-4.

17152 Charrin (P.-J.), de Lyon. Le Cimetière de village, imitation libre, en vers français, de l'Elégie anglaise de Gray. *Paris*, 1809. In-8, 12 pp.

17153 Chas (Pierre). Stances patriotiques sur le combat naval du 13 prairial, et le dévouement sublime de l'équipage du vaisseau *le Vengeur*. A *Genis-le-Patriote*, P. Bernard. In-8, 8 pp.

17154 Curez (Léopold). Massacres d'Afrique,

hymne funèbre. *Lyon*, décembre 1839. In-8, 15 pp.

17155 — Dies iræ. Le jour des Morts. *Lyon*, 1840. In-8, 8 pp.

17156 — 13 Juillet 1842. D. O. M. A la mémoire de S. A. R. Monseigneur le duc d'Orléans. *Paris*, 15 juillet 1842. In-8, 8 pp.

17157 — La France indignée! hymne patriotique. *Lyon*, 27 août 1844. In-8, 8 pp.

17158 — Metz et les Princes, souvenirs du camp de la Moselle. Tanger, Isly, Mogador. 15 septembre 1844. *Paris*, *Lyon*. In-8, 16 pp.

17159 — L'Africaine, chant triomphal. 9 octobre 1845. *Lyon*. In-4, 4 pp.

17160 — Fontainebleau. 16 avril 1846. Au roi. *Lyon*, 20 avril 1846. In-8, 8 pp.

17161 — Espagne et France. Hommage à Sa Majesté catholique Dona Isabelle II, reine d'Espagne. *Lyon*, 3 octobre 1846. In-fol.

17162 — Anniversaire. 1842-1847. Souvenir au duc d'Orléans. *La Guillotière*, Bajat. In-fol., 4 pp.

17163 — Anniversaire du quinze août. *Lyon*, 1847. In-16, 7 pp.

17164 — Le Réveil de la France, chant patriotique dédié à la nation. *Lyon*, 27 février 1848. In-8, 8 pp.

17165 — L'Arbre de la Liberté. *Lyon*, 24 mars 1848. In-8, 3 pp.

D.

17166 Desombrages (Henri). La Citoyenne. Musique de J. BERNET. s. d. (mars 1848). *Lyon*, Storck. In-fol.

17167 Dolet (Estienne). Le second Enfer d'Estienne Dolet, natif d'Orléans, qui sont certaines compositions faictes par luy mesme sur la justification de son second emprisonnement. A *Lyon*, 1544. — *Paris*, imprim. de J. Tastu. s. d. Pet. in-8. Réimpression donnée par M. Téchener et tirée à petit nombre, reliée en un volume, avec d'autres opuscules de Dolet, à la suite de sa *Manière de bien traduire*, etc.

17168 Donzel (Fleury). Fables. *Lyon*, 1849. In-8, demi-rel. mar. vert.

17169 Ducroset. La Philocalie du sieur Ducroset, forésien, divisée en quatre livres.... Plus, une églogue qui exprime naïvement les misères de la guerre et la force de l'amour. A *Lyon*, pour Thomas Soubron, 1593. In-16, mar. n., fil., tr. d. [Lefebvre.]

17170 Dupont (Pierre). Chants et poésies. *Paris*, 1851. In-16.

F.

17171 Fouet des Irrois. Chanson en l'honneur des événements de juillet 1830. (Août 1830). Ms. in-4, 2 pp.

G.

17172 Gacon. Le Poëte sans fard , ou Discours satiriques par le sieur G. s. l. ni d. In-8 , v. fauve , tr. d. [Koehler.]

17173 Gaigneu. Le Carquois satyrique, par Antoine GAIGNEU , forésien. s. l. ni d. Pet. in-8, mar. bleu , tr. d., rel. Jans. [Duru.]

17174 Gavand (J.-P.). Deuxième Vendéenne , adressée à M. le comte de Villèle. *Paris*, Lenormant , 1825. In-8 , 16 pp.

17175 Geminiani , de Lyon , prêtre. Poésies sur l'Ecriture sainte et sur plusieurs autres sujets de piété. s. n. d'auteur. *Lyon* , Léonard Plaignard. s. d. (1715). In-8 , 288 pp., bas.

17176 Gerson (J.-Alex.), écolier de rhétorique au collége de Notre-Dame. Ode sur la mort de Marie Lezinska , reine de France ; présentée aux prévôt des marchands et échevins de la ville de Lyon , le 27 août 1768. *Lyon* , Aimé Delaroche , 1768. In-4 , 12 pp.

17177 Girieux. Recueil de poésies fugitives , par Mme la comtesse de G.....x , ancienne chanoinesse du chapitre de N. *Lyon*, Bohaire, 1817. Deux tomes en un vol. in-8 , demi-rel., dos mar. bleu , fil. [Bruyère.]

17178 Gouhenant (L.) et A.-G.Césena. La Maçonnerie à tous les ordres de France. *Lyon*, 1852. In-8 , 23 pp.

17179 Gras (Pierre). Chansons, précédées d'une lettre de BÉRANGER. *Paris, Lyon*, 1849. In-24.

17180 Graudperret (C.-L). Les Grecs , épître à M. Alphonse de Lamartine. *Lyon*, Louis Perrin, 1826. In-8 , 23 pp.

17181 Guarin. La Complaincte et regime de Frãçois GUARIN, marchant de Lyon. (*Paris*, 1495). Pet. in-4, 42 ff. goth., mar. vert , fil., tr. d.

17182 Garin (François). Complainte et enseignements de François GARIN. *Paris* , M DCCC. XXXII. Réimprimé sur l'édition de 1495. Tiré à cent exempl. , n° XXII. In-8 , mar. r., riches ornements sur le plat., tr. d., dos orné [Thouvenin.]

17183 Guillet (Pernette du). Rymes de gentille et vertueuse damè D. Pernette DU GUILLET , lyonnoise. A *Lyon* , par Jean de Tournes ; 1545. Pet. in-8, 79 pp., mar. r. doublé mar. v. à comp., fil., tr. d. [Bauzonnet]. Edition rare ; bel exempl.

17184 — Les Rithmes et poésies de gentile et vertueuse dame D. Pernette DU GUILLET , lyonnoise. Avecq' le Triumphe des Muses sur Amour : et autres nouuelles composicions. A *Paris*, Ieanne de Marnef, 1547. In-16 , mar. bl., doublé du même , fil., tr. d. [Bauzonnet]. Exemplaire précieux , édition de toute rareté.

17185 — Poésies de Pernette DU GUILLET, lyonnaise. *Lyon* , Louis Perrin, 1850. In-8 , v. f., fil.; édition faite sur celle de Jean de Tournes. *Lyon* , 1545. Ce volume publié par les soins de M. C. BRÉGHOT DU LUT, précédé d'une No-

tice sur Pernette du Guillet , extraite des *Vies des poètes français* par Guillaume Colletet (inédite jusqu'à ce jour, et accompagnée de notes et d'un glossaire) , a été tiré à cent exempl. numérotés. L'exemplaire porte le n° 39.

17186 — Poésies de Pernette DU GUILLET, lyonnaise. *Lyon*, Louis Perrin, imprimeur, grande rue Mercière, 1850. In-8 , pap. jaune , mar. v., fil., tr. d. [Bauzonnel]. Exemplaire portant le n° 21.

17187 — Poésies de Pernette DU GUILLET , lyonnaise. *Lyon*, Louis Perrin, 1850. In-8 , grand pap., mar. v., fil., tr. d. [Koehler]. Exemplaire orné d'un lavis de M. P. Revoil , représentant Pernette du Guillet écrivant ses poésies.

17188 Poésies de Pernette DU GUILLET , lyonnaise. *Lyon* , Louis Perrin , 1850. Gr. in-8, mar. vert, fil., tr. d., armes sur le plat. [Duru.]

H.

17189 Hébrard (Claudius). Heures poétiques et morales de l'ouvrier. *Paris*, 1844. In-12.

I.

17190 Idt. Traduction en vers françois des distiques de Muret. s. n. d'imprimeur , s. d. (182.?). In-8 , 8 pp.

J.

17191 Jannot (Philippe). Poésies. *Bourg*, Bottier, 1834. In-8 , 87 pp.

K.

17192 Kauffmann (Sébastien). France et Pologne. s. d. (183.) , s. n. d'imprimeur. In-8, 6 pp.

L.

17193 Euures de Louise LABÉ, lionnoize. A *Lion*, par Ian de Tournes , M.D.LV, avec privilége du roy. A la fin : Acheué d'imprimer ce 12 aoust M.D.LV. Pet. in-8 de 175 pp. , lettres italiques pour la poésie , caractère romain pour la prose, mar. r., fil., tr. d. [Bauzonnet]. Frontispice dans un encadrement gravé sur bois ; édition rare et précieuse , la première des œuvres de Louise Labé ; exemplaire d'une belle conservation.

17194 Euures de Louize LABÉ, lionnoize. Reuues et corrigées par ladite dame. A *Lion*, par Ian de Tournes , 1556. Pet. in-8 , mar. r., fil., tr. d. Les fautes de la première édition ont été corrigées dans celle-ci ; elle a un joli fleuron qui n'existe pas dans l'édition précédente.

Elle a de moins l'Ode grecque qui se retrouve dans les éditions de 1702 et de 1815.

17195 Euures de Louize LABÉ, lionnoize. *Lion*, Jan. de Tournes, M.D.LVI. In-16, mar. jaune, doublé de mar. bleu, tr. d., fil. [Bauzonnet]. Cette édition diffère du numéro précédent, de la même année. Le format est plus petit, et il n'y a pas de pagination.

17196 Euvres de Loyse LABÉ, lionnoise. Du Débat de Folie et d'Amour (*sic*). A *Roüen*, par Ian Garou, 1556. In-16, 87 ff. mar. bl. doublé mar. r. à compartiments, fil.,tr. d. [Bauzonnet]. Bel exemplaire d'une édition rare et difficile à rencontrer.

17197 Œuvres de Louise CHARLY, lyonnoise, dite Labé, surnommée la belle Cordière. *Lyon*, frères Duplain, 1762. In-8, v. f., fil.; jolie édition, avec des recherches sur Louise Labé, attribuées (peut-être à tort) à M. DE RUOLZ. — Autre exempl., veau fauve, plus grand de marges, et portant sur la couverture : *Ex libris Ad. Jos. Havé*.

17198 Œuvres de Louise CHARLY, lyonnoise, dite Labé, surnommée la belle Cordière. *Lyon*, chez les frères Duplain, M DCC.LXII. In-8. Notes mstes en marge, mar. bleu doublé de mar. orange, dos orné, légère dentelle sur les plats et la doublure, tr. d., fig. [Duru]. A la suite on trouve : Meygra entreprisa....

17199 Œuvres de Louise CHARLY, lyonnoise, dite Labé, surnommée la belle Cordière. *Lyon*, Duplain, 1762. In-12, figure et vignettes tirées en bleu, mar. bl., doublé de mar. orange à compartiments ; reliure à la Rose, fil., tr. d. [Duru.]

17200 Euures de Louize LABÉ, lionnoise, surnommee la belle Cordiere. A *Brest*, de l'imprimerie de Michel, 1815. In-8, mar. j., fil., tête dorée, non r. Tiré à 140 exemplaires.

17201 Euvres de Louize LABÉ, lionnoise (avec notes et glossaire par M. BRÉGHOT DU LUT). A *Lion*, par Durand et Perrin, 1824. In-8 sur pap. vélin, avec un portrait de Louise Labé par H. REVERCHON, mar. r., fil., gaufr., tr. d., dos orné. [Dauphin]. Cette édition a été publiée aux frais d'un certain nombre de souscripteurs.

17202 Euvres de Louize LABÉ, lionnoise. A *Lion*, par Durand et Perrin, 1824. In-8, grand pap., demi-rel. mar. r. Exemplaire orné d'un portrait de Louise Labé par M. SERRUR, et d'un lavis de M. REVOIL, représentant Louise Labé écrivant ses poésies que lui dicte l'Amour.

17203 Euvres de Louize LABÉ, lionnoize. A *Lion*, par Durand et Perrin, 1824. In 8 sur pap. jaune, mar. bl., fil., comp., tr. d. [Simier.]

17204 Euvres de Louize LABÉ, lionnoize. A *Lion*, par Durand et Perrin, 1824. In-8, pap. de Chine, demi-rel., mar. viol. [Dauphin.]

17205 Euvres de Louize LABÉ, lionnoise. A *Lion*, par Durand et Perrin, 1824. In-8, demi-rel., dos et coins mar. r. [Koehler].

Exemplaire accompagné des pièces suivantes reliées à la suite : Note pour servir de supplément au Commentaire sur les œuvres de Louise Labé (par M. BRÉGHOT DU LUT). *Lyon*, J.-M. Barret, 1830. — Testament de Louise Labé (publié par le même). *Lyon*, J.-M. Barret (1825). — Notice sur la rue Belle-Cordière, à Lyon, contenant quelques renseignements biographiques sur Louise Labé et Charles Bordes (par le même). *Lyon*, J.-M. Barret, 1828.— Et quatre articles de journaux sur les *Œuvres de L.-Labé*, par MM. CHEVALIER-VICTOR, DUGAS-MONTBEL, C.-N. AMANTON et A. DE LABOUISSE.

17206 Œuvres de Louise LABÉ, lyonnaise; édition publiée par Léon Boitel. *Lyon*, Savy, M.D.CCC.XLV. (Tiré à 200 exemplaires). In-12. Exempl. unique sur pap. de Holl., demi-rel., dos et coins mar. vert, tête dorée, non rogné. [Koehler.]

17207 Œuvres de Louise LABÉ, lyonnaise; édition publiée par Léon Boitel. *Lyon*, Savy, M.D CCC.XLV. In-12, pap. chamois, mar. vert, doubles fil., tr. d. [Bauzonnet.]

17208 — Notice sur la rue Belle-Cordière, à Lyon, contenant quelques renseignements biographiques sur Louise Labé et Charles Bordes. (Par M. BRÉGHOT DU LUT). *Lyon*, Barret, 1828. In-8.

17209 Lacordaire (Auguste). Les derniers Cris d'un Français. 1re satire. 14 février 1848. *Lyon*, veuve Ayné. In-8, 8 pp.

17210 Laprade (Victor de). Les Parfums de Magdeleine, poème. *Lyon*, Léon Boitel, 1839. In-8, 26 pp.

17211 — La Colère de Jésus, poème. *Lyon*, Léon Boitel, 1840. In-8, 20 pp.

17212 — Psyché. *Paris*, 1841. In-12.

17213 — Odes et poèmes. *Paris*, 1844. In-12.

17214 — L'Age nouveau, poème. *Lyon*, Léon Boitel, 1847. In-8, 23 pp.

17215 — La Tentation, poème. *Lyon*, Léon Boitel, 1848. In-8, 48 pp.

17216 — Poèmes évangéliques. *Paris*, 1852. In-12.

17217 Lépagnez (Ariste). Bulletin poétique, 1re livraison, ou Prospectus intitulé : *Mes premiers vers*. *Lyon*, Rossary, s. d. In-8, 8 pp. — 2e livraison, octobre 1852. In-8, 16 pp.

17218 Levol (Florimond). La Mission du poète; Gutenberg. Poèmes. *Lyon*, 1847. In-8.

M.

17219 Maignaud (Pierre-Edouard). Quelques pièces extraites de mon porte-feuille, etc. *Lyon*, Chambet, 1817. In-8, 32 pp.

17220 Mandelot. Loisirs champêtres, ou Recueil de poésies fugitives ; par Mme DE MANDELOT, née Ste-Croix. *Lyon*, J.-F. Rolland, 1811. In-8, demi-rel., dos et coins mar. bl.

17221 Massas (Charles). La Grèce moderne, messénienne. *Paris* et *Lyon*, Louis Perrin, 1826. In-8, 15 pp.

17222 Mermet (Claude). Le temps passé de Claude Mermet, de Sainct-Rambert, en Savoye; contenant le Bon droict des femmes, la Pierre de touche du vray amy, la Consolation des mal mariez. De nouveau augmenté de la Lamentation de la vieille remariée, de l'Aduis de mariage, et autres poëmes sentencieux et recreatifs. Reueu et corrigé par l'auteur mesme. A *Lyon*, par Basile Bouquet, 1585. Pet. in-8, mar. n., fil. comp., tr. dr. [Bauzonnet.]

17223 Michel, d'Avignon, écolier de rhétorique et de l'Académie du collège de l'Oratoire de Lyon. La Peinture, poëme couronné aux Jeux floraux le 3 mai 1767. *Lyon*, Aimé Delaroche, M.DCC.LXVII. In-12, fig.

17224 Monavon (Gabriel). A Mlle Déjazet ; couplets. *Lyon*, Léon Boitel. s. d. (1846). In-8, 4 pp.

17225 Montherot (de). Mémoires poétiques. *Paris*, 1833. In-8.

17226 — Recueil factice de pièces sous les pseudonymes de : Boniface, Baliveau, Balthazar, etc. In-8, mar. viol., tr. d. [Relié par M. de Montherot.]

17227 Montperlier (J.-A.-M.). Poëmes et poésies fugitives. *Lyon*, Chambet, 1812. In-18, cart. à la Bradel.

17228 Morel de Voleine. Les Délices de la campagne, épître à M. le chevalier D. R. Par le sieur DES GUÉNARDES (M. MOREL DE VOLEINE). A *Lyon* sur le Rhosne, cɪɔ ɪɔCCCL. Tiré à deux douzaines d'exemplaires. In-8, 15 pp.

17229 Morin (C.-M.). Gênes sauvée, ou le Passage du mont St-Bernard, poëme en quatre chants, avec des notes historiques. *Paris*. Giguet et Michaud, 1809. In-8, bas. porph. dent.

17230 Moyria (Gabriel de). Esquisses poétiques du département de l'Ain, avec une Notice par M. Ad. POMMIER LA COMBE. *Bourg*, Dufour. 1841. Gr. in-8, portrait, demi-rel., dos et coins mar. vert [Koehler.]

O.

17231 Olivier (P.). Belley et ses environs, poème en quatorze tableaux. Printemps de 1844. *La Croix-Rousse*, Lépagnez. 1844. In-12, 71 pp.

17232 Orsel (Jacques). Apologues. *Lyon*, Babeuf, 1834. In-12, pap. vél.

P.

17233 Paradin (Jean). Micropaedie de Ian Parradin de Louhans. Le contenu est en la page suyuante. *Paris*, Estienne Groulleau, 1547. In-16, mar. j., fil., tr. d. [Bauzonnet.]

17234 Perachon, avocat. Remerciment au roy; poème contenant un éloge historique de S. M. *Paris*, Cramoisy, 1689. In-fol., 51 pp.

17235 Perenon (L.-M.). Le Sacre de Charles X, ou la France régénérée. *Lyon*, Brunet, 29 mai 1825. In-8, 5 pp.

17236 — Plaidoyer politique d'un vrai patriote lyonnais, en vers avec notes très curieuses, tel qu'il a été lu à la Cour d'assises de Riom le 26 novembre 1832. *Lyon*, J. Perret, 1833. In-8, 32 pp.

17237 Péricaud aîné (Antoine). Essai sur Martial, ou Epigrammes choisies de ce poète, imitées en vers français; suivies de quelques autres pièces. L'an de Rome MM.C.LXIX. In 8, 24 pp.; tiré à 25 exemplaires.

17238 Perret (J.-C.). OEuvres et pièces patriotiques en vers. *Lyon*, Jérôme Perret, 1833. In-8, demi-rel., bas. v.

17239 — Recueil de chansons patriotiques, morales et satyriques, par J.-C. PERRET (de Mont-Revel). *La Croix-Rousse*, Lépagnez, 1843. In-16.

17240 Perrin fils aîné, tisseur. Temps perdu, essai poétique d'un canut. *Falaise*, Jullien, 1853. In-12, 40 pp.

17241 Petit (Marc-Antoine). Onan, ou le Tombeau du Mont-Cindre; fait historique. *Lyon*, 1809. In-8, pap. vél.

17242 Ponchon (F.). Eulalie, ou les quatre Ages de la femme, poème. *Paris*, Rosa, 1815. In-8, cart. à la Bradel, non rogné.

R.

17243 Randon (G.). Tout va bien; à-propos électoral. Mai 1849. Paroles et dessins par G. RANDON. Lith. Naegelin. In-fol.

17244 Richard. Les amours de Didon. *Lyon*, 1788. In-8.

17245 Rigollier. Epître à M. l'abbé de C.... (Castillon) à son retour d'Anduze. s. d. (177.?). In-8, 4 pp.

17246 Rollet (le citoyen). Recueil de poésies démocratiques et sociales. 1849. In-8, 36 pp.

17247 Rossand (J.-H.). Fables en quatrains. *Lons-le-Saulnier*, Gauthier, 1823. In-18, demi-rel. veau vert.

17248 — Fables en quatrains; 3e édition. *Bourg*, Dufour, M.D.CCC.XXVI. In-12, 70 pp.

17249 — Fables en quatrains; nouvelle édition. *Bourg*, A. Pelliat, 1837. In-12, 72 pp., fig.

17250 — Les Coups de fouet, épigrammes contre le citoyen comte Abel de M.... *Lyon*, 1839. In-12, 77 pp.

17251 — Les Coups de fouet, épigrammes contre le citoyen comte Abel de M...., rédacteur de la *Revue* et du *Patriote de l'Ain. Lyon*, 1841. In 12, 160 pp.

17252 Rousset (Alexis). Fables. *Lyon*, Léon Boitel, 1848. In-8, demi-rel. mar. vert.

17253 Roussillac (Amédée de). De Profundis, chanson, pour le second anniversaire des 27, 28 et 29 juillet 1830. *Lyon*, 1832. In-8, 6 pp.

s.

17254 Saix (Ant. du). L'Esperon de discipline, pour inciter les humains aux bonnes lettres, etc. 1532, sans lieu d'impression. In-4, mar. bl. à compartiments, imitant les reliures à la Grolier, tr. d. [Niédrée.]

17255 — Petitz fatras dung apprentis, surnommé Lesperonnier de discipline (par DU SAIX). 1537. On les vend à *Paris* chez Simon de Colines, au Soleil d'or, rue St-Iehan de Beauluais. In-8, mar. r., tr. d. [Bauzonnet.]

17256 — Petis fatras dung apprentis, surnommé Lesperonnier de discipline (Antoine DU SAIX). Sans lieu, 1537. Pet. in-8, mar. bl., fil. comp., tr. d. [Simier.]

17257 — Lesperon de discipline, pour inciter les humains aux bonnes lettres, stimuler à doctrine, animer à science, inviter à toutes bonnes œuvres vertueuses et morales, lourdement forgé et rudement limé par noble homme frere Antoine DU SAIX, commandeur de Sainct-Antoine de Bourg en Bresse. *Paris*, Denys Janot, 1539. In-16, mar. bl., fil. comp., tr. d.

17258 — Marquetis de pièces diverses assemblées par messire Antoine DU SAIX, abbé de Cheisery, commendeur de Bourg. A *Lyon*, par Jean d'Ogerolles, 1559. Pet. in-8, mar. bl., doublé mar. j., fil., tr. d. [Bauzonnet.]

17259 Sassi fils. Le Retour des Bourbons, poème qui a obtenu l'accessit du prix de poésie, décerné par l'Académie royale de Lyon. *Lyon*, Chambet, 1815. In-8, 8 pp.

17260 Scéve (Maurice). Delie. Obiect de plus haulte vertu. A *Lyon*, chez Sulpice Sabon, pour Antoine Constantin, 1544. Pet. in-8 mar. v., fil. à comp., tr. d. [Bauzonnet.]

17261 — Delie. Obiect de plus haulte vertu. A *Lyon*, chez Sulpice Sabon, pour Antoine Constantin, 1544. Pet. in-8, mar. v., fil., arm., tr. d.

17262 — Delie. Obiect de plus haulte vertu. *Paris*, Vincent Norment et Ieanne Bruneau, 1564. In-16, mar. v., fil. à comp., tr. d. [Bauzonnet.]

17263 — Saulsaye. Eglogue de la vie solitaire. A *Lyon*, par Jean de Tournes, 1547. In-8, mar. br., fil., gaufré en noir et r. et or, doublé de moire, tr. d.

17264 — Saulsaye. Eglogue de la vie solitaire. A *Lyon*, par Iean de Tournes, 1547. Pet. in-8, demi-rel., dos et coins de mar. vert. [Thouvenin]. Réimpression figurée donnée en 1829 par M. Pontier, d'Aix.

17265 — Microcosme. A *Lion*, par Ian de

Tournes, 1562. Pet. in-4, mar. vert, fil., tr. d. [Bauzonnet.]

17266 Servan de Sugny (Edouard). Gerbe littéraire. *Paris*, 1842. Gr. in-8, 663 pp.

17267 — Une Résurrection. A Jean-Claude Romand, forçat libéré réhabilité; suivie de Mon Baptême; avec un portrait de Romand. *Paris, Lyon*, veuve Ayné, 1847. In-8, 32 pp.

17268 Sobry (J.-F.). Cantate patriotique. s. d. (1795). In-8, 16 pp.

17269 — Hymne pour la fête de la Vieillesse (suivi des Hymnes pour le renouvellement de l'année républicaine et pour la fête de la Naissance). s. l. ni d. In-8, 4 pp.

17270 — Te Deum républicain. An VII. In-8, 8 pp.

17271 Soulary (Joséphin). Le Chemin de fer, ballade. *Lyon*, veuve Ayné, 1841. In-8, 16 pp.

17272 — Ephémères, poésies. *Lyon*, Rey, 1847. In-8, 64 pp.

T.

17273 Taillemont (de). La Tricarite. Plus quelques Chants en faveur de pluzieurs damoëzelles. Par C. DE TAILLEMONT, lyonnos. A *Lyon*, par Iean Temporal, 1556. Pet. in-8, mar. marr., fil., tr. d. [Thouvenin.]

17274 Targe (Pierre), sous le pseudonyme de Roquille. Les Victimes et le Dévouement, narration en vers de la fin tragique de trente-deux mineurs dans un puits de l'exploitation de l'Ile-d'Elbe, à Rive-de-Gier, foudroyés par le gaz hydrogène le 29 octobre 1840; par Guillaume ROQUILLE. A *Rive-de-Gier*, chez l'auteur, ferblantier, rue Paluy (1840). *Lyon*, Louis Perrin. In-8, 24 pp.

17275 Tayssonnière (Guillaume de la). Les amoureuses ocupations (*sic*) de Guillaume DE LA TAYSSONNIÈRE, D. DE CHANEIN, à scavoir strambotz, sonetz, chantz et odes liriques. A *Lyon*, par Guillaume Roville, 1555. Pet. in-8, mar. r., fil., tr. d.

17276 Terrier. Stances sur la prise d'Alger, précédées d'une Epître à la Muse de la Seine, et suivies d'une imitation en vers de deux odes d'Horace. *Lyon*, 1830. In-8, 8 pp.

17277 Trimolet (Anthelme). La Mode au pays des beaux-arts. Août 1846. *Lyon*, Léon Boitel. In-18. — La Pochade et le Rendu. Septembre 1848. *Lyon*, Léon Boitel. In-18.

U.

17278 Urfé (Anne d'). Le premier livre des Hymnes de Messire Anne d'Urfé, conseillier du roy en son Conseil d'Estat, comte de l'Eglise de Lyon, prieur et seigneur de Mont-Verdun, et doyen de Montbrison; contenant cinq hymnes, à sçavoir: Du Sainct-Sacrement de l'autel.

De l'honneste Amour; des Anges ; de la Vertu; de saincte Suzanne. *Lyon*, Pierre Rigaud , 1608. Pet. in–4, v. f., fil., tr. d. [Koehler.]

17279 — Poètes anciens de la province : Anne d'Urfé et Milton. (Appréciation). Par Auguste BERNARD. 1843. In-8 , 29 pp.

17280 Urfé (Honoré d'). Le Sireine de Messire Honoré D'URFÉ , gentilhomme ordinaire de la chambre du roi, capitaine de cinquante hommes d'armes de ses ordonnances , comte de Chasteau-Neuf , baron de Chasteau-Morand , etc. *Paris*, Toussainct du Bray , 1611. Pet. in-8 , v. f., fil., tr. d. [Koehler.]

V.

17281 Vasselier. Vers sur la paix , lus dans la séance de l'Académie de Lyon le 6 mai 1783. In-8 , 7 pp.

17282 — Réflexions sur les ennuis de la vie. 7 décembre 1784. In-8 , 7 pp.

17283 — Epître lue à la séance publique de l'Académie de Lyon , du 24 avril 1787. In-8, 8 pp.

17284 — Epître à un jeune poète. 2 décembre 1788. *Lyon*. In-8 , 7 pp.

17285 Verdier (Antoine du). Les Omonimes, satire des mœurs corrompues de ce siècle ; par Antoine DU VERDIER , homme d'armes de la compagnie de Monsieur le Seneschal de Lyon. A *Lyon*, par Antoine Gryphius , 1572. Pet. in-4, mar. bl., fil., tr. d. [Koehler.]

17286 Vidal (Antonin), pseudonyme d'Aimé Vingtrinier. Mazagran , poème. *Paris*, Schwartz et Gagnot , 1841. In-8 , 23 pp.

17287 Villefranche (l'abbé J.-M.). Fables. *Paris*, Dentu, (*Lyon*, Aimé Vingtrinier), 1853. In-12.

17288 Vingtrinier (Aimé). Les Bugésiennes , poésies. *Lyon*, Chambet aîné, (Léon Boitel), 1848. In-32, demi-rel., dos et coins mar. bl., tête dorée , pap. hol. [Capé]. Exemplaire tiré sur pap. hol. pour M. Coste.

17289 — Les Voyageuses. *Lyon*, Chambet aîné, 1848, (Léon Boitel). In-32, demi-rel., dos et coins mar. bl., tête dorée , pap. hol. [Capé]. Exemplaire tiré sur pap. hol. pour M. Coste.

17290 Viviand-Bellerive (H.). La Machine infernale, ou les nouveaux forfaits de l'anarchie. Ode à Bonaparte. *Paris*, an IX (1801). In-8, 23 pp.

17291 — Les Pyramides d'Egypte , ode au premier Consul , suivie de quelques pièces fugitives. *Paris*, an IX (1801). In-8 , 18 pp.

17292 — Le Triomphe de la paix , ode à Bonaparte et Moreau. *Paris*, an IX (1801). In-8 , 17 pp.

Anonymes.

17293 Cantique spirituel, sur l'air : *Au nom des cloches sonnant pour les morts*. Chanté par Jean-Pierre Bouillon , réveil-matin de la ville de Lyon, concierge de la chapelle de St-Roch, demeurant à la Quarantaine. 1 feuillet ms. de la main de M. COGHARD. Le dernier couplet n'est que commencé ; le reste se trouve au-dessous du titre de la copie de la *Chevauchée de l'asne de* 1566.

17294 Chanson sur la naissance de Mgr le Dauphin. *Lyon*, 7 septembre 1729, Barret. In-4, 4 p.

17295 Chanson sur la naissance de Mgr le duc d'Anjou, né à Versailles le 30 août 1730. *Lyon*, Barret , 1730. In-4.

17296 Louis XV, poème. *Lyon*, Delaroche, 1744. In-8 , 20 pp.

17297 Ode maçonnique, par le F∴ Cl...., membre de la L∴ de la Bienveillance, à l'Or∴ de Lyon. s. d. (178.?). In-8 , 4 pp.

17298 Blanc-Blanc , ou le Chat de Mademoiselle Cliton : à M. l'abbé G*** ; poème héroï-comique , divisé en IV chants. *Lyon*, 1780. In-8 , 23 pp.

17299 Dialogue en vers entre Pomperdis , philosophe , et Prémonval, athée. *Vienne*, Vedeilhié , 1781. In-8 , 16 pp.

17300 Un Diable est sorti d'enfer, etc. (Chanson sur les corps de métiers). *Lyon*, 1783. In-8 , 2 pp.

17301 Discours en vers , à l'occasion de l'Assemblée des notables , en 1787. *Lyon*, 1787. In-8 , 8 pp.

17302 La Profession de foi du bon Français, poésie. s. d. (1789 ?). In-fol.

17303 La France sauvée , poème , par M*** , prêtre et électeur du départ. de Rhône-et-Loire. In-8 , 10 pp.

17304 La Colère de Pernolet. In-8 , 3 pp. Satire en vers contre M. Pernolet , capitaine de la garde nationale de Lyon.

17305 Poème patriotique au grand Lafayette. *Lyon* , Barret , 1790. In-8 , 8 pp.

17306 Dialogue entre Louis XVI et ceux des évêques , etc., qui sont opposés aux décrets de l'Assemblée nationale ; par un citoyen curé. *Lyon*, 1791. In-8 , 16 pp.

17307 La Raison , poème dédié au peuple ; par l'orphelin du Doubs. *Commune-Affranchie*, Roger. In-8 , 15 pp.

17308 Cantate pour la paix continentale , mise en musique par le citoyen COIGNET ; avec la Danse française. s. n. d'auteur. *Lyon*, Thomas. In-8 , 4 pp.

17309 Siècle (le) des lumières , épître. *Lyon*, Chambet (180.?). In-8 , 16 pp.

17310 Réflexions sur le prix assuré de la vertu religieuse , par un élève de St-Sulpice. *Lyon*, Barret. s. d. Avec la suite. In-8, 12 et 15 pp.

17311 Voyage à la Grande-Chartreuse. *Grenoble*, Baratier. s. d. (18..??). In-8 , 5 pp.

17312 Epître à mes amis sur l'emploi du temps, par J.-A.-M. M. *Lyon*, Maucherat , 1809. In-8 , 16 pp.

17313 Ode sur l'heureux retour des Bourbons, par M. R***, de la garde urbaine à cheval. In-12, 3 pp.

17314 Chansons (pour la fête du roi), à Lyon. (181.?). In-8, 8 pp.

17315 Odes au roi sur la bonté, etc., qui ont inspiré le discours prononcé par S. M. à l'ouverture de la session de 1816. *Lyon*, Kindelem, 1817. In-8, 32 pp.

17316 La Politique, épître. *Lyon*, Chambet fils, 1827. In-8, 12 pp.

17317 La Démagogie en voyage, poème en un seul chant; suivi d'une Epître à M. Michaud, académicien. Par Jean BOUCHE-D'OR. *Paris*, 1830. In-8, 15 pp., fig.

17318 Parodie ou Pot-pourri (sur les Ordonnances de Charles X, en 1830). *Lyon*, Idt. In-8, 8 pp.

17319 Anniversaire des trois mémorables Journées de Paris. s. d. (1831?). *Lyon*, André Idt. In-8.

17320 Juste Adresse à Talleyrand et à ses nombreux détracteurs... s. d. (183.). In-8.

17321 Guerre aux Jésuites, par B. L. D. s. d. (183.). *Lyon*, André Idt. In-8.

17322 Signalement (en vers). s. d. In-4. Satire violente.

17323 Odes. Première et deuxième Philippiques. *Sans nom de ville et sans date*. In-8, 8 pp.

17324 L'Honneur français. *Lyon*, Boursy. s. d. In-8, 8 pp.

17325 Préceptes pour la première Enfance, par Mme C. M. *Lyon*, Perisse frères, 1837. In-8, demi-rel., dos et coins mar. bleu, fil., tête dorée. [Koehler]. Gr. papier.

17326 Hymne israélite à Pie IX. *Lyon*, Senocq. In-4, avec musique.

17327 Les Grenouilles qui demandent un roi. *Lyon*, Clappié. In-4.

Poésies en patois, Noëls.

17328 La grand Bible des Noelz tant vieux que nouveaux, composez de plusieurs autheurs. A *Lyon*, par Benoît Rigaud. s. d. In-16, mar. du Levant, doubles fil., fleurons sur le plat, tr. d., dos orné. [Bauzonnet.]

17329 Recueil de Noels nouveaux, mis avec les plus beaux airs. *Lyon*, Placide Jacquenod. s. d. In-12.

17330 La Fleur des Noels nouveaux. s. l. et s. d. In-12.

17331 Chansons spirituelles et autres poésies dédiées à la naissance de Jésus-Christ et à sa gloire, par le plus indigne de ses serviteurs. *Lyon*, chez Antoine Molin, M.DC.LIII. In-8, mar. vert, fil., tr. d. [Koehler.]

17332 Noel en patois lionois, fait en l'année

1741 (suivi de quelques autres chansons). Ms. pet. in-18.

17333 Recueil des Noels vieux. *Lyon*, 1746. In-12.

17334 Noels nouveaux pour le peuple, par un vendangeur. *Lyon*, Aymé Delaroche (1750). In-12.

17335 La Fleur des Noels nouveaux. *Lyon*, 1751. In-12.

17336 Recueil de Noels nouveaux sur la naissance de Notre-Seigneur Jésus-Christ. *Lyon*, Jean-Denis Juttet, 1752. In-12.

17337 La Fleur des Noels nouveaux sur la naissance de Notre-Seigneur Jésus-Christ. *Lyon*, Jean-Denis Juttet, 1752. In-12.

17338 Recueil de Noels nouveaux. *Lyon*, 1755. In-12.

17339 Cantique sur la naissance de Notre-Seigneur Jésus-Christ. (*Lyon*, 1757). In-12.

17340 La Republiqua, chanson dedià oux agricuteux. Air : *Dansons la Carmagnole*. 15 mars 1848. *Signé* : On Paysan. In-4, 1 p.

17341 Collection complète des Œuvres de Messire Jean Chapelon, prêtre sociétaire de St-Etienne, avec l'Abrégé historique de sa vie, recueillies et publiées par Mre E. C.., prêtre, docteur en théologie, sociétaire de Notre-Dame de Saint-Etienne. A *St-Etienne*, chez l'éditeur et Devers, 1779. In-8, demi-rel. v. [Thouvenin.]

17342 Targé, sous le pseudonyme de Roquille. Ballon d'essai d'un jeune poète forézien, ou Recueil de quelques pièces de vers en patois du Forez; par Guillaume ROQUILLE, de Rive-de-Gier. *Rive-de-Gier*, Magissol (183.?). In-12, 56 pp.

17343 — Breyou et so disciplo, poemo burlesquo in sie chanto et in vars patois, par Guillaumo ROQUILLI. Var de Gi (Rive-de-Gier), 1836. In-12.

17344 — La Ménagerie ou le grand Combat d'animaux, poème burlesque et allégorique (en patois de Rive-de-Gier). *Lyon*, Nourtier, 1843. In-8, 23 pp.

17345 Ballet, en langage forézien, de trois bergers et trois bergères se gaussant des amoureux qui nomment leurs maîtresses : leur doux souvenir, leur belle pensée, leur lis, leur rose, leur œillet, etc. *Sans nom de ville et sans date*. Pet. in-8. Très rare exemplaire de Ch. Nodier.

17346 Noels bressands pour les paroisses circonvoisines de Pont-de-Vaux, en langage du pays. *Lyon*, Benoist Vignieu (1686). In-16 mar. v., fil., tr. d. [Koehler.]

17347 Noels bressands. Nouvelle édition, considérablement augmentée et plus correcte que les précédentes. A *Pont-de-Vaux*, chez J.-P. Moiroud, imprimeur, 1797. In-12, demi-rel., dos et coins mar. vert. — Autre ex. mar. vert, tr. d., janséniste [Duru.]

17348 Noels bressans sur la naissance de N.-S.

Jésus-Christ. Édition corrigée et augmentée. A *Bourg*, chez P.-F. Bottier, 1814. In-12, 47 pp.

17349 Les Noels bressans de Bourg, de Pont-de-Vaux et des paroisses voisines, augmentés de plusieurs couplets inédits; suivis de six Noels bugistes, de trois anciens Noels français et des airs en musique; corrigés sur les premières éditions, traduits et annotés par Philibert LE DUC. *Bourg en Bresse*, Martin Bottier, 1845. In-12, demi-rel., dos et coins mar. vert, fil., tête dorée, non rogné. [Bruyère.]

17350 Noels maconois, ou Dialogues sur la naissance de Jésus-Christ, en patois maconois. A *Pont-de-Vaux*, chez J.-P. Moiroud, imprimeur, 1797. In-12, demi-rel., dos et coins mar. vert.

17351 Noelz et Chansons nouvellement composez tant en vulgaire françoys que savoysien dict patoys; par M. Nicolas MARTIN, musicien en la cité de Sainct-Jean-de-Maurienne en Savoye. *Lyon*, Macé Bonhomme, 1556. In-8, mar. bleu, doublé de mar. grenat, janséniste, tr. d. [Bauzonnet.]

ARMES, GÉNÉALOGIES, CONTRATS DIVERS.

Généralités.

17352 Noms féodaux ou Noms de ceux qui ont tenu fiefs en France, depuis le XIIe siècle jusque vers le milieu du XVIIIe. Extraits des archives du royaume par un membre de l'Académie des inscriptions et belles-lettres. — Première partie, relative aux provinces d'Anjou, Aunis, Auvergne, Beaujolais, Berry, Bourbonnais, Forez, Lyonnais, Maine, etc. *Paris*, Beaucé-Rusand, 1826. 2 vol. in-8, demi-rel. v. f., non r. [Koehler.]

17353 Armorial véritable de la noblesse pour les pays du Lyonnais, Forez et Beaujolais. Imprimé à *Lyon*, en 1668, par C. Brunand. 1848. Ms. colorié. In-4, demi-rel., dos mar. r., non rogné, tête dorée. [Bruyère.]

17354 Armorial véritable de la noblesse qui a été reconnue et approuvée dans la recherche qui en a été faite en 1667 et 1668, pour les pays de Lyonnais, Forez et Beaujolais. Imprimé à *Lyon*, en 1668, par C. Brunand. M.DCCC.XLVIII. Nouvelle édition publiée par M. S. des Marches, de Châlon-sur-Saône. In-4. planches coloriées.

17355 Noms, surnoms, qualités, dignités, armes et blasons de MM. les chanoines et comtes de Lyon depuis l'an 1019 jusqu'en 1759. Ms. 3 vol. in-4 sur papier, la table à la fin du 3e vol.; blasons coloriés, bas.

17356 Extraits des archives de St-Jean de Lyon. Titres qui regardent MM. les comtes de St-Jean. (Généalogie et armoiries). Mss. Quarante-sept cahiers in-fol. enfermés dans deux cartons.

17357 Généalogie et liste des chanoines de l'église et comtes de Lyon, depuis 1392 jusqu'en 1698. Dix-huit cahiers in-fol. de 12 feuillets chacun, avec armoiries en couleur et lettres autographes de plusieurs comtes. Ms. sur papier. Le mérite et la valeur de ce manuscrit exigeraient qu'une table alphabétique en fût dressée et que le volume fût paginé.

17358 Formulaire des preuves de noblesse de MM. les comtes de Lyon. s. d., s. n. d'imprimeur. In-4, 5 pp.; avec planche généalogique.

17359 Formulaire des preuves de noblesse de MM. les comtes de Lyon. s. d. (16..??). In-4, demi-rel., dos et coins mar. r., tête dorée. [Koehler.]

17360 Armorial des gouverneurs de Lyonnois. Ms. in-fol. colorié, demi-rel. mar. r., non rogné, tête dorée. [Bruyère.]

17361 Armorial des gouverneurs de Lyonnais, Forez et Beaujolais, depuis leur création en 1461. Ms. in-fol., copié par M. MARTIN-DAUSSIGNY sur l'original de M. de Lacarelle.

17362 Armorial des intendants de Lyon. In-fol. Ms. colorié, demi-rel., dos mar. r., non rogné, tête dorée. [Bruyère.]

17363 Armorial des intendants de justice, police et finance de la ville de Lyon, et des provinces de Lyonnais, Forez et Beaujolais, depuis leur création en 1551. Ms. in-fol., copié par M. MARTIN-DAUSSIGNY sur l'original de M. de Lacarelle.

17364 Fleurs (les), armoriales consulaires de la ville de Lyon, avec les noms, surnoms, qualités et armoiries blasonnées de MM. les conseillers et échevins de ladite ville depuis l'année 1499; présentées...., recherchées par les soins de P.-F. CHAUSSONNET, armorialiste de la ville. 1779. Imprimé et colorié. In-fol., v. m., fil., tr. d., aux armes.

17365 Armorial consulaire de la ville de Lyon, contenant les noms, surnoms, qualités et armoiries blasonnées de MM. les prévôts des marchands et échevins de ladite ville, depuis l'année 1595 jusqu'à présent (1789); présenté à noble Antoine Pautrier par P.-F. CHAUSSONNET. Ms. in-fol., rel. bas.

17366 Armorial consulaire de la ville de Lyon, contenant les noms, surnoms, qualités et armoiries blasonnées de MM. les prévôts des marchands et échevins de ladite ville, depuis l'année 1595 jusqu'à présent (1789); par Pierre-François CHAUSSONNET. In-fol., v., aux armes de la ville.

17367 Armorial des prévôts des marchands et échevins de la ville de Lyon, de 1596 à 1789, autographié par A.-S. DES MARCHES. Chálon-sur-Saône, 1844. Gr. in-4. L'Armorial est précédé d'une *Notice historique sur le Consulat lyonnais*, et de la liste chronologique des prévôts des marchands et échevins de Lyon de 1596 à 1789.

17368 Noms, surnoms, qualités et blasons de MM. les prévôts des marchands et eschevins de la ville de Lyon (depuis 1595 jusqu'en 1670), gravé et colorié par demoiselle Claudine BRUNAND. A la suite est l'*Arrest du Conseil d'Estat* sur le titre et privilége de noblesse des prévôts des marchands et échevins. *Lyon*, chez la veuve d'Aymé Brunand. In-fol., demi-rel. maroq. rouge.

17369 Noms, surnoms, calitez et blason de MM. les prévôts des marchands et eschevins de la ville de Lyon, dont la noblesse a esté recounue suivant la déclaration du roy és années 1667 et 1668. (Par Claudine BRUNAND). In-fol., demi-rel., dos et coins m. r. [Koehler.]

17370 Armoiries de plusieurs prévôts des marchands, échevins, conseillers, trésoriers de France de la ville de Lyon ; avec celles de quelques anciens gentilshommes des trois provinces de ce gouvernement, ou qui y ont des terres ; plus, les armes de quelques parents de A.-N. B. (Antoine-Nicolas BERG), avec plusieurs autres armoiries mêlées sans ordre. En 1720. Mss. in-4, 276 pp., oblong, demi-rel., veau, br.; armes en couleur.

Familles et Individus.

A.

17371 Albon. Arbre généalogique de Jean-Claude d'Albon, chevalier. In-fol. parch., enluminé.

17372 Allemand. Titres servant à établir les preuves de noblesse de la famille Allemand-Girard, de 1499 à 1668. Mss., vingt-quatre pièces dont deux sur parchemin.

17373 Aubespin. Quittances pour les seigneurs de Laubespin (*sic*) contre Claude de Montaigny et dame Françoise de Semur sa femme. 14 mai 1565. Trois pièces. Mss. in-fol. et in-4, sur parchemin.

17374 Austrein. Certificat du mariage de Henri Austrein avec la marquise Piannelly, en l'église de Ste-Croix à Lyon ; par le chanoine comte d'Albon. Sig. aut., vélin, avec bordure à jour, coloriée, et figures qui représentent le St-Esprit et les symboles des quatre évangélistes. In-4.

B.

17375 Bar. Arbre généalogique de Henri-Louis de Bar, chevalier. In-fol. vélin, enluminé.

17376 Barmondière (la). Titres divers (extrait de naissance, mariage, charges, testaments, etc.), concernant la famille de la Barmondière, de 1692 à 1789. Mss. Onze pièces signées, et une imprimée.

17377 Bourcier. Arbre généalogique de Alexis-Augustin comte de Bourcier, colonel d'infanterie, époux de Marie-Marguerite de Durfort. In-fol. papier, enluminé.

C.

17378 Cardon. Preuves de la maison de Cardon établie à Lyon dès 1565. Copie d'un imprimé relatif à cette famille. (De l'imprimerie de Firmin Didot, imprimeur du roi). Sans indication d'année (1828 ou 1829. Voir le *Journal de la librairie*). Cette copie sur sept pages petit in-fol. est de l'écriture de M. Mono, archiviste de l'hospice de la Charité. A cette copie est jointe une lettre de M. Mono à M. Coste, conseiller. *Lyon*, 24 avril 1829. Mss. aut. sig. In-4, 2 pp.

17379 Chaponay. Plusieurs tombeaux et inscriptions qui sont en divers lieux et endroits, en la ville de Lyon et de Vienne, de plusieurs familles dont les enfants de M. de Chaponay, etc. s. d. (16..??) et sans n. d'imprimeur. Pet. in-4, demi-rel., dos et coins m. n. [Koehler.]

17380 Charrier. Recueil des lettres de relief de noblesse de MM. Charrier de Lyon, des titres, actes et procédures faites sur la preuve des faicts y contenus, etc. (1650). In-4, demi-rel., dos v. f., tr. éb. [Koehler.]

17381 Chenelette. Preuves de noblesse de la famille de Chenelette. 1742. Mss., sept pièces.

17382 Claver. Obligation en faveur de demoiselle Antoinette Claver contre les RR. PP. Trinitaires de la ville de Lyon. 15 septembre 1735. Ms. in-4, 6 pp.

17383 Clermont-Montheson. Arbre généalogique de Jean-François de Clermont-Montheson, reçu chanoine le 22 décembre 1632. In-fol. vélin, colorié.

17384 Colombier (du). Mariage entre noble Oddet du Colombier et damoiselle Florie de Mélar. 21 février 1599. Extrait de l'original, ce 4 juin 1657. Ms. in-4, 6 pp.

17385 Combe (de la). Titres servant à établir les preuves de la noblesse de Baudrant de la Combe. 1634-1673. Mss., sept pièces dont une sur parchemin.

D.

17386 Dassier de la Chassagne. Rémission de la peine de mort prononcée contre Dassier de la

Chassagne pour s'être battu avec d'autres personnes contre les soldats du guet, quelques-uns de ceux-ci ayant été tués. 1679-1681-1682. Mss. in-fol. et in-4, trois pièces.

17387 Debrou-Dupoisat. Extrait des registres de naissance, certificats de résidence, de non-émigration, non-détention et d'existence de la citoyenne Catherine Dupoisat, veuve de Claude-Emmanuel Debrou. Huit pièces, titres imprimés, avec signatures autographes.

17388 Dugas de Bois-St-Just. Certificat attestant que Louis Dugas, seigneur de Bois-St-Just, a été deux fois prévôt des marchands de Lyon. 29 mars 1768. Scellé aux armes de la ville et signé. Ms. in-fol., 1 f. — Vente de l'office de conseiller du roi passée audit Louis Dugas. — Acte d'exhibition du testament olographe de Louis Dugas. 1766 et 1768. Deux pièces signées.

F.

17389 La Faye. Extrait chronologique des témoignages et titres cités ou produits dans le procès entre les co-seigneurs de la Faye et le sieur Verne, au sujet du droit de mi-lod. *Paris*, Knapen, 1769. In-4.

17390 Feugerolles. Certificat concernant le seigneur de Feugerolles. 1676. Ms. sig. aut. In-fol., 2 pp.

17391 Ficher. Arrêt du Conseil d'Etat du roi, qui déclare le sieur Hierme-Antoine Ficher exempt du droit de franc-fief de sa terre de Kerface en Bretagne, en vertu de ses titres de noblesse acquise par son aïeul Antoine Ficher, comme échevin de la ville de Lyon en 1710. Du 27 mai 1777. *Lyon*, 1777. In-4, 7 pp.

17392 Fos. Généalogie de la maison de Fos (de Laidet en Provence), de laquelle sont issus les seigneurs de Sigoyer. Imprimé. In-fol., 3 ff.

G.

17393 Gayot-Mascrany. Notice sur la famille des Gayot-Mascrany de la Bussière, par M. Ludovic D'ASSAC. *Lyon*, Louis Perrin, 1846. In-8, 29 pp.

17394 Gibertez. Arbre généalogique de Charles de Gibertez (*sic*), reçu le 3 juillet 1630. In-fol. parchemin, colorié. — Arbre généalogique de Charles Blauf de Gilbertez (*sic*), reçu chanoine et comte de Lyon le 4 juillet 1630. In-fol., pap, colorié.

17395 La Grange. Arbre généalogique de Pierre de Pons La Grange, reçu chanoine et comte de Lyon le 22 décembre 1649. Papier colorié.

J.

17396 Jouffroy (de). Inventaire sommaire de titres et papiers tirés des archives de Chatenois

envoyés au sieur Conyon, ci-devant procureur au parlement de Besançon, à la sollicitation de M. de Jouffroy, évêque de Gap. In-4, 2 ff. — Trois Lettres de Mgr l'évêque de Gap à M. Manin, secrétaire de MM. les comtes de Lyon, concernant la généalogie et les preuves de noblesse de Mgr l'évêque. 1777. Aut. sig. In-4. — Lettre de M. D'ESCAIRAC, chanoine de St-Claude, à M. Manin, au sujet de Mgr de Jouffroy, évêque du Mans. 7 juin 1778. Aut. sig. In-4, 1 f.

17397 — Note des titres servant de preuves de M. l'abbé de Jouffroy-Goussans, neveu de Mgr l'évêque du Mans, retirés de chez M. Manin, secrétaire du Chapitre de MM. les comtes de Lyon, par M. l'abbé DE MOIRIA, chanoine de St-Claude. Ms. sans signature, avec date de mars 1778. In-fol., 2 ff. — Trois Lettres de Mgr l'évêque du Mans à M. Manin, au sujet de la noblesse de Mgr l'évêque. 1778. Aut. in-4.

L.

17398 Loras. Contrat de mariage entre noble Arthus de Loras et Dame Marguerite Dupré. 1625. Copie signée. Ms. in-fol., 4 ff.

M.

17399 La Madeleine. Généalogie de la maison de la Madeleine. Ms. sur papier. In-fol., 4 pp.

17400 Mandelot. Extrait des Mémoires historiques et généalogiques sur les chevaliers du St-Esprit. (Fragment incomplet concernant la famille Mandelot). Ms. in-fol., 2 ff.

17401 Marmet. Certificat du mariage de Marmet-Arnauld avec Antoinette Deschamps, dans l'église de la Platière à Lyon, le 5 novembre 1647. *Signé* MILLET, curé. Certificat imprimé avec bordure coloriée, représentant l'Eternel et les quatre évangélistes. Signature autogr. In-4.

17402 Maugiron. Généalogie de la maison de Maugiron. Ms. in-4, 4 feuillets.

17403 Meschatin. Arbre généalogique de Thomas de Meschatin. 1637. In-fol., pap. col. — Autre exemplaire de cet Arbre généalogique, avec une différence dans les armes de Françoise de Moriac, femme de Jean de Meschatin, aieul de Thomas.

17404 — Arbre généalogique de Guillaume de Meschatin, reçu chanoine le 9 novembre 1655. In-fol. vélin, colorié. — Autre exemplaire. In-fol. pap., col.

17405 Millanois. Certificat attestant que les armes de cette famille ont toujours été : un champ d'argent dans lequel il y a un lion de gueules, grimpant, armé et lampassé de même, soutenant un écusson au premier et quatrième d'or chargé de quatre pals de gueules, au second et troisième d'or à la croix de sable. *Signé* : Le chevalier DE MARGONE, MARITZ DE LA BAROLIÈRE, DE FEISSOLE, DARESTE, SAUVAGE DE ST-MARC, le marquis DE BELLESCIZE, le baron DE CHATENAY. Sig. aut. En marge : « Ce certificat sans date m'a été apporté vers le mois de mars 1771. *Signé* : DESERS. » Sig. aut. In-4, 1 p.

17406 Montaigne. Livre de famille depuis 1527 jusqu'en 1683 ; par Catherin MONTAIGNE, Cl. RAVEL, etc., de St-Chamond. Transcrit d'après l'original. Pet. in-4 étroit, appartenant à M. G.-A. Bethenod. *Lyon*, 1838. Ms. in-4, 46 pp., rel. parch.

17407 Mont-d'Or. Généalogie de la maison de Mont-d'Or, par M. DE LA CHENAYE-DESBOIS. *Paris*, Boudet, 1775. In-8, v. m.

17408 — Placet de Louis-Joseph-François DE MONT-D'OR au Roi pour solliciter un bénéfice en faveur de son fils. *Paris*, 21 juin 1762. Avec sa généalogie et une supplique à Messieurs..... pour appuyer sa demande. Trois pièces in-4 et in-fol. Aut. sig., cachets.

17409 Montgenet. Généalogie de François Bernard de Montgenet, avec les preuves de noblesse, l'arbre généalogique et les actes de présentation et de réception dans l'ordre de Malte. Ms. papier, avec toutes les signatures autographes requises, parmi lesquelles on remarque celles du marquis DE MONSPEY et du chevalier DU DESCHAUX. In-fol., 93 pp. — Arbre généalogique. In-fol. vélin.

N.

17410 Noally. Arrêt du Parlement qui confirme les sentences rendues le 31 mars 1678 par le chastelain de Noally et par le seneschal de Montbrison le 8 juin 1680, et qui condamne la dame de Freydière à payer comme nouvelle tenancière le droit de reconnaissance à dame Virgine de la Pallud, dame de Noally, et à messire Guy Em. de Saint-Jullien, baron de Noally, son fils. *Paris*, 9 avril 1683. Extrait collationné. Ms. in-fol., 32 pp.

P.

17411 La Pallud. Transaction entre Girard de la Pallud et le commandeur des Folliées. Juin 1292. Copie non signée. Ms. in-fol., 4 ff.

17412 Pèlerin. Preuves de noblesse de Thibaud Pèlerin, de 1423 à 1426. Ms. sur papier, d'une écriture du temps. In-fol., 7 ff.

17413 Pingon. Extrait d'un Acte du 21 juin 1566, concernant l'ancienne extraction et les armoiries des branches aînée et cadette de la maison de Pingon. Ms. collationné et signé le 29 octobre 1779 ; par HENNEQUIN, chancelier du

grand prieuré d'Auvergne, ordre de Malte. Autogr. avec le scel dauphin. In-fol., 2 ff. — Copie de l'Extrait délivré par Hennequin. Sig. aut. de GIRARD et DUGUEY, notaires, et de N. RAMBAUD, lieutenant civil. In-fol., 2 pp. — Note de titres spécifiques concernant la maison de Pingon, par noms et dates d'années, sur les registres des archives de la royale Chambre des comptes de Turin ; par CURLANDO, archiviste. (Elle comprend les années de 1433 à 1511). Ms. in-fol., 1 f.

17414 — Arrêt de la royale Chambre des comptes concernant les armoiries de la maison de Pingon, originaire de la ville d'Aix en Provence, en date du 19 janvier 1779. *Turin*, Mairesse. s. d. In-4, m. r., fil. tr., aux armes.

17415 — Quatre Lettres du sieur Curlando au comte de Pingon, datées des 15 mai, 2, 7 et 11 juin 1779, au sujet de la généalogie du comte de Pingon. Aut. sig. In-4. — Lettre de Chevrillon à M. le comte de Pingon au sujet de démarches pour la réhabilitation des lettres de noblesse de la maison de Pingon, de Dôle. *Paris*, 27 avril 1781. Aut. sig. In-4, 2 ff. — Note sur l'affaire des sieurs et demoiselle Pingon de Dôle. s. d. Ms. in-4, 1 p. — Déclaration par-devant notaires faite par Aimé-Vincent-Gaspard de Pingon, lieutenant de dragons, et par Gaspard de Pingon, chanoine comte de Lyon, en faveur de la maison de Pingon, de Dôle en Franche-Comté. s. d. Copie manuscrite. In-4, 2 ff. — Autre Déclaration, expédition du 20 avril 1781, signée DUGUEYT et GIRARD, notaires, et RAMBAUD, lieutenant civil en la sénéchaussée. Sig. aut. In-4, 2 ff.

17416 — État des titres, procédures et autres documents remis à Mad. de Pingon par les cohéritiers du sieur Jean Péricaud, en conséquence du contrat de vente du domaine d'Écully, en date de ce jour 10 mars 1782, reçu par Me Baroud fils, notaire. Copie mste in-fol., 2 feuillets. — Analyse des pièces concernant Mad. de Pingon, née de Rully. Ms. in-4, 9 ff.

17417 Pins. Généalogie de la maison de Pins, tirée de l'Histoire généalogique et héraldique des pairs de France, des grands dignitaires de la couronne, etc., précédée de la généalogie de la maison de France ; par M. le chevalier DE COURCELLES. *Lyon*, Rusand. s. d. In-4, 74 pp. Dans cet exemplaire on ne trouve pas la généalogie de la maison de France.

R.

17418 Rocheblaine. Conclusions du procureur du roi au Domaine, concernant le droit de fouage demandé par le seigneur de Rocheblaine et Paillevel ; la sentence jointe. 29 janvier 1714. In-fol., 4 pp. — Minute et sentence du Domaine de Forez pour le seigneur de Rocheblaine. 3 février 1714. Ms. Sig. aut. In-4, 7 pp.

17419 Roland de la Platière (Jean-Marie). Lettre de M. Micollier au sujet des lettres de noblesse demandées par le sieur Roland de la Platière. « Recherches faites par le sieur Micollier sur la famille de Roland, lesquelles établissent son ancienneté dans la province : en réponse à un Mémoire qui lui est adressé de Versailles le 10 décembre 1783 par M. de Vergennes, pour avoir des éclaircissements sur ce qui concerne Roland de la Platière et sa famille. » *Villefranche*, 10 janvier 1784. Aut. sig. In-4, 3 pp. — « Ci-jointe la Lettre de de Vergennes accompagnant le Mémoire de Roland. » *Versailles*, 10 décembre 1783. Aut. sig. In-fol., 1 p.

17420 Ros. Remarques ou Réflexions pour servir à la preuve littérale de noblesse d'Ange de Ros, aspirant à être reçu au Chapitre de MM. les comtes de Lyon. s. d. In-fol., 6 pp. — Arbre généalogique de Ange de Ros. In-fol. pap., col.

17421 Rouville. Testament, procédures, jugement, etc., relatifs à la famille de Rouville, depuis 1586 jusqu'en 1807. Le célèbre imprimeur lyonnais de ce nom est mort en 1589. Seize pièces manuscrites, et deux imprimées.

S.

17422 Saillant (du). Arbre généalogique de Charlotte Françoise-Annette de Lasteyrie du Saillant. In-fol. vélin, colorié.

17423 Saint-Aulbin. Arbre généalogique de Aymé de Sainct-Aulbin Saligni, reçu chanoine et comte le 9 novembre 1609. In-fol. papier, colorié.

17424 Sainte-Colombe. Arbre généalogique de Jean-Antoine de Sainte-Colombe de St-Priest, ou Antoine de Sainte-Colombe, chanoine de Lyon. Les noms sont effacés. Il est difficile de savoir auquel des deux appartient cette généalogie. In-fol. vélin, col.

17425 — Histoire généalogique de la maison de Sainte-Colombe et autres maisons alliées ; par Cl. L. L. A. P. de l'Is.-B. (Cl. LE LABOUREUR). *Lyon*, Claude Galbit, 1673. In-8, fig., v. f., fil., tr. r. [Koehler.]

17426 — Histoire généalogique de la maison de Sainte-Colombe et autres maisons alliées ; par Cl. L. L. A. P. de l'Is.-B. (Claude LE LABOUREUR, prévot de l'Ile-Barbe). *Lyon*, Claude Galbit, M.DC.LXXIII. In-8, bas., fig. Notes manuscrites de la main de M. COCHARD.

17427 Saint-George. Arbre généalogique de Claude de Saint-George, chantre de l'église et comte de Lyon, bachelier de Sorbonne. 1630 et 1694. In-fol. vélin, colorié.

17428 — Arbre généalogique de Jacques-Philippe Labbé de Saint-George, chevalier, né le 15 octobre 1760. In-fol. papier, colorié.

17429 Saint-Germain, Velles et Panissière. Testament de Jacques de Saint-Germain, seigneur de Velles et de la terre de Panissière, en faveur de sa fille Marguerite, et reconnaissances de servis par les tenanciers de ladite terre. (En latin). 10 avril 1390. Copie signée FOUGERON. Ms. in-fol., 4 ff.

17430 Le Saix. Généalogie de la maison du Saix, de 1325 à 1644. Ms. in-4, 1 f.

17431 Saluces. Arbre généalogique de Adrian de Saluces de la Mante, abbé d'Haute-Combe, reçu chanoine et comte le 12 décembre 1614. In-fol. papier, col.

17432 Sartiges. Preuves littérales de noblesse de M. l'abbé de Sartiges, avec Lettres autographes dudit abbé, observations de M. MANIN, généalogiste du Chapitre de Lyon, etc., etc. Paquet de 11 pièces manuscrites. Pet. in-fol. et in-4. Quelques pièces sont doubles. — Arbre généalogique de Pierre-Antoine de Sartiges, chanoine et comte de Lyon. Les écussons seuls s'y trouvent. Les armoiries n'y sont pas. In-fol. pap.

17433 Sassenage. Histoire généalogique de la maison de Sassenage, branche des anciens comtes de Lion et de Forests ; par Nicolas CHORIER. *Grenoble*, Jean Nicolas, M.DC.LXIX. In-12, bas., fil.

17434 Simiane. Arbre généalogique de Anthoyne-François de Simiane-Moncha, reçu chanoine et comte de Lyon le 17 décembre 1646, décédé à Paris, achevant ses études en 1656. In-fol. papier, colorié.

T.

17435 Talaru. Arbre généalogique de Charles-Laurent de Talaru, reçu chanoine le 10 novembre 1687. In-fol. vélin, colorié.

17436 Tency. Arbre généalogique de Alexis de Tency, chanoine comte de Lyon, du 12 novembre 1647. In-fol. papier, colorié.

17437 Terrat. Mémoire abrégé concernant le procez de M. Claude Terrat, marchand de St-Chaumont. Notes et généalogie. 1727. *Signé* : VÉRON. Ms. in-fol., 10 ff.

17438 Tolozan. Contrat de vente par M. Jean-François Tolozan, maître des requêtes, à MM. Louis Tolozan et Claude Tolozan ses frères, de quatre maisons situées à Lyon, place du Plâtre. 11 octobre 1774. Sig. aut. In-4 parchemin, 4 pp.

17439 Toulongeon. Brevet du roi Louis XIII, contenant nomination du sieur de Toulongeon (de Bourgogne), capitaine d'une compagnie au régiment des gardes, aux fonctions de gouverneur de la ville et citadelle de Pignerol.

Donné à *Monceaux*, le 14 août 1633. Copie du temps, non signée. Ms. in-fol., 1 f.

17440 Tournon. Provisions de Marguerite de France , duchesse de Savoie , de la charge de gouvernante de Monsieur le prince de Savoie, en faveur de dame Héleine de Tournon, comtesse de Montreuil. *Turin* , 13 juillet 1563. Sig. autog. de Marguerite de France. Ms. in-fol., 1 p. , parchemin oblong, sceau.

V.

17441 Varennes-Nagu. Arbre généalogique de Alexandre de Varennes-Nagu , reçu chanoine et comte de Lyon le 7 novembre 1637. In-fol. papier, colorié.

17442 Vaurion. Arbre généalogique de François de Vaurion , reçu comte de Lyon le 9 novembre 1666. In-fol. pap., col.

ENVIRONS DE LYON.

FAUBOURGS.

La Croix-Rousse.

17443 Tableau historique , administratif et industriel de la ville de la Croix-Rousse ; par J.-F. BUNEL. *La Croix-Rousse* , Th. Lépagnez , 1842. In-12, 106 pp.

17444 Arrest du Parlement de Paris confirmatif de la sentence et adjudication par décret de la...(*sic*) de Cuires et la Croix-Rousse, rendue en la Conservation de Lyon ; du 30 juillet 1696. Mss. parchemin , 6 ff.

17445 Arrêt du Conseil d'État du roi qui ordonne que le fauxbourg de la Croix-Rousse de la ville de Lyon demeurera assujetti aux droits d'entrée ; du 18 mai 1773. *Lyon*, Valfray, 1773. In-4 , 6 pp.

17446 Adresses du Conseil général de la commune et de la Garde nationale de Rouen à l'Assemblée nationale, le 18 juillet 1791 , précédées de quelques réflexions patriotiques d'un citoyen de la Croix-Rousse , district de Lyon (à ses concitoyens). 1791. s. n. d'impr. In-8 , 24 pp.

17447 Arrêté du représentant du peuple RICHAUD qui nomme le citoyen Gauchon maire de la commune de la Croix-Rousse. *Lyon* ,

29 pluviose an III. Sig. aut. In-4, 1 p.; timbre du représentant.

17448 Observations sur le cadastre de la Croix-Rousse , par J. BANSSILLON. *Lyon* , L. Ayné. s. d. In-4 , 12 pp.

17449 Observations sur les inconvénients qu'il y aurait à séparer de la ville de la Croix-Rousse et à ériger en communes particulières les deux sections de St-Clair et Serin. *Lyon* , Louis Perrin. In-4 , 20 pp.

17450 Mairie de la ville de la Croix-Rousse. Règlement constitutif de la Caisse des pensions de retraite , fondée en faveur des employés de l'octroi. *La Croix-Rousse* (*Lyon*), Lépagnez , 1846. In-12 , 20 pp.

17451 Compte d'administration présenté au Conseil municipal de la Croix-Rousse , par M. le maire de cette ville , pour l'exercice 1847. *La Croix-Rousse* , Lépagnez. A la fin : Le présent compte d'administration a été ainsi établi par notre prédécesseur pour être présenté au Conseil municipal. A la mairie , le 31 mars 1849. Le maire de la Croix-Rousse , REVOL. In-4 , 15 pp.

17452 Mairie de la ville de la Croix-Rousse. (Annonce de l'installation de la municipalité pour le 14 courant). 13 octobre 1848. Le

maire provisoire de la Croix-Rousse, REJA-
NIN. *Croix-Rousse*, Lépagnez. In-fol.

17453 Ville de la Croix-Rousse. Budget proposé
par le maire au Conseil municipal pour l'année
1849. Fait à la mairie, le 6 janvier 1849. Le
maire de la Croix-Rousse, REJANIN. *La Croix-
Rousse*, Lépagnez. In-4, 28 pp.

17454 Don fait en faveur des vieillards et des infirmes de la Croix-Rousse par la boulangerie
de cette ville. s. d. (1849). In-8.

17455 Avis de la municipalité de la Croix-Rousse
au sujet du désarmement. Fait à la mairie, le
18 juin 1849. Le maire de la ville de la Croix-
Rousse, GROS, adjoint. (Dans cet exemplaire
le nom de la ville et de l'imprimeur n'ont pas
paru au tirage). *La Croix-Rousse*, Lépagnez.
In-fol.

17456 Statuts de la Société française, sous la
raison sociale Dumas et Cie (pour l'exploitation de toutes les industries qu'elle jugera
utiles). *La Croix-Rousse*, ce 15 février 1850.
Enregistré à Lyon le 25 février 1850. *La Croix-
Rousse*, Lépagnez. In-8, 4 pp.

17457 Vogue de la Croix-Rousse, ou la fête de
St-Denis. Chanson illustrée; les dessins et les
paroles par H. G. (Octobre 1848). Impr. de la
Croix-Rousse, Lépagnez. In-fol.

La Guillotière.

17458 Histoire de la Guillotière et des Brotteaux
depuis sa fondation jusqu'à nos jours (1846);
par F. MEIFRED. *Lyon*, J. Giraud, 1846.
In-8.

17459 Notice historique et topographique sur la
ville de la Guillotière. Projet d'embellissement
par Christophe CRÉPET. *Lyon*, Marle aîné,
1845. Gr. in-4, planches.

17460 Dénomination ou Tableau des rues, places,
quais, cours, avenues, routes et chemins de
la ville et territoire de la Guillotière. Année
1823. Ms. in-4, 14 ff.

17461 Procès-verbal de Me Louis TINDO, commissaire du roi pour la juridiction de la Guillotière et mandement de Béchevelin. Du 23
aoust 1479. In-4, 40 pp.

17462 Extrait des registres du Conseil d'Etat
(au sujet de la juridiction du vice-bailly de
Vienne sur la Guillotière). 1701. In-4, 20 pp.

17463 Arrét du Conseil d'Etat du roi, du 9 mars
1701, qui conserve au présidial de Lyon la
juridiction de la Guillotière et du mandement
de Béchevelin. Ms. in-fol., 6 ff.

17464 Arrest contradictoire du Conseil d'Etat
privé du roy, du 9 mars 1701, au profit de
MM. les officiers de la sénéchaussée et siége
présidial de Lyon contre les habitants du bourg
de la Guillotière et mandement de Béchevel-
lin..... In-fol., 1 p.

17465 Copie de la requête des habitants de la
Guillotière. Ms. in-fol., 69 pp.

17466 Observations en réponse à la requête présentée au Conseil par les habitants de la Guillotière. Ms. in-fol., 38 pp.

17467 Factum pour le procureur général au parlement de Grenoble, contre les officiers du
présidial de Lyon, au sujet de la Guillotière.
Signé: Payelle, avocat. s. d. In-4, 28 pp.

17468 Factum pour les officiers du présidial de
Lyon, contre le procureur général au parle-
ment de Grenoble, au sujet de la Guillotière.
Signé : BRONOD, avocat. s. d. In-4, 27 pp.
Manque la 1re feuille, pages 1-4.

17469 Recueil des principales pièces du procès
jugé au Conseil d'Etat du roi, en faveur du
présidial de Lyon, contre le parlement de Grenoble, pour la juridiction de la Guillotière et
du mandement de Béchevelin; avec l'arrest
contradictoire rendu le 9 mars 1701. *Lyon*,
Laur. Langlois, 1702. In-4, carte, bas.; exempl.
avec la signature de BROSSETTE.

17470 Factum pour les syndics habitants du bourg
de la Guillotière et mandement de Béchevelin
en Dauphiné, contre les jurés mouleurs et aides-
mouleurs de bois de la ville et faubourg de
Lyon. *Lyon*, Carteron, 1709. In-4, 40 pp.

17471 Projet d'établissements industriels au
quartier du Plâtre, commune de la Guillotière.
Lyon, Rusand. In-4, 7 pp., plan.

17472 Mémoire pour Et. Dardenne, officier à la
fermeture des portes de la Guillotière, contre
B. Delphinay et autres habitants de la Guillotière. (*Lyon*), 1765. In-4, 34 pp.

17473 Mémoire pour B. Delphinay, etc., et autres
habitants de la Guillotière, contre les employés
à la barrière du pont du Rhône. *Lyon*, Bruyset,
1766. In-4, 14 pp.

17474 Mémoire pour J. Girard, garde des ports,
etc., contre B. Delphinay et autres habitants
de la Guillotière. *Lyon* (176. ?). In-4, 28 pp.

17475 Arrêt du Conseil d'Etat, confirmatif de
deux ordonnances du bureau des finances de
Lyon, au sujet de la Guillotière. 27 novembre
1770. In-4, 8 pp.

17476 Précis des démarches des habitants du
bourg la Guillotière, en Dauphiné, auprès des
trois ordres de cette province. *Signé*: FER-
RAND, ALLARD, DOURILHE. 1788. In-8, 35 pp.

17477 Adresse à MM. les officiers, bas officiers
et fusiliers de toutes les gardes nationales
composant l'armée fédérative près les murs
de la ville de Lyon, le 30 mai 1790 (au sujet
de M. Janin, colonel de la garde nationale
du bourg de la Guillotière); par MACORS. *Lyon*,
Aimé Delaroche, 1790. In-8, 7 pp.

17478 Réponse de M. le chevalier DE JANIN DE
COMBE-BLANCHE, de l'ordre du roi, commandant-général, colonel de la garde nationale du
bourg de la Guillotière, à deux nouveaux écrits
composés et forgés par M. Balthazar-Jean MA-

cons , notaire à Lyon. Du 8 juin 1790. *Lyon* , L..Cutty. In-8, 8 pp.

17479 Réponse de la municipalité du bourg de la Guillotière en Dauphiné à la requête de la municipalité de la ville de Lyon du 18 août 1788 , et à l'arrêt sur requête du 18 octobre 1789 (avec une adresse à l'Assemblée nationale et au roi). *Signé* : DE JANIN DE COMBE-BLANCHE et ALLARD, députés dudit bourg. In-8, 32 pp.

17480 Lettre du commandant-général , colonel de la garde nationale du bourg de la Guillotière (JANIN DE COMBE-BLANCHE), à M. Ferrand, maire dudit bourg. Du 22 mai 1790. In-8, 24 pp.

17481 Mémoire du sieur FERRAND au public (sur M. Janin de Combe-Blanche et sur les troubles de la Guillotière). *Signé* : FERRAND , maire de la Guillotière. *Lyon* , Faucheux. In-8, 14 pp.

17482 Réplique de M. le chevalier JANIN DE COMBE-BLANCHE au Mémoire que M. Ferrand, maire de la Guillotière , vient d'adresser au public. *Lyon*, Cutty. In-8, 40 pp.

17483 Loi qui unit le bourg de la Guillotière et territoire en dépendant, à la ville de Lyon. Le 18 février 1791. *Lyon*, Delaroche, 1791. In-4, 4 pp.

17484 Procès-verbal de l'installation de la municipalité de la Guillotière, du 16 frimaire an II. Collationné conforme à l'original, MONTALAN , sous-secrétaire. Sig. aut. du sous-secrétaire. Ms. in-fol., 7 pp.

17485 Pétition du détachement des gardes nationales de Grenoble sur le service fait avec les compagnies franches aux retranchements de la Guillotière pendant le siége ; avec les pièces justificatives. 6 nivose an II. Ms. in-fol., 12 ff.

17486 Règlement de la Société populaire de la Guillotière. Arrêté à la Guillotière dans les séances des 27, 28 et 29 pluviose de l'an II de l'ère républicaine. *Signé* : VAUDREY..... *A Commune-Affranchie*, Cutty. In-4, 7 pp.

17487 Procès-verbal du renouvellement partiel de la municipalité de la Guillotière , dans la séance du Conseil de préfecture du départ. du Rhône, du 26 frimaire an XI (17 déc. 1802). *Signé* : BUREAUX-PUZY, préfet; DECHAVANNE , COCHARD , CHAMPAGNE. Sig. aut. Ms. in-fol. , 2 pp.

17488 Arrêté du maire de la commune de la Guillotière , du 28 novembre 1808, portant qu'il sera établi une compagnie de gardes-pompiers non soldés. *Signé* : REVOL. In-fol., 2 pp.

17489 Lettre du comte DE SALINS , général commandant la ville de Lyon (pour les armées alliées) au maire de la Guillotière, pour annoncer la nomination de deux adjoints et du commandant de la garde nationale. *Lyon*, le

24 mars 1814. Comte SALINS. Sig. aut. Ms. in-4, 1 p.

17490 Lettre du maire de la commune de la Guillotière, du 25 mars 1814, au comte de Salins, général commandant la ville de Lyon (pour les alliés). *Signé* : VAUDREY, adjoint; MILLET, adjoint. Sig. aut. Ms. in-4 , 2 pp. — Au dos de cette Lettre, le comte de Salins a fait sa réponse de sa main et le même jour. In-4, 1 p.

17491 Lettre où Proclamation du comte DE SA-LINS, général commandant la ville de Lyon pour S. M. l'Empereur d'Autriche, au sujet de la Guillotière. Du 6 avril 1814. En allemand. Sig. aut. Ms. in-fol., 1 f.

17492 Discours prononcé par le maire de la Guillotière (M. DE FORCRAND) dans la séance du Conseil municipal , assemblé à l'effet de dresser le budget de la commune pour l'année 1817. Du 17 mai 1816. *Lyon* , Brunet. In-4, 8 pp.

17493 Notice sur la situation financière de la ville de la Guillotière au 1er janvier 1823 ; par le maire , H. VITTON. *Lyon*. In-4, 6 pp.

17494 Circulaire du maire de la Guillotière, adressée aux marchands de chevaux, pour les engager à se rendre au nouveau marché qu'il a établi sur le cours Bourbon. *Signé* : VITTON. 1824. In-4, 1 p.

17495 Règlement pour les cantonniers établis sur les chemins vicinaux de la commune de la Guillotière. Fait et arrêté le 5 avril 1824. *Signé* : H. VITTON. *Lyon*, Lambert-Gentot. In-18, 10 pp.

17496 Premier Mémoire aux autorités publiques pour plusieurs habitants de la Guillotière, sur un système d'envahissement du domaine public de l'Etat, etc. *Lyon* , Louis Perrin , 1826. In-4, 50 pp. — Avec deux autres Mémoires contre le sieur Combalot pour le même sujet, 1827 et 1828. In-4.

17497 Procès-verbal de l'installation de M. Vitton, maire de la Guillotière, le 1er février 1826. (Réinstallation). *Lyon* , Lambert-Gentot. In-4, 7 pp.

17498 Règlement de l'Octroi de la commune de la Guillotière. (1827). *Lyon*, Lambert-Gentot. In-4, 10 pp.

17499 Enquête (de l') publiée sur le projet de réunion du quartier des Brotteaux à la ville de Lyon. *Lyon*, Rusand (1830 ?). In-4, 8 pp.

17500 Mémoire pour la Guillotière et les Brotteaux. *Lyon*, Deleuze (185. ?). In-4, 7 pp.

17501 Mémoire pour la commune de la Guillotière, sur la question de la réunion des Brotteaux à la ville de Lyon. *Signé* : Les membres de la Commission spéciale , LEGUILLIER , N. BERGER, GRILLET fils ; l'adjoint remplissant les fonctions de maire , COUTURIER. *Lyon*, Lambert-Gentot, 1832. In-4, 15 pp.

17502 Exposé des propositions du maire de la ville de la Guillotière pour le budget de 1842, présenté au Conseil municipal dans la session légale de novembre 1841. *La Guillotière*, Bajat, 1841. In-4, 30 pp.

17503 Budget ou état des recettes et des dépenses de la ville de la Guillotière pour les années 1843, 44, 45, 46, 47 et 48; avec les comptes de l'Administration présentés au Conseil municipal par M. le maire, et le budget supplémentaire de l'année 1848. 10 cahiers in-4.

17504 Ville de la Guillotière. Budget supplémentaire de l'année 1848. Ms. in-fol., 7 pp.

Saint-Just.

17505 Notice historique sur le bourg de St-Just-lès-Lyon, par N.-F. COCHARD. *Lyon*, Rusand, 1830. In-8, 22 pp.

17506 Notice historique sur le bourg de St-Just-lès-Lyon, par N.-F. COCHARD. — Ephémérides lyonnaises, par A. P. (Ant. PÉRICAUD). In-8, 34 pp.

17507 Mémoire pour les habitants de St-Just, etc., au sujet des octrois. *Paris*, Lemercier, 1751. In-fol., 30 pp.

17508 Au Roi et à son Conseil. (Requête des habitants de St-Just au sujet des octrois). (*Paris*), Lemercier, (17..??). In-fol., 20 pp.

17509 Sur la requête présentée par les habitants de St-Just, etc., au sujet des octrois. *Lyon*, Vialon, (17..??). In-4, 11 pp.

17510 Arrêt du Conseil d'Etat qui condamne les habitants de St-Just et St-Irénée à payer les droits d'octroi. 30 avril 1743. In-4, 14 pp.

Vaise.

17511 Mémoire pour les habitants, corps et communauté du bourg de Vaise près Lyon, contre les prévôt des marchands et échevins de la même ville, afin de se soustraire aux droits de la ville de Lyon. *Signé*: GAUTHIER et BARRET, syndics; et BRONOD et ROUX, avocats. s. d. In-4, 7 pp.

17512 Mémoire à consulter et consultation pour les habitants et communauté de Vaise, contre les prévôt des marchands et échevins de Lyon, afin de s'opposer à la réunion de Vaise à la ville de Lyon. Délibéré à Paris le 30 janvier 1767. *Signé*: JOLICART, LE MARIEY, SANSON, LEGOUVÉ, etc., etc. *Paris*, Didot, 1767. In-4, 16 pp.

17513 Ordonnance de voirie concernant le rétablissement du pavé dans le faubourg de Vaise. Du 4 mai 1767. *Lyon*, Valfray, 1767. In-4, 3 pp.

17514 Arrêt du Conseil d'Etat du roi concernant la reconfection du pavé de Vaise. Du 25 juillet 1770. *Lyon*, Valfray, 1770. In-4, 3 pp.

17515 Arrêt du Conseil d'Etat du roi qui confirme les habitants du bourg de Vaise dans leur qualité de forains, et qui déclare le bourg de Vaise ne point faire partie d'aucun des faubourgs de la ville de Lyon. Du 11 mai 1771. *Lyon*, Chavanne. In-4, 7 pp.

17516 Précis pour la paroisse de Vaise contre le sieur Audra (au sujet d'exemptions de tailles). (1773). In-4, 6 pp.

17517 Consultation pour les syndics, consuls et habitants du bourg et paroisse de Vaise-lès-Lyon. Délibéré à St-Didier-lès-Lyon. *Signé*: DE SOZZI, 12 décembre 1778. *Lyon*, Faucheux, 1779. In-4, 173 pp.

17518 Observations pour les habitants, corps et communauté du bourg de Vaise-lès-Lyon. Délibéré à Lyon, le 3 octobre 1784. *Signé*: GAYET DE LANCIN et DACIER. — Avis de M. Bertin, intendant de la ville et généralité de Lyon. Lyon, 5 novembre 1757. *Lyon*, Faucheux, 1785. In-4, 63 pp.

17519 Pétition des syndics et habitants du bourg du Vaise, à Monseigneur l'intendant de la ville et généralité de Lyon, au sujet de la perception des octrois. s. d. (1786. Voir la page 5). Avec onze signatures aut. Ms. in-fol., 6 pp.

17520 Arrêt du Conseil d'Etat qui déclare les syndics, consuls et habitants de la paroisse de Vaise-lès-Lyon non recevables dans leur demande que ledit lieu de Vaise soit déclaré bourg de la banlieue. Du 10 janvier 1789. *Lyon*, impr. de la ville, 1790. In-4, 27 pp.

17521 Bourg et paroisse de Vaise-lès-Lyon. (Observations des habitants tendantes à ne pas payer les impôts fixés par la ville de Lyon). *Signé*: RAVIER et THIBAUDET. Du 29 mars 1789. In-8, 4 pp.

17522 Extrait du registre des délibérations de la municipalité du bourg de Vaise-lès-Lyon. Refus de réunion du bourg à la ville de Lyon. 8 avril 1790. (Avec les signatures manuscrites autographes). In-8, 15 pp.

17523 Procès-verbal de la fédération qui a eu lieu dans la municipalité du bourg et paroisse de Vaise le 14 juillet 1790. Extrait du registre de ses délibérations. Collationné: THOMAS, secrétaire greffier. Ms. in-fol., 3 pp.

17524 Lettre du Comité révolutionnaire du district de Lyon aux représentants du peuple, pour demander le renouvellement des membres qui composent la municipalité de Vaise, en partie créatures de Robespierre. *Lyon*, 2 nivose an III. *Signé*: COMTE, président; BOCHAGE, BAGNION, CLÉMENÇON aîné, Jean-Antoine CAYRE. Sig. aut. Ms. in-4, 2 pp.

17525 Arrêté des représentants (sur la composition de la Municipalité et du Tribunal de paix du canton de Vaise). 24 nivose an III. Ms. in-fol., 1 f.

17526 Reçu délivré par le citoyen B. Journet, commissaire du pouvoir exécutif, au citoyen Bavet, ci-devant commissaire du Directoire exécutif près l'administration municipale de Vaise, pour les papiers que celui-ci lui a remis. *Vaise*, ce 3 ventose an IV. Ms. in-4, 1 p.

17527 Première réquisition. Etat des jeunes gens qui sont dans la commune de Vaise..... Certifié le 6 ventose an IV. Remis au général le 9 ventose. Ms. in-4, 1 p.

17528 Pièces adressées au président du conseil des Cinq-Cents par la municipalité de Vaise, canton de Lyon, départ. du Rhône; lues dans la séance du 19 fructidor an IV. Impr. nationale. In-8, 16 pp.

17529 Réclamation présentée par l'Administration municipale du canton de Vaise (sur les attributions de la police). 25 fructidor au IV. In-4, 3 pp.

17530 Réponse du sieur DEVILLAS - BOISSIÈRE, maire de Vaise, aux Mémoires des sieurs Blanc. 19 novembre. 1812. In-4, 21 pp.

17531 Rapport fait au Conseil municipal de Vaise, dans sa séance du 4 mai 1841, au nom de la Commission du marché aux bestiaux, par M. CHANAVAT, conseiller municipal, membre de ladite Commission. *Lyon*, Barret. In-4, 15 pp.

LYONNAIS.

Généralités.

17532 Recueil de pièces judiciaires concernant différents lieux du Lyonnais. In-4, 16 pièces. Voir les *Ordres religieux* et les *Paroisses hors de la ville*, pages 125 et 132.

17533 Recueil de pièces de l'époque révolutionnaire, concernant les communes de Bessenay, Bully, Bois-d'Oingt, Chasselay, Condrieu, Cuires, Ecully, Francheville, la Guillotière, Millery, Mornant, Saint-Cyr-au-Mont-d'Or, St-Didier-sous-Riverie, St-Genis-Laval, St-Germain-au-Mont-d'Or, St-Martin-de-Cornas, St-Rambert-l'Ile-Barbe, St-Symphorien-le-Château, Vaugneray et Vernaison. Mss. aut. sig. 56 pièces in-4 et in-fol.

Lieux particuliers.

Arbresle.

17534 Lettre de M. VALOUS, sans suscription, au sujet des ravages que les loups causent à l'Arbresle et dans les environs. Détails affreux au sujet d'un jeune pâtre dévoré. *L'Arbresle*, 15 août 1755. Lett. aut. sig. In-4, 4 pp.

17535 Mémoire pour les officiers municipaux et habitants de la ville de l'Arbresle. s. d. (mai 1790). In-8, 16 pp.

17536 Procès-verbaux de la municipalité de l'Arbresle, relatifs à la nomination des électeurs et constatant une insurrection et des voies de fait contre les membres de la municipalité. 15, 17 et 18 mai 1791. Mss. in-fol., 7 ff.

17537 Mémoire justificatif pour Gaspard-Dominique Raymond fils, de l'Arbresle, adressé aux administrateurs de la campagne de Commune-Affranchie. 10 prairial an II ; suivi de la Déclaration de la municipalité de l'Arbresle attestant la véracité du Mémoire, et les Déclarations de la Société populaire et du Comité révolutionnaire du canton; avec de nombreuses signatures autogr. Ms. in-4, 20 pp., cachet.

17538 Procès-verbal du bureau du Conseil de surveillance du canton de l'Arbresle, du 29 floréal an III, concernant l'arrestation du citoyen Ferrand père, ex-notaire, demeurant en la commune de Savigny. *Signé* : CHARASSIN, secrétaire-greffier. Sig. aut. Ms. in-fol., 1 f.; avec d'autres pièces.

Caluire.

17539 Affaire des troubles de Caluire. Justification du commandant de la garde nationale de Caluire. s. d. Lettre aut. sig. Procès-verbal du commandant, du 19 mars 1793. Copie de sa main, et signée. Ordre à la gendarmerie d'amener à Lyon le maire et les officiers municipaux de Caluire pour rendre compte des excès commis. Autographe de ROVÈRE. *Lyon*, 21 mars 1793. *Signé* : RÒVÈRE, BAZIRE, LEGENDRE, commissaires, et MAGNON, secrétaire. Mss. 3 pièces aut. sig. 5 ff. in-4 et in-fol.

Chasselay.

17540 Notice sur Chasselay, départ. du Rhône. s. n. d'auteur. (Par M. MORAND DE JOUFFREY). *Lyon*, Léon Boitel, 1852. In-8, 15 pp.

17541 District de la campagne de Lyon. Etat estimatif des biens nationaux situés dans son étendue. Canton de Chasselay. Municipalité de Chasselay. *Lyon*, Delaroche, 1790. In-4, 3 pp.; incomplet.

Chessy.

17542 Mémoire pour F. Fressinet, bourgeois de Chessy, donataire universel de J.-A. Troilleur, contre Dlle C. Dechal, veuve de G. Troilleur, contrôleur au Grenier à sel de Villefranche. *Lyon*, Faucheux, 1774. In-4, 43 pp.

17543 Questions posées sur le rapport de Bergier relatif à l'adjudication des bâtiments et enclos de Chessy. Par FABRE-DUBOSQUET. s. d. (an II). (*Paris*), Guérin. In-8, 4 pp.

Condrieu.

17544 Enquête reçue par l'archevêque de Vienne dans un différend entre l'archevêque de Lyon et Gaudemard de Forez, au sujet du château de Condrieu. 3 avril 1212. Extrait en français, non signé. Ms. in-fol., 1 f.

17545 Adresse à l'Assemblée nationale, par la communauté de Condrieu. s. d. (1789). In-4, 12 pp.

17546 Adresse des citoyens et propriétaires de la ville de Condrieu à l'Assemblée nationale. In-8, 4 pp.

17547 Pétition des syndics et officiers municipaux de la ville de Condrieu à l'Assemblée nationale pour que la ville de Condrieu devienne chef-lieu de district. A la fin : Extrait des registres de la municipalité de la ville de Condrieu. : VALETTE, secrétaire. Sign. aut. Ms. in-fol., 2 ff.

17548 Société d'émulation et de patronage pour les jeunes garçons de la ville de Condrieu (Rhône), applicable à toutes les communes; fondée à Lyon, le 1er janvier 1847, par Joseph LENTILLON (de Condrieu) et Jean-Antoine FOREST, de Condrieu. *Lyon*, 1848. In-8, 67 pp.

Couzon.

17549 Ego Guido, comes Nivernensis.... (Transaction entre les seigneurs de Forez, Nevers et Beaujolois pour établir que Couzon appartient aux comtes de Forez). Septembre 1229. Copie signée. Ms. in-fol., 2 ff.

17550 Mémoire à M. le comte de Montmorillon, grand sacristain de l'église métropolitaine de Lyon, seigneur de St-Symphorien-le-Château, sur l'affaire que les fermiers de la dîme de vin de la paroisse de Couzon voulurent avoir, sur la fin des vendanges dernières 1742, avec M. J.-B. Sabot, prêtre, etc. *Lyon*, Delaroche, 1743. In-fol., 10 pp.

17551 Arrêté du Comité révolutionnaire de la commune de Couzon, chargé de recevoir la déclaration des étrangers qui résident dans la ladite commune. Du 5 frimaire an II (25 novembre 1793). Ms. in-fol., 1 f.

Cuires.

17552 Arrêt du Conseil d'Etat du roi, qui déclare le bourg de Cuires-la-Croix-Rousse séparé et indépendant de la ville de Lyon, etc. Du 4 août 1776. *Lyon*, 1776. In-4, 4 pp.

17553 Précis pour la commune de Cuires. *Lyon*, Delaroche, 1790. In-4, 11 pp.

17554 Discours prononcé en présence des citoyens du bourg de Cuires-la-Croix-Rousse, rassemblés pour le serment civique et patriotique du 14 juillet, par le procureur de la commune. s. n. d'impr. In-8, 8 pp.

17555 Lettre du maire et des officiers municipaux du bourg de Cuires-la-Croix-Rousse aux citoyens représentants, pour les inviter à une plantation d'arbre de fraternité. *Signé* : BURDEL, maire ; FRÉMINVILLE, PITIOT, GIRAUD. *Cuires-la-Croix-Rousse*, le 9 mars 1793. Aut. sig. In-4, 1 p.

17556 Mémoire pour les habitants propriétaires de la commune de Cuires-la-Croix-Rousse, sur la fixation des limites de cette commune, etc. (Par M. RICHE). *Lyon*, Barret (an X). In-4, 30 pp.

17557 Souscription pour la conservation du cimetière de Cuires. Circulaire signée par CHEVALLIER, FÉLIX DE VALENCE, Alphée AYNARD, L. DEBORNE, TERME. *Lyon*, André Idt. s. d. In-4, 3 pp.

Duerne.

17558 Lettre des administrateurs du district de la campagne aux députés de la Convention, au sujet du curé constitutionnel de Duerne et du mauvais esprit de cette paroisse. *Lyon*, 24 mars 1793. FOREST, président ; BREGUIER, secrétaire; avec quatre autres pièces concernant le même sujet. Aut. sig. In-4 et in-fol., 12 ff.

Ecully.

17559 Terrier passif des fonds et héritages situés en la paroisse d'Ecully, appartenans à M. André Barety, 1783. Pet. in-4, v., fil. Le titre est imprimé; le reste, composé de 57 ff., est Ms. A la fin plusieurs plans.

Fontaines.

17560 Extrait des registres de la municipalité de St-Martin-de-Fontaines. Délibération du 24 avril 1791 au sujet d'un *Te Deum* qui a servi de prétexte à des troubles. Annexion ou séparation de Notre-Dame-de-Fontaines et de St-Martin-de-Fontaines. Emplacement de l'église, communaux, etc. Collationné : FAVÉRIAT, secrétaire-greffier. Avec la délibération du 20 novembre 1791 sur le même sujet. Prière aux autorités de confirmer l'annexion. Collationné : FAVÉRIAT, secrétaire-greffier. Ms. in-fol., 6 ff.

17561 Réunion définitive des citoyens de Notre-Dame à ceux de St-Martin-de-Fontaines. Arrêtés des administrateurs du Conseil du district de la campagne de Lyon, du 19 septembre 1792, et du Conseil général du départ. de

Rhône-et-Loire, du 20 septembre 1792. Certifié par nous commissaires députés, conforme à l'original : GERMAIN, VARENARD, CHARVET. Sig. aut. Ms. in-fol., 4 ff.

17562 Pétition à la Convention nationale, présentée par les citoyens domiciliés de Notre-Dame-de-Fontaines... pour obtenir l'annulation de l'arrêté du Conseil général du départ. du 20 septembre 1792. s. d. (1793?), sans sig. Ms. in-fol., 8 pp.

17563 Mémoire que donnent les citoyens de la commune de St-Martin-de-Fontaines, contre les citoyens de l'annexe et territoire de Notre-Dame-de-Fontaines, sur la réunion des deux municipalités. s. d. (mars ? 1793). Signé : PAGNIEU, maire; avec neuf autres sig. aut. Ms. in-fol., 5 pp.

17564 Copie de la Lettre écrite au ministre de l'intérieur, du 10 février 1793, par la municipalité de St-Martin-de-Fontaines, au sujet des difficultés survenues entre Notre-Dame-de-Fontaines et St-Martin. Signé : RENARD, secrétaire. Ms. in-4, 2 pp.

17565 Mémoire sur appointement pour les communes de Fontaines et Cailloux-sur-Fontaines, appelant des jugemens du 8 fructidor an VII et 5 floréal an VIII, contre Benoîte Chatanay, P. Vondière, etc. In-4, 80 pp.; le dernier feuillet manque.

17566 Réplique pour les communes de Fontaines et Cailloux-sur-Fontaines, contre les cohéritiers de Martin Chatanay, Pierre Vondière dit Farget, etc. Lyon, Boursy, 1809. In-4, 19 pp.

Francheville.

17567 Registre des arrêtés du Comité révolutionnaire de la commune de Francheville, du 26 frimaire an II au 1er floréal an II. Un cahier cartonné, Mss. pet. in-fol., 29 ff.

Givors.

17568 Sentence arbitrale entre les seigneurs de Givors et la noblesse du pays, sur la juridiction. 2 mars 1302. Copie signée LEMOINE. Ms. in-fol., 10 ff.

17569 Statistique de Givors, ou Recherches sur le nombre des naissances, des décès et des mariages, et sur leurs rapports entre eux et avec les saisons, etc. Par le docteur BRACHET. Lyon, Louis Perrin, 1832. In-8, 79 pp. et tableaux.

Irigny.

17570 Extrait des registres de la Société populaire de la commune d'Irigny. (Insignes d'aristocratie et de fanatisme brûlés). Commune-Affranchie, Bernard, an II. In-4.

Lissieux.

17571 Notes sur la commune de Lissieux-au-Mont-d'Or, départ. du Rhône. s. d. (1847 ?), sans sig. Ms. in-8, 13 pp.

Millery.

17572 Mémoire pour Me Odet, notaire royal à Millery, fermier de la baronnie de Montagny, Millery et autres terres de Mme la comtesse de Senozan, contre L. Langre, habitant à Millery. Me GAULTIER, avocat. Lyon, Delaroche, 1774. In-4, 16 pp.

17573 Adresse de l'administration municipale du canton de Millery, départ. du Rhône, au Corps législatif et au Directoire exécutif. Lyon, P. Bernard, s. d. In-4, 6 pp.

Mont-Cindré.

17574 Extrait du procès-verbal du Comité de surveillance du canton de Mont-Cindre, du 16 prairial an II, contenant une dénonciation faite par Jean-Marie Sève contre Barthélemi Genevay, dit Cholet, demeurant chez Finguerlin. Signé : GIROUD fils, secrétaire. (4 juin 1794). Expédition collationnée. Ms. in-fol., 1 f.

17575 Le Mont-Cindre. — Imprimé avec des caractères neufs, mignonne pour le texte, nompareille pour les notes, sur couronne vélin, à 12 exemplaires seulement. (Par M........, fille de M. Mazade d'Avèze). Lyon, le 25 novembre 1807. In-32, 30 pp.

Mornant.

17576 Adresse de la ville de Mornant en Lyonnais à nosseigneurs de l'Assemblée nationale. s. d. (1789). In-4, 3 pp.

17577 Pétition des sans-culottes de Mornant aux députés de la Convention, pour faire déclarer leur cure vacante et procéder à la nomination d'un curé constitutionnel; avec une note marginale approbatrice de Basire, signée : BASIRE, ROYÈRE, LEGENDRE, MAGNON, secrétaire. Lyon, 29 mars 1793. A la fin de la pièce : Nomination du citoyen Ballyat par l'évêque Adrien Lamourette. Aut. sig. Ms. in-fol., 5 pp. sceau. — Avec deux autres pièces aut. sig., sur le même sujet. In-fol., 14 pp.

17578 Rapport des administrateurs du Directoire du district de la campagne de Lyon, aux députés de la Convention, des démarches faites pour l'arrestation du sieur Augier, prêtre, ci-devant curé de Mornant. Lyon, 29 mars 1793. PECOLLET, président; FOREST; MARTINIÈRE, procureur-syndic; BREGNIER, secrétaire. Aut. sig. In-4, 1 pp.

17579 Les Citoyens de la commune de Mornant,

chef-lieu de canton, district de la campagne de Lyon, départ. du Rhône, à leurs concitoyens du canton, vrais amis de l'ordre, de la justice et de la Convention (sur les désordres qui ont eu lieu à Mornant). s. d. (fructidor an III ?), s. n. d'impr. In-8, 14 pp.

Mothe (Château de La).

17580 Notice sur le château de La Mothe, par M. COCHARD. *Lyon*, Barret, s. d. In-4, 8 pp.

Neuville-sur-Saône.

17581 Extrait d'un titre de 1437 qui établit que les ducs de Savoie sont seigneurs supérieurs de Vimy ou Neuville. *Turin*, 7 février 1780. *Signé* : Jean-Baptiste PASQUIERI, et attestation de ladite signature. *Signé* : LALANDE. Ms. in-fol., 2 ff.; sceau.

17582 Lettre de ROLAND, sans suscription. Notes contre la veuve du sieur Perret et contre la manufacture de Neuville, au sujet du privilège de manufacture royale qui fut accordé autrefois au sieur Perret. *Lyon*, le 28 décembre 1786. *Signé* : ROLAND DE LA PLATIÈRE. Aut. in-4, 3 pp.

Orliénas.

17583 Adresse de la Garde nationale d'Orliénas à ses concitoyens. *Signé* : GAUTIER, colonel, d'Orliénas ; VINDRY, capitaine ; GUINAND, second capitaine. s. d. et s. nom d'impr. In-8, 3 pp.

Oullins.

17584 Voyage à Oullins et au Perron, par M. COCHARD. *Lyon*, Pézieux, 1826. In-8, 47 pp.

17585 Recueil de différentes pièces... propres à servir de matériaux pour l'histoire précise et simple de ce qui s'est passé au sujet de la dissolution du Conseil municipal de la commune d'Oullins (Rhône), et des dernières élections faites en juillet 1843; par M. le docteur BALME. In-8, 32 pp.

Poleymieux.

17586 Fête villageoise donnée au curé de Poleymieux (M. Donet) à l'occasion de sa cinquantième année de cure. Décembre 1783. In-12, 14 pp.

Roche (Château de la).

17587 Lettres-patentes de l'échange du seigneur Burcardus, archevêque et comte de Lyon, pour la justice et autres droits seigneuriaux du château de la Roche. 29 avril 1014 ; vues le vendredi 17 juin 1580. Copie moderne. In-4, 11 pp.

Riverie.

17588 Lettre de BLANCHART, chef de la 12e légion de la gendarmerie nationale, au citoyen Najac, préfet du Rhône, au sujet des troubles qui ont eu lieu à Riverie, canton de Mornant, où les habitants, le maire en tête, ont chassé le curé constitutionnel, à l'instigation des prêtres insoumis. *Lyon*, 25 floréal an X. Lett. aut. sig. In-4, 2 pp. avec note marginale non signée.

Sainte-Colombe.

17589 Statistique de Sainte-Colombe-lès-Vienne, et de Condrieu ; article extrait de l'Almanach de Lyon pour l'année 1813. Par M. COCHARD. *Lyon*, Ballanche. In-8, demi-rel. m. r., non rogné.

17590 Fin de la Notice statistique du canton de Ste-Colombe, par N.-F. COCHARD. s. d. (1824 ?). In-8, 39 pp.

17591 Vente à Jean Saliset, de Vienne, de l'île de Carniole entre Ste-Colombe et l'île de la Commanderie de St-Romain-en-Galles. 3 mars 1377. Copie signée : MASSAC. Ms. in-fol., 2 ff.

17592 Procès-verbal fait par M. DE CHAPONAY au sujet des ruines et démolitions faites à Ste-Colombe-lès-Vienne pendant les troubles de la Ligue. Novembre 1611. *Signé* : DE CHAPPONAY. Ms. in-fol., 6 ff.

17593 Vente faite par les Commissaires généraux du Conseil, députés par le roi par arrêt de son Conseil d'État, au sieur Jean Federy, des domaine, seigneurie et viguerie de Ste-Colombe. 20 août 1750. Délivré et signé à *Paris*, 4 décembre 1751. Ms. parchemin in-fol., 4 ff.

17594 Enregistrement, à la requête du sieur Jean Federy, des domaine, seigneurie et viguerie de Ste-Colombe. Ms. parchemin in-4, 2 ff.

17595 Eloge funèbre des gardes nationales qui ont péri dans l'affaire de Nancy, prononcé à Ste-Colombe-lès-Vienne par M. LAMBERT, aide-de-camp dans les gardes nationales. (Le 13 septembre 1790). In-4, 7 pp.

17596 Pétition des citoyens soussignés du canton de Colombe-lès-Vienne, départ. du Rhône, adressée au Directoire exécutif de la République française. s. d. In-4, 8 pp.

17597 Lettre du maire de Ste-Colombe sur le changement du chef-lieu de canton (contenant diverses notes historiques). s. d. (181.?). Copie non signée. Ms. in-fol., 3 ff.

Saint-Cyr.

17598 Notice historique et statistique (concernant) St-Cyr-sur-le-Rhône, par M. COCHARD. s. d. In-8, 40 pp.

Saint-Didier.

17599 Banquet démocratique. Invitation faite par les citoyens de la commune de St-Didier-au-Mont-d'Or aux citoyens des communes voisines , pour les prier d'assister , le 18 mars 1849, à un repas fraternel. *Signé* : La Commission provisoire : GIRAUDIER, etc. s. d. (mars 1849). *La Croix-Rousse*, Lépagnez. In-fol.

Sainte-Foy.

17600 Discours prononcés à la Société populaire des Jacobins sans-culottes de la commune de Bonnefoi, décadi 20 pluviose an II , à la fête de l'inauguration du temple de la Raison. *Commune-Affranchie*, Destéfanis, an II (8 février 1794). In-8; 30 pp.

Saint-Genis-Laval.

17601 Lettre de D'ORMESSON à M. Pallu , au sujet de la prétention des comtes de Lyon qui ne veulent pas contribuer à l'acquisition d'une maison qui doit servir de presbytère pour St-Genis-Laval dont ils sont seigneurs. *Paris*, 12 juillet 1741. Sa sig. aut. Ms. in-fol., 2 pp.

17602 Adresse du Conseil général de la commune de St-Genis-Laval à MM. les administrateurs du départ. de Rhône-et-Loire, sur les difficultés qui subsistent entre ladite commune et le citoyen Marion. 23 décembre 1791. In-4, 15pp.

Saint-Martin-la-Plaine.

17603 Adresse de St-Martin-la-Plaine à l'Assemblée nationale (sur les dîmes et impôts). s. d. (décembre 1790 ?). s. n. d'impr. In-8, 15 pp.

Saint-Martin-en-Haut.

17604 Pétition des habitants de St-Martin-en-Haut, adressée aux commissaires de la Convention , concernant le séjour dans leur commune et dans celles de Montroman et Duerne de six cents hommes de force armée envoyés de Lyon pour les contenir. s. d. (mars ? 1793); avec 14 sig. aut. Ms. in-fol., 3 pp.

Saint-Romain-en-Galles.

17605 Notice sur St-Romain-en-Galles , par COCHARD. *Lyon*, Rusand, s. d. In-8, 28 pp.

17606 Mémoire au sujet de la possession de l'île du Chapeau-Rouge par le commandeur de St-Romain-en-Galles. 16 mai 1751; avec un plan terrier. *Signé* : DE RUFFÉ. Ms. in-fol., 2 ff.

Saint-Symphorien-le-Château.

17607 Notice sur la ville de St-Symphorien-le-Château (avec des notes marginales de M. COCHARD). (18..? ?). Ms. in-fol., 15 ff.

17608 Notice historique et statistique du canton de St-Symphorien-le-Château , arrondissement de Lyon , départ. du Rhône ; par Nic.-Franç. COCHARD. *Lyon* , J.-M. Barret , 1827. In-8, 216 pp., portr.

17609 Consultation (*au sujet de dixmes à St-Symphorien-le-Château*). Délibéré à Paris , le 15 décembre 1762. *Signé* : LEGOUVÉ, avocat. In-4, 9 pp.

17610 Extrait des registres du Parlement, du 4 août 1773 (concernant l'Hôtel-Dieu et l'hôpital de St-Symphorien-le-Château). *Lyon*, Regnault, 1774. In-4, 16 pp.

17611 Mémoire présenté à l'Assemblée nationale par la ville et communauté de St-Symphorien-le - Château (concernant la nomination du maire). 10 mars 1790. In-4, 26 pp.

17612 Observations du maire de la commune de St-Symphorien-sur-Coise , pour justifier l'arrêté par lui pris le 12 prairial an X relativement à l'élargissement du chemin tendant de ladite commune au Pont-Français. *Signé* : BRET, maire. *Lyon* , Ballanche, an XI. In-4 , 12 pp.

Savigny.

17613 A l'Assemblée nationale (requête signée : RIBOLLET , pour fixer à Savigny le tribunal de justice de paix). s. d. In-4, 4 pp.

Tarare.

17614 Arrêt du Conseil d'Etat du roi qui fixe le nombre de bœufs pour aider les voitures à monter la montagne de Tarare en Lyonnois. Du 1er juin 1781. *Lyon*, 1781. In-4, 3 pp.

17615 Arrêté du Directoire. Nomination du citoyen Charvin comme commissaire du pouvoir exécutif près l'administration municipale du canton de Tarare. Sig. aut. de CARNOT, président , et du secrétaire. 26 prairial an IV. Ms. in-fol., 1 p.

17616 Pétition adressée par M. Best, architecte de St-Etienne, à Son Excellence le ministre des finances, duc de Gaëte, afin d'en obtenir une exemption d'impôts pour les bâtiments nouveaux qu'on pourrait construire à Tarare sur un nouveau plan. *Paris*, le 10 janvier 1813. Sig. aut. Ms. in-fol., 3 pp.

17617 Procès-verbal dressé par la brigade de gendarmerie de Tarare contre des jeunes gens qui ont chanté un hymne en l'honneur de Napoléon et qui ont crié : *Vive l'empereur!... Tarare*, 29 août 1814. Sig. aut. des cinq gendarmes. Ms. in-fol., 2 pp.

Thurins.

17618 Certificat et consentement d'Etienne Du Gas, chevalier, seigneur direct et haut-justicier,

etc., président au présidial, etc., pour appuyer la requête des habitants de Thurins qui demandent le rétablissement de quatre foires dans leur paroisse. « Et aux présentes avons apposé le scel de nos armes, en notre château de Thurins. A *Thurins*, ce 1er août 1788. » Signé : Le président, DU GAS. Ms. aut. sig. In-fol., 1 p. sceau.

Tour de la Belle-Allemande.

17619 Tour (la) de la Belle-Allemande, tradition lyonnaise ; par Joseph BARD. *Paris*, Paulin, 1834. In-12, 88 pp.

BEAUJOLAIS.

Généralités.

17620 Histoire du Beaujolois. 2 parties. — Histoire de la souveraineté de Dombes, troisième partie de l'Histoire du Beaujolois. s. d. (XVIIIe siècle). Ms. à longues lignes. Les deux parties de l'*Histoire du Beaujolois* proprement dite, comprenant 250 pages d'une écriture assez mauvaise et cependant très lisible. La 3e partie, ou *Histoire de Dombes*, contient 384 pages d'une écriture meilleure. 1 vol. in-fol., bas.

17621 Histoire du Beaujolais et des Sires de Beaujeu, suivie de l'Armorial de la province, par le baron DE LA ROCHE LA CARELLE. *Lyon*, Louis Perrin, 1853. 2 vol. in-8, fig. et carte, écusson colorié ; ouvrage tiré à petit nombre.

17622 Mémoires historiques et économiques sur le Beaujolois, ou Recherches et observations sur les princes de Beaujeu, la noblesse, l'histoire naturelle, etc., du Beaujolois; par BRISSON. *Avignon* et *Lyon*, 1770. In-8, v.f., fil. [Koehler.]

17623 Mercure de France. Juin 1748. Ce numéro contient un Mémoire sur la baronnie du Beaujolais, par DERHINS. In-12.

17624 Notice historique sur les seigneurs de Beaujeu; par Aug. BERNARD. s. d. (1845), s. nom de ville et sans nom d'impr. In-4, 19 pp.

17625 Les sires de Beaujeu, ou Mémoires historiques sur le monastère de l'Ile-Barbe et la tour de la Belle-Allemande, extraits d'une chronique du XIVe siècle ; par l'auteur de *Paris, Versailles et les Provinces. Lyon*, Tournachon-Molin , 1810. 2 vol. in-8, cart. rouge.

17626 Voyage dans le haut Beaujolais, par M. DE LA ROCHETTE. *Roanne*, Thizy, 1847. 2 vol. in-8.

17627 Transaction entre Guichard , seigneur de Beaujeu, et Guichard de Marzé, au sujet de la

juridiction. 7 octobre 1322. Copie non signée. Ms. in-fol., 1 f.

17628 Pièce concernant les guerres contre les seigneurs de Beaujeu ; de 1394. Ms. in-fol. sur vélin, imparfait.

17629 Concession et vente de toute sorte de chasse aux habitants du Beaujolois, par Charles, seigneur de Beaujeu. Décembre 1436. Ms. in-fol., 9 ff.

17630 Copie de Mémoires envoyés de Moulins pour être expédiés à Bâle , en faveur de Philippe de Bourbon, baron de Beaujeu, contre les archevêque , doyen et chapitre de Lyon , qui réclamaient foi et hommage pour trois places, les château et ville de Trévoux , du Chatelart et d'Ambérieux, qui, suivant Philippe de Bourbon, ne lui appartenaient plus. Ce Mémoire, sans date , est accompagné de pièces justificatives de 1436 et années suivantes. Cette Copie a été « prise (le 25 mars 1701) sur une ancienne copie estant en la chambre du trésor de la baronnie du Beaujollois, à Villefranche, » par le secrétaire d'icelle (LESPINASSE) qui a signé l'expédition. Ms. in-fol., 19 ff., papier timbré. Pièce intéressante.

17631 In nomine Domini.... Actes du procès porté au concile de Basle, de 1438 à 1440 , entre le duc de Bourbon , comte de Forez et baron de Beaujeu, d'une part, et les seigneurs archevêque et chapitre de Lyon, d'autre part, pour sa foi et hommage que doit ledit baron à l'Eglise de Lyon. Expédition sur parchemin , délivrée par Jacques DE TROYE. Ms. pet. in-fol., 42 ff.

17632 Règlement provisionnel concernant l'abréviation des procès, etc., au bailliage de Beaujollois. *Lyon*, A. Durosne , 1567. Pet. in-8, demi-rel., dos et coins m. r. [Thouvenin.]

17633 Etablissement de la justice ordinaire du

pays de Beau-jollois, faicte par Mgr le duc de Mont-pensier , baron dudit pays , authorisé et approuvé par le roy, avec le procès-verbal de l'exécution d'iceluy edit de S. M. sur le règlement des baillifs, seneschaux, leurs lieutenants, prevots, chastellains et autres juges ordinaires de ce royaume. *Lyon*, Thibaud Ancelin, 1594. Pet. in-8, 80 pp.

17634 Etat de plusieurs aliénations de justices et rentes faites par le prince de Beaujeu en 1603 et 1604. Ms. in-fol., 2 ff.

17635 Arrest du Conseil d'Estat du roy, qui ordonne que les droits réservés seront payés dans toutes les justices royales de l'apanage et terres patrimoniales de M. le duc d'Orléans, situées en Beaujolois. Du 3 août 1754. *Lyon* , P. Valfray. In-4, 4 pp.

17636 Comparaison des différentes mesures usitées à Belleville, Corcelles, St-Lager, Ordenas, Néty et autres lieux du Beaujolais, avec l'estimation du prix des denrées en 1749 et 1750. s. d. (1751?). Ms. in-fol., 3 ff.

17637 Arrêt du Conseil d'Etat du roi, qui ordonne que les habitans ayant des jougs de bœufs dans les paroisses d'Anse, Ambérieux , Quincieux...., seront assujettis à contribuer au transport des équipages des troupes passant à Villefranche. 25 juin 1765. *Lyon*, Valfray. 1766. In-4, 4 pp.

17638 Commerce (le) des vins réformé , etc., par M. C. S. *Lyon*, Berthoud, 1769. In-8. Cet ouvrage contient beaucoup de notes sur les vins du Beaujolais, etc.

17639 Projet formé dans l'intention de procurer aux propriétaires des vignobles de la 1re classe de la province du Beaujolois le débouché le plus prompt, etc. s. d. (177.?). In-12, 175 pp.

17640 Procès-verbal des séances de l'Assemblée de l'ordre de la noblesse du ressort de la sénéchaussée de Beaujolois , tenue à Villefranche en mars 1789. *Lyon*, Delaroche , 1789. In-4 , 26 pp.

17641 Rapport fait à l'Assemblée nationale , au nom du Comité des dixmes , par M. CHASSET , député du Beaujolais , le 9 avril 1790. *Paris*, de l'impr. nationale, 1790. In-8, 30 pp.

17642 Lettre de Mme Roland , sans suscription, au sujet des affaires publiques. Invitation de venir au Clos. *Lyon* , 23 juin 1790. Aut. non sig. In-12, 4 pp.

17643 Tableau nominatif des fonctionnaires ecclésiastiques du district de Villefranche qui n'ont pas prêté le serment conforme aux décrets, ou qui l'ont retracté ; et des curés nommés par l'Assemblée électorale du district séante à Villefranche, les 12,13 et 14 juin 1791. Au bas : Certifié véritable par nous administrateurs soussignés , à Villefranche , en directoire, ce jourd'hui 27 juin 1791. *Signé* : VARENARD, syndic; DESPORTES, CHANAL, BONAMOUR, TRICAUD. Sig. aut. Ms. gr. in-fol., 1 p.

17644 Extrait du registre des délibérations du Directoire du district de Villefranche, départ. de Rhône-et-Loire , concernant les troubles causés par les prêtres réfractaires;du 20 février 1792. *Villefranche*, Pinet, 1792. In-4, 11 pp.

17645 Manuel-pratique de boisement, par M. F. BONNATIER, secrétaire adjoint du Comice agricole de Villefranche(Rhône). *Villefranche*, veuve Pinet, 1844. In-12, 59 pp.

Lieux particuliers du Beaujolais.

17646 Papiers divers concernant les communes de St-Lager, La Mure, Létra , St-Jullien, Claveizolle, Ardière, Villié, etc., pendant la période révolutionnaire. Mss. aut. sig., sceaux.

Villefranche.

17647 Histoire de Villefranche, capitale de Beaujolois ; par P. LOUVET. *Lyon* , Daniel Gayet, 1671. In-12, v. marbré, fil.

17648 Mémoires contenant ce qu'il y a de plus remarquable dans Villefranche , capitale du Beaujolois. *Villefranche*, Ant. Baudrand, 1671. In-4, fig., v. f., fil. [Koehler.]

17649 Description du feu d'artifice dressé dans la place Neuve de Villefranche par les soins de MM. les maire et échevins de la ville , en réjouissance de la naissance de S. A. R. Mgr le duc de Chartres. Le 17 septembre 1703. *Villefranche* , Antoine Martin , M.DCC.III. Pet. in-fol., dos et coins mar. r. [Koehler.]

17650 Arrest de la Cour du parlement qui ordonne que les canonicats du chapitre de Villefranche en Beaujolois seront conférés par préférence aux enfants nés et originaires de la ville. Du 29 avril 1741. In-4, 4 pp.

17651 Edit du roi , portant rétablissement du siége de la sénéchaussée de Villefranche. Donné à Versailles, au mois de septembre 1775. *Lyon*, 1776. In-4, 4 pp.

17652 Lettres - patentes du roi , qui placent la ville de Villefranche en Beaujolois dans le second ordre seulement de celles où il a été établi des jurandes par l'édit d'avril 1777. Données à Versailles le 30 décembre 1784. *Paris*, 1785. In-4, 4 pp.

17653 Lettre de ROLAND , sans suscription. Sollicitation en faveur du Sr Broun , suisse de Mulhouse, qui vient établir une manufacture à Villefranche , et de MM. Frèrejean frères qui veulent établir une maison pour le cuivre et la chaudronnerie. *Lyon*, le 5 janvier 1787. *Signé* : ROLAND DE LA PLATIÈRE. Aut. in-4, 2 pp.

17654 Lettre des officiers du bailliage de Villefranche en Beaujolois, à M. de Lamoignon , garde des sceaux, après l'envoi des nouveaux édits. s. d. (mai 1788?). s. nom d'impr. In-8, 4 pp.

17655 Délibération des communes de Villefranche en Beaujolois, du 19 juillet 1789. *Lyon*, 1789. In-8.

17656 Observations du Bureau intermédiaire de l'Assemblée de département de Villefranche sur un ouvrage intitulé : *Rudiment élémentaire des droits naturels et civils, à l'usage des habitans ruraux du Beaujolois.* 1789. In-8, 32 pp.

17657 Extrait du registre des délibérations et procès-verbaux du Comité de surveillance révolutionnaire de Villefranche. *Signé* : GUILLOT, secrétaire. Ms. in-4, 54 ff.

17658 Adresse à mes concitoyens du district de Villefranche, départ. de Rhône-et-Loire ; par PRESSAVIN. *Villefranche*, P.-J. Pinet, 1792. In-8, 8 pp.

17659 Discours prononcé au club des Amis de la Constitution, séant à Villefranche, chez le sieur Morin, par Louis PERAUD, jardinier et greffier de la municipalité de Beligny, le 9 avril 1791. *Villefranche*, Pinet, 1791. In-8, 4 pp.

17660 Extrait du compte rendu à la Société populaire de Villefranche par PRÉVERAUD, après la sortie des rebelles lyonnois. 14 octobre 1793. *Signé :* pour copie conforme, MÉTRA fils, secrétaire. Ms., 1 f., sceau.

17661 Lettre du représentant du peuple REVERCHON au district de Villefranche, pour annuler un arrêté pris par le district de la campagne au sujet des gens suspects. *Commune-Affranchie*, 16 thermidor an II. Lett. aut. sig. In-4, 1 p.

17662 Lettre d'envoi de deux arrêtés relatifs à l'extermination du fanatisme, par les administrateurs du district de Villefranche. 12 frimaire an II. Ms. in-fol., 1 ff.

17663 Procès-verbal de la Société populaire de Villefranche, contenant la justification de la conduite de Préveraud. 7 pluviose an II. — Extraits d'un discours et d'une adresse composés par le citoyen PRÉVERAUD. Mss. in-fol., 7 ff.

17664 Arrêté du Conseil général du district de Villefranche, départ. du Rhône, relatif à la division et estimation des biens possédés ci-devant par les émigrés. Du 28 brumaire an II. *Villefranche*, Pinet, an II. In-4, 6 pp.

17665 Arrêté du Directoire du district de Villefranche-sur-Saône, départ. du Rhône, du 16 ventose an II, concernant l'administration des biens des émigrés, des rebelles lyonnais et de tous les autres domaines nationaux. *Villefranche*, Pinet, an II. In-4, 6 pp.

17666 Les administrateurs du district de Villefranche à leurs concitoyens. — Arrêté des représentants du peuple, RICHAUD et BOREL, envoyés dans les départ. de l'Ain, de l'Isère, du Rhône, etc., concernant la répression des vols et brigandages. *Lyon*, le 16 ventose an III. — Extrait du registre des délibérations de l'administration du district de Villefranche, du

8 germinal an III, au sujet de l'arrêté des représentants du peuple Richaud et Borel. *Villefranche*, Pinet, an III. In-4, 12 pp.

17667 Lettre des administrateurs du district de Villefranche au citoyen Tellier, représentant du peuple à Lyon, au sujet de l'organisation du Tribunal et des autorités du district. Désignation de quelques citoyens pour compléter l'administration. *Villefranche*, 28 frimaire an III. Sig. aut. Ms. in-fol., 2 pp., sceau.

17668 Arrêté des représentants du peuple TELLIER et RICHAUD, qui nomme les citoyens Boiron fils aîné et Prost membres du Comité révolutionnaire de Villefranche, en remplacement des citoyens Lacroix et Ducroux. *Lyon*, 26 nivose an III. Sig. aut. des deux représentants. Ms. minute in-fol., 1 p.

17669 Lettre de la Convention, signée FLEURY, au Comité révolutionnaire de Villefranche, pour le prévenir qu'elle vient d'ordonner l'insertion au *Bulletin* de l'adresse de félicitation que le Comité lui a fait parvenir. *Paris*, 5 pluviose an III. Sig. aut. Ms. in-fol., 1 p.

17670 Trois arrêtés de TELLIER, représentant du peuple, qui nomment divers citoyens comme chef de légion, juges de paix et officiers municipaux à Villefranche. Pour les trois pièces : *Villefranche*, 10 pluviose an III. Aut. sig. In-4, 3 ff.

17671 Arrêtés des représentants, lettres et pièces diverses concernant la nomination d'un président du district de Villefranche. Pluviose et ventose an III. 5 pièces aut. sig. In-4 et in-fol., sceaux.

17672 Procès-verbal de la commune de Villefranche au sujet de deux arbres de la liberté qui ont été abattus. Du 29 pluviose an III. Sig. aut. du secrétaire. Ms. in-4, 1 p.

17673 Lettre du citoyen BARROT, bibliothécaire national à Villefranche, au citoyen Guigoud, secrétaire général du départ. du Rhône à Lyon, pour réclamer le paiement de cinq mois de traitement. *Villefranche* 3 fructidor an IV. Lett. autogr. sig. In-4, 1 p. — Avec une Lettre du même au citoyen commissaire du pouvoir exécutif, pour le même sujet. *Villefranche*, 7 fructidor an IV. Lett. aut. sig. In-4, 2 pp.

17674 Arrêté du Directoire exécutif concernant le remplacement de quelques administrateurs municipaux de la commune de Villefranche. *Paris*, 23 floréal an VI. Sig. aut. du ministre de l'intérieur, ESTOURNEUX. Ms. in-fol., 2 pp. ; sceau.

17675 Conseil des Cinq-Cents. Rapport fait par PRESSAVIN sur l'établissement d'un Tribunal de commerce dans la commune de Villefranche, départ. du Rhône. Séance du 11 prairial an VII. In-8, 4 pp.

17676 Procès-verbal du sous-préfet de Villefranche au sujet du mépris que les habitants et même les officiers de cette commune affichent pour le calendrier républicain. Troubles survenus à cette occasion. *Villefranche*, 3 germinal an IX. Ms. aut. sig. In-4, 4 pp.; sceau.

17677 Discours prononcé par M. le conseiller d'Etat, préfet du Rhône, lors de l'installation du maire de Villefranche. *Lyon*, Ballanche, 1816. In-4, 8 pp.

17678 Lettre de M. Terme aux électeurs de Villefranche. *Lyon*, 20 février 1839. s. n. d'impr. In-4, 3 pp.

17679 L'Octroi et la réunion des faubourgs. Très petit calcul sur ces grandes questions, présenté aux habitants de la ville de Villefranche et de ses faubourgs; par P. Beuf (de Limas). *Lyon*, Léon Boitel, 1843.

17680 Liste des commerçants patentés pour le renouvellement du Tribunal de commerce de Villefranche, année 1850 (arrondissement de Villefranche). *Lyon*, Chanoine. In-fol., 95 pp., autographié.

17681 Liste des commerçants patentés pour le renouvellement partiel du Tribunal de commerce de Villefranche en 1851. *Lyon*, Chanoine. In-fol.

17682 Règles et Statuts de l'Hostel-Dieu de Villefranche, capitale de la province de Beaujollois. *Villefranche*, Baudrand, 1669. In-fol., demi-rel., v. f. [Koehler.]

17683 Lettres-patentes, statuts, règlements et tableau de l'Académie royale des sciences et beaux-arts de Villefranche en Beaujolais. *Lyon*, Delaroche, 1782. In-8, 16 pp.

17684 Recueil de plusieurs pièces d'éloquence et de poësie présentées à l'Académie de Villefranche en Beaujollois pour le prix proposé l'année 1688. *Villefranche*, A. Martin, 1688. In-12, 122 pp.

17685 Travail de l'année 1804 de la Société d'agriculture des propriétaires de l'arrondissement de Villefranche, départ. du Rhône. *Villefranche*, chez P.-J. Pinet, 1805. Un vol. in-4.

17686 Comice agricole de Villefranche (Rhône). Programme des prix proposés par le Comice le 3 juillet 1843, pour être décernés dans la séance générale de novembre 1844. *Villefranche*, veuve Pinet, 1843. In-8, 19 pp.

17687 Comice agricole de Villefranche. Pétition adressée à M. le Ministre de l'agriculture et du commerce, par M. Lièvre aîné. *Villefranche*, veuve Pinet (1844). In-4, 7 pp.

17688 Congrès central d'agriculture. Rapports des deux Commissions des vins; sessions de 1844 et 1845. Extraits des discussions. Vœux du Congrès. *Paris*, veuve Dondey-Dupré, 1845. In-8, 48 pp.

17689 Procès-verbal du Comice agricole de Villefranche (Rhône). Amélioration des vaches, prix aux taureaux. Arrêté en séance générale le 3 novembre 1845. *Signé* : Le président, E. de Vauxonne. *Villefranche*, Pinet. In-fol.

17690 Rapport aux Comices de Beaujeu et de Villefranche, par M. Carlhant. *Villefranche*, Léon Pinet, 1846. In-8, 24 pp.

Amplepuis.

17691 Arrêté de la commune d'Amplepuis qui ordonne que la croix qui est au milieu de la place sera remplacée par un arbre de la fraternité, que les ci-devant dimanches ne seront plus fêtés, et que la ci-devant église sera fermée. *Amplepuis*, 30 brumaire et 1er frimaire an II. Sig. aut. du secrétaire. Ms. in-4, 3 pp.

17692 Extrait du registre des délibérations de la commune d'Amplepuis. Délibération et arrêté concernant la destruction de l'arbre de la fraternité, délit atroce dont on ne connaît pas les auteurs. *Amplepuis*, 26 nivose an III. Pour extrait, collationné : Allemand, secrétaire. Sig. aut. Ms. in-4, 2 pp.

Anse.

17693 Histoire d'Anse (*Asa Paulini*) et quelques mots sur plusieurs villes et villages environnants, par Yves Serrand. *Villefranche*, Léon Pinet, 1843. In-12.

17694 Procès-verbal de la célébration de la fête de la Raison à Anse, 10 frimaire an II. Plusieurs sign. Ms. in-fol., 1 f.

17695 Registre contenant copie de la correspondance de la Société populaire établie à Anse. De thermidor an II à pluviose an III. Ms. in-fol., 6 ff.

Les Ardillats.

17696 Contrat d'acquisition de la seigneurie des Ardillats par Claude Denoblet, seigneur des Prés. 30 octobre 1603. Copie signée Leblanc et Hugues. Ms. in-4, 8 ff.

Avenas.

17697 Notice sur l'ancien autel d'Avenas, par M. Péricaud aîné. *Lyon*, Léon Boitel. In-8, 7 pp.

Beaujeu.

17698 Sommaire du revenu de l'Hostel-Dieu de Beaujeu, extraict du livre des affaires dudit Hostel, l'an 1578. Ms. in-fol., 4 ff.

17699 Arrêt du Conseil d'Etat du roi, par lequel S. M., en confirmant l'ordonnance du Bureau des finances de Lyon du 9 mars 1774 concernant l'alignement d'une maison dans la traversée de la ville de Beaujeu, a cassé celles du juge de Beaujeu des 25 et 26 avril 1783. Du 11 juillet 1783. *Lyon*, impr. du roi, 1783. In-4, 4 pp.

17700 Supplique présentée à l'auguste Assemblée nationale, etc., par la ville de Beaujeu en Beaujolais. *Paris*, Valleyre. s. d. (1789). In-4, 4 pp.

Belleville.

17701 Recherches sur l'emplacement de Lunna et sur deux voies romaines traversant la partie nord du départ. du Rhône , par M. J.-A.-B. D'AIGUEPERSE. *Lyon*, Barret, 1844. In-8,17pp.
— Lettre à M. Auguste Bernard.... sur l'emplacement de Lunna , ville gallo-romaine; par M. A.-J.-B. D'AIGUEPERSE. *Lyon* , Mougin-Rusand, 1847. In-4, 11 pp.
17702 Premier Essai sur Belleville , par l'abbé CHAMBEYRON. *Paris, Lyon*, 1845. In-8.
17703 Extrait des registres de la garde nationale de Belleville. Nomination des vingt défenseurs de la République qui partiront demain matin. *Belleville*, 10 août 1793. Sig. aut. des officiers, avec l'attestation de la municipalité. Signatures aut. Ms. in-4, 4 pp.
17704 Certificat d'admission du citoyen Despiney dans la Société populaire de Belleville. 27 brumaire an II. Sig. aut. In-4, 1 p.; sceau.
17705 Lettre des sans-culottes composant le Directoire de Villefranche aux sans-culottes composant le Comité de surveillance de Belleville, pour qu'ils aient à envoyer immédiatement l'argenterie des Pénitents. *Villefranche*, 7 pluviose an II. Sig. aut. Ms. in-4, 1 p.
17706 Lettre de démission du citoyen Chiniard, membre du Comité de surveillance de Belleville. *Belleville*, 14 prairial an II (2 juin 1794). Aut. sig. In-4, 1 p.
17707 Lettre de la municipalité de Belleville au sujet des impositions. *Belleville* , 4 germinal an II. Sig. aut. Ms. in-4, 1 p. — Autre au sujet du tableau des détenus. Même date. Sig. aut. Ms. in-4, 1 p.
17708 Etat général des citoyens du canton de Belleville ayant le droit de voter dans les assemblées primaires. Arrêté par nous administrateurs municipaux..... le 30 pluviose an V. Sig. aut. des membres de la municipalité. Ms. in-4, 26 pp.; sceau.
17709 Conseil des Cinq-Cents. Rapport fait par PRESSAVIN sur un échange que la commune de Belleville se propose de quelques portions de terrain, contre celui d'un citoyen, situé à deux cents mètres de la commune, pour en faire un cimetière. Séance du 11 prairial an VII In-8, 3 pp.

Bois-d'Oingt.

17710 Adresse du bourg du Bois-d'Oingt et de vingt paroisses circonvoisines en Lyonnais, etc., et leurs vœux pour que le bourg du Bois-d'Oingt soit érigé en chef-lieu de justice. 29 novembre 1789. In-4, 12 pp.
17711 Paroles prononcées à l'inauguration de l'arbre de la liberté sur la place publique du Bois-d'Oingt (Rhône) , le dimanche 30 avril 1848 , par le juge de paix de ce canton. *Signé* : PI-

CHER DE GRANDCHAND. *Lyon* , Rey-Sezanne , typogr. Nigon. In-4, 2 pp.

Le Breuil.

17712 Délibération du Conseil de la commune du Breuil au sujet des trois volontaires que la commune doit fournir. Mardi 26 mars 1793; avec neuf sig. aut. Au bas : Tiré copie.... le 13 avril 1793. *Signé* : Gaspard DEBROST , procureur de la commune. Aut. sig. In-4 , 1 p.

Charentay.

17713 Lettre de Nugue, commissaire du Gouvernement près le Tribunal criminel du départ. du Rhône , au préfet du même départ., pour le prévenir que l'arbre de la liberté de la commune de Charentay a été renversé et qu'il est nécessaire d'user de rigueur envers les coupables. *Lyon* , 3 frimaire an X. Lett. aut. sig. In-4, 2 pp.

La Chassagne.

17714 Articles allégués par Guichard de Marzé pour la juridiction de la terre de la Chassagne. sur-Anse. (16..??). Non signé. Ms. in-fol., 7 ff.
17715 Erection de la terre de la Chassaigne en baronnie. Août 1672. Signatures aut. Ms. in-fol., 3 pp.
17716 Extrait des titres de propriété du baron de la Chassagne , 1745. Non signé. Ms. in-fol., 2 ff.

Chiroubles.

17717 Vente passée aux habitants de Cheroubles (*sic*) de divers cens et servitudes par Mgr Henry de Bourbon , prince et baron de Beaujolois. 25 février 1604. Ms. copie non signée. In-4, 3 ff.

Fleurie.

17718 Organisation de la municipalité de Fleurie; du 1er frimaire an II. Sig. aut. du procureur de la commune. Ms. in-4, 2 pp.
17719 Lettre de LORON , agent national de la commune de Fleurie , au Comité révolutionnaire du district de Villefranche, pour annoncer qu'un prêtre réfractaire qui fanatisait la commune n'y fait plus sa retraite, et que la tranquillité règne dans le pays. *Fleuri*, le 11 pluviose an III. Lett. aut. sig. In-4, 2 pp.

Juliénas.

17720 Mémoire pour Cl. Janin, seigneur de Juliénas (au sujet de l'exemption des péages). (1716). In-fol., 36 pp.

Lamure.

17721 Procès-verbaux des séances du Comité révolutionnaire de Lamure, du 20 brumaire an II à fructidor id. Ms. in-fol., 4 ff.

Limas.

17722 Pétition des vignerons de Limas à M. Roche-Alix, marchand de vin et maire, à l'effet d'obtenir leur inscription sur la liste des électeurs communaux. (Par M. P. BEUF, de Limas). *Signé*: Un électeur de Limas. Limas, 4 février 1843. *Lyon*, Léon Boitel, 1843. In-8, 11 pp.

Magny.

17723 Commissaires (les) généraux députés par arrest du Conseil d'Etat du 21 septembre 1720 pour juger en dernier ressort les procès et différents d'entre M. Ant. Le Prestre, comte de Vauban, et Mgr Philippes, petit-fils de France, sire et baron de Beaujolois, au sujet de la terre de Magny, etc. 1721. In-fol., 14 pp.

Saint-Etienne-la-Varenne.

17724 Observations sur la demande en division de la commune de St-Etienne-la-Varenne en deux sections. Août 1843. In-4.

Saint-Lager.

17725 Analyse des actes constitutifs de la substitution des terres et baronnie de St-Lager,

pour M. René Daffaux et la dame son épouse, contre les dames d'Ety de Milly et C. de Surjoux. Me BRET, avocat. *Lyon*, Faucheux, 1779. In-4, 20 pp.

17726 Réponse pour la dame Daffaux, appelée à la substitution de la terre de St-Lager, contre les dames d'Ety de Milly, etc. M. D'AGUESSEAU, avocat général; PETIT, procureur, 1779. In-4, 20 pp. — Précis pour la dame Daffaux. 1779. In-4, 19 pp.

Le Sou.

17727 Sauvegardes accordées par les sires de Beaujeu à Jean de Thélis pour la maison forte de Sou. De 1368 à 1411. Cinq pièces mtes *in plano*, dont deux sur parchemin et trois sur papier.

Thizy.

17728 Etablissement, fondé par Mme de Clapisson, de deux filles de charité pour assister les pauvres malades du bourg de Thizy. 28 novembre 1681. Ms. in-fol., 4 ff.; copie.

17729 Extrait des registres des délibérations de la Société populaire de la commune de Thizy. MULSANT, président. Délibération au sujet du curé, du vicaire, etc., avec une pétition aux citoyens représentants pour réclamer la liberté du curé, bon républicain, que le scélérat Lapalus avait fait incarcérer. 20 floréal an II. Dix-huit sig. aut. Ms. in-fol., 4 pp.; deux sceaux.

17730 Arrêté des consuls de la République qui établit quatre foires à Thizy. *Paris*, 27 floréal an IX. Sig. aut. du chef du secrétariat. Ms. in-fol., 1 p.

FOREZ, DÉPARTEMENT DE LA LOIRE.

Histoire.

17731 Le Projet de l'histoire du pays de Forests, par noble et vénérable messire Jean-Marie DE LA MURE, conseiller-aumosnier ordinaire du roy, sacristain et chanoine de l'église royale de Nostre-Dame-d'Espérance de la ville de Montbrison, capitale dudit pays. *Paris*, Alexandre Lesselin, 1655. In-12, 8 pp.

17732 Histoire universelle, civile et ecclésiastique du pays de Forez, dressée sur des autorités et des preuves authentiques; par Jean-Marie DE LA MURE. *Lyon*, Daniel Gayet, 1674. In-4, bas., br., aux armes.

17733 Histoire du Forez, par Aug. BERNARD. *Montbrison*, Bernard, 1835. 2 vol. in-8, v. br. fil. [Koehler.]

17734 Forez (le), par Aug. BERNARD. (Extrait du *Dictionnaire de la conversation*, tome 27). *Montbrison*, Bernard. In-8, 7 pp.

17735 France pittoresque. Département de la Loire (ci-devant Forez, Beaujolais). In-4, 8 pp., avec planches.

17736 La France par cantons et par communes, rédigée et publiée par Théodore OGIER. Département de la Loire. *Lyon*, s. d. (1848). In-8, cartes, fig.

17737 Lettre de M. Auguste BERNARD à M. le rédacteur du *Mercure Ségusien*, au sujet du nom de Ségusiaves que doit porter le peuple appelé jusqu'à présent Ségusiens. *Paris*, le 5 mars 1847. In-8, 5 pp.

17738 Lettre de M. Auguste BERNARD à propos de l'Histoire du Forez et du général Précy. Feuilleton du *Mercure Ségusien*, n° 2098, 1er septembre 1844.

17739 Histoire naturelle du Forez. (Chapitre détaché d'un ouvrage, tome II). s. d. (178.?). In-8, 14 ff.

17740 Mercure de France, février 1748. (Mémoire sur la province du Forez par DERHINS, à la page 61). In-12, 214 pp.

17741 Observations sur l'état ancien et actuel des tribunaux de justice de la province du Forez et sur les grands hommes de ce pays, etc., par SONYER DU LAC. *Paris*, 1781. In-8, v. f., fil. [Koehler.]

17742 Précis historique et statistique du département de la Loire (Forez), par H. DU LAC DE LA TOUR. *Au Puy*, 1807. Deux parties en un vol. in-8, v. f., fil. [Koehler.]

17743 Annuaire statistique du départ. de la Loire, imprimé par ordre de M. Ducolombier, préfet. (1809). *Montbrison*, Cheminal. In-8, demi-rel v. br. [Koehler.]

17744 Essai statistique sur le département de la Loire, par M. J. DUPLESSY. *Montbrison*, Cheminal, 1818. In-12, demi-rel., dos de v. f., non r. [Koehler.]

17745 Biographie et Bibliographie foréziennes, recueillies par l'auteur de l'Histoire du Forez. *Montbrison*, Bernard, 1835. In-8, 80 pp.

17746 Extrait du *Journal de Montbrison et du département de la Loire*, du 1er octobre 1842. Bibliographie forézienne, par Aug. BERNARD. *Montbrison*, imprimerie de Bernard. In-8, 6 pp.

17747 Lettre de M. Auguste BERNARD à M. d'Assier aîné au sujet de la découverte d'un Opuscule de de La Mure. Extrait du *Journal de Montbrison* des 23, 30 novembre et 7 décembre 1844. *Montbrison*, imprimerie de Bernard. In-8, 12 pp.

17748 Lettre de M. Aug. BERNARD à M. d'Assier aîné sur un ouvrage de La Mure. *Paris*, 20 décembre 1849. *Journal de Montbrison*, dimanche 13 janvier 1850.

17749 Les d'Urfé, souvenirs historiques et littéraires du Forez au XVIe et au XVIIe siècle, avec fac-similé; par Aug. BERNARD (de Montbrison). *Paris*, imprimé par autorisation du roi à l'imprimerie royale, M.DCCC.XXXIX. Gr. in-8, demi-rel., dos et coins mar. r., fil., tête dorée, non rogné. [Koehler.]

17750 Origine de la maison d'Urfé, par Aug. BERNARD. *Montbrison*, Bernard, 1847. Extrait du *Journal de Montbrison* du 11 septembre 1847 et suiv. In-8, 15 pp.

17751 Extrait du *Journal de l'Amateur de livres*, n° 11-12 de l'année 1849. (Lettre de M. Auguste BERNARD à l'éditeur, au sujet de l'im-

primerie typographique dans le département de la Loire). A la fin : *Paris*, le 15 novembre 1849. In-8, 8 pp.

17752 Indicateur de Saint-Étienne, Saint-Chamond et Rive-de-Gier; par Ph. HEDDE. *Saint-Étienne*, 1831. In-8, carte.

17753 Annuaire du département de la Loire pour l'année 1835, publié par M. BUCHET. *Montbrison*, Bernard. In-12, 190 pp.

17754 Annuaire du département de la Loire pour 1845, troisième année. *Montbrison*, Bernard. In-12, demi-rel. bas.

17755 Bulle du pape ALEXANDRE III, portant confirmation de l'échange contracté entre le comte du Forez et l'archevêque de Lyon. 1173. Copie non signée. Ms. in-4, 5 ff.

17756 Lettres-patentes de PHILIPPE, portant confirmation de l'échange contracté entre le comte du Forez et l'archevêque de Lyon. 1183. Copie signée. Ms. in-fol., 4 ff.

17757 Lettres-patentes de PHILIPPE-LE-BEL, confirmatives de l'échange fait entre le comte de Forez et l'archevêque de Lyon. Septembre 1307. Copie signée. Ms. in-fol., 3 ff.

17758 Ratification par LOUIS, comte de Forez, de l'échange fait entre un de ses ancêtres et l'archevêque de Lyon en 1173. Et foi et hommage, 6 mars 1359. Copie non signée. Ms. in-4, 5 ff.

17759 La Gazzette Françoise, par Marcellin ALLARD, forézien, 1605. In-8, parch.

17760 Edict du roy pour la vente et aliénation, à faculté de rachapt perpétuel, de tout le domaine du comté de Forez non aliéné. *Paris*, A. Estienne, 1640. In-4, 11 pp.

17761 Estat des foy et hommage rendus par les feudataires du comté de Forest, depuis le XIIIe jusqu'au XVIe siècle. Etat dressé en 1671, et signé GONON. Ms. in-fol., 15 ff.

17762 Certificat du procureur du roi au bailliage de Montbrison, touchant les terriers, etc., des seigneurs du Forez. 23 mai 1676. *Signé*: BASSET. Ms. in-fol., 2 ff.

17763 Mémoire pour les lieutenants, etc., au bailliage de Forez contre le sieur Gayot de la Bussière, les sieurs trésoriers de France en la généralité de Lyon, etc. s. d. (17..??). In-fol., 12 pp.

17764 Edit du roi portant suppression et réunion de châtellenies, donné à Versailles au mois de mai 1771, (et leur réunion à celle de Feurs). *Paris*, 1771. In-4, 4 pp. — Cet édit concerne spécialement le Forez.

17765 Mémoire pour la défense du franc-alleu, naturel et d'origine, de la province du Forez. *Lyon*, impr. de la ville, 1787. In-4, 15 pp.

17766 Liste des nobles et anoblis, pour l'assemblée qui se tiendra à Montbrison le 16 mars 1789. In-4, 7 pp.

17767 Procès-verbal de l'Assemblée de l'ordre de la noblesse de Forez, tenue à Montbrison le 18 mars 1789. In-4, 13 pp.

17768 Cahier des doléances, plaintes et représentations de l'ordre de la noblesse de la province de Forez. 20 mars 1789. In-4, 7 pp.

17769 Cahier des doléances du tiers-état de la province de Forez. 20 mars 1789. *Montbrison*, Magnien, 1789. In-4, 10 pp.

17770 Instructions sur la formation et composition des trois Etats de la province de Forez à Montbrison, par M. DE MONTAIGNE. 1789. In-8, 56 pp.

17771 Mémoire sur l'impôt du contrôle des actes et droits y joints. (Ce Mémoire est annexé au cahier des doléances de l'ordre de la noblesse du Forez). *Montbrison*, Magnien, 1789. In-4, 8 pp.

17772 Opinion de M. GOULLARD, curé de Roanne, député du Forez, sur le projet du Comité ecclésiastique pour l'organisation du clergé, prononcée à l'Assemblée nationale le 31 mai 1790. In-8, 43 pp.

17773 Compte rendu à ses commettants par le Conseil général du district de Montbrison, des troubles et événements qui ont eu lieu depuis le 16 juillet 1793 jusqu'au 19 août courant, et qui ont forcé l'Administration à abandonner le lieu de ses séances. 19 août 1793, an II. Limet. In-4, 21 pp.

17774 Opinion de Noël POINTE, ouvrier armurier de St-Etienne, membre de la Convention, sur le jugement de Louis XVI. Prix : 1 sou. *Paris*, 1833. In-8, 8 pp.

17775 Epître ou Lettre adressée à tous (*sic*) le peuple français par moi GALLAND Gabriel, âgé de 51 ans, né à Argental, arrondissement de St-Etienne, département de la Loire. Aujourd'hui, en 1849, je suis et m'annonce provisoirement pour le premier ministre de Dieu. *Saint-Etienne*, Pichon. In-18, 20 pp.

Administration.

17776 Recueil de chartes, transactions, etc., des comtes de Forez. — Priviléges accordés par les rois de France aux habitants dudit pays. — Fondation, statuts, etc., du Chapitre de Notre-Dame de Montbrison. — Transactions et actes divers pour plusieurs commanderies. — Donations faites par les comtes de Forez. Ms. in-4 en mauvais état, copié dans le XVIe siècle ; broché.

17777 Procès-verbal de l'arrière-ban de la province de Forez de 1557. — Procès-verbal de l'Assemblée du tiers-état du Forez en 1614. — Procès-verbal de l'Assemblée de la noblesse du Forez de 1645. — Rôle des nobles du diocèse du Puy en 1699. Ms. in-4, relié en parchemin.

17778 Lettres-patentes de LOUIS XI, qui accorde au duc de Bourbon, Forez et Beaujolois, à ses officiers, hommes et sujets, la faculté de ressortir du Parlement de Paris. 10 février 1476.

Copie signée FRAISSE et AUBRY. Ms. in-fol., 5 ff.

17779 Estat et roolle des officiers royaux ayant gage et non gagés aux bailliage et ressort de Forez en 1569. Copie signée. Ms. in-fol., 5 ff.

17780 Mémoire sur l'administration de la justice dans le Forez (177. ?). Non signé. Ms. in-fol., 8 ff.

17781 Recueil de dix pièces concernant l'administration du Forez, de 1709 à 1790. Mss. aut. sig. In-4.

17782 Arrests du Conseil d'Etat du roy au sujet de la navigation de la Loire, de Roanne à St-Rambert ou Monistrol ; des 21 mai et 11 juillet 1746. *Lyon*, Valfray. In-4, 7 pp.

17783 Pétition de Pierre LAGARDETTE et ses cautions à Mgr l'intendant de justice, police et finances de la ville et généralité de Lyon, au sujet de la navigation de la Loire de Saint-Rambert jusqu'à Roanne ; suivie de l'Arrêté de l'intendant. *Lyon*, Valfray, 1756. In-4, 6 pp.

17784 Lettres-patentes du roi, portant que les officiers du bailliage du comté de Forez, séant à Montbrison, continueront de connaître de toutes les affaires civiles et criminelles qui surviendront dans l'étendue du ressort des sénéchaussées de Roanne et de St-Etienne. Données à Versailles, le 30 mai 1775. *Montbrison*. In-4, 4 pp.

17785 Adresse aux Foréziens (au sujet des élections). s. n. d'auteur, s. n. d'impr., s. d. (1790). In-4, 5 pp.

17786 Deux pièces des districts de Montbrison et de Roanne concernant MM. de Marcilly et de Coulouvras. 1791. Mss. aut. sig. In-4.

17787 Arrêté du Directoire du départ. de Rhône-et-Loire concernant la navigation de la Loire de Roanne à Monistrol et les représentants de Pierre Lagardette. Du 13 juin 1792. *Lyon*, 1792. In-4, 12 pp.

17788 Recueil de quinze pièces concernant l'administration du départ. de la Loire, de 1793 à 1798. Mss. aut. sig. In-4, sceaux.

17789 Demande en réduction du Conseil général du district de Montbrison sur les contributions mobiliaires de 1791 et 1792. *Montbrison*, Magnien, 1793. In-4, 25 pp.

17790 Les Représentants du peuple délégués pour l'organisation du département de la Loire et le rétablissement de l'ordre public. (Organisation d'une administration). Armeville, ci-devant St-Etienne, 21 octobre 1793, an II. *Armeville*, Royer, 1793. In-4, 4 pp.

17791 Les Représentants du peuple délégués pour l'organisation du département de la Loire et le rétablissement de l'ordre public (arrêté concernant les ventes faites par le district de Mont-Brisé). Feurs, ce cinquième jour de la deuxième décade du mois brumaire an deux. *Feurs*, Magnien. In-4, 3 pp.

17792 Les Représentants du peuple envoyés près l'armée des Alpes et dans différents départements de la République (arrêté concernant les arrestations). 2 nivose an II. *Feurs*, Marc Magnien, an II. In-4, 5 pp.

17793 Lettre du président du Tribunal militaire du département de la Loire au citoyen Collot-d'Herbois, représentant à Commune-Affranchie. *Signé*: BARDET, président. 21 frimaire an II. (Au sujet de la punition des rebelles). Ms. in-fol., 1 f.

17794 Avis de BLACHETTE, payeur de l'armée des Alpes, sur l'affaire du payeur du district de Roanne. 27 frimaire an II. Quatre pièces. Mss. in-fol.

17795 Lettre dans laquelle les administrateurs du départ. de la Loire consultent les représentants sur l'application de la loi contre ceux qui ont participé à la rébellion lyonnaise. *Feurs*, 27 frimaire an II. Ms. in-fol., 1 f.

17796 Lettre de CHARLIER à son collègue Lemoine, à Commune-d'Armes, pour le rassurer au sujet des subsistances de cette commune et lui demander quelques détails sur des poursuites dirigées contre des fanatiques. *Lyon*, 19 brumaire an III. Lett. aut. sig. In-4, 2 pp.; minute.

17797 Arrêté des représentants du peuple TELLIER et RICHAUD qui nomme les citoyens Grenier officier municipal, Ardillon agent national, Dalissant notable à St-Chamont. *Lyon*, le 29 pluviose an III. Approbation d'interligne et sig. aut. de RICHAUD. Ms. in-4, 1 p.

17798 DUGUET, représentant du peuple, à ses collègues. (Justification de son neveu Chirat-Montrouge, porté indûment sur la liste des émigrés). An VI. In-8, 8 pp.

17799 Sur les élections du département de la Loire, an VI. A la fin, *signé*: Les représentants du peuple composant la députation de la Loire, FOREST, MEAUDRE, DUGUET. (*Paris*), Baudouin, floréal an VI. In-8, 16 pp.

17800 Bulletin d'industrie agricole et manufacturière, etc., de l'arrondissement de St-Etienne (Loire). Tome troisième, troisième livraison. 1825. (Sur la réunion du département de la Loire à celui du Rhône). *St-Etienne*, Boyer, 1825. In-8.

17801 Concours sur l'emploi de la chaux considérée comme engrais pour les terres. Expériences faites par M. le baron de Perron, couronnées par la Société d'agriculture de Montbrison. A *Montbrison*, Cheminal, 1826. In-8, 39 pp.

17802 De l'insalubrité d'une partie du département de la Loire, et des moyens d'y remédier. Mémoire anonyme couronné par la Société d'agriculture de Montbrison. *Montbrison*, Cheminal, 1826. In-8, 36 pp.

17803 Observations sur la nécessité de laisser la préfecture de la Loire à Montbrison (par

M. DURAND, vice-président du Tribunal de Montbrison). *Montbrison*, Bernard. In-8, 12 pp.

17804 De l'importance de l'arrondissement de St-Etienne (Loire) considéré sous le rapport de l'administration judiciaire; et de la nécessité d'attacher une seconde chambre définitive au Tribunal civil de cet arrondissement. Par Valentin SMITH. *St-Etienne*, Boyer, octobre 1831. In-8, 51 pp.

17805 Chambre des pairs, séance du 9 janvier 1832. Projet de loi qui autorise le département de la Loire à s'imposer extraordinairement pour l'achèvement de ses routes départementales, avec l'Exposé des motifs par le ministre du commerce et des travaux publics. In-8, 4 pp.

17806 Chambre des pairs. Séance du 10 mars 1852. Projet de loi tendant à rectifier la circonscription des départements de la Loire et de la Haute-Loire, avec l'Exposé des motifs par le ministre du commerce et des travaux publics. In-8, 6 pp.

17807 Petits Dialogues populaires sur l'amortissement de la dette, dédiés aux contribuables. (Par M. J. RATER). Premier et deuxième Dialogue. *Montbrison*, Bernard, 1833. In-8. — Premier Dialogue, 28 pp.; second Dialogue, 58 pp.

17808 Extrait du *Journal de Montbrison*, n° 64. Sur la demande en translation du chef-lieu du département de la Loire. *Montbrison*, Bernard (1834). In-8, 4 pp.

17809 Observations présentées à MM. les membres du Conseil général du département de la Loire, assemblés extraordinairement pour délibérer sur la translation du chef-lieu de Montbrison à St-Etienne. *Montbrison*, Bernard, 1834. In-8, 19 pp.

17810 Lettre d'un membre du Conseil général à ses collègues, sur la répartition de la contribution foncière dans le département de la Loire. (Par M. Joseph D'ASSIER). *Montbrison*, Bernard, 1835. In-8, 39 pp.

17811 Rapport et Avis de la Commission d'enquête du Chemin de fer de St-Etienne à Lyon. — Documents législatifs sur les chemins de fer, par Valentin SMITH. *St-Etienne*, Gonin, 1836. In-4.

17812 Rapport fait au Conseil général de la Loire le 24 août 1838, au nom de la Commission chargée de l'examen des questions relatives aux enfants trouvés, par Valentin SMITH. *Clermont-Ferrand*, Perol, 1839. In-8.

17813 Elections du département de la Loire. Avril 1848. (Pièces diverses réunies.)

17814 Appel aux électeurs du département de la Loire. *Paris*, imprimerie Schneider, 1848. In-16.

17815 Deux Nouvelles Foréziennes (*Prève de Forez* et *la Dame d'Urfé*), par Aimé VINGTRINIER. *Lyon*, Léon Boitel, 1851. In-32.

Lieux particuliers.

Montbrison.

17816 Une révolte à Montbrison en 1308. Extrait du *Journal de Montbrison et du département de la Loire* ; par Aug. BERNARD. *Montbrison*, Bernard, 1845. In-8, 4 pp.

17817 Autre Révolte à Montbrison en 1358. Extrait du *Journal de Montbrison et du département de la Loire* du 20 décembre 1845 ; par Aug. BERNARD. *Montbrison*, Bernard. In-8, 8 pp.

17818 Ordonnance de Pierre POULLETIER, intendant de justice, police et finances de la ville et généralité de Lyon, du 12 mars 1738, concernant la milice de Montbrison et de Tarare. *Lyon*, P. Valfray. In-4, 3 pp.

17819 Contrat d'échange entre le roi et les sieurs de Magnieux et Thoynet (de domaines à Montbrison). Juin 1771. In-4, 20 pp.

17820 Procès-verbal de remise dans les archives du domaine des Terriers de Montbrison, Marcilly et Chatelneuf. Extrait des registres du greffe du Domaine de Forez, à Montbrison. 3 avril 1772. A la fin : Collationné, TEZENAS, secrétaire-greffier. Sig. aut. Ms. in-fol., 18 pp.

17821 Arrêt du Conseil d'Etat qui ordonne que les droits de leyde seront perçus même le vendredi sur les marchandises vendues dans le marché de Montbrison. 2 mai 1773. In-4, 4 pp.

17822 Extrait des délibérations de l'Assemblée des trois ordres de la ville de Montbrison, tenue dans l'église des Pénitents le 19 juillet 1789. *Montbrison* (1789). In-8, 4 pp.

17823 Arrêté du Conseil général de la commune de Montbrison, département de la Loire, concernant les étrangers. Du 21 thermidor an II (7 août 1794). *Signé* : THEVENOIS, GUINARD, CHAUL, RICHARD, J. ARTAUD, VIDAL, FORAY, GRAS, BILLIARD, GRIOT, CIBOT ; BUER, agent national ; CLÉMENT, secrétaire général. Sig. aut. Ms. in-fol., 3 ff.

17824 Arrêté des représentants CHARLIER et POCHOLLE, par lequel ils renouvellent les autorités constituées de Montbrison. *Lyon*, 7 frimaire an III. Sig. aut., avec l'enregistrement de l'Administration et du Tribunal de Montbrison. *Signé* : BONNET, secrétaire général, et GAUTHIER. Ms. in-4, 2 pp. ; sceau.

17825 Adresse des administrateurs et de l'agent national du district de Montbrison à la Convention nationale, pour la féliciter sur sa conduite. Du 28 frimaire an III (18 décembre 1794). Ms. Pour copie conforme : BONNET, secrétaire général. In-fol., 3 pp.

17826 Liste générale des dénonciateurs et terroristes tant de la ville de Montbrison que des communes du district. *Lausanne*, 1795. In-4, 38 pp.

17827 Arrêté du Directoire du district de Montbrison, département de la Loire, concernant les mesures à prendre contre les prêtres réfractaires, etc. Du 23 nivose an III (12 janvier 1795). Sig. aut. de BONNET, secrétaire général. Ms. in-fol., 3 pp.

17828 Les citoyens de la commune de Montbrison à la Convention nationale. (Adresse suivie du tableau des crimes de Javogues dans le département de la Loire). *Montbrison*, an III. In-4, 16 pp.

17829 Procès-verbal de la fête du 20 pluviose an IV, célébrée ce jour à Montbrison par le peuple et les autorités. Nombreuses sig. aut. Ms. in-fol., 16 pp.

17830 Journal de la Loire, par TEZENAS (n° 1). 16 avril 1814. Article concernant la rentrée des Bourbons ; fêtes à Montbrison. In-8, 4 pp.

17831 Bulletin des lois, n° 697 bis. Ordonnance du roi portant autorisation de la Société anonyme dite du Pont-Henri, établie à Montbrison, département de la Loire. Au *château des Tuileries*, le 11 août 1824. In-8, 16 pp.

17832 Les Clercs de palais comédiens, ou la Valeur récompensée, comédie en deux actes et en vers, par M. DELACHAISE-DUCROS, représentée pour la première fois sur le théâtre de Montbrison le 28 août 1823. *Montbrison*, Bernard, 1823. In-8, 68 pp.

17833 Description sommaire du rare cabinet d'estude et de piété orné de curiositez de Messire Jean-Marie de la Mure, chanoine de l'église collégiale de Montbrison. *Lyon*, Gautherin, 1670. In-12, demi-rel. [Thouvenin.]

17834 Extrait du procès-verbal de la séance de la Société d'agriculture de Montbrison, du 5 janvier 1843. *Montbrison*, Bernard. In-8, 8 pp.

Arfeuille.

17835 Procès-verbal des limites du pays de Forez à Arfeuille. 26 juillet 1671. Ms. in-fol., 2 ff.

Argental.

17836 Actes divers servant à prouver que les baronies d'Argental et de Lafaye étaient du ressort du Velay en 1344. Copies signées. Ms. in-fol., 26 ff.

Boën.

17837 Lettre concernant le droit de leyde établi dans le marché de Boën en 1510 par le seigneur dudit lieu. *Signée* : FERRAND, et datée de Boën, 15 janvier 1784. Ms. in-4, 2 ff.

Chalmazel.

17838 Permission accordée par Gui, comte de Nevers, à Arnaud de Marcillieu, de bâtir le château de Chalmazel. Septembre 1231. Copie signée. Ms. in-fol. In-4.

Charlieu.

17839 Notice sur les antiquités de Charlieu, arrondissement de Roanne (Loire); par M. D*** (DESEVELINGE). *Roanne,* Et. Perisse. In-12, 28 pp.

17840 Lettre de la Commission temporaire établie à Commune-Affranchie au Comité révolutionnaire de Charlieu, pour qu'on instruise de suite la cause du citoyen Longeau, maire de Belleroche, dont le nom ne se trouve point dans la classe des personnes suspectes. 22 ventose an II. Lettre aut. sig. de FUSIL, membre de la Commission temporaire et artiste dramatique. Ms. in-fol., 1 p.

Chaufour.

17841 Edit portant suppression du bailliage de Chaufour, et réunion d'icelui au bailliage du comté de Forez, séant à Montbrison. *Lyon,* avril 1771. In-4, 6 pp.—*Id. Paris,* 1771, 7 pp.

Ecotay.

17842 Benevis fait par le comte Jean de Forez du moulin d'Escotay. 1311. Ms., copie signée. In-4, 1 f.

17843 Echange fait par Raynaud, comte de Forez, de sa terre d'Ecotay contre Vaudragon et Pisay. 9 juillet 1324. Copie signée. Ms. in-4, 6 ff.

Eteize.

17844 Précis pour les habitants d'Eteize, qui demandent que leur hameau soit distrait de la commune de Savas, canton de Serrières, pour être réuni à celle de St-Jacques-d'Atticieux, même canton (Ardèche). Eteize, le 12 juillet 1850. *Lyon,* Chanoine. In-8, 8 pp.

La Faye.

17845 Acquisition par le commandeur des Feuillez de l'étang de Lafay que lui cède Humbert d'Albon. 1353. Copie non signée. Ms. in-4, 8 ff.

17846 Dénombrement des villages dans le mandement de Lafaye appartenants au prieur de St-Sauveur, etc. 17 juin 1410. Copie signée. Ms. in-4, 2 ff.

17847 Reconnaissances de divers particuliers en la directe du seigneur de Lafaye. 1489. (En latin). Copie signée. Ms. in-4, 6 ff.

17848 Mémoire signifié pour M. Verne, écuyer, etc., contre A. Chovet et J.-L. Courbon Desgaux, co-seigneurs de la baronie de la Faye, Marlhes et St-Genest-de-Mallifaux (au sujet du droit de mi-lods). PROST DE ROYER, avocat. *Lyon,* Valfray, 1758. In-fol., 36 pp.

17849 Extrait chronologique des témoignages et titres cités dans le procès entre les co-seigneurs de la Faye et le sieur Verne (en Forez). *Paris,* Knapen, 1769. In-4, couv. parchem.

Feurs.

17850 Recherches sur le Forum Segusiavorum et l'origine gallo-romaine de la ville de Feurs, par M. l'abbé ROUX. *Lyon,* Léon Boitel, 1851. In-8, fig. et plan.

17851 Arrêt du Conseil d'Etat qui ordonne que les notaires de Feurs et de Montbrison, etc., seront tenus de communiquer aux préposés des domaines leurs minutes, etc. 6 décembre 1768. In-4, 8 pp.

17852 Echange entre le roi et la dame veuve Gaudin des domaines de Feurs et Donzi en Forez. 2 juillet 1772. In-fol.

17853 Lettre des officiers municipaux de la ville de Feurs à l'Assemblée nationale, pour obtenir que ladite ville soit un chef-lieu de district et possède un tribunal de première instance. (1789). Ms. avec signatures. In-fol., 2 ff.

17854 Lettre des membres composant la Commission populaire et révolutionnaire établie à Feurs. « Citoyens représentants, s'il y avait à Feurs un exécuteur de nos jugements et l'instrument nécessaire au supplice, ce n'est pas le procès-verbal seul de notre installation que nous vous ferions passer. » *Feurs,* 26 brumaire an II; avec les sign. autog. Ms. in-fol.

17855 Rapport des citoyens MARINO et DELAN sur leur mission dans la commune de Feurs; avec l'envoi. 23 pluviose an II. Ms. in-fol., 2 ff.

17856 Lettre de POCHOLLE à son collègue Charlier, pour lui rendre compte de ce qu'il a fait dans sa tournée à Feurs et à Montbrison. Inquiétude que donnent les campagnes travaillées par le fanatisme. *Montbrison,* 13 brumaire an III. Lettre autog. sig. In-4, 2 pp.

17857 Note historique et pièces relatives au monument religieux élevé à Feurs aux victimes de l'anarchie de 1793 dans le département de la Loire; rédigées et réunies par le maire de Feurs. *Tours,* Mame, 1829. In-8, 86 pp., pl.

Magnieux.

17858 Les Commissaires députés par le roi, pour procéder aux évaluations des biens échangés entre le roi et les sieurs H.-F. Durosiers, seigneur de Magnieux, etc., et F. Thoynet, etc. 15 juillet 1782. *Montbrison,* Magnien, 1782. In-4, 12 pp.

Malmont.

17859 Certificat de l'avocat du roi au bailliage de Forez touchant les terriers du seigneur de

Malmont. 5 janvier 1666. *Signé* : Duguet. Ms. in-fol., 2 ff. — Du même pour les seigneurs de St-Bonnet et de Chatelus. 2 pièces in-fol.

Manmeyre.

17860 Hommage fait par noble Antoine DE LANGON, à Mᵐᵉ Cl. de Latour de Turenne, du fief de Manmeyre et Préaux. 2 janvier 1585. *Signé* : CHAMPELIER. Ms. in-fol., 11 ff.

Marcilly.

17861 Procès-verbal de remise dans les archives du domaine des Terriers de Montbrison, Marcilly et Chatelneuf. Extrait des registres du greffe du domaine des païs, comté et ressort de Forez, à Montbrison. 9 mai 1772. A la fin : Collationné, TEZENAS, secrétaire-greffier. Sig. aut. In-fol., 3 pp.

Marclopt.

17862 Arrêt du Conseil d'Etat qui ordonne qu'il sera procédé à l'adjudication de la châtellenie et seigneurie de Chambéon et Marclopt en Forez. 29 mai 1769. In-4, 3 pp.

Marcy.

17863 Mémoire touchant la justice de Marcy. (16..??). Non signé. Ms. in-4, 2 ff.

Martinange.

17864 Abonnement de la dixme du village de Martinange au prieuré de Rosiers. Seigneurs, les Chartreux de Lyon. 1679. Copie de 1768. Sign. et col. par LAGRANGE, huissier-audiencier. Sig. aut. In-4, 3 pp.

Moind.

17865 Notice sur le théâtre antique et les autres monuments historiques du bourg de Moind (près de Montbrison) ; par M. Auguste BERNARD, membre résidant. Extrait du IXᵉ vol., 2ᵉ série des Mémoires de la Société des antiquaires de France. s. d. (1848 ?). In-8, 28 pp.

Monlis.

17866 Arrêt du Conseil d'Etat du roi qui ordonne qu'il sera procédé à la revente du château de Monlis, paroisse de St-Cyr, élection de St-Etienne. Du 4 novembre 1749. *Lyon*, Valfray, 1750. In-4, 2 pp.

Mont-Pilat.

17867 Voyage au Mont-Pila, sur les bords du Lignon, et dans une partie de la ci-devant Bourgogne. *Paris*, Desenne, s. d. In-12, demi-rel., non rogné, dos et coins m. r., tête dorée. [Koehler.]

17868 Voyage au Mont-Pilat, dans la province du Lyonnais, etc. (par LA TOURETTE). *Avignon et Lyon*, 1770. In-8, demi-rel., dos et coins m. r., tête dorée. [Koehler.]

Naconne.

17869 Journal de Naconne, œuvre inédite de BERCHOUX. Février 1844. *Lyon*, Pommet. In-8, 34 pp.

Néronde.

17870 Retour des Bourbons en 1815. Fondation annuelle et perpétuelle faite à Néronde pour en consacrer le souvenir, etc.; par A.-F. DELANDINE, 1817. In-8, gr. pap. vél.

17871 Prix de Néronde. Fête du fauteuil de S. A. R. Madame, duchesse d'Angoulême. Fondation annuelle et perpétuelle pour consacrer le souvenir du retour de Sa Majesté en 1815; par A.-F. DELANDINE. *Lyon*, Mistral (1819). In-8, cart. à la Brad.

Oriol.

17872 Lettres-patentes de HENRI III concernant les réparations du château d'Oriol. 11 septembre 1586. Copie signée. Ms. in-fol., 2 ff.

Pertuizet.

17873 Le Pertuiset et St-Paul-en-Cornillon. Article extrait de la *Revue du Lyonnais*, et donné par le *Mémorial judiciaire de la Loire*. 20 septembre 1845. In-fol.

Pollionay.

17874 Assignation faite au nom du duc de Villeroy, gouverneur de Lyon, contre M. de Chamanieux, seigneur de Pollionay, pour arrérages de servis. 21 janvier 1709. *Signé* : BARTHIER. Ms. in-4, 2 ff.

17875 Consultation de M. PROST, avocat, au sujet de la foi et hommage dus aux comtes de Lyon par le marquis de Loras pour sa terre de Pollionay. 28 septembre 1751. Ms. in-fol., 3 ff.

Rive-de-Gier.

17876 Recherches historiques sur la ville de Rive-de-Gier, par J.-B. CHAMBEYRON. *Lyon*, Léon Boitel, 1845. In-8, 147 pp.

17877 Lettre de M. BERTIN, écrite de Versailles à l'intendant de Lyon, au sujet des mines de Rive-de-Gier. 22 juillet 1779. Sig. et postscriptum aut. Ms. in-4, 3 pp.

17878 Pétition à l'Assemblée nationale. (Demande

que Rive-de-Gier soit érigée en chef-lieu d'un district). *Lyon*, Delamollière, 1789. In-4, 7 pp.

Roanne.

17879 Arrêt du Conseil d'Etat du roi en faveur de la manufacture royale de verrerie, à Roanne. Du 21 septembre 1745. *Lyon*, Valfray, 1746. In-4, 4 pp.

17880 Arrêt du Conseil d'Etat du roi qui ordonne entre autres choses que l'ordonnance du sieur intendant et commissaire départi en la généralité de Lyon, du 12 janvier précédent, et la délibération prise en conséquence dans l'Assemblée du Corps de ville et communauté de Roanne..., seront exécutées. Du 20 avril 1751. *Lyon*, Valfray, 1751. In-4, 4 pp.

17881 Couplets qui ont été chantés à une petite fête donnée par M. de Flesselles, intendant de Lyon, à Mme la comtesse d'Artois, le jour de son passage à Roanne, le 8 novembre 1773. In-8, 2 pp.

17882 Récit d'un événement désastreux arrivé dans la soirée du jour de Saint-Martin 1790 dans la ville de Roanne, départ. de Rhône-et-Loire. (Inondation). s. n. d'impr. In-8, 4 pp.

17883 Prospectus d'un pont de charpente à établir sur la Loire, dans Roanne. (1790). In-4, 6 pp.

17884 Rapport et projet de décret sur l'adjudication de deux bâtiments nationaux situés dans la ville de Roanne.... pour l'établissement d'une manufacture d'armes....; présentés à la Convention, au nom des Comités de salut public et d'aliénation, par COREN-FUSTIER. *Paris*, impr. nationale. In-8, 7 pp.

17885 Extrait des registres des délibérations du Directoire du district de Roanne du 9 novembre 1792, avec diverses autres pièces concernant les habitants et les prêtres insermentés de St-Just-la-Pendue et de Nulise ; de février et mars 1793. Ms. aut. sig. in-4, 6 ff.

17886 Lettre des administrateurs du district de Roanne aux citoyens commissaires de la Convention, pour leur rendre compte du résultat de leurs opérations pour le recrutement dans les paroisses de St-Just-la-Pendue et Nulise. *Roanne*, 13 avril 1793. POQUILLON, vice-président ; BERGIER, LAGEL, DUPLEX. Sig. aut. Ms. in-4, 4 pp.

17887 Lettre de PERROTIN, membre de la Commission temporaire et commissaire du représentant du peuple, aux sans-culottes composant le Comité révolutionnaire de Roanne, pour demander les pièces nécessaires à l'arrestation de Lapalus. *Feurs*, 12 ventose an II. Lett. aut. sig. In-fol., 1 p.

17888 Arrêté des représentants du peuple CHARLIER et POCHOLLE concernant la nouvelle organisation des autorités de Roanne. *Lyon*, 6 frimaire an III. Sig. aut. des deux représen-

tants, avec l'enregistrement et les sig. aut. du District, de la Municipalité et du Comité révolutionnaire de Roanne. Ms. in-fol., timbre et cachet.

17889 Quelques observations sur la bute polytaphe de Roanne, départ. de la Loire ; par le Bibliothécaire de la ville. *Roanne*, 1824. In-12, 33 pp.

Rochefort.

17890 Transaction entre les obéanciers de Rochefort et le commandeur de Chazelle et les nobles du mandement de Rochefort, 1302. Texte latin et traduction non signée. Ms. in-4, latin, 9 ff. — *Id.* In-fol., français, 6 ff.

Saint-Chamond.

17891 Arrêt du Conseil d'Etat du roi qui accorde divers privilèges et exemptions à la manufacture royale de St-Chamond, pour la teinture de toutes sortes de cotons, soies, poils de chèvre, fils, etc.; du 21 décembre 1756. *Lyon*, P. Valfray, 1757. In-4, 4 pp.

17892 Mémoire pour les habitants de St-Chamond sur les droits de leyde (contre le seigneur de cette ville). *Lyon*, Chavanche, 1773-74. In-4.

17893 Arrêt du Conseil d'Etat du roi qui ordonne que la perception des droits sur les grains et denrées dans les marchés de la ville de St-Chamond sera et demeurera provisoirement suspendue. Du 20 mai 1775. *Lyon*, Valfray, 1775. In-4, 6 pp.

17894 Mémoire sur le commerce de la ville de St-Chamond (1788). Ms. in-fol., 3 ff.

17895 Réponse du Conseil général de la commune de St-Chamond à l'adresse du Conseil général de la commune de Marseille en date du 29 décembre 1792. (*Paris*), 13 janvier 1793. In-8, 8 pp.

17896 Lettre adressée à la Commission temporaire de Lyon par le citoyen NIAD, au sujet des contre-révolutionnaires de St-Chamond. *St-Chamond*, 20 nivose an II. Copie signée : DUVIQUET. Ms. in-fol., 2 ff.

Saint-Bonnet.

17897 Arrêt du Parlement en faveur du comte de St-Bonnet contre les habitants du même lieu, au sujet de droits seigneuriaux, pâturages, etc. 16 juin 1671. Copie signée. Ms. in-fol., 6 ff.

Saint-Didier.

17898 Transaction au sujet des droits seigneuriaux passée entre le seigneur de St-Didier et

les habitants de ladite ville. 12 novembre 1674.
Copie non signée. Ms. in-fol., 4 ff.

Saint-Etienne.

17899 Saint-Etienne ancien et moderne, par Isidore HEDDE. *Lyon*, 1841. In-8, 130 pp.

17900 St-Etienne et son histoire, par Auguste BERNARD. Extrait du *Journal de Montbrison et du départ. de la Loire*, des 12 et 19 novembre 1842. In-8, 16 pp.

17901 Indicateur du commerce, des arts et des manufactures de St-Etienne, orné du plan de la ville de St-Etienne; par Ph. HEDDE. *St-Etienne*, 1832. In-8, 30 pp.

17902 Abenevis de la place Chavanet de St-Etienne, par M. Guy de St-Priest et G. Blanc dit Chavanet. 11 janvier 1424. (Traduit du latin en 16..???). Non signé. Ms. in-fol., 5 ff.

17903 Transaction entre le seigneur de St-Estienne et les habitants dudit lieu au sujet de redevances, 28 janvier 1467. Ms. in-fol., 15 ff.

17904 Acte pour les manans et habitants de St-Priest et de St-Estienne d'un don gracieux par eulx faict à M. de St-Priest, et prestation, etc. 7 mars 1493. Ms. *in plano*, signé, avec sceau; parchemin.

17905 Copie du contrat de transaction passé par le seigneur de St-Priez avec les habitans de St-Etienne-de-Furan (*sur les Charrois*). 7 mars 1493. Enregistré et collationné le 5 mars 1608. In-4, 3 pp.

17906 Sentence du bailli du Forez pour noble Louis de St-Priest contre les consuls de St-Etienne, au sujet de la police. 20 mai 1616. Ms. in-fol., 2 ff.

17907 Statuts et règlemens des maistres fourbisseurs, graveurs, enrichisseurs, limeurs et forgeurs de garde d'espée, tant de la ville de St-Estienne-de-Furan, etc. 5 septembre 1659. In-4, 8 pp.

17908 Arrêt extrait des registres de la Cour des Grands Jours de Clermont, portant que les recteurs et administrateurs de l'Hôtel-Dieu de St-Etienne-en-Forest seront tenus de retirer les enfants exposés et de leur fournir des aliments. A *Clermont*, le 30 janvier 1666. Ms. collationné, in-4, 2 ff.

17909 Arrêt de la Cour des Grands Jours portant que l'Hôtel-Dieu de St-Etienne a le droit de vendre de la viande pendant le carême, etc. 30 janvier 1666. Copie signée. Ms. in-fol., 2 ff.

17910 Arrêt de la Cour des Grands Jours qui condamne le marquis de St-Priest à avoir la tête tranchée dans la ville de St-Etienne. 3 août 1667. Copie signée. Ms. sur parchemin, 12 ff.

17911 Arrest du Conseil privé du roy portant règlement entre les consuls, eschevins et habitans de la ville de St-Etienne en Foretz, et les officiers dudit lieu. 19 juin 1668. In-4, 26 pp.

17912 Règlement pour les chevaliers du noble jeu de l'arquebuse de la ville de St-Etienne, établi en l'année 1698. In-4, 7 pp.

17913 Role de la capitation des gentilshommes de l'élection de St-Etienne pour l'année 1705. *Signé*: TRUDAINE. Ms. in-fol., 5 ff.

17914 Jugement souverain au sujet de l'émotion populaire arrivée le 11 octobre en la ville de St-Etienne. 16 avril 1736. In-4, 4 pp.

17915 Mémoire pour les maire, échevins et habitants de la ville de St-Etienne en Forez, contre M. Peirenc de Moras, seigneur, marquis de St-Priest et de St-Etienne. Me TRONCHET, avocat. *Paris*, Valleyre jeune, 1766. In-4, 94 pp.

17916 Mémoire pour les recteurs, etc., de l'Aumône générale de St-Etienne en Forez contre le prieur de Valbenoite. 1773. In-4, 42 pp.

17917 Mémoire instructif pour la cause des recteurs et administrateurs de l'Aumône générale et maison de charité de St-Estienne contre Cl.-Fr. de Montfalcon et dame J. Lardillier son épouse. s. d. In-fol., 4 pp.

17918 Arrêt de la Cour de parlement portant homologation de règlement pour l'Hôtel-Dieu de la ville de St-Etienne en Forez; du 1er septembre 1778. *Paris*, 1779. In-4, 11 pp.

17919 Tableau des manufactures de St-Etienne à l'époque de 1789. Deux copies sans sig. Mss. in-fol., 3 ff.

17920 Adresse envoyée à l'Assemblée nationale, le 9 novembre 1789, par la municipalité de St-Etienne. (Non signée). Ms. in-fol., 2 ff.

17921 Lettre des officiers municipaux de St-Etienne à l'Assemblée nationale, pour que leur ville devienne le chef-lieu d'un départ. 10 décembre 1789. (Non signée). Ms. in-fol., 2 ff.

17922 Relation véritable d'une révolte arrivée à St-Etienne en Forêt, avec le Jugement rendu à Lyon à ce sujet. *Lyon*, 10 novembre 1790. In-4, 2 pp.

17923 Adresse de la Société des amis de la Constitution, établie à St-Etienne, aux citoyens de son district (au sujet de l'établissement de la Constitution; invitation à venir partager les travaux de la Société). *Signé*: THIOLLIÈRE, président..... s. d. (1791). *St-Etienne*, Boyer. In-8, 3 pp.

17924 Eloge funèbre de Mirabeau, prononcé dans l'église de St-Etienne le 15 avril 1791 par le citoyen SIAUVE, vicaire de la Ricamarie. *Saint-Etienne*, 1791. In-12, 24 pp.

17925 Adresse de la Société des amis de la Constitution, établie à St-Etienne, à tous les citoyens de son district (pour annoncer son établissement). s. d. (179.). In-8, 3 pp.

17926 Extrait du registre des séances de la Société populaire d'Armeville, dép. de la Loire; octodi frimaire, 1re décade, 2e année. Procès verbal d'une séance dans laquelle Châteauneuf-Randon fait la motion d'une adresse à la Convention pour lui demander que Jésus soit placé au Panthéon à côté de Marat et de Lepelletier. *Signé* : LAFOREST, président; DERVIEU, BONNAUD, FONVIEILLE. In-4, 6 pp.

17927 Extrait des séances de la Société populaire d'Armeville (St-Etienne). 9 frimaire an II. (Sur la fête de Chalier, etc.). *Signé* : DERVIEU, etc. Ms. in-fol., 3 ff.

17928 Lettre des membres composant le Conseil général de Commune-d'Armes aux représentants à Commune-Affranchie. 24 frimaire an II. (Remercîment pour des secours accordés). Ms. in-fol., 1 f.

17929 Rapport et arrêté présentés à la Société populaire de Commune-d'Armes au nom du Comité d'instruction, par M. CHAVASSIEU fils aîné, sur la nécessité et les moyens d'organiser l'instruction publique. (Du 24 fructidor an II). In-8, 28 pp.

17930 Jugement du Tribunal civil séant en la ville de St-Etienne, qui supprime comme injurieux, etc., à la dignité de M. Guerin, président dudit Tribunal, le *Mémoire à consulter* distribué par F.-B. Tavian. *St-Etienne*, Boyer, 1806. In-4, 7 pp.

17931 Statuts de la Compagnie royale d'éclairage par le gaz de la ville de St-Etienne (Loire). *Lyon*, Louis Perrin, 1828. In-8, 24 pp.

17932 Chambre des députés. Exposé des motifs du projet de loi tendant à autoriser la ville de St-Etienne à emprunter une somme de 300,000 fr. pour la construction de vingt-deux fontaines publiques; présenté par S. Exc. le ministre de l'intérieur. Séance du 22 avril 1828. In-8, 3 pp.

Saint-Férréol.

17933 Procès-verbal de l'établissement du bureau de la Douane à St-Ferréol. 1623. Ms. in-fol., 9 ff.

Saint-Genest-Malifaux.

17934 Vente de pâturaux à St-Genest-Malifaux, 29 février 1346. Extrait collationné, du 30 août 1757. Sig. aut. In-4, 5 pp.

Saint-Haon-le-Châtel.

17935 Délibération des citoyens de la ville de St-Haon-le-Châtel en Forez, du 10 février 1790, présentée à nosseigneurs de l'Assemblée nationale. (A la suite se trouve un Mémoire sur l'histoire de cette ville). *Lyon*, Delaroche, 1790. In-4, 11 pp.

17936 Extrait des registres de la municipalité de St-Haon-le-Châtel, district de Roanne, con-

tenant une adresse à la Convention nationale, 22 juillet 1793. Ms. in-fol., 1 f.

Saint-Héand.

17937 Transaction entre M. de Tremeolles, baron de Dezaigues, et autres intéressés, et M. de St-Héand, au sujet de divers droits seigneuriaux. 7 juin 1722. Copie signée. Ms. in-fol., 10 ff.

Saint-Galmier.

17938 Edit du roi portant suppression de différentes châtellenies dans le Forez, et réunion d'icelles à la châtellenie royale de St-Galmier. 16 avril 1774. *Lyon*, Valfray, 1774. In-4, 6 pp.

17939 Réclamation des membres du Comité révolutionnaire de la commune de Fonfort, ci-devant Galmier, contre l'arrestation du citoyen J. Philipon, dénoncé par des rebelles lyonnais. 8 floréal (an II). 2 pièces. Ms. in-4, 5 ff.

17940 Source André. (Histoire de la source), par le docteur SOVICHE. *Lyon*, Léon Boitel, 1851. In-8, 24 pp.

17941 Notice sur la sucrerie indigène établie à Cuzieu, canton de St-Galmier (Loire), et sur un nouveau procédé d'extraction du sucre de betteraves ; par Alphonse PEYRET. *Saint-Etienne*, Sauret, 1852. In-8, 29 pp.

Saint-Maurice.

17942 Mémoire sur les droits seigneuriaux de la châtellenie de St-Maurice en Roannais. *Lyon*, 1774. In-4, 20 pp.

Saint-Paul-en-Jarest.

17943 Pétition des citoyens de Valdorley, ci-devant St-Paul-en-Jarets, au sujet d'une indemnité accordée à ceux qui ont souffert des invasions des rebelles lyonnais. Signatures nombreuses. (An II?). Ms. in-fol., 2 ff.

Saint-Priest.

17944 Vente de servis et de dîmes au village de St-Priest, passée à honorable Hugues Flureton par M. le baron de St-Priest, seigneur dudit lieu et de St-Etienne-de-Furau. 13 septembre 1607. Copie collationnée, du 27 octobre 1764. Sign. aut. In-fol., 3 pp.

Saint-Rambert-sur-Loire.

17945 St-Rambert, Montbrison, par Aug. BERNARD. Extrait du *Journal de Montbrison* du 30 mai 1840, n° 387. Impr. de Bernard. In-8, 6 pp.

17946 Charte de Gui, comte de Forez, concernant les limites de St-Rambert. Janvier 1224. Copie signée BIDAULT. Ms. in-fol., 2 ff.

17947 Hommage des habitants de St-Rambert aux comtes de Forez. 1294. Copie signée. Ms. in-4, 3 ff.

17948 Notice sur une chasuble de St-Rambert-sur-Loire ; par M. Boué, curé de St-Just. *Lyon*, Claude Rey, 1844. In-8, 15 pp., fig.

Saint-Victor.

17949 Procès-verbal de l'état de la terre et châtellenie de St-Victor-sur-Loire. 5 juin 1564. Copie signée. Ms. in-fol., 4 ff.

Sury.

17950 Echange entre le roi de France et dame Gabrielle d'Allouville des terres de Sury, Montsupt, St-Romain, St-Marcellin, au comté de Forez, etc. 1609. Copie signée. Ms. in-fol., 5 f.

17951 Procès-verbal et enquêtes, faites de la valeur des terres de Sury, Montsupt, St-Romain, etc., échangées par le roi. 1610. Mss. in-fol., 44 ff.

BRESSE ET BUGEY, DÉPARTEMENT DE L'AIN.

Statistique.

17952 Description topographique et statistique de la France, par Jacques Peuchet et P.-G. Chanlaire. Département de l'Ain. *Paris*, 1808. In-4, 28 pp.

17953 Statistique générale de la France. Département de l'Ain ; par M. Bossi. *Paris*, 1808. In-4, v. br., fil. [Koebler.]

17954 Notice statistique sur le département de l'Ain en 1828, par M. A. Puvis. *Bourg*, impr. de P.-F. Bottier, 1828. In-8, 256 pp.

17955 Notice géologique sur la formation néocomienne dans le département de l'Ain ; par M. Jules Itier. *Lyon*, 1842. In-8, 32 pp.

17956 Monographie de la Saône, par Valentin Smith. *Lyon*, Léon Boitel, 1852. In-8.

17957 Réflexions sur le cours de la rivière de l'Ain, et les moyens de le fixer ; lues à la seconde session du département de l'Ain, le novembre 1790, par M. Racle. *Bourg*, Philipon, m.dcc.xc. In-8, 41 pp.

17958 Observations, expériences et mémoires sur l'agriculture, et sur les causes de la mortalité du poisson dans les étangs pendant l'hiver de 1789. Par M. Varenne de Fenille. *Lyon, Paris, Bourg*, m.dcc.lxxxix. In-8, 290 pp., demi-rel., dos v. f.

17959 Motion des municipalités de Joyeux, Birieux, Cordieux, etc., sur l'abolition des étangs en Bresse ; suivie des Observations d'un agronome sur cette motion (M. Varenne de Fenille). *Bourg*, C.-C.-G. Philipon, 1790. In-8, 44 pp.

17960 Nouvelles Observations sur les étangs, par M. Varenne de Fenille, de la Société d'émulation et d'agriculture de Bourg... *Bourg*, C.-C.-G. Philipon, 1791. In-8, 75 pp. — *Id.*, pap. vélin.

17961 La Poule au pot, avec ce second titre : Prospectus ou annonce sur des moyens simples et faciles d'enrichir la France par la voie de l'agriculture, ou Régénération de la France par les étangs. *Lyon*, Pellisson fils, 1793. In-12, 25 pp.

17962 Convention nationale. Mémoire sur le desséchement et la mise en culture des étangs de la Sologne, de la Brenne, de la Bresse, etc.; par J.-A. Boudin, député du département de l'Indre... Imprimé par ordre du Comité d'agriculture, commerce, ponts et chaussées, réunis. *Paris*, impr. nationale (an II). In-8, 38 pp.

17963 Découverte de laquelle doit résulter un bénéfice de plus de trente-trois millions pour la République et régénérer un pays qui est infecté. Lettre des citoyens Lauras et Bernascon, artistes de Commune-Affranchie, amis intimes de Challier, aux représentants du peuple français, du 10 floréal an II, sur le desséchement des marais de la Bresse. (*Paris*). In-8, 8 pp.

17964 Observations sur les étangs d'une partie du département de l'Ain ; par Greppo. *Lyon*, Tournachon-Molin, an XIII. In-4, 36 pp.

17965 Observations sur les étangs en Bresse et en Dombes, lues le 23 avril 1806, à la Société d'émulation et d'agriculture du département de l'Ain, par M. Picquet puîné, l'un de ses membres. In-8, 54 pp.

17966 Conseil d'Etat. Consultation pour Madame veuve et les héritiers Mora. (Etangs en Bresse). *Paris*, 23 juillet 1813, Porthmann. In-4, 11 pp.

17967 Mémoire pour Madame Eynard, veuve Robin, de Lyon, propriétaire d'un moulin et de plusieurs héritages sur la rivière de Renon, dans le département de l'Ain, au sujet de plusieurs mesures illégales prises contre ses propriétés par M. le préfet du même département, sous le prétexte du curage de cette rivière. *Lyon*, 6 décembre 1818. In-4, 43 pp., avec de nombreuses notes manuscrites écrites par la partie adverse.

17968 Questions proposées dans l'enquête sur les étangs. s. n. d'auteur, s. d. (183.?). *Bourg*, Bottier. In-8, 18 pp.

17969 Précis pour MM. de Monicault, préfet du département de l'Ariége, Greppo.... et Bethenod...., appelants : contre M. Ponchon..., intimé. s. d. (183.?); (Au sujet d'étangs situés en Bresse). *Lyon*, Charvin. In-4, 12 pp.

17970 Précis pour M. F. Ponchon, contre MM. de Monicault, préfet du départem. de l'Ariége, Greppo, ancien magistrat, et Bethenod, juge de paix du canton de Rive-de-Gier (au sujet de quelques étangs situés en Bresse). s. d. (183.?) In-4, 27 pp.

17971 Observations sur les étangs de la Bresse. *Lyon*, Charvin (183.?). In-4, 12 pp.

17972 Bulletin de la Société d'agriculture, sciences et arts de l'arrondissement de Trévoux, nos 5, 6, 7, 9, 12, 13 (de 1836 à 1840), sur la question du desséchement des étangs. In-8.

17973 Dombes (de la) agricole, de ses étangs et des novateurs ; par F. PONCHON. *Lyon*, Pélagaud, 1839. In-8, 48 pp.

17974 Journal d'agriculture, sciences, lettres et arts, rédigé par des membres de la Société royale d'émulation de l'Ain. *Bourg*, Bottier, 1839, nos 10, 11 et 12. (Sur la question du desséchement des étangs).

17975 Démonstration de la nécessité de maintenir le régime des étangs sur le plateau de la Dombes, par J.-B.-M. NOLHAC. *Lyon*, Louis Perrin, 1839. In-8.

17976 Lettre à l'auteur de l'ouvrage intitulé : *Démonstration de la nécessité de maintenir le régime des étangs sur le plateau de la Dombes*, par M. A. GREPPO, avocat à la Cour royale de Lyon. *Lyon*, Charvin, 1839. In-8, 58 pp.

17977 Réponse à la démonstration de la nécessité de maintenir le régime des étangs sur le plateau de la Dombes. (Par DIGOIN). *Bourg*, Dufour, 1839. In-8, 31 pp.

17978 Notice sur l'utilité incontestable des étangs de la Dombes, par M. BOUTHIER DE BORGARD. *Lyon*, Louis Perrin, 1839. In-8.

17979 Réformateurs (les) de la Dombes agricole aux prises avec eux-mêmes, par F. PONCHON. *Lyon*, Pélagaud, 1839. In-8, 68 pp.

17980 Observations sur quelques Mémoires lus à la Société d'agriculture, sciences et arts de l'arrondissement de Trévoux, relativement aux étangs de la Dombes ; par J.-B.-M. NOLHAC. *Lyon*, Louis Perrin, 1839. In-8.

17981 Lettre d'une carpe du Rhin aux carpes de la Bresse sur la question du desséchement des étangs. s. n. d'auteur. (Par M. NOLHAC, fils de l'adjoint à la mairie de Lyon. Ne pas confondre avec J.-B.-M. Nolhac, son oncle). En vers. *Lyon*, Louis Perrin (1839). In-8, 16 pp.

17982 Lettre à M. le Ministre du commerce et des travaux publics sur la question du desséchement des étangs situés dans la Dombes,

arrondissement de Trévoux, département de l'Ain. Signée : *Par un propriétaire d'étangs*. (*Paris*), Schneider et Langrand (184.). In-8, 25 pp.

17983 Des Causes de l'insalubrité de la Dombes, par le docteur BOTTEX. *Lyon*, Barret, 1840. In-8, 52 pp.

17984 Rapport de la Commission d'enquête sur le desséchement des étangs et l'assainissement de la partie insalubre du département de l'Ain. *Bourg*, imprim. de Bottier, 1840. In-8, 92 pp.

17985 Des Etangs, de leur construction, de leur produit et de leur desséchement ; par M. PUVIS. *Paris*, *Bourg*, 1844. In-8, 222 pp.

17986 Observations de la Société royale d'émulation et d'agriculture de l'Ain sur le desséchement des étangs. *Signé* : Par la Société : le président, M.-A. PUVIS ; le secrétaire, JARRIN. *Bourg en Bresse*, Milliet-Bottier, 1848. In-8, 29 pp.

17987 Recherches sur les causes d'insalubrité de la Dombes, par le docteur E. VAULPRÉ, à Bourg. Mémoire présenté à la Société d'émulation de l'Ain. *Bourg en Bresse*, Milliet-Bottier, 1849. In-8, 25 pp.

17988 Copie de la lettre adressée à M. le rédacteur du *Courrier de l'Ain* en réponse aux articles relatifs à la question des étangs. *Signé* : Isidore BERNARD. *Lyon*, le 14 mars 1851. In-8, 8 pp.

17989 Comité d'amélioration agricole et sanitaire de la Dombes et de la Bresse insalubres. Lettre circulaire aux propriétaires de ces pays, pour leur développer la pensée du Comité. *Lyon*, 28 mars 1851. *Lyon*, Perrin. In-4, 4 pp.

17990 Des Insubres des bords de la Saône, et des impôts chez les *Segusiavi liberi* sous les Romains, par Valentin SMITH. *Lyon*, Léon Boitel, 1852. In-8.

17991 Notions statistiques sur la population, le recrutement et la vie moyenne dans la Dombes et la Bresse insalubres... Par M. Valentin SMITH ; suivies du Discours de M. MAISSIAT, représentant de l'Ain, prononcé à l'Assemblée législative dans la séance du 22 mars 1851. *Lyon*, Louis Perrin, 1851. In-8.

17992 Mémoire de M. DE SECQUEVILLE sur les villages de Bon et de Sermoyé en basse Bresse, envoyé par M. L.-C.-D. M. A la fin : l'an de l'hégire 1106 (1728?). Ms. in-fol., 16 pp., avec une suite de 2 pp. in-fol.

17993 Essai sur la culture de la vigne dans le département de l'Ain ; par Alexandre SIRAND. *Bourg en Bresse*, imprimerie de Milliet-Bottier, 1848. In-8, 102 pp.

17994 Mémoire sur la minéralogie des environs de St-Rambert, département de l'Ain ; par G.-Alphonse DUPASQUIER. *Lyon*, J.-M. Barret, 1825. In-8, 33 pp.

17995 Tableau des propriétés des eaux minérales de la Côte de Châtillon, près de Belley ; par

M. A. CYVOCT. *Bourg*, Bottier, M.DCCC.XVIII.
In-8, 25 pp.

17996 Rapport et projet de décret sur le canal
projeté par le sieur Chevalier dans le départe-
tement de l'Ain, etc., fait à l'Assemblée nationale par M. ROGNIAT. 18 juin 1792. *Paris*,
imprim. nationale. In-8, 16 pp.

17997 Mémoire, dernier et seul plan assuré pour
canaliser le département de l'Ain; par CERI-
SIER-VAULPRÉ. *Lyon*, Théodore Pitrat. s. d.
(1826?). In-4, 40 pp.

Histoire générale.

17998 Histoire de Bresse et de Bugey, divisée en
quatre parties; par Samuel GUICHENON. *Lyon*,
Huguetan et Ravaud, 1650. 2 vol. in-fol., veau,
fil. — Discours critiques sur l'Histoire de Bresse
des deux Guichenon, avec un Abrégé de l'histoire du pays de Gex; par COLLET (d'après
une ancienne copie du manuscrit original).
Ms. in-fol., v., fil. Les trois volumes uniformes
et tomes 1 à 3, très bel exempl., avec un envoi
autogr. de Guichenon.

17999 Bibliotheca Sebusiana sive variarum char-
tarum, diplomatum, etc., Miscellæ centuriæ II.
Collegit S. GUICHENON. *Lugduni*, Barbier,
1660. In-4, bas.

18000 (Sam. Guichenoni Bibliotheca Sebusiana)
faisant partie de l'ouvrage : Nova scriptorum ac
monumentorum partim rarissimorum, partim
ineditorum Collectio. Recensuit Christ. Go-
dofredus HOFFMANNUS. *Lipsiæ*, M.DCC.XXXI-
M.DCC.XXXIII. 2 vol. in-4, bas.

18001 Histoire de Bresse et du Bugey, à laquelle
on a réuni celle du pays de Gex, du Franc-
Lyonnais et de la Dombes; par M. GACON, curé
de Bagé, abrégée et mise en ordre par M. DE
LATEYSSONNIÈRE. *Bourg*, Bottier, 1825. In-8,
demi-rel. v. vert.

18002 France pittoresque. Départ. de l'Ain (ci-
devant Bresse, Bugey, etc.). Par M. A. HUGO.
Paris, Delloye (1855?). In-4, 8 pp., fig. et
cart.

18003 Guide pittoresque du voyageur en France.
Départ. de l'Ain. *Paris*, Didot (18..??). In-8,
16 pp., fig.

18004 Recherches historiques sur le départ. de
l'Ain, par M. A.-C.-N. DE LATEYSSONNIÈRE.
Bourg, Bottier, 1838-1844. Cinq tomes en 4
vol. in-8, demi-rel. v. v. [Bruyère.]

18005 La France par cantons et par communes,
rédigée et publiée par Théodore OGIER. Départ.
de l'Ain. *Lyon*, s. d. (1850). In-8, cartes, fig.

18006 Histoire de la réunion à la France des
provinces de Bresse, Bugey et Gex, sous Charles-Emmanuel Ier; par Jules BAUX. *Bourg en
Bresse*, Milliet-Bottier, 1852. In-8, 454 pp.
plus 146.

18007 Courses archéologiques et historiques
dans le départ. de l'Ain, par A.-M.-A. SIRAND.

Bourg en Bresse, Milliet-Bottier, 1846-1850.
3 vol. in-8, fig.

18008 Observations sur un ouvrage intitulé :
Courses archéologiques, par M. Sirand, de
Bourg. *Signé* : A. V. (Aimé VINGTRINIER).
Lyon, veuve Ayné, 1847. In-8, 25 pp.

18009 Recherches sur les origines celtiques,
principalement sur celles du Bugey considéré
comme berceau du delta celtique; par Pierre-
J.-J. BACON-TACON. *Paris*, P. Didot l'aîné. 2
vol. in-8, cart. r., fig.

18010 Recherches onomatico-philologiques sur
le sens et l'origine des plus anciens noms
propres celtiques, et particulièrement sur le
nom propre Bacon-Tacon. s. n. d'auteur, s. d.,
s. n. de ville ni d'impr. (Probablement 17..
par BACON-TACON, d'Oyonnax). In-12, 24 pp.

18011 Du culte des esprits dans la Séquanie,
par D. MONNIER.... *Lons-le-Saunier*, impr.
de Fréd. Gauthier, 1834. In-8, fig.

18012 Monuments romains du départ. de l'Ain,
expliqués par M. le comte DE MOYRIA-MAILLA.
Bourg, Fréd. Dufour, 1836. In-4, 84 pp.

Bresse.

18013 Histoire des révolutions du comté de
Bresse...., avec une description des familles
illustres, etc. (par GUICHENON). *Chambéry*,
Blondet, 1709. Pet. in-8, v. f., fil. [Koehler.]

18014 Etrennes historiques à l'usage de la Bresse,
dans lesquelles on trouve les événements remarquables de l'histoire de cette province, ses
usages, etc., pour l'année 1755. (Par DELA-
LANDE). 1755. In-32, v. f., fil., tr. d'[Koehler.]

18015 La Bresse, sa culture et ses étangs, ou
Description historique et locale de la Bresse
et du départ. de l'Ain (par MAZADE-D'AVÈZE).
Bourg, Bottier (1811?). 3 vol. pet. in-8, rel.
en un, v., r.

Bugey.

18016 Monographie historique de l'ancienne province du Bugey, par Paul GUILLEMOT. *Lyon*,
Léon Boitel, 1852. In-8, carte.

18017 Itinéraire pittoresque du Bugey, par M. H.
DE ST-D. (DE ST-DIDIER). *Bourg*, Bottier,
1857. In-8, demi-rel. v. br. [Koehler.]

18018 Etudes archéologiques sur le Bugey, par
Désiré MONNIER. *Bourg*, Bottier, 1842. In-8,
planches. Tiré à 50 exempl.

Dombes.

18019 Histoire du pays et souveraineté de Dombes, par Pierre LOUVET (16..??). Mss. in-fol.,
80 ff., rel. basane.

18020 Abrégé de l'histoire de la souveraineté de Dombes, dont les propositions seront soutenues par Cl. CACHET DE GARNERANS, à Thoissei le... novembre 1696. M. Ch. de Neuveglise, prêtre, y présidera. *Thoissei*, Jacq. Le Blanc. In-fol., fig,, v. f., fil., tr. d.

18021 Abrégé de l'histoire de la souveraineté de Dombes, dont les propositions seront soutenues par Cl. CACHET DE GARNERANS. *Thoissei*, Leblanc, 1696. — Réponse de l'auteur de l'Abrégé de l'histoire de Dombes à la critique de M*** et à la lettre du R. P. Menestrier. *Trévoux*, 1698. In-8 monté sur in-fol., carte, v. f., fil., tr. d. [Koehler.]

18022 Histoire de la souveraineté de Dombes, en sept livres (compris en six cahiers in-fol.) Ms. du XVIIIe siècle, sur papier.

18023 Fragment d'une Notice historique sur la Dombes, par C. D. L. (César DE LA FERRIÈRE). *Lyon*, Léon Boitel, 1842. In-8, 62 pp.

18024 Dissertation sur l'Atlantide, suivie d'un Essai sur l'histoire de l'arrondissement de Trévoux aux temps des Celtes, des Romains et des Bourguignons; par M. l'abbé JOLIBOIS. *Lyon*, Léon Boitel, 1846. In-8.

18025 Topographie médicale de l'arrondissement communal de Trévoux; par M. DELORME, docteur-médecin à Châtillon-sur-Chalaronne. *Bourg*, Bottier, 1811. In-8.

18026 Notice sur la monnaie de Trévoux et de Dombes, par P. MANTELLIER. *Paris*, Rollin, 1844. In-8, planches.

18027 Monnaies inédites de Dombes, par A.-M. Alexandre SIRAND. *Bourg en Bresse*, Milliet-Bottier, mars 1848. In-8, 86 pp., planches.

Pays de Gex.

18028 Histoire politique et religieuse du pays de Gex.., par Joseph BROSSARD ; avec une carte du pays de Gex. *Bourg en Bresse*, Milliet-Bottier, 1851. In-8, 614 pp.

18029 Essai sur les mœurs et usages singuliers du peuple dans le pays de Gex; par M. DÉPÉRY, chanoine de Belley. *Lyon*, Rusand, 1833. In-8, 42 pp.

18030 Dissertation sur l'emplacement du mur que César fit construire près de Genève contre les Helvétiens ; pour servir à l'intelligence de l'histoire du pays de Gex. Par M. DÉPÉRY. *Bourg*, P.-F. Dufour, 1832. In-8, 22 pp., carte.

Histoire des différents lieux.

18031 Bourg. Règlement de police pour la ville de Bourg en Bresse. A *Bourg en Bresse*, J.-B. Besson, 1750. In-4, 31 pp.

18032 — Mémoire pour MM. les maire et adjoints de la ville de Bourg, chef-lieu du départ. de l'Ain, sur la fixation du siège épiscopal du dio-

cèse, créé dans ce département. *Bourg*, 1823. In-4, 40 pp.

18033 — Notice sur Notre-Dame de Bourg, par M. Joseph BARD. *Lyon*, Léon Boitel, 1847. In-8, 16 pp.

18034 — Notice descriptive et historique sur l'église collégiale et paroissiale de Notre-Dame de Bourg, par Jules BAUX. *Bourg en Bresse*, Martin-Bottier, 1849. In-12.

18035 — Compte-rendu de l'ouvrage de M. Baux: *Notice sur l'église collégiale et paroissiale de Notre-Dame de Bourg*. Article signé X. N° 178 du *Journal de l'Ain*, lundi 17 décembre 1849.

18036 — Le blason de Brou, temple nouvellement édifié par dame Marguerite d'Austrice et de Bourgogne, en son vivant duchesse de Savoye; composé par Ant. DU SAIX. *Lyon*, Cl. Nourry, dict le Prince (sans date). In-4 goth. Copie figurée d'après le seul exemplaire connu existant dans le cabinet de M. Cicongne, à Paris.

18037 — Histoire de l'église de Brou. Sans titre. s. d. *Signé* : PACAZARD cadet, *ne varietur*. Ms. pet. in-fol., 35 ff., relié parchemin.

18038 — L'Histoire et le Tableau du royal monastère de Brou, et son origine ; par BODIN aîné, prêtre. s. d. (XVIIIe siècle). Ms. pet. in-fol., 50 pp.

18039 — Histoire abrégée de l'église et couvent de Brou, 1706. Ms. in-4, 121 pp., rel. bas.

18040 — Histoire et description de l'église royale de Brou, par le R. P. P. ROUSSELET. *Bourg*, Bottier (1767). In-8, v.

18041 — Monographie de l'église de Brou ; par Louis DUPASQUIER, architecte à Lyon. Prospectus. In-4, 8 pp., fig.

18042 — L'église de Brou, poème, par Gabriel DE MOYRIA. *Paris*, et *Lyon*, Chambet, 1824. In-8, 44 pp.; fig.

18043 — L'église de Brou, poème, par M. G. DE MOYRIA; précédé d'une Introduction par M. Edgar QUINET. *Bourg*, Bottier, 1835. In-8, 93 pp.

18044 — Essai sur l'histoire de Marguerite d'Autriche et sur le monastère de Brou, avec quelques particularités sur la ville de Bourg en Bresse; tiré d'un ancien manuscrit qui était dans la bibliothèque du couvent; dédié à la reine par P.-F. CUSSINET, Mc ès-arts, demeurant à Beauregard en Dombes. 1748. *Lyon*, Barret, 1837. In-8, 79 pp.

18045 — Notice sur André Colomban, architecte, par G.-N. AMANTON. *Bourg*, Bottier, 1840. In-8, 32 pp.

18046 — Recherches historiques et archéologiques sur l'église de Brou, par J. BAUX, archiviste du départ. de l'Ain. *Paris, Lyon, Bourg* (1844). In-8, demi-rel., dos et coins mar. vert, tête dorée, fig. [Koehler.]

18047 — *Recherches historiques et archéologiques sur l'église de Brou; par M. J. BAUX, archiviste de l'Ain*. Appréciation analytique par M. P. GUILLEMOT. *Lyon*, Léon Boitel, 1844. In-8, 31 pp.

18048 — Dissertation sur de nouveaux documents trouvés dans les archives du départ. du Nord, concernant l'église de Brou, depuis 1505 jusqu'en 1527. Par M.-J.-C. DUFAY. *Bourg en Bresse*, Milliet-Bottier, 1847. In-8, 48 pp.
— Suivie des documents sur Brou et sur la Bresse, recueillis dans les archives de Flandre par M.-J.-C. DUFAY; avec une pagination différente, mais une table des matières commune. In-8, 27 pp.

18049 Ambérieux. Précis historique sur la république d'Ambérieux, par Lucien SANVILLE dit Sangrado. *Ambérieux*, 1848. In-8, 30 pp.

18050 Belley. Règlement à l'usage de la Société des sans-culottes de la commune de Belley. s. d. (1794?). *Belley*, impr. de J.-B. Kindelem. In-8, 23 pp.

18051 — Mémoire pour la ville de Belley, où sont exposés les droits exclusifs de cette ville à la résidence de l'évêque de Belley, etc. *Lyon*, Rusand, s. d. In-4, 13 pp.

18052 — Cathédrale de Belley. De sa reconstruction. Par M. DEPÉRY, vicaire général. Deuxième édition. *Belley*, Verpillon, 1836. In-8, 40 pp.; planche.

18053 Chalamont. Notice historique sur Chalamont (Ain), par M. Valentin SMITH. *Lyon*, Léon Boitel, novembre 1847. In-8.

18054 Châtillon. Rolinde, où rétablissement de Châtillon-les-Dombes, poème latin de Philibert COLLET; avec la traduction en regard, augmentée de notes et d'un précis historique sur Châtillon-les-Dom-bes, de l'ancien domaine de la maison d'Orléans, par J.-B. JAUFFRED. *Bourg*, Milliet-Bottier, 1844. In-8, 84 pp.

18055 Gex. Consultation pour la ville de Gex. *Dijon*, Douiller, 1827. In-8, 146 pp.

18056 Hautecour. Une Visite à la grotte d'Hautecour (Ain) par MM. Victor BERNARD et Alexandre SIRAND. (Rédigé par M. SIRAND). *Bourg*, Milliet-Bottier, 1849. In-8, 47 pp.

18057 — La Grotte d'Hautecour dans le Revermont (Ain) (par M. A. VINGTRINIER). *Lyon*, Chanoine, 1850. In-8, 24 pp.

18058 Izernore. Essai sur le temple antique d'Izernore en Bugey, par M. H. DE ST-D. (DE St-DIDIER). *Bourg*, Bottier, 1837. In-4, 17 pp.; fig.

18059 Miribel. Essai historique sur Miribel, précédé d'une Dissertation sur la double voie souterraine présumée romaine qui passe sous cette ville; par Théodore LAURENT. *Lyon*, Laurent, 1834. In-8, demi-rel. mar. v.

18060 Montluel. Mémoire sur la nécessité de l'établissement d'un bailliage complet à Montluel. s. d. (1789?). In-fol., 3 pp.

18061 — Société fraternelle de Montluel, établie le 1er mai 1848. Règlement. In-12.

18062 Nantua. Notices historiques, topographiques et statistiques sur la ville de Nantua; par J.-B. ROUYER. In-8, 48 pp.

18063 — Caisse d'épargnes de l'arrondissement de Nantua. Statuts. Les trois Visites de M. Bruno,

par LÉMONTEY. 1835. *Bourg*, Fréd. Dufour. In-12, 32 pp.

18064 Poncin. Inféodation de la châtellenie de Poncin à Pierre de Bollomier. *Dijon*, de Fay, 1758. In-fol., 9 pp.

18065 — Transaction entre messire Roch-François-Antoine de Quinson et messire Jean-Charles de Conzié, sur les droits de la châtellenie de Poncin. *Lyon*, Aimé Delaroche, 1760. In-fol., 6 pp.

18066 — Mémoire et consultation contre messire Roch-David de Quinson, baron de Poncin, etc., au sujet du droit de copponage (contenant un historique de la baronnie de Poncin). s. d. et sans signature (177.?). Ms. in-fol., 18 pp.

18067 — Pétition de messire Roch David DE QUINSON, baron de Poncin, etc., à Son Excellence M. le comte de Viry, ambassadeur de Sa Majesté Sarde, relativement au droit de copponage (avec un historique de la baronnie de Poncin). Ms. de la main de M. DE QUINSON. s. d. et sans signature (177.?). In-4, 7 pp.

18068 Pont-d'Ain. Lettre de l'ermite du Jura sur le château de Pont-d'Ain, transformé en hospice pour les prêtres âgés et infirmes du diocèse de Belley. *Belley*, Verpillon, 1853. In-8, 30 pp.

18069 Pont-de-Vaux. Titres concernant la ville de Pont-de-Vaux. *Dijon*, Frantin, 1785. In-fol., v. f., fil. [Koehler.]

18070 Trévoux. Lettre de M. D'ASSIER à M. Auguste Bernard (sur Trévoux en 1838). *Montbrison*, Bernard. In-8, 8 pp.

Histoire ecclésiastique.

18071 L'étendue du régne de Louys le Juste, roy de France et de Navarre, preschée en son service solemnel, en l'église collégiale de Bourg en Bresse, le jour de S. Louys. *Lyon*, Jacques Carteron, 1643. In-4, 39 pp.

18072 Statuta synodalia diœcesis Bellicensis, edita et promulgata in synodis diœcesanis annorum 1746, 47, 48 et 49. *Lugduni*, typis Amati Delaroche, M.DCC.XLIX. In-12, v.

18073 Manuel pour les ecclésiastiques du diocèse de Belley, contenant la formule du prône, le précis des statuts synodaux, et les formules des bénédictions et prières à l'usage du diocèse. Imprimé par ordre de Mgr l'évêque de Belley. *Saint-Claude*, Pierre Delhorme, M.DCC.LIX. In-8, bas.

18074 Cérémonial suivant le rit lyonnais, à l'usage de l'église de Bourg en Bresse. *Bourg*, 1773. In-12, 155 pp.

18075 Réflexions impartiales sur la Constitution civile du clergé de France, par un curé du départ. de l'Ain. *Mâcon*, P.-M. Saphoux, 1791. In-8, 39 pp.

18076 Résumé des divers moyens, preuves et autorités en faveur de la Constitution civile du clergé, suivi de quelques réflexions sur le schisme; par M. Peysson. *Belley*, Jean-Baptiste Kindelem, 1791. In-8, 135 pp.

18077 Seconde Lettre de plusieurs curés députés à l'Assemblée nationale, ou Réfutation d'un ouvrage ayant pour titre : *Exposition des principes qui ont décidé MM. le principal et les professeurs du collége de Bourg en Bresse, à prêter le serment prescrit par le décret du 27 novembre 1790. Paris*, Crapart, M. DCC XXI (sic) (1791). Sans sig. In-8, 78 pp.

18078 Catéchisme de la véritable Eglise, par un curé du départ. de l'Ain. *Lyon*, Delaroche, 1792. In-8, 30 pp.

18079 Dispense de mariage accordée par Mgr Jean-Baptiste Royer, évêque du départ. de l'Ain. *Belley*, 29 mai 1792. Aut. signé de M. Burdet, vic. épiscop. Sig. aut. de Mgr J.-B. Royer, évêque du départ. de l'Ain. In-4, 1 p.

18080 Lettre d'un curé déplacé dans le départ. de l'Ain, en réponse à celle que ses paroissiens catholiques lui avaient écrite pour le consulter sur la communion paschale. In-8, 8 pp.

18081 Tableau des ci-devant prêtres du district de Belley, départ. de l'Ain, qui ont abjuré leurs erreurs, abdiqué et reconnu comme fausseté, illusion et imposture tout prétendu caractère et fonctions de prêtrise conformément à la formule ci-après. *Belley régénéré*, ce 4 ventose an II. *Signé* : Albitte. In-fol.

18082 Remarques sur une bulle prétendue attribuée au souverain pontife Pie VI; aux fidèles du diocèse de Belley. In-8, 93 pp.

18083 Cérémonies de la Messe et des Vêpres pontificales, selon le rit de l'église de Lyon, à l'usage du diocèse de Belley. *Bourg*, Bottier, 1827. In-12, 51 pp.

18084 Statuts du Chapitre de la cathédrale de Belley, suivis d'un règlement qui leur sert de développement. *Belley*, Verpillon, 1833. In-8, 65 pp.

18085 Relation de la translation du corps de saint Roland, replacé solennellement, le 28 mai 1854, dans l'église de Chézery, arrondissement de Gex, diocèse de Belley. s. n. d'auteur (par M. Depéry). *Bourg*, Bottier. In-8, 16 pp.

18086 Cérémonie du 8 septembre 1841, qui a eu lieu dans l'église de Brou, à Bourg, pour le cinquantième anniversaire du sacerdoce de Mgr Devie, évêque de Belley, *Bourg*, Bottier, 1841. In-12, 23 pp.

18087 Prières et cérémonies pour le sacre de Mgr Jean-Irénée Depéry, chanoine, vicaire général de Belley, nommé évêque de Gap, qui aura lieu le 1er septembre 1844 dans l'église cathédrale de Belley. *Belley*, Pézieux, 1844. In-12.

Histoire civile.

18088 L'Histoire de la conquête des païs de Bresse et de Savoye par le roy très chrestien.

Par le sieur de la Popellinière. *Lyon*, 1601. In-8, demi-rel. bas. r.

18089 Sourdine royale, sonnant le boute-selle, l'à cheval et à l'estendart, à la noblesse catholique de France, pour le secours de nostre roy tres-chrestien Charles IXe. Par Guillaume de la Tayssonnière, gentilhomme Dombois. *Paris*, Federic Morel, M.D.LXIX. In-8, 8 ff.

18090 Lettre des consuls et habitans de Trévoux au colonel d'Ornano, lieutenant de Dauphiné et de Languedoc, sur l'affaire de St-Didier de Toissey. 13 avril 1594. Ms. in-fol., 2 ff.

18091 Lettres, Déclarations et Manifestes de Son Altesse de Savoye, examinez : Intention de Sa Maiesté et actions de Monsieur le cardinal de Richelieu iustifiees, dans la Response d'vn Bressan à la lettre d'vn Sauoyard. Royen, Jacques Caillové. Jouxte la coppie imprimée à *Lyon*, s. d. In-8, 31 pp.

18092 Remoustrance faicte à l'ouverture du Parlement de Dombes, seant à Lyon, pour Madame Marie de Bourbon, princesse souveraine dudict Dombes; prononcée par M. Jaques Daveyne, conseiller au Conseil de madicte Dame, et son procureur general audict Parlement, le 18 de novembre 1615. *Lyon*, Claude Morillon, 1616. In-4, 44 pp.

18093 Transaction et Concordat entre les venerables prevost, chanoines et chapitre de N.-D. de Bourg et les sieurs syndics et habitans de ladite ville de Bourg. *Bourg en Bresse*, chez la vefve de Joseph Tainturier, 1649. In-4.

18094 Lettre du comte de Montrevel, gouverneur de Bresse, à M. du Bourg, par laquelle il l'invite de se tenir prest de chevaux et d'armes pour marcher en cas de besoin et au premier commandement de Sa Majesté. *Bourg*, le 17 janvier 1649. Sig. aut., avec un P.-S. de six lignes de la main du comte de Montrevel. Ms. in-4, 1 f.

18095 Testament de Mademoiselle de Montpensier, souveraine de Dombes. 27 février 1685. Copie non signée. Ms. in-fol., 2 ff.

18096 Mémoire et Lettres du chevalier de Mons de Savasse à M. le comte de Valetine, chanoine de St-Pierre de Mâcon, et à M. Odet, curé de Ste-Foy, en date du 9 décembre 1750, au sujet de la terre de Mons en Bresse. Sans sig. Ms. in-fol., copie, 13 pp. — Avec la Lettre de M. le président de Monplaisant au chevalier de Mons de Savasse, en réponse aux demandes sur la terre de Mons. *Dijon*, 15 décembre 1750. Sans sig. Ms. in-fol., copie, 6 pp.

18097 Anecdotes de la Bresse, par Jérôme de Lalande; avec cette épigraphe : « Tout ce qui intéresse mon pays m'est cher. » Ce manuscrit autographe et inédit, commencé en 1764 et terminé en 1807, époque de la mort de l'auteur, forme une espèce de mémorial chronologique et anecdotique de l'histoire de Bresse pendant ce laps de temps. Lalande y a inséré, année par année, les faits les plus intéressants sur les personnes et les choses de son pays. In-12 , 182 pp., relié, vélin. — On y a joint une Lettre autographe signée DE LALANDE , du 24 pluviose an IV. In-8, 1 p.

18098 Déclaration de Son Altesse sérénissime Monseigneur , prince souverain de Dombes , sur son avénement à la souveraineté. Du 17 mai 1736. Avec les Testaments et Codicille de feu S. A. S. Mgr le duc du Maine, prince souverain de Dombes, qui règlent à perpétuité l'ordre de la succession à la souveraineté. *Paris*, Antoine Boudet , M.DCC.LXXVI. In-4 , 20 pp.

18099 Procès-verbaux de la visite de M. Passerat de la Chapelle , médecin-inspecteur, aux hôpitaux de Gex et de Tougin (pays de Gex), et du fort de l'Ecluse (Bugey), les 25 et 28 août 1777. Trois Procès-verbaux. Mss. aut. sig. In-fol., 2 pp.

18100 Discours prononcé à l'Assemblée générale du Tiers-Etat des provinces de Bresse et Dombes, le 27 avril 1784; par M. RIBOUD. *Lyon*, 1784. In-8.

18101 Motions d'un avocat de la Bresse à sa province (par DUHAMEL). *Bourg*, septembre 1788. In-8, 55 pp.

18102 Mémoire présenté à l'Assemblée du Conseil des trois ordres du Bugey, tenue à Belley le 10 février 1789 , par deux syndics généraux du Tiers-Etat, nommés commissaires par l'Assemblée du 2 décembre 1788. *Signé* : GAUDET et DEMERLOZ. In-8, 46 pp.

18103 Délibération des officiers du bailliage et siége présidial de Bourg, du 8 mars 1789. In-8, 4 pp.

18104 Mémoires pour la province du Bugey , présentés au Corps de la noblesse assemblée extraordinairement par ordre du roi à Belley, le 16 mars 1789 , par M. le marquis D. G***. 1789. In-8, 96 pp.

18105 Délibération de l'Assemblée des trois ordres de la ville de Trévoux, capitale de la province de Dombes, du 30 juillet 1789. *Lyon*. In-8, 15 pp.

18106 Délibération du Conseil des trois ordres de la province du Bugey ; du 2 septembre 1789. *Belley*, 1789. In-8, 16 pp.

18107 Assemblée générale , Procès-verbaux et Cahier de doléances des trois ordres du bailliage de Bourg en Bresse , relativement à la convocation des Etats généraux du 27 avril 1789. *Bourg, Paris, Lyon*, 1789. In-4, 55 pp.

18108 Avis au clergé de Bresse, sur ses véritables intérêts et sur le parti qu'il doit prendre relativement au vœu du Tiers-Etat ; par un membre du clergé de Bresse. 1789. In-12 , 36 pp.

18109 Considérations sur la constitution politique du Bugey et sur la mission de ses députés aux Etats généraux. 1789. In-8, 77 pp.

18110 Pièces relatives au patriote Palloy et à l'envoi à Bourg de pierres et d'autres objets provenant de la Bastille. Lettres, Procès-verbaux , Arrêtés, de 1790 à 1793. Mss. aut. sig. Treize pièces in-fol. et in-4.

18111 Dénonciation faite à M. le procureur du roi de la maréchaussée de Belley, par M. le marquis DE CREMBAUX. 26 février 1790. In-4, 8 pp.

18112 Exposé des principes et de la conduite de M. de Clermont Mont-St-Jean , député du Bugey , adressé à ses commettants et distribué aux membres de l'Assemblée nationale. *Paris*, Girouard (30 août 1790). In-8, 10 pp.

18113 Rapport contenant les détails principaux de la gestion du Directoire du département de l'Ain jusqu'au 1er novembre 1790, par M. RIBOUD. *Bourg*, Philipon, 1790. In-4, 148 pp., planches.

18114 Lettre de M. IMBERT-COLOMÈS, ci-devant chargé du commandement de la ville de Lyon, à MM. les officiers municipaux de Bourg en Bresse. 1790. s. n. d'imprimeur. In-8, 24 pp.

18115 Adresse aux citoyens du département de l'Ain (au sujet des élections pour l'Assemblée législative). *Signé* : La Société des amis de la Constitution de Bourg. L'abbé BARQUET, président ; DUMALLE et BRICHON, secrétaires. In-4, 4 pp.

18116 Discours sur le serment civique des ecclésiastiques, par M. GROSCASSAND-DORIMOND, prêtre. (Prononcé le 7 février au club des Amis de la Constitution séant à Bourg). s. n. d'imprimeur. In-12, 56 pp.

18117 Discours prononcé par Pierre-Marie IMBERT, prêtre, le 19 février 1791 , jour de sa réception à l'assemblée du club des Amis de la Constitution , à Bourg. Sans nom d'imprimeur. In-8, 25 pp.

18118 Rapport des commissaires des Amis de la Constitution établis à Trévoux , département de l'Ain , concernant les faits arrivés le 26 juin 1791 dans le village de Polcymieux, etc. (concernant M. Guillin). In-8, 16 pp.

18119 Détails relatifs au serment prêté à Bourg, les vingt-six et vingt-huit juin 1791 , à l'occasion du départ du roi. *Bourg*, impr. de C.-C.-G. Philipon, 1791. In-4, 9 pp.

18120 Discours prononcé par Jean-Antoine ROSTAIN dans une assemblée des citoyens de la ville de Bourg ; suivi des pouvoirs donnés par les citoyens à l'Assemblée nationale pour la réorganisation du pouvoir exécutif. *Bourg*, le 24 juin 1792. In-8, 13 pp.

18121 Plan patriotique, ou Idée d'une constitution républicaine en France ; par le citoyen BACON. Sans date. A la fin, à la main : Distribué le 23 novembre, l'an premier de la République. In-8, 16 pp.

18122 Justification de l'exposition des principes qui ont décidé le principal et les professeurs du Collège de Bourg à prêter le serment civique , ou Réfutation de la réponse à ladite exposition ; par M. A. M. A. R. P. C. , et de deux Lettres de plusieurs curés députés à l'Assemblée nationale, sur le même sujet. *Bourg*, Goyffon, 1791. In-4, 118 pp.

18123 Adresse du Conseil général de la commune de Miribel, aux commissaires de la Convention, en faveur du maire et du procureur de cette commune. s. d. (mars? 1793?); avec 10 sig. aut. Ms. in-4, 2 pp.

18124 Pétition et Mémoire à la Convention nationale, contre des arrestations arbitraires faites par ordre des citoyens Amar et Merlino, commissaires conventionnels envoyés dans le département de l'Ain. Mai 1793, an II de la République. *Paris*, Froullé. In-8, 48 pp.

18125 Adresse patriotique au peuple, présentée à la Société populaire de Châtillon-sur-Chalaronne, département de l'Ain, par l'un de ses membres (le citoyen Joseph NALLET père, officier de santé), le 9 août 1793, l'an II de la République française. *Mâcon*, Chassipolet. In-8, 13 pp.

18126 Bourg-Régénéré. (Adresse aux représentants). *Signé*: B. DESISLES, maire. Le 6 octobre 1793, an II. Sans nom d'imprimeur. In-4, 3 pp.

18127 Lettre des administrateurs du district de Trévoux aux représentants du peuple, sur l'entrée des troupes de la République dans la ville de Lyon. 10 octobre 1793. — Procès-verbal de l'arrestation d'André Arnaud, adjudant général de l'armée des rebelles, dans le district de Trévoux. Mss. in-fol., 4 ff.

18128 Correspondance des représentants du peuple envoyés en mission dans le département de l'Ain. An II. Onze pièces aut. sig. In-4.

18129 Recueil des Circulaires du commissaire du pouvoir exécutif près l'administration du départ. de l'Ain, etc. An II-an VI. Cinquante-sept pièces manuscrites. Aut. sig. In-4.

18130 Dénonciation et précis d'une partie de la vie politique et publique de Bonnet, domicilié de la ville de Belley (179.?). In-8, 8 pp.

18131 Catéchisme nouveau de la République française, etc.; par F.-N.-R. MORAND, l'un des administrateurs du Directoire de l'Ain. *Paris*, Ferré (179.?). In-8, 16 pp.

18132 Traits de civisme du citoyen Bouclet fils aîné, publiés par la Société épurée des sans-culottes de Trévoux. s. d. (an II). In-8.

18133 Procès-verbaux des séances de la Société populaire de Lagnieu, et Lettre d'envoi adressée aux représentants du peuple à Commune-Affranchie. 17 brumaire an II. Mss. in-fol., 5 ff.

18134 Discours prononcé par JAVOGUES, représentant du peuple, dans la séance de la Société des sans-culottes républicains de Bourg, le 21 frimaire an II de la République. Sans nom d'imprimeur. In-4, 4 pp.

18135 Récit de la décade du 20 pluviose, célébrée dans la commune de Bourg-Régénéré. In-4, 4 pp.

18136 La Société républicaine des sans-culottes de Belley à la Convention nationale. 4 ventose an II. In-4, 4 pp.

18137 Les Citoyens de la commune de Bourg à la Convention nationale (au sujet de la journée du 12 germinal). In-8, 8 pp.

18138 Aux représentants du peuple composant le Comité de salut public. Dénonciation contre quelques individus. Fait à Bourg, le 4 prairial an II. In-8, 23 pp.

18139 Texte de la Note insérée contre le citoyen Févelas dans la dénonciation contre le représentant du peuple Gouly...; avec la Réponse du citoyen Févelas, employé à la Commission des relations extérieures, aux inculpations contenues dans la Note insérée dans la dénonciation faite contre le représentant du peuple Gouly, par les meneurs de la Société populaire de Bourg, département de l'Ain. (An II). In-8, 20 pp.

18140 Gauthier, représentant du peuple à la Convention nationale, sur la dénonciation faite contre lui (par divers citoyens du département de l'Ain). *Paris*, 4 thermidor an II. In-8, 27 pp.

18141 Proclamation de la Société populaire de Bourg, vraiment épurée et rendue à la liberté (pour se féliciter de l'arrivée du citoyen Boisset). *Bourg*, 9 fructidor an II. In-8, 4 pp.

18142 Vie révolutionnaire de Blanc-Desisles depuis 1789, dans laquelle on trouvera la marche du fédéralisme dans le départ. de l'Ain (179.?). In-8, 24 pp. plus 5 pp.

18143 Les sans-culottes de Bourg-Régénéré, chef-lieu du départ. de l'Ain, députés par la commune entière pour faire connaître à la Convention nationale les crimes de ses oppresseurs, depuis quatorze mois. — Supplément au Compte-rendu à la Convention nationale, le 11 ventose, par B. GOULY..., pour servir de réponse au Mémoire.... intitulé: *Vie révolutionnaire de Blanc-Desisles depuis 1789*. s. d. (an II). In-8, 56 pp.

18144 Lettre de BOISSET, en mission dans le départ. de l'Ain, à son collègue Reverchon, pour le prévenir des manœuvres contre-révolutionnaires du citoyen Desisles, le prier d'interroger la citoyenne Dévoley pour éclaircir cette affaire, et le prévenir qu'il va faire immédiatement relâcher les farines du district de Villefranche, retenues par la municipalité de Farreins. *Gex*, 14 fructidor an II. Lett. aut. sig. In-fol., 2 pp.

18145 Adresse de la Société populaire de la commune de Bourg à la Convention (au sujet du citoyen Boisset). *Bourg*, 25 fructidor an II. s. n. d'impr. In-8, 8 pp.

18146 Dénonciation. Réponse du représentant du peuple B.... GOULY aux notes explicatives et instructives ci-contre, ajoutées à la dénonciation de la Société populaire de Bourg, par les chefs de la faction des intrigants du départ. de l'Ain.... An II. In-8.

18147 Tableau analytique des manœuvres et des crimes des principaux intrigants de la commune de Bourg. *Bourg*, 4 vendémiaire an III. s. n. d'imprimeur. In-8, 44 pp.

18148 Coup d'œil sur les manœuvres des intrigants de la commune de Bourg. 19 vendémiaire an III. In-8, 15 pp.

18149 Lettre de BOISSET, en mission à Bourg, à ses collègues Pocholle et Charlier, à Lyon, pour leur recommander des citoyens de Bourg qui ont besoin d'avoir les jugements rendus contre trente - deux individus condamnés par la Commission temporaire. Sans nom de ville, s. d. Au dos : brumaire (an III). Lett. aut. sig. In-fol., 1 p.

18150 Arrêté du représentant TELLIER qui nomme aux fonctions d'agent national près le district de Gex le citoyen Balleidier père, membre du Conseil de ce même district, en remplacement du citoyen Millet, chargé d'une mission secrète pour le Comité de sûreté générale. *Lyon*, 25 frimaire an III. Sig. aut. Ms. in-4, 1 p.

18151 Arrêté du représentant du peuple TELLIER, qui suspend les séances de la Société populaire d'Ambérieux, district de Montferme (St-Rambert), comme devenue le réceptacle impur des intrigants et des terroristes que les Sociétés populaires du district ont expulsés de leur sein. Expédié le 16 nivose an III. *Signé* : TELLIER. Ms. aut. sig. avec ratures. In-fol., 3 pp.

18152 Arrêté des représentants du peuple RICHAUD et TELLIER qui nomme le citoyen Pierre Roux, ci-devant homme de loi, aux fonctions de suppléant près le Tribunal de district de Belley. *Lyon*, 28 nivose an III. Sig. aut. des deux représentants. Ms. in-4, 1 p.; minute.

18153 Arrêté des représentants du peuple RICHAUD et TELLIER, qui nomme divers citoyens aux places vacantes du Tribunal, du Bureau de conciliation et du Comité révolutionnaire du district de Gex, ainsi qu'à la Justice de paix de Fernex. *Lyon*, 1er pluviose an III. Sig. aut. des deux représentants. In-fol., 1 p.; minute.

18154 Lettre de ROUSSET, agent national du district de Bourg, aux représentants du peuple Tellier et Richaud, à Lyon, pour les prévenir que six des notables nommés par leur prédécesseur Boisset dans la nouvelle commune de Roissiat et Courmangoux étant des citoyens décédés, il envoie les noms de six autres citoyens pour les remplacer, *Bourg*, 9 pluviose an III. Lett. aut. sig. In-4, 3 pp.—Avec un extrait de l'arrêté de BOISSET du 10 brumaire an III, qui réunit en une seule les communes de Roissiat et Courmangoux, et qui nomme aux places d'officiers municipaux et de notables des citoyens dont six sont décédés. Pour copie conforme : ROUSSET, agent national. Aut. sig. In-fol., 6 pp.—Au dos de la Lettre, une note aut., signée de RICHAUD, confirme le choix fait par l'agent national.

18155 Adresse de la Société populaire de Nantua à la Convention nationale, pour la féliciter de la chute de Robespierre. 20 pluviose an III. *Nantua*, Dufour et Josserand. In-8, 8 pp.

18156 Anecdotes tirées des mille et un brigandages exercés dans le départ. de l'Ain. s. d. (11 floréal an III), s. n. d'impr. In-8, 11 pp.

18157 Lettre de BOREL à Boisset sur l'esprit public dans les départ. de Saône-et-Loire et de l'Ain. *Bourg*, 14 floréal an III. Lett. aut. sig. In-fol., 2 pp.

18158 Tableau dans lequel est décrite la vie morale et politique de Jullien Guinet, en maison d'arrêt à Belley par les ordres du représentant Boisset, avant et depuis le neuf thermidor de l'année dernière; avec des détails sur quelques événements qui se sont passés à Ceyzérieux. *Signé* : MANJOT, maire; POCHET, BURDA, COLOMB, MERCIER, officiers municipaux ; RUET, secrétaire. Sig. aut. *Ceyzérieux*, 28 germinal an III. Suivi de la copie de plusieurs lettres qui chargent Jullien Guinet. In-4, 12 pp.

18159 Certificat de la Société populaire de Bourg en faveur du représentant du peuple Borel. *Bourg*, 29 germinal an III. Sig. aut. In-4, 1 p.; sceau.

18160 Dénonciation des citoyens de la commune de Bourg, chef-lieu du départ. de l'Ain, à la Convention nationale, contre Amar, Javogues Albitte et Méaulle. In-8, 17 pp.

18161 Les citoyens de la commune de Belley à la Convention. Tableau de la conduite qu'ont tenue les représentants du peuple en mission dans le district de Belley, départ. de l'Ain. s. d. (1795?). *Belley*, Kindelem. In-4, 20 pp.

18162 Le représentant du peuple Valentin DUPLANTIER, député au Corps législatif par le départ. de l'Ain, au citoyen Reverchon, général, pour la seconde fois dans les murs de Lyon....(Lettre concernant le départ. de l'Ain). *Paris*, 29 nivose an IV. In-8, 8 pp.

18163 Lettre justificative de François - Nicolas RUFIN-MORAND, commissaire du pouvoir exécutif près l'Administration centrale du départ. de l'Ain, au citoyen Rousset, conservateur des hypothèques près le même département. *Bourg*, 1er thermidor an IV. In-8, 16 pp.

18164 Résurrection des sciences et des mœurs, ou Epîtres aux habitants de l'Ain ; par J.-B. GUILLERMIN, prêtre. *Bourg* (1796). In-12, 88 pp.

18165 Discours fait par VEZU, de l'Ain, sur le civisme et le dévouement des habitants de Meximieux. 4e jour complémentaire, an VII. Impr. nationale, vendémiaire an VIII. In-8, 6 pp.

18166 Examen d'une lettre datée de Bourg le 24 messidor an X, et adressée à M. de Mérinville, administrateur du diocèse de Lyon ; par GARRON-LABEVIÈRE. *Bourg*, impr. du journal. In-8, 7 pp.

18167 Adresse au roi , par les députés fédérés du départ. de l'Ain. s. d. (juillet 1814). In-8 , 6 pp.

18168 Observations sur les développements présentés à la Chambre des députés par M. DE MURARD DE SAINT-ROMAIN, député du départ. de l'Ain..., sur l'instruction publique et l'éducation.... Deuxième édition. *Paris* , 17 février 1816. In-8.

18169 Réponse aux développements sur l'instruction publique et l'éducation , présentés à la Chambre des députés par M. MURARD DE ST-ROMAIN , député du départ. de l'Ain , dans la séance du 31 janvier 1816 ; suivie de notes sur le texte du projet. s. n. d'auteur. *Paris* , février 1816. In-8, 23 pp.

18170 Opinion de M. RODET , député du départ. de l'Ain (sur les pétitions.....) , qui devait être prononcée dans la séance du 17 mai 1819. In-8, 7 pp.

18171 Opinion de M. RODET, député du départ. de l'Ain, sur le projet de loi relatif à la fixation des dépenses de l'année 1819. Séance du 25 mai 1819. In-8, 78 pp.

18172 Discours de M. RODET , député de l'Ain , sur le projet de loi relatif aux élections; prononcé dans la séance du 18 mai 1820. *Paris*, veuve Agasse. In-8, 15 pp.

18173 Opinion de M. RODET , député de l'Ain , sur le budget de 1820 (séance du 15 juin 1820). (*Paris*), Hacquart. In-8, 31 pp.

18174 Chambre des députés ; session de 1828. Rapport fait au nom de la Commission chargée de l'examen de la proposition de M. Labbey de Pompierres relative à l'accusation des membres du dernier ministère , par M. GIROD (de l'Ain). Séance du 21 juillet 1828. In-8, 56 pp.; avec envoi aut. sig. de l'auteur.

18175 Aux électeurs de l'arrondissement de Belley. (Pamphlet de M. ROSELLI-MOLLET contre M. d'Angeville à propos des élections). *Belley*, Verpillon , 1839. In-8, 16 pp.

18176 De l'un des 221, et de la brochure du même titre. (Brochure contre M. d'Angeville , député de l'Ain) Signé : Une voix populaire. *Belley* , Verpillon, 1839. In-8, 24 pp. — Avec sept autres pièces, dont plusieurs signées : Une voix populaire , au sujet de M. d'Angeville et des élections de 1839. In-4, 7 ff.

18177 Chambre des députés ; session 1843. Développement de la proposition de M. le comte D'ANGEVILLE , député de l'Ain , sur les irrigations. Séance du 22 mai 1843. In-8, 38 pp.

18178 Circulaire de Mgr l'évêque de Belley à MM. les chanoines, curés, desservants, vicaires et autres ecclésiastiques, à l'occasion des élections. *Bourg*, le 17 mars 1848. In-8, 4 pp.

18179 Élections du départ. de l'Ain ; avril 1848. (Pièces diverses réunies).

18180 Notice adressée aux habitants du départ.

de l'Ain, par M. BERNARD (Isidore). Saint-Nizier-le-Désert, 4 avril 1849. Circulaire au sujet des élections. *Lyon*, Louis Perrin , 1849. In-8 , 6 pp.

18181 Epître à M. Edgar Quinet , représentant de l'Ain, en réponse à sa Lettre sur l'état de siége dans la 6e division militaire , par J.-E. ROSSAND. *Bourg en Bresse* , 1850. In-12, 8 pp. —*Voir le n° 5857.*

18182 Notice historique sur l'établissement de la République dans le départ. de l'Ain, par un membre de la Société d'émulation de l'Ain (M. MILLIET - BOTTIER). *Bourg en Bresse* , Milliet-Bottier, 1850. In-8, 64 pp.

Histoire administrative.

18183 Sauvegarde accordée par le lieutenant-général de Bresse au commandeur de Beauvoir contre les abbés et habitants d. Bagé, touchant les assemblées. 1528. Mss. in-4, 5 pièces.

18184 Transaction entre le roi François Ier et Louis de Bourbon, duc de Montpensier, concernant entre autres choses la souveraineté de Dombes et la seigneurie de Beaujolois. 20 novembre 1560. Copie non signée. Ms. in-4 , 14 ff.

18185 Commission de Mgr Charles DE GONTAUT DE BIRON adressée au sieur Carlos , intendant des finances au pays de la haute Bresse , pour lever les impositions sur le pays de haute Bresse pour les mois de juillet , aoust et septembre. Fait à *Mascon*, le XXIe jour de juillet 1600. Sa sig. au bas de la pièce. Ms. in-4, sceau.

18186 Dénombrement des fonds situés en Bresse, tenus et possédés par les particuliers, bourgeois et habitants de la ville de Lyon au 1er janvier 1605 (avec des notes jusques en 1755). In-4, 31 ff.

18187 Arrest du Conseil d'État portant réunion au corps de l'eslection de Bourg des offices de receveurs, et payeurs anciens, alternatif, et triennal. *Bourg en Bresse*, Jean Taintturier, 1643. In-4, 15 pp.

18188 Lettres-patentes de Anne-Marie-Louise, princesse de Dombes, datées de Paris au mois d'avril 1684, afin d'obtenir le payement du droit d'amortissement, etc. Pet. in-fol., 8 pp.

18189 Arrest du Conseil d'État du roi , confirmatif des priviléges de MM. les officiers de la Cour de parlement de Dombes séant à Lyon. Du 22 mars 1669. *Lyon*, Jullieron , 1669. In-4, 14 pp.

18190 Le sieur Bouchu, conseiller du roy en ses conseils... (Ordonnance concernant les tailles). *Bourg*, le septiesme septembre 1671. s. n. d'impr. In-fol., 1 p.

97

18191 Donation de la souveraineté de Dombes faite par S. A. R. MADEMOISELLE au profit de de Mgr le duc de Maine. 24 octobre 1681. Copie non signée. Ms. in-fol., 2 ff.

18192 Arrest du Conseil d'Estat concernant les officiers des eslections et greniers à sel de la province de Bourgogne, et païs de Bresse et Bugey; du 29 décembre 1685. *Paris*, Sébastien Mabre-Cramoisy, M.DC.LXXXV. In-4, 7 pp.

18193 Instruction pour les commissaires à l'inspection des haras (Ces instructions concernent la Bourgogne, la Bresse et le Bugey). Fait à *Dijon*, le sixième mars 1694. *Signé* : FERRAND. In-fol., 5 pp.

18194 Controlle des quittances de la taille tenu par les officiers de l'élection de la ville de Bourg en Bresse, en l'année 1703. In-fol. cartonné.

18195 Etat des mandements et paroisses dépendantes de l'élection de la province de Bresse. Chiffres à la main. A la fin, date et signatures autographes. In-4, 20 pp.

18196 Arrest du Conseil d'Etat du roy qui casse deux sentences rendues par les officiers de l'élection de Belay, le 10 février 1733, en faveur des nommés Paul Compare, cavalier dans le régiment des Cravattes, et de Villieux; ordonne la confiscation des tabacs sur eux saisis...... Du 21 juillet 1733. *Lyon*, Valfray. In-4, 4 pp.

18197 Lettre d'affaire de M. MORIN à M. Bricitto, ex-curé de Neuville, au sujet d'un droit d'amortissement réclamé par M. le prince de Dombes. *Lyon*, 7 mars 1738. Ms. aut. sig. In-4, 3 pp.

18198 Réponse à l'auteur du Mémoire à la route de Belley ; par SIMONET. Sans date (1742), sans nom d'impr. In-fol., 4 pp.

18199 Jugement de M. l'intendant François-Dominique de Barberie.... *Dijon*, 2 septembre 1741; suivi de la vente de la seigneurie, ville, château, mandement et comté de Montluel., passée par Mlle Louise-Anne de Bourbon, princesse du sang, à messire Nicolas Dejussieux, le 7 février 1743. In-fol.

18200 Supplique de Jean TOURNACHON, ancien conseiller en l'hôtel-de-ville de Montluel, député par délibération consulaire du 4 juillet 1747, à nos seigneurs du Parlement, pour se plaindre des exactions commises à Montluel au nom de M. Dejussieux, le nouveau seigneur. *Dijon*, chez Fay, 1748. In-fol.

18201 Feuille d'impôts en blanc pour l'élection de Bresse. 1751. In-fol., 4 pp.

18202 Arrêt de la Cour de parlement de Bourgogne qui condamne les habitants de la Boisse tenant bœufs pour le labourage à payer le droit de maréchaussée à Nicolas de Jussieu, écuyer, conseiller en la Cour des monnoyes de Lyon et seigneur de Montluel. 1759 ; avec la quittance autographe signée de l'imprimeur pour cent exemplaires livrés à M. de Jussieu. In-4, 34 pp.

18203 Lettres-patentes du roi, portant confirmation et ratification de l'échange de la principauté et souveraineté de Dombes, fait avec S. A. S. M. le comte d'Eu. *Trévoux*, impr. royale, 1762 In-4, 8 pp.

18204 Arrêt du Conseil d'Etat portant modération du droit sur les traits d'argent de la principauté de Dombes, et qui le fixe à huit sols de premier droit. Du 16 août 1762. *Trévoux*, impr. du roi, 1762. In-4, 3 pp.

18205 Sommaire de la requeste du procureur général du parlement de Dombes au roi. (Domaines en Bresse). s. d. (176.). *Trévoux*. In-4, 12 pp.

18206 Précis de la requête du procureur général du parlement de Dombes. Au roi. s. d. (176.?) (Domaines en Bresse). *Trévoux*. In-4, 23 pp.

18207 Arrêt du Conseil d'Etat qui casse le réquisitoire du sieur de Tavernost, avocat général au parlement de Dombes, et qui ordonne l'exécution du jugement rendu pour procéder à l'évaluation de la principauté de Dombes. 16 octobre 1768. In-4, 4 pp.

18208 Déclaration du roi qui comprend la principauté de Dombes dans l'étendue des cinq grosses fermes, et qui ordonne une augmentation sur le prix du sel et du tabac dans ladite principauté. 13 novembre 1768. In-4, 4 pp.

18209 Instruction pour les gardes-étalons des provinces de Bresse, Bugey et Gex. Ce 1er février 1770. *Signé* : AMELOT. Impr. de Frantin, imprimeur du roi. In-4, 15 pp.

18210 Arrêt du Conseil d'Etat qui ordonne.... l'acquisition des terrains et emplacements compris dans l'enceinte de la ville de Versoix, pays de Gex. Du 8 septembre 1770. *Lyon*, Valfray, 1770. In-4, 4 pp.

18211 Edit du roi portant suppression du parlement de Dombes. Octobre 1771. In-4, 4 pp.

18212 Procès-verbal de la séance de M. le comte DE RUFFEY, gouverneur en la principauté de Dombes, et de M. DE FLESSELLES, intendant de Lyon, commissaire au parlement de Dombes. *Lyon*, Valfray, 1771. In-4, 6 pp.

18213 Lettres d'un académicien à un fermier général, sur le droit d'amortissement demandé aux académies pour fondations de prix , legs de bibliothèque, etc. Par DE SOZZI. A *Trévoux*, impr. d'Aimé Delaroche, M.DCC.LXXII. In-8, 47 pp.

18214 Edit du roi portant création d'une sénéchaussée à Trévoux. Janvier 1772. In-4, 4 pp.

18215 Arrêt du Conseil supérieur qui commet à l'exercice de la charge de receveur des consignations de Dombes. Du 12 mars 1772. *Lyon*, Valfray, 1772. In-4, 4 pp.

18216 Lettres-patentes du roi pour le siége de Dombes. 22 mars 1772. In-4, 3 pp.

18217 Arrêt du Conseil supérieur qui ordonne que les protocoles et minutes des notaires de la principauté de Dombes qui sont décédés seront déposés dans la chambre syndicale des notaires à Trévoux. Du 17 juin 1772. *Lyon*, Valfray, 1772. In-4, 4 pp.

18218 Lettres-patentes du roi portant que l'édit du mois de juin 1771, qui a abrogé les décrets volontaires et les lettres-patentes du 7 juillet suivant seront exécutés dans la principauté de Dombes, à l'exception des articles 35 et 36 dudit édit. Données à Compiègne le 15 août 1772. *Lyon*, P. Valfray, 1772. In-4, 4 pp

18219 Arrêt du Conseil d'État du roi qui assujettit à la perception des six nouveaux sous pour livre le droit de treizain qui se lève au profit de la ville de Bourg en Bresse, sur le vin vendu en détail, etc. Du 10 décembre 1772. *Lyon*, P. Valfray, 1773. In-4, 4 pp.

18220 Précis signifié pour les communautés et habitants des paroisses de St-Trivier, Parcieux, Montagnieu, St-Cristophe et St-Cyr, en la partie de Dombes..; contre MM. Bellet de Tavernost père et fils.... et les recteurs et administrateurs de l'hôpital de la Charité et Aumône générale de Lyon... *Lyon*, Faucheux, 1773. In-4, 18 pp.

18221 Extrait des titres produits par MM. DE TAVERNOST père et fils dans l'instance qu'ils soutiennent au Conseil supérieur, contre le sieur de Bereins et contre les prétendues communautés d'habitants des paroisses de St-Trivier, Parcieu, Montagnieu, St-Christophe et St-Cyr. *Lyon*, Delaroche, 1773. In-4, 6 pp.

18222 Lettres-patentes du roi portant que les officiers titulaires et honoraires qui composaient le parlement de Dombes jouiront des honneurs, etc., attribués aux offices dont ils étaient pourvus. 19 janvier 1773. *Lyon*, Valfray, 1773. In-4, 4 pp.

18223 Arrêt du Conseil d'Etat qui ordonne qu'à commencer au 1er janvier prochain la principauté de Dombes sera et demeurera unie au pays de Bresse. Du 1er septembre 1781. In-4, 4 pp.

18224 Arrêt du Conseil d'Etat qui règle les impositions dans la principauté de Dombes réunie au pays de Bresse. Du 1er septembre 1781. *Lyon*, 1782. In-4, 4 pp.

18225 Lettre de M. DE FENILLE à M. Gauthier des Orcières, relative à l'administration de la Bresse. s. d. (1781?). In-8, 20 pp.

18226 Arrêt du Conseil d'Etat concernant les postes aux lettres de la principauté de Dombes. Du 12 mai 1782. *Paris*, impr. royale, 1782. In-4, 2 pp.

18227 Edit du roi et lettres de jussion sur icelui des mois de septembre 1781 et 22 février 1782, concernant la réunion de la principauté de Dombes au pays de Bresse. *Paris*, 1782. In-4, 6 pp. — *Id. Lyon*, 1782. In-4, 4 pp.

18228 Requête du Tiers-Etat de la ville de Bourg (du 1er décembre 1788), suivie de la délibéra-

tion des officiers municipaux. *Bourg*, Goyffon, 1788. In-8, 48 pp.

18229 Examen du privilége des nobles de Bresse, par GAUTHIER DES ORCIÈRES. *Lyon*, Delamollière, 1788. In-8, 69 pp.

18230 Délibération des officiers du bailliage et siége présidial de Bourg, du 8 mars 1789 (sur la vénalité des offices). s. n. d'impr. In-8, 4 pp.

18231 Très humble supplique de la ville de Montluel en Bresse à nos seigneurs de l'Assemblée nationale, pour la distribution de ce départ. en neuf districts. Du 16 décembre 1789. *Signé* : MANDOL, GUÉRIN, BRÉGHOT, etc. s. n. d'impr. In-8, 7 pp.

18232 Division du départ. de l'Ain en 9 districts. Ms. in-4, 3 pp.

18233 Mémoire sur les principaux objets d'administration dans le départ. de l'Ain, par M. RIBOUD. 7 juin 1790. *Bourg*, Philipon, 1790. In-4, 38 pp.

18234 Rapport sur la réduction des districts en général, et particulièrement sur ceux du départ. de l'Ain ; par M. GOSSIN, membre du Comité de constitution. Fait à l'Assemblée nationale, dans la séance du 15 octobre, au nom de ce Comité. In-8.

18235 Extrait du registre des délibérations de la municipalité de Trévoux en Dombes. Séance du 7 mars 1790. *Lyon*, Delaroche, 1790. In-4, 4 pp.

18236 Rapport sur l'échange de la Dombes avec le sieur Guémené, et l'acquisition des terres de l'Orient, Châtel, Carment et Recouvrance, etc. Fait au nom du Comité des domaines par M. N.-J. LE BŒUF, député du départ. du Loiret. Imprimé par ordre de l'Assemblée nationale. (*Paris*, impr. nationale, 1791). In-8, 24 pp.

18237 Rapport fait à l'Assemblée nationale sur l'échange de la Dombes et l'acquisition des terres de l'Orient, Châtel, Carment et Recouvrance, etc., au nom du Comité des domaines, par M. ENJUBAULT LA ROCHE, membre de ce Comité. Imprimé par ordre de l'Assemblée nationale. *Paris*, impr. nationale, 1791. In-8, 66 pp.

18238 Extrait des registres du départ. de l'Ain, du 10 juin 1791, relatif à une lettre de l'évêque de Genève à divers curés du département. *Bourg*, Philipon, 1791. In-4, 4 pp.

18239 Recueil de cinq pièces concernant le district de Trévoux. An II. Mss. aut. sig. In-4 et in-8.

18240 Nouveau Tableau du maximum ou plus haut prix des marchandises de première nécessité arrêté par le Directoire du district du départ. de l'Ain. *Bourg*, Bottier, an II. In-8, 59 pp.

18241 Arrêté d'ALBITTE, représentant du peuple, envoyé.... dans les départements de l'Ain et du Mont-Blanc pour faire enlever ou anéantir tout

ce qui tient à l'usage de *quelque culte que ce
soit. Bourg-Régénéré*, le 7 pluviose an II. In-4,
4 pp.

18242 Recueil de six pièces administratives concernant le départ. de l'Ain. An III. Mss. aut.
sig. In-4.

18243 Adresse de la Convention nationale au
peuple français, du 18 vendémiaire an III;
avec un arrêté du Directoire du district de
Belley au sujet des conspirations.... Fait en
directoire, à Belley le 1er brumaire de la 3e
année républicaine. *Belley*, impr. de J.-B. Kindelem. In-8, 8 pp.

18244 Compte-rendu, par BOREL, des recettes,
etc., faites dans le départ. de l'Ain, etc. Impr.
nationale, fructidor an III. In-8, 2 pp.

18245 Recueil de 73 pièces, arrêtés, lettres et
autres papiers administratifs, concernant le
canton de Lagnieu. An IV-an VIII. Mss. aut.
sig. In-4 et in-8,

18246 Département de l'Ain. Tableau de dépréciation du papier-monnaie. Cours des assignats
dès le 1er janvier 1791 jusqu'au 8 thermidor
an IV. Fait et arrêté à Bourg (an IV). *Signé*:
ROUZER, président; PUGET, GUILLON et BA-
VOSAT, RIBOUD et MARCHAND. *Bourg*, Bottier,
impr. Sig. aut. de MARCHAND. In-4, 4 pp.

18247 Rapport fait au nom d'une Commission
spéciale par ROYEN (de l'Ain) (sur le serment
civique d'ci-devant religieuses devenues institutrices), 8 fructidor an IV. *Paris*, impr. nationale. In-8, 4 pp.

18248 Conseil des Anciens. Rapport fait par DEY-
REM de l'Ain, au nom d'une Commission com-
posée des citoyens Vimar, Guyomar, Tonnelier,
Gauthier et Deydier, sur la résolution du 16
thermidor an VI relative à l'inscription sur la
liste des émigrés du représentant du peuple
Sonthonax. Séance du 27 thermidor an VI.
In-8, 7 pp.

18249 Instruction sur les mesures républicaines
et les mesures anciennes du départ. de l'Ain,
comparées entre elles; par F. Clanc, professeur
de mathématiques à l'Ecole centrale de l'Ain.
A *Bourg*, chez Dufour et Josserand, an VIII.
In-8.

18250 Adresse de l'Administration centrale, du
19 germinal an VIII, au sujet de l'installation
du nouveau préfet; avec le discours prononcé
par le citoyen OZUN, préfet du départ. de l'Ain,
au moment de son installation. *Bourg*, Bottier
(an VIII). In-8, 7 pp.

18251 Deux Lettres de la présidente du Conseil
d'administration provisoire de la Société maternelle de Bourg à Son Excellence le trésorier
général de la Société maternelle, du février
et 20 août 1813, pour lui rendre compte de
l'organisation et de la situation de la Société
Signé: DE GILIBERT-RIVET. Sig. aut. Ms. in-
fol., 7 pp. — Avec un état sommaire des opérations et de l'emploi des fonds du Conseil d'administration pendant le 1er trimestre 1813.

Bourg, 4 avril 1813. *Signé*: DE GILIBERT-RI-
VET, présidente; CHOSSAT DE ST-SULPICE,
Marie RIBAUD ROSEFFONT, DE BORDE-PROMBY.
Sig. aut. Ms. in-fol.

18252 Manuel pratique des poids et mesures du
départ. de l'Ain, par JARRIN, ingénieur du cadastre du départ. de l'Ain. *Bourg*, chez P.-F.
Bottier, impr. du roi. s. d. (181.?). In-12.

18253 Développement du vote du Conseil général
du départ. de l'Ain sur un nouveau réparte-
ment de l'impôt entre les départements. *Bourg*,
Janinet, 1819. In-4, 32 pp.

18254 Compte des dépenses départementales
pour l'exercice 1831, et Budget départemental
pour l'exercice 1833. Bourg, le 20 juin 1833.
Bourg, Fréd. Dufour. Sig. aut. du préfet BELLON.
In-fol., 12 pp.

18255 Budgets départementaux de l'exercice
1838. *Bourg*, Fréd. Dufour. In-fol., 11 pp.

18256 Lettre du sieur J.-M. GRANIER, propriétaire à Treffort, à M. le préfet du départ. de
l'Ain. *Bourg*, Bottier, 1838. In-8, 24 pp.

18257 Observations sur quelques routes du
départ. de l'Ain, par le baron DE MORNAY.
Nantua, Auguste Arène, 1838. In-4, 30 pp.,
carte.

18258 Réponse à quelques observations sur certains points de l'administration municipale de
la ville de Montluel, en réponse à une réclamation du *Courrier de l'Ain* du 14 mai 1839.
Signé: Le maire de Montluel, DELORD. In-4,
7 pp.

18259 Premier Supplément et suite de la plainte
portée à M. le préfet de l'Ain par le sieur J.-
M. GRANIER, ancien maire de Treffort. *Bourg*,
Bottier, 1839. In-8, 41 pp.

18260 Second Supplément et suite de la plainte
portée à M. le préfet du départ. de l'Ain le 30
septembre 1838, par le sieur J.-M. GRANIER.
Bourg, Bottier, 1839. In-8, 62 pp.

18261 Moyen d'éteindre la mendicité, d'améliorer le sort des pauvres..., proposé par Joseph-Modeste GRANIER.... *Bourg*, Bottier,
1839. In-8, 24 pp.

18262 Procès-verbal des délibérations et votes
du Conseil général du départ. de l'Ain. Session
de 1840. *Bourg*, Dufour, 1840. In-8, 107 pp.

18263 Nouvelles Considérations sur l'abaissement
des droits à l'entrée des bestiaux étrangers,
par la Société royale d'émulation et d'agriculture de l'Ain; suivies des Observations de la
même Société, adressées au Conseil municipal
de Lyon sur la perception des droits d'octroi
au poids ou par tête. (Les deux articles signés
PUVIS). *Bourg*, Bottier, 1841. In-8, 57 pp.

18264 Conseil général du départ. de l'Ain;
session de 1842. Rapport sur l'administration
du département, présenté par le préfet. *Bourg*,
Dufour, 1842. In-8.

18265 Observations sur les deux derniers projets
de rectification de la côte de Cerdon, l'un par
Poncin et Coiron, et l'autre par Cerdon et

la Balme (Par M. Musy, maire). *Nantua*, Auguste Arène, 1842. In-8, 16 pp.

18266 Procès-verbal des délibérations du Conseil général du départ. de l'Ain; session de 1843. *Bourg*, Fréd. Dufour, 1843. In-8, 172 pp.

18267 Département de l'Ain. Procès-verbal des délibérations du Conseil général ; session de 1845. *Bourg*, Dufour, 1845. In-8.

18268 Lettre à MM. les membres du Conseil général de l'Ain. Du nouveau projet de loi sur l'instruction primaire. Du mode de prestation pour les chemins vicinaux. (Par Victor BERNARD). *Bourg*, impr. de Milliet-Bottier, 1849. In-8, 16 pp.

18269 De la création d'un nouveau canton dans l'arrondissement de Trévoux. Sans signature. 22 août 1849. *Bourg*, Frédéric Dufour. In-8, 15 pp.

Histoire judiciaire.

18270 Explication des statuts, coutumes et usages observés dans la province de Bresse, Bugey, Valromey et Gex, par Ph. COLLET. *Lyon*, Carteron, 1698. In-fol., v. br.

18271 Exposition abrégée des lois, avec des observations sur les usages des provinces de Bresse et autres régies par le droit écrit. *Paris*, Huart, 1751. In-8, veau br.

18272 Règlement pour les pays de Bresse, Bugey, Valromey et Gex, du 14 août 1752 (concernant la justice). *Dijon*, P. Desaint. In-12, v. br., fil. [Koehler.]

18273 Usages des pays de Bresse, Bugey et Gex, leurs statuts, stile et édits; par Ch. REVEL. Nouv. éd. augm. des traités de paix et d'échanges des cahiers présentés au roi, etc.; des deux premières parties de l'Histoire de Bresse et de Bugey par S. GUICHENON, et d'une Notice du pays de Gex, etc. *Bourg*, Besson, 1775. 2 vol. in-fol. v. m.

18274 Observations sur les usages des provinces de Bresse, Bugey, Valromey et Gex, et sur plusieurs matières féodales et autres; par M. PERRET. *Dijon*, Frantin, 1771. 2 vol. in-4, v. m., fil.

18275 Traité des subhastations et discussions suivant le statut de Bresse, par maître Jean CHARBONNIER, lieutenant général au bailliage de Bourg; avec l'édit du duc CHARLES-EMMANUEL, de l'an 1598. *Dijon*, Antoine de Fay, 1710. In-4, 14 pp.

18276 Arrest de la Cour de Parlement de Dombes, défendant estroitement les blasphèmes, tavernes, jeux, dances et autres dissolutions pendant le service divin, et de manger chair ès jours prohibez et défendus par l'Eglise catholique, ny faire et contracter mariages clandestins. *Lyon*, Ben. Rigaud, 1576. In-8, 7 pp.

18277 Ordonnances de Mgr le duc de Montpensier, prince de Dombes, avec interprétation d'aucuns principaux poincts concernans l'ordre, instruction et jugements des procès civils et criminels ; par Hier. DE CHATILLON. *Lyon*, Jean de Tournes, 1583. In-4, v. f., fil., tr. d. [Koehler.]

18278 Arrêt de la Cour de parlement portant règlement sur la discipline des avocats de Bourg; du 6 février 1781. *Bourg*, veuve Besson, 1781. In-4, 8 pp.

18279 Délibération du Conseil ordinaire du tiers-état de la province de Bresse et Dombes, au sujet de l'ordonnance du mois de mai 1788, sur l'administration de la justice. Du 29 juin 1788. In-8, 4 pp.

18280 Jugement du grand bailliage de Bourg en Bresse, qui supprime un écrit intitulé : *Esprit des édits enregistrés militairement au Parlement de Grenoble.* *Bourg*, Goyffon, 26 juillet 1788. In-8, 51 pp.

18281 Procès-verbal d'installation du Tribunal de Bourg, du 20 février 1816. *Bourg*, Janinet, 1816. In-8, 28 pp.

18282 Le premier Cri contre la nomination de M. Chuinague à la place de président du Tribunal de Trévoux; par Claude-François FOURNIER, propriétaire, premier adjoint à la mairie de Trévoux, et juge-suppléant dudit tribunal. *Lyon*, Brunet, 1820. In-4, 18 pp.

18283 Mémoire pour les sieurs Penet, Bouilloud, Philis, Mabiés, de Gimel et Rodolet, issus d'officiers du Parlement de Dombes, intimez ; contre Charles La Cour de Beauval.... s. d. (17..), s. n. d'impr. In-4, 15 pp.

18284 Factum pour dame Jeanne Camus de Pontcarré, veuve de Messire Louis-Christophle de Larochefoucault de Lascaris d'Urfé, marquis de Bagé....; contre Messire François-Hugues de Siry, seigneur haut-justicier de Perex..... (au sujet du fief de Perex en Bresse). 1737. In-fol., 27 pp.

18285 Requête pour dame Jeanne de la Cour.... contre François Mamet de Conzié, adressée à M. le lieutenant général au bailliage de Bresse et siége présidial de Bourg. s. d. (175.?). In-fol., 18 pp., avec notes autographes.

18286 A Monsieur le lieutenant général au bailliage de Bresse et siége présidial de Bourg. (Requête de François Mamert de Conzié... contre dame Jeanne Lacour, veuve de François-Joseph d'Ivoley). 1738? *Dijon*, Sirot. In-fol., 20 pp.

18287 Mémoire responsif à la requête imprimée du sieur de Conzié, écuyer, seigneur de Pommier, pour dame Jeanne de la Cour, veuve de François-Joseph Divoley, écuyer, seigneur de la Roche et de Verfey (174.?). In-fol. Manque la fin.

18288 Précis pour M. Pierre Durand, curé de Montceaux en Dombes, appelant contre le sieur Prat et la demoiselle Duchène, héritière de son père , intimés. 21 juillet 1772. *Lyon* , Faucheux. In-4 , 8 pp.

18289 Mémoire pour les habitants de la commune de Divonne , poursuite et diligence du citoyen George Patrois, agent de ladite commune, demandeurs , d'une part ; contre le Commissaire du pouvoir exécutif près l'administration centrale du département de l'Ain, défendeur , d'autre part ; et contre les consorts Poncet, Sage , et autres habitants de Grilly, Mouré et Vesancy. *Bourg* , Dufour et Josserand. In-4 , 17 pp.

18290 Mémoire pour les habitants de la commune de Jons , appelants ; contre les habitants de la commune de Niévros , intimés. *Signé* : PEUT , CARELLI , DUPLAN , RIGOD. *Lyon* , Pelzin et Drevon , 1807. In-4 , 42 pp

18291 Mémoire pour les maires et habitants des communes de Lompnes , Hauteville et Cormaranche , contre le vicomte d'Angeville. — Réponses , etc. *Lyon* , Kindelem , 1816. In-4, 10 pièces.

18292 Mémoire pour les habitants de St-Laurent contre Mlle de Feillens. *Bourg* , Bottier, 1825. In-4 , 88 pp. — Avec quelques observations pour Mme la marquise de Feillens. In-4, 18 pp.

18293 Mémoire pour M. de Fleurieux, appelant, contre les héritiers Perrin , en présence de la commune d'Arbent (au sujet de forêts dans le département de l'Ain). 1833. *Vienne* , Timon. In-4 , 28 pp.

18294 Réplique au Mémoire des habitants d'Asnières par ceux de Manziat. *Bourg* , Bottier, 1836. In-4 , 59 pp. ; plan.

18295 Mémoire pour la fabrique des églises réunies de Cordieux, Ste-Croix et Romanèche-la-Saulsaye..., contre M. Granjon-Montagnier et contre M. de Boufflers. *Signé* : FORON DE QUERCY , avoué. *Lyon* , Rusand , 1834. In-4 , 27 pp.

18296 Cour royale de Dijon. Mémoire responsif pour MM. les administrateurs des fabriques des églises réunies de Cordieux, Sainte-Croix et Romanèche-la-Saulsaye, demandeurs en exécution de l'arrêt rendu par la Cour royale de Dijon le 23 mars 1839 , contre le comte de Boufflers , demeurant à Auteuil près Paris , défendeur. *Dijon* , Douillier. In-4.

18297 Mémoire pour la fabrique de Cordieux, etc., contre le sieur Cholet, ancien desservant. *Lyon* , Louis Perrin (1844 ?). In-4 , 30 pp.

18298 Procès entre MM. Pupunat, Granjard, etc. 1839-1840. Mémoires et factums. Six pièces in-8.

18299 Procès de S.-B. Peytel, condamné à la peine de mort par la Cour d'assises de Bourg (Ain), le 30 août 1839 , pour assassinat. Deuxième édition. *Lyon* , Auguste Baron. In-8 , 175 pp., portrait.

18300 Affaire de S.-B. Peytel, condamné à mort par la Cour d'assises de l'Ain , séant à Bourg.

Lyon , B. Lauras , 1839. In-8 , 124 pp., carte et portrait.

18301 Sébastien-Benoît Peytel. Relation de l'assassinat commis par Peytel sur sa femme, tirée des drames judiciaires, 25e livraison. In-4 ; 16 pp., fig.

18302 Mémoire pour les habitants de Montréal , défendeurs, contre M. le comte Soltho de Douglas , par M. BÉATRIX fils (au sujet de biens communaux), suivi du Jugement rendu par le Tribunal civil de Nantua. le 1er avril 1846, et des pièces justificatives. *Nantua* , Auguste Arène , 1846. In-4 , 157 pp.

Sciences et Arts.

Sciences philosophiques.

18303 Réflexions sur une question importante d'économie politique, par M. VARENNE DE FENILLE...; lu le 22 février 1790 au Corps municipal de la ville de Bourg , et en présence de la Commission intermédiaire de la province de Bresse , qui en a ordonné l'impression. *Paris* , Visse , 1790. In-8 , 56 pp.

18304 Discours sur les mœurs, par le citoyen P.-J.-J. BACON-TACON. *Paris* , an III. In-12 , 167 pp., demi-rel. bas.

18305 Discours sur la paix , par L. MERMET , professeur de belles-lettres à l'Ecole centrale du département de l'Ain. *Bourg* , Josserand et Janinet. In-4 , 12 pp.

18306 Coup d'œil sur la situation politique de la France , par P.-J.-J. BACON-TACON. *Lyon* , 21 mai 1804. In-8 , 57 pp.

18307 Esquisses d'un ouvrage sur le projet additionnel aux constitutions ; par MOREL, substitut du procureur impérial près le Tribunal civil de Bourg. *Bourg* , Bottier, 1815. In-8 , 22 pp.

18308 Bonaparte juge de lui-même. Sans nom d'auteur. *Nantua* , Arène , 1842. In-8.

18309 Abrégé de mythologie , contenant l'origine et l'utilité de la fable....; par C.-J. DUPRAS , professeur au collège de Bourg. *Bourg* , Janinet , 1807. In-8 , 119 pp.

18310 Manuel pratique, ou Précis de la méthode d'enseignement mutuel pour les nouvelles écoles élémentaires : rédigé par NYON. *Bourg* , Bottier. In-8 , 36 pp.

18311 Projet de finance adressé aux gouvernements de toutes les nations policées ; par Joseph-Modeste GRANIER DE STE-CÉCILE , résidant à Treffort, département de l'Ain. *Bourg* , Janinet , 1819. In-8 , 64 pp.

18312 De la houille et des droits à son entrée (par M. A. PUVIS). *Bourg* , Bottier , 1838. In-8 , 11 pp.

18313 Des droits à l'entrée du bétail étranger en France , par M. Ad. POMMIER LA COMBE. *Bourg* , Dufour , 1841. In-8 , 30 pp.

18314 Aperçu sur nos colonies et notre marine militaire, pour appuyer une pétition faite à la Chambre le 24 janvier 1832; par le comte Ad. D'ANGEVILLE, ancien officier de marine, maire de Lompnes (Ain). *Lyon*, Louis Babeuf; *Bourg* Dufour, janvier 1832. In-8, 44 pp.

18315 République et monarchie, ou Principes d'ordre social; par Francisque BOUVET. *Paris*, Auguste Mie, 1832. In-8, 132 pp.

18316 Du rôle de la France dans la question d'Orient. Congrès universel et perpétuel à Constantinople. (Deuxième édition, complétée par l'auteur). Par Francisque BOUVET. Vieud'Izenave, le 25 septembre 1840. *Nantua*, Auguste Arène. In-8, 38 pp.

18317 La Vérité sur la question d'Orient et sur M. Thiers; par le comte D'ANGEVILLE, député de l'Ain. *Paris*, Delloye, mai 1841. In-8, 368 pp.

18318 De la nécessité d'un ministère spécial pour l'agriculture; par M. A. PUVIS. *Bourg*, Bottier, 1842. In-8.

18319 Manuel du sabotier et des travailleurs. Devoirs de société, de confrérie et de compagnonage. (Par M. MESSANG-ROLLIN, de Bourg). *Lyon*, Léon Boitel. In-12, 168 pp.—On a collé à la garde de cet exemplaire le jugement du Tribunal de police correctionnelle de Lyon, audience du 7 août 1850, qui condamne M. Boitel à 16 fr. d'amende pour impression d'un ouvrage non déposé au parquet.

Sciences naturelles.

18320 Recueil factice de brochures, par Jérome LALANDE. In-8, demi-rel. parchemin.

18321 Mémoire sur les sols calcaires et les sols siliceux; lu à la séance publique de la Société d'émulation et d'agriculture du département de l'Ain, le 12 septembre 1813. Sans nom d'auteur. *Bourg*, P.-F. Bottier, 1813. In-8, 34 pp.

18322 Manière de retirer des pommes de terre la poudre blanche que l'on nomme amidon, fécule ou farine. Imprimée pour les habitants de Dombes. *Trévoux*, 1779. In-12, 14 pp.

18323 Notice sur les plantations d'été, et description d'une plantation de ce genre; lue à la Société d'émulation et d'agriculture de l'Ain. *Bourg*, Janinet, 1809. In-8, 23 pp.

18324 De la dégénération et de l'extinction des variétés de végétaux propagés par les greffes, boutures, tubercules, etc., et de la création des variétés nouvelles par les croisements et les semis; par M. A. PUVIS. *Paris*, *Bourg*, 1837. In-8, 94 pp.

18325 De l'association des récoltes légumières et de leur succession; par M. A. PUVIS. *Paris*, *Bourg*, 1839. In-8, 16 pp.

18326 Extrait des notes d'un voyage agronomique; par M. A. PUVIS. *Paris*, *Bourg*, 1839. In-8, 27 pp.

18327 De l'art séricicole au printemps de 1840; par M. A. PUVIS. *Paris*, *Bourg*, 1840. In-8, 45 pp.

18328 Nécessité d'une réforme agricole; par Félix DRUARD. Oyonnax, le 25 février 1845. *Bourg en Bresse*, Milliet-Bottier, 1845. In-8, 15 pp.

18329 Quelques notes sur plusieurs végétaux féculents et leurs principes immédiats; par M. A. SALESSE. *Bourg*, Milliet-Bottier, 1845. In-8, 111 pp., planches.

18330 Recherches sur les conditions physicochimiques de l'existence des végétaux, et sur la théorie générale des labours considérée spécialement dans ses applications au sol argilo-siliceux de la Dombes; par le docteur LATIL DE THIMÉCOUR, 1847. In-8, 76 pp.

18331 Considérations sur le meilleur emploi des pâturages communaux; par Paul GUILLEMOT, avocat. *Bourg en Bresse*, Milliet-Bottier, 1848. In-8, 14 pp.

18332 De l'établissement d'une école d'agriculture dans les Dombes; par M. Césaire NIVIÈRE. *Paris*, *Lyon*, 1839. In-8, 32 pp.

18333 Lettre de Mgr l'évêque de Belley à MM. les curés de son diocèse, sur l'établissement agricole de la Saulsaie. *Bourg*, Milliet-Bottier (18..). In-4, 3 pp.

18334 Institut agricole de la Saulsaie, commune de Montluel (Ain), dirigée par M. Césaire NIVIÈRE. Compte-rendu 1843. *Bourg*, Fréd. Dufour. In-8, 19 pp.

18335 Ferme et école de la Saulsaie; par M. A. PUVIS (5 juin 1845). *Bourg*, Milliet-Bottier, 1845. In-8, 23 pp.

18336 Institut agricole de la Saulsaie, commune de Montluel (Ain), dirigé par M. Césaire NIVIÈRE. Compte-rendu 1845. *Lyon*, Barret. In-8, 66 pp.

18337 École régionale d'agriculture de la Saulsaie: conditions d'admission, programmes des cours... précédés d'un exposé général...; par M. NIVIÈRE. 1852-53. *Lyon*, Aimé Vingtrinier, 1852. In-8, 40 pp., plans.

Sciences médicales.

18338 Dissertation sur les hydropisies articulaires, ou tumeurs synoviales; suivie d'un Mémoire sur la rage. Par le citoyen J.-M. SAVARIN-MARESTAN, de Brenod. *Paris*, an XI. In-8, 126 pp.

18339 Anatomie générale appliquée à la physiologie et à la médecine; par Xavier BICHAT. Nouvelle édition. *Paris*, Brosson et Gabon, 1812. 4 vol. in-8, demi-rel. v. fauve.

18340 Exposé des travaux et de l'enseignement suivi à l'école d'accouchement de l'Ain, en 1819, par le docteur Pacoud. (*Signé* : MARTIN, SIRAND, DURAND, CABUCHET, GÉNARD et BUGET). *Bourg*, Bottier, 1820. In-8, 39 pp.

18341 Mélanges physiologiques ; par Félix Des-
PINEY. Lyon , Manel, 1822. In-8 , 81 pp.

18342 Compte-rendu de la pratique des élèves
sages-femmes de l'école du département de
l'Ain pendant l'année 1823 ; par le docteur
PACOUD. Bourg , imprim. Bottier, 1824. In-8,
38 pp.

18343 Nouvelle Méthode opératoire pour l'amputation du poignet, dans son articulation carpo-
métacarpienne ; par J.-A. TROCCON. Bourg ,
1826. In-8 , 47 pp., fig.

18344 Notice historique sur la propagation de la
vaccine dans le département de l'Ain, de 1808
à 1839 ; par D.-F. PACOUD. Bourg , Bottier,
1840. In-8 , 31 pp.

18345 Réflexions sur les moyens de rendre la
médecine une science certaine et positive ;
par Michel LEHAÎTRE. Bourg , 1842. In-8 ,
16 pp.

18346 Ecole départementale d'accouchement de
l'Ain. Compte-rendu par le docteur PACOUD ,
1846. In-8 , 37 pp.

18347 Le Livre des garde-malades , suivi d'une
instruction sur les premiers secours à donner
dans les cas pressants ; par le docteur E.....
Bourg , Milliet-Bottier, 1846. In-8 , 152 pp.

18348 Association des médecins , pharmaciens
et vétérinaires du département de l'Ain. Statuts. Bourg, Dufour, 1848. In-8, 23 pp.

18349 Instructions sur les soins à donner aux
chevaux.... et sur les moyens propres à prévenir l'invasion de la morve.... Imprimées par
ordre du Comité de salut public. Sans nom
d'auteur. (Par M. le chevalier DE BOHAN, de
Bourg , ex-colonel de dragons). Bourg , Philipon. In-8 , 84 pp.

Sciences mathématiques.

18350 Description d'un instrument servant à faciliter le tracé des tranchées dans l'attaque des
places ; par Louis-François L'HÉRITIER (de
l'Ain). Paris, Scherff , 1811. In-8 , 18 pp.,
planche.

18351 Notice sur le cadran solaire à équation de
l'abbé GUYOUX , membre de l'Académie de
l'industrie française, curé de Montmerle. Lith.
Béraud. Lyon , 1842. In-4 , 14 pp.

18352 Offrande à la patrie d'une invention économique par le citoyen BACON , qui consiste
en une chaudière utile à la marine et aux hôpitaux de l'armée. Paris, ce 29 septembre 1792 ;
avec la sign. aut. de l'auteur. In-8 , 8 pp.

Beaux-Arts.

18353 Coup d'œil sur les progrès des arts en
France ; par M. A. PUVIS. Bourg, Bottier, 1841.
In-8.

18354 Physiologie de la voix et du chant ; par
Félix DESPINEY. Bourg , Bottier, 1841. In-8 ,
58 pp.

18355 Lettre sur la musique moderne ; par G***
M*** (Gabriel DE MOYRIA). Bourg , Dufour
et Josserand, 1797. In-8 , 56 pp.

Littérature, Voyages.

Prose.

18356 Rêveries et Observations sur la rivière
de Reissouze en Bresse. (17..??). Ms. in-4 ,
4 ff.

18357 La Promenade d'un Bressand , par B**
DE S** (BORJON DE SELEZY), gouverneur de
Pont-de-Vaux. Genève , 1785. In-12 , demi-
rel. v. f.

18358 Mémoire sur l'intérieur de l'Afrique , par
Jérôme LALANDE. Paris , de l'impr. des administrations nationales, an III. In-4 , 39 pp.

18359 Josué , ou la Conquête de la Terre-Pro-
mise, poème en douze chants ; par un ancien
professeur de belles-lettres, de la Société
d'émulation de Bourg. Compte-rendu en deux
articles donnés par le Journal de l'Empire.
Décembre 1807. Signé : N. Fragments dé-
coupés , cartonnés oblong. In-4.

18360 Souvenirs d'un militaire pendant quelques années du règne de Napoléon Bonaparte,
par M. DRUJON DE BEAULIEU. Belley, Verpillon , 1831. In-8 , 90 pp.

18361 Chroniques et Légendes de la Bresse et
du Bugey. s. n. d'auteur. Lyon , Aimé Vingtrinier, 1853. In-8 ; tiré à cent exemplaires.

Poésie.

18362 Le Dix-Août , poème en mémoire de l'é-
tablissement de la République française ; par
le républicain Jean-Marie EUSTACHE , de la
commune de Trévoux. Trévoux , Pinet, an II.
In-8, 16 pp.

18363 Recueil de différentes pièces de poésie
présentées par les élèves de seconde et de rhétorique du collège de Bourg aux exercices
publics qui ont terminé les cours de l'année
1810. Bourg , Janinet. In-8, 51 pp.

18364 La Vaccine , poème qui a remporté le
prix proposé par la Société d'émulation de
Cambrai en décembre 1809 ; par GAUTHIER-
DÉSILES. Paris, M.DCCC.X. In-12, 76 pp.

18365 Byroniennes, élégies suivies d'autres piè-
ces élégiaques ; par M. Eugène GROMIER.
Deuxième édition. Paris , Delangle frères ,
M.DCCC.XXVII. In-8.

18366 Les Droits des peuples à la liberté ,
poème dédié à toutes les nations ; par J.-C.
PERRET. s. d. (1830). Bourg, Dufour. In-8 ,
8 pp.

18367 Cantate sur l'installation de M. Delacroix, grand-vicaire de Belley, au siége épiscopal de Gap ; par un ami de la religion. *Gap*, 1837. In-8, 14 pp.

18368 Chant lyrique composé à l'occasion de l'arrivée de M. Delacroix, évêque de Gap, dans son diocèse, et exécuté en présence de Sa Grandeur par les musiciens de cette ville ; paroles de M. MONNIER, musique de M. l'abbé CLARAMOND. *Gap*, Allier, 1837. In-8, 8 pp.

18369 Essai sur l'installation de M. Delacroix, grand-vicaire de Belley, au siége épiscopal de Gap ; dédié à M. Roubaud, maire de cette ville ; par A. GIROUD. *Gap*, J. Allier, 1837. In-8, 12 pp.

18370 Hymnus de M. Vicario Bellicense DD. Delacroix, constituendo episcopo Vapincense anno Christi MDCCCXXXVII; Vapincensi Præfecto Roubaud dedicatus Religionis ab amico. *Vapinci*, ex typis Allier. In-8, 15 pp.

18371 Le Passage de la Reyssouze par Napoléon ; par Philibert LEDUC. *Bourg*, 1846. In-12.

18372 Le Val de la Chalaronne (15 juillet 1849), par CAILLOU, de Châtillon - les - Dombes. (Poème). *Bourg*, Dufour. In-8, 8 pp.

18373 Les Voix de l'Albarine, poésies par Benoît HUGUES. *Lyon*, Aimé Vingtrinier, 1853. In-12.

18374 La Bolia aveulia (la jeune Fille aveugle), noel bressan imité d'un noel provençal de J. Roumanille, par Philibert LEDUC. *Bourg*, Milliet-Bottier (déc. 1852). In-12.

18375 Margueta (Marguerite), poésie bressane traduite par M. Philibert LEDUC. *Bourg en Bresse*, 1852. In-12.

Biographie.

18376 Biographie des hommes célèbres du département de l'Ain ; par M. DEPÉRY, chanoine, vicaire général de Belley. *Bourg*, Bottier, 1835, 1840. 2 vol. in-8.

18377 Histoire hagiologique de Belley, ou Recueil des Vies des saints et des bienheureux nés dans ce diocèse, ornée de plusieurs lithographies ; par M. DEPÉRY, vicaire général de Belley. *Bourg*, P.-F. Bottier, 1835-1836. 2 vol. in-8.

18378 Archives saintes de Belley, ou Recueil de toutes les pièces servant à prouver l'authenticité des corps saints que possède le diocèse de Belley, réunies et mises en ordre par M. DEPÉRY. *Belley*, 1835. In-8.

18379 Episcoporum Bellicensium qui et Domini temporales civitatis Bellicii et S. R. I. principes sunt chronographica series, opera S. GUICHENON. *Parisiis*, M. Dupuis, 1642. Pet. in-4, v. br., fil. [Koehler.]

18380 Vie (la) de saint Anthelme, confesseur et évêque de Belley. *Lyon*, Compagnon, 1648. In-12, v. f., fil., tr. d. [Koehler.]

18381 Vie de saint Anthelme, septième général des Chartreux et évêque de Belley, accompagnée de pièces, etc. ; par J. C. (Clermont). Édition augmentée d'un Supplément par M. DEPÉRY, vicaire général de Belley. *Belley*, Pézieux, 1839. In-12.

18382 Eloge historique de Marie-François-Xavier Bichat, prononcé le 14 germinal an XI par P. SUE, d.-m. *Paris*. In-8.

18383 Inscription monumentale en l'honneur de Xavier Bichat, accompagnée du rapport qui a été fait à ce sujet à la Société d'émulation de Bourg ; par BELLOC. *Bourg*, Bottier, 1823. In-4, 15 pp.

18384 Inauguration de la statue de Xavier Bichat, à Bourg, le 24 août 1843 ; suivie de l'Eloge de Xavier Bichat par le docteur MIQUEL, des discours prononcés à l'inauguration, de poésies en l'honneur de Bichat, et des inscriptions du piédestal ; avec planche. *Bourg en Bresse*, impr. de Milliet-Bottier, 1844. In-fol., 48 pp.

18385 Notice sur François Cabuchet, docteur en médecine, par F. M. *Bourg*, Bottier, 1825. In-8, 6 pp.

18386 Oraison funèbre de Messire Jean-Pierre Camus, ancien évêque de Belley, prononcée en l'église de l'Hospital des Incurables…, par Messire Antoine GODEAU, évêque de Grasse et de Vence. *Paris*, Antoine Vitré, M.DC.LIII. In-4, 52 pp.

18387 Vie du célèbre Collet, mort au bagne de Rochefort. s. n. d'auteur. *Paris*, Lebailly. s. d. (184..). In-12, 107 pp. ; portrait.

18388 Histoire de la vie d'illustre F. Jaques de Cordon d'Evieu, chevalier de l'ordre de St - Jean de Hiérusalem, commandeur du Genevois en Savoye, etc. ; par le R. P. Marc-Antoine CALEMARD, de la Compagnie de Jésus. *Lyon*, Jean Molin, M.DC.LXIII. In-4, demi-rel., dos v. f. ; portr.

18389 Eloge historique d'Ant. Favre, né le 4 oct. 1557 à Bourg en Bresse ; par AVET. *Chambéry*, Routin, 1824. In-4, avec un portrait lithographié, demi-rel. v. f. [Koehler.]

18390 Biographies du Bugey (par M. l'abbé Grumet (par M. GUILLEMOT, avocat à Bourg). *Bourg*, Dufour. s. d. (1847). In-8, 15 pp.

18391 Testament de GUICHENON, précédé d'une Notice biographique et suivi d'une généalogie ; par Philibert LEDUC. *Bourg en Bresse*, Milliet-Bottier, 1850. In-12, 34 pp.

18392 Sur le général Joubert, par Jérôme LALANDE. 26 octobre 1799. *Paris*, Giguet, etc. In-8, 16 pp.

18393 Honneurs funèbres rendus au général Joubert par les citoyens de son département qui se sont trouvés à Paris, en fructidor an VII. *Paris*. In-8, 26 pp.

98

18394 Conseil des Anciens. Discours prononcé par GARAT, après le message qui a annoncé la mort de Joubert. Séance du 9 fructidor an VII. In-8 , 4 pp.

18395 Conseil des Cinq-Cents. Message extrait du registre des délibérations du Directoire exécutif, du 9 fructidor an VII....; suivi du Discours prononcé par CHÉNIER dans la séance du 9 fructidor an VII (au sujet de Joubert). In-8 , 7 pp.

18396 Conseil des Anciens. Discours prononcé par MOREAU (de l'Yonne) sur la mort du général Joubert. Séance du 11 fructidor an VII. In-8 , 4 pp.

18397 Conseil des Anciens. Toulon, le 12 fructidor an VII. Lettre de l'Administration municipale de Toulon au président du Conseil des Anciens. Envoi du verbal des cérémonies exécutées à l'occasion de l'arrivée des restes inanimés de Joubert. In-8 , 4 pp.

18398 Conseil des Cinq-Cents. Rapport et projet de résolution présentés par MATHIEU..... sur les honneurs à rendre à la mémoire du général Joubert. Séance du 17 fructidor an VII. In-8 , 7 pp.

18399 Conseil des Anciens. Discours prononcé par SAVARY (de Maine-et-Loire) sur la résolution relative à la célébration d'une fête publique à la mémoire du général Joubert. Séance du 19 fructidor an VII. In-8, 6 pp.

18400 Conseil des Anciens. Fête funèbre du 25 fructidor, ordonnée par la loi du 19, consacrée à la mémoire du général Joubert et de ses braves compagnons d'armes. In-8 , 3 pp.

18401 Corps Législatif. Conseil des Anciens. Discours prononcé par CORNET (du Loiret), président du Conseil des Anciens, à l'occasion de la mort du général Joubert. Séance du 25 fructidor an VII. In-8 , 10 pp.

18402 Eloge funèbre de Joubert , commandant en chef de l'armée d'Italie , prononcé au Champ-de-Mars , le 30 fructidor an VII , par GARAT. In-8 , 32 pp.

18403 Eloge funèbre du général Joubert, prononcé à Lyon le 10 vendémiaire an VIII. Lyon, Bernard. In-8 , 18 pp.

18404 Notice sur la vie de Joubert , général en chef de l'armée d'Italie, lue dans la séance du Lycée libre de Rouen le premier brumaire an VIII ; par Ph.-J.-C.-V. GUILBERT. Rouen , an VIII. In-8 , 16 pp.

18405 Joubert , général en chef. (Biographie). La fin de la Notice est à la main. s. d. In-12 , 10 pp.

18406 Biographie du général Joubert et Stances lues au pied de sa statue le jour de son inauguration sur une des places publiques de Pont-de-Vaux , le 22 juillet 1832 ; par Casimir Ord.... (ORDINAIRE). Mâcon , Dejussieu , 1832. In-8.

18407 Armée de Mayence. Liberté, Egalité. Au quartier général, à Mayence , le 4 fructidor

an VI de la République française. Ordre de payer 572 fr. pour cartes géographiques. Signé : JOUBERT. Ms. autogr. in-4 , 1 pp.

18408 Nécrologie. M. de Lateyssonnière ; par Jules BAUX. Bourg, Dufour, 1845. In-8 , 8 pp.

18409 Notice biographique. Le docteur Pacoud (par le docteur EBRARD). Bourg en Bresse , Milliet-Bottier , 1848. In-8 , 20 pp.

18410 Eloge historique de M. Varenne de Fenille , ancien receveur général des impositions de Bresse et Dombes , etc. ; par l'abbé MERMET. Lons-le-Saunier, 1816. In-8, 80 pp.

18411 Eloge de M. Varenne de Fenille , par L.-F. GROGNIER ; ouvrage couronné par la Société d'émulation et d'agriculture du département de l'Ain, en 1813. Paris , 1817. In-8 , 48 pp.

18412 La parfaite Religieuse, ou Vie de la sœur Virginie, morte en odeur de sainteté à Ferney, département de l'Ain ; par M. PERRODIN, supérieur du grand-séminaire de Bourg. Lyon, Guyot , 1840. In-18 , 210 pp.

Titres divers.

18413 Création ou donation de 600 florins d'une part , et 300 de l'autre , faite par Pierre d'Avrillac à Marie d'Avrillac sa mère , etc., en date du 1er mars 1485. Signé : PINGONIS , notaire. Ms. sur parchemin. In-fol. plano.

18414 Lettres monitoires obtenues par nobles Claude et Antoine de Bouvent contre tous ceux qui ont pris ou détiennent injustement tant les titres, documents , qu'autres biens spécifiés dans le présent titre, et sous peine d'excommunication pour ceux qui ne les restitueront. Du 20 août 1511. Mss. sur parchemin. In-fol.

18415 Vente passée par Antoine Trolliet au profit de Jean de Bouvent, chevalier, d'une terre..... située vers le moulin de Poncin. 1518. Ms. sur parchemin. In-fol. (avec une copie en écriture moderne).

18416 Lettres de FRANÇOIS , roy de France , pour Guillebert de Conzié , au sujet du réachapt des moulins de La Serraz et dépendances. (Le roy tenoit en ce temps la Savoye et la France). 1545. Mss. sur parchemin. In-fol.

18417 Lettres d'envoy en possession par François de Lorraine pour Guilbert de Conzié , à l'occasion du procès qu'il avoit avec les frères Moinon. Août 1545. Mss. sur parchemin, plano oblong.

18418 Terrier reçu par Thomasset de Veyriac , notaire, au nom de illustre prince Pierre , comte de Genève. 1837. Copie signée. Mss. in-fol., 128 ff.

Appendice.

18419 Almanach du père Gérard pour l'année 1792 , par J.-M. COLLOT-D'HERBOIS. *Bourg* , Philipon , 1792. In-8 , 79 pp.

18420 Etrennes pour l'an V de l'ère française , et 1796, 1797 de l'ancien style. A *Pont-de-Vaux* , de l'impr. de Moiroud. In-32 , 47 pp.

18421 Tableau général des ouvrages lus dans les séances de la Société d'émulation de Bourg en Bresse , depuis 1783 jusqu'au 1er janvier 1789. *Bourg* , Goyffon , 1789. In-8 , 32 pp.

18422 Société d'émulation et d'agriculture du département de l'Ain. Discours et Comptes-rendus de 1785 à 1835. 15 pièces in-8.

18423 Annuaire du département de l'Ain. In-8. Ans IX, XI, XII, XIII; années 1806 , 8 , 10 , 17, 20 , 21 , 22 , 23 , 24 , 25 , 26 , 27, 28 , 29 , 30 , 31 , 32 , 33 , 34 , 35 , 36 , 37, 38 , 39 , 40 , 41 , 42 , 43 , 44 , 45 , 46 , 47, 48 , 1830.

18424 Journal d'agriculture et des arts , 1er numéro , 1re année , samedi 2 juillet 1808. In-8. Devient in-12 , et s'arrête à la fin de 1813. Reprend in-8 en 1817 jusqu'à ce jour (1833). Manque numéro 12 , décembre 1813 ; l'année 1809 depuis juillet , et tout 1810.

18425 Revue mensuelle de l'Ain , journal d'utilité publique. Tome 1er. *Bourg*, Dufour, impr.-lib., 1830. 1re livraison. In-8 , 48 pp.

18426 Le Courrier de l'Ain , journal paraissant trois fois par semaine : Frédéric Dufour, propriétaire-gérant. *Bourg* , Dufour , imprimeur. Collection complète de 1840 à 1853 ; incomplète de 1830 à 1839. De 1840 à 1852, 13 vol. in-4 , demi-rel. bas.

18427 L'Abeille du Bugey et du pays de Gex. Journal hebdomadaire. Auguste Arène, propriétaire-gérant. *Nantua* , Auguste Arène, 1853. In-4.

DAUPHINÉ.

Statistique.

18428 Plans et profilz des principales villes de la province de Dauphiné , avec la carte générale et les particulières de chascû gouvernement d'icelles. In-8, 40 planches, à l'italienne.

18429 Septem miracula Delphinatus (par D. SALVAING DE BOISSIEU). *Gratianopoli* , Charuys , 1656. In-8 , v. m.

18430 Mémoires sur les diverses antiquités du département de la Drôme ; par l'abbé CHALIEU. *Valence* , Marc Aurel (18..?). In-4, demi-rel., v. f.

18431 Rapport sur les monuments remarquables de l'arrondissement de Vienne ; par MERMET aîné. *Vienne* , 1829. In-8.

18432 Histoire naturelle de la fontaine qui brusle près de Grenoble ; par Jean TARDIN. *Tournon*, G. Linocier , 1618. In-12 , v. f., fil., tr. d. [Koehler.]

18433 Dissertation sur une ancienne sculpture grecque : explication de son sujet et des inscriptions qui l'accompagnent ; par M. CHAMPOLLION-FIGEAC. *Paris* , Sajou , 1811. In-8 , 39 pp., fig.; exempl. de M. Cochard, avec des notes de sa main.

Histoire générale.

18434 Aymarii Rivalii Delphinatis, de Allobrogibus libri novem , ex autographo codice bibliothecae regis editi cura et sumptibus Aelfredi DE TERREBASSE. Viennae Allobrogum, apud Jacobum Girard. CIƆ IƆCCCXXXIIII. In-8 , percaline.

18435 Description du Dauphiné , de la Savoie , du Comtat-Venaissin , de la Bresse et d'une partie de la Provence, de la Suisse et du Piémont au XVIe siècle ; extraite du premier livre de l'Histoire des Allobroges par Aymar DU RIVAIL ; traduite pour la première fois en français sur le texte original publié par M. Alfred DE TERREBASSE; précédée d'une Introduction et accompagnée de notes historiques et géographiques par M. Antonin MACÉ. *Grenoble*, 1852. In-12 , 364 pp.

18436 Histoire générale de Dauphiné , par Nic. CHORIER. *Grenoble* , Charuys , 1661. Second vol. *Lyon*, Thioly , 1672. 2 vol. in-fol., m. r., fil., tr. d. [Le 1er d'ancienne rel., le 2e rel. par Closs.]

18437 Histoire générale du Dauphiné, par N. CHORIER. *Grenoble* , 1661 , et *Lyon* , 1676. 2 vol. in-fol.—Mémoires pour servir à l'histoire du Dauphiné sous les Dauphins de la maison de la Tour-du-Pin. (Par VALBONNAIS). *Paris* , 1711. In-fol., mar. r. à compart., tr. d.

18438 Histoire de Dauphiné abrégée pour Monseigneur le Dauphin (par CHORIER). *Grenoble*, Philippes Charuys, 1674. 2 vol. in-12, v. f., fil., tr. d. [Koehler.]

18439 Discours historique touchant l'estat général des Gaules, et principalement des provinces de Dauphiné et Provence, tant sous la République et l'Empire romain qu'en après sous les François et Bourguignons. Par Aymar DU

PERIER. *Lyon*, par Barthélemy Ancelin, M.DC.X.
In-8.

18440 Résumé de l'Histoire du Dauphiné , par
LAURENT. *Paris* , Lecointre et Durey , 1825.
In-18, demi-rel. v. br.

18441 Fragments inédits de l'Histoire du Dauphiné publiés par Martin DE CLANSAYES. *Orange*, Escoffier , 1838. In-8, 69 pp.

18442 L'estat politique de la province de Dauphiné ; par Nicolas CHORIER, advocat au Parlement de Grenoble. *Grenoble* , R. Philippes ,
1671-72. 4 vol. in-12 , v. f., fil., tr. d.
[Koehler.]

18443 Histoire de Dauphiné et des princes qui
ont porté le nom de Dauphins..... ; avec plusieurs observations sur les mœurs et coutumes
anciennes et sur les familles (par le président
de VALBONNAIS). *Genève* , Fabry et Barrillot ,
1722. 2 vol. in-fol.

18444 Histoire généalogique et chronologique des
Dauphins de Viennois, par DE GAYA. *Paris* ,
Est. Michallet , 1683. In-12 , v. f. , fil., tr. d.
[Koehler.]

18445 Les Eloges de nos rois et des enfants de
France qui ont esté daufins de Viennois, comtes
de Valentinois et de Diois. A Monseigneur le
Daufin, par F. Hilarion DE COSTE. *Paris*, Sébastien Cramoisy, M.DC.XLIII. In-4 , v. br., fil.

18446 Histoire du passage des Alpes par Annibal..., suivie d'un Examen critique de l'opinion
de Tite-Live et de celles de quelques auteurs
modernes ; par J.-A. DE LUC, fils de feu G.-A.
de Luc...; avec une carte. *Genève* , J.-J. Pas-
choud. *Paris* , même maison , 1818. In-8.

18447 Dissertation sur le passage du Rhône et
des Alpes par Annibal, l'an 218 avant notre ère.
Troisième édition , accompagnée d'une carte ;
suivie de nouvelles Observations sur les deux
dernières campagnes de Louis XIV, et d'une
Dissertation sur le mariage du célèbre Molière.
Paris , imprimé chez Lebègue ; se vend chez
Treuttel et Wurtz. 1821, In-8.

18448 Histoire critique du passage des Alpes
par Annibal , dans laquelle on détermine la
route qu'il suivit depuis les frontières d'Espagne jusqu'à Turin; par feu M. J.-L. LARAUZA.
Paris, Dondey-Dupré père et fils, 1826. In-8,
demi-rel. v. fauve.

18449 Notice sur le passage des Alpes par An-
nibal, ou Commentaires du récit qu'en ont fait
Polybe et Tite-Live ; par le général ST-CYR-
NUGUES, *Paris*, Bourgogne et Martinet, 1837.
In-8, 68 pp., carte.

Lieux particuliers.

18450 Grenoble. Antiquités de Grenoble , ou
Histoire ancienne de cette ville d'après ses
monuments ; par J.-J. CHAMPOLLION-FIGEAC.
Grenoble , Peyronard , 1807. In-4, demi-rel.
v. violet.

18451 — Nouveaux éclaircissements sur la ville
de Cularo, aujourd'hui Grenoble; par M. CHAM-
POLLION-FIGEAC. *Paris* , J.-B. Sajou , 1814.
In-8, 39 pp., cart. vert.

18452 — Notice des accroissements de la Bibliothèque de la ville de Grenoble pendant l'année 1808. (Par M. CHAMPOLLION-FIGEAC).
Grenoble, Peyronard,février 1809. In-8,58 pp.,
avec Notes mstes de M. COCHARD.

18453 — Notice des tableaux....., des statues ,
sculptures , gravures, dessins, et autres objets
d'art exposés dans le Musée de Grenoble ,
dont l'ouverture aura lieu le 10 nivose an IX.
Grenoble , David cadet, an IX. In-8 , 60 pp.

18454 — Catalogue des tableaux , statues et
autres objets d'art exposés dans le Musée de
Grenoble. par M. ROLLAND. *Grenoble*, Baratier
frères, 1834. In-18.

18455 Allevard. Histoire chimique , médicale et
topographique de l'eau minérale sulfureuse et
de l'établissement thermal d'Allevard (Isère).
Par Alph. DUPASQUIER. *Paris, Lyon* , 1841.
In-8 , planches.

18456 — Allevard , son établissement thermal et
ses environs. Guide du visiteur au pays d'Allevard , et du malade aux thermes de cette con-
trée. Par P.-A. RIGOLLOT DE LA VAQUERIE.
Grenoble , Allier , 1843. In-18.

18457 La Balme. Itinéraire de Lyon à la Balme,
avec une description détaillée de cette fameuse
grotte, l'une des sept merveilles du Dauphiné ;
par M. BOURRIT l'aîné. *Lyon* , Tournachon-
Molin,1807. In-8, 64 pp., fig., cart. à la Bradel.
— Autre exemplaire, avec des notes mstes de
M. COCHARD.

18458 — Guide du voyageur à la grotte de la
Balme, l'une des sept merveilles du Dauphiné ;
par M. BOURRIT aîné. 2e édition. *Lyon*, Chambet, 1835. In-12.

18459 — Inscription existante à la vieille route
de la Grotte. s. d., s. n. de ville. In-fol.

18460 Chartreuse (la Grande-). Guide du voyageur
à la Grande-Chartreuse. s. n. d'auteur. *Grenoble*, Prudhomme, 1836. In-4 oblong, demi-
rel. v. f. , carte et fig.

18461 — Voyage pittoresque à la Grande-Chartreuse, suivi de quelques vues prises dans les
environs de ce monastère ; par Cl. BOURGEOIS.
Paris, Delpech. In-fol., fig. lithogr., demi-rel.
v. rouge.

18462 — Voyage à la Grande-Chartreuse, par
E.-J.-M. DUPRÉ-DELOIRE. *Valence*, L. Borel ,
1830. In-12, demi-rel. v.

18463 — Un Voyage à la Grande-Chartreuse,
description pittoresque dédiée à S. E. Mgr de
Bonald ; par M. VIVÈS, commissaire de police
à Lyon. *La Guillotière*, Bajat , 1849. In-8 ,
32 pp.

18464 — Description de la Grande-Chartreuse ;
par le Père MANDAR, prêtre de l'Oratoire. (En
vers). *Grenoble*, Baratier , s. d. In-8 , 6 pp.

18465 Crémieu. Crémieu ancien et moderne ,

par Ferdinand CALVET-ROGNIAT. *Lyon*, Dumoulin et Ronet , 1848. In-8, pl.

18466 La Motte. Eaux thermales de la Motte-St-Martin , près de Grenoble .(Isère). *Lyon*, veuve Ayné , 1837. In-4 , 16 pp.

18467 — Essai thérapeutique et clinique sur les eaux thermales et salines de La Motte (Isère), par H. BUISSARD , d.-m. p. *Grenoble*, F. Allier , 1842. In-8 , 80 pp.

18468 St-Symphorien. Statuts de l'ordre de la Méduze establi à Saint-Symphorien (d'Ozon) le 1er janvier 1700. Signatures des fondateurs. Ms. in-4 , 4 ff.

18469 — Discours pour le couronnement de la Rosière de St-Symphorien-d'Ozon , le 11 mai 1783, par Mgr l'évêque DE SAREPT , suffragant de Lyon. (Sans lieu ni date). (*Paris*) , Didot l'aîné. In-18 , 10 pp., demi-rel., dos et coins mar. v. [Koehler.]

18470 Uriage.Quelques mots sur les eaux d'Uriage et d'Allevard, en réponse à beaucoup d'erreurs ; par le docteur Vulfranc GERDY. *Grenoble* , Borel , C.-P. Baratier , 1842. In-8 , 34 pp.

18471 Valence. Essais historiques sur la ville de Valence, avec des notes et des pièces justificatives inédites. (Par J. OLLIVIER). *Valence* , 1831. In-8 , v. f., fil. [Koehler.]

18472 Vienne. Histoire de l'antiquité et saincteté de la cité de Vienne en la Gaule Celtique , par J. LELIÈVRE. *Vienne*, Poyet , 1623. In-8, v. f.

18473 — Les Recherches du sieur CHORIER sur les antiquitez de la ville de Vienne , métropole des Allobroges , capitale de l'empire romain dans les Gaules, des deux royaumes de Bourgogne et présentement du Dauphiné. *Lyon* et *Vienne*,Claude Baudrand,1658. In-12, v. f., fil., tr. d. [Koehler.] — *Id.* 1828. In-8 , v. br., fil.

18474 — Le Guide des étrangers à Vienne (Isère), ou Aperçu sur ses monuments anciens et modernes , ses établissements publics et manufactures ; par REY. *Lyon* , Lambert-Genlot , 1819. In-8, fig., demi-rel., dos v. v.

18475 — Monuments anciens et gothiques de Vienne en France ; dessinés et publiés par E. REY, suivis d'un texte historique et analytique par E. VIETTY. *Paris*, Treuttell et Wurtz, 1821-1831. Gr. in-fol., fig., demi-rel. v. br., tête dorée , non rogné.

18476 — Monuments de Vienne , ancienne et puissante colonie romaine; dessinés et publiés par E. REY, peintre et conservateur du Musée , membre de la Commission des beaux-arts. *Paris*, M.DCCCXXI. de l'imprimerie lithographique de Villain. Trois parties en un vol. gr. in-fol., demi-rel., dos et coins mar. v. [Koehler.]

18477 — Notice du Musée d'antiquités de la ville de Vienne; par le sieur SCHNEYDER, fondateur et conservateur. *Vienne* , Labbe , 1809. In-8, 28 pp.

18478 Villeurbanne. Promenade aux environs de Lyon, Villeurbanne, Vaux-en-Velin ; par F.-N. COCHARD. *Lyon* , Barret, s. d. In-8, 11 pp.

Histoire civile.

18479 Entrée de Charles VIII à Vienne le 1er décembre 1490. (Edité par M. ALLUT, et non mis en vente). *Lyon* (Louis Perrin) , 1850. In-8, 23 pp., fig., demi-rel., dos et coins mar. bl., non rogné, tête dorée. [Capé.]

18480 Récit de ce qui s'est passé de plus remarquable à Grenoble en l'année 1562. (Tiré d'un manuscrit anonyme inédit). *Grenoble*, Baratier, s. d. (18..). In-8 , 30 pp.

18481 Requête présentée au roi par les archevêque , prélats et autres bénéficiers de la province de Vienne en Dauphiné, pour demander sa protection contre les *cruautés , indignités exercées contre leurs biens et leurs personnes par les habitants dudit pays , lesquels ont pris les armes et ont bruslé, saccagé et démoli leurs églises et leurs maisons*. Du viije jour de janvier 1568. Mutilé , en mauvais état ; la signat. à moitié emportée. Ms. in-fol., 1 f.

18482 Copie d'une Lettre escripte de La Mure à Lyon, faisant mention de la prinse et réductiõ de ladicte Mure par Mgr le duc de Mayenne soubz l'obéissance du roy; avec ample mémoire de l'estat des Huguenotz de Dauphiné. *Lyon* , Benoist Rigaud, 1580. Pet. in-4, mar. rouge, fil. [Koehler.]

18483 Les Mémoires et parlementements de la paix entre le roy de France, le roy de Navarre et le prince de Condé, ensemble celles du Dauphiné ; revolté contre la maiesté du roy , avec l'arbregé (*sic*) et premier crayon des articles de pacification; plus un chant à l'honneur de Monseigneur de Mandelot. *Lyon* , Antoine Du Prat, 1581. Pet in-4.

18484 Discours au vray de ce qui s'est passé en la reduction de la ville de Vienne en Daulphiné soubs l'obeissance du roy, entre les mains de Monseigneur le duc de Montmorency, pair et connestable de France , le vingt-quatriesme d'avril 1595 ; ensemble la defaitte des troupes du duc de Nemours. *Paris* , Pierre Hury , M.D.XCV. Pet. in-4.

18485 Response à un escrit anonyme intitulé : Très humbles remontrances à nos seigneurs de la Cour de parlement de Dauphiné, touchant les lettres-patentes obtenues par les RR. PP. Jésuites de Grenoble , le 6 décembre 1664. In-4 , 35 pp.

18486 Décorations faites dans la ville de Grenoble , capitale de la province de Dauphiné , pour la réception de Monseigneur le duc de Bourgogne et de Monseigneur le duc de Berry. (Par le P. MENESTRIER). *Grenoble* , Antoine Fremon , 1701. In-fol., fig., veau.

18487 Adresse aux amis de la paix; par M. SERVAN , ancien avocat général au Parlement de Grenoble , 1789. In-8 , 80 pp.

18488 Délibération des citoyens de la ville de Grenoble, du 15 juillet 1789. In-8, 8 pp.

18489 Plan d'éducation nationale, adressé aux Etats généraux par un père de famille dauphinois, 1789. Sans nom d'imprim. In-8, 70 pp.

18490 Exhortation prononcée dans l'église cathédrale de Grenoble par M. HÉLIE, curé de Saint-Hugues, le 18 octobre 1789. *Grenoble*, Cuchet. In-8, 16 pp.

18491 Adresse à l'Assemblée nationale (par les officiers municipaux de Villeurbanne). 21 mai 1790. In-8, 16 pp.

18492 A la Fédération de Grenoble (1790?). In-8, 14 pp.

18493 Délibération de la garde nationale de Grenoble (1790?). In-8, 16 pp.

18494 Adresse de la Municipalité de Loriol aux habitants de la campagne, rédigée par M. B..., l'un des officiers municipaux (1790?). Sans date, sans nom d'imprim. In-8, 8 pp.

18495 Lettre des gardes nationales de Rennes aux Dauphinois. *Rennes*, le 31 mars 1790. Sans nom d'imprim. In-8, 8 pp.

18496 Fédération fraternelle des Sociétés d'Ampuis et de Condrieu, réunies à Pelussin, le 20 mai 1792, l'an quatrième de la liberté. Sans nom d'impr. In-4, 2 pp.

18497 Lettre sur l'état de l'esprit public à Grenoble, le 23 juin 1793. *Signé* : GAUTHIER. Ms. in-4, 2 ff.

18498 Lettre de la Société populaire de Beaurepaire aux représentants à Commune-Affranchie, contenant la copie collationnée d'une adresse de ladite Société à la Convention nationale. 5 frimaire an II. Ms. in-fol., 5 ff.

18499 Interrogatoire du citoyen Lagrée, chef de brigade commandant le parc d'artillerie de Grenoble, sur sa conduite dans le service qui lui est confié. 12 frimaire an II. Copie signée DU-VIQUET. — Attestations des ouvriers de l'arsenal de Grenoble en faveur dudit Lagrée. Mss. in-fol., 4 ff.

18500 Adresse à l'Empereur, par Joseph REY, de Grenoble, président du Tribunal civil de Rumilly. *Grenoble*, mars 1815. In-8, 8 pp.

18501 Mémoire adressé au roi par M. DE MONTLIVAULT, préfet du Calvados, ancien préfet de l'Isère. (Pamphlet contre M. de Montlivault à propos des troubles de Grenoble). Sans nom d'auteur, 1819. In-8, 15 pp.

18502 Mémoire à consulter pour Joseph-François Proby, ancien notaire à Grenoble, défendeur à l'assignation du sieur Lachat, sellier en la même ville, du 27 mai 1819; en présence du sieur Bouvet-Raucourt, commissaire de police à Grenoble, également assigné. (Affaire des troubles de Grenoble). Délibéré à *Grenoble*, le 7 août 1819. In-8, 31 pp.

18503 Discours de M. Charles SAPEY, député de l'Isère, sur le projet de loi relatif aux décomptes des domaines nationaux. Séance du 7 février 1820. In-8, 26 pp.

18504 Récit d'un événement affreux arrivé à Goncelin, département de l'Isère; par Jean COLIN. *Lyon*, Barret. In-8, 8 pp.

18505 Lettre de G. PRUNELLE à ses commettants, membres du 3e collége électoral de l'Isère en 1830. *Lyon*, Brunet, 1831. In-8, 61 pp.

18506 Elections de l'Isère, avril 1848. (Circulaires, listes de candidats et professions de foi).

18507 Séjour du maréchal Bugeaud à Grenoble. s. d. (mars 1849). In-16, 18 pp.

Histoire administrative.

18508 Mémoire sur la province de Dauphiné. Ms. du XVIIe siècle; copie d'un Mémoire de l'intendant de cette province, fait par ordre de Colbert. In-fol. cart. à la Bradel, 73 ff.

18509 Ordonnances du conseiller du roy général de ses monnoyes en Daulphiné (relatives à la circulation des monnaies étrangères). 19 janvier 1602. *Signé* : DELATOURETTE. Mss. sur parch., 2 pièces.

18510 Bail général des fermes des gabelles de Dauphiné, Provence et douane de Valence, etc., faict par S. M. à Me J. Coiffard, pour huit années, du 1er janvier 1636. *Lyon*, J. Julliéron, 1642, 48 pp. — Ensuit le bail faict par S. M. de la ferme de la douane de Valence, le 14 juillet 1629, etc. In-4, 28 pp.

18511 Estat et tarif des droits en la douane de Valence. *Lyon*, 1641. In-4, 16 pp.

18512 Estat et tarif des droits en la douane de Valence. 21 juillet 1644. *Avignon*, Piot. In-4, 10 pp.

18513 Tarif des droits en la douane de Valence. 14 décembre 1650. *Avignon*, Piot, 1657. In-4, 15 pp.

18514 Procès-verbal de l'assemblée des consuls et notables de la ville de Vienne, au sujet de l'impôt mis sur les marchandises passant sur le Rhône, et au sujet des réparations aux murailles de clôture des Bénédictines de Ste-Colombe. 15 juin 1658. Ms. in-fol., 2 ff.

18515 Arrest du Conseil d'Estat pour faire représenter les titres de plusieurs parties de rentes, gages et autres droits assignés sur la ferme des gabelles de Provence et Dauphiné. *Paris*, Cramoisy, 1670. In-4, 7 pp.

18516 Règlement général des commissaires du roy députez par lettres-patentes du 14 novembre 1724, pour la réformation des eaux et forêts de la province de Dauphiné. *Grenoble*, André Faure, 1732. In-8, rel. parch.

18517 A Nosseigneurs de la Cour du parlement de Dauphiné. (Requête au sujet du prieuré de Dolomieu possédé par l'abbesse de St-Pierre-de Lyon). *Lyon*, Juillet, 1752. In-fol., 28 pp.

18518 Mémoire à consulter et consultations pour les consuls de la ville de Vienne, contre J.-B.

Giranton et le syndic général du clergé de Vienne. *Grenoble*, Giroud, 1756. In-fol., 21 pp.

18519 Arrêté des maire et échevins de la ville de Vienne en Dauphiné, du 13 novembre 1788. — Délibération de la même ville, du 28 novembre 1788. In-8, 12 pp.

18520 Le Conseil général de la commune de Vienne aux Français. Adresse pour réfuter un extrait du *Journal de Lyon* du 5 octobre 1792, n° 118. *Vienne*, Vedeilhié (1792). In-4, 8 pp.

18521 Extrait des registres des procès-verbaux de la municipalité de Villeurbanne, des 3 mars 1793 et jours suivants, et autres pièces relatives à des mouvements qui eurent lieu dans la commune par suite du refus fait au citoyen Jomard d'être autorisé à exercer les fonctions de curé. Mss. in-fol. et in-4. — Procédure concernant la vente des immeubles dépendant des chapelles de St-Jean-l'Évangéliste et de Notre-Dame-de-Pitié, dont jouissait le sieur abbé Manuel. Sept pièces concernant cette affaire entre les commissaires envoyés à Lyon et les membres du Directoire du département de l'Isère : un brouillon de lettre non signé, une affiche, une pièce signée des administrateurs de l'Isère, et quatre pièces certifiées conformes. Mars-avril 1793. Mss. in-fol. et in-4.

18522 Observations du commissaire des guerres à Vienne. *Signé* : NADAUD. 3 frimaire an II. Ms. in-fol., 2 ff.

Histoire ecclésiastique.

18523 Vidimus de l'official de Vienne, donnant la teneur d'une bulle du pape Innocent adressée à l'abbé de Cîteaux, et portant défenses de recevoir dans leur ordre les frères mineurs qui s'y présenteroient. Juin 1289. Ms. parchemin.

18524 Histoire de la sainte Eglise de Vienne, par DE MAUPERTUY. *Lyon*, Certe, 1708. In-4, bas.

18525 Histoire de la sainte Eglise de Vienne, par M. C. CHARVET. *Lyon*, Cizeron, 1761. In-4, v. f.

18526 Mandement de Mgr le cardinal d'Auvergne, arch. et comte de Vienne, pour la solennité de la translation du corps de saint Placide, martyr. Donné à *Vienne*, le 16 du mois d'août 1741. In-fol.

18527 Requeste à nosseigneurs de la Cour de parlement de Dauphiné pour M. J.-P. Didier du Barry, chanoine de l'église de Vienne. *Grenoble*, Giroud (174.?). In-fol., 90 pp.

18528 Consultation sur le droit du chapitre de St-Pierre de Vienne à nommer pendant la vacance du siége épiscopal (à propos de la cure de St-Michel). *Paris*, 5 juillet 1773. In-4, 14 pp.

18529 Mémoire à consulter et Consultations pour le noble Chapitre de St-Pierre de Vienne en Dauphiné, contre M. Jean-Baptiste Gay, prêtre du diocèse de Lyon. *Lyon*, Faucheux, 1773. In-4, 48 pp.

18530 Relation des miracles de Nostre-Dame-de-l'Ozier : escrite en deux langues (françois et latin), en faveur des nations étrangères ; avec des vers à la louange de la Sainte-Vierge, en cinq langues, s. n. d'auteur. *Lyon*, Guillaume Barbier, M.DC.LIX. In-8, bas.

18531 Les justes plaintes et les tristes gémissements des éléments et des arbres animés contre la dureté des cœurs, et consolez par les miracles de Notre-Dame-de-l'Osier. (Par le P. H. DE STE-PAULE). *Lyon*, Deville, 1670. In-8, fig.

18532 Discours véritable d'une fille de Bourgoin en Viennois, qui a esté bruslée du feu de M. S. Antoine, pour avoir fait un serment mal à propos. *Lyon*, Pierre Girard, 1616. In-8.

18533 Pélerinage à la Salette, par M. l'abbé BEZ. *Lyon*, 1847. In-8, planche, fig.

18534 M. Viannay, curé d'Ars, et Maximin Giraud, berger de la Salette, ou la Vérité récupérant ses droits ; par M. l'abbé BEZ. *Paris*, et *Lyon*, 1851. In-24.

18535 Mandement de Mgr l'évêque de Grenoble autorisant l'érection d'un nouveau sanctuaire à Marie sur la montagne de la Salette. Donné à Grenoble le 17 septembre 1851. *Grenoble*, Baratier. In-4, 8 pp.

18536 Histoire des Chrestiens albigeois, contenant les longues guerres, persécutions qu'ils ont souffertes à cause de la doctrine de l'Evangile ; par J.-P. PERRIN, lionnois. *Genève*, M. Berjon, 1618. In-8, v. m.

Histoire judiciaire.

18537 Libertates per illustrissimos principes Delphinos Viennenses Delphinalibus subditis concesse statutaq. et decreta ab eisdem principibus necnon magnificis Delphinatus presidibus quos gubernatores dicunt et excelsum Delphinalem senatu edita... una cum interatione litterarum dismebrationis comitatus astensis a senatu Mediolani, et adiunctionis dicti comitatus insigni curie parlameti Delphinatus. Impensa Francisci Pichati et Bartholomei Bertoleti, Gratianopolitanorum civium. Venales habentur hujusmodi libelli Gratianopoli in platea Mali Consilii, apud Franciscum Pichatum, et in vico Parlamenti apud Bartholomeum Bertoletum. s. d. In-4 goth., v. f., fil., tr. d. [Koehler].

18538 Ordonnances sur le faict de la justice et abbreuiation des proces ou (*sic*) pays de Daulphine, faictes par le roy nostre sire daulphin de Viennois, conte de Valentinois et Dyois : publiées en la Court de parlement à Grenoble le IX. jour Dapuril, lan mil cinq cens quarante. On les vend a Lyon en rue Merciere, en la maison de Romain Morin. Imprimées à *Lyon*, lan mil cinq cens quarante deux, par Denys de Harsy. Les armes du Dauphiné gr. en bois sur le frontispice. In-8, v. br., tr. d., dos orné, fil. [Capé.]

18539 Statuta Delphinalia. *Gratianopoli*, 1619. In-4, v.

18540 Ordonnances d'Abeville, sur le faict de la justice et abreuiation des procès au pays de Dauphiné. Faites par le roy nostre sire, dauphin de Viennois, comte de Valentinoys et Dyois. Publiées en la Cour de parlement à Grenoble, le 9. jour d'auril 1540. Reueües de nouveau, et collationnées sur le vray original. *Grenoble*, Antoine Verdier, 1646. In-8 parchemin, 112 pp.

18541 Défense des advocats du Parlement de Dauphiné, pour la noblesse et les priviléges de leur profession. *Paris*, 1671. In-fol., 62 pp.

18542 Edit du roy portant suppression d'offices du Parlement de Grenoble, donné au mois d'octobre 1771. *Lyon*, P. Valfray, 1772. In-4, 8 pp.

Sciences et Arts.

18543 Découverte importante sur le système du monde, qui confirme l'immobilité de la terre ; par le sieur GODARD (Gaspard). *Vienne*, Jean-Ch. Timon. (181.?). In-8, 64 pp.

Belles-Lettres.

18544 Composition, mise en scène et représentation du Mystère des Trois Doms, joué à Romans les 27, 28 et 29 mai, aux fêtes de Pentecôte de l'an 1509 ; d'après un manuscrit du temps, publié et annoté par M. GIRAUD. *Lyon*, Louis Perrin ; MDCCCXLVIII. In-4, 130 pp. ; armoiries et fac-similé.

18545 Recueil de Poésies en langage vulgaire de Grenoble. *Grenoble*. In-8, incomplet.

18546 Recueil de diverses pièces faites à l'ancien langage de Grenoble, par les plus beaux esprits de ce temps-là. A *Grenoble*, chez Philippe Charvys, 1662. In-8.

18547 Recueil de Poésies en langage vulgaire de Grenoble, contenant l'Epître à Mademoiselle...., sur les réjouissances à l'occasion de la naissance de Monseigneur le Dauphin. Grenoble Malheron, et le Jacquety de le Comare. *Grenoble*, André Faure (1729). In-8, 36 pp.

18548 Mélange de vers et de prose en patois de Grenoble. s. n. d'auteur. *Grenoble*, Allier, 1808. In-8, 40 pp., demi-rel., dos et coins mar. bl., non rogné, tête dorée. [Capé.]

18549 Poésies en patois du Dauphiné (recueillies par M. PRUDHOMME, avec une Préface par M. COLLOMB DE BATINES). *Grenoble*, Prudhomme, 1840. In-12, 67 pp.

Nobiliaire, Titres et Contrats divers.

18550 Nobiliaire de Dauphiné, ou Discours historique des familles nobles qui sont en cette province, avec le blason de leurs armoiries; par Guy ALLARD. *Grenoble*, Philippes, 1671. In-12, v. m.

18551 Donation faite par Guillaume, archevêque de Vienne, d'une place devant le pont du Rhône pour l'usage public. (En latin). Février 1250. Mss. *in plano*, parchemin.

18552 Transaction par laquelle le baron d'Anton cède au prieur de Chavanos (en Dauphiné) la justice haute, moyenne et basse. 11 janvier 1336, Copie, et à la suite consultation signée BARMOND. 3 mars 1725. Mss. in-fol., 3 ff.

18553 Donation faite à Humbert de Grolée, par noble François de Buenc de Torgenas, de la maison-forte de Torgenas en Dauphiné. 11 mai 1433. Ancienne copie non signée. Ms. in-fol., 7 ff.

Biographie.

18554 La Bibliothèque de Dauphiné, contenant les noms de ceux qui se sont distinguez par leur sçavoir dans cette province, et le dénombrement de leurs ouvrages depuis XII siècles. Dressée par M. Guy ALLARD, conseiller du roy, président en l'Election de Grenoble. *Grenoble*, Laurens Gilibert, 1680. In-12, v. f., fil., tr. d. [Koehler.]

18555 Bibliothèque du Dauphiné, par Guy ALLARD, contenant l'histoire des habitans de cette province qui se sont distingués par leur génie, etc. Nouvelle édition, revue et augmentée (par M. CHALVET). *Grenoble*, Giroud, 1797. In-8, v. f., fil. [Koehler.]

18556 Bibliothèque du Dauphiné, par Guy ALLARD. *Grenoble*, veuve Giroud et fils, M.DCC.XCVII. In-8, bas. Exemplaire de M. Cochard, avec des notes de sa main.

18557 Catalogue des Dauphinois dignes de mémoire, rédigé par M. COLLOMB DE BATINES: prem. part., A-J. *Grenoble*, Prudhomme, 1840. In-8, 92 pp.

18558 Vies (les) de François de Beaumont, baron des Adrets ; de Charles Dupuy, seigneur de Montbrun ; et de Soffrey de Calignon, chancelier de Navarre; par Guy ALLARD. *Grenoble*, Nicolas, 1671. In-12, v. m.

18559 Histoire militaire et politique de François de Beaumont, baron des Adrets, avec notes. Par J.-C. MARTIN. *Grenoble*, J.-H. Peyronard, 1803. In-8, cart. r.

18560 Histoire du chevalier Bayard, lieutenant général pour le roy au gouvernement de Dauphiné. A *Paris*, chez Abraham Pacard, 1616. In-4.

18561 Histoire du chevalier Bayard, avec son Supplément par Claude EXPILLY, et les annotations de Th. GODEFROY, augmentées par Louis VIDEL. *Grenoble*, Jean Nicolas, 1650. In-8, v. f., tr. d., fil. encad. [Capé.]

18562 Nouvelle Histoire du chevalier Bayard, lieutenant général pour le roy au gouvernement du Dauphiné ; par le prieur de Louval. *Paris*, Charles Robustel, 1702. In-12, v. b., tr. d. [Koehler.]

18563 Eloge historique du chevalier Bayard ; par M. l'abbé TALBERT. *Besançon*, Daclin, M.DCC.LXX. In-8, 156 pp.

18564 Eloge de Pierre du Terrail, dit le chevalier Bayard ; par le sieur VINCENT, de Lyon. *Dijon*, 1771. In-8.

18565 Eloge de Pierre Terrail, dit le chevalier Bayard, par M. GAUTIER, notaire de Grenoble. (1789). In-8.

18566 Eloge historique de Bayard ; par M. DOCHIER, avocat à Romans. (1789). In-8.

18567 Eloge de Bayard, surnommé le Chevalier sans peur et sans reproche, prononcé le 27 septembre 1789 dans l'église principale de Mézières... ; par M. l'abbé BONNEVIE. *Paris*, *Lyon*, 1818. In-8.

18568 Histoire de Pierre Terrail, seigneur de Bayart, dit le bon Chevalier sans peur et sans reproche, suivie d'annotations généalogiques, pièces et lettres inédites ; par Alfred DE TERREBASSE. *Lyon*, Louis Perrin, 1832. In-8, 516 pp., fig., pap. gris, demi-rel. m. bl.; avec envoi autogr. de l'aut. —Autre ex., pap. blanc.

18569 Relation des principaux événements de la vie de Salvaing de Boissieu... ; par Alfred DE TERREBASSE. *Lyon*, Louis Perrin, 1850. In-8, 213 pp. ; armoiries.

18570 De Pet. Boessatii vita amicisque littera-tis libri duo, Nicolai CHORERII. *Gratianopoli*, 1680. — De Dionysii Salvagnii vita liber unus Nic. CHORERII, *Gratianopoli*, 1680. — Nic. Chorerii Carminum liber unus. *Gratianopoli*, 1680. In-16, mar. r., tr. d. [Duru.]

18571 Nicolai Chorerii Viennensis J.-C. adversariorum de vita et rebus suis libri III. Avec des notes et éclaircissements biographiques, par Ludovic VALLENTIN. Sans frontispice. In-8, 208 pp.

18572 Histoire de la vie de Charles de Créquy de Blanchefort, duc de Lesdiguières..., lieutenant-général au gouvernement de Dauphiné. (Par CHORIER). *Grenoble*, Provensal, 1683. 2 vol. in-12, v. f., tr. d. (Koehler.]

18573 Notice nécrologique sur Casimir Périer, par Nicolas-Fleury BOURGET, de Lyon. *Lyon*, Louis Perrin, 1832. In-8, 16 pp.

18574 Aymar du Rivail et sa famille. Notes extraites tant de ses écrits que de son testament, et de diverses pièces jusqu'ici inédites ; par M. GIRAUD. *Lyon*, Louis Perrin, M.D.CCC.XLIX. In-8, 104 pp., fig., pap. holl.

Appendice.

18575 Lettre à M. Jules Ollivier, contenant quelques documents sur l'origine de l'imprimerie en Dauphiné ; par COLLOMB DE BATINES. *Gap*, octobre 1835. In-8, pap. couleur. Hommage aut. sig. Tiré à 150 exemplaires, dont dix sur pap. couleur.

18576 Matériaux pour servir à une histoire de l'imprimerie en Dauphiné (par M. COLLOMB DE BATINES). *Gap*, mars 1837. In-8, pap. rose. Tiré à 42 exemplaires sur pap. vélin, dont 10 sur pap. rose.

18577 Annuaire bibliographique du Dauphiné pour 1837, par COLLOMB DE BATINES.1re année. *Grenoble*, *Paris*. In-12, avec l'hommage aut. sig.

18578 Almanach-Dauphin pour l'année bissextile mil sept cent soixante-seize. *Grenoble*, veuve d'André Giroud, 1776. In-16, demi-rel. mar.

BOURGOGNE.

Statistique.

18579 Divers paisages sur le naturel de la duché de Bourgongne, faits par Israel SILVESTRE. 1650. In-4 oblong, veau.

18580 Geographie de nos villages, ou Dictionnaire maconnois ; par le cit. PUTHOD. *Mâcon*, an VIII. In-12, v. br., fil. [Koehler.]

18581 Guide pittoresque du Voyageur en France. Département de Saône-et-Loire. *Paris*, F. Didot. s. d. (183.?). In-8, 32 pp., fig. et cart.

18582 France pittoresque. Département de Saône-et-Loire (ci-devant Bourgogne) ; par M. A. HUGO. *Paris*, Delloye (1835?). In-4, 8 pp., cart. et fig.

18583 De la Monnaie dite Engrogne, par M. Ph. MANTELLIER. Extrait de la *Revue numismati-*

que, 1845. *Blois*, Dézairs. In-4, 7 pp. Tiré à
25 exemplaires,

18584 (Requête) au roy et à nosseigneurs de
son Conseil (sur le flottage de la rivière
d'Heune). 1762. In-fol., 8 pp.

18585 Mémoire instructif sur le flottage (de la
Dheune). 176.?. In-4, 7 ff.

18586 Consultation (sur le flottage de la rivière
de Dheune). Délibéré à Paris le 3 juillet 1770.
Signé : GILLET, BOUCHER D'ARGIS, etc. In-4,
19 pp.

18587 Extrait des registres du Conseil d'Etat.
Sur la requête présentée au roi en son Conseil.... (au sujet du flottage de la Dheune).
21 juin 1771. s. n. d'impr. In-4, 10 pp.

Histoire générale.

18588 De l'Origine des Bourgongnons et anti-
quité des estats de Bourgogne, par P. DE
SAINCT-JULIEN. *Paris*, N. Chesneau, 1581.
In-fol., v. f., fil.

18589 De antiquo statu Burgundiae Liber. Per
Gulielmum PARADINUM. *Lugduni*, apud Ste-
phanum Doletum, 1542. In-4, mar. r., tr. d.,
fil. [Bauzonnet.]

18590 De antiquo statu Burgundiæ Liber. Per
Guillelmum PARADINUM. *Basileæ* (sine anno).
In-8, veau fauve. L'Epître dédicatoire est
d'Et. Dolet; elle est datée de Lyon, 1542.

18591 Histoire générale et particulière de Bourgogne, avec des notes, des dissertations et
les preuves justificatives; par dom PLANCHER
et dom MERLE. *Dijon*, Antoine Defay et Louis-
Nicolas Frantin, 1739-1781. 4 vol. in-fol.,
veau brun, fig., vignettes, plans et cartes.

18592 Abrégé chronologique de l'Histoire ecclésiastique, civile et littéraire de Bourgogne,
depuis l'établissement des Bourguignons dans
les Gaules jusqu'à l'année 1772; par M. MILLE.
Dijon, M.DCC.LXXI-LXXIII. 3 vol. in-8, v. f.

18593 Recueil de Lettres adressées à M. Mille,
auteur de l'Abrégé chronologique de l'Histoire
de Bourgogne. (1771). s. n. de ville ni d'imp.
1 vol. in-8, bas.

18594 Recueil de Lettres adressées à M. Mille,
auteur de l'Abrégé chronologique de l'Histoire
de Bourgogne (par dom Fr. ROUSSEAU et dom
MERLE). *Paris*, 1772. In-8, v. marbré.

18595 Résumé de l'Histoire de Bourgogne, par
DUFFEY. *Paris*, Lecointre et Durey, 1825.
2 vol. in-18, demi-rel. v. br.

18596 Traicté des pays et comté du Charollois,
et des droicts de souveraineté que la couronne
de France a eus de tout temps et ancienneté
sur iceux; par Me Emanuel-Philibert DE RY-
MON. *Paris*, Jean Richer, 1619. In-12, demi-
rel. mar. vert, tr. d.

Lieux particuliers.

18597 Autun. Histoire de la ville d'Autun, connue
autrefois sous le nom de Bibracte; par J. ROSNY.
Autun, Dejussieu, 1802. In-4, fig., demi-rel.
mar. r., non rogné.

18598 Auxerre. Histoire de la prise d'Auxerre par
les Huguenots, et de la délivrance de la même
ville.... ; précédée d'une ample Préface sur les
antiquitez d'Auxerre.... Par un chanoine de la
cathédrale d'Auxerre (l'abbé LEBEUF).*Auxerre*,
J.-B. Troche, 1723. Pet. in-8, v. ant.

18599 Chalon. Illustre (l') Orbandale, ou l'Histoire ancienne et moderne de la ville et de la
cité de Chalon-sur-Saône. (Par Léon BERTAUT
et CUSSET). *Lyon* et *Chalon*, Cusset, 1662.
2 vol. in-4, fig., bas.

18600 Cluny. Mémoire du sieur GROLLIER DE
SERVIÈRE, pour servir de réponse à celui de
dom Gilbert Molier et dom Alexis Marechaux,
religieux de la congrégation de Cluny. s. d.
(1705?). In-4, incomplet.

18601 — Mémoire pour régler les contestations
qui sont survenues au dernier Chapitre général
de l'ordre de Cluny, entre Mgr le cardinal de
Bouillon...., abbé commendataire de Cluny,
et les religieux de l'étroite Observance du
même ordre.... (1708?). s. n. d'impr. In-4,
64 pp.

18602 Dijon. Guide du voyageur et de l'amateur à
Dijon, ou Statistique monumentale sur la capitale
de l'ancienne Bourgogne; par J.-B. NOELLAT.
Dijon, 1829. In-18, demi-rel. v. f.

18603 — L'illustre Jaquemart de Dijon, détails
historiques, instructifs et amusans sur ce
haut personnage, domicilié en plein air dans
cette charmante ville depuis 1382; publiés
avec sa permission, en 1832..., par P. BERI-
GAL (Gabriel PEIGNOT). *Dijon*, V. Lagier,
1832. In-8, pap. rose, fig., demi-rel., dos et
coins mar. r. [Koehler.]

18604 Mâcon. Chronicon vrbis Matissanae Phil.
Bugnonius J. C. concinnauit. *Lugduni*, apud
Ioan. Tornaesium, 1559. In-8, v., fil., tr. d.

18605 — Histoire des révolutions de Mâcon sur
le fait de la religion, par M. D. *Avignon*, Domergue, 1780. In-8, v. m.

18606 — Jo. Fustaillierius. De vrbe et antiquita-
tibus Matisconensibus liber, ex codice autographo erutus a I. BAUX; nunc primum edi-
tus cura et sumptibus N. Yemeniz. *Lugduni*,
Ludovicus Perrin, typographus, M.DCCC.XLVI.
In-8.—Suivi de la traduction en français: deux
pièces en un vol. pet. in-4, demi-rel., dos
et coins mar. vert, non rogné, tête dorée.
[Capé]. Tiré à petit nombre, et non mis en
vente; avec l'envoi de l'éditeur à M. Coste.
Aut. sig.

18607 St-Claude. Mémoire pour le Chapitre de

l'abbaye de St-Claude , contre M. le cardinal d'Estrées , abbé commendataire de la même abbaye. *Paris* , 1708. In-4 , 262 pp.

18608 — Second Mémoire du Chapitre de St-Claude , servant de réponse à la troisième requeste de M. le cardinal d'Estrées. (170. ?). In-4 , 69 pp.

18609 Tournus. Nouvelle Histoire de l'abbaye de St-Filibert et de la ville de Tournus ; par P. JUENIN. *Dijon*, Ant. de Fay, 1733. In-4, fig., v.

Histoire civile.

18610 Lettre adressée par les échevins de Mascon à M. d'Ornano , chevalier des deux ordres du roi , capitaine de cent hommes d'armes de ses ordonnances , pour lui donner avis que le marquis de Treffort dresse une armée sur leur frontière avec l'intention de se joindre avec les enemis du roi. Ils implorent l'assistance des échevins de Lyon , et comptent sur l'appui de M. d'Ornano en cette circonstance. De *Mascon*, ce 10 juin 1594. *Signé* : Par ordonnance, VALLIER. Ms. in-4 , 1 f.

18611 Remonstrance sur la réduction de Mascon. *Lyon*, 1594. In-8, mar. r., tr. d., jans. [Duru.]

18612 Remonstrance sur la reduction de la ville de Mascon a l'obeyssance du roy. *Lyon*, Guichard Jullieron et Thibaud Ancelin, M.D.XCIII. In-8, 32 pp., mar. r., tr. d., jans. [Duru.]

18613 Histoire miraculeuse des eaux rouges comme sang tombées dans la ville de Sens, le jour de la grande Feste-Dieu 1617 ; extraicte d'une lettre de M⁰ Thomas MONT-SAINCT. *Lyon*, Jean Joly, 1617. In-8.

18614 Histoire contenant les espouuantables recits des pluyes de feux , tonnerres et foudre, avec pierres tumbées du ciel tant en Masconnois qu'autres endroits , etc. *Vienne*, Jean Poyet , 1618. In-8.

18615 L'Arc en ciel de la ville de Mascon, representant par l'esclat de ses couleurs les rares perfections de Henry de Bourbon , premier prince du sang , gouuerneur pour Sa Majesté ès païs de Bourgongne , Brosse , etc., en son entrée triomphante dans la dite ville de Mascon, le quatrième decembre mil six cens trantedeux. (Par Gaspard MACONEY, jésuite). A *Bourg en Bresse*, Iean Tainturier, M.DC.XXXIII. In-4 , veau f., tr. d. [Simier.]

18616 Désastres du Mâconnais du mois d'août 1789 , par PUTHOD DE MAISON-ROUGE. In-8 , 16 pp.

18617 Réponse à la lettre de M. Gouttes, curé d'Argilliers, nommé à l'évêché du département de Saône-et-Loire. 1791. *Signé* : Plusieurs curés du diocèse de Mâcon. In-8 , 27 pp.

18618 Proclamation de la Société des amis de la liberté et de l'égalité, séante à Chalon-sur-Saône (avec une Adresse aux législateurs, du 18 février 1793, au sujet des grains). In-4 , 3 pp.

18619 Eloge funèbre de Jean-Paul Marat, député à la Convention nationale, prononcé à Schiltigheim près Strasbourg , département du Bas-Rhin , le 26 brumaire an II, dans une entrevue fraternelle de républicains des divers bataillons du Jura ; par le citoyen MOREL , capitaine au 1ᵉʳ bataillon du Jura. In-8, 16 pp.

18620 Pétition des grenadiers de la 3ᵉ compagnie du bataillon de Mâcon , qui demandent la révocation de l'ordre des représentants de Commune-Affranchie de compter au district le montant des effets pris sur les rebelles. 19 nivose an II. Plusieurs sig. aut. Ms. in-fol., 2 ff.

18621 Adresse des citoyens de la commune de Mâcon à la Convention nationale. A *Mâcon*, le 20 germinal an III. In-4 , 1 p.

Histoire administrative.

18622 Pièce, non signée et sans date, relative à la juridiction de l'évêque et du chapitre de Mâcon , de laquelle il résulte qu'en vertu d'une transaction passée en l'an 1358 appartient aux sieurs doyen et chapitre de ladite église la juridiction des crimes et délits commis en ladite église et cloître d'icelle. Ms. in-4 , 2 pp.

18623 Edit du roi qui permet la clôture des héritages dans le Mâconnois, Auxerrois et Bar-sur-Seine. Donné à Compiègne au mois d'août 1770. *Lyon*, P. Valfray, 1771. In-4 , 3 pp.

18624 Arrêt du Conseil supérieur concernant les tailleurs d'habits de la ville de Mâcon. Du 5 février 1772. *Lyon*, Valfray, 1772. In-4 , 6 pp.

18625 Arrêt du Conseil d'Etat et Lettres-patentes sur icelui qui autorisent les Etats du Mâconnois à imposer sur le comté la somme de 4,800 livres annuellement pour frais de bagages des troupes, etc. Du 27 avril 1773. *Lyon*, Valfray, 1773. In-4 , 7 pp.

18626 Arrêt du Conseil d'Etat qui désigne les bureaux par lesquels les dentelles fines ou grosses venant de Lorraine , Suisse et autres pays étrangers, pourront entrer à l'avenir dans la province de Franche-Comté.... Du 28 mars 1773. *Lyon*, Valfray. In-4 , 3 pp.

18627 Edit du roi portant rétablissement des deux sièges du bailliage et de l'élection dans la province du Mâconnais. 27 août 1776. *Lyon*, impr. du roi , 1776. In-4 , 3 pp.

18628 Réflexions sur l'état actuel de l'administration du Mâconnais et sur les moyens d'en réformer les abus. s. n. d'auteur ni d'impr., s. d. (1788?). In-8 , 16 pp.

18629 Extrait des actes et registres de la municipalité de la ville de Mâcon; du 12 décembre 1790 : au sujet de deux lettres qui dévoilent les projets des aristocrates. In-8, 8 pp.

Histoire ecclésiastique.

18630 Procès-verbal de l'Assemblée extraordinaire de MM. les haut-doyen, dignitaires et
chanoines du Chapitre noble de St-Claude; délibération qui invite M. d'Escairac à venir
reprendre sa place dans les rangs du Chapitre,
ensuite de la rétractation justificative de Mgr
l'évêque de St-Claude. 30 juin 1787. Copie
collationnée In-fol., 6 pp.

18631 Heures à l'usage de Mascon. *Lyon*, Th.
Payen, M.DLIII. In-12, mar. noir, tr. d., rel.
jans. [Duru.]

Jurisprudence.

18632 Edit du roi portant rétablissement du
présidial de Mâcon ; donné au mois de septembre 1771. *Lyon*, 1771. In-4, 5 pp.

Sciences et Arts.

18633 L'Antidémon de Mascon, ou Histoire par-
ticulière et véritable de ce qu'un démon a fait
et dit à Mascon en la maison du sieur François
Perrault. Nouvelle édition comprenant une
Etude comparative de la richesse réelle et de
la richesse de convention, par le comte PER-
RAULT DE JOTEMPS. Préface, notes, conte en
vers et biographie, par Ph. L. (Philibert LE
DUC). *Bourg en Bresse*, Milliet-Bottier, 1853.
In-12, 210 pp.

Belles-Lettres.

18634 Prolusiones in humaniores literas. In
templo collegii Cabilonensis Societatis Jesu ,
die 17 augusti anno 1708. *Chalon*, B. Lamot-
thetort. In-4, 20 pp.

18635 Séance publique extraordinaire de l'Académie des sciences , belles-lettres et arts de
Besançon, du 29 juin 1779. s. n. d'imp. In-4 ,
15 pp.

18636 Chanson adressée à nos frères de Lons-
le-Saunier (contre Marat , Danton et Robespierre). s. d., s. n. d'auteur , s. n. de ville ni
d'imprimeur. In-8, 4 pp.

18637 Evangile (l') du jour (satire). *Mâcon*, 16
germinal an III. In-4, 4 pp.

Biographie.

18638 Lettre touchant Béatrix, comtesse de Chalon, laquelle déclare quel fut son mary, quels
ses enfans, ses ancestres et ses armes. Par le
P. P.-F. CHIFFLET. *Dijon*, P. Chavance, 1658.
In-4, cuir de Russie, fil., tr. d. [Ginain]. (Ex.
de Ch. Nodier).

18639 Alphonse de Lamartine. Etudes biographiques, littéraires et politiques; par M. Ernest FALCONNET. *Paris* , Furne, 1840. In-8,
129 pp.

18640 Eloge de Guillaume de Saint-Amour , par
M. A.-Corneille ST-MARC. *Lons-le-Saunier* ,
Gauthier, 1849. In-8, 15 pp.

Appendice.

18641 Almanach du Parlement de Bourgogne
pour l'année bissextile 1788. *Dijon* , Causse.
In-18, 172 pp.

BIBLIOTHEQUE LYONNAISE
DE M. COSTE.

TABLE.

❦

Topographie.

—

CARTES ET PLANS.

VUES GÉNÉRALES ET PARTICULIÈRES.

FAITS DIVERS. — DESSINS SATIRIQUES. — SPECTACLES.

ENVIRONS DE LYON.

CONFRÉRIES, IMAGES DE DÉVOTION.

STATISTIQUE.

Introduction à l'Histoire.

—

HISTOIRE DESCRIPTIVE.

MONUMENTS.

COLLECTIONS.

Histoire ecclésiastique.

ÉGLISE CATHOLIQUE.

DISSIDENTS ET JUIFS.

APPENDICE.

Histoire civile.

INTRODUCTION.

HISTOIRE GÉNÉRALE.

ÉCRITS ET FAITS PARTICULIERS.

SOCIÉTÉS POPULAIRES, CLUBS.

ÉLECTIONS.

LIBERTÉ DE LA PRESSE.

FÊTES ET CÉRÉMONIES.

CHARTRES, TITRES, PRIVILÈGES.

Histoire administrative.

—

ADMINISTRATION AVANT 1789.

ADMINISTRATION DEPUIS 1789.

—

CALAMITÉS PUBLIQUES.

ÉTABLISSEMENTS DE BIENFAISANCE.

APPENDICE.

ÉTAT MILITAIRE.

Histoire judiciaire.

—

JURISPRUDENCE AVANT 1789.

JURISPRUDENCE DEPUIS 1790.

PERSONNEL DE LA MAGISTRATURE.

MÉLANGES.

Histoire commerciale.

—

TRAITÉS GÉNÉRAUX.

PARTIE FINANCIÈRE, ADMINISTRATIVE ET JUDICIAIRE.

INDUSTRIES DIVERSES.

MÉLANGES, PROJETS D'UTILITÉ PUBLIQUE, ENTREPRISES DIVERSES.

Histoire scientifique et littéraire.

—

SCIENCES, BELLES-LETTRES, ARTS LIBÉRAUX.

INSTRUCTION PUBLIQUE.

THÉATRES.

MÉLANGES.

BIBLIOGRAPHIE.

Environs de Lyon.

—

BRESSE ET BUGEY, DÉPARTEMENT DE L'AIN.

DAUPHINÉ.

BOURGOGNE.

FIN DE LA TABLE.

INDE ERAT
PRIN VER
CIPIO RBVM